Ethno-Indology

Heidelberg Studies in South Asian Rituals

General Editor
Axel Michaels

Volume 5

2010
Harrassowitz Verlag · Wiesbaden

Mahādeva Vedāntin

Mīmāṃsānyāyasaṃgraha

A Compendium of the Principles of Mīmāṃsā

Edited and Translated by
James Benson

2010
Harrassowitz Verlag · Wiesbaden

Cover: Western Ghats, Mahabaleshwar
Copyright: James Mallinson

Bibliografische Information der Deutschen Nationalbibliothek
Die Deutsche Nationalbibliothek verzeichnet diese Publikation in der Deutschen Nationalbibliografie; detaillierte bibliografische Daten sind im Internet über http://dnb.d-nb.de abrufbar.

Bibliographic information published by the Deutsche Nationalbibliothek
The Deutsche Nationalbibliothek lists this publication in the Deutsche Nationalbibliografie; detailed bibliographic data are available in the internet at http://dnb.d-nb.de.

For further information about our publishing program consult our website http://www.harrassowitz-verlag.de

Printed on permanent/durable paper.
Typesetting: Quoc-Bao Do, South Asia Institute Heidelberg
Printing and binding: Hubert & Co., Göttingen
Printed in Germany

ISSN 1860-2053
ISBN 978-3-447-05722-6

To Katherine Victoria Benson

Kanyāratnam

Contents

Acknowledgments 9

Introduction 11
- General Background to the Present Work 11
- The Author and Date 16
- Distinctive Features of the MNS 18
- The Place of MNS in Late Mīmāṃsā Literature 21
- The MNS and Mahādeva's Other Works 23
- The Edition 24
- The Aims and Procedures of Mīmāṃsā 27
- Brief Outline of the Contents of the MNS 28
- The Analysis of Sentences 29
- The Analysis of Rites 32
- Textual Sources of *dharma*: *śruti* and *smṛti* 35
- The Invisible Structure of Rites 36
- Economy of Analysis 37
- The Translation 37
- The Format of Composition 39
- A Preview of the Text: Five Topics 39
- Notes on Certain Vocabulary Items 46

The Text 51
- Book 1 51
- Book 2 73
- Book 3 93
- Book 4 133
- Book 5 150
- Book 6 165
- Book 7 190
- Book 8 197
- Book 9 204
- Book 10 233

Acknowledgments

I would like to thank Parul Dave, Ravi Gupta, and Chris Minkowski for kindly helping me acquire material for the preparation of this book. I would also like to thank Stephanie Jamison, Kei Kataoka, and Toshihiro Wada for their help with particular passages of the Sanskrit, and Vicki Alexander, Frank Clooney, Gérard Colas, Don Davis, Eivind Kahrs, Chris Minkowski, Godabarisha Mishra, and Elizabeth Tucker for their valuable comments. I am especially endebted to Stephanie Jamison for her encouragement in regard to the preparation and publication of this work, and for her many suggestions of ways to improve it. I am grateful to Axel Michaels in Heidelberg for kindly accepting this book for publication, and to his colleague Oliver Lamers, for all his advice and assistance. A final debt is to Quoc-Bao Do, also from Heidelberg, whose technical expertise put the book in its final form. The faults and shortcomings which remain are of course my own responsibility.

Oxford, May 1st, 2010 James Benson

Introduction

General Background to the Present Work

The Sanskrit word "*mīmāṃsā*", which figures in the title of this book, denotes the Indian scholastic tradition dedicated to the study of the language of the *veda*, that is, the great corpus of texts which make up the earliest strata of ancient Indian literature. These texts were composed in Sanskrit over a period of about a thousand years, starting sometime in the mid to late second millennium B.C. They are mainly concerned with elaborate sacrificial rituals, either enjoining their performance, commenting on them, or providing the various liturgical formulae and hymns which would have accompanied them. The Mimāṃsā was only one of a number of scholarly traditions which appear to have arisen for the purpose of understanding and preserving these ancient texts. Its particular task was to establish general principles for determining the precise meanings of the individual sentences which constituted them. Related disciplines included grammar, metrics, and etymological analysis. The tradition of Mīmāṃsā scholarship produced a vast body of literature, which continued to be written as late as the 18th century A.D.[1]

At an early but undetermined point in the literary tradition, two branches of the Mīmāṃsā were recognized, the Pūrva- (Earlier) and the Uttara- (Later). The Pūrvamīṃāṃsā, which is the subject of the present work (and for which the simple word "Mīmāṃsā" will be used), focused primarily on the chronologically earlier portions of the *veda*, which for the most part concerned the specific forms of rituals. The Uttaramīmāṃsā dealt with subjects such as the ultimate, esoteric nature of the ritual, the cosmos, and man, topics which formed the subject matter of the later parts of the *veda*, in texts known as the *upaniṣads*. The tradition itself did not recognize chronology in *vedic* literature, but understood that the study of the ritual was in some sense

1 For a basic history of the subject, see Jean-Marie Verpoorten, *Mīmāṃsā Literature*, and Umesha Mishra, "Critical Bibliography of Mīmāṃsā", an appendix to Ganganatha Jha's *Pūrvamīmāṃsā in its Sources*.

preliminary (*pūrva*), and that of its esoteric nature and other cosmic matters, subsequent and conclusive (*uttara*).[2]

As in certain other Sanskrit literary traditions, the earliest Mīmāṃsā text to survive is a *sūtra*. It is difficult to characterize *sūtra* texts as a whole, but they typically present the basic rules or principles of a doctrinal system in a concise and systematic way, with or without explicit argumentation.[3] In the case of Mīmāṃsā, the *sūtra* is ascribed to Jaimini (JS), and consists of a systematically ordered collection of approximately 2,745 short statements, also referred to individually as *sūtras*.[4] The identity and date of Jaimini are uncertain, but it is possible that the *sūtra* ascribed to him was composed sometime in the fourth to second century B.C.[5] The only early and complete commentary (*bhāṣya*) we have on the *sūtra* was written by Śabara, who is

---

2 For an account of the various explanations which have been offered for the terms "Pūrvamīmāṃsā" and "Uttaramīmāṃsā", see Asko Parpola, "On the Formation of the Mīmāṃsā and the Problems concerning Jaimini, With particular reference to the teacher quotations and the Vedic schools", (Part I) *Wiener Zeitschrift für die Kunde Südasiens,* 25, 1981, pp. 145–9. Parpola is one of a number of scholars who believe that what was originally a single tradition of Mīmāṃsā divided into two. The two Mīmāṃsās are sometimes referred to as the Karmamīmāṃsā and the Brahmamīmāṃsā, i.e., the Mīmāṃsās which deal with ritual action (*karman*) and with the mystical absolute (*brahman*).

3 This is only a rough description, and applies to certain *sūtra* texts much better than to others. For an account of the development and variety of *sūtra* literature, see L. Renou, "Sur le genre du sūtra dans la littérature sanskrite", *Journal Asiatique*, 251, 1963, pp. 163–211.

4 These are arranged in twelve books (*adhyāyas*), with four chapters (*pādas*) in each, except for Books 3, 6, and 10, which have eight chapters each. The 555 *sūtras* of the Uttaramīmāṃsā, also referred to as the *Vedāntasūtra*, are attributed to Bādarāyaṇa. They are arranged in four books with four chapters in each. A further set of 465 *sūtras*, known as the *Saṃkarṣa(ṇa)kāṇḍa*, are sometimes attributed to Jaimini and viewed as a supplement to his work. It too is divided into four books, with four chapters in each. See Verpoorten, pp. 6–7.

5 This date is largely based on the close similarity of the *sūtra* with Kātyāyana's *Vārttika*, a work directed to Pāṇini's grammar, and dated roughly to this period. A later date of approximately the second century A.D. is sometimes suggested, based on the generally accepted later date assigned to our text of the *Vedāntasūtra*, and the affinity between the two texts. For a review of the relevant literature, see Parpola, "On the Formation", Part II, pp. 300–1. For an important study of Jaimini's work and the problems of its interpretation, see F. Clooney, *Thinking Ritually, Rediscovering the Pūrva Mīmāṃsā of Jaimini.*

commonly dated to the period between 200 and 400 A.D.[6] This work, the *Śābarabhāṣya*, identifies somewhat more than 900 distinct topics (*adhikaraṇas*) as underlying the *sūtra*. These topics are arranged sequentially, each one being dealt with by one or more of the individual *sūtras*. They each pose and answer questions, usually about the correct interpretation of one or more specific sentences quoted from the corpus of *vedic* texts. This system of topics, as identified by Śabara, provided the framework for much of the subsequent scholarly discussion of the system.

Already by the time of Śabara, the Mīmāṃsā doctrine, which began as an exegetical tradition, had developed a set of complementary philosophical positions. To its linguistic exegesis, epistemological theory was easily grafted. The latter considered not only how language worked, but how other types of knowledge, such as that based on perception or inference, were properly generated. Other philosophical doctrines, concerning the nature and the structure of the world, were gradually formulated as well. Although one can easily see how the exegetical and the philosophical aspects of Mīmāṃsā merge into each other, the construction of a philosophical wing to the system seems clearly to have been a response to contemporary intellectual developments.

In the 7th century A.D., the scholars Kumārila Bhaṭṭa and Prabhākara Miśra wrote treatises which formed the basis of two distinctive schools of Mīmāṃsā, namely, the Bhāṭṭa (or Kaumārila) and the Prābhākara.[7] These writers differed at a number of points in their expositions, both exegetical and philosophical. The rival schools they created continued to produce texts for centuries. Some of these works focused directly on the topics identified by Śabara, with little regard for the individual *sūtras*. Others took the form of independent treatises, not bound by the order of *sūtras* or topics. Many were simply commentaries or subcommentaries on earlier works. The sur-

---

6 In his *History of Dharmaśāstra*, P.V. Kane dates Śabara to the period between 200 and 400 A.D., suggesting that he probably lived closer to the first date (HDS Vol. V.2, p. 1197). Verpoorten prefers the period between 350 and 400 A.D. (p. 8).

7 The relation between these two scholars is not clear, but it seems likely that they were close contemporaries. Their major Mīmāṃsā works are commentaries on Śabara's text. Kumārila wrote the *Ślokavārttika* (on the first chapter of Book One), the *Tantravārttika* (TV) (on the rest of Book One and Books Two and Three), and the *Ṭupṭīkā* (on Books Four through Twelve). It seems that he also wrote a *Bṛhaṭṭīkā*, which is known only from quotations given by the Buddhist Śāntarakṣita in his *Tattvasaṃgraha* (Verpoorten, p. 30). Prabhākara wrote the *Bṛhatī* and the *Laghvī* commentaries. The first is extant through the second chapter of Book Six, and the second is known only from the works of other scholars (Verpoorten, p. 32).

viving literature of the Bhāṭṭa school is more extensive than that of the Prābhākara, and appears to have been studied more widely in India.[8]

The *Mīmāṃsānyāyasaṃgraha* (A Compendium of the Principles of Mīmāṃsā) (MNS), which is the subject of the present book, was written by the scholar Mahādeva Vedāntin in the late 17th or early 18th century. It belongs to the Bhāṭṭa tradition of Mīmāṃsā, and consists of summaries of 904 topics. It borrows heavily from similarly structured works by three major scholars in the Bhāṭṭa tradition, the *Śāstradīpikā* (Lamp on the Science) (ŚD) of Pārthasārathi Miśra (11th to 12th centuries), the *Jaiminīyanyāyamālā* (Garland of Principles of Jaimini's Doctrine) (JNM) with the autocommentary *Vistara* (Full Display (of the Garland etc.)) (JNMV) of Mādhava (14th century), and the *Bhāṭṭadīpikā* (Lamp on the Doctrine of (Kumārila) Bhaṭṭa) (BhD) of Khaṇḍadeva (17th century). The last of these authors, Khaṇḍadeva, is the scholar most closely associated with the creation of the "New School" of Mīmāṃsā, a development in the history of Mīmāṃsā literature which had parallels in the "New Schools" of Grammar and Logic.

****

Most of the *vedic* rituals with which the Mīmāṃsā is concerned have not been performed in India widely or on a regular basis for several hundred years. Some seem to have become defunct long ago, and some were so elaborate that it is possible that they were never performed at all.[9] Contemporary practice, however, was not an express concern of the authors. The point of studying the old rituals in detail seems not to have been to revive or resurrect those which had fallen into disuse, or to restore to a more correct form those which had not, and in any case there existed ritual manuals which presumably would have sufficed for any required performance. Exactly why scholars continued to analyze the ancient texts centuries after the passing away or decline in practice of the rituals they prescribe is a complex question, which would require a major study to answer. Parts of the answer would certainly include the prestige and patronage of *vedic* learning generally (although this itself requires explanation), and the continued

---

8 A third school of Mīmāṃsā was attributed to Murāri Miśra, who lived in the 12th to 13th centuries, but very little of his work has been published. See Verpoorten, p. 44.

9 For an account of the survival of *vedic* rituals into modern times, see C.G. Kashikar and Asko Parpola, "Śrauta Traditions in Recent Times", in F. Staal, *Agni: The Vedic Ritual of the Fire Altar*, Vol. II, pp. 199–251. See also F. Smith, *The Vedic Sacrifice in Transition*, pp. 1–9.

practice in Indian society of younger and much simpler Hindu rituals.[10] The answer would also take into account the importance the Mīmāṃsā had for related disciplines, which also had *vedic* connections, but which had developed far beyond them in a way that Mīmāṃsā never did. Specifically, the tradition of law (Dharmaśāstra) seems always to have recognized its intellectual foundation in Mīmāṃsā, and grammar, perhaps the greatest of all the Indian intellectual traditions, was always in some degree of contact with Mīmāṃsā over competing or agreed claims in the field of linguistic analysis. It is of course possible to suggest that the prestige of these subjects was due in part to their affiliation with the more explicitly *vedic* tradition of Mīmāṃsā.

Any interesting account of the extraordinary longevity of Mīmāṃsā clearly requires a close familiarity with what its texts actually say. Although current research in this area is strong, a very great deal of basic work needs to be done before we can understand the position of these texts in Sanskrit literary history. All fields of Sanskrit are understudied, but there may be special reasons (apart from there being too few Sanskritists generally) for the rather large gaps in our understanding of Mīmāṃsā. The subject has no familiar counterpart outside the Indian tradition. This is not to say that it is an intellectual tradition without parallels, but only that it is not clear, or at least not well-known, what those parallels might be. Also, the three fields of Sanskrit which are closest to it, and which have much higher profiles in modern times, namely, *vedic* studies, law, and grammar, are themselves so large that the students of these subjects, who are probably in the best position to peer over the fence to see what the Mīmāṃsā actually is, have far too much unfinished work of their own to make a foray into neighboring territory. It is true that the philosophical wing of Mīmāṃsā has always drawn the attention of students of Indian philosophy, but the bedrock of the system lies more or less outside the range of their primary interests.[11]

The goal of the present book is to give readers access to a hitherto unpublished Sanskrit text which was written about 300 years ago as an introduction to Mīmāṃsā doctrines. The text itself is not particularly origi-

---

10 The classic work on the position of the *veda* in later Indian literature is L. Renou's short monograph, *Le Destin du Véda dans L' Inde* (which has been translated into English).

11 Scholarly interest in Mīmāṃsā has grown considerably over the last twenty-five years or so, largely in Japan and the United States, but elsewhere as well. The remarks above are intended merely to suggest reasons as to why there is so much basic work left to do.

nal, but it was never its purpose to be so. Its author tells us that his intention is to give beginners a quick and concise understanding of the system. The resulting work, far shorter than the more famous (and still untranslated) texts of Pārthasārathi Miśra, Mādhava, and Khaṇḍadeva, from which it drew most of its material, could perhaps still serve its original function.

The Author and Date

Mahādeva Vedāntin, variously known as Mahādevabhaṭṭa, Vedānti Mahādevabhaṭṭa, Mahādeva Sarasvatī, Mahādevānanda Sarasvatī, Mahādeva Sarasvatī Vedāntin, and Vedānti Mahādeva, was a pupil of Svayaṃprakāśatīrtha, also known as Svayaṃprakāsa Sarasvatī, Svayaṃprakāśānanda Sarasvatī, and Saccidānanda Sarasvatī.[12] He seems to have been active at the end of the seventeenth century (see below). Apart from the MNS, Mahādeva wrote works on Vedānta, Sāṃkhya, and lexicography. Texts by him or attributed to him include the following:

1) *Uṇādikośa,* or *Nijavinoda* (a commentary on Sanskrit words formed by the *uṇādisūtras*, a set of grammatical rules supplementary to Pāṇini's *Aṣṭādhyāyī*). Edited by K. Kunjunni Raja, Madras University Sanskrit Series, 21, University of Madras, 1956.

2) *Tattvānusaṃdhāna* (a treatise on Advaitavedānta). Editions: 1) Madras, 1889 (in Telegu script); 2) Ramasimha, ed., with editor's *Anubhavasāgara* and Hindi *Advaitacintāmaṇi*, Ajmer, 1895; 3) Girendranatha Dutt and Ananta Krishna Sastri, eds., Bibliotheca Indica, 151, Calcutta, 1901–22; 4) Rama Sastri Tailanga, ed., with the *Vedāntasūtras* and Śaṃkarānanda's *Dīpikā,* Benares Sanskrit Series, 24, 1904–06. (See *New Catalogus Catalogorum*, VIII, p. 74–5).

---

12 In the colophons of the manuscripts of the MNS the author is identified as Mahādevabhaṭṭa and Vedānti Mahādevabhaṭṭa, in colophons to the *Tattvānusaṃdhāna* and the *Advaitacintākaustubha* as Mahādeva Sarasvatī and Mahādevānanda Sarasvatī, respectively, in the colophon of the *Uṇādikośa* and the introductory verse of the *Sāṃkhyasūtravṛttisāra* as Vedānti Mahādeva, and in the colophon of the Calcutta manuscript of the *Tattvacandrikā* as Mahādeva Sarvasvatī. He refers to his teacher in the final verses of the MNS and in the initial and final verses of the *Viṣṇunāmasahasravyākhyā* as Svayaṃprakāśatīrtha, in the colophon to the *Tattvacandrikā* as Saccidānanda Sarasvatī, and in the colophons to the *Tattvānusaṃdhāna* and the *Advaitacintākaustubha* as Svayaṃprakāśānanda Sarasvatī. (See K. Kunjunni Raja's *Uṇādikośa of Mahādeva Vedāntin*, Introduction, p. ii.)

3) *Advaitacintākaustubha* (a commentary on the preceding). Included in the Bibliotheca Indica edition listed above. (See *New Catalogus Catalogorum* I, p. 124; VIII, p. 75).

4) *Budhamanoharā*, also called *Vidvanmanoharā* (a commentary on the *Amarakośa*). (See *New Catalogus Catalogorum*, Vol. I, p. 328; Rājendralāla Mitra, Notices of Sanskrit MSS, Number 846; G.V. Devasthali, *A Descriptive Calalogue of the Saṃskṛta and Prākṛta Manuscripts (Bhagavatsinghji Collection and H. M. Bhadkamkar Collection) in the Library of the University of Bombay*, Number 112).

5) *Viṣṇunāmasahasravyākhyā* (a commentary on the *Viṣṇusahasranāma* section of the *Mahābhārata*). (See Albrecht Weber, *Die Handschriften Verzeichnisse der Königlichen Bibliothek zu Berlin, Verzeichnis der Sanskṛit- und Prākṛit-Handschriften* Number 1524; G.V. Devashali, *A Descriptive Calalogue*, Number 1633; M.A. Stein, *Catalogue of the Sanskrit Manuscripts in the Raghunath Temple Library of His Highness the Maharaja of Jammu and Kashmir*, p. 197).

6) *Sāṃkhyasūtravṛttisāra* (a commentary on the anonymous *Sāṃkhyasūtra*). Editions: 1) Portions edited by Richard Garbe in *Sāṃkhyasūtravṛtti or Aniruddha's Commentary and the Original Parts of Vedāntin Mahādeva's Commentary to the Sāṃkhya Sūtras*, Bibliotheca Indica, Calcutta, 1888; 2) Edited together with the *Sāṃkhyasūtra*, Aniruddha's *Vṛtti*, Vijñānabhikṣu's Bhāṣya, and Nāgeśabhaṭṭa's *Bhāṣyasāra* by Janārdanaśāstrī Pāṇḍeya in *Sāṃkhyadarśanam*, Motilal Banarasidass, New Delhi, 1983.

7) *Sāṃkhyasūtravṛtti*. (See Theodor Aufrecht, *Catalogus Catalogorum*, p. 436).

8) *Tattvacandrikā* (work on Advaitavedānta). (See *New Catalogus Catalogorum*, VIII, p. 19; Rājendralāla Mitra, *Notices*, Number 2314).

9) Commentary on *Rāmasahasranāmastotra*. (Travancore University, Number 7064, according to K. Kunjunni Raja, *Uṇādikośa of Mahādeva Vedāntin*, p. iv).

10) *Tātparyadīpikā* (a commentary on the 4th brāhmaṇa of the *Bṛhadāraṇyakopaniṣad*). (Manuscript at Tanjore (Sarasvati Mahal Library), according to Potter, *Encyclopedia of Indian Philosophy, Vol. I, Bibliography*, p. 415).

The manuscripts of the MNS record no dates either for its composition or for its copying, but the colophon of the *Viṣṇunāmasahasravyākhyā*, as published in the Berlin and Bombay catalogues, gives *saṃvat* 1750 (=1693–

4 A.D.) as the year it was written.[13] It also says that the author wrote the work in a city "adorned by the Tāpī". If this is the Tapti river, it places Mahādeva in Western India just south of the Satpura range.

Distinctive Features of the MNS

As was stated above, in composing a topical summary of Mīmāṃsā doctrines, Mahādeva follows the well-established literary model practiced by Pārthasārathi Miśra in the *Śāstradīpikā* (ŚD), Mādhava in the *Jaiminīya-nyāyamālā* (JNM) and autocommentary *Vistara* (JNMV), and Khaṇḍadeva in the *Bhāṭṭadīpikā* (BhD). His text is highly derivative, borrowing extensively, and with almost no attribution, from all of these works. His use of the BhD, a major work of the "New School" of Mīmāṃsā, is perhaps most evident in the early parts of his text.[14]

Mīmāṃsā texts are generally constructed around sets of quotations. Most of these are taken either from *vedic* literature, or later works dealing with *vedic* rites, but some come from the works of grammar, Dharmaśāstra, and epic. In the MNS, these quotations number close to a thousand. In nearly all cases, they are either identical or very similar to those given by earlier writers. In the notes to the present work, I have tried to identify passages in *vedic* or later texts which either match these quotes or are at least similar to them.[15]

---

13 The Berlin manuscript concludes:
śrīmatsvayaṃprakāśāṃghrilabdhavedāṃtisatpadaḥ/
mahādevo 'karod vyākhyāṃ viṣṇunāmasahasragāṃ//
khabāṇamunibhūmāne (1750) vatsare śrīmukhābhidhe/
mārgāsitatṛtīyāyāṃ nagare tāpyalaṃkṛte//
iti śrīmadvedāntimahādevakṛtā viṣṇunāmasahasravyākhyā saṃpūrṇā
The date of composition given here is Tuesday, December 5th, 1693.

14 This is not true however for the first chapter of the first book. The BhD begins only with the second chapter. See text below.

15 This has been time-consuming work, and I have no doubt that the results are both imperfect and incomplete. Even so, it would have been an impossible task without the publications of a number of scholars.

The general question of the provenance and transmission of the quotations found in Mimāṃsā literature has been discussed by Edgerton in his edition of Āpadeva's *Mīmāṃsānyāyaprakāśa* and by Garge in his monograph, *Citations in Śabara-Bhāṣya*. These authors have identified the sources of a large number of quotations which appear in Mahādeva's text. Apart from these two fundamental works, Yudhiṣṭhira Mīmāṃsaka has provided copious notes on sources in his two editions of

Where Mahādeva's quotations differ from Śabara's, I have indicated this in the notes. At such passages, I have attempted to give the full range of corresponding quotes in ŚD, JNMV, and BhD, since Mahādeva usually agrees with at least one of them, and it is interesting to observe him choosing from among his sources.[16] Often a passage given by Śabara or the others is simply longer, and so easier to trace to a particular text.[17]

Mahādeva's style is tight and concise, giving a text considerably shorter than the ŚD, the JNM and JNMV, or the BhD. He has composed a number of didactic verses (*kārikās*), distributing them rather unevenly throughout the work. These verses neither constitute a distinct composition, as in the JNM, nor do they summarize arguments spelt out in the accompanying prose, as frequently occurs in the ŚD. Instead, Mahādeva uses them in place of prose to make his point, sometimes presenting a topic entirely in verse.[18] His use

---

Śabara's commentary, Ganganatha Jha has traced a few citations in his English translation of Śabara, and D.J. Agrawal has published a reference work, *Mīmāṃsā Uddharaṇa Kośa*, which lists sources for Śabara, but includes quotes from a few later Mīmāṃsā authors as well. Though not directly concerned with Mīmāṃsā literature, Bloomfield's *Vedic Concordance* and Vishva Bandu's *Vaidika Padānukramakośa* (Vedic Word Concordance) have also been useful for identifying some sources. Needless to say, it is difficult to be certain whether any particular passage which matches a Mīmāṃsā quote is in fact its source, or even whether some of the quotes commonly discussed by Mīmāṃsā writers ever had an exact source in *vedic* literature. See the cautionary remarks by Edgerton, pp. 23–8, and Garge, pp. 28–45.

16 I should add that all of these quotes are based only on printed editions. Textual research into Mīmāṃsā literature may very well produce different readings. K. Kataoka has pointed out that all the printed editions of the *Śābarabhāṣya* published subsequently to the Bibliotheca Indica text of 1873 and 1879 are based directly or indirectly on that text, and not on additional manuscript evidence, the one exception to this being seen in Gosvāmī's references to a manuscript "Ba" in his edition (*The Theory of Ritual Action in Mīmāṃsā: Critical Edition and Annotated Japanese Translation of Śābarabhāṣya & Tantravārttika ad 2.1.1–4*, pp. 7–18). (I wish to thank Mr. Kiyokazu Okita for translating the relevant passages from Kataoka's Japanese text.)

17 In a number of cases, Mahādeva quotes passages which appear to come from texts belonging to the Taittirīya branch of the *Yajurveda*, whereas Śabara presents the corresponding Maitrāyaṇīya forms. Garge has argued that Śabara was affiliated with the Maitrāyaṇīya tradition, while later writers, such as Mādhava, preferred to quote from the Taittirīya (Garge, *Citations in Śabara-Bhāṣya*, pp. 19–22). As stated above, Mahādeva used the works of these writers extensively.

18 The highest concentration of these verses is in Book One, but there are also quite a few of them in Books Seven and Eight. A few occur elsewhere as well.

of meter is sometimes faulty, a characteristic noted by Kunjunni Raja in his edition of the *Uṇādikośa*.[19]

Mīmāṃsā authors occasionally disagree in their recognition of topic boundaries. Mahādeva generally accepts the boundaries as given in the JNMV, and where he does not, he usually follows the BhD.[20]

With regard to the alternative interpretations of topics which have been passed down in Mīmāṃsā literature, Mahādeva follows the example of ŚD, JNMV, and BhD in frequently distinguishing Kumārila Bhaṭṭa's views from those of Śabara.[21] He also follows the practice of these writers in giving a large number of the alternative interpretations (*varṇakas*) which seem to go back to Śabara. He attributes two of these to the author of the *Vṛtti*.[22] At one place, he says of an argument that it belongs to the scholars of the "New School",[23] and at another he presents a view as being that of Pārthasārathi Miśra.[24] Mahādeva never mentions any writers other than these, and at only four places mentions other texts: the ŚD, at 3.8.22, the *Adhikaraṇaratnamālā* (=JNM), at 9.2.14, the *Rāṇaka*, at 11.2.14,[25] and the *Bhāmatī*, at 12.2.8.[26]

Finally, it may be pointed out that Mahādeva's treatment of the philosophical doctrine presented elsewhere in Mīmāṃsā literature is extremely slight. Much of this doctrine is based ultimately on Śabara's *Bhāṣya* on the first chapter of Book One, a chapter known as the *Tarkapāda*. This was the subject of Kumārila's *Ślokavārttika*, one of the great works of Indian dialectics, where most of the accepted tenets of the Bhāṭṭa school are set forth. The

---

19 K. Kunjunni Raja, ed., *Uṇādikośa of Mahādeva Vedāntin*, pp. xi–xii.

20 The four places where this occurs are MNS 4.2.9, 9.4.2, 11.2.1, and 11.4.9. See notes. (It also occurs at 12.3.16 and 12.4.2, according to one textual tradition of the JNMV). At 1.4.1 MNS follows Śabara in presenting as a single topic the material which ŚD, JNMV, and BhD, following TV, present as two. Conversely, the two topics discussed in MNS as 1.4.2–3 are given as a single topic in all the other works.

21 He never mentions Kumārila by name, but refers to him as *ācārya* (in the plural) in the first *adhyāya*, and as *vārttikakṛt* (singular and plural) elsewhere. His work is usually referred to as *vārttika*, but once, at 8.1.15, as *ṭīkā*.

22 These are given at 9.1.11 and 10.5.13. At a number of topics, Śabara or later writers refer to the author of the *Vṛtti* as holding this or that alternative interpretation. It is not known who this writer was, or whether in fact the various references are all to the same individual. See the remarks by Verpoorten, p. 8, and E. Frauwallner, *Materialen zur ältesten Erkentnisslehre der Karmamīmāṃsā*, pp. 107–13.

23 At 1.4.15.

24 At 8.1.15.

25 This is Someśvara Bhaṭṭa's commentary on Kumārila Bhaṭṭa's *Tantravārttika*. It is also known as the *Nyāyasudhā*.

26 This is Vācaspati Miśra's famous commentary on Śaṃkara's *Brahmasūtrabhāṣya*.

distinct status of the *Tarkapāda* for Mīmāṃsā scholars is seen in the fact that Khaṇḍadeva chose to exclude it from his BhD, and Pārthasārathi Miśra, who includes it in the ŚD, gives it a proportionally much bigger treatment than other chapters.[27] Mahādeva follows the model of the JNMV in giving it an amount of space roughly proportional to the rest of the text.

The Place of MNS in Late Mīmāṃsā Literature

As in other branches of Sanskrit literature, a large number of Mīmāṃsā works were written in the 16th–18th centuries. These range from introductory treatises, which presupposed no prior study of the subject (see below), to commentaries on the major works of earlier writers,[28] to the development of the "New School" of Mīmāṃsā in the books by Khaṇḍadeva. Much of this literature remains unpublished and unstudied, and I am not in a position to give a precise account of the place of Mahādeva's work in it.[29] As

---

27 Judging only from page numbers, the *Tarkapāda* is about eleven times larger than the average chapter of the ŚD. Among commentaries on the ŚD, Rāmakṛṣṇa's *Yukti-snehaprapūraṇī* is directed only to the *Tarkapāda*, and Vaidyanātha Tatsat's *Prabhā* and Somanātha's *Mayūkhamālikā* only to the remaining chapters of the text. See note below for the latter two works.

28 Two commentaries on the ŚD which are occasionally quoted in the notes, Somanātha's *Mayūkhamālikā* and Vaidyanātha Tatsat's *Prabhā*, appear to be from this period. Verpoorten (p. 42, note 230) and Mishra (p. 58) date the former work to the middle of the 17th century. Mishra dates the latter to the same time, referring to the *saṃvat* date 1740 (=1683 A.D.) recorded in Vaidyanātha's *Udāharaṇacandrikā* commentary on the *Kāvyapradīpa*. Another commentary on the ŚD, the *Prakāśa* of Śaṃkarabhaṭṭa, was composed somewhat earlier, either in the late 16th or early 17th century. Śaṃkarabhaṭṭa appears to have been an important figure, and is very frequently referred to by Śaṃbhubhaṭṭa in his *Prabhāvalī*, a commentary on Khaṇḍadeva's BhD. This work, which is quoted often in the notes, and which Mahādeva may have used, was completed in 1708. Vāsudeva Dīkṣita's *Adhvaramīmāṃsā-kutūhalavṛtti* is also quoted. Composed in the first half of the 18th century (Mishra, p. 60), it comments on Jaimimi's *sūtras* directly.

29 The MNS is not a widely known text. The only printed references to it I have seen are the entries in the manuscript catalogues cited in the text below. A. B. Keith refers to a Mīmāṃsā commentary by Mahādeva Vedāntin, which might be the MNS, but he does not give a title or any other details (*The Karma Mīmāṃsā*, p. 12). There exist at least three other works with the same title. One was written by Nīlakaṇṭhabhaṭṭa, son of Śaṃkarabhaṭṭa, and is also referred to as *Bhāṭṭārka* (NCC Vol. X, p. 174b). The second is a work in the Prābhākara school, written by Govindabhaṭṭa (NCC Vol. VI, p. 202a). Verpoorten, I think wrongly, reports the alternative title *Bhāṭṭārka* as applying not to Nīlakaṇṭha's, but rather to Govinda's work (p.

mentioned above, he relied heavily on BhD in parts of his text, although he mentions the scholars of the "New School" (*navya*) just once. He never identifies a view as being one held by followers of the old school (*prāc*).[30] Khaṇḍadeva died in 1666, a generation before the composition of Mahādeva's *Viṣṇunāmasahasravyākhyā*. It is possible that what seems to be Mahādeva's particular pattern of borrowing from BhD and earlier books was in fact the work of a predecessor or contemporary, but I have no reason to think so.[31] He makes a number of remarks which I have not been able to trace to other writers, and I have noted these in the text.[32] However, I do not know if any of these are original observations on his part. It could be that I have failed to find them in his usual sources, the ŚD, JNMV, and BhD, either by simple oversight, or because they occur elsewhere in those texts and I have missed them. Likewise, they might be found in other texts Mahādeva studied. With regard to the *vedic* and other citations in the work, where these differ from those quoted by other writers, I suspect Mahādeva or a copyist may simply have made a mistake.

Three relatively well-known books on Mīmāṃsā from this period which have been published, all with accompanying English translations, are Laugākṣi Bhāskara's *Arthasaṃgraha*,[33] Āpadeva's *Mīmāṃsānyāyaprakāśa*,[34] and

---

46). The third is an anonymous work listed in *A Triennial Catalogue of Manuscripts, 1922-23 to 1924-25, Vol. V-Part 1-Sanskrit C*, 1932, pp. 6530-1, R. No. 4456. It is described there as "a short metrical treatise epitomising the contents of the Mīmāṃsāsūtras of Jaimini". The manuscript has 12 folios, and breaks off in the third *pāda* of the third *adhyāya*.

30 At the one site where Mahādeva mentions the ŚD, 3.8.23, he invokes the authority of that text as part of his argument for rejecting the existence of a separate topic recognized by Khaṇḍadeva. Khaṇḍadeva's commentator, Śaṃbhubhaṭṭa, also refers to the ŚD there.

31 Mahādeva's mix of old and new may possibly remind Sanskrit students of Annaṃbhaṭṭa's *Tarkasaṃgraha*, a 17th century introduction to the doctrines of Nyāya-Vaiśeṣika.

32 See 4.1.15; 4.3.12; 4.4.5; 5.3.11; 5.4.4; 6.2.11; 7.4.3; 9.1.16; 9.2.20; 10.4.2; 11.3.3, 8, 15; 12.2.8, 13; 12.3.15; 12.4.3, 15.

33 Edited and translated by G. Thibaut, Benares Sanskrit Series, No. 4, 1882, and by A.B. Gajendragadkar and R.C. Karmarka, Bombay, 1934; reprint, Motilal Banarsidass, Delhi, 1984.

34 Edited and translated by F. Edgerton, Yale University Press, 1929; 2nd ed. Satguru Publications, Delhi, 1986. Edgerton dates Āpadeva to the early part of the seventeenth century, and argues that he borrowed from Laugākṣi Bhāskara (pp. 18, 22–3).

Nārāyaṇa Bhaṭṭa and Nārāyaṇa Paṇḍita's *Mānameyodaya.*[35] Like the MNS, these were written as introductory texts. They differ though in what they introduce. The first two deal directly with the main issues of the Mīmāṃsā, that is, the analytic principles of *vedic* exegesis. They are structured around definitions and classifications, rather than topics, and discuss a much smaller number of *vedic* statements than are found in MNS.[36] The third deals exclusively with the philosophical positions developed in the works of Kumārila Bhaṭṭa, with no discussion of exegesis. I have no particular reason to think Mahādeva used any of these works.

The MNS and Mahādeva's Other Works

The MNS is not the only book by Mahādeva to provide a restatement, or abridged version, of the work of previous scholars. In fact, producing texts of this sort seems to have been his main literary activity (see list above). Basically, he appears to have been a writer of textbooks.[37]

---

35 Edited and translated by C. Kunhan Raja and S.S. Suryanarayana Sastri, Theosophical Publishing House, 1933; 2nd edition, The Adyar Library and Research Centre, Madras, 1975. In *The Contribution of Kerala to Sanskrit Literature,* Kunjunni Raja states that Nārāyaṇa Paṇḍita completed the second part of the text between 1655 and 1658, and that Nārāyaṇa Bhaṭṭa must have died before 1655 (pp. 105–6 and 132–4). The traditional date of Nārāyaṇa Bhaṭṭa's death, 1666, is defended by S. Venkitasubramonia Iyer in *Nārāyaṇabhaṭṭa's Prakriyāsarvasva, A Critical Study* (pp. 20–3).

36 I have referred to Edgerton's notes on the *Mīmāṃsānyāyaprakāśa* frequently. His edition and translation is by far the best introduction to Mīmāṃsā yet published.

37 It might be useful here to refer briefly to some of the relevant observations made by scholars who have studied the three other published works of Mahādeva. Kunjunni Raja, the editor of Mahādeva's *Uṇādikośa*, gives this description of the work: "It is not possible to say that Mahādeva is quite original...[his] work is almost a compilation of relevant passages from various authoritative lexicons like *Viśva* and *Medinī.* Quotations from the various lexicons given in Ujjvaladatta's commentary have also been incorporated whevever necessary. *Amarakośa* and Hemacandra's *Anekārthasaṅgraha* have also been made use of by the compiler. In some cases he changes the order of the words to suit his lines. Thus the work is more or less a compilation, but at the same time it is quite authoritative and dependable and can serve as a very useful supplement to the study of the *Uṇādisūtras*" (*Uṇādikośa of Mahādeva Vedāntin,* p. v). N.S Ramanujan concludes his review of Mahādeva's *Tattvānusandhāna* and autocommentary *Advaitacintākaustubha*, "Mahādevānanda has not introduced any new line of argument in the interpretation of Advaita. As has been said in the beginning his work serves as a refresher to a student engaged in *manana*. He has had access to all the important Advaita works before his time; and

The Edition

The present edition is based on the following manuscripts, all of which are written in the *devanāgarī* script:

O. MS Chandra Shum Shere c.216(2), Bodleian Library, Oxford. 105 folios. 13 1/2 x 4 1/2 inches. 10 lines. 45 letters. Folios 91 to 105 in two different hands (91r and 92v in one, the rest in another). Contains *adhyāyas* 1–10. Marginal corrections.

E. MS Chandra Shum Shere d.854, Bodleian Library, Oxford. 80 folios. 10 3/4 x 4 1/2 inches. 11 lines. 34 letters. A large number of folios missing, specifically those presenting the text from the middle of 4.1.2 to the middle of 9.3.8, and from the middle of 9.4.13 to the middle of 10.2.32. Varying amounts of the right hand side have been eaten away. Marginal corrections.

B. MS Baroda 1628 (Accession Number) (*Alphabetical List of Manuscripts in the Oriental Institute, Baroda*, Vol. I, ed. by Raghavan Nambiyar, Baroda, 1942, p. 682). 129 folios. 10 lines. 39 letters. Complete. A small number of marginal corrections.

P. MS BORI. 1884–87, No. 577 (*Report on the Search for Sanskrit Manuscripts in the Bombay Presidency, 1884–85, 1885–86, and 1886–87*, ed.

---

by presenting the Advaita concepts in a lucid and admirable way for the benefit of posterity, he has rendered solid service to the cause of Advaita" ("Mahadevananda Sarasvati", in *Preceptors of Advaita*, ed., T.M.P. Mahadevan, p. 285). Richard Garbe was perhaps less appreciative of Mahādeva's manner of composition. In his edition of the *Sāṃkhyasūtras*, he chose to include only the "Original Parts" of Mahādeva's *Sāṃkhyasūtravṛttisāra*, pointing out that although Mahādeva professed to be offering an abridgment of Aniruddha's *Vṛtti*, a commentary which Garbe included in his edition, the first two *adhyāyas* of his work were lifted more or less directly from Vijñānabhikṣu's *Sāṃkhyapravacanabhāṣya* (*Sāṃkhyasūtravṛtti or Aniruddha's Commentary and the Original Parts of Vedāntin Mahādeva's Commentary to the Sāṃkhya Sūtras*, p. v). Earlier, Fitz-Edward Hall had reported that Mahādeva's text "is an abridgment of Aniruddha, but contains many original remarks by the epitomist" (*Sānkhya-Sāra; a Treatise of Sānkhya Philosophy by Vijñāna Bhikshu*, p. 45). At the end of the first *adhyāya*, Mahādeva remarks,

> *atra māmakasaṃdarbhe nā 'sti kā 'pi svatantratā|*
> *iti jñāpayituṃ vṛttisāra ity abhidhā kṛtā||*
> *paravākyāni likhitā teṣām artho vibhāvitaḥ|*
> *kṛtā saṃdarbhaśuddhiś ce 'ty evaṃ me nā 'phalaḥ śramaḥ||.*

"In order to make it known that there is no independence (of scholarship) at all in this composition of mine, I have called it the *Vṛttisāra* (An Epitome of the Commentary). In writing down the sentences of others, I have set out their meaning, and clarified the arrangement of the text, and so my efforts have not been futile."

by R.G. Bhandarkar, Bombay, 1894, p. 65). 89 folios. 10–12 lines. 45 letters. Contains *adhyāyas* 1–10. According to Bhandarkar, the manuscript is from Gujerat.

U. MS Ulwar 360 (*Catalogue of the Sanskrit Manuscripts in the Library of His Highness the Maharaja of Ulwar*, ed. Peter Peterson, Bombay, 1892). 130 folios. 10 1/2 x 4 1/2 inches (uncertain; based on xerox copy). 38 letters. 11 lines. Ends in the middle of 12.4.9. A small number of marginal corrections.[38]

Of the five manuscripts listed above, only B is complete. O and P stop at the end of Book 10, omitting the final two books. U stops very close to the end, and may well have been based on a manuscript lacking its final folio. E contains most of the work, including its end, but a large number of its folios, which would have covered nearly forty percent of the text, are missing.

The highly derivative nature of the MNS has made the task of editing it easier than it would have been otherwise. Phrases are frequently borrowed from earlier texts, either verbatim, or with only slight alterations. For the most part, the arguments are clear, and the variants are generally without much significance to the meaning.

It has not been possible to establish clearly the genealogical relationships among the five manuscripts, but a number of errors common to all of them indicate that they all descend from a single ancestor which was presumably not the author's autograph. On the basis of distinctive readings, they fall into

---

38 Apart from the manuscripts listed above, I have seen references to two other manuscripts of the text in *A Descriptive Catalogue of the Sanskrit Manuscripts acquired for and deposited in the Sanskrit University Library (Sarasvatī Bhavana), Varanasi, Vol. VII, Pūrvottara-Mīmāṃsā and Sāṃkhya-Yoga MSS*, Sanskrit University, Varanasi, 1961: 1) p. 212, number 28926, 128 folios, 10 lines, 45 letters, complete, and 2) p. 264, number 29530, 276 folios, 13 lines, 15 syllables, complete. The author's name is given as Mahādevabhaṭṭa for both of these. The second was written in saṃvat 1951 (=1893). There may also be a manuscript of the text in Jammu. In M.A. Stein's *Catalogue of the Sanskrit Manuscripts in the Raghunath Temple Library of His Highness the Maharaja of Jammu and Kashmir*, p. 114, manuscript number 4327 is listed as a "*Mīmāṃsāsūtravṛtti*" by Vedāntimahādeva, 22 folios, 10 lines, 35 *akṣaras*, incomplete. This same manuscript is also listed in M.M. Patkar's *Descriptive Catalogue of Sanskrit Manuscripts in Shri Ranbir Sanskrit Research Institute Jammu (Kashmir)*, Vol. II, pp. 488-9. Patkar lists the manuscript as having 21 folios. Both he and Stein report that the first four folios are missing. In Aufrecht's *Catalogus Catalogorum*, Part II, p. 105, both the Jammu manuscript mentioned here and manuscript P listed above are referred to simply as "*Mīmāṃsāsūtravṛtti*". I have not had access to the Varanasi or Jammu manuscripts, or seen copies of them.

three groups: OE, B, and PU. The group OE generally seems to offer the most reliable readings. Both contain a fair number of marginal corrections. In E most of the corrections offer unique readings to the text, whereas in O the corrections usually match readings found in the other manuscripts, most often the readings found in PU. O and E share an omission from 3.8.19 to 23, for which E provides a *śodhapatra*. Marginal passages in E offer additional text to be read at the beginning of 2.2.5 and near the end of 3.4.14.

Manuscript B usually agrees with OE, but it has a number of readings which indicate a tradition distinct from that of the other manuscripts.[39]

Manuscripts P and U are very similar to each other, and share a large number of mistakes, including omissions, garbled words, and transposed passages. U has a small number of marginal corrections, and in every case the original reading agrees with P. At 10.4.16, where OEB all present an uncertain and incorrect text, PU sloppily patch in a passage similar to ŚD. At 2.3.4, PU extend the topic beyond what appears in OEB with material from JNMV. At 3.8.15, 3.8.16, 6.5.17, 6.7.9, 10.6.13, and 10.8.7, PU present quotations in a slightly fuller form than do OEB. At 10.5.19, they present a quotation in a different form from OEB. At 12.1.21, after O and P have given out, U quotes a different *mantra* from the one in EB, and at 12.4.7, it extends the initial quotation beyond the portion given in EB. In spite of their many errors, PU offer a number of readings preferable to those found in the other manuscripts. Both O and E are on occasion corrected to match PU.

On considering distinctive errors found in more than one but not all the manuscripts, it can be seen that although P and U share the largest number of these with each other, the remaining three manuscripts, O, E, and B, each share errors with PU, and also with each other.

Given the nature of the manuscripts, their errors and lacunae, it was not possible to follow any single one for the purpose of establishing the text. Usually the factors of sense, meter, and parallel passages in other Mīmāṃsā texts dictated the choice of reading. When choosing among viable alternatives, I generally selected the readings found in O and E. Corrected passages in O seem regularly to agree with the most likely variants, and on a number of occasions the corrected passages in E provide unique readings which seem to be the only ones possible.

I have not recorded all of the scribal mistakes found in the manuscripts, but where I have noted variant readings, I have recorded the evidence of all the manuscripts. Much of this is clearly secondary and based on scribal

39 Clear examples of this can be seen in 1.1.5, 1.4.10, and 2.2.11.

error. My purpose in including as much of it as I have is to make it easier to identify textual affiliations of any manuscripts which may come to light in the future, and to give readers a fuller picture of the textual tradition on which this edition is formed. Likewise I have recorded all of the manuscript evidence wherever I have made a correction to the text.

The Aims and Procedures of Mīmāṃsā

Mīmāṃsā introduces itself as an inquiry into *dharma*,[40] which Mahādeva defines as the means of bringing about transmundane desires, means made known to us only through the correct understanding of the injunctions and prohibitions stated in the *veda*. Consequently, Mīmāṃsā is primarily a study of the semantics of *vedic* texts, and is known traditionally as "*vākyaśāstra*" (the science concerned with sentences). The starting point for the Mīmāṃsā doctrine is the assumption that the entire body of *vedic* literature is unauthored, eternal, and infallible, and that its core is made up of injunctions and prohibitions, with all other matter being interpreted as subservient to the proper understanding of these. The problem which the Mīmāṃsā identifies and tries to answer is how the text of the *veda* can be understood to teach *dharma* without ambiguity. Its method is to consider several hundred *vedic* statements, identify specific ambiguities in their interpretation, and offer principled solutions to these ambiguities. The principles evoked and elicited in this process constitute a system of semantics specific to the *veda*, which can be used to resolve other instances of ambiguity in that text. The vast majority of *vedic* statements subject to scrutiny by the Mīmāmsā are linked to specific sacrificial actions, although they very occasionally deal with behavior outside the sacrifice. (As a consequence, Mīmāṃsā literature is mostly about sacrifices.) With only a few exceptions, *vedic* sacrifices range from the complex to the extremely complex, and the interpretive system created by the Mīmāmsā serves to describe their structure. By asking hundreds of questions of the texts, the Mīmāṃsā identifies principles of ritual construction and integrity which would not otherwise be clear.[41] Although the principles of semantic interpretation which Mīmāṃsā formulated

40 JS 1.1.1 *athā 'to dharmajijñāsā* (Now then, the enquiry into *dharma* (begins)).

41 To what extent these structures would have been recognized by the authors of the *vedic* texts is of course a separate question.

could and did have application outside the range of sacrificial injunctions, most famously in legal literature, the science kept its focus on *vedic* texts.[42]

Brief Outline of the Contents of the MNS

In order to provide an introductory overview of the structure and content of the MNS, which follows the pattern of earlier works exactly, it seems useful to present here Mahādeva's own table of contents, in which he lists the main subjects of the twelve books which make up his text.[43] His list is a traditional one, and identifies only the main themes of the various chapters. (A fuller survey is offered below in the "Summary of the MNS"). However, even such a brief statement of contents should serve to indicate the range of analytical problems which the Mīmāṃsā saw necessary to address. I have added a short gloss on each subject:

1) Authority (*pramāṇa*): the validity of particular types of statements with regard to their teaching of *dharma*,

2) Distinctness (*bheda*): the criteria for deciding whether the statement of a particular action establishes it as a distinct rite,

3) The condition of being a subsidiary (*śeṣatva*): the criteria for identifying the main item for which a particular subsidiary item is taught,

4) Prompting (*prayukti*): the identification of the item which prompts the performance of a particular action,

5) Order (*krama*): the determination of the order in which the various main and subsidiary actions are to be performed,

---

42 For a general account of the importance of Mīmāṃsā to law and an overview of the relevant literature, see R. Lingat, *The Classical Law of India*, pp. 148–57. P.V. Kane discusses the topic at some length in HDS, Vol. V.2, pp. 1283–1351.

43 The text of the MNS has the same divisions as its predecessors: 12 books (*adhyāyas*), with 4 chapters (*pādas*) in each, except for books 3, 6, and 10, which have 8 chapters each. Each chapter in turn consists of between one and 34 distinct topics (*adhikaraṇas*), the total number of these being 903. Mahādeva's text does not present the *sūtras* of Jaimini which underlie the system, and in this way follows the model of the ŚD, the JNMV, and the BhD (although the NSP edition of the first of these and ĀĀ edition of the second have included the *sūtras*, as have the editors of volumes II to V of the BhD). At the end of his work, Mahādeva gives a table of contents of the twelve books, which agrees with similar lists in other writers:
pramāṇabhedaśeṣatvaprayuktikramabhoktṛtāḥ|
sāmānyenā 'tideśas sa viśeṣeṇo 'habādhane|
tantraṃ prasaṅga ity ete dvādaśādhyāyagocarāḥ||.

6) The condition of being one who enjoys the result (*bhoktṛtā*): the identification of the connection between the result of a rite and the one who is to enjoy it,

7) Transfer (*atideśa*), considered generally (*sāmānyena*): the bases on which items from one rite are to be transferred to another,

8) Transfer (*atideśa*), considered specifically (*viśeṣeṇa*): the identification of the particular sources of transfer,

9) Modification (*ūha*): the required modification of items which have been transferred from one rite to another,

10) Blocking (*bādhana*): the blocking of items which would have applied at a rite on the basis of transfer,

11) *Tantra*: the single performance of a subsidiary action made with reference to a number of main items,

12) *Prasaṅga*: the assistance for one main item obtained from a subsidiary performed for the sake of a different item.

The Analysis of Sentences

As stated above, the unit of interpretation for the Mīmāṃsā is the sentence. It may be useful here to distinguish two levels in their analysis. Firstly, the rules of Sanskrit grammar which describe a sentence's formation assign to it a meaning which is as it were internal to the sentence. At this level the Mīmāṃsā offers a semantic analysis of sentence grammar which differs in certain details from the one developed by the Sanskrit grammarians. Secondly, the meaning which results from such analysis is in some sense provisional, since the sentence occurs only in the context of other *vedic* sentences, and it is they which will determine its exact meaning. Throughout its investigation, the Mīmāṃsā constantly asks of sentences whether they enjoin (here in the sense of "introduce") for particular rites the particular items they speak of, or whether they simply make subsequent reference to these items, since the latter have been obtained from other sentences elsewhere. [44] Furthermore, the boundaries of a sentence can be settled only after its required meaning is determined, and distinct statements are often identified as constituting a single sentence.

44 For a brief note on such "injunctions" and "subsequent references", see the Notes on Selected Vocabulary Items below.

With regard to its internal analysis of sentences, the Mīmāṃsā identifies the suffix of the finite verb as the most important grammatical element.[45] In all verbs this suffix denotes the *bhāvanā*, a term translated here as "productive force". The term itself is an action noun based on a root having the sense, "to cause to come into being". The productive force is said to require three things, which are spoken of as its "parts" (*aṃśas*): a result (*phala*), an instrument or means for bringing about the result (*karaṇa*), and a manner of performance which will enable it to produce the result (*itikartavyatā* or *kathaṃbhāva*). The instrument is denoted by the verbal root to which the suffix has been added, and is itself an action. The result and the manner of performance are not restricted in their expression to any particular grammatical form.[46] In injunctive sentences, the situation is somewhat more complex. Here the verb suffix denotes two productive forces. The first operates as described above. For the second, which is denoted only in injunctions, the result is considered to be the first productive force, in its entirety, the instrument is the knowledge of the optative suffix, which is typically used in Sanskrit to express an injunction, and the manner of performance consists of the non-injunctive statements which are interpreted as providing praise or denigration of an action (*arthavāda*).[47] The standard example given in the tradition is the sentence "*somena yajeta*" (he should perform a sacrifice with *soma*, i.e., the extracted juice of the *soma* plant). Here the optative suffix "*ta*" is added to the verbal root "*yaj*" (to sacrifice).[48] It denotes a productive force which, through the instrumentality of the action of sacrificing (*yāga*), produces a result, in this case heaven. The various subsidaries taught for the sacrifice constitute its manner of performance. The suffix also denotes a second productive force, which has the first productive force as its result, knowledge of the optative suffix *ta* as its instrument, and various statements praising the sacrifice as its manner of performance.

With regard to the second level of analysis, the question as to whether a sentence enjoins a new item, or simply refers to one which has been ob-

45 The details of the analysis outlined here were not fully developed by the time of Śabara. See MNS 2.1.1.

46 It may be worth noting here that in the Mīmāṃsā analysis, the agent is not denoted by the finite verb, as the grammarians claim, but is understood through implication.

47 This follows closely the well-known account given in Āpadeva's *Mīmāṃsānyāya-prakāśa*, sections 3–9 and 392. It is similar to the description given in JNMV at 2.1.1.

48 In the traditional formation of *yajeta*, the suffix *ta* is augmented to *īta*, and then the vowel *ī* and the thematic vowel *a*, which is added to the root *yaj*, are replaced by *e*.

tained elsewhere, can be answered only with an understanding of the basic features of a *vedic* ritual. The action of sacrifice (*yāga*) is defined as the action of giving up ownership of a substance with mental reference to a deity. In the case of an offering (*homa*), this must be accompanied by the casting of the substance into a fire etc. Two items, the deity and the substance, are required to give the sacrifice its own form (*rūpa*). In most cases, *mantras* are recited, various subsidiary actions are performed, the result of the rite is specified, and fees are given to officiating priests. If information about any of these is obtained in advance of a sentence which happens to speak of them, that will affect the sentence's interpretation. One particular consequence of this type of analysis is to show that when a sentence cannot be accepted as teaching anything for one particular rite, it must be regarded as supplying information about a different rite.

The characteristic features of the ritual which were mentioned above, and others which could be listed with them, are all discussed generally at various places in Mīmāṃsā texts. However, it is worth pointing out that the Mīmāṃsā offers no full descriptions of any rituals, even the most basic ones, which are mentioned hundreds of times and serve as models for dozens of others. As far as I can see, it would be impossible to construct any of the rites from the main texts of its tradition. A distinctive feature of Mīmāṃsā literature is that although its texts seem to presuppose a great deal of knowledge of the facts about a large number of rituals, the hundreds of specific questions which constitute these texts suggest that the reader's supposed grasp of even the most basic rituals is permeated with uncertainties, and that an accurate understanding requires a great deal of analytic study. Very occasionally, a topic contains a sort of disclaimer, namely, the declaration that it is purely hypothetical, following the consequences of ritual logic into a situation which cannot occur. These are, however, only a tiny minority of topics.[49] Most of the ambiguities presented in the texts look as if at one time or other they may have been at least somewhat real, although I admit it is impossible to decide this objectively.[50]

---

49 Mahādeva identifies hypothetical arguments at the following 32 topics: 3.2.12–19; 4.3.2; 6.5.2; 6.7.1–7; 6.7.12–13; 6.8.9; 9.1.13, 17; 9.3.8; 10.2.3, 18–22; 10.4.1; 11.3.8; 12.2.13.

50 The origins of Mīmāṃsā are obscure, but it seems clear that it is based on a tradition, or practice, far older than the *Jaiminisūtra*. The *Yajurvedic saṃhitās* themselves refer to cases where experts pursue investigations as to what is correct ritual procedure ("*mīmāṃsante*"; see 10.8.5 for an example). By the time of the *śrautasūtras*, the issues discussed in the Mīmāṃsā are frequently on the surface of the

One important principle of sentence interpretation which is worth mentioning in connection with the remarks given above is the need to avoid any interpretation which requires a single sentence to teach two or more new items for a rite which has already been obtained. The fault involved here is the creation of two or more distinct sentences out of one (*vākyabheda*). A complex injunction is acceptable, however, if it is the one which first teaches the rite.

Naturally, the semantics of sentences has consequences for the semantics of individual words. The latter often have to give up their primary meaning and take on a secondary one, although this is held up as a fault against any interpretation which requires it. When it is inevitable, principles are set out to minimize its damage, claiming for instance that it is preferable to admit secondary meaning in as few words as possible, in less important words (i.e., not in injunctions), and in words which are not initial in their sentences.

The Analysis of Rites

Since Mīmāṃsā literature is primarily about *vedic* rites, it would be useful to point out here certain aspects of its ritual theory which structured its analysis. Referring once again to Mahādeva's table of contents listed above, it is clear that the major task of Books 1–6 is the accurate construction of a rite on the basis of authoritative texts. This requires the identification of the rite, its component parts, structure, sequence, and agent. This information is necessary in connection with any rite, but another stage of analysis is required for the majority of rites. The subjects listed for Books 7–10 make it clear that items from some rites must be transferred to others. At those rites which receive items by transfer, which are far more numerous than those which do not, an important distinction is drawn between items directly taught for the rite (*upadiṣṭa*) and those which are transferred to it from elsewhere (*atidiṣṭa*). This distinction is not simply useful analytically, but provides criteria in certain cases where items of different origin make competing claims for being included in the rite.[51] The sources for transfer are

---

ritual texts themselves. For details and further discussion, see Garge, in *Citations in Śabarabhāṣya*, pp. 50–64 and *passim*, and Parpola, in "On the Formation of the Mīmāṃsā and the Problems concerning Jaimini, With particular reference to the teacher quotations and the Vedic schools", (Part I) pp. 162-74. and Part II.

51 Given the general complexity of *vedic* rites, it is not surprising that Book Ten, which considers instances where transferred items are to be blocked in modified rites, is by far the longest book in the text. Book Nine, which deals with the

the so-called original rites (*prakṛtis*). Of these, the most important are the new- and full-moon sacrifices (*darśapūrṇamāsau*) and the *jyotiṣṭoma soma* sacrifice.[52]

The first of these two constitutes a single rite, although it is performed in parts at two distinct times over a month. The main actions take place on the two *pratipad* days, that is, the days which follow the new- and full-moon days, although some preliminary acts may be performed on the new- and full-moon days themselves. On each of the *pratipad* days, three main sacrifices are performed. The offering substances for these sacrifices are rice or barley cakes, ghee, and sometimes curds and milk (*sānnāyya*). The deities for the sacrifices are specified. In addition, there are elaborate rites, some of them identified as sacrifices themselves, which precede and follow the main offerings. For the Mīmāṃsā, important structural features particular to this rite include its duration over the two parts of the month, the multiplicity of main sacrifices, and the fact that at each *pratipad* day only a single performance of certain of the preliminary and following actions is required. Also, the entire rite is productive of only a single result.

The new- and full-moon sacrifices serve as the original for a very large number of rites, namely, the *iṣṭis* and the animal rites. The term "*iṣṭi*" literally means "sacrifice", but is used primarily for rites, other than the animal rites, which receive items from the new- and full-moon sacrifices by transfer, and also for the new-and full-moon sacrifices themselves. Unlike the new- and full-moon sacrifices, the rites which receive items from them are not performed over two distinct times of the month, and they often consist of just a single offering substance.[53]

The second major original rite mentioned above, the *jyotiṣṭoma soma* sacrifice, is far more complex. The main actions occur on a single day, but this is preceded by four days of preliminary acts. Stalks of the *soma* plant are pressed three times on the main day, referred to as the pressing day, and at each pressing the *soma* juice is offered to various deities and drunk by the priests. Verses, mostly *Ṛgvedic*, are sung at each of the three pressings on specified melodies (*sāmans*). Three animal rites are included in the *jyotiṣṭoma*: one is performed on the last of the days preceding the pressing day, one

---

necessary modifications of transferred items, is the third longest (after Books Three and Ten), and longer than any other book with just four chapters.

52 At MNS 8.1.3, Mahādeva also refers to the *agnihotra* as an original rite.

53 This is just to mention two of the important structural differences. There are countless differences in details. On the subject of the *iṣṭi* as a model for other rites, see the remarks of F. Smith, *Vedic Sacrifice in Transition*, pp. 19–22.

is performed in stages throughout the pressing day, and one forms part of the concluding ceremonies. Also, a number of *iṣṭis* are performed over the days of the rite. There are seven forms (*saṃsthās*) of the *jyotiṣṭoma*, of which the *agniṣṭoma* is recognized as the original for the others. The *jyotiṣṭoma* serves as the original not just for a large number of one-day *soma* rites, but also for the twelve-day *soma* rite, which in turn serves as the original for *soma* rites lasting from two days to a year. The *gavāmayana* is a year-long *soma* rite which then serves as the original for other *soma* rites lasting a year or longer.

It is important to note here that there are ritual details which are taught in *vedic* texts, but without reference to any particular rite. The Mīmāṃsā shows that even though they eventually find their way to a number of rites by means of transfer, in the interest of economy they "enter" only the original rites.

The system of original rites and the elaborate theory of transfer described by the Mīmāṃsā are not made explicit in the *vedic* texts themselves. On the whole their origin is uncertain. They find expression later in the *śrautasūtras*, but are not elaborated there in great detail. Like other aspects of the theory of ritual, they are articulated fully only in Mīmāṃsā literature.[54]

In addition to the theory of original rites and transfer, there is another system of ritual analysis which the Mīmāṃsā employed. It classifies *vedic* rituals into obligatory (*nitya*), desiderative (*kāmya*), and "caused" (i.e., contingent) (*naimittika*). The required presence of a particular desire or cause for the performance of a rite makes the second and third types more complex than the first. Caused rites include, for example, the numerous expiatory rites, which are taught to take place when there are omissions and other mistakes in ritual performances. Expiatory rites constitute a major subject in Book Six, where the entitlement to enjoy the result of the rite is identified as the main subject. It is the agent of the sacrifice, that is, the sacrificer, who enjoys the result, and he is the one who must undertake these rites. Certain other responsibilities of the sacrificer, namely, the employment of a substitute offering substance, when this is necessary, and the payment of fees to the priests, are examined there as well.[55]

---

54 See the works by Garge and Parpola cited above.

55 F. Smith makes frequent reference to passages in the sixth book of the *Jaiminisūtra* in his edition of the *Trikāṇḍamaṇḍana* of Bhāskara Miśra, a well-known eleventh century work on ritual. The three chapters which constitute the book are on entitlement (*adhikāra*), substitution (*pratinidhi*), and the reinstallation of the fire (*punarādhāna*).

The MNS examines statements connected with most of the other major *vedic* rites, apart from than those mentioned above. These include, among others, the *ādhāna* (the fire installation rite), the *agnihotra* (an offering made in the fire twice a day, usually of vegetable or dairy products), the *rājasūya* (a royal consecration rite), the *aśvamedha* (another, more prestigious, consecration rite), the *cāturmāsya* sacrifices (a set of rites which, for the most part, take place at four-monthly intervals over the course of a year), and the *agnicayana* (the piling of an elaborate fire altar at a *soma* sacrifice).[56]

Textual Sources of *dharma*: *śruti* and *smṛti*

The sources of our knowledge of *dharma* are investigated in Book One. Two of these are textual, and since their classification is frequently referred to, it might be worth while to say a word about them here. The first source is *śruti*, i.e., text which is "heard", and the second *smṛti*, text which is "remembered". The former consists of the works which are generally classified as *vedic*, namely, the collections of *saṃhitās*, *brāhmaṇas*, *āraṇyakas*, and *upaniṣads* which constitute the *Ṛgveda*, *Sāmaveda*, *Yajurveda*, and *Atharvaveda*. These are considered in the Mīmāṃsā tradition not to have been authored by any person. The latter source, *smṛti*, is made up of more heterogeneous material, such as the early *sūtra* literature on rites and duties, i.e., the *śrauta-*, *gṛhya-*, and *dharmasūtras*, the various other treatises accessory to the study of the *veda*, such as those on grammar and metrics, the great Sanskrit epic, *Mahābhārata*, and much of legal literature (Dharmaśāstra). Unlike *śruti* texts, *smṛti* is thought to be created by persons.[57]

---

56 It may be worth mentioning, simply by way of example, certain aspects of the first three of these rites which attract the attention of Mīmāṃsā writers. (1) The fire installation rite is taught without reference to any result, and serves to establish the *vedic* fire, which is then used as a subsidiary item in most rites. However, it requires the performance of various subsidiary rites which have as their original rite the new- and full-moon sacrifice, at which the installed fire is a required item. (2) The injunction to perform the obligatory *agnihotra* is taught without specifying a substance. Only subsequently do a number of distinct statements enjoin substances for it, sometimes in connection with specific results. (3) The *rājasūya* is a complex of different types of rites. However, some actions are moved from the site where they are enjoined and inserted into the middle of another item, with consequences for the actions taught next to them.

57 The third chapter of Book One explains why *smṛti* is authoritative in the matter of *dharma*. Conflicting views are offered as to whether it is as authoritative as *śruti*, but it is certainly stronger than custom.

The Invisible Structure of Rites

The mechanism by which *vedic* rituals were supposed to operate is not in itself a major theme in Mahādeva's text, but an understanding of certain aspects of it is necessary for an understanding of ritual structure. The performance of a rite is thought to produce an unseen effect (*apūrva*), which resides in the soul of the sacrificer and eventually produces the desired result of the rite.[58] Mahādeva describes a system of unseen effects: one results immediately from the main action in a rite, namely, the "originative" unseen effect (*utpattyapūrva*), another from any particular combination of main actions which may be prescribed (*samudāyāpūrva*),[59] and a third, the final unseen effect (*paramāpūrva*), from the first or second of these when they are accompanied by the various subsidiaries which have been taught. Subsidiaries produce their own unseen effects, and are classified as either indirectly (*saṃnipatya*) assisting or directly (*ārāt*) assisting. The former are considered to be directed to items which inhere in the rite, and enable the main action to produce the originative unseen effect (*utpattyapūrva*). The latter are not so directed, and enable the originative unseen effect to produce the final unseen effect (*paramāpūrva*). When there is a doubt as to how to classify a subsidiary, an interpretation which identifies it as indirectly assisting is stronger than one which identifies it as directly assisting. This classification of subsidiaries has consequences for the operation of transfer, since an indirectly assisting subsidiary is liable to be blocked when the item toward which it is directed is absent in a modified rite. In addition to the unseen effects mentioned above, Mahādeva refers to the one which is brought about when actions are performed in accord with statements which are analyzed as enjoining restrictions, that is, statements which specify one out of a number of otherwise possible ways of doing something.

---

58 The term "*apūrva*" literally means "without precedent, novel", but the exact object it refers to has been identified in different ways by Mīmāṃsā authors, and modern scholars often leave it untranslated. The basic function of the *apūrva* is to provide a causal link between a completed act and its future result. Mahādeva's account essentially follows that of Kumārila. For recent discussions, see F. Clooney, Chapter VII, "*Apūrva* and the Development of Mīmāṃsā after Jaimini", in *Thinking Ritually*, pp. 221–53, and K. Yoshimizu, "Change of View on Apūrva from Śabarasvāmin to Kumārila", in *The Way to Liberation, Indological Studies in Japan*, ed. by Sengaku Mayeda. pp.149–65.

59 In certain sacrifices, such as the new- and full-moon sacrifices, more than one of the constituent rites is identified as "main". See p. xvi–xvii above.

Economy of Analysis

In general, Sanskrit *śāstras* (intellectual disciplines) deal in economy of analysis. As indicated above, the Mīmāṃsā economy of semantic analysis is strict. Its scrutiny of each item in a statement, to see whether it is new or a restatement, has been mentioned. So too, has its preference for primary meanings over secondary meanings, and single sentences over multiple sentences. In the interest of economy, sentences taught out of context "enter" just the original rites, not their modifications. Perhaps the best known part of Mīmāṃsā doctrine is its hierarchically arranged set of six means for identifying the main item to which a subsidiary is supposed to apply. These are, in descending order of strength, direct statement, word meaning (semantic capacity), sentence, context, position, and the etymologically based name. Each subsequent means in the list operates only through the assumption of each preceding one, a fact which weakens the strength of any interpretation which relies on it.[60]

The assumption of unseen effects is likewise kept to a minimum. It is better to recognize a visible effect for an action than to have to assume an unseen effect for it. For example, the recitation of *mantras* during a performance is, whenever possible, analyzed as functioning to remind the performer what to do. Only when this analysis does not work is the recitation thought to produce an unseen effect. Also, since *mantras* are recited during a rite, and so are internal to it, their order is stronger in determining the order of the constituent actions which they accompany than the order of the external statements which enjoin these actions. One impressive invocation of economy is the claim that since the unseen effect produced by the rite brings about the result, the assumption of any activity on the part of the deity is unnecessary.

The Translation

I have included a translation with this edition of the MNS, primarily because there are very few translations of any Mīmāṃsā texts in western languages, and none of the three main texts on which the MNS is largely based, i.e., the ŚD, the JNMV, and the BhD.[61] The annotation to the translation could have

60 See MNS 3.3.7–12.

61 This is not completely true in the case of the ŚD, since the first chapter of the first book of that text has been translated into English by D. Venkatramiah. As far as I

been far larger, given the density of the *vedic* material and the fact that more than 1200 years of tradition separates Mahādeva from Śabara. A great deal more could have been reported about most of the topics. My objective was not to try to hang a history of Mīmāṃsā literature on the comparatively slender framework of this short work, which I would not be competent to do in any case, but to enable students to follow Mahādeva's introduction to the science with as few impediments as possible. I have frequently referred to one or more of Mahādeva's sources, or to some other Mīmāṃsā text, when I have thought that his reliance on a particular text was worth pointing out, or that the passage needed a little more help for proper understanding, or that my translation was in particular need of confirmation.

In the notes to the translation, I have given references to a number of standard works on *vedic* ritual.[62] I have occasionally referred to the *Āpastamba Śrautasūtra*, not for the purpose of matching particular citations, but simply to direct readers to related passages in the *śrautasūtra* text which was an especially important source of quotations for Mīmāṃsā literature generally, and for which Caland has provided an extremely valuable commentary.

---

know, the only full translation of a Mīmāṃsā text which covers all of the topics identified by Śabara is Ganganāth Jha's English translation of Śabara's *Bhāṣya*. A large portion of Śabara (i.e., the first nine books) has been translated into Hindi by Yudhiṣṭhira Mīmāṃsaka in his seven volume edition of the text.

62 The main works cited are Hillebrant's *Das Altindische Neu- und Vollmondsopfer* (NVO), for the new- and full-moon sacrifices; Caland and Henry's *Agniṣṭoma* (CH), for the *jyotiṣṭoma soma* sacrifice; Schwab's *Das altindische Thieropfer*, for the animal sacrifice; Einoo's *Die Cāturmāsya oder die Altindischen Tertialopfer dargestellt nach den Vorschriften der Brāhmaṇas und der Śrautasūtras* and Bhide's *The Cāturmāsya (with special reference to the Hiraṇyakeśi Śrautasūtra)*, for the *cāturmāsya* sacrifices; Heesterman's *The Ancient Indian Royal Consecration*, for the *rājasūya*; Caland's *Altindische Zauberei, Darstellung der Altindischen "Wunschopfer"* (*Wunschopfer*), for desiderative *iṣṭis*; and Krick's *Das Ritual der Feuergrundung (Agnyādheya)* for the fire installation rite. I have also referred frequently to Eggeling's notes to his translation of the *Śatapathabrāhmaṇa*. Two other works, which I have found particularly useful and referred to at various times, are C. Minkowski's *Priesthood in Ancient India: A Study of the Maitrāvaruṇa Priest*, and F. Smith's *The Vedic Sacrifice in Transition: A Translation and Study of the Trikāṇḍamaṇḍana of Bhāskara Miśra*.

The Format of Composition

It was mentioned above that Mahādeva's style is concise, and that for a work in its genre the MNS is relatively short. It might be useful to say a few words about the book's composition. Apart from a few verses at the beginning and end of the entire work, and a few more at the ends of Books One, Two, and Ten, the work consists entirely of its component topics. The vast majority of these have a simple tripartite structure: 1) an initial claim (*pūrvapakṣa*) is made, either with or without mentioning an alternative, 2) the single word "*na*" (No) is stated, and 3) a settled conclusion (*siddhānta*) is presented. Sometimes the settled conclusion amounts only to the denial of the initial claim. The initial claim and the settled conclusion form two of the five elements which were traditionally prescribed for each topic. The remaining three are the subject of discussion (*viṣaya*), which in most cases is a particular *vedic* statement, the doubt (*saṃśaya* or *saṃdeha*) as regard to its correct interpretation, and the connection (*saṃgati*) of the topic at hand with its context. In the MNS, the first of these three is usually stated clearly, the second is by and large not formulated separately from the statements of the initial and concluding views, and the third is left to be inferred. In terms of grammatical constructions, the reasons given for the settled conclusion are frequently presented simply in a phrase, and do not form part of a complete sentence. Such phrases are usually based on a word in the ablative case, which is regularly used to state a reason in Sanskrit. Exceptions to the usual format tend to take place where the interpretations of Kumārila are given. There the initial view is frequently presented not in a declarative sentence, which would normally be followed by the word "*na*", but rather in a subordinate construction which expresses the position or situation which would otherwise hold (*prāpti*) if the settled conclusion were not there to stop it.

A Preview of the Text: Five Topics

It might be useful for some readers unfamiliar with Mīmāṃsā literature to have a preliminary look at a few topics in order to get a sense of how the text works. I have selected five relatively short topics for this brief exercise. The first is the initial topic of Book One. Mahādeva does not begin his work particularly gently, and so a few additional remarks on this topic may be welcome.[63] The four other topics given here are taken from Books Three, Four, Six, and Ten. I did not select these four because they have any special importance to the overall system. In fact, they are all fairly inconsequential. However, they share a common feature in that all four deal with the same relatively minor ritual action, each discussing a different aspect of its position in the ritual structure. Although Mahādeva's text considers hundreds of ritual details, and most of these could well be new to some readers, it seemed that there might be some advantage here in presenting his various remarks on just a single feature.

In what follows, I have given short introductory accounts of the arguments for the initial and concluding views of each topic, and presented the translation as it occurs in the main text. I would like to point out that these five topics amount to about one half of one percent of the total number of topics, and that moreover they are relatively short. My intention is not to highlight major themes or structures (although the first topic to the entire work is somewhat important), but just to give readers a quick preview of the text.

Selection 1: 1.1.1

The initial topic considers whether a student who has studied, i.e., memorized, the *vedic* texts should proceed to investigate *dharma*, which Mahādeva defines in the second topic as means of bringing about transmundane desires which are taught in *vedic* injunctions. The initial claim (*pūrvapakṣa*) is that he should not, because the result of studying the *veda* is heaven. This is based on the injunction to study, namely, "One should perform his study of the *veda*". This particular statement is not cited by Mahādeva here, but it is quoted at this topic in JNMV, a work Mahādeva relies on heavily. The injunction does not mention heaven, or any other result, but a general principle of Mīmāṃsā exegesis is that if the result of an act is not stated, heaven is to be understood. Because the injunction to study therefore has its own result, there is no need for it to do anything else, such as prompt an investigation into *dharma*.

---

63 One of Mahādeva's virtues is his brevity, but this sometimes makes for difficult reading. The material in Book One is some of the hardest in the whole text, since a great amount of scholarship was directed to the points it discusses, and Mahādeva's summaries are particularly condensed. His text does not get easier when he composes his verses, of which the largest cluster is in the first book. Obviously, I hope that my translations and notes are adequate.

A second reason given for the initial view is that there exists an authoritative text which says that after a student has studied the *veda*, he should take the ceremonial bath which marks the end of his studentship and get married. A student would fail in his duty if he were to put off his bath to embark on an investigation of *dharma*. The authoritative text quoted here is identified as *smṛti*. As stated above, this term refers to the body of literature which includes, among other works, the early *sūtra* texts on rites and duties. Mahādeva's text is fairly compact:

> Now, this (subject of) *dharma* should not be investigated, because the injunction to study the *veda* enjoins study for the purpose of obtaining heaven, and so does not prompt investigation, and because if the investigation took place (directly) after the *veda* was studied, it would block, for the bath, the condition of immediately following study, which is made known by the *smṛti* text, "Having studied (*adhītya*) (the *veda*) he should bathe".

The initial claim is then flatly denied with the word "*na*" (No). The settled conclusion (*siddhānta*), namely, that *dharma* is to be investigated, is not stated explicitly. Instead, four reasons for the denial of the initial claim are presented in a set of four phrases joined by the conjunction "*ca*" (and). Firstly, the injunction to study cannot be interpreted in such a way that heaven is assumed to be its result. Rather, it teaches a restriction on the means of knowing about the meanings of *vedic* statements. Since *vedic* study (*svādhyāya*) has the capacity of producing knowledge, the injunction restricts the acquisition of knowledge only to study, excluding other means, such as being told at the time of a rite what action to do. In this way, the injunction to study has a visible purpose, i.e., producing knowledge, and not an unseen one, i.e., heaven. Visible purposes are always preferred in Mīmāṃsā analysis. Moreover, when knowledge is acquired in the proper way, namely, by following a restriction, it is thought to benefit all the rites where it is employed.

Secondly, ambiguities abound in *vedic* texts even when the grammar and vocabulary is clear. These can be resolved only if *dharma* is investigated, i.e., if the texts are subject to further scrutiny after they are memorized. An example is given of a statement taught in connection with the fire-piling rite (*agnicayana*), where pebbles are to be inserted in one of the layers of the bricks when the altar is constructed. The pebbles are referred to as "wetted" (*akta*). No statement prescribes the substance which is used to wet them. However, an adjacent statement praises ghee as "brilliance" (*tejas*), and by applying a principle of Mīmāṃsā exegesis, we are able to understand that ghee is the substance required here.

Thirdly, the statement quoted in the initial view requiring that a student should bathe after study does not say that the bath has to follow immediately, but simply that it should occur sometime after the end of study. Mahādeva refers to the teaching of the Sanskrit grammarians to make this point.

Fourthly, this same statement requiring the bath is in any case only a *smṛti* statement, and although such statements are generally authoritative in the matter of *dharma*, if they should ever conflict with *śruti*, the latter overrules them. *Śruti* literature is made up of those *vedic* texts which are considered not to have been created by any person, namely, the *saṃhitās*, *brāhmaṇas*, *āraṇyakas*, and *upaniṣads*. These enjoy a higher level of authority than *smṛti*. The injunction to study discussed above, "One should perform his study of the *veda*", is *śruti*, and so it could not possibly be set aside by the injunction to bathe.

> No; because in as much as it is simpler for the injunction to study to be (recognized as) a restrictive injunction, and in as much as the unseen effect of a restriction can be useful to all rites, it is a restrictive injunction, namely, that for the knowledge of items which is enjoined on the basis of capacity, study (alone) should be the means; because although it is possible, even without investigation, to have knowledge of an item where the relation of a word and its meaning is understood, it is impossible, without investigation, to decide that at the statements, "(He lays down) wetted pebbles" etc., the action of wetting is to be done only with ghee; because even the *smṛti* text, following the doctrine of grammar, does not teach sequential immediacy (for the bath), since the absolutive suffix *ktvā* (i.e., in the word "*adhītya*" (having studied)) denotes only prior time; and because when there is a conflict with an injunction stated in *śruti*, whose meaning is properly understood, it is appropriate that the *smṛti* should be blocked.

The topic concludes with a reference to *adharma*, which Mahādeva later defines as something prohibited in *vedic* texts, which brings about transmundane aversions. It too needs to investigated, so that we can avoid it:

> In this way *adharma* should be investigated as well, because in as much as it is something to be avoided, it too should be determined after studying the *veda*.

Selection 2: 3.2.5

The *prastara* is a bundle of *darbha* grass, which is prepared at the beginning of the new- and full-moon sacrifices, the original rite for all other *iṣṭis* and for the animal rites. The four topics presented here focus on aspects of its disposal, which occurs as part of the concluding ceremonies.[64]

Book Three is primarily concerned with identifying the relation between the subsidiary and main items in a rite. The statement which forms the focus of 3.2.5 teaches that the *adhvaryu* priest is to throw the *prastara* into the fire "with the *sūktavāka*" (*sūktavākena*). This is the name of a particular *mantra* which is recited by the *hotṛ* priest at the new- and full-moon sacrifices. The initial view at this topic claims that the word "*sūktavāka*" should give up its primary meaning, and be interpreted instead as meaning, "the time of the *sūktavāka*", i.e., the time it is recited. This involves the assumption of a secondary meaning.

> At the statement, "He throws the *prastara* (bundle) (into the fire) with the *sūktavāka* (*mantra*)", the meaning is that the *prastara* is to be thrown at the time (of the recitation) of the *sūktavāka*.

This claim is rejected, because it is perfectly possible to accept the primary sense of the word and to understand that the sentence teaches that the *sūktavāka mantra* should be employed, as a subsidiary item, at the action of throwing. Moreover, since the *mantra* makes known a deity, in this case Agni, the action of throwing the *prastara* should be interpreted as an action of sacrifice, the latter being defined as the giving up ownership of a substance with mental reference to a deity.

> No; because due to the force of the instrumental case suffix in (the word) "*sūktavākena*" (with the *sūktavāka*), the *sūktavāka*, which makes manifest Agni etc., is employed at the action of throwing, and so on the assumption that this is an action of sacrifice, it is appropriate that the *sūktavāka* is a subsidiary to the sacrifice.

Selection 3: 4.2.4

Much of Book Four attempts to identify the particular items which are considered to prompt various actions. The sentence discussed at 4.2.4 teaches that the *prastara* is to be thrown into the fire along with the branch

64 Apart from the four topics presented here, the only other places where Mahādeva refers to the *prastara* directly are at 1.4.13, 1.4.15, and 4.2.11. At the first two of these, he discusses the particular force of the metaphorical statement, "The *prastara* is the sacrificer", which occurs in connection with the action of placing the *prastara* on the *vedi* (altar), after the latter has been strewn with grass. At 4.2.11, he refers to the fact that at the *ātithyeṣṭi*, a modified rite which ocurs at the *jyotiṣṭoma soma* sacrifice, the *prastara* is to be made not of *darbha* grass, but of *aśvavāla*.

(*śākhā*). This refers to the branch which is specially produced for the new-moon performance of the new- and full-moon sacrifices, where it is used to drive away calves at milking time. The milk thereby acquired is used to prepare the *sānnāyya* offering, which is a combination of a milk offering and a curds offering. The *sānnnāyya* is not offered by all sacrificers, but just by those who have previously performed a *soma* sacrifice. The initial claim at this topic is that the action of throwing the branch constitutes a sacrificial act, and that therefore it is a "purposeful action" (*arthakarman*). This term also appears in the JNMV, where Mādhava glosses it as meaning an action which is done in order to make the rite complete.

> At the statement, "He throws (*praharati*) the *prastara* (bundle) along with the branch (into the *āhavanīya* fire)", just as at the sentence which enjoins the *sūktavāka* (*mantra*), the word "*praharati*" (he throws) makes it known that this is an action of sacrifice, and so the throwing (*praharaṇa*) of the branch is a purposeful action (*arthakarman*).

The concluding view states that there is no reason for assuming a sacrifice here, as there was in the case of the *prastara*, and that as far as the branch is concerned, the action of throwing it is simply a disposal. Mahādeva points out that the action of throwing is likewise a disposal of the *prastara*, but that it also functions there as an action of sacrifice. Because the action of throwing the branch is only a disposal, it cannot prompt the acquisition of the branch where it does not otherwise appear, namely, at the full-moon performance of the rite and in the case of a sacrificer who has not performed the *soma* sacrifice.

> No. Even though the action of throwing indicates a sacrifice in the sentence which enjoins the *sūktavāka*, in compliance with the deity which is made known by the wording of the (*sūktavāka*) *mantra*, in the present case there is no authority for assuming a sacrifice, and so it is a disposal of the branch, just as it is of the *prastara*, through the part of it which is (just) the action of casting (*prakṣepa*) (into the fire).

Selection 4: 6.4.14

The topic from Book Six presented here is one of many topics in the MNS which appears where it does not so much because of its connection with the main theme of a book, but rather because of its close connection with the material presented immediately before. Book Six deals largely with the condition of being one who enjoys the result of a rite. The timing of the sacrificer's meal at the new- and full-moon sacrifices is discussed at 6.4.12, and it is decided that at the new-moon performance it should take place when the calves are driven away at milking time. Topic 6.4.13 then considers the case of the sacrificer who has not performed a *soma* sacrifice and therefore does not need this milk for a *sānnāyya* offering. It is determined that even though driving away calves is not one of his prescribed actions, the time indicated by that action still applies to his eating. Topic 6.4.14 then returns to the question of the disposal of the branch for such a sacrificer. It recalls the conclusion reached at 4.2.4, but asks whether the branch should in any case be considered a subordinate item with regard to the action of throwing the *prastara*. If so, its acquisition would be necessary for the sacrificer in question, and at every full-moon performance.

> It has been stated in the Fourth Book that at the statement, "He throws the *prastara* (bundle) along with (*saha*) the branch (*śākhayā*) (into the fire)", there is taught the combination (of the *prastara*) with the branch at the action of throwing, and not an action of offering. There, even though the *prastara* is a main item with regard to the action of throwing the *prastara*, the branch is not (also) a main item with regard to the action of throwing, but is rather a subordinate item, based on the direct statement of the instrumental case suffix (i.e., in the word "*sākhayā*" (with the branch)). And in this way, a branch must be produced by one who does not offer the *sānnāyya*, and also at the full-moon sacrifice.

The final view states why this is wrong. The branch is procured for a different purpose, it requires disposal, and we can understand the statement under discussion as instructing us to dispose of the *prastara* along with the branch.

> No. Because the branch has been enjoined for employment at the action of driving away the calves etc., and therefore cannot be a subsidiary of anything else; because it expects disposal; and because on the basis of the word "*saha*" (along with) we perceive that it is to be disposed of, the action of throwing the branch is a disposal. Therefore (the acquisition of) the branch applies only to someone who offers the *sānnāyya*, and only at the new-moon sacrifice.

Selection 5: 10.2.21

The final topic presented here occurs in Book Ten, where the main theme is the blocking of items which have been transferred from an original rite (*prakṛti*) to a modified rite (*vikṛti*). Topic 10.2.21 is one of five topics, starting with 10.2.18, which are argued hypothetically. Topic 10.2.17 discusses a statement which says that if one of the performers of a *sattra* dies, his body should be burned and his bones tied up in a black antelope skin.[65] His closest relative is initiated in his place, and the *sattra* then continues. A year later, a sacrifice should be performed for his bones. The final view at 10.2.17 is that the bones cannot be recognized as the agent of the later rite. The hypothetical topics which follow assume that they can be.

Topic 10.2.21 begins by claiming that the entire *sūktavāka mantra* should be recited at the bone sacrifice, since it has been transferred to the *prāyaṇeṣṭi* (the "introductory" *iṣṭi*). This *iṣṭi* is taught to be performed on the first of the three *upasad* days of the *jyotiṣṭoma soma* sacrifice. These are three days of preliminary acts which follow the initiation day and precede the pressing day. The *jyotiṣṭoma* itself serves as the original rite for the bone sacrifice.

> While the *sūktavāka* (*mantra*) is being recited (i.e., at the bone sacrifice) by the *hotṛ,* namely, "This has been glorious, sky and earth", the portion which makes known the wish of the sacrificer, namely, "He wishes for long life" etc., should be recited, because the action of the throwing the *prastara* (bundle) is a subsidiary act in the *prāyaṇīyeṣṭi* (introductory *iṣṭi*), which occurs in the bone sacrifice, and so since the (recitation of the) *sūktavāka* (*mantra*), which is enjoined to be performed at it (i.e., at the action of throwing), is obligatory (*nitya*), this portion, which occurs in it, is obligatory.

This view is rejected. The statement in question, "He wishes for long life", establishes long life as the result of the rite. This is based on the conclusion reached at 6.1.1, where the presence of the word "*svargakāma*" (one desirous of heaven) in the statement "*svargakāmo yajeta*" (One desirous of heaven should sacrifice) is used to prove that the result of a sacrificial performance is not the action of sacrifice itself, but something desired by the sacrificer. The bones do not desire the result, and so the recitation of this statement, even though it has been transferred, is blocked.

> No. Because just as heaven is a result, due to its connection with the action of desiring, so too are long life etc., due to their connection with the action of wishing (*āśāsana*), and because the bones lack a desire for a result, it should not be recited.

Notes on Certain Vocabulary Items

The following remarks are directed to some of the more common and important terms used in the translation which have either not been men-

---

65 The term "*sattra*" refers to a number of *soma* sacrifices containing a minimum of twelve pressing days, in which multiple sacrificers perform the tasks of the priests.

tioned or mentioned only briefly above. Every area of Sanskrit literature has its own distinctive vocabulary and expressions, and the MNS employs those of the Mīmāṃsā without any significant variation.

1. Injunctions and Subsequent references

It was stated above that the determination of a sentence's meaning depends not just on its internal structure, but on the meanings of other sentences as well. The central issue here is whether any particular sentence or portion of a sentence informs us for the first time about some aspect of a rite, or whether that information is already known to us. Two words, or rather sets of related words, are regularly used to make this distinction clear. A *vidhi*, translated here as "injunction", introduces a new item, whereas an *anuvāda* "subsequent reference" is just that, the mention (*vāda*) of an item made subsequently (*anu*), i.e., after information about it has already been obtained. These terms and those related to them (e.g., "*vidhīyate*" (is enjoined), "*anūdyate*" (is the subject of subsequent reference), etc.) are frequently and consistently used in the text, and I have translated them with the same sets of English words throughout, even though the result is occasionally a bit awkward. In English, it is primarily actions which are "enjoined", whereas in Sanskrit, the prefixed root "*vi dhā*", which underlies "*vidhi*", can take a much wider range of objects. In the MNS, these include actions, sacrificial substances, deities, results, time, restrictions on procedures, etc.[66] It may be worth pointing out that although the texts of *śruti* and *smṛti* provide a great deal of the detail needed for the performance of a rite, they do not supply everything. For instance, a statement concerning the special meal of the sacrificer is not thought to "enjoin", i.e., introduce, the action of eating, since hunger accounts for that, but rather specifies the time of eating.[67] Likewise, when the priest holds his breath at a particular point in a rite, it is only the time of its release, not the release itself, which is taught.[68] The distinguishing feature of a *vidhi* then is not based on its grammatical form, but rather the fact that it introduces material not obtained elsewhere.

---

66 Other possible translations of *vi dhā* and its derivatives would be "prescribe", "prescription", etc., or "ordain", "ordinance", etc., since these verbs take a larger range of objects. I have kept "enjoin", "injunction", etc., mainly because they reflect well-established usage.

67 See MNS 6.4.12.

68 See MNS 11.3.7.

Subsequent references to items already obtained are sometimes identified as operating "partially", meaning that they mention only some of the items that they might have mentioned. The Sanskrit term which is used regularly to express this is "*avayutyā*", which means something like, "by separating off". For example, if a rite is taught as producing all (*sarva*) results, a subsequent reference might mention just one particular result, in which case it is said to operate "partially".

2. Restrictions and Exclusions

Two types of injunction which are worth mentioning here are those which introduce a restriction (*niyama*) and those which introduce an exclusion (*parisaṃkhyā*). When two or more incompatible items have been obtained for a given task, a restriction permits only one to occur. As a consequence, the one selected is said to "fill up" its proper range by operating in places where it otherwise might not have. By contrast, an exclusion permits only one item to occur when a number of different but not incompatible items might otherwise occur.

3. *Arthavāda*

I have left the Sanskrit word "*arthavāda*" untranslated. Literally, it is a statement (*vāda*) of the matter or purpose (*artha*). This term is applied to passages of text which do not directly enjoin or introduce things, but rather praise or denigrate them. The purpose of an *arthavāda* is to exhort us to beneficial actions or dissuade us from injurious ones. Occasionally, an *arthavāda* is recognized as the source of some particular item which has not been introduced by an injunction. For instance, the result of a particular *soma* rite is supplied by the statement which otherwise serves to praise it.[69] Likewise, the particular substance used to prepare an object in a rite can be identified from an *arthavāda*, as when ghee is to be used for wetting pebbles in the fire-piling rite.[70]

4. Main and Subsidiary

The structure of rites identified by the Mīmāṃsā involves a clear distinction between main actions (*pradhānas*) and subsidiary actions (*aṅgas*). The proper identification of these is a major theme in the text, as indicated above.

---

69 See MNS 4.3.8.

70 See MNS 1.1.1 and 1.4.19.

So too certain subordinate features (*guṇas, dharmas*) are identified, along with the more important items on which they depend.

5. Entitlement

The English word "entitlement" is used to translate the Sanskrit "*adhikāra*". The latter is derived from the prefixed root *adhi kṛ*, which has the senses, "being or placing at the head of, being entitled". Here, entitlement is understood to be ownership of the result of a rite, which properly belongs to the agent of the rite. Entitlement and agency are discussed in connection with the common circumstance of rites where a sacrificer hires priests, the less common circumstance of rites which have multiple sacrificers who themselves do the tasks of the priests, and elsewhere.

6. Performance

The performance (*prayoga*) of a rite is specifically referred to where the text makes the point that the main action of the rite is to be performed together with all the various subsidiary actions which have been enjoined.

7. Independently taught

Certain items are "independently taught", that is, without reference to any particular rite. The Sanskrit phrase which expresses this is "*anārabhyā 'dhīta*", meaning that the item appears in the text (*adhīta*), but with nothing having been introduced (*anārabhya*).

8. Inherent items

Some items are said to "inhere" (*samaveta*) in a rite. These include the various substances, deities, numbers, etc. which are taught to occur there. Subsidiaries are classified as to whether they are directed to such items or not. If they do, they are considered to assist the rite indirectly (*saṃnipatya*, literally, "after coming together"), and if they do not, directly (*ārāt*). The preferred function of *mantras*, which are statements recited during a performance, is to make manifest items which inhere in the rite.

9. Coreferentiality

"Coreferentiality" (*sāmānādhikaraṇya*) is a grammatical term which applies when two or more items are said to refer to the same object, in which case they are "coreferential" (*samānādhikaraṇa*) with each other. Such a condition applies, for example, between a noun and its qualifying adjective. The term is used a number of times in the text here to point out that the name of a rite is coreferential with the root component of the verb which enjoins its performance. For example, in the statement "*udbhidā yajeta*" (He should perform the *udbhid* sacrifice), the term *udbhid*, which ends in the instrumental case suffix, is used to refer to the same object as the root *yaj*, which denotes the action of sacrificing (*yāga*). Here the term "*udbhid*" is simply the name of a particular sacrifice.

10. *Kārakas*

The *kārakas* are six aspects of an action which Indian grammarians recognize as being expressed by the grammar of Sanskrit. These correspond roughly to the agent (*kartṛ*), object or goal (*karman*), instrument (*karaṇa*), recipient (*saṃpradāna*), point away from which there is motion (*apādāna*), and locus (*adhikaraṇa*).

11. Preparation

"Preparation" is the English term used for the Sanskrit "*saṃskāra*", an action which renders something suitable for some purpose. Objects which are prepared include the sacrificer, the priests, the various implements used in a rite, the offering substances, etc. Deities are also said to be prepared, when the recitation of certain *mantras* cause us to remember them.

12. *Śāstra*

The Sanskrit term "*śāstra*" (literally, "means of instruction") refers to a body of traditional texts which provide the doctrine for an intellectual discipline. In the MNS, the words "*śāstra*" and its derivative "*śāstrīya*" (*śāstric*, i.e., based on *śāstra*) are frequently used to make the point that certain information is derived only from the statements of traditional texts, and not from other sources.

The Text

Book 1

Mīmāṃsānyāyasaṃgrahaḥ

rāmaṃ smṛtvā gurūn natvā racayāmi samāsataḥ|
śīghropasthitaye samyaṅ mīmāṃsānyāyasaṃgraham.||1||
vilokya matkṛtiṃ sarve pūrvatantraparāyaṇāḥ|
pūrvatantrasya sāmastyenā 'rthaṃ[1] gṛhṇantu satvarāḥ.||2||

Chapter 1

1. athā 'yaṃ dharmo na vicāryaḥ, adhyayanavidheḥ svargārthādhyayanavidhāyakatvena vicārāprayojakatvāt, adhītya vicārānuṣṭhāne 'dhītya snāyād[2] iti smṛtyavagatādhyayanānantaryasya snāne bādhāpatteś ca. na. adhyayanavidher[3] niyamavidhitvalāghavena niyamādṛṣṭasya sarvakratūpayogasaṃbhavena ca sāmarthyaviniyuktārthajñānopāyādhyayananiyamavidhitvāt, arthajñānasya ca viditapadatadarthasaṃgatikasya vinā 'pi vicāraṃ saṃbhave 'py aktāḥ śarkarā[4] ityādau ghṛtenai 'vā 'ñjanam iti nirṇayasya vicāraṃ vinā 'saṃbhavāt, smṛter apy anuśāsanānusāreṇa ktvāpratyayasya pūrvakālamātrārthatvenā 'nantaryābodhakatvāt, nyāyāvagatārthakaśrautavidhivirodhe smṛter bādhyatvaucityāc ca. evam adharmo 'pi vicāryaḥ, tasyā 'pi parihāryatvenā 'dhyayanānantaraṃ nirṇeyatvāt.

2. rūpādyabhāvāt pratyakṣasya, vyāptisādṛśyādyabhāvād anumānopamānayoḥ, anupapattyabhāvād arthāpatteḥ, bhāvatvād anupalabdheḥ, alaukikatvāc chabdasya ca dharme 'dharme cā 'pravṛtter nā 'sti dharme 'dharme

---

1 sāmastyenārthaṃ OPU (*corr. from* sāmastyād arthaṃ *in* O); sāmastyād arthaṃ EB.

2 Cf. HGS 1.9.1 vedam adhītya snānam; BGS 2.6.1 vedam adhītya snāsyann ity uktaṃ samāvartanam; ĀpGS 5.12.1 vedam adhītya snāsyan; PGS 2.6.1 vedaṃ samāpya snāyāt; KGS 3.1. (Śabara, ŚD, and JNMV: vedam adhītya snāyāt (ŚD initially presents the quote as in MNS)).

3 Here JNMV has svādhyāyo 'dhyetavyaḥ (ŚB 11.5.6.3; 11.5.7.2-4, 10; TĀ 2.15.1). Śabara has this at JS 9.1.15, 6.7.36, and 7.2.1. At JS 3.1.18 he has tasmāt svādhyāyo 'dhyetavyaḥ (=ŚB and TĀ). See 6.2.11.

4 Cf. TB 3.12.5.12 śarkarā aktā upadadhyāt. tejo ghṛtam. (Śabara at JS 1.4.24: aktāḥ śarkarā upadadhāti tejo vai ghṛtam; JNMV: aktāḥ śarkarā upadadhāti, and then, tejo vai ghṛtam). See 1.4.19.

ca mānam. na. alaukikeṣṭāniṣṭasādhanarūpayor dharmādharmayor vakṣyamāṇarītyā pravartanānivartanayor liṅśaktigrahasaṃbhavena vidhiniṣedhayor eva mānatvāt.

3. mānamātreṇa meyasiddher na parīkṣyaṃ mānam. na. śabdasyai 'va dharmādharmamānatvāt, tasyā 'vicāritasyā 'rthāniścāyakatvāc ca parīkṣāyā āvaśyakatvāt.

4. ghaṭādivad dharmādharmayor meyatvāt, pratyakṣādīnāṃ ca meyāvagamakatvāt pratyakṣādyavagamyau dharmādharmau. na. dvitīyādhikaraṇoktarītyā pratyakṣādyapravṛtteḥ.

5. śabdārthasaṃbandhasya[5] sāditvena kāraṇadoṣasaṃbhavāt, tadgrahasya ca prasiddhe gavādāv eva dṛṣṭatvenā 'laukikapravartanānivartanayor[6] asaṃbhavena tadviṣayatvānyathānupapattikalpyasya bhāvanāyām iṣṭāniṣṭabhāvyakatvasyā 'bhāve yāgahiṃsādāv iṣṭāniṣṭasādhanatvayor apy abhāvāc ca no 'ktadharmādharmapramāpakau vidhiniṣedhau. na. śabdasya jātyādyarthasya ca nityatvena saṃbandhanityatvāt kāraṇadoṣābhāvāt, prasiddhapadasamabhivyāhāreṇa madhukarādipadasye[7] 'va vidhiniṣedhavākyasthaliṅo[8] py alaukikapravartanānivartanayoḥ śaktigrahasaṃbhavāc ca.

6. utpanno gakāro vinaṣṭo gakāra iti pratīteḥ, yogyavibhuviśeṣaguṇatvenā 'nityatvānumānāc cā 'nityo vedarūpaḥ śabdaḥ. na. sa evā 'yaṃ gakāra iti pratyabhijñāto lāghavāc cai 'kyasiddheḥ, utpattyādipratīter viruddhadharmapratīteś cau 'pādhikotpattyādiviṣayatayo 'papannatvāt, varṇā na guṇā dhvanyanyatve sati śrāvaṇatvāc chabdatvavad ity anumānenā 'guṇatve pariśeṣād dravyatvasiddhyā guṇatvahetukānityatvāsiddheḥ, śrotraṃ nityadravyagrāhakaṃ niravayavendriyatvān manovad ity anumānena nityadravyatvasiddheḥ, vācā virūpa nityaye[9] 'ti śruteḥ, anādinidhanā nitye[10] 'ti smṛteś ca.

7. pratyekaṃ padebhyo vākyārthābodhāt, padair vākyārthaviśeṣe saṃgatigrahābhāvena ca padair vākyena padārthair vā vākyārthabodhasyā 'saṃbhavād vākyavākyārthasaṃgatigrahasaṃbhavena[11] tatsaṃbhave 'pi puruṣā-

---

5 śabdārthasaṃvaṃdhasya OEPU; padārthasaṃvaṃdhasya B.

6 laukikapra° OEPU; laukike pra° B.

7 Cf. JNMV: prabhinnakamalodare madhūni madhukaraḥ pibati.

8 °vākyasthaliṅo OE (*corr. from* °vākyasya liṅo *in* OE); °vākyasya liṅo BPU.

9 ṚV 8.75.6; TS 2.6.11.2 f; MS 4.11.6 (175.4); KS 7.17 (81.17).

10 Mahābhārata 12.224.55cd anādinidhanā nityā vāg utsṛṣṭā svayaṃbhuvā. (I have found this only in the Kutūhalavṛtti, which has the half verse from the Mahābhārata quoted here).

11 *In place of* ca padair *through* vākyavākyārthasaṃgatigrahasaṃbhavena PU *have* cārthabodhasyā saṃbhavād (saṃbhāvād U) vākyārthasaṃgatigraha (grahā U) saṃbhavena; *in* E *the passage* padair vākyena padārthair vā vākyā *is in margin*.

pekṣo vedaḥ. na. padābhihitānāṃ padārthānām eva vākyārthabodhe[12] vyāpāreṇa padānāṃ vākyasya vā tatrā 'vyāpārāt, ata eva saty api vākyaśravaṇe 'navahitasya vākyārthānavabodhasya, vākyaikadeśavismaraṇe 'pi padārthasmṛtimato vākyārthabodhasya co 'papatteḥ, vākyārthalakṣaṇāyāṃ svarūpasataḥ saṃbandhasyo 'payogena padārthavākyārthasaṃgatyagrahadoṣābhāvāt, padapadārthasaṃketagrahasyā 'vaśyakatvenā 'vyutpannasya vākyārthapratyayāprasaṅgāc ca. evaṃ ca vākyārthabodhasya padārthamūlatvena nirmūlatvābhāvāt, puruṣānapekṣatvāc cā 'napekṣo vedaḥ pramāṇam.

8. vedaḥ pauruṣeyo vākyatvād bhāratavad ity anumānāt, kāṭhakādisamākhyātaḥ, babaraḥ prāvāhaṇir [13] ityādivākyadarśanena babarādeḥ pūrvaṃ vedābhāvasya, tataḥ paraṃ vedotpatter avagamāc ca pauruṣeyo vedaḥ. na. vedo 'pauruṣeyaḥ saṃpradāyāvicchede sati asmaryamāṇakartṛkatvād ātmavad iti satpratipakṣeṇo 'ktahetvabhāvarūpopādhinā co 'ktānumānasya duṣṭatvāt, samākhyāyāḥ pravacana evā 'tiśayayogena nitye 'py upapatteḥ, babarādivākyānāṃ ca pravāhanityavāyvādiparatayā[14] 'nityatvāgamakatvāt, uktaśruteḥ, uktasmṛteś ca. iti prathame prathamaḥ.

Chapter 2

1. vāyur vai kṣepiṣṭhā devatā,[15] yad aśrv aśīyate[16] 'tyādayo na dharmādharmayor mānam, svato dharmādharmapramityaśaktatvāt, viśiṣṭabhāvanāyā vidhānena niṣedhena ca vidhiniṣedhānām, bhūtārthapratipādanena cā 'rthavādānāṃ nairākāṅkṣyeṇai 'kavākyatāyogāt, [17] saṃnihitābhyāṃ vāyavyaṃ śvetam ālabheta,[18] barhiṣi rajataṃ na deyam[19] ity ābhyāṃ lakṣaṇayai 'kavākyatayā 'pi dharmādharmabodhāyogāt, loke ākhyāyikārūpāṇām api padānām

---

12 *Before* vākyārthabodhe PU *have* padārthair vā vākyapadair vākyena (*then the following* vā *is omitted in* U); *after* eva vā E *has a deleted passage:* padair vākyena padārthair vāvā.

13 TS 7.1.10.2 babaraḥ prāvāhaṇir akāmayata vācaḥ pravaditā syām iti. (Śabara: babaraḥ prāvāhaṇir akāmayata).

14 ca pravāhanityavāyvādi° *corr.* Kataoka; ca pravāhanityavādyādi° OEB; ca pravādyādi° P; ca prāvādyādi° U (*corr. from* ca pravādyādi°).

15 TS 2.1.1.1 °devatā vayum eva svena bhāgadheyeno 'padhāvati, sa evai 'nam bhūtiṃ gamayati. (Śabara, JNMV, and BhD: as in TS; ŚD: as in MNS, then, sa evai 'nam bhūtiṃ gamayati).

16 TS 1.5.1.1. (Śabara: tasya yad aśrv aśīryata).

17 °vākyatā 'yogāt OEBPU (' *absent in* EBPU, *and added in* O).

18 TS 2.1.1.1 vāyavyaṃ śvetam ālabheta bhūtikāmaḥ. (Śabara and JNMV: as in TS; ŚD: as in MNS).

19 TS 1.5.1.2 tasmād barhiṣi na deyam (*understand* rajataṃ hiraṇyam). (Śabara: tasmād barhiṣi rajataṃ na deyam).

upalabdheḥ prayojanavadarthaparatvābhāve 'py āmnānasaṃbhavāt, japapārāyaṇayor[20] viniyogena svargādiphalavattvasaṃbhavāc ca. na. adhyayanavidhinā kṛtsnavedasyā 'rthavattvabodhanāt, dṛṣṭe 'rthe saṃbhavaty adṛṣṭakalpanasyā 'nucitatvāt, stutinindārthavādānāṃ laukikyā lakṣaṇayā 'pi prāśastyāprāśastyabodhanena vidhiniṣedhaikavākyatāyā evo 'citatvāt, vidhiniṣedhābhyām iṣṭāniṣṭasādhanatvabodhe 'py utsāhadveṣajanakatvena stutinindayor loke 'pekṣādarśanena vidhiniṣedhānām arthavādākāṅkṣāyāḥ, svārthavattvāyā 'rthavādānāṃ vidhiniṣedhākāṅkṣāyāś cai 'kavākyatāmūlabhūtāyāḥ sattvāc ce 'ti bhāṣyakṛt.

ācāryās tv ānarthakyam atadarthānām[21] iti pūrvapakṣasūtrāt,[22] vidhinā tv ekavākyatvād[23] iti siddhāntasūtraikadeśāc ca bhāvanātadaṃśatrayāpratipādakatvād arthavādamantranāmnām aprāmāṇyam āśaṅkya vidhyekavākyatvena bhāvanāṃśapratipādakatvād asti prāmāṇyam ity uktvā mantranāmnor dvāraṃ vakṣyate arthavādānāṃ tad atrai 'vā 'ha stutyarthene 'tyādibhir[24] iti vadanti.

2. auḍumbaro yūpo bhavaty ūrg vā uḍumbara ūrk paśava ūrjai 'vā 'smā ūrjaṃ paśūn āpnoty ūrjo 'varuddhyā[25] iti na stutiḥ, lakṣaṇāpatter ānarthakyāc ca, kiṃ tu caturthyo 'rgavarodhasya sādhyatvabuddhau sādhanākāṅkṣāyām ṛte 'pi vidhiṃ saṃnidhinau 'ḍumbaratāyāḥ sādhanatvāvagatyā phalavidhiḥ. na. vidhāv asati bhavanākṣiptabhāvanāyā[26] bhāvyākāṅkṣāyāṃ saṃnihitauḍumbaratāyā eva bhāvyataucityenā 'vihitauḍumbaratāyāḥ phalākāṅkṣābhāvena phalabodhanasamarthacaturthyā 'pi phalabodhanāyogāt, kāmaśabdarahitena phalasamarpaṇasyai 'va kartum aśakyatvāt, apūrvatvāt, vidhikalpane yūpapadānurodhena kratvarthayūpoddeśenai 'vau 'ḍumbaratāvidhānaucityāc ca stutiḥ.

---

20 japapārāyaṇayor *corr.*; japapārāṇayor OEBU; japārāṇayor P.

21 JS 1.2.1 āmnāyasya kriyārthatvād ānarthakyam atadarthānāṃ tasmād anityam ucyate.

22 *After* °pūrvapakṣa P *omits the text through* °hiśabdoktahetutva *in* 1.2.3.

23 JS 1.2.7 vidhinā tv ekavākyatvāt stutyarthena vidhīnāṃ syuḥ.

24 TV (p. 12, l. 13 (ĀĀ); p. 13, ll. 14-15 (BSS); p. 48, l. 24 (Gos.)): mantranāmadheyayos tu svādhikāre yojanā vakṣyate.

25 TS 2.1.1.6 °paśūn avarunddhe; cf. KS 12.13 (175.16) audumbaro yūpo bhavati... yadau 'dumbara ūrja evā 'varuddhyai). MNS *regularly has the words* uḍumbara *and* auḍumbara *in their classical form with retroflex* ḍ; *in vedic texts these words have a dental* d.

26 bhavanākṣipta° OEU; bhāvanākṣipta° B.

3.[27] śūrpeṇa juhoti tena hy annaṃ kriyata[28] iti na stutiḥ, ānarthakyāpatteḥ, kiṃ tu hiśabdoktahetutvabalena yad yad annakaraṇaṃ tena hotavyam iti vyāptikalpanena hetuvidhiḥ. evaṃ ca darvīpiṭharāder api homasādhanatvalābhena pravṛttiviśeṣakaratā. na. śūrpasya śrautatvena, darvyāder ānumānikatvena ca vikalpenā 'nuṣṭhātum aśakyatvāt, hetuvidhāv apy ānarthakyāt, vedavihite hetor anapekṣaṇenā 'pekṣitastutiparatvasyai 'vo 'citatvāt, kriyata iti śabdapratīyamānavartamānānnakaraṇatvasya homasādhanatvavelāyāṃ śūrpādāv asaṃbhavena hetoḥ pakṣāvṛttitvāt, lakṣaṇāpatteḥ, caturgṛhītāny ājyāni na hy atrā 'nuyājān yakṣyan bhavatī[29] 'tyādau tu lakṣaṇābhāvāt pravṛttiviśeṣakarahetuvidhitvasyā 'śritatvāc ca.

4. uru prathasve[30] 'tyādayo mantrā adṛṣṭārthāḥ, na tu samavetārthasmārakāḥ, smaraṇasya brāhmaṇavākyādinā 'pi saṃbhavāt, tathātve mantraviniyogavidhivaiyarthyāpatteś ca. na. dṛṣṭe 'rthasmaraṇe saṃbhavaty adṛṣṭakalpanasyā 'nucitatvāt, niyamādṛṣṭāṃgīkāreṇa ca mantraniyamavidhisaṃbhavāt, parisaṃkhyādyarthatvena viniyogavidhisārthakyasaṃbhavāt, yathārthajñānajanakatvarūpasya prāmāṇyasya padābhihitapadārthānām eva pramākaraṇatvābhyupagamāt, padārthavidhayā vā kalpyaprayogavidhyādau[31] tasya saṃbhavāc ca dṛṣṭārthā mantrāḥ pramāṇam. prathame dvitīyaḥ.

---

27 3 *corr.*; 4 OBEU.

28 Cf. ŚB 2.5.2.23 śūrpeṇa juhoti śūrpeṇa hy aśanaṃ kriyate.

29 Cf. ŚB 3.4.1.18 caturgṛhītāny ājyāni gṛhṇāti na hy atrā 'nuyājā bhavanti. (Absent in Śabara, ŚD, JNMV, and BhD; Prabhāvalī on BhD: na hy atrā 'nuyājān). In reference to a similar quote in Śabara on JS 4.1.40 and 41, Garge, p. 130, cites ĀpŚS 8.14.2 ...caturgṛhītāny ājyāni gṛhṇāti as a source for the first half, but this seems wrong, since it is clear from the Prabhāvalī on BhD here, MNS 4.1.15, and Śabara at JS 4.1.40 that the context of this quote is the ātithyā rite; cf. ĀpŚS 10.31.9 caturgṛhītāny ājyāni. See 4.1.15 and 17.

30 ŚB 1.2.2.8; VS 1.22. (Śabara: uruprathā uru prathasve 'ti puroḍāśaṃ prathayati (this mantra is as in ŚB and VS); so quoted in MNS at 12.3.15; JNMV: as in MNS). On the basis of Śabara's quote, the site of this is the new- and full-moon sacrifices. In connection with these sacrifices, the mantra also occurs in the form quoted above in MŚS 1.2.3.22 and VŚS 1.3.1.21, and in the form uru prathasvo 'ru te yajñapatiḥ prathatām at TS 1.1.8.1 i; MS 1.1.9 (5.5); 4.1.9. (11.8); KS 1.8 (4.5); 31.7 (8.8); TB 3.2.8.4; ĀpŚS 1.25.3; it occurs in the latter form in connection with the construction of the *uttaravedi* at the animal rite and the *soma* rite at TS 1.2.12.2 f; 6.2.7.3; ĀpŚS 7.4.5. Garge, p. 118, gives ŚB as source. See 12.3.15.

31 vā kalpya° OEB; vā kalpya *omitted in* U; vā kāma° P.

Chapter 3

1. smṛtayo 'ṣṭakāḥ kartavyāḥ,[32] ekādaśyāṃ na bhoktavyam[33] ityādayo dharmādharmayor na pramāṇam, utsannaśrutimūlatve śākyādigranthānām api prāmāṇyāpatteḥ, pratyakṣaśrutimūlatve ca smṛtipraṇayanavaiyarthyāpatter āvaśyakabhrāntyādimūlatvāt. na. veda eva mānam ity upagacchadbhiḥ praṇītatvāt, taiḥ parigṛhītatvāt, pratyakṣaśrutimūlatve 'pi viprakīrṇaśrutyarthopasaṃhārāsamarthānugrahārthatvena smṛtipraṇayanasya sārthakyād bhrāntyādi na mūlam.

2. auḍumbarīṃ spṛṣṭvo 'dgāyed[34] ityādiśrutiviruddhā auḍumbarī sarvā veṣṭayitavye[35] 'tyādayo 'pi pūrvavan mānam. na. pratyakṣaśrutivirodhe śrutimūlatvakalpanasyā 'śakyatvād iti bhāṣyakṛt.

ācāryās tu tām ubhayato vāsasā pariveṣṭayatī[36] 'tyādeḥ śāṭyāyanibrāhmaṇagatāyāḥ śruter veṣṭanādismṛtimūlatvāt, veṣṭanasmṛteś ca pariveṣṭayitavye 'ty ākāratvena dvitrāṅgulaṃ muktvā veṣṭane 'py avirodhāt, kauśeyatvādiguṇāśravaṇena lobhamūlatvasya durvacatvāt, kuśaveṣṭanasmṛtau lobhamūlatvasya durvacatvena sparśaśruter vyavahitasparśaparatvāvaśyakatvāc ca ne 'daṃ śrutiviruddhasmṛtyudāharaṇam. yatra vā[37] virodhaḥ sā

---

32 Untraced. Cf. ĀśGS 2.4.1 hemantaśiśirayoś caturṇām aparapakṣāṇām aṣṭamīṣv aṣṭakāḥ; PGS 3.3.1 ūrddhvam āgrayaṇyās tisro 'ṣṭakāḥ; ŚGS 3.12.1 ūrdhvam āgrayaṇyās tisro 'ṣṭakā aparapakṣeṣu; MGS 2.8.1 tisro 'ṣṭakāḥ. For the aṣṭakās see Oldenberg's note in his translation of ŚGS at 3.12.1, SBE, Vol. XXIX, p. 102, and also his list of gṛhyasūtra references in SBE, Vol. XXX, pp. 304-5; Kane, HDS, Vol. IV, pp. 353-62; Edgerton, p. 189, note 253; and Mylius, p. 36.

33 Untraced. See Kane, HDS, Vol. V.1, pp. 95-121 for ekādaśī fasts, especially pp. 103–21. I have not seen this quote in Śabara etc.

34 Untraced. Cf. LŚS 2.6.2 tāṃ śvobhūte kuśair ūrddhvāgrair veṣṭayitvai 'vaṃjātīyenai 'va vasanena pradakṣiṇam ūrddhvadaśena pariveṣṭya spṛṣṭo 'napaśrita udgāyet; NiS 1.11; JB 1.71; JŚS 1.6 athai 'nām ūrdhvāgrais tṛṇaiḥ pradakṣiṇaṃ pariveṣṭayati. athai 'nāṃ vāsasā paridadhāty anagnatvāya. athai 'nāṃ hastābhyāṃ parigṛhṇāti. See Parpola, vol. 1, p. 133–7; Caland's note to TāB 6.4.13; *Śrautakośa*, Vol. II.2, p. 593.

35 Untraced. (Absent in Śabara, where audumbaryāḥ sarvaveṣṭanam is stated, but not as a quote; JNMV and BhD: as in MNS).

36 Untraced. Cf. TV (p. 105 (ĀĀ); pp. 106-7 (BSS); p. 322 (Gos.)): etaj jaimininai 'vac chāndogyānupade (BSS: °nupade; ĀĀ: °nuvāde; Gos.: °nupāde) śāṭyāyanibrāhmaṇagataśrutimūlatvenau'dumbarīprakaraṇe ca śāṭyāyanināṃ tām ūrddhvadaśeno 'bhayatra vāsasī darśayatī 'ti vaiṣṭutaṃ vai vāsaḥ śrīr vai vāsaḥ śrīḥ sāme iti darśite tatprasaṅgenau 'dumbarīveṣṭanavāsaso 'pi prakāśaśrutimūlatvam evā 'nvākhyātam. (This quote is absent in ŚD etc.; in the Prabhāvalī on BhD, p. 47a, the quote seems to be tām ūrdhvadeśena pariveṣṭayati, but the citation in TV above is also there).

37 °haraṇaṃ yatra vā OEB; °haraṇaṃ bhavā P; °haraṇaṃ na vā U.

'pi, na sarvathā 'pramāṇam, pratyakṣaśrutimūlakatvasya[38] sādhitatvāt, deśāntarasthitānāṃ[39] tāsām anyapuruṣapratyakṣatvasaṃbhavāt, ātmaparapratyakṣayoḥ prāmāṇyāviśeṣāt; kiṃ tu yāvan mūlabhūtaśrutyadarśanaṃ tāvat tadartho nā 'nuṣṭheyaḥ, darśane tu tulyabalatvād vikalpenā 'nuṣṭheya eve 'ti. sūtrabhāṣye apy evaṃ yojye.

yad vā. śākyādinirmitāni vaidikāparigṛhītāni dharmaśāstrābhāsāni vedamūlatvāt pramāṇam ity āśaṅkya vaidikāparigṛhītatvāt, vedaviruddhārthakatvāt,[40] nirmātṛbhir vedamūlatvānaṅgīkṛteś ca na pramaṇam ity atra[41] pratipādyata ity āhuḥ.

3. vaisarjanahomīyaṃ vāso 'dhvaryur gṛṇātī[42] 'ti śrutyavirodhāt pramāṇam. na. dṛṣṭalobhādimūlatvena śrutimūlatvākalpanād iti bhāṣyakṛt.

uktarītyā lobhamūlatvasya vaktum aśakyatvāt, hetudarśanāc ce[43] 'ti sūtrasya śākyādivākyānāṃ lobhādimūlatve tātparyeṇa pūrvādhikaraṇaśeṣatvāc ca ne 'dṛśām api mūlāntaram, api tu śrutir eve 'ty ācāryāḥ.

4. vedaṃ kṛtvā vediṃ karotī[44] 'tyādikramādibodhakamānavirodhāt kṣuta ācāmed[45] iti kratvaṅgācamanādismṛtir na manam. na. śrautasyā 'pi kramavidheḥ padārthācamanādiprāpakasmṛtyupajīvyatvena[46] sāṅgavedyāṃ vedottarakartavyatvabodhakatvena cā 'virodhitvāt, saty api virodhe pūrvabhāvitvena prameyabalābalasyai 'va jyāyastvena pradhānapadārthaprāpakasmṛter eva balavattvāt,

---

38 °mūlakatvasya E (katva *in margin*); °mūlatvasya OBPU (tva *in margin in* O).

39 °sthitānāṃ OBPU; °sthitānāṃ ca E (ca *in margin*).

40 °ārthakatvān E (ka *in margin*); °ārthatvān OBPU.

41 atra OBEPU (*corr. from* anyatra *in* E).

42 Untraced.

43 JS 1.3.4.

44 MŚS 1.1.3.3; (cf. ĀpŚS 7.3.10; 8.13.2). (Śabara: °kurvīta; ŚD °kuryāt: JNMV and BhD: as in MNS).

45 Cf. GGS 1.2.32 suptvā bhuktvā kṣutvā snātvā pītvā viparidhāya ca| rathyām ākramya śmaśānañ cā 'cāntaḥ punar ācāmet||; GDhS 1.37 suptvā bhuktvā kṣutvā ca punaḥ (*understand*: āpa ācāmet); VDhS 3.38 suptvā bhuktvā kṣutvā snātvā pītvā ruditvā cā 'cāntaḥ punar ācāmed vāsaś ca paridhāya; MDh 5.145 suptvā kṣutvā ca bhuktvā ca nīṣṭhīvyo 'ktvā 'nṛtāni ca| pītvā 'po 'dhyeṣyamāṇaś ca ācāmet prayato 'pi san||. See Kane, HDS, Vol. II.1, p. 316. (Absent in Śabara and ŚD; JNMV and BhD: as in MNS).

46 °prāpakasmṛtyupajīvyatvena E (*second* pa *in margin*); °prāpakasmṛtyujjīvyatvena O; °prāpakasmṛtyupajīvyakatvena B; °prāpakasyopajīvyatvena PU.

kṣute niṣṭhīvite cai 'va paridhāne 'śrupātane|
na tu karmastha[47] ācāmed dakṣiṇaṃ śravaṇaṃ spṛśet||[48]
iti smṛteś caturmuṣṭinirvāpādyekapadārthamadhye nā 'camanaṃ kāryam ity arthaparatvāt, vedavedyoś ca bhinnapadārthatvena tadantarā 'camanasya kartavyatvaucityāc ce 'ti bhāṣye.

ācāryās tu ne 'daṃ yuktam, aṅgaguṇavirodhe ca tādarthyād[49] ity anena gatārthatvād iti matvā śiṣṭākope 'viruddham iti ced[50] iti sūtreṇa vedāviruddhārthāni bauddhavākyāni mānam ity āśaṅkya na śāstraparimāṇatvād[51] iti sūtreṇa dharmasthānānāṃ[52] gaṇitatvān na tāni mānam ity uktvā 'pi vā kāraṇāgrahaṇa[53] iti sūtreṇa nā 'nibandhanā vasantotsavādyācārā mānaṃ anibandhanād vyatikramasāhasadarśanāc ce 'ti prāpayya dharmabuddhyā vaidikair anuṣṭhānasyā 'sati vaidikatve 'nupapatteḥ, lāghavikair manvādibhiḥ sadācāro mānam[54] ity evaṃnibandhanāt, vyatikramasāhasasya rāgadveṣādimūlakatvena dharmabuddhyā 'nanuṣṭhānena ca dharmatvasyā 'smābhir apy anaṅgīkārāc[55] ce 'ty ācāraprāmāṇyam āhuḥ.

5. yavavarāhavetasaśabdāḥ priyaṅguśakuniviśeṣajambūnāṃ dīrghaśūkasūkaravañjulānāṃ[56] ca vācakāḥ, ubhayatra prayogāt. na. ekasyā 'nekārthatve doṣāt, yatrā 'nyā oṣadhayo mlāyante 'thai 'te modamānā uttiṣṭhanti,[57]

---

47 karmastha EB (*corr. from* °sya *in* B); karmasya O; karmaṇi PU.

48 Untraced. The Prabhāvalī on BhD quotes this verse, except °niṣṭhīvane°. Cf. a similar verse quoted in NS (p. 377) and in Bhaṭṭanārāyaṇa's commentary on GGS 1.2.32: kṣute niṣṭhīvane supte paridhāne 'śrupātane| karmastha eṣu nā 'cāmed dakṣiṇaṃ śravaṇaṃ spṛśet||.

49 JS 12.2.25.

50 JS 1.3.5.

51 JS 1.3.6.

52 dharmasthānānāṃ E (*corr. from* vidyāsthānānāṃ); vidyāsthānānāṃ OBPU. Here ŚD, NS, and BhD have the verse purāṇanyāyamīmāṃsādharmaśāstrāṅgamiśritāḥ| vedāḥ sthānāni vidyānāṃ dharmasya ca caturdaśa|| (YSm 3).

53 JS 1.3.7 api vā kāraṇāgrahaṇe prayuktāni pratīyeran.

54 Untraced. Here ŚD has sadācāraḥ pramāṇam; TV (p. 137 (ĀĀ); p. 143 (BSS); p. 373 (Gos.)) attributes to smṛti writers the statements: tadvidāṃ ca smṛtiśīle (MDh 2.6b smṛtiśīle ca tadvidām); ācāraś cai 'va sādhūnām; yasmin deśe ya ācāraḥ sa sadācāra ucyate (BhD has the first of these); JNMV has śrutiḥ smṛtiḥ sadācāraḥ, which may be a verse pratīka.

55 dharmatvasyāsmābhir apy anaṃgīkārāc OEB (tva *in margin in* E); dharmatvasyānaṃgīkārāc PU.

56 priyaṃguśakuniviśeṣajambūnāṃ dīrghaśūkasūkaravaṃjulānāṃ OEB; priyaṃgudīrghaśūkasūravaṃjulānāṃ PU.

57 ŚB 3.6.1.10 °mlāyanti tad ete modamānā vardhante (*understand* yavāḥ). (Śabara, JNMV, and BhD: °modamānā ivo 'ttiṣṭhanti).

varāhaṃ gāvo 'nudhāvanti,[58] apsujo vetasa[59] iti vākyaśeṣasya vinigamakatvāc ca dīrghaśūkādaya[60] evā 'rthās teṣām[61] iti bhāṣye.

ācāryās tu ne 'daṃ yuktam, yavādiśabdānāṃ dīrghaśūkādiṣv eva śiṣṭaprayogāt,[62] anyasyo 'dāharaṇasyā 'bhāvāt, saty apy udāharaṇe saṃdigdheṣu vākyaśeṣād[63] ity anena gatārthatvāc ca. tasmat pīluśabdasya mlecchair hastini, śiṣṭaiś ca vṛkṣaviśeṣe prayogād ubhayaṃ vācyam iti prāpte dvayor vācyatve 'nekaśaktikalpanāpatteḥ, śiṣṭānāṃ śabdaikagamyadharmādharmajñānārthaṃ[64] nighaṇṭvādipariśīlanena[65] tatprayogasya śaktinirṇāyakatvāt, mlecchaprayogasya lakṣaṇādinā 'py upapatteś ca pīlur vṛkṣa iti siddhāntaḥ.

yad vā.

mātulasya sutām ūḍhvā mātṛgotrāṃ tathai 'va ca|
samānapravarāṃ cai 'va tyaktvā[66] cāndrāyaṇaṃ caret||[67]

ityādismṛtiviruddhā api mātulakanyāpariṇayanādyācārā mānam, ubhayor api śrutimūlakatvād iti prāpayya smṛtīnāṃ sākṣāt, ācārāṇāṃ ca smṛtidvārā śrutikalpakatvena smṛtibhir adharmatvasya nirṇaye rāgādimūlakatayā 'py upapadyamānair durbalair ācārair deśaviśeṣe 'pi tadabhāvabodhanasya vaktum aśakyatvāt, ubhayos tulyatve viruddhapāpajanakatvājanakatvayor āpa-

58 MS 1.6.3 (90.9) tasmād varāhaṃ°. (Śabara: as in MS; JNMV: as in MNS).

59 TS 5.3.12.2.

60 dīrghaśūkādaya *through* gatārthatvāc ca *omitted in* P.

61 evārthās teṣāṃ E (s teṣāṃ *in margin*); evārthā OBU.

62 eva śiṣṭaprayogād E (*corr. from* eva śiṣṭasarvaprayogād); eva prayogād B; eva sarvadeśe prayogād O (*corr. from* eva śiṣṭe prayogād); eva śiṣṭe sarvadeśe prayogād U. Cf. ŚD yavādiśabdānāṃ dīrghaśūkādiṣv eva sarvaśiṣṭaprayogāt; Prabhāvalī on BhD (p. 53) vārtikakṛtā tu yavavarāhavetasaśabdānāṃ priyaṅguvāyasajambūrūpeṣv artheṣu kasminn api deśe śiṣṭair aprayogāt.

63 JS 1.4.24.

64 °ārthaṃ OEU; °ārtha BP.

65 nighaṃṭvādipariśīlanena OEB; nighaṃśabdārthādipariśīlanena P; niśabdārthādipariśīlanena U.

66 tyaktvā OEBU; tyaktvā *omitted in* P.

67 The verse appears in JNMV, with gatvā listed (in ĀĀ ed.) as a variant for the reading tyaktvā, and also in the Mitākṣarā comm. on YSm, 1.53, with tyaktvā listed as a variant for the reading gatvā. Kane (HDS, Vol. II.1, p. 459, note 1081) points out that Haradatta quotes it in his commentary on ĀpDhS 2.5.11.16 and attributes it to Śātātapa. (For Śātātapa, see HDS, Vol. I.1, section 28). In this version dvijaś occurs in the place of tyaktvā.

tteś ca nā 'cārā mānam. yāvat śrutidarśanaṃ smṛtidarśanaṃ vā na bhavati, tāvan na mātulakanyāpariṇayanādy anuṣṭheyam iti tattvam iti siddhāntaḥ.[68]

yad vā. trivṛccarvaśvavālādiśabdānāṃ loke triguṇasthālīhayakeśeṣu[69] prayogāt ta evā 'rthāḥ, tṛcatrayānukramaṇe,[70] aditim odanena,[71] yajño vai devebhyo 'śvo bhūtvā 'pākrāmat so 'paḥ prāviśat

sa vāladhau gṛhītaḥ sa vālān muktvā 'po viveśa|
te vālāḥ kāśatāṃ prāptā[72]

ityādivākyaśeṣāpekṣayā nirapekṣatvena lokaprasiddher eva śaktinirṇaye prābalyād iti prāpayya vidhivākyaśeṣaikavākyatvānurodhena vidhinā 'rthanirṇayāya vākyaśeṣasyai 'va grahaṇena vākyaśeṣeṇa śaktinirṇaye 'nekārthatvabhiyā gauṇyādinā 'py upapattyā ca triguṇādyarthakalpanasyā 'śakyatvāt. na cā 'tra saṃdigdheṣu vākyaṣeśād[73] ity anena gatārthatā, vākyaśeśāt prāṅ nirṇayena tadaviṣayatvāt, grāhyaśakyanirṇāyakatvena[74] dvayor bhinnārthatvāc ca. tasmāt stotrīyānavakādir eva trivṛdādipadārtha ity āhuḥ.

6. pikanemasatatāmarasaśabdānāṃ kokilārdhaśatacchidrapātrapadmeṣu mlecchānāṃ prayoge 'pi teṣv arthaviplavaśaṅkayā tatprasiddher aprāmāṇyān nigamaniruktavyākaraṇādyanugato 'rthaḥ kalpyaḥ. na. pikādiśabdānāṃ vede prayogenā 'rthāntarānirṇayena ca mlecchesv api śabdārthāviplavasya kalpanāt, kḷptakalpyanyāyāc ca kokilādir eva pikādipadānām arthaḥ.

---

68 tattvam iti siddhāntaḥ *corr.*; tattvam iti si OBE (miti *in margin in* O); *after* tattva, PU *have the passage* līhayakeśeṣu *through* gṛhīta (*see following note*), *and* iti siddhāntaḥ *is omitted.*

69 līhayakeśeṣu *through* gṛhīta sa *in margin in* O; B *has* triguṇasthālyaśva, *and then the passage through* gṛhīta sa *is omitted.*

70 °kramaṇa OEB; °kramaṇaṃ PU. TV (p. 146 (ĀĀ); p. 152 (BSS); p. 422 (Gos.)): trivṛd bahiṣpavamānam ity uktvā tṛcatrayam anukrāntam iti stotrīyarṅnavakavacana eva trivṛcchabdo vijñāyate. Cf. the Prabhāvalī on BhD. See 1.4.3 and 10.6.7. Neither this nor the two quotations which follow are given in ŚD etc.

71 Untraced. TV (ibid.): ādityaḥ prāyaṇīyaḥ payasi caruḥ iti vihite paścād uktam aditim odanene 'ti; Prabhāvalī: ādityaḥ prāyaṇīyaḥ payasi caruḥ. See 10.1.10.

72 Untraced. Cf. ŚB 3.4.1.17 āśvavālaḥprastaraḥ. yajño ha devebhyo 'pacakrāma. so 'śvo bhūtvā parāṅāvartata. tasya devā anuhāya vālān abhipeduḥ. tān ālulupuḥ. tān ālupya sārddhaṃ saṃnyāsuḥ. tata etā oṣadhayaḥ samabhavan, yad aśvavālāḥ. TV (ibid.): °muktvā viveśa ha| te vālāḥ kāśatāṃ prāptāḥ kāryo 'taḥ prastaras tu taiḥ.||; Mayūkhamālikā on ŚD: as in TV, except °gṛhītās tān vālān°; Prabhāvalī on BhD: yajño ha vai°...°muktvā viveśa ha| te°. At SatyāŚS 7.3.36 (p. 652) kārṣmaryamayān paridhīn idhma upasaṃnahyaty āśvavālaṃ prastaraṃ barhiṣi, the Jyotsnā comm. quotes yajño etc. with the verse as in TV except, °gṛhītas tān vālān°.

73 JS 1.4.24.

74 °nirṇāyakatvena EB; °nirṇayakatvena OPU.

7. kalpāḥ sūtrāṇi ca[75] na mānam, pauruṣeyatvāt. na. smṛtinyāyasyā 'trā 'pi sattvāt, pratyakṣavedārthanibandhanāc ca. ata eva smṛtyadhikaraṇe nai 'ṣāṃ vicāra iti bhāṣyakṛt.

ācāryās tu kalpasūtrāṇi smṛtayo 'ṅgāni śākyavākyāni ca vedavat svatantrāṇi, vedamūlakatve gauravāt, nityabrahmayajñavidhiviṣayatvāt, ṣaḍaṅgam eka[76] iti smṛteḥ, baudhāyanāśvalāyanamānavabuddhavākyādisamākhyānāṃ pravacanenā 'py upapatter iti prāpayya dṛḍhakartṛsmaraṇena samākhyānāṃ pravacaneno 'papādayitum aśakyatvāt, kalpādīnāṃ ca pratikalpaṃ sattvena nityabrahmayajñavidhiviṣayatvopapatteḥ, ekagrahaṇena smṛter api vedatve 'tātparyāc ca kalpasūtrādīnāṃ smṛtyadhikaraṇarītyā vedamūlakatvam. ata eva pratyakṣaśrutinyāyavirodhe teṣāṃ bodho 'nanuṣṭhānarūpaḥ. śākyavākyānāṃ tu śiṣṭāparigrahān na tad ity āhuḥ.

8. gautamīyādismṛtīnāṃ chandogādibhir eva paṭhanāt, holākādīnāṃ ca prācyādibhir evā 'nuṣṭhānāt tadanumeyaśrutiṣu cchandogaprācyādipadakalpanād gautamasmṛtyarthasya holākādeś ca cchandogaprācyādīn praty eva dharmatvam. na. gautamīyādismṛtiṣu cchandogādyadhikārikatvasmṛter abhāvena śrutau tādṛkpadakalpanāsaṃbhavāt,[77] pāṭhamātrasya cchandogena gautamena cchandogāḥ svaśiṣyāḥ pāṭhitā ity evam upapatteḥ, prācyatvādeś ca sarvācaritranugatasyā 'nācaritṛvyāvṛttasya ca nirvaktum aśakyatvena tatpadakalpanāsaṃbhavāc[78] ca.

9. sādhūn eva prayuñjīta nā 'sādhūn, gavādaya eva sādhavo na gāvyādaya[79] iti niyamadvayārthaṃ[80] vyākaraṇaṃ na mānam, sādhutvāsādhutvayoḥ sādhutvatadvadbhedadharmitāvacchedakayoś cā 'nugatayor abhāvena niyamadvayasya, anekaśrutikalpanāyā andhaparaṃparāpādakasmṛtikalpanāyāś cā 'saṃbhavena tanmūlasya cā 'saṃbhavāt. na. sādhutvasyā 'nādivācakatvādirūpasya lakṣakasāṃketikānugatasya, sādhuśabdopasthāpanaśaktibhramopapannaprācīnedānīntanaprayogapratyayatayā 'klptaśaktikebhyo vācakāśaktijagāvyādibhyo 'vyāvṛttasyā[81] 'sādhutvasya sādhutvābhāvarūpasya cai

75 ca OEPU; ca *om. in* B.

76 Untraced. (TV on JS 1.3.11 (p. 156 (ĀĀ); p. 162 (BSS); p. 454 (Gos.)): mantrabrāhmaṇayor (ĀĀ: vedabrāhmaṇayor) veda iti nāmadheyaṃ ṣaḍaṅgam eke (cf. SatyāŚS 1.1.6 vedabrāhmaṇayor vedanāmadheyam); ŚD: mantrabrāhmaṇayor vedanāmadheyaṃ ṣaḍaṅgam eke, and then, as in MNS; BhD: as in MNS).

77 °kalpanā 'saṃ° OEBPU (' *absent in* BP).

78 °kalpanā 'saṃ° OEBPU (' *absent in* EPU).

79 Untraced. Cf. MBh 1.5.19 gaur ity asya śabdasya gāvīgoṇīgotāgopotalikādayo 'paśabdāḥ. (ŚD and BhD: as in MNS).

80 °ārthaṃ OEPU; °ārtha B.

81 °bhyo 'vyā° OEBPU (' *only in* B, *where it has been added*).

'kopādheḥ saṃbhavenā 'dyaniyamasya, sādhūn eva prayuñjīte 'ty evaṃrūpāyāḥ śruteḥ, na mlecchitavai,[82] nā 'nṛtaṃ vaded[83] iti niṣedhasya ca tanmūlasya saṃbhavāt, vyākaraṇānugatatvarūpasya tadabhāvarūpasya cai 'kopādheḥ saṃbhavena dvitīyaniyamasya, śabdasvarūpasya pratyakṣatvenā 'ndhaparaṃparāpādakasmṛtiparaṃparāyāś ca tanmūlasya saṃbhavāt, smṛtyadhikaraṇanyāyena vyākaraṇaprāmāṇyasyā 'pi bādhakābhāvenā 'vaśyakatvāt, ata eva śrutivirodhe 'prāmāṇyāc ca mānaṃ vyākaraṇam.

10. lokavedayoḥ śabdā arthāś ca bhinnāḥ, varṇānāṃ pratyabhijñāne 'pi svaracchāndasavarṇāgamalopavikāraviparyayādhyayanadharmabhedāt, uttānā vai devagavā vahantī[84] 'ty ukteś ca. na. arthapratītyaupayikaiḥ[85] kramanyūnātiriktatvasvaravākyaśrutismaraṇaiḥ saro rasaḥ, brahma brāhmaṇaḥ, sthūlapṛṣatī, pacate dehi, tṛptyai pacate, yāta āyāti, yātaś caitramaitrau, aśva ityādiṣu padabhede 'py arthābhede dṛḍhatarapratyabhijñābalena śabdānām abhedād gamakasvarūpabheda eva teṣāṃ bhedaḥ. devāsaḥ, tmane 'tyādau ca tadabhāvāt, aśvavālādyarthānāṃ bhede 'py uttānādivākyānām anyaparatvena gavādyarthānām abhedāc ca.

kiṃ ca, ghaṭādiśabdānāṃ ghaṭādir evā 'rthaḥ, ghaṭatvādeḥ śakyatāvacchedakatve lāghavāt, vyaktiśaktigrahasya jātiviśiṣṭaśābdakāraṇatvād viśiṣṭaśābdopapatteḥ, vyakteḥ kriyādyanvayayogyatvāt, gauḥ śukla ityādisāmānādhikaraṇyāc ca. na. jātir eva śabdārthaḥ, anantānāṃ śakyatve tadavacchedakasyā 'pekṣaṇenai 'kasyā jāteḥ śakyatve 'vacchedakānapekṣaṇāt, śaktyānantyādyabhāvāt, paśunā yajete[86] 'tyādau paśutvāder eva karaṇatvasaṃbhavāt, vrīhīn avahantī[87] 'tyādau lakṣitavyaktau karmatvānvaya-

82 MBh I.2.8 tasmād brāhmaṇena na mlecchitavai nā 'pabhāṣitavai. mleccho ha vā eṣa yad apaśabdaḥ; cf. ŚB 3.2.1.24 tasmān na brāhmaṇo mlecchet. (ŚD: as in MBh, except °mlecchitavai mleccho ha°; BhD: na mlecchitavai mleccho ha vā eṣa yad apaśabdaḥ).

83 TS 2.5.5.6. I have not seen this quoted in Śabara etc.

84 Cf. ĀpŚS 11.7.6 uttānā hi devagavā vahanti.

85 arthapratītyaupayikaiḥ OEB; arthapratītyaupādhikaiḥ PU. (Cf. ŚD for text above).

86 The source of this is uncertain. MNS has paśunā yajeta at 4.1.5 also, where the corresponding quote in Śabara is yo dīkṣito yad agnīṣomīyaṃ paśum ālabhate (TS 6.1.11.6). Edgerton, p. 68, note 53, also cites MŚS 1.8.6.24 ṣaṭsu ṣaṭsu māseṣu paśunā yajeta; ĀpŚS 10.2.8 yadī 'ṣṭyā yadi paśunā yadi somena yajetā 'māvāsyāyāṃ vaiva paurṇamāsyāṃ vā yajeta; KS 8.1 (84.3) tasmād iṣṭyā vā 'grāyaṇena vā paśunā vā somena vā pūrṇamāse vā 'māvasyāyāṃ vā yajeta. Jha gives TS 6.1.11.6 as the source. See 4.1.5.

87 Untraced. Cf. MŚS 1.2.2.13 haviṣkṛtā trir avaghnann āhvayati (*understand* haviṣyān); 1.2.2.16 patny avahanti pinaṣṭi ca (*understand* haviṣyān); TB 3.2.5.6 yat kṛṣṇājine havir adhyavahanti; ĀpŚS 1.19.8 haviṣkṛd ehī 'ti trir avahanti (*understand*

saṃbhavāt, liṅgasaṃkhyayoḥ sāmānādhikaraṇyena jātau sākṣād vyaktau cā 'nvayasaṃbhavāt, sāmānādhikaraṇyasya lakṣaṇayo 'papatteś ca. evam aruṇādipadārtho 'py āruṇyam aruṇaguṇo vā 'bhedāt, dravyabodhopapatteḥ. prathame tṛtīyaḥ.

Chapter 4

1. udbhidā yajete[88] 'tyādāv udbhicchabdārtho guṇo bhidir vidāraṇa[89] iti smṛteḥ khanitrādiḥ, tasya ca prakṛtasomayāgāśritasya phaloddeśena vidhiḥ, kāmyatvāc ca[90] nityasomabādhakatā. na. dhātoḥ sādhutvārthatām āśrityā 'nyoddeśenā 'nyavidhyapekṣayā 'nyoddeśena dhātvarthavidhau lāghavāt, bhāvanāyāṃ samānapadopāttayāgādyavaruddhāyām upapadārthasya karaṇatvāsaṃbhavāt, yāga eva tadanvayasya kārakāṇāṃ kārakānanvayitvenā 'bhedarūpasya vācyatayā somena yajete[91] 'tyādāv iva matvarthalakṣaṇāpatteḥ, tatra somādipadānāṃ guṇa eva rūḍhatayā 'gatyā lakṣaṇāṅgīkārāt,[92] iha yogena khanitrādāv ivo 'dbhidyata utpādyate phalam iti yogena yāge 'pi vṛttisaṃbhavāt, arthasmṛteḥ śakyopalakṣaṇatvena vaiyākaraṇasiddhatvāt, nāmnaś ca bhedasaṃkalpādāv upayogān nāmatai 've 'dṛśaśabdānām iti bhāṣyakṛt.

---

haviḥ); 1.19.11 avahanti (*understand* haviḥ); 1.20.12 yā yajamānasya patnī sā 'bhidrutyā 'vahanti (*understand* taṇḍulān); BhŚS 1.21.7 avahanti (*understand* haviḥ); KŚS 2.4.14 ataḥ patny avahanty anyo vā (*understand* haviḥ).

88 Cf. TāB 19.7.1–3: 1 asurāṇāṃ vai balas tamasā prāvṛtaḥ...sa (*understand* prajāpatiḥ) udbhidai 'va balaṃ vyacyāvayad balabhidā 'bhinat... 2 paśukāmaḥ yajeta 3 yad udbhidā yajeta balam evā 'smai vicyāvayati yad balabhidā balam evā 'smai bhinatti; LŚS 9.4.9 udbhidbalabhidbhyām aviprayogeṇa yajeta; ĀpŚS 22.11.19 udbhidvalabhidbhyāṃ paśukāmaḥ (*comm.* yajeta); SatyāŚS 17.5.11 (p. 436) (as in ĀpŚS, except bala for vala); ĀśŚS 9.2.17 udbhidbalabhidau svargakāmaḥ. (Śabara: udbhidā yajeta, balabhidā yajeta, abhijitā yajeta, viśvajitā yajeta (cf. TāB 16.4.10; LŚS 8.1.19; ĀpŚS 22.13.24, 25; SatyāŚS 17.5.44, 45 (p. 441)); ŚD and BhD: udbhidā yajeta paśukāmaḥ; JNMV (Gold. and ĀĀ var.): udbhidā yajeta, viśvajitā yajeta; JNMV (ĀĀ): udbhidā yajeta, balabhidā yajeta, viśvajitā yajeta).

89 PDhP 7.2.

90 ca OEPU; cā B.

91 The source of this is uncertain. At JS 3.1.13 Śabara has ya evaṃ vidvān somena yajate (TS 3.2.2.3 ya evaṃ vidvānt somena yajate bhavaty ātmanā parā 'sya bhrātṛvyo bhavati). Edgerton, p. 43, note 11, mentions also ĀpŚS 10.2.8 yadī 'ṣṭyā yadi paśunā yadi somena yajetā 'māvāsyāyāṃ vaiva paurṇamāsyāṃ vā yajeta; KS 8.1 (84.3) tasmād iṣṭyā vā 'grāyaṇena vā paśunā vā somena vā pūrṇamāse vā 'māvasyāyāṃ vā yajeta. Cf. TS 2.5.6.1 yo darśapūrṇamāsāv iṣṭvā somena yajeta rathaspaṣṭa evā 'vasāne vare devānām ava syati.

92 °kārāt E (*corr. from* kārat); °kāravat B; °kārat O; °kāra PU.

ācāryās tv etadvicārasya pramāṇalakṣaṇāsaṃgatatvāt, udbhitsomādipadānāṃ stutibuddhyanutpādakatvena mantratvaprasiddhyabhāvena cā 'rthavādamantratvābhāvāt, kāmaśabdābhāvena sādhyānabhidhāyakatvāt, yajinā karaṇasyo 'ktyā karaṇānabhidhāyakatvāt, nāmatve 'bhinnatvena guṇārthatve ca siddhānāṃ guṇānām itikartavyatātvasyā 'saṃbhavena tadapratipādakatvāc ca vidhyantarbhāvasyā 'py abhāvād aprāmāṇyam iti prāpayya adhyayanagṛhītatvān nā 'prāmāṇyam, vidhyantarbhāvasya[93] spaṣṭasya kva cid guṇavidhitvaṃ kva cin nāmatvaṃ cā 'śrityo 'papādayiṣyamāṇatvāc ce 'ti siddhāntaḥ.[94] tataḥ kva guṇavidhiḥ, kva nāmadheyam iti bhāṣyakṛduktacinte 'ty adhikaraṇabhedam āhuḥ.

2. citrayā yajete[95] 'ty atra parasparasahitacitratvastrītvavidhāyakacitrāśabdasāmarthyāt[96] prāṇidravyakayāgasyo 'ddeśyatvāvagateḥ prakṛtānāṃ dadhyādiyāgānām[97] anuddeśyatve 'pi sarvapaśuprakṛtibhūtāgnīṣomīyoddeśena citratvastrītvobhayaviśiṣṭakārakavidhānam. na. paśugatakārakasya prāptasyā 'vidheyatvāt, tadanuvādenā 'nekavidhau vākyabhedāt, ajo 'gnīṣomīya[98] iti prākaraṇikavacanāvagatapuṃstvāvarodhe strītvasya niveśāsaṃbhavāc ca guṇavidher ayogena vicitradravyakatvena prakṛtayāgānāṃ lakṣaṇāt, iṣṭyabhiprāyeṇa ca strītvopapatter nāmatai 'vo 'citā.

---

93 *After* bhāva PU *have the passage from the last sentence of the topic* m iti bhāṣyakṛduktacinte 'ty adhikaraṇabhedam āhuḥ.

94 nāmatvaṃ cāśrityopapādayiṣyamāṇatvāc ceti siddhāntaḥ OEB (*in* papādayiṣyamāṇatvāc, ṇa *corr. from* na *in* B; na *in* OE); nāmatvaṃ vāśrityā siddhāṃtaḥ P; nāmatvaṃ cāśrityāyayā siddhāṃtaḥ U.

95 TS 2.4.6.1 citrayā yajeta paśukāmaḥ. (Śabara: as in TS). The citrā is taught only in the TS, but there is some uncertainty about the source, since Śabara refers to offering substances for this rite which do not appear in TS. See note below. See also Garge, p. 83.

96 °strītvavidhāyaka° OBPU; °strītvavodhaka° E (*corr. from* °strītvavidhāyaka°).

97 Here Śabara has dadhi madhu ghṛtaṃ payo dhānā udakaṃ taṇḍulās tatsaṃsṛṣṭaṃ prājāpayam. See 8.1.19, 10.2.31, and 12.2.7.

98 Untraced. Cf. MŚS 2.1.4.33 agreṇa prāgvaṃśaṃ karṇagṛhītam ajam agnīṣomīyam...avasthāpayati; 2.2.4.26 ajaṃ cā 'gnīṣomīyam anunayanti; 2.2.5.5 agnīṣomīyam ajam upākaroti; KS 24.7 (97.21 and 98.6) tasmād eṣo 'gnīṣomīya ālabhyate. Edgerton, p. 144, note 177, quotes ĀpŚS 10.29.4 ajenā 'gnīṣomīyeṇa (parallel to MŚS 2.1.4.33) in reference to the originative injunction giving the masculine gender. See 6.8.9 and 10.4.18 note. (TāB 21.14.11 ajo 'gnīṣomīyaḥ (this quote matches, but it is for a five-day ahīna)). Prabhāvalī on BhD refers to the quote as occurring in another śākhā (śākhāntarīyavākya).

3. evam ājyaiḥ stuvate,[99] pṛṣṭhaiḥ stuvate,[100] bahiṣpavamānena stuvata[101] ityādiṣv apy ājyādiśabdānāṃ nāmatvam, anyathā pañcadaśāny ājyāni, saptadaśāni pṛṣṭhāni, trivṛd bahiṣpavamānam[102] ityādibhir asamastapadavattayā viśiṣṭāvidhāyakaiḥ prāptastotrānuvādena saṃkhyādravyasadobahiṣpavanatribhiṇḍīdravyavidhau[103] vākyabhedāpatteḥ, stome ḍavidhiḥ pañcadaśādyartha[104] iti vyākaraṇasmṛtyā trivṛcchabdasya stotrīyānavakaparatoktyā co 'kte 'rthe pañcadaśādiśabdānām apy anāñjasyāt, ghṛtādīnāṃ stotre karaṇatvāsaṃbhavenā 'jyaiḥ stuvata ityādīnāṃ viśiṣṭavidhitvānupapattāv ājyādyanuvādena saṃkhyādimātravidhānāśrayaṇena vākyabhedaparihārāsaṃbhavāt, yad ājim īyus tad ājyānām ājyatvam,[105] tāsāṃ vāyuḥ pṛṣṭhe[106] prāvartata[107] ity arthavādena bahiḥpavamānapadayuktamantranirvartanīyatvena cā 'jyādiśabdānāṃ stotre 'py upapadyamānatvāt ca.

4. agnihotraṃ juhotī[108] 'ty atrā 'gnaye hotram asminn iti vyutpattyanusāreṇa paṭhitāgneyamantrake darvihomādāv agnividhiḥ, mantrakalpyade-

---

99 Cf. TāB 6.8.12 yad ājyair nānārūpaiḥ stuvanti; 6.8.16; 7.2.6. These are examples, the source is untraced.

100 Untraced. Cf. TāB 16.5.13 sa tu vai pṛṣṭhaiḥ stuvīte 'ty āhur ya etāni bahiṣpavamāne yuñjyād iti (but this is not taught for the jyotiṣṭoma); TāB 8.9.8 eṣa hy eva pṛṣṭhais tuṣṭuvāno ya udvaṃṣīyena stuvate.

101 ŚB 4.2.5.9; cf. LŚS 1.12.7 sakṛd dhiṅkṛtya bahiṣpavamānena stuvīran; ŚB 11.5.5.11; TāB 6.7.24. (Parpola, p. 165, also quotes JŚS 1.11 te sakṛd dhiṅkṛtena parācā bahiṣpavamānena stuvate). These are examples, the source is untraced. (Absent in Śabara etc.; TV (on JS 1.4.3): as in MNS).

102 Untraced. Cf. TāB 19.11.2 tasya (*understand* jyotiṣaḥ) trivṛd bahiṣpavamānaṃ pañcadaśāny ājyāni...saptadaśāni pṛṣṭhāni; TāB 20.1.1 trivṛd bahiṣpavamānaṃ pañcadaśāny ājyāni...saptadaśāni pṛṣṭhāni. There are several such passages in TāB, but they are not taught for the basic jyotiṣṭoma. Garge, p. 123, adds: cf. JB 1.251; BŚS 18.39 (389.7); he gives TāB as source. See 1.3.5 and 10.6.7.

103 Cf. BhD: evaṃ trivṛcchabdavācyaṃ tribhiṇḍidravyaṃ pavanakriyāviśiṣṭaṃ tadvākyena vidhīyate; the Prabhāvalī comm. glosses tribhiṇḍi as latā.

104 KVā 5.1.58.8.

105 TāB 7.2.1 yad ājim āyaṃs tad ājyānām ājyatvam.

106 pṛṣṭhe E (*corr. from* pṛṣṭhai); pṛṣṭhai OBP; pṛṣṭaiḥ U (*visarga added*).

107 TāB 7.8.1 tāsāṃ vāyuḥ pṛṣṭhe vyavarttata. (Absent in Śabara etc.; TV: as in MNS).

108 MS 1.8.6 (124.19); cf. MS 1.8.1 (115.4); TS 1.5.9.1. Edgerton, p. 146, note 179, claims MS and not TS is the source, because MS 1.8.6 matches the fuller form of the quote given by Śabara at JS 9.4.28, and because there is an agnihotra brāhmaṇa in the MS but not in the TS. (Śabara: agnihotraṃ juhoti svargakāmaḥ (at JS 1.4.4); agnihotraṃ juhoti (at JS 1.4.9; 2.2.13; 2.2.23); ya evaṃ vidvān agnihotraṃ juhoti (at JS 9.4.28); ŚD, JNMV, and BhD: as in MNS).

vatāvidheḥ prāk pravṛttisaṃbhavāt, nāmatve yad agnaye ce[109] 'ty anena devatāvidhau vākyabhedāpattyā karmāntaravidhānāt prakṛtakarmaṇo 'rūpatvāpatteḥ. evam āghāram āghārayatī[110] 'ty atrā 'ghāraśabdasya kṣaraṇasamarthadravyābhidhāyakatvād dvitīyāntatvāc ca dravyānuvādena kṣāraṇākhyasaṃskāravidhiḥ, saṃskṛtasya tasyo 'pāṃśuyāje dravyāpekṣe kalpyavākyena viniyogasaṃbhavāt. na.

niṣphalāyāḥ prāk pravṛtter dhātvarthavidhisaṃbhave|
anyāyyatvād, devatāyāḥ samuccayavidhānataḥ||
agnisūryānuvādenā[111] 'ghāravākye 'pi karmaṇaḥ|
vidhāv āghārasaṃjñasya tasyā 'ghāram[112] itī 'dṛśāt||
indra ūrdhvo 'dhvara[113] iti vākyāc ca dravyadevate|[114]
labhyete iti no 'pāṃśuyāje labdhapradeyake||[115]
viniyogo, dvitīyārthaḥ karaṇatvam. ato bhavet|

---

109 Cf. MS 1.8.7 (125.4) dvedhā vā idam agnaye ca prajājpataye ca sāyaṃ sūryāya ca prajāpataye ca prātar (*understand* ahauṣam). (Śabara, ŚD, and BhD: yad agnaye ca prajāpataye ca sāyaṃ juhoti).

110 TS 2.5.11.3; 2.5.11.6; TB 3.3.7.3; BŚS 1.15 (23.13.); MŚS 1.3.1.15. Cf. ĀpŚS 2.12.7; 2.14.1 (āghāram āghārayan in both). Garge, p. 86, lists only TS 2.5.11.6; (Jha lists TS 6.3.7.3 and TB 3.3.7, but the first of these is for the soma rite).

111 They are enjoined at TB 2.1.9.2 agnir jyotir jyotir agniḥ svāhe 'ti sāyaṃ juhoti... sūryo jyotirjyotiḥ sūryaḥ svāhe 'ti prātaḥ.

112 *Marginal gloss in* O: caturgṛhītaṃ vā etad abhūt tasyāghāram āghārya. Untraced. (Śabara, ŚD, and BhD: as in MNS; Śabara has the same quote at JS 2.2.16 and 4.1.47, and at the latter it continues: trīn itaḥ prācīnān prayājān yajati, samānayate caturgṛhītatvāya (untraced)). See 2.2.5.

113 Cf. TS 1.1.12.1 i–m ita indro akṛṇod vīryāṇi samārabhyo 'rdhvo adhvaro divispṛśam ahruto yajño yajñapater indrāvānt svāhā; KapS 1.12 (8.19) ita indro vīryam akṛṇot. ūrdhvo adhvaro divispṛg ahruto yajño yajñapateḥ indravān bṛhad bhāḥ svāhā; MS 1.1.13 (8.8) ita indras tiṣṭhan vīryam akṛṇod devatābhiḥ samārabhya. ūrdhvo adhvaro divispṛg ahruto yajño yajñapateḥ. indravānt svavān bṛhadbhāḥ; VS 2.8 ita indro vīryam akṛṇod ūrdhvo 'dhvara āsthāt; TB 3.3.7.7–8; ĀpŚS 2.14.1; BŚS 1.15 (23.14); MŚS 1.3.1.15. Jha lists ŚB 1.5.1.4 (this seems to be wrong; 1.4.5.3 is the appropriate citation from ŚB); TB 3.3.7.7; VS 2.8; Garge, p. 75, lists BŚS 1.15 and KapS 1.12, in addition to TS, TB, ĀpŚS, MS, and MŚS; Bloomfield has still others; Garge claims TS as source for mantra, ĀpŚS for āghāram āghārayati (in Śabara), but TB, BŚS, and MŚS also seem possible sources for the latter. (Śabara, ŚD, and BhD: indra ūrdhvo 'dhvara ity āghāram āghārayati; at JS 2.2.16 Śabara has: indra ūrdhvo 'dhvaro divi śpṛśatu mahato yajño yajñapate indravān svāhe 'ty āghāram āghārayati). See 2.2.5.

114 ca dravyadevate OEB; ceṃdradevate PU.

115 Cf. TB 3.3.5.5 sarvasmai vā etad yajñāya gṛhyate. yad dhruvāyām ājyam. See 10.8.15.

agnihotrapadaṃ[116] nāmā 'ghāraśabdo 'pi tādṛśaḥ.||

5. śyenenā 'bhicarann[117] ity atra

śyenaśabdasya rūḍhatvād guṇe guṇavidhir bhavet.|

na. yathā vai śyeno nipatyā 'datta evam ayaṃ bhrātṛvyaṃ nipatyā 'datte[118] iti

arthavādoktasādṛśyam abhede na hi saṃbhavi.|
ananvayālaṃkṛtivac cet syād bahuṣu lakṣaṇā.||
varaṃ śyenapade gauṇī dhātvarthavidhisaṃbhavāt.|
gauṇyapekṣitasādṛśyabodhaḥ syād arthavādataḥ.||

ataḥ śyenapadaṃ nāma.

6. vājapeyena svārājyakāmo yajete[119] 'ty atra

yāge svārājyaguṇayoḥ sādhyasādhanabhāvataḥ|
yavāgvākhyadravyavidhir, evam evo 'dbhidādiṣu| [120]
viśiṣṭavidhimatvarthalakṣaṇā na bhaven, na hi.||
karoti pākaṃ pākena karotī 'ti pratītitaḥ|
karmatvakaraṇatvābhyāṃ dhātvartho bhāvanānvayī.||
evaṃ cā 'nyapadārthasya kārakatvena nā 'nvayah.|
dhātvarthe 'bhedasaṃbandhaḥ syāt paraṃ tatra lakṣaṇā.||

kiṃ ca yāgasya

upādeyavidheyatvaguṇatvāni phalānvaye,|
uddeśyatvānuvādyatvaprādhānyāni guṇānvaye.||
evaṃ vairūpyam āpannam. nāmatve na dvayaṃ bhavet.|
tasmāt surāgrahavidher[121] nāma tatprakhyanītitaḥ.||

---

116 agnihotraṃ *through* guṇavidhir bhavet *(next topic) omitted in* P.

117 Cf. ṢaḍB 4.2.1–2: 1 athai 'ṣa śyenaḥ 2 abhicaran yajeta; ĀpŚS 22.4.13 śyenenā 'bhicaran yajeta. (Śabara: athai 'ṣa śyenenā 'bhicaran yajeta; ŚD, JNMV, and BhD: śyenenā 'bhicaran yajeta).

118 Cf. ṢaḍB 4.2.3 yathā śyena ādadītai 'vam evai 'nam (*comm.* bhrātṛvyam) etenā 'datte. (Śabara: °ayaṃ dviṣantaṃ bhrātṛvyaṃ nipatyā 'datte yam abhicaranti śyenena; JNMV: °ayaṃ dviṣantaṃ bhrātṛvyaṃ nipatyā 'datte yam abhicarati śyenena (ĀĀ var.: °bhrātṛvyam ādatte°; Gold.: °bhrātṛvyam ādatte°... °abhicaranti°); BhD: as in MNS).

119 Cf. TB 1.3.2.3 ya evaṃ vidvān vājapeyena yajate. gacchati svārājyam; MŚS 7.1.1.1 śaradi vājapeyena yajeta svārājyakāmo brāhmaṇo rājanyjo vā; ĀpŚS 18.1.1 śaradi vājapeyena yajeta brāhmaṇo rājanyo va 'rddhikāmaḥ.

120 Meter faulty in *pāda* c.

121 Cf. ĀpŚS 18.2.5 ff.; TB 1.3.3.2. See 10.4.3.

7. yad āgneyo 'ṣṭākapālo 'māvāsyāyāṃ ca paurṇamāsyāṃ cā 'cyuto bhavatī[122] 'ti,

atrā 'gner mantravarṇena prāpter[123] nāma bhavet. na tat.|
ākāṃkṣāyā abhāvena mantrāyogyatayā tathā|
vākyābhāvena māntrikyā devatāyā alābhataḥ||
dravyadevatavadyāgavidhyarthaṃ dhātulakṣaṇā.|
āgneyaṃ paya[124] ityādāv atideśaḥ prayojanam.||

tathā hi. nāmatve āgneyātideśaḥ, nāmātideśasya prabalatvāt, guṇavidhitve tu dravyasādṛśyasya balavattvāt[125] sānnāyyavidhyantaḥ.

8. barhirājyādiśabdānāṃ saṃskṛteṣu prayogataḥ|
saṃskāras tadviśiṣṭaṃ vā syād artha iti manmahe.||

na.

asaṃskṛte 'pi śabdānāṃ prayogāl lāghavād api,|
jātir avyabhicārā 'rtho, yūpabarhir asaṃskṛtam.||[126]

9. saṃskāre jātimātre[127] vā prokṣaṇīśabdavācyatā.|[128]

na.

kḷptāvayavayogena nirvāhe rūḍhyakalpanāt.||

yaugikaḥ prokṣaṇīśabdaḥ.[129]

10. nirmanthyene 'ṣṭakāḥ pacantī[130] 'ty atra

pākasya sādhanaṃ vahnir manthanena na janyate,|
prayujyate ca pākādi, tasmān no yaugiko 'pi tu||
agnitvāvāntaravyāpyajātivācī[131] bhaven. na tat.|

---

122 TS 2.6.3.3. (Śabara, ŚD (LKSV), JNMV, and BhD lack first ca, BhD also lacks yad; ŚD (NSP): as in MNS).

123 Here the Prabhāvalī commentary on BhD quotes agnir mūrdhā as the puronuvākyā and bhuvo yajñasya as the yājyā (these are ṚV 8.44.16 and 10.8.6; for their injunctions, see ŚŚS 1.8.4–5; ĀśŚS 1.6.1).

124 Untraced. Mayūkhamālikā on ŚD: āgneyaṃ payo bhavati. Prabhāvalī on BhD, p. 103a, gives aindraḥ puroḍāśaḥ as another example. BhD has both of these at 8.1.8 (=MNS 8.1.17). See 8.1.17.

125 dravyasādṛśyasya balavattvāt OEB; dravyasādṛśyavalāt PU.

126 asaṃskṛtaṃ OEB; asaṃskṛte PU.

127 *Marginal gloss in* O: jalatva.

128 prokṣaṇīśabda° EB; prokṣaṇīyaśabda° O; prokṣaṇīyaśabdabādhyatā PU.

129 prokṣaṇīśabdaḥ EB; prokṣaṇīyaśabdaḥ OPU.

130 Cf. ĀpŚS 16.13.7 nirmanthyena lohinīḥ pacanti (*understand* iṣṭakāḥ); VaiŚS 18.11 (262.6) nirmanthyene 'ṣṭakā lohinīḥ pacanti.

131 agnitvāvāntaravyāpyajātivācī *corr.*; agnitvāvāṃtarakhyā py ajātivācī OEPU; agnitvāvāṃtarāyās tu jāter vācī B. (Cf. BhD araṇiprayojyāgnitvāvāntaravyāpyajātivācitve prāpte).

yaugikārthena nirvāhe rūḍhir nā 'rhati kalpanām.||
pākādyabodhaḥ prācīnaprayogābhāvataḥ. phalam|
pākārtham agneḥ prāptatvāt prayoge manthanaṃ bhavet.||

11. cāturmāsyeṣu prathame vaiśvadeve parvaṇy āgneyādīn aṣṭau yāgān vidhāya[132] vaiśvadevena yajeta[133]

iti śrutaṃ[134] vaiśvadevapadaṃ saptasu devatāṃ|
vidhatte tadviśiṣṭaṃ vā karmā 'nyat, tatra budhyatām|
āmikṣāvākyato dravyaṃ, liṅgam[135] apy upapadyate.||

na.

utpattyutpannaśiṣṭatvād vikalpāyogato na hi|
vidhatte devatāṃ nā 'pi karmā 'nyat, tad vinā 'pi hi|
vaiśvadevapadaṃ nāmabodhaneno 'papadyate.||
nirvapetpadavairūpyam api syāt. tena nāmatā|
yad viśve devāḥ samayajanta tad vaiśvadevasya vaiśvadevatvam[136] iti
vākyaśeṣanirukteḥ syāt. phalaṃ deśaphalānvayaḥ.||

12. vaiśvānaraṃ[137] dvādaśakapālaṃ nirvapet putre jāta[138] iti yāgaṃ vidhāya yad aṣṭākapālo bhavati gāyatryai[139] 'vai 'naṃ brahmavarcasena punātī[140] 'tyādinā 'ṣṭākapālādīnāṃ phalāny uktvā yasmin jāta etām iṣṭiṃ nirvapati pūta eva sa tejasvy annāda indriyāvī paśumān bhavatī[141] 'ty upasaṃhṛte,

aṣṭatvāder dvādaśatve prāptes tatprakhyanītitaḥ|

---

132 TS 1.8.2.1 āgneyam aṣṭākapālaṃ nirvapati, saumyaṃ caruṃ, sāvitraṃ dvādaśakapālaṃ, sārasvataṃ carum, pauṣṇaṃ carum, mārutaṃ saptakapālaṃ, vaiśvadevīm āmikṣāṃ, dyāvāpṛthivyam ekakapālam; cf. MS 1.10.1 (140.8); KS 9.4 (107.3).

133 MS 1.10.8 (148.20); TB 1.4.10.1 °yajate. Jha adds ŚB 5.2.4.1 °yajate; Edgerton, p. 256, note 323, adds KS 36.3 (70.13) °yajate; Garge, p. 103, has all these; MŚS 1.7.1.5; ĀpŚS 8.1.2 °yajate; Mīmāṃsaka has one: TB 1.4.10.4 °yajate.

134 yajeteti śrutaṃ BU (te *in margin in* U); yajeta iti śrutaṃ OE (ta i *in margin in* OE); yajeti śrutam P.

135 *Marginal gloss in* O: aṣṭau havāṃṣi (MS 1.10.8 (148.5) aṣṭau havīṃṣi; TB 1.6.3.3 (as in MS)). ŚD *gives* aṣṭau havīṃṣi *as* liṅga.

136 TB 1.4.10.5. (Absent in Śabara; ŚD and JNMV: as in MNS).

137 vaiśvānaraṃ *through* nāma *(in the first verse) omitted in* P.

138 TS 2.2.5.3.

139 gāyatryai EU; gāyatrye OB.

140 TS 2.2.5.3 °gāyatriyai 'vai°.

141 TS 2.2.5.3–4 °pūtaḥ eva tejasvy° (so in Weber; VSM edition has °pūta eva tejasvy°). (Śabara: yad dvādaśakapālo bhavati jagatyai 'vā 'smin paśūn dadhāti yasmiñ jāta etām° (=TS, except bhavati lacking there); ŚD: yasmin jāta etām iṣṭiṃ nirvapati; JNMV quotes the entire passage, and later has: yasmiñ jāta etām; BhD: as in MNS).

aṣṭākapālādiśabdā nāma vaiśvānarasya vā,||
paricchetṛtayā 'prāpter aṣṭatvāṣṭākapālayoḥ|
pūrvayāge vidhānaṃ vā, na dvādaśakapālakaḥ||
ekavākyatayo 'tpattiśiṣṭo, mā vai 'kavākyatā,|
vaiśvānarottarasyā[142] 'nuvādakatvān na tadvidhiḥ,||
syāt teno 'tpannaśiṣṭatvaṃ sarveṣāṃ, tulyatā tataḥ,|
prakṛtaṃ yāgam āśritya phaloddeśena vā guṇāḥ||

vidheyāḥ. na.

upakramopasaṃhārabuddhavākyaikatābalāt|
nai 'vaṃ,[143] kiṃ tu stutis tasyā 'vayavadvārato bhavet.||
āgneye 'ṣṭākapāle 'ṣṭākapālapadaśaktitaḥ|
syād dvādaśakapālaikadeśe gauṇy aṣṭapākataḥ.||

13. yajamānaḥ prastara[144] ity atra nāma, rūḍhyā tadasaṃbhave jaghanyaprastarapadalakṣitasrugdhāraṇādāv ādhāratvena yajamāno vā vidhīyata iti prāpte, pratyakṣavidhyabhāvāt, prastaram uttaraṃ barhiṣaḥ sādayatī[145] 'ti vidhyekavākyatvāc ca stutiḥ. evam agnir vai brāhmaṇaḥ,[146] ādityo yūpaḥ,[147] apaśavo vā anye goaśvebhyaḥ paśavo goaśvā[148] ity atrā 'pī 'ty auḍumbarādhikaraṇasiddham.[149] stutiś cā 'tra nā 'ntarā gauṇīgarbhāṃ lakṣaṇāṃ gauṇy

142 *Marginal gloss in* O: dvādaśakapālapadasya.

143 °valāt. nai vaṃ OEPU; °valāt evaṃ B.

144 TS 2.6.5.3. (Mīmāṃsaka also has TS 1.7.4.4 and AiB 2.3.7, but I have not found there any vidhis corresponding to the one in the following quote which gives vidhyekavākyatva).

145 Cf. TS 2.6.5.3 uttaraṃ barhiṣaḥ prastaraṃ sādayati.

146 Untraced. (Śabara: āgneyo vai brāhmaṇaḥ, aindro rājanyaḥ, vaiśyo vaiśvadevaḥ (TS 5.6.4.5 āgneyo vai brāhmaṇaḥ; TB 2.7.3.1 (as in TS); Mīmāṃsaka: TS 2.3.3.3. (as in TS 5.6.4.5); cf. TB 3.8.23.2 aindro vai rājanyaḥ (TS 2.4.13.1 as in TB); 2.7.2.2 vaiśvadevo hi vaiśyaḥ). I am not sure of the source. Śambhubhaṭṭa, in the Prabhāvalī on BhD, p. 120, and Govindāmṛtamuni, in the Bhāṣyavivaraṇa, p. 191, say Śabara's quotes are vākyaśeṣa to āgneyam aṣṭākapālaṃ nirvapet brāhmaṇo brahmavarcasakāmaḥ. Does this refer to the brāhmaṇasava taught, e.g., in TB 2.7 (TB 2.7.3.1 āgneyo vai brāhmaṇaḥ)? Cf. TB 2.7.2.2 vaiśyadevo hi vaiśyaḥ, for the vaiśyasava. I have not seen an appropriate match there for aindro rājanyaḥ. Cf. ĀpŚS 22.25.2, 6, 7. (JNMV: āgneyo vai brāhmaṇa; TV (p. 322 (ĀĀ); p. 325 (BSS); p. 191 (Gos.)), ŚD, and BhD: as in MNS; TV says that the secondary meaning is not expressed by "āgneya" in Śabara's quote). See 1.4.14.

147 TB 2.1.5.2.

148 Cf. TS 5.2.9.4 °paśavo goaśvān evā 'smai samīco dadhāti. (Śabara: °go'śvebhyaḥ°).

149 MNS 1.2.2.

api na guṇān vine 'ti guṇā eva ṣaḍbhiḥ sūtrair[150] ucyante. yajamānaḥ prastara ity atra yajamānavat kāryakṛttvam.

14. agnir vai brāhmaṇa[151] ity atrā 'gnivan mukhajatvam.

15. ādityo yūpa[152] ity atra cakṣurgrāhyaṃ tejasvitvādisārūpyam. atra ca śakyaniṣṭhaguṇasajātīyaguṇavattvarūpasārūpyasyai 'va samavāyādinā prakāratā, anyatra tu [153] śakyaniṣṭhaguṇasya svasamānajātīyaguṇavattāsaṃsargeṇa[154] prakāratā, ataḥ pṛthaguktir na virudhyate iti navyāḥ.[155]

16. apaśavo ve[156] 'ty atrā 'py ajādīnāṃ tatra tatra vihitatvena paśukārye pratiṣedhasya paryudāsasya cā 'nupapatter arthavādatvam, apaśuśabdaś cā 'jādau gavāśvagataprāśastyābhāvaguṇayogāt.

17. sṛṣṭīr upadadhātī[157] 'ty atra caturdaśa mantrāḥ sṛṣṭiprakāśakāḥ, ādyo 'ntyau ca na tādṛśāḥ, tādṛksamudāye tādṛgatādṛksamudāye ca sṛṣṭyarthaśabdabhūme 'ti sa guṇaḥ.[158] atra co 'padhānam iṣṭakāsaṃskāratvena vidhīyate pratyekopadhānāya cayanaikakartṛkatvāya ce 'ti bhāṣye.

vārttike tu mantraviśiṣṭam upadhānaṃ vidhīyate, anyathā prāṇabhṛta upadadhātī[159] 'tyāder vaiyarthyāpatteḥ. mantravidhiphalaṃ tv iṣṭakāmātraprakāśakānāṃ grahaṇādiṣv api prāpter grahaṇādiparisaṃkhyādi. upadhānavidhiphalaṃ tu pūrvavat.

---

150 JS 1.4.23–28. These are considered to constitute a single sūtra, but they are discussed individually by Śabara.

151 See 1.4.13.

152 TB 2.1.5.2. Here Śabara also has yajamāno yūpaḥ (cf. TB 1.3.7.3). See 7.3.13.

153 tu OEB; tu *omitted in* PU.

154 sva° OEB; sva *omitted in* PU.

155 See BhD, p. 121, for a similarly phrased discussion.

156 See 1.4.13.

157 TS 5.3.4.7. The mantras are given at TS 4.3.10.

158 guṇaḥ OEB; guṇāḥ PU.

159 TS 5.2.10.3; 5.3.1.2. These occur at the construction of the fire when the first and second layer of bricks are laid, respectively; Jha gives both citations at the following adhikaraṇa; Garge, pp. 30–1, 93, rejects the second, citing reasons appropriate to that adhikaraṇa, but I think incorrectly. The point of that adhikaraṇa is that a small number of mantras containing a certain word can give its name to a larger collection. At TS 5.2.10.3 fifty mantras are enjoined, and at TS 5.3.1.2 only five; in both, the number of mantras with the word prāṇa is small, though the proportion is smaller at 5.2.10.3. The mantras for TS 5.2.10.3 are given at TS 4.3.2 a–e; those for TS 5.3.1.2 at TS 4.3.4 g. Mīmāṃsaka has only TS 5.2.10.3. JNMV identifies the mantras in question as being those taught at TS 4.3.2; the Prabhāvalī on BhD refers to the relevant mantras taught for the first, second, and third layers (see TS 4.3.6.2 d and 5.3.2.2).

18. prāṇabhṛta upadadhātī[160] 'ty atrā 'lpatvaṃ gauṇyā nimittam.
19. aktāḥ śarkarā upadadhātī[161] 'ty atra
vidhinā 'nirṇayāt prāptaṃ yena kena cid añjanam.|
na.
aviśeṣapravṛttasya stāvakenā 'rthanirṇayāt||
ghṛtenai 'va.
20. sruveṇā 'vadyatī[162] 'ty asmād dravyamātraṃ sruvādinā 'vattavyam.
na.
avadyatipadenā 'tra sāmarthyasahakāriṇā|
yogyāvadānam uddiśya sruvādīnāṃ vidhānataḥ,||
ājyamāṃsapuroḍāśāḥ sruvasvadhitipāṇibhiḥ|
avattavyāḥ, saktuhome syād vyākośātmako 'ñjaliḥ.||[163]
tad evaṃ
vidhyarthavādamanavaḥ smṛtir ācāranāmanī|
vākyaśeṣaś ca sāmarthyaṃ dharme mānam iti sthitam.||
prathamo 'dhyāyaḥ.

---

160 See 1.4.17.

161 Cf. TB 3.12.5.12 śarkarā aktā upadadhyāt. tejo ghṛtam. (Śabara, ŚD, and JNMV: aktāḥ śarkarā upadadhāti tejo vai ghṛtam; BhD: as in MNS, and later, tejo vai ghṛtam).

162 Untraced. (Śabara etc.: sruveṇā 'vadyati, svadhitinā 'vadyati, hastenā 'vadyati (cf. BhŚS 2.17.6 tatrai 'ṣo 'tyantapradeśaḥ sruveṇai 'vājyadohayor ity avadyati hastena puroḍāśasya; ĀpŚS 2.19.1 sruveṇā 'jyasāṃnāyyayoḥ (*understand*: avadyati); MŚS 1.8.5.18 utsādato 'ṅgānāṃ plakṣaśākhāyā adhi svadhitinā dvir dvir avadyati; MS 3.10.4 (134.6) etena (*understand* svadhitinā) hī 'tareṣām avadyati)).

163 Here Śabara has añjalinā saktūn pradrāvye juhoti (TS 3.3.8.4; ĀpŚS 13.24.16 (both as in Śabara, except with juhuyāt)).

Book 2

Chapter 1

1. somena yajete[1] 'tyādiṣu

pradhānānvayalobhena karaṇe dve. na hi. dvayoḥ|
bhāvanākaraṇatve syād apūrvadvayakalpanā.|
pradhānānvayalābhe 'pi na tena karaṇadvayam.||
yāgādeḥ karaṇatve hi some dṛṣṭārthatā sphuṭā,|
somasya tattve yāgāder āśrayatvena sā bhavet.||

kiṃ ca somāder eva karaṇatvam, siddhatvena tadyogyatvāt, karaṇatvaśaktatṛtīyāśruter ekapadopāttatvaśrutyapekṣayā prābalyāt, yāgāder āśrayatvenā 'dṛṣṭabhedānāpatteś ca. na. paripūrṇaṃ padaṃ padāntareṇā 'nvetī 'ti vyutpatter yāgasya bhāvanāyāṃ lākṣaṇikenā 'pi karaṇatvenā[2] 'nvayasyā 'vaśyakatvāt, bhāvanākaraṇasya ca phalasādhanatvāt tasyai 'vā 'pūrvasādhanatvaucityāt, yāgasyā 'pi sādhanasiddhasya karaṇatvasaṃbhavāt, somāder yāgārthatvam aṅgatvāt. tadapacāre pratinidhiḥ phalam, atiriktabhāvanāyāḥ siddhiḥ. tasyā ākhyātārthatvaṃ mukhyaviśeṣyatvaṃ ca pacatī 'tyādau pākaṃ karoti, pāke yatata iti dhātvarthāt pṛthag vivaraṇena, bhāvapradhānam ākhyātaṃ sattvapradhānāni nāmānī[3] 'ti yuktyupabṛṃhitaniruktavākyena ca bodhyam. iyam eva cā 'rthabhāvanā, śabdabhāvanā tu liṅtvena vācyā māṃ pravartayati veda ity anubhavasiddhe 'ty anyatra vistaraḥ.

2. kṣaṇikasyā 'pi yāgasya svadhvaṃsadvārā phalasādhanatvasaṃbhavān mā 'stv apūrvam. na.

dharmaḥ kṣarati kīrtanāt|[4]
prāyaścittena naśyanti pāpāni sumahānty api||[5]

iti kīrtanādināśyatvasyā 'vināśini dhvaṃse 'saṃbhavenā 'pūrvasyā 'vaśyakatvāt, tasya cā 'vāntaravyāpāratvena yāgādyanyathāsiddhyanāpādakatvāt. phalabalāc cā 'tmasamavāyi tat. tac ca yatrai 'kaṃ pradhānaṃ tatra pūrvottarāṅgasahitād ekam. pradhānād avyavahitottaraṃ cai 'kam iti dve. bhinneṣu pradhāneṣu bhinnāny utpattyapūrvāṇi. darśapūrṇamāsayos tu samudā-

---

1 See 1.4.1.

2 karaṇatvenā OEB; kāraṇatvenā PU.

3 N 1.1. (I have not seen this quoted in Śabara etc.).

4 Untraced. Nīlakaṇṭhabhaṭṭa gives the following verse in the Tarkasaṃgrahadīpikāprakāśa (p. 210): karmanāśājalasparśāt karatoyāvilaṅghanāt| gaṇḍakībāhutaraṇāt dharmaḥ kṣarati kīrtanāt||. (BhD: as in MNS for this and the following quote).

5 Untraced.

yāpūrve dve paramāpūrvaṃ cai 'kam iti navāpūrvī bodhyā. saṃnipatyopakārakajanyānām apūrvāṇāṃ pradhāna utpattyapūrvajananānukūlayogyatāyām, ārādupakārakajanyānāṃ co 'tpattyapūrve 'vyavahitakāryajananānukūlayogyatāyām upayoga ityādi bodhyam.

3. vrīhīn avahantī[6] 'tyādinā vihito 'vaghātādir apūrvajanako vihitadhātvarthatvād yāgavat, lokasiddhavaituṣyādyarthatve vidhivaiyarthyaṃ ca bādhakas tarkaḥ. na. dṛṣṭe saṃbhavaty adṛṣṭasyā 'nyāyyatvāt, vrīhīn iti dvitīyaye 'psitatamatvabodhikayā vrīhiniṣṭhadṛṣṭātiśayajanakatvenai 'vā 'vaghātasya bodhanāt, niyamārthatvena vidhyavaiyarthyāc ca.

4. srucaḥ saṃmārṣṭī[7] 'ti pradhānakarma, sruṅniṣṭhātiśayasya tajjanyasyā 'darśanāt. na. dvitīyayā srugarthatvapratīteḥ, sruṅniṣṭhāpūrvajanakatvena tadupapatteś ca.

5. ājyaiḥ stuvate,[8] praügaṃ śaṃsatī[9] 'ti vihite pragītāpragītamantrasādhyaguṇiniṣṭhaguṇābhidhānarūpe stotraśastre[10] dṛṣṭārthe, tābhyāṃ devatāyāḥ smaraṇarūpasaṃskārotpatteḥ. na. stotavyadevatāyā guṇasaṃbandhatātparyakaguṇasaṃbandhakīrtanarūpasya stautiśaṃsativācyasyā 'bādhāyā 'khyātena pradhānakarmatvenai 'va tayor vidhānāt, anyathā vakrakeśānto devadatta ity asya tam ānaye[11] 'ty atra tātparye 'stutitvavat stotraśastrayor devatāsmṛtyarthatve stotraśastratvasyai 'va vyāhateḥ, adṛṣṭakalpanāyāś ca phalamukhatvenā 'doṣatvāt. ata eva māhendragrahayajisaṃnidhāv indrastutyupapattiḥ, anyathā lakṣaṇādyāpatteḥ.

6. devāṃś ca yābhir yajate dadātī[12] 'ti vidhir vidhāyakākhyātasadṛśatvāt. na. yacchabdena yasyo 'bhayaṃ havir ārtim ārcched[13] ityādāv iva vidhiśaktipratibandhāt, prāptārthatvāt, anyaparatvāc cā 'bhidhāyakatvam apy ākhyātasyā 'sti.

---

6 See 1.3.10.

7 TB 3.3.1.1; ŚB 1.3.1.1; ĀpŚS 2.4.2. (Śabara continues: agniṃ saṃmārṣṭi, paridhiṃ saṃmārṣṭi, puroḍāśaṃ paryagnikaroti (cf. TB 3.3.7.3; ĀpŚS 2.12.10; KŚS 3.1.12; TB 3.3.7.4; ĀpŚS 2.12.10; KŚS 3.1.13; TB 3.2.8.5; ĀpŚS 1.25.8; KŚS 2.5.22)).

8 See 1.4.3.

9 KB 14.5.1 ājyaṃ śastvā praügaṃ śaṃsati.

10 °śastre OEB; °śāstre PU.

11 ānaye *corr.*; ānataye OEBPU. Cf. ŚD yo 'yaṃ vakrakeśāntas tam ānaya.

12 ṚV 6.28.3 na tā naśanti na dabhāti taskaro nā 'sām amitro vyathir ā dadharṣati| devāṃś ca yābhir yajate dadāti ca jyog it tābhiḥ sacate gopatiḥ saha||; TB 2.4.6.9 as in ṚV except °nai 'nā amitro°. Bloomfield also lists AV 4.21.3. (Śabara: as in ṚV; ŚD: °dadhāti ca; JNMV; as in ṚV pādas cd; BhD: °yajate).

13 TB 3.7.1.7 °ārchati. (Absent here in Śabara, but at JS 6.4.22 etc. he has the fuller form of the quote, which occurs in MNS at 6.4.6; ŚD etc.: as in MNS). See 6.4.6.

7. vihitārthābhidhāyakatvasya vasantāya kapiñjalān ālabhete[14] 'tyādāv avyāpteḥ, asyuttamapuruṣādyantatvasya parasparam avyāpteḥ, mananahetutvasya brāhmaṇe 'tivyāpteś ca nā 'sti mantralakṣaṇam. na. abhiyuktīyamantrapadavācyatvaprakārakopasthitiviṣayo mantra iti lakṣaṇasaṃbhavāt. vācyatāvacchedakaṃ ca mantratvam akhaṇḍopādhir bodhyaḥ.

8. hetunirvacananindāpraśaṃsāsaṃśayavidhiparakṛtipurākalpavyavadhāraṇakalpanānām anyatamaṃ brāhmaṇam[15] ity asye 'ndavo vām uśanti hī[16] 'tyādāv[17] ativyāpteḥ, itikaraṇabahulam ityāhaśabdaghaṭitam ākhyāyikārūpaṃ vā tad ity asya ca ity adadā ity ayajathā ity apaca iti brāhmaṇo gāyet,[18] yo vā rakṣāḥ śucir asmī 'ty āha,[19] amandān stomān[20] ityādisūkteṣu cā 'tivyāpter nā 'sti brāhmaṇalakṣaṇam. na. abhiyuktamantraprasiddhiviṣayānyo vedo brāhmaṇam iti lakṣaṇasaṃbhavāt.

---

14 MS 3.14.1 (172.8); VS 24.20; KSA 10.4 (185.3); ŚB 13.5.1.13; ĀpŚS 20.14.5 (Bloomfield); all of these have °ālabhate; cf. MŚS 9.2.4.3. (Śabara and JNMV (Gold. and ĀĀ var.): as in MS etc.; JNMV (ĀĀ and Gold.) and Prabhāvalī on BhD: as in MNS).

15 In Śabara, with attribution to the vṛttikāra, these are illustrated by: śūrpeṇa juhoti tena hy annaṃ kriyate (see 1.2.3); tad dadhno dadhitvam (TS 2.5.3.4); upavītā vā etasyā 'gnayaḥ (see 10.8.6); vāyur vai kṣepiṣṭhā devatā (see 1.2.1); hotavyaṃ gārhapatye na hotavyam (see 10.8.5); yajamānasaṃmitau 'dumbarī bhavati (see 10.2.19); māṣān me pacata (see 6.7.12); ulmukair ha sma pūrve samājagmuḥ (untraced); yāvato 'śvān pratigṛhṇīyāt (see 3.4.14).

16 ṚV 1.2.4; TS 1.4.4.1 c. Garge, p. 69, lists in addition MS 1.3.6 (32.13); KS 4.2 (30.3); VS 7.8; Bloomfield lists also VS 33.56; ŚB 4.1.3.19.

17 In Śabara the other examples are: tasmād āpo 'nu sthana (TS 5.6.1.3); mogham annam vindate apracetāḥ (ṚV 10.117.6); agnir mūrdhā (see 12.4.1); adhaḥ svid āsīd upari svid āsīt (ṚV 10.129.5); pṛṇīyād in nādhamānāya (ĀĀ °nādhamānāt) (ṚV 10.117.5 °nādhamānāya tavyān); sahasram ayutā dadat (ṚV 8.21.18); yajñena yajñam ayajanta devāḥ (ṚV 10.90.16).

18 TB 3.9.14.3; cf. ĀpŚS 20.6.5; MŚS 9.2.2.7. Bloomfield has other, less similar quotes: ŚB 13.1.5.6; 13.4.2.8,11,14. (Śabara: iti vā iti me manaḥ (ṚV 10.119.1); JNMV: as in MNS).

19 ṚV 7.104.16; AV 8.4.16. (Śabara: bhagaṃ bhakṣī 'ty āha (ṚV 7.41.2; AV 3.16.2; TB 2.8.9.8); JNMV: as in MNS).

20 ṚV 1.126.1; (N. 9.10; cf. BṛhD 3.155). (Śabara: tugro ha bhujyum (Mīm.); ugro ha bhajyam (ĀĀ); ugro ha bhujyam (BI, Gos.) (ṚV 1.116.3 tugro ha bhujyum; TĀ 1.10.2 tyugro ha bhujyum); I have not seen the MNS quote in any other text).

9. ūhe, adīkṣiṣṭā 'yaṃ brāhmaṇa[21] ity etanmantraśeṣa[22] āṅgirasabārhaspatyabhāradvājagotra[23] iti pravare, asau devadatto 'muṣya putra[24] iti nāmni ca mantraikavākyatvān mantratvam. na. abhiyuktaprasiddher abhāvāt.

10. 11. 12. ṛgvedādiṣu paṭhito mantraḥ krameṇa ṛksāmayajūrūpa ity asya yajurvedapaṭhite sāvitrya 'rce[25] 'ti ṛktvena vyavahṛte devo vaḥ savito 'tpunātv[26] ityādau, etat sāma gāyann āsta[27] ity uktvā paṭhite hā3 vu hā3 vu[28] ityādau sāmani, sāmavedāmnāteṣu akṣitam asy acyutam asi prāṇasaṃśitam asi[29] iti yajuḥṣu, sāmavedāmnātāsv āśrayaṛkṣu[30] ca doṣān nā 'sti vyavasthā ṛksāmayajuṣām. na. ṛg arthavaśapādā, gītiḥ sāma, praśliṣṭapaṭhitam anyad yajur iti vyavasthāsaṃbhavāt.

13. prokṣaṇīr āsādaye[31] 'tyādayo nigadā ṛksāmayajurbhyo 'nye, lakṣaṇābhāvāt, uccair nigadene[32] 'ti dharmabhedāc ca. na. nigadānāṃ yajuṣṭvāt,

---

21 TS 6.1.4.3; BŚS 6.5 (161.14) adīkṣitā 'yaṃ brāhmaṇo 'sāv itthaṃgotro 'muṣyaputro 'muṣya pautro 'muṣya naptā; ĀpŚS 10.11.5 adīkṣiṣṭā 'yaṃ brāhmaṇo 'sāv amuṣya putro 'muṣya pautro 'muṣya naptā 'muṣyāḥ putro 'muṣyāḥ pautro 'muṣyā napte 'ti; cf. MŚS 2.1.2.23 dīkṣito 'yam asāv iti nāma gṛhṇāty āmuṣyāyaṇa iti gotram amuṣya putraḥ; (TS has only adīkṣiṣṭā 'yam brāhmaṇaḥ). (The quotes in this topic are absent in Śabara, ŚD, and BhD; JNMV: as in MNS).

22 °śeṣe E (*second* e *added*); °śeṣa OBPU.

23 (JNMV: as in MNS).

24 ĀpŚS 10.11.5; MŚS 2.1.2.23. See note above. (JNMV: asau devadatto 'muṣya putro 'muṣya pautro 'muṣya naptā 'muṣyāḥ putro 'muṣyāḥ pautro 'muṣyā naptā).

25 TB 3.2.5.3 sāvitryiya 'rcā. (The quotes in this topic are absent in Śabara, ŚD, and BhD; JNMV: as in MNS).

26 TS 1.1.5.1 a °utpunātv acchidreṇa pavitreṇa vasoḥ sūryasya raśmibhiḥ; TB 3.2.5.2; ĀpŚS 1.11.9; BŚS 1.6 (8.14). (Bloomfield has many citations). (JNMV: as in TS).

27 TĀ 9.10.5 (=TU 3.10.5) etat sāma gāyann āste. hā3 vu hā3 vu hā3 vu. (JNMV: etat sāma gāyann āste).

28 paṭhite hā3 vu hā3 vu OE (*tear of the size of one akṣara in* E *in space after first* vu, *and second* hā *absent*); paṭite hā vu hā B; paṭhite hā3 vu hā PU. See preceding note.

29 ChU 3.17.6. (JNMV: as in MNS).

30 *So in manuscripts.*

31 TB 3.2.9.14; ĀpŚS 2.3.11. Jha (at JS 1.2.45): TB 3.2.9 and VS 1.28; Bloomfield: VS 1.28; ŚB 1.2.5.20, 21; 2.6.1.12; KŚS 2.6.34; ĀpŚS 2.3.11; 11.3.1; MŚS 1.2.4.23; 2.2.1.22; 2.2.2.9; Garge, p. 115, claims that only TB has all of the four statements in Śabara's quote given below at 3.8.12 and 9.3.6, and therefore it is the source. In fact both TB and ĀpŚS 2.3.11 match exactly Śabara's full quote. (Absent in Śabara here; ŚD: as in MNS; JNMV: prokṣaṇīr āsādaya idhmaṃ barhir upasādaya agnīd agnīn vihara barhiḥ stṛṇīhi indra āgaccha hariva āgaccha).

32 Untraced. Cf. ĀpŚS 24.1.8–10: 8 uccair ṛgvedasāmavedābhyāṃ kriyate 9 upāṃśu yajurvedena 10 anyatrā 'śrutapratyāśrutapravarasaṃvādasaṃpraiṣaiś ca; VŚS 1.1.1.7 uccair ṛgvedasāmavedābhyām upāṃśu yajuṣo 'ccaiḥ saṃpraiṣāḥ. Jha has (at

brāhmaṇā bhojyantāṃ bahiḥ parivrājakā [33] antar[34] iti saty api brāhmaṇye parivrājakeṣu bhinnadharmadarśanāt, praśliṣṭapāṭhasya yajurlakṣaṇasya sattvāc ca.

14. devasya tve 'tyādinirvapāmyante[35] nai 'kavākyatā, ekatve[36] niyāmakābhāvāt. na. vibhāge sākāṅkṣasyai 'kārthasyai 'kavākyatvāt. syonaṃ te, tasmin tsīde[37] 'ti vākyavyāvartakam ekārthe 'ti, bhago vāṃ[38] vibhajatu pūṣā vāṃ vibhajatv [39] ityādivyāvartakaṃ vibhāge sākāṅkṣe 'ti. devasya tve 'tyādau ca vibhāge sākāṅkṣatvān nirvāparūpaikārthatvāc cai 'kavākyatā.

15. iṣe tvo 'rje tve[40] 'tyādiḥ samūha eko mantraḥ, asyā 'dṛṣṭārthatvenai 'kādṛṣṭakalpanāt, kriyāpadābhāvenā 'nuṣṭheyārthāsmārakatvāt. na. vibhajyamāne 'sākāṅkṣatvāt, iṣe tve 'ti chinatti, ūrje tve 'ty anumārṣṭī[41] 'ti viniyogabhedenā 'rthabhedāc ce 'ṣe tve 'ty eko mantraḥ, ūrje tve 'ty aparaḥ.

JS 3.3.1) MS 3.6.5 (66.9) (=MS 4.8.7 (115.1)) uccair ṛcā kriyata uccaiḥ sāmno 'pāṃśu yajuṣā (but no reference to saṃpraiṣa or nigada). (Śabara: uccair ṛcā kriyate uccaiḥ sāmnā upāṃśu yajuṣā uccair nigadena; ŚD etc.: upāṃśu yajuṣā, uccair nigadena). See 3.3.1.

33 *In* OEBPU *the following passage* antar iti saty api *through* antenai 'kavākyatai 'katve (*bridging* 13 *and* 14) *is written after* bhago vāṃ vibhaja (*in* 14), *and in* OE *correction marks indicate that it should be read here.*

34 Untraced. (Śabara: ito brāhmaṇā bhojyantām, itaḥ parivrājakāḥ (hardly a quote); JNMV: bahir brāhmaṇā bhojyantāṃ parivrājakās tv antaḥ).

35 TS 1.1.4.2 m devasya tvā savituḥ prasave 'śvinor bāhubhyām pūṣṇo hastābhyām agnaye juṣṭaṃ nirvapāmi; KS 1.4 (2.13) (=TS). Garge, p. 75, also quotes TB 3.2.4.5 as a possible souce, but this, TB 3.2.4.5–6, breaks up the sentence into bits; Bloomfield (p. 493 a, entry 7) has TS, KS, TB, Kauś. 2.1, and a reference to the fragmentary ĀpŚS 1.17.12. MS 1.1.5 (3.3) and 4.1.5 (6.18) are similar to TS. (Śabara: devasya tvā savituḥ prasave; JNMV: as in TS).

36 °kyataikatve OEBPU; (*in a marginal correction in* E *a tear follows* °kyatā, *but in the text to be replaced,* E *is like* OBPU).

37 tasmin tsīde OB; tasmin sīde E; tasmi tsīde PU. (Śabara and JNMV: syonaṃ te sadanaṃ kṛṇomi ghṛtasya dhārayā suśevaṃ kalpayāmi. tasmin sīdā 'mṛte pratitiṣṭha vrīhīṇāṃ medha sumanasyamānaḥ; BhD: syonaṃ te sadanaṃ kṛṇomi tasmin sīda). See 3.3.8.

38 vāṃ E; vā OBPU.

39 SatyāŚS 1.6.20 (p. 138) bhago vāṃ savitā vibhajatu pūṣā vāṃ savitā vibhajatu. (Śabara: bhago vāṃ vibhajatu, aryamā vāṃ vibhajatu; JNMV: as in MNS). See 12.3.13.

40 TS 1.1.1.1 a. Garge, p. 74, quotes many other passages, as does Bloomfield.

41 Cf. ĀpŚS 1.1.11; BhŚS 1.2.9–10. (Absent in Śabara; ŚD and JNMV: as in MNS; BhD: iṣe tve 'ti śākhāṃ chinatti, ūrje tve 'ty unmārṣṭi).

evam āyur yajñena kalpatām[42] ity api, tatrā 'pi kḷptīr yajamānaṃ vācayatī[43] 'ti kḷptibhedāvagamāt.

16. jyotiṣṭoma upasaddhomeṣv āmnāte

yā te agne 'yāśayā tanūr varṣiṣṭhā gahvareṣṭho|
'graṃ vaco apāvadhīt tveṣaṃ vaco apāvadhīt|| svāhā,

yā te agne rajāśayā, yā te agne harāśaye[44] 'ty atro 'ttarayoḥ sākāṅkṣatve 'pi na pūrvaśeṣo 'nuṣajyate, tasya pūrvaśeṣatvāt, mānābhāvāc ca. na. pūrvaśeṣasyā 'pi buddhisthatvena kalpanīyādhyāhārāt saṃnikarṣāt.

17. tatrai 'va dīkṣāprakaraṇe citpatis tvā punātu vākpatis tvā punātu

devas tvā savitā punātv acchidreṇa pavitreṇa|
vasoḥ sūryasya raśmibhiḥ||[45]

ity atrā 'cchidreṇe 'tyādiḥ śeṣo na pūrvayoḥ saṃbadhyate, tayor nirākāṅkṣatvāt. na. śeṣyākāṅkṣābhāve 'pi śeṣākāṅkṣayā 'viśeṣāt sarvaśeṣyanvayasyā 'nekahaviṣkavikṛtisaṃnidhipaṭhitopahomānāṃ sarvārthatvavad yuktatvāt.

18.[46] daikṣe śrute saṃ te prāṇo vātena gacchatāṃ saṃ yajatrair aṅgāni saṃ yajñapatir āśiṣe[47] 'ty atrā 'pi gacchatām iti parayor anuṣajyate, sam ity asya kriyāpadākāṅkṣitvāt, gacchatām ity asya buddhisthatvena saṃnihitatvāc ca. na. ekavacanāntatvenā 'yogyatvād dvitīye, asaṃbandhipadavyavadhāne-

---

42 TS 1.7.9.1 d. Garge, p. 79, quotes many other passages, including VS 9.21, ŚB 5.2.1.4, and ĀpŚS 18.5.13, as does Bloomfield; Mīmāṃsaka has VS 9.20 (it should be 9.21).

43 Cf. ŚB 5.2.1.4 etāḥ ṣaṭ kḷptīr vācayati. (Śabara etc.: klptīr vācayati).

44 MS 1.2.7 (17.4) °varṣiṣṭhā gahaneṣṭhā| tveṣaṃ vaco apāvadhīr ugraṃ vaco apāvadhīḥ||° (but yā te agne rajāśayā etc. is connected with the text which follows); cf. TS 1.2.11.2 f–g yā te agne 'yāśayā rajāśayā harāśayā tanūr varṣiṣṭhā gahvare ṣṭho 'graṃ vaco apā 'vadhīṃ tveṣaṃ vaco apā 'vadhīṃ svāhā. Garge, p. 76, Bloomfield, and Mīmāṃsaka have more citations. Cf. MŚS 2.2.1.39; ĀpŚS 11.3.12.

45 TS 1.2.1.2 k; cf. MS 1.2.1 (10.6) °vācaspatis°; KS 2.1 (8.14) °pavitreṇa sūryasya raśmibhiḥ. Garge, p. 76, also quotes KapS 1.13 (10.12) °pavitreṇa| sūryasya raśmibhiḥ, and VS 4.4, which reads mā in place of tvā, then °pavitreṇa sūryasya raśmibhiḥ; Bloomfield has numerous citations, including ĀpŚS 10.7.10,11 and MŚS 2.1.1.40, both of which say anuṣaṅga applies.

46 18 *corr.;* 18 *omitted in* OEBUP.

47 TS 1.3.8.1 g °prāṇo vāyunā°; MS 1.2.15 (25.2) °vāyur vātena°; KS 3.5 (25.11) °vāyuḥ prāṇena°; KapS 2.12 (21.14) (as in KS); VS 6.10 °sam aṅgāni yajatraiḥ°. Bloomfield has citations where the three phrases are broken up: TS 6.3.7.4 °vāyunā°; ŚB 3.7.4.8 °sam aṅgāni yajatraiḥ°; ĀpŚS 7.14.2 °vāyunā°; MS 3.9.6 (124.17) °vāyur vātena°; Garge, p. 100, says Śabara quotes MS; MNS is different. (Śabara, ŚD, and BhD: saṃ te vāyur vātena°; JNMV: as in MNS, except °sam aṅgāni yajatraiḥ saṃ° (ĀĀ var.: saṃ te vāyur vātena°)).

nā 'saṃnidheś ca tṛtīye 'nuṣaṅgasya vaktum aśakyatvāl laukikavākyaśeṣeṇa tatpūraṇam. evaṃ ca na tadbhreṣe yajurbhreṣaprāyaścittam. dvitīye prathamaḥ.

Chapter 2

1. somena yajeta,[48] dākṣiṇāni juhoti,[49] hiraṇyam ātreyāya dadātī[50] 'tyādiṣu na bhāvanābhedaḥ. ākhyātasyai 'katvāt, dhātor bhāvanā'vācakatvena[51] tadbhedasya tadbhede 'prayojakatvāt, svargakāmo yajete[52] 'ty atra śuddhasvargakarmakabhāvanāvidhānena sarveṣām utpannaśiṣṭatvāc ca na guṇanyāyo 'pi.[53] na. ākhyātasyai 'va bhāvanābodhakatve 'pi tattaddhātubhyaḥ pṛthagākhyātaśruteḥ, nānādhātubhya eka ākhyāta ity ananuśāsanāc cā[54] 'khyātabhedena bhāvanābhedapratīteḥ, paripūrṇam iti nyāyena[55] śuddhabhāvanāyā itarānvayāyogyatvāt, yāgasaṃbaddhāyā homādyanvaye guṇanyāyāvatārāc ca.

2. samidho yajati, tanūnapātaṃ yajatī[56] 'tyādipañcavākyeṣu na karma bhidyate, dhātvarthabhedābhāvāt,[57] prathamavākyavihitayāgānuvādeno 'ttaravākyair dravyasya devatāyā vā vidhisaṃbhavenā 'narthakyābhāvāc ca. na. caturthītaddhitatṛtīyābhāvenā 'gnihotraṃ juhotī[58] 'tyādivat tanūnapādādiśabdānāṃ nāmatvāt, vihitavidhānāyogāc ca bhedasyā 'vaśyakatvāt. na cai 'vaṃ jyotirādivat saṃjñāyā bhedakatvaṃ śaṅkyam, tatra yāgāvagamāt prāg

---

48 See 1.4.1.

49 Cf. TS 6.3.1.6 uttareṇā 'gnīdraṃ parītya juhoti dākṣiṇāni; 6.6.1.1 suvargāya vā etāni lokāya hūyante yad dākṣiṇāni; ŚB 4.3.4.6. Mīmāṃsaka: cf. ĀpŚS 13.5.6; BŚS 8.5.1 (240.6); BhŚS 14.4.3; KŚS 10.2.4.

50 ŚB 4.3.4.21 ātreyāya hiraṇyaṃ dadāti; cf. ĀpŚS 13.6.12.

51 bhāvanā 'vācakatvena OEBPU (' *absent in* P).

52 This seems to be an abbreviated form of jyotiṣṭomena svargakāmo yajeta. Cf. ĀpŚS 10.2.1 svargakāmo jyotiṣṭomena yajeta. (Absent here in Śabara, ŚD, and JNMV; BhD: jyotiṣṭomena svargakāmo yajeta). See 4.4.12.

53 The discussion at 2.2.9 is recognized as the basis for this *nyāya*.

54 ākhyātasyai 'va *through* ananuśāsanāc c *omitted in* B.

55 See 2.1.1.

56 TS 2.6.1.1 samidho yajati vasantam eva 'rtūnām ava runddhe, tanūnapātaṃ yajati grīṣmam evā 'va runddha, iḍo yajati varṣā evā 'va runddhe, barhir yajati śaradam evā 'va runddhe, svāhākāraṃ yajati hemantam evā 'va runddhe. Edgerton, p. 235, note, 215, and Garge, p. 86, add ŚB 1.5.3.9–10; KB 3.4.17,19. (At JS 3.3.11 Śabara lists all five: samidho yajati, tanūnapātaṃ yajati, iḍo yajati, barhir yajati, svāhākāraṃ yajati).

57 *After* bhāvā, *a folio missing in* U; *text resumes with* vidhyanupapattyā *(topic 6)*.

58 See 1.4.4. (Absent here in Śabara, ŚD, and BhD; JNMV: as in MNS).

eva saṃjñāyā bhedahetutvāt, iha ca yāgabhedāvagatau bhinnānāṃ samittanūnapādādisaṃjñe 'ti vaiṣamyāt.

3. ya evaṃ vidvān paurṇamāsīṃ yajate, ya evaṃ vidvān amāvāsyāṃ yajata[59] iti karmāntaram, dhrauvājyena,[60] vārtraghnī paurṇamāsyām anūcyete vṛdhanvatī[61] amāvāsyāyām[62] iti vākyān māntravarṇikadevatayā ca rūpavattvāt. evaṃ ca paurṇamāsyāṃ paurṇamāsyā yajetā 'māvāsyāyām amāvāsyayā yajete[63] 'ti vākyasārthakyam. anyathā 'gneyādiṣū 'tpattivākyāvagatakālatvād idaṃ vyarthaṃ syāt. na. hautre mantrakāṇḍe sāmidhenīr āvāhananigadaṃ prayājamantrāṃś cā 'mnāya prayājānantarabhāvinor ājyabhāgayoḥ krame vārtraghnīvṛdhanvatīmantrāṇām agnīṣomaprakāśakānām āmnānāt,[64] vārtraghnī paurṇamāsyām ity etayor liṅgakramāvagatājyabhāgāṅgabhāvavārtraghnīvṛdhanvatīvyavasthāmātraparatvena rūpālābhāt, vidvadvākyasya phalavākyāpekṣitadvitvāśrayasamudāyasiddhyarthatvena[65] paurṇamāsyāṃ paurṇamāsye 'ty etayoḥ pṛthak pṛthak trikaprayogavidhāyakatvena sārthakyāc ca.

---

59 TS 1.6.9.1–2 ya evaṃ vidvān paurṇamāsīṃ yajate...ya evaṃ vidvān amāvāsyāṃ yajate.

60 According to JNMV and BhD this is from sarvasmai vā etadyajñāya gṛhyate yad dhruvāyām ājyam (TB 3.3.5.5). See 10.8.15.

61 vṛdhanvatī OEP; vṛṣanvatī B.

62 TS 2.5.2.5 tasmād vārtraghnī pūrṇamāse 'nucyete°. For the mantras, JNMV gives ṚV 6.16.34 agnir vṛtrāṇī jaṅghanad (draviṇasyur vipanyayā| samiddhaḥ śukra āhutaḥ||) and ṚV 1.91.5 tvaṃ somā 'si satpatis tvaṃ rājo 'ta vṛtrahā| (tvam bhadro asi kratuḥ||); Sāyaṇa gives these, and also ṚV 8.44.12 agniḥ pratnena manmanā śumbhānas tanvaṃ svam| kavir vipreṇa vāvṛdhe|| and ṚV 1.91.11 soma gīrbhiṣ tvā vayaṃ vardhayāmo vacovidaḥ| sumṝlīko na ā viśa||. These are all at TB 3.5.6.1. (Absent here in Śabara (he quotes it at 6.1.13); ŚD and BhD: as in MNS; JNMV: tasmād vārtraghnī°).

63 Cf. ĀpŚS 24.2.19–20: 19 amāvāsyāyām amāvāsyayā yajeta 20 paurṇamāsyāṃ paurṇamāsyā; SatyāŚS 1.1.71 (p. 58) paurṇamāsyāṃ paurṇamāsyā yajetā 'māvāsyāyām amāvāsyayā; ŚB 11.1.3.6 (this has the order of SatyāŚS). (Absent here in Śabara; ŚD and JNMV: as in MNS (ŚD (NSP): °paurṇamāsyā yajete 'ti amāvāsyāyām°)).

64 This seems to refer to TB 3.5.2 (sāmidhenīs); TB 3.5.3.2 (āvāhana nigadas); TB 3.5.5.1 (mantras for prayājas); TB 3.5.6 (mantras for ājyabhāgas). (See Keith, p. 196, note 1; p. 198–99, note 9; p. 205, note 8; and p. 206, note 3).

65 °siddhyarthatvena OEB; °siddhārthatvena P.

4. jāmi vā etad yajñasya kriyate yad anvañcau puroḍāśau upāṃśuyājam antarā yajati, viṣṇur upāṃśu yaṣṭavyo 'jāmitvāya prajāpatir upāṃśu yaṣṭavyo 'jāmitvāyā 'gnīṣomāv upāṃśu[66] yaṣṭavyāv ajāmitvāye[67] 'ty atra viṣṇvādivākyair vidhāyakatavyavadbhir vihitānāṃ viṣṇvādiyāgānām upāṃśuyājam iti samudāyānuvādo 'ntarākālaphalakaḥ[68] phalasaṃbandhaphalako vā. na. jāmitvopakrameṇā 'jāmitvopasaṃhāreṇa cā 'vagataikavākyatvād ekavidhāyakatvaucityāt, upāṃśuyājam ity anena vihita upāṃśutvāntarākālaviśiṣṭe[69] karmaṇi viṣṇvādivākyānām arthavādatvāt, upāṃśu paurṇamāsyāṃ yajann[70] ity uttaram upāṃśuyājam ity asyā 'mnānāc cā 'gneyādivad utpattyavagatakālasaṃbandhāt phalasaṃbandhasiddheḥ.

5. ūrdhvam[71] āghārayati, ṛjum āghārayatī[72] 'tyādinā vihitānām āghāram āghārayatī[73] 'ti samudāyānuvādaḥ, caturgṛhītaṃ vā etad abhūt tasyā 'ghāram āghārye[74] 'ty atra indra ūrdhvo 'dhvara ity āghāram āghārayatī[75] 'ty atra ca sarveṣāṃ grahaṇārthaḥ. evaṃ dadhnā juhoti,[76] payasā juhotī[77]

66 gnīṣomāv upāṃśu *corr.*; gnīṣomān upāṃśu OEB; gnīṣomāṃpāṃśu P.

67 Untraced. Cf. TS 2.6.6.4 jāmi vā etad yajñasya kriyate yad anvañcau puroḍāśāv upāṃśuyājam antarā yajaty ajāmitvāya; ĀpŚS 2.19.12 ājyahavir upāṃśuyājaḥ paurṇamāsyām eva bhavati vaiṣṇavo 'gnīṣomīyaḥ prājāpatyo vā. See Edgerton, p.153, note 195, and Garge, p. 88–9. (Śabara: °antarā yajati iti. viṣṇur upāṃśu°; ŚD etc.: as in MNS).

68 °vādo 'ṃtarākālaphalakaḥ B; °vādo 'ṃtanākalaphalakaḥ E; °vādoṃ 'tarālaphalaka O (*corr. from* vadoṃtanopāṃ *and* laphalaka *through* aucityād upāṃ *in margin*); °vādoṃeno P, *then passage omitted through* aucityāt.

69 °tvāṃtarākāla° E; °tvāṃtarāla° B; °tvāṃtakāla° OP.

70 Untraced. (Śabara and BhD: tāv abrūtām agnīṣomāv ājyasyai 'va nāv upāṃśu paurṇamāsyāṃ yajan (quoted in MNS at 10.8.15)). See 10.8.15.

71 ūrdhvam *through* evaṃ *only in* E (*in margin*).

72 Cf. TS 2.5.11.7 ṛjum āghārayati...saṃtatam āghārayati; MŚS 1.3.1.15 saṃtataṃ prāñcaṃ dīrgham ṛjum ūrdhvam avichinnam āghāram āghārayati; BŚS 1.15 (23.13); ĀpŚS 2.12.7 and 2.14.1. (Śabara: ūrdhvam āghārayati, saṃtatam āghārayati, ṛjum āghārayati: SD: ūrdhvam āghārayati: JNMV: as in MNS; BhD: ṛjum āghārayati, saṃtatam āghārayati).

73 See citations listed at 1.4.4.

74 Untraced. See 1.4.4.

75 See 1.4.4 for citations. (Śabara: indra ūrdhvo 'dhvaro divi śpṛśatu mahato yajño yajñapate indravān svāhe 'ty āghāram āghārayati).

76 Cf. MŚS 1.6.1.23 payasā juhoti dadhnā yavāgvā 'jyena vā. See Edgerton, p. 48, note 20. See 2.2.10.

77 TB 2.1.5.4 payasā juhuyāt; KS 6.3 (51.11) payasā 'gnihotraṃ juhoti (see Mittwede, *Text. Bemerk. zur Kāṭhaka Saṃ.*, p. 51, who reads yat payasā° instead of tat payasā°); MŚS 1.6.1.23 (see preceding note). First two in Edgerton, p. 204, note 54,

'tyādinā vihitānām agnihotraṃ juhotī[78] 'ti samudāyānuvādaḥ sarveṣāṃ phalasaṃbandhārthaḥ. na. guṇavākyānāṃ viśiṣṭavidhitve gauravāpatteḥ, karmabhede 'pūrvabhedāpatteś ca guṇamātravidhāyakatvaucityāt, dravyasya guṇavākyair mantravarṇena devatāyāś ca lābhena rūpavattvasaṃbhavāc ca.

6. aindravāyavaṃ gṛhṇātī[79] 'tyādivākyair dravyadevatāsaṃbandhaśravaṇenā 'numitayāgavidhāyakair vihitānām aṇvyā dhārayā gṛhṇātī[80] 'ti dhārāsamarthadravyavatāṃ somena yajete[81] 'ty anuvādaḥ prakṛtidravyavidhāyako vrīhibhir yajete[82] 'tivat, saṃskāravidhyanupapattyā[83] somaprāpter nāma vā somapadam. evaṃ hṛdayasyā 'gre 'vadyatī[84] 'tyādau dravyaśra-

---

and in Garge, p. 109, who suggests KS is source since it is so quoted by Śabara at JS 10.8.7. See 10.8.4.

78 See 1.4.4.

79 ĀpŚS 12.14.8; KŚS 9.6.6; MŚS 2.3.5.4. (In Śabara the quote continues: maitrāvaruṇaṃ gṛhṇāti, āśvinaṃ gṛhṇāti (cf. ĀpŚS 12.14.12; 12.18.9; KŚS 9.6.8; 9.7.8; MŚS 2.3.5.6; 2.3.7.1); in ŚD etc. it continues: maitrāvaruṇaṃ gṛhṇāti). See 5.4.1.

80 Untraced. Cf. SatyāŚS 8.3.48 (p. 828) sravatyā dhārāyā grahān gṛhṇāti; BhŚS 13.14.1 tiraḥ pavitraṃ sravantyā dhārāyā grahān gṛhṇāti; ĀpŚS 12.13.1, 3: 1 pavitrasya yajamāno nābhiṃ kṛtvā tasmin hotṛcamasena dhārāṃ srāvayati 3 saṃtatā dhārā svāvayitavyā.... (Śabara at JS 10.5.64: aṇvyā 'vyavacchinnayā dhārayā gṛhṇāti (aṇvā for aṇvyā in BI); ŚD and BhD: as in MNS; JNMV: dhārayā gṛhṇāti).

81 See 1.4.1.

82 Untraced. Cf. ĀpŚS 1.17.5, 11 for the presence of vrīhi or yava at the darśapūrṇamāsa. For a general statement that vrīhi or yava may be employed as the offering substance, cf. BŚS 28.13 (365.12) haviṣām arthe vrīhiyavau (but the context is a prāyaścitta); KŚS 1.9.1 vrīhīn yavān vā haviṣi (*comm.*: pratīyāt); etc. (Cf. BhŚS 6.18.16 vrīhibhir iṣṭvā vrīhibhir eva yajetā 'yavebhyaḥ. yavair iṣṭvā yavair eva yajetā 'vrīhibhyaḥ. api vā vrīhibhir eva yajeta; ĀpŚS 6.31.13–14: 13 vrīhibhir iṣṭvā vrīhibhir eva yajetā 'yavebhyo darśapūrṇamāsāv evaṃ yavair ā vrīhibhyo 'pi vā vrīhibhir evo 'bhayatrai 'te ha vai bhavantī 'ti bahvṛcabrāhmaṇam 14 varṣāsu śyāmākair yajeta śaradi vrīhibhir vasante yavair yathartu veṇuyavair iti vijñayata iti vijñāyate (Mīmāṃsaka); these sūtras appear to remove the general option of vrīhi or yava at the darśapūrṇamāsa rites which follow āgrayaṇeṣṭi rites; this is not the intended range of the quote in the text, but they exemplify similar wording. For rice or barley at the āgrayaṇeṣṭi: ĀpŚS 6.29.3 vrīhīṇāṃ yavānāṃ śyāmākānāṃ ity agrapākasya yajeta; 6.30.18 evaṃ yavair yajeta (and intervening rules)). See Edgerton, p. 65, note 43. See 12.3.4 for the quote: vrīhibhir yajeta, yavair yajeta. (Absent here in Śabara; ŚD: as in MNS).

83 Here BhD has somam abhiṣuṇoti (untraced).

84 TS 6.3.10.4 °vadyaty atha jihvāyā atha vakṣasaḥ; cf. MS 3.10.3 (132.14) hṛdayasyā 'vadyati. (Śabara, ŚD, and JNMV: as in TS; BhD: °vadyati atha jihvāyāḥ). See 10.7.1.

vaṇena dravyaviśiṣṭayāgavidhānād agnīṣomīyaṃ paśum ālabhete[85] 'ty anenā 'labhatinā tān yāgān anūdya devatā vidhīyate. phalaṃ tv ādye 'stutaśastrāṇām api phalasaṃbandhaḥ phalavākyasthajyotiṣṭomapadasya vaiśvadevapadavat gauṇatvāt. dvitīye paśuvikāre nai 'kādaśāvadānagaṇaprāptiḥ. na. aindravāyavādivākyair gauraveṇa yāgāvidhānāt, devatāviśiṣṭagrahaṇasyai 'va taddhitopāttadravyoddeśena vidhānāt, grahaṇakālīnoccāraṇakarmībhūtavṛttitvasaṃbandhena[86] grahaṇe devatātvavaiśiṣṭyasaṃbhavāc ca. agnīṣomīyavākyena paśoḥ sādhanatve śrute 'pi viśasanādivākyānurodhena hṛdayādiprakṛtitvenai 'va tasya vaktavyatvāt, hṛdayādivākyānāṃ saṃskāramātravidhāyakatvaucityāt. ata eva ca hṛdayādīnāṃ haviṣṭvam, anyasya haviṣṭvaparisaṃkhyā ca labhyata ity anyatra vistarah.

7. tisra āhutīr juhotī[87] 'ty atrā 'khyātasyā 'bhyāsābhāvād ekakarmatvāt, tritvasyā 'vṛttyā 'py upapatter na trayo homāḥ. na. tritvasaṃkhyayā viśeṣitenā 'khyātena karmabhedapratīteḥ, saṃkhyāntarānavarodhenā 'vṛttyā tritvānupapatteś ca.

bhāṣyakṛt tu saptadaśa prājāpatyān paśūn ālabhata[88] ity atra prajāpatir devatai 'ṣām iti vyutpattyā bahūnām ekadravyatvād devataikyāc ca rūpābhedāt karmābheda iti prāpte, prajāpatir devatā yasya sa prājāpatyaḥ prājāpatyā bahavas tān iti prājāpatyapadārthakarmatāvivakṣāyām āgatadvitīyābahuvacanārthasya bahutvasya devatāviśiṣṭapaśāv anvayena rūpabhedapratīter bhinnāni saptadaśa karmāṇī 'ti siddhānta ity āha.

---

85 TS 6.1.11.6 yo dīkṣito yad agnīṣomīyaṃ paśum ālabhate. (Śabara here: as in TS; ŚD, JNMV, BhD, and Śabara at JS 12.1.1 and 12.4.14: as in MNS).

86 °bhūtavṛttitva° OBPU; °bhūtatva° E (*corr. from* °bhūtavṛttitva°). (*Cf. BhD for a compound identical to the one in* OBPU).

87 TS 2.3.9.3. Cf. ĀpŚS 19.23.9 (although the wording is not similar). (Absent here in Śabara; ŚD and JNMV: as in MNS; BhD: āmanam asy āmanasya (*corr. of* āmanamasya) devā iti tisra āhutīr juhoti (=TS)). See 4.4.4.

88 TB 1.3.4.3. (In Śabara the quote continues: saptadaśo vai prajāpatiḥ. prajāpater āptyai śyāmās tūparā ekarūpā bhavanti, evam eva hi prajāpatiḥ samṛddhyai. (=TB 1.3.4.3–4, except: saptadaśaḥ prajāpatiḥ°...°śyāmā ekarūpā bhavanti. evam iva hi°); ŚD: saptadaśa prājāpatyān; JNMV: as in MNS; BhD: °ālabheta).

8. athai 'ṣa jyotiḥ,[89] athai 'ṣa viśvajyotiḥ,[90] athai 'ṣa sarvajyotiḥ,[91] etena sahasradakṣiṇena yajete[92] 'ty atra prakṛtaṃ jyotiṣṭomam anūdya sahasradakṣiṇārūpaguṇo vidhīyate, etacchabdasvārasyāt. na. athaśabdena pūrvavicchedāt, etacchabdasyā 'tītasaṃnihitavācitvavad āgāmisaṃnihitavācitvasyā 'pi saṃbhavāt sahasradakṣiṇākāni trīṇi karmāṇi jyotirādyapūrvanāmabhir vidhīyante. teṣām ṛddhikāmo yajete[93] 'ti vākyena phalasaṃbandhaḥ.

9. tapte payasi dadhy ānayati sā vaiśvadevy āmikṣā vājibhyo vājinam[94] ity atra vājo 'nnam asti yeṣām iti vyutpattyā viśvān devān anūdya vājinavidhānasaṃbhavād āmikṣāvājinayor vikalpaḥ samuccayo vā, sarvathā na karmāntaram. na. utpattiśiṣṭāmikṣāvaruddhe vājinaniveśāsaṃbhavāt.

10. dadhnā juhotī[95] ty atrā 'pi guṇād bhedaḥ. na. guṇāntarānavarodhāt.

11. dadne 'ndriyakāmasya juhuyād[96] ity atra kevaladadhnā phalāsaṃbhavād dadhiviśiṣṭahomasya phalāya vidhānāt karmāntaram. na. viśiṣṭavidhau matvarthalakṣaṇāgauravādyāpatteḥ prakṛtahānāprakṛtakalpanāsaṃbhavāc ca phalāya[97] guṇasyai 'va vidhānāt, tadapekṣitāśrayasya prakaraṇalabdhasya juhotinā 'nuvādāc ca bhāvanai 'va bhidyate, na karma.

12. trivṛd agniṣṭud agniṣṭomas tasya vāyavyāsv ekaviṃśam agniṣṭomasāma kṛtvā brahmavarcasakāmo yajete[98] 'ty etatsaṃnidhāv āmnātam

---

89 TāB 16.8.1.

90 TāB 16.10.1 athai 'ṣa viśvajyotir ukthyaḥ.

91 TāB 16.9.1 athai 'ṣa sarvajyotiḥ sarvasyā 'ptiḥ sarvasya jitiḥ sarvam evai 'tenā 'pnoti sarvaṃ jayati.

92 Untraced. Cf. TāB 16.8.3 sahasraṃ dakṣiṇāḥ; ĀpŚS 22.2.3 catvāraḥ sāhasrāḥ. (Cf. TāB 16.9.2 paramo vā eṣa yajñaḥ paramaṃ sahasraṃ paramatāṃ gacchati ya evaṃ veda).

93 Untraced. (Absent in Śabara, ŚD, and JNMV; BhD: ya etena ṛddhikāmo yajeta).

94 Cf. MS 1.10.1 (140.9) vaiśvade3vy āmikṣā dyāvāpṛthivīyā ekakapālo vājināṃ vājinam; BŚS 5.1 (129.87) tapte payasi dadhy ānayati sā 'mikṣā bhavati; TB 1.6.2.5 vaiśvadevy āmikṣā bhavati...vājinam ānayati; KS 9.4 (107.4) vaiśvadevy āmikṣā. See Garge, p. 37 and 102.

95 Cf. MŚS 1.6.1.23. See 2.2.5.

96 Cf. TB 2.1.5.5–6 ājyena juhuyāt tejaskāmasya...dadhne 'ndriyakāmasya (*understand* juhuyāt); ĀpŚS 6.15.1 payasā paśukāmasya juhuyād dadhne 'ndriyakāmasya. See note at 2.2.5.

97 °kalpanā 'saṃbhavāc ca phalāya OEP (*corr. from* °kalpanā 'saṃbhavāc ca phalā *in* O; *avagraha absent in* P); °kalpanā 'prasaṃgāc ca phalā B; °kalpanā 'saṃbhavāc ca phalārā U. (*Correct to* °kalpanāprasaṃgāc ca phalāya? *Cf.* JNMV prakṛtahānāprakṛtaprakriyāprasaṅgāc ca).

98 Cf. TāB 17.6.1–2: 1 trivṛd agniṣṭud agniṣṭomas tasya vāyavyāsv agniṣṭomasāma 2 brahmavarccasakāmo yajeta. The verses are SV 1.13/2.920–922 (=ṚV 8.102.13–15). See 10.6.7.

etasyai 'va revatīṣu vāravantīyam agniṣṭomasāma kṛtvā paśukāmo hy etena yajete[99] 'ti. trivṛt trivṛtstomayukto 'gniṣṭut, etannāmaka ekāho 'gniṣṭomavikṛtiḥ, agniṣṭoma etatsaṃsthākaḥ. prakṛtāv ārbhavapavamānasyo 'pari yajñāyajñīyaṃ yajñāyajñā va[100] ity āgneyīṣu gīyate, tad vāyavyāsu prakṛtāv ivai 'kaviṃśatistomayuktaṃ geyaṃ brahmavarcasakāmena, paśukāmena[101] tu revatīr na[102] ityādiṣu vāravantīyaṃ geyam. atra revatīnāṃ vāravantīyena saṃbandhaḥ phalāya vidhīyate, prakṛtāgniṣṭuty etatpadasvārasyāt. na. etasyai 'va revatīṣv iti karmāntaram, dadhno homajanakatvasye 'va revatīvārayantīyasaṃbandhasya kratujanakatvasya lokāvedyatvena śāstraikavedyatvāt kratuphalobhayasādhanatvabodhane vākyabhedāpatte revatyādhārakavāravantīyādiviśiṣṭakarmāntaravidher evā 'vaśyakatvāt.

13. yo vṛṣṭikāmo yo 'nnādyakāmo yaḥ svargakāmaḥ sa saubhareṇa stuvīte[103] 'ti brahmasāmākhyastotrāśritaṃ saubharaṃ phalatrayasādhanatvena vidhāya hīṣ iti vṛṣṭikāmāya nidhanaṃ kuryād ūrg ity annādyakāmāya ū[104] iti svargakāmāye[105] 'ti sāmāntimabhāgarūpanidhane hīṣādayo viśeṣāḥ saubharaphalānyavṛṣṭyādijanakāś caturthībalāt. evaṃ ca mahāvṛṣṭyādi phalam. na. saubharaphalānām eva pratyabhijñānāt, aniyamaprāptānāṃ hīṣādīnāṃ niyamārthatvena vākyasārthakyāt, lāghavāc ca niyamavidhaya evai 'te. dvitīye dvitīyaḥ.

Chapter 3

1. yadi rathantarasāmā somaḥ syād aindravāyavāgrān grahān gṛhṇīyād[106] ityādibhir guṇaviśiṣṭakarmavidhiḥ, jyotiṣṭomasya gāyatrādisāmopetatvena

---

99 °paśukāmo hy etena° OEB; °paśukāmo - nena° U (*a single dash to mark an omission*); °paśukāmā hy anena° P. Cf. TāB 17.7.1 °paśukāmo yajeta. The verses are SV 1.153/2.434–436 (=ṚV 1.30.13–15).

100 SV 1.35/2.53 (= ṚV 6.48.1). (JNMV: °va agnaye (=SV)).

101 paśukāmena OE (*added in* O); paśukāmena *om. in* BPU.

102 SV 1.153/2.434 (= ṚV 1.30.13).

103 Cf. TāB 8.8.18 yo vṛṣṭhikāmaḥ syād yo 'nnādyakāmo yaḥ svargakāmaḥ saubhareṇa stuvīta; 8.8.20 sarve vai kāmāḥ saubharam. (Śabara and JNMV: °stuvīta sarve vai kāmāḥ saubhara iti (Śabara (ĀĀ and Gos.) and JNMV (Gold.): °saubhara iti; Śabara (BI and Mīm.) and JNMV (ĀĀ): °saubhare iti; Śabara (ĀĀ var. and Gos. var.): °saubharam iti); ŚD and Bh: as in MNS).

104 ū BPU (*then* iti *omitted in* PU); ūṁ OE.

105 TāB 8.8.19.

106 Cf. ĀpŚS 12.14.1 °aindravāyavāgrān gṛhṇīyāt, yadi bṛhatsāmā śukrāgrān yadi jagatsāmā 'grayaṇāgrān. (Śabara and JNMV: as in MNS through gṛhṇīyāt, then as in ĀpŚS; ŚD (NSP): as in MNS, then yadi bṛhatsāmā śukrāgrān gṛhṇīyāt; ŚD (LKSV):

rathantarādyabhāvāt. na. prātaḥsavane gāyatrādyupetatve 'pi pṛṣṭhastotre rathantarādisattvāt somapadaprakaraṇābhyāṃ ca prakṛta eva nimitta aindravāyavādyagratāvidhānam.

2. rājā svārājyakāmo rājasūyena yajete[107] 'ti rājasūyaṃ prakṛtya āgneyam aṣṭākapālaṃ nirvapatī[108] 'tyādivihitāveṣṭau śrute yadi brāhmaṇo yajeta bārhaspatyaṃ madhye nidhāyā 'hutim āhutiṃ[109] hutvā tam abhighārayed[110] ityādau yadiśabdād brāhmaṇādau nimitte vyatyayavidhiḥ, rājyahetukatvād[111] rājaśabdasya. na. rājānam abhiṣiñced[112] ityādivedānurodhena rājaśabdasya kṣatriye rūḍhatvāt, brahmaviśo rājasūye 'prāptatvāt, antaraveṣṭau[113] brāhmaṇādiniveśasyā 'saṃbhave 'pi bahiḥprayoge tatsaṃbhavād aprāptabrāhmaṇādiviśiṣṭam[114] uktaguṇavat[115] karmāntaram. yadiśabdas tu rocete 'ty adhyāhṛtya neyaḥ.

---

yadi rathantarasāmā somas syād aidravāyavān grahān gṛhṇīyāt, yadi bṛhatsāmā śukāgrān; BhD: as in MNS, then yadi bṛhatsāmā śukrāgrān). See 10.5.15.

107 Cf. MŚS 9.1.1.1 rājā rājyakāmo rājasūyena yajeta; ĀpŚS 18.8.1 rājā svargakāmo rājasūyena yajeta; SatyāŚS 13.3 (p. 151) rājā rājasūyena svargakāmo yajeta; ĀśŚS 9.9.19 tene 'ṣṭvā (*understand* vājapeyena) rājā rājasūyena yajeta; LŚS 9.1.1 rājā rājasūyena yajeta. See Edgerton, p.103, note 112; Garge, p. 134, gives: ĀpŚS 18.8.1; cf. TB 1.7.6.4 (not very close); LŚS 9.1.1; SatyāŚS 13.3. (Śabara: rājā rājasūyena svārājyakāmo yajeta).

108 TS 1.8.19.1 āgneyam aṣṭākapālaṃ nirvapati hiraṇyaṃ dakṣiṇai, 'ndram ekādaśakapālam ṛṣabho dakṣiṇā, vaiśvadevaṃ carum piśaṃgī paṣṭhauhī dakṣiṇā, maitrāvaruṇīm āmikṣāṃ vaśā dakṣiṇā, bārhaspatyaṃ caruṃ śitipṛṣṭho dakṣiṇā; ĀpŚS 18.21.8–9: 8 diśām aveṣṭyo 'davasyati 9 āgneyam aṣṭākapālam iti pañca. (Śabara: āgneyo 'ṣṭākapālo hiraṇyaṃ dakṣiṇā (MS 2.6.13 (72.14) āgne3yo°); ŚD: āgneyam aṣṭākapālaṃ nirvapati hiraṇyaṃ dakṣiṇā; JNMV: as in TS, except °nirvapet° in ĀĀ and °praṣṭhauhī° in Gold. and ĀĀ (ĀĀ var.: °paṣṭhauhi°).

109 nidhāyāhutim āhutiṃ OEB; nidhāyāhutir PU.

110 MS 4.4.9 (60.11) °hutvā 'bhighārayed yadi vaiśyo vaiśvadevaṃ yadi rājanya aindram; cf. ĀpŚS 18.21.11 °madhye kṛtvā 'hutim āhutiṃ hutvā tam abhighārayet. yadi rājanya aindram. yadi vaiśyo vaiśvadevam. (Śabara and BhD: °hutvā 'bhighārayet, yadi rājanya aindram, yadi vaiśyo vaiśvadevam; ŚD and JNMV: as in MNS, and then yadi rājanya aindram, yadi vaiśyo vaiśvadevam).

111 °hetukatvād E; °hetutvād OBPU.

112 Untraced. Cf. ŚB taṃ vai prāñcaṃ tiṣṭhantam abhiṣiñcati; AiB 8.15.1 tam etenai 'ndreṇa mahābhiṣekeṇa kṣatriyaṃ śāpayitvā 'bhiṣiñcet; BŚS 12.11 (101.14) atha brahmaṇaḥ pātram ādāya tenā 'bhiṣiñcati). See 5.2.10.

113 antaraceṣṭau OEBPU.

114 aprāptabrāhmaṇādiviśiṣṭam *deleted in* E.

115 uktaguṇavat OEB; uktaguṇavat *omitted in* PU.

3. vasante brāhmaṇam upanayīta,[116] vasante 'gnim ādadhīte[117] 'tyādīni brāhmaṇādinimitte kālavidhāyakāni, kratvapekṣitavidyāgnibhyām upanayanādhānayoḥ prāpteḥ. na. laukikāgnau hotum, pustakopari adhigantuṃ ca śakyatvenā 'prāptasyā 'dhānasyo 'panayanasya ca kālakartrādiviśiṣṭasya vidhiḥ.

4. dākṣāyaṇayajñena svargakāmo yajete[118] 'ti karmāntaravidhiḥ, īdṛgguṇasyā 'prasiddheḥ. na. dakṣasyā[119] 'nalasasya prayogāḥ, teṣām ayanam āvṛttir iti nirvacanāt, dve paurṇamāsyau yajeta,[120] dve amāvāsye[121] iti vākyaśeṣāc ca dākṣāyaṇaśabdasyā 'vṛttigamakatvād guṇaphalasaṃbandho 'yam.[122]

---

116 ĀpDhS 1.1.1.19 °upanayīta, grīṣme rājanyaṃ, śaradi vaiśyaṃ, garbhāṣṭameṣu brāhmaṇaṃ garbhaikādaśeṣu rājanyaṃ arbhadvādaśeṣu vaiśvam; BGS 2.5.6°upanayīta, grīṣme rājanyaṃ, śaradi vaiśyaṃ, varṣāsu rathakāram iti. sarvān eva vā vasante. (This is absent in Śabara here; at JS 6.1.33 (adh. 6.1.7) he has vasante brāhmaṇam upanayīta, grīṣme rājanyaṃ, śaradi vaiśyam (Garge, p. 47, wrongly says this occurs only at BGS 2.5.6); ŚD, JNMV, and BhD: as in Śabara at JS 6.1.33).

117 Cf. BŚS 2.12 (53.16); 24.16 (200.4) vasante brāhmaṇo 'gnim ādadhīta grīṣme rājanyaḥ śaradi vaiśyo varṣāsu rathakāraḥ (same in both BŚS passages); TB 1.1.2.6–7 vasantā brāhmaṇo 'gnim ādadhīta...grīṣme rājanya ādadhīta...śaradi vaiśya ādadhīta; KS 8.1 (83.14) vasantā brāhmaṇenā 'dheyaḥ...grīṣme rājanyenā 'dheyaḥ...śaradi vaiśenā 'dheyaḥ; ĀpŚS 5.3.18 vasanto brāhmaṇasya grīṣmo rājanyasya hemanto vā śarad vaiśyasya varṣā rathakārasya (*comm.* ādhānakālaḥ). See Edgerton, p. 242, note 247; see Garge, p. 110. (Śabara, ŚD, JNMV, and BhD: vasante brāhmaṇo 'gnīn ādadhīta, grīṣme rājanyaḥ śaradi vaiśyaḥ). See 3.6.4 and 6.7.13.

118 TS 2.5.5.4; BŚS 17.51 (331.7); cf. ĀpŚS 3.17.4 dākṣāyaṇayajñena svargakāmaḥ (*understand* yajeta); ŚB 2.4.4.6; KŚS 4.4.1 dākṣayaṇayajñaḥ prajāpaśvannayaśaskāmasya. (Śabara: dākṣāyaṇayajñena yajeta prajākāmaḥ; ŚD, JNMV, and BhD: as in MNS).

119 *Before* dakṣasyā PU *have* tasyānayasya.

120 yajeta OB; yajeta *om. in* EPU (vajeta *deleted in* E).

121 Cf. ĀpŚS 3.17.5 dve paurṇamāsyau dve amāvāsye yajeta; ŚB 2.4.4.6 dve paurṇamāsyau yajate dve amāvāsye; 11.1.2.13. Garge, p. 137, says Sāyaṇa on TS 2.5.5.4 shows BŚS is source, not ĀpŚS (This is not clear: on p. 384 (1818) Sāyaṇa quotes ĀpŚS 3.17.4–6 exactly; also, I have not found this in BŚS). (Śabara: triṃśataṃ varṣāṇi darśapūrṇamāsābhyāṃ yajeta. yadi dākṣāyaṇayājī syāt. atho api pañcadasai 'va varṣāṇi yajeta. atra hy eva sā saṃpat saṃpadyate. dve hi paurṇamāsyau yajeta dve amāvāsye. atra hy eva khalu sā saṃpad bhavati (similar to ŚB 11.1.2.13); JNMV: as in MNS; BhD: dve paurṇamāsyau dve amāvāsye yajeta).

122 *Here* PU *have*: evaṃ sākaṃprasthāyyena yajeta paśukāmaḥ (paśukāmā U; paśukāma ‖ P) amāvāsyāyāge dvau dvau dohau saṃpādya catasṛṇāṃ dadhipayasoḥ kuṃbhīnāṃ sahaprasthāyanaṃ (kuṃbhīnāṃ sahaprasthāyanam *omitted in* P) (TS 2.5.4.3 sākaṃprasthāyīyena yajeta paśukāmaḥ; ĀpŚS 3.16.11 (=TS); KB 4.6.12; (Śabara (ĀĀ var.) and ŚD (LKSV): as in P; Śabara (ĀĀ, Mīm., Gos., and BI var.), ŚD (NSP), JNMV (Gold. and ĀĀ var.) and BhD: as in TS; Śabara (BI), ŚD (NSP var.),

5. vāyavyaṃ śvetam ālabheta,[123] sauryaṃ caruṃ nirvapet,[124] ābhyām īṣām ālabheta,[125] caturo muṣṭīn nirvapatī[126] 'ti prāptālambhanirvāpānuvādena śvaityasthālyor vidhiḥ, kāṣṭhasya vāyusaṃbandhāt, niruptahaviṣa āgneyatvena sūryatulyatvād vāyavyasauryapade anuvādake, phalapadam apy avayutyā 'nuvādaḥ, phalaviśiṣṭayāvaduktakarmavidhir vā. na. dravyadevatāśrutyā yāgāvagamāt, dhātūttaravidhinā tadvidhānāt, ālambhanirvāpayoḥ prāptayor anuvādāc ca yāgavidhiḥ.

6. vatsam ālabhete[127] 'ty api yāgaḥ, prāṇidravyakālambhatvād vāyavyavat. na. devatārāhityena vaiṣamyāt,[128] uktavākyasyā 'gnihotradohādhikāre paṭhitatvenā 'gnihotrāṅgasaṃskāravidhitvaucityāc ca.

---

and JNMV (ĀĀ): as in TS except, sākaṃprasthāpyena°; Śabara (Gos. var.): as in TS except, sākaṃprasthāyyena°); U *has* 4 *before this.*

123 TS 2.1.1.1 vāyavyaṃ śvetam ālabheta bhūtikāmaḥ. (Śabara etc.: as in TS).

124 Cf. MS 2.2.2 (16.1) sauryaṃ ghṛte caruṃ nirvapec śuklānāṃ vrīhīṇāṃ brahmavarcasakāmaḥ; TS 2.3.2.3 tasmā etaṃ sauryaṃ caruṃ nirvapet...sa evā 'smin brahmavarcasaṃ dadhāti. See Garge, p. 104. (MS seems closer to quote in Śabara). (Śabara etc.: °nirvaped brahmavaracasakāmaḥ).

125 Cf. ĀpŚS 1.17.7 tvaṃ devānām asi sasnitamam ity uttarām īṣām ālabhya japati; BhŚS 1.19.6 (as in ĀpŚS); (the mantra occurs at TS 1.1.4.1 f).

126 Cf. ĀpŚS 1.18.2 caturo muṣṭīn nirupya nirupteṣv anvopye 'daṃ devānām iti niruptān abhimṛśati; (the mantra occurs at TS 1.1.4.2 n).

127 MS 1.5.9 (77. 20) vatsam ālabhate vatsanikāntā hi paśavaḥ; MŚS 1.6.2.8 ambhaḥ stāmbho vo bhakṣīye 'ti vatsam ālabhate; (the mantra occurs in MS 1.5.2 (68.9) and is quoted in part in 1.5.9 (77.15); TS 1.5.6.1 b); ĀpŚS 6.17.4 saṃhitā 'si viśvarūpīr iti vatsam abhimṛśati; (the mantra occurs at TS 1.5.6.2 d–e). (Śabara: °ālabheta vatsanikāntā hi paśavaḥ; ŚD, JNMV, and BhD: as in MNS).

128 *Here* PU *have the topic number,* 6.

7. naivāraś carur bhavatī[129] 'ty atra bṛhaspater vā etad annaṃ yan nīvārā[130] iti devatāsaṃbhavāt, carum upadadhātī[131] 'ty upadhānasya ca pratipattitvād yāgavidhiḥ. na. yāgavidhyaniścaye vākyaśeṣeṇa tadalābhād upadhānamātravidhiḥ.

8. tvāṣṭraṃ pātnīvatam ālabhete[132] 'ti prakṛtya śrute paryagnikṛtaṃ pātnīvatam utsṛjantī[133] 'ty atra yāgavidhiḥ, paryagnikṛtaśabdena saṃskṛtapaśudravyasya, pātnīvataśabdena devatāyāś ca lābhāt. na. prakṛtapratyabhijñānena vāyavyavākyavaiṣamyād uparitanāṅgānanuvṛttiphalakaparyagnikaraṇamātravidhiḥ.

9. eṣa vai haviṣā havir yajati yo 'dābhyaṃ gṛhītvā somāya yajata[134] ity atra yāgavidhiḥ, grahaṇaliṅgena jyotiṣṭomavikṛtitvāvagatyā tadīyadravyadevatālābhāt. na. gṛhītve 'ti śravaṇād grahaṇanāmatvāvagateḥ, grahaṇasya[135] cai 'ndravāyavādigrahaṇasamānatvena somasaṃskārakatvād grahaṇadvārā vākyāj jyotiṣṭome niveśaḥ.

10. ya evaṃ vidvān agniṃ cinuta[136] ity atra yāgavidhiḥ, athā 'to 'gnim agniṣṭomenā 'nuyajantī[137] 'ti liṅgāt. na. rūpābhāvena[138] yāgāsaṃbhavād

---

129 Cf. ĀpŚS 16.33.3 divi śvayasve 'ti vārhaspatyaṃ naivāraṃ payasi caruṃ madhye kumbheṣṭakānām upadadhāti; SatyāŚS 11.8.12 (p. 72) divi śrayasvā 'ntarikṣe yatasve 'ti bārhaspatyaṃ naivāraṃ caruṃ payasi śṛtaṃ madhye kumbheṣṭakānām (*understand* upadadhāti); MŚS 6.1.6.20 naivāraṃ caruṃ payasi śṛtaṃ divi śrayasve 'ti dakṣiṇataḥ purastāt svayamātṛṇṇālokasyo 'padadhāti; (the mantra in ĀpŚS etc. occurs at TS 5.6.1.4 o; MS 2.13.1 (153.4)). The context here is the agnicayana; an identical quote in MNS 9.2.12 pertains to the vājapeya.

130 Cf. TS 5.6.2.6. (Śabara and JNMV: as in MNS; ŚD and BhD: carum upadadhāti bṛhaspater vā etad annaṃ yan nīvārāḥ).

131 TS 5.6.2.5 yad etaṃ carum upadadhāti; cf. ĀpŚS 16.33.3; MŚS 6.1.6.20; SatyāŚS 11.8.12 (p. 72). (Śabara: as in TS, but yad enaṃ°; ŚD and BhD: see note above; JNMV: as in MNS).

132 See 9.4.14. (Absent in Śabara; ŚD etc.: as in MNS).

133 See 9.4.14. (Śabara: yat paryagnikṛtaṃ°; ŚD (LKSV): °utsṛjati; ŚD (NSP), JNMV, and BhD: as in MNS).

134 Cf. TS 3.3.4.2 eṣa ha vai°...°somāya juhoti. (Śabara, ŚD, and JNMV (ĀĀ) have yajate in place of yajati; JNMV (Gold.) and BhD: as in MNS).

135 grahaṇasya EB *(corr. from* grahasya *in* E); grahasya OPU.

136 TS 5.5.2.1.

137 Untraced. (Śabara: °agniṣṭomenai 'vā 'nuyajati (ĀĀ: °yajanti), tam ukthena (*sic*), tam atirātreṇa, taṃ ṣoḍaśinā; ŚD: °agniṣṭomenā 'nuyajanti tam ukthyena; JNMV: °agniṣṭomenā 'nuyajati tam ukthyena, tam ṣoḍaśinā tam atirātreṇa; BhD: °agniṣṭomenā 'nuyajanti tam ukthyena tam atirātreṇa taṃ dvirātreṇa). See 10.8.11.

138 rūpābhāvena E (*corr. from* rūpāsaṃbhavena); rūpāsaṃbhavena OBPU.

ādhānavat saṃskāravidhiḥ. saṃskṛtasya co 'ktavākyair viniyogaḥ. anuśabdas tu paścādbhāvamātrabodhakaḥ.

11. māsam agnihotraṃ juhotī[139] 'ty atra nityāgnihotre māsākhyaguṇavidhiḥ, na tu karmāntaram, agnihotraśabdena pratyabhijñānāt. na. apūrvavidhāyakaikasvabhāvākhyātaparatantranāmnaḥ prakṛtakarmaparatvāsaṃbhavāt, māsaysā 'nupādeyatvāt, nityāgnihotrasyā 'saṃnidheś cā 'nupādeyaguṇasacivāsaṃnidhirūpaprakaraṇāntarāt karmāntaram.

12. āgneyam aṣṭākapālaṃ nirvaped rukkāma[140] ity atra na karmabhedaḥ, anupādeyaguṇayogābhāvāt. na. phalasyā 'pi kṛtyavyāpyatvenā 'nupādeyatvāt, acyutavākyāsaṃnidheś[141] cā 'khyātenā 'pūrvam eva karma vidhīyate. evaṃ sarasvatyā dakṣiṇena tīreṇā 'gneyena yajete[142] 'ty atrā 'nupādeyadeśād bhedaḥ. evaṃ sattrāyā 'gūrya viśvajitā yajete[143] 'ti nimitte vidhīyamāno viśvajid ekāhakāṇḍapaṭhitād viśvajito[144] nimittasaṃbandhena, traidhātavyā dīkṣaṇīye[145] 'ti dīkṣaṇīyāpadalakṣitayajamānasaṃskārārthā traidhātavyā ca kāmyatraidhātavyātaḥ[146] saṃskāryasaṃbandhena bhidyate.

---

139 Cf. TāB 25.4.1 upasadbhiś caritvā somam upanahya māsam agnihotraṃ juhvati māsaṃ darśapūrṇamāsābhyāṃ yajante; ĀpŚS 23.10.9 māsam agnihotraṃ juhvati māsaṃ darśapūrṇamāsābhyāṃ yajante; KŚS 24.4.24–5: 24 somam upanahya sutyāsthāneṣu māsam agnihotraṃ juhvati 25 darśapūrṇamāsābhyāṃ māsam. Garge, p. 136, mentions only ĀpŚS and KŚS 24.4.24; he gives ĀpŚS as source. (Śabara: as in MNS, then māsaṃ darśapūrṇamāsābhyāṃ yajate; ŚD and BhD: upasadbhiś caritvā māsam agnihotraṃ juhvati māsaṃ darśapūrṇamāsābhyāṃ yajante (BhD lacks yajante); JNMV: as in MNS, then māsaṃ darśapūrṇamāsābhyāṃ yajeta).

140 Cf. TS 2.2.3.3 agnaye rukmate puroḍāśam aṣṭākapālaṃ nirvaped rukkāmaḥ.

141 This refers to yad āgneyo 'ṣṭākapālo 'māvāsyāyāṃ ca paurṇamāsyāṃ cā 'cyuto bhavati. See 1.4.7.

142 Untraced. TāB 25.10–12 and ĀpŚS 23.13.1–10 each list three sarasvatīsattras. (A similar expression occurs at the dṛṣadvatīsattra in TāB 25.13.2 sa dakṣiṇena tīreṇa dṛṣadvatyā āgneyenā 'ṣṭākapālena śamyāparāsī 'yāt; ĀpŚS 23.13.13). (Absent in Śabara; TV (p. 200 (ĀĀ); p. 623 (BSS); pp. 430-1 (Gos.)): dakṣiṇena tīreṇa sarasvatyā āgneyenā 'ṣṭākapālena śamyāparāsī 'yāt; ŚD and BhD: ° tireṇā °gneyo 'ṣṭākapālaḥ (these are presented in the preceding topic)).

143 Cf. ĀpŚS 14.23.1 yadi sattrāyā 'gūrya na yajeta viśvajitā 'tirātreṇa sarvapṛṣṭhena sarvastomena sarvavedasadakṣiṇena yajeta; TB 1.4.7.7. (Absent here in Śabara; ŚD and BhD: as in MNS (these are presented in the preceding topic)). See 4.3.5 and 6.4.11.

144 Cf. TāB 16.4.5 etc.; ĀpŚS 22.1.6 etc.

145 Cf. ĀpŚS 20.8.4 traidhātavīyā dīkṣaṇīyā. (Absent here in Śabara (see 9.1.2); TV (ĀĀ (p.200), Gos. (p. 431)) and ŚD (NSP): as in ĀpŚS; TV (ĀĀ var., BSS (p.623), Gos. var.), and ŚD (LKSV and NSP var.): as in MNS).

146 Cf. TS 2.4.11–12; ĀpŚS 19.27.15–21.

13. same,[147] paurṇamāsyām,[148] yāvajjīvaṃ darśapaurṇamāsābhyāṃ yajeta,[149] svargakāma[150] ityādibhiḥ śeṣaṃ sviṣṭakṛtaṃ yajatī[151] 'ty anena ca prakṛtadarśapūrṇamāsasviṣṭakṛdanyat karma vidhīyate, deśakālanimittaphalasaṃskāryāṇām anupādeyatvāt. na. prakṛtasya pratyabhijñānena tadanuvādena deśādividhānasaṃbhavāt.

14. kāladvaye āgneyaṃ vidhāya śrute yad āgneyo 'ṣṭākapālo 'māvāsyāyāṃ bhavatī[152] 'ty atrā 'nyo[153] yāgaḥ, abhyāsāt. na. punaḥśravaṇasyai 'kadevato 'py āgneyaḥ praśastaḥ, sutarāṃ dvidevata aindrāgna ity aindrāgnastutyarthatvenā 'nanyaparapunaḥśravaṇarūpābhyāsatvābhāvāt. dvitīye tṛtīyaḥ.

Chapter 4

1. yāvajjīvam agnihotraṃ juhotī[154] 'ty atra kāmyāgnihotram anūdya kālo vidhīyate, prakaraṇāt. evaṃ ca kāmyaprayoga eka eva yāvajjīvam abhyasitavyaḥ. na. yāvajjīvavākyasya kālavidhitve lakṣaṇāpatteḥ, jīvanarūpanimittabodhakatvāt, nimittasya ca nityatvān nityaprayogavidhāyakatvam. sāyaṃprātaḥkālayor avacchedakatvāc ca na sarvadā tatkaraṇam.

---

147 This seems to be an abbreviation of same darśapūrṇamāsābhyāṃ yajeta. Untraced. (Absent here in Śabara (at JS 4.2.23 he has same darśapūrṇamāsābhyāṃ yajeta); TV (p. 201 (ĀĀ); p. 624 (BSS); p. 435 (Gos.)), ŚD, and BhD: same darśapūrṇamāsābhyāṃ yajeta; JNMV: same yajeta). See 4.2.9.

148 This seems to be an abbreviation of paurṇamāsyāṃ paurṇamāsyā yajeta. (Absent here in Śabara; TV (ibid.), ŚD, and BhD: paurṇamāsyāṃ paurṇamāsyā yajeta; JNMV: paurṇamāsyāṃ yajeta). See 2.2.3.

149 BahvṛcaB (according to Śabara at 2.4.1); cf. ĀpŚS 3.14.8–11 svargakāmo darśapūrṇamāsau...tābhyāṃ yāvajjīvaṃ yajeta. (Absent here in Śabara (see 2.4.1); ŚD etc.: as in MNS).

150 This seems to be an abbreviated form of darśapūrṇamāsābhyāṃ svargakāmo yajeta. (TV (ibid.) and BhD: darśapūrṇasābhyāṃ svargakamo yajeta). See 4.4.11. In place of this Śabara, ŚD, and JNMV have: etayā 'nnādyakāmaṃ yājayet (cf. MS 4.4.9 (60.9) yad etā diśām aveṣṭaya imaṃ vā etaṃ lokaṃ punar upāvarohaty annakāmo yajeta); at JS 11.4.9 Śabara has: etayai 'vā 'nnādyakāmaṃ yājayet; (JNMV says this enjoins a result in the aveṣṭiprakaraṇa).

151 Untraced. (Absent in Śabara; TV (ibid.) and BhD: śeṣāt sviṣṭakṛtaṃ yajati; ŚD: śeṣāt sviṣṭakṛte samavadyati; JNMV: śeṣaṃ sviṣṭakṛte samavadyati). See 3.4.19.

152 TS 2.5.3.2 (Mīmāṃsaka). (Śabara lacks yad; ŚD, JNMV (ĀĀ), and BhD: as in MNS; JNMV (Gold.): tad āgneyo°).

153 atrānyo OE (n *added* in OE); atrāyo B; atrāgneyo PU.

154 BahvṛcaB (according to Śabara here); cf. VŚS 1.1.1.88 yāvajjīvam agnihotram. (Śabara also quotes, as being from the BahvṛcaB: yāvajjīvaṃ darśapūrṇamāsābhyāṃ yajeta. ŚD and BhD discuss only this second quote; JNMV: as in MNS).

2. śākhāntare śrutāny agnihotrādīni bhidyante, anyathā punaruktyāpattiḥ. na. tattacchākhādhyāyinaṃ prati tattadvākyasārthakyasaṃbhavāt, guṇavidhānādinā pravṛttiviśeṣakaratvāc ca.[155]

tad evaṃ

śabdāntarābhyāsasaṃkhyānāmadheyair guṇena ca|
bhedo 'saṃnidhinā cai 'va sāpavādo nirūpitaḥ.||

dvitīyaḥ.

155 Number here in manuscripts marks this is as the end of the adhikaraṇa.

Book 3

Chapter 1

1. bhedanirūpaṇānantaraṃ karmabhedajñānasya karmaniṣṭhāṅgāṅgibhāvajñānahetutvād aṅgāṅgibhāvo nirūpyate.

2. avinābhūtatvaṃ prayojyatvavidhyantavihitatve [1] vā na śeṣatvam, ṣaḍyāgeṣu puroḍāśakapālaśākhāchedanayoś cā 'tivyāptyavyāptyoḥ prasaṅgāt. ataḥ śeṣatvaṃ durvacam. na. paroddeśapravṛttakṛtikārakatvena vihitatvarūpasya saṃbhavāt.

3. upakāritvaṃ śeṣatvam, tac ca dravyaguṇasaṃskāreṣv eva. na. upakāritvasya pradhāne 'py atiprasaṅgāt. uktam eva śeṣatvam, tac ca yāgapuruṣayor api. phale tu bhākto vyavahārah.

4. vrīhidharmāḥ prokṣaṇādaya ājyadharmā vilāpanādayaś cā 'vyavasthitāḥ paramāpūrvārthatvāt. na. avyavahitatveno 'tpattyapūrvārthatvād vyavasthai 'va.

5. sphyakapālādibhir yathākathaṃcid upakartavyam, etāni vai daśa yajñāyudhānī[2] 'ti yajñasādhanatvokter aviśeṣeṇa sarvāṅgeṣv avatārāt. sphyeno 'ddhantī[3] 'tyādi tv avayutyā 'nuvādaḥ. na. bahvānarthakyād ekānarthakyasya varatvena sphyeno 'ddhantī 'tyādīnām eva[4] viniyojakatvāt, uktavākyasyā 'sādanavidhyekavākyatvenā[5] 'doṣāc ca.

---

1 prayojyatvavidhyaṃtavihitatve OBP; prayojyatvavidhyaṃtahitatve E; prayojyatvaṃ vidhyaṃtavihitatvaṃ U (*last* tvaṃ *corrected from* tve).

2 TS 1.6.8.2–3 sphyaḥ ca kapālāni cā 'gnihotrahavaṇī śūrpaṃ ca kṛṣṇājinaṃ ca śamyā co 'lūkhalaṃ ca musalaṃ ca dṛṣac co 'palā cai 'tāni vai daśa yajñāyudhāni. (Śabara and JNMV: as in TS except for additional ca after °havaṇī; ŚD and BhD: as in MNS, with reference to the beginning of the TS quote).

3 Cf. ĀpŚS 2.2.4 sphyeno 'ttamāṃ tvacam uddhanti. (Śabara and JNMV also list: kapāleṣu śrapayati, agnihotrahavaṇyā havīṃṣi nirvapati (ĀpŚS 1.17.10), śūrpeṇa vivinakti, kṛṣṇājinam adhastād ulūkhalasyā 'vastṛṇāti, śamyāyāṃ dṛṣadam upadadhāti (cf. ĀpŚS 1.21.3) (BI: śamyāṃ dṛṣady upadadhāti (with variant °samyāyāṃ dṛṣadam°); Gos. var.: śamyāṃ dṛṣad upadadhāti; JNMV: śamyayā° (with śamyāyām as ĀĀ variant)), ulūkhalamusalābhyām avahanti, dṛṣadupalābhyāṃ pinaṣṭi); ŚD and BhD: as in MNS).

4 °ādīnāṃ eva E (eva *added*); °ādīnāṃ OBU (dī *in margin in* U); °ānāṃ P.

5 Here ŚD, JNMV, and BhD quote yajñāyudhāni saṃbharati (TS 1.6.8.2) (ŚD and JNMV: °saṃbharanti).

6. aruṇayai 'kahāyanyā krīṇātī[6] 'ti śruto 'ruṇaguṇo 'mūrtatvāt kriyānvayam alabhamānaḥ prakaraṇāt sarvadravyeṣu niviśate. na. tṛtīyayā kārakatvena bhāvanāyām anvaye, paścāt paricchedakatvenai 'kahāyanyām anvaye ca bādhakābhāvāt.

7. grahaṃ saṃmārṣṭī[7] 'ty atrai 'kasyai 'va grahasya saṃmārgaḥ, ekatvasya śrutatvāt. na. grahāṇāṃ prādhānyāt, pratipradhānam aṅgāvṛtteḥ, vākyabhedabhiyai[8] 'katvasyā 'vidheyatvāc ca sarvasaṃmārgaḥ.

8. ekatvavad grahatvasyā 'py avivakṣā. na. vākyabhedābhāvāt.

9. saptadaśāratnir vājapeyasya yūpa[9] iti saptadaśāratnitvaṃ ṣoḍaśivikṛtibhūtavājapeyāsādhāraṇāṅgordhvakhādiraṣoḍaśipātradvārā vājapeyāṅgam, yūpaśabdaś ca dvāraparah. na. lakṣaṇāpatter yūpasāmānādhikaraṇyāc ca yūpadvārā paśor aṅgam, paśudvārakaś ca saṃbandhaḥ ṣaṣṭhyā bodhyate.

10. abhikrāmaṃ juhotī[10] 'ty abhikramaṇaṃ kṛtsnadarśapūrṇamāsakartrā saṃbadhyate, 'bhikramaṇasya kriyātvena prayājakriyāyāṃ niveśāsaṃbhavāt. na. saṃnidhinā prayājakriyāyāṃ tatkartṛdvārā niveśa iti bhāṣyam.

saṃnidher durbalatvāt prakaraṇena pūrvaḥ pakṣaḥ, saṃdaṃśapāṭhena prayājānām apy avāntaraprakaraṇād uttara iti tu vārttikam.

11. nivītaṃ manuṣyāṇāṃ prācīnāvītaṃ pitṝṇām upavītaṃ devānām upavyayate devalakṣmam eva tat kuruta[11] iti vihitopavītaṃ sāmidhenyaṅgam, tāsām api saptamāṣṭamayor anuvākayor daśame ca dharmāmnānenā 'vāntaraprakaraṇāt. na. navame nividām āmnānena prakaraṇavicchedāt.

---

6 Cf. TS 6.1.6.7 ekahāyanyā krīṇāti...aruṇayā piṅgākṣyā krīṇāti. (Śabara, ŚD, and JNMV: aruṇayā piṅgākṣyai 'kahāyanyā somaṃ krīṇāti; BhD: aruṇayā ekahāyanyā piṅgākṣyā somaṃ krīṇāti).

7 Untraced. Cf. ĀpŚS 12.14.9–11. See Edgerton, p. 51, note 25, who cites CH 132, note 3; Mīmāṃsaka: cf. KŚS 9.5.25. (Śabara and JNMV: daśāpavitreṇa grahaṃ saṃmārṣṭi; ŚD and BhD: as in MNS).

8 vākyabhedabhiyai OEPU (bheda *added in* OE); vākyabhiyai B.

9 Cf. ŚB 3.6.4.26 saptādaśāratnir vājapeyayūpaḥ; TB 1.3.7.2 saptadaśāratnir yūpo bhavati. (Śabara and JNMV: °yūpo bhavati; ŚD and BhD: as in MNS).

10 TS 2.6.1.4 abhikrāmaṃ juhoty abhijityai; cf. ĀpŚS 2.17.5. (Śabara: as in TS; ŚD, JNMV, and BhD: as in MNS).

11 TS 2.5.11.1.

12. ādhānaprakaraṇe vāraṇo yajñāvacara[12] ityādinā śrutaṃ dārupātraṃ prayojanābhāvād ādhānāsaṃbaddhaṃ kṛttikāsv agnim ādadhīte[13] 'ti prakṛtya trīṇi havīṃṣi nirvapatī[14] 'ti śrutānāṃ pavamānahaviṣām aṅgam aṅgāvatāranyāyāt. na. teṣām api yad āhavanīye juhotī[15] 'ti saṃnidhyāmnātavākyenā 'havanīyoddeśena vidhānenā 'dhānasamatayā 'dhānānaṅgatvād uktanyāyānavatārād vākyena sarvayajñārthatvam iti bhāṣye.

vāraṇa ityādivākyānāṃ pavamāneṣṭyasaṃnidhānāt, yajñaśabdasyā 'vyabhicāritāpūrvasādhanavācitvena prakaraṇānupraveśasyā 'bhāvāc ca sarvayajñārthatā siddhyatī 'ti ne 'dam adhikaraṇāntaram. guṇānāṃ ca parārthatvād[16] iti sūtraṃ tu pūrvaśeṣaḥ. yad āhavanīye juhotī 'ti vākyāntaraṃ tu na śrūyata iti vārttikam.

13. vārtraghnī pūrṇamāsyām anūcyete, vṛdhanvatī amāvāsyāyām[17] iti vacanāt vārtraghnīvṛdhanvatyoḥ pūrṇamāsyamāvāsyāyāgāṅgatvam. na. vyavasthāmātraparatvād vacanasya liṅgakramābhyām ājyabhāgāṅgatvam.

14. hastāv avanenikte,[18] ulaparājiṃ stṛṇātī[19] 'ty ānantaryakramād avanejanaṃ staraṇamātrāṅgam. na. liṅgāt prakaraṇāc ca darśapūrṇamāsārthatvāt.

15. āgneyaṃ caturdhā karotī[20] 'ti caturdhākaraṇam aindrāgnāgnīṣomīyayor apy agnisaṃbandhāt. na. āgneyam iti devatātaddhitāt, aindrāgnāgnīṣomīyayoś cā 'gner devatātvābhāvād agnidevata eva tat. tṛtīye prathamaḥ.

---

12 Cf. MS 1.6.7 (98.7) tasmād varaṇo yajñāvacaraḥ syān na tv etena juhuyāt. (Śabara: as in MS, except tasmād vāraṇo vai yajñāvacaraḥ°; Śabara has a second quotation: vaikaṅkato yajñāvacaraḥ syāt, juhuyād etena (untraced; cf. KŚS 1.3.31 and 36); JNMV: as in Śabara for both quotations, except °juhuyād evai 'tena in the second; ŚD and BhD: vāraṇo yajñāvacaro vaikaṅkato yajñāvacaraḥ).

13 TB 1.1.2.1.

14 TB 1.1.5.10.

15 TB 1.1.10.5–6 °juhvati, tena so 'syā 'bhīṣṭaḥ prītaḥ. (Śabara: °juhoti, tena so 'syā 'bhīṣṭaḥ prīto bhavati; JNMV: as in TB; ŚD and BhD: as in MNS).

16 JS 3.1.22 guṇānāṃ ca parārthatvād asaṃbandhaḥ samatvāt syāt.

17 Cf. TS 2.5.2.5 °pūrṇamāse 'nucyete°. See 2.2.3.

18 TB 3.2.10.2; KS 31.3 (4.5) hastā avanenikte. See following note.

19 Cf. ĀpŚS 1.15.4 hastāv avanijya...ulaparājīṃ stṛṇāti; SatyāŚS 1.4.21–22 (p. 107) pāṇī prakṣālya...ulaparājīṃ stṛṇāti; BhŚS 1.16.1, 17.1.4: 1.16.1 hastāv avanijya; 1.17.4 ulaparājīṃ stṛṇāti.

20 Cf. TB 3.3.8.6 caturdhā karoti; ĀpŚS 3.3.2 āgneyaṃ puroḍāśaṃ caturdhākṛtvā barhiṣadaṃ karoti barhiṣadaṃ vā kṛtvā caturdhākaroti. Both in Garge, p.128.

Chapter 2

1. barhir devasadanaṃ dāmī[21] 'ti mantro lavanāṅgaṃ liṅgāt, lavitavyaṃ ca mukhyaṃ kuśādi gauṇaṃ tatsadṛśam, ubhayatrā 'pi mantraḥ. na. śīghrapratītamukhye mantraviniyogena liṅgasya caritārthatvān mukhya eva.

2. niveśanaḥ saṃgamano vasūnām ity aindryā gārhapatyam upatiṣṭhata[22] ity atra mantrasya liṅgān mukhya indre viniyogād gārhapatyapadam indre gauṇam. na. na vidhau paraḥ[23] śabdārtha iti nyāyān mantre lakṣaṇaucityāt. uktā ṛg nai 'ndrī, indro na tasthau samara[24] iti indrasya dṛṣṭāntatayo 'ktatvāt, kiṃ tu kadā cana starīr asī[25] 'ti tu bodhyam.

3. haviṣkṛd ehī 'ti trir avaghnann āhvayatī[26] 'ti mantrasyā 'nantaryād avaghāte viniyogād avaghātāṅgaṃ mantraḥ. na. avaghnann ity asya kālaparatvāt, kālasya ca prāptatvād abhyāsamātrasyā 'nena vidhānād āhvānāṅgam eva.

4. uttiṣṭhann anvāha agnīd agnīn vihare 'tī[27] 'ti vākyāt praiṣasyo 'tthāne viniyogaḥ. na. asamarthasya viniyoktum aśakyatvād uttiṣṭhann ity asyo 'tthānakālaparatvāt.

---

21 MS 1.1.2 (1.9).

22 MS 3.2.4 (20.13); MŚS 6.1.5.24; cf. TS 5.2.4.4; ĀpŚS 16.16.5. The mantra continues: viśvā rūpāṇy abhicaṣṭe śacībhiḥ| deva iva savitā satyadharme 'ndro na tasthau samare pathīnām|| (=MS 2.7.12 (91.8); TS 4.2.5.4–5 m; KS 16.12 (234.12); VS 12.66).

23 paraḥ OEB; para PU.

24 See preceding note.

25 TS 1.5.6.4 o. Garge, p. 78, and Bloomfield cite many other passages, including ṚV 8.51.7; Edgerton, p. 74, note 59, gives MS 1.3.26 (39.1) as a location of this quote; At JS 3.3.14 Jha lists MS 1.3.26; TS 1.5.8.4; ṚV 8.51.7; Agrawal lists TS 1.4.22.1 a. Garge denies MS 1.3.26 or TS 1.4.22 is the source, since the context is not agnyupasthāna, as in Śabara. See also Garge, pp. 165–6. (Śabara at JS 3.3.14: °asi ne 'ndra saścasi dāśuṣe (= ṚV, TS 1.5.6.4, 1.4.22, and MS)).

26 Cf. ĀpŚS 1.19.8 haviṣkṛd ehī 'ti trir avahanti. anavaghnan vā haviṣkṛtaṃ hvayati; SatyāŚS 1.5.48 (p. 126) haviṣkṛd ehī 'ti trir avaghnan haviṣkṛtam āhvayati; TB 3.2.5.8 haviṣkṛd ehī 'ty āha. ya eva devānāṃ haviṣkṛtaḥ. tān hvayati. trir hvayati; MS 4.1.6 (8. 8) haviṣkṛd ehi iti yo devānāṃ haviṣkṛt taṃ hvayati trir hvayati; KŚS 2.4.13 haviṣkṛd ehī 'ti trir āhvayati. Mīmāṃsaka has others; Bloomfield has many haviṣkrd ehi citations, including: MŚS 1.2.2.13, 15: 13 haviṣkṛtā trir avaghnann āhvayati; 15 haviṣkṛd ehī 'ti brāhmaṇasya; ŚB 1.1.4.11 (mantra repeated).

27 Cf. BhŚS 13.17.13 stuta uttiṣṭhann āha agnīd agnīn vihara...pratiprasthātaḥ paśune 'hi iti; ĀpŚS 12.17.20 athai 'keṣām. stuta uttiṣṭhann āhā 'gnīd agnīn vihara... pratiprasthātaḥ paśune 'hī 'ti. See 3.8.12 for agnīd agnīn vihara citations.

5. sūktavākena prastaraṃ praharatī[28] 'ty atra sūktavākakāle prastaraḥ prahartavya ity arthaḥ. na. sūktavākene 'ti tṛtīyāśrutyā 'gnyādiprakāśakasya sūktavākasya praharaṇe viniyoge yāgasya kalpanena yāgāṅgatvaucityāt.

6. sūktavākasamākhyāyāḥ kṛtsnagatatvena kṛtsna ubhayatra. na. liṅgena samākhyāyā bādhitatvād vibhajya viniyogaḥ.

7. indrāgnī rocanā diva[29] ityādiḥ kāmyayājyānuvākyākāṇḍasamākhyāto 'pi balinā liṅgenai 'ndrāgnamātrāṅgam. na.[30] samākhyāyāḥ sāmānyasaṃbandhabodhakatveno 'pajīvyatvāt.

8. āgneyyā 'gnīdhram upatiṣṭhata[31] ity atra yā kā cid āgneyy aviśeṣāt. na. prakṛtāyāḥ[32] kratusādhanatvasya prakaraṇād bodhād upasthānasaṃbandhamātre lāghavāt prakṛtai 'va.

9. bhakṣe 'hi mā 'viśe[33] 'tyādir mantro grahaṇāvekṣaṇanigaraṇajaraṇaprakāsako 'pi na tadaṅgam, teṣām avihitatvāt, kiṃ tu bhakṣānuvākasamā-

---

28 Cf. ĀpŚS 3.6.6 anūcyamāne sūktavāke marutāṃ pṛṣataya sthe 'ti saha śākhayā prastaram āhavanīye praharati; (the mantra occurs at TS 1.1.13.1–2 g, h). The sūktavāka occurs in TB 3.5.10.1–5.

29 MS 4.11.1 (159.1) indrāgnī rocanā divaḥ pra carṣaṇibhyā indrāgnī navatiṃ puraḥ śnathad vṛtram. Garge, p.108, gives this (wrongly as 4.1.11) as source, as does Edgerton, p. 227, note 172; it alone agrees with the full quote in Śabara. (Śabara: as in MS 4.11.1 except °pravarṣaṇibhyaḥ, indrāgnī°...°ślathad vṛtram (Mīm.: as in MS, but without distinctive MS sandhi); ŚD: as in MNS; JNMV: indrāgnī rocanā). According to Śabara, the iṣṭi where this mantra is employed is taught by aindrāgnam ekādaśakapālaṃ nirvaped yasya sajātā viyāyuḥ (Gos.: vīyuḥ) (MS 2.1.1 (1.1) °vīyāyuḥ; cf. MŚS 5.1.5.6–7); JNMV and BhD have this brāhmaṇa, but with °sajātā vīyuḥ; ŚD has it through nirvapet. (MNS also matches MS 4.10.4 (152.13); TS 4.2.11.1; KS 4.15 (39. 15); ṚV 3.12.9; SV 2.1043; TS 4.3.13.8; TB 3.5.7.3; BŚS 13.2 (120.10)).

30 na OEB (*written with daṇḍa as* nā); na *omitted in* PU.

31 Cf. TS 3.1.6.1 āgneyya 'rcā 'gnīdhram abhimṛśed vaiṣṇavyā havirdhānam...aindriyā sadaḥ; MŚS 2.3.1.1 upatiṣṭhate vyuchantyām aindryā sada āgneyyā 'gnīdhraṃ vaiṣṇavyā havirdhānam; cf. ĀpŚS 12.1.1–2. ĀpŚS identifies these verses as agne naya etc. (āgneyī) (TS 1.1.14.3 i); idam viṣṇuḥ etc. (vaiṣṇavī) (TS 1.2.13.1 e); ā ghā ye etc. (aindrī) (TB 2.4.5.7). See Keith, p. 228, note 3, where other verses are listed, and the note in the following topic. (Śabara: āgneyyā āgnīdhram upatiṣṭhate, aindriyā sadaḥ, vaiṣṇavyā havirdhānam; ŚD: as in MNS).

32 According to ŚD and Prabhāvalī on BhD, this seems to be agna āyāhi vītaye (SV 1.1/2.10 = ṚV 6.16.10), a verse employed in a different stotra in the context. Prabhāvalī (final paragraph) points out that the mantra agne naya etc. is used in the Taittirīya texts where the injunction is to touch (*abhimṛśet*), not to worship (*upatiṣṭhate*). See preceding footnote.

33 TS 3.2.5.1; MŚS 2.4.1.33; cf. ĀpŚS 12.24.7; KŚS 9.11.22 (see 3.4.16). (Śabara: bhakṣe 'hi mā 'viśa dīrghāyutvāya śaṃtanutvāya rāyas poṣāya varcase suprajāstvā-

khyayā kṛtsno bhakṣāṅgam. na. vidhānābhāve 'pi teṣām āvaśyakatvāl liṅgena samākhyāṃ bādhitvā vibhajya tattadaṅgam.

10. mandrā 'bhibhūtir ityādir juṣāṇā somasya tṛpyatv ityantas[34] tṛptiprakāsakaḥ, vasumadgaṇasye 'tyādir bhakṣayāmī 'tyanto[35] bhakṣaṇaprakāsako vibhajya viniyojyaḥ. na. tṛpter bhakṣaṇānuniṣpāditvena pṛthagvyāpāratvābhāvāt tṛptisahitabhakṣaṇe kṛtsnaviniyogaḥ.

11. indrapītasye[36] 'ti mantra aindraśeṣabhakṣe eva, indreṇa pītasya śeṣaṃ bhakṣayāmī 'ty arthāt. maitrāvaruṇādiśeṣabhakṣo 'mantrakaḥ, mitrāvaruṇapītasye 'ty ūho vā. na. pūrvapadaprakṛtisvaradarśanena bahuvrīhitvāvagatyā indreṇa pītaḥ somo yasmin savana ity arthaparatvād anaindreṣv apy anūhena mantraḥ.[37]

12. aindre kiṃ cid dhute kiṃ cit śiṣṭe punar abhyunnnīya mitrāvaruṇādibhyo hutvā bhakṣaṇe mitrāvaruṇapītasye 'ty ūhe 'pi ne 'ndra upalakṣaṇīyaḥ, unnayanakāle mitrāvaruṇādyanirdeśena pūrvaśeṣeṇa sahai 'va pradānena ca aindrasaṃbandhābhāvāt. na. unnayane 'nirdeśe 'pi kariṣyamāṇamaitrāvaru-

---

ya. ehi vaso purovaso priyo me hṛdo 'sy aśvinos tvā bāhubhyāṃ saghyāsam. nṛcakṣasaṃ tvā deva soma sucakṣā avakhyeṣam. hinva me gātrā harivo gaṇān me mā vitītṛṣaḥ. śivo me saptarṣīn upatiṣṭhasva mā me 'vāṅ nābhim atigāḥ. mandrā 'bhibhūtiḥ ketur yajñānāṃ vāg juṣāṇā somasya tṛpyatu. vasumadgaṇasya rudravadgaṇasya ādityavadgaṇasya soma deva te matividaḥ prātaḥsavanasya mādhyaṃdinasya savanasya tṛtīyasavanasya gāyatracchandasas triṣṭupchandaso jagacchandaso 'gnihuta (BI: 'gnihuta; ĀĀ, Gos., and Mīm.: 'gniṣṭuta) indrapītasya narāśaṃsapītasya pitṛpītasya madhumata upahūtasyo 'pahūto bhakṣayāmi (TS 3.2.5.1–3, which is identical through avakhyeṣam; then TS has the sentence starting with mandrā; after some intervening statements, TS has the final sentence in Śabara, but in three distinct statements, with vasumadgaṇasya, prātaḥsavanasya, and gāyatracchandasaḥ appearing in the first, rudravadgaṇasya, mādhaṃdinasya savanasya, and triṣṭupchandasaḥ in the second, ādityavadgaṇasya, tṛtīyasya savanasya, and jagatīchandasaḥ in the third, and all lacking agnihuta; then, after an intervening statement, TS has the sentences starting with hinva; MŚS 2.4.1.33 ff.; ĀpŚS 12.24.7 ff. (MŚS 2.4.1.44, 2.4.4.29, and 2.5.1.33 have, in distinct statements, the words: chandaso 'ghnihuta indrapītasya); ŚD and BhD: as in MNS; JNMV: bhakṣe 'hi).

34 TS 3.2.5.1 mandrā 'bhibhūtiḥ ketur yajñānāṃ vāg juṣāṇā somasya tṛpyatu. (Śabara: as in TS; ŚD and BhD: as in MNS, except juṣānā somasya omitted; JNMV: as in MNS).

35 TS 3.2.5.2 vasumadgaṇasya soma deva te matividaḥ prātaḥsavanasya gāyatrachandasa indrapītasya narāśaṃsapītasya pitṛpītasya madhumata upahūtasyo 'pahūto bhakṣayāmi. (Śabara: as in TS, but °cchandaso 'gnihuta (BI: 'gnihuta; ĀĀ, Gos., and Mīm.: 'gniṣṭuta) indrapītasya madhumata°; JNMV: as in MNS).

36 TS 3.2.5.2, 3. See note at 3.2.9.

37 anūhena mantraḥ *corr.*; anuhena maṃtraḥ OE (*corr. from* anūheṇa maṃtraḥ *in* O); anūheṇā maṃcaḥ B; anūheṇā maṃtraḥ U; antaheṇā maṃtraḥ P.

ṇayāgārthatvāvagamād unnītasya mitrāvaruṇasaṃbaddhatvāc cheṣasya ce 'ndrasaṃbaddhatvād indro 'py upalakṣaṇīyaḥ.

13. dvidevatyānām aindravāyavādīnāṃ śeṣa ādityasthālīm āgacchati[38] tata āgrayaṇasthālīṃ[39] tato gṛhītasya pātnīvatasya bhakṣaṇe pūrvavad indravāyvādayo 'py upalakṣaṇīyāḥ, dvidaivatyaśeṣasaṃsargād āgrayaṇapātrasthasyai 'va[40] pātnīvatatvena tatsaṃsṛṣṭaśeṣe pūrvadevatāsaṃbandhānapāyāt. na. yad upāṃśupātreṇa pātnīvatam āgrayaṇāt gṛhṇātī[41] 'ty āgrayaṇapātrasyā 'pādānatvaśravaṇena tato niḥsṛtasya pātnīvatatvāvagatye 'ndravāyvādisaṃbandhāpāyena vaiṣamyāt.

14. pātnīvata evā 'dhvaryave homamantre agnā3i[42] patnīvan[43] sajūr devena tvaṣṭrā somaṃ piba svāhe[44] 'ti tvaṣṭuḥ pātṛtvanirdeśāt pātnīvatabhakṣaṇe tvaṣṭo 'palakṣyaḥ.[45] na. sahai 'va daśabhiḥ putrair bhāraṃ vahati gardabhī[46] 'tyādau kāryānanvaye 'pi sahatvadarśanāt, pātnīvataśabdena nirapekṣasya devatātvāvagamāc ca no 'palakṣyaḥ[47] saḥ.

15. patnīvatas triṃśataṃ[48] trīṃś ca devān anuṣvadham ā vaha mādayasve[49] 'ti yājyāmantre trayastriṃśad devānāṃ mādanīyatvāvagates ta upalakṣaṇīyāḥ. na. yajamānamādanīyasyā 'gner eva devatātvenā 'gnimādanīyānāṃ devatātvābhāvāt.

38 Cf. TS 6.5.6.3; ĀpŚS 12.21.4, 7.

39 Cf. ĀpŚS 13.10.11–12.

40 °syai va OEPU; °sye va B.

41 TS 6.5.8.1. (Śabara: yad upāṃśupātreṇā 'grayaṇāt pātnīvataṃ gṛhṇāti; JNMV: as in MNS; ŚD and BhD: pātnīvatam āgrayaṇād gṛhṇāti).

42 agnā3i OB; agnā i E; agnā idra U; agnā iṃdra P.

43 patnīvan OEB; patnīvat PU.

44 VS 8.10; cf. TS 1.4.27.1 b °patnīvā3ḥ°; MS 1.3.29 (40.4) agnā3i patnīvā3nt sajūs tvaṣṭrā somaṃ piba. Cf. ĀpŚS 13.14.8. Garge, p. 110, cites other MS, KS, and ŚB also; Bloomfield has other citations too; Garge takes VS as main source. (Śabara: as in MNS, but lacks svāhā; ŚD: as in MNS; JNMV: as in MNS, except °patnīvaṃt sajūr°; BhD: as in MNS, except agnā i patnīvāḥ sajūr°).

45 palakṣyaḥ OEB; palakṣaṇīyaḥ PU.

46 KV on P 2.2.28.

47 palakṣyaḥ OEB; palakṣaṇīyaḥ U; palakṣaṇīyāḥ P.

48 triṃśataṃ EBPU; triṃśaṃ O.

49 ṚV 3.6.9. (In Śabara, ŚD, and BhD the quote starts with the first half of the verse: ai 'bhir agne sarathaṃ yāhy arvāṅ nānārathaṃ vā vibhavo hy aśvāḥ| (ŚD: ebhir°) (ĀśŚS 5.19.7 has the first pāda, ŚŚS 8.5.1 ai 'bhir agne saratham); JNMV: as in MNS).

16. somasyā 'gne vīhī[50] 'ty anuvaṣaṭkāradevatā 'gnir upalakṣaṇīyaḥ. na. prakṛtau sato 'py agner anupalakṣitatvāt.

17. anaindrapradānānām aindrapradānavikṛtitvenai 'ndrabhakṣasya[51] ca samantrakatvenā 'naindreṣu tattaddevatohasaṃbhavena ca samantrakaṃ bhakṣaṇam. na. somena yajete[52] 'ty utpattiśrutasya somasyai 'kakarmāṅgatvena anekayāgābhyāsarūpapradānāṅgatvābhāvāt, pradānānāṃ samānavidhānatvena parasparaprakṛtivikṛtitvābhāvād amantrakaṃ bhakṣaṇam. indrāya tvā vasumata[53] iti mantrasya liṅgād aindrapradānāṅgatāmātram, na tv etāvatai 'ndrapradānasya prakṛtitvam. evaṃ ca pūrvāṇi ṣaṭ kṛtvā cintayā.

18. aindrāgnaṃ gṛhṇātī[54] 'ti vihitaindrāgnaśeṣabhakṣe indrāgnipītasye 'ndreṇā 'pi pānān mantraḥ. na. aśarīrāyā devatāyāḥ pānābhāvāt, uddeśasya miśraviṣayatvāt, mantrasya cā 'miśraviṣayatvān[55] na mantraḥ.

19. bhakṣamantre gāyatracchandasa[56] iti śravaṇena gāyatram eva cchando yatre 'ti pratīteś[57] chando'ntaravati pradāne nā 'yaṃ mantraḥ. na. ekacchandaskapradānasyā 'saṃbhavāc chando'ntaravaty apī 'ti punaḥ samantrakatvaṃ kṛtvā cintayā 'dhikaraṇe. iti tṛtīye dvitīyaḥ.

---

50 Cf. AiB 3.5.6 somasyā 'gne vīhī 'ty anuvaṣaṭkaroti; ŚŚS 7.3.4 somasyā 'gne vīhī 'ty anuvaṣaṭkāraḥ; ĀśŚS 5.5.19 (same as ŚŚS); ĀpŚS 19.3.1 somasyā 'gne vīhī 'ty anuyajati (this is for sautrāmaṇī, but has the form quoted here in JNMV etc.); VaitS 19.10 somasyā 'gne vīhī 'ty antaplutenā 'nuvaṣaṭkurvanti; cf. ĀpŚS 12.24.2 sarvatrā 'nuvaṣaṭkāro dvidevatyartugrahādityasāvitrapātnīvatavarjam. (Śabara: as in AiB; JNMV, Prabhā on ŚD, and Prabhāvalī on BhD: somasyā 'gne vīhī 'ty anuyajati; Mayūkhamālikā on ŚD: somasyā 'gne brūhī 'ty anuyajati).

51 aiṃdrabhakṣasya OPU (*corr. in* O *from* aiṃdraśakṣasya); aiṃdrasya B; *after* °vikṛtitve *in* E *is insertion mark, but margin is torn and text continues* śeṣabhakṣasya (śeṣa *possibly deleted, but I do not think it is*).

52 See 1.4.1. (Absent here in Śabara; ŚD and JNMV: as in MNS).

53 MS 1.3.3 (30.15); 4.5.4 (68.13); VS 6.32. Garge, p. 100, cites other sources also: KS 3.10 (28.15); VS 38.8; ŚB 3.9.4.9; 14.2.2.6; but VS 38 and ŚB 14 concern the pravargya rite, and so seem less relevant. (Absent here in Śabara; JNMV: as in MNS).

54 Cf. ĀpŚS 12.27.8; TS 6.5.4.1 yad aindrāgnam ṛtupātreṇa gṛhṇāti; ŚB 4.3.1.21 aindrāgnaṃ grahaṃ gṛhṇāti.

55 mantrasya cā 'miśraviṣayatvān *om. in* E.

56 TS 3.2.5.2 gāyatrachandasaḥ. See 3.2.9.

57 pratīteś OE; pratīte BPU.

Chapter 3

1. uccair ṛcā kriyate upāṃśu yajuṣā uccaiḥ sāmne[58] 'ti vidhau ṛgādipada-śravaṇād ṛgādidharmā uccaistvādayaḥ. na. agner ṛgveda[59] ityādyupakrama-vaśāt prāptārthasya ṛgādiśabdasya ṛgvedādilakṣakatvāt, vidhyarthavādaika-vākyatayā ca vākyaviniyogaḥ.

2. ādhānāṅgatvena vihitāni vāmadevyādisāmāni[60] sāmavedotpannatvena sāmavedasvareṇa geyāni. na. ādhānasya mukhyatvena tadanusāreṇā 'ṅgeṣu svaranirṇayāt yājurvaidikasvaraḥ.

3. jyotiṣṭomasya yajuḥsāmavedayor āmnānāt, kva vidhiḥ kvā 'nuvāda iti niyāmakābhāvāc ca svare 'py aniyamaḥ. na. dravyadevatasyā 'ṅgabāhulya-sya ca yajurvede śravaṇena tatra vidhinirṇayāt tatsvaraḥ.

4. samidho yajati[61] ityādinā vihitānāṃ prayājādīnāṃ darśapūrṇamāsayoś ca nā 'ṅgāṅgibhāvo mānābhāvāt. na. darśapūrṇamāsayoḥ karaṇatveno 'pakā-rakākāṅkṣāyāḥ, prayājādibhāvanāyāḥ phalākāṅkṣāyāś ca sattvād vākyaika-vākyatārūpaprakaraṇena prayājānām aṅgatvam.

---

58 Cf. MS 3.6.5 (66.9) (=MS 4.8.7 (115.1)) °kriyata uccaiḥ sāmno 'pāṃśu yajuṣā. (Śabara: as in MS; ŚD and JNMV: as in MNS, except tasmād uccair° in ŚD). See 2.1.13.

59 Cf. ŚB 11.5.8.3 agner ṛgvedo vāyor yajurvedaḥ sūryāt sāmavedaḥ; AiB 5.32.1. (Śabara: prajāpatir vā idam eka āsīt. sa tapo 'tapyata. tasmāt tapas tepānāt trayo devā asṛjyanta. agnir vāyur ādityaḥ. te tapo 'tapyanta. tebhyas tepānebhyas trayo vedā asṛjyanta. agner ṛgvedo vāyor yajurveda ādityāt sāmavedaḥ; ŚD: as in Śabara, except it begins, prajāpatir akāmayata prajās sṛjeye 'ti sa tapo 'tapyata tasmāt tepānāt; JNMV: trayo vedā asṛjyanta. agner ṛgvedo vāyor yajurveda ādityāt sāma-vedaḥ; BhD: trayo vedā ajāyanta (as in ŚB and AiB)).

60 vāmadevyādi° EPU; vāmadevādi° OB. For the vāmadevya sāman, cf. ĀpŚS 5.14.4; MŚS 1.5.4.6; BhŚS 5.7.11.

61 TS 2.6.1.1. See 2.2.2. (Śabara: samidho yajati, tanūnapātaṃ yajati, iḍo yajati, barhir yajati, svāhākāraṃ yajati; ŚD: samidho yajati, tanūnapātaṃ yajati; JNMV: as in MNS).

5. dabdhir asy adabdho bhūyāsam amuṃ dabheyam[62] iti mantro no 'pāṃśuyājamātrāṅgaṃ prakaraṇāviśeṣāt.[63] na. krameṇo 'pāṃśuyājāṅgatvāvagateḥ.[64]

6. yājyāpuro'nuvākyādaya ṛgvede, dohādayo yajurvede, ājyastotrādayaḥ sāmaveda uktāḥ, tathā 'pi sarve sarvaiḥ kartavyāh. na. hautrādhvaryavaudgātrādisamākhyābhir hotrādīnāṃ niyamaḥ.

7. aindryā gārhapatyam upatiṣṭhata[65] iti śrutyai 'ndryā gārhapatyāṅgatvasye 'ndraprakāśanasāmarthyarūpaliṅgene 'ndrāṅgatvasya cā 'vagateḥ, śrutiliṅgayoś ca prāmāṇyāviśeṣād vikalpaḥ, āvṛttyo 'bhayānugraho vā, vastusāmarthyam anurudhyai 'va śruter viniyojakatvāl liṅgasyai 'va prābalyaṃ vā. na. aindramantrasya gārhapatyaprakāśane mukhyasāmarthyābhāve 'pi gauṇasāmarthyasattvāt, lakṣaṇāyāś ca mantra evo 'citatvāl liṅgam anupajīvyai 'va śrutir viniyuṅkte na[66] liṅgaṃ śrutim iti laiṅgikaviniyogapratibandhād gārhapatyopasthāna eva kadā cana starīr asī[67] 'ti mantraḥ.[68]

8. syonaṃ te sadanaṃ kṛṇomi ghṛtasya dhārayā suśevaṃ kalpayāmi tasmin sīdā 'mṛte pratitiṣṭha vrīhīṇāṃ medha sumanasyamāna[69] ity ardhadvayasyā 'pi sadanakaraṇapratiṣṭhāpanayor viniyogaḥ, uttarārdhasya tacchabdavattvena[70] dvayor ekavākyatāvagatyā sarveṇā 'nena sthānaṃ pratiṣṭhāpanaṃ ca kartavyam[71] iti vākyakalpanāt. na. vākyaṃ liṅgam apekṣyā 'rdha-

62 TS 1.6.2.4 s; 1.6.11.6; KS 5.1 (44.6); 32.1 (18.16); cf. ĀpŚS 4.9.13. Garge, p. 137, cites as a source for Śabara MŚS 1.4.2.4 dabdhir nāmā 'sy adabdho 'haṃ bhrātṛvyaṃ dabheyam; he also cites TS, KS 5.1; 32.1 and ĀpŚS; Jha: cf. MŚS 1.4.2.4. (Śabara and ŚD: dabdhir nāmā 'si; JNMV: as in MNS).

63 prakaraṇā° EBPU; prakaraṇa° O.

64 The preceding and following mantras are: TS 1.6.2.3 r agner aham devayajyayā 'nnādo bhūyāsam (MŚS 1.4.2.3 agnir annādo 'gner°) and TS 1.6.2.4 t agnīṣomayor aham devayajyayāvṛtrahā bhūyāsam (MŚS 1.4.2.5 agnīṣomau vṛtrahaṇāv agnīṣomayor°). For the vidhis, cf. TS 1.6.11.5–6; ĀpŚS 4.9.13.

65 MS 3.2.4 (20.13); MŚS 6.1.5.24. See 3.2.2.

66 viniyuṃkte na E; viniyuktena OBP; viniyukte mā U.

67 See 3.2.2. (Śabara and JNMV: kadā cana starīr asi ne 'ndra saścasi dāśuṣe).

68 This and the following five topics are discussed as a single topic in Śabara, ŚD, and BhD. MNS follows JNMV in listing them as six distinct topics.

69 Cf. MŚS 1.2.6.19–22 °kalpayāmī 'ti...tasmin sīdā 'mṛte pratitiṣṭha vrīhīṇāṃ medhaḥ sumanasyamānaḥ; TB 3.7.5.2–3 °sadanaṃ karomi°; ĀpŚS 2.10.6–2.11.1 °karomi ghṛtasya dhārayā suśevaṃ kalpayāmi...tasmin sīdā 'mṛte°. See Edgerton, p. 79, note 68. (Śabara, ŚD (LKSV), JNMV, and MNS agree with MŚS in having kṛṇomi; ŚD (NSP): karomi).

70 tacchabdavatvena OEB; (*seems corr. from* °valena in E); yatśabdavaśena U; yatśabdevasena P.

71 ca kartavyam B; ca prakartavyam OE; ca kartavyām U; ca ca kartavyam P.

dvayaṃ yāvad ekatra viniyukte, tataḥ prāk liṅgena vibhajyo 'bhayatra viniyogāt.

9. agnīṣomāv idaṃ havir ajuṣetām, indrāgnī idaṃ havir ajuṣetām[72] ity āmnātau bhāgau vibhajya viniyoktavyāv ity ukte[73] 'pī 'daṃ havir ityādipadānām ubhayatra pāṭho 'stu prakaraṇānugrahāya. na. prakaraṇasyā 'nvayarūpavākyādikalpanayā viniyojakatvena vākyasyai 'va prakaraṇād balavattvāt.

10. rājyasūye 'bhiṣecanīyasaṃnidhāv āmnātā videvanādayo 'bhiṣecanīyāṅgam[74] saṃnidhānāt. na. abhiṣecanīyasya jyotiṣṭomavikṛtitvena tadaṅgair nirākāṅkṣatayā 'vāntaraprakaraṇakalpanena videvanādigrāhakatvāpekṣayā 'nuvṛttakathaṃbhāvākāṅkṣeṇa rājasūyena grahaṇaucityāt, tasya ca nānāpaśviṣṭisomayāgarūpatvena tāvadaṅgatvaṃ videvanādīnām.

11. śundhadhvam[75] iti mantraḥ paurodāśikasamākhyātakāṇḍe paṭhitatvāt taduktānām[76] ulūkhalādīnām api śodhane 'ṅgam. na. pratyakṣasaṃnidhinā sānnāyyapātramātrāṅgatvāt. samākhyāyās tu saṃnidhyādikalpanena viniyojakatvam iti durbalā sā.

12. ayaṃ ca bādha uttarottaramānapratibandhakatvād aprāptabādhaḥ, daśame tu prāptabādho vakṣyate.

13. tisra eva sāhnasyo 'pasado dvādaśā 'hīnasye[77] 'ty anena jyotiṣṭoma eva tritvadvādaśatvayor vikalpaḥ, uktasakalāṅgatvenā 'hīnatvasaṃbhavāt. na. nañsamāsa ādyudāttatvāpatteḥ, rūḍher yogād balavattvena ca jyotiṣṭomātiriktadvirātrādyahargaṇe dvādaśopasattvasyo 'tkarṣaḥ.

---

72 Cf. TB 3.5.10.3 agnīṣomāv idaṃ havir ajuṣetām. avīvṛdhetāṃ maho jyāyo 'krātām. indrāgnī idaṃ havir ajuṣetām. avīvṛdhetāṃ maho jyāyo 'krātām. (The only portion of the mantra which Śabara quotes here is, avīvṛdhetāṃ maho jyāyo 'krātām; ŚD and JMNV: as in TB).

73 See 3.2.6.

74 See 5.2.10 for videvana etc. Cf. ĀpŚS 18.12.1–20.6 for the abhiṣecanīya.

75 TS 1.1.3.1 a śundhadhvaṃ daivyāya karmaṇe; MS 1.1.3 (2.5); ĀpŚS 1.11.10; (MS and ĀpŚS as in TS). See Garge, p. 75. Bloomfield and Mīmāmsaka, p. 281, have other citations also. (Śabara and JNMV: as in TS; ŚD and BhD: as in MNS).

76 paṭhitatvāt taduktānām OBU; paṭhitatva taduktānām P; paṭhitatvād uktānām E.

77 TS 6.2.5.1; ĀpŚS 11.4.7. Mīmāṃsaka: cf. MS 3.8.2 (94.13).

14. yuvaṃ hi sthaḥ svarpatī iti dvayor yajamānayoḥ pratipadaṃ kuryāt,[78] ete asṛgram indava iti bahuṣu[79] iti vihitā pratipaj jyotiṣṭoma eva, ekasyā 'śaktau anekasya kartṛtvena yajamānadvitvādisaṃbhavāt. na. etena rājapurohitau yajeyātām,[80] caturviṃśatiparamāḥ sattram āsīrann[81] iti śrutadvitvabahutvakakulāyayāgasattrayor dvibahuśrutibhyāṃ prakaraṇabādhena bādhanāt,[82] yajamānapratinidhyabhāvasya vakṣyamāṇatvāc[83] ca.

15. jāghanyā patnīḥ saṃyājayantī[84] 'ty atra jāghanīsaṃskārāḥ patnīsaṃyājāḥ, jāghanī ca paśāv iti tatro 'tkṛṣyata idam. na. tṛtīyayā jāghanyā guṇatvāvagamena krayādinā lābhena ca prakaraṇābādhasya saṃbhavāt.

16. dīrghasome saṃtṛdye[85] dhṛtyā[86] iti saṃtardanaṃ dīrghasya yajamānasya soma iti vyutpatter jyotiṣṭoma eva. na. karmadhārayasya balavattvena, iṣṭipaśvapekṣayā dīrghatvasyā 'vyāvartakatvena ca grahādhikyena dīrghasomokthyādivikṛtiṣu saṃtardanam.

---

78 Cf. TāB 6.10.14 °svaḥpatī iti dvābhyāṃ pratipadaṃ kuryāt; SV 2.351 yuvaṃ hi sthaḥ svaḥpatī (= ṚV 9.19.2, except °svarpatī°). The pratipad seems to be SV 2.351, 350, 349 (=ṚV 9.19.2, 3, 1); see Caland, note 3, for the reverse order.

79 Cf. TāB 6.9.13 ete asṛgram indava iti bahubhyaḥ pratipadaṃ kuryāt; SV 2.180 (= ṚV 9.62.1) ete asṛgram indavaḥ. (Śabara etc.: °iti bahubhyo yajamānebhyaḥ). The pratipad is SV 2.180–182 (=ṚV 9.62.1–3).

80 Cf. LŚS 9.4.30 rājapurohitau yajeyātām indrāgnyoḥ stomena; BŚS 18.35 (384.17) rājā ca purohitaś ca samānalokau syāva samānaṃ lokam iyāve 'ti tāv etena yajñakratunā yajetātām; JB 2.132 tau yau brāhmaṇaś ca rājanyaś ca.. tāv etena yajeyātām; ŚŚS 14.29.2 tena (*understand* kulāyena yajñakratunā) brāhmaṇaś ca kṣatriyaś ca saṃyajeyātāṃ yaṃ purodhāsyamānaḥ syat; TāB 19.15.2 etenai 'va dvau yājayet. According to Śabara the context is the kulāya; MNS introduces the same quote at 6.6.3 as being for the kulāya. (Śabara, JNMV, and BhD: etena rājapurohitau sāyujyakāmau yajeyātām). See 6.6.3. (Cf. SatyāŚS 17.4.38 (p. 434) marutstomena rājapurohitau sāyujyam (*comm.:* marutstomena rājapurohitau sāyujyakāmau yajeyātām); ĀpŚS 22.10.19 =(SatyāŚS); the context is wrong, but the wording is similar to Śabara).

81 ĀpŚS 23.1.1. (Śabara at JS 6.7.36 and 10.6.60: caturviṃśatiparamāḥ saptadaśāvarāḥ sattram āsīran; at JS 6.2.1: saptadaśāvarāś caturviṃśatiparamāḥ sattram āsīran; JNMV: as in MNS). See 6.2.1.

82 bādhanāt OB; vodhanāt EPU.

83 See 6.3.7.

84 ĀpŚS 3.8.10.

85 saṃtṛdye *corr.*; saṃtṛdyed OEBPU.

86 Cf. TS 6.2.11.3 na saṃ tṛṇatty asaṃtṛṇṇe hi hanū; atho khalu dīrghasome saṃtṛdye dhṛtyai. (Śabara: °saṃtṛdyād°; ŚD breaks up the TS quote, and has saṃtṛṇdyāt (LKSV) and saṃtṛdyet (NSP) for TS saṃtṛdye; JNMV: °saṃtṛdyed° (but at TS 1.3.2 Sāyaṇa quotes JNMV with santṛdye (Vol. I, p. 392)); BhD also breaks up the quote: na santṛṇatti, and then as in TS from atho).

17. pravargyaṃ prakṛtya śrutena na prathamayajñe pravṛñjyād[87] ity anena jyotiṣṭome pravargyaniṣedhaḥ,[88] eṣa vāva prathamo yajño yajñānāṃ yaj jyotiṣṭoma[89] iti tasya[90] prathamayajñatvābhidhānāt. na. purastād upasadāṃ pravṛṇaktī[91] 'ti vākyena pravargyasya viniyogāt, niṣedhavākye ca prathamayajñapadasya prathamaprayogaparatvāt. na cai 'vaṃ jyotiṣṭomasya prathamaprayogo 'gniṣṭomasaṃsthākaḥ,[92] tatra cā 'gniṣṭome pravṛṇaktī[93] 'ti śrūyate, tathā ca vikalpāpattiḥ. na. kāmaṃ tu yo 'nūcānaḥ syāt tasya pravṛñjyād[94] ity anurodhenā 'dhikāribhedena vyavasthāṅgīkārāt.

18. pūṣā prapiṣṭabhāgo 'dantako hi sa[95] ity āmnātaṃ peṣaṇaṃ darśapūrṇamāsayoḥ pūṣābhāvād yatra pūṣā tatro 'tkraṣṭavyam ity uttaravivakṣayo 'cyate.

19. tat peṣaṇaṃ carau paśau puroḍāśe ca kartavyam aviśeṣāt. na. pauṣṇaṃ carum anunirvapet,[96] pauṣṇaṃ śyāmam ālabheta,[97] paśum ālabhya puroḍāśaṃ nirvapatī[98] 'ti vihitacarupaśupuroḍāśānāṃ madhye hṛdayādināśaprasaktyā paśau, prāptyā[99] ca puroḍāśe 'saṃbhavāc carāv eva.

20. tac ca dvidevatye 'pi, somāpauṣṇaṃ caruṃ nirvapatī[100] 'tyādau piṣṭabhāgapūṣṇaḥ sattvāt. na. pūṣṇaḥ kevalasyā 'prayojakatvena bhāgaśabdānu-

---

87 ŚB 14.2.2.44 taṃ na prathamayajñe pravṛñjyāt.... dvitīye vaiva tṛtīye vā (*understand* pravṛñjyāt); KB 8.4.2 (TV (p. 290 (ĀĀ); p. 897 (BSS); p. 389 (Gos.)) says this is from KB); ĀpŚS 11.2.6. (In Śabara the quote continues: dvitīye tṛtīye vā pravṛñjyāt; ŚD and JNMV: as in MNS).

88 °niṣedhaḥ OBPU; °niṣedhād E.

89 Cf. TāB 16.1.2 eṣa vāva prathamo yajñānāṃ ya etenā 'niṣṭvā 'thā 'nyena yajate garttapatyam eva taj jīyate pra vā mīyate. (Śabara: °jyotiṣṭomo ya etenā 'niṣṭvā 'thā 'nyena yajeta; ŚD, JNMV, and BhD: as in MNS).

90 tasya E; tasya *om. in* OBPU. (*Cf.* JNMV, *which has* tasya).

91 Cf. TĀ 5.6.1 purastād upasadāṃ pravargyaṃ pravṛṇakti; ĀpŚS 11.2.5. (Absent in Śabara; ŚD and JNMV: as in TĀ; BhD: as in TĀ, except °pravargyeṇa°).

92 °saṃsthākas EBPU; °saṃsthāpakas O.

93 TĀ 5.6.3.7. (Absent in Śabara; ŚD etc.: as in MNS).

94 Cf. KB 8.4.4 kāmaṃ tu yo 'nūcānaḥ śrotriyaḥ syāt tasya pravṛñjyāt; BhŚS 11.12.16 yo 'nūcānaḥ śrotriyas tasya pravṛñjyāt; ĀpŚS 11.2.10 as in BhŚS but continues iti bahvṛcabrāhmaṇam. (Absent in Śabara; ŚD and JNMV: as in MNS; BhD: as in KB).

95 Cf. TS 2.6.8.5 tasmāt pūṣā prapiṣṭabhāgo 'dantako hi. (Śabara and JNMV: as in TS; ŚD: pūṣā prapiṣṭabhāhah; BhD: as inMNS).

96 TS 2.2.1.4. (Absent in Śabara; JNMV: as in MNS; BhD: pauṣṇaṃ carum).

97 TS 2.1.6.1. (Absent in Śabara; JNMV: °ālabhetā 'nnakāmaḥ).

98 TS 6.3.10.1. (Absent in Śabara; JNMV: as in MNS).

99 prāptyā OEB; aprāptyā PU

100 TS 1.8.8.1 somāpauṣṇaṃ caruṃ nir vapaty, aindrāpauṣṇaṃ carum, pauṣṇaṃ caruṃ, śyāmo dakṣiṇā. (Śabara: saumāpauṣṇe ekādaśakapāle aindrāpauṣṇaś caruḥ śyāvo

papattikalpyadevatātvabalena kalpitasya yāgasya prayojakatvād dvidevatye na peṣaṇam. tṛtīye tṛtīyaḥ.

Chapter 4

1. nivītaṃ manuṣyāṇām[101] iti nivītasya vidhir apūrvatvāt, tac ca suvarṇadhāraṇavat sarvapuruṣasaṃbandhi, kratupraveśarahitasvatantradaivapitryāṅgopavītaprācīnāvītavad ācāryātithyādimanuṣyaviṣayakarmāṅgaṃ vā, manuṣyagrahaṇena kartṛsaṃbandhānuvādasaṃbhavāt prakaraṇāt prayājādivad yāgadharmo vā, ṣaṣṭhīśrutiprakaraṇānugrahāya kratuyuktapuruṣadharmo vā. tatrā 'pi lohitoṣṇīṣādivad[102] ṛtvigdharmo manuṣyapradhānānvāhāryadānādidharma iti dvaidham, sarvathā nā 'rthavādaḥ. na. upavītapraśaṃsāvagatopavītavidhāne nivītavidhāne ca vākyabhedāpatter arthavādo 'yam. evaṃ prācīnāvītavākye 'pi.

2. upavyayata[103] ity upavītaṃ sarvakarmāṅgam, mṛtāgnihotre prācīnāvītī dohayed yajñopavītī hi devebhyo dohayatī[104] 'ti saṃnikṛṣṭadaivāgnihotrasthasya[105] tasya siddhavad anuvādāt, sānnāyyasya vaikalpikendramahendradevatākatvena bahuvacanānupapattyā darśapūrṇamāsasthasyā 'nuvādāsaṃbhavāt. na. prakaraṇād darśapūrṇamāsārthatvāt. liṅgaṃ tu mṛtāgnihotre 'nyena hūyamāne vihitasya prācīnāvītasya stutyarthatvāt saṃnikṛṣṭasthāsaṃbhave viprakṛṣṭasthānuvādakam, bahuvacanaṃ tu prakṛtivikṛtidevatābhiprāyam ity upapadyate.

---

dakṣiṇā (MS 2.6.4 (65.72) saumāpauṣṇa ekādaśakapāla aindrāpauṣṇaś caruḥ pauṣṇaś caruḥ śyāmo dakṣiṇā); JNMV (Gold.) is as MNS (ĀĀ: saumāpauṣṇaṃ°), and then continues: aindrāpauṣṇaṃ carum (=TS); BhD: aindrāpauṣṇaś caruḥ; Śabara and BhD also have saumāpauṣṇaṃ (BhD: somāpauṣṇaṃ) caruṃ nirvapen nemapiṣṭaṃ paśukāmaḥ (MS 2.1.4 (6.5); Jha quotes this as MS 2.1.5 (7.10) (it is the same); Garge, p. 103, gives MS 2.1.4 as source)).

101 TS 2.5.11.1. See 3.1.11. (Śabara, JNMV, and BhD: as in MNS at 3.1.11; ŚD: as at 3.1.11, but only through upavyayate).

102 See 10.4.1.

103 TS 2.5.11.1. See 3.1.11.

104 Cf. ŚB 12.5.1.6 prācīnāvītī dohayati yajñopavītī vai devebhyo dohayati; ĀpŚS 9.11.7 prācīnāvītī dohayati. (This and the following three topics are absent in Śabara; ŚD etc.: as in MNS (but broken up in JNMV)).

105 °stha° OEB; stha *omitted in* PU.

3. nityodakī nityayajñopavītī[106] 'ti smṛtyā prāptasyo 'pavītasyo 'pavyayata[107] ity anuvādaḥ. na. puruṣārthatayā prāptatve 'pi kratvarthatayā leṭā vidhānāt.

4. pretāgnihotre śrute prācīnāvītī dohayed yajñopavītī hi devebhyo dohayatī[108] 'ty atra, ye puro 'dañco darbhās tān dakṣiṇāgrān stṛṇīyād[109] ity atra ca mṛtāgnihotre[110] dohane prācīnāvītavad darbhastaraṇe dakṣiṇāgratvavac ca jīvadagnihotre dohana upavītaṃ maraṇāt prāg darbhastaraṇe udagagratvaṃ ca vidhīyate 'pūrvatvāt. na. hiyacchabdābhyām anuvādatvapratīteḥ, agravanty udagagrāṇi,[111] upavyayata[112] ity ābhyāṃ prāptaṃ[113] daivikam udagagratvaṃ dārśapūrṇamāsikam upavītaṃ cā 'nūdya vidheye dakṣiṇāgratvaprācīnāvīte stūyete.

5. tatrai 'va śrute 'dhastāt samidhaṃ dhārayann anudraved upari hi devebhyo dhārayatī[114] 'ty atra pitryaṃ havir hotuṃ dhārayan yadā mantraṃ paṭhati tadā srugdaṇḍasyā 'dhastāt samidhaṃ dhārayed iti vihitasyā 'dhodhāraṇasyo 'parī 'tyādir arthavādo hiśabdāt. na. apūrvatvena vidher āvaśyakatve hiśabdasyai 'vā 'nyathā netavyatvāt.

---

106 BDhS (Olivelle) 2.3.1a (Chinnasvami Sastri: 2.2.3.1a); the verse continues: nityasvādhyāyī vṛṣalānnavarjī| ṛtau ca gacchan vidhivac ca juhvan na brāhmaṇaś cyavate brahmalokāt||; VDhS 8.17a, as in BDhS, except patitānnavarjī in place of vṛṣalānnavarjī; KauGS 3.11.53–54: 53 nityodakī 54 nitya...vītī (*gap in text, comm. has* nityayajñopavītī); cf. ŚGS 4.11.21–22: 21 nityodakī 22 yajñopavītī. (ŚD etc.: as in MNS; BhD says the quotation is from the Gautamasmṛti).

107 TS 2.5.11.1. See 3.1.11.

108 Cf. ŚB 12.5.1.6 prācīnāvītī dohayati yajñopavītī vai devebhyo dohayati; ĀpŚS 9.11.7 prācīnāvītī dohayati. (ŚD: as in MNS, but lacking prācīnāvītī dohayet; JNMV: as in MNS).

109 Cf. ĀpŚS 9.11.8 °dakṣināgrān kṛtvā; ŚB 12.5.1.12. (ŚD etc.: as in MNS).

110 °hotre OEB; °hotra U; *in space of omitted text in* P.

111 Untraced. Cf. ĀpŚS 1.14.14,15: 14 udagagraiḥ prāgagraiś ca darbhair agnīn paristṛṇāti 15 udagagrāḥ paścāt purastāc ca (for darśapūrṇamāsa); 6.3.5 udagagraiḥ prāgagraiś ca darbhais tṛṇair vā 'gnīn paristṛṇāty agnim agnī vā (for agnihotra); SatyāŚS 1.4.11, 13 (p. 104): 11 darbhair agnīn paristṛṇāti 13 udagagrāḥ paścāt purastāc ca bhavanti (*understand* darbhāḥ) (for darśapūrṇamāsa); BhŚS 1.11.2, 3 (for darśapūrṇamāsa; similar to others); (ŚD and JNMV: as in MNS; BhD: agravanti prāgagrāṇy udagagrāṇi vā (BhD refers to this as a sāmānyasmṛti)).

112 TS 2.5.11.1. See 3.1.11.

113 prāptaṃ OB; prāptaṃ *om. in* E; *in place of* prāptaṃ PU *have* aga.

114 Cf. ĀpŚS 9.11.8–9: 8 adhastāt samidhaṃ dhārayan dakṣiṇena vihāram uddravati 9 upari hi devebhyo dhārayatī 'ti vijñāyate; ŚB 12.5.1.10. (ŚD etc.: as in MNS).

6. prācīnavaṃśaṃ karotī[115] 'ty upakramya śrute prācīṃ devā abhajanta dakṣiṇāṃ pitaraḥ pratīcīṃ manuṣyā[116] ity atra purākalpasarūpārthavādena manuṣyāḥ pratīcīṃ vibhajeyur iti vidhīyate. na. prācīnavaṃśaṃ karoti, yat prācīnavaṃśaṃ karoti devalokam eva tad yajamāna upāvartate[117] ity upakramopasaṃhārāvagataikavākyatānurodhena sāyaṃkālīnārghyādau prāptāyāḥ pratīcyā anuvādo 'yam.

7. piṇḍapitṛyajñe jyotiṣṭome darśapūrṇamāsayoś ca śruteṣu yat paruṣi ditaṃ tad devānāṃ yad antarā tan manuṣyāṇāṃ yat samūlaṃ tat pitṝṇāṃ samūlaṃ barhir bhavati,[118] ghṛtaṃ devānāṃ mastu pitṝṇāṃ niṣpakvaṃ manuṣyāṇāṃ tad vā etat sarvadevatyaṃ yan navanītaṃ yan navanītenā 'bhyaṅkte sarvā eva devatāḥ prīṇāti,[119] yo vidagdhaḥ sa nairṛtaḥ yo 'śṛtaḥ sa raudro yaḥ śṛtaḥ sa daivas tasmād avidahatā śrapayitavyam[120] ity eteṣv api vākyeṣu vihitasya barhiṣi samūlacchedanasya, abhyaṅge navanītasya, puroḍāśe pākaviśeṣasya stutyarthaḥ sarvo 'py upakramaḥ.

8. darśapūrṇamāsayor nā 'nṛtaṃ vaded[121] ity atra puruṣārthaniṣedho vidhīyate, pratiyoginaḥ puruṣārthatvāt, ākhyātasya puruṣavācakatvāc ca. ākhyātaśruteḥ prakaraṇasya cā 'nurodhāt kratuyuktapuruṣadharmo 'pi nā 'nṛtaṃ vaded[122] ity aneno 'panayanaprabhṛty āmaraṇaṃ kṛtasyā 'nṛtapratiṣedhasya kratāv api prāptatvād anūdyate vā. ākhyātasya bhāvanārthatvāt kevalaprakaraṇenā 'rādupakārakaḥ kratau niviśamāno vā, niṣedhasya

115 TS 6.1.1.1; ĀpŚS 10.5.1; cf. MS 3.6.1 (59.15) °kurvanti. (In JNMV this and the following two quotes are presented as one).

116 Cf. TS 6.1.1.1 devamanuṣyā diśo vyabhajanta prācīṃ devā dakṣiṇā pitaraḥ pratīcīm manuṣyā udīcīṃ rudrāḥ; MS 3.6.1 (60.1). (In Śabara the passage continues: udīcīm asurāḥ. apareṣām udīcīṃ rudrāḥ; ŚD: prācīṃ devā vyabhajanta dakṣiṇāṃ pitaraḥ pratīcīṃ manuṣyā udīcīṃ rudrāḥ; JNMV: devamanuṣyā diśo vyabhajanta prācīṃ devāḥ dakṣiṇāṃ pitaraḥ pratīcīṃ manuṣyāḥ udīcīṃ rudrāḥ; BhD: abhajanta prācīṃ devāḥ dakṣiṇā pitaraḥ pratīcīṃ manuṣyāḥ udīcīṃ rudrāḥ).

117 TS 6.1.1.1; cf. MS 3.6.1 (59.15). (This quote is absent in Śabara; JNMV: as in MNS).

118 TB 1.6.8.6–7 °dinam°...°bhavati vyāvṛttyai. (Śabara and BhD: as in MNS but lacking samūlaṃ barhir bhavati; ŚD: as in MNS, but it extends only through °manuṣyāṇām; JNMV: as in MNS but continues vyāvṛttyai).

119 TS 6.1.1.4–5. (In Śabara, ŚD, and BhD the quote extends only through manuṣyānām; BhD then has: navanītenā 'bhyaṅkte; JNMV: as in MNS).

120 Cf. TS 2.6.3.4 °yaḥ śṛtaḥ sa sadevas, tasmād avidahatā śṛtaṃkṛtyaḥ sadevatvāya. (Śabara: °sa devatyaḥ tasmād avidahatā śrapayitavyaṃ sadevatvāya; ŚD: yo vidagdhaḥ sa nairṛtaḥ yo 'śṛtaḥ sa raudraḥ; JNMV: °avidahatā śrapayitavyaḥ sadaivatvāya; BhD: avidahatā śṛtaṃkṛtyaḥ, and also, yo vidagdhas sa nairṛtaḥ).

121 TS 2.5.5.6.

122 This seems to be a reference to the quotation below: satyaṃ vaden nā 'nṛtam.

sārvatrikatvāt tathā. na. satyaṃ vaden nā 'nṛtam[123] iti smārtaniṣedhasya pumarthatayā prāptāv api kratvarthatayā punarvidhānasya niṣedhollaṅghane kratuvaiguṇyabodhanaphalakasyā 'vaśyakatvāt kratudharma evā 'yam.

9. jañjabhyamāno brūyān mayi dakṣakratū[124] iti mantroktiḥ prakaraṇād balavatā vākyena puṃdharmaḥ. na. kratāv api jañjabhyamānapuruṣasaṃbhavena vākyaprakaraṇāvirodhāya kratuyuktapuruṣadharmaḥ.

10. yo brāhmaṇāyā 'vaguret taṃ śatena yātayāt tasmād brāhmaṇāya nā 'vagurete[125] 'ti niṣedho 'pi prakaraṇāt kratudharmaḥ. na. yātanāparihārasya niṣedhaphalatvasaṃbhavena prakaraṇād utkṛṣṭaḥ samastapuṃdharmo 'yam.

11. malavadvāsasā na saṃvaded[126] iti niṣedhaḥ prakaraṇāt kratvaṅgam. na. yasya vratye 'hani patny anālambhukā syāt tām aparudhya yajete[127] 'ti vacanād darśapūrṇamāsayo rajasvalāpatnīsaṃvādasyā 'prasakteḥ,

rajasvalā ca ṣaṇḍhaś ce

'ti prakramya

home pradāne bhojye ca yad ebhir abhivīkṣitam|
daive haviṣi pitrye vā tad gacchaty ayathāyatham||[128]

iti manūktyā parastrīsaṃvādasyā 'py aprasaktes tatra nā 'yaṃ niṣedhaḥ, kiṃ tu puṃdharmaḥ.

---

123 Untraced. (Absent in Śabara; JNMV: satyam eva vaden nā 'nṛtam (Gold. and ĀĀ var.: nā 'nṛtam; ĀĀ: na tv anṛtam); BhD: priyaṃ ca nā 'nṛtaṃ brūyād eṣa dharmas sanātanaḥ|| (MDh 4.138cd)).

124 TS 2.5.2.4 tasmāj jañjabhyamāno brūyān mayi dakṣakratū iti prāṇāpānāv evā 'tman dhatte; ĀpŚS 4.3.12. Bloomfield has quotes for mayi dakṣo mayi kratuḥ and for mayi dakṣakratū. (Śabara: tasmāj jañjabhyamāno 'nubrūyān mayi dakṣakratū iti prāṇāpānāv ātman dhatte; ŚD and BhD: jañjabhyamāno 'nubrūyān mayi dakṣakratū ('nu supplied by ed. in BhD; omitted in ŚD (NSP))).

125 Cf. TS 2.6.10.2 yo 'pagurātai śatena yātayāt...tasmād brāhmaṇāya nā 'pa gureta. (Śabara: devā vai śaṃyuṃ bārhaspatyam abruvan havyaṃ no vaha; kiṃ me prajāyā iti. te 'bruvan yo brāhmaṇāyā 'vaguret. taṃ śatena yātayāt, yo nihanat taṃ sahasreṇa yātayāt, yo lohitaṃ karavat yāvataḥ praskandya pāṃsūn saṃgṛhṇāt tāvataḥ saṃvatsarān pitṛlokaṃ na prajānīyāt iti. tasmān na brāhmaṇāyā 'vagured na hanyād na lohitaṃ kuryāt (somewhat similar to TS 2.6.10.1–2); ŚD and JNMV (Gold. and ĀĀ var.): as in MNS (ĀĀ: °yātayet°); BhD: devā vai śaṃyuṃ bārhaspatyam abruvan havyaṃ no vahe 'ti so 'bravīt varaṃ vṛṇai kiṃ me prajāyā iti te 'bruvan yo brāhmaṇāyā 'vaguret. taṃ śatena yātayāt tasmān na brāhmaṇāyā 'vagured).

126 Cf. TS 2.5.1.5–6 °saṃvadeta...nā 'syā annam adyāt. (In Śabara the quote continues: nā 'syā annam adyāt; ŚD, JNMV, and BhD: as in MNS (JNMV (ĀĀ): °saṃvedata)).

127 Cf. ĀpŚS 9.2.1 °han patny°; TB 3.7.1.9 °han patny anālambhukā bhavati tām°.

128 MDh 3.239c –240d °abhivīkṣyate°; 239d: ne 'kṣerann aśnato dvijān. This is quoted by BhD and the Prabhā on ŚD.

12. tasmāt suvarṇaṃ[129] hiraṇyaṃ bhāryaṃ suvarṇa eva bhavati, durvarṇo 'sya bhrātṛvyo bhavatī[130] 'ty atra vihitaṃ suvarṇadhāraṇaṃ vaidikatvena kratūpasthāpakatvāt kratvaṅgam ārādupakārakam, karmavihitaṇyatpratyayānusārāt kratugatahiraṇyasaṃskāro vā, hiraṇyaṃ haste bhavatī[131] 'ti hiraṇyadhāraṇasya prāpter dhāryahiraṇyānuvādena śobhanavarṇatāvidhir vā. na. anārabhyā 'dhītatvāt, suvarṇasya kratuvyabhicāritvena[132] kratvanupasthāpakatvāc ca tat kevalapuṃdharmaḥ, tasya phalaṃ svargaḥ, svasuvarṇatābhrātṛvyadurvarṇate vā.

13. yena karmaṇe 'rtset tatra jayān juhuyād[133] iti vihitā jayā homāḥ kṛṣyādāv api, saṃkoce mānābhāvāt. na. yad āhavanīye juhotī[134] 'ti homoddeśenā 'havanīyavidhānāt, kṛṣyādau ca tadabhāvād vaidikeṣv eva te.

14. yāvato 'śvān pratigṛhṇīyāt tāvato vāruṇāṃś catuṣkapālān nirvaped[135] iti vihite 'ṣṭir vakṣyamāṇanyāyena[136] dānanimittā. sā 'viśeṣāl laukike

---

129 suvarṇam EBPU; savarṇaṃ O.

130 TB 2.2.4.6 durvarṇo 'sya bhrātṛvyaḥ. tasmāt suvarṇaṃ hiraṇyaṃ bhāryam. suvarṇa eva bhavati. (Śabara: °bhāryaṃ durvarṇo 'sya bhrātṛvyo bhavati; ŚD: tasmāt suvarṇaṃ hiraṇyaṃ bhāryam; JNMV: as in MNS; BhD: suvarṇaṃ hiraṇyaṃ bhāryam. durvarṇo 'sya bhrātṛvyo bhavati).

131 Source uncertain. MS 4.5.1 (64.4) and 4.8.3 (109.13) match MNS quote. (TV on JS 3.4.21: atha gṛhṇāti, hiraṇyaṃ haste saṃpradāya ṣoḍaśinā stuvate (TāB 12.13.25 hiraṇyaṃ saṃpradāyaṃ ṣoḍaśinā stuvate); BhD: hiraṇyaṃ haste sampradāya ṣoḍaśinas stotram upākaroti; Prabhāvalī on BhD says the ṣoḍaśivākya is an upalakṣaṇa of hiraṇyasraja ṛtvijo bhavanti etc. (see 3.8.5); Prabhā on ŚD: hiraṇyaṃ haste bhavati; Mayūkhamālikā on ŚD: hiraṇyaṃ haste bhavaty atha gṛhṇāti; Śabara, at JS 1.2.11, has: hiraṇyaṃ haste bhavaty atha gṛhṇāti (=MS 4.5.1); this MS passage is taught in reference to the vasatī water, which is poured out at all the soma pressings (cf. ŚB 3.9.2.9); ĀpŚS 12.7.12 and ŚB 3.9.4.1 are taught in reference to the fastening (or wearing) of gold on the finger at all soma pressings (but are not similar in wording to MNS or Śabara); the MS 4.8.3 (109.13) passage is taught in reference to the dākṣiṇa offerings at the soma rite; Kutūhalavṛtti: hiraṇyaṃ dakṣiṇā).

132 kratuvya° OEB; kratvavya° PU.

133 Cf. TS 3.4.6.1 yena karmaṇe 'rtset tatra hotavyā, ṛdhnoty eva tena karmaṇā; ĀpŚS 19.17.18–20.

134 TB 1.1.10.5–6 °juhvati, tena so 'syā 'bhīṣṭaḥ prītaḥ. (Śabara: °juhoti, tena so 'syā 'bhīṣṭaḥ prīto bhavati; JNMV: as in TB).

135 TS 2.3.12.1 prajāpatir varuṇāyā 'śvam anayat, sa svāṃ devatām ārchat, sa pary adīryata; sa etaṃ vāruṇaṃ catuṣkapālam apaśyat, taṃ nir avapat, tato vai sa varuṇapāśād amucyata. varuṇo vā etaṃ gṛhṇāti yo 'śvaṃ pratigṛhṇāti, then as in MNS. (Śabara: as in TS, starting with varuṇo vā etaṃ; ŚD and JNMV: as in MNS; BhD: as in TS).

136 See 3.4.15.

vaidike ca. na kesariṇo dadātī[137] 'ty anena prītyā kriyamāṇaṃ mitrādibhyo 'śvadānaṃ niṣiddham, tadanuṣṭhāne prāyaścittaṃ vā. na. varuṇo vā etaṃ gṛhṇāti yo 'śvaṃ pratigṛhṇātī[138] 'ti jalodararūpavyādhihetutvaśravaṇasya laukikāśvadāne pratyakṣādivirodhenā 'nupapattyā tannimittakatve varuṇapāśān muñcatī[139] 'ti jalodaravimokarūpaprakṛteṣṭiphalasyā 'lābhena laukikadānanimittatvānupapatteḥ,[140] iṣṭer vaidikatvena vaidikopasthāpakatvāc ca vaḍavā dakṣiṇe[141] 'tyādibhir vihite 'śvadāna eve 'yam.

15. sā ce 'ṣṭiḥ pratigraha eva na dāne yāvato 'śvān pratigṛhṇīyād[142] iti śruteḥ. na. prajāpatir varuṇāyā 'śvam[143] anayat, sa svāṃ devatām ārcchat,[144] sa paryadīryata,[145] sa etaṃ[146] vāruṇaṃ catuṣkapālam apaśyat, tan niravapat, tato vai varuṇapāśād amucyate[147] 'ty upakrameṇā 'saṃjñātavirodhinā dāna eve 'ṣṭiḥ. pratigṛhṇīyād iti tu pratigrāhayed ity arthakam.

16. saumendraṃ caruṃ nirvapec chyāmākaṃ yaḥ somaṃ vamatī[148] 'tī 'ṣṭir laukikasomavamane, vi vā eṣa indriyeṇa vīryeṇa vyṛdhyate yaḥ somaṃ

---

137 Untraced. JNMV refers to this as a smṛti statement. Cf. KS 12.6 (168.4) aśvo na pratigṛhya ubhayādan vā. (Absent in Śabara here (at JS 6.7.4 and 10.3.47 he has: na kesariṇo dadāti, no 'bhayatodataḥ pratigṛhṇāti); ŚD etc.: as in MNS).

138 TS 2.3.12.1. (JNMV: as in MNS).

139 TS 2.3.12.1. (Absent in Śabara; ŚD: sa evai 'naṃ varuṇapāśān muñcati).

140 *To be inserted after* °upapatte E *has a marginal passage:* r vṛṇotīti vyutpatyā varuṇaśabdasya papaparatvena tadupapādane vaidike 'pi dāne tyāgaduḥkhsaṃbhaveneṣṭyāḍaṃv_(*tear the size of about 4 akṣaras*) dena tannivṛtti (*tear the size of about 6 akṣaras*) kṛta. (Cf. ŚD, p.321 (LKSV); p. 274 (NSP): atha vṛṇotī 'ti vyutpattyā varuṇaśabdaḥ pāpam eva vadet tataḥ prasiddhaṃ parityajya yathākathañcid vyākhyāyamāne vaidike 'pi tyāgāt duḥkhadarśanād tad eva varuṇaśabdena śakyam abhidhātum. iṣṭyāḍambarādivinodena tadduḥkhaśamanāt sa evai 'naṃ varuṇapāśān muñcatī 'ti co 'papannam; BhD, pp. 83–4).

141 TS 1.8.21.1 h; cf. ĀpŚS 19.2.5 anuśiṣur vaḍavā dakṣiṇā. (Absent in Śabara here (he has it at JS 11.3.1); JNMV: as in MNS).

142 TS 2.3.12.1. See 3.4.14. (Śabara and ŚD: yāvato 'śvān pratigṛhṇīyāt tāvato vāruṇāṃś catuṣkapālān nirvapet; JNMV: pratigṛhṇīyāt).

143 varuṇāyāśvam EPU (*corr. from* varuṇāśvam *in* E); varuṇāśvam OB.

144 ārcchat *glossed in margin in* E prāptavān.

145 sa paryadīryata *glossed in margin in* E duḥkhaṃ prāptavān.

146 etaṃ BPU; evaṃ OE.

147 Cf. TS 2.3.12.1 °vai sa varuṇapāśād°. (Śabara and ŚD have the MNS passage (but interspersed with explanations and these differences in Śabara: °sa evai 'taṃ°...°tato vai sa varuṇapāśād° and this in ŚD: °tato vai sa varuṇapāsād°); JNMV: as in MNS (ĀĀ: °tato vai sa varuṇapāśād°)).

148 Cf. MS 2.2.13 (26.1) °śyāmākaṃ somavāmine (or, °vāminaḥ, both possible from sandhi form °vāminā); KS 11.1 (143.11) saumyaṃ śyāmākaṃ caruṃ nirvapet somavāmī; TS 2.3.2.6–7 yaḥ somavāmī syāt tasmai etaṃ somendraṃ śyāmakaṃ

vamatī[149] 'ti dṛṣṭadoṣābhidhānāt. na. laukikasomapānasya vamanārthatayā vamanena dhātusāmyahetutvāt tatra vamanasya doṣatvābhāvāt. kratau somapānasya tu hinva me gātrāṇī[150] 'ti samyagjaraṇaparyantasyā 'pekṣitatvena tatra vamanadoṣe prāyaścittam.

17. tac ca ṛtvijām api, vamane 'viśeṣāt. na. yacchabdād iṣṭivamanayoḥ samānakartṛkatvāvagateḥ, iṣṭeś ca kratuśeṣatvena svāmikartṛkatvāt svāmikartṛkam eva vamanaṃ nimittam.

18. āgneyo 'ṣṭākapāla[151] ityādau taddhitena kṛtsnasya devatāsaṃbandhāvagatiḥ kṛtsnatyāgam antareṇa na saṃbhavatī 'ti kṛtsno devatoddeśena tyaktavyo hotavyaś ca, homasya tyaktapratipattitvāt. na. dvir haviṣo 'vadyatī[152] 'ty avadānavidhānāt, avadeyasya cā 'ṅguṣṭhaparvamitatvāt,[153] śeṣakāryavidhānāc ca kṛtsnatyāge 'pi na kṛtsnahomaḥ.

19. śéṣāt sviṣṭakṛte samavadyatī[154] 'ti sviṣṭakṛdavadānam ekasmād eva śeṣāt, tāvatā śāstrārthasiddheḥ. na. sviṣṭakṛdyāgasyo 'payuktapratipattitvāt, sarveṣāṃ ca pratipattyākāṅkṣitvāt sarvebhyo 'vadānam.

20. yadai 'kasmāt tadā 'niyamaḥ. na. mukhyātikrame kāraṇābhāvād ādyād eva.

---

carum nirvapet. (Śabara and JNMV: saumendraṃ (BI and Gos.: somendraṃ) caruṃ nirvapec chyāmākaṃ somavāmina iti; ŚD: saumendraṃ caruṃ nirvaped yas somaṃ vamati; BhD: vi vā eṣa indriyeṇa (somapīthena 'rddhyate) vīryeṇa 'rdhyate yas somaṃ vamiti yas somavāmī syāt tasmā etaṃ somendraṃ śyāmākaṃ caruṃ nirvapet (TS 2.3.2.6–7)).

149 Cf. TS 2.3.2.6 vi vā eṣa indriyeṇa somapīthena 'rdhyate yaḥ somaṃ vamiti; MS 2.2.13 (26.5) indriyeṇa vā eṣa vīryeṇa vyṛdhyate yaḥ somaṃ vamiti. (Śabara: as in MS except °vamati; JNMV: as in MNS).

150 KŚS 9.12.4; cf. TS 3.2.5.3 l hinva me gātrā; ĀpŚS 12.24.13; MŚS 2.4.1.35; VaitS 19.18; all except KŚS have gātrā. See quote at 3.2.9. (Absent here in Śabara; JNMV: hinva me gātrā harivaḥ (=TS)).

151 TS 2.6.3.3. (Śabara: yad āgneyo 'ṣṭākapālo 'māvāsyāyāṃ paurṇamāsyāṃ cā 'cyuto bhavati; JNMV: as in MNS; ŚD: āgneyo 'ṣṭakapālo bhavati). See 1.4.7.

152 Untraced. Cf. ŚB 1.7.2.10 dvir haviṣo 'vadāya; 1.7.4.11 (same reading); KŚS 1.9.2 tasya (*understand* haviṣaḥ) dvir avadyati. See Garge, p. 107. (Cf. ŚB 4.5.2.9 dvir avadyati; Mīmāṃsaka: cf. MS 3.10.3 (133.7) dvir dvir avadyati (but context for these is paśvavadāna)).

153 Cf. ĀpŚS 2.18.9.

154 Untraced. (Śabara: śeṣād iḍām avadyati, ṣeṣāt sviṣṭakṛtaṃ yajati; ŚD: śeṣat sviṣṭakṛta iti; JNMV: as in MNS). See 2.3.13. Garge, p. 88, quotes TS 2.6.6.2 and 5 as a related passage. (Cf. KŚS 6.10.35 sarvābhāve śeṣāt sviṣṭakṛtaḥ; but this concerns the animal rite).

21. caturdhākṛtasya puroḍāśasya yajamānakartṛko nirdeśa idaṃ brahmaṇa idaṃ hotur idam adhvaryor idam agnīdha[155] iti, sa na bhakṣaṇārthas tasyā 'śrutatvāt. evaṃ cai 'tair alpair api ṛtapeye somacamasene[156] 'va ṛtvikparikrayasaṃbhavād uktā bhāgās tair yatheccham upayoktavyāḥ. na. agnaye juṣṭaṃ nirvapāmī[157] 'ti kṛtsnasya tyaktatvena tatra yajamānasvatvābhāvāt[158] taiḥ parikrayasya kartum aśakyatvāt, pratipattyākāṅkṣāyāṃ puroḍāśasya bhakṣaṇārhatvāt, bhakṣaṇasya kartrutsāhajanakatvāc ca bhakṣaṇam eva pratipattiḥ. tṛtīye caturthaḥ.

Chapter 5

1. upāṃśuyājaśeṣadhrauvājyena sviṣṭakṛdyāgaḥ kāryaḥ, sarvebhyo havirbhyaḥ samavadyatī[159] 'ti vākyāt. na. sviṣṭakṛdyāgasyo 'payuktapratipattitvokteḥ,[160] dhrauvasya co 'pastaraṇādāv upayokṣyamāṇatvān na pratipattyākāṅkṣe 'ti na tena sviṣṭakṛt.

2. saha kumbhībhir abhikrāmann[161] ity atra kumbhībhiḥ sahā 'havanīyadeśe 'bhikramaṇamātram, na tu kumbhībhir homaḥ. evaṃ ca juhvāṃ sruveṇā 'vadāyai 'va homāt sānnāyyaśeṣeṇe 'va[162] kumbhīsthaśeṣeṇā 'pi sviṣṭakṛt. na. agnīdhe srucau pradāye[163] 'ty ukteḥ kumbhībhir eva homena śeṣābhāvān na saḥ.

3. sautrāmaṇīyāge payograhāḥ surāgrahāś ca vidyante. tatro 'cchinaṣṭi na sarvaṃ juhotī 'ti[164] śeṣasya sattvāt prakṛtau somagraheṣv iva śeṣakāryam. na. brāhmaṇaṃ parikrīṇīyād uccheṣaṇasya pātāram [165] ity avaśiṣṭasyo 'payogaśravaṇāt.

---

155 TB 3.3.8.8; ĀpŚS 3.3.3.

156 Cf. TāB 18.2.10; ĀpŚS 22.9.18.

157 TS 1.1.4.2 m; KS 1.4 (2.14); TB 3.2.4.6. (Absent here in Śabara; JNMV: as in MNS). See 2.1.14.

158 yajamānasva° OE (*corr. from* °sya° *in* O); yajamānasya° B; yajamānasya sva° PU.

159 Cf. ĀpŚS 2.21.3 juhvām upastīrya sarveṣāṃ haviṣām uttarārdhāt sakṛt sakṛt sviṣṭakṛte 'vadyati; 3.1.6 sarvebhyo havirbhya iḍāṃ samavadyati (the context is different, but the wording is similar).

160 See 3.4.19.

161 ĀpŚS 3.16.17 ājyabhāgābhyāṃ pracaryā 'gneyena ca puroḍāśenā 'gnīdhe srucau pradāya saha kumbhībhir abhikrāmann āha. (Śabara: as in ĀpŚS; ŚD: sahakumbhībhir abhikrāmet; JNMV: saha kumbhībhir abhikrāmann āha; BhD: āgneyena pracaryā 'gnīdhe srucau pradāya saha kumbhībhir abhikrāmet).

162 homāt sānnāyyaśeṣeṇe va E; homāt O; homā BPU.

163 ĀpŚS 3.16.17.

164 Untraced.

165 TB 1.8.6.2; ĀpŚS 19.3.3; cf. SatyaŚS 13.8.28 (p. 203); MS 2.3.9 (37.9).

4. etayā sarvapṛṣṭhayā yājayed[166] iti vihiteṣṭau indrāya rāthaṃtarāye[167] 'ndrāya bārhatāye 'ndrāya vairūpāye[168] 'ndrāya vairājāye[169] 'ndrāya śākvarāye 'ndrāya raivatāye[170] 'ti ṣaḍ indrān abhidhāya dvādaśakapālaḥ puroḍāśo bhavati vaiśvadevatvāye[171] 'ti puroḍāśo vihitaḥ. tatra samantaṃ paryavadyatī[172] 'ti vacanān nānāvadānāni, tataś ca devatābhedena pradānabhedāt pṛthakkarmatve pṛthagatideśena pṛthaksviṣṭakṛdādi. na. śeśasyai 'katvān na pṛthak tat.

5. jyotiṣṭomasthaindravāyavagrahe śeṣakāryaṃ sakṛt. na. dvir aindravāyavasya bhakṣayatī[173] 'ti vacanād dvirbhakṣaṇam.

6. somayāgeṣu yad grahān[174] juhotī[175] 'ti kṛtsnagrahair āhutiśravaṇena śeṣābhāvān nā 'sti bhakṣaḥ. na. alpaṃ juhotī[176] 'ti vacanena śeṣasadbhāvāt, āśvinaṃ bhakṣayantī[177] 'tyādibhir apūrvatvena bhakṣavidhānāc cā 'sty eva saḥ.

---

166 TS 2.3.7.1–2 ya indriyakāmo vīryakāmaḥ syāt tam etayā sarvapṛṣṭhayā yājayet. Cf. ĀpŚS 19.22.7. (Absent in Śabara; JNMV: as in TS).

167 rāthaṃtarāya *corr.*; rathaṃtarāya OEBPU.

168 bārhatāye 'ndrāya vairūpāye *corr.*; bārhatāyeṃdrāyeṃdrāye OBE; vairūpāye *omitted in* U; 'ndrāya vairūpāye *omitted in* P. Cf. TS.

169 vairājāya *corr.*; virājāya OEBPU.

170 TS 2.3.7.2–3 (lengthy passage with these phrases). Bloomfield has more, including MS 2.3.7 (34.21), where the order of śākvarāya and raivatāya is reversed. (Śabara (ĀĀ, BI, and Gos.) has five of the six, including vairūpāya but omitting raivatāya; Mīm. adds indrāya raivatāya in brackets, and has nirvapati after rāthaṃtarāya (cf. TS); JNMV (Gold.) has all six, but ĀĀ has five, omitting vairūpāya; ŚD: indrāya rāthantarāya nirvapati, indrāya bārhatāya; BhD: indrāya rāthantarāya nirvapati, indrāya bārhatāye 'ndrāya vairūpāya).

171 TS 2.3.7.3–4. (Absent in Śabara; JNMV: as in MNS).

172 TS 2.3.7.4; ĀpŚS 19.22.11. (Absent in Śabara; JNMV: as in MNS; BhD: samantataḥ paryavadyati).

173 KB 13.5.34; cf. ĀpŚS 12.25.2 dvir aindravāyavaṃ bhakṣayato bhakṣayanti bhakṣayati vā. (In Śabara, ŚD, JNMV, and BhD the quote continues: dvir (dvi BhD) hy etasya vaṣaṭkaroti (cf. KB 13.5.35 dvir hi tasya vaṣaṭkaroti; ĀpŚS 12.20.24 vaṣaṭkṛte juhoti, punarvaṣaṭkṛte juhutaḥ); in ŚD the quote occurs at the preceding topic).

174 grahān OE; grahāj B; grahā PU.

175 Untraced. (Absent in Śabara; JNMV: as in MNS; ŚD has here yad grahān sthāpayati, yac camasāñ juhoti; BhD has grahair juhoti).

176 Untraced. (Absent in Śabara; ŚD etc.: as in MNS).

177 bhakṣayaṃti OBPU; bhakṣayati E (*corr. from* bhakṣayaṃti). Cf. TS 6.4.9.4 sarvataḥ parihāram āśvinaṃ (*understand* bhakṣayati) tasmāt sarvataḥ śrotreṇa śṛṇoti; ĀpŚS 12.25.1 sarvataḥ parihāram āśvinaṃ śrotrayor upanigrāham (*understand* bhakṣayati). (Śabara: sarvataḥ parihāram āśvinaṃ bhakṣayati. tasmāt sarvā diśaḥ śṛṇoti;

7. praitu hotuś camasaḥ pra brahmaṇaḥ pro 'dgātṝṇāṃ pra yajamānasya pra yantu sadasyānām[178] iti śrūyate. tatra vacanābhāvān na bhakṣaḥ. na. camyate bhakṣyate somo 'smin pātra iti samākhyayā bhakṣaprāpteḥ.

8. pro 'dgātṝṇām[179] ity udgātṛprātipadikasyo 'dgātari rūḍhatvād udgātai 'vai 'ko bhakṣayet, bahuvacanopapattaya udgātrupalakṣitāḥ sarva eva vā, ud utkarṣeṇa gāyantī 'ti yogād udgātṛpratihartṛprastotāro vā. na. rūḍhir yogam apaharatī 'ti nyāyād yaugikārthānupapatter udgātā tatpratyāsannāḥ prastotṛpratihartṛsubrahmaṇyā bhakṣayeyuḥ, subrahmaṇyasyā 'pi tatkarmaṇy audgātrasamākhyāsattveno 'dgātṛpratyāsatter iti bhāṣye.

sadaso bhakṣaṇasthānatvāt, subrahmaṇyasya sadasy apraveśāc ca tṛtīyam eva pakṣaṃ vārttikakṛto rocayante.

9. harir asi hāriyojana[180] iti mantreṇa gṛhyamāṇo hāriyojanaḥ, tadbhakṣo na grāvastuto 'camasitvāt, yathācamasam anyāṃś camasāṃś camasino bhakṣayanty athai 'tasya hāriyojanasya sarva eva lipsanta[181] ity anena camasināṃ saṃnidhānena sarvaśabdasya camasiparatvāc camasināṃ bhakṣavidhānāt. na. athaśabdenai 'vakāreṇa ca camasimātraśaṅkām apodya kratugatānāṃ sarveṣāṃ bhakṣavidhānād grāvastuto 'pi bhakṣaḥ.

10. vaṣaṭkartuḥ prathamabhakṣa[182] ity atra samākhyāprāptabhakṣānuvādena prāthamyaṃ vidheyam. na. ekapadeno 'ddeśyavidheyabhūtārthadvayabodhanāsaṃbhavād vaṣaṭkārahetukabhakṣāntaravidhiḥ.

JNMV: āśvinaṃ bhakṣayanti. dvir aindravāyavasya bhakṣayanti. sadasi bhakṣayanti (see 3.5.5 and 3.5.11)).

178 ŚB 4.2.1.29; KŚS 9.11.3; cf. ĀpŚS 12.23.13. Garge, p. 120, also mentions MŚS 2.4.1.26 and BŚS 8.12 (289.19, presumably).

179 See 3.5.7. (JNMV and BhD: as in MNS).

180 TS 1.4.28.1 a; MS 1.3.30 (40.6); KS 4.11 (36.3); VS 8.11; ŚB 4.4.3.6; MŚS 2.5.4.2; cf. ĀpŚS 13.17.2; KŚS 10.8.1. Jha lists VS 8.11. (Absent in Śabara; JNMV: as in MNS).

181 Cf. ŚB 4.4.3.10 yathācamasaṃ vā anye bhakṣā athai 'ṣo 'tiriktas tasmād etasmint sarveṣām eva bhakṣas tasmād dhānā vilipsante bhakṣāya; MŚS 2.5.4.7 vyunmarśaṃ hāriyojanaṃ sarve bhakṣayantaś cuścūṣākāraṃ dhānāḥ saṃdaśya; ĀpŚS 13.17.4–6: 4 sarve hāriyojanaṃ bhakṣayanti... 5 asaṃbhindanto dhānā nimnāni kurvate. nimnāni kṛtvā nir iva dhayanti 6 ciściṣākāraṃ bhakṣayanti; BhŚS 14.18.15 athai 'naṃ sarva ṛtvija unnetary upahavam iṣṭvā 'saṃbhindanto dhānā nimnāni kurvantaś ciṣciṣākāraṃ bhakṣayanti.

182 Cf. AiB 3.32.6 (13.8.6) vaṣaṭkartā prathamaḥ sarvabhakṣān bhakṣayatī 'ti ha smā 'ha; ĀpŚS 12.24.6 pātre samavetānāṃ vaṣaṭkartā pūrvo bhakṣayati; ŚŚS 7.4.14 vaṣaṭkartā prathamo bhakṣayati. See Edgerton, p. 118, note 138.

11. praitu hotuś camasa[183] ityādinā samākhyayā, athai 'tasye[184] 'ti vākyena, vaṣaṭkāre nimitte vaṣaṭkartur iti vākyena ca bhakṣapratīter nā 'nyan nimittaṃ bhakṣasya. na. havirdhāne grāvabhir abhiṣutyā 'havanīye hutvā pratyañcaḥ paretya sadasi bhakṣān bhakṣayantī[185] 'ti homābhiṣavarūpanimittānuvādena bhakṣaṇavidhānād homābhiṣavāv api nimittam.

12. praitu hotuś camasa[186] ityādinā camasināṃ bhakṣaṇe samākhyā, vaṣaṭkartur[187] ity anena hotur bhakṣaṇe vaṣaṭkāraḥ, havirdhāna[188] ity anenā 'dhvaryor bhakṣaṇe sābhiṣavo homo hetur uktaḥ. tatra samākhyāvaṣaṭkārayor abhiṣavahomayoś[189] ca hotradhvaryubhakṣaṇe tulyabalatvena vaikalpikī nimittatā. samākhyāyā niravakāśatvāc camaseṣu vaṣaṭkārādihetukabhakṣo nai 'va vā. na. vākyasya samākhyāto balavattvena, samākhyāyāś ca niravakāśatayā balavattvena niyamādṛṣṭadvayārtham ubhayoḥ samuccayah.

13. ekasmin pātre bahūnāṃ bhakṣaṇe 'dhvaryuḥ prathamaṃ bhakṣayet pātrasaṃnidhānāt. na. hote 'va naḥ prathama[190] iti liṅgāt, vaṣaṭkartur[191] ity uktavākyāc ca hotai 'va.

14. bhakṣaś ca somo nā 'nupahūtena peya[192] iti vacanād anujñāpūrvaka eva.

15. upahvānam apy upahūta upahvayasve[193] 'ti mantreṇa liṅgoktaviniyogena.

16. mantro 'pi sāmarthyād anujñāpane 'nujñāne ca vyatyāsena vibhajya prayoktavyaḥ.[194]

---

183 See 3.5.7. (JNMV: as in MNS).

184 See 3.5.9. (This seems absent here in other texts).

185 Cf. TS 6.2.11.4 tasmād dhavirdhāne carmann adhi grāvabhir°...°sadasi bhakṣayanti.

186 See 3.5.7. (JNMV has longer forms of this and the following two quotes).

187 See 3.5.10.

188 Cf. TS 6.2.11.4. See 3.5.11.

189 °kārayor abhiṣava° OBPU; °kārayoḥ sābhiṣava° E (*corr. from* °kārayor abhiṣava°).

190 ṚV 5.43.3 °prathamaḥ pāhi. (Śabara, JNMV, and BhD: as in ṚV; ŚD: as in ṚV except °prathamaṃ°).

191 See 3.5.10. (Śabara etc.: vaṣaṭkartuḥ prathamabhakṣaḥ).

192 MS 2.4.1 (38.10) tasmāt somo°; cf. KS 11.1 (143.12) tasmāt somo°...°pātavai; ĀpŚS 12.24.14 nā 'nupahūtena somaḥ pātavai. (Śabara and JNMV: as in MS; ŚD and BhD: nā 'nupahūtena somaḥ pātavyaḥ).

193 Cf. ĀpŚS 12.24.15; (ŚB 2.4.4.25 matches MNS, but is for the dākṣāyaṇa, not the soma rite; cf. KŚS 4.4.19). Bloomfield also has these upahvayasva quotes: ŚŚS 7.6.4; 8.5.5; and some upahūtaḥ quotes. (Śabara: tad upahūta upahvayasve 'ty anenā 'nujñāpayet (this, followed by the word liṅgāt, is JS 3.5.41); ŚD etc.: as in MNS).

194 Cf. ĀpŚS 12.24.15.

7. anujñāpanasyā 'dṛṣṭārthatvād bhinnapātrāṇām api. na. anujñāpanasyai 'kapātre nyūnādhikatvasaṃbhāvitāparādhaparihārarūpadṛṣṭārthatvād[195] ekapātrāṇām eva.

18. ṛtuyājeṣu yajamānasya yājyā so 'bhipreṣyati hotar etad yaje 'ti svayaṃ vā niṣadya yajatī[196] 'ti hotur yājyā tato 'panīya yajamānasya vihitā. tatra svapāṭhapakṣe yājyāmātrasyā 'panītatvād vaṣaṭkāranimitto hotur eva bhakṣah. na. svayaṃ vā niṣadya yajatī 'ty uktayājyāpāṭhe kartavye yājyāyā adhi[197] vaṣaṭkarotī[198] 'ti vaṣaṭkārasyā 'vaśyakatvāt, anavānaṃ yajatī[199] 'ti yājyāvaṣaṭkārayor madhye śvāsaniṣedhenai 'kakartṛkatvāvagater vaṣaṭkāro 'pi hotur apetya yajamāne niviśata iti tasyai 'va tannimitto bhakṣaḥ.

19. yadi rājanyaṃ vaiśyaṃ vā yājayet sa yadi somaṃ bibhakṣayiṣen nyagrodhastibhinīr āhṛtya tāḥ saṃpiṣya dadhany unmṛjya tam asmai bhakṣaṃ[200] prayacchen na somam[201] ity upakramopasaṃhārābhyāṃ somo bhakṣamātre piṣṭena vikriyate. na. bhakṣaṇasya yāgīyadravyasaṃskāratvāt, tasya ca piṣṭe yāgīyatvaṃ vinā 'nupapatter yāge 'pi vikriyate.

---

195 °ādhikatva° E (*corr. from* °ādhikya°); °ādhikya° OBU; *in space of omitted text in* P. (Cf. JNMV).

196 Untraced. Cf. MŚS 2.4.2.12 hotar etad yaje 'ti vā 'tipreṣyaty uttame praiṣe yajmānasya yājyātipraiṣo vā; ĀpŚS 12.27.6–7: 6 adhvaryū yajataṃ gṛhapate yaje 'ty abhijñāyo 'bhayatrā 'tipreṣyati hotar etad yaje 'ti 7 evaṃ gṛhapatiḥ sve praiṣānte; ĀśŚS 5.8.5, 6: 5 hotā 'dhvaryugṛhapatibhyāṃ hotar etad yaje 'ty uktaḥ 6 svayaṃ ṣaṣṭhe pṛṣṭhyāhani (Mylius's reading for BI pṛṣṇāhani); ĀpŚS 21.7.14 svayam adhvaryur ṛtuyājaṃ yajati. svayaṃ gṛhapatiḥ; (the ĀśŚS and ĀpŚS 21.7.14 are for the sixth day of the pṛṣṭhya six-day period at the twelve-day soma rite).

197 yājyāyā adhi *corr.*; yājyayā 'dhi EBPU; yājyayā ' O (*corr. from* yājyayā 'dhi). *Do the manuscripts have a distinct textual source?*

198 Cf. ĀpŚS 24.14.3 yājyāyā adhi vaṣaṭkaroti. (Śabara etc.: as in ĀpŚS).

199 MŚS 2.4.2.11 ekādaśe praiṣe 'dhvaryū yajatam ity ukte tayor anyataraḥ...ye3 yajāmahe...vauṣad ity anavānaṃ yajati; ŚŚS 7.8.2–3: 2 hotā yakṣad indraṃ hotrād ity ṛtupraiṣair anavānaṃ preṣyati 3 tathā yajati; KB 13.7.13 tasmād anavānaṃ yajanti prāṇānāṃ saṃtatyai. (Śabara: anavānatā yaṣṭavyam, which is not presented as a quote; Śabara (ĀĀ var.), TV (p. 475 (ĀĀ); p. 1059 (BSS); p. 756 (Gos.)), JNMV, and BhD: as in MNS).

200 bhakṣaṃ OEPU; bhakṣyaṃ B.

201 Cf. ĀpŚS 12.24.5 yadi°...(tāḥ *omitted*)...°unmṛjya...tam asmai bhakṣaṃ prayacchet; SatyāŚS 8.7.43 (p. 882); Jha lists AiB 7.30 (on proper food for kṣatriya). (Śabara: sa yadi rājanyaṃ vaiśyaṃ°...°nyagrodhastibhīr° (ĀĀ (var.): °nyagrodhastibhinīr°; BI: °rājanyaṃ vā vaiśyaṃ°); ŚD, JNMV, and BhD: as in MNS (ŚD (NSP): °dadhany upamṛjya° (var.: unmṛjya))).

20. rājasūyāntargate daśapeye daśa daśai 'kaikaṃ camasam anusarpantī[202] 'ti vacanād yajamānacamaso daśabhī rājanyair eva bhakṣyaḥ, prakṛtiprāptasaṃkhyābādhe 'pi jātyekatvabādhasyā 'nucitatvāt. na. prakṛtiprāptadaśacamaseṣu bhakṣaṇāya prasarpatpuruṣānuvādena vīpsayai 'kaikatra[203] daśatvasaṃkhyāvidhānāt. ata eva śataṃ brāhmaṇāḥ pibantī [204]'ty arthaprāptaśatasaṃkhyānuvādena saṃkhyeyeṣu brāhmaṇyamātravidhānād yajamānasyai 'va nā 'yaṃ bhakṣaḥ, kim utā 'nyeṣāṃ rājanyānām iti brāhmaṇair eva bhakṣyaḥ saḥ. tṛtīye pañcamaḥ.

Chapter 6

1. yasya parṇamayī juhūr bhavatī[205] 'ty anārabhyā 'mnātā parṇatā prakṛtivikṛtisādhāraṇyena juhvāṃ vidhīyate. na. vikṛtau juhvā atideśato lābhe tayā saha parṇatāyā api tata eva lābhasaṃbhavena prathamopasthitaprakṛtijuhvām eva vidhānaucityāt.

2. saptadaśa sāmidhenīr anubrūyād[206] iti sāptadaśyaṃ prākṛtapāñcadaśyena vaikalpikaṃ prakṛtāv eva, anārabhyā 'dhītatvena prakṛtigāmitvaucityāt. na. pāñcadaśyasya prakaraṇānugṛhītatvena balavattvān mitravindādivikṛtiṣu sāptadaśyam.

---

202 Cf. TāB 18.9.4 daśa camasā daśa camasādhvaryavo daśa daśa camasam abhiyanty ā daśamāt puruṣād anvākhyāya prasarpanti; ŚB 5.4.5.3 atho yad daśa daśai 'kaikaṃ camasam anuprasṛptā bhavanti tasmād eva daśapeyaḥ; ĀpŚS 18.21.3–5: 3 bhakṣaṇakāle daśa daśai 'kaikasmiṃś camase brāhmaṇāḥ somapāḥ somaṃ bhakṣayanty ā daśamāt puruṣād avicchinnasomapīthāḥ 4 ā daśamāt puruṣād anvākhyāyaṃ sa bhakṣasya kartā bhavati 5 śataṃ brāhmaṇāḥ somapāḥ sadaḥ prasarpanti. (Śabara: śataṃ brāhmaṇāḥ somān bhakṣayanti, daśa daśai 'kaikacamasam anuprasarpanti (see next note); ŚD: daśa daśai 'kaikaṃ camasam anuprasarpeyuḥ, śataṃ brāhmaṇāḥ somān bhakṣayanti (NSP: °'kaikacamasam°); BhD: as in ŚD, but with the clauses in reverse order and the remark that these are two sentences; JNMV: as in MNS, except °anuprasarpanti).

203 kaikatra OEB; kaikapātra PU.

204 TS 1.8.18.1. (Śabara: śataṃ brāhmaṇāḥ somān bhakṣayanti; JNMV: as in MNS; ŚD and BhD: as in Śabara).

205 TS 3.5.7.2. See 4.3.1. (Śabara: yasya khādiraḥ sruvo bhavati sa chandasām eva rasenā 'vadyati. sarasā asyā 'hutayo bhavanti. yasya parṇamayī juhūr bhavati na sa pāpaṃ ślokaṃ śṛṇoti (cf. TS 3.5.7.1–2); ŚD: yasya khādiraḥ sruvo bhavati, yasya parṇamayī juhūr bhavati; JNMV: yasya parṇamayī juhūr bhavati na sa pāpaṃ ślokaṃ śṛṇoti; BhD: as in MNS).

206 Untraced. AiB 1.1.13 is exact, but applies to the initiation in the *soma* rite, and so does not seem to be anārabhyā 'dhīta. See Edgerton p. 81, note 72, and Mīmāṃsaka, p. 352, note 1.

3. saptadaśā 'nubrūyād vaiśyasye[207] 'ti sāptadaśyam api vikṛtau pūrvanyāyāt. na. naimittikena niravakāśena sāptadaśyena nityasya sāvakāśasya pāñcadaśyasya[208] bādhasaṃbhavena prakṛtāv eva niveśāt.

bhāṣyakāras tu godohanena paśukāmasya praṇayed[209] ity udāharaṇaṃ mene. pūrvottarapakṣau pūrvavat, kāmyena nityasya bādha iti viśeṣaḥ.

4. vasante brāhmaṇo 'gnim ādadhīte[210] 'ty ādhānaṃ pavamāneṣṭyaṅgam, darśapūrṇamāsavikṛtibhūtapavamāneṣṭiṣv āhavanīyāder aṅgatvena tatsaṃskārakādhānasyā 'pi taddvārā 'ṅgatvasaṃbhavāt. na. ādhānasyā 'nārabhyā 'dhītasyā 'gnyutpādakatvavat pavamāneṣṭīnām apy agnyutpādakatvāt pavamāneṣṭitaḥ pūrvam āhavanīyasyā 'siddhatvenā 'natideśāt. vārttikarītyā tāsām agnyanutpādakatve 'py ādhānāṅgatvānapāyena tataḥ pūrvaṃ sāṅgādhānajanyasaṃskāraviśiṣṭāhavanīyāsiddher akṣatatvāt.

5. anārabhyā 'dhītaparṇatāyāḥ prakṛtiniveśavad ādhānasyā 'py agnidvārā prakṛtāv eva niveśaḥ. na. juhvā laukikaśāstrīyarūpadvyākāravattvena[211] śāstrīyākāralābhārthaṃ prakṛtau niveśāt, āhavanīyasya tu śāstrīyaikākāratvena kratupraveśam ṛte 'py ādhānasādhyatā, paścāc ca tatra tatra viniyogaḥ.

6. pavamāneṣṭīnāṃ darśapūrṇamāsavikṛtitvenā 'havanīyavattvāt tadarthaṃ tāsv api tāḥ[212] kartavyāḥ, taddine yāvatyaḥ kartuṃ śakyante tāvatyaḥ kartavyā iti svīkāreṇa nā 'navasthā 'pi. na. pavamāneṣṭisādhyānām agnīnāṃ tatsādhanatvāsaṃbhavena tatra teṣāṃ bādhāt, asaṃskṛtāgniṣv eva kartavyābhiḥ pavamāneṣṭibhir yady agnayo na jāyante, tarhi tāsāṃ vaiyarthyāpātaḥ, yadi jāyante 'nyāsāṃ vaiyarthyam ity agnyartham anyāsām api kartavyatvāsaṃbhavāt.

7. jyotiṣṭome 'gnīṣomīyo 'nūbandhyaḥ[213] savanīyaś ce 'ti paśava upākaraṇādayo dharmāś ca, ato dharmā ānarthakyāt tadaṅgeṣv[214] iti nyāyenā 'viśeṣāt sarveṣāṃ paśūnām aṅgam. na.[215] sautyād ahnaḥ prācīna aupavasathye 'hni dhiṣṇyanirmāṇottaraṃ dharmāmnānena, tatrai 'va cā 'gnīṣomīya-

---

207 TS 2.5.10.2.

208 pāṃcadaśyasya *in margin in* E; pāñcadaśyasya *om. in* OBUP.

209 ĀpŚS 1.16.3 kaṃsena praṇayed brahmavarcasakāmasya mṛnmayena pratiṣṭhākāmasya godohanena paśukāmasya; BhŚS 1.17.11.

210 BŚS 2.12 (53.16); 24.16 (200.4). See 2.3.3. (Śabara: brāhmano vasante 'gnim ādadhīta; JNMV: vasante brāhmaṇo 'gnīn ādadhīta).

211 °ākāravatvena OB; °ākāratvena E (*corr. from* °ākāravatvena); °āpāravatvena P; °āyāravatvena U.

212 tāḥ EB (*added in* E); tāḥ *om. in* OPU.

213 nūbandhyaḥ *corr.*; nuvaṃdhyaḥ OEBPU.

214 Based on JS 3.1.18 ānarthakyāt tadaṅgeṣu. (See ānarthakyatadaṅganyāya in MK).

215 na OE; na *om. in* B.

sattvena saṃnidhinā ’gnīṣomīya eva. savanīyānūbandhyayos tu sautyāhāvabhṛthāntāmnānena na te upadeśāt.

8. śākhāchedanādayo ’pi prāthamikasāyaṃdohāṅgam. na. prakaraṇena sthānasya bādhāt prātardohāṅgam api.

9. prātassavana aindravāyavādayaḥ, madhyandine[216] marutvatīyādayaḥ, tṛtīyasavana ādityādayo grahāḥ. tatra prātaḥsavanīyagrahasaṃnidhāv āmnātā upopte ’nye grahāḥ sādyante ’nupopte dhruva[217] ityādayo dharmāḥ prātaḥsavanīyagrahāṇām evā ’ṅgaṃ saṃnidhānāt. na. vākyaprakaraṇābhyāṃ sthānabādhena savanatrayīyagrahāṅgam. upoptaṃ mṛttikācatvaraḥ.

10. agnīṣomīye parivyayaty ūrg vai raśane[218] ’ti yūpaparivyāṇaṃ vidhāya raśanayā parivyayati trivṛd bhavati darbhamayī bhavatī[219] ’tyādinā raśanātaddharmā āmnātāḥ, te sthānād[220] agnīṣomīyaparivyāṇārthāḥ, ata āśvinaṃ grahaṃ gṛhītvo ’paniṣkramya yūpaṃ parivyayatī[221] ’ti savanīyadvitīyaparivyāṇe[222] na raśanātaddharmāḥ. na. yūpaṃ parivyayatī ’ti śrutyai ’tadyūpasaṃbandhiparivyāṇāṅgatvapratīteḥ, [223] savanīyaparivyāṇasyā ’pi cai ’tadyūpasaṃbandhiparivyāṇatvāt[224] tatrā ’pi raśanā dharmāś ca. ata evā ’śvinaṃ grahaṃ gṛhītvā trivṛtā yūpaṃ parivīyā ’gneyaṃ savanīyaṃ paśum upākarotī[225] ’ti parivyāṇāntare trivṛttvasyā ’nuvādaḥ.

---

216 madhyaṃdine OEBP; madhyaṃdine savane U.

217 TS 6.5.2.2; MS 4.6.6 (87.10). (Śabara: °dhruvāḥ; ŚD, JNMV, and BhD: as in MNS).

218 TS 6.3.4.5. (This is absent in Śabara; ŚD and JNMV: as in MNS).

219 Cf. ĀpŚS 7.11.2, 5: 2 darbhamayyau raśane bhavataḥ. dviguṇā dvivyāyāmā paśuraśanā triguṇā trivyāyāmā yūpasya 5 parivīr asī ’ti nābhidaghne raśanayā triḥ dakṣiṇaṃ yūpaṃ parivyayati madhyadeśe vā; (the mantra occurs at TS 1.3.6.2 o); BhŚS 7.8.17, 7.9.2: 7.8.17 (as in ĀpŚS 7.11.2, but lacking paśuraśanā and yūpasya); 7.9.2 nābhidaghne madhyadeśe vā triguṇayā pradakṣiṇaṃ triḥ parivyayati parivīr asi...iti; ŚB 3.7.1.20 trivṛtā parivyayati. (Śabara and ŚD: trivṛd bhavati, darbhamayī bhavati, praviṣṭāntā kartavyā (Śabara (Mīm.): °praviṣṭāntā°; (ĀĀ and Gos.): °pratiṣṭānāṃ°; (BI): °prapiṣṭānāṃ°); JNMV: parivyayati, ūrg vai raśanā; trivṛd bhavati; darbhamayī bhavati (these are marked off with itis)).

220 sthānād *corr.*; svānād OEB; svasthānād P; svosthānād U.

221 ŚB 4.2.5.12. (Here Śabara has: āśvinaṃ grahaṃ gṛhītvā trivṛtā yūpaṃ parivīyā ’gneyaṃ savanīyaṃ paśum upākaroti (see below)).

222 savanīyadvitīyaparivyāṇe *through* ’tadyūpasaṃbandhiparivyāṇāṅgatvapratīteḥ *omitted in* P.

223 °pratīteḥ EBU; °pratītiḥ O.

224 saṃbandhiparivyāṇatvāt *through* vihito yūpa *omitted in* U; parivyāṇāt *through* upākarotī ’ti *omitted in* P.

225 upākaroti *corr.*; upākārotī OBE. Cf. ĀpŚS 12.18.12 trivṛtā yūpaṃ parivīyā ’gneyaṃ savanīyaṃ paśum upākaroti; ŚB 4.2.5.12 āśvinaṃ grahaṃ gṛhītvo ’paniṣkramya yūpaṃ parivyayati. See Garge, p. 37. (Śabara: sa vai āśvinaṃ°; ŚD, JNMV, and BhD

anye[226] tu yūpe paśuṃ niyunaktī[227] 'ti paśuniyojanārthaṃ vihito yūpaḥ sthānād agnīṣomīyāpūrvasādhanapaśuniyojanārthaḥ. yūpotpādakacchedanādīnāṃ tu yady api yūpasvarūpe nā 'narthakyam, tathā 'py anuvādasya saṃnihitagāmitvād agnīṣomīye niveśaḥ, savanīyānūbandhyayor[228] atideśena yūpataddharmaprāptāv api na teṣāṃ bhedenā 'nuṣṭhānam, yūpatantratvasya vakṣyamāṇatvāt.[229] evaṃ parivyāṇādīnām api yūpavyakter ekatvenā 'tithyādyarthabarhiḥprokṣaṇanyāyena[230] prasaṅgasiddhyā 'nāvṛttiḥ. evaṃ sthite āśvinaṃ grahaṃ gṛhītvo 'paniṣkramya yūpaṃ parivyayatī 'ti vihite savanīyaparivyāṇāntare 'prākṛtakāryāpanne na raśanā na vā trivṛd bhavatī[231] 'tyādayo dharmāh. na. āśvinaṃ grahaṃ gṛhītvā trivṛtā yūpaṃ parivīyā 'gneyaṃ savanīyaṃ paśum upākarotī 'ti savanīyavidhau trivṛttvasyā 'nuvādena tatsādhāraṇasyai 'va raśanātaddharmoddeśyatāvacchedakasya svīkārāt, uktarūpoddeśyatāvacchedakākalpane savanīyavidhau trivṛttvavidhānaprayuktagauravāpattes tatrā 'pi raśanā taddharmāś ce 'ty[232] adhikaraṇaśarīram āhuḥ.

11. sādanādayo nā 'nārabhyā 'dhītāṃśvadābhyāṅgam, prakaraṇenā 'rabhyā 'dhīteṣv eva niyamanāt. na. grahāḥ sādyanta[233] iti vākyenā 'viśeṣāt sarvagrahasaṃbandhāt, jyotiṣṭomasyai 'va prakaraṇena grahaprakaraṇābhāvāc cā 'nārabhyā 'dhītayor apy aṅgam.

12. citriṇīr upadadhātī[234] 'ty anārabhyā 'mnātāsu citriṇyādiṣu ṣaṇṇāṃ citīnāṃ madhye prathamacitāv āmnātā akhaṇḍām akṛṣṇāṃ kuryād[235]

---

each have only a single quote from the savanīya animal rite; in JNMV it is as in ĀpŚS, and in ŚD and BhD it is as in ŚB).

226 This includes Khaṇḍadeva in the BhD. The preceding interpretation is close to that given in ŚD and JNMV.

227 Cf. BhŚS 7.10.8 athai 'enaṃ (*understand* paśum) purastāt pratyañcaṃ yūpe niyunakti; ĀpŚS 7.13.8 uttarato yūpasya niyunakti. (Śabara at JS 10.3.19: °niyuñjanti). (For the plural in Śabara's quote, cf. TB 3.8.19.2 yūpeṣu grāmyān paśūn niyuñjanti; TāB 17.13.10 yūpe paśū niyuñjanti; (but the context of these two is different)).

228 °nūbaṃdhyayor OBPU; °nuvaṃdhyayor E (*corr. from* °nū° *in* E).

229 See 11.3.3 and 4.

230 See 4.2.11 and 11.3.4.

231 See the quote in the second line of this adhikaraṇa.

232 °dharmāś cety OEB; °dharma - ty U (*unclear akṣara*); raśanāv ity P (*then* ādhi°).

233 TS 6.5.2.2; MS 4.6.6 (87.10). (Absent here in Śabara; JNMV: as in MNS). See 3.6.9.

234 Untraced. (Śabara: citriṇīr upadadhāti, vajriṇīr upadadhāti, bhūteṣṭakā upadadhāti (for these last two: TS 5.7.3.1; 5.6.3.1; cf. ĀpŚS 17.9.5; 17.2.6); ŚD and JNMV: as in MNS).

235 Cf. ĀpŚS 16.13.9 khaṇḍāṃ kṛṣṇāṃ lakṣmaṇāṃ ca no 'padadhyāt; VaiŚS 18.11 (262.6) akhaṇḍā akṛṣṇā alakṣmaṇā (*understand* pacanti); ŚB 8.7.2.16 na bhinnāṃ na

ityādaya iṣṭakādharmā na, viniyojakavākyasyā[236] 'py anārabhyā 'dhītatvenā 'ṃśvadābhyaviśeṣāt. na. citriṇyādīnām aprakaraṇapaṭhitenā 'pi vākyena cayanāpūrvasaṃbandhitvena vidhānāt, iṣṭakādharmāṇāṃ ca cayanāpūrvasādhaneṣṭakādharmatvāc citriṇyādiṣv api te.

13. abhiṣavādividhayaḥ soma iva phalacamase 'pi pravartante. na. nityānityasaṃyogavirodhāt tatrā 'tideśena[237] saṃskārāḥ.

14. avaghātādayo 'pi na nīvārādau, vrīhiṣu caritārthatvena pāścātyanīvārādau pravṛttyanaucityāt. na. vrīhiśabdasya jātyākāraviśiṣṭadravyavācitvena jātim ādāya jalavahnyādyupahatavrīhiṣv iva jātyabhāve 'pi śakyaikadeśākāraviśiṣṭanīvārādiṣv apy avaghātavidhāne bādhakābhāvāt tatrā 'pi te.

15. yadi somaṃ na vindet pūtīkān abhiṣuṇuyād[238] iti somābhāvanimittapūtīkeṣu nā 'bhiṣavādividhayaḥ phalacamasanyāyāt. na. vākyasya pratinidhiniyamārthatāyā vakṣyamānatvena[239] pratinidhinyāyāt pravartante.

16. ekasyā 'pi jyotiṣṭomasya tattatstotreṇa samāptau tattatsaṃsthākasya prakaraṇa āmnātā dīkṣaṇīyādividhayo 'gniṣṭoma ivo 'kthyādiṣv api pravartantām. na. ukthyādīnāṃ kāmyasaṃskāratvena nityāgniṣṭomasaṃsthāvikṛtitvād agniṣṭomasaṃsthākajyotiṣṭoma eva vidhayaḥ. ukthyādisaṃsthāke tv atideśaḥ. tṛtīye ṣaṣṭhaḥ.

Chapter 7

1. vedyāṃ havīṃṣy āsādayati,[240] vediṃ khanatī[241] 'tyādayo veditaddharmāḥ prakaraṇāt pradhānahaviḥṣv eva. na. vedyādeḥ prakṛtāpūrvasādhanahaviraṅgatvāt, aṅgahaviṣām api svāpūrvadvārā prakṛtāpūrvasādhanatvāc cā 'ṅgapradhānahaviḥṣu.

---

kṛṣṇām upadadhyāt. (Śabara: akhaṇḍām akṛṣṇalām iṣṭakāṃ kuryāt; ŚD: akhaṇḍām akṛṣṇām; JNMV: as in MNS).

236 This seems to be yāṃ kāṃ cid brāhmaṇavatīm iṣṭakām abhijānīyāt tāṃ madhyamāyāṃ citāv upadadhyāt (untraced). Cf. Mayūkhamālikā on ŚD. See 5.3.7.

237 tatrā 'ti *corr.*; tetrāti° B; teṣv ati° OEPU. *Perhaps follow* B *and read* te 'trā 'ti°?

238 Cf. TāB 9.5.3 °vindeyuḥ pūtīkān abhiṣuṇuyuḥ; KS 34.3 (37.14) (as in TāB); ĀpŚS 14.24.12 somābhāve pūtīkān abhiṣuṇuyāt. (Śabara and JNMV: °vindeta°; ŚD: as in MNS).

239 MNS 6.3.13.

240 Untraced. Cf. ĀpŚS 2.11.7–9 for havirāsādana. (Cf. TB 1.6.5.1 uttarasyāṃ vedyām anyāni havīṃṣi sādayati (the wording is similar, but the context is the varuṇapraghāsa rite)).

241 Untraced. Cf. TS 2.6.4.2–3; TB 3.2.9.10–11; ĀpŚS 2.2.7. (Absent in Śabara; ŚD and JNMV: as in MNS).

2. keśaśmaśruvapanādayo mukhye 'ṅge co 'pakurvanti, kartṛdharmatvāt, kartṛtvasya ca mukhyaṃ pratī 'vā 'ṅgaṃ praty api sattvāt. na. vapanādīnāṃ yajamānasaṃskāratvāt, yajamānasya ca bhoktṛtvakartṛtvasattve 'pi adṛṣṭabhoktṛtvāṃśa eva teṣām upayogāt, prakaraṇāc ca phalasādhane mukhya evo 'pakārakāḥ.

3. saumikī vedir mukhyasyai 'vā 'ṅgam, na tv agnīṣomīyādyaṅgānām api, iyati śakṣyāmaha[242] iti mukhyasyai 'va cikīrṣitatvāt. na. sāṅgasya pradhānasya phalahetutvena sāṅgacikīrṣāyā evau 'cityāt, veder havirāsādanādirūpadṛṣṭārthatvāc ca vapanādivaiṣamyāt sarvārthā vediḥ.

4. caturhotrā pūrṇamāsīm abhimṛśet pañcahotrā 'māvāsyām[243] ity ukter abhimarśanamantrau mukhyahaviṣy eva. na. pūrṇamāsyamāvāsyāśabdayoḥ karmavācitvena,[244] karmaṇoś cā 'bhimarśanāsaṃbhavena dvitīyāṃ saptamyarthe vyākhyāya kālaparatvāvaśyakatvāt. kālasya ca mukhyāṅgatulyatvān mukhyāṅgahaviṣor mantraḥ.

5. daṇḍena dīkṣayati,[245] tasya dvādaśaśataṃ dakṣiṇe[246] 'ti dīkṣādakṣiṇam aṅgapradhānāṅgam ubhayopakārakatvāt. na. dīkṣāḥ somasya,[247] dakṣiṇāḥ somasye[248] 'ty avyavahitasaṃbandhasyau 'tsargikaṣaṣṭhyabhidheyatvena pradhānamātrāṅgam.

---

242 Cf. TS 6.2.4.5 iyati śakṣyāmī 'ti tv ā avamāya yajante. triṃśat padāni paścāt tiraścī bhavati ṣaṭtriṃśat prācī caturviṃśatiḥ purastāt tiraścī. (Śabara and JNMV: ṣaṭtriṃśat prakamā prācī, caturviṃśatir agreṇa, triṃśaj jaghanena iyati śakṣyāmahe (MS 3.8.4 (96.15) ṣaṭtriṃśat prakramāḥ prācī caturviṃśatir agreṇa triṃśaj jaghanena); ŚD and BhD: iyati śakṣyāmahe 'syāṃ kartum).

243 Cf. ĀpŚS 4.8.7 caturhotrā paurṇamāsyāṃ havīṃṣy āsannāny abhimṛśet prajākāmaḥ pañcahotrā 'māvāsyāyāṃ svargakāmo nityavad eke samāmananti; KS 9.14 (117. 5) caturhotrā pūrṇamāse havīṃṣy āsannāny abhimṛśet...pañcahotrā 'māvasyāyām. (Śabara etc.: °paurṇamāsīm° (Śabara (ĀĀ and Mīm.): °abhimṛśeta°)).

244 karmavācitvena OBPU; karmatvena E (*corr. from* karmavācitvena).

245 Untraced. Cf. TS 6.1.4.1 yad dīkṣitadaṇḍaṃ prayacchati vācam evā 'runddha; ĀpŚS 10.10.4 audumbaraṃ dīkṣitadaṇḍaṃ yajamānāya prayacchati; KŚS 7.4.1 mukhasaṃmitam auḍumbaraṃ daṇḍaṃ prayachati. (Śabara has daṇḍena dīkṣayati at JS 5.3.29; ŚD and JNMV: as in MNS; BhD: daṇḍena yajamānaṃ dīkṣayati).

246 TāB 16.1.11 tasya dvādaśaṃ śataṃ dakṣiṇāḥ; ĀpŚS 13.5.1 sanneṣu nārāśaṃseṣu dakṣiṇā dadāti. bahv aparimitam...dvādaśaśatam...vā. See Garge, p.132, who gives ĀpŚS as source. (Here Śabara has tisro dīkṣāḥ (see 6.5.8); ŚD and JNMV: as in MNS).

247 Untraced. (Śabara and ŚD: as in MNS; JNMV and BhD: dikṣā somasya).

248 Untraced. (Śabara and ŚD: as in MNS; JNMV and BhD: dakṣiṇā somasya). See 12.1.16.

6. agnīṣomīye yūpaṃ prakṛtya śrute 'rdham antarvedi minoty ardhaṃ bahirvedī[249] 'ty atra mīyamānayūpāṅgatvena vedyantarbhāgo vidhīyate. na. bahirvedibhāgavidhānasyā 'py āvaśyakatvena vākyabhedāpatter ubhayopalakṣito laukiko deśa eva tadaṅgatvena vidhīyate.

7. uta yat sunvanti sāmidhenīs tad anvāhur[250] ity atra yatrā 'bhiṣavaṃ kurvanti tatra sāmidhenīr anubrūyād ity arthāvagater dakṣiṇahavirdhānaṃ sāmidhenyaṅgam, somadhāraṇena kṛtārthasyā 'pi puroḍāśakapālavad itarāṅgatvasaṃbhavāt. na. havirdhānasyā 'tyantāprāptasya sāmidhenyaṅgatvavidhāv[251] apūrvavidhitvāpatteḥ prakṛtiprāptāhavanīyasthānāpannottaravedipratyagdeśasyā 'niyamena dakṣiṇottarahavirdhānasamīpavartitayā prāptasya niyamavidhitvāya deśaviśeṣo dakṣiṇahavirdhānalakṣito vidheyaḥ.

8. svargakāmo yajete[252] 'ti kartur bhoktuś ca sāmānādhikaraṇyāt, kartṛgāmiphala ātmanepadasmaraṇāt,[253] sāṅgasya phalajanakatvāc ca sāṅgaṃ yāgādi yajamānena kāryam. na. parikrayānyathānupapattyā sāṅge sākṣātprayojakasādhāraṇakartṛtvasyai 'va śāstrārthatvāt, yogyatayā tyāgo vācanikaṃ cā 'nyad yajamānena kartavyam, ṛtvigbhir aṅgajātam.

9. ṛtvijaś ca kāryānusāreṇa ṣoḍaśa.

10. camasādhvaryavo 'pi ta eva, camasādhvaryuśabdasya yaugikatvena pācakādiśabdavad abhedakatvāt. na. madhyataḥkāriṇāṃ hotrakāṇāṃ[254] ca camasādhvaryava[255] iti ṣaṣṭhyā bhedāvagamāt.

---

249 MS 3.9.4 (118.5). Cf. KS 26.6 (128.13); ĀpŚS 7.9.6. (Śabara: vajro vai yūpo yad antarvedi minuyāt tan nirdahet, yad bahirvedi, anavaruddhaḥ syād ardham antarvedi minoty ardhaṃ bahirvedi, anavaruddho bhavati, na nirdahati (very close to MS); ŚD, JNMV, and BhD: as in MNS).

250 Untraced.

251 °prāptasya sāmi° OBPU; °prāptasāmi° E (*corr.* from °prāptasya sāmi°). Cf. BhD for OBPU, ŚD and JNMV for E.

252 This seems to be an abbreviated form of darśapūrṇamāsābhāyṃ svargakāmo yajeta. See 4.4.11. (Śabara: darśapūrṇamāsābhyāṃ svargakāmo yajeta; ŚD etc.: as in MNS).

253 P 1.3.72.

254 *In* E *are marks above* madhyataḥ, hotra, *and* kāṇāṃ, *and a marginal gloss:* adhvaryahotrakādīnāṃ. Cf. JNMV madhyataḥkāriṇo 'dhvaryuhotrādayaḥ. hotrakāḥ pratiprasthātṛmaitrāvaruṇādayaḥ.

255 Cf. ĀpŚS 12.23.4 madhyataḥkāriṇāṃ camasādhvaryavo vaṣaṭkṛtānuvaṣaṭkṛtāñ juhuta hotrakānāṃ camasādhvaryavaḥ sakṛt sakṛd dhutvā camasān śukrasyā 'bhyunnīyo 'pāvartadhvam iti; MŚS 2.4.1.21 madhyataḥkāriṇāṃ camasādhvaryavo vaṣaṭkṛtānuvaṣaṭkṛte juhuta hotṛkānāṃ camasādhvaryavaḥ sakṛt sakṛd dhutāṃś camasān śukrasyā 'bhyunnīyo 'pāvartadhvam iti preṣyati. (Śabara, JNMV, and BhD: madhyataḥkāriṇāṃ camasādhvaryavo hotrakāṇāṃ camasādhvaryavaḥ (JNMV and BhD present these as distinct statements)).

11. te ca bahavaḥ, camasādhvaryavaś camasān unnayantī[256] 'ti vākyād[257] viniyogavidhau bahutvavivakṣāsaṃbhavāt.

12. te ca daśa, camasānāṃ daśatvāt.[258]

13. śamitā tu varaṇābhāvāt, saṃjñāyāś ca yaugikatvāt, śamitāra upetana yajñam[259] iti mantrasyā 'dhvaryava āmnānāt, parā vartate 'dhvaryuḥ paśoḥ saṃjñapyamānād[260] iti vākyāc cā 'dhvaryupuruṣapratiprasthātrādyanyatama eva.

14. upagātāro 'py ṛtvija eva, anyathā 'dhvaryoḥ prasaktyabhāvena nā 'dhvaryur upagāyed[261] ity anarthakaṃ syāt.

15. somavikrayī tv anyaḥ, vikrayasya kratvanaṅgatvāt.

16. ṛtvikśabdasya ṛtuyajananimittatvāt, ṛtuyajanasya ca brahmādiṣv iva camasādhvaryuṣv api sattvāt sarva ṛtvijaḥ. na. saumyasyā 'dhvarasya yajñakratoḥ saptadaśa 'rtvija[262] iti saṃkhyāśrute rūḍhiparigrahasyā 'vaśyakatvena saptadaśasv eva ṛtviktvam.

17. tatrā 'pi ṛtvigbhyo dakṣiṇāṃ dadātī[263] 'ty āmnāyā 'gnīdhe dadāti,[264] brahmaṇe dadātī[265] 'tyādyāmnānād agnīdādiṣv eva tat.

18. saptadaśas tu yajamāno na sadasyaḥ, tasya kāryābhāvena ṛtvikśabdābodhyatvāt.

19. ṛtvigbhiś ca padārthā vyavasthayā 'nuṣṭheyāḥ, ādhvaryavādisamākhyāyā vyavasthāpakatvāt.

---

256 Untraced. Cf. ĀpSS 12.23.4 and MŚS 2.4.1.21 quoted in preceding note; ĀpŚS 12.23.15 tasmai camasādhvaryavaḥ svaṃ svaṃ camasaṃ droṇakalaśād abhyunnīya haranti; ŚB 4.2.1.29 hotrāṇāṃ camasādhvaryava upāvartadhvaṃ śukrasyā 'bhyunnayadhvam iti sampraiṣa evai 'ṣaḥ. (Śabara refers to the originative statement, which he identifies in the preceding topic as camasādhvaryūn vṛṇīte; BhD: as in MNS; JNMV: camasādhvaryūn vṛṇīte).

257 vākyād OBPU (*then following* v *omitted in* PU); vākyād *deleted in* E.

258 Cf. ĀpŚS 12.2.8.

259 TS 3.1.4.3–4 k; MS 1.2.15 (25.17); cf. TS 3.1.5.2 śamitāra upetane 'ty āha; ĀpŚS 7.17.4 śamitāra upetane 'ti vapāśrapaṇībhyāṃ paśum upeto 'dhvaryur yajamānaś ca; MŚS 1.8.3.35 śamitāra upetane 'ti japati. (Absent in Śabara; JNMV: as in MNS).

260 TS 6.3.8.3 parāṅ ā vartate°. (This is absent in Śabara; JNMV: as in MNS (ĀĀ var.: as in TS); ŚD and BhD: as in TS).

261 TS 6.3.1.5; cf. ĀpŚS 12.17.12.

262 Untraced.

263 Cf. MS 4.8.3 (110.1) ṛtvigbhyo dadāti; KS 28.5 (159.12) (same as MS). Garge, p. 108, also cites KapS 44.5 (261.10).

264 TS 6.6.1.5; cf. MS 4.8.3. (109.18) agnīdhe 'gre dadāti. (Śabara: as in MS; ŚD and JNMV: as in MNS).

265 TS 6.6.1.5; MS 4.8.3 (109.19). (This is absent in Śabara; ŚD and JNMV: as in MNS).

20. parṇatādivad agniḥ prakṛtimātragāmī. na. homadvārasya prakṛtivikṛtisādhāraṇatveno 'bhayagāmitvaucityāt.

21. maitrāvaruṇaḥ preṣyati cā 'nu cā 'ha ce[266] 'ti vākyenā 'dhvaryavahautrasamākhyābādhāt praiṣamātram anuvacanamātraṃ ca maitrāvaruṇakartṛkam. na. caśabdasvārasyena lakṣitapraiṣāntānuvacana eva maitrāvaruṇasya kartṛtvabodhanāt tatrai 'va maitrāvaruṇaḥ, na sarvatra.

22. camasādhvaryava iti viśeṣasaṃjñātaś camasādhvaryavaś camasair juhuyuḥ. na. homa ādhvaryavasamākhyayā nirapekṣayā 'dhvaryukartṛkatvāvagamād adhvaryur eva juhuyāt, aśaktau camasādhvaryavaḥ.

23. śyenavājapeyayoḥ sāmayajurvedayor āmnānenau 'dgātrādhvaryavādisamākhyāsattvāt tayor aṅgāny udgātradhvaryubhyām eva kartavyāni. na. tayor jyotiṣṭomavikṛtitvena codakāt tattatpuruṣaviśiṣṭāṅgaprāpteḥ prayogavacanādhīnāṅgagatasamākhyāyā durbalatvān nānākartāraḥ, te ca svasvapadārthe vyavasthitāh. iti tṛtīye saptamaḥ.

Chapter 8

1. varaṇasya dvādaśaśatadakṣiṇāyāś cā 'dhvaryūdgātṛvedayor āmnānāt[267] samākhyayā ṛtvijāṃ varaṇaparikrayakartṛtvam. na. teṣāṃ varaṇaparikrayottarabhāvitvena yajamānasyai 'va tat.

2. ya etām iṣṭakām upadadhyāt sa trīn varān dadyād[268] iti gotrayadānaṃ tv adhvaryor vacanāt.

3. vapanādyāḥ saṃskārā ādhvaryave samāmnānād adhvaryoḥ. na. keśaśmaśru vapate mṛtā vā eṣā tvag amedhyā yat keśaśmaśru mṛtām eva tvacam amedhyām apahatya[269] yajñiyo bhūtvā medham upaitī[270] 'ti vākyena vapa-

---

266 Untraced. (Śabara: tasmān maitrāvaruṇaḥ preṣyati cā 'nu cā 'ha; ŚD: maitrāvaruṇaḥ preṣyati cā 'nvāha; JNMV: as in MNS, except lacking the final ca; BhD: maitrāvaruṇaḥ preṣyati cā 'nvāha ca). See 10.7.6.

267 For choosing the priests, see ĀpŚS 10.1.8 and 9; 11.19.5 ff. For the fee, see 3.7.5.

268 Cf. TS 5.2.8.2 yo 'vidvān iṣṭakām upadadhāti. trīn varān dadyāt; ĀpŚS 16.23.3 avidvān brāhmaṇo varaṃ dadāty ekaṃ dvau trīn vā.

269 apahatya OE; apahṛtya B; apāhaṃtya PU.

270 Cf. TS 6.1.1.2 keśaśmaśru vapate nakhāni ni kṛntate, mṛtā°; MS 3.6.2 (60.17) keśaśmaśru vapate dato dhāvate nakhān nikṛntate snāti mṛtā vā eṣā tvag amedhyaṃ vā asyai 'tad ātmani śamalaṃ tad evā 'pahate medhya eva medham upaiti. Garge, p. 106, also cites KS 22.13 (69.6) and ŚB 3.1.2.2. (Śabara has here: keśaśmaśru vapate, dato dhāvate, nakhāni nikṛntate, snāti; at JS 4.3.1 the quote starts as here, then continues: mṛtā vā eṣā tvag amedhyaṃ vā 'syai 'tad ātmani śamalaṃ tad evo 'pahate, medhya eva medham evam upaiti; JNMV: as in MNS). Śabara is closer to MS and KS; MNS and JNMV are closer to TS.

nādīnāṃ yajamānagatamālinyahānena yāgayogyatotpādakatvāvagamāt, yogyayajamānena cā 'dhvaryvādiparikrayād vapanādipūrvam adhvaryvāder abhāvena na tasya vapanādayaḥ.

4. dvyahaṃ nā 'śnāti,[271] tryahaṃ nā 'śnātī[272] 'ti tapo duḥkhātmakatvād adhvaryor yuktam. na. duḥkharūpasyā 'pi tapasaḥ somayāgaphalapratibandhakapāpanāśakatvena yajamānena kartavyataucityāt.

5. hiraṇyamālitvalohitoṣṇīṣatvādayo vacanād[273] ṛtvigdharmā api samākhyayā 'dhvaryūdgātrādimātradharmāḥ. na. pratipradhānam aṅgāvṛtter nyāyyatvāt, puruṣasya guṇatva ekenai 'va kena cit kāryatāyāṃ kena kartavyam ity ākāṅkṣāyām eva samākhyāyā niyāmakatvāt sarve sarveṣām.

6. yadi[274] kāmayeta varṣukaḥ parjanyaḥ syān nīcaiḥ sado minuyād[275] iti phalam adhvaryor eva, kāmayitṛmātroḥ sāmānādhikaraṇyāt. na. parasmaipadaśrutyā mānaphalasya paraniṣṭhatvāvagamena yajamānakāmitāṃ vṛṣṭiṃ parjanyaḥ saṃpādayatv[276] ity evam adhvaryoḥ kāmanāyāṃ nīcaistvam iti bodhād yajamānasya phalam.

7. āyurdā agne 'sy āyur me dehī[277] 'ti mantrapāṭho 'pi yajamānasyai 'va, phalasyā 'tmasaṃbandhitvena[278] yajamānenai 'va kāmyatvāt.

8. vājasya mā prasavene[279] 'ti mantras tu yājamānādhvaryavakāṇḍayor āmnānād anuṣṭhānapratyavekṣaṇarūpaphalabhedāc ca dvābhyām anuṣṭheyaḥ.

---

271 Untraced.

272 Untraced.

273 Here Śabara has hiraṇyamālina ṛtvijaḥ pracaranti (ĀpŚS 18.2.11 °ṛtvijaḥ sutye 'hani pracaranti; TāB 18.7.6) and lohitoṣṇīṣā lohitavasanā nivītā ṛtvijaḥ pracaranti (ĀpŚS 22.4.23; ŚaḍB 4.2.22 °lohitavāsaso°). See 10.4.1.

274 yadi PU; yaḥ OBE. Cf. 10.2.20 and citations in following note.

275 Cf. MS 3.8.9 (108.16) yadi kāmayeta varṣet parjanyā iti nīcaiḥ sado minuyāt; ĀpŚS 11.10.7 nīcaiḥ sado minuyād vṛṣṭikāmasya. (Śabara: as MS (without distinctive MS sandhi); ŚD: as in MNS (when yadi is read); JNMV and BhD: as in MNS (when yadi is read), except °syāt iti nīcaiḥ°). See 10.2.20.

276 sampādayatv B; saṃpādayitv OEP; saṃpadayatv U.

277 TS 1.5.5.3–4 n. Garge, p. 78, has other citations too: TS 1.5.7.4; VS 3.17; ŚB 2.3.4.19; ŚŚS 2.11.3; PGS 2.4.8 (but this one is irrelevant here). (Śabara also quotes varcodā agne 'si varco me dehi, which follows the quote āyurdā etc. in the texts cited; ŚD and JNMV: as in MNS).

278 °tvena E (na *added*); °tve OBPU.

279 TS 1.1.13.1 a; 1.6.4.2 m; BŚS 1.19 (28.11); ĀpŚS 3.5.4. Bloomfield has several quotes; so does Garge, p. 137, who gives BŚS as source on basis of quotation in Śabara (but the mantra is referred to as given in the two TS locations). (Śabara: srucau vyūhati, vājasya mā prasavena (BŚS 1.19 (28.10); cf. TB 3.3.9.1; ĀpŚS 3.5.3); ŚD and JNMV: as in MNS).

9. kḷptīr yajamānaṃ vācayatī[280] 'ty adhvaryukartṛkaṃ[281] vācanam, adhītavedasya jñātavedārthasya yajamānatvāc cā 'bhijño yajamāno mantrapāṭhakah.

10. vatsaṃ co 'pāvasṛjaty ukhāṃ cā 'dhiśrayatī[282] 'tyādidvādaśa dvandvāni yājamānakāṇḍe āmnānād yajamānenā 'nuṣṭheyāni. na. ādhvaryavamahākāṇḍe[283] dvandvānuṣṭhānaprakārasyā 'mnānāt, yājamānāvāntarakāṇḍe pariganaṇayā dvayor dvayor mithaḥpratyāsannatvarūpadvandvatāsaṃpādanamātravidhānāc cā 'dhvaryur anuṣṭhātā. yajamānas tu tām ānupūrvīṃ manasi nidadhyād apramādāya.

11. agnīṣomīye parivīr asī[284] 'ty ādhvaryavaḥ parivyāṇamantraḥ, yuvā suvāsā[285] iti hautras tadanuvādakaḥ, ubhayam atideśāt kuṇḍapāyināmayane prāptam. tatra yo hotā so 'dhvaryur[286] iti hotranuvādenā 'dhvaryutvavidhāne 'pi parivīr asī 'ti mantram, yuvā suvāsā iti mantraṃ ca paṭhet. na. adhvaryuhotṛkāryayor yugapat kartum aśakyatvād anyatarasya bādhe pratyakṣatvād adhvaryutvasya tatkarma. parivīr asī 'ti mantro 'nuṣṭheyaḥ, na tv anuvādakamantrapāṭhaḥ.

---

280 Cf. ŚB 5.2.1.4 etāḥ ṣaṭ kḷptīr vācayati. (Śabara: kḷptīr yajamānaṃ vācayati, ujjitīr yajamānaṃ vācayati (for second half: ĀpŚS 18.4.19; cf. ŚB 5.2.2.16 atho 'jjitīḥ. juhoti vā vācayati vā); SD, JNMV, and BhD: as in MNS).

281 °kartṛkaṃ OE; °kartṛka PU; °kartvaka B.

282 TS 1.6.9.3 vatsaṃ co 'pāvasṛjaty ukhāṃ cā 'dhi śrayaty, ava ca hanti dṛṣadau ca samāhanty, adhi ca vapate kapālāni co 'padadhāti, puroḍāśaṃ ca adhiśrayaty ājyaṃ ca, stambayajuś ca haraty abhi ca gṛhṇāti, vediṃ ca pari gṛhṇāti patnīṃ ca saṃ nahyati, prokṣaṇīś cā 'sādayaty ājyaṃ cai 'tāni vai dvādaśa dvaṃdvāni darśapūrṇamāsayoḥ. (Śabara: as in TS except °dṛṣadupale ca°...°patnīṃ saṃnahyati° (ĀĀ: °puroḍāśaṃ cādhiśrayate°); ŚD and BhD: vatsaṃ co 'pāvasṛjati, ukhāṃ cā 'dhi śrayati; JNMV: vatsaṃ co 'pāvasṛjati, ukhāṃ cā 'dhiśrayati, ava ca (ca omitted in Gold.) hanti, dṛṣadau ca samāhanti). (The other five pairs are at TS 1.6.8.2–3: sphyaḥ ca kapālāni cā 'gnihotrahavaṇī śūrpaṃ ca kṛṣṇājinaṃ ca śamyā co 'lūkhalaṃ ca musalaṃ ca dṛṣac co 'palā ca).

283 TB 3.2–3.

284 TS 1.3.6.2 o; ĀpŚS 7.11.5. Bloomfield and Garge, p. 78, have several quotes; Mīmāṃsaka: only VS 6.6.

285 TB 3.6.1.3; ṚV 3.8.4. Garge, p. 116, and Bloomfield give more citations; Garge gives TB as source.

286 TāB 25.4.5; ĀpŚS 23.10.12. Garge, p. 136, also quotes ŚŚS 13.24.7, omits TāB.

12. prokṣaṇyāsādanam api prokṣaṇīr āsādayā[287] 'gnīd agnīn vihare[288] 'ti praiṣānusārād āgnīdhrakarma.[289]

13. praiṣamantras tu samākhyāsaṃbodhanamadhyamapuruṣānusārād adhvaryor eva.

14. mamā 'gne varco vihaveṣv astv[290] ity ādhānamantrasyā 'dhvaryuṇā pāṭhāt taduktaṃ phalam apy adhvaryor eva. na. viśiṣṭaṃ havanaṃ yeṣāṃ te vihavāḥ, teṣu varcas tejaso 'palakṣitaṃ phalaṃ mamā[291] 'stv iti prārthyamānasāṅgayajñaphalasya svargakāmo yajete[292] 'ty ātmanepadaśrutyā yajamānagāmitvāvagamāt,[293] dakṣiṇātiriktaphalasyā 'dhvaryugāmitvānaucityāc ca madīyayajamānasya phalam astv ity upacāreṇa yajamānaphalam eva tat.

15. agnāviṣṇū mā vām avakramiṣaṃ vijihāthāṃ mā mā saṃtāptam[294] ity asaṃtāpanarūpaphalasyā 'dhvaryugāmitve 'pi nirvighnayajñasamāptyarthatvena yajamānaphalatvasaṃbhavād adhvaryor eva.

16. tan nau sahe[295] 'ty atra tu dvivacanabalād dvayoḥ phalam.

17. darśapūrṇamāsayor āmnātānāṃ veditaddharmāṇāṃ barhistaddharmāṇāṃ cā 'ṅgapradhānasādhāraṇānāṃ vikṛtāv atideśād yūpāvaṭastaraṇabarhir

---

287 See 2.1.13. (Śabara: prokṣaṇīr āsādaya, idhmābarhir upasādaya, sruvaṃ ca srucaś ca saṃmṛḍḍhi, patnīṃ saṃnahyā 'jyeno 'dehi; see note below).

288 TS 6.3.1.2; ĀpŚS 12.17.19, 20; BhŚS 13.17.13. Bloomfield has several other quotes; Garge, p. 97, adds: cf. TS 3.6.1 (nonexistent). At 1.2.33 Mīmāṃsaka has TS 6.3.1.2; MS 3.8.10 (110.8); and ŚB 4.2.5.11. (This is absent in Śabara here; ŚD and BhD both have prokṣaṇīr āsādaya and agnīd agnīn vihara; so does JNMV, where the former is followed by idhmābarhir upasādaya, and the latter by barhiḥ stṛṇīhi (see 5.1.13)). See 3.2.4 and 5.1.13.

289 karma *corr.*; °karmaḥ OEBPU.

290 MS 1.4.5 (52.11) mamā 'gne varco vihaveṣv astv iti pūrvam agniṃ gṛhṇāti; KS 31.15 (17.7) (as in MS); ĀpŚS 1.1.4. (Śabara: as MS, except °parigṛhṇāti; ŚD (LKSV): mamā 'gne varco vihaveṣu; ŚD (NSP) and JNMV: as in MNS; BhD: as in Śabara, except °vihaveṣv iti°). See 12.1.12.

291 mamā *though* dakṣiṇātiriktaphala *omitted in* PU; *in its place* P *has* tva, U *has* ta.

292 This seems to be an abbreviation of darśapūrṇamāsābhyāṃ svargakāmo yajeta (cf. JNMV). (Absent here in Śabara; JNMV: darśapūrṇamāsābhyāṃ svargakāmo yajeta). See 4.4.11.

293 gāmitvāvagamāt *corr.*; °gāmityāvagamād OBE.

294 *In* PU *the quote continues*, lokaṃ me lokakṛtau kṛṇutam. TS 1.1.12.1 e, f, g; TB 3.3.7.6–7 °avakramiṣam...vijihāthāṃ°; cf. ĀpŚS 2.13.7. Bloomfield has quotes for the constituent parts. (The quote given above matches Śabara, the quote given in PU matches JNMV).

295 tan nau sahe OEB; bhadraṃ tan nau sahe PU. TS 1.3.2.1 e; KS 2.11 (16.14); 25.9 (116.9); ŚB 3.5.4.16; ĀpŚS 11.12.4; MŚS 2.2.3.11; KŚS 8.5.17, 18 (Bloomfield has these); Mīmāṃsaka: KŚS. (Śabara and JNMV have the quote as given in PU, but broken up).

api saṃskṛtam. na. prakṛtau havirāsādanasya barhiḥkāryatvena yūpāvaṭastaraṇasyā 'prākṛtakāryatvāt, prākṛtakāryakāriṇy eva ca dharmātideśasyo 'pakārātideśapūrvakasyau 'cityād yūpāvaṭastaraṇabarhiṣi na prokṣaṇādisaṃskāraḥ.

18. prakṛtāv api pavitrādy[296] asaṃskṛtaiḥ paribhojanīyadarbhair eva kāryam, samantrakalavanādisaṃskṛtasya sarvasya barhiṣaḥ staraṇa evo 'pakṣayeṇa staraṇād anyatra paribhojanīyānām evau 'cityāt.

19. puroḍāśaśakalam aindravāyavapātre prāsyati āmikṣāṃ maitrāvaruṇapātre dhānā āśvinapātra[297] ity atra śakalapadasyo 'ttarārdhādipadavad[298] ekadeśabodhakatvena svatantrapuroḍāśānākṣepakatve 'py[299] āmikṣādhānāśabdayos tadabhāvena svatantrāmikṣādhānākṣepakatvād[300] anyā 'mikṣā 'nyā dhānāś ca maitrāvaruṇāśvinapātrayoḥ prakṣepyāḥ. na. dvitīyayā prāsanasya pratipattitvāvagamāt, upayuktasya ca pratipattiyogyatvād upayuktāmikṣādhānāśeṣa eva prakṣepyaḥ, śeṣābhāve tu na prakṣepaḥ.

20. yajñātharvaṇaṃ vai kāmyā iṣṭayas tā upāṃśu kartavyā[301] ity upāṃśutvaṃ pradhāna eva, tasyai 'va kāmyapadabodhyatvād aṅgeṣu kāmyapadaprayogābhāvāt.

---

296 Here Śabara has samāv apracchinnāgrau darbhau prādeśamātrau pavitre karoti (ĀpŚS 1.11.6) and aratnimātre vidhṛtī karoti (cf. ĀpŚS 2.9.12).

297 Cf. MS 4.6.2 (79.1) yad aindravāyave puroḍāśam avadadhāti maitrāvaruṇe payasyām āśvine dhānām; KS 27.5 (144.14) puroḍāśam aindravāyavasya pātre 'vadadhāti payasyāṃ maitrāvaruṇasya dhānām āśvinasya; ĀpŚS 12.25.6 puroḍāśaśakalam aindravāyavasya pātre 'vadadhāti. payasyāṃ maitrāvaruṇasya. dhānā āśvinasya; KŚS 9.11.25–27: 25 puroḍāśamātrām aindravāyave prāsyati 26 payasyāṃ maitrāvaruṇe 27 āśvine dhānāḥ. (Śabara: puroḍāśaśakalam aindravāyavasya pātre nidadhāti dhānā āśvinapātre, payasyāṃ maitrāvaruṇapātre; ŚD: as in Śabara through nidadhāti, then, as a separate quote, āmikṣā maitrāvaruṇasya dhānā āśvinsya pātre; JNMV: as in Śabara through nidadhāti (ĀĀ var: °aindravāyavapātre°), then as a separate quote, dhānā āśvinapātre payasyāṃ maitrāvaruṇapātre (ĀĀ var.: °maitrāvaruṇasya pātre); BhD: as in MNS).

298 °ārdhādipadavad E (pada *added in* E, *here, I think*); °ārdhādivad OB; padavad *and following* e *omitted in* PU. Cf. BhD.

299 °tve py OEB; °tveṇ U; °tven P.

300 *After* °svataṃtrāmikṣā O *omits text through* prāṇabhṛcchabda (adhi. 23, l. 5*) and has marginal note* atra śodhapatraṃ; *this portion of the text is added in* E *on a separate folio and* śodhaḥ *is written to mark its place.*

301 Untraced. Cf. ĀpŚS 24.3.31 upāṃśu kāmyā iṣṭayaḥ kriyanta iti tatra yāvatpradhānam upāṃśu; Caland compares this with ŚB 1.3.5.10.

21. śyene[302] dṛtinavanītam ājyaṃ bhavatī[303] 'ty anena dṛtau cirasaṃgṛhītanavanītaprakṛtikam ājyaṃ guṇasya pradhānagāmitvaucityāt pradhāne vidhīyate. na. śyenayāgasya somayāgavikṛtitvena dravyānākāṅkṣitvād[304] aṅgeṣu codakaprāpta ājye prakṛtitvena tādṛṅ navanītaṃ[305] vidhīyate.

22. tac ca navanītaṃ sutyākālīneṣv[306] evā 'ṅgeṣu savanīyapaśvādiṣu, saha paśūn ālabhata[307] iti śyenavaiśeṣikāṅge paśusāhitye sutyākālatvadarśanāt. na. yad ājyaṃ tat tādṛṅnavanītaprakṛtikam[308] iti vākyena sarvājyeṣu navanītaprakṛtikatvāvagatau[309] anumānasyā 'prasarāt, pradhānapratyāsattitulyavadagnīṣomīyānūbandhyasthānacalanavākyābādhaiḥ[310] paśusāhityasya sutyākālatvāśrayaṇāc ca sarvāṅgeṣv eva.

yat tv itaḥ pūrvaṃ pavamāneṣṭyādhānādīnām api śyenāpūrvopakārakatvād apūrvopakārakāṇām eva cā 'ṅgatvena teṣām api śyenāṅgatvāt, tatrā 'pi dṛtinavanītam astv iti prāpte, yajamānājyabhojanāder apy apūrvopakārakatvena tadājye 'pi dṛtinavanītatvāpatteḥ śāstrīyā yasyo 'pakārakatā[311] tatrai 'va dharmaniveśaḥ, na cā 'dhānādeḥ[312] śāstrāt śyenopakārakatā pramitā, tenā 'gnimātrārthatvasyai 'va pramitatvād ity adhikaraṇāntaraṃ kalpitam, tat śāstradīpikādau na dṛṣṭam, upakārakatvarūpāṅgatvasya dūṣitatvāt, ādhānādeḥ kratvaṅgatvābhāvasya ca pūrvam eva[313] sādhanād gatārthaṃ ca.

23. śāktyānāmayanākhye[314] sattre saṃsthite saṃsthite 'hani gṛhapatir mṛgayāṃ yāti, sa yān mṛgān hanti teṣāṃ tarasāḥ savanīyāḥ puroḍāśā

---

302 śyene E; ye ne B; śyene *omitted in* PU.

303 Cf. KŚS 22.3.37, 39: 37 caturbhir aśvarathaiḥ sakṣīradṛtibhir āvahanty etān (*comm.*: hotrādīn) 39 tato navanītam ājyam. (Śabara: dṛtinavanītam ājyam; ŚD, JNMV, and BhD: as in MNS (ŚD (NSP): dṛtinavanītājyaṃ bhavati)).

304 °ākāṃkṣitvād BU; °ākāṃkṣitatvād E.

305 °nītaṃ BU; °nītatvaṃ E; *in space of omitted passage in* P.

306 °kālīneṣv B; °kālīṣv E; °kālaprāpteṣv PU.

307 KŚS 22.3.28; ĀpŚS 22.3.10; JB 2.117; (but the last two are for the sādyakra rites). See 5.1.6 and 10.1.5.

308 Untraced. Cf. KŚS 22.3.39. (Presumably this is not intended as a direct quote, but as a paraphrase of the quote given in the preceding topic. Cf. JNMV yad ājyaṃ tad dṛtinavanītam). See 3.8.21.

309 °prakṛtikatvā° BPU; °prakṛtitvā° E.

310 °nūbandhya° *corr.*; °nubaṃdhya° EBPU.

311 śāstrīyā yasyopakārakatā B; śāstrāyā yasyopakārakatā PU; śāstrīyasyopakāratā E.

312 na cādhānādeḥ E; na cānādeḥ B; na ca dhānādaiḥ U; na ca dhānādeḥ P.

313 eva EPU; iva B.

314 śāktyānāmayanākhye *corr.*; śākyānāmayanākhye EBPU. Cf. TāB 25.7.1 śāktyānāṃ ṣaṭtriṃśatsaṃvatsaraṃ; ĀpŚS 23.11.11 (as in TāB).

bhavantī[315] 'ty anena sarveṣu puroḍāśeṣu tarasaṃ vidhīyatām, uddeśyapuroḍāśasya savanīyena viśeṣṭum aśakyatvāt savanīyapadasyā 'vayutyā 'nuvādatvena[316] prāṇabhṛcchabdanyāyena vo 'papatteḥ.[317] na. ye puroḍāśās te tarasā iti vacanavyaktau vyavahitānvayāpatteḥ,[318] mukhye[319] savanīyapade lakṣaṇāpatteś ca ye savanīyās te tarasā iti vacanavyaktyaucityāt savanīyahavirdhānādikārye māṃsaṃ vidhīyate, puroḍāśapadaṃ tu puroḍāśavattvasaṃbandhena savanīyahaviḥpañcakaparam[320] eva, puroḍāśān alaṃkurv[321] ityādau tathādarśanāt. iti tṛtīyo 'dhyāyaḥ.

---

315 ĀpŚS 23.11.12–13 (savanīyāḥ *omitted*). (Śabara: °sa tatra yān mṛgān hanti teṣāṃ tarasāḥ puroḍāśāḥ savanīyā bhavanti; ŚD: as in MNS (LKSV: °tarasamayāḥ savanīyāḥ°); JNMV: as in MNS (ĀĀ lacks one saṃsthite); BhD: °yāti tatra yān°).

316 °vādatvena BPU; °vādena E.

317 °nyāyena vopapatteḥ E; °nyāyena copapatteḥ OPU; °nyāyenopapatteḥ B. (ŚD *also presents the anuvāda explanation and the prāṇabhṛt comparison as alternatives, but in a different construction*).

318 vyavahitānvayāpatteḥ *through* aucityāt (*next line*) *om. in* B (*in its place* B *has* vityā).

319 mukhye E (*unclear, a corr. possibly from* mukhyo); mukhyo OPU.

320 savanīya° OEPU; savanīya *om. in* B. Cf. TS 6.5.11.4; ĀpŚS 12.4.6.

321 See 5.1.13. (Absent here in Śabara (he has it at JS 5.1.25); BhD: as in MNS).

Book 4

Chapter 1

1. kratvarthapumarthavicāro na kartavyo niṣphalatvāt. na. prayuktijñānasya tatphalasya saṃbhavāt.

2. kratūddeśena vihitatvaṃ kratvarthatvam, phaloddeśena vihitatvaṃ puruṣārthatvam, phale puruṣārthatvavyavahāro bhākta eva. ādhānam adhyayanaṃ ca na kratvartham, nā 'pi puruṣārtham.

yad vā. phalasyā 'pi bhāvanāviśeṣaṇatvād vidheyatvam. evaṃ ca śyenaphalābhicāre na hiṃsyād[1] iti niṣedho na pravartate. na. aprāptāṃśa eva viśeṣaṇavidhikalpanena[2] rāgaprāptaphale vidhyakalpanād abhicāro niṣiddha eva.

yad vā. godohanena paśukāmasya praṇayed[3] iti godohanapumarthatvāvagame 'pi prakaraṇāt kratvaṅgatvam api, itarathā camasābhāvena niraṅgapraṇayanāśritaguṇād api phalaṃ na syāt. na. vākyena phale viniyoge prakaraṇasyā 'kiṃcitkaratvāt, paraprayuktagodohanajanyopakāralābhe praṇayanena tatprayoge 'ṅgacamasāgrahaṇena praṇayane niraṅgatvaśaṅkāsaṃbhavād[4] godohanaṃ pumartham eva.

yad vā. pratigrahādinā yad dravyārjanaṃ tat kratvartham, anyathā phalakalpanāpatteḥ. evaṃ cā 'vyabhicaritakratusaṃbandhahiraṇyasaṃbandhād yasya hiraṇyaṃ naśyed[5] ityādīṣṭīnām api kratvarthatvena phalakalpanānāpattiḥ. na. dravyārjanasyā 'nārabhyā 'dhītatvena kratvaṅgatve mānābhāvāt, sarvatantraparilopāpatteḥ, dravyārjanamātreṇa karmaprakramāpattyā 'pa vā eṣa suvargāl lokāc chidyate yo darśapūrṇamāsayājī sann amāvāsyāṃ pau-

---

1 Untraced. Cf. ChU 8.15.1 ahiṃsan sarvabhūtāny anyatra tīrthebhyaḥ...brahmalokam abhisaṃpadyate. (Absent in Śabara; BhD: as in MNS; Prabhāvalī on BhD, p. 310, quotes a general prohibition: na hiṃsyāt sarvāṇi bhūtāni).

2 *After* viśeṣaṇavi *many folios are missing in* E, *which resumes in 9.3.8.*

3 Cf. ĀpŚS 1.16.3 kaṃsena praṇayed brahmavarcasakāmasya mṛnmayena pratiṣṭhākāmasya godohanena paśukāmasya; BhŚS 1.17.11.

4 °śaṃkā 'saṃbhavād OBPU (' *absent in* PU).

5 MS 2.2.7 (20.18) āgneyam aṣṭākapālaṃ nirvapet sāvitraṃ caruṃ vāyavyāṃ yavāgūṃ pratidhugvā bhaumam ekakapālaṃ yasya hiraṇyaṃ naśyet; TS 2.3.2.3–5: āgneyam aṣṭākapālaṃ nirvapet sāvitraṃ dvādaśakapālam bhūmyai carum...etām eva nir vaped yasya hiraṇyaṃ naśyet. Garge, p. 82, claims TS 2.5.2.5 (sic) is the source. (Śabara: agnaye kṣāmavate puroḍāśam aṣṭākapālaṃ nirvapet, yasyā 'hitāgneḥ sato 'gnir gṛhān dahet (MS 1.8.9 (129.18) °kṣāmavate 'ṣṭākapālam°; cf. TS 2.2.2.5), yasya hiraṇyaṃ naśyed āgneyādīni nirvapet).

rṇamāsīṃ vā 'tipātayed[6] ity atipātadarśanānupapatteś cā 'rjanaṃ pumartham. niyamo 'pi tatsaṃbandhāt tadartha eva, tadullaṅghane puruṣasya pratyavāyakalpanāt. hiraṇyanāśeṣṭyādīnām apy agatyā pumarthatvam eva.

3. ne 'kṣeto 'dyantam[7] ity atra naña ākhyātasaṃbandhe[8] pradhānasaṃbandhalābhāt, phalākalpanena lāghavāc ca kratvaṅgabhūtekṣaṇapratiṣedhaḥ kratvaṅgabhūto[9] vidhīyate. na. tasya vratam[10] ity upakrameṇā 'nuṣṭheyaviśeṣasyai 'vai 'tadvākyavidheyatvaucityān nañīkṣatibhyāṃ samarpitasya bhāvarūpānīkṣaṇasaṃkalpasya vidhiḥ. phalaṃ tv etāvatā hai 'nasā 'yukto bhavatī[11] 'ty aghakṣayaḥ.

4. sphyaś ce[12] 'tyādy upakramyai 'tāni vai daśa yajñāyudhānī[13] 'ty anenā 'gneyādyanuvādenā 'yudhaśabdalakṣitasphyādividhir[14] vākyāvaiyarthyāya. na. āgneyādīnāṃ puroḍāśādibhir avaruddhatvena sphyādiniveśāsaṃbhavāt, ekapadeno 'ddeśyavidheyasamarpaṇasyā 'śakyatvāt, uktavākasya saṃbhara-

6 TS 2.2.5.4 ava vā°...°amāvāsyāṃ vā paurṇamāsīṃ vā 'tipādayati. (Śabara: as in MNS, but with an additional vā after amāvāsyāṃ; Prabhā on ŚD; as in MNS; Mayūkhamālikā on ŚD: as in TS except, api vā°; BhD: yo darśapūrṇamāsayājī sann amāvāsyāṃ vā paurṇamāsīṃ vā 'tipātayed).

7 dyaṃtam O; dyaṃtām BPU. MDh 4.37 ne 'kṣeto 'dyantam ādityaṃ nā 'staṃ yantaṃ kadā cana| no 'pasṛṣṭaṃ na vāristhaṃ na madhyaṃ nabhaso gatam||; KB 6.3.12 tasya vratam udyantam evai 'naṃ ne 'kṣetā 'staṃ yantaṃ ce 'ti; ĀpDhS 1.11.31.18 udyantam astaṃyantaṃ cā 'dityaṃ darśane varjayet; VDh 12.10 no 'dyantam ādityaṃ paśyen nā 'staṃ yantam. (Śabara: no 'dyantam ādityam īkṣeta nā 'staṃ yantam; ŚD: no 'dyantam ādityam īkṣeta; JNMV: as in the first half of MDh; BhD: as in MDh, except °no 'paraktaṃ na° in the second half). (Garge, p. 248, has GDhS 2.18, which seems wrong (GDhS 2.12 nā 'dityam īkṣeta prohibits looking at the sun, but probably just during morning and evening twilight worship, and is taught for the initiate, not the graduate)).

8 naña ākhyātasaṃbamdhe B; nañākhyātasaṃbaṃdhe O; naña ākhyātasaṃbaṃdhena PU.

9 °kṣaṇapratiṣedhaḥ kratvaṃgabhūto OPU (*in margin in* O); *omitted in* B.

10 KB 6.3.12 (see above); cf. MDh 4.13 ato 'nyatamayā vṛttyā jīvaṃs tu snātako dvijaḥ| svargāyuṣyayaśasyāni vratānī 'māni dhārayet||; ĀpDhS 1.11.30.6 atha snātakavratāni; VDh 12.1 athā 'taḥ snātakavratāni. See Edgerton, p. 168, note 220. Here and at JS 6.2.20 (adh. 5) Śabara identifies these vows as prajāpativratas; cf. KB 6.1–3. See 6.2.5.

11 Untraced. See Edgerton, p. 170, note 223. (At JS 3.4.24 Śabara quotes, in reference to prajāpativratas: etāvatā hai 'nasā 'viyukto bhavati).

12 TS 1.6.8.2–3. (Śabara: same quote as one recorded at 3.1.5; ŚD and JNMV: sphyaś ca kapālāni ca; BhD: as in MNS).

13 TS 1.6.8.3. (ŚD and JNMV: as in MNS).

14 °lakṣitasphyā° BPU; °lakṣitasya sphyā° O.

ṇavidhiśeṣatvāc[15] ca sphyeno 'ddhantī[16] 'tyādivākyaprāptasādhanatvānuvāda evā 'yam.

5. paśunā yajete[17] 'tyādau pratīyamānam ekatvaṃ padaśrutyā paśvaṅgam, na tu vākyād yajñāṅgam, tathā ca tadabhāve 'pi yajño na viguṇaḥ. na. padaśrutyapekṣayā 'pi prabalayā vibhaktiśrutyā[18] kārakādhīnasya taddvārā yāgabhāvanāyām evā 'nvayena yāgāṅgatvāvaśyakatvād ekatvādyabhāve viguṇaḥ kratuḥ.

6. liṅgaṃ tv aliṅgaviparītaliṅgayor vṛkṣapipīlikādyos tattacchabdadarśanenā 'śabdārthatvān na yajñāṅgam. na. siṃhaḥ siṃhī 'tyādāv ananyathāsiddhaliṅgapratīter liṅgasyā 'pi śabdārthatvam, śabdaś ca ṭābādiḥ supvikāraḥ prātipadikavikāraś ca, bādhe tu ṭābādeḥ sādhutāmātram iti liṅgam api yajñāṅgam.

7. sviṣṭakṛdādiyāgā mantraprakṣepābhyām āgneyādidevatādravyasaṃskārakā eva, na tv adṛṣṭārthāḥ, tyāgāṃśasya niṣprayojanatve 'py adoṣāt. na. vihitasya phalāvaśyaṃbhāvena viśeṣyabhūtatyāgasya[19] dṛṣṭābhāve[20] 'dṛṣṭasyā 'vaśyakatvāt tyāgāṃśenā 'dṛṣṭārthā api. paraṃparāprayuktadravyopajīvitvād dravyānutpādakā api dravyanāśādau vacanād[21] ājyena kartavyāḥ.

8. ataḥ paraṃ sākṣātprayukticintā, tatsiddhyarthā ca kva cid aṅgāṅgitvacintā 'pi.

9. tapte payasi dadhy ānayati sā vaiśvadevy āmikṣā vājibhyo vājinam[22] ity atra dadhyānayanam āmikṣāvājinaprayuktam, ubhayajanakatvaliṅgāt. na. pūrvavākya ānayanakarmaṇā dadhnā vyāpyamānatvena saṃskāryasya payasaḥ prādhānyāt, se 'ti sarvanāmnā tasyai 'va parāmarśena, madhurarasabhūyastvena juṣantāṃ yujyaṃ paya[23] iti mantravarṇena ca payasa evā

---

15 °vidhiśeṣatvāc O; °vidhitvāc B; vidhiarthavādatvāc PU. TS 1.6.8.2 yajñāyudhāni saṃbharati. ŚD and JNMV match TS (but ŚD (NSP): saṃbharanti).

16 See 3.1.5. (Śabara: sphyeno 'ddhanti, kapāleṣu śrapayanti, agnihotrahavaṇyā nirvapati, śūrpeṇa vivinakti, kṛṣṇājinam ulūkhalasyā 'dhastād avastṛṇāti, śamyāyāṃ dṛṣadam upadadhāti, prokṣitābhyām ulūkhalamusalābhyām avahanti, prokṣitābhyāṃ dṛṣadupalābhyāṃ pinaṣṭi (see 3.1.5); ŚD: as in MNS; JNMV: sphyeno 'ddhanti kapāleṣu śrapayati).

17 See 1.3.10. (Śabara: yo dīkṣito yad agnīṣomīyaṃ paśum ālabhate; JNMV: agnīṣomīyaṃ paśum ālabheta; BhD: as in MNS).

18 °śrutyā OPU; °śrutyā śeṣa B.

19 °bhūtatyāgasya OPU (tyā *corr. from* yā *in* O); °bhūtayāgasya B.

20 °ābhāve BPU (*I have added the following avagraha*); °ābhāvena O (na *in margin*).

21 See 6.4.1.

22 See 2.2.9.

23 TS 2.4.14.5 q viśve devā ṛtāvṛdha ṛtubhir havanaśrutaḥ| juṣantāṃ yujyaṃ payaḥ||; MS 4.10.3 (150.11); KS 13.15 (197.14); ṚV 6.52.10 (all these are identical with

'mikṣātvāvagateḥ, saṃskāryasyai 'va ca saṃskāraprayojakatvenā 'mikṣai 'va prayojikā, na tu tiktarasaṃ vājinam api, tasyā 'nuniṣpannatvāt. evaṃ cā 'nuniṣpannākīrṇakarapratipattitvenā 'ṅgatvād vājinayāgasyā 'mikṣāyāgavikāre 'tideśaḥ.

10. krayārthaṃ nīyamānaikahāyanyāḥ saptamaṃ padam adhvaryur añjalinā gṛhṇāti,[24] yarhi havirdhāne prācī pravartayeyus tenā 'kṣam upāñjyād[25] ity akṣābhyañjanam api krayavan nayanasya prayojakam, saṃnidhyaviśeṣāt. na. krayasādhanadravyasaṃskārakasya nayanasya krayaprayuktatvāt. evaṃ ca grāvaṇi saptamapadapāte nā 'kṣābhyañjanārthaṃ punarnayanam. akṣābhyañjanaṃ tu ghṛtādinā bhavaty eva, guṇalope mukhyālopasya nyāyyatvāt.

11. puroḍāśakapālena tuṣān upavapatī[26] 'ty atra tṛtīyayā tuṣopavāpaṃ praty apy aṅgatvāvagateḥ so 'pi kapālaprayojakaḥ. na. puroḍāśasaṃbandhasya mānāntaragamyasyā 'locane tatprayuktatvasya pratīteḥ. paraprayuktakapālopajīvy avaghātakālikas tuṣopavāpo na kapālopādānadhāraṇarakṣaṇaprayojakaḥ,[27] ninayanakālikas tu rakṣaṇaprayojaka eva. evaṃ ca carau na kapālaniyamaḥ.

12. paśau śakṛt saṃpravidhyati lohitaṃ nirasyatī[28] 'ti nirasanaṃ paśvālambhasya śakṛllohitayor vā prayojakam, śakṛllohitayor anupayuktatvena nirasanasya tatpratipattitvāsaṃbhavāt. na. dvitīyayā pratipattitvāvagamād upayogābhāve 'py anuniṣpannasyā 'kīrṇakarasya pratipattyākāṅkṣitvāt. lohitāder abhāve nāśe tallopaḥ.

13. uttarārdhāt sviṣṭakṛte samavadyatī[29] 'ti sviṣṭakṛd uttarārdhahavirantarayoḥ prayojakaḥ, āgneyāder devatābhyas tyaktatvenā 'nyasmai tyaktum

---

TS); TS 4.1.11.4 (this gives pratīka for 2.4.14.5). (This is absent here in Śabara, but he cites it at JS 8.2.23 (adh. 8.2.4); ŚD, JNMV, and BhD: as in MNS).

24 ĀpŚS 10.23.2 °añjalinā 'bhigṛhya. (Śabara: saptamaṃ padaṃ gṛhṇāti; Śabara cites another quote before this one, ṣaṭ padāny anuniṣkrāmati (cf. TS 6.1.8.1 °anu ni krāmati); JNMV: as in MNS (but not clearly marked as quote in Gold.); ŚD: as in MNS (and preceded by the same quote as in Śabara); BhD: as in MNS, but perhaps not a quote).

25 TS 3.1.3.1 °pravartayeyus tarhi tenā°. (Śabara, ŚD, JNMV, and BhD: as in TS).

26 Cf. ĀpŚS 1.20.9 madhyame puroḍāśakapāle tuṣān opya rakṣasaṃ bhāgo 'sī 'ty adhastāt kṛṣṇājinasyo 'pavapaty uttaram aparam avāntraradeśam; (the mantra occurs at TS 1.1.5.2 u).

27 °dhāraṇa° BPU; °dharaṇa° O.

28 Untraced. (Śabara: lohitaṃ nirasyati, śakṛt saṃpravidhyati, sthavimato barhir aṅktvā 'pāsyati (cf. ŚB 3.8.2.15 tad (*understand* asṛk) upāsyā 'bhitiṣṭhati; TS 6.3.9.2 sthavimato barhir aktvā 'pāsyati; KŚS 6.7.13); ŚD, JNMV, and BhD: as in MNS).

29 Cf. TS 2.6.6.5 yad agnaye sviṣṭakṛte 'vadyati...uttarārdhād avadyati; ĀpŚS 2.21.3 juhvām upastīrya sarveṣāṃ haviṣām uttarārdhāt sakṛt sakṛt sviṣṭakṛte 'vadyati.

aśakyatvāt. na. uttarārdhādiśabdānām ekadeśavācitvena sati saṃnihite saṃbandhini taṃ vinā 'rthāparyavasānāt, vacanena viniyuktasyā 'pi viniyogasaṃbhavāt, pratipattitvāc ca na tayoḥ prayojakaḥ, paraṃ tyāgāṃśenā 'dṛṣṭārthatvād dvavyanāśa ājyena vacanāt[30] kartavyaḥ.

14. prayājaśeṣeṇa havīṃṣy abhighārayatī[31] 'ty atrā 'bhighāraṇaṃ haviḥsaṃskārakaṃ dvitīyābalāt, evaṃ ca vājapeye prātaḥsavane kratupaśūnāṃ prājāpatyapaṣūnāṃ ca sahopakrame 'pi prājāpatyapaṣūnāṃ mādhyaṃdinasavana ālambhe prājāpatyahaviṣām abhighāraṇāya juhvā vyāpṛtatve 'pi pātrāntare prayājaśeṣo dhārayitavyaḥ. na. abhighāraṇasya juhūriktīkaraṇarūpadṛṣṭārthatvāya tṛtīyādvitīyayor dvitīyāsaptamyarthalakṣakatvenā 'bhighāraṇasya śeṣapratipattitvāt, haviḥsaṃskāratve 'pi brahma vai brahmasāma yad brahmasāmny ālabhate śamyās tenā 'bhighṛtā[32] iti prājāpatyavapānāṃ brahmasāmnai 'va rūkṣatvanivṛtteḥ, tadarthābhighāraṇāya pātrāntare śeṣasthāpanasyā 'yogān na tat. śamyā rūkśāḥ.

15. atihāye 'ḍo barhiḥ prati samānayate juhvām aupabhṛtam[33] ity ānayanaṃ nau 'pabhṛtājyagrahaṇasya prayojakam, yaj juhvāṃ gṛhṇāti prayājebhyas tat,[34] yad upabhṛti prayājānuyājebhyas tad[35] iti vākyābhyāṃ prayājeṣu jauhavaupabhṛtayor vaikalpikatvena jauhavena prayājakaraṇe

---

30 See 6.4.1.

31 SatyāŚS 2.2.32 (p. 200) pratyākramya prayājaśeṣeṇa havīṃṣy abhighārayati; VaiŚS 6.7 (65.2) ākramya prayājaśeṣeṇa havīṃṣy abhighārayati; ĀpŚS 2.17.6 trīn iṣṭvā 'rdham aupabhṛtasya juhvām ānīyo 'ttarāv iṣṭvā pratyākramya śeṣeṇa dhruvām abhighāryā 'nupūrvaṃ havīṃṣy abhighārayaty upabhṛtam antataḥ; cf. TS 2.6.1.6 yat prayājān iṣṭvā havīṃṣy abhighārayati.

32 Untraced. Cf. ĀpŚS 18.6.7, 8: 7 brahmasāmny upākṛte 'tra sārasvataprabhṛtīn uttarān ālabhante 8 teṣāṃ anabhighāritābhir vapābhiḥ pracarati; ŚŚS 15.1.24 brahmasāmnā 'labhyante. (Śabara: savyā vā etarhi vapā yarhi anabhighṛtā, brahma vai brahmasāma, yad brahmasāmny ālabhate tenā 'savyāḥ tenā 'bhighṛtāḥ; JNMV: as in Śabara, except śamyā and 'śamyās, instead of savyā and 'savyāḥ; BhD: savyā vā etarhi vapā yarhy anabhighṛtā). See 11.2.11.

33 Untraced. Cf. ŚB 1.5.3.16 atha caturthe prayāje samānayati barhiṣi (similar phrase in 17,18); ĀpŚS 2.17.6 (quoted at the preceding topic); SatyāŚS 2.2.31 (p. 199) (similar to ĀpŚS). (Śabara: atihāye 'ḍo barhiḥ prati samānayati; JNMV: as in MNS except samānayati; ŚD and BhD: as in MNS (ŚD (NSP): °samānayati°)).

34 TB 3.3.5.5; cf. ŚB 1.3.2.8 sa yac catur juhvāṃ gṛhṇāti. ṛtubhyas tad gṛhṇāti prayājebhyo hi tad gṛhṇāty ṛtavo hi prayājāḥ. (Śabara at JS 4.1.43 (adh. 4.1.16): yaj juhvāṃ gṛhṇāti ṛtubhyas tad gṛhṇāti, ṛtavo vai prayājāḥ; ŚD and JNMV: as in MNS (JNMV (Gold. and ĀĀ var.): yac ca juhvāṃ°)).

35 TB 3.3.5.5. (Śabara at JS 4.1.45 (adh. 4.1.16): yad aṣṭāv upabhṛti gṛhṇāti prayājānuyājebhyas tad gṛhṇāti; ŚD and JNMV: as in MNS; BhD: aṣṭāv upabhṛti gṛhṇāti prayājānuyājebhyas tat).

aupabhṛtānayanasyai 'vā 'bhāvena, aupabhṛtena karaṇe 'py ādyaprayājopakrama[36] evau 'pabhṛtapañcagṛhītānayanena cā 'syā 'nuyājārthājyasaṃskāratvāt. na. samānayane kālamātravidhāv alpavidhānadṛṣṭārthatvayor lābhāya prayājābhyām anuyājebhyaś ce 'ti vigraheṇau 'pabhṛtasya vibhajya prayājānuyājārthatvāt prayājārtham ānayanaṃ grahaṇaprayojakam. tad api caturgṛhītasyai 'va, na tv alpasya, na hy atrā 'nuyājān yakṣyan bhavatī[37] 'ty ātithyāyām āmnānāt.

16. yaj juhvām[38] ity anena jauhavasya prayājārthatvavad yad upabhṛty anuyājebhyas tad[39] ity anenau 'pabhṛtasyā 'pi kevalānuyājārthatvam. na. yad upabhṛti prayājānuyājebhyas tad[40] ity āmnānena kevalānuyājārthatvabodhakam avayutyā 'nuvādaḥ. dhrauvaṃ tv etadbhinnasarvārtham.

17. aṣṭāv upabhṛtī[41] 'ty atrā 'ṣṭatvaviśiṣṭam ekaṃ grahaṇaṃ vidhīyate, na tu catuṣṭvaviśiṣṭaṃ grahaṇadvayam, aṣṭatvasya grahaṇārthatve vaiyarthyāc ca caturgṛhītaṃ juhotī[42] 'ti bādhitvā grahaṇadvārā prayājānuyājahomārthatā. na. caturgṛhītāny ājyāni na hy atrā 'nuyājān yakṣyan bhavatī[43] 'ty ātithyāgatavākyasya catuṣṭvadvayalakṣaṇātātparyagrāhakatvāt, anyathā 'nuyājābhāve 'py aṣṭagṛhītasyā 'nivṛttyā bahutvānuvādānupapatteḥ. evaṃ ca na[44] caturgṛhītabādho 'pi. caturthe prathamaḥ.

---

36 prayājopakrama *corr.*; °prayājokrama OBPU.

37 Cf. ŚB 3.4.1.18 caturgṛhītāny ājyāni gṛhṇāti na hy atrā 'nuyājā bhavanti. See 1.2.3. (Śabara: caturgṛhītāny ājyāni bhavanti, then as in MNS; BhD: caturgṛhītāny ājyāni).

38 TB 3.3.5.5; cf. ŚB 1.3.2.8. See 4.1.15. (Śabara: as quoted in 4.1.15; ŚD and JNMV: yaj juhvāṃ gṛhṇāti prayājebhyas tat; BhD: catur juhvāṃ gṛhṇāti prayājebhyas tat).

39 Cf. ŚB 1.3.2.9 atha yad aṣṭau kṛtva upabhṛti gṛhṇāti, chandobhyas tad gṛhṇāty anuyājebhyo hi tad gṛhṇāti chandāṃsi hy anuyājāḥ. (Śabara: yad upabhṛti gṛhṇāty anuyājebhyas tad gṛhṇāti chandāṃsi hy anuyājāḥ; ŚD: as in MNS; BhD: aṣṭāv upabhṛti anūyājebhyas tat).

40 TB 3.3.5.5. See 4.1.15. (Śabara: yad aṣṭāv upabhṛti gṛhṇāti prayājānuyājebhyas tad gṛhṇāti; ŚD: yad upabhṛti prayājānūyājebhyas tat; BhD: aṣṭāv upabhṛti gṛhṇāti prayājānūyājebhyas tat).

41 TB 3.3.5.5 (also 3.3.5.3,4); cf ŚB 1.3.2.9 atha yad aṣṭau kṛtva upabhṛti gṛhṇāti. (Śabara and ŚD: aṣṭāv upabhṛti gṛhṇāti; JNMV and BhD: as in MNS). See 4.1.15 and 16.

42 TS 5.1.1.1 matches this, but seems to be irrelevant. Śabara says it is an anārabhya text applying to all homas. See 10.8.13.

43 Cf. ŚB 3.4.1.18 caturgṛhītāny ājyāni gṛhṇāti na hy atrā 'nuyājā bhavanti. (Śabara and BhD: caturgṛhītāny ājyāni bhavanti. na hy° (the editor of BhD presents this as two quotes)). See 1.2.3.

44 ca na OPU; ca na *om. in* B.

Chapter 2

1. yūpasya svaruṃ karotī[45] 'ty anena svarukarmakayūpaśabdalakṣitakhādirādikaraṇakacchedanādītikartavyatākabhāvanāyā vidhānāt svarur api cchedanādiprayojakaḥ. na. viśiṣṭavidhilakṣaṇāparihārāya svaruṇā paśum anaktī[46] 'ty arthaprāptādānasyā 'nuvādena yūparūpāpādānamātravidhānāt,[47] yaḥ prathamaḥ śakala āpatet sa svaruḥ kārya[48] iti vacanāc cā 'nuniṣpādī svarur na prayojakaḥ.

2. prācīm āharatī[49] 'ty atra prācīśabdasya digvācitve 'pi tasyā āharaṇāsaṃbhavāt prakṛtānugrahāc ca prāgdeśabhavā śākhai 'vā 'rthaḥ.

3. mūlataḥ śākhāṃ parivāsyo 'paveṣaṃ karotī[50] 'ty uktamūlarūpopaveṣasyo 'paveṣeṇa kapālāny upadadhātī[51] 'ty anena, agrarūpaśākhāyāś ca

---

45 Cf. MS 3.9.4 (119.11) yūpasya svaruṃ kuryāt. (Śabara: svaruṇā paśum anakti, yūpasya svaruṃ karoti (see next note); ŚD and BhD have the same quotes as Śabara; JNMV: as in MNS).

46 MŚS 1.8.3.18 svaruṇā paśum anakty aspṛśan svadhitinā; cf. ĀpŚS 7.14.11, 12: 11 svarum antardhāya svadhitinā paśuṃ samanakti... 12 na vā svadhitinā svaruṇai 'va (*comm.*: anaktī 'ty anvayaḥ); VŚS 1.6.4.23; TS 6.3.7.5. See 4.4.10 (where Śabara has svaruṇā svadhitinā vā paśum anakti).

47 yūparūpāpādāna° OB; yūparūpopādāna° PU.

48 Untraced. Garge, p. 97, cites TS 6.3.3.2 and refers to ŚB 3.7.1.24: TS 6.3.3.2 yaḥ prathamaḥ śakalaḥ parāpatet tam apy ā haret; ŚB 3.7.1.24 atha yasmāt svarur nāma. etasmād va eṣo 'pacchidyate. tasyai 'tat svam evā 'rur bhavati. tasmāt svarur nāma; cf. 3.6.4.11 sa yaṃ prathamaṃ śakalam apachinatti. tam ādatte. However, the chip referred to in TS and ŚB does not seem to be the svaru, but rather the one destined to be thrown in the hole for the post. See Keith, p. 520, note 1, where he refers to Sāyaṇa on TS 1.3.6 e (yūpasya trayo netāraḥ prathamaśakalaḥ svaruś caṣālaś ca) and denies that the svaru is the prathamaśakala. Cf. MŚS 5.2.12.4 prathamotpatitaṃ svarucaṣālam, in a section which concerns the ekādaśinī; Van Gelder translates this as, "(He seizes) the first splinter that flies up (and makes) the chip and the knob", and Dandekar as, "(Of) the splinter which has flown out first, (he should make) the *svaru* and the top-ring" (ŚK, Vol. II, English Section, Part II, p. 858), but perhaps all three items mentioned could be understood as objects of the preceding verb, achaiti (he goes to fetch (van Gelder)), or of an unspecified verb for making or preparing. (Śabara: °parāpatet°; JNMV: chidamānasya yūpasya yaḥ prathamaṃ patitaḥ śakalaḥ sa svaruḥ; BhD: tatra yaḥ prathamaś śakalaḥ parāpatet sa svaruḥ).

49 TB 3.2.1.3 yat prācīm āharet. devalokam abhijayet. yad udīcīṃ manuṣyalokam. prācīm udīcīm āharati. ubhayor lokayor abhijityai; cf. ĀpŚS 1.2.1; TB 3.7.4.8. (Śabara: prācīm āharaty udīcīm āharati prāgudīcīm āharati; ŚD and BhD: as in MNS; JNMV: yat prācīm āharet, devalokam abhijayet).

50 ĀpŚS 1.6.7.

51 Cf. ŚB 1.2.1.3 sa yaḥ kapālāny upadadhāti sa upaveṣam ādatte; ĀpŚS 1.22.2. (Śabara has this quote at JS 10.8.68; ŚD and JNMV: as in MNS).

śākhayā vatsān apākarotī[52] 'ty anena viniyogād upadhānāpākaraṇe chedanādiprayojake.[53] na. parivāsanasya dvitīyāśrutyā śākhārthatvāt, upaveṣaṃ karotī 'ty asya mūle saṃjñāntarakaraṇārthatvād upaveṣo 'nuniṣpādī, tatsādhyatvāc co 'padhānam aprayojakam.

4. saha śākhayā prastaraṃ praharatī[54] 'ty atra sūktavākavākya[55] iva praharatipadasya yāgabodhakatvāc[56] chākhāpraharaṇam arthakarma. na. māntravarṇikadevatānurodhena sūktavākavākye praharater yāgalakṣakatve 'pi prakṛte yāgakalpanāyāṃ manābhāvāt prakṣepāṃśena prastarasye 'va śākhāyāḥ pratipattiḥ.

5. apaḥ praṇayatī[57] 'ti praṇītānām apāṃ praṇītābhir havīṃśi saṃyauti,[58] antarvedi praṇītā ninayatī[59] 'ti kāryadvayāmnānād dvayam api prayojakam. na. dvitīyayā ninayanasya pratipattitvāt.

6. krīte some maitrāvaruṇāya daṇḍaṃ prayacchatī[60] 'ti daṇḍadānaṃ pratipattiḥ, yajamānadhāraṇena daṇḍasya kṛtārthatvāt. na. daṇḍī praiṣān anvāhe[61] 'ty anuvacanāpekṣitālambanasādhanatvena maitrāvaruṇārthatve dṛṣṭārthatvopayokṣyamāṇasaṃskāratvayor lābhāt, dvitīyāyāḥ saktūn[62] itivat

---

52 TB 3.2.1.1 yat parṇaśākhayā vatsān apākaroti; ŚB 1.7.1.1 sa vai parṇaśākhayā vatsān apākaroti ĀpŚS 1.2.2 vāyava stho 'pāyava sthe 'ti tayā (*understand* śākhayā) ṣaḍavarārdhyān vatsān apākaroti (the mantra occurs at TS 1.1.1 b).

53 °prayojake BPU; °prayojakaṃ O.

54 ĀpŚS 3.6.6 anūcyamāne sūktavāke marutāṃ pṛṣataya sthe 'ti saha śākhayā prastaram āhavanīye praharati (the mantra occurs at TS 1.1.13.1–2 g, h); MŚS 1.3.4.17 saha śākhayā prastaram anupraharati; VŚS 1.3.6.8 sahaśākhaṃ prastaram agnāv anupraharati.

55 See 3.2.5.

56 °vodhakatvāc OPU; °vodhatvāc B.

57 MS 4.1.4 (5.18) apaḥ praṇayaty āpo vai śraddhā śraddhām evā 'labhya yajate; TS 1.6.8.1 apaḥ praṇayati, śraddhā vā āpaḥ śraddhām evā 'rabhya yajñena yajate; TB 3.2.4.1 as in TS, but °ārabhya praṇīya pracarati. (Śabara: as in MS; ŚD, JNMV, and BhD: as in MNS). Garge (p. 115) seems to have missed the MS quote here and refers to Śabara's quote as an inaccurate citation of the TS.

58 BhŚS 1.25.2; cf. ĀpŚS 1.24.3 prokṣaṇīvat piṣṭāny utpūya praṇītābhiḥ saṃyauti.

59 Cf. TS 1.7.5.3 yat pūrṇapātram antarvedi ninayati; ĀpŚS 4.14.4; ŚB 1.9.2.32; KŚS 3.8.6.

60 TS 6.1.4.2; cf. ĀpŚS 10.27.2 dīkṣitadaṇḍaṃ ca maitrāvaruṇāya prayacchati.

61 Untraced. Cf. TS 6.1.4.2 krīte some maitrāvaruṇāya daṇḍaṃ prayacchati, maitrāvaruṇo hi purastād ṛtvigbhyo vācaṃ vibhajati.

62 At JS 2.1.11 (adhi. 4) Śabara has: śaktūn juhoti (cf. TS 3.3.8.4 añjalinā saktūn pradāvye juhuyāt). At JS 2.1.12 he makes the argument stated here. ŚD refers to the case of saktu, without introducing a quote.

karaṇatvalakṣaṇārthatvāc ca. evaṃ ca nirūḍhapaśau dīkṣitābhāve 'pi daṇḍaḥ saṃpādyaḥ.

7. cātvāle kṛṣṇaviṣāṇāṃ prāsyatī [63]'ti prāsanaṃ pratipattir dvitīyābalāt.

8. yat kiṃ cit somaliptaṃ tenā 'vabhṛthaṃ yantī[64] 'ty atra somaliptasya tene 'ty anenā 'vabhṛthasādhanatvāvagates tad dhaviḥ. na. vāruṇenai 'kakapālenā 'vabhṛtham avayantī[65] 'ty avabhṛthe puroḍāśāvaruddhatvenā 'nyasya haviṣṭvāsaṃbhavād avabhṛthaśabdena deśaṃ lakṣayitvā tatra somaliptapātranayanaṃ pratipattirūpam vidhīyate.

9. same yajeta,[66] paurṇamāsyāṃ yajeta,[67] catvāra ṛtvijaḥ,[68] vrīhibhir yajeta,[69] śvetam ālabheta,[70] vrīhīn avahantī[71] 'tyādīni deśādīnāṃ karmabhir evā 'kṣepād anuvādakāni. na. pākṣikāprāptipūraṇena niyamavidhitvāt.

10. yāgahomadānavidhibhir devatoddeśapūrvakadravyatyāgatatpūrvakaprakṣepaparasvatvaphalakadravyatyāgā anuṣṭhāpyante.

---

63 TS 6.1.3.8 nītāsu dakṣināsu cātvāle°; ĀpŚS 13.7.16. (Śabara has this at JS 4.1.216 (adh. 4.1.6); ŚD: as in MNS; JNMV (Gold. and ĀĀ var.) and BhD: as in TS; JNMV (ĀĀ): as in TS except, prattāsu dakṣināsu°).

64 Untraced. Cf. BhŚS 14.20.11; BŚS 8.20 (261.6); SatyāŚS 9.5.11–12 (p. 940); ĀpŚS 13.20.12; MS 4.8.5 (112.4); KS 29.3 (170.18); (Jha quotes MS, but no somaliptam there or in KS; these two do have tena, unlike the others). (Śabara: varuṇagṛhītaṃ vā etad yajñasya yad ṛjīṣaṃ yad grāvāṇo yad audumbarī yad abhiṣavaṇaphalake, tasmād yat kiṃ cit somaliptaṃ dravyaṃ tenā 'vabhṛthaṃ yanti (this is similar to MS and KS); JNMV: as in Śabara except caturgṛhītam instead of varuṇagṛhītaṃ; ŚD and BhD: as in MNS).

65 Untraced. (Śabara and ŚD: °'vabhṛtham abhyavayanti; JNMV: as in MNS; BhD: °'vabhṛthaṃ yanti).

66 Untraced. (Cf. TS 6.2.6.3 etad vai pratiṣṭhitaṃ devayajanaṃ yat sarvataḥ samam, praty eva tiṣṭhati (but this is for the soma rite)). (Śabara and JNMV: same darśapūrṇamāsābhyāṃ yajeta; ŚD: as in MNS).

67 See 2.2.3. (Śabara and JNMV: paurṇamāsyāṃ paurṇamāsyā yajeta, amāvāsyāyām amāvāsyayā yajeta; ŚD: paurṇamāsyāṃ paurṇamāsyā yajeta (NSP: °paurṇamāsyayā°)).

68 TB 2.3.6.2 darśapūrṇamāsayor yajñakratoḥ. catvāra ṛtvijaḥ. (Śabara and JNMV: as in TB; ŚD: darśapūrṇamāsayoś catvāra ṛtvijaḥ (although the editors do not present this as a quote)).

69 Untraced. See 2.2.6. (This is absent here in Śabara; ŚD: as in MNS).

70 TS 2.1.1.1 vāyavyaṃ śvetam ālabheta bhūtikāmaḥ. (Śabara and JNMV: as inTS; (Śabara then adds: somāraudraṃ ghṛte caruṃ nirvapec chuklānāṃ vrīhīṇāṃ brahmavarcasakāmaḥ (MS 2.1.5 (6.15)), and nairṛtaṃ caruṃ nirvapet kṛṣṇānāṃ vrīhīṇām (cf. TS 1.8.9.1 narirṛtaṃ carum parivṛktyai gṛhe kṛṣṇānāṃ vrīhīnāṃ nakhanirbhinnam (*understand* nirvapati)); ŚD: śvetam paśum ālabheta).

71 See 1.3.10.

11. yad ātithyāyāṃ barhis tad upasadāṃ tad agnīṣomīyasye[72] 'ty atrā 'cchidya vidhāne ātithyāyāṃ barhirvidhivaiyarthyāpatteḥ, niriṣṭikopadeśe ca śiṣṭācāravirodhād āśvavālaprastarādīnām[73] ātithyābarhirdharmāṇām atideśaḥ. na. evam api lakṣaṇāpatteḥ, barhirekatvam eva yattatpadābhyāṃ bodhyate. caturthe dvitīyaḥ.

Chapter 3

1. yasya parṇamayī juhūr bhavati na sa pāpaṃ ślokaṃ śṛṇotī[74] 'ty anārabhyā 'mnātaparṇatādeḥ phaloddeśena kratvarthajuhūddeśena ca vidhānād ubhayārthatā dadhyādivat.[75] na. phaloddeśena vidhāne āśrayālābhāt, kratvapūrvasādhanoddeśena vidhāne phalākāṃkṣābhāvāt, vākyāntarābhāvāc ca kratvarthatai 'va.

2. apaḥ praṇayatī[76] 'ti prakṛtya mṛnmayena pratiṣṭhākāmasye[77] 'ti śrutaṃ kāmyam api mṛnmayaṃ pratiṣṭhākāmanābhāve 'py anuṣṭheyam, saṃnidhānena tasyai 'va praṇayanaṃ praty apy aṅgatvāt. na. saṃnihitasyā 'py anyoddeśena vihitasyā 'nyāṅgatvāyogād ākṣepeṇa yat kiṃ cit pātram aṅgam. camasenā 'paḥ praṇayed[78] ity āmnānāt kṛtvā cintai 'ṣā.

---

72 BhŚS 12.2.8 °ātithyāyā barhis°; cf. ĀpŚS 11.2.11 ātithyābarhir upasadām agnīṣomīyasya ca; AiB 1.25.1.

73 See ĀpŚS 10.30.3.

74 TS 3.5.7.2 °na pāpaṃ°. (Śabara: yasya khādiraḥ sruvo bhavati sa cchandasām eva rasenā 'vadyati sarasā asyā 'hutayo bhavanti. yasya parṇamayī juhūr bhavati, na sa pāpaṃ ślokaṃ śṛṇoti iti. yasyā 'śvatthy upabhṛd bhavati brahmaṇai 'vā 'syā 'nnam avarundhe. yasya vaikaṅkatī dhruvā bhavati praty evā 'syā 'hutayas tiṣṭhanti. atho prai 'va jāyate. yasyai 'vaṃrūpāḥ sruco bhavanti sarvāṇy evai 'naṃ rūpāṇi paśūnām upatiṣṭhante, nā 'syā 'parūpam ātmañ jāyate (corresponds to TS 3.5.7.1-3); ŚD, JNMV, and BhD: as in MNS).

75 See 4.3.3.

76 TS 1.6.8.1; TB 3.2.4.1. See 4.2.5. (Absent here in Śabara; ŚD and JNMV: as in MNS).

77 ĀpŚS 1.16.3 kaṃsena praṇayed brahmavarcasakāmasya mṛnmayena prathiṣṭhākāmasya godohanena paśukāmasya; BhŚS 1.17.11. (Śabara: godohanena paśukāmasya praṇayet, kāṃsyena brahmavarcasakāmasya; ŚD and JNMV: mṛnmayena pratiṣṭhākāmasya praṇayet).

78 VŚS 1.2.4.5 camasenā 'paḥ praṇayati; cf. ĀpŚS 1.16.3; BhŚS 1.17.10. (Absent in Śabara here; JNMV: as in MNS).

3. dadhne 'ndriyakāmasya juhuyād[79] iti dadhno 'pi kāmyatvān nityaprayogo na dadhnā kāryaḥ. na. dadhnā juhotī[80] 'ty aneno 'ktena ca dadhna ubhayārthatvāt.

4. payo vrataṃ brāhmaṇasya yavāgū rājanyasyā 'mikṣā vaiśyasye[81] 'ti vrataṃ pumarthaṃ puruṣasaṃbandhāt. na. saṃnihitakratuphalena phalavattvaucityāt kratuyuktapuruṣadharmatvena kratvarthatvam.

5. viśvajitā yajete[82] 'tyādiṣv api bhāvanābhāvyanirvāhāyā 'sti phalam.

6. tad apy ekam, ekenai 'vā 'kāṅkṣāśānteḥ.

7. tad api sarveṣṭatvāl laghuśarīratvāc ca vijātīyasukharūpasvargarūpam.

8. pratitiṣṭhanti ha vā ya etā rātrīr upayantī[83] 'tyādiṣu tu svargād api pratyāsannam upasthitaṃ pratiṣṭhādy eva phalam.

9. sauryādiṣu[84] śrutaphalakeṣv api sarvapravṛttaye svargo 'pi phalam. na. śrutena nairākāṅkṣye 'śrutaphalākalpanāt.

---

79 Cf. TB 2.1.5.5–6 ājyena juhuyāt tejaskāmasya...dadhne 'ndriyakāmasya (*understand* juhuyāt); ĀpŚS 6.15.1 payasā paśukāmasya juhuyād dadhne 'ndriyakāmasya. See 2.2.11 and note at 2.2.5.

80 See 2.2.5 and preceding note.

81 Cf. TĀ 2.8.1 payo brāhmaṇasya vrataṃ yavāgū°; TS 6.2.5.2–3 yavāgū rājanyasya vratam...āmikṣā vaiśyasya...payo brāhmaṇasya; KŚS 7.4.20, 27, 28: 20 tatkṣīravratau bhavataḥ (*understand* patnīyajamānau) 27 yavāgū rājanyasya 28 amikṣā vaiśyasya.

82 Untraced. See Edgerton, p. 84, note 75; Garge, p. 132–3; Jha quotes TB 1.4.7.7 (though viśvajit does not occur there). Śabara's quote here seems oddly inappropriate, since it enjoins a viśvajit which has a specific result, i.e., making the sattra successful. (Śabara: sarvebhyo vā eṣa devebhyaḥ sarvebhyaś chandobhyaḥ sarvebhyaḥ pṛṣṭhebhya ātmānam āgurate, yaḥ sattrāyā 'gurate, sa viśvajitā 'tirātreṇa sarvapṛṣṭhena sarvastomena sarvavedasadakṣiṇena yajeta (cf. TB 1.4.7.7: sarvebhyo vā eṣa devebhyaḥ sarvebhyaḥ pṛṣṭhebhya ātmānam āgurate. yaḥ sattrāyā 'gurate. etāvān khalu vai puruṣaḥ. yāvad asya vittam. sarvavedasena yajeta. sarvapṛṣṭho 'sya somaḥ syāt. sarvābhya eva devatābhyaḥ sarvebhaḥ pṛṣṭhebhya ātmānaṃ niṣkrīṇīte; ĀpŚS 14.23.1 yadi sattrāyā 'gūrya na yajeta viśvajitā 'tirātreṇa sarvapṛṣṭhena sarvastomena sarvavedasadakṣiṇena yajeta; ŚB 10.2.5.16; TāB 9.3.1; BŚS 14.29 (202.12)); Śabara has viśvajitā yajeta at JS 4.3.13 (the following adhikaraṇa); ŚD, JNMV, and BhD: as in MNS). See 2.3.12 and 6.4.11.

83 TāB 23.2.4 etā vai pratiṣṭhitās trayodaśa rātrayaḥ pratitiṣṭhanti ya etā upayanti. Garge, p. 123, also cites 23.5.4, 9.5 etc.; Edgerton, p. 84, note 77, quotes 23.2.4; 5.4; 9.5; 11.5; 14.7 etc. (Śabara (ĀĀ and Mīm.): as in MNS; (BI): pratitiṣṭhanti ha vā ete ya etā upayanti; then continues (in all editions): brahmavarcasvino 'nnādā bhavanti ya etā upayanti (untraced); JNMV: °ha vā ete, ya etā rātrīr upayanti; then as in Śabara, but presented as two quotes; ŚD and BhD: as in MNS).

84 Here Śabara, ŚD, and JNMV have: sauryaṃ caruṃ nirvaped brahmavarcasakāmaḥ. See 2.3.5 and second note there.

10. sarvebhyo darśapūrṇamāsāv[85] iti na phalasaṃbandhabodhakaṃ vidhyabhāvāt, kiṃ tu guṇaphalānuvādakaṃ sat stāvakam. na. caturthyā tādarthyabodhikayā vidhim adhyāhṛtya phalārthatvabodhanāt.

11. sarvaphalārthatvāj jyotiṣṭomadarśapūrṇamāsā ekasmin prayoge 'nekaphalajanakāḥ. na. phalānām uddeśyatvena tatsāhityasyā 'vivakṣaṇāt, ekasyāḥ sāmagryā ekajanakatvaniyamāc[86] cai 'kasmin prayoga ekam eve 'ṣṭaṃ phalam.

12. citrādiphalapaśvādeḥ pratigrahādisādhyatvenā 'dṛṣṭānapekṣaṇāc citrādeḥ paśvādipratigrahādiyogyaśarīrārambhakādṛṣṭajanakatve[87] phalam āmuṣmikam eva. na. svargāder etaddehāvacchinnabhogāyogyatvenā 'muṣmikatvakalpane 'pi paśvāder evaṃkalpane mānābhāvāt, pratigrahādinā 'dṛṣṭasahakāreṇai 'va tasya jananena citrādiphalatvasaṃbhavāt, pratibandhake 'satī[88] 'hā 'pi paśvādiphale bādhakābhāvād[89] aniyamaḥ.[90] kārīryā vṛṣṭikāmo yajete[91] 'ti kārīryāṃ[92] tu sasyānutpattiśoṣaṇakālayor eva vṛṣṭikāmanodayād aihikam eva phalam. evam ābhicārike 'pi tadvidher vairismaraṇādighaṭitatvāc ca.

---

85 Untraced. Cf. VŚS 1.2.1.1 sarvakāmasya darśapūrṇamāsau; SatyāŚS 1.1.66 (p. 55) sarvakāmau darśapūrṇamāsau; ĀpŚS 3.14.9 ekakāmaḥ sarvakāmo vā (*understand* darśapūrṇamāsau kuryāt). (Śabara: ekasmai vā anyā (ĀĀ: vā 'nyā) iṣṭayaḥ kāmāyā 'hriyante sarvebhyo darśapūrṇamāsau, ekasmai vā 'nye kratavaḥ kāmāyā 'hriyante sarvebhyo jyotiṣṭomaḥ (TāB 6.3.2 ekasmā anyo yajñaḥ kāmāyā 'hriyate sarvebhyo 'gniṣṭomaḥ; cf. ĀpŚS 10.2.1); JNMV: as in Śabara except, ekasmai vā anyā°...°ekasmai vā anye yajñakratavaḥ°, and presented as two quotes; ŚD: sarvebhyaḥ kāmebhyo darśapūrṇamāsau; BhD: ekaikasmai kāmāyā 'nye yajñakratava āhriyante sarvebhyo jyotiṣṭomaḥ, ekaikasmai kāmāyā 'nye yajñakratava āhriyante sarvebhyo darśapūrṇamāsau). (At ĀpŚS 3.14.9 Caland mentions a quote similar to Śabara's in the Vaijayantī commentary on SatyāŚS (it occurs at 1.1.66): ekasmai vai kāmāyā 'nye yajñakratava ārabhyante, sarvebhyo vai kāmebhyo darśapūrṇamāsau. The commentator says this is taught in another śākhā).

86 ekajanakatva° OB; ekaphalajanakatva° PU.

87 pratigrahādiyogya *corr.*; °pratigradihayogya° *or maybe* °pratigrahadiyogya° O (*unclear, corr. from* °pratigrahayogya°); °pratigradihayogya° B; °pratigrāhayogya° P; °pratigrahayogya° U.

88 'satī OBPU (' *absent in* BPU).

89 bādhakā PU; bodhakā° O; bāṃdhakā° B.

90 OBP *have the number* 12 *here instead of below, but the passsage* kārīryā vṛṣṭikāmo *through* vairismaraṇādighaṭitatvāc ca *seems to be part of this adhikaraṇa*; U *lacks a number here and at the end of the adhikaraṇa*. (The kārīrī is discussed here in Mayūkhamālikā on ŚD and Prabhāvalī on BhD (BhD refers to the desire for rain in this world); JNMV presents this quotation at 6.2.3).

91 ĀpŚS 19.25.16; cf. MS 2.4.8 (45.7); TS 2.4.9.2–3.

92 kārīryāṃ OPU; kārīryā B.

13. vājapeyene 'ṣṭvā bṛhaspatisavena yajete[93] 'ty atra dvayoḥ kṛtārthatvāt kālārthaḥ saṃyogaḥ. na. vājapeyaśruter uttarakālalakṣakatve ktvāvācyottarakālāvadhisamarpakatve vo 'ddeśyavidheyāsamarpakatvena pārārthyāpatteḥ prakaraṇabādhāpatteś cā 'nupādeyaguṇasacivāsaṃnidhinā bhinnaṃ bṛhaspatisavadharmakaṃ karma vājapeyāṅgatvena vidhīyate.

14. saṃsthāpya paurṇamāsīṃ vaimṛdham anunirvapatī[94] 'ty atra samāptipratīter nā 'ṅgāṅgitvam, kiṃ tu kālasaṃyogaḥ, vaimṛdhas tu prakaraṇād darśapūrṇamāsāṅgam. na. saṃsthāpye 'ty asya darśasādhāraṇāṅgasamāptibodhakatvāt, vākyena vaimṛdhasya paurṇamāsyarthatvāvagateḥ, vaimṛdhaḥ pūrṇamāse 'nunirvāpyo bhavati tena pūrṇamāsaḥ sendra[95] iti vākyaśeṣāc ca pūrṇamāsyaṅgam eva vaimṛdhaḥ sāṅgāṃ paurṇamāsīṃ samāpya pradhānatrayottaraṃ vā 'nuṣṭheyaḥ.

15. āgnimārutād ūrdhvam anuyājaiś carantī[96] 'ty atra śrutipārārthyaparihārāyā 'ṅgāṅgitvaṃ bodhyate. na. āgnimārutaśastrasya somāṅgatvena, anuyājānāṃ ca savanīyapaśuyāgāṅgatvenā 'ṅgāṅgitvāsaṃbhavāt kālārtha eva saṃyogaḥ.

16. evaṃ darśapūrṇamāsābhyām iṣṭvā somena yajete[97] 'ty atrā 'pi dvayoḥ kṛtārthatvāt kālārthaḥ saṃyogaḥ.

17.[98] vaiśvānaraṃ dvādaśakapālaṃ nirvapet putre jāta[99] ity atra yasmin jāta etām iṣṭiṃ nirvapati pūta eva sa tejasvy annāda indriyāvī paśumān bhavatī[100] 'ti vākyenā 'pi vyadhikaraṇaphalabodhanāyogāt kartur eva pha-

---

93 Cf. ĀpŚS 18.7.14, 15, 17: 14 saṃtiṣṭhate vājapeyaḥ 15 tene 'ṣṭvā sautrāmaṇyā yajeta 17 bṛhaspatisavena vā pratyavarohaṇīyena yajeta. Garge, p. 134, and Edgerton, p. 233, note 200, also cite ŚŚS 15.4.1 vājapeyene 'ṣṭvā bṛhaspatisavaḥ. (Before this quote Śabara has: agniṃ citvā sautrāmaṇyā yajeta (TS 5.6.3.4; TB 3.12.5.12); JNMV and BhD: as in Śabara, but with the quotes in reverse order; ŚD: as in MNS).

94 Cf. TS 2.5.4.1–2 vaimṛdhaḥ pūrṇamāse 'nunirvāpyo bhavati tena pūrṇamāsaḥ sendraḥ...paurṇamāsaṃ saṃsthāpyai 'tām iṣṭim anunirvapet; ĀpŚS 3.15.1 saṃsthāpya paurṇamāsīm indrāya vaimṛdhāya puroḍāśam ekādaśakapālam anunirvapati. Garge, p. 84, also mentions BŚS 17.47 (327.15) (which is identical to the TS quote).

95 TS 2.5.4.1; BŚS 17.47. See preceding note. (Absent in Śabara; ŚD: as in MNS, except °sendro bhavati (NSP: vaimṛdhaḥ paurṇamāse tu nirvāpo bhavati tena paurṇamāsaḥ°)).

96 Untraced.

97 TS 2.5.6.1 yo darśapūrṇamāsāv iṣṭvā somena yajate rathaspaṣṭa evā 'vasāne vare devānām ava syati.

98 17 PU; 16 OB.

99 TS 2.2.5.3. See 1.4.12.

100 TS 2.2.5.3–4 °pūtaḥ eva tejasvy°.

laṃ kalpyam. na. śrute phale 'śrutakalpanāyogāt, putrapūtatvādāv api pituḥ kāmanāsaṃbhavāt putrasyai 'va phalam.

18. putre jāta[101] iti saptamyā janmano nimittatvāvagater janmānantaram eve 'ṣṭiḥ kāryā. na. jātakarmaṇaḥ prāk stanyapānasya niṣedhāj jātakarmaṇaḥ prāg iṣṭikaraṇe stanyapānavilambena jātasya mṛtiprasaktyā phalabādhāpatter na jananāvyavahitottarā sā.

19. nimittāvyavadhānābhāve 'pi jātakarmānantaraṃ kartavyā. na. śuddhyādyapekṣaṇena sūtakanivṛttau kartavyatvaucityāt ṣaṣṭhīpūjanādāv agatyā tātkālikaśuddhisvīkārāt sūtakanivṛttāv eva parvaṇi kāryā.

20. vājapeyene 'ṣṭvā bṛhaspatisavena yajete[102] 'ty avagatavājapeyāṅgabhāvo bṛhaspatisavo 'pi śaradi kāryaḥ, śaradi vājapeyena yajete[103] 'ti vājapeyasya śaratkālakatvāt. na. sāṅgabṛhaspatisavasyai 'vā 'ṅgatvabodhanenā 'tideśaprāptavasantasya bādhāyogāt, ktvāpratyayasya pūrvakālamātrārthatvenā 'nantaryābodhakatvāt, samāpte 'pi vājapeye tadutpannasyā 'pūrvasya dārḍhyāya bṛhaspatisavakaraṇopapatteḥ. caturthe tṛtīyaḥ.

Chapter 4

1. anumatyai puroḍāśam aṣṭākapālam[104] ityādīṣṭīḥ, ādityāṃ malhāṃ garbhiṇīm ālabhata[105] ityādipaśūn, abhiṣecanīyādisomayāgān,[106] tathā ca valmīkavapāyāṃ homa[107] ityādidarvihomān, akṣair dīvyatī[108] 'ti videvanādīṃś ca prakṛtya rājā svārājyakāmo rājasūyena yajete[109] 'ty āmnānena sarveṣāṃ phalārthatā, aprasiddhārthakenā 'pi prātipadikena prakṛtaparāmarśāt, taduttaratṛtīyayā ca teṣāṃ karaṇatvapratīteḥ, yajater yāgāyāgasamudāyānuvādakatvāc ca. na. dhātvarthasya yāgasya bhāvanākaraṇatvāt, nāmnaś ca tadviśeṣaṇatvān nāmnā yāgānām eva bodhanād ayāgānām aṅgatvam. malhā galastanayuktā.

---

101 TS 2.2.5.3. (Śabara: vaiśvānaraṃ dvādaśakapālaṃ nirvapet putre jāte). See 4.3.17.

102 See 4.3.13. (Before this quote Śabara has: agniṃ citvā sautrāmaṇyā yajeta).

103 ĀpŚS 18.1.1; MŚS 17.1.1.1. (This is absent in Śabara; ŚD: śaradi vājapeyena).

104 TS 1.8.1.1 °aṣṭākapālaṃ nir vapati; cf. ĀpŚS 18.8.10. (Absent in Śabara; JNMV: as in TS).

105 TS 1.8.19.1; TB 1.8.3.2; ĀpŚS 18.21.13. (Absent in Śabara; JNMV: as in MNS).

106 Śabara: pavitra etc.; JNMV: abhiṣecanīya, daśapeya etc.

107 Untraced. Cf. MS 2.6.1 (64.6); KS 15.1 (210.3); ĀpŚS 18.8.13,14; 18.20.4; MŚS 9.1.1.17. This seems to be a quote. It is in the index.

108 Untraced. For dicing cf. ŚB 5.4.4.6–23; ĀpŚS 18.18.16–18.19.5. See Edgerton, p. 102, note 110. (Śabara has this quote at JS 5.2.21 (adhi. 5.2.10); here he has paṣṭhauhīṃ dīvyati (MS 4.4.6 (57.10) paṣṭhauhīṃ vidīvyante; ĀpŚS 18.19.2 (as in MS)); JNMV has both praṣṭhauhīr (ĀĀ: praśṭhauhīṃ) dīvyati and akṣair dīvyati).

109 See 2.3.2. (Śabara: rājasūyena svārājyakāmo yajeta; JNMV: as in MNS).

2. māhendrasya stotraṃ praty abhiṣicyata[110] ity abhiṣekasyā 'pakarṣe tatpūrvavidevanādīnām apy apakarṣeṇā 'bhiṣecanīyaprayogāntaḥpātitvāt tatsaṃnidhāv āmnānāc cā 'bhiṣecanīyāṅgatvaṃ videvanādīnām. na. pratyakṣaprakaraṇena rājasūyāṅgatvāt, saṃnidheḥ prayogakalpyāvāntaraprakaraṇasya ca durbalatvāt.

3. saumyaṃ caruṃ babhrur dakṣiṇe[111] 'ti vidhāya śrutena purastād upasadāṃ saumyena pracarantī[112] 'ty aneno 'pasadaṅgatvam, ṣaṣṭhyās tādarthyabodhakatvāt. na. purastācchabdeno 'pasadām ity asyā 'nvayāt saumyādy api pradhānam.

4. vaiśvadevīṃ sāṃgrahāyaṇīṃ nirvaped grāmakāma[113] iti sāṃgrahāyaṇīṃ vidhāya śrutā āmanam asy āmanasya devā iti tisra āhutīr juhotī[114] 'ty āmanahomā ārthavādikaphalavantaḥ. na. vidhivākye phalaśravaṇena sāṃgrahāyaṇyāḥ phalavattve buddhe phalavatsaṃnidhāv aphalaṃ tadaṅgam iti nyāyenā 'manahomānāṃ phalākāṅkṣābhāvenā 'manahomānām ārthavādikaphalakalpanāyogād[115] aṅgam eva te.

5. yāṃ vā adhvaryuś ca yajamānaś ca devatām antaritas tasyā āvṛścyete[116] prājāpatyaṃ dadhigrahaṃ gṛhṇīyād[117] iti nimittaśravaṇān naimittikatvasya, jyeṣṭho vā eṣa grahāṇām[118] iti jyeṣṭhatvaśruteś ca nityatvasyā 'vagamād

---

110 ĀpŚS 18.15.10 ūrdhvabāhuṃ tiṣṭhantaṃ māhendrasya stotraṃ praty abhiṣiñcati. (Śabara has this at JS 5.2.21 (adhi. 10); ŚD: māhendrastotraṃ praty abhiṣicyate; JNMV: as in MNS). See 5.2.10. (Agrawal: SatyāŚS 17.5.23 (p. 438) dakṣiṇenā 'havanīyam anuddhate vedyai pratidhuṣā mahendrastotraṃ praty abhiṣicyate (similar to MŚS 9.3.5.23, an ekāha description)).

111 TS 1.8.17.1. (Absent in Śabara; ŚD: as in MNS).

112 TB 1.8.1.2 °pracarati. (In Śabara and JNMV the quote continues: antarā tvāṣṭreṇa, upariṣṭād vaiṣṇavena (TB has these phrases, after intervals; cf. ĀpŚS 18.20.7 and 19; TS 1.8.17.1); ŚD and BhD: as in MNS).

113 TS 2.3.9.2 °sāṃgrahaṇīṃ°; ĀpŚS 19.23.6 (as in TS). (Śabara, ŚD, JNMV, and BhD: as in TS).

114 TS 2.3.9.3; cf. ĀpŚS 19.23.9; TS 2.3.9.1 b (for the mantra). Bloomfield has several citations of the mantra.

115 °kalpanā 'yogād OBPU (' *absent in* PU).

116 āvṛścyete *corr.*; āvṛścate OBPU.

117 TS 3.5.9.1. (Śabara: yāṃ vai kāṃ cid adhvaryuś ca yajamānaś ca devatām antaritas tasyā āvṛścete (BI: āvṛśceta), yat prājāpatyaṃ dadhigrahaṃ gṛhṇāti śamayaty evai 'nām; ŚD: as in MNS (LKSV: first ca omitted and āvṛścyate; NSP: āvṛścyete); JNMV: as in Śabara, except first ca omitted and āvṛścyete (ĀĀ var.: āvṛṣcete); BhD: as in Śabara, except °āvṛścyete prājāpatyaṃ dadhigrahaṃ gṛhṇīyāt).

118 TS 3.5.9.1 jyeṣṭo vā eṣa grahāṇāṃ yasyai 'ṣa gṛhyate jyaiṣṭhyam eva gachati. (Śabara: as in TS; ŚD and JNMV: as in MNS; BhD: jyeṣṭho ha vā eṣa grahāṇāṃ yad dadhigrahaḥ).

dadhigraho naimittiko nityaś ca. na. yadiśabdādyabhāvena naimittikatvābhāvād yāṃ vā ityāder[119] arthavādatvān nityatvam, dadhigrahaṃ gṛhṇīyāt paśukāmasye[120] 'ti vacanāt kāmyatvaṃ ca.

6. yo vai saṃvatsaram ukhyam abhṛtvā 'gniṃ cinoti yathā sāmigarbho 'vapadyate[121] tādṛg eva tad ārttim ārcched vaiśvānaram dvādaśakapālaṃ nirvaped[122] ity atra tu kartṛsamānādhikaraṇayacchabdenā 'bharaṇasya nimittatvabodhanān naimittikī vaiśvānareṣṭiḥ.

7. evaṃ yo 'gniṃ citvā na pratitiṣṭhati pañca pūrvāś citayo bhavanty atha ṣaṣṭhīṃ citim cinute pratiṣṭhityā[123] ity atrā 'pratiṣṭhāyā nimittatvāvagamāc cayanottaram apratiṣṭhāyāṃ[124] nimitte ekā citiś cayanāṅgaṃ prayogabhedena bodhyate. pūraṇapratyayas tv abhidhānāpekṣaḥ, pūrvaṃ pañcā 'bhihitāḥ, idānīṃ ṣaṣṭhī 'ti.

8. amāvāsyāyām aparāhṇe piṇḍapitṛyajñena carantī[125] 'ti vākyād amāvāsyāyāgāṅgaṃ piṇḍapitṛyajñaḥ, amāvāsyāśabdasya kālavācitve 'pi phalakalpanāparihārāyā 'tra karmaparatvāt. na. lakṣaṇāyāṃ mānābhāvāt, aparāhṇaśabdasāmānādhikaraṇyena kālaparatvāvasāyāc ca. phalakalpanā tu pāścātyatvān na duṣṭā.

9. āśvinaṃ grahaṃ gṛhītvā trivṛtā yūpaṃ parivīyā 'gneyaṃ savanīyaṃ paśum upākarotī[126] 'ty atra savanīyasya daikṣavikṛtitvenā 'tideśaprāptayūpaparivyāṇaṃ kālopalakṣaṇatayā 'nūdya tadūrdhvakāle trivṛdraśanopalakṣitapaśor upākaraṇavidhānāt paśvanapakramaṇārthatvena dṛṣṭārthatvāc ca paśvarthā raśanā vidhīyate. na. trivṛtā yūpam iti tṛtīyādvitīyābhyāṃ pari-

---

119 vā ity° *corr.*; vety° OBPU.

120 TS 3.5.9.3. I have not found this quotation in any other Mīmāṃsā text.

121 vapadyate OB; vipadyate PU.

122 TS 5.5.1.6 °cinute°...°dvādaśakapālaṃ purastān nirvapet. Cf. ĀpŚS 16.8.12. (Śabara: °cinute°...°vipadyate°...°dvādaśakapālaṃ purastān nirvapet. saṃvatsaro vā 'gnir vaiśvānaro yathā saṃvatsaram āptvā kāla āgate hi jāyate. evam eva saṃvatsaram āptvā kāla āgate 'gniṃ cinute. nā 'rtim ārcched iti. eṣā vā 'gneḥ priyā tanūr yad vaiśvānaraḥ. priyām evā 'sya tanūm avarundhe (very close to TS 5.5.1.6–7); ŚD, JNMV, and BhD: as in Śabara, but lacking the portion starting with saṃvatsaro (BhD has 'vapadate)).

123 TS 5.4.2.2 saṃvatsaro vā etaṃ pratiṣṭhāyai nudate yo 'gniṃ citvā na pratitiṣṭhati°...°cinute ṣaḍ vā ṛtavaḥ saṃvatsara ṛtuṣv eva saṃvatsare prati tiṣṭhati. (Śabara: as in TS except °enaṃ°...°nudati yo 'gniṃ°...°citiṃ cinute; JNMV: as in Śabara except °nudate°; ŚD: as in MNS; BhD: as in MNS except lacking pratiṣṭhityai).

124 cayanottaram apratiṣṭhāyāṃ OB; cayanottareyaṃ pratiṣṭhāyāṃ PU.

125 ĀśŚS 2.6.1 amāvāsyāyām aparāhne piṇḍapitṛyajñaḥ; ĀpŚS 1.7.1–2: 1 amāvāsyāyāṃ yad ahaś candramasaṃ na paśyanti tad ahaḥ piṇḍapitṛyajñaṃ kurute 2 aparāhṇe 'dhivṛkṣasūrye vā piṇḍapitṛyajñena caranti.

126 See 3.6.10.

vyāṇasya yūpārthatvāvagateḥ, evam api madhyabandhanasya dārḍhyārthatvena dṛṣṭārthatvasaṃbhavāc ca yūpārthai 'va sā. parivyāṇaṃ tv āśvinaṃ grahaṃ gṛhītvo 'paniṣkramya yūpam parivyayatī[127] 'ti vākyaprāptam anūdyate, na tu raśanayā parivyayatī[128] 'ti vākyaprāptam, tasyā 'śvinottarakālīnatvābhāvāt.

bhāṣye tv ihai 'va vidhīyate, āśvinam ityādivākyābhāvād ity uktam.

10. yūpasya svaruṃ karotī[129] 'ti svaror yūpasaṃbandhapratīter yūpārthaḥ svaruḥ. na. svaroḥ svaruṇā paśum anaktī[130] 'ty añjanāṅgatvāt, yūpasye 'ty asyā 'pādānabodhakatvāt.

11. darśapūrṇamāsābhyāṃ svargakāmo yajete[131] 'ty anenā 'ghārādīnāṃ phalasaṃbandhaḥ, yajinā sarveṣām upādānāt, upapadasyā 'khyātaparatantratvena yāgāvacchedakatvābhāvāt, subantapratirūpakāvyayatvena sarvayāgasāmānādhikaraṇyasaṃbhavāc ca. na. nāmnaḥ kālasaṃbaddheṣu ṣaṭsu prasiddheḥ, dvivacanasya ca vidvadvākyāvagatasamudāyārthatvān nāmnā yajyavacchedasaṃbhavāt ṣaṇṇām eva phalam, anyeṣāṃ tu ṣaḍaṅgatā.

12. jyotiṣṭomena svargakāmo yajete[132] 'ty atra saṃnidhānāviśeṣāt sarveṣāṃ phalasaṃbandhaḥ. na. grahaṃ vā gṛhītvā camasaṃ vo 'nnīya stotram upākuryād[133] iti stotropākaraṇasya svasamānakartṛkagrahaṇāṅgatvasaṃbandhena somayāge saṃbandhāt, taddvārā stomānām api tatsaṃbandhāt, etāni vāva tāni jyotīṃṣi ya etasya stomā[134] iti stomānāṃ jyotiṣṭvena stute jyotīṃṣi stomā yasye 'ti vyutpattyā somayāgasyai 'va jyotiṣṭomanāmakatvāt tasyai 'va phalam, dīkṣaṇīyādi tu tadaṅgam. iti caturthaḥ.

127 ŚB 4.2.5.12. See 3.6.10. (Absent in Śabara; BhD: as in MNS).

128 See 3.6.10. (This seems absent in Śabara etc.).

129 MS 3.9.4 (119.11) yūpasya svaruṃ kuryāt. See 4.2.1.

130 See 4.2.1. (Śabara: svaruṇā svadhitinā vā paśum anakti; ŚD, JNMV, and BhD: as in MNS).

131 Cf. ĀpŚS 3.14.8 svargakāmo darśapūrṇamāsau (*comm.:* kuryāt); TS 2.2.5.4. See Edgerton, p. 202, note 43, and Garge, p. 128. (Absent here in Śabara; JNMV and BhD: as in MNS).

132 ĀpŚS 10.2.1 svargakāmo jyotiṣṭomena yajeta.

133 TS 3.1.2.4. (Śabara and BhD: °upākaroti; ŚD: as in MNS).

134 TB 1.5.11.2 katamāni tāni jyotīṃṣi. ya etasya stomā iti. trivṛt pañcadaśa saptadasa ekaviṃśāḥ. etāni vā tāni jyotīṃṣi. ya etasya stomāḥ. (Śabara: as in TB except katamāni vā etāni jyotīṃṣi, ya etasya stomās trivṛt°...°jyotīṃṣi. tāny etasya stomāḥ; ŚD and JNMV: trivṛt pañcadaśa saptadasa ekaviṃśāḥ. etāni vāva tāni jyotīṃṣi ya etasya stomāḥ; BhD: as in MNS, except tāni omitted).

Book 5

Chapter 1

1. kramasyā 'pi[1] vedamānakatvena tannirṇayārthaḥ pañcama ārabdhavyaḥ. tasya cā 'kriyātvena[2] svarūpato 'vidheyatve 'pi kriyāviśeṣaṇatayā vidheyatvam. adhvaryur gṛhapatiṃ dīkṣayitvā brahmāṇam dīkṣayati tata udgātāraṃ tato hotāram[3] ity atra dīkṣā vidhīyate, na kramaḥ, śrautavidheyasaṃbhave vākyārthavidhyanaṅgīkṛteḥ. na. uktavākyasya sattrātmakadvādaśāhasthatvena, tatra ca ye yajamānās ta ṛtvija[4] ity ṛtvijāṃ yajamānatvenā 'tideśaprāptadīkṣāyā avidheyatvāt kṛtvātataḥśrutyā krama eva vidheyaḥ.

2. agnihotram juhoti,[5] yavāgūṃ pacatī[6] 'ty atra yavāgvāḥ śrutiliṅgā-

---

1 kramasyāpi OB; kramasya tu PU.

2 kriyātvena OB; kriyātve eva PU.

3 ĀpŚS 21.2.16; cf. ŚB 12.1.1.1–4; SatyāŚS 16.1.36 (p. 352) adhvaryur gṛhapatiṃ dīkṣayitvā madhyataḥkāriṇo dīkṣayati hotāraṃ brahmāṇam udgātāram. (In Śabara and BhD the quote continues: tatas taṃ pratiprasthātā dīkṣayitvā 'rdhino dīkṣayati, brāhmaṇācchaṃsinaṃ brahmaṇaḥ, prastotāram udgātuḥ, maitrāvaruṇaṃ hotuḥ. tatas taṃ neṣṭā dīkṣayitvā tṛtīyino dīkṣayati, āgnīdhraṃ brahmaṇaḥ, pratihartāram udgātuḥ, acchāvākaṃ hotuḥ. tatas tam unnetā dīkṣayitvā pādino dīkṣayati, potāraṃ brahmaṇaḥ, subrahmaṇyam udgātuḥ, grāvastutaṃ hotuḥ. tatas tam anyo brāhmaṇo dīkṣayati, brahmacārī vā 'cāryapreṣitaḥ (somewhat similar to ĀpŚS 21.2.17–20; ŚB 12.1.5–11; SatyāŚS 16.1.36); ŚD: adhvaryur gṛhapatiṃ dīkṣayitvā brahmāṇam dīkṣayati; JNMV: as in MNS). See 10.6.15.

4 Untraced. Cf. ĀpŚS 21.1.4 dīkṣitam adīkṣitā yājayeyur ahīne. eta eva 'rtvijo yajamānaś ca sattre; 21.1.19 sarve yājamānaṃ kuryur yat kiṃ cā 'rtijyenā 'vibādhakam; JS 10.6.52 api vā yajamānāḥ syur ṛtvijām abhidhānasaṃyogāt teṣāṃ syād yajamānatvam. (Śabara: ṛtvijas te yajamānāḥ (he has the MNS quote at JS 6.6.19 and 20 (adh. 6.6.3)); JNMV: ya ṛtvijas te yajamānāḥ (also with the MNS quote at 6.6.3); BhD: as in MNS).

5 See 1.4.4.

6 Untraced. Cf. ĀpŚS 6.15.2 pratiṣekaṃ yavāgūṃ śrapayati. (Here Śabara has: odanaṃ pacati (ĀpŚS 6.15.7 evaṃ taṇḍulān odanaṃ somaṃ ca (according to Caland, understand: pratiṣekaṃ śrapayati and śṛtān yajuṣā pratiṣiñcati (from 6.15.2, 3); according to Rudradatta's commentary, na adhiśrayati and na pratiṣiñcati (from 6.15.6)); ŚD, JNM 5 (ĀĀ: 6), and BhD: as in MNS). (For citations which contain pacati but concern different rites: TB 1.1.9.3 brahmaudanaṃ pacati (for the ādhāna); KŚS 20.1.4 brahmaudanaṃ pacati caturṇāṃ pātrāṇām añjaliprasṛtānāṃ ca (for the aśvamedha)). (Question: Could the pāṭhakrama understood here be one inferred for a brāhmaṇa text on the basis of the sūtras ĀpŚS 6.15.1 payasā paśukāmasya juhuyād dadhne 'ndriyakāmasya yavāgvā grāmakāmasyau 'danenā 'nnakāmasya, and ĀpŚS 6.15.2 or 7?).

bhyāṃ homārthatvāt paktvai 'va homa ity ārthaḥ[7] kramaḥ.

3. vasantam ṛtūnām, grīṣmam ṛtūnām[8] ityādīnāṃ prayājānumantraṇamantrāṇāṃ śākhābhedena pāṭhakramabhedān nai 'teṣu kramaniyamaḥ.

4. samidādiprayājeṣu na kramaniyamaḥ, mānābhāvāt. na. pāṭhakramasya pratītasya tyāge mānābhāvāt pāṭhakrameṇā 'nuṣṭhānakramaḥ.

5. saptadaśa prājāpatyān[9] ity atro 'pākaraṇaṃ yam ārabhya kṛtaṃ tam ārabhyai 'va niyojanaṃ na, śrutyādyabhāvāt. na. prāvṛttikakramasya buddhisthasya tyāge mānābhāvāt, āvaśyakasya ṣoḍaśabhiḥ kṣaṇair eva vyavadhānasya, adhikair vyavadhānavāraṇasya cai 'vaṃ saṃbhavāt prāvṛttikakrameṇa niyojanādy anuṣṭheyam.

6. sādyaskre saha paśūn ālabhata[10] iti śrutam paśusāhityaṃ savanīyasthāne, pradhānapratyāsattilābhāt. tatro 'pākaraṇādāv aniyamaḥ, agnīṣomīyasya vā tad ādau, prakṛtau dṛṣṭatvāt. na. āśvinagrahagrahaṇena[11] savanīyopasthityā tadupākaraṇaprāthamye 'gnīṣomīyānūbandhyayoḥ [12] prakṛtidṛṣṭakramavat krameṇā 'gnīṣomīyopākaraṇādy ādau.

7. sārasvatau bhavata etad vai daivyaṃ mithunaṃ yat sarasvatī sarasvāṃś ce[13] 'ty atra yājyākramāt[14] strīdevataḥ prathamaḥ, puṃdevata uttaraḥ, nirvāpādiṣu tu mānābhāvān na mukhyakramaḥ. na. aṅgapradhānayoḥ pratyāsatti-

---

7 ārthaḥ B; arthaḥ O; ārtha PU.

8 TS 1.6.2.3 l–p vasantam ṛtūnāṃ prīṇāmi, sa mā prītaḥ prīṇātu. grīṣmam ṛtūnāṃ prīṇāmi, sa mā prītaḥ prīṇātu. varṣā ṛtūnāṃ prīṇāmi, sa mā prītāḥ prīṇantu. śaradam ṛtūnāṃ prīṇāmi, sa mā prītā prīṇātu. hemantaśiśirāv ṛtūnāṃ prīṇāmi, tau mā prītaḥ prīṇītām. Garge, p. 79, also cites: TS 1.6.11.4–5 (the brāhmaṇa from the yājamānakāṇḍa); KS 4.14 (39.7); 31.15 (18.9); ĀpŚS 4.9.7; MŚS 1.4.1.27. (Śabara and BhD: vasantam ṛtūnāṃ prīṇāmi; ŚD: vasantam ṛtūnām; JNMV: vasantam ṛtūnāṃ prīṇāmi. grīṣmam ṛtūnāṃ prīṇāmi).

9 TB 1.3.4.3 saptadaśa prājāpatyān paśūn ālabhate. (Śabara and JNMV: as in TB). See 2.2.7.

10 KŚS 22.3.28; ĀpŚS 22.3.10; JB 2.117. See 3.8.22 and 10.1.5.

11 Prabhā comm. on ŚD: āśvinaṃ grahaṃ gṛhītvā trivṛtā yūpaṃ parivīyā 'gneyaṃ savanīyaṃ paśum upākaroti. See 3.6.10.

12 °nūbandhya° *corr.*; °nuvaṃdhya° OBPU.

13 TS 2.4.6.1 sārasvatau bhavata etad vai daivyaṃ mithunam. (Śabara, ŚD, and JNMV: as in TS (ŚD divides the quote); BhD: as in MNS).

14 JNMV refers to the yājyās and anuvākyās: pra ṇo devī sarasvatī (ṚV 6.61.4; TS 3.1.11.2 i; 1.8.22.1 c) and pīpivāṃsaṃ sarasvataḥ (ṚV 7.96.6; TS 3.1.11.2 l) (these are the anuvākyās, the second being optional with ye te sarasva ūrmayah (ṚV 7.96.5; TS 3.1.11.2 m); the yājyās are ā no divaḥ (ṚV 5.43.11; TS 3.1.11.2 k) and yasya vrataṃ paśavaḥ (ṚVKh 7.96.1 (so Bloomfield; at end of 7.96); TS 3.1.11.3 n), or optionally, divyaṃ suparṇaṃ vayasam (ṚV 1.164.52; TS 3.1.11.3 o); Śabara cites only pra ṇo devī sarasvatī.

lobhena mukhyakrameṇai 'vā 'ṅgakramaḥ.[15] kaś cid vyavadhis tv avarjanīyaḥ.

8. paurṇamāsyām upāṃśuyāja ādau, tato 'gnīṣomīyaḥ, ata ājyadharmāḥ pūrvam, puroḍāśadharmāḥ paścād anuṣṭheyāḥ. na. anyānapekṣapāṭhakramasya mukhyakramasāpekṣakramataḥ prabalatvenā 'gnīṣomīyanirvāpādaya evā 'dau kāryāḥ.

9. agnīṣomīyāgneyabrāhmaṇayoḥ[16] pūrvapaścādbhāvenā 'mnānāt prathamāvagatasya vidhikramasya balavattvād dhautre viparītamantrāmnāne[17] 'pi na mantrakrameṇa pradhānānuṣṭhānam. na. smṛtyekaprayojanamantrakramābhāve vidhipāṭhakramasya[18] niyāmakatvāt prakṛte mantrakrameṇai 'va pradhānakramaḥ.

10. āgnāvaiṣṇavam ekādaśakapālaṃ nirvaped abhicaran sarasvaty ājyabhāgā bārhaspatyaś carur[19] ity atra mukhyakramānurodhenā 'jyadharmāḥ pūrvam, tataś carudharmāḥ. na. ājyauṣadhadharmāṇām upadeśābhāvāt, atideśena cau 'ṣadhadharmāṇām eva prāthamyaprāptes ta eva pūrvam.

11. sākamedhe 'gnaye 'nīkavate prātar aṣṭākapālaṃ nirvapet, marudbhyaḥ sāntapanebhyo madhyaṃdine carum, marudbhyo gṛhamedhibhyaḥ sarvāsāṃ dugdhe sāyaṃ carum[20] ityādīṣṭayaḥ prakṛtiprāptadvyahakālatvābādhāya pūrvedyuḥ prātar ārabhya paredyuḥ prātarādau samāpanīyāḥ. na. sāṅgapradhānārthatvena prātarāder upadeśāt, tasya cā 'tideśāt prābalyāt sadyaskālatvam evā 'sām.

---

15 kramaḥ *corr.*; °kramaṃ OPU; °krama B.

16 TS 2.5.2.3 and 2.6.3.3.

17 TB 3.5.7.1 and 3.5.7.2.

18 °pāṭhakramasya OPU; °paṭhikramasya B (*based on a reading* °pāṭhe kramasya?).

19 TS 2.2.9.1 °ājyabhāgā syād bārhaspatyaś caruḥ. See Garge, p. 82. (Śabara and BhD: as in TS, except abhicaran omitted; ŚD and JNMV: as in TS). See 8.3.1.

20 MS 1.10.1 (140.13) °aṣṭākapālo marudbhyaḥ°...°carur marudbhyo gṛhamedhebhyaḥ sarvāsāṃ dugdhe sāyam odanaḥ; KS 9.5 (107.18) (as in MS, except marudbhyas instead of marudbhyaḥ). Garge, p. 102, also cites KapS 8.8 (86.1) °aṣṭakapālaḥ. marudbhyaḥ°...° caruḥ. marudbhyo°...°sāyaṃ odanaḥ; he says Jha's claim for TS 1.8.4, presumably TS 1.8.4.1 agnaye 'nīkavate puroḍāśam aṣṭākapālaṃ nirvapati sākaṃ sūryeṇo 'dyatā marudbhyaḥ sāṃtapanebhyo°, is wrong, only a similar quote; ŚB 2.5.3.2–4. (Śabara: as in MS, except °gṛhamedhibhyaḥ sarvāsāṃ°...°odanam; ŚD: as in MNS, except °mādhyandine°...°gṛhamedhibhyaḥ sāyam odanam (NSP: odanam omitted); JNMV and BhD: as in MNS, except odanam, not carum, is the final word (JNMV (ĀĀ): °mādhyaṃdine°)).

12. agnīṣomīye tiṣṭhantaṃ paśuṃ prayajatī[21] 'ti prakṛtiprāptahavirāsādanakālakaprayājānām apakarṣaḥ, savanīya āgnimārutād ūrdhvam anuyājaiś carantī[22] 'ty anuyājānām utkarṣaś ca śrutaḥ. sa prayājānuyājānām eva, anyathā prayājapūrvabhāvinām anuyājordhvabhāvināṃ ca pradhānaviprakarṣāpatteḥ. na. kramaviśiṣṭatayā codakaprāptānāṃ kramabādhe vaiguṇyāpatteḥ prayājānto 'pakarṣaḥ, anuyājādir utkarṣaḥ.

13. some adhvaryuḥ prātaranuvākapraiṣaṃ hotre dattvā pratiprasthātāraṃ preṣyati pratiprasthātaḥ savanīyān nirvapasve[23] 'ti, praiṣāc ca pāṭhāt[24] pracaraṇīhomāder ūrdhvaṃ prāpto 'pi savanīyanirvāpaḥ prātaranuvākakāle 'pakṛṣṭaḥ, savanīyapuroḍāśānām alaṃkārapraiṣotkarṣaś cā 'mnāto[25] bahiṣpavamāne stute āha agnīd agnīn vihara barhiḥ stṛṇīhi puroḍāśān alaṃkurv[26] iti. codakaprāptānāṃ nirvāpottarabhāvinām alaṃkārapūrvabhāvināṃ prokṣaṇādīnāṃ tv apakarṣotkarṣānāmnānena madhye 'nuṣṭhāne pracaraṇīhomādinā paurvāparye mānābhāvād aicchikaḥ kramaḥ. na. savanīyanirvāpapracaraṇīhomādyoḥ pāṭhaprāptakramasya nirvāpapraiṣeṇa bādhe aiṣṭikanirvāpeṇai 'ṣṭikaprokṣaṇāder evo 'pasthityā saumikapracaraṇīhomāder upasthityabhāvāt prokṣaṇādi pūrvam, tataḥ pracaraṇīhomādi.

14. tatrai 'vā 'gnīṣomapraṇayanād ūrdhvaṃ yūpaccheda āmnāto 'pi dīkṣāsu yūpaṃ chinattī[27] 'ty anena dīkṣākāle 'pakṛṣṭaḥ prayājanyāyena

---

21 prayajatī OB; prayajaṃtī PU. ĀpŚS 7.14.6 tiṣṭhati paśāv ekādaśa prayājān yajati. (Śabara, ŚD, and JNMV: °prayajanti; BhD: as in MNS).

22 Untraced.

23 MŚS 2.3.2.1 devebhyaḥ prātaryāvabhyo 'nubrūhi...pratiprasthātaḥ savanīyān nirvapasve 'ti preṣyati; SatyāŚS 8.1.48 (p. 781) pratiprasthātaḥ savanīyān nirvape 'ti saṃpreṣyati; ĀpŚS 12.3.15 prātaryāvabhyo devebhyo 'nubrūhi...pratiprasthātaḥ savanīyān nirvapa...iti saṃpreṣyati. (Śabara and ŚD: as in MŚS (from pratiprasthātaḥ); JNMV: as in MNS; BhD: prātaryāvabhyo devebhyo hotar anubrūhi, and then after an interval as in MŚS (from pratiprasthātaḥ)).

24 praiṣāc ca pāṭhāt OB; praiṣāpāṭhāt PU.

25 °otkarṣaś cāmnāto BPU; °otkarṣa āmnāto O.

26 TS 6.3.1.1–2 °barhi stṛṇāhi puroḍāśāṃ̐°; cf. ŚB 4.2.5.11 atha stuta etāṃ vācaṃ vadati. agnīd agnīn vihara barhi stṛṇīhi puroḍāśāṃ̐2 alaṃkuru; ĀpŚS 12.17.19–20: 19 stute 'dhvaryuḥ saṃpreṣyaty agnīd agnīn vihara barhiḥ stṛṇāhi puroḍāśāṃ̐ alaṃkurv iti 20 athai 'keṣām. stuta uttiṣṭhann āhā 'gnīd agnīn vihara barhiḥ stṛṇīhi puroḍāśāṃ̐ alaṃkuru...iti; BhŚS 13.17.13 stuta uttiṣṭhann āhā 'gnīd agnīn vihara barhiḥ stṛṇāhi puroḍāśāṃ̐ alaṃkuru...iti; MŚS 2.3.6.12 stute 'gnīd agnīn vihara barhiḥ stṛṇāhi puroḍāśaṃ alaṃkuru...iti preṣyati. (Śabara: bahiṣpavamāne stute, agnīd°; ŚD and BhD: as in MNS, except bahiṣpavamāne stute āha omitted, and stṛṇāhi in BhD; JNMV: as in MNS).

27 BhŚS 12.19.2 dīkṣāsu yūpaṃ chinatty upasatsu vā; cf. ĀpŚS 10.4.14–15: 14 dīkṣāsu yūpaṃ kārayati (*comm.:* takṣṇā) 15 krīte rājany upasatsu vā. See 11.3.3.

tadantāpakarṣāt praṇayanam apy apakarṣati. na. prayājāghārādīnām ekaṃ praty aṅgatvenai 'kaprayogāntaḥpātāt tathātve 'pi, prakṛte praṇayanasya somāṅgatvāt, yūpacchedanasya cā 'gnīṣomīyapaśvaṅgatvād ekaprayogāntaḥpātābhāvena tathātve mānābhāvād yūpaccheda evā 'pakṛṣyate.

15. savanīyapuroḍāśe[28] piṣṭalepaphalīkaraṇahomau[29] prakṛtāv ivā 'nuyājottarau prāptāv anuyājānām āgnimārutād ūrdhvam anuyājaiś carantī[30] 'ty utkarṣe saty utkraṣṭavyau. na. anuyājānāṃ paśvarthatvena, uktahomayoś ca puroḍāśārthatvena bhinnaprayogavidhiparigrahān na homotkarṣaḥ.

16. darśapūrṇamāsayor bhasmābhivāsanottaraṃ[31] vedir āmnātā 'pi pūrvedyur amāvāsyāyāṃ vediṃ karotī[32] 'ty apakṛṣṭā prāṃcy apy aṅgāny apakarṣatu. na. abhivāsanottarāmnātasya vedipadārthasya prakaraṇād darśapūrṇamāsasādhāraṇyena, darśe pūrvedyur āmnānena cā 'bhivāsanavedyoḥ pāṭhakramakalpyapaurvāparyabodhāt prāg eva dārśikavedeḥ pūrvadinasaṃbandhāvagater veder apy apakarṣābhāve 'nyāpakarṣābhāvasya kaimutikatvād vedir eva pūrvedyur nā 'nyat.

17. sāṃtapanīyāṃ[33] samāpya sāyam agnihotraṃ hūyate. daivāt sāṃtapanīyotkarṣe 'gnihotrasyā 'py utkarṣaḥ, tāṃ samāpyai 'va tasyā 'nuṣṭheyatvāt. na. tayoḥ prayogabhedena śāstrīyakramābhāvāt sāṃtapanīyāmātrasya kālabhraṃśe 'py agnihotraṃ hutvā taccheṣasyā 'nuṣṭheyatvān nā 'gnihotrotkarṣaḥ.

18. daivād[34] ukthyagrahotkarṣe 'pi ṣoḍaśino no 'tkarṣaḥ, samayādhyuṣite sūrye ṣoḍaśinaḥ[35] stotram upākarotī[36] 'ti ṣoḍaśigrahāṅgastotrakālasya bādhāpatteḥ, taṃ parāñcam ukthyebhyo gṛhṇāti ṣoḍaśinam[37] ity ukthyaparabhāvasya tu kramamātratvena bādhe 'py adoṣāt. na. kramasyā 'pi pradhāna-

---

28 savanīyapuroḍāśe O (°puroḍāśe *corr. from* °nirvāpe); savanīyanirvāpe BU; savanīyānirvāpe P.

29 Cf. ĀpŚS 3.9.12.

30 Untraced.

31 bhasmābhi° BPU; bhasmādi° O. Cf. TS 2.6.3.4 bhasmanā 'bhivāsayati; then TS 2.6.4 treats the construction of the vedi.

32 Cf. MŚS 1.1.3.3 vedaṃ kṛtvā vediṃ karoti pūrvedyur amāvāsyāyām o 'ttarasmāt parigrahāt; TS 2.5.5.4–5 yat pūrvedyur yajate vedim eva tat karoti; ĀpŚS 1.14.17.

33 TS 1.8.4.1 marudbhyaḥ sāṃtapanebhyo mādhyaṃdine carum. (Śabara: as in TS, except °caruṃ nirvapati). See 5.1.11.

34 daivād PU; devād OB.

35 ṣoḍaśinaḥ *corr.*; ṣoḍaśinaṃ OBPU.

36 TS 6.6.11.6 samayāviṣite sūrye ṣoḍaśinas stotram upākaroti; ĀpŚS 14.3.1 (as in TS except °sūrye hiraṇyena ṣoḍaśinaḥ°). (Śabara etc.: °ṣoḍaśinaḥ°).

37 Untraced. (Śabara: °gṛhṇāti; ŚD: °ukthyebhyo nigṛhṇāti ṣoḍaśinam; JNMV: °ukthyebhyo nigṛhṇāti (ĀĀ var.: °gṛhṇāti); BhD: as in MNS).

grahāṅgatvena prābalyāt, kālasyā 'pi grahāṅgastotrāṅgatvena daurbalyāt, parāñcam iti śabdeno 'kthyottarakālasyai 'va ṣoḍaśigrahāṅgatvabodhanāc ca sastotrasya ṣoḍaśigrahasyo 'tkarṣaḥ. samayādhyuṣite sūrye sūryāstāsannakāle. pañcamādyaḥ.

Chapter 2

1. prājāpatyapaśuyāga ekaikasminn upākaraṇaniyojanādi kṛtvā 'nyatrā 'nuṣṭheyam, prayogavacanena codakena ca dharmasāhityaprāpteḥ. na. prājāpatyaiś carantī[38] 'ti pratyakṣapaśusāhityena kalpyānumeyaprayogavacanacodakaprāptadharmasāhityasya bādhāt, ekasmin prayoge kṛtsnadharmāṇām anuṣṭhānena tadavirodhāc ca.

2. yāvato 'śvān pratigṛhṇīyāt tāvato vāruṇāṃś catuṣkapālān[39] nirvaped[40] iti vāruṇacatuṣkapāle śatasaṃkhyākāśvapratigrahādinimitte tāvatsv api puroḍāśeṣv ekaiko 'dhiśrayaṇādir anuṣṭheyaḥ, pūrvayukteḥ. na. tapteṣu kapāleṣv ekasyā 'dhiśrayaṇe kṛte sarveṣām adhiśrayaṇaṃ kṛtvā dvitīyasaṃskārakaraṇe pūrvādhiśritasya bhasmībhāvāpatteḥ, ata eva dvitreṣu puroḍāśeṣu padārthānusamaya iṣṭa eva.

3. darśapūrṇamāsayor āgneyāgnīṣomīyanirvāpayoḥ padārthānusamaya ekaikamuṣṭinā 'stu, ekaikamuṣṭer api nairapekṣyeṇa nirvāpāṅgatvāt. na. ekavidhivihitasyai 'kapadārthatvena caturmuṣṭinirvāpasyai 'kapadārthatvāc caturmuṣṭibhir evā 'nusamaya. evaṃ kapālopadhāne 'vadāne ca bodhyam.

4. dvir haviṣo 'vadyatī[41] 'ty ekavidhivihitatvāt kevalena dvyavadānenā 'nusamayaḥ, na homāntena. na. bhāṣyakṛnmate uktavidheś caturavattaṃ juhotī[42] 'ti vidhiprāptāvadānānuvādena haviṣo dvir iti niyamavidhitvāt.

vārttikakṛnmate dvitvaviśiṣṭāvadānavidhāyakatve 'pi tasya pratipādyacaturavattasaṃpādanārthatvenai 'va vidhānāt sahomenai 'vā 'nusamayaḥ. etac ca bhinnadevatākeṣu, saṃpratipannadevatākeṣu tu sahapradānāc caturavattenei 'vā 'nusamayaḥ.

5. agnīṣomīye yūpadharmā añjanādayaḥ āmnātāḥ, te codakena prājāpatyeṣu prāptāḥ paśūpākaraṇādivad ekaikaśo 'nusametavyāḥ. na. añjanā-

---

38 Untraced. Cf. TB 1.3.4.5 etaiḥ pracarati. (Śabara: vaiśvadevīṃ kṛtvā paśubhiś caranti; JNMV and ŚD: vaiśvadevīṃ kṛtvā prājāpatyaiś caranti).

39 catuṣkapālān *corr.*; catukapālān OBPU.

40 TS 2.3.12.1. (Śabara has this at JS 3.4.30 (MNS adh. 3.4.14) etc.; JNMV: as in MNS).

41 See 3.4.18.

42 TS 2.6.3.2. (Śabara has this at JS 10.8.29 etc. (adh. 10.8.12); ŚD, JNMV, and BhD: as in MNS). See 6.4.1.

diparivyāṇāntaṃ yajamāno yūpaṃ nā 'vasṛjed[43] iti vacanena yajamānasya yūpatyāganiṣedhāt kāṇḍānusamaya eva.

6. tatrai 'va daivatāny avadāya na tāvaty eva hotavyaṃ sauviṣṭakṛtāny avadyati sauviṣṭakṛtāny avadāya na tāvaty eva hotavyam aiḍāny avadyatī[44] 'ty āmnātam, tat prājāpatyeṣu kāṇḍato 'nusametavyam, prakṛtau tathādarśanāt. na. prakṛtau paśor ekatvena daivatādyavadānānāṃ nairantarye 'pi, prājāpatyeṣu sāhityānugrahāya[45] sarveṣāṃ daivatāny avadāya tathai 'va sauviṣṭakṛtādīny avattavyāni.

7. agnaye gṛhapataye puroḍāśam aṣṭākapālam nirvapati kṛṣṇānāṃ vrīhīṇāṃ somāya vanaspataye śyāmākaṃ carum[46] ityādīṣṭiṣu rājasūyāṅgabhūtāsu kṛṣṇājināstaraṇolūkhalasthāpanādīnāṃ bhinnavidhivihitatvena bhinnapadārthatayā padārthānām anusamayād ulūkhalādibhedaḥ. na. vrīhīn avahantī[47] 'ti vihitāvaghātapadārthasya kṛṣṇājināstaraṇam ārabhya taṇḍulaniṣpattyavasānatvāt tenā 'nusamayaḥ, ekam evo 'lūkhalādi.

8. agnīṣomīye prayājānuyājājyam ekapātre dhārayitatvyam, prakṛtau darśanāt. na. pṛṣadājyenā 'nuyājān yajantī[48] 'ti pṛṣadājyasyā 'nūyājadravyatvāt, kevalājyasya prayājadravyatvāt, dravyabhede ca pātrabhedasyā 'vaśyakatvāt.

9. agnaye kṛttikābhya[49] iti nakṣatreṣṭiṃ vidhāya so 'tra juhoti agnaye svāhā kṛttikābhyaḥ svāhe[50] 'ty upahomā āmnātāḥ daśa te tanuvo yajña yajñiyā [51] ityādimantrair ājyāhutirūpanāriṣṭahomebhyaś codakaprāptebhyaḥ pūrvam anuṣṭheyāḥ, pratyakṣapaṭhitatvena mukhyasāmīpyāvagamāt. na.

---

43 ĀpŚS 7.10.5 añjanādi yūpaṃ yajamāno no 'tsṛjaty ā parivyayaṇāt; BhŚS 7.8.6 (as in ĀpŚS except āñjanaprabhṛti instead of añjanādi). (Śabara: añjanādi yajamāno yūpaṃ nā 'vasṛjed ā parivyāṇāt; ŚD, JNMV (ĀĀ), and BhD: as in MNS; JNMV (Gold. and ĀĀ var.): as in MNS except 'vasṛjati).

44 Untraced. (Śabara: daivatāny avadāya na tāvaty eva hotavyam. sauviṣṭakṛtāny avadeyāni. sauviṣṭakṛtāny avadāya na tāvaty eva hotavyam. aiḍāny avadeyāni; ŚD and JNMV: as in MNS; BhD: as in MNS, except preceded by daivatāny avadyati).

45 °ānugrahāya OB; °ārodhāya PU.

46 TS 1.8.10.1. (Śabara: °gṛhapataye 'sitānām aṣṭākapālaṃ nirvapet°; ŚD and BhD: °gṛhapataye 'ṣṭākapālaṃ kṛṣṇānāṃ° (ŚD (NSP): °śyāmākaś caruḥ); JNMV: as in MNS). See 11.3.7 and 11.4.13.

47 See 1.3.10. (This is absent here in Śabara; JNMV: as in MNS).

48 TS 6.3.11.6 pṛṣadājyenā 'nūyājān yajati; cf. ĀpŚS 7.26.12. See Edgerton, p. 95, note 97. (Śabara etc.: as in TS).

49 TB 3.1.4.1 sa etam agnaye kṛttikābhyaḥ puroḍāśam aṣṭākapālaṃ niravapat. (Śabara, ŚD, and BhD: agnaye kṛttikābhyaḥ puroḍāśam aṣṭākapālaṃ nirvapet; JNMV: agnaye kṛttikābhyaḥ puroḍāśam aṣṭākapālam).

50 TB 3.1.4.1.

51 TB 3.7.5.11; ĀpŚS 2.20.6. (This is absent in Śabara; JNMV: as in MNS).

vikṛtītikartavyatākāṅkṣayā kḷptopakāraprākṛtātideśavākyasya vikṛtividhiśeṣatvena nāriṣṭahomānām utpattividhivihitatvāt, upahomānāṃ ca vākyāntaravihitatvān nāriṣṭahomā evā 'dau.

10. rājasūye 'bhiṣecanīyavidhyuttaram akṣair dīvyati,[52] rājanyaṃ jināti,[53] śaunaḥśepam ākhyāpayati,[54] rājānam abhiṣiñcatī[55] 'ti vihitavidevanādīnāṃ madhye 'bhiṣekasya māhendrastotraṃ praty abhiṣicyata[56] ity abhiṣecanīyaprākṛtāṅgamadhye 'pakarṣe 'pi na prācām apakarṣaḥ, vedyapakarṣa ivā 'bhivāsanādīnāṃ kramasyā 'kḷpteḥ. na. prakaraṇād rājasūyāṅgabhūtānāṃ videvanādīnāṃ tādṛgabhiṣekaprāgbhāvasya pratyakṣapāṭhanimittatvāt, abhiṣecanīye vikṛtau prākṛtāṅgapāṭhābhāvena tatpaścādbhāvasyā 'numānikatvāc ca tadantāpakarṣaḥ.

11. cayan sāvitrahomokhāsaṃbharaṇādy[57] āmnāya dīkṣaṇīyādyāmnāne[58] 'pi prakṛtau kḷptopakāradīkṣaṇīyādeḥ śīghropasthiter[59] dīkṣaṇīyādy ādāv anuṣṭheyam. na. pratyakṣakramasya balavattvena sāvitrahomādi pūrvam.

12. dīkṣaṇīyānantaraṃ[60] rukmapratimocanam[61] āmnātam, ato yajamānasaṃskārāt prāk kāryam. na. saṃskāreṣu dīkṣaṇīyottaratvasya prakṛtau kḷptatvāt, rukmapratimocane tasya pāṭhakalpyatvāt,[62] svarūpabodhanenā 'pi dīkṣaṇīyottarapāṭhasārthyakyāc ca vapanādy evā 'dāv anuṣṭheyam. pañcame dvitīyaḥ.

Chapter 3

1. daikṣe ekādaśa prayājān yajatī[63] 'ty ekādaśatvaṃ pratyekaṃ prayājeṣu, teṣām uddeśyatvena sāhityāvivakṣaṇāt, pratipradhānam aṅgāvṛttinyāyāc ca. na. ekaikaprayājasvarūpa ekādaśatvasya saṃpādayitum aśakyatvāt, pra-

---

52 Untraced. See 4.4.1.

53 MS 4.4.5 (55.17); TB 1.7.9.3. (Śabara has this at JS 4.4.1; BhD: as in MNS).

54 TB 1.7.10.6 °ākhyāpayate; ĀpŚS 18.19.10 (as in TB).

55 Untraced. See 2.3.2. (Śabara and BhD: abhiṣicyate (Śabara also has this at JS 4.4.1; is it from TB 1.8.8.5 viśo hi madhyato 'bhiṣicyate?)).

56 ĀpŚS 18.15.10 ūrdhvabāhuṃ tiṣṭhantaṃ māhendrasya stotraṃ praty abhiṣiñcati. (Śabara and BhD: māhendrasya stotraṃ praty abhiṣicyate; ŚD and JNMV: as in MNS). See 4.4.2.

57 TS 5.1.1.1 sāvitrāṇi juhoti prasūtyai; the ukhāsaṃbharaṇa begins at TS 5.1.1.4.

58 Here JNMV has āgnāvaiṣṇavam ekādaśakapālaṃ nirvaped dīkṣiṣyamāṇaḥ (TS 5.5.1.4). See 5.3.11.

59 śīghro *corr.*; śāghro° OBU; *in space of omitted passage in* P.

60 See 5.3.11.

61 TS 5.1.10.3 rukmam antaram prati muñcate; ĀpŚS 16.10.9.

62 kalpyatvāt *corr.*; °kalpatvāt OBPU.

63 TS 6.3.7.5; ĀpŚS 7.14.6.

yogadvārā tatsaṃpādana ekaśabdābhihitaiḥ samastaiḥ prayājaiḥ svaprayogalakṣaṇāt, prakṛtau pañcatvasye 'vai 'kādaśatvasyā 'pi samastaparicchedakatvaucityāc caturṇāṃ dvirāvṛttyo 'ttamasya trirāvṛttyā cai 'kādaśatvaṃ saṃpādyam, caturthāntimayoś caturabhyāsaḥ, anyeṣāṃ tu sakṛtprayoga iti pramāṇāntarānusārād[64] vā tat.

2. cayane ṣaḍ upasada[65] iti ṣaṭtvaṃ daṇḍakalitavad āvṛttyā 'nuṣṭheyam, trir adhyāyaḥ paṭhanīya[66] ityādau tathādṛṣṭeḥ. na. prakṛtau dīkṣānantarabhāvini prathamopasada āmnānena dīkṣottaratvasya prathamopasady avagatasyo 'ktāvṛttau bādhāpatteḥ svasthānavivṛddhyā dvir dvir abhyasanīyāḥ sarvāḥ.

3. ekaviṃśatim anubrūyāt pratiṣṭhākāmasye[67] 'ti sāmidhenīvivṛddhyartham āgatānām ṛcām iyaṃ vai samidhyamānavatī asau samiddhavatī yad antarā tad dhāyyā[68] ity ukteḥ samidhyamānavatīsamiddhavatyor antarā niveśaḥ, dhīyamānatvād āgamyamānānām ṛcām. na. pṛthupājavatyau dhāyye[69] iti dhāyyātvasya dvayor eva sattvena tayor evā 'ntarā niveśaḥ, anyāsāṃ tv āgantūnām ante niveśa iti nyāyād anta eva.

4. prakṛtau bahiṣpavamāne trayāṇāṃ tṛcānām āmnānena trivṛtstomakatvam, vikṛtāv atideśaprāpte tasminn ekaviṃśenā 'tirātreṇa prajākāmaṃ yājayed[70] ityādinai 'kaviṃśastomakatvaṃ vihitam, tac ca bahiṣpavamāne ṛgantarāgamenai 'va stomapūraṇasya vakṣyamāṇatvāc[71] caturbhis tṛcair bhavatī 'ti caturṇāṃ tṛcānām āgamaḥ, sa ca dvādaśāha iva bahiṣpavamānīyādyatṛcayoḥ stotrīyānurūpayor antimatṛcaparyāsasya ca madhye. na.

---

64 See note to translation.

65 ĀpŚS 16.35.6 ṣaḍ upasadaḥ. (Śabara and BhD have this at 5.3.1; ŚD and JNMV: as in MNS).

66 Untraced. (Śabara and ŚD: trir anuvākaḥ paṭhyatām; JNMV: trivāraṃ rudrādhyāyaṃ japati).

67 TS 2.5.10.2.

68 Untraced. Cf. JS 5.3.4 samidhyamānavatīṃ samiddhavatīṃ cā 'ntareṇa dhāyyāḥ syur dyāvāpṛthivyor antarāle samarhaṇāt. (The verses occur at ṚV 3.27.4; 5.28.5; TB 3.5.2.3). (Śabara: iyaṃ vai samidhyamānavatī dyauḥ, asau samiddhavatī pṛthivī, yad antarā tad dhāyyā (BI lacks dyauḥ and pṛthivī); ŚD (LKSV), JNMV, and BhD: as in MNS; ŚD (NSP): °asau samidhyavatī yat tad antarā tad dhāyyā).

69 ĀpŚS 19.18.3 samidhyamānavatīṃ samiddhavatīṃ cā 'ntareṇa pṛthupājavatyau dhāyye dadhāti; SatyāŚS 22.2.3 (p. 748) (as in ĀpŚS but omits dadhāti); BŚS 10.11 (10.6); the verses occur at ṚV 3.27.5, 6; TB 3.6.1.3. (Śabara: pṛthupājavatyau dhāyye uṣṇikkakubhau dhāyye (ĀpŚS 19.27.17 pra so agna ity uṣṇihakakubhau dhāyye dadhāti; cf. TS 2.4.11.1; the verses occur at TS 3.2.11.1 (a and b) (=ṚV 8.19.30 and 3.10.5)); ŚD, JNMV, and BhD: as in MNS).

70 Untraced. (Śabara and JNMV: as in MNS, then continue: triṇavenau 'jaskāmaṃ trayastriṃśena pratiṣṭhākāmam (untraced)).

71 See 10.5.7.

stotrīyānurūpau tṛcau bhavataḥ,[72] vṛṣaṇvantas tṛcāḥ,[73] uttamaḥ paryāsa[74] iti vākyena dvādaśāhe tathātve 'py uktasthale mānābhāvāt, āgantūnām iti nyāyāc cā 'nta eva niveśaḥ.

5. atirātra eva mādhyaṃdinārbhavapavamānayoḥ pañcadaśasaptadaśastomau bādhitum ekaviṃśādistomānāṃ vivṛddhiḥ, stomapūraṇaṃ ca sāmāgamene[75] 'ti vakṣyate, sa cā 'ntyatṛce, āgantutvāt. na. trīṇi ha vai yajñasyo 'darāṇi gāyatrī bṛhaty anuṣṭup, atra hy evā 'vapanty ata[76] evo 'dvapantī[77] 'ty āvāpodvāpayor gāyatryādyatirikte parisaṃkhyānāt, uccā te jātam andhasa[78] iti mādhyaṃdinapavamānasyā 'dye tṛce, svādiṣṭhaye[79] 'ty ārbhavapavamānasyā 'dye tṛce ca gāyatrīchandaske āvāpaḥ, na triṣṭubjagatīchandaskayoḥ.

6. yo 'dābhyaṃ gṛhītvā somāya yajate,[80] citriṇīr upadadhātī[81] 'ty anārabhyā 'mnātaṃ graheṣṭakaṃ savanacityor niṣpādanena tadaṅgam, pratisavanapraticayanaṃ cā 'vartate. na. anārabhyā 'dhītasyā 'pi phalavadyāgāgnisaṃbandhasyau 'cityād graheṣṭakasya somayāgāgnyaṅgatvena nā 'vṛttiḥ.

7. citriṇyādīnām uttamāyāṃ citau niveśaḥ prakaraṇādhītānāṃ kḷptakramāṇām iṣṭakānām avyavadhānāya. na. yāṃ kāṃ cid brāhmaṇavatīm iṣṭakām abhijānīyāt tāṃ madhyamāyāṃ citāv upadadhyād[82] iti vacanena pratyakṣabrāhmaṇavihitānāṃ citriṇyādīnāṃ madhyamāyāṃ citau niveśaḥ.

---

72 TāB 11.6.6 stotrīyānurūpau tṛcau bhavataḥ prāṇāpānānām avarudhyai.

73 TāB 11.6.7 vṛṣaṇvantas tṛcā bhavantī 'ndriyasya vīryasyā 'varudhyai. (Śabara and JNMV: vṛṣaṇvantas tṛcā bhavanti).

74 Cf. TāB 11.6.8 tṛca uttamo bhavati. (Śabara and JNMV (ĀĀ): tṛca uttamaḥ paryāsa iti; JNMV (Gold. and ĀĀ var.): tata uttamaḥ°).

75 See 10.5.6. Cf. JS 10.5.16 āgamena vā 'bhāsasyā 'śrutitvāt; Śabara, at that sūtra: aprākṛtānāṃ sāmnām āgamena saṅkhyā pūrayitavyā etc.

76 vapaṃty ata OB; vapaṃtīta U; upaṃtīta P.

77 JB 1.311 °ata uddharanti. (Śabara: °anuṣṭub iti. atra°; ŚD (LKSV) and BhD: as in MNS; ŚD (NSP): °bṛhad anuṣṭup cā 'tra°); JNMV: °anuṣṭup cā 'tra°).

78 SV 1.467/2.22–24 = ṚV 9.61.10, 12,11. (Absent in Śabara; JNMV: as in MNS).

79 SV 1.468/2.39–41 = ṚV 9.1.1–3. (Absent in Śabara; JNMV: as in MNS).

80 TS 3.3.4.2 eṣa ha vai haviṣā havir yajati, yo 'dābhyaṃ gṛhītvā somāya juhoti. (Śabara: as in TS, except ha omitted and yajate in place of yajati; JNMV: as in MNS). See 2.3.9.

81 Untraced. See 3.6.12. (Śabara: citriṇīr upadadhāti, vajriṇīr upadadhāti, bhūteṣṭakā upadadhāti; ŚD: citriṇīr upadadhāti, vajriṇīr upadadhāti; JNMV and BhD: as in MNS).

82 Untraced. (Śabara: yāṃ vai kāṃ°; ŚD and JNMV: as in MNS, but lacking upadadhyāt (ĀĀ: °kāṃ ca brāhmaṇavatīm°)); BhD: yāṃ kāṃ cana brāhmaṇavatīm°). Cf. ŚB 9.4.2.27 for a similar but irrelevant statement.

8. tatrā 'pi lokaṃpṛṇātaḥ pūrvam, tasyā yad evā 'syo 'naṃ yac chidraṃ tad etayā pūrayati lokaṃ pṛṇa cchidraṃ pṛṇe[83] 'ty anen 'onatvacchidratvapūraṇārthatvāt, na tv āgantūnām ante niveśa iti nyāyeno 'rdhvam.

9. agnyādhānottaraṃ dvādaśasu rātrīṣv anunirvaped[84] itī 'ṣṭīnāṃ kālāmnānāt tābhyaḥ purā 'py agnihotram anuṣṭheyam ādhānenā 'gner niṣpatteḥ. na. pavamāneṣṭīnāṃ vaiyarthyabhiyā tatsāpekṣādhānasyai 'vā 'gnijanakatvāt tataḥ pūrvam agnyabhāvenā 'gnihotrābhāvaḥ.

10. agnicid varṣati na dhāved[85] ityādīny agnicidvratāni cayane nimitte vidhānāt kratoḥ pūrvam api bhavanti. na. kratūpakāraviśiṣṭāgnibhāvyakabhāvanāyā nimittabhūtāyāḥ kratoḥ prāg anirvṛttyā kratūttaram eva vratāni.

11. āgnāvaiṣṇavam ekādaśakapālaṃ nirvaped dīkṣiṣyamāṇaḥ,[86] daṇḍena dīkṣayati,[87] mekhalayā dīkṣayatī[88] 'ty āmnānena sarveṣāṃ dīkṣitatvotpādakatvāt sarvānte dvyahaṃ nā 'śnātī[89] 'tyādivratāni. na. iṣṭeḥ kriyārūpatvena saṃskārahetutvād daṇḍādīnām akriyātmanāṃ dīkṣābhivyañjakatvād iṣṭyanta eva vratāni.

12. kāmyā naimittikya iṣṭayaś ca krameṇa paṭhitā api bhinnaprayogakatvena kramānākāṃkṣitvān na pāṭhakrameṇā 'nuṣṭheyāḥ.

13. eṣa vāva prathamo yajño yajñānāṃ yaj jyotiṣṭomaḥ ya etenā 'niṣṭvā 'nyena yajate gartapatyam eva tad āpadyata[90] ity atra jyotiṣṭomapado-

---

83 Cf. KS 21.3 (40.15) lokaṃ pṛṇa cchidraṃ pṛṇe 'ti yad evā 'syo 'naṃ yac chidraṃ tad āpūrayati. See Garge, p. 109. Bloomfield has several quotes for the mantra, including TS 4.2.4.4 n.

84 TB 1.1.6.7. (Absent in Śabara; ŚD and JNMV: as in MNS (ŚD (LKSV): °rātriṣv°)).

85 TS 5.4.9.2. (In Śabara the quote continues: na striyam upeyāt. tasmād agnicitā pakṣiṇo nā 'śitavyāḥ (MS 3.3.1 (32.10) tasmād agnicitā strī no 'petyā; 3.4.8 (56.9) tasmād agnicitā pakṣiṇo nā 'śita3vyam); ŚD: varṣati na dhāvet; JNMV: agnicid varṣati na dhāvet, na striyam upeyāt; BhD: as in MNS).

86 Cf. ĀpŚS 10.4.2 āgnāvaiṣṇavam ekādaśakapālaṃ nirvapati; TB 1.5.9.2 tasmā etam āgnāvaiṣṇavam ekādaśakapālaṃ dīkṣaṇīyaṃ niravapan; TS 5.5.1.4 °nirvapati° (this quote is similar, but it is for the agnicayana).

87 Untraced. See 3.7.5.

88 TS 6.1.3.5 mekhalayā yajamānaṃ dīkṣayati; cf. ĀpŚS 10.9.13. (Śabara: daṇḍena dīkṣayati, mekhalayā dīkṣayati, kṛṣṇājinena dīkṣayati (this last one is found at TS 6.1.3.1)).

89 Untraced. See 3.8.4. (Śabara has this at JS 3.8.9 (MNS 3.8.4). See 3.8.4.

90 Cf. TāB 16.1.2 eṣa vāva prathamo yajñānāṃ ya etenā 'niṣṭvā 'thā 'nyena yajate garttapatyam eva taj jīyate pra vā mīyate. (Śabara: °niṣṭvā 'thā 'nyena yajeta gartapatyam eva taj jayate pra vā mīyate; ŚD: °jyotiṣṭomaḥ tasmād etene 'ṣṭvā 'nyena yajeta; JNMV: °jyotiṣṭomo ya etenā 'niṣṭvā 'thā 'nyena yajeta gartapatitam eva hi taj jīryeta pra vā mīyate (Gold.: °jīryate pramīyate); BhD: °jyotiṣṭomaḥ ya etenā 'niṣṭvā 'thā 'nyena yajate gartapatyam eva tad bhavati).

pādānāt sarvasaṃsthākajyotiṣṭomam anuṣṭhāyai 'va yajñāntaram anuṣṭheyam. na. agniṣṭomasaṃsthāyā nityatvena tatsaṃsthākasyai 'va prakaraṇāt, atyagniṣṭomādisaṃsthānām eva karaṇatvenā 'nyasaṃsthākeṣv etene 'ti śruter ayogyatvāc cā 'gniṣṭomaṃ kṛtvā 'kṛtvā 'pi saṃsthāntaraṃ kāryaṃ yajñāntaram.

14. agniṣṭomasaṃnidhānenā 'nyene[91] 'ty asya buddhisthasaṃsthāntaramātraparatayā saṃsthāntara evā 'gniṣṭomottarakālatā, na tv ekāhāhīnādiṣu. na. yajñānāṃ prathamo yajña[92] iti sarvayajñapratiyogikaprāthamyokter anyene 'ty asya sarvayajñaparatvāvasāyāt.

15. anyaśabdena sarvagrahe prasakte yo vai trivṛd anyaṃ yajñakratum āpadyate sa taṃ dīpayati yaḥ pañcadaśaḥ[93] sa taṃ yaḥ saptadaśaḥ[94] sa taṃ ya ekaviṃśaḥ sa tam[95] iti vākyaśeṣeṇai 'kastomeṣv eva tanniyamanāt trivṛd agniṣṭomo bhavati,[96] pañcadaśa ukthyo bhavati,[97] ekaviṃśaḥ ṣoḍaśī bhavatī[98] 'tyādayaḥ ṣaḍrātrādiṣv ahīneṣv āmnātā anyaśabdagrāhyāḥ. na. prakāśakatvasya vyāptim antareṇā 'pi saṃbandhamātreṇo 'papattyai 'kānekastomasādhāraṇānyaśabdasaṃkoce 'rthavādasyā 'sāmarthyāt sarve 'py agniṣṭomottarakālāḥ. pañcame tṛtīyaḥ.

---

91 Cf. TāB 16.1.2. See 5.3.13.

92 Cf. TāB 16.1.2. See 5.3.13. (JNMV: as in MNS).

93 paṃcadaśaḥ O (ḥ *added*); paṃcadaśaṃ B; paṃcaśaṃ U; yaḥ pañcadaśaḥ sa taṃ *omitted in* P.

94 saptadaśaḥ O (ḥ *added*); saptadaśaṃ BPU.

95 TāB 16.1.4 yo hi trivṛd°.

96 Cf. ĀpŚS 22.20.15; 22.21.14; 22.22.7 etc.; TāB 21.12.1; 21.14.1; 22.2.1 etc.; (of these ĀpŚS 22.22.7 and TāB 22.2.1 are for ṣaḍrātras). (This is absent in Śabara; JNMV: as in MNS).

97 Cf. ĀpŚS 22.20.15; 22.21.14; 22.22.7 etc.; TāB 21.12.1; 21.14.1; 22.2.1 etc.; (of these ĀpŚS 22.22.7 and TāB 22.2.1 are for ṣaḍrātras). (This is absent in Śabara; JNMV: as in MNS).

98 Cf. ĀpŚS 21.7.1; (this is for the dvādaśāha). (This is absent in Śabara etc.).

Chapter 4

1. aindravāyavaṃ maitrāvaruṇam āśvinam,[99] agnihotraṃ juhoti,[100] yavāgūṃ pacatī[101] 'ti pāṭhe 'pi āśvino daśamo gṛhyata[102] iti śruteḥ sāmarthyāc cā 'śvino daśamaḥ, paktvā[103] homaś ca.

2. sānnāyyadharmāḥ śākhāchedādayaḥ pūrvaṃ pravṛttāḥ, pradānaṃ tv āgneyasya pūrvam, paścāt sānnāyyasya. sviṣṭakṛdavadānādi tu pravṛttimukhyakramasadbhāvenā 'niyatam. na. mukhyakramādare keṣāṃ cid eva vacanāt pūrvedyuḥ kriyamāṇānāṃ pradhānaviprakarṣāt, pravṛttikramādare tu sarveṣāṃ tadāpatter mukhyakrama eva balavān.

3. some darśapūrṇamāsābhyām iṣṭvā somena yajete[104] 'ti vacanād iṣṭipūrvatvam, somena yakṣyamāṇo 'gnīn ādadhīte[105] 'ti vacanād ādhānāvyavahitottaratvaṃ ca.

---

99 For the order listed above for these three draughts: MS 1.3.6 (32.9); 1.3.7 (32.16); 1.3.8 (33.2); KS 4.2 (30.2, 6, 10); TS 1.4.4.1; 1.4.5.1; 1.4.6.1 (for mantras); MS 4.5.8 (74.15; 75.12); 4.6.1 (78.1); KS 27.3 (141.3); 27.4 (142.9; 143.8); TS 6.4.7.1; 6.4.8.1; 6.4.9.1 (for brāhmaṇas); cf. ĀpŚS 12.14.8, 12; 12.18.9; MŚS 2.3.5.4, 6; 2.3.7.1; KŚS 9.6.6, 8; 9.7.8. Garge, p. 139, lists KŚS 9.6.6 and ĀpŚS 12.14.8 for the aindravāyava; KŚS 9.6.8 for the maitrāvaruṇa; KŚS 9.7.7 (should be 9.7.8) and cf. ĀpŚS 19.2.9 for the āśvina. (I do not think any of these sūtra texts indicate through krama that the āśvina cup is third. It is listed as the third dvidevatya cup in the KS and MS passages cited above). See Edgerton, p. 234, note 207, where he lists MS 1.3.8 (33.2); 4.6.1; KS 4.2 (30.10); 27.4,5 for the āśvina draught, and MS 1.3.6,7; 4.5.8; KS 4.2 (30.2,6); 27.3,4 for the aindravāyava and maitrāvaruṇa draughts. Cf. KB 13.4. (Śabara has aindravāyavaṃ gṛhṇāti, maitrāvaruṇam gṛhṇāti, āśvinaṃ gṛhṇāti at JS 2.3.17 (adh. 2.2.6); BhD refers here to a quote of exactly the same sort (evaṃvidha) as the one quoted by Śabara). See note at 2.2.6.

100 See 1.4.4. (This is absent here in Śabara; ŚD and BhD: as in MNS).

101 Untraced. See 5.1.2. (This is absent here in Śabara; ŚD and BhD: as in MNS).

102 KS 27.5 (144.11) āśvino daśamo gṛhyate...taṃ tṛtīyaṃ juhoti; MS 4.6.1 (78.1) āśvino daśamo gṛhyate...tṛtīyo hūyate. See Garge, pp. 37 and 108; he also cites KapS 42.5 (252. 13) (text as in KS). (Śabara: āśvino daśamo gṛhyate, taṃ tṛtīyaṃ juhoti; ŚD and JNMV: as in MNS).

103 paktvā *corr.*; paktvatvā O; pakvatvā BPU. *Perhaps correct to* pakvatvād?

104 TS 2.5.6.1 eṣa vai devaratho yad darśapūrṇamāsau, yo darśapūrṇamāsāv iṣṭvā somena yajate rathaspaṣṭa evā 'vasāne vare devānām ava syati. (Śabara: as in TS; ŚD and BhD: as in MNS; JNMV: darśapūrṇamāsāv iṣṭvā somena yajeta).

105 Cf. KS 8.1 (83.18) somena yajā iti vā agnim ādhatte yasminn eva kasmiṃś ca 'rtā ādadhīta somena yakṣyamāṇaḥ; ĀpŚS 5.3.21 somena yakṣyamāno na 'rtuṃ sūrkṣen na nakṣatram; ĀśŚS 2.1.14–15: 14 yasmin kasmiṃś cid ṛtāv ādadhīta 15 somena yakṣyamāṇo nar 'tuṃ pṛcchen na nakṣatram. (Śabara has two similar quotes: yaḥ somena yakṣyamāṇo 'gnīn ādadhīta na 'rtuṃ pratīkṣen na nakṣatram, and yaḥ somena yakṣyamāṇo 'gnim ādadhīta; ŚD: somena yakṣyamāṇo 'gnim ādadhīta; JNMV:

4. āgneyo vai brāhmaṇo devatayā sa somene 'ṣṭvā 'gnīṣomīyo bhavati yad evā 'daḥ paurṇamāsaṃ havis tat tarhy anunirvapet tarhi sa ubhayadevato bhavatī[106] 'ti vacanāt paurṇamāsyā evo 'tkarṣapratītāv api kevalāmāvāsyātaḥ phalānutpatteḥ pūrṇamāsyupakramatvāc ce 'ṣṭyoḥ kṛtsnotkarṣapratīter brāhmaṇakartṛkādhāne somāvyavahitapūrvatvam eva, viṭkṣatriyayos tv aniyamaḥ. na. ado havir ity agnīṣomīyahavirmātrasyai 'vo 'tkarṣapratītyā kṛtsnotkarṣābhāvenā 'gnīṣomīyapuroḍāśarahitadarśapūrṇamāsayor brāhmaṇo 'py adhikriyata ity aniyamo 'syā 'pi.

5. yaḥ somena yakṣyamāṇo 'gnim ādadhīta na 'rtūn sūrkṣen na nakṣatram[107] ity asyā 'dhānaprakaraṇasthatve 'pi nā 'dhānakālabādhakatvam, yad ahar evai 'naṃ śraddho 'panamet tad ahar ādadhīte[108] 'ty anenai 'va tallābhāt, api tu somakālabādhakatvam. yady api yadā cai 'naṃ śraddo 'panamed athā 'dadhītā 'tha yajete[109] 'ti śatapathe somakālabādho 'py uktaḥ, tathā 'py asyāṃ śākhāyāṃ sa no 'kta iti tadartham eve 'daṃ vacanam. śatapathe idaṃ vacanaṃ nā 'stī 'ty api ke cit.

6. upāṃśuyāje tu viṣṇuprajāpatyor api devatātvān nā 'syo 'tkarṣaḥ.

---

as in MNS; BhD: yaḥ somena yakṣyamāṇo 'gnim ādadhīta na 'rtuṃ pṛcchen na nakṣatram (cf. ĀśŚS 2.1.15)). See 5.4.5.

106 Untraced. Cf. TB 2.7.3.1 āgneyo vai brāhmaṇaḥ (but the context is the brāhmaṇasava); ĀpŚS 24.2.34 nā 'somayājino brāhmaṇasyā 'gnīṣomīyaḥ puroḍāśo vidyate. See Garge, p. 115, who cites TB. (Śabara: °tarhy ubhayadevatyo bhavati; ŚD and JNMV: as in MNS (except tarhy in place of tarhi sa in JNMV (ĀĀ)); BhD: °anunirvapet).

107 Cf. ĀpŚS 5.3.21; ĀśŚS 2.1.15 somena yakṣyamāṇo na 'rtuṃ pṛcchen na nakṣatram. See 5.4.3. (Śabara: °nā 'rtuṃ pratīkṣen na nakṣatram; ŚD: somena°...°na 'rtuṃ pratīkṣen na nakṣatram; JNMV: as in MNS, except lacking yaḥ, and agnīn instead of agnim (ĀĀ: °na ca nakṣatram); BhD: as in MNS, except pṛcchen in place of sūrkṣen). (Should the quote here and the one at 5.4.3 be considered the same? Śabara and ŚD have the same agnim/agnīn variation, but they are identical in BhD and compatible in JNMV).

108 Cf. TB 1.1.2.8 yad evai 'naṃ yajña upanamet. athā 'dadhīta. (Śabara: as in MNS; ŚD: yad ahar evai 'nam; JNMV: as in TB (ĀĀ: yadai 'vai 'nam°); BhD: yad ahar evai 'naṃ śraddho 'panamed athā 'dadhīta).

109 Cf. ŚB(K) 1.3.3.8 apahatapāpmāno vā ṛtava ity asau vā eteṣām udyant sarvaṃ pāpmānam apahantī 'ti tasmād yadai 'vai 'naṃ kadā co 'panamed athā 'dadhītā 'tha yajeta; ŚB(M) 2.1.3.9 ubhaya evā 'pahatapāpmānaḥ sūrya evai 'ṣāṃ pāpmano 'pahanto 'dyann evai 'ṣāṃ ubhayeṣāṃ pāpmānam apahanti tasmād yadai 'vai 'naṃ kadā ca yajña upanamed athā 'gnī ādadhīta. (Absent in Śabara; ŚD: apahatapāpmāno vā ṛtavo 'sau khalu vāva āditya udyaṃs teṣāṃ pāpmānam apahanti. tasmād yadai 'vai 'naṃ śraddhā co 'panamed athā 'dadhītā 'tha yajeta; BhD: apahatapāpmāno vā).

7. darśādivikṛtayo ya iṣṭyā paśunā somena vā yajeta so 'māvāsyāyāṃ pūrṇamāsyāṃ ve[110] 'ti vākye tṛtīyayā sāṅgāsu tāsu kālavidher na dvyahakālāḥ.

8. sānnāyyāgnīṣomīyavikārayor api somottarakālatvaṃ prakṛtito 'tideśāt. nā 'somayājī saṃnayed[111] iti sānnāyye somottaratvam.

9. somavat somavikārāṇām apī 'ṣṭeḥ prāg ūrdhvaṃ cā 'nuṣṭhānam. na. ādhānāvyavahitottaratvavacanenā 'rthikasya somastheṣṭipūrvatvasya codakenā[112] 'natideśāt, eṣa vāve[113] 'ti vacanāc ca prākṛtam iṣṭipūrvakatvam eva somavikāre 'tidiśyate. iti pañcamaḥ.

---

110 ĀpŚS 10.2.8 yadī 'ṣṭyā yadi paśunā yadi somena yajetā 'māvāsyāyāṃ vaiva paurṇamāsyāṃ vā yajeta; KS 8.1 (84.3) tasmād iṣṭyā vā 'grāyaṇena vā paśunā vā somena vā pūrṇamāse vā 'māvasyāyāṃ vā yajeta. See Edgerton, p. 31 and p. 231, note 192, and Garge, p. 131. (Śabara: °somena āgrayaṇena vā yakṣyamāṇaḥ sa paurṇamāsyām amāvāsyāyāṃ vā yajeta (ĀĀ editor adds āgrayaṇena); ŚD: ya iṣṭyā paśunā; JNMV: as in MNS, except °paurṇamāsyāṃ vā yajeta (ĀĀ: °somena vā, āgrayaṇena vā yakṣyamāṇaḥ, saḥ°); BD: ya iṣṭyā).

111 TS 2.5.5.1; ĀpŚS 1.14.8 nā 'somayājī saṃnayet saṃnayed vā. Garge, p. 84, cites TS, BŚS 17.50 (330.4), and ŚB 1.6.4.10 (all as in MNS).

112 codakenā *corr.*; nodakenā OBPU.

113 Cf. TāB 16.1.2 eṣa vāva prathamo yajñānāṃ ya etenā 'niṣṭvā 'thā 'nyena yajate garttapatyam eva taj jīyate pra vā mīyate. See 5.3.13. (Absent here in Śabara; ŚD: eṣa vāva prathamo yajño yajñānām; BhD: eṣa vāva prathamaḥ).

Book 6

Chapter 1

1. svargakāmo yajete[1] 'tyādau samānapadaśrutyā dhātvarthasya bhāvyatā, svargakāmapadaṃ tu dvyaṣṭavarṣāḥ striyaḥ svargaḥ, candanaṃ svarga iti dravye svargaśabdaprayogena sādhanakāmanānuvādaḥ. na. samānābhidhānaśrutyā bhāvanāyāṃ vidhyanvayānurodhena svargāder eva bhāvyatā. dravye svargaśabdasya lākṣaṇikatvāt svārasikakāmanābhāvāc ca na svargakāmapadasyā 'pi sādhanakāmanānuvādakatvasaṃbhavaḥ.

2. andhapaṅgvādīnāṃ tiraścāṃ ca cetanasvargakāmitvasaṃbhavāt aṅgeṣv[2] aśaktāv api svargakāmo yajete[3] 'ty anena pratītasarvādhikārasya saṃkoce mānābhāvād adhikāraḥ. na. ājyāvekṣaṇādīnāṃ kratvarthatayā vihitatvena tallope kratuvaiguṇyāpatter nā 'śaktasyā 'dhikāraḥ.

3. svargakāmo yajete[4] 'ti pulliṅgaśabdenā 'dhikāriṇo 'bhidhānān na striyā adhikāraḥ. na. grahaikatvādivat pratyayārthatvād uddeśyagatatvāc ca striyā apy adhikāraḥ.

4. yajete 'ty ākhyātapratītaikatvasyo 'ddeśyāgatatvād vivakṣāyā āvaśyakatvena daṃpatibhyāṃ pṛthag eva karma kāryam. na. patnyavekṣaṇaṃ yajamānāvekṣaṇaṃ cai 'kaikakartṛke prayoge lupyete 'ti dvayoḥ sahādhikāraḥ. agnīṣomayor iva daṃpatyor api vyāsajya kartṛtvasattvena na yajete 'ty api viruddham.

5. kṣaume vasānāv agnim ādadhīyātām[5] ity atra vasānāv iti pulliṅgadvivacanād dvayoḥ puṃsor evā 'dhikāraḥ. na. aprāptasya kṣaumasyā 'vaśyavidheyatvād dvitvasyā 'pi vidhāne vākyabhedāpatter vasānāv ity asya sahādhikāraprāptadaṃpatidvitvānuvādakatā, pumān striye[6] 'ty anuśāsanena strīpuṃsayor apī 'dṛkśabdasya sādhutvāt.

---

1 This seems to be an abbreviation of darśapūrṇamāsābhyāṃ svargakāmo yajeta, which is quoted in ŚD and JNMV. (Śabara has darśapūrṇamāsābhyāṃ svargakāmo yajeta and jyotiṣṭomena svargakāmo yajeta). See 4.4.11 and 12.

2 aṃgeṣv OPU; aṃge py B.

3 See 6.1.1 and 4.4.11. (Here Śabara has darśapūrṇamāsābhyāṃ svargakāmo yajeta and jyotiṣṭomena svargakāmo yajeta; ŚD has just the first).

4 See 6.1.1 and 4.4.11. (Śabara: darśapūrṇamāsābhyāṃ svargakāmo yajeta; JNMV: as in MNS).

5 Cf. MS 1.6.4 (93.7) °vasānā°; ĀpŚS 5.4.10 kṣaume vasānau jāyāpatī agnim ādadhīyātām. Garge, p. 129, gives only ĀpŚS.

6 P 1.2.67.

6. aganma suvar[7] ityādimantrair ādityopasthānam, vasantam ṛtūnām[8] ityādibhiḥ prayājādyanumantraṇaṃ ca dvābhyāṃ kartavyam, dvayor api yajamānatvena yājamānasamākhyāteṣu dvayor api kartṛtvaucityāt. na. striyā adhyayanābhāvenā 'nuṣṭhātum aśakyatvāt puṃsai 'va tatkaraṇe 'pi śāstrārthasiddheḥ.

7. likhitapāṭhena tātkālikopadeśena vā 'nuṣṭhānahetubhūtavidyāyāḥ śūdre 'pi saṃbhavāt so 'py adhikriyate karmasu. na. kratuvidhibhir adhyayanasiddhavidyatraivarṇikādhikārilābheno 'papannaiḥ śūdrasya vidyātadupāyānākṣepān na tasyā 'dhikāraḥ.

8. pūrvavat sadhanādhikārilābhena[9] caritārthair na daridrasya dhanatadupāyākṣepaḥ. na. yāgāder api bhojanādivad dravyakāryatvena dravyākṣepakatvāt, ata eva dravyārjanavidhyabhāvopapatteḥ.[10] brāhmaṇaḥ pratigraheṇe[11] 'tyādes tū 'pāyaniyamavidhitvābhyupagamād daridro 'pi dhanaṃ saṃpādya kratvadhikārī.

9. vikalāṅgo 'py auṣadhādinā vaikalyaṃ dūrīkṛtya karmādhikārī.

10. asamādheyāṅgavaikalyas tu kāmyeṣv anadhikārī, sāṅgasyai 'va kāmyasya phalahetutvāt. nitye tu bhavaty adhikārī, āhitāgniś cet, tena tasya tyaktum aśakyatvāt.

11. ārṣeyaṃ vṛṇīta[12] iti vidhāyai 'kaṃ vṛṇīte dvau vṛṇīte trīn vṛṇīte na caturo vṛṇīte na pañcā 'ti vṛṇīta[13] ity āmnāte ekam ityādayas trayo 'pi vidhayaḥ. na. vākyabhedaprasaṅgena trīn vṛṇīta ity asyai 'va vidhitvāt. ekaṃ dvāv ity anayor avayutyā 'nuvādakatvenā 'prāpter[14] eva ca na[15] caturo na pañce 'ty anayor api niṣedhakatvāsaṃbhavena stāvakatā.

12. varṣāsu rathakāra ādadhīte[16] 'ty atra rathaṃ karotī 'ti vyutpattes traivarṇika eva rathakārapadabodhyaḥ. na. vaiśyāyāṃ kṣatriyād utpannena

---

7 TS 1.6.6.1 a; 1.7.6.1; ĀpŚS 4.14.11. See 9.1.3. (Absent here in Śabara; JNMV: as in MNS).

8 See 5.1.3. (Absent here in Śabara; JNMV: vasantam ṛtūnāṃ prīṇāmi).

9 sadhanā° OB; sādhanā° PU.

10 °vidhyabhāvo° OB; °vidhibhāvo° PU.

11 Untraced. Cf. MDh 10.76. See 12.4.16.

12 TS 2.5.8.7; ĀpŚS 24.5.2.

13 ĀpŚS 24.5.7; cf. 2.16.7 and 8.

14 °tvenāprāpter B; °tvena prāpter OU; °tvena || prāpter P.

15 ca na OPU; ca na *omitted in* B.

16 rathakāra ādadhīte OB; rathakāra agnī ādhadīte U; rathakāra agnīn ādhadīte P. Cf. BŚS 2.12 (53.16); 24.16 (200.4) vasante brāhmaṇo 'gnim ādadhīta grīṣme rājanyaḥ śaradi vaiśyo varṣāsu rathakāraḥ (same in both BŚS passages); ĀpŚS 5.3.18 vasanto brāhmaṇasya grīṣmo rājanyasya hemanto vā śarad vaiśyasya varṣā rathakā-

māhiṣyeṇa śūdrāyāṃ vaiśyād utpannāyāṃ karaṇyām utpādite rathakāraśabdasya rūḍhatvāt. tadādhānakālo varṣartuḥ.

13. vāstumayaṃ raudraṃ caruṃ nirvaped[17] iti prakṛtya śruta etayā niṣādasthapatiṃ yājayed[18] ity atra niṣādānāṃ sthapatir iti ṣaṣṭhītatpuruṣāśrayaṇena traivarṇiko 'dhikārī, evaṃ ca na vidyātadupāyakalpanāgauravam api. na. tatpuruṣe pūrvapadasya saṃbandhini lakṣaṇāpattyā karmadhāraya eva lāghavāt, vidyākalpanāgauravasya[19] ca phalamukhatvenā 'doṣatvād asyām iṣṭau taddhetuvidyātatsādhane saṃpādya niṣādābhinnasthapatir adhikārī. ṣaṣṭhe prathamaḥ.

Chapter 2

1. ṛddhikāmāḥ sattram āsīran,[20] saptadaśāvarāḥ sattram āsīrann[21] iti samudāyasya kartṛtvena tasyai 'va phalitvaucityād aṃśataḥ phalam. na. ekasya samudāyasya kartṛtva āsīrann iti bahuvacanānupapatteḥ pratyekam eva kartṛtvaphalitvayor aucityena samagraphalecchūnām evā 'dhikāraḥ, na tu phalāvayavecchūnām.

---

rasya (*comm.*: ādhānakālaḥ). (TB 1.1.4.8 gives the mantras, including the one for the rathakāra).

17 MS 2.2.4 (18.13) vāstvamayaṃ raudraṃ caruṃ nirvaped yatra rudraḥ prajāḥ śamāyeta; ĀpŚS 9.14.11 raudraṃ vāstumayaṃ caruṃ nirvaped yasya rudraḥ paśūñ chamāyeta. (Śabara: as in MS except, vāstumadhye°...°śamayet (Mīm. has vāstumayaṃ°...°yasya°, and lists vāstumadhye and yatra as apapāṭhas); JNMV: as in MNS; ŚD: aindraṃ vāstumayaṃ caruṃ nirvapet; BhD: raudraṃ vāstumadhye caruṃ nirvapet; Prabhāvalī on BhD gives a quote from nibandhas: yasya rudraḥ prajāḥ śamayet sa vāstumadhye raudraṃ gāvīdhukaṃ caruṃ nirvapet).

18 MS 2.2.4 (18.15) tayā°; ĀpŚS 9.14.12 etayai 'vā 'vṛtā niṣādasthapatiṃ yājayet.

19 °kalpanāgauravasya U; °kalpanagauravasya OBP.

20 Untraced. (TāB 23.23.1; 24.4.1; ĀśŚS 11.3.11; ĀpŚS 23.1.17; 23.5.10; 23.8.8; SatyāŚS 18.2.10 (p. 494) have ṛddhikāmāḥ as sattra agents; the TāB quotes refer sattras lasting twenty-seven and thirty-four days; the ĀśŚS quote refers to a sattra of twenty-seven days; the ĀpŚS quotes refer to sattras lasting fourteen, thirty-three, and sixty-one days; the SatyāŚS quote refers to a sattra of thirty-three days. (Śabara: ṛddhikāmā upeyuḥ (the TāB, ĀpŚS, and SatyāŚS quotes all include Śabara's quote; ĀśŚS has ṛddhikāmāḥ, but lacks a verb); ŚD, JNMV, and BhD: as in MNS).

21 Untraced. Cf. ŚŚS 13.14.1 āhitāgnaya iṣṭaprathamayajñā dīkṣitā gṛhapatisaptadaśāḥ sattram āsīran; ĀśŚS 4.1.8. (Śabara: saptadaśāvarāś caturviṃsatiparamāḥ sattram āsīran (cf. ĀpŚS 23.1.1 caturviṃśatiparamāḥ sattram āsīran); JNMV: as in MNS). See 3.3.14.

2. svargakāmo yajete[22] 'ty ākhyātopāttakartṛviśeṣaṇasaṃkhyāyā vivakṣaṇād ekaḥ kartā.

3. citrākārīryādi[23] kāmanayo 'pakrāntaṃ phalaprāptyā doṣadarśanena vā kāmanānivṛttau na samāpyam, phalābhāvāt. na. devatābhyo vā eṣa āvṛścyate[24] yo yakṣya ity uktvā na yajate, traidhātavīyena yajete[25] 'ti doṣaprāyaścittayoḥ śravaṇāt, śiṣṭavigarhaṇabhayāc ca nivṛttāyām api kāmanāyāṃ samāpyam eva.

4. rathanirmāṇādi laukikaṃ tu doṣaprāyaścittaśiṣṭavigarhaṇābhāvān na samāpyaṃ kāmanānāśe.

5. na kalañjaṃ bhakṣayed[26] ityādau nañdhātvor anvaye 'bhakṣaṇam iti paryudāsasiddhyā ne 'kṣeto 'dyantam[27] ityādāv iva saṃkalpasya viśvajinnyāyena svargaphalakasya vidheyatā. na. sarveṣāṃ pradhānānvayasyā 'bhyarhitatvena naño 'pi liṅā sahā 'nvaye nañaḥ svasaṃbandhipratipakṣabodhakatvavyutpattyā pravartanāpratipakṣanivartanābodhakatā. ne 'kṣeto 'dyantam ityādau tasya vratam[28] ity upakramavaśāt pradhānānvayatyāge 'pi nā 'tra tathātve mānam, ato narakād bhītasya niṣedheṣv adhikāritā.

---

22 This seems to be an abbreviation of darśapūrṇamāsābhyāṃ svargakāmo yajeta. (Śabara and JNMV: darśapūrṇamāsābhyāṃ svargakāmo yajeta; BhD: as in MNS). See 4.4.11.

23 See 1.4.2 and 4.3.13 for these rites.

24 āvṛścyate *corr.*; āvṛścate OBPU.

25 TS 2.4.11.4; cf. BŚS 14.41 (148.12). (This is absent in Śabara; JNMV and BhD: as in MNS; ŚD: as in MNS, then continues, na devatābhya āvṛścyate (this phrase occurs in TS 2.4.11.5)).

26 Untraced. Cf. ĀpDhS 1.5.17.26 karañjapalāṇḍupārīrakāḥ (*understand* apeyāḥ), (var.: kalañja); VaiDhS 2.15.5 kalañjaṃ...varjanīyam; KauGS 2.6.9cd karañjāmrāsavarṇāś ca varjyāḥ kāntāś ca nāmataḥ. See Edgerton, p. 164, note 213. (Śabara: na kalañjaṃ bhakṣayitavyam, na laśunaṃ na gañjanaṃ ca (cf. MDh 5.5; YSm 1.176); JNMV: na kalañjaṃ bhakṣayen na laśunaṃ na gañjanam (ĀĀ: °gṛñjanam); ŚD and BhD: as in MNS (BhD: °kaḷañjaṃ°)).

27 MDh 4.37. (Śabara: no 'dyantam ādityam īkṣeta; JNMV: as in MNS, but followed by ādityam). See 4.1.3.

28 KB 6.3.12. See 4.1.3.

6. prāṅmukho 'nnāni bhuñjīte[29] 'tyādayaḥ prāg apy upanayanāt, vaidikamantrāgnisādhyatvābhāveno 'panayanasyai 'teṣv anupayogāt. na. upanayanādir niyamaḥ,[30] prāg upanayanāt kāmacāravādabhakṣa[31] iti smṛtibhyām upanayanottaraṃ niyamānām, tatpūrvaṃ tadabhāvasya ca bodhanād upanayanottarakālā evai 'te.

7. yāvajjīvam agnihotram,[32] yāvajjīvaṃ darśapūrṇamāsābhyām[33] iti vacanābhyāṃ jīvanasya nimittatvāvagamāt sāṃtatyam agnihotre darśapūrṇamāsayoś ca. na. sāyaṃ juhoti prātar juhoti,[34] paurṇamāsyāṃ paurṇamāsyā amāvāsyāyām amāvāsyaye[35] 'ty etaiḥ kālair jīvanasyā 'vacchedāt tadavacchinnam eva jīvanaṃ nimittam, nā 'nyad iti sāyaṃ prātar eva homaḥ, paurṇamāsyamāvāsyayor eva darśapūrṇamāsau.

8. nimittāvṛttau ca naimittikāvṛtter aucityād agnihotrādy āvartate.

9. evaṃ bhinne juhoti,[36] skanne juhotī[37] 'tyādayo homā api bhedanaskandanāvṛttāv āvartante.

---

29 ĀpDhS 1.11.31.1a, the quote continues: uccared dakṣināmukhaḥ| udaṅmukho mūtraṃ kuryāt pratyak pādāvanejanam|| iti. (This seems absent in Śabara; ŚD: prāṅmukho bhuñjīta; JNMV: as in MNS (these two have other citations as well).

30 GDhS 2.6 (Olivelle)=1.2.10 (Gokhale). (Absent in Śabara; ŚD and JNMV: as in MNS).

31 GDhS 2.1 (Olivelle)=1.2.1 (Gokhale) prāg upanayanāt kāmacāraḥ kāmavādaḥ kāmabhakṣaḥ. (Absent in Śabara; JNMV: prāg upanayanāt kāmacāravādabhakṣāḥ; BhD and JNMV (ĀĀ var.): prāg upanayanāt kāmacārakāmavādakāmabhakṣāḥ).

32 See 2.4.1. (Śabara, ŚD, and JNMV: yāvajjīvam agnihotraṃ juhoti).

33 See 2.3.13. (Śabara, ŚD, and JNMV: yāvajjīvaṃ darśapūrṇamāsābhyāṃ yajeta).

34 TB 2.1.9.2 agnir jyotir jyotir agniḥ svāhe 'ti sāyaṃ juhoti...sūryo jyotir jyotiḥ sūryaḥ svāhe 'ti prātaḥ; cf. TS 2.5.6.3 sāyaṃprātar agnihotraṃ juhoti. See Edgerton, p. 251, note 298, for other sāyaṃ juhoti quotes. (Śabara: pradoṣam agnihotraṃ hotavyam, vyuṣṭāyāṃ prātaḥ (MS 1.8.7 (125.9); Śabara has the MNS quote here at JS 5.1.33).

35 See 2.2.3. (Śabara: paurṇamāsyāṃ paurṇamāsyā yajeta, amāvāsyāyām amāvāsyayā yajeta).

36 Cf. ĀpŚS 9.13.8 yadi kapālaṃ bhidyeta...abhijuhuyāt; MŚS 3.1.24 (somewhat similar to ĀpŚS 9.13.8); MS 1.4.13 (62.19); BŚS 28.10 (360.5) (teaches a homa for spills, breaks, etc., in a section of expiations for all sacrifices). (According to Śabara and JNMV, the context of the two quotes given here is the darśapūrṇamāsa; at 6.4.4 ŚD (LKSV, not NSP) inserts the mantra mano jyotiḥ, which occurs in ĀpŚS). (Cf. MS 1.8.3 (118.5); KS 6.3 (52.2); but these two are for the agnihotra).

37 Cf. ĀpŚS 9.5.8, 9; 9.13.1; MS 1.8.3 (118.6); KS 6.3 (52.5); BŚS 28.10 (360.5) (see preceding note). Somewhat less similar: ĀpŚS 9.2.7 yadi...uttarāhutiḥ skandet...punar juhuyāt; 9.6.1, 2 etc.; MŚS 3.2.10 (similar to ĀpŚS 9.2.7) etc.; these are all perhaps best referred to as examples, and I cannot see that any are specifically directed to the darśapūrṇamāsa. (Cf. ĀpŚS 9.17.2 pṛṣadājye skanne...juhuyāt (but this is for paśu)).

10. gurur anugantavyo 'bhivādyaś ce[38] 'ti vihitānāṃ gurvanugamanādīnāṃ guruprītihetutvena dṛṣṭārthatvāt sakṛd asakṛd vā svecchayā karaṇam. na. dṛṣṭārthe 'py avaghātādau niyamādṛṣṭasyā 'ṅgīkārāt tadarthaṃ nimittāvṛttāv āvṛttir anugamanādīnām.

11. somena yajeta,[39] svādhyāyam adhīyīta,[40] prajām utpādayed[41] iti vihiteṣu somādhyayanaprajotpādaneṣu some svargaphalasya śravaṇāt, anyayor api viśvajinnyāyena tatkalpanāt trayam api kāmyam. na. vasante vasanta[42] iti vīpsayā some, nityakratvanuṣṭhānahetudṛṣṭavidyārthatvenā 'dhyayane, anutpādya sutān na lokaṃ gacchatī[43] 'ti smṛtyā prajotpādane ca nityatvāvagamād ṛṇasaṃstavāc ca nityam, pramāṇasattve kāmyam api. ṣaṣṭhe dvitīyaḥ.

Chapter 3

1. nityaṃ karmā 'ṅgāśaktenā 'pi kāryam, pradhānasya nimittānvaye sati nimitte naimittikasyā 'vaśyakatvāt.

---

38 Untraced. Cf. MDh 2.120 (though not close verbally); ĀpDhS; 1.6.8 gacchantam (*understand*: gurum) anugacchet; GDhS 2.28 gacchantam (*understand*: gurum) anuvrajet karma vijñāpyā 'khyāya; BDhS 1.3.38 dhāvantam (*understand*: gurum) anudhāved gacchantam anugacchet tiṣṭhantam anutiṣṭhet. (Śabara: °bhivādayitavyaś ca, vṛddhavayāḥ pratyutteyaḥ saṃmantavyaś ca (cf. MBh; 3.57.19 pūrvavayā brāhmaṇaḥ pratyuttheyaḥ; see Garge, pp. 50 and 242, where the Paspaśāhnika and the MBh on P 1.1.1 are cited, wrongly); JNMV: as in MNS).

39 See 1.4.1.

40 TĀ 2.12.1; cf. TĀ 2.15.1 tasmāt svādhyāyo 'dhyetavyaḥ; ŚB 11.5.6.3 svādhyāyo 'dhyetavyaḥ. See Edgerton, p. 194, note 5. (Here Śabara has: garbhāṣṭameṣu brāhmaṇam upanayīta (cf. ĀpDhS 1.1.1.19 vasante brāhmaṇam upanayīta... garbhāṣṭameṣu brāhmaṇam; BGS 2.5.2 garbhāṣṭameṣu brāhmaṇam upanayīta garbhaikādaśeṣu rājanyaṃ garbhadvādaśeṣu vaiśyam); further on in the adhikaraṇa Śabara has vidyām adhīyīta; ŚD and JNMV: as in MNS). See 1.1.1.

41 Untraced. Cf. TS 6.3.10.5; ŚB 1.7.2.4 (these are about debts mentioned below; see note in translation).

42 ĀpŚS 10.2.5 vasante vasante jyotiṣṭomena yajeta; BhŚS 14.26.13 (as in ĀpŚS); SatyāŚS 7.1.4 (p.554) tena vasante vasante yajeta (*comm.*: agniṣṭomena). (Śabara etc.: vasante vasante jyotiṣā yajeta).

43 Untraced. Cf. MDh 6.37 anutpādya tathā sutān...vrajaty adhaḥ. (Absent in Śabara; ŚD: anutpādya tathā sutān adho gacchati; JNMV: as in MNS; BhD: anutpādya sutaṃ mohān mokṣam icchan pataty adhaḥ).

2. kāmyaṃ tu sāṅgam eva phalāyā 'lam iti sāṅgasamarthenai 'va tat kāryam, akaraṇe doṣaprāyaścittayoḥ, yādṛk tādṛk ca hotavyam[44] ity asya ca nitya eva śruteś ca.

3. darśapūrṇamāsayor[45] vrīhyasaṃbhave nīvāropādāne karmāntaraṃ syāt, dravyakarmaṇor abhedena dravyabhede karmabhedāvaśyaṃbhāvāt.[46] na. dravyakarmaṇor bhedasahiṣṇvabhedarūpatādātmyāṅgīkārāt, āśrayāsrayibhāvasyā 'py ata evo 'papatteḥ, pratyabhijñānāc ca tadbhede 'pi na karmāntaram.

4. śrutadravyāpacāre na pratinidhyupādānam, pratinidher avihitatvena tatra mānābhāvāt, vrīhibhir yajete[47] 'tyādibhir dravyaniyamāc ca. na. karmacodanāyā vinā dravyam anupapadyamānāyā[48] dravyasāmānyākṣepakatvād asaṃbhave niyamaśāstrasyā 'pravṛtter ākṣiptasāmānyaparyavasānāya viśeṣānveṣaṇād asti pratinidhiḥ, na tu śrutadravyālābhe karmalopaḥ, guṇalope na pradhānalopa iti nyāyāc ca.

5. agnyādidevatāyā āhavanīyādyagneḥ prokṣaṇādikriyāyā mantrasya cā 'pacāre 'pi pratinidhiḥ. na. puroḍāśaniṣpādanarūpakāryasya nīvārair api siddhyā tatrai 'va pratinidhyaucityāt, devatādikāryasyā 'nyenā 'siddhyā, mantrakāryasya pratinidhikalpanāt pūrvam eva siddhyā ca na devatādyapacāre pratinidhiḥ.

6. maudgaṃ caruṃ nirvapec chrīkāma[49] ityādau mudgālābhe māṣā api pratinidheyāḥ, niṣedhābhāvāt. na. ayajñiyā vai māṣāś caṇakāḥ kodravāś ce[50] 'ty ayajñiyatvokter niṣedha eva paryavasānāt.

7. dravyasye 'va kartur yajamānasyā 'pi pratinidhiḥ. na. mṛte yajamāne pratinidhigrāhakasyā 'bhāvena, jīvati kāryāntaravyāpṛte yajamānakāryasya

---

44 TB 1.4.3.4 tad eva yādṛk kīdṛk ca hotavyam (same reading at TB 1.4.3.5, quoted by Jha); ĀpŚS 9.5.8; 9.6.1 and 2 (all of these have the same phrase as in TB). (Śabara: tad eva tādṛk hotavyam; at JS 6.3.41 he has tad eva yādṛk tādṛg hotavyam; JNMV: tad eva yādṛk kīdṛg hotavyam (ĀĀ var.: °yādṛk tādṛk°)).

45 darśapūrṇamāsayor *corr.*; darśa· O (*dot midway up*); darśaḥ B; darśa PU.

46 °āvaśyaṃbhāvāt OPU; °āvaśyabhāvāt B.

47 Untraced. See 2.2.6. (Absent here in Śabara; ŚD: as in MNS).

48 anupapadyamānāyā *corr.*; anupadyamānāyā OBPU.

49 Untraced. (Śabara at JS 9.3.3: maudgaṃ caruṃ nirvapec chriyai śrīkāmaḥ; JNMV: as in MNS).

50 Untraced. MS 1.4.10 (58.19) ayajñiyā vai māṣāḥ; cf. KātSm 9.10. (Śabara: ayajñiyā vai varakāḥ kodravāḥ, ayajñiyā vai māṣāḥ (cf. BŚS 28.13 (365.12)); ŚD, JNMV (Gold.), and BhD: ayajñiyā vai māṣā varakāḥ, kodravāḥ; JNMV (ĀĀ): as in ŚD etc. except, °māṣāś caṇakāḥ kodravāḥ; JNMV (ĀĀ var.): as in ŚD etc. except, °māṣā varaḍakāḥ°)).

phalitvasyā 'nyasminn asaṃbhavena, saṃbhave[51] vā tasyai 'va svāmitvād yajamānatvāpattyā na yajamānasya pratinidhiḥ.

8. bahūnāṃ sattriṇāṃ madhya ekasya mṛtāv api yajamānapratinidher niṣiddhatvān na tasya pratinidhiḥ. na. saptadaśakartṛsiddhyarthaṃ pratinidhir āvaśyakaḥ, pratinidheḥ phalitvāsaṃbhave 'pi kartṛtvasaṃbhavāt.

9. ānītasya yajamānasthānopanipātāt phalam. na. ādita ārabhyā 'samāpty anuṣṭhātur eva phalam, nā 'nyasye 'ti niyamāt. mṛtasya tu yo dīkṣitānāṃ pramīyetā 'pi tasya phalam[52] iti vacanāt phalam.

10. phalābhāve phalayogyatāhetavaḥ saṃskārā api mā bhūvan. na. kartṛsāptadaśyābādhāya phalābhāve 'pi teṣām āvaśyakatvāt.

11. vrīhyalābhe yat kiṃ cit puroḍāśakṣamaṃ grāhyam, na sadṛśam, vrīhibhir yajete[53] 'ty asya sadṛśāviṣayatvāt, āgneyādicodanāyāś ca dravyasāmānyākṣepakatvāt. na. vrīhiśabdasya jātivācino vrīhitvaparicchinnāvayavyārambhakāvayavalakṣakasya sadṛśagrahaṇe 'nugrahāt sadṛśam eva grāhyam, na visadṛśam. tatrā 'pi susadṛśalābhe na mandasadṛśam.

12. vrīhisaṃkalpottaraṃ vrīhyalābhe yavair anuṣṭhānam, teṣāṃ mukhyatvāt. na. saṃkalpite 'nyatarasminn anyasyā 'ṅgatvāyogād vrīhiśāstrasyā 'nugrahāya nīvārāder evo 'pādānam.

13. yadi somaṃ na vindet pūtīkān abhiṣuṇuyād[54] iti somābhāve nimitte pūtīkānāṃ yāgāṅgatvena vidhiḥ, na tu niyamaḥ, pūtīkānāṃ susadṛśatvābhāvenā 'prāpteḥ. na. somābhāve nyāyāt susadṛśaprāpteḥ pūrvam eva mandasadṛśānām api vacanena niyamasaṃbhavāt.

14. pratinidhyapacāre tu mukhyāvayavalipsayā mukhyena sadṛśaṃ grāhyam.

---

51 syānyasminn asaṃbhavena saṃbhave O; *this is omitted in* BPU (P *has* || *in its place, preceded by* phalitve).

52 Untraced.

53 Untraced. See 2.2.6. (Absent here in Śabara; JNMV: as in MNS).

54 Cf. TāB 9.5.3 °vindeyuḥ pūtīkān abhiṣuṇuyuḥ; KS 34.3 (37.14) (as in TāB); ĀpŚS 14.24.12 somābhāve pūtīkān abhiṣuṇuyāt. (Śabara (Mīm.): °vindeta°; Śabara (ĀĀ): somaṃ na vindeta°; Śabara (ĀĀ var.): yadi na somaṃ vindet°; Śabara (BI): yadi na somaṃ vindet°; ŚD (LKSV): as in TāB; ŚD (NSP), JNMV (Gold. and ĀĀ var.), and BhD: °vindeta°; JNMV (ĀĀ): as in MNS; JNMV (ĀĀ var.): °vindyāt°).

15. pūtīkālābhe 'pi na pūtīkasadṛśam, kiṃ tu somasadṛśam eva, yadī[55] 'ti vākyasya pūtīkaniyamārthatvena pūtīkānām apy anaṅgatvāt.

16. mukhyābhāve pratinidhim upādāya pravṛtto 'ntarā mukhyalābhe mukhyam evo 'pādadīta, yathā śakṣya[56] iti saṃkalpasyā 'bādhāt.

17. kṛte 'py amukhyasya saṃskāre paśuniyojanādeḥ prāṅ mukhyalābhe mukhye saṃskārān kṛtvā tatrai 'va paśuniyojanaṃ kāryam.

18. kṛte niyojane paścāl lābhe no mukhyasaṃgrahaḥ.|
aṅgānām anurodhān na pradhānāvṛttir iṣyate.||[57]

19. labdhe 'pi khadire sūkṣme grāhyaḥ kadara eva naḥ|
tyajed ekam[58] iti nyayāt, śāstrasyā 'nugrahād api.||[59]

na. pradhānakhadirasyā 'nurodhāt, ātmārtha[60] ity ataḥ nyāyāc ca khadiro grāhyaḥ.

20. kāryākṣamas tu na grāhyaḥ so 'pi śeṣivirodhataḥ.|

21. dvyavadānamātrasamartheṣu vrīhiṣu labdheṣv api bahūnāṃ śeṣakāryāṇām abādhāyā 'mukhyaṃ nīvārādy evo 'pādeyam. na. vrīhibhir yajete[61] 'ty anena puroḍāśaprakṛtitvenā 'pi vrīhīṇāṃ yāgāṅgatvāt, śeṣakāryāṇāṃ ca yāgīyadravyapratipattitvena dravyāṅgatvād aṅgaguṇavirodha[62] iti nyāyena tāvanto 'pi vrīhayo grāhyāḥ. ṣaṣṭhe tṛtīyaḥ.

---

55 See 6.3.13. (Here Śabara has the identical form of the quote presented by MNS in 6.3.13).

56 Untraced. (Absent in Śabara; ŚD: yathāśakti śāstrārthaṃ saṃpādayāmi; BhD: yathāśakti śāstrārthaṃ saṃpādayiṣye).

57 na pradhānāvṛttir iṣyate OB; na te PU.

58 Mahābhārata 1.107.32 tyajed ekaṃ kulasyā 'rthe grāmasyā 'rthe kulaṃ tyajet| grāmaṃ janapadasyā 'rthe ātmārthe pṛthivīṃ tyajet||; Pañcatantra 1.117 (=Mahābhārata). See 12.2.7. (This is absent in the other texts here).

59 Meter faulty in *pāda* c.

60 ātmārthe pṛthivīṃ tyajet (so quoted in MK; Mahābhārata 1.107.32d; see note above). (This is absent in the other texts here. MK says it occurs in Appayya Dīkṣita's *Upakarmaparikrama*, 6.1; 55.2).

61 Untraced. See 2.2.6.

62 Based on JS 12.2.25 aṅgaguṇavirodhe ca tādarthyāt.

Chapter 4

1. madhyāt pūrvārdhāc ca haviṣo 'vadyati,[63] sakṛd upastṛṇāti sakṛd abhighārayati,[64] caturavattaṃ juhotī[65] 'ty uktasyā 'vattasya nāśe 'pi na havirantaram utpādyam, śiṣṭād avadānasaṃbhavāt. na. kṛtsnapuroḍāśagatamadhyapūrvārdhāpādānakadvyavattasya nāśāt, kṛtsnāvayavino haviṣṭvenā 'vayavanāśena tannāśāc ca puroḍāśa utpādyaḥ, nyāyenai 'vam, yasya sarvāṇi havīṃṣī[66] 'ti vacanāt tv ājyam, uddeśyagatatvena sarvatvasyā 'vivakṣaṇāt.

2. iḍādyartham avattasya nāśe iḍādilopaḥ, śeṣasya śaṃyuvākādyair avarodhāt, tato 'vadānāsaṃbhavāt. sviṣṭakṛt tv aṃśato 'dṛṣṭārtha ājyena kāryaḥ.

3. yajamānapañcamā iḍāṃ bhakṣayantī[67] 'ti vākyena karmakaratvena sarvabhakṣeṣu prāptānām ṛtvijāṃ bhakṣāntare parisaṃkhyā. na. akarmakaratvenā 'prāptasya yajamānasya vidhir eṣaḥ, ataḥ sarveṣu bhakṣeṣv ṛtvijaḥ kartāraḥ.

4. bhinne juhotī[68] 'ti homaḥ kṛtsnabhedane, ekadeśabhedasyā 'varjanīyatvāt, saṃnipātitvavākyaviniyojyatvalobhena homasya bhinnasaṃskārārthatvād vai 'kadeśabhedane. na. nityānityasaṃyogavirodhena saṃskārārthatvābhāvāt, bhinnam iti buddher niyāmakatayā kṛtsnabhedanasye 'vā 'vayavabhedanasyā 'pi nimittatvasaṃbhavāc ca tayor homaḥ.

---

63 Cf. ĀpŚS 2.18.9 āgneyasya puroḍāśasya madhyād aṅguṣṭhaparvamātram avadānaṃ tirīcīnam avadyati. pūrvārdhād dvitīyam; KŚS 1.9.2 and 6: 2 tasya dvir avadyati 6 madhyāt pūrvārdhāc cā 'sambhindann aṅguṣṭhaparvamātram avadānam; BhŚS 2.17.10 madhyād avadāya pūrvārdhād avadyati. These are cited by Edgerton, p. 65, note 46. Garge, p. 138, gives KŚS 1.9.6 as source. (Śabara: madhyāt pūrvārdhād avadeyam; ŚD and JNMV: madhyād avadyati, pūrvārdhād avadyati; BhD: madhyāt pūrvārdhāc cā 'vadyati).

64 Cf. ĀpŚS 2.18.9; 2.19.6; ŚB 1.7.2.10 sa ājyasyo 'pastīrya. dvir haviṣo 'vadāyā 'tho 'pariṣṭād ājyasyā 'bhighārayati. (Absent in Śabara etc. here; cf. Śabara at JS 10.8.31: sakṛd upastṛṇāti, sakṛd avadyati, dvir abhighārayati, caturavattasyā 'ptyai (this refers to a different procedure for the sviṣṭakṛt offering)). (BhŚS 3.1.13 hastyāṁ hotre sakṛd upastṛṇāti dvir ādadhāti sakṛd abhighārayati (this is slightly similar, but concerns the iḍā)).

65 TS 2.6.3.2; cf. ĀpŚS 2.18.9. See Eggeling, SBE, Vol. XII, Part 1, p. 192, note 1. (This is absent here in Śabara).

66 ĀpŚS 9.15.14 yasya sarvāṇi havīṃṣi naśyeyur duṣyeyur apahareyur vā 'jyenai 'tā devatāḥ pratisaṃkhyāya yajeta; cf. AiB 7.4.4. (Śabara: yasya sarvāṇi havīṃṣi naśyeyur duṣyeyur vā 'pahareyur vā 'jyena tā devatāḥ pratisaṃkhyāya yajeran; ŚD: yasya sarvāṇi; JNMV and BhD: as in ĀpŚS).

67 Cf. ĀpŚS 3.2.11 yajamānapañcamā iḍāṃ prāśya; BhŚS 3.2.4 upahūtām iḍāṃ yajamānapañcamā ṛtvijaḥ prāśnanti. See 10.2.9.

68 See 6.2.9. (Śabara and BhD: bhinne juhoti, skanne junoti; ŚD (NSP) and JNMV: as in MNS; ŚD (LKSV): bhinne mano jyotir iti juhoti).

5. yasya puroḍāśaḥ kṣāyati taṃ yajñaṃ nirṛtir gṛhṇāti yadā tad dhaviḥ saṃtiṣṭhate 'tha tad eva havir nirvaped yajño yajñasya prāyaścittir[69] iti punaryāgaḥ kṛtsnadāhe, avayavadāhasyā 'varjanīyatvāt.

6. dohau prakṛtya śruto yasyo 'bhayaṃ havir ārtim ārcched aindraṃ pañcaśarāvam odanaṃ nirvaped[70] iti pañcaśarāva ubhayārtāv eva, na tv anyatarārtau, havirārtyubhayatvānāṃ militānāṃ nimittatvenai 'kasyā 'py uddeśyaviśeṣaṇatvābhāvāt. na. śrutasya vivakṣitatve grahaikatvasyā 'pi vivakṣāpatter nimittaparyavasānahetuhavirārtyor vivakṣaṇenai 'kaikanāśe 'pi prāyaścittam.

7. havirdhāne grāvabhir abhiṣutyā 'havanīye hutvā pratyañcaḥ paretya sadasi bhakṣān bhakṣayantī[71] 'ty atrā 'bhiṣavo homaś ca bhakṣanimittam, sāhityasya nimittaviśeṣaṇatvāt. na. uktavākye 'bhiṣavahomasamānakartṛka-bhakṣāntaravidhānena tayor nimittatvābhāvenai 'kavākyopādānabuddha-tatsāhityasya[72] vivakṣaṇād ubhau nimittam arthāt.

8. yasyo 'bhāv agnī anugatāv abhinimloced abhyudiyād vā punarādheyaṃ tasya prāyaścittir[73] ity atrā 'pi nimittaviśeṣaṇobhayatvasyā 'vivakṣaṇād[74] ekaikānugame 'pi punarādhānam. na. vidheyapunarādhānasyā 'gnidvayotpādanasāmarthyāt tadanurodheno 'bhayānugamanaṃ nimittam. idaṃ ca dakṣiṇāgner bhinnayonitvapakṣe, samānayonitvapakṣe tu sarvānugama eva nimittam.

---

69 MS 1.4.13 (62.15) atha yasya puroḍāśau kṣāyatas taṃ yajñaṃ varuṇo gṛhṇāti yadā tad dhaviḥ saṃtiṣṭhetā 'tha tad eva havir nirvaped yajño hi yajñasya prāyaścittiḥ; cf. ĀpŚS 9.15.6 and 7. (Śabara: as in MS; ŚD (LKSV): as in MS except initial atha omitted, and °taṃ yajñaṃ nirṛtir gṛhṇāti° and °saṃtiṣṭhate°; ŚD (NSP): as in MNS; JNMV: as in MS, except °'tha sa tad eva°; BhD: as in MS, except °santiṣṭhate°, and the quote ends with nirvapet).

70 TB 3.7.1.7–8 °archati°; cf. ĀpŚS 9.1.31 yasyo 'bhau dohāv ārtim ārcheyātām āgneyam aṣṭākapālaṃ nirvaped aindraṃ pañcaśarāvam odanam.

71 Cf. TS 6.2.11.4 tasmād dhavirdhāne carmann adhi grāvabhir abhiṣutyā 'havanīye hutvā pratyañcaḥ pare 'tya sadasi bhakṣayanti. (Śabara: as in MNS in BI and Mīm. eds.; ĀĀ editor supplies bhakṣān after sadasi).

72 °buddha° O; °buddhā° B; °buddhi° PU.

73 MS 1.8.7 (125.21) yasyo 'bhā anugatā abhinimroced yasya vā 'bhyudiyāt punarādheyam eva tasya prāyaścittiḥ; ĀpŚS 5.29.13 yasya vo 'bhāv anugatāv abhinimroced°. (Śabara: °abhinimlocet, yasya vā 'bhyudiyāt punarādhyeyam eva tasya prāyaścittiḥ; ŚD (LKSV): °abhinimloced ādityo 'bhyudiyād°; ŚD (NSP): as in MNS; JNMV: °abhinimloceyātāṃ sūryo vā 'bhyudiyāt punarādheyaṃ° (ĀĀ (var.): °abhinimloceta, abhyudiyād vā°); BhD: °anugatau ādityo 'bhyudiyād astamiyād vā punarādheyam eva tasya prāyaścittiḥ).

74 vivakṣaṇād *through* tadanurodheno 'bhay *omitted in* PU.

9. uktaḥ pañcaśarāva aindrayāge dravyam, na tv atra karmāntaravidhiḥ, viśiṣṭavidhigauravāt, aindram[75] iti prāptadevatānuvādaḥ. na. indramahendrayor vaikalpikatvenai 'ndrapadasyā 'nuvādakatvāsaṃbhavād dravyadevatāviśiṣṭam anumitaṃ yāgāntaraṃ vidhīyate.

10. tasya phalākāṅkṣāyāṃ dravyābhāvanivṛttasānnāyyakāryam eva phalatvena kalpate, tasya hetvākāṅkṣatvena yogyatvāt. na. dadhipayo'ntarābhyām ājyena vā sānnāyyayāgasya saṃbhavena tannivṛtter abhāvān na tatkāryaṃ phalam, api tu dravyanāśajanmadoṣaparihāra eva.

11. yaḥ sattrāyā 'gurate[76] sa viśvajitā yajete[77] 'ti saṃkalpe nimitte śruto viśvajit sattre pravṛttenā 'pravṛttena vā kartavyaḥ, aviśeṣaśruteḥ, phalākalpanāya pravṛttenai 'va vā. na. sādhāraṇye kratupuruṣārthatvarūpavairūpyāpatteḥ, dvitīye nimittatvaśravaṇānupapatteḥ prārabdhākaraṇajanyadoṣaparihārārtho 'pravṛttena kāryaḥ.

12. barhiṣā pūrṇamāse vratam upaiti vatsair amāvāsyāyām[78] ity atra tṛtīyayā barhirvatsamātravidhiḥ, bhojanarūpavratasya rāgaprāptatvāt. na. barhirvatsayor vratakaraṇatvāsaṃbhavāt purā vatsānām apākartor daṃpatī aśnīyātām[79] ity anenai 'kavākyatayā vatsāpākaraṇakālo vidhīyate, evaṃ barhiṣe 'ty atrā 'pi barhiḥsaṃpādanakālaḥ.

13. sa ca kālaḥ sānnāyyayājina eva, tadanyasya lakṣakābhāvena[80] lakṣyakālābhāvāt. na. śaṅkhavelāyām āgantavyam ity atra śaṅkhadhvanyabhāve 'py upalakṣyakālaviśeṣasye 'vā 'nvādhānottarakālasya vatsāpākaraṇalakṣyasyā 'sānnāyyayājino 'pi saṃbhavāt tasyā 'pi.

14. saha śākhayā prastaraṃ praharatī[81] 'ty atra praharaṇe śākhāsāhityam, na homa iti caturthe[82] uktam. tatra prastarapraharaṇaṃ prati prastarasya

---

75 TB 3.7.1.8; ĀpŚS 9.1.31. See 6.4.6.

76 sattrāyāgurate OB; sattrāyāvagurate PU.

77 Cf. ĀpŚS 14.23.1 yadi sattrāyā 'gūrya na yajeta viśvajitā 'tirātreṇa sarvapṛṣṭhena sarvastomena sarvavedasadakṣiṇena yajeta; TB 1.4.7.7. (Śabara: sarvābhyo vā eṣa devatābhyaḥ, sarvebhyaḥ pṛṣṭhebhya ātmānam āgurate, yaḥ sattrāyā 'gurate, sa viśvajitā 'tirātreṇa sarvapṛṣṭhena sarvavedasadakṣiṇena yajeta, sarvābhya eṣa devatābhyaḥ sarvebhyaḥ pṛṣṭhebhya ātmānaṃ niṣkrīṇīte (this is similar to TB 1.4.7.7, although viśvajit and atirātra are absent there); ŚD, JNMV, and BhD: as in MNS). See 2.3.12 and 4.3.5.

78 TS 1.6.7.2; cf. ĀpŚS 4.2.6. (Śabara: barhiṣā vai paurṇamāse vratam upayanti°; ŚD, JNMV, and BhD: as in MNS).

79 MS 1.4.5 (52.14); ĀpŚS 4.2.3. (Śabara (ĀĀ and Mīm.) and ŚD (LKSV and NSP var.): as in MNS; Śabara (BI): °upākarttor°; ŚD (NSP) and BhD: °vatsān°).

80 lakṣakā° OB; upalakṣakā° PU.

81 Cf. ĀpŚS 3.6.6; MŚS 1.3.4.17; VŚS 1.3.6.8. See 4.2.4.

82 See 4.2.4.

prādhānye 'pi na śākhāyāḥ praharaṇaṃ prati tat, kiṃ tu guṇatvam, tṛtīyāśruteḥ. evaṃ cā 'sānnāyyayājinā paurṇamāsyāṃ ca śākho 'tpādyā. na. vatsāpākaraṇādau viniyuktāyā anyatrā 'ṅgatvāsaṃbhavāt, pratipattyākāṅkṣitvāt, sahaśabdena pratipādyatvabuddheś ca pratipattiḥ śākhāpraharaṇam. ataḥ sānnāyyayājina eva, amāvāsyāyām eva ca sā. ṣaṣṭhe caturthaḥ.

Chapter 5

1. yasya havir niruptaṃ purastāc candramā abhyudeti sa tredhā taṇḍulān vibhajed ye madhyamāḥ syus tān agnaye dātre puroḍāśam aṣṭākapālaṃ kuryād ye sthaviṣṭhās tān indrāya pradātre dadhaṃś caruṃ ye 'ṇiṣṭhās tān viṣṇave śipiviṣṭāya śṛte carum[83] ity atro 'pakrāntakarmaṇi devatās tadguṇā dadhiśṛtayor adhikaraṇatvaṃ taṇḍulacarutvaṃ ce 'ty anekaguṇavidhāne vākyabhedāpatteḥ karmāntarāṇi dravyadevatādiviśiṣṭāni vidhīyante. madhyamādivākyaiḥ tredhā taṇḍulān ity arthaprāptavibhāgānuvādaḥ. na. taṇḍulapadena prakṛtahavirmātraṃ lakṣayitvā tatra devatāpanayasya tredhe 'ti vākyena vidhānam, madhyamādivākyaiś ca tattattaṇḍuloddeśena devatāmātravidhānam, devatāsu tattadguṇavaiśiṣṭyaṃ mantrārthavādādinā pūrvam evā 'vagatam ity ekadevatākārakavidhāne 'vākyabhedāt.[84] abhyudayeṣṭiprakaraṇāmnātena saha śrapayatī[85] 'ty anena[86] saṃpratipannadevatākayoḥ sahaśrapaṇena prāptayoś carutvādhikaraṇatvayor anuvādān na tābhyām api vākyabhedaḥ, dvitīyatṛtīyayor uddeśyānekatvanimitto vākyabhedaḥ param aṅgīkriyate, 'nyathā saha śrapayatī 'ti prakaraṇāmnātavākyavaiyarthyam ity adhikam anyatra. ataḥ prakṛtapratyabhijñānāt tad eva karma. yadi bibhiyād abhi mo 'deṣyatī 'ti phalīkṛtais taṇḍulair upāsītā 'rdhaṃ dadhi havirātañcanārthaṃ nidadhyād ardhaṃ na yady abhyudiyāt tenā 'tañcya[87] pracared yadi na paredyur etena brāhmaṇaṃ bhojayed[88] ity ātañcanābhyāsadarśanam apy

---

83 TS 2.5.5.1–2 vi vā etam prajayā paśubhir ardhayati vardhayaty asya bhrātṛvyaṃ yasya°; BŚS 17.50 (330.8) (as in TS but omits sa); BhŚS 9.6.2 (as in MNS but omits sa); cf. MS 2.2.13 (25.3). See Garge, p. 85. (Śabara: as in TS except, vi vā enaṃ°...°abhyudiyāt°...°aṣṭākapālaṃ nirvapet, ye°...°ye kṣodiṣṭhās tān° (BI: °abhyudeti tredhā°; Mīm. var.: °abhyudeti°; Mīm. var.: °ye 'ṇiṣṭās tān°); ŚD and BhD: as in MNS, except °abhyudiyāt°; JNMV: as in MNS, except sa missing). See 9.4.10.

84 'vākyabhedāt OBPU (' *absent in* BP).

85 Untraced. (This seems to be absent in Śabara; ŚD and BhD: as in MNS).

86 ty anena OB (*marginal correction in* O *for* ty aktena); ty ukte tena P; ty ukte ḍena U.

87 taṃcya PU; tacya OB.

88 Untraced. (Śabara: yadi bibhīyād abhi mo 'deṣyati 'ti mahārātre havīṃṣi nirvapet, phalīkṛtais°...°tenā 'tañcya pracared, yadi na prātar etena brāhmaṇān bhojayet; ŚD:

upapannam, karmāntaratve tu tasya laukikadadhnā kartavyatayā prakṛtena darśayāga eva kārya itī 'dam anupapannaṃ syāt.

2. upāṃśuyājājye devatāntarāvidhānān[89] na devatāpanayaḥ. na. taṇḍulapadasya havirmātralakṣakatvokter upāṃśuyājājye 'pi pūrvadevatāpanayāvagamād devatāntarāvidhānāc co 'pāṃśuyājalopa iti kṛtvā cintayā, sānnāyyasyā 'ntareṇo 'pāṃśv[90] ājyasya yajatī[91] 'ty amāyām apy upāṃśuyājadṛṣṭyā ve 'dam.

3. uktābhyudayeṣṭir nirvāpottaraṃ candrodaye sati kartavyā, nirupte 'bhyudayasya nimittatvāvagamāt. na. haviḥpravṛttimātreṇa nimittatvaparyavasāne nirvāpasyā 'vivakṣaṇād akāle darśopakramamātra iṣṭiḥ.

4. taṇḍulapadabalāt taṇḍulāvasthāyām evā 'bhyudaye jñāte devatāpanayaḥ, prāk tu prākṛtībhya eva nirvāpaḥ. na. taṇḍulapadasya havirmātralakṣakatvena vrīhyavasthāyām api devatāpanayādyaucityāt.

5. ekādimuṣṭinirvāpe sati pūrvadevatānāṃ pravṛtter jñāte 'py abhyudaye pūrvābhya eva nirvāpaḥ, nimitte naimittikāvaśyaṃbhāvād vaikṛtībhyo vā. na. apanayasya naimittikatvena nimittottaram āvaśyakatve 'pi nirvāpapadārthasaṃbandhiprāgdevatāsthāne 'nyāsāṃ devatānāṃ vidhānena nirvāpaikadeśasaṃbandho nā 'sāṃ yukta iti tūṣṇīm eva dvitīyādimuṣṭinirvāpaḥ.

6. sā ce 'ṣṭis sānnāyyayājina eva, tasyai 'va dadhipayasoḥ sadbhāvena dadhani caruṃ śṛte carum[92] iti vidhisaṃgateḥ. na. dadhipayasor vidhāne vākyabhedāpatter aprāptadevatāmātravidhānāt, uddeśyasāhityāvivakṣaṇād udake 'pi caruniṣpattisaṃbhavāc cā 'saṃnayato 'pi yuktā.

7. yadi sattrāya dīkṣitānāṃ sāmy uttiṣṭhāset somam apabhajya viśvajitā yajete[93] 'ti sāmy uttiṣṭhāsāyāṃ vidhīyamāno viśvajit somakrayottaram eva,

---

as in Śabara, except °bibhiyād°...°tenā 'tacya (NSP: 'tañcya) pracaret yadi na prātar anyedyus tena brāhmaṇaṃ bhojayet; JNMV: yadi bibhiyād abhi no 'deṣyatī 'ti mahāpātre havīṃṣi nirvapet; BhD: as in Śabara, except °mahāpātra eva havīṃṣi°).

89 devatāṃtarāvidhānān OPU (*corr. from* °devatāṃtaravidhānābhāvān *in* O); devatāṃtaravidhānābhān B.

90 pāṃśv OB; pāṃśuyāj P; pāṃśu śvāyāj U.

91 KB 3.8.7 atha yat sannaya(n)t sānnāyyasyā 'ntareṇo 'pāṃśv ājyasya yajati tasyo 'ktaṃ brāhmaṇam. (Absent in Śabara; the Ṭupṭīkā refers to the BahvṛcaB, but without giving a quote; BhD: as in KB (BhD refers to this as a Śāṅkhāyana quote)).

92 See 6.5.1.

93 TāB 9.3.1 yadi sattrāya dīkṣerann atha sāmy uttiṣṭhet somam apabhajya viśvajitā 'tirātreṇa yajeta sarvavedasena; ĀpŚS 14.23.3 sattre dīkṣitvā yadi sāmy uttiṣṭhāset somam apabhajya viśvajitā 'tirātreṇa pūrvavad yajeta (by pūrvavat is understood from 14.23.1 sarvapṛṣṭhena sarvastomena sarvavedasadakṣiṇena); ŚŚS 13.13.1 yadi sattrāya dīkṣito 'tha sāmy uttiṣṭhet somam apabhajya rājānaṃ viśvajitā 'tirātreṇa yajeta sarvastomena sarvapṛṣṭhena sarvavedasadakṣiṇena. See Edgerton, p. 84, note

tadai 'va somavibhāgavidhisaṃbhavāt. na. vibhāgabodhakasya rāgaprāptatadanuvādakatvāt krayāt pūrvam api viśvajit.

8. ekā dīkṣā, tisro dīkṣāḥ, dvādaśa dīkṣā[94] iti śrutatvād dikṣāparimāṇānāṃ[95] vikalpo jyotiṣṭome. na. dvādaśa rātrīr dīkṣito bhṛtiṃ vanvīte[96] 'ti vihitabhṛtivananasya pakṣāntare 'saṃbhavād dvādaśadīkṣāpakṣa eva, anyau tu vikṛtiṣū 'tkraṣṭavyāv iti bhāṣye.

dvādaśatvokteḥ pradarśanārthatvāt pratyakṣaśrutānāṃ sarveṣāṃ vikalpa iti vārttike.

9. dvādaśāhasyā 'pi jyotiṣṭomavikṛtitvāt tatrā 'pi vikalpaḥ. na. abhīndhata eva dīkṣābhir[97] iti śrutadīkṣābahutvasya dvābhāṃ lomā 'vadyati dvābhyāṃ tvacaṃ dvābhyām asṛk dvābhyāṃ māṃsaṃ dvābhyām asthi dvābhyāṃ majjānam[98] iti dvādaśatve paryavasānāt, ṣaṭtriṃśadaho vā eṣa yad dvādaśāha[99] iti darśanāc ca dvādaśadīkṣākalpa eva.

75, and Garge, p. 133. (Śabara: °uttiṣṭheran somam apabhajya viśvajitā 'tirātreṇa sarvastomena sarvapṛṣṭhena sarvavedasadakṣiṇena yajeran; ŚD (LKSV): °viśvajitā 'tirātreṇa sarvastomena sarvapṛṣṭhena sarvavedasadakṣiṇena yajeta; ŚD (NSP): as in MNS; JNMV: °somam pravibhajya viśvajitā yajeta (ĀĀ: lacks yadi, and °somaṃ vibhajya°; BhD: °uttiṣṭheran somam apabhajya viśvajitā 'tirātreṇa sarvastomena sarvavedasadakṣiṇena yajeran). See 4.3.5.

94 ĀpŚS 10.15.1 ekā dīkṣā tisra upasadaḥ pañcamīṃ prasutaḥ. tisro vā dīkṣās tisra upasadaḥ saptamīṃ prasutaḥ. The final quote is untraced (cf. TāB 10.3.9 dvādaśa dīkṣāḥ; TS 7.2.10.3 dvādaśa rātrīr dīkṣitaḥ syāt; AiB 4.24.2 dvādaśā 'hāni dīkṣito bhavati; ĀpŚS 21.4.3 dvādaśāhaṃ dīkṣitā bhavanti; (but all of these are for the twelve-day rite). (Śabara: ekā dikṣā, tisra upasadaḥ, pañcamīṃ prasutaḥ iti. tisro dīkṣāḥ, dvādaśa dīkṣā iti; ŚD: ekā dīkṣā tisro dīkṣāḥ dvādaśa dīkṣāḥ; JNMV: ekā dikṣā tisra upasada pañcamīṃ prasutas tisro vā dīkṣās tisra upasadaḥ saptamīṃ prasutaś catasro vā dīkṣās tisra upasado 'ṣṭamīṃ prasutaḥ (ĀĀ lacks vā after catasro); and, as a separate quote, dvādaśa dīkṣāḥ; BhD: ekā dīkṣā tisro dīkṣāḥ). See 11.4.5.

95 parimāṇānāṃ *through* dvādaśadīkśā *omitted in* PU.

96 KS 23.6 (82.1); cf. ĀpŚS 10.18.4 tasmād dīkṣito dvādaśāhaṃ bhṛtiṃ vanvīta; MŚS 2.1.3.12 dīkṣito bhṛtiṃ vanvīta; MS 3.6.9 (73.3); (but no mention of twelve in MŚS or MS).

97 TS 7.4.9.1. (Absent in Śabara; ŚD (LKSV), JNMV, and BhD: as in MNS; (ŚD (NSP): bhidyata eva dīkṣābhiḥ)).

98 TS 7.4.9.1 °'va dyanti°...°asṛd dvābhyāṃ°. (Śabara has this quote at JS 7.4.14, but lacking dvābhyām asthi dvābhyāṃ majjānam; ŚD, JNMV, and BhD: as in MNS).

99 AiB 4.24.6; cf. TāB 10.3.9. (Śabara has this at JS 11.4.21, but lacking yad; ŚD, JNMV, and BhD: as in MNS (BhD lacks yad)). See 11.4.5.

10. gavāmayane caturahe purastāt pūrṇamāsyā dīkṣeran teṣām ekāṣṭakāyāṃ krayaḥ saṃpadyata[100] iti vacanād yasyāḥ kasyāś cit pūrṇamāsyāḥ, mukhaṃ vā etat saṃvatsarasya yac citrāpūrṇamāsa[101] iti stuteś caitryā vā prāk caturahe dīkṣā. na. yājñikānāṃ phālguṇakṛṣṇāṣṭamyām evai 'kāṣṭakāśabdena vyavahārān māghyā eva prāg dīkṣā.

11. jyotiṣṭome kena cin nimittenā 'vabhṛthotkarṣe dīkṣito na juhotī[102] 'tyādibhir na niṣedhaḥ, dīkṣonmokasyā 'vabhṛthāntavihitatvenā, 'vabhṛthotkarṣasya cā 'vihitatvena teṣām apravṛtteḥ. na. dīkṣonmokasyai 'va homādyanuṣṭhānahetutayā kathaṃ cid dīkṣāyāṃ satyāṃ na homādayaḥ.

12. uktotkarṣahetukadīkṣānuvṛtter aśāstrīyatvāt tatsthāne pratihomāḥ syuḥ. na. kartavyākaraṇe teṣāṃ vidhānāt, prakṛte ca tadasattvena teṣām apravṛtteḥ.

13. avabhṛthottaravihitodavasānīyāyā[103] utkarṣe 'pi avabhṛthena dīkṣonmocanād dhomās tadakaraṇe ca pratihomāḥ. na. etayā punarādheyasaṃmitaye 'ṣṭye 'ṣṭvā 'gnihotraṃ juhuyād[104] ity udavasānīyānantaram evā 'gnihotrādhikārapratipādanena tataḥ prāk na homapratihomāḥ.

14. yadā 'pi pratihomā na tadā yena kena cit krameṇa, kiṃ tu agniṣṭome sāyaṃhomātipātaḥ prathamaḥ, ṣoḍaśini prātarhomātipātaḥ prathama iti homātipātakrameṇa.

---

100 TS 7.4.8.2 °paurṇamāsyai°; cf. TāB 5.9.12-13. (Śabara: purastāt paurṇamāsyāś caturahe dīkṣeran, and then further on, teṣām ekāṣṭakāyāṃ krayaḥ saṃpadyata; ŚD, JNMV (Gold. and ĀĀ var.), and BhD: °paurṇamāsyai°, and in BhD the quote continues, tenai 'kāṣṭakāṃ na chaṃbaṭ kurvanti teṣām (=TS); JNMV (ĀĀ): as in MNS).

101 TS 7.4.8.2 citrāpūrṇamāse dīkṣeran, mukhaṃ°; cf. TāB 5.9.8-11. (Śabara: ṛtumukhaṃ vai 'ṣā paurṇamāsī saṃvatsarasya, yā caitrī paurṇamāsī; ŚD and BhD: citrāpūrṇamāse dīkṣeran, mukhaṃ vā etat saṃvatsarasya yac citrāpūrṇamāsas, tasya na kā cana niryā bhavati (ŚD (NSP): citrāpaurṇamāse°; (LKSV): °yac citrapūrṇamāsī°) (cf. TS); JNMV: as in TS).

102 Cf. ĀpŚS 10.14.3–4, 6–7: 3 nā 'kratusaṃyuktām āhutiṃ juhoti 4 nā 'gnihotram (*understand* juhoti); 6 na dadāti 7 na pacate; MS 3.6.5 (66.5) tasmād dīkṣito na dadāti na pacati; MS 3.6.6 (66.12) āhitāgnir vā eṣa san nā 'gnihotraṃ juhoti; KS 23.6 (81.4) na dīkṣitena hotavyam. See Edgerton, p.267, note 382, who lists these two MS passages. (Śabara: tasmād dīkṣito na dadāti, na pacati, na juhoti; ŚD (NSP) and BhD: as in MNS; ŚD (LKSV): dīkṣito na dadāti na juhoti; JNMV: as in Śabara, but tasmād omitted). See 10.8.7.

103 vihito *corr.*; °vihīto° OBPU.

104 Untraced. Cf. KB 18.9.32–36; ŚŚS 8.13. (Śabara: °saṃmitaye 'ṣṭvā 'gnihotraṃ hotavyam; ŚD (NSP) and BhD: °juhoti; ŚD (LKSV): °saṃmitaye 'ṣṭvā 'gnihotraṃ juhoti; JNMV: °saṃmitaye 'ṣṭvā 'gnihotraṃ juhuyāt).

15. bhinne juhoti[105] 'tyādayo naimittikā homā nimittasattve sarvatra syuḥ. na. svātantrye phalakalpanāpatteḥ, prakṛtenai 'kavākyatayā ca tacchānter darśapūrṇamāsayor eva bhinne homāḥ.

16. vyāpannam apsu praharatī[106] 'ty atra vyāpannam āryāṇām abhojyaṃ keśakīṭādidūṣitam.

17. yady[107] udgātā 'pacchidyetā 'dakṣiṇaṃ yajñam iṣṭvā tena[108] punar yajeta tatra tad dadyād yat pūrvasmin dāsyan syāt yadi pratihartā sarvavedasaṃ dadyād[109] ity uktaprāyaścittaṃ yugapadubhayakartṛkāpacchede na, ekaikakartṛkāpacchedasya nimittasyā 'bhāvāt. na. dvayor apacchedayor ekaikasya svātantryeṇa nimittasattvāt.

18. nimittadvayasaṃnipāte naimittikasamuccayasyau 'cityāt prayogabhedena viruddhaprāyaścittasya vyavasthāsaṃbhavād ādyaḥ prayogo 'dakṣiṇaḥ saṃsthāpyaḥ, dvitīye sarvasvaṃ deyam. evaṃ saty ekasmin karmaṇi samuccayāvighātaḥ. na. uttaraprayoge nimittābhāvena naimittikasyā 'yuktatvāt, prathamaprayoge ca dvayor viruddhatvād vikalpaḥ.

19. yugapadapacchede vikalpo 'stu, krameṇā 'pacchede tu pūrvanaimittikasyā 'saṃjātavirodhitvena prabalatvāt pūrvanaimittikam eva. na. iha jñānadvayasyā 'nyonyanirapekṣatveno 'tpadyamānatvāt pūrvasya parābādhakatvāt, parasya pūrvabādhenai 'vo 'tpadyamānatvāc ca param eva balavat.

20. uttarodgātrapacchedanimitte punaḥprayoge dvādaśaśatam eva dakṣiṇā, tasyā jyotiṣṭome vihitatvena pūrvaprayoge ditsitatvāt. na. pratiha-

---

105 See 6.2.9. (Śabara and JNMV: bhinne juhoti, skanne juhoti; ŚD and BhD: as in MNS).

106 Untraced. Cf. ĀpŚS 9.15.16–17: 16 apo vyāpannaṃ havir abhyavaharatī 'ti vijñāyate 17 yad āryāṇām abhojanīyaṃ syān na tena yajeta; ĀśŚS 3.10.20-2.

107 yady OB; prastotāpachidyāt| brāhmaṇe varaṃ dadyāt yady U; prastotāpachidyāt| yady P.

108 iṣṭvā tena OP; iṣṭvānena B; iṣṭvā tuna U.

109 Cf. TāB 6.7.14–15; ĀpŚS 14.26.4–6; KŚS 25.11.7 and 9. (Absent in Śabara; ŚD: bahiṣpavamānaṃ prasarpatāṃ yadi prastotā 'pacchindyāt, brahmaṇe varaṃ dadyāt yadi pratihartā 'paccindyāt sarvavedasaṃ dadyāt, yady udgātā 'pacchindyāt adakṣiṇaṃ taṃ yajñam iṣṭvā tena punar yajeta. tatra tad dadyāt yat pūrvasmin dāsyan syāt (LKSV and NSP var.: bahiṣpavamānaṃ sarpatāṃ°; NSP: °pratihartā sarvavedasam°); JNMV: yady udgātā 'pacchidyetā 'dakṣiṇo yajñaḥ saṃsthāpyaḥ, athā 'nya āhṛtyas tatra tad dadyāt, yat pūrvasmin dāsyan syāt. yadi pratihartā 'pacchidyeta, sarvasvaṃ dadyāt (Gold. and ĀĀ var.: °nyaś cā 'hartavyas tatra°); BhD: yady udgātā 'pachindyāt adakṣiṇaṃ taṃ yajñam iṣṭvā tena punar yajeta tatra tad dadyāt yat pūrvasmin dāsyaṃ syāt, yadi pratihartā sarvavedasaṃ dadyāt, yadi prastotā brahmaṇe varaṃ dadyāt; cf. TāB 6.7.13–15; ĀpŚS 14.26.3–6; KŚS 25.11.7–9).

rtrapacchedanimittakasarvasvadānena nityadakṣiṇāyā bādhena sarvasvasyai 'va pūrvaprayoge ditsitatvāt sarvasvam eva[110] deyam.

21. dvādaśāhādāv ahargaṇe kasmiṃś cid ahany udgātrapacchede sati saṃpūrṇaḥ prayogo 'dakṣiṇaḥ saṃsthāpyaḥ punar anuṣṭheyaś ca, prayogaikyāt. na. daṇḍacakrādinyāyena pratyekasvasvāpūrvajananadvārā phalajanane samucccayāpekṣāyām api svāṅgahāniprayuktāśakter ekaikaniṣṭhatvenai 'kasyai 'vā 'dakṣiṇatvaṃ punarāvṛttiś ca. anye tu nā 'dakṣiṇā āvartyāś ca. iti ṣaṣṭhe pañcamaḥ.

Chapter 6

1. rājanyavasiṣṭhādīnāṃ nārāśaṃso dvitīyaḥ prayājas tanūnapād anyeṣām[111] iti prayāje kartṛtvena vāsiṣṭhādividhānam, vāsiṣṭhānām uddeśyatve phalakalpanāpatteḥ. evaṃ ca sattre bhinnakalpānām apy adhikāraḥ, prayāje tattatkartṛkatvākṣateḥ. na. vāsiṣṭhānām uddeśena kratūpakārāya nārāśaṃsavidhāne[112] dhātvarthavidhiphalākalpanayoḥ sattvenai 'tādṛśoddeśyavidheyabhāvasyai 'vau 'cityena sattre bhinnakalpādare tattatkartṛkakratuvaiguṇyena phalānāpatter ekakalpānām evā 'dhikāraḥ.

2. kulāyayajñaṃ prakṛtya śrute etena rājapurohitau yajeyātām[113] ity atra dvandve yugapadadhikaraṇavacanatādoṣāpatter[114] bhinnakalpatvena vaiguṇyāpatte rājñaḥ purohitāv iti, purohitaṃ vṛṇīta[115] iti purohitarūpopādeyagataikatvasya vivakṣitatvād rājñoḥ purohitāv iti, rājapadasārthakyāya rājānau purohitāv iti vā samāsaḥ. na. rājatvapurohitatvayor bhinnavṛttitvena

---

110 sarvasvam eva *corr.*; sarvasvam eve OBPU.

111 Cf. MŚS 5.1.1.17 rājanyātrivadhryaśvavasiṣṭhavaiśyaśunakānāṃ kaṇvakaśyapasaṃkṛtīnāṃ nārāśaṃso dvitīyaḥ prayājaḥ. tanūnapād anyeṣām; ĀśŚS 1.5.21–22: 21 tanūnapād agna ājyasya vetv iti dvitīyo 'nyatra vasiṣṭhaśunakātrivadhryaśvarājanyebhyaḥ 22 narāśaṃso agna ājyasya vetv iti teṣām; ŚŚS 1.7.2–3; ĀpŚS 24.11.16; ĀpŚS 21.2.6–7 (but this is for twelve-day rite). (Śabara: as in MŚS, except °tanūnapād itareṣām; ŚD, JNMV, and BhD: as in MNS (except, ŚD: rājanyavāsiṣṭhādīnāṃ°; BhD: rājanyavāsiṣṭhānāṃ°; not presented as a quote in JNMV)).

112 nārā *corr.*; narā° OBPU; (nārā° in Śabara, ŚD, JNMV (Gold. and ĀĀ var.: narā°), and BhD; but narāśaṃsaḥ at ĀpŚS 24.11.16, and at 21.2.6–7 Caland suggests narāśaṃsaḥ is a better reading for that text).

113 See 3.3.14. (Śabara etc.: etena rājapurohitau sāyujyakāmau yajeyātām).

114 Cf. MBh I. 431.6 (vārttika 2 on P 2.2.29) siddhaṃ tu yugapadadhikaraṇavacane dvandvavacanāt.

115 Untraced. Cf. MDh 7.78a purohitaṃ ca kurvīta; GDhS 11.12 brāhmaṇaṃ ca purodadhīta; VDhS 19.3 tasmād gārhasthyanaiyamikeṣu purohitaṃ dadhyāt; BDhS 1.18.7 sarvatodhuraṃ purohitaṃ vṛṇuyāt.

karmadhārayāsaṃbhavāt, yugapadadhikaraṇavacanatāyāś ca dūṣitatvāt,[116] vacanabalād bhinnakalpānām apy adhikārād rājā purohitaś ca yajeyātām.

3. ṛddhikāmāḥ sattram āsīrann[117] ity aviśeṣoktes trayāṇām api sattre 'dhikāraḥ, ye yajamānās ta ṛtvija[118] iti yattatpadānurodhena yajamānasaṃskārakatvena ṛtvikkāryavidhānāt pradhānair yajamānair ārtvijye kṛte guṇabhūtakartṝṇām anapekṣaṇena tatparicchedakabrāhmaṇyasyā 'prāpteḥ. na. uktoddeśyavidheyabhāve 'prākṛtakāryatāpattyā yattadvyatyayenā[119] 'rtvijyapadārtheṣu[120] yajamānavidhānāt prākṛtayajamānabhinnakartṛkatvabādhe 'pi brāhmaṇyābādhād brāhmaṇānām evā 'dhikāraḥ.

4. sa cā 'viseṣāt sarveṣām, vāsiṣṭho[121] brahmā bhavatī[122] 'ty ukter vāsiṣṭhatatsamānakalpānām eva vā. na. raśmir asi kṣayāya tve[123] 'tyādistomabhāgān adhīyānasya vāsiṣṭho brahmā bhavatī 'ty anenā 'vāsiṣṭhasyā 'pi stomabhāgastutaye brahmatvokteḥ, vaiśvāmitro hote[124] 'ty ananyathāsiddhavacanād vaiśvāmitratatsamānakalpānām eva saḥ.

5. anāhitāgner api parāgniṣv agnikāryasaṃbhavād adhikāro 'stu. na. ādadhīte[125] 'ty anenā 'gnikarmayogyatārūpaphalasya kartṛgāmitvāvagateḥ, somavikṛtīnām iṣṭipūrvatvanirṇayāc cā 'hitāgner eva.

6. uktahetvabhāvāt, pātrair anyadīyaiḥ kāryasaṃbhavāc cā 'pātro 'py adhikriyatām. na. āhitāgnim agnibhir dahanti yajñapātraiś ca,[126] dakṣiṇa-

---

116 MBh I.434.3 iyaṃ yugapadadhikaraṇavacanatā nāma duḥkhā ca durupapādā ca.

117 See 6.2.1. (Śabara: ya evaṃ vidvāṃsaḥ sattram āsate, ya evaṃ vidvāṃsaḥ sattram upayanti (untraced); JNMV: as in MNS).

118 Untraced. See 5.1.1.

119 vyatyayenā *corr.*; °vyatyeyenā OBPU.

120 ṛtvijya° *corr.*; ṛtvija° OBPU.

121 vāsiṣṭho OB; vasiṣṭho PU.

122 TS 3.5.2.1 tasmād vāsiṣṭho brahmā kāryaḥ; ĀpŚS 14.8.1 vāsiṣṭho brahmā jyotiṣṭome; BhŚS 15.1.1 some vāsiṣṭho brahmā bhavati; SatyāŚS 10.8.1 (p. 1105) (as in ĀpŚS); AiB 7.16.1 vasiṣṭho brahmā; ŚŚS 15.21.1 vasiṣṭho brahmā. The AiB and ŚŚS passages quoted here and below in this topic present the legend of Śunaḥśepa, which is to be told at the rājasūya.

123 TS 3.5.2.1; 4.4.1.1 a; ĀpŚS 14.10.1; TāB 1.9.1. (Bloomfield has these and a few others). (Absent in Śabara; JNMV: as in MNS).

124 AiB 7.16.1 viśvāmitro hotā 'sīt; ŚŚS 15.21.1 viśvāmitro hotā. (Śabara: vaiśvāmitro hotā bhavati; ŚD: viśvāmitro hotā; JNMV and BhD: as in MNS).

125 Perhaps based on vasante brāhmaṇo 'gnim ādadhīta, as quoted in 3.6.4, 6.7.13, and (without brāhmaṇaḥ) 2.3.3. (Śabara: agnīn ādadhīta; ŚD and JNMV: as in MNS). See 2.3.3.

126 Untraced. For the arrangement of implements, cf. ŚB 12.5.2.7–8; KŚS 25.7.21–31. See Garge, p. 120.

haste juhūm āsādayatī[127] 'tyādibhir maraṇe pātradāhokter ekasya mṛtau kratuvaiguṇyaprasaṅgāt sādhāraṇāni pātrāṇi sarvair utpādya yaṣṭavyam.

7. adhvarakalpādīṣṭiṣu śrutasāptadaśyāsu[128] vaiśyasyai 'vā 'dhikāraḥ, saptadaśa vaiśyasye[129] 'ti prākṛtavākyena sāptadaśyānuvādena vaiśyarūpakartṛvidhānāt, prakṛtau sāptadaśyābhāvāt. na. pāñcadaśyabādhakatayā[130] prākṛtasāptadaśyasya prakṛtāv eva niveśasaṃbhavād vaikṛtasya varṇatrayasādhāraṇyāt trayo 'py adhikriyante. ṣaṣṭhe ṣaṣṭhaḥ.

Chapter 7

1. viśvajiti śrutaṃ sarvasvaṃ dadātī[131] 'ti. tatrā 'viśeṣāt pitrādīnām api dānam, teṣām api parakīyatvāpādanasaṃbhavāt. na. svatvatyāgapūrvakaparasvatvāpādanarūpadānasya janakapumādirūpe 'svāyatte pitrādāv asaṃbhavāt, svaśabdasyā 'tmātmīyadhanajñātivācakatvena, ekaprayoge ekasyai 'vā 'rthasya grāhyatvaucityena ca prākṛtadeyānuvādena sarvatāvidhānāc ca dhanam eva deyam.

2. pṛthivī sārvabhaumasye 'ti vyavahārāt tena sā deyā. na. ṣaḍbhāgoddharaṇasya pālanasya ca tatkarmatvena pṛthivyāṃ tatsvatvābhāvāt.[132] gṛhakṣetrādi tu deyam eva.

---

127 KŚS 25.7.21 dakṣiṇahaste juhūṃ sādayati ghṛtapūrṇām; cf. ŚB 12.5.2.7 juhūṃ ghṛtena pūrṇāṃ dakṣiṇe pāṇāv ādadhāti; LŚS 8.8.23 dakṣiṇe pāṇau juhūm (*comm.*: sthāpayet). (This seems to be absent in Śabara; ŚD: dakṣiṇe haste juhūm āsādayet; JNMV: dakṣiṇahaste juhūm āsādayet (ĀĀ: °āsādayati); BhD: dakṣiṇe haste juhūm āsādayati). See 11.3.13.

128 Here ŚD, JNMV, and BhD have saptadaśa sāmidhenīr anubrūyāt (but without specific mention of the adhvarakalpeṣṭi in BhD). See 3.6.2 and 10.8.9.

129 TS 2.5.10.2 saptadaśā 'nubrūyād vaiśyasya. (Śabara and JNMV: as in TS; ŚD and BhD: as in MNS). See 3.6.3.

130 pāñcadaśyabādhakatayā *corr.*; pāñcadaśyābādhakatayā OBPU.

131 Cf. ĀpŚS 14.23.1; TB 1.4.7.7 (see 2.3.12, 4.3.5, and 6.4.11). Cf. also ĀpŚS 17.26.12–13: 12 tṛtīye saṃvatsare 'bhijitā viśvjitā vā yajeta 13 sarvavedasaṃ dadāti; ŚB 10.2.5.16 tasmint (*understand* viśvajiti) sarvavedasaṃ dadyāt; (the wording of these last two is somewhat closer to the text here, but they are taught in the context of the agnicayana). (Śabara etc.: viśvajiti sarvasvaṃ dadāti (the editors of the ĀĀ edition of Śabara and the LSKV edition of ŚD punctuate as though the quote is sarvasvaṃ dadāti)).

132 tatsvatvābhāvāt OB; tatsvabhāvāt PU

3. na kesariṇo dadātī[133] 'ti kesariṇāṃ niṣedhāt, sarvasvaṃ dadātī[134] 'ti vidhānāc ca teṣāṃ vikalpaḥ. na. ekavākyatālobhena paryudāsāśrayaṇād aśvādivyatiriktasarvasvaṃ deyam.

4. sarvapadabalād asad api śayanādi saṃpādya deyam. na. vidyamānair eva sarvatvopapatteḥ, pākṣikānuṣṭhānāpatteś ca vidyamānasyai 'va dānam.

5. dharmārthaparicārakaḥ śūdro 'pi parasvatvāpādanena deyaḥ. na. tatra svatvābhāvāt. dāsas tu deyaḥ.

6. dakṣiṇādānāt pūrvaṃ vyayam akṛtvā tat taduttaralabdhavyatvena niścitaṃ ca deyam. na. satā sarvatvopapatteḥ, bhāvisattāke tadānīṃ sattābhāvāc ca.

7. idaṃ bhaktārtham idaṃ kratvartham[135] idaṃ dakṣiṇārtham[136] iti tridhā vibhaktam api dhanaṃ deyam. na. śeṣivirodhāpatteḥ, dakṣiṇārthaprāptānuvādena sarvatāvidhānāc ca dakṣiṇārthaprāptaṃ sarvaṃ deyam. evaṃ ca pūrvāṇy adhikaraṇāni kṛtvā cintayā.

8. athai 'tasyā 'ṣṭarātrasya viśvajidabhijitāv ekāhāv abhita ubhayato jyotir madhye ṣaḍahaḥ paśukāmo hy etena yajete[137] 'ti śrutāṣṭarātrāntargate viśvajiti tu codakaparaṃparāprāptaṃ dvādaśaśatam eva deyam. na. nāmātideśasya prābalyena vakṣyamāṇena sarvasvasyai 'vau 'cityād iti bhāṣyakṛt.

vārttikakṛt tv aṣṭarātraprayoge ekā dakṣiṇā, ataḥ saptāhānugrahārthaṃ dvādaśaśatam eva manyate.

9. alpe 'pi sarvatāsaṃbhavād alpadhano 'py adhikriyeta. na. yady etāvatā[138] na nameyur api sarvasvaṃ dadyād[139] iti jyotiṣṭome dvādaśaśatādhikasyai 'va sarvasvasyā 'vagater ihā 'pi tādṛśasyai 'va yuktatvāt.

---

133 Untraced. See 3.4.14. (In Śabara and BhD the quote continues: no 'bhayatodataḥ pratigṛhṇāti; ŚD and JNMV: as in MNS).

134 See 6.7.1. (Śabara etc. have no direct quotations here).

135 idaṃ kratvartham *omitted in* PU.

136 Untraced. (Śabara: idaṃ kratvartham (ĀĀ var.: idaṃ me kratvartham) idaṃ bhakṣārtham (BI: idaṃ bhakṣyārtham) idam ānamanāya; ŚD: idaṃ me bhakṣārtham, idaṃ kratvartham, idaṃ dakṣiṇārtham; JNMV: idaṃ me bhuktyartham, idaṃ me yajñārtham, idaṃ me dakṣiṇārtham; BhD: bhakṣārthaṃ kratvarthaṃ dakṣiṇārtham).

137 Untraced.

138 etāvatā OB; etāvatā ṛtvijo PU.

139 Untraced. (Śabara: etāvatā vāva ṛtvija āneyā api vā sarvasvena (ĀĀ var. and Mīm.: ānamanīyā); ŚD: yady etāvatā ṛtvijo na nameyur api sarvasvena; JNMV: yady etāvatā nā 'nameyur api sarvasvena; BhD: yady etāvatā ṛtvijo nā 'nameyur api tu sarvasvena). (Agrawal lists as quote what appears to be the gloss in Śabara: yady etāvatā ne 'ccheyuḥ, sarvasvenā 'py ānamayitavyāḥ).

10. ādhāne ekā deyā ṣaṭ deyā dvādaśa deyāś caturviṃśatir deyāḥ śataṃ deyaṃ sahasraṃ deyam aparimitaṃ deyam[140] ity atrā 'parimitaśabdeno 'ktaparimāṇaniṣedhaḥ, parimāṇamātraniṣedhe 'śakyānuṣṭhānāpatteḥ. na. aparimitaśabdasya bahutvarūḍhatvena saṃkhyāntaravidhānāt.

11. sā ca saṃkhyā 'viśeṣād uktasaṃkhyāto 'dhikā nyūnā vā. na. adhikakrame śruter adhikai 'va grāhyā.

12. iti ha smā 'ha barkur[141] vārṣṇir māṣān me pacate[142] 'ti śrute māṣapāke vārṣṇīnām evā 'dhikāraḥ, teṣāṃ śravaṇāt. na. māṣapākasyai 'vā 'tra vidheyatvād vārṣṇibarkusaṃbandhasya[143] stāvakatvāt sarveṣām adhikāraḥ. kṛtvā cintai 'ṣā, tasmād āraṇyam evā 'śnīyād[144] ity anenai 'kavākyatvāt.

13. pañca pañcāśatas trivṛtaḥ saṃvatsarāḥ pañca pañcāśataḥ pañcadaśāḥ pañca pañcāśataḥ saptadaśāḥ pañca pañcāśata ekaviṃśā viśvasṛjāmayanaṃ sahasrasaṃvatsaram[145] iti śrute sahasrasaṃvatsarasattre gandharvādīnāṃ dīrghāyuṣām adhikāraḥ, vasante brāhmaṇo 'gnim ādadhīte[146] 'tyādinā brāhmaṇādīnām evā 'havanīyāvagate rasāyanādinā dīrghāyuṣāṃ manuṣyāṇāṃ vā, rasāyanasyā 'py ārogyādimātrahetutvāt kulakalpo vā, kṛtsnakartur eva phalāvagamād vidhāyakavacanabalena sattriṇāṃ dīrghāyuḥkalpanaṃ vā, bodhakaśabdābhāvāt pratyakṣādivisaṃvādāc ca pañca pañcāśata ity asya puruṣaparatvena sārdhadviśatānāṃ saṃvatsaracatuṣṭayeno 'ktasattrasaṃbhavāt tāvatāṃ vā, caturviṃśatiparamāḥ sattram āsīrann[147] ity etadvirodhād yo

---

140 Cf. VŚS 1.4.3.41 ṣaḍ dvādaśa caturviṃśaty aparimitagavāṃ saṃkhyāvikalpaḥ; ĀpŚS 5.20.12–13; KS 8.8 (91.12); ŚB 2.2.2.3–5; TB 1.1.6.11 (none of these mention a hundred or a thousand). See Garge, p. 129.

141 barkur OB; bakur U; vakur P.

142 ŚB 1.1.1.10 tad u ha smā 'hā 'pi barkur vārṣṇo māṣān me pacata na vā eteṣāṃ havir gṛhṇanti. (In Śabara and JNMV the quote is as in MNS through pacata, except °vārṣṇo° (Śabara (Mīm.)), °vaṭkur° (JNMV (Gold.)), °varkur° (JNMV (ĀĀ)), °vakur° (JNMV (ĀĀ var.)), °māṣān eva mahyaṃ pacata (JNMV (ĀĀ) but °māṣān me pacata (ĀĀ var.)), then continues as in ŚB, except °gṛhṇāti (JNMV (Gold.)); ŚD (LKSV): tad u ha smā 'hā vaṭkur bārṣṇir māṣān me pacata; ŚD (NSP): iti ha smā 'ha baṭkur vārṣṇir māṣān eva mahyaṃ pacata; BhD: iti ha smā 'ha baṭkur vārṣṇir māṣān me pacata).

143 °barku° OB; °varṭku° U; °vaṭarku° P.

144 ŚB 1.1.1.10.

145 TB 3.12.9.8 °viśvasṛjāṃ sahasrasaṃvatsaram; TāB 25.18.1 and ĀpŚS 23.14.14 as in TB.

146 BŚS 2.12 (53.16); 24.16 (200.4). See 2.3.3. (This is absent here in Śabara; JNMV (Gold. and ĀĀ var.): as in MNS: JNMV (ĀĀ): °brāhmaṇo 'gnīn°).

147 ĀpŚS 23.1.1. (Śabara and ŚD: caturviṃśatiparamāḥ saptadaśāvarāḥ sattram āsīran; JNMV: as in MNS). See 3.3.14 and 6.2.1.

māsaḥ sa saṃvatsara[148] iti māsānāṃ saṃvatsaratvena kīrtanāt sahasramāsaiḥ sattraṃ vā, ādhānād ūrdhvam etāvata āyuṣo 'saṃbhavāt saṃvatsarapratimā vai dvādaśa rātraya[149] iti dvādaśarātrīṇāṃ saṃvatsaratvokter māsacatuṣṭayādhikatrayastriṃśadvarṣaiḥ sattraṃ vā. na. pratimokteḥ stutimātratvāt, trivṛdādiśabdasāmānādhikaraṇyāc ca saṃvatsaraśabdaḥ svāvayavāhaḥparaḥ, tena sahasradinasādhyam idaṃ sattram. idaṃ yugāntare 'pi na śatād adhikam āyur iti kṛtvā cintitam. ṣaṣṭhe saptamaḥ.

Chapter 8

1. caturhotrā prajākāmaṃ yājayed[150] iti caturhotṛhomā āhitāgner evā 'gnihotrahomavat, eṣā vā anāhitāgner iṣṭir[151] iti tv anāhitāgnikriyāyāś caturhotāraṃ vyācakṣīte[152] 'ti caturhotṛjapādirūpāyā iṣṭitvena stutyartham, ye 'yaṃ caturhotṛhomātmikeṣṭis sā 'nāhitāgner ity arthād ubhayor vā te. na. apūrvatvena ṣaṣṭhyā taccheṣatayā vidhānād anāhitāgner eva.

2. upanayanāṅgahomās tu vacanābhāvād āhavanīya eva. tatsiddhis tū 'panayanāt pūrvam udvāhādhānābhyām. snātvā bhāryām upayacched[153] iti tv apatyārthadāraparam. na. vidyāṃ vinā 'dhānāyogāt, tasyāś co 'panayanaṃ vinā 'yogān na pūrvam ādhānam. ato laukike 'gnau syuḥ.

3. sthapatīṣṭir āhavanīyāyā 'dhānam ākṣipet. na. svatantravidhyabhāve ākṣepāvatārāt, vidhisattve tu vihitādhānenai 'vā 'havanīyasiddhyā 'traivarṇikādhānena tadasiddheḥ sā 'pi laukike 'gnau.

4. yo brahmacāry avakiret sa nairṛtaṃ gardabham ālabhete[154] 'ty avakīrṇīṣṭir udvāhād ūrdhvam āhavanīye syāt. na. brahmacaryalopaprāyaścittaṃ vinā gārhasthyasyai 'vā 'saṃbhavena laukika eva.

---

148 TĀ 2.8.1.

149 TB 1.1.6.7; 1.1.9.10. (Śabara: dvādaśa vai rātrayaḥ saṃvatsarasya pratimā (MS 1.6.12 (105.14)); ŚD, JNMV (Gold. and ĀĀ var.), and BhD: as in MNS; JNMV (ĀĀ): saṃvatsarasya pratimā°).

150 MS 1.9.6 (137.16) prajākāmaṃ caturhotrā yājayec caturgṛhītam ājyaṃ kṛtvā caturhotāraṃ vyācakṣīta pūrveṇa graheṇā 'rdhaṃ juhuyād uttareṇā 'rdham; cf. ĀpŚS 14.13.4 (and Caland's note). (Śabara: as in MS except °ājyaṃ gṛhītvā caturhotāraṃ°; ŚD: caturhotārṃ prayuñjīta, caturhotrā prajākāmo juhuyāt; JNMV: prajākāmaṃ caturhotrā yājayet). The caturhotṛ is given at TĀ 3.2.

151 KS 9.15 (117.12) °iṣṭir yac caturhotāraḥ; ĀpŚS 14.13.2 (as in KS). (Śabara and JNMV: as in KS; ŚD and BhD: as in MNS).

152 MS 1.9.6 (137.17); cf. TB 2.2.1.4; ĀpŚS 14.13.7. See note above.

153 Cf. MDh 3.4. (Absent in Śabara; ŚD and BhD: snātvā bhāryām adhigacchet).

154 Cf. ĀpŚS 9.15.1, 5: 1 yo brahmacārī striyam upeyāt sa gardabhaṃ paśum ālabheta 5 rakṣodevatyaḥ syān nirṛtidevatyo vā; BhŚS 9.17.1, 5: 1 as in ĀpŚS 9.15.1, except °sa raudraṃ gardabham ālabheta 5 nairṛtaḥ prājāpatyo vā; KŚS 1.1.13-7; MDh

5. upanayanādīni udagayana āpūryamāṇapakṣe kalyāṇe nakṣatre caulakarmopanayanagodānavivāhā[155] iti smṛtyukte kāle kāryāṇi, pitryāṇi tv aparapakṣadarśādiṣu.

6. dvādaśa rātrīr dīkṣito bhṛtiṃ vanvīta,[156] somaṃ krīṇātī[157] 'ti yācñākrayau dhanasomarahitasya, na tu tadvataḥ, vaiyarthyāt. na. tadabhāve 'pūrvānutpattyā phalānāpatter nityau tau.

7. payo vrataṃ brāhmaṇasye[158] 'ti dravyāntarābhāve, agnīd agnīn vihare[159] 'ti praiṣo 'jñāte, 'hataṃ vāsaḥ paridhatta[160] iti paridheyāntarābhāve, yat paśur māyum akṛte[161] 'ti homaḥ śabdakaraṇe, yo 'smān dveṣṭī[162] 'ti dve-

---

11.118; YSm 3.280; PGS 3.12.1–3; GDhS 23.17 gardhabhenā 'vakīrṇī nirṛtiṃ catuṣpathe yajeta; ĀpDhS 1.26.8 gardabhenā 'vakīrṇī nirṛtiṃ pākayajñena yajeta; BDhS 2.1.30–2; cf. VDhS 23.1–2. (Śabara: brahmacāry avakīrṇī nairṛtaṃ gardabham ālabheta; ŚD and BhD: °gardabhaṃ paśum ālabheta; JNMV: °sa gardabhaṃ paśum ālabheta).

155 ĀpGS 1.4.1. Cf. HGS 2.1.6.1–2; 1.1.1.5; 2.1.6.15. (Śabara etc. have no direct quotes here).

156 KS 23.6 (82.1). See 6.5.8.

157 See 3.1.6. (Śabara: as in MNS; JNMV: aruṇayā piṅgākṣyā somaṃ krīṇāti; ŚD: aruṇayā piṅgākṣyā krīṇāti). This seems unlikely to be a distinct quote.

158 See 4.3.4. (Śabara: payo vrataṃ brāhmaṇasya, yavāgū rājanyasya, āmikṣā vaiśyasya; ŚD (NSP): payo vrataṃ brāhmaṇasya; ŚD (LKSV) and JNMV: payo brāhmaṇasya vratam).

159 See 3.2.4 and 3.8.12. (Śabara: prokṣaṇīr āsādaya, idhmābarhir upasādaya, sruvaṃ ca srūvaś ca saṃmṛḍḍhi, patnīṃ saṃnahyā 'jyeno 'dehi (BI: °idhmaṃ barhir upasādaya, srucaḥ saṃmṛḍḍhi°) (see 2.1.13); ŚD, JNMV, and BhD: as in MNS).

160 Source uncertain. According to Śabara, JNMV, and BhD, the context is the vājapeya. TB 3.8.1.2 (this is exact, but it is for the aśvamedha); cf. BhŚS 10.4.3; ĀpŚS 10.6.4; ŚB 3.1.2.13 and 19 (these are all for the jyotiṣṭoma). (Śabara: darbhamayaṃ vāso bhavati (MS 1.11.8 (169.18)); ŚD: as in MNS; JNMV: darbhamayaṃ paridhāpayati (TB 1.3.7.1) (ĀĀ: °paridadhāti); BhD says a darbhamayaṃ vāsaḥ is to be worn at the vājapeya).

161 TS 3.1.4.3 i; ĀpŚS 7.17.3; MŚS 1.8.3.34; KŚS 25.9.12; ŚŚS 4.17.12. Bloomfield has these and others. (Śabara and BhD: yat paśur māyum akṛto 'ro vā padbhir āhate| agnir mā tasmād enaso viśvān muñcatv aṃhasaḥ|| (=TS, KŚS, and ŚŚS); ŚD and JNMV: as in MNS).

162 yo smān dveṣṭī OB; yo smān dveṣṭi yaṃ (ya U) ca vayaṃ dveṣma iti mantro it PU. Bloomfield has a great number of citations of this, but I have not seen any account of its context here. TS 1.1.9.1 h; 1.3.1.1 c; 6.2.10.2 all match the fuller form of the quote given in Śabara. Garge, p. 93: TS 5.3.7 (MS, VS, AV) (this TS reference is wrong); p. 97: TS 6.2.10.2; Mīmāṃsaka: TS 1.1.9.1. (Śabara, ŚD, and BhD: yo 'smān dveṣṭi yaṃ ca vayaṃ dviṣmaḥ).

ṣyasattve liṅgāt. na. tattadabhāvāder nimittatvāśruteḥ, niyamādṛṣṭasyā 'nyathāsiddheś[163] ce 'māny api nityāni.

8. payovratam āmnānād ajīrṇatāśaṅkāyām api kāryam. na. śeṣivirodhāt.

9. agnīṣomīyaṃ paśum ālabhete[164] 'ty aviśeṣaśravaṇād yaḥ kaś cit paśur ālabdhavyaḥ, chāgasye[165] 'ti mantravarṇas tu tatpakṣe. na. nityavadāmnānānupapattyā, mantrasyā 'py arthavādavat saṃdigdhanirṇāyakatvena ca cchāga eva grāhyaḥ. kṛtvā cinte 'yam, ajo 'gnīṣomīya[166] iti vākyasattvāt.

iti vedāntimahādevakṛte mīmāṃsānyāyasaṃgrahe ṣaṣṭhaḥ samāptaḥ.

---

163 nyathā 'siddhes OBPU (' *absent in* P).

164 TS 6.1.11.6 yo dīkṣito yad agnīṣomīyaṃ paśum ālabhate. (Śabara: as in TS; ŚD, JNMV, and BhD: as in MNS).

165 ĀpŚS 7.21.1 chāgasya vapāyā medaso 'nubrūhi; MS 4.13.5 (205.9) chāgasya vapāyā medasaḥ; TB 3.6.8.1 (as in MS). (Śabara, ŚD, and JNMV: as in ĀpŚS; BhD: chāgasya vapāyāḥ).

166 yam· ajo gnī° OPU; yaṃ· agnī° B; (*the dot midway up in* OPUB). See 1.4.2 and 10.4.18 note.

Book 7

Chapter 1

1. darśapūrṇamāsajyotiṣṭomaprakaraṇe āmnātāḥ prayājadīkṣaṇīyādayo yāgārthāḥ, apūrvārthatve karaṇād vaiṣamyānāpatteḥ, avaghātapeṣaṇādīnāṃ yajisaṃbandhasya pratyakṣatvāc ca. yāgatvaṃ ca sauryaśyenādiṣv apī 'ti sarve sarvārthā upadeśena, ato nā 'rabdhavyāḥ saptamādayaḥ. na. apūrvasya phalavattvena mukhyatvād anirjñātopāyatvāc ca karaṇetikartavyatayor ādau tatrai 'vā 'nvayāt, paścād yāgena sahā 'ṅgāṅgibhāvasaṃbandhena yāgavaiṣamyopapatter apūrvaviśeṣeṇa tatsādhanībhūtayāgaviśeṣeṇa ca dharmāṇāṃ saṃbandhaḥ. evaṃ ca prakaraṇasyā 'py anugraha ity ārabdhavyam atideśādi.

2. iṣuṃ viṣṭutiṃ karoti,[1] saptahaṃ sāma bhavatī[2] 'ty āmnāya samānam itarac chyenene[3] 'ti śrutaṃ codakalabhyaśyenavṛttisaumikadharmāṇām anuvādakam, na tu śyenavaiśeṣikāṅgalohitoṣṇīṣādīnāṃ prāpakam, teṣām asaṃnidhānāt. na. vaiśeṣikadharmāmnānottaraṃ śrutasye 'taraśabdasya vaiśeṣikārthatvād vacanārthavattvāyā 'saṃnihitānām api śyenavaiśeṣikāṇāṃ prāpakam.

3. cāturmāsye vaiśvadevavaruṇapraghāsasākamedhasunāsīrīyāṇi[4] catvāri parvāṇi. tatra etadbrāhmaṇāny eva pañca havīṃṣi yadbrāhmaṇānī 'tarāṇī[5] 'ti vaiśvadevikānāṃ pañca haviṣāṃ brāhmaṇasya vāruṇaprāghāsikeṣu teṣu śruto 'tideśo 'rthavādamātrasya,[6] sārthavādavidher vidhāyakatvenā 'rthavādānām eva saṃbandhāt. na. aṅgavākyaikavākyatāpannasyai 'va samagrahavirvidhāyakatvam ity aṅgavidhīnām api nava prayājā[7] ityādīnām atideśaḥ.

---

1 ṢaḍB 4.3.3; cf. ĀpŚS 22.7.17. (Absent in Śabara; ŚD: as in MNS).

2 ṢaḍB 4.3.6 saptahaṃ bhavati. (Absent in Śabara; ŚD: as in MNS (NSP: saptāhaṃ bhavati); Prabhāvalī on BhD: vaṣaṭkāranidhanaṃ bhavati (ṢaḍB 4.3.5 °ṇidhaṃ°), iṣuṃ viṣṭutiṃ karoti, saptāhaṃ bhavati).

3 ṢaḍB 4.3.7; ĀpŚS 22.7.18.

4 °medhasunā° OBPU. (JNMV (ĀĀ): as in MNS; JNMV (Gold. and ĀĀ var.): °medhaśunā°).

5 Untraced. Cf. TB 1.6.4.3 etadbrāhmaṇāny eva pañca havīṃṣi (an identical quote is given at TB 1.6.7.5 for the sākamedha).

6 Here Śabara, ŚD, and JNMV quote vārtraghnāni vā etāni havīṃṣi. (MS 1.10.5 (145.19)).

7 See 10.3.1. (Absent in this form in Śabara; ŚD (LKSV): as in MNS; ŚD (NSP): nava prayāyā ijyante; JNMV: nava prayājā ijyante, navā 'nūyājāḥ (TB 1.6.3.3)).

4. evaṃ sākamedheṣv aindrāgna ekādaśakapālaḥ, vaiśvakarmaṇa ekakapālaḥ.[8] tatrā 'pi etadbrāhmaṇa aindrāgna etadbrāhmaṇa ekakapāla[9] iti samagrakāṇḍātideśaḥ.

5. vaiśvadevikadyāvāpṛthivīyaikakapāle bahudharmāmnānena vacanabahvarthatvāya tadbrāhmaṇasyai 'vā 'tideśaḥ, na tu vāruṇapraghāsikakāyaikakapālabrāhmaṇasya, tatra hiraṇmayyaḥ sruco bhavanti śamīmayyo ve[10] 'ty alpadharmāmnānāt. na. vāruṇapraghāsikabrāhmaṇasyā 'vyavahitatvāt, vāruṇapraghāsikaindrāgnadvādaśakapālabrāhmaṇavad aindrāgnaikādaśakapālasāhacaryāt, vacanaṃ vinā 'pi vaiśvadevikadharmalābhasaṃbhavena tadatideśe vaiyarthyāpatteś ca hiraṇmayītvādaya evā 'tra syuḥ. iti saptame prathamaḥ.

Chapter 2

1. kavatīṣu rathantaraṃ gāyatī[11] 'tyādau gānaviśiṣṭa ṛci rathantarādiśabdaprayogāt tasyā evā 'tideśaḥ. na. nā 'gṛhītaviśeṣaṇānyāyena[12] gīter eva śabdārthatvāt, anyathā 'tideśāsaṃbhavāc ca gānam evā 'tidiśyate. iti saptame dvitīyaḥ.

8 Cf. TS 1.8.4.2 aindrāgnam ekādaśakapālam aindraṃ caruṃ vaiśvakarmaṇam ekakapālam (*understand* nirvapati); TB 1.6.7.5; ĀpŚS 8.12.3–4; MS 1.10.1 (141.2); ŚB 2.5.4.8–10; KŚS 5.7.8–10. (Śabara: aindrāgna ekādeśakapālaḥ, indrāya vṛtraghne caruḥ, viśvakarmaṇa ekakapālaḥ (MS and ĀpŚS have the vṛtraghna epithet); ŚD: as in MNS). MS, ŚB and KŚS (Karka) give a twelve-pan cake in place of the eleven-pan one. TB and ĀpŚS give no number here, but Caland says it is an eleven-pan cake. (ŚD presents this as a quote).

9 Untraced. Cf. TB 1.6.7.5 etadbrāhmaṇa aindrāgnaḥ. (Śabara: °ekakapālo yadbrāhmaṇa itara itaraś ca; ŚD (NSP): as in MNS; ŚD (LKVS): etadbrāhmaṇa ekakapālaḥ; JNMV: °ekakapālo yadbrāhmaṇa itaraś ca (ĀĀ: °itaraś ce 'taraś ca); BhD: etadbrāhmaṇa aindrāgnaḥ yadbrāhmaṇa itaraḥ, etadbrāhmaṇa ekakapālo yadbrāhmaṇa itaraḥ).

10 ĀpŚS 8.5.29 śamīmayyo hiraṇmayyo vā sruco bhavanti.

11 Untraced. Cf. TāB 15.10.5. (Śabara: rathantaram uttarayor gāyati, kavatīṣu°; ŚD, JNMV, and BhD: as in MNS). The verses are SV 2.32–34 = ṚV 4.31.1–3.

12 Here, at JS 7.2.13, Śabara has: na cā 'gṛhītaviśeṣaṇā viśeṣye buddhir utpadyate. This is quoted in JNMV at 3.1.6 as nā 'gṛhītaviśeṣaṇā viśiṣṭe buddhiḥ (Gold. and ĀĀ var.: °viśiṣṭabuddhiḥ). See MK for other formulations.

Chapter 3

1. māsam agnihotraṃ juhotī[13] 'ty atrā 'gnihotraśabdo na nityāgnihotradharmān atidiśati, ubhayatrā 'pi mukhyatvenā 'gauṇatvāt. na. tatprakhyanyāyena nityāgnihotrasyai 'va vācako 'gnihotraśabda iti dharmātideśakaḥ.

2. dvādaśāhe prathamāhaḥ prāyaṇīyam, gavāmayane tan nāma dharmān atidiśet, pūrvanyāyāt. na. prayanti prārabhante 'nena karme 'ti yogasyo 'bhayatra taulyena vailakṣaṇyāt.

3. viśvajit sarvapṛṣṭho bhavatī[14] 'ti jyotiṣṭomāt prāptānāṃ caturṇāṃ pṛṣṭhākhyastotrāṇām anuvādaḥ, rathantarabṛhatpṛṣṭhayor vaikalpikayoḥ sarvaśabdena samuccāyakaṃ vā. na. sarvaśabdasya bahuṣu mukhyatvena sarvaśabdena ṣaṇṇām pṛṣṭhānāṃ rathantarabṛhadvairūpavairājaśākvararaivataniṣpādyānām atideśaḥ, ṣaḍahāvikṛtitve 'pi vacanabalāt.

4. varuṇapraghāseṣu śrute[15] vāruṇyā niṣkāsena tuṣaiś cā 'vabhṛthaṃ yantī[16] 'ty atrai 'ṣa vai darśapūrṇamāsayor avabhṛtha[17] ity avabhṛthatvena stutaṃ dārśapūrṇamāsikam apāṃ vyutsekaṃ codakaprāptam anūdya tuṣaniṣkāsaṃ vidhīyate. na. saumikāvabhṛthe 'vabhṛthaśabdasyā 'vabhṛthena carantī[18] 'ti vidheyakriyāsāmānādhikaraṇyena prayogabāhulyena ca mukhyatvāt, apāṃ vyutseke stutyartham apsaṃbandhena gauṇyā prayuktatvāt, ekānuvādenā 'nekavidhāne vākyabhedāpatteś cā 'vabhṛthadharmakaṃ karmāntaraṃ vidhīyate.

5. tac co 'padeśasyā 'tideśāt prābalyena na puroḍāśadravyakam, kiṃ tu śrutatuṣaniṣkāsadravyakam eva.

---

13 See 2.3.11.

14 Cf. KB 25.10.8 yat sarvāṇi pṛṣṭhāni sarve stomā uccāvacāḥ samavadhīyante; AiB 4.19.2; JB 2.180; TāB 16.5.2. (BhD: viśvajit sarvapṛṣṭho 'atirātraḥ (ĀpŚS 22.23.18; cf. TS 7.2.5.6 viśvajit sarvapṛṣṭho 'tirātro bhavati)). The TS and ĀpŚS quotes are for the ten day rite. For the *viśvajit*, see 2.3.12, 4.3.5, and 6.4.11; it seems the *viśvajit* here is a one-day rite; 2.3.12 distinguishes the one-day rite from the expiation).

15 śrute OB; śruteṣu PU.

16 ĀpŚS 8.7.14 vāruṇyai niṣkāsena tuṣaiś cā 'vabhṛtham avayanti; cf. TB 1.6.5.5 tuṣaiś ca niṣkāsena cā 'vabhṛtam avaiti.

17 TS 1.7.5.3.

18 Untraced. Cf. ĀśŚS 6.13.3 avabhṛtheṣṭyā tiṣṭhantaś caranti (the commentary points out that this is performed in water); ĀpŚS 8.7.27 apaḥ pragāhya tiṣṭhanto 'vabhṛtena caranti. This seem to be an abbreviation of apsv avabhṛthena caranti, which occurs at 11.2.7 and 11.3.1. See 11.2.7. (Absent in Śabara etc.).

6. rājasūye śruto vaiṣṇavas trikapāla[19] iti vaiṣṇavaśabda ātithyāyāṃ vaiṣṇave navakapāle sthitān āśvavālādīn[20] dharmān atidiśet, māsāgnihotranyāyāt. na. śrutyā vaiṣṇavaśabdasya devatāvidhāyakatvenā 'gauṇatvāt.

7. nirmanthyene 'ṣṭakāḥ pacanti,[21] barhiṣā yūpāvaṭam avastṛṇāti,[22] ājyena paśum anaktī[23] 'ty atra nirmanthyabarhirājyaśabdāḥ pāśukamathanadārśapūrṇamāsikabarhirājyadharmān atidiśeran dharmalābhāya. na. lokād eva mathanāder buddhatvena dharmalābhān nā 'tideśaḥ, kiṃ tu pākādau guṇavidhiḥ.

8. cāturmāsyeṣu dvayoḥ praṇayantī[24] 'ty anena saumikaṃ sadharmakaṃ praṇayanaṃ vidhīyate, aprāptatvāt. na. praṇayatipadasya tadavācakatvāc codakāt prāptam api dārśapūrṇamāsikaṃ tad vakṣyamāṇaprayojanāya[25] punar vidhīyate.

9. tad aviśeṣāt kayoś cit, na vaiśvadeva uttaravedim upavapati na śunāsīrīya[26] ity uttaravedyā agnipraṇayanārthāyā ādyāntyayor niṣedhena tayor eva vā. na. dvābhyām eti ūrū vā etau yajñasya yad varuṇapraghāsāś ca sākamedhāś ce[27] 'ty arthavāde madhyamayor ūrutvena saṃstavāt tayor eva

---

19 MS 2.6.4 (65.17); TS 1.8.8.1 vaiṣṇavaṃ trikapālam (*understand* nirvapati); ŚB 5.2.5.1 vaiṣṇavaṃ trikapālaṃ vā puroḍāśaṃ caruṃ vā (*understand* nirvapati) tena triṣaṃyuktena yajate; KŚS 15.2.17 vaiṣṇavas trikapālo vā. (Śabara: pūrvasmiṃs trisaṃyukte vaiṣṇavas trikapālaḥ; ŚD and BhD: as in MNS).

20 See ĀpŚS 10.30.3 āśvavālaḥ prastaraḥ; 10.30.12 vaiṣṇavo navakapālaḥ puroḍāśo bhavati; TS 6.2.1.4-5.

21 Cf. ĀpŚS 16.13.7 nirmanthyena lohinīḥ pacanti (*understand* iṣṭakāḥ); VaiŚS 18.11 (262.6) nirmanthyene 'ṣṭakā lohinīḥ pacanti.

22 Cf. TS 6.3.4.2 barhir ava stṛṇāti; ĀpŚS 7.9.10 barhiṣā 'vastīrya; ŚB 3.7.1.7.

23 Untraced. (Śabara and ŚD: ājyena yūpam anakti (cf. TS 6.3.4.3 anakti (*understand* yūpam), tejo vā ājyam; ĀpŚS 7.10.2 athai 'nam (*understand* yūpam) asaṃskṛtenā 'jyena yajamāno 'grataḥ śakalenā 'nakti); BhD: as in MNS). See 4.2.1.

24 ŚB 11.5.2.8 dvayoḥ praṇayanti tasmād dvābhyām eti. (Śabara and ŚD: as in ŚB (ŚD (NSP): °dvābhyām evai 'ti); ŚD, later, is as MNS); JNMV: as in ŚB, except °dvābhyāṃ yanti (in following topic as in MNS); BhD: dvayoḥ praṇayanti dvābhyām eti (later, as in MNS)).

25 In the following adhikaraṇa, according to Śabara and ŚD.

26 Cf. MS 1.10.13 (152.18) na vai vaiśvadeva uttaravedim upavapanti; KS 36.7 (74.11) (as in MS except na vaiśvadeva°). (Śabara, ŚD, and JNMV (ĀĀ): °upavapanti°; JNMV (Gold.): °upanivapanti°; BhD: as in MNS).

27 Untraced. Cf. ŚB 11.5.2.3, 5: 3 ayam eva dakṣiṇa ūrur varuṇapraghāsāḥ 5 ayam evo 'ttara ūrur mahāhaviḥ. (Śabara: tasmād dvābhyām eti, then, after explanation, the quote continues as in MNS, but without the first ca; JNMV: as in MNS, but without dvābhyām eti and the first ca; BhD: as in Śabara, but as a continuous passage).

praṇayanam, uttaravedyām agniṃ nidadhātī[28] 'ty uttaravedivyavasthārthaṃ punar vidhīyate. uktaniṣedhavākye tu upā 'tra vapantī[29] 'ty uttaravedyutpatter ādyantayoḥ paryudāsārthe.

vārttike tu sūtrasaptakenai 'kam adhikaraṇam,[30] vidhyabhāve 'rthavādābhāvāt, prākṛtāgninidhānānuvādena vidhīyamānottaravedyā ādyantayor api vāraṇāsaṃbhavāt, utpatter ādyantayoḥ paryudāsena madhyamaviṣayatve sati tadapekṣaviniyogasyā 'pi madhyamaviṣayatvasiddhyā dvayoḥ praṇayantī[31] 'ty asya vaiyarthyāc ca. dvayoḥ praṇayantī 'ty aneno 'ttaravedyā vyavasthāyām api viniyogāpekṣotpatter api madhyamaviṣayatvān na vaiśvadeva ity asya vaiyarthyāvāraṇān no 'ktaṃ yuktam. kiṃ tu prākṛtānuvādo 'yam, saumikaṃ vā 'dyantayoḥ paryudastottaravedikaṃ vidhīyate, madhyamayor vidhāne tu tatro 'ttaravedyā api tadvaśena siddher upā 'tre 'ti vidhir na vaiśvadeva iti niṣedhaś ca prathamottamayor iti vikalpāpattiḥ. na. lakṣaṇāpatter āhavanīyād dvāv agnī praṇayata[32] iti śākhāntarāmnānāt tadekārthenā 'nenā 'py apūrvaṃ praṇayanaṃ vidhīyate, tadarthavādān madhyamayor uttaravedyutpatter ādyantayoḥ paryudastatvān madhyamayor evo 'ttaravedyām agniṃ nidadhātī 'ti viniyoga iti.

10. gavāmayane dvayor māsaṣaṭkayor madhye viṣuvannāmā 'haḥ, abhitas trayaḥ svarasāmānaḥ,[33] teṣu grahasāṃtatyasaptadaśastomādayo[34] dharmāḥ, tān pṛṣṭhyaḥ ṣaḍaho dvau svarasāmānāv[35] ity atra svarasāmaśabdo vaiṣṇavādiśabdavad guṇaparatvena nā 'tidiśati. na. uktāṣṭāhāntargataṣaḍahe trivṛtpañcadaśasaptadaśaikaviṃśatriṇavatrayastriṃśastomeṣu[36] codakāt prāpteṣu tṛtīyaṣaṣṭhadivasagatayoḥ saptadaśatrayastriṃśayor vyatyāsaṃ vidhāya tra-

---

28 Untraced. Cf. ĀpŚS 8.5.25 pūrvo 'dhvaryur uttaravedyām agniṃ pratiṣṭhāpayati. jaghanyaḥ pratiprasthātā dakṣiṇasyām. (Absent in Śabara, who says the punaḥśruti establishes a guṇa: guṇaḥ śrūyate, uttaravedyām agninidhānam); ŚD and BhD: as in MNS).

29 MS 1.10.13 (152.19); KS 36.7 (74.11).

30 JS 7.3.19–25, which underlie adhikaraṇas 7.3.8 and 9.

31 See 7.3.8.

32 Cf. ŚŚS 3.14.8 āhavanīyāc cā 'gnī praṇayanti. (Absent in Śabara; ŚD: as in MNS; JNMV: āhavanīyād vā 'gniṃ praṇayata (iti) (ĀĀ: °praṇayate (iti)); BhD: āhavanīyād dvāv agnī praṇayato 'dhvaryuś ca pratiprasthātā ca).

33 Not listed as quote. See TāB 4.5.1, 8; 4.6.1, 12. (Śabara: abhito divākīrtyam ahas trayaḥ svarasāmāno bhavanti (untraced)).

34 Cf. TB 1.2.2.1, 3–4 and TāB 4.5.5. Here Śabara has: saptadaśā bhavanti, saṃtatayā 'tigrāhyā gṛhyante (cf. TāB 4.5.5 saptadaśā bhavanti; TB 1.2.2. 1 ukthyāḥ saptadaśāḥ paraḥsāmānaḥ kāryāḥ; TB 1.2.2.3–4 saṃtanaya ete grahā gṛhyante. (4) atigrāhyāḥ paraḥsāmasu. imān evai 'tair lokān saṃtanvanti).

35 Untraced.

36 triṇava *corr.*; °trinava° OBPU.

yāṇāṃ saptadaśānām anavānatāyā[37] ity arthavāde saptadaśastomasya caramāhaḥsu siddhavad anuvādād atideśaḥ.

11. vāso dadāti ano dadātī[38] 'ty atra vāso'nasśabdayor vānatakṣaṇādikriyāvācakatvād ubhayaṃ prayoge 'nuṣṭheyam. na. jātivācakatvāt śabdayoḥ.

12. gargatrirātra ājyadohasāmāny[39] uktvā 'mnāte 'gnim upanidhāya stuvīte[40] 'ty atrā 'gniḥ saṃskṛtaḥ, tasya viniyogākāṅkṣitvāt. na. āhavanīye juhoti,[41] gārhapatye havīṃṣi śrapayatī[42] 'tyādibhiḥ saṃskṛtāgner nairākāṅkṣyāt, agniśabdasya jātimātravācitvāt, yasyā 'hitāgner agnir apakṣāyatī[43] 'ty anyatra nayane prāyaścittaśruteḥ, te sarvārthā[44] ity asyā 'pi vācanikaviniyogaviṣayatvāl laukiko 'gnir upanidheyaḥ.

---

37 Untraced. Cf. TāB 4.5.14 tasya yat saptadaśam ahas tad uttamaṃ kāryaṃ salomatvāya (this is unlikely to be the source, since it is stated in regard to the pṛṣṭhya six-day period which precedes the svarasāman days in the gavāmayana). (Śabara: tatra yat tṛtīyaṃ saptadaśam ahas tat trayastriṃśasya sthānam abhiparyāharanti, sa uttarāṇāṃ stomānām avyavāyāya, trayāṇāṃ ca saptadaśānām anūcīnatāyā (iti) (ĀĀ: °ahas tatra yat triṃśasya°; BI: °anūcīnatāyāḥ (iti); Mīm.: °anūcīnatāyai (iti); JNMV: yat tṛtīyaṃ saptadaśam ahas tat trayastriṃśasthānam abhiparyāharanti, and after an explanatory passage, trayāṇāṃ saptadaśānām anavānatāyā (iti) (ĀĀ: °saptadaśānām anūcīnatāyāḥ (iti); var.: °anavāna°); BhD: tatra yat tṛtīyaṃ saptadaśam ahas tat trayastriṃśatstomakasya sthānam abhiparyāharanti, sa uttarāṇāṃ stomānām avyavāyāya, trayāṇāṃ saptadaśānām anūcīnatāyai (iti)).

38 Cf. MS 4.8.3 (110.12–15) vāso dadāti...anaḥ...dadāti; KS 28.5 (159. 4–5) vāso dadāti...anaḥ...dadāti; ĀpŚS 13.5.4 aviṃ dadāti...vāso 'no ratham); Garge, p. 132: ĀpŚS, cf. MS, KS.

39 See TāB 21.2.1 ff.

40 TāB 21.2.9 °stuvate. (Śabara: as in TāB; ŚD, JNMV, and BhD: as in MNS).

41 TB 1.1.10.5 yad āhavanīye juhvati. (Śabara and ŚD (NSP): yad āhavanīye juhoti; ŚD (LKSV and NSP var.): yad āhavanīye juhvati; JNMV and BhD: as in MNS). (Śabara frequently gives a longer form of this quote: yad āhavanīye juhoti, tena so 'syā 'bhīṣṭaḥ prīto bhavati; at JS 11.3.2 he has āhavanīye juhoti). See 3.1.12 and 12.2.1.

42 Cf. ĀpŚS 1.22.1 āhavanīye gārhapatye vā havīṃṣi śrapayati; KŚS 1.8.34, 35: 34 gārhapatye saṃskārāḥ 35 śrapaṇaṃ vā 'havanīye; ŚB 1.1.2.23 yasya gārhapatye havīṃṣi śrapayanti; 1.7.3.27 uto gārhapatya eva śrapayanti (*understand* havīṃṣi). (Śabara has this quote at JS 11.3.2; ŚD and JNMV: as in MNS). See 12.2.1.

43 TB 3.7.1.3 vi vā eṣa indriyeṇa vīryeṇa 'rdhyate. yasyā 'hitāgner agnir apakṣāyati. yāvac chamyayā pravidhyet. yadi tāvad apakṣāyet. taṃ saṃbharet. idam ta ekaṃ para uta ekam; BŚS 29.10 (382.6) (as in TB from yasyā 'hitāgneḥ); cf. ĀpŚS 9.1.17 yady āhitāger agnir apakṣāyet. (This seems to be absent in Śabara; BhD: vi vā eṣa indriyeṇa vīryeṇa 'rdhyate. yasyā 'hitāgner agnir apakṣāyati).

44 JS 3.7.39 te sarvārthāḥ prayuktatvād agnayaś ca svakālatvāt. (I have not seen this referred to directly in other texts).

13. yūpaikādaśinyām upaśayo yūpo bhavatī[45] 'ty atra yūpaśabdasya gauṇatvād dharmātideśaḥ. na. yūpadharmāṇāṃ kāryārthatvāt, upaśaye co 'paśaya evā 'paśur[46] iti paśuniyojanābhāvāt stutir iyam, yajamāno yūpa[47] itivat. vācanikaṃ tu cchedanādi bhavaty eva. ekādaśayūpānāṃ dakṣiṇato nikheyo yūpa upaśayaḥ.

14. pṛṣṭhair upatiṣṭhata[48] ity atro 'pakramasthapṛṣṭhaśabdasya stotravācino[49] 'nurodheno 'patiṣṭhateḥ karmasāmānyaparatvāvagateḥ pṛṣṭhastotradharmakaṃ karmāntaraṃ vidhīyate. na. upān mantrakaraṇa[50] ity upapūrvāt tiṣṭhater mantrakaraṇake 'rthe vartamānād ātmanepadavidhānāt pṛṣṭhastotrasādhanargbhir[51] abhi tve[52] 'tyādibhir upa samīpe sthitvā 'gnim abhidadhyād ity arthāvagater ṛgbhir abhidhānam. saptame tṛtīyah.

Chapter 4

1. sauryaṃ caruṃ nirvapet[53] ity atra
itikartavyatā 'nukter nā 'sti. na. karaṇatvataḥ|
sā 'sti, na hy atra karaṇam itikartavyavarjitam.||[54]

2. sā laukiky anibaddhatvād, vaidikī na nibandhanāt.|
na.
sāmyaṃ nibandhanasyā 'tideśe 'nuguṇatā 'pi ca|
yatas, tasmād vaidikī sā viśiṣya vivariṣyate.||

3. jyotir gaur āyur[55] ityādisaṃjñayā vihiteṣu sā|
gaṇatvād dvādaśāhasya. na.
pratyakṣaśravaṇān nāmno laiṅgikād balavattvataḥ|
aikāhikī sā virodhe 'virodhe tu samuccayaḥ.||
iti saptamo 'dhyāyaḥ

---

45 Untraced. Cf. ŚB 3.7.2.1 tasmād yūpaikādaśinī bhavati, dvādaśa upaśayo bhavati.

46 evā 'paśur *corr.*; evo paśur OB (O *obscure, in corrected passage*); eko paśur PU. TS 6.6.4.4 sarve vā anye yūpāḥ paśumanto 'tho 'paśaya evā 'paśuḥ. (Absent in Śabara; JNMV (ĀĀ): as in TS (and with attribution to Taittirīyabrāhamaṇa); JNMV (Gold.): as in TS, except, °'paśayo vā 'pasuḥ).

47 Cf. TB 1.3.7.3 eṣa vai yajamānaḥ. yad yūpaḥ; ŚB 13.2.6.9 yajamāno vai yūpaḥ; AiB 2.3.7 yajamāno vai yūpaḥ. (Śabara: yajamāno vai yūpaḥ; absent in ŚD etc.).

48 TS 5.5.8.1; ĀpŚS 17.12.10.

49 °śabdasya stotravācino OB; °śabdasyātra pūrvavācino PU.

50 P 1.3.25.

51 *So without sandhi in manuscripts.*

52 SV 1.233 (2.30) = ṚV 7.32.22. (Śabara: abhi tvā śūra nonumaḥ (= SV, ṚV); BhD: as in MNS).

53 See 2.3.5.(Śabara, ŚD, and JNMV: sauryaṃ caruṃ nirvaped brahmavarcasakāmaḥ).

54 Meter faulty in *pāda* b.

55 See TS 7.4.11.1; 7.5.1.4, 5; TāB 4.1.7; ĀpŚS 21.15.10. Śabara seems to present this as if it were a quote.

Book 8

Chapter 1

1. sauryādau[1] vaidikī yā sā kasmāc cid aviśeṣataḥ.|
na. śāstrārthaikarūpyāya niyamāt sā, sa[2] vakṣyate.||
2. yathā saurye taddhitoktadevatai 'kā 'pi cau 'ṣadhaṃ|
nirvāpaś ce 'tikartavyam āgneyād eva bodhayet.||
etasyai 'vo 'ttaraḥ prapañcaḥ.
3. ārādaṅgaiḥ stotraśastrair anyaiś cā 'bhiṣavādibhiḥ|
nairākāṅkṣye 'pi somasya prathamottaraśeṣayoḥ||
dīkṣaṇīyādyudavasānīyācaramayor yataḥ|
vidhyanto dārśiko madhyapatite 'pi tadaucitī,|
ekaśataṃ prayājānuyājās tasye[3] 'ti darśanāt.||[4]
na.
nairākāṅkṣyān madhyapāto nā 'ṅgajātasamarpakaḥ|
vājapeyasye 'tivac[5] ca tasye 'ty api na duṣyati.||
yad vā.
iṣṭyagnihotrasomānāṃ dvividhāṅgavidhānataḥ|
mūlaprakṛtitā loka ive 'yattādinirṇayāt.||
4. aindrāgnam ekādaśakapālaṃ nirvapet prajākāma[6] ityādiṣu kapālanirvāpādisādṛśyād aiṣṭiko vidhyantaḥ.
5. agnīṣomīyapaśāv api taddhitena devatokteḥ prayājādidarśanāc cai 'ṣṭika eva saḥ.
6. savanīyanirūḍhādiṣu tu paśuṣu pāśukaḥ, prāṇidravyakatvādyādhikyāt.

---

1 See 7.4.1 and 2.3.5. (In the following topic, Śabara has: sauryaṃ caruṃ nirvaped brahmavarcasakāmaḥ).
2 sa OB; saṃ PU.
3 KB 18.8.1 ta ekaśataṃ prayājānuyājā bhavanti. (Śabara, ŚD, and BhD: tasyai 'kaśataṃ prayājānuyājāḥ).
4 Metre faulty in *pāda* c.
5 See 3.1.9.
6 TS 2.2.1.1.

7. āgneyaḥ kṛṣṇagrīva[7] ityādyaikādaśineṣu tu dve dve[8] raśane ādāya dvābhyāṃ dvābhyāṃ raśanābhyām ekaikaṃ[9] yūpaṃ parivyayata[10] iti dvairaśanyāt sutyāhakālikatvāc ca savanīyavidhyantaḥ.

8. vasante lalāmāṃs trīn vṛṣabhān ālabhete[11] 'ti kāmyapaśukāṇḍe śruteṣu paśugaṇeṣu gaṇatvasāmyād aikādaśinavidhyantaḥ, ekayūpa ālabhete[12] 'ty ekayūpavidhānāc ca.

9. viśvajidādiṣu utpattivākye devatānabhidhānarūpāvyaktatvāt saumiko vidhyantaḥ.

10. dvirātrādiśatarātraparyanteṣu[13] gavāmayane ca gaṇatvādhikyād dvādaśāhikaḥ.

11. ādityānāmayanādiṣu saṃvatsarasattratvādyādhikyād gāvāmayanikaḥ.

---

7 kṛṣṇagrīva *corr.*; kṛṣṇāgrīva OBPU. TS 5.5.22.1; KSA 8.1 (181.10); VS 29.58; cf. MS 3.13.2 (168.10) kṛṣṇagrīva āgneyaḥ. (Śabara: kṛṣṇaśīrṣā āgneyaḥ (ĀĀ and Mīm.: kṛṣṇaśīrṣa°) (MS 4.7.8 (103.7) kṛṣṇaśīrṣā 'gneyaḥ)). JNMV has the MNS passage at the start of a long quote: āgneyaḥ kṛṣṇagrīvaḥ. sārasvatī meṣī. babhruḥ saumyaḥ. pauṣṇaḥ śyāmaḥ. śitipṛṣṭho bārhaspatyaḥ. śilpo vaiśvadevaḥ. aindro 'ruṇaḥ. mārutaḥ kalmāṣaḥ. aindrāgnaḥ saṃhitaḥ. adhorāmaḥ sāvitraḥ. vāruṇaḥ kṛṣṇaḥ. ekaśitipāt petvaḥ (ekaśitipāt petvaḥ *corr.*; ĀĀ: ekaśitipātyetvaḥ; ĀĀ variants: ekaśitipād ity eta, °ekaḥ śitipṛṣṭhastṛ śṛṅgarahitaḥ; Gold.: °ekaḥ śitipṛṣṭhas tu śṛṅgarahitaḥ); this matches VS 29.58 (exactly); TS 5.5.22.1 (closely); KSA 8.1 (closely)). JNMV says that even though the list of eleven animals is recited at the aśvamedha, their offering is enjoined in the context of the jyotiṣṭoma by the statements, prai 'vā 'gneyena vāpayati, mithunaṃ sārasvatyā karoti, retaḥ saumyena dadhāti, prajanayati pauṣṇena etc. (in place of prai 'vā 'gneyena Gold. has āgneyena); Śabara has āgneyena vāpayati, mithunaṃ sārasvatyā karoti, prajanayati saumyena (TS 6.6.5.1–2: as in JNMV). See 9.3.14.

8 dve dve *corr.*: dve OBPU. (*Cf.* Śabara, JNMV, *and* BhD).

9 ekaikaṃ OPU; ekaika B.

10 Cf. TS 6.6.4.3 yad ekasmin yūpe dve raśane parivyayati; ĀpŚS 14.5.12, 13: 12 agniṣṭhaṃ dvābhyāṃ raśanābhyāṃ parivīyai 'kādaśinī raśanāḥ parivīyā 'gniṣṭhe vāsayati 13 dviraśanā yūpāḥ. (Śabara: agniṣṭhād dve dve raśane ādāya dvābhyāṃ raśanābhyām ekaikaṃ yūpaṃ parivyayati; JNMV: as in (corrected) MNS, except °parivyayati; BhD: as in (corrected) MNS, except agniṣṭhāt dve dve° and °parivyayati).

11 TS 2.1.4.1 vasantā prātas trīn lalāmān ālabheta; KS 13.7 (188.9) trīṃl lalāmān ṛṣabhān vasantā 'labheta. See Garge, p. 109, who thinks KS has better claim as source. (Śabara: °ālabhate; JNMV: as in MNS).

12 TB 1.8.6.1 yat triṣu yūpeṣv ālabheta. bahirdhā 'smād indriyaṃ vīryaṃ dadhyāt. bhrātṛvyam asmai janayet. ekayūpa ālabhate. (Śabara: as in TB except, °bhrātṛvyam asya°...°ālabheta; JNMV: as in TB (Gold.: °vahirdhāsmā indriyaṃ°); BhD: as in MNS).

13 dvirātrādi *corr.*; dvitrārādi OBPU.

12. sādyaskrāḥ sāhasrāś co 'ktadharmakādyavikṛtayaḥ, ekasaṃghapātitvenai 'kanāmatvādhikyāt.

13. phalasya yāvajjīvaniyamasya ca puruṣārthatvāt, svargakāmasyo 'ddeśyatvāt, sāhityāśrayāṇām abhāve sāhityānaucityād anākāṅkṣaṇāc ca nai 'vai 'ṣām atideśaḥ.

14. godohanatatphalādy api pumarthatvān nā 'tideśyam.

15. yad āgneya[14] ity atra svavākyavihitakarmabhedakābhāvād ubhayakāla eka evā 'gneya iti miśramate[15] ekasyai 'va kāladvayayogāt paurṇamāsyamāvāsyāsaṃjñatvam. tatra caturhotrā paurṇamāsīm abhimṛśet pañcahotrā 'māvāsyām[16] iti mantrayoḥ kālakṛtavyavasthādarśanāt sauryādāv api kālabhedena mantrayor vyavasthā. na. āgneyaikatve tatra mantrayor vikalpasyai 'vau 'citye 'pi agnīṣomīyādyanurodhenā 'rthikyā vyavasthāyā atideśānarhatvāt sauryādāv aicchiko vikalpaḥ. utpattāv eva viruddhakāladvayasamuccayāyogād āgneyabhedaḥ, sauryādīnāṃ ca prāthamikapūrṇamāsyāgneyavikāratvāc caturhotrai 'vā 'bhimarśa iti kecit. ubhayam api prakṛtir iti vikalpa eve 'ty anye. prakaraṇāntarād āgneyabheda iti tu ṭīkāyām.

16. sauryam[17] ity anena daivataikyānirṇaye 'py asāv āditya na vyarocata tasmād etaṃ sauryaṃ[18] carum[19] ity upakramād ekadevatatvam, āgneye 'pi so 'gnaye 'dhriyate[20] 'ty arthavādāt tad ity āgneyasyai 'va vikṛtiḥ sauryaḥ.

17. aindrapuroḍāśe[21] āgneyapayasi[22] ca dravyasāmānyasya viśeṣyatyāgasaṃbandhino viśeṣaṇoddeśasaṃbandhidevatāsāmānyāt prābalyam iti puroḍāśa āgneyavikāraḥ, payaś ca sānnāyyavikāraḥ, na tu viparītam.

---

14 TS 2.6.3.3. See 1.4.7 for full quote. (This is not quoted here by Śabara etc.).

15 I.e., Pārthasārathi Miśra, who is also referred to here in BhD.

16 See 3.7.4.

17 See 2.3.5 and 7.4.1. (This is not quoted here by Śabara etc.).

18 sauryaṃ *corr.*; saumyaṃ OBP; saumya U.

19 Cf. TS 2.3.2.2 asāv āditya na vyarocata...tasmā etaṃ sauryaṃ caruṃ niravapan. (Śabara: amum evā 'dityaṃ svena bhāgadheyeno 'padhāvati, sa evai 'naṃ brahmavarcasaṃ gamayati (TS 2.3.2.3 as in Śabara, except °sa evā 'smin brahmavarcasaṃ dadhāti) (Śabara refers to this as vākyaśeṣa); JNMV: amum evā 'dityam).

20 dhriyate OB; priyate PU. TS 2.6.3.3. (Śabara: aṅgiraso vā ita uttamāḥ svargaṃ lokam āyaṃs te yajñavāstv abhyāyaṃs te puroḍāśaṃ kūrmaṃ bhūtvā prasarpantam apaśyaṃs tam abruvan, indrāya dhriyasva bṛhaspataye dhriyasva viśvebhyo devebhyo dhriyasve 'ti. sa tān āha na dhriye. tam abruvan, agnaye dhriyasve 'ti. so 'bravīt, dhriye 'ham. yad āgneyo 'ṣṭākapālo 'māvāsyāyāṃ pūrṇamāsyāṃ cā 'cyuto bhavati. agnim eva svena bhāgadheyena samardhayati (BI lacks lokam), (similar to TS 2.6.3.2–3); JNMV: as in MNS).

21 Here Śabara and JNMV have: aindram ekādaśakapālaṃ nirvapet (=TS 2.2.8.6 (but I do not know if this is the source)); BhD: aindraḥ puroḍāśaḥ.

22 Here Śabara, JNMV, and BhD have: āgneyaṃ payaḥ. See 1.4.7.

18. kṛṣṇaleṣṭau[23] caruśabdaviśadatvābhyām auṣadhadharmāḥ.

19. dadhi madhu ghṛtam āpo dhānās taṇḍulās tatsaṃsṛṣṭaṃ prājāpatyam[24] ity atra madhuny udake ca dravatvavarṇasāmyāt, dohādīnāṃ bādhāt, utpavanādīnāṃ saṃbhavāc cā 'jyadharmāḥ. aṣṭame prathamaḥ.

Chapter 2

1. vājinayāge[25] sautrāmaṇyaṅgāśvinasurāgraheṣu[26] ca somo vai vājinaṃ surā soma[27] ity asya vidhyabhāvenā 'rthavādamātratvād vājine payovidhyantaḥ, surāyā auṣadhavikāratvāt graheṣv auṣadhadharmāḥ.

2. paśau paśuprabhavatvasāmyāt sānnāyyapātrokhādarśanāc[28] ca sānnāyyavidhyantaḥ.

3. tatrā 'pi sākṣātprabhavatvagatimattvādhikyāt payasaḥ.

4. payasa evā 'mikṣātvasya sādhitatvād āmikṣāyāgaḥ[29] payoyāgavikṛtiḥ.

5. dvādaśāhasya sattrātmakasya sattreṣu, ahīnātmakasyā 'hīneṣu vidhyantaḥ.

6. pañcadaśarātraṃ kuṇḍapāyināmayanaṃ cā 'syupāyicodanāsattrakāṇḍāmnānavattvāt[30] sattram iti tatra sattrātmakadvādaśāhavidhantaḥ. aṣṭame dvitīyaḥ.

---

23 See 10.1.1.

24 Untraced. Cf. KS 11.2 (145.7) °tatsaṃsṛṣṭam. See 10.2.31 and 12.2.7. Śabara says this is at the citrā, but see Edgerton, p. 143, note 175, who says there is no citrā in KS; see also Garge, p. 29–30. (Śabara: °ghṛtaṃ payo dhānā udakaṃ taṇḍulās tatsaṃsṛṣṭaṃ prājāpatyaṃ bhavati; ŚD: dadhi madhu ghṛtaṃ dhānāḥ taṇḍulā udakam (NSP: °ghṛtam āpo dhānās°); JNMV: as in MNS).

25 See 2.2.9.

26 Here Śabara has: āśvinaṃ grahaṃ gṛhṇāti, sārasvatam aindram (cf. ĀpŚS 19.2.9).

27 Untraced.

28 Here the editions of Śabara have: yadi paśur ukhāyāṃ pacet; this is perhaps a mistaken version of the quote given in BhD and Prabhā on ŚD: yadi paśur ukhāyāṃ pacyamānaḥ skandet (skandāt Prabhā). Untraced.

29 See 2.2.9.

30 For the pañcadaśarātra, Śabara: ya eva bhūtikāryam icchantas ta enaṃ pañcadaśarātram upeyuḥ; JNMV: sattre yajñe yaṃ kāmam icchanti ta enaṃ pañcadaśarātram upeyuḥ (cf. TS 7.3.7.1 ya evaṃ vidvāṃsaḥ pañcadaśarātram āsate). For the kuṇḍapāyināmayana, Śabara and JNMV: bhūtikāmā upeyuḥ. Śabara and JNMV refer only to injunctions made with upe, not with ās; ŚD refers to both.

Chapter 3

1. āgnāvaiṣṇavam ekādaśakapālaṃ nirvaped abhicaran sārasvataṃ caruṃ bārhaspatyaṃ carum[31] ity atrā 'dye dvidevatyatvād agnīṣomīyavidhyantaḥ, antye ekadevatyatvād āgneyavidhyantaḥ, na tu sthānād vaiparītyam, tasyā 'nyāpekṣitvena daurbalyāt.

2. janakasaptarātre catvāri trivṛnty ahānī[32] 'ty atra saṃghātasāmānyasyā 'śābdasya śābdatrivṛttvasāmyād daurbalyena caturṣv api trivṛttvam. na. catvāri trivṛntī 'ti saṃghātasyā 'pi śābdatvāt, pradhānagāmisaṃghātasāmānyasya stotrīyāgatatrivṛttvād balīyastvāt, agniṣṭomamukhānī[33] 'ti liṅgāc ca caturṣu krameṇa trivṛtpañcadaśasaptadaśaikaviṃśastomatvam.[34] rathantarabṛhadvairūpavairājāni sāmāni.

3. ṣaṭtriṃśadrātre ṣaḍahā bhavanti,[35] catvāro bhavantī[36] 'ty atra caturviṃśatisutyāsu gaṇatvād āvṛttyā dvādaśāhikadaśarātravidhyantaḥ. na. caturviṃśatigaṇasyā 'numānikatvāt, ṣaḍahavidheḥ pratyakṣatvāc ca caturvāraṃ ṣaḍahavidhyantaḥ.

---

31 Cf. MS 2.1.7 (9.1) āgnāvaiṣṇavam ekādaśakapālaṃ madhyaṃdine sārasvataṃ caruṃ bārhaspatyaṃ carum (*understand:* nirvapet); KS 10.1 (124.13) āgnāvaiṣṇavam ekādaśakapālaṃ nirvapet sārasvataṃ caruṃ bārhaspatyaṃ carum abhicaran; TS 2.2.9.1 āgnāvaiṣṇavam ekādaśakapālaṃ nirvaped abhicarant sarasvaty ājyabhāgā syād bārhaspatyaś caruḥ; BŚS 13.15 (128.7) (as in TS). (Śabara: āgnāvaiṣṇavam ekādaśakapālaṃ nirvapet, sārasvataṃ carum, bārhaspatyaṃ carum; ŚD: as in MNS; JNMV: āgnāvaiṣṇavam ekādaśakapālaṃ nirvapet sarasvatyai caruṃ bārhaspatyaṃ carum; BhD: āgnāvaiṣṇavam ekādaśakapālaṃ, sārasvataṃ caruṃ, bārhaspatyaṃ carum). (Śabara and JNMV list a second set here; Śabara: agnaye pāvakāya, agnaye śucaye; JNMV (Gold.): agnaye pavamānāyā 'gnaye pāvakāyā 'gnaye śucaye 'ṣṭākapālam; JNMV (ĀĀ): agnaye pāvakāya, agnaye śucaye 'ṣṭākapālam; JNMV (ĀĀ var.): agnaye pavamānāyā 'gnaye śucaye 'gnaye pāvakāyā°); these are the pavamānahavis (TB 1.1.5.10; 1.1.6.2–3; cf. ĀpŚS 5.21.1 (see 10.4.16 and 11.4.4))). See 5.1.10.

32 TāB 22.9.1. catvāri trivṛnty ahāny agniṣṭomamukhāni viśvajin mahāvrataṃ jyotiṣṭomo 'tirātraḥ; ĀpŚS 22.23.6 (as in TāB except °jyotiṣṭomo vaiśvānaro 'tirātraḥ). (Śabara: catvāri trivṛnty ahāny bhavanti; ŚD, JNMV, and BhD: catvāri trivṛnty ahāny agniṣṭomamukhāni (JNMV (ĀĀ): °mukhyāni; (Gold. and ĀĀ var.): °mukhāni)).

33 TāB 22.9.1; ĀpŚS 22.23.6. (Śabara: catvāri trivṛnty ahāny agniṣṭomamukhāni).

34 saptadaśaikaviṃśa *corr.*; °saptaviṃśaikaviṃśa° OBPU.

35 TS 7.4.6.2. For this and the following quote cf. TāB 24.6.1; ĀpŚS 23.6.4; BŚS 16.36 (281.4–5). These three texts state that the rites are abhiplava six-day periods.

36 TS 7.4.6.2. (In Śabara the quote continues: pañcāhā bhavanti (TS 7.4.5.2 pañcāhā bhavanti (but this is for a trayastriṃśadrātra)); Śabara does not identify the site of the quote, introducing it only with the remark: kva cit karmaviśeṣe śrūyate); ŚD, JNMV, and BhD: as in MNS).

4. śatokthyaṃ bhavati,[37] śatātirātraṃ bhavatī[38] 'ty atro 'kthyādiśabdānāṃ jyotiṣṭomanāmatvāt tam anūdyā 'bhyāsarūpaguṇavidhipratīter jyotiṣṭomasya śatam āvṛttayaḥ. na. ukthyādiśabdānāṃ saṃsthānimittatvāt tatsaṃsthāviśiṣṭagaṇasyai 'va vidhānād dvādaśāhikadaśarātrasya daśakṛtvaḥ pravṛttiḥ.

5. daśarātre ādyantayor ahnor agniṣṭomatvāt tatsthāne ukthyastotrāṇi kartavyāni uktaśatokthyāder dvādaśāhavikāratvāt tadāmnātaviśeṣavatstotravikṛtirūpāṇi. na. dvādaśāhe 'tideśaprāpteṣv eva teṣu viśeṣamātravidhānāt, jyotiṣṭome teṣām āmnānāc ca na bhikṣuko bhikṣukaṃ yācate saty abhikṣuka iti nyāyena jyotiṣṭomikokthyādīnāṃ pravṛttiḥ.

6. bṛhaspatisave prakṛtito nānāchandaskamantraprāptau gāyatram etad ahar bhavatī[39] 'ty anena codakaprāpteṣu triṣṭubādiṣu akṣaralopaṃ kṛtvā gāyatrītvam, tisro 'nuṣṭubhaś catasro gāyatrya[40] iti liṅgāt. na. gāyatrīśabdasyā 'ṣṭākṣarapādatrayayutarḡvācakatvāt[41] tisro 'nuṣṭubha ity asya gauṇatvād utpattigāyatrīpravṛttiḥ. aṣṭame tṛtīyaḥ.

Chapter 4

1. yad ekayā juhuyād darvihomaṃ kuryād[42] iti atra darvīguṇavidhiḥ. na. nāma, tatprakhyanītitaḥ.[43]

2. dārvihomikaśabdasya sthālīpākādikartari|
prayogāt[44] smārtanāmatvam. na.

---

37 Cf. ŚB 11.5.5.2; KŚS 24.3.39. (Śabara: agniṣṭomaḥ pañcokthyaḥ, śatāgniṣṭomaṃ bhavati, śatātirātraṃ bhavati; ŚD: śatokthyaṃ bhavati, śatātirātraṃ bhavati (=MNS); JNMV: śatokthyaṃ bhavati, śatātirātraṃ bhavati, pañcāgniṣṭomaḥ, pañcokthyaḥ; BhD: śatāgniṣṭomaṃ bhavati, śatokthyaṃ śatātirātram).

38 Cf. ŚB 11.5.5.5–6; KŚS 24.2.37. See preceding note.

39 Untraced. Cf. JB 2.131 tam (*understand* bṛhaspatisavam?) hai 'ka ekachandasam eva kurvanti, gāyatram eva sarvam, gāyatro vai bṛhaspatiḥ; the quote above appears in ŚB 12.2.4.7, but in reference to an abhiplava six-day period in the year-long sattra.

40 TS 5.4.12.1 tisro 'nuṣṭubhaś catasro gāyatriyaḥ; TāB 21.4.5 yat tisro 'nuṣṭubhaś catasro gāyatrīḥ karoti; cf. ŚB 13.3.3.1. (Śabara: tisro 'nuṣṭubhaḥ, catasro gāyatrīḥ karoti; ŚD: as in MNS; BhD: as in MNS, except °gāyatryo bhavanti).

41 °yuta° OB; °yukta° PU.

42 TS 3.4.10.4 °kuryāt puro'nuvākyām anūcya yājyayā juhoti sadevatvāya. (Śabara: as in TS except °sadaivatatvāya; ŚD, JNMV, and BhD: as in MNS).

43 Verse bit here?

44 Here Śabara has: śinīnāṃ dārvihomiko brāhmaṇaḥ, ambaṣṭhānāṃ dārvihomiko brāhmaṇaḥ; Mayūkhamālikā on ŚD: śibīnāṃ dārvihomiko brāhmaṇo 'vaśiṣṭānāṃ

prayogād vāstuhomādau[45] vaidikasyā 'pi nāma tat.||

3. yajyutpattīnām api caturavattaṃ juhotī[46] 'ti homatvāvagates teṣām api tat. na. yāgād anyasyai 'vā 'vattasaṃskārakasya homasyā 'nena vidhānāj juhoticoditānām eva.[47]

4. te darvihomā avyaktatvāt somavikṛtayaḥ, yāgatvahomatvābhyāṃ visadṛśatvād agnihotranāriṣṭavikṛtayo vā. na. nāriṣṭhāṅgabhūtānām idhmābarhirādīnāṃ traiyambakahomeṣv abhāvadarśanād[48] apūrvā eva te. ity aṣṭamaḥ.

---

dārvihomiko brāhmaṇaḥ; JNMV: ambaṣṭhānāṃ dārvihomiko brāhmaṇaḥ. None of these have been traced.

45 See 8.4.1.

46 TS 2.6.3.2. See 6.4.1. (Absent here in Śabara; ŚD and BhD: as in MNS).

47 Cf. VŚS 1.1.1.25 juhotī 'ti darvihomacodanā; ĀpŚS 24.3.2–3: 2 apūrvo darvihomaḥ 3 juhoticodanaḥ.

48 Here Śabara (JS 8.4.21) has: apratiṣṭhitā vai tryambakā ity āhuḥ. ne 'dhmābarhiḥ saṃnahyate, na (na omitted in ĀĀ) prayājā ijyante, nā 'nuyājā ijyante, na sāmidhenīr anvāha; BhD: nā 'tre 'dhmābarhis saṃnahyate na prayājānūyājā ijyante na sāmidhenīr anvāha; (cf. KS 36.14 (81.19); MS 1.10.20 (161.4); TB 1.6.10.5; (KS is the only close one of these, but it makes no reference to idhmābarhis)). Cf. TB 1.6.6.5–6 and ĀpŚS 8.9.10 for a prohibition of these items at the *caru* offering to the *gṛhamedhin maruts* at the *sākamedha parvan*.

Book 9

Chapter 1

1. apūrvasyā 'nirjñātaprakāratvādibhyo dharmāṇāṃ tadarthatvam iti saptamādyasiddhaṃ smāryata ūhasiddhyartham. sa ca prākṛtapadārthasya svakāryaprākṛtasthānāpannavaikṛtapadārthānurodhenā 'nyathābhāvaḥ, yathā 'gnaye juṣṭam[1] iti mantrasya prākṛtāgniprakāśanasthānāpannasūryaprakāśanānurodhena sūryāye 'ti. yajiprayuktatve pāriplavatva agnaya ity asyai 'vo 'padeśataḥ prāpteḥ.

yad vā. astv ārādupakārakāṇām apūrvārthatvam, saṃnipātināṃ tu śrutavrīhyādyarthatvam eva, tathā ca na saṃskārohaḥ. na. svarūpamātrārthatve vaiyarthyād apūrvasādhanatvavivakṣāvaśyakatve gauraveṇa vrīhitvāder avivakṣaṇāt saṃnipātiṣv apy asty apūrvārthatā.

yad vā. siddhasyai 'va nimittatvena prayājādisādhyāpūrve tadabhāvāt kādācitkānuṣṭhānasya nimittāpekṣāyāṃ prayājādyasādhyayajer eva nimittatvavad avaghātādyanuṣṭhāne vrīhyādīnām eva nimittatā. na. apūrvasya śābde prayojakatve tasyai 'va buddhisiddhasya svarūpeṇā 'siddhasyā 'pi nimittatvena yajer animittatvena dṛṣṭāntāsiddheḥ.

2. prokṣitābhyām ulūkhalamusalābhyām avahantī[2] 'tyādau karmavācakaktapratyayena buddhasyo 'lūkhalādyarthatvasya vaiyarthyenā 'saṃbhave 'pi vākyāt tatkāryahantyādyarthatvam, taddvārā 'pūrvopakārakatvenā 'vaiyarthāt. evaṃ cā 'dhānasya kratvaṅgāgnyarthatve 'py akratvarthasyā 'gnyatideśe 'natideśavad dhanter atideśe 'pi na prokṣaṇasyā 'tideśaḥ. astu vā hantyādidvārā kratvapūrvārthatvād dhantyādimadvikṛtau prokṣaṇam, nakhanirbhinne carau tu dvārābhāvān na prokṣaṇam. na. hantyādyarthatva ānarthakyāpatteḥ prakaraṇenā 'pūrvārthatā, ādhānasyā 'laukikāhavanīyādimātrārthatve 'py avaiyarthyena dṛṣṭāntavaiṣamyāt. sā 'pi hantyādidvāre 'ti hantyādes taṇḍulapraṇāḍyā 'pūrvasādhanatvaṃ lakṣayitvo 'ktayuktyai 'vo 'lūkhalādiśabdānāṃ sādhanaviśeṣaparatāṃ cā 'śritya taṇḍulapraṇāḍyā 'pūrva-

1 TS 1.1.4.2 m; KS 1.4 (2.14); TB 3.2.4.6. This is the final portion of the mantra starting with devasya tvā. See 2.1.14, 3.4.21, 9.1.12, and 9.1.13. (Absent here in Śabara; BhD: agnaye juṣṭaṃ nirvapāmi).

2 Untraced. (For sprinkling, cf. MŚS 1.2.1.4 ulūkhalamusaladṛṣadupalava...prakṣālya saṃstīrṇe dve dve prayunakti; ĀpŚS 1.19.3; KŚS 2.3.39 (although ĀpŚS and KŚS do not mention these particular implements). (In Śabara and ŚD the quote continues: prokṣitābhyāṃ dṛṣadupalābhyāṃ pinaṣṭi; JNMV and BhD: as in MNS).

hetuvyāpāraṃ prokṣitena sādanena kuryād iti vākyārthaḥ. tādṛg vyāpāraś ca nakhanirbhedanam apī 'ti nakheṣv api prokṣaṇam.

yad vā. yāvatyā vācā kāmayīta tāvatyā dīkṣaṇīyāyām anubrūyād[3]

iti śrutaḥ svaro jyotiṣṭomāpūrvaprayojanaḥ|
phalavattvād, dīkṣaṇīyāpūrvārtho nā 'phalatvataḥ.||

na.

svāpūrvalakṣaṇāyāṃ syāl lakṣaṇo 'ddeśyabodhake|
jyotiṣṭomāpūrvabodhe bhavel lakṣitalakṣaṇā.||
phalāpūrvopakāritvāl lakṣyasyā 'pi phalitvataḥ|
phalaṃ syād, dīkṣaṇīyāyā apūrvaṃ syāt prayojanam.||

aśvamedhe traidhātavīyā dīkṣaṇīyā bhavatī[4] 'ti traidhātavyāyām ūhābhāvaḥ, dīkṣaṇīyāpūrvaprayuktatvāt[5] svarasyā 'nyāpūrvajanakatvāc ca traidhātavīyāyāḥ.[6] somāpūrvārthatve tu dīkṣaṇīyākāryāpannāyāṃ syād ūha iti.

3. aganma suvaḥ suvar aganma,[7] agner aham ujjitim anū 'jjeṣam[8] iti mantrau svargāgniprayuktau liṅgāt, ato nā 'sti sauryādāv[9] ūhaḥ. na. phalavattvenā 'pūrvasyai 'va prayojakatvād aganma brahmavarcasam, sūryasyā 'ham ity ūhaḥ.

---

3 Cf. ĀpŚS 10.4.10–11: 10 athai 'keṣām. yāvaty asya vāg bhavati tāvatīṃ dīkṣaṇīyāyām anvāha... 11 mandreṇa dīkṣaṇīyāyām. mandratareṇa prāyaṇīyāyām. mandratareṇā 'tithyāyām. upāṃśū 'pasatsu. uccair agnīṣomīye. (Śabara: °kamayeta°, then quote continues mandraṃ prāyaṇīyāyāṃ mandrataram ātithyāyām, upāṃśū 'pasatsu; ŚD and BhD: as in MNS except °kāmayeta°; JNMV: as in Śabara, except °'pasatsū 'ccair agnīṣomīye).

4 ĀpŚS 20.8.4 traidhātavīyā dīkṣaṇīyā. See 2.3.12. (Śabara (BI), JNMV and BhD: as in MNS; Śabara (ĀĀ and Mīm.): traidhātavīyā bhavati (ĀĀ var. and Mīm. var.: traidhātavyā°)).

5 dīkṣaṇīyā 'pūrva° OBPU (*' absent in* P).

6 traidhātavīyāyāḥ OPU (*in the text of* O *is written* dīkṣaṇīyāyāḥ, *and in the margin* traidhātavī *is written as a corr. of* dīkṣaṇī); dīkṣaṇīyāyāḥ B.

7 TS 1.6.6.1 a; 1.7.6.1; ĀpŚS 4.14.11. (Śabara: aganma svaḥ saṃ jyotiṣā 'bhūmā (MS 1.4.2 (48.17) aganma3 svaḥ saṃ jyotiṣā 'bhūma; KS 5.5 (47.22) aganma svas saṃ jyotiṣā 'bhūma; see Edgerton, p. 115, note 130); ŚD and BhD: as in MNS; JNMV: aganma suvaḥ). See 6.1.6.

8 TS 1.6.4.1 d–e agner aham ujjitim anū "jjeṣaṃ somasyā 'ham ujjitim anū 'jjeṣam; 1.7.4.2 agner aham ujjitim; ĀpŚS 4.12.4 agner aham ujjitim anū 'jjeṣam iti yathāliṅgaṃ sūktavākadevatāḥ; MŚS 1.4.2.16 agner ujjitim anū 'jjeṣam somasyo 'jjitim anū 'jjeṣam. (In Śabara the quote continues: somasyā 'ham ujjitim anū 'jjeṣam (in BI both instances of aham are omitted); ŚD, JNMV, and BhD: as in MNS).

9 See 2.3.5 and footnote.

4. āgneyo 'ṣṭākapāla[10] ityādāv agnyādir devatā dharmāṇāṃ prayojikā, yāgena pūjitāyās tasyāḥ phaladātṛtvasaṃbhavāt, sahasrākṣo gotrabhid vajrabāhuḥ,[11] agnir idaṃ havir ajuṣata,[12] addhī 'd indra prasthite 'mā havīṃṣi,[13] tṛpta evai 'nam indraḥ prajayā paśubhis tarpayatī[14] 'tyādimantrārthavādebhyo vigrahahaviḥsvīkāratadbhojanatṛptiprasādānām avagateś ca. no 'ktaḥ sauryādāv ūhaḥ, devatāniyatadharmāṇām evā 'bhāvāt. na. yajeta svargakāma[15] ityādiśabdena buddhasya yāga eva phalavattvasyā 'nyathānupapattyā 'pūrvasyai 'va kalpanāt, tasyai 'va prayojakatvāt, mantrārthavādādīnāṃ svārthe tātparyābhāvāt, mātāpitṛsevādau devatābhāve 'pūrvasyai 'va vaktavyatvāc ce 'ti yukta ūhaḥ.

5. vrīhīn prokṣatī[16] 'tyādiṣv api vrīhisvarūpārthatve ānarthakyād apūrvaprayuktam eva prokṣaṇam. dvitīyādhikaraṇe prathamavarṇakam, tṛtīyādhikaraṇam, idam adhikaraṇaṃ ca vākyaliṅgaśrutivirodhanirāsāya, kiṃ ca atideśasiddhaye saptamādye siddham evā 'pūrvaprayuktatvam ūhasiddhaye navamādyādyavarṇake smāritaṃ dvitīyavarṇake saṃnipatyo 'pakāriṇāṃ tad ākṣipya sādhitaṃ dārḍhyāye 'ti punaruktiparihāro bodhyaḥ.

6. tsarā[17] vā eṣā yajñasya tasmād yat[18] kiṃ cit prācīnam agnīṣomīyāt teno 'pāṃśu carantī[19] 'ti svaraḥ paramāpūrvaprayuktaḥ, yajñasya yat prācīnam iti bodhena bhāgadharmatvāt. evaṃ ca somavikāre kuṇḍapāyināmaya-

---

10 TS 2.6.3.3 (presuming this is part of yad āgneyo 'ṣṭākapālo 'māvāsyāyāṃ ca paurṇamāsyāṃ cā 'cyuto bhavati). (Absent here in Śabara; JNMV: as in MNS).

11 TS 2.3.14.4 t; MS 4.12.4 (190.8); KS 10.13 (142.4). (Absent in Śabara; JNMV: as in MNS).

12 TB 3.5.10.2 (twice); TS 2.6.9.6; MS 4.13.9 (212.4); KB 3.10.10; ŚB 1.9.1.9; see Garge, p. 116. (At JS 3.2.19 Śabara has: agnir idaṃ havir ajuṣatā 'vīvṛdhata maho 'jyāyo 'kratā 'gnīṣomāv idaṃ havir ajuṣetām avīvṛdhetām (TB 3.5.10.2–3 has this, broken up; the first three clauses, i.e., through akrata, are also in MS and ŚB); JNMV: as in MNS).

13 ṚV 10.116.8; N 6.16. (Here Śabara has ṚV 10.116.7: addhī 'ndra piba ca prasthitasya; JNMV: as in MNS).

14 TS 2.5.4.3; BŚS 17.48 (329.5).

15 See 4.4.11. (Śabara: darśapūrṇamāsābhyāṃ svargakāmo yajeta; JNMV: svargakāmo yajeta).

16 Untraced. Cf. TB 3.2.5.4 enān (*understand* vrīhīn) prokṣati; MS 4.1.6 (7.17) prokṣati (*understand* vrīhīn); KS 31.4 (5.3) (as in MS); ĀpŚS 1.19.1 havis triḥ prokṣan; MŚS 1.2.2.2 haviṣyān prokṣati. (Edgerton, p. 207, note 68, quotes TB, MS, and KS, and claims that vrīhīn is to be understood).

17 tsarā OB; satsarā P; śatsarā U.

18 yat *corr.*; ya OBPU.

19 MS 3.8.2 (93.12) sarā°...°kiṃ ca°...°agnīṣomīyāt tad upāṃśu caranti. (See Mittwede, *Text. Bemerk. zur Maitrāyaṇī Saṃ.*, p. 129, where tsarā is read).

nādāv agnīṣomīyāt prācīneṣv aprākṛteṣv apy ūhaḥ. na. yajñasye 'ty asyā 'vyavadhānāt tsare 'ty atrā 'nvayād vīpsānurodhāt tattadapūrvaprayuktaḥ svaraḥ. yāvatyā vāce[20] 'tyādis tu pradhānamātra iti na virodhaḥ. uccaiḥ pravargyeṇe[21] 'ty uccaistvaṃ tu tṛtīyābalād viśeṣavihitatvāc ca sāṅga eva.

7. darśapūrṇamāsayoḥ yajñaṃ taniṣyantāv adhvaryuyajamānau vācaṃ yacchata[22] iti vāgyamo 'pi na yajñasaṃyogāt paramāpūrvaprayuktaḥ, yajñam ity asya taniṣyantāv ity atrā 'nvayena yajñaṃ tanituṃ vācaṃ yacched ity arthāvagateḥ, kiṃ tu praṇītāḥ praṇeṣyan vācaṃ yacchati tāṃ sa haviṣkṛtā visṛjatī [23] 'ti pūrvaparāvadhiśravaṇāt tanmadhyasthapadārthāpūrvaprayuktaḥ.

8. cayane maṇḍūkenā 'gniṃ vikarṣati,[24] hiraṇyaśakalasahasreṇā 'gniṃ prokṣatī[25] 'ti vikarṣaṇaprokṣaṇe pratīṣṭakam, saṃhatānām iṣṭakānām evā 'gnitvāt, ekāvayavākarṣaṇe 'nyānākarṣaṇena saṃdhidarśanena cā 'vayavyantarābhāvāt. na. uktobhayābhāve 'pi vṛkṣapaṭādāv avayavyabhyupagamāt, iṣṭakābhir agniṃ cinute,[26] hiraṇyaśakalasahasreṇā 'gniṃ prokṣatī 'tī 'ṣṭakāprokṣaṇayor agnyarthatvāsaṃbhavāt, pratīter evā 'vayavini mānatvāt sakṛtprokṣaṇam. maṇḍūkaṃ śākhāgre baddhvā tena vikarṣatī 'ti vākyārthaḥ.

9. dvādaśāhe patnīsaṃyājāntāny ahāni saṃtiṣṭhanta[27] iti patnīsaṃyājāntatvasyā 'viśeṣāt sarveṣu pravṛtter hāriyojanādyaṅgāni nā 'nuṣṭheyāni,

---

20 See 9.1.2. (Śabara: as recorded at 9.1.2).

21 Untraced. (I have seen this only in Prabhāvalī on BhD, and in TV at JS 3.3.9 (p. 209, l. 13 (ĀĀ); p. 827, l. 11 (BSS); p. 174, l. 23 (Gos.)).

22 Untraced. Cf. MS 1.4.10 (58.13); KS 32.7 (26.4). (Śabara: as in MNS; ŚD: as in MNS, then continues, yad adhvaryuyajamānau vācaṃ yacchataḥ tat prajāpatibhūyaṅgatau yajñaṃ tanvāte, tasmāt praṇītāḥ praṇeṣyan vācaṃ yacchati; JNMV: as in MNS (ĀĀ var.: as in ŚD, but starting from yad); BhD: as in ŚD, and then continues, tāṃ sa haviṣkṛtā visṛjati; (cf. MS and KS)).

23 BhŚS 1.18.5 praṇītāḥ praṇayan vācaṃ yacchaty ā haviṣkṛtaḥ; cf. ĀpŚS 1.16.7 praṇīyamānāsu vācaṃ yacchato 'dhvaryur yajamānaś cā ' haviṣkṛtaḥ; VŚS 1.2.4.11 adhvaryuyajamānau vācaṃ yacchetām ā haviṣkṛtaḥ. (VŚS 1.2.4.9 contains praṇayati). (Śabara: °tāṃ sa haviṣkṛtā visṛjati (but Jha quotes °tāṃ saha haviṣkṛtā visṛjati)). See 11.3.7.

24 TS 5.4.4.3 maṇḍūkena vikarṣati. (Śabara also has: vetasaśākhayā 'vakābhiś cā 'gniṃ vikarṣati (TS 5.4.4.3: as in Śabara, except °śākhayā 'cā ' vakābhiś°); JNMV: as in Śabara).

25 Cf. TS 5.4.2.3 yad dhiraṇyaśalkaiḥ prokṣati. (Śabara also has: dadhnā madhumiśreṇā 'gniṃ prokṣati (TS 5.4.5.2: as in Śabara, except °miśreṇa vo 'kṣati); ŚD: hiraṇyaśakalair agniṃ prokṣati; JNMV: as in Śabara; BhD: as in MNS).

26 TS 5.6.6.3 °cinoti.

27 ĀpŚS 21.6.4 patnīsaṃyājāntam ahaḥ saṃtiṣṭhate; VŚS 3.2.1.40 patnīsaṃyājāntāny ahāny o 'ttarasmād ahnaḥ; (cf. ŚŚS 10.1.15 patnīsaṃyājāntatā).

asaṃsthito hi tarhi yajña[28] iti tu cirasaṃsthābhiprāyaṃ cirabhojini nā 'sya bhojanaṃ samāpyata itivat. na. dvādaśāhena yajete[29] 'ty ekaprayogānurodheno 'ttamabhinneṣv eva kvacid vyāpāroparamaprāptau patnīsaṃyājeṣu niyamavidhitve lāghavāt, codakābādhakatvāt, apūrvavidhitvāt, anapekṣitavidhitvāc ca nā 'ntye patnīsaṃyājāntatā. asaṃsthito hi tarhi yajña ity apy evaṃ sati mukhyavṛttyo 'papadyate, patnīsaṃyājānte vyāpāroparamamātravidhānāt. evaṃ co 'ttame 'hani hāriyojanādi barhiranupraharaṇāntaṃ tantreṇā 'nuṣṭheyam. avivākye daśame 'hani mānasena samāpanaṃ patnīḥ saṃyājya mānasāya prasarpantī[30] 'ti vacanān nā 'yuktam. phalaṃ tu dvirātrādiṣv antyam ahaḥ sarvasaṃstham ūhyam.

10. ekādaśa sāmidhenīḥ paṭhitvā pañcadaśatvāya triḥ prathamām anvāha trir uttamām[31] iti śruto 'bhyāsaḥ strīliṅgabalāt pra vo vājāḥ,[32] ā juhotā[33] ity ṛgdharmaḥ, na tu prathamadharmaḥ, varṇapadādāv api tadāpatteḥ. na. guṇavacanānām āśrayato liṅgavacanāni bhavantī[34] 'ty ukteḥ śrutastrīliṅgasya ṛgvācakatvāprayuktatvāt,[35] varṇapadādīnām abhidhānākṣamatvena taddharmānāpatteḥ, tāḥ pañcadaśe[36] 'ti vacanāc ca strīliṅgasya nityānuvādatvāt

---

28 Untraced. (Cf. TB 2.1.4.9 na barhir anupraharet. asaṃsthito vā eṣa yajñaḥ (but the context is the agnihotra). (Śabara: patnīsaṃyājāntāny ahāni saṃtiṣṭhante, na barhir anupraharati, asaṃsthito hi tarhi yajñaḥ; ŚD: as in Śabara; JNMV has the same quote as Śabara, but presents na barhiḥ etc. as the remainder of the sentence patnīsaṃyājāntāni etc.; BhD: patnīsaṃyājāntāny ahāni saṃtiṣṭhante asaṃsthito hi tarhi yajñaḥ).

29 Cf. TS 7.2.9.1 yaḥ kāmayeta pra jāyeye 'ti sa dvādaśarātreṇa yajeta; ĀpŚS 21.1.1. (Śabara: dvādaśāhena prajākāmaṃ yājayet; JNMV: as in MNS). See 11.4.6.

30 Untraced. Cf. ĀpŚS 21.10.1 ff.; TāB 4.9.1 ff.; TB 2.2.6.2. (I have not seen found this or a similar quote here in Śabara etc.; Śabara at JS 10.6.40: daśame 'hani mānasāya prasarpanti).

31 TS 2.5.7.1 triḥ prathamām anvāha trir uttamām. (Śabara: as in TS except, °uttamām anvāha; ŚD triḥ prathamām anvāha trir uttamām tāḥ pañcadaśa sampadyante; JNMV: triḥ prathamām anvāha; BhD: as in MNS). See note below.

32 ṚV 3.27.1 pra vo vājā abhidyavo haviṣmanto ghṛtācyā| devāñ jigāti sumnayuḥ||; TB 3.5.2.1; ŚB 1.4.1.7; (Bloomfield has others).

33 ṚV 5.28.6 ā juhotā duvasyatā 'gnim prayaty adhvare| vṛṇīdhvaṃ havyavāhanam||; ŚB 1.4.1.39; cf. TB 3.5.2.3; (Bloomfield has others). (I have not seen this quoted in other texts).

34 MBh 1.430.16 (on P 2.2.29) guṇavacanānāṃ hi śabdānām āśrayato°. (Śabara: as in MBh; ŚD: guṇavacanānāñ ca śabdānām āśrayato°).

35 °katvāprayukta° OBPU (pra *blackened over in* O, *but probably not a correction*).

36 Cf. KB 3.2.15 triḥ prathamayā trir uttamayā pañcadaśa saṃpadyante. (Śabara: triḥ prathamām anvāha trir uttamāṃ tāḥ pañcadaśa saṃpadyante; ŚD and BhD: tāḥ pañcadaśa sampadante). See note above.

prāthamyadharmaḥ. tathā ca prathamottamasthānapatite ye ke cid ṛcau trir abhyasanīye, na tu sthānāntarapatite ukte api.

11. darśapūrṇamāsāv ārapsyamāno 'nvārambhaṇīyāṃ nirvapatī[37] 'ti vihitārambhaṇīye 'ṣṭyāvṛttau prayājādivad āvartanīyā, aṅgatvāviśeṣāt. na. ārambhadvārāṅgatvāt, ārambhasya maye 'daṃ kartavyam ity adhyavasāya-rūpatayai 'katvāt sakṛt se 'ti vṛttiḥ.

bhāṣye tu tattannimitte 'dhyavasāyasya bhinnatvān nā 'rambho 'dhyavasāya iti vṛttiṃ dūṣayitvā 'rambha ādyapadārtho 'nvādhānam, tadaṅgam iṣṭir nā 'ripsyamānapuruṣāṅgam iti tadāvṛttāv āvarteta. na. ādyapravṛtter ārambhapadārthatvenā 'nvādhāne lakṣaṇāpatteḥ, prayogārambhabhede 'pi karmārambhasyai 'katvāt, prayogārambhe iṣṭir ity atra mānābhāvāt, śāna-juktapuruṣasaṃskārakatvāt, asyāḥ saṃskṛtasya kartuḥ prayogaparigṛhītatvāc ca na phalakalpanam apī 'ti bhāṣye.

12. devasya tve 'tyādinirvapāmyante mantre[38] savitraśvipūṣṇām api nirvāpadvārā yāgāṅgatvam, puroḍāśadvāre 'vā 'gneḥ dṛṣṭārthatālābhāt, stutyarthatve 'dṛṣṭārthatāpatteḥ, agninā saha vikalpo vā, yogena savitrādiśabdānām agnivācakatā vā. evaṃ[39] ca vikṛtau tatrā 'py ūhaḥ. na. taddhitoktāgninā saha savitrādīnāṃ vikalpasamuccayayor ayogād rūḍhatvāc ca yaugikatvānupapatteḥ, devatābhede vākyabhedāpatteḥ, juṣṭanirvāpaśabdayor āvṛttyāpatteś ca teṣām adṛṣṭārthatai 'va, ato no 'haḥ.

13. juṣṭaśabdaysa[40] bhūtārthaktāntasyā 'samavetārthatvāt tadviśeṣaṇāgnipadasyā 'py asamavetārthatayā savitrādipadānām ivā 'nūhaḥ. na. agnaye

---

37 Cf. ĀśŚS 2.8.1 darśapūrṇamāsāv ārapsyamāno 'nvārambhaṇīyām; MŚS 5.15.8–9: 8 darśapūrṇamāsāv ārapsyamānaḥ sārasvatau homau purastāj juhuyāt... 9 anvārambhaṇīyām iṣṭiṃ nirvapati; ĀpŚS 5.23.4 pūrṇā paścād yat te devā adadhur iti sārasvatau homau hutvā 'nvārambhaṇīyām iṣṭiṃ nirvapati; (TS 3.5.1.3 darśapūrṇamāsāv ālabhamāna etau homau purastāj juhuyāt). (Śabara: āgnāvaiṣṇavam ekādaśakapālaṃ nirvapet, sarasvatyai caruṃ, sarasvate dvādaśakapālam, agnaye bhagine 'ṣṭākapālaṃ nirvaped yaḥ kāmayetā 'nnādaḥ syām (cf. ĀpŚS 5.23.5–6; MS 1.4.15 (64.14)); ŚD: āgnāvaiṣṇavam ekādaśakapālaṃ nirvaped darśapūrṇamāsāv ārapsyamānaḥ, sarasvatyai caruṃ, sarasvate carum; JNMV: āgnāvaiṣṇavam ekādaśakapālaṃ nirvaped darśapūrṇamāsāv ārapsyamānaḥ (ĀĀ: °āripsamānaḥ; Gold. and ĀĀ var.: ārapsyamānaḥ); BhD: darśapūrṇamāsāv ārapsyamāno 'nvārambhaṇīyām iṣṭiṃ nirvapet).

38 See 2.1.14. (Śabara, ŚD, and JNMV: devasya tvā savituḥ prasave 'śvinor bāhubhyāṃ pūṣṇo hastābhyām agnaye juṣṭaṃ nirvapāmi; BhD: as in MNS).

39 vaivaṃ O; caivaṃ BPU.

40 See 2.1.14, 3.4.21, and 9.1.12. (Śabara, ŚD, and BhD: agnaye juṣṭaṃ nirvapāmi; JNMV: agnaye juṣṭam).

juṣṭaṃ yathā bhavati tathā nirvapāmī 'ty artheno 'bhayor api samavetārthatā. ataḥ sūryāye 'ty ūhaḥ.

yad vā. dhānyam asi dhinuhi devān[41] iti dṛṣadi taṇḍulāvāpamantras taṇḍulāvasthāyāṃ dhānyatvābhāvena prakṛtāv asamavetārtho dhānyaśabda iti no 'hyas tarasamayapuroḍāśe. na. prakṛtiśabdasya vikṛtau lakṣaṇayā samavetārtha eva dhānyaśabda iti māṃsam asī 'ty ūhaḥ, na tu mṛgo 'sī 'ti, prakṛtau lakṣaṇāyā ārthikatvāt. kṛtvā cinte 'yam, māṃse peṣaṇābhāvāt.

14. iḍopahvānamantre ye yajñapatiṃ vardhān[42] iti bhāgo liṅgāt svāmivṛddhyarthaḥ, na tv iḍāstutyarthaḥ, tasya durbalaikavākyatāmūlakatvād adṛṣṭārthatvāpatteś ca. vṛddhyarthatve tū 'tsāhajananena dṛṣṭārthatā, ataḥ sattre yajñapatīn ity ūhaḥ. na. sa yo hai 'vaṃ vidvān iḍayā caratī[43] 'tī 'ḍāṃ vidhāyā 'tha pratipadyate iḷo[44] 'pahūte[45] 'ti pratyakṣavākyena sakalamantrapāṭhavidhānāt, ye yajñapatiṃ vadharyanti te ilāyām upahūtā iti yajñapativṛddheḥ parārthatvene 'ḍāstutyarthatvāc ca, stutiś cai 'kayajamānenā 'pī 'ty anūhaḥ.

15. sūktavāke 'yaṃ yajamāna āyur āśāsta[46] ity api bahuyajamānake no 'hyam, pūrvayukteḥ. na. pūrvodāhṛtamantre sarvasminn upahvānakriyāyā eva prakāśanāt tathā, sūktavākamantre tu phalasyai 'va prakāśanād vivakṣitaṃ phalam iti bhaved ūhaḥ, pūrvavad yacchabdābhāvena pārārthyānavagamāc ca.

---

41 TS 1.1.6.1 g; TB 3.2.6.3 yathādevatam evai 'nān adhivapati. dhānyam asi dhinuhi devān ity āha. Garge, p. 115, and Bloomfield have other citations also; Garge gives TB as source. (In Śabara the quote continues: iti dṛṣadi taṇḍulān āvapati (cf. ĀpŚS 1.21.5); ŚD and JNMV: as in MNS; in BhD the quote continues: dṛṣadi taṇḍulān adhivapati (cf. ĀpŚS 1.21.5)).

42 TB 3.5.8.3; TS 2.6.7.4. (Śabara: daivyā adhvaryava upahūtā upahūtā manuṣyā ya imaṃ yajñam avān, ye ca yajñapatiṃ vardhān (=TB, TS, except these two lack ca, and TS has, between manuṣyāḥ and ye, the words ity āha, devamanuṣyān evo 'pa hvayate); ŚD: upahūtā manuṣyāḥ ye yajñapatiṃ vardhān; JNMV: as in Śabara, except one upahūtāḥ omitted; BhD: as in Śabara, except lacking ca, and continuing upahūte dyāvāpṛthivī (TB 3.5.8.3; cf. TS 2.6.7.5)).

43 ŚB 1.8.1.11.

44 iḷo *corr.*; ilo OBPU.

45 ŚB 1.8.1.24 atha pratipadyate. iḍo 'pahūto 'pahūte 'ḍo 'po 'asmāṃ3. 'iḍā hvayatām iḍo 'pahūte 'ti.... (Śabara: atha pratipadyate, iḍo 'pahūto 'pahūte 'ḍo 'pā 'smāṃ iḍā hvayatām iḍo 'pahūtā (BI: °'pāsmā iḍā 'hvayāmi iḍo 'pahūtā); BhD: as in Śabara, except iḷo for iḍo, and °'po asmāṃ°).

46 TB 3.5.10.4 ayaṃ yajamāno 'sau āyur āśāste.

16. subrahmaṇyāhvānārthe indrā 'gaccha hariva āgaccha medhātither meṣa vṛṣaṇaśvasya[47] mene gaurāvaskandinn ahalyāyai jāre[48] 'ti nigade 'gniṣṭuty atidiṣṭe saty āgneyī subrahmaṇyā bhavatī[49] 'ty agnividhānād agne ity ūhavat tadviśeṣaṇānām apy ūhaḥ, pūrvāparapakṣau vā indrasya harī tābhyāṃ hy eṣa sarvaṃ harati[50] medhātithiṃ ha kāṇvāyanaṃ meṣo bhūtvā jahāra[51] vṛṣaṇaśvasya[52] duhitā menakā tām indraś cakame[53] gauramṛgo bhūtvā rājānaṃ pibatī[54] 'tyādibrāhmaṇeno 'ktārthatvād agnyucitaviśeṣaṇapāṭhasyau 'cityāt. na. indrasya karmasamavetatvena tatsthāne 'gnipadasyo 'he 'pi brāhmaṇoktārthaviśeṣaṇānām indrastutyarthatvāt, stuteś ca vidyamānene 'vā 'vidyamānaguṇeno[55] 'papatteḥ, asmanmate indre 'pi tadguṇābhāvāc ca.

yad vā. soma ekahāyanyā[56] mantra āmnāta iyaṃ gauḥ somakrayaṇī tayā te krīṇāmi tasyai te śṛtam[57] ityādiḥ sādyaskre somavikṛtau trivatsaḥ sāṇḍaḥ

---

47 vṛṣaṇaśvasya *corr.*; vṛṣaṇvaśvasya OBPU.

48 TĀ 1.12.3–4; ŚB 3.3.4.18 indrā 'gacheti°; ṢaḍB 1.1.10–20 (the MNS quote is broken up and appears in 10, 12, 14, 16, 18, and 20); LŚS 1.3.1. (In Śabara the quote extends only through meṣa; ŚD and BhD: indra āgaccha hariva āgaccha; JNMV: as in MNS).

49 ĀpŚS 22.6.6 āgneyī subrahmaṇyā; KŚS 22.5.2 subrahmaṇyā 'gneyī; cf. LŚS 1.4.1 agniṣṭutsv āgneyo nigadaḥ.

50 ṢaḍB 1.1.13 pūrvapakṣāparapakṣau°...°tābhyāṃ hī 'daṃ sarvaṃ harati.

51 ṢaḍB 1.1.15.

52 vṛṣaṇaśvasya *corr.*; vṛṣaṇvaśvasya OBPU.

53 ṢaḍB 1.1.17 vṛṣaṇaśvasya ha menasya menakā nāma duhitā 'sa. tāṃ he 'ndraś cakame.

54 ṢaḍB 1.1.19 gauramṛgo ha sma bhūtvā 'vaskandyā 'raṇyād rājānam pibati. (Śabara: hariva āgacche 'ti pūrvapakṣāparapakṣau vā indrasya harī, tābhyāṃ hy eṣa sarvaṃ haratī 'ti. medhātither meṣa iti, medhātithiṃ hi kāṇvāyanaṃ meṣo bhūtvā jahāra. vṛṣaṇaśvasya menakā nāma duhitā babhūva, tām indraś cakame. gaurāvaskandan (ĀĀ: °aviskandan; Mīm.: °āvaskandin) iti, gaur amṛgo bhūtvā 'raṇyād rājānaṃ somaṃ pibati (Mīm. adds vṛṣaṇaśvasya mene iti in brackets after jahāra, and has menasya before menakā) (this corresponds to ṢaḍB 1.1.12–19); ŚD: pūrvāparapakṣau vā indrasya harī; JNMV: as in Śabara, except °kāṇvāyaniṃ°, °vṛṣaṇaśvasya mena iti vṛṣaṇaśvasya menakā nāma°, °gaurāvaskandinn iti°, °bhūtvā rājānaṃ pibati).

55 vidyamānene 'vā 'vidyamānaguṇeno *corr.*; vidyamānenevāvidyamāne guṇeno B; vidyamānena vāvidyamānaguṇeno OPU (nena *corr. from* nene, *and* māna *corr. from* māne *in* O).

56 ekahāyanyā BP; ekahāyanyāṃ OU. (*Cf.* ŚD *and* JNMV).

57 Cf. ŚB 3.3.3.1–2. Bloomfield quotes MŚS 2.1.4.10 iyaṃ gaus tayā te krīṇāni. (Śabara: iyaṃ gaus tayā te krīṇāmi, tasyai śṛtam, tasyai śaraḥ, tasyai dadhi, tasyai mastu, tasyā ātañcanam, tasyai navanītam, tasyai ghṛtam, tasyā āmikṣā, tasyai

somakrayaṇa[58] ity ūhyate. tatra tasyai[59] ta ityādy apy ūhyam, ekahāyanyavasthāyāṃ śṛtādyabhāve 'pi tricaturvarṣottarakāle, gavi sāṇḍe 'pi kasyāṃ cid vatsotpādanena kṣīrādisaṃbhaveno 'bhayatrā 'pi samavetārthatvasaṃbhavāt. na. ekahāyanyāṃ mukhyayā vṛttyā samavetārthatvābhāvāt, maraṇādisaṃbhāvanena tricaturvarṣatvasyai 'vā 'bhāve tatkāle 'pi śṛtādyabhāvena stutyarthatvasyā 'vaśyakatvāt sāṇḍe 'pi tathai 'vo 'papatter nā 'sty ūhaḥ.

17. prā 'smā agniṃ bharate[60] 'ty adhrigupraiṣo 'jahalliṅgapaśupadābhiprāyeṇā 'smaipadopapatter agnīṣomīya ivā 'tirātre sārasvatīṃ meṣīm[61] ity āmnātāyām meṣyām apy asti. na. paśupadābhāvāt, agnīṣomīyapaśoḥ puṃstvāt, liṅgasya vivakṣāto na meṣyāṃ mantraḥ. tṛtīye 'gnīṣomīya eva dharmopadeśaḥ,[62] aṣṭame cā 'gnīṣomīyaḥ sarvapaśuprakṛtir[63] iti sādhanāt kṛtvā cinte 'yam, atideśe tu bhavaty ūhaḥ prā 'syā iti.

18. na girā gire 'ti brūyād airaṃ kṛtvo 'dgeyam[64] ity atra girerāpadayor vikalpaḥ, ekasya pratyakṣapāṭhenā 'parasya vācanikatvena[65] tulyatvāt, niṣedhasya pākṣikānuvādatveno 'papatteś ca. na. irāyāḥ prakaraṇānugṛhītāśrutyā gānasaṃbandhaḥ, girāyās tv ṛcaḥ stotrāṅgatve tadavayavasyā 'pi tad iti

---

vājinam (from tasyai śṛtam this corresponds exactly with ŚB); ŚD: tasyai śṛtaṃ tasyai dadhi; JNMV: as in Śabara, except iyaṃ gauḥ somakrayaṇī, tayā°).

58 ĀpŚS 22.2.25; TāB 16.13.9. (Śabara: sāṇḍas trivatsaḥ somakrayaṇaḥ; JNMV: as in MNS).

59 tasyai BPU; tasmai O (*corr. from* tasyai).

60 TB 3.6.6.1; MS 4.13.4 (203.8); KS 16.21 (244.10); ĀpŚS 7.15.8. Bloomfield has others; see Garge, p. 117. See 9.3.8.

61 Cf. ĀpŚS 12.18.14 sārasvatīṃ meṣīṃ caturthīm atirātre (*understand* ālabhate); MS 3.9.5 (122.7) sārasvatī meṣy atirātra ālabhyā; ĀśŚS 5.3.3 sārasvatī meṣy atirātre caturthī; ŚB 4.2.5.14 yady atirātraḥ syāt sārasvataṃ caturtham ālabheta. (Śabara: āgneyaḥ paśur agniṣṭoma ālabdhavyaḥ, aindrāgnaḥ paśur ukthye, aindro vṛṣṇiḥ ṣoḍaśini, sārasvatī meṣy atirātre (close to MS, ĀpŚS, and ĀśŚS); ŚD: āgneyam ajam agniṣṭoma ālabheta, aindrāgnam ukthye dvitīyam, aindraṃ vṛṣṇiṃ ṣoḍaśini tṛtīyam, sārasvatīm meṣīṃ caturthīm atirātre; JNMV: sārasvatī meṣy atirātre; BhD: as in ŚD, except °ālabhate°...°meṣīm atirātre caturthīm). See 9.3.8.

62 MNS 3.6.7.

63 MNS 8.1.6.

64 Cf. TāB 8.6.9–10 yad girā gire 'ty āhā 'tmānaṃ tad udgātā girati. airaṅ kṛtvo 'dgeyam.... (Śabara: na girā gire 'ti brūyāt, yad girā gire 'ti brūyād ātmānaṃ tad udgāto 'dgireta. airaṃ kṛtvo 'dgeyam; ŚD and BhD: as in MNS: JNMV: as in Śabara, except °ātmānam eva tad udgātā giret; and airaṃ kṛtvo 'dgeyam given separately). See 9.2.12.

65 °tvena OPU; °tvenā B.

sthānagamyaṃ stotrāṅgatvam ity atulyabalatvāt, pāṭhavidhyor vidher balīyastvena niṣedhasya pākṣikānuvādatvāsaṃbhavāc ca.

19. tad irāpadam apragītaṃ prayojyam, vimuktādibhyo 'ṇ[66] iti matvarthīyāṇpratyayene 'rāpadopetam ity asyai 'va labdhatvāt,[67] pragītasya āyīrā ity ākārakatvena tato vṛddhāc che āyīrīyam ity āpatteḥ. na. sthānāpattyā gānalābhāt, matau chaḥ sūktasāmnor[68] iti pūrvasūtrānusārād aṇaḥ sāmny evo 'papattyā tasya ca gānaṃ vinā 'saṃbhavāt, vikārārthe 'ṇpratyayasaṃbhavāc ca tenā 'pi gānalābhāc ca. navame prathamaḥ.

Chapter 2

1. pūrvasiddham evo 'ttaravivakṣayā smāryate gītiḥ sāma.

yad vā. yasmin tṛce tṛca ekaikaṃ sāma gāyanti sa ūhanāmā grantho 'pauruṣeyaḥ, kartur asmaraṇāt, vedatvaprasiddheḥ, anadhyāyādivarjanena vedasāmanāmakayonigranthasadṛśatvāc ca. na. yad yonyāṃ tad uttarayor gāyatī[69] 'ti vidhyarthasyā 'dhyayanād eva siddhyā vidhivaiyarthyāpatteḥ, uttarayor ṛcoḥ sāmohasyā 'vedatve 'pi sāmasvarūpasya ṛcāṃ ca vedatvenā 'nadhyāyavarjanāder upapatteḥ, kartur asmaraṇasya jīrṇakūpādiṣv iva kālavyavadhānena saṃbhavāt, vedatvaprasiddher api prathamāraṇyakena punarukte mahāvrataprayogapratipādake pañcamāraṇyake[70] 'rthavādarāhityena brāhmaṇavisadṛśe 'raṇye 'nūcyamāne vedatvena prasiddha āśvalāyanakalpasūtra iva kartrasmaraṇamūlakatvāc ca. evaṃ ca tasya nyāyavirodhe 'prāmāṇyam[71] iti phalam.

2. rathantaraṃ gāyatī[72] 'tyādinā vihitaṃ gānaṃ pradhānakarma, guṇatve vrīhiprokṣaṇādivat prayogamadhya evā 'nuṣṭhānāpatteḥ, bahiranuṣṭhānasya

---

66 P 5.2.61.

67 va labdhatvāt O (*corr. from* valavatvatvāt); va landhatvāt B; va valavatvāt PU.

68 P 5.2.59.

69 Untraced. At AiB 3.23.1 Sāyaṇa says of this quote, śākhāntare vihitam. (Absent here in Śabara (at 9.2.5 he has: yad yonyāṃ gāyati tad uttarayor gāyati); ŚD and JNMV: as in MNS; BhD: yad yonyāṃ gāyati tad uttarayor gāyati).

70 AiĀ 5.

71 'prāmāṇyam OBPU (' *in* U *and possibly in* O *in a corrected passage, absent in* BP).

72 Untraced. On the basis of the quotes given by Śabara here, this seems to refer to the rathantara sāman which is enjoined as optional with the bṛhat sāman at the pṛṣṭhastotras of the jyotiṣṭoma. (Śabara: rathantaraṃ gāyati, bṛhad gāyati; JNMV: as in MNS; BhD has: yajñāyajñīyena stuvīta (cf. TāB 8.6.2), bṛhat pṛṣṭhaṃ bhavati, rathantaraṃ pṛṣṭhaṃ bhavati (Śabara also has these last two quotes here)). See 7.3.3 etc. (Cf. TB 1.1.8.1 rathaṃtaram abhigāyate; TB 1.1.8.2 bṛhad abhigāyate; KŚS 4.9.6 rathaṃtaraṃ gāye 'ti preṣyati; KŚS 4.9.15 bṛhad iti preṣyati. These are simply

viśvajidvat phalasaṃbhavāt. na. bhūmirathaśuṣkeṣṭinyāyena bahirgānasya prayogapāṭavārthatvāt, ājyaiḥ stuvata[73] ityādibhir vihitasya stotrasya[74] gānābhivyaktair akṣaraiḥ saṃbhavena dṛṣṭākṣarābhivykter eva phalatvaucityān nā 'dṛṣṭāvahaṃ pradhānakarmatvam.

3. ekaṃ sāma tṛce kriyate stotrīyam[75] iti vākye ekasya sāmnas tisṛbhir ṛgbhiḥ saṃpādanoktes sāmā 'ṃśatas tisṛṣu gātavyam. na. stotrīyatvasya stutisādhanasaṃskārakatvarūpatvāt, ṛkṣu stutisādhanatvasya pratyekaparyāptatvāc cai 'kaikatra paryāptaṃ gānam, uttarayoś ca tasyai 'vā 'vṛtter ṛktrayaniṣpādyatvasyā 'pi na virodhaḥ.

4. aviśeṣāt samāsu viṣamāsu vā tisṛṣv ṛkṣu gānam. na. sāmnaḥ saṃśarākhyahiṃsāvāraṇāya, ṛco vileśākhyasāmarāhityavāraṇāya ca samāsv eva tat.

5. yad yonyāṃ tad uttarayor[76] ity atra yonyuttare uttarāgranthapaṭhite vā uttare grāhye, aviśeṣāt. na. uttarāgranthapaṭhitottarayor evo 'ttarāśabdasya nirapekṣasya pravṛttes tādṛguttarayor eva. evaṃ ca samāsv eva gānam iti nyāyo 'py anugṛhītaḥ, anyathā bṛhadyonyāde rathantarādiyonisamacchandaskatvāniyamena tadbādhāpatteḥ.

yad vā. dvādaśāhe caturthe 'hany āmnātaṃ traiśokaṃ sāmā 'tijagatyām utpannam,[77] uttare tu tatra bṛhatyāv āmnāte,[78] te upekṣyā 'tijagatyāv āneye samāsu gānasiddhaye, atijagatīṣu stuvantī[79] 'ti liṅgopapattaye ca. na. uttarayor iti śruter nyāyaliṅgābhyāṃ balīyastvāt, ekaviṃśādistomāmnānena[80] bahutvaliṅgopapatteś ca viṣamayor api gānam.

---

examples of similar sentences involving the root gai. They concern the fire installation, not the jyotiṣṭoma. See Krick, pp. 410-14.).

73 See 1.4.3. (Śabara and JNMV: ājyaiḥ stuvate, pṛṣṭhaiḥ stuvate).

74 stotrasya OB; stotrasya *omitted in* PU.

75 Untraced. Cf. AiB 3.23.1 tisṛbhir hi sāma sammitam. At this AiB passage Sāyaṇa says of the quote given in MNS, śākhāntare śrūyate. (Śabara: tasmād ekaṃ°; ŚD, JNMV, and BhD: as in MNS). See 10.6.1.

76 Untraced. See 9.2.1. (Śabara and ŚD: yad yonyāṃ gāyati, tad uttarayor gāyati; JNMV: yad yonyāṃ tad uttarayor gāyati; BhD: yad yonyāṃ gāyati tad uttarayoḥ). (Śabara's quote is preceded by: rathaṃtaram uttarayor gāyati, bṛhad uttarayor gāyati, kavatīṣu rathaṃtaraṃ gāyati; (see 9.2.6, first varṇaka, and 7.2.1)).

77 Cf. TāB 12.10.3, 21, 22. The verse is SV 1.370/2.280 = ṚV 8.97.10.

78 bṛhatyāv āmnāte OPU; bṛhatyāmnāte B.

79 TāB 12.10.22.

80 Cf. ĀpŚS 21.7.1.

6. abhi tvā śūre[81] 'ti bṛhatyāṃ rathantaram utpannam, tvām id dhī[82] 'ti bṛhatyāṃ bṛhat,[83] tayor uttare na tvāvāṁ̐ anyaḥ,[84] sa tvan naś citre[85] 'ti paṅktī, na vai bṛhad rathantaram ekacchando yat tayoḥ pūrvā bṛhatī kakubhāv uttare[86] ity āmnānāt pragrathanenā 'kṣarasāmye 'py ṛksaṃpatter abhāve tṛcabādhāpatter dāśatayyāṃ kakubutpattisārthakyāyo 'tpattikakubhāv āneye. na. kākubhaḥ pragātha[87] iti smṛteḥ, pragāthanāmnaḥ prakarṣeṇa gānaṃ yatre 'ti vyutpattyā 'mnātarkpāṭhād ādhikyabodhakatvāt,[88] eṣā vai pratiṣṭhitā bṛhatī yā punaḥpade[89] 'tyādiliṅgāc ca pragrathanena kakupsaṃpādanam. tac ce 'ttham. bṛhatyām ādau gānam, tato bṛhatyā ekaḥ pādaḥ, paṅkteḥ pūrvārdham ity ekā kakup. paṅkter dvitīyapādaḥ, uttarārdharco 'parā kakup iti. evaṃ tṛcavidher api nā 'tyantabādhaḥ, na vā paṅkter uttarāpāṭhānarthakyam. kakubutpattis tu vācaḥstoma[90] upayujyate.

yad vā. rauravayaudhājaye bārhate tṛce bhavata[91] iti vākyāt taduttare bṛhatīviṣṭārapaṅktī apanīyo 'tpattibṛhatyāv ānetavye. na. smṛtisamākhyāliṅgottarāpāṭhaiḥ pragrathanam. punānaḥ some[92] 'ty asyāṃ gānam. asyāś caturthaṃ pādaṃ dvir abhyasya duhāna ūdhar[93] ity asyāḥ pūrvārdhena yojanam, etadīyaṃ caturthaṃ pādam abhyasyo 'ttarārddhena yojanam iti. liṅgaṃ

81 SV 1.233/2.30 = ṚV 7.32.22. See 7.3.14. (Śabara gives full quotes of vedic verses through this varṇaka).

82 SV 1.234/2.159 = ṚV 6.46.1.

83 ti bṛhatyāṃ bṛhat *corr.*; ty atibṛhatyāṃ bṛhat OU (*in* O *second* bṛhat *is corr. or gloss of* jagat); ty atibṛhatyāṃ jagat BP. Śabara etc. identify the metre as bṛhatī.

84 SV 2.31 = ṚV 7.32.23.

85 SV 2.160 = ṚV 6.46.2.

86 TāB 7.7.5 na vai bṛhan na rathantaram ekañ chando 'yacchat tataḥ kakubhāv uttare upādadhus tasmād bṛhatī prathamā kakubhāv uttare.

87 Untraced.

88 °bodhakatvāt PU; °bodhatvāt OB.

89 TāB 17.1.13 °punaḥpadā tad yat padaṃ punar ārabhate tasmāt putro mātaram adhyeti; 14.10.3 (has MNS portion). (Śabara: as in TāB 17, except °tasmād vatso mātaram abhi hiṃkaroti).

90 vācaḥstoma *corr.*; vācastoma MSS.

91 Untraced. (These two sāmans are sung on SV 1.511/2.25, 26 = ṚV 9.107.4, 5). (Śabara: tricchandā āvāpo mādhyaṃdinaḥ pavamānaḥ pañcasāmā. gāyatrāmahīyave gāyatre tṛce bhavataḥ, rāuravayaudhājaye bārhate tṛce, auśanam antyaṃ triṣṭupsu; ŚD: rauravayaudhājaye bārhate tṛce bhavataḥ, tayoś ca pūrvā bṛhatī, uttarā viṣṭārapaṅkti; JNMV: as in MNS; BhD: as in Śabara, but in two statements, and °bārhate tṛce bhavataḥ, auśanasam°).

92 SV 1.511/2.25 = ṚV 9.107.4.

93 SV 2.26 = ṚV 9.107.5.

tu mādhyaṃdine savane triṣṭupchandaskā ṛcaḥ ṣaṣṭir bhavantī[94] 'ti. asyā 'rthaḥ. mādhyaṃdinasavane pavamāna ekaḥ, pṛṣṭhastotrāṇi catvāri, pavamāne uccā te jātam[95] ity asmin sūkte tisro gāyatryaḥ punānaḥ some 'ti dvitīye pragātharūpe pūrvā bṛhatī uttarā viṣṭārapaṅktiḥ, pra tu drave[96] 'ti triṣṭubhas tisraḥ. pṛṣṭhastotreṣv abhi tvā śūre 'ti prathame sūkte pragātharūpe pūrvā bṛhatī uttarā paṅktiḥ, kayā naś citra[97] iti dvitīye tisro gāyatryaḥ, taṃ vo dasmam[98] ity atra tṛtīye pragātharūpe bṛhatīpaṅktī, tarobhir va[99] ity atra pragātharūpe caturthe bṛhatīpaṅktī. evaṃ mādhyaṃdinasavane sapta sūktāni. tatra prathame gāyatrāmahīyave, dvītīye rauravayaudhājaye, tṛtīye auśanam, caturthe rathantaram, pañcame vāmadevyam, ṣaṣṭhe naudhasam, saptame kāleyam. prathamasūktasya sāmadvayaniṣpattaye dvirāvṛttau satyāṃ ṣaḍ gāyatryaḥ, pañcame vāmadevyasāmāśrayabhūtānāṃ gāyatrīṇāṃ saptadaśastomasiddhyartham āvṛttau satyāṃ saptadaśe 'ti militvā trayoviṃśatiḥ, ṣaṣṭhasaptamayor bṛhatīpaṅktipragrathanena jātasya bārhatatṛcasya saptadaśastomasiddhyartham āvṛttau catustriṃśat bṛhatyaḥ, dvitīyasūkte pragrathanena bārhate tṛce saṃpādite sāmadvayāya tasyā 'vṛttau satyāṃ ṣaḍ bṛhatyaḥ, caturthe rathantarasāmārthaṃ pūrvavarṇakoktarītyā pragrathane sati kakubhāv uttare bhavataḥ, prathamā tu bṛhatī, tatra saptadaśastome kṛte sati pañca bṛhatyo dvādaśa kakubhaś ca saṃpadyante.[100] tad evaṃ tṛtīyasūktavyatirikteṣu ṣaṭsu sūkteṣu trayoviṃśatir gāyatryaḥ pañcacatvāriṃśad bṛhatyo dvādaśa kakubhaś ca saṃpannāḥ. tatrā 'ṣṭāviṃśatyakṣarāsu kakupsu ṣoḍaśākṣareṣu gāyatryāś caturviṃśatipādeṣu yojiteṣu catuścatvāriṃśadakṣarātmikā dvādaśa triṣṭubhaḥ saṃpadyante. evam aṣṭagāyatryo gatāḥ, śiṣṭāḥ pañcadaśa, tāsāṃ pañcacatvāriṃśat pādāḥ, teṣu tāvadbṛhatīṣu saṃyojiteṣu pañcacatvāriṃśat triṣṭubhaḥ, tṛtīye sūkte svataḥ siddhās tisras triṣṭubha iti saṃkalanayā ṣaṣṭis triṣṭubha iti. uktapragrathanābhāve tu no 'papadyata etat.[101]

yad vā. pañcacchandā āvāpa ārbhavaḥ pavamānaḥ saptasāmā, gāyatrasaṃhite gāyatre tṛce bhavataḥ, śyāvāśvāndhīgave ānuṣṭubhe tṛce bhavataḥ,

---

94 Untraced. Cf. JB 1.243 ṣaṣṭis triṣṭubho mādhyaṃdinaṃ savanam; TāB 7.4.8 yair u kaiś ca cchandobhir madhyandine stuvanti tāni triṣṭubham abhi sampadyante (with Caland's quote from Kātyāyana's Upagranthasūtra 1.1: ṣaṣṭis triṣṭubhaḥ). (Śabara, JNMV, and BhD: as in JB; (JNMV (Gold.): °mādhyandinasavanam)).

95 SV 1.467/2.22 = ṚV 9.61.10.

96 SV 1.523/2.27 = ṚV 9.87.1.

97 SV 1.169/2.32 = ṚV 4.31.1.

98 SV 1.236/2.35 = ṚV 8.88.1.

99 SV 1.237/2.37 = ṚV 8.66.1.

100 sampadyante *through* kakubhaś ca *omitted in* PU.

101 etat OB; eva tat PU.

uṣṇihi sapham, kakubhi pauṣkalam, kāvam antyaṃ jagatīṣv[102] iti śrūyate. asyā 'rthaḥ. tṛtīyasavana ārbhavasaṃjñaḥ[103] pavamāna āvapanīyaḥ. tatra pañca sūktāni, sapta sāmāni. svādiṣṭhaye[104] 'ty ekam. tatra tisro gāyatryaḥ, gāyatrasaṃhite sāmanī. purojitī va[105] ity aparam. tatrai 'kā 'nuṣṭup, uttare gāyatryau, śyāvāśvāndhīgave sāmanī. indram accha sutā[106] ity aparam. tatro 'ṣṇihas tisraḥ, saphaṃ sāma. pavasva madhumattama[107] iti pragāthaḥ. tasmin pūrvā kakup, uttarā paṅktiḥ, pauṣkalaṃ sāma. abhi priyāṇī[108] 'ty anyat. tatra tisro jagatyaḥ, kāvaṃ sāme 'ti. atra purojitī 'va iti sūkte ukte sāmanī samāsu gātum āmnāte api gāyatryau tyaktvo 'tpattyanuṣṭubhāv[109] āneye. na. caturthapādaṃ punar upādāya dve anuṣṭubhau pragrathanīye, caturviṃśatir jagatya ekā ca kakub[110] iti liṅgāt. tathā hi. gāyatrasaṃhitayoḥ siddhyarthaṃ gāyatratṛce dvirabhyaste ṣaḍ gāyatryaḥ, tābhir aṣṭācatvāriṃśadakṣarās tisro jagatyaḥ. śyāvāśvāndhīgavayor āśrayabhūtāḥ pragrathanenā 'nuṣṭubho dvirabhyastāḥ ṣaṭ, tābhiś catasro jagatyaḥ. saphaṃ pauṣkalam ca uṣṇihi kakubhī 'ty ekavacanabalād ekasyāṃ geyam, tābhyāṃ cā 'ṣṭāviṃśatyakṣarābhyāṃ jagatī gāyatrīpādaś ca. kāvasya tisro jagatya iti pavamāna ekādaśa jagatyaḥ, gāyatrīpādaś cā 'dhikaḥ. kakubhi madhyamaḥ pādo dvādaśākṣara uṣṇihy antya iti tayor bhedaḥ. evaṃ tṛtīyasavana eva yajñāyajñīyastotram. tasya yajñāyajñā va[111] iti pragātha āśrayaḥ. tatra pūrvā bṛhatī uttarā viṣṭārapaṅktiḥ, tayoḥ pragrathanena kakubhāv uttare kārye. tatrai 'kaviṃśastomasiddhaya āvṛttau satyāṃ sapta bṛhatyaś caturdaśa kakubhaś ca. tatra dvādaśākṣarā madhyamapādāś caturdaśa, teṣu saptānāṃ saptasu bṛhatīṣu yojane sapta jagatyaḥ. śiṣṭā aṣṭākṣarāḥ kakubhām ādyā antyāś ca pādā

---

102 antyaṃ jagatīṣv *corr.*; antyajagatīṣu OBPU. (Cf. Śabara, JNMV, and BhD). Untraced. (Śabara: °ānuṣṭubhe, uṣṇihi°; ŚD: śyāvāśvāndhīgave ānuṣṭubhe tṛce bhavataḥ tayoḥ pūrvānuṣṭup, uttare dve gāyatryau (NSP: bhavata iti tayoḥ°); JNMV and BhD: as in corrected MNS). (Cf. ṢaḍB 1.3.9–12).

103 ārbhavasaṃjñaḥ OB; ārbhava PU.

104 SV 1.468/2.39 = ṚV 9.1.1.

105 SV 1.545/2.47 = ṚV 9.101.1.

106 indram accha sutā *corr.*; indra āgaccha sutā OBPU. (Cf. JNMV: indram accha sutā; ĀĀ var.: indra gaccha°). SV 1.566/2.44 = ṚV 9.106.1. The manuscripts' reading is perhaps due to the quote in 9.1.16.

107 SV 1.578/2.42 = ṚV 9.108.1.

108 SV 1.554/2.50 = ṚV 9.75.1.

109 nuṣṭubhāv *through* tathā hi *omitted in* PU.

110 Cf. JB 1.243 caturviṃśatiś ca jahatīs tṛtīyasavanam. ekā ca kakup. (Śabara: caturviṃśatir jagatyas tṛtīyasavanam, ekā kakup; JNMV: caturviṃśatir jagatyas tṛtīyasavana ekā ca kakup; BhD: caturviṃśatijagatyas tṛtīyasavane, ekā ca kakup).

111 SV 1.35/2.53 = ṚV 6.48.1. See 2.2.12.

aṣṭāviṃśatiḥ. taiḥ ṣaḍbhir ekā jagatī 'ti kramena caturviṃśatipādaiś catasro jagatyaḥ. ye tu dvādaśākṣarāḥ sapta pādāḥ pūrvam avaśiṣṭāḥ, teṣu pavamānaśeṣo 'ṣṭākṣaraḥ pādaḥ, kakubhāṃ śeṣeṣv aṣṭākṣareṣu caturṣu pādeṣu sthitāni catvāry[112] akṣarāṇi ca yojyāni, te dve jagatyau. evaṃ trayodaśa jagatyaḥ, pavamāne cai 'kādaśe 'ti caturviṃśatis tāḥ. caturakṣaranyūnāṣṭākṣarapādacatuṣṭayenai 'kā kakub iti ne 'dam utpattyanuṣṭubānayana upapadyate.

yad vā. gavāmayane abhīvarto brahmasāma bhavatī[113] 'ti prakṛtya śrutaṃ catuśśatam aindrā bārhatāḥ pragāthā[114] iti. caturuttaraśatasaṃkhyākā indradevatākā bṛhātīchandaskā ṛgdvayātmakā ity arthaḥ. atra ekapragāthagate dve ṛcau dvitīyapragāthagatām ekām ṛcaṃ ca pragrathya tṛce sāma geyam, avikāreṇa mukhyatṛcalābhāt. na. anyā anyā ṛco bhavanti tad eva sāme[115] 'ty ṛganyatvasya pādapragrathana eva saṃbhava iti pādapragrathanam.

7. sāmavede 'nantaśākhāmnātā ye gītihetavaḥ prayogavidhinā teṣāṃ grahaṇāt syāt samuccayaḥ. na. dṛṣṭagītiphalaikatvād vikalpaḥ.

8. ṛcā stuvate sāmnā stuvata[116] iti vākyād ṛksāmnor vikalpaḥ. na. yad ṛcā stuvate tad asurā anvavāyan yat sāmnā stuvate tad asurā nā 'nvavāyan ya evaṃ vidvān sāmnā stuvīte[117] 'ty ṛgnindayā[118] sāmno vidhānāt sāmnai 'va stutiḥ.

yad vā. ayaṃ sahasramānava[119] ity eṣā saṃhitāgranthe 'pragītā, gānagrathe tu pragītāmnātā, ato gāne vikalpaḥ. na. ṛcāṃ saṃhitāpāṭhasya gānārthatvāt, prakṛtapragītarkparāyā etaye[120] 'ti śruteś ca nityaṃ gānam.

yad vā. traisvaryeṇa keṣāṃ cit, ekaśrutyadhikena tena keṣāṃ cit pāṭhāt prayogavidhyanugrahāya traisvaryacātuḥsvaryayoḥ samuccayaḥ, 'dhyayananirvṛttirūpaprayojanaikyād vikalpo vā. na. yajñakarmaṇy ajapanyūṅkha-

112 catvāry *corr.*; catvary OBPU.

113 TāB 4.3.1. (Absent in Śabara; JNMV: as in MNS).

114 LŚS 10.6.3; NiS 5.3 (82.18). (Śabara: °pragāthāḥ. trayastriṃśac ca satobārhatās tṛcāḥ; ŚD, JNMV, and BhD: as in MNS).

115 Untraced.

116 Untraced.

117 ya evaṃ vidvān sāmnā stuvīte *corr.*; *in place of this* OBPU *have* yat sāmnā stuvīte. Untraced. (Śabara: °asurā nā 'nvavāyan. ya evaṃ vidvān sāmnā stuvīta; ŚD and JNMV: as in Śabara; BhD: as in Śabara, except °nā 'nvavāyan tasmāt ya evaṃ°).

118 ty ṛgnindayā *corr.*; ty agniṃdayā OB; ty agne niṃdayā PU.

119 SV 1.458; TāB 4.9.1 ayaṃ sahasramānava ity aticchandasā 'havanīyam upatiṣṭhante; ĀpŚS 21.9.15 aticchandaso 'patiṣṭhante 'yaṃ sahasramānavaḥ. Bloomfield has a few more. (Śabara and JNMV: ayaṃ sahasramānavaḥ ity etayā 'havanīyam upatiṣṭhate; ŚD and BhD: as in MNS).

120 See preceding note.

sāmasv[121] iti smṛtyā japapraṇavasāmātirikte ekaśrutividhāyinyā anumitayā tāno yajñakarmaṇī 'ti śrutyā ekaśrutiḥ, tānaśabdasyai 'kaśrutyarthatvāt. svarādhyayanaṃ tv arthaviśeṣanirṇayopayogi.

9. kayā naś citra[122] ity asyāṃ yonau cakārottaram ikāraṃ vilopya āyībhāva iti, kas tvā satyo[123] abhī ṣu ṇa[124] ity uttarayor api saḥ, anyathā gītināśāpatteḥ. na. nā 'tre 'kāralopenā 'yībhāvaḥ, kiṃ tu sāmagaprasiddhyā ikāra aikāraḥ. sa ca vṛddhaṃ tālavyam āyī bhavatī 'ty[125] ukter āyībhāvaṃ prāpnoti. ata evā 'bhī ṣu ṇa ity atra rephottara ikāras tathā. evaṃ cā 'yaṃ varṇādhīno na gānārtha iti tadabhāve 'pi na gānanāśaḥ.

10. o o ho hāyī[126] 'ti stobho 'gītitvād[127] varṇavad yad yonyām[128] ity anena nā 'tidiśyate. na. svaravarṇaviśleṣavirāmāṇāṃ[129] gītyupayogitvene 'va stobhasyā 'pi gītikālaparicchedakatvenā 'tideśaucityāt, adṛṣṭadvārā stutyupakāritvāc ca. varṇas tu prādhānyān nā 'tidiśyate.

11. viparītavarṇatvasyā 'gna ity akārasya vikāre okāre, adhikatvasya cā 'bhyāse 'tivyāptatvān nā 'sti stobhalakṣaṇam. na. adhikatve saty ṛgvilakṣaṇatvasya tallakṣaṇatvāt.

12. rājasūyasapaśukacāturmāsyajyotiṣṭomasthair naivāraś carur bhavati,[130] sattrāyā 'gūrya[131] viśvajitā yajeta,[132] nairṛtaś carur nakhāvapūtānām,[133]

---

121 P 1.2.34.

122 SV 1.169/2.32 = ṚV 4.31.1. (Śabara does not quote verses in this topic, but JNMV does).

123 SV 2.33 = ṚV 4.31.2.

124 SV 2.34 = ṚV 4.31.3 abhī ṣu ṇaḥ sakhīnām avitā jaritṝṇām.

125 Cf. PuṣpaS 3.1.1 tālavyam āi yad vṛddham. (Śabara: vṛddhaṃ tālavyam āī bhavati; JNMV: as in MNS; BhD: tālavyam āī yad vṛddham).

126 Untraced. (Absent in Śabara; JNMV: as in MNS (the first two sounds are nasalized in Gold.).

127 gītitvād (*without avagraha*) OBPU.

128 Untraced. See 9.2.1 and 9.2.5. (Śabara and JNMV: yad yonyāṃ tad uttarayor gāyati).

129 JNMV has an identical list (although ĀĀ has varṇaviśeṣa).

130 TB 1.3.6.7. Śabara and JNMV identify the context here as the vājapeya. (Śabara: bārhaspatyaṃ caruṃ naivāraṃ saptadaśaśarāvaṃ nirvapati (cf. TB 1.3.6.7–9); BhD: naivāraś caruḥ). See 2.3.7.

131 āgūrya OB; āvagūrya PU.

132 Cf. ĀpŚS 14.23.1 yadi sattrāyā 'gūrya na yajeta viśvajitā...yajeta. See 2.3.12, 4.3.5, and 6.4.11. (Absent here in Śabara; BhD: yas sattrāyā gurate sa viśvajitā yajeta).

133 MS 2.6.5 (66.4) nairṛtaś carur nakhāvapūtānāṃ parivṛktyā gṛhe; cf. TS 1.8.9.1 nairṛtaṃ carum parivṛktyai gṛhe kṛṣṇānāṃ vrīhīṇāṃ nakhanirbhinnam (*understand* nirvapati). (Śabara: nairṛtaṃ caruṃ nakhāvapūtānāṃ parivṛttyai grahe; ŚD: as in MNS; BhD: nakhāvapūtaś carur bhavati). See 10.7.19.

paridhau paśuṃ niyuñjīta,[134] airaṃ kṛtvo 'dgeyam[135] ityādibhir vihitānāṃ nīvārādīnāṃ[136] vrīhyādisthānāpannatve mānābhāvān nā 'vaghātaprokṣaṇādayas teṣu. na.

pratyakṣavidhinā 'bhāve vidhānena vikārataḥ|
svaśabdena niṣedhānuvādāt tatkāryakāritā.||[137]

pratyakṣasahakṛtavidhine 'tyādyārthaḥ, nīvārāṇāṃ hi taṇḍulaniṣpādakatvaṃ pratyakṣaṃ vidhiś ca. saṃsthite ṣaḍahe madhv āśayed ghṛtaṃ ve[138] 'ti dvitīyodāharaṇam. bhūtasya[139] saṃsthāyogān nā 'bhāve vidhir ayam, kiṃ tu ṣaḍahāṅgatvena madhvaśanaṃ vidhīyata ity ālocya sattrāye 'ty udāhṛtam. svaṃ kāryaṃ niyojanādi. vrīhīn avahantī[140] 'tyādīnāṃ hi taṇḍulādiniṣpattidvārā yad apūrvasādhanaṃ tad avaghātādinā saṃskuryād ityādir arthaḥ. ataḥ kāryāpanneṣu nīvārādiṣu siddhas saṃskārohaḥ.

13. paridher agniparidhānārtham utpannatvāt tatra vacanān niyojanasyā 'nuṣṭheyatve 'pi niyojanāśeṣatayā na yūpadharmāḥ. na. anyārthasyā 'pi puroḍāśakapālasya tuṣopavāpa[141] iva saptamyā paridher api niyojanāṅgatvasaṃbhavāt. anaṅgatve 'pi dharmāṇām anvaye śābdaṃ sādhanatvam eva hetuḥ, na tu tādarthyam. chedanādīny api kāṣṭhaniṣṭhaṃ dṛṣṭam adṛṣṭaṃ vā niyojanādyupayogi janayanti, niyojanādi cā 'trā 'pī 'ti saṃbhavantaḥ parivyāṇāñjanādayaḥ kāryāḥ khalevālyām[142] iva.

---

134 Cf. TāB 17.13.4 paridhau paśuṃ niyuñjanti; ĀpŚS 22.8.7 (as in TāB); ĀśŚS 9.2.4 (as in TāB); SaṃkarṣaK 1.4.26 arthakarma vā karmaśabdena vidhīyate yathā paridhau paśuṃ niyuñjīte 'ti. See 10.3.3.

135 TāB 8.6.10. (Śabara: na girā gire 'ti brūyād yadi girā gire'ti brūyād ātmānaṃ tad udgāto 'dgired airaṃ kṛtvo 'dgeyam; ŚD: na girā gire 'ti brūyād airaṃ kṛtvo 'dgeyam; JNMV: as in MNS; BhD: na girā girā). See 9.1.18.

136 nīvārādīnāṃ PU; naivārādīnāṃ OB.

137 This verse occurs in the Prabhāvalī comm. on BhD, but with svaśabdāc ca in place of svaśabdena.

138 TāB 13.12.14–15: 14 ūhuṣī 'va vā etarhi vāg yadā ṣaḍahaḥ santiṣṭhante na bahu vaden nā 'nyaṃ pṛcchen nā 'nyasmai prabrūyāt 15 madhu vā 'śayed ghṛtaṃ vā; cf. ĀpŚS 21.8.8–9: 8 saṃtiṣṭhate pṛṣṭhyaḥ ṣaḍahaḥ 9 saṃsthite ghṛtaṃ madhu vā prāśnanti. (Śabara: udgīthā vā etarhi vāg bhavati yarhi pṛṣṭhyaḥ ṣaḍahaḥ saṃtiṣṭhate, na bahu vadet, nā 'nyaṃ pṛcchet, nā 'nyasmai brūyāt. saṃsthite ṣaḍahe madhv āśayet, ghṛtaṃ vā; JNMV: as in MNS, except saṃsthite pṛṣṭhye ṣaḍahe°; BhD: as in MNS).

139 °haraṇaṃ bhūtasya OB; °haraṇaṃ evaṃ bhūtasya PU.

140 See 1.3.10. (I have not found this quoted here in other texts).

141 See 4.1.11.

142 See 10.2.33.

14. abhyudayeṣṭau śṛte caruṃ dadhani carum[143] ity atra śṛtadadhnoḥ praṇītādharmā utpavanādayo na kāryāḥ, tayoḥ pradeyatvāt. na. sādhanatvam ārthikam astī 'ti tatprayuktā dharmāḥ kāryāḥ. anyārtham utpannayor api candrodaye nimitte caruśrapaṇahetutvaṃ vācanikam eve 'ty adhikaraṇaratnamālāyām.[144]

15. rathantare prastūyamāne saṃmīlayet,[145] bṛhati samudraṃ manasā dhyāyed[146] ityādayo dharmāḥ pṛṣṭhastotrarūpakāryaikatvāt saṃkīryeran. na. nirdeśabhedāt, no 'ccair geyam,[147] uccair geyam[148] ityādidharmāṇāṃ samuccayāsaṃbhavāc ca.

16. kaṇvarathantaraṃ pṛṣṭhaṃ bhavatī[149] 'ti bṛhadrathantarakārye 'syo 'kteḥ prakṛtivad vikalpaḥ. na. prakṛtāv iva nirdeśabhedābhāvāt, ubhayoḥ kārye ekasya vidhānāc ca dharmasamuccaya[150] iti bhāṣye.

vikalpitayor eva dvayoḥ sthāne nipatitatvād vikalpa iti vārttike.

143 TS 2.5.5.1–2 vi vā etam prajayā paśubhir ardhayati vardhayaty asya bhrātṛvyaṃ yasya havir niruptam purastāc candramāḥ abhy udeti tredhā taṇḍulān vi bhajed, ye madhyamāḥ syus tān agnaye dātre puroḍāśam aṣṭākapālaṃ kuryād, ye sthaviṣṭās tān indrāya pradātre dadaṃś caruṃ ye 'ṇiṣṭhās tān viṣṇave śipiviṣṭāya śṛte carum. (Śabara: as in TS except, vi vā enaṃ°...°ye madhyamās tān°...°aṣṭākapālaṃ nirvapet. ye°...°ye kṣodiṣṭhās tān°; JNMV: as in MNS). See 6.5.1.

144 JNMV 9.2.14.

145 Cf. TāB 7.7.15 īśvaraṃ vai rathantaram udgātuś cakṣuḥ pramathitoḥ prastūyamāne sammīlet svardṛśaṃ prativīkṣeta nai 'nañ cakṣur jahāti; LŚS 2.9.11 rathantare prastūyamāne sarvatra sammīlet. (Śabara: no 'ccair geyam, na ca balavad geyam. rathaṃtare prastūyamāne saṃmīlayet, svardṛsaṃ prativīkṣeta; ŚD and JNMV: rathantare prastūyamāne sammīlayet; BhD: rathantare prastūyamāne sammīlayet no 'ccair udgeyam). See 10.6.2.

146 Untraced. Cf. TāB 7.7.9–10: 9 yad rathantaraṃ prastauti samudram antarddhāyo 'dgāyet...10 balavad geyam (but this is for rathantara, not bṛhat). (Śabara: bṛhati uccair geyam, bṛhati gīyamāne samudraṃ manasā dhyāyet; ŚD: bṛhati prastūyamāne samudraṃ manasā dhyāyet; JNMV: bṛhati prastūyamāne manasā samudraṃ dhyāyet (ĀĀ: bṛhati stūyamāne°); BhD: bṛhati prastūyamāne samudraṃ manasā dhyāyet uccair udgeyam).

147 Untraced. (JNMV: no 'ccair geyaṃ na balavad geyam).

148 Untraced. (JNMV: uccair geyaṃ balavad geyam).

149 Cf. TāB 18.4.7 tasya kaṇvarathantaraṃ pṛṣṭham; ĀpŚS 22.10.4 saptadaśenā 'gniṣṭutā 'gniṣṭomena kaṇvarathaṃtarasāmnā vaiśyaḥ paśukāmaḥ. (Śabara, here and at JS 10.4.43, says this is for the vaiśyastoma). See 10.4.24.

150 °dharma OB; dharma *omitted in* PU.

17. gosava ubhe kuryād[151] iti sāmadvayasādhyapṛṣṭhastotrasyai 'katvena dharmās saṃkīrṇās syuḥ. na. dharmāṇāṃ sāmaprayuktatvena vyavasthāsaṃbhavāt.

18. sruveṇa pārvaṇau homau juhotī[152] 'ty atra parvaśabdasya kāle mukhyatvāt taddevatau[153] homāv adṛṣṭārthāv iti sauryādāv atideśyau. na. tasya bhāvavyutpattyā karmavācitayā tantrābhihitasamuditadevatākatvāt. evaṃ sati saṃnipātitvalābhād devatārthau homau, tadabhāvān na sauryādāv atideśaḥ.

19. ubhāv apy ubhayoḥ kāryau, prakṛtitvāviśeṣataḥ. na. saṃskāryasyā 'nurodhena vyavasthā sūktavākavat.[154]

20. samidho yajatī[155] 'tyādāv api sāmavāyikāṅgatvalābhāya viṣṇuṃ yajatī[156] 'tyādivad dvitīyāyā devatābodhakatvam āśrayaṇīyam. na. saṃskṛtadevatāyā bhūtabhāvyupayogābhāvāt, karmatvabodhakadvitīyāyā devatābodhakatvāsaṃbhavāt, viṣṇuṃ yajatī 'ty anuvādeṣū 'ddeśagatakarmatvopacārāt, samidādipadasya tatprakhyanyāyena nāmatvād[157] ārādupakārakās samidādayaḥ. navame dvitīyaḥ.

---

151 Cf. TB 2.7.6.2 ubhe bṛhadrathaṃtare bhavataḥ; TāB 19.13.5 (same as TB); ĀpŚS 22.12.17 gosavena ṣaṭtriṃśeno 'kthyena rathaṃtarasāmnā bṛhatsāmno 'bhayasāmnā vā svārājyakāmaḥ. (Śabara: saṃsava ubhe kuryāt, gosava ubhe kuryāt. apavitāv apy ekāhe ubhe bṛhadrathaṃtare kuryāt (cf. TS 3.1.7.2 ubhe bṛhadrathantare bhavataḥ; TB 1.4.6.2 (same as TB 2.7.6.2); TāB 9.4.7 ubhe bṛhadrathantare kārye; ĀpŚS 14.20.1 ubhe bṛhadrathaṃtare kurutāt; TāB 19.8.3 ubhe bṛhadrathantare bhavata ubhābhyām evā 'smai bṛhadrathantarābhyām apacitiṃ vindati; ĀpŚS 22.12.2–3: 2 apacitikāmo 'pacitibhyām 3 ubhayasāmānau bhavataḥ); ŚD: saṃsave ubhe kuryāt; JNMV: as in MNS; BhD: ubhe bṛhadrathantare bhavataḥ (BhD says this is taught at the saṃsava, gosava, and śyena rites)). See 10.5.16 and 10.6.8.

152 BhŚS 2.18.15 pratyākramya sruveṇa pārvaṇau homau juhoti; cf. ĀpŚS 2.20.5 sruveṇa pārvaṇau homau; BŚS 1.17 (25.22) as in ĀpŚS. (Śabara and JNMV: sruveṇa pārvaṇau juhoti; ŚD (LKSV) and BhD: as in MNS; ŚD (NSP): sruveṇa pārvaṇahomau juhoti).

153 taddevatau B; tad eva tau OP; tad etau U.

154 See 3.2.6. The *mantras* are ṛṣabhaṃ vājinaṃ vayam pūrṇamāsaṃ yajāmahe etc. for the full-moon, and amāvāsyā subhagā suśevā dhanur iva bhūya āpyāyamānā etc. for the new-moon (TB 3.7.5.13; ĀpŚS 2.20.5).

155 TS 2.6.1.1. See 2.2.2. (Śabara lists all five here; ŚD: samidho yajati, tanūnapātaṃ yajati; JNMV: as in MNS).

156 Cf. ŚB 3.4.4.13 viṣṇuṃ yaja. (Śabara and JNMV: viṣṇuṃ yajati, varuṇaṃ yajati (TS 6.6.3.3: varuṇaṃ yajati); ŚD and BhD: as in MNS).

157 See 2.2.2.

Chapter 3

1. agnaye juṣṭam,[158] vrīhīṇām[159] ityādimantras sauryādau gato 'pi no 'hyaḥ, yathāpāṭhaṃ prāpteḥ, aindrīnyāyenā[160] 'gnipadena lakṣaṇayā gauṇyā vā sūryaprakāśanasaṃbhavenā 'pūrvīyadevatāprakāśanāyā 'pi tadaprāpteḥ. na. prakṛtau mantrasya vaiyarthyabhiyā 'pūrvīyadevatāprakāśakatvāt, saurye ca sūryo devate 'ty agnipadāprāptes tatprakāśanāya sūryāye 'tyādir ūhaḥ. aindrī tu prāpte 'ti vaiṣamyam. evaṃ vrīhipadam api haviḥprakṛtiparam.

2. vikṛtau pauṇḍarīkāṇi barhīṃṣi bhavantī[161] 'ty atra darbhaiḥ stṛṇīta haritair[162] iti mantre dṛṣṭārthatayā puṇḍarīkair ity ūhe 'pi haritair ity asyā 'dṛṣṭārthatvān no 'haḥ. na. guṇābhidhānena tasyā 'pi dṛṣṭārthatvād raktair ity ūhaḥ. yady api puṇḍarīkaṃ śvetapadmaṃ[163] kośe, tathā 'pi bhāṣyād raktam api. ata eva puṇḍarīkākṣa iti saṃgacchate.

3. yady ekaṃ yūpaṃ spṛśed eṣa te vāyo iti brūyād[164] ity aviśeṣāl laukike vaidike ca sparśe. na. yūpo vai yajñasya duriṣṭam āmuñcate[165] yad yūpam

158 TS 1.1.4.2; KS 1.4 (2.14); TB 3.2.4.6. (Śabara, ŚD, and JNMV: agnaye juṣṭaṃ nirvapāmi; BhD: agner ahaṃ devayajyayā (TS 1.6.2.3)). See 2.1.14 and first note there.

159 See 3.3.8. (Śabara: syonaṃ te sadanaṃ kṛṇomi ghṛtasya dhārayā suśevaṃ kalpayāmi. tasmin sīdā 'mṛte pratitiṣṭha vrīhīṇāṃ medha sumanasyamānaḥ; ŚD and JNMV: vrīhīnāṃ medha sumanasyamānaḥ; BhD: vrīhīnāṃ medha).

160 See 3.3.7.

161 Untraced. (Śabara says this occurs at the site of maugdaṃ caruṃ nirvapec chriyai śrīkāmaḥ; see 6.3.6).

162 KS 31.14 (16.15); MŚS 1.3.5.26. Garge, p. 137, claims MŚS is source. (Śabara: stṛṇīta barhiḥ paridhatta vediṃ jāmiṃ mā hiṃsīr amuyā śayānā| darbhaiḥ stṛṇīta haritaiḥ suparṇair niṣkā ime yajamānasya bradhna|| (iti) (BI: °vediṃ jayāmi mā hiṃsīr upāśayānā°...°niḥkā hy ete yajamānasya bradhnaḥ (iti)) (KS 31.14 (16.14): as in Śabara, except, °vediṃ cami nā°...°śayānām| darbhais stṛṇīta haritais suparṇair niṣkā ete yajamānasya santu|| (see Mittwede, *Text. Bemerk. zur Kāṭhaka Saṃ.*, p. 140, who reads jāmiṃ instead of cami); MŚS: as in Śabara, except, °hiṃsīr anu yā°...°niṣkā hy ete°...°bradhnam||); ŚD and JNMV: as in MNS; BhD: as in Śabara, except, °hiṃsīr anu yā śayānā| darbhai stṛṇīta°...°bradhne).

163 °padmaṃ OB; padme PU.

164 Cf. MS 3.9.4 (120.6). (Śabara, ŚD, and BhD: °yūpam upaspṛśed°; also, the quote continues, yadi dvāv etau te vāyū iti. yadi bahūn ete te vāyavaḥ (similar to MS) (in BhD, this is preceded by the following quote); JNMV: as in MNS, except °yūpam upaspṛśed°).

165 āmuñcate *corr.*; āmuñcata OBPU.

upaspr̥śed yajñasya duriṣṭam āmuñcet tasmād yūpo no 'paspr̥śyata[166] iti niṣedhasya vaidhe 'yogād doṣābhāvena laukika eva prāyaścittam.

4. aditiḥ pāśān pramumoktu,[167] aditiḥ pāśaṃ pramumotkv[168] iti śākhābhedenā 'mnātau. tau prakr̥tau niviśete iti vakṣyate.[169] maitraṃ śvetam ālabheta vāruṇaṃ kr̥ṣṇam[170] ityādidvipaśukeṣu codakaprāptyaviśeṣād ubhāv api. tatra bahuvacanāntasyā 'samavetārthatvād anūhena, aparasyo 'hena prayogaḥ. na. prakr̥tāv āmnānabalena bahuvacanasyai 'kasminn api sādhutve 'pi vikr̥tāv ūha āvaśyaka iti dvayor apy ūhaḥ.

5. bahuvacanāntamantrasyā 'samavetārthatvād vikr̥tāv utkarṣaḥ. na. saṃkhyāyā dharmatvenā 'ṅgatvāt, pradhānaṃ prakr̥tyarthaṃ kārakaṃ co 'tkraṣṭum asāmarthyāt, avayavābhiprāyatvāt, chāndasatveno 'papatteś ca prakr̥tau niveśaḥ.

6. patnīṃ saṃnahye[171] 'ti mantro dvibahupatnīkaprayogeṣū[172] 'hyo dvivacanabahuvacanāntatayā, lupyate vā vrīhīṇāṃ medhe[173] 'ti mantravat. na. dvibahupatnīkaprayogayor avikr̥titvenā 'tideśābhāva ūhāprasakteḥ, mantrapāṭhasya sakalaprayogārthatayā sarvaprayogāṇāṃ samānavidhānatvāt, ekatvasyā 'ṅgatvāc ca na lopo 'pi.

7. prakr̥tāv āmnānād anūhe 'pi vikr̥tau sādhuprayogāyo 'haḥ. na. prakr̥tau asamavetārthatvād vikr̥tāv api tatho 'papatteḥ. pāśe tu dvayoḥ prakr̥tāv abhāvena vaiṣamyam.

8. agniṣṭomokthyaṣoḍaśyatirātrarūpāsu jyotiṣṭomasaṃsthāsu ekottaravr̥ddhyā savanīyapaśava āmnātāḥ, āgneyaḥ paśur agniṣṭoma ālabhya aindrāgna ukthye dvitīya aindro vr̥ṣṇiḥ ṣoḍaśini tr̥tīyaḥ sārasvatī meṣy atirātre

---

166 MS 3.9.4 (120.5) °āmuñcate...āmuñceta...no 'paspr̥śyaḥ. (Śabara: °āmuñcate°...°āmuñcate°...°no 'paspr̥śyaḥ; ŚD: yūpo vai yajñasya duriṣṭam āmuñcate, tasmād yūpo no 'paspr̥syaḥ; JNMV: as in (corrected) MNS, except °no 'paspr̥śyaḥ in ĀĀ; BhD: as in Śabara).

167 MS 1.2.15 (26.2). Bloomfield: KS 30.8 (190.15); MŚS 1.8.3.36 aditiḥ pāśān ity unmuñcati raśanāṃ paśoḥ. (Śabara etc.: °pramumoktv etān (= MS and KS)).

168 TS 3.1.4.4. Bloomfield: ĀpŚS 7.17.5 paśoḥ pāśaṃ pramuñcaty aditiḥ pāśaṃ pramumoktv etam iti. (Śabara etc.: °pramumoktv etam (= TS)).

169 Refers to the following adhikaraṇa.

170 TS 2.1.9.2 °kr̥ṣṇam apāṃ cau 'ṣadhīnāṃ ca saṃdhāv annakāmaḥ. (Śabara and JNMV: as in TS; ŚD: as in MNS).

171 See 2.1.13. (Śabara: prokṣaṇīr āsādaya, idhmābarhir upasādaya, sruvaṃ ca srucaś ca saṃmr̥ḍḍhi, patnīṃ saṃnahyā, 'jyeno 'dehi; ŚD, JNMV, and BhD: as in MNS).

172 dvibahupatnīkaprayogeṣū *through* na. *in* OPU, *om. in* B.

173 See 3.3.8. (Absent in Śabara; BhD: as in MNS).

caturthī[174] 'ti. atra daikṣena paśunā sarveṣāṃ sāmānavidhyaṃ kṛtvā cintā. prā 'smā agnim bharate[175] 'ti mantre 'smā ity ekavacanaṃ[176] dvibahupaśukeṣv arthānusārād dvivacanādirūpatayo 'hyam. na. upadeśasya sarvasādhāraṇyāya prātipadikavibhaktyor eva vivakṣitatvād ekavacanasyā 'vivakṣitatvān no 'haḥ. vikṛtitvāt saṃsthāpaśūnām asty evo 'ha iti tu vastugatiḥ.

9. vrīhyādyalābhe nīvāropādāne vrīhīṇāṃ medhe[177] 'ti mantra ūhyaḥ.[178] na. naivāracarau nīvārāṇāṃ vidhānena vrīhisthānīyatayo 'he 'pi prakṛtau bhūyo'vayavasādṛśyadvārā teṣāṃ prāptyā 'sādhanatvena tadavayavānām eva sādhanatve vrīyhyavayaveṣv iva nīvārāvayaveṣv[179] apy avikāreṇa śabdaprayogaucityān no 'haḥ.

10. sūryaṃ cakṣur gamayatād[180] ityādau paśvanekatve cakṣurādipadam ūhyam. na. ekavacanānurodhena, golakayoḥ sūryaprāptyasaṃbhavena ca cakṣuḥśabdasya tejoviśeṣaparatvāt, tasya ca paśvanekatve 'pi tato nirgatasya sūryādāv ekībhūtasyā 'bhedenā 'vasthānād ekavacanopapatter anūhaḥ.

11. ekadhā 'sya tvacam ācchyatād[181] ity ekadhāśabdo nānāpaśuke nā 'bhyasitavyaḥ, tasya tatra sahatvavācitvasaṃbhavāt. na. prakṛtau tasya sakṛttvaparatayā vikṛtau tad abhidhātum abhyāsaḥ. ācchyatāt chindhi.

12. daivyāḥ śamitāra uta manuṣyā ārabhadhvam[182] upanayata medhyā dura āśāsānā medhapatibhyāṃ medham[183] iti śrutam, anyatra medhapataye

---

174 Cf. MS 3.9.5 (122.5ff); ŚB 4.2.5.14; ĀpŚS 12.18.14; ĀśŚS 5.3.3. (At JS 9.1.45 Śabara has: āgneyaḥ paśur agniṣṭoma ālabdhavyaḥ, aindrāgnaḥ paśur ukthye, aindro vṛṣṇiḥ ṣoḍaśini, sārasvatī meṣy atirātre; JNMV: as in MNS). See 9.1.17.

175 TB 3.6.6.1; MS 4.13.4 (203.8); KS 16.21 (244.10). See 9.1.17. (Śabara: prā 'smā agniṃ bharata, stṛṇīta barhir anv enaṃ mātā manyatām anu pitā 'nu bhrātā (= TB, MS, and KS); ŚD and BhD: prā 'smai; JNMV: as in MNS).

176 E *resumes from* 4.1.2 *with* kavacanaṃ.

177 See 3.3.8. (Śabara: as quoted above at 9.3.1; ŚD: vrīhīnāṃ medha sumanasyamānaḥ; JNMV and BhD: as in MNS).

178 ūhyaḥ *corr.*; uhyaḥ OEBPU.

179 nīvārā *corr.*; nīcārā° OEBPU.

180 MS 4.13.4 (203.10) sūryaṃ cakṣur gamayatād vātaṃ prāṇam anvavasṛjatāt; KS 16.21 (244.12) (as in MS); TB 3.6.6.2 (as in MS). Bloomfield has others. (Śabara: as in MS etc.; ŚD: as in MNS; JNMV: as in Śabara, and then continues, diśaḥ śrotram(=TB); BhD: as in Śabara, and then continues, antarikṣam asum. diśaś śrotram. pṛthivīṃ śarīram (cf. TB etc.)).

181 MS 4.13.4 (203.11); KS 16.21 (244.13); TB 3.6.6.2. Bloomfield has others.

182 daivyāḥ śamitāra uta manuṣyā ārabhadhvam *corr.*; devyāḥ śamitāra ārabhadhvam uta manuṣyā OEBPU.

183 TB 3.6.6.1. See Garge, p. 117. (Śabara at JS 9.4.10: daivyāḥ śamitāra uta manuṣyā ārabhadhvam (BI: daivyā śamitāra upahūtā manuṣyā ārabhadhvam); ŚD and BhD:

medham[184] iti. daikṣe yajamāno 'gnīṣomau ce 'ti trayo medhapataya iti dvayor api vacanayor asamavetārthatvād anūhaḥ. samavetārthatve 'pi dvivacanasya devatāparatayā, ekavacanasya yajamānaparatayā 'nekapaśukavikṛtiṣu dvivacanānta ūhyaḥ, bahuyajamānayuktāsv ekavacanānta iti vā. śākhābhedena pāṭhabhede 'py arthaikye devatāyāḥ saṃpradānatvena yajñapatitvābhāvāt, yajamānasyai 'va tattvāt, tasysa svata ekatvāt, jāyayā saha dvitvāc ca yajamānadvayopetavikṛtāv ekavacanānto dvitvena, dvivacanānto bahutveno 'hyaḥ. na.

medhasya yajamānārthatvam anāśāsyaṃ, siddhatvāt,|
āśāsyaṃ devatārthatvaṃ.[185] tatrai 'kyād devatākṛteḥ,||[186]
agnisomatvarūpeṇa bhedāt sārthaṃ vacodvayam.|
devatānām anekatve syād ūho vacasor dvayoḥ.||

medhyā yajñayogyāḥ, duraḥ hiṃsāhetūn.

13. yaḥ kāmayeta pratheya paśubhiḥ[187] pra prajayā[188] jāyeye[189] 'ti sa etām ādityebhyo 'viṃ vaśāṃ[190] kāmāyā 'labhete[191] 'ti bahudevatye[192] paśāv arthānusārād ekavacanānto mantra ūhyaḥ. na. tasya prakṛtau gaṇaikatvaparatayā 'trā 'pi gaṇaikyenā 'vikārāt. ata eva dvivacanāntasyo 'haḥ.

---

upanayata medhyā duraḥ āśāsānā medhapatibhyāṃ medham; JNMV: as in TB (ĀĀ: °uta ca manuṣyā°)).

184 MS 4.13.4 (203.7) devyāḥ śamitāra uta manuṣyā ārabhadhvam upanayata medhyā dura āśāsānā medhapataye medham; KS 16.21 (244.8) daivyāś śamitāra uta ca manuṣyā (then as in MS). (ŚD etc.: as in MNS).

185 devatārthatvaṃ OP (*this is corr. from* devat_tvaṃ *in* O); devatātvaṃ BU; devatāt_ṃ E (akṣara *in tear*).

186 Meter faulty in *pāda* b.

187 yaḥ kāmayeta pratheya paśubhiḥ OBE; yaḥ kāmayeta prathaya paśur P; yaḥ kāmayeta prathaya paśubhir U.

188 pra prajayā *corr.*; *one* pra *omitted in* OBEPU.

189 jāyeye *corr.*; jāyeme OBPU; *tear after* j *in* E.

190 'viṃ vaśāṃ *corr.*; vivaśāṃ OBEPU.

191 TS 2.1.2.3–4 yaḥ kāmayeta pratheya paśubhiḥ pra prajayā jāyeye 'ti sa etām aviṃ vaśām ādityebhyaḥ kāmāya ālabheta. (Śabara: sa etān paśūn ādityebhyaḥ kāmāyā 'labhate; JNMV: as in TS; BhD: sa etān paśūn ādityebhya ālabhate).

192 °devatye O (*corr. from* °devate); °devate EBPU.

14. āgneyaḥ kṛṣṇagrīvas sārasvatī meṣī[193] 'tyādiyūpaikādaśinyāṃ tu devatābhedato 'sty ūhaḥ.[194] navame tṛtīyaḥ.

Chapter 4

1. ṣaḍviṃśatir asya vaṅkraya[195] iti mantro na vaṅkrīṇām uddharaṇe karaṇam, kiṃ tu saṃjñapanāt prāṅ nīyamāne paśau hotrā prayujyata ity asamavetārthatvād anūhyaḥ. akaraṇatve 'py uddharaṇīyārthasmārakatvena samavetārthatve 'pi paśoś coditatvena mukhyatvāt tadbodhakam asye 'ti padam abhyasyam. na. coditatve 'pi hi paśos sādhanatvaṃ hṛdādibhiḥ, ato vaṅkripradhānatvāt tā anuṣṭhye[196] 'ti śeṣataḥ aucityāc ca samasyo 'kter dvipañcāśad anayoḥ, aṣṭasaptatir eṣām[197] ity ūhaḥ. vaṅkrayaḥ vakrāṇi pārśvāsthīni, tā anuṣṭhyo[198] 'ccyāvayatād[199] iti śeṣaḥ, gaṇayitvā uddharatād iti tadarthaḥ.

2. aśvamedhe 'śvas tūparo gomṛgas te prājāpatyā[200] iti trayaḥ savanīyāḥ. tatra tūparagomṛgayoḥ prākṛtādhrigupraiṣaḥ, aśve catustriṃśad vājino devabandhor vaṅkrīr aśvasya svadhitis sametī[201] 'ti mantrāmnānāt. na. na

---

193 TS 5.5.22.1; KSA 8.1 (181.10); VS 29.58; cf. MS 3.13.2 (168.10) kṛṣṇagrīva āgneyaḥ. (Here Śabara has: prai 'vā 'gneyena vāpayati, mithunaṃ sārasvatyā karoti, retaḥ saumyena dadhāti, prajanayati pauṣṇena (=TS 6.6.5.1–2); JNMV as in Śabara, and also: āgneyaḥ kṛṣṇagrīvaḥ. sārasvatī meṣī. babhruḥ saumyaḥ. pauṣṇah śyāmaḥ; ŚD and BhD: āgneyaḥ kṛṣṇagrīvaḥ, sārasvatī meṣī, babhruḥ saumyaḥ). See 8.1.7.

194 sty ūhaḥ OEB; stūhaḥ PU. (Cf. 10.4.26).

195 MS 4.13.4 (203.14); KS 16.21 (244.16); TB 3.6.6.3; AiB 2.6.15. Garge, p. 117, lists only MS and TB, and says the context is correct only for TB, but it is not clear why; Bloomfield has more.

196 MS 4.13.4 (203.14) tā anuṣṭhuyo 'ccyāvayatāt; KS 16.21 (244.16) (as in MS); TB 3.6.6.3 tā anuṣṭhyo 'cyāvatāt; AiB 2.6.15 tā anuṣṭhyo 'ccyāvayatāt. Bloomfield has others under tā anuṣṭhyo 'ccyāvayatāt. (Śabara, ŚD, and BhD: tā anuṣṭhyo 'ccyāvayatāt; JNMV: as in MNS).

197 anayoḥ, aṣṭasaptatir eṣām *corr.*; anayoḥ ṣaḍaśītir eṣām OBE; anayoḥ vaṃkrayaḥ aṣṭasaptatiṣaḍaśītir eṣām P; anayoḥ vaṃkrayaḥ aṣṭasaptatiṣaḍaśīdvatatir eṣām U. (ŚD and JNMV: aṣṭasaptatir eṣāṃ vaṅkrayaḥ).

198 anuṣṭhyo OE (*corrected from* anuṣṭhyo gaṇayitvā *in* O); anuṣyo B; anuṣṭhyo gaṇayitvā PU.

199 See preceding note.

200 TS 5.5.23.1. Bloomfield has several. (Absent in Śabara; ŚD and JNMV: as in MNS).

201 ṚV 1.162.18 °sameti| achidrā gātrā vāyunā kṛṇota paruṣparur anughuṣyā viśasta||; TS 4.6.9.3 (as in ṚV). Garge, p. 92, has TS, VS 25.41 and KSA 6.5 (178.11) (all of these as in ṚV); Bloomfield has these, ṚV, and ŚB 13.5.1.18 (not complete). (Śabara: as in ṚV and TS except, °viśastā; ŚD, JNMV, and BhD: as in MNS).

catustriṃśad iti brūyād[202] iti vaiśeṣikaniṣedhāt, ṣaḍviṃśatir ity eva brūyād[203] ity asya codakaprāptānuvādakatvāc ca samasya vacanāya ṣaḍaśītir eṣām[204] iti prayoga iti bhāṣye.

vārttike tu na catustriṃśad iti brūyād iti niṣedho niyataḥ, ṣaḍviṃśatir ity eve 'ty anena bādhāt. na. evakārārthasya ṛkpratiṣedhasya prāptipūrvakatayā prāpakavidhyanujñānena vihitapratiṣiddhatvād vikalpaḥ.[205]

kiṃ ca, na catustriṃśad iti pratiṣedhaḥ padamātrasya, na girā gire[206] 'tivat, ṣaḍviṃśatir iti tatra padavidhiḥ. na. tatre[207] 'rāpadavidhānāt, prakṛta evakāreṇa vidhiśaktipratibandhāt, catustriṃśatpadapratiṣedhe, tatsthāne ṣaḍviṃśatipadāprāpter vidhau ca vākyabhedāt pratīkagrahaṇena samastāyā niṣedha iti pakṣe ṛk, tūparagomṛgayoḥ samasya vacanam, ṛgnivṛttau ṣaḍaśītipadaprayoga iti.

3. vaniṣṭhum asya mā rāviṣṭo 'rūkaṃ manyamānā[208] iti ralayor abhedād ulūkaṃ manyamānā vapāsamīpavartyavayavaviśeṣaṃ mā chinte[209] 'ty arthāl lavananiṣedhaḥ. na. uru[210] vistīrṇam oko medo yatre 'ti vyutpatter urūkaśabdasya vapāparatayā vapābhrāntyā vaniṣṭhulavanasya niṣedhe dṛṣṭārthatālābhāt, anyathā vaniṣṭhum agnīdhe[211] ṣaḍavattam[212] ityādyanuṣṭhānada-

---

202 Untraced. (This and following are presented together in Śabara etc.).

203 Untraced.

204 ṣaḍaśītir eṣām OEB (*corrected from* ṣaḍviṃśāśītir eṣām *in* O); śaḍviṃśāśīti itareṣām PU. Untraced, but it does not seem to be a quote. Concerning samasya vacana here and below, editors of Mīmāṃsā texts present this and similar terms in both compounded and uncompounded forms.

205 In the vārttika, two adhikaraṇas are recognized. They are presented as two in ŚD and JNMV, but not in BhD.

206 See 9.1.18. (JNMV: na girā gire 'ti brūyād airaṃ kṛtvo 'dgeyam; BhD: as in MNS).

207 tatre OPU (*corr. from* tatrai *in* O); tatrai EB.

208 TB 3.6.6.3,4; MS 4.13.4 (204.2) (see Mittwede, *Text. Bemerk. zur Maitrāyaṇī Saṃ.*, p. 199, who reads vaniṣṭhum in place of vaniṣṭum); KS 16.21 (244.17) (see Mittwede, *Text. Bemerk. zur Kāṭhaka Saṃ.*, p. 95 (same correction as in MS)); AiB 2.7.10. Bloomfield has others too. See Garge, p. 117, where he claims TB is the source.

209 chinte *corr.*; cinne OEBPU.

210 uru *corr.*; ūru OEBPU. JNMV has uru vistīrṇam ūko medo yatra; BhD has ayavayayogaś ca uruśabdo vistīrṇavācī dīrghaś chandasi.

211 agnīdhe OPU (*a bit unclear in* O); agnīdhaṃ EB.

212 ĀpŚS 7.26.6 vaniṣṭhum agnīdhe ṣaḍavattaṃ saṃpādayati; SatyāŚS 4.5.33 adhyuddhiṃ hotre harati vaniṣṭhum agnīdhe ṣaḍavattaṃ saṃpādayati. (Absent in Śabara (but see 10.7.5); JNMV: as in ĀpŚS).

rśanāl[213] lavanasyā 'vaśyakatve niṣedhamantrasyā 'samavetārthatvāpatteḥ. evaṃ cā 'nekavapāsū 'rūkapadasya dvivacanādyantatayo 'haḥ.

4. praśasā bāhū[214]

ity atra śasu hiṃsāyām[215] ity asmāt sopasargataḥ|
jātaḥ śabdas tṛtīyāntaḥ, tenā 'siś chedasādhanam,||

daśa prayājān iṣṭvā 'ha śāsam āhare 'ti asiṃ vai śāsa ity ācakṣate[216] ityādivaidikānāṃ prayogataḥ. na.

vihitatvād viśasane svadhiteḥ śaṃsu saṃstutau,[217]|
asmāj jātasyau 'ṭi rūpam ākāraś chāndasatvataḥ.||
kārtsnyena bāhūddharaṇaṃ kāryaṃ tena prakāśyate.[218]|
anekapaśuke bāhuvṛddhāv ūhyaṃ dvayaṃ bhavet.||

5. śyenam asya vakṣaḥ kṛṇutād[219]

iti vakṣaḥ samuddhṛtya kartavyaṃ śyenavad bhavet,|
piṣṭapiṇḍā ime siṃhāḥ kartavyā itivan, na tat.||

havirnāśādṛṣṭārthatvayor āpatteḥ svataḥ śyenākāre vakṣasi sākalyoddharaṇāya śyenaśabdaprayogaḥ, gātraṃ gātram asyā 'nūnaṃ kṛṇutād[220] iti śeṣāc ca.

---

213 °anuṣṭhānadarśanāl O (*corr. from* °anuṣṭhānaniṣedhāl); °anuṣṭhānaniṣedhādarśanāl B; anuṣṭhānaniṣe *then tear in* E, *more the size of* O *than* B; anuṣṭhānaniṣedhāl PU.

214 TB 3.6.6.2; MS 4.13.4 (203.13); KS 16.21 (244.14); AiB 2.6.15. Bloomfield has others too. Garge, p. 117, claims TB is the source.

215 PDhP 1.763.

216 daśa prajājān iṣṭvāha śāsam āhareti asiṃ vai śāsa ity ācakṣate O (*marginal corr. or gloss of* asiṃ vai śāsa); °sādhanam asiṃ vai śāsa EBP; °sādhanaṃ| siṃ vai śāsa U. ŚB 3.8.1.4 °āhare 'ty asiṃ°. (Śabara: °śāsam ācakṣate; JNMV (ĀĀ): as in MNS; JNMV (Gold.): °asir vai°; BhD: daśa prayājān iṣṭvā 'ha śāsam āhara, and then, asiṃ vai śāsam ity ācakṣate).

217 PDhP 1.764 śansu stutau.

218 prakāśyate OBPU; prakāśate E.

219 TB 3.6.6.2; MS 4.13.4 (203.13); KS 16.21 (244.14); AiB 2.6.15. Bloomfield has more. Garge, p. 117, claims TB is the source. (Śabara: śyenam asya vakṣaḥ kṛṇutāt, śalā doṣaṇī, kaśyape 'vā 'ṃsau, kavaṣo 'rū, srekaparṇā 'ṣṭhīvantā (BI: 'ṣṭhīvanta) iti, (similar to TB 3.6.6.2–3, MS, and KS (see Mittwede, *Text. Bemerk. zur Maitrāyaṇī Saṃ.*, p. 199, and *Text. Bemerk. zur Kāṭhaka Saṃ.*, p. 95 (in both cases for the division °rū sre°)); ŚD and BhD: as in Śabara, but śalā etc. as a separate statement, with °kaśyapevāso° (ŚD (LKSV)), °kaśyapevāsau° (ŚD (NSP)), °kaśyapevāṃsā° (BhD), °kavaṣoru° (ŚD), and °kavaṇasrekaparṇe° (ŚD (NSP var.)); JNMV: as in MNS).

220 TB 3.6.6.3; MS 4.13.4 (204.1); KS 16.21 (244.16); AiB 2.6.15. Bloomfield has others. Garge, p. 117, claims TB is the source.

6. yasyā 'gnir uddhṛto 'gnihotra udvāyej jyotiṣmate puroḍāśam aṣṭākapālaṃ nirvaped[221] itī 'ṣṭir udvānanimittatvād darśārthoddhṛtāgnyudvāne 'pi. na. anuvādasya saṃnihitagāmitvāt, iṣṭer agnyutpādakatvena sāmavāyikāṅgatvalābhāc cā 'gnihotrārthoddhṛtāgnyudvāna eva prāyaścittam.

7. dhāryo gataśriya āhavanīya[222] iti sarvārthoddhṛtāhavanīyasyā 'gnihotrārthatvāt tadudvāne prāyaścittam. na. yatkiṃciduddeśeno 'ddhṛtasya karmānte tyāgaprasaktau gataśrītve dhāraṇasya vidhāneno 'ktanimittābhāvān na prāyaścittam.

8. agnihotre 'gnyuddharaṇamantro vācā tvā hotre[223] 'tyādir darśapūrṇamāsārthoddharaṇe 'pi prayojyaḥ, uddhṛte tasmin parvaṇi sāyam, pratipadi prātaś cā 'gnihotrānuṣṭhānena tasyā 'py agnihotrāṅgatvāt. na. samantrakāgnyuddharaṇe nimittasya adhivṛkṣe sūrye sāyam āviḥsūrye prātar[224] ityādikālasyā 'bhāvāt, darśapūrṇamāsārthaṃ parvaṇi prātar agnihotre huta uddharaṇāmnānān na mantraḥ.

9. ādityaḥ prāyaṇīyaḥ payasi carur[225] ity atro 'bhayor devatāsaṃbandhāc carau samantrakāvaghātādivat payasi samantraṃ vatsāpākaraṇādi. na. saptamyā śrapaṇahetutvāvagamāt prāṇītādharmaprāpteḥ.

10. abhyudayeṣṭāv api dadhiśṛtayoḥ saptamīnirdeśāt praṇītādharmāḥ. na. vākyabhedabhiyā ye madhyamā[226] ityādivākyānāṃ devatāntarasaṃbandha-

221 *The text should perhaps be corrected to match* TS *etc. by adding* 'hute *and* agnaye *and reordering the clauses.* TS 2.2.4.7 agnaye jyotiṣmate puroḍāṣam aṣṭākapālaṃ nirvaped yasyā 'gnir uddhṛto 'hute 'gnihotra udvāyet; BŚS 13.7 (124.1) (as in TS). (Śabara: as in TS, except lacking puroḍāśam; ŚD (NSP), JNMV, and BhD: as in TS; ŚD (LKSV): as in TS, except °yasyā 'gnir uddhṛto 'gnir ahute°).

222 ĀpŚS 6.2.12 nityo gataśriyo dhriyate (*understand* āhavaṇīyaḥ).

223 ĀpŚS 6.1.6 vācā tvā hotrā prāṇeno 'dgātrā; MŚS 1.6.1.2 (as in ĀpŚS). (Śabara: as in ĀpŚS; ŚD and BhD: as in MNS; JNMV: vācā tvā hotrā prāṇeno 'dgātrā cakṣuṣā 'dhvaryuṇā manasā brahmaṇā śrotreṇā 'gnīdhai 'tais tvā pañcabhir daivyair ṛtvigbhir uddharāmi (=ĀpŚS)).

224 Cf. ĀpŚS 6.1.2 adhivṛkṣasūrya āviḥsūrye vā. (This in not presented as a quote by other writers).

225 See 10.1.10 and 1.3.5.

226 TS 2.5.5.2; BŚS 17.50 (330.9); MS 2.2.13 (25.4). (Śabara: vi vā enaṃ prajayā paśubhir ardhayati, vardhayaty asya bhrātṛvyam, yasya havir niruptaṃ purastāc candramā abhyudeti, sa tredhā taṇḍulān vibhajed ye madhyamās tān agnaye dātre puroḍāśam aṣṭākapālaṃ nirvapet, ye sthaviṣṭhās tān indrāya pradātre dadhaṃś carum, ye 'ṇiṣṭhās tān viṣṇave śipiviṣṭāya śṛte carum (BI: lacks sa, and has sipiviṣṭāya), (corresponds to TS 2.5.5.1–2; BŚS 17.50 (330.8); not so close to MS (see 6.5.1)); ŚD: ye sthaviṣṭhās tān indrāya pradātre dadhaṃś carum, ye 'ṇiṣṭhās tān viṣṇave śipiviṣṭāya śṛte carum; JNMV: as in Śabara, except vi vā etaṃ (Gold. and

mātraparatvāt, pūrvaṃ ca pradeyatvenai 'va tayor niścayāt pradeyadharmāḥ, sādhananiveśitvāt praṇītādharmā api.

11. yaḥ paśukāmaḥ syāt so 'māvāsyāyām iṣṭvā vatsān apākuryāt, ye madhyamā ityādi abhyudayeṣṭivad āmnātam. atrā 'bhyudayeṣṭivat pradeyadharmāḥ. na. apūrvakāryatvāt prāyaṇīyanyāyena praṇītādharmāḥ.

12. payasā maitrāvaruṇaṃ śrīṇātī[227] 'ti miśraṇaṃ dvayoḥ pradānārtham, anyathā 'dṛṣṭārthatāpātāt. na. tṛtīyādvitīyābhyāṃ guṇapradhānabhāvāvagateḥ. prayājaśeṣavākye[228] ito 'viśeṣas[229] tu cintyaḥ.

13. īśānāya parasvata ālabheta,[230] paryagnikṛtān āraṇyān utsṛjantī[231] 'ty atra pūrvavākye āraṇyapaśūnāṃ sparśamātraṃ vidhīyate, na yāgaḥ, tathā saty uttaravākyeno 'tsargavidhānāsaṃbhavāt. na. dravyadevatāsaṃbandhasya yāgaṃ vinā 'nupapatteḥ, paryagnikaraṇāntāṅgakalāpavidhānāt, kḷptopakāraprākṛtāṅgasaṃbandhād[232] eva cā 'syā 'pūrvatvaṃ gṛhamedhīyavat.[233]

ĀĀ var.; ĀĀ: enaṃ)°...°abhyudeti tredhā°...°madhyamāḥ syus tān°...°aṣṭākapālaṃ kuryād ye°). See 6.5.1 for a similar quote in Śabara.

227 TS 6.4.8.1 maitrāvaruṇaṃ payasā śrīṇāti; MS 4.5.8 (75.15) yan maitrāvaruṇaṃ payasā śrīṇāti. (In Śabara the quote continues: saktubhir manthinam, dhānābhir hāriyojanam, hiraṇyena śukram, ājyena pātnīvatam (KS 27.8 (147.15) saktubhir manthinaṃ śrīṇāti; MS 4.6.3 (80.17) yan manthinaṃ saktubhiḥ śrīṇāti; TS 6.4.10.6 yad vaikaṅkatam manthipātram bhavati saktubhiḥ śrīṇāti; TS 6.5.9.2 dhānābhir hāriyojanaṃ sṛīṇāti; KS 27.8 (147.13) hiraṇyena śukraṃ śrīṇāti; TS 6.5.8.3 ghṛtena pātnīvataṃ śrīṇāti; MS 4.7.4 (97.9) yat pātnīvataṃ ghṛtena śrīṇāti); ŚD and BhD: payasā maitrāvaruṇaṃ śrīṇāti, saktubhir manthinam; JNMV: as in Śabara).

228 See 4.1.14.

229 ito viśeṣas OEBPU (*without*').

230 MS 3.14.10 (174.5) °ālabhate; VS 24.28 (as in MS).

231 TB 3.9.3.3 paryagnikṛtān āraṇyān utsṛjanti; cf. ŚB 13.2.4.3. According to Śabara the context is the aśvamedha. See Garge, p. 98, who quotes only TS 6.6.6.1 and KS 30.1 (182.11), but these seem better for 9.4.14. See note below.

232 *After* kḷpto *folios missing in* E *until 10.2.32.*

233 See 10.7.9.

14. tvāṣṭraṃ pātnīvatam ālabheta,[234] tvāṣṭraṃ paryagnikṛtaṃ pātnīvatam utsṛjati,[235] ājyena śeṣaṃ saṃsthāpayatī[236] 'ty atra utsargaśeṣasaṃsthāpanaśabdaiḥ paryagnikaraṇānte paśuṃ tyaktvā 'jyaṃ pratinidhāya śiṣṭam aṅgajātam anuṣṭheyam iti pratīyate. na. kevalapaśudravyatyāge pātnīvatavākyoktadravyadevatāsaṃbandhabādhāpattiḥ,[237] devatām uddiśya tyāge śrutenai 'va yāgasiddher na pratinidhinā kāryam. ata ājyavākye pātnīvataśabdānuṣaṅgeṇa dravyadevatāviśiṣṭā bhāvanā vidhīyate. śeṣam iva saṃsthāpayatī 've 'ti pade yojye, itarat pūrvavat. navamo 'dhyāyaḥ.

---

234 Cf ŚB 3.7.2.8 tvāṣṭraṃ paśum ālabhate. (Seems absent in Śabara; ŚD, JNMV, and BhD: as in MNS (in preceding topic in BhD); TV on JS 2.3.19: tvāṣṭraṃ pātnīvatam ālabhate).

235 utsṛjati PU; utsṛjaṃti OB. Cf. TS 6.6.6.1 yat paryagnikṛtam pātnīvatam utsṛjati; KS 30.1 (182.11) (as in TS); ŚB 3.7.2.8 taṃ na saṃsthāpayet paryagnikṛtam evo 'tsṛjet; ŚŚS 9.27.5 paryagnikṛtam utsṛjanti na saṃsthāpayanti; ĀpŚS 14.7.13 (see following note). (Śabara etc.: paryagnikṛtaṃ pātnīvatam utsṛjati). See 2.3.8.

236 Cf. TS 6.6.6.1 yad ājyena pātnīvataṃ saṃsthāpayati; cf. ĀpŚS 14.7.13 tasmiṃs tvāṣṭraṃ sāṇḍaṃ lomaśaṃ piṅgalaṃ paśum upākṛtya paryagnikṛtam utsṛjyā 'jyena śeṣaṃ saṃsthāpayet; ŚŚS 9.27.6 ājyena vā paśudharmaṇā saṃsthāpayanti.

237 *Correct to* °āpatteḥ?

Book 10

Chapter 1

1. rājasūye ratnināmakadevasaṃbandhīni havīṃṣi darśapūrṇamāsavikṛtirūpāṇi ratninām etāni havīṃṣī[1] 'ti vihitāni. tatra bārhaspatye svayaṃkṛtā vedir bhavati svayaṃkṛtaṃ barhiḥ svayaṃkṛta idhma[2] ity uktyā luptārtham apy uddhananādi[3] codakaprāpitatvād anuṣṭheyam. na. aṅgino 'ṅgair upakṛtasya phalajanakatveno 'pakārasyai 'vā 'kāṅkṣaṇāt, taddvārā 'ṅgākāṅkṣaṇeno 'pakārābhāve 'ṅgānākāṅkṣāto na luptārtham anuṣṭheyam iti bādho 'yam uddhananādyanuṣṭheyatvapratyayasya[4] bhrāntitvaniścayarūpaḥ.

yad vā. prājāpatyaṃ ghṛte caruṃ nirvapec chatakṛṣṇalam āyuṣkāma[5] iti vihiteṣṭau codakaprāptaṃ luptārtham apy avaghātādi pākavat kāryam. na. ghṛte śrapayatī[6] 'ti vākyena pākasya prāpter vaiṣamyāt.

yad vā. vaiśvadevaṃ caruṃ nirvaped bhrātṛvyavān, taṃ barhiṣadaṃ kṛtvā śamyayā sphyena vyūhed idam aham amuṃ cā 'muṃ ca vyūhāmī 'ti yaṃ dviṣyāt taṃ dhyāyan yad adho 'vamṛjyeta yac ca sphya āśliṣyet tad viṣṇava urukramāyā 'vadyatī[7] 'ti śrute vaiṣṇavayāge prayājādīni vaiśvade-

---

1 TB 1.7.3.1 ratninām etāni havīṃṣi bhavanti; cf. ĀpŚS 18.10.12. (Absent in Śabara; JNMV: as in TB).

2 TS 1.8.9.3 °svayaṃdinam barhiḥ°. (Śabara gives three quotes: svayaṃditaṃ barhir bhavati, svayaṃkṛtā vedir bhavati, svayaṃśīrṇā śākhā bhavati (cf. TS 1.8.9.3); JNMV: as in MNS, except °svayaṃditaṃ barhiḥ°; BhD: svayaṃdinaṃ barhir bhavati).

3 uddhananādi OB; utkhananādi P; uddhatkhananāni U.

4 uddhananādy OB; utkhananādy P; uddhatkhananādy U.

5 MS 2.2.2 (16.8); KS 11.4 (148.10) prājāpatyaṃ caruṃ nirvapec chatakṛṣṇalaṃ ghṛta āyuṣkāmaḥ; cf. TS 2.3.2.1; ĀpŚS 19.21.1. (Śabara: here, as in MNS except that ghṛte is omitted; ŚD, JNMV, and BhD: as in MNS; at JS 10.2.1 Śabara has prājāpatyaṃ caruṃ nirvaped ghṛte śatakṛṣṇalam āyuṣkāmaḥ; at JS 8.1.35 he has the quote as here in MNS).

6 Untraced. Cf. TS 2.3.2.2 ghṛte bhavati; ĀpŚS 19.21.4 dharmamātraṃ śrapaṇam. (Śabara has this at JS 10.2.2; ŚD, JNMV, and BhD: as in MNS).

7 Cf. MS 2.2.5 (18.21) vaiśvadevaṃ dvādaśakapālaṃ nirvaped bhrātṛvyavāṃs taṃ barhiṣadaṃ kṛtvā samayā sphyena vyūhet. idam ahaṃ māṃ cā 'muṃ ca vyūhāmi. iti yaṃ dviṣyāt taṃ yad adho 'vamṛdyeta yac ca sphya āśliṣyet tad viṣṇava urukramāyā 'vadyet; cf. MŚS 5.1.9.33–34. (Śabara: °dhyāyet yad adho 'vamṛdyeta°...°avadyet; ŚD: °sphyena ca vyūhet°...°dhyāyet, yad° (NSP: °āśliṣyeta tad°); JNMV (Gold.): °idam aham amuṃ ca vyūhāmī°; JNMV (ĀĀ): °adho vimṛjyed yac ca°...°'vadyet

vikāny eva prasaṅgād upakurvantī 'ti nā 'nuṣṭheyāni, āvāhanaṃ tu viṣṇum āvahe 'ty evaṃrūpatvād aprasaktasyā 'pi viṣṇoḥ kālānurodhena sāmidhenīprayājayor madhye 'nuṣṭheyam eva, anyathā devatāsiddheḥ.[8] na. āvāhanakāle viṣṇor aprasaktyā, vyūhanottaraṃ kālābhāvena cā 'vāhanasyā 'nanuṣṭheyatvāt, tadabhāve 'pi loka iva devatāsiddheḥ.

2. āgnāvaiṣṇavam ekādaśakapālaṃ nirvaped darśapūrṇamāsāv ārapsyamāna[9] iti darśapūrṇamāsayor ārambhaṇīyā vihitā codakaprāptatvāt somāṅgadīkṣaṇīyādiṣu kāryā. na. dīkṣaṇīyāyāḥ pṛthagārambhābhāvāt,[10] somayāgasya ca darśapūrṇamāsāvikṛtitvād[11] ārambharūpadvāralopāl lupyate.

3. rājasūye śrutāsu anumatyai puroḍāśam aṣṭākapālaṃ nirvaped[12] ityādīṣṭiṣu pradhānabhūtāsu pṛthagārambhasaṃbhavāt kāryā 'rambhaṇīyā. na. darśapūrṇamāsayoḥ ṣaṭkṛtvo 'nuṣṭhānāpattyā saṃghasyai 'kopakramavad anumatyādīnām apy ekopakrameṇa pṛthagārambhābhāvāt, agniṣṭomam agre jyotiṣṭomam āharatī[13] 'ti sarvārambhārthayāgasyā 'mnānāc ca ne 'yam.

4. ārambhaṇīyāyām apy ārambhaṇīyā kāryā, codakabalāt, ārambhaṇīyāyā darśapūrṇamāsaprākkartavyatvena bhinnopakramasattvāt, anavasthāyā bījāṅkuranyāyena samādheyatvāt. na. etadvidhānakāle prakṛtau tadasattvenā[14] 'tideśāsaṃbhavāt. evaṃ vaimṛdhe 'pi na vaimṛdhaḥ.[15]

(var.: idam ahaṃ cā 'muṃ ca°); BhD: °sphyena ca vyūhet°...°dhyāyet ca yad adho 'vamṛdyet yac ca°).

8 devatā 'siddheḥ OBPU (' *absent in* P).

9 MS 1.4.14 (63.13) °darśapūrṇamāsā ālapsyamānaḥ; 1.4.15 (64.14) agnaye bhagine 'ṣṭākapālaṃ nirvaped yaḥ kāmayeta bhagy annādaḥ syām iti; ĀpŚS 5.23.5–6: 5 āgnāvaiṣṇavam ekādaśakapālaṃ sarasvatyai caruṃ sarasvate dvādaśakapālam 6 agnaye bhagine 'ṣṭākapālaṃ yaḥ kāmayeta bhagy annādaḥ syām iti; MŚS 1.5.6.19 darśapaurṇamāsāv ārapsyamāna ārambhaṇīyām iṣṭiṃ nirvapaty āgnāvaiṣṇavam ekādaśakapālam agnaye bhagine 'ṣṭākapālaṃ sarasvatyai caruṃ sarasvate dvādaśakapālam. Garge, p. 129, quotes only ĀpŚS. ĀpŚS and MŚS seem closer to full quote in Śabara than does MS. (Śabara: °ārapsyamānaḥ sarasvatyai caruṃ sarasvate dvādaśakapālam agnaye bhagine 'ṣṭākapālaṃ nirvapet, yaḥ kāmayetā 'nnādaḥ syām; JNMV: as in MNS).

10 °āraṃbhābhāvāt PU; °āraṃbhāvāt OB. *Correct to* ārambhāsaṃbhavāt (*cf.* JNMV *and* MNS 10.1.3)?

11 somayāgasya ca darśa *corr.*; somayogasya ca darśa° OPU; somayogasya carśa° B.

12 TS 1.8.1.1 °nirvapati. (Absent in Śabara; JNMV: as in TS).

13 MS 4.4.10 (61.6); TB 1.8.7.1 agniṣṭomam agra āharati. (Śabara: agniṣṭomaṃ prathamam āharati; JNMV: as in MNS).

14 prakṛtau tadasatvenā PU; prakṛtau patadasattvenā OB. *Could* OB *be a mistaken reading of* etadasattvenā?

15 See 4.1.14.

5. sādyaskre saha paśūn ālabhata[16] iti śruteṣu paśuṣu khalevālī yūpo bhavatī[17] 'ti vākyād yūpakāryaṃ paśuniyojanādī 'va uru viṣṇo vikramasve 'ti sruveṇā 'havanīye yūpāhutiṃ juhotī[18] 'ti yūpāhutir apy anuṣṭheyā. na. yūpam ācchetsyatā hotavyam[19] iti śāstrīyacchedanayogyatāyai homokteḥ, khalevālyāś ca balīvardabandhanāya nikhātakāṣṭharūpatvena pūrvacchinnatvān nā 'sty āhutiḥ.

6. sthāṇau sthāṇvāhutiṃ juhotī[20] 'ti vihitā sthāṇvāhutiḥ khalevālyā api sthāṇutvāt kāryā. na. vanaspate śatavalśo virohe 'ty āvraścane juhotī[21] 'ti vākyenā 'vṛścyate 'smād yūpa ity āvraścanaṃ yūpāvaśiṣṭavṛkṣamūlam. tatrā 'hutir yūpasaṃbandhena yūpasaṃskārārthe 'ty avagamād ayūpakhalevālyāṃ na.

7. svāhākāraṃ yajatī[22] 'ti pañcamaḥ prayājaḥ svāhākāradevatāko vidhibalāt, na tu svāhā 'gniṃ svāhā somaṃ svāhā prajāpatiṃ svāhā 'gnīṣomāv[23] ityādimantrād agnyādidevatākaḥ, devatākāṅkṣābhāvena tasya tadasamarpakatvāt, tatratyāgnyādipadānāṃ lakṣaṇayā svāhākāradevatābodhakatveno 'papatteḥ. ata ārādupakārakaḥ. na. caturthītaddhitayor devatāvidhāyakayor abhāvāt, lāghavāt, karmasāmānādhikaraṇyāc ca svāhākārākhyayāgasyai 'va

---

16 KŚS 22.3.28; ĀpŚS 22.3.10; cf. JB 2.117. (Śabara has this at JS 3.8.39; JNMV: as in MNS). See 3.8.22 and 5.1.6.

17 TāB 16.13.8; LŚS 8.3.6; ĀśŚS 9.7.15 khalevālī yūpaḥ. (JNMV refers to the Āśvalāyana text, sādyaskreṣū 'rvarā vediḥ khalevālī yūpaḥ (=ĀśŚS 9.7.13 with 15)).

18 ĀpŚS 7.1.7. For mantra: TS 1.3.4.1 d; Garge, p. 77, and Bloomfield have other citations for it also. (Absent in Śabara; JNMV: as in MNS). (JNMV refers to this as an Āpastamba quotation).

19 MS 3.9.2 (114.5) na yūpam achaiṣyatā hota3vyaṃ na hi dīkṣitasyā 'gnau juhvati vaiṣṇavīm anūcyā 'chetyo vaiṣṇavo hi yūpas tad āhur hotavyam eva. (Śabara: yūpam accheṣyatā hotavyam. na hi dīkṣitasyā 'gnau juhoti. ājyaṃ cā 'raṇiṃ cā 'dāya yūpasyā 'ntike 'gniṃ mathitvā yūpāhutiṃ juhoti (cf. MS; ĀpŚS 7.1.9–12; SatyāŚS 7.1.67–68 (p. 602)); ŚD (LKSV and NSP var.): °accheṣyatā°; (NSP): °āccheṣyatā°; JNMV (ĀĀ): °acchaiṣyatā°; (Gold. and ĀĀ var.): °ācchetsyatā°; BhD: °accheṣyatā°).

20 Untraced. Cf. TS 6.3.3.3 āvraścane juhoti; MS 3.9.3 (116.7); KS 26.3 (125.11); (these are the same as TS); ŚB 3.6.4.15. See Edgerton, p. 114, note 125, for this list.

21 TS 6.3.3.3; ĀpŚS 7.2.8; BhŚS 7.2.2; MŚS 1.8.1.12; SatyāŚS 4.1.24 (p. 398). For mantra: TS 1.3.5.1 h (Bloomfield has several; see Garge, p. 78). (Śabara: atas tvaṃ deva vanaspate śatavalśo viroha (=ŚB 3.6.4.16); JNMV: as in MNS).

22 TS 2.6.1.1. See 2.2.2.

23 TB 3.5.5.1 svāhā 'gnim. svāhā somam. svāhā 'gnim. svāhā prajāpatim. svāhā 'gnīṣomau. (Śabara: svāhā 'gniṃ svāhā somaṃ svāhā savitāraṃ svāhā sarasvatīṃ svāhā pūṣaṇam (cf. KS 20.15 (35.16)); ŚD: svāhā 'gniṃ svāhā somam; JNMV: as in MNS).

vidhānena yakṣyamāṇājyabhāgādidevatā agnyādaya eva devatāḥ. ataḥ saṃskārakarmā 'yam iti saurye tanmantre pradhānadevatābodhakāgnyādipadabādhaḥ.

8. ājyabhāgāv agnīṣomābhyāṃ yajatī[24] 'ty ājyabhāgayoḥ saumya ārādupakārakaḥ, kevalasomasya pradhānadevatātvābhāvāt, āgneyas tū 'ttamaprayājanyāyenā 'gnim agna āvahe[25] 'ti nigadoktapradhānadevatāgnisaṃskārakaḥ.[26] na. nigade 'gner dviruktyā 'jyabhāgadevatātaḥ pradhānadevatāyā bhedāvagateḥ, somasye 'vā 'gner api tatsamabhivyāhāreṇa[27] guṇasya prādhānyābhāvāc cā 'rādupakārakaḥ. sauryādāv api bhavatī 'ti bādhāpavādaḥ.

9. agnīṣomīyasya vapayā pracaryā 'gnīṣomīyam ekādaśakapālaṃ nirvapatī[28] 'ty uktaḥ puroḍāśayāgas taddhiteno 'bhayatrā 'pi devatāyā guṇatvapratīter na devatāsaṃskārakaḥ. na. paśudharmair ubhayataḥ saṃdaṃśena paśoḥ prādhānyasya, puroḍāśe 'ṅgatvasya ca bodhāt, dṛṣṭopakārasaṃbhave 'dṛṣṭasyā[29] 'kalpanāt, nirvāpādau taddevatāyāḥ[30] smaraṇena saṃskārasaṃbhavāt saṃskāryā devatā. tadabhāvād vāyavyapaśupuroḍāśe na sā devate 'ti bādhaḥ.

---

24 Cf. TS 2.6.2.1 yad ājyabhāgau yajati; ŚB 1.6.3.19 tat purastād ājyabhāgāv agnīṣomābhyāṃ yajanti. See Garge, pp. 87 and 97. (Śabara: ājyabhāgau yajati; ŚD and JNMV: as in MNS; BhD: agnīṣomābhyām ājyabhāgau yajati).

25 TS 2.5.9.4 °vaha somam āvahe 'ty āha; TB 3.5.3.2 agnim agna āvaha, somam āvaha, agnim āvaha; ŚB 1.4.2.16 agnim agna āvaha...somam āvaha...agnim āvaha. Bloomfield has more; Garge, p. 86, has TS, TB, and others. (Śabara, ŚD and JNMV: as in TB (ŚD (NSP) and JNMV (ĀĀ var.): agnim āvaha°); these are presented in the final view; in the initial view, JNMV is as in MNS).

26 nigadokta° OB; nigamokta° P; nigamedakta° U.

27 Here ŚD and JNMV quote agnīṣomābhyāṃ yajati. See note above.

28 Untraced. Cf. TS 6.3.10.1 vapayā pracarya puroḍāśena pra carati; ŚB 3.8.3.1–2 yaddevatyaḥ paśur bhavati. taddevatyaṃ puroḍāśam anunirvapati... 2 atha yad vapayā pracarya. etena puroḍāśena pracarati; ĀpŚS 7.22.3–4: 3 nirvapaṇakāle vrīhimayaṃ paśupuroḍāśaṃ nirvapaty ekādaśakapālaṃ dvādaśakapālaṃ vā 4 yaddevataḥ paśus taddevato bhavati; 7.22.11 (as in TS); MŚS 1.8.5.2 vrīhīṇāṃ paśupuroḍāśam anunirvapati samānadevataṃ paśunai 'kādaśakapālaṃ dvādaśakapālaṃ vā; BhŚS 7.17.4 (similar to MŚS); MS 3.10.2 (131.12); ŚB 5.3.3.1 tasya (*understand* agnīṣomīyasya paśoḥ) vapayā pracaryā 'gniṣomīyam ekādaśakapālaṃ puroḍāśaṃ nirvapati (the last quote is most similar, but it is for the abhiṣecanīya rite in the rājasūya). (Śabara and ŚD: °gnīṣomīyaṃ paśupuroḍāśam anunirvapati; JNMV: °agnīṣomīyaṃ paśupuroḍāśam ekādaśakapālaṃ nirvapati; BhD: °gnīṣomīyapaśupuroḍāśaṃ anu nirvapati).

29 dṛṣṭasyā OBPU (*without* ').

30 taddevatāyāḥ OB; devatāyāḥ PU.

10. sauryaṃ caruṃ nirvaped[31] ity atra caruśabdasya bhāṣāprasiddheḥ, ukhāsthālīcarūṇāṃ paryāyatvopadeśāt,[32] puroḍāśavikṛtitvābhāve 'pi kapālavikṛtitvasaṃbhavāc ca caruśabdaḥ sthālīparaḥ. na. ādityaḥ prāyaṇīyaś carur[33] ity asya vākyaśeṣād aditim odanene[34] 'ty asmād odane śaktatvāt, anavasrāvitāntarūṣmapakvaudanaparatvenau 'danamātre 'prayogopapatteḥ, saurya iti devatātaddhitasvārasyād annavācī caruśabda iti smāryate. ataḥ peṣaṇādinivṛttiḥ.

11. sa ca prakṛtāv iva kapāle śrapayitavyaḥ, tatra jaloṣmapākāsaṃbhavāt kaṭāhaghaṭādau vā. na. muṣṭicatuṣṭayamitānām alpenai 'va pākayogyatvāt sthālyām eve 'ti. asyā 'pi paraṃparayā peṣaṇādibādhaḥ[35] phalam. daśame prathamaḥ.

Chapter 2

1. ghṛte śrapayatī[36] 'ti pratyakṣavihito 'pi pākaḥ kledanāsaṃbhavān na kāryaḥ. na. vidhyavaiyarthyāyā 'dṛṣṭārtham avaśyakartavyatvāt. auṣṇyasya pākatve tu na ko 'pi bādhaḥ.

2. teṣv eva pākavad upastaraṇābhighāraṇe kārye. na. pratyakṣeṇā 'vidhānāt, dṛṣṭadvāralopāc ca codakasyā 'py apravṛtteḥ.

---

31 See 2.3.5. (Śabara: sauryaṃ caruṃ nirvaped brahamavarcasakāmaḥ; ŚD and JNMV: as in MNS).

32 JNMV says ukhā sthālī caruḥ are treated as synonyms by Nighaṇṭukāras (honorific plural?). I cannot find it. In his commentary on the *Amarakośa,* Bhānuji Dīkṣita quotes the *Viśvaprakāśa* (171.73) carur bhāṇḍe ca havyānne (=p. 131, v. 73 in CSS ed.) and the *Medinī* (125.32) atha caruḥ pumān havyānnabhāṇḍayoḥ (=p. 134, v. 32 in KSS ed.). Cf. Mahādeva's *Uṇādikośa* 9c carur bhāṇḍe ca havyānne.

33 TS 6.1.5.1 ādityaḥ prāyaṇīyo yajñānām āditya udayaṇīyaḥ; MS 3.7.2 (76.18) ādityaḥ prāyaṇīyaḥ syād āditya udayanīyaḥ; AiB 1.7.3 tasmād ādityaś caruḥ prāyaṇīyo bhavaty āditya udayanīyaḥ; ĀpŚS 10.21.4 nirvapaṇakāle 'dityai payasi caruḥ prāyaṇīyaḥ; 13.23.1 prayaṇīyavad udayanīyā; SatyāŚS 7.2.6 (p.617) nirvapaṇakāle 'dityai prāyaṇīyaṃ caruṃ nirvapati payasi śrapayati; ŚB 3.2.3.1 ādityaṃ caruṃ prāyaṇīyaṃ nirvapati; ŚB 4.5.1.1 ādityena caruṇo 'dayanīyena pracarati. (Śabara: ādityaḥ prāyaṇīyaś caruḥ, āditya udayanīyaḥ; ŚD and JNMV: as in MNS). See 1.3.5 and 9.4.9.

34 Untraced. See 1.3.5. (Śabara: ājyasyai 'va carum abhipūrya catura ājyabhāgān yajati. pathyāṃ svastim iṣṭvā 'gnīṣomau yajati. agnīṣomāv iṣṭvā savitāraṃ yajati. aditim odanena (corresponds roughly to TS 6.1.5.2–3; AiB 1.7; ŚB 3.2.3; 4.5.1 (for udayanīya) (but none of these have odanena)); ŚD and JNMV: as in MNS).

35 °bādhaḥ O (*upādhmanīya sign*); °bādha B; °vodha PU.

36 Untraced. See 10.1.1.

3. puroḍāśe prāśitrādibhāgabhakṣaṇavan nā 'tra bhakṣaṇam, puruṣaprītirūpasya dṛṣṭasyā 'saṃbhavāt. na. cuccūṣākāraṃ bhakṣayanti nirdhayanto[37] bhakṣayantī[38] 'ti vākyād anadanīyānāṃ pradeyatvavad abhakṣyāṇām api bhakṣaṇasaṃbhavāt. kṛtvā cintai 'ṣā, prakṛtāv api bhakṣāṇāṃ pratipattyarthatvāt.

4. ekadhā brahmaṇe pariharatī[39] 'ty ekadhāśabdena sakṛttvaṃ sahatvaṃ vā bodhyate, niyāmakābhāvāt. na. prakṛtitaḥ prāptānām iḍāprāśitracaturdhākaraṇaśaṃyuvākakālabhakṣaṇasiddhaye caturṇām upahārāṇāṃ tattatkālānāṃ ca bādhas sakṛttvapakṣa iti kālamātrabādhāya sahatvam evā 'rthaḥ.

5. sarvaṃ brahmaṇe pariharatī[40] 'ty atra hotrādibhāgo mā bādhī 'ti yad brahmaṇe pariharati tat sarvam, yad brahmaṇe sarvam tat pariharatī 'ti vā vākyārthaḥ. na. vaiyarthyāpattes sarvasya brahmasaṃbandhavidhiḥ.

6. bhakṣayituṃ yugapatsamarpitasya yugapadbhakṣaṇam. na. codakaprāptatattatkālānām abādhāya krameṇa bhakṣaṇam.

7. caturdhākaraṇam, idaṃ brahmaṇa idaṃ hotur[41] iti nirdeśaś ca codakād anuṣṭheyaḥ. na. caturdhākaraṇaṃ vibhāgārtham, nirdeśo 'sāṃkaryārtha iti sarvasya brahmasaṃbandhe na dvayam api.

8. ṛtvigbhyo dakṣiṇāṃ dadātī[42] 'ti śrutaṃ dakṣiṇādānam adṛṣṭārtham, adṛṣṭārtha eva hiraṇyādidāne dānavyavahārāt, bhṛtitve karmānurūpyeṇa dānāpattyā 'lpe traidhātavīye sahasradānasya,[43] mahaty ṛtapeye[44] somacamasadānasya[45] cā 'nupapatteḥ, dvādaśaśatādiniyamāt[46] mantravattvāc ca. na. dṛṣṭārthatvāyā 'nater eva prayojanatvāt, bhṛtir deye 'ti bhṛtāv api

---

37 *In* O *there are marks over* nir, *and a marginal gloss* niḥśeṣaṃ.

38 Untraced. For simliar but unrelated quotes from the jyotiṣṭoma rite, cf. ĀpŚS 13.17.5–6 and BhŚS 14.18.15 (both quoted above at 3.5.9). (Śabara: niravadhayanto bhakṣayanti cucchuṣākāraṃ bhakṣayanti (BI: °cukṣuṣākāraṃ° with note recording bubhukṣākāram in manuscripts, cuccuṣākāram in ādarśapustaka); ŚD (LKSV): cuścūṣākāraṃ bhakṣayati; ŚD (NSP): cuścuṣākāraṃ bhakṣayati; ŚD (NSP variants): cuccūṣākāraṃ bhakṣayati, cuccūrṣākāraṃ bhakṣayati; JNMV: cuścuṣākāram°; BhD: hiraṇyasya niravadhayanto bhakṣayanti cucchuṣākāram).

39 Cf. TS 2.3.2.2 ekadhā brahmaṇa upaharati; ĀpŚS 19.21.6 (as in TS). (Śabara: as in MNS; ŚD, JNMV, and BhD: as in TS).

40 Cf. MS 2.2.2 (16.15) sarvaṃ brahmaṇe parihartavā āha.

41 TB 3.3.8.8; ĀpŚS 3.3.3. See 3.4.21. (In Śabara the quote continues: idam adhvaryor idam agnīdhaḥ; ŚD: as in MNS; JNMV: idaṃ brahmaṇaḥ; BhD: as in Śabara).

42 See 3.7.17.

43 Cf. TS 2.4.11.3. See 2.3.12.

44 mahaty ṛtapeye OB; mahatprītaye PU.

45 See 10.3.19.

46 See 10.3.11.

dānavyavahārāt, parimāṇamantrāder niyamādṛṣṭārthatvāt, vairūpyasya vacanabalād upapatteḥ, dīkṣitam adīkṣitā dakṣiṇāparikrītā ṛtvijo yājayeyur[47] iti vākyāc ca dṛṣṭārthā dakṣiṇā sattreṣu na kāryā.

9. some camasabhakṣeṇa, iṣṭāv iḍāprāśitrādibhakṣeṇa ca ṛtvijāṃ prītisaṃbhavāt tad apy ānatyartham, pūrvanyāyāt. na. yāgadevatāyai saṃkalpite dravye svatvābhāvāt, tena parikretum aśakyatvāt, yajamānapañcamā iḍāṃ bhakṣayantī[48] 'ti yajamānasyā 'pi bhakṣaśravaṇāc ca na krayārthaṃ tat, api tu śeṣapratipattiḥ. ataḥ sattre 'pi syāt.

10. varaṇaṃ soma iva[49] sattre 'pi kāryam, anyathā varaṇarahitānām ṛtviktvābhāvena sattrāsiddheḥ, ye yajamānās ta ṛtvija[50] iti pravṛttān api yajamānān anūdya varaṇasādhyartviktvādhānavidhānāc[51] ca. na. sattrasya svakarmatvena tatra bhaviṣyaddānasūcaneno 'tsāhajanakavaraṇānapekṣaṇāt, varaṇam antareṇā 'pi yāgakartṛtvarūpartviktvasiddheḥ,[52] īdṛśartviktvasyai[53] 'va ye yajamānā ity anena bodhanāc ca.

11. sattre na hy atra gaur dīyate na vāso na hiraṇyam[54] iti gavādīnāṃ niṣedhasya prāptipūrvakatvād viśeṣaviṣayatvāc ca codakaprāptadeyasattvāt krayo 'stu. na. adakṣiṇāni sattrāṇī 'ty āhuḥ, na hy atra gaur dīyata[55] ity asya hiśabdabalān nityānuvādarūpasya deyākalpakatvān na krayaḥ.

12. sattrād udavasāya pṛṣṭhaśamanīyena sahasradakṣiṇena yajerann[56] ity atra ktvāpratyayeno 'davasānasamānakartṛkatvāt, phalāśruteḥ, sattrasaṃni-

---

47 Untraced. Cf. KS 34.9 (42.17) dīkṣitam adīkṣitā yājayanti; ĀpŚS 21.1.4 dīkṣitam adīkṣitā yājayeyur ahīne. (Śabara: °yājayanti; JNMV: as in MNS). (In KS giving is then praised).

48 See 6.4.3. (Śabara: yajamānapañcamāḥ samupahūtā iḍāṃ bhakṣayanti; JNMV: as in Śabara, except °saṃbhūye 'ḍāṃ°).

49 Here Śabara has: agnir me hotā, sa me hotā hotas tvam me hotā 'sī 'ti hotāram (MŚS 2.1.1.4 agnir hotā sa me hotā hotas°; cf. ĀpŚS 10.1.14); ŚD: agnir hotā sa me hotā; JNMV: agnir me hotā (ĀĀ: agnir hotā).

50 Untraced. See 5.1.1. (Absent here in Śabara; ŚD and JNMV: as in MNS).

51 °sādhyartviktvādhānavidhānāc° O; °sādhyaṛtvikvādhānavidhānāc° B; °sādhyaṛtvikvavidhānāc U; °sādhyaṛtvikvāvidhānāc P.

52 °rūpaṛtvik° OBPU.

53 īdṛṣaṛtvik° OBPU.

54 Untraced. See note below.

55 Untraced. Cf. VŚS 3.2.1.37 adakṣiṇāni sattrāṇi; KŚS 12.1.8 adakṣiṇāni ca svāmiyogāt. (Śabara: adakṣiṇāni sattrāṇy āhuḥ. na hy atra gaur dīyate, na vāso na hiraṇyam; ŚD: nā 'tra gaur dīyate; JNMV has the same two quotes in this topic as MNS). See 10.6.15.

56 Cf. ĀpŚS 21.13.5 udavasānīyaye 'ṣṭvā 'nyān ṛtvijo vṛtvā pṛṣṭhaśamanīyena yajante jyotiṣṭomenā 'gniṣṭomena sahasradakṣiṇena; (VŚS 3.2.2.49 udavasanīyābhir iṣṭvā jyotiṣṭomaiḥ pṛṣṭhaśamanīyair atirātrair yajeran). (Śabara: °pṛṣṭhaśamanīyena jyoti-

dheś ca pṛṣṭhaśamanīyaḥ sattrasyā 'ṅgam, vājapeyasye 'va bṛhaspatisavaḥ.[57] na. niḥśeṣatyāgasyo 'davasānatvena sattrāṅgatvānupapatteḥ, vājapeyādīnāṃ tyāgānuktes tadvaiṣamyād udavasāne nimitte 'yaṃ yāgaḥ. ato nyāyenā 'pi dakṣiṇābādhaḥ.[58]

13. tatra sattriṇa eva ṛtvijaḥ, udavasāye[59] 'ti kartraikyapratīteḥ. na. yaṣṭṝṇām eva sattribhiḥ sahai 'katvam, na tu ṛtvijām, tathā 'pratīteḥ.[60] kiṃ tu codakād yaṣṭṛbhyo 'nyatvam eva.

14. yajerann[61] iti bahutvasya rājapurohitadvitvavad[62] upādeyatvāt saṃbhūya[63] yāgaḥ. na. udavasānakartṛbahutvaṃ bahuvacanenā 'nūdyā 'prāptayāgamātravidhānāt. ata eva dvitvavaiṣamyāc codakaprāptam ekaikasyai 'va kartṛtvam.

15. sārasvatasattre agnaye kāmāyā 'ṣṭākapālaṃ nirvapatī[64] 'ti vihitāyāṃ kāmeṣṭāv aśvāṃ[65] puruṣīṃ dhenuke dattve[66] 'ti śrutaṃ dānam iṣṭer āsyupāyicodanābhāvenā[67] 'sattratvāt, nirvapaticodanayā ce 'ṣṭitvāt, tatra yajamānabhinnartvijāṃ sattvene 'hā 'pi teṣām atideśād ānatyartham. na. iṣṭeḥ svarūpeṇā 'sattratve 'pi sattrāṅgatvena sattrāṅgāntareṣv ive 'hā 'pi sattriṇām eva kartṛtvāt.

ṣṭomena sahasradakṣiṇena yajeran; ŚD (LKVS): °udavasāya jyotiṣṭomena pṛṣṭhaśamanīyena sahasradakṣiṇena yajeran; ŚD (NSP) and JNMV: as in Śabara; BhD: as in MNS).

57 See 4.3.13.

58 dakṣiṇā 'vādhaḥ OBPU (' *absent in* BP).

59 See 10.2.12. (Śabara: as quoted above at 10.2.12; JNMV: as in MNS).

60 tathā 'pratīteḥ OBPU (' *absent in* BP *and added as a correction in* O).

61 See 10.2.12.

62 See 6.6.2.

63 upādeyatvāt saṃbhūya *corr.*; upādeyatvāya OPU (*corr. from* upādeyatvāt saṃbhūya *in* O, *where* tsaṃbhū *and possibly the following* ya *are crossed out*); upādeya B.

64 Cf. TāB 25.10.22–23: 22 plakṣaṃ prāsravaṇam āgamyā 'gnaye kāmāye 'ṣṭiṃ nirvapante tasyām aśvāṃ ca puraṣīṃ ca dhenuke dattvā 23 kārapacavaṃ prati yamunām avabhṛtham abhyavayanti; ĀpŚS 23.13.5–6 (as in TāB except plākṣaṃ prasravaṇaṃ prāpyā 'gnaye°...°nirvapanti°...°aśvāṃ puruṣīṃ°). (Śabara: plākṣaṃ prasravaṇaṃ (ĀĀ: praśravaṇaṃ) prāpyā 'gnaye kāmāyā 'ṣṭākapālaṃ puroḍāśaṃ nirvapanti, tasyām aśvāṃ puruṣīṃ ca dhenuke dattvā prati yamunām avabhṛtham abhyavayanti; ŚD and BhD: plākṣaṃ prasravaṇaṃ prāpyā 'gnaye kāmāyā 'ṣṭākapālaṃ nirvapanti, tasyām aśvāṃ puruṣīṃ ca dhenuke dadyuḥ (ŚD (NSP): plākṣaṃ prastaraṇaṃ°...°aśvāṃ ca puruṣīṃ°; BhD: °nirvapati°); JNMV: as in MNS).

65 aśvāṃ *corr.*; aśvīṃ OBPU.

66 Cf. TāB 25.10.22; ĀpŚS 23.13.6. (See note above for Śabara's quote; JNMV: as in MNS (ĀĀ: aśvāṃ°; Gold. and ĀĀ var.: aśvīṃ°)).

67 āsyupāyicodanā 'bhāvenā OBPU (' *absent in* BP *and added as a correction in* O).

16. darśapūrṇamāsayor yadi patnīḥ saṃyājayan kapālam abhijuhuyād vaiśvānaraṃ dvādaśakapālaṃ nirvapet tasyai 'kahāyanī gaur dakṣiṇā tāṃ dveṣyāya dadyād[68] iti dveṣyāya dānaṃ krayārtham, dakṣiṇāśabdena vyavahṛtasya krayārthatādarśanāt. na. ṛtvigācāryau nā 'ticaritavyāv[69] iti ṛtvijo dveṣyatvāsaṃbhavāt, dveṣyasya ca ṛtviktvābhāvād adṛṣṭārthaṃ dānam.

17. yadi sattrāya saṃdīkṣitānāṃ yajamānaḥ pramīyetā 'tha taṃ dagdhvā kṛṣṇājine 'sthīny upanahya yo 'sya nediṣṭhaḥ syāt taṃ tasya sthāne dīkṣayitvā tena saha yajeraṃs tataḥ saṃvatsare 'sthīni yājayeyur[70] iti saṃvatsare 'tīte śrute yāge 'sthīny eva kartṝṇi, asthiśabdāt. na. asthnāṃ svataḥ saṃvidhānena[71] vā 'kartṛtvāt tallakṣitā jīvanta eva yaṣṭāraḥ, sattrāṅgatvāc ca yājayeyus ta eva.

18. yadā 'sthīni kartṝṇi tadā mantrajapādi kāryam, codakaprāptatvāt. na. asaṃbhavāt.

19. yajamānasaṃmitau 'dumbarī bhavati,[72] śukraṃ yajamāno 'nvārabhata[73] iti mānasparśāv apy acetanatvān na staḥ. na. daṇḍene 'va spraṣṭuṃ mātuṃ ca śakyatvāt.

20. yadi kāmayeta varṣukaḥ parjanyaḥ syān nīcaiḥ sado minuyād[74] iti guṇaphalakāmanā 'py acetanasya nā 'stī 'ti phalārthaguṇasya nā 'nuṣṭhānam.

---

68 Cf. BhŚS 9.16.10 (as in MNS through nirvapet, with recorded variants saṃyājayiṣyan and saṃyojayiṣyat); ĀpŚS 9.14.3 vaiśvānaraṃ dvādaśakapālaṃ nirvaped yadi patnīḥ saṃyājayan kapālam abhijuhuyāt. (Śabara: °ekahāyano gaur dakṣiṇā, taṃ sa dveṣyāya dadyāt; ŚD: as in MNS, except °tāṃ sa dveṣyāya dadyāt; JNMV: as in MNS; BhD: as in Śabara).

69 Traceable? (Śabara, ŚD, JNMV (ĀĀ), and BhD: as in MNS; JNMV (Gold.): °nā 'bhicaritavyau).

70 Cf. TāB 9.8.1, 13: 1 yadi dīkṣitānāṃ pramīyeta dagdhvā 'sthīny upanahya yo nediṣṭhī syāt taṃ dīkṣayitvā saha yajeran; 13 saṃvatsare 'sthīni yājayeyuḥ; ĀpŚS 14.22.11–12; KŚS 25.13.28, 36. (Śabara: °saṃdīkṣitānāṃ pramīyeta taṃ°...°nediṣṭhas taṃ°; ŚD and BhD: °saṃdīkṣitānāṃ pramīyeta taṃ°; JNMV (Gold.): °saṃdīkṣitānāṃ pramīyetā 'tha°; JNMV (ĀĀ): °dagdhvā tasya kṛṣṇājine°).

71 saṃvidhānena *corr.*; saṃnidhānena OBPU. Cf. ŚD na kathaṃ cid api mṛtasya sākṣād vā saṃvidhānād vā kartṛtvaṃ sambhavati.

72 TS 6.2.10.3 yajamānena saṃmitau 'dumbarī bhavati; cf. ĀpŚS 11.10.2. (Śabara: as in TS; BhD: as in MNS).

73 °rabhata OPU; °rabheta B. ĀpŚS 12.22.5; cf. MS 4.6.3 (82.8) śukram anvārabhante.

74 See 3.8.6. (Śabara: yadi kāmayeta varṣet parjanya iti, nīcaiḥ sado minuyāt; ŚD: as in MNS; JNMV: °syād iti nīcaiḥ°; BhD: yadi kāmayeta varṣukaḥ parjanyas syāt).

21. hotrā paṭhyamāne idaṃ dyāvāpṛthivī bhadram abhūd[75] iti sūktavāke āyur āśāsta[76] ityādir yajamānāśāsanapratipādako 'pi bhāgaḥ paṭhanīyaḥ, asthiyajñagataprāyaṇīyeṣṭau prastarapraharaṇasyā 'ṅgatvena, tasmin viniyuktasya sūktavākasya nityatvena tadantargataitadbhāgasyā 'pi nityatvāt. na. āśāsanayogāt kamiyogāt svargasye 'vā 'yurādīnām api phalatvāt, asthnāṃ ca phalecchārahitatvān na pāṭhyaḥ.

22. yaḥ kāmayeta vasīyān[77] syād ity[78] uccaistarāṃ tasya vaṣaṭkuryād[79] ityādihotṛkāmasādhanoccaistvādir [80] anuṣṭheyaḥ, hotur jīvataḥ kāmanāsaṃbhavāt. na. yāṃ vai kāṃ cana yajña ṛtvija āśiṣam āśāsate yajamānāyai 'va tām[81] iti yajamānakāmitasyai 'va hotrā kāmyatvāt, prakṛte tadabhāvāc ca ne 'ti pañca kṛtvā cintayā.

23. maraṇakāmo[82] hy etena yajeta yaḥ kāmayetā 'nāmayaḥ[83] svargaṃ lokam iyām[84] iti śrute sarvasvārakratāv ārbhave stūyamāne audumbarīṃ

---

75 MS 4.13.9 (211.12); TB 3.5.10.1; ĀśŚS 1.9.1. Bloomfield has more. (Absent in Śabara (see following note); JNMV: as in MNS).

76 MS 4.13.9 (212.9); TB 3.5.10.4; ĀśŚS 1.9.5. Bloomfield has more. (Śabara: ayaṃ yajamāna āyur āśāste suprajāstvam āsāste viśvaṃ priyam āśāste yad anena haviṣā 'śāste tad aśyāt tad dadhyāt tad asmai devā rāsantām (=MS; corresponds to TB 3.5.10.4,5; ĀśŚS 1.9.5); ŚD: āyur āśāste; JNMV: āśāste 'yaṃ yajamāno 'sau. āyur āśāste suprajāstvam āśāste).

77 vasīyān *corr.*; vaśīyān OBPU. (ŚD and JNMV: vasīyān; JNMV (ĀĀ var.: vaśīyān).

78 ity *corr.*; aty OBPU.

79 Cf. ĀpŚS 24.14.5 yaṃ kāmayeta vasīyān syād ity uccaistarāṃ tasya yājyāyā vaṣaṭkuryāt. (Śabara has this in a long list: yaṃ kāmayetā 'paśumān syād iti, parācīṃ tasye 'ḍām upahvayeta, apaśumān eva bhavati. yaṃ kāmayeta pramāyukaḥ syād iti, tasyo 'ccaistarāṃ vaṣaṭ kuryāt. yaṃ kāmayeta pāpīyān syād iti, nīcaistarāṃ tasya yājyayā vaṣaṭ kuryāt. yaṃ kāmayeta varṣīyān syād iti uccaistarāṃ tasya yājyayā vaṣaṭ kuryāt (for the first, cf. TS 1.7.1.3; for the others, cf. ĀpŚS 24.14.5); ŚD and BhD: yaṃ kāmayeta pāpīyān syād iti, nīcaistarāṃ tasya yājyayā vaṣaṭ kuryāt. yaṃ kāmayeta vasīyān syād iti uccaistarāṃ tasya yājyayā vaṣaṭ kuryāt (BhD: °uccais tasya°); JNMV: yaṃ kāmayeta vasīyān syād ity uccaistarāṃ tasya vaṣaṭ kuryāt; Kutūhalavṛtti: yaṃ kāmayeta vasīyān syād ity uccaistarāṃ tasya yājyayā vaṣaṭ kuryāt (var.: °yājyāyai°)).

80 ityādihotṛ *corr.*; ityādir hotṛ° OBPU (*possibly* ityādihotṛ° *in* B).

81 ŚB 1.3.1.26; 1.9.1.21 °kāṃ ca yajña ṛtvija āśiṣam āśāsate yajamānasyai 'va sā (same in both ŚB passages). (Śabara: °āśāsate sā sarvā yajamānasya; JNMV °āśāsate yajamānāyai 'va tām āśiṣam āśāsate; BhD: yāṃ vai kāṃ cana ṛtvija āśiṣam āśāsate yajamānasyai 'va tad āśāsate).

82 *In* O *there is a deleted marginal gloss on* maraṇakāmo: niścitamaraṇaḥ.

83 *In* O *there is a marginal gloss on* anāmayaḥ: prativaṃdharahitaḥ.

84 ĀpŚS 22.7.21 maraṇakāmo yajeta yaḥ kāmayetā 'nāmayatā svargaṃ lokam iyām; cf. TāB 17.12.1.

dakṣiṇe deśe 'nāhatena vāsasā pariveṣṭya brāhmaṇāḥ samāpayata[85] me yajñam ṛtvija iti saṃpreṣya saṃviśatī[86] 'ty uktayajamānāgnipraveśottaraṃ svāmyabhāve 'pi samāptiḥ,[87] praiṣānurodhāt. asamāpayitṛtve 'pi yajamānasya phalam. maraṇakāmo 'ṅgīkṛtamaraṇaḥ.

24. atra ca yad yogyaṃ kratvarthaṃ tat kāryam, na tv ayogyam api.

25. āyur āśāsta[88] iti bhāgo yajamānasya mumūrṣutvena dvāralopān na pāṭhyaḥ. na. ārbhavapavamānastotrāt prāg jīvanecchāyā vidyamānatvāt pāṭhyaḥ.

26. hiraṇyam ātreyāya dadātī[89] 'ti hiraṇyadānam ātreyasya ṛtvigbahirbhūtatve 'pi tasmai dānaṃ vilokya niścitaudāryā ānatā bhavantī 'ty ānatyartham. ṛtuyājyāvaraṇaṃ tv ārambhavaraṇavat tathe 'ty ubhayam api sattre na. na. prathamavaraṇenai 'vā 'natisiddher aṅgīkṛtabhṛter adhikadānāsaṃbhavenā 'treyadānasyā 'py ānatyakārakatvād ubhayam apy adṛṣṭārthaṃ sat sattre 'nuṣṭheyam.

27. pavamāneṣṭau na nirvāpaḥ, agnihotrahavaṇyā agnihotrottarabhāvitvena tadānīm abhāvāt. na. guṇalope 'pi mukhyaṃ syād iti nyāyena tadabhāve 'pi nirvāpasyā 'vaśyakatvāt, tadānīm asaṃbhavena tasyā aṅgatvasyai 'vā 'bhāvāc ca.

28. vājapeye śrute saptadaśaśarāve carau caturo muṣṭīn nirvapatī[90] 'ti codakaprāpte muṣṭisaṃkhye staḥ, caturbhir muṣṭibhis saptadaśaśarāvaparimitacaror[91] aniṣpatter bādhye vā, anyatarabādhena pūraṇasaṃbhavāt

---

85 brāhmaṇāḥ samāpayata *corr.*; brāhmaṇān samāpayata OB; brāhmaṇān samāpayeta PU.

86 Cf. ĀpŚS 22.7.24 ārbhave stūyamāne dakṣiṇenau 'dumbarīṃ pattodaśenā 'hatena vasasā dakṣiṇāśirāḥ prāvṛtaḥ saṃviśann āha brāhmaṇāḥ samāpayata me yajñam iti; SatyāŚS 17.3.23 (p. 420) ārbhave stūyamāne dakṣiṇenau 'dumbarīm ahatena vāsasā pattodaśena prāvṛtya dakṣiṇāśirāḥ saṃviśati brāhmaṇāḥ samāpayata me taṃ yajñam iti; TāB 17.12.5; LŚS 8.8.5 (TāB and LŚS lack the praiṣa). (Śabara: ārbhave prastūyamāna audumbarīṃ sadaśena vāsasā pariveṣṭya brāhmaṇāḥ parisamāpayata me yajñam iti saṃpreṣyā 'gniṃ viśati; ŚD: brāhmaṇāḥ samāpayata me yajñam; JNMV: as in MNS, except °dakṣiṇena deśe°, and ṛtvijaḥ omitted; BhD: as in Śabara, except °sampreṣyā 'gniṃ praviśati).

87 samāptiḥ OB; samāpana PU.

88 See 10.2.21. (Śabara: āśāste yajamānaḥ; ŚD: as in MNS; JNMV: yo 'yam āyur āśāste).

89 ŚB 4.3.4.21 ātreyāya hiraṇyaṃ dadāti; ĀpŚS 13.6.12 ātreyāya prathamāya hiraṇyaṃ dadāti. dvitīyāya tṛtīyāya vā. (Absent here in Śabara; JNMV: as in MNS; BhD: as in ŚB).

90 Cf. ĀpŚS 1.18.2 caturo muṣṭīn nirupya nirupteṣv anvopye 'daṃ devānām iti niruptān abhimṛśati; (the mantra occurs at TS 1.1.4.2 n).

91 °śarāvaparimita° PU; °śarāvamita° B; °śarāramita° O.

anyatarad bādhyaṃ vā, dharmatvāt saṃkhyai 'va bādhyatāṃ vā. na. catussaṃkhyāyā nirvāpakriyānvayena muṣṭyaviśeṣaṇatvāt, prathamaśrutatvena tadanugrahasyai 'vo 'citatvād durbalasya muṣṭer eva bādhaḥ, ataś caturbhiḥ kuḍavaiḥ pūraṇam.

29. dyāvāpṛthivyāṃ dhenum ālabheta mārutaṃ vatsam aindraṃ vṛṣabham[92] ityādau dhenvādiśabdānāṃ navasūtikābālapuṃvācakatvād ajabādho na. na. gogataguṇasyai 'va vācakatvena bādhaṃ vinā 'nupapatteś chāgabādhaḥ.

30. vāyavyaṃ śvetam ālabhete[93] 'ty atra śvetaśabdasya yatkiṃcitśvetavācakatvād yena kena cid yāgaḥ. na. codakābādhāya cchāgenai 'va.

31. khalevālī yūpo bhavatī[94] 'ty atra yo yūpaḥ sa khalevālī 'ty uddeśyavidheyabhāve saṃskṛtasya yūpasya khale sthāpayituṃ śakyatvena śabdasya mukhyārthalābhāt khalevālyā api khādiratvam, yā khalevālī sa yūpa iti vākyārthe śāstrīyacchedanādirahitakhalevālyā yūpatvāsaṃbhavena tatkāryalakṣaṇāpatteḥ. evaṃ dadhi madhu ghṛtam āpo dhānās taṇḍulās tatsaṃsṛṣṭaṃ prājāpatyam[95] iti prājāpatyataṇḍulānām avaghātādyabādhārthaṃ vraihatvam. na. uktoddeśyavidheyabhāve khalevālībhavatiśabdayor nairantaryapāṭhasyai 'va kalpyatvena pratyakṣavākyaparityāgād adṛṣṭārthatāpatteś cai 'kaśabde lakṣaṇāyā eva svīkartum ucitatvāt khalevālyā yūpatvābhāve khādiratvābhāvasya kaimutikatvāt, taṇḍulānām eva prājāpatyatvāvagateḥ prakṛtidravyaniyame mānābhāvāc ca na khādiratvavraihatvaniyamaḥ.

32. yūpīyavṛkṣasya lakṣaṇalakṣitatayā sevyatvaniścayarūpaṃ joṣaṇaṃ takṣaṇādayaś ca prakṛtiprāptatvāt khalevālyāṃ kāryāḥ. na. joṣaṇasya[96] vṛkṣatvadaśāyāṃ kartavyatvāt, chedanādīnāṃ khalevālītvanāśakatvāt, yūpatvasaṃpādakānām ayūpe 'narthakatvāc ca na kāryāḥ.

33. paryūhaṇāñjanādayo[97] 'py ayūpatvān nivartante. na. dṛṣṭādṛṣṭasaṃskārasamūhasya kāṣṭhaniṣṭhasya niyojanāṅgatvāt, keṣāṃ cid arthalopāl lope

92 TS 2.1.4.7 dyāvāpṛthivyāṃ dhenum ālabheta; cf. TS 2.1.4.7–8 vāyavyaṃ vatsam ālabheta; cf. TS 2.1.4.6 aindram ṛṣabham (*understand* ālabheta). (Śabara: °aindram ṛṣabham; ŚD and BhD: °ālabheta, vāyavyaṃ vatsam, aindram ṛṣabham; JNMV: as in MNS).

93 TS 2.1.1.1 °ālabheta bhūtikāmaḥ. (Śabara and JNMV: as in TS; ŚD and BhD: as in MNS).

94 See 10.1.5. (Absent here in Śabara; ŚD etc.: as in MNS).

95 See 8.1.19 and 12.2.7. (Śabara: °ghṛtaṃ payo dhānā udakaṃ taṇḍulās tatsaṃsṛṣṭaṃ prājāpatyaṃ bhavati; ŚD: °ghṛtaṃ dhānā udakaṃ taṇḍulās tatsaṃsṛṣṭaṃ prajāpatyam; JNMV: as in MNS (ĀĀ lacks madhu); BhD: as in Śabara but lacking bhavati).

96 *After* joṣa *the text of* E *resumes from* 9.4.13.

97 Cf. ĀpŚS 7.10.2 and 12.

’pi paryūhaṇasya khalevālyām api dṛḍhīkaraṇārthatvena, añjanasya ca prakṛtāv ive ’hā ’py adṛṣṭārthatvenā ’nuṣṭheyatvāt.

34. mahāpitṛyajñe pitṛbhyo barhiṣadbhyo dhānā[98] iti śrutāsv avaghātānuṣṭhāne saktubhāvāpattyā nā ’nuṣṭheyo ’vaghātaḥ. na. kramamātrabādhenā ’dāv avaghātaḥ, tato dhānātvam iti bhāṣye.

vārttike tu tatrai ’va śrute pitṛbhyo ’gniṣvāttebhyo ’bhivānyāyai dugdhe mantham[99] ity atra peṣaṇaṃ na prākṛtam, kramavyatyāsāt, prakṛtau pākāt prāk tat,[100] iha tu pākād uttaraṃ saktubhāvāye ’ti. na. prakṛtiprāptapeṣaṇakramayor bādhād varaṃ kramasyai ’va bādha iti prākṛtam eva peṣaṇam iti taddharmāḥ kāryāḥ. evaṃ prājāpatyeṣṭau śrapaṇapratiprasave ’pi bodhyam. abhivānyā mṛtavatsā dhenuḥ, dravadravye mathitāḥ saktavo manthaḥ. daśame dvitīyaḥ.

Chapter 3

1. cāturmāsyeṣu nava prayājāḥ, vāyavyapaśau mantravān āghāraḥ, tair upadiṣṭaiś[101] cāturmāsyavāyavyayor nairākāṅkṣyān nā ’sti sāmidhenyādir itikartavyatā. na. kḷptopakāraiḥ prākṛtair evā ’ṅgair upakārasyau ’cityāt, viśiṣṭavidhau gauravabhiyā nava prayājāḥ,[102] hiraṇyagarbhaḥ samavartatā ’gra ity āghāram āghārayatī[103] ’ti vākyayoḥ prayājāghārānuvādena saṃkhyāmantramātravidhāyakatvāc ca.

98 TS 1.8.5.1 somāya pitṛmate puroḍāśaṃ ṣaṭkapālaṃ nirvapati, pitṛbhyo barhiṣadbhyo dhānāḥ, pitṛbhyo ’gniṣvāttebhyo ’bhivānyāyai dugdhe mantham. (Śabara: as in TS except puroḍāṣaṃ and nirvapati are omitted; ŚD: as in TS (NSP: °manthanam); JNMV: as in MNS; BhD: pitṛbhyo barhiṣadbhyo dhānāḥ, pitṛbhyo ’gniṣvāttebhyo ’bhivānyāyai dugdhe mantham).

99 TS 1.8.5.1. (JNMV: as in MNS).

100 pākāt prāk tat OEB; pākāt prāgākāvapūrvāvaghāta P; pākāt pūrvaṃ vaghāta U.

101 āghāraḥ tair upadiṣṭaiś OBPU; āghāraḥ tābhyām upadiṣṭābhyām eva E.

102 TB 1.6.3.3; MS 1.10.8 (148.4); ĀpŚS 8.2.14. See Garge, p. 130, who quotes only ĀpŚS 8.20.6 nava prayājānūyājāḥ; he doubts this is the source, since it is taught for the śunāsīrīya and Śabara's quote is for the vaiśvadeva, but the latter claim seems uncertain. (Śabara: nava prayājān yajati, navā ’nuyājān (similar to TB and MS; ĀpŚS 8.2.20 navā ’nūyājān yajati)). (I have not found the quote in this form in other Mīmāṃsā texts).

103 TS 5.5.1.2 (the mantra occurs at TS 4.1.8.3n); cf. ĀpŚS 16.7.8. (This is unclear. These quotes concern the fire-piling rite, but Śabara says his quote occurs at the rite taught by the statement, vāyavyaṃ śvetam ālabheta bhūtikāmaḥ (One desirous of prosperity should offer a white animal to Vāyu). See 1.2.1. Also it is not clear that the ĀpŚS passage refers to an offering to Vāyu).

2. ukto mantra ādyāghāre syāt, prājāpatyatvāt, prajāpatir vai hiraṇyagarbha[104] iti vākyaśeṣāt. na. ādyāghāre yat tūṣṇīm āghārayatī[105] 'ty amantrakatvasya sākṣācchravaṇena mantrakāryasyā 'kḷptatvāt, dvitīyāghāre[106] aindramantravattvena mantrakāryasya kḷptatvāt, indrasyā 'pi prajāpatitvena vākyaśeṣopapatteś cai 'ndramantrasya bādhaḥ.

3. sapaśukeṣu cāturmāsyeṣu utkare vājinam āsādayati,[107] paridhau paśuṃ niyuñjīte[108] 'ty ābhyām adṛṣṭārthe āsādananiyojane vidhīyete, na tu prākṛte 'nūdya guṇaḥ, veder uddhṛtapāṃsūnāṃ tīkṣṇāgrarāśer utkaratvena, paridheś cā 'ṇīyastvena tatro 'ktakāryāsaṃbhavāt. na. lāghavena guṇamātravidhāyakatvāt, mṛdrāśeḥ pṛthvagratvasaṃbhavena, paridher uttaravedyāṃ sthaviṣṭhatvena svalpapātrāsādananiyojanayoḥ[109] saṃbhavād guṇamātravidhiḥ.

4. agnau ākūtim agnim[110] ityādayo dīkṣārthāḥ ṣaṇ mantrāḥ, te prākṛtānām ākūtyai prayuje 'gnaye svāhe[111] 'tyādīnāṃ nivartakāḥ, svāhāśabdāmnānād[112] āhutyupakārakatvenai 'kakāryatvāt, dvādaśa juhotī[113] 'ti śrutadvādaśatvasyā 'vṛttyā 'py upapatteḥ. na. vaikṛtānāṃ homāṅgatvasya mantraka-

---

104 TS 5.5.1.2 prajāpatir vai hiraṇyagarbhaḥ prajāpater anurūpatvāya. (Absent in Śabara; ŚD and BhD: as in TS; JNMV: as in MNS).

105 TS 2.5.11.3 yat tūṣṇīm āghāram āghārayati; 6.3.7.2 (same reading, but concerns the soma rite); cf. ĀpŚS 2.12.7 for the āghāra while thinking of Prajāpati. (Seems absent in Śabara; JNMV (Gold.): tūṣṇīm āghārayati; (ĀĀ): tūṣṇīm āghāram āghārayati).

106 See ĀpŚS 2.14.1 for samantraka āghāra.

107 ĀpŚS 8.2.11 utkare vājinam (*comm.:* āsādayati). (Śabara: °āsādayanti (this and following together in Śabara etc.)).

108 See 9.2.12. (Śabara: °niyuñjanti; ŚD etc.: as in MNS).

109 °tvena svalpapātrāsādana° OEB (sā *in space of tear in* E); °tvena pṛtha agratāmātreṇa sādana° PU.

110 TS 4.1.9.1 ākūtim agniṃ prayujaṃ svāhā, mano medhām agniṃ prayujaṃ svāhā, cittaṃ vijñātam agniṃ prayujaṃ svāhā, vāco vidhṛtim agniṃ prayujaṃ svāhā, prajāpataye manave svāhā, agnaye vaiśvānarāya svāhā; MS 2.7.7 (82.7) (as in TS); KS 16.7 (227.9) (as in TS). Bloomfield has more; see Garge, p. 92. (Śabara: as in TS; ŚD and JNMV: ākūtim agniṃ prayujaṃ svāhā).

111 TS 1.2.2.1 a–c ākūtyai prayuje 'gnaye svāhā, medhāyai manase 'gnaye svāhā, dīkṣāyai tapase 'gnaye svāhā, sarasvatyai pūṣṇe 'gnaye svāhā, āpo devīr bṛhatīr viśvaśaṃbhuvo dyāvāpṛthivī urv antarikṣaṃ bṛhaspatir no haviṣā vṛdhātu svāhā, viśve devasya netur marto vṛṇīta sakhyaṃ viśve rāya iṣudhyasi dyumnaṃ vṛṇīta puṣyase svāhā; MS 1.2.2 (10.11) (as in TS except vurīta instead of first vṛṇīta, and iṣudhyati; KS 2.2 (8.18) (similar to TS, but not as much as is MS). Bloomfield has several. (Śabara: as in TS except vidhātu and iṣudhyati; ŚD and JNMV: as in MNV).

112 svāhā *corr.*; svahā° OBPU.

113 Untraced.

lpyatvenā 'tidiṣṭatulyatvāt, dvādaśa juhotī 'ti samuccayamānāc ca samuccayaḥ.

5. ādhānoktayai 'kā deye[114] 'tyādidakṣiṇayā samuccitā punarādhāne punarniṣkṛto ratho dakṣiṇā,[115] ubhayīr dadāty ādheyikīḥ punarādheyikīś ce[116] 'ti samuccayokteḥ. na. ekakāryatvena, upadiṣṭasyā 'tidiṣṭabādhakatvena co 'padiṣṭāyā eva yuktatvāt, ubhayīr dadātī 'ty ubhayor dattadīyamānayor anuvādāt. bhagnasamāhitaḥ punarniṣkṛtaḥ.[117]

6. vāso dakṣiṇā, vatsaḥ prathamajo dakṣiṇe[118] 'ty āgrayaṇadakṣiṇā 'virodhād anvāhāryasamuccitā. na. ekakāryatvena virodhāt.[119]

7. dakṣiṇasadbhya upahartavā iti saṃpreṣyatī[120] 'tyādayo 'nvāhāryadharmā anvāhāryanimittatvād vāsovatsayor na syuḥ. na. ānatidvārā 'pūrvasādhanaprayuktatvād dharmāṇām abādhaḥ.

8. pūrvoktanītito dharmātideśāt syāt pāko 'pi. na. nāśaprasaṅgāt, taṃ svīkṛtya māṃsadāne śrutahānāśrutakalpanāpatteḥ.

9. vināśābhāvataḥ pāko vāsasi syāt. na. vaiyarthyāt.|

10. āghāro 'pi svādutāyā abhāvān no 'bhayor api.||

11. gauś cā 'śvaś cā 'śvataraś ca gardabhāś cā 'jāś cā 'vayaś ca vrīhayaś ca yavāś ca tilāś ca māṣāś ca tasya dvādaśaśataṃ dakṣiṇe[121] 'ti deyadra-

---

114 See 6.7.10. (Śabara: ekā deyā ṣaḍ deyā dvādaśa deyāś caturviṃśatir deyāḥ śataṃ deyaṃ sahasraṃ deyam aparimitaṃ deyam; ŚD: as in MNS; JNMV: ekā deyā ṣaḍ deyā dvādaśa deyā).

115 TS 1.5.2.4 punarniṣkṛto ratho dakṣiṇā, punarutsyūtaṃ vāso dakṣiṇā, punarutsṛṣṭo 'naḍvān. (Here Śabara has: punarutsyūtaṃ vāso dakṣiṇā, punarutsṛṣṭo 'naḍvān; ŚD: punarniṣkṛto ratho dakṣiṇā, punarutsyūtaṃ vāsaḥ; JNMV: as in MNS).

116 ĀpŚS 5.28.19 ubhayīr dakṣiṇā dadāti; 5.29.1 āgnyādheyikīḥ paunarādheyikīś ca punarniṣkṛto ratha ity etāḥ śatamānaṃ ca hiraṇyam. (Śabara: ubhayīr dadāti, agnyādheyikīś ca punarādheyikīś ca; ŚD: ubhayīr dadāti (NSP: ubhayor dadāti); JNMV: as in MNS, except °paunarādheyikīś ca; BhD: as in Śabara).

117 bhagnasamāhitaḥ punarniṣkṛtaḥ OBPU (*in margin in* O); *this is om. here in* E, *but written at the end of adhikaraṇa 6 below.*

118 Cf. ĀpŚS 6.30.7; BhŚS 6.17.19; 6.18.3; VaiŚS 8.1 (79.11) prathamajo vatso dakṣiṇā. Garge, pp. 78 and 113, traces this to TB 1.6.3.2, but that passage concerns the vaiśvadeva parvan of the cāturmāsya sacrifices.

119 *Here* E *has* bhagnasamāhitaḥ punarniṣkṛtaḥ (*see note above*).

120 ĀpŚS 3.4.1–4: 1 dakṣiṇasadbhya upahartavā iti saṃpreṣyati 2 ye brāhmaṇā uttaratas tān yajamāna āha dakṣiṇata ete 'ti 3 tebhyo 'nvāhāryaṃ dadāti brāhmaṇā ayaṃ va odana iti 4 pratigṛhīta uttarataḥ parīte 'ti saṃpreṣyati. (Absent in Śabara; JNMV: as in ĀpŚS, except °dakṣiṇāsadbhya° (in Gold. and ĀĀ var.), odanaḥ in place of odana iti (ĀĀ), and °pratigṛhṇīta°).

121 Cf. TāB 16.1.10–11 °māṣāś cai 'tasyām eva virāji pratitiṣṭhati tasya dvādaśaṃ śataṃ dakṣiṇāḥ. See Edgerton, p. 148, note 183, and p. 155, note 198.

vyāṇy anukramya saṃkhyāvaddakṣiṇāvidhau dravyāṇāṃ prādhānyāt, pradhānagāmitvāc ca guṇānāṃ pratyekaṃ saṃkhyā, vākyabhedāpatter militānāṃ vā, dvādaśādhikaśatāntargatadvitrādisaṃkhyāyā dhānyeṣv anucitatvena katipayaviṣayatva aucityāt paśūnāṃ vā, ekavacanabalād yatkiṃcidekaviṣayatve saṃnidhānān māṣāṇāṃ vā. na. teṣu prasthādiparimāṇasaṃkhyāyā evo 'citatvāt, prāthamyāt, upakāraviśeṣādhāyakatvāc ca gor eva dvādaśaśatasaṃkhyā. prakaraṇād vākyasya balitvena tasye 'ty asya godravyaparatvam.

12. uktasaṃkhyānāṃ gavāṃ vibhāgo na kāryaḥ, ṛtvigbhyo dakṣiṇāṃ dadātī[122] 'ti bahuvacanena samūhasya pratigrahītṛtvāt. na. grahaikatvavad bahutvāvivakṣayai 'kaikasya pratigrahītṛtve[123] vibhāgāvaśyakatvāt.

13. vibhāgaś ca samaḥ prayāsānurūpo vā, loke tathādarśanāt. na. ardhino dīkṣayati pādino dīkṣayatī[124] 'tyāder dvādaśāhe ardhitvādyanuvādasya mukhyārdhādidakṣiṇāgamakatvāt tādṛśavibhāga eva.

14. athai 'ṣa bhūr[125] iti bhūnāmny[126] ekāhe dhenur dakṣiṇe[127] 'ty atra yā gauḥ sā dhenur ity uddeśyavidheyabhāvasyau 'cityād gosāmānyamātrabādhaḥ. na. dakṣiṇe 'ty ekavacanena prakṛtau gavādimāṣāntānām ekadakṣiṇātvāt, dakṣiṇānuvādenā 'tra dhenuvidhānāc ca gavādibādhakatvam.

15. yasya somam apahareyur ekāṃ gāṃ dakṣiṇāṃ dadyād[128] iti saṃkhyāviśiṣṭadravyaṃ vidhīyamānaṃ kāryaikyāt kṛtsnadakṣiṇāṃ nivartayet.

---

122 See 3.7.17. (Absent here in Śabara; ŚD etc.: as in MNS).

123 pratigrahītṛtve *corr.*; pratigṛhītṛtve OEB; pratigṛhītatve P; pratigṛtṛtve U.

124 ĀpŚS 21.2.17, 19: 17 tatas taṃ (*understand* adhvaryum) pratiprasthātā dīkṣayitvā 'rdhino dīkṣayati 19 tatas tam (*understand* neṣṭāram) unnetā dīkṣayitvā pādino dīkṣayati; SatyāŚS 16.1.36 (p. 352) pratiprasthātā 'dhvaryuṃ dīkṣayitvā 'rdhino dīkṣayati...unnetā neṣṭāraṃ dīkṣayitvā pādino dīkṣayati. (Śabara: adhvaryur gṛhapatiṃ dīkṣayitvā brahmāṇaṃ dīkṣayati, tata udgātāraṃ, tato hotāram. tatas taṃ pratiprasthātā dīkṣayitvā 'rdhino dīkṣayati. brāhmaṇācchaṃsinaṃ brahmaṇaḥ, prastotāram udgātuḥ, maitrāvaruṇaṃ hotuḥ. tatas taṃ neṣṭā dīkṣayitvā tṛtīyino dīkṣayati. agnīdhaṃ brahmaṇaḥ, pratihartāram udgātuḥ, acchāvākaṃ hotuḥ. tatas tam unnetā dīkṣayitvā pādino dīkṣayati. potāraṃ brahmaṇaḥ, subrahmaṇyam udgātuḥ gāvastutaṃ hotuḥ. tatas tam anyo dīkṣayati, brahmacārī vā 'cāryapreṣitaḥ (cf. ĀpŚS 21.2.16–3.1); JNMV: as in MNS).

125 Cf. ĀpŚS 22.7.26 bhuvo 'kthyena rathaṃtarasāmnā bhūtikāmo yajeta. (Śabara: athai 'ṣa bhūr vaiśvadevas trivṛd eva sarvas tasya viśvavatyaḥ stotrīyā dhenur dakṣiṇā; ŚD: athai 'ṣa bhūr vaiśvadevaḥ, tasya dhenur dakṣiṇā; JNMV and BhD: as in MNS).

126 bhūnāmny OB; bhūtānāmny EPU.

127 ĀpŚS 22.7.27. (For Śabara and ŚD, see preceding note; JNMV and BhD: as in MNS).

128 Cf. TB 1.4.7.5, 7: 5 yasya krītam (*understand* somam) apahareyuḥ 7 ekāṃ gāṃ dakṣiṇāṃ dadyāt tebhya eva; ĀpŚS 14.24.10, 18: 10 yadi krītaṃ (*understand* somam apahareyuḥ) yo nediṣṭhī syāt tata āhṛtyā 'bhiṣuṇuyāt 18 (as in TB 1.4.7.7).

na. saṃnidhānāt, goprāpteś ca gavānuvādena saṃkhyāmātravidhānād gogatasaṃkhyāmātrabādhaḥ.

16. sādyaskre śrutas trivatsaḥ sāṇḍaḥ somakrayaṇaḥ[129] puṃgavatvād vṛṣabhamātrabādhakaḥ, na tv ajāhiraṇyādeḥ.[130] na. sāṇḍoddeśena trivatsavidhāv agnīṣomīyādāv api tadāpatteḥ krayoddeśena trivatsavidhānāt krayasādhanamātraṃ bādhyam.

17. aśvamedhe hiraṇmayau[131] prākāśāv adhvaryave dadātī[132] 'ty atra karmakārakavācidvitīyāśrutyā kṛtena dānakriyāsaṃbandhena vākyīyādhvaryusaṃbandhasya bādhitatvād deyadravyamātrabādhaḥ.[133] adhvaryupadam ṛtviṅmātraparam. na. saṃpradānavācicaturthīkṛtasyā 'dhvaryudānasaṃbandhasyā 'pi sattvāt saṃpradānaviśiṣṭadānakriyāsaṃbandhe 'pi dvitīyopapatter adhvaryupadāvaiyarthyāyā 'dhvaryubhāgamātrabādhaḥ. prākāśau dīpastambhau, darpaṇāv ity anye.

18. upahavyanāmny ekāhe śrute aśvaḥ śyāvo rukmalalāṭo dakṣiṇā sa brahmaṇe deya[134] ity atra prākāśanyāyena dānasaṃbandhād brahmabhāga-

---

(In Śabara, JNMV, and BhD the quote continues: abhidagdhe pañca gāḥ; ŚD: yadi somam°, and the quote continues: abhidagdhe some pañcagāḥ dadyāt (cf. ĀpŚS 14.25.3–4: 3 abhidagdhe tu tatprāyaścittaṃ yad apahṛte 4 goḥ sthāne pañca gā dadyāt. pañca vā varān)).

129 TāB 16.13.9; ĀpŚS 22.2.25. (This is presented as a quote in Śabara, ŚD, JNMV, and BhD). (Śabara: sāṇḍas trivatsaḥ somakrayaṇaḥ spardhamānānām (cf. ĀpŚS 22.2.9 tasmin kāmāḥ spardhāyāṃ bhrātṛvyatistīrṣā svargaḥ paśavo vā); ŚD etc.: as in MNS). See 9.1.16.

130 Cf. TS 6.1.10.1–2. Here Śabara has: ajayā krīṇāti, hiraṇyena krīṇāti, ṛṣabheṇa krīṇāti, aśvaśaphena krīṇāti, vāsasā krīṇātī 'ty ādīni (BI: ity evamādīni).

131 mayau *corr.*; °mayo OEBPU.

132 Untraced. Cf. ŚB 5.4.5.22 hiraṇmayau prākāśāv adhvaryubhyām (*understand* dadāti); ĀpŚS 18.21.6 hiraṇyaprākāśāv adhvaryave dadāti; TS 1.8.18.1; TāB 18.9.10; KŚS 15.8.25; BŚS 12.18 (114.7); LŚS 9.2.13. (But these are for the *rājasūya*, not the *aśvamedha*. The Kutūhalavṛtti introduces the quotation "*prākāśāv adhvaryave dadāti*" as occurring in the *daśapeya soma* rite in the *rājasūya*. It says that Śabara's attribution of the quote "*hiraṇyamayaprākāśāv adhvaryave dadāti*" to the *aśvamedha* is made with intended reference to another *śākhā*).

133 bādhitatvād deyadravya° OEB; vādhitatvād uddeśyadravya° PU.

134 TāB 18.1.20–22: 20 aśvaḥ śyāvo dakṣiṇā. 21 sa hy aniruktaḥ. 22 sa brahmaṇe deyaḥ; SatyāŚS 17.4.4 (p. 429) aśvaḥ śyāvo dakṣiṇā. sa brahmaṇe deyaḥ; ĀpŚS 22.9.8, 10: 8 upahavyenā 'gniṣṭomenā 'niruktena grāmakāmo yajeta 10 (as in SatyāŚS except śveto instead of śyāvo). (Śabara: upahavyo 'niruktaḥ. tenā 'bhiśasyamānaṃ yājayet. agniṣṭomo yajñaḥ pañcadaśastomo rathaṃtarasāmā, aśvaḥ śveto dakṣiṇā. upahavyo 'niruktaḥ. tenā 'bhiśasyamānaṃ yājayet. ukthyo yajñaḥ saptadaśastomo bṛhatpṛṣṭhaḥ, aśvaḥ śyāvo rukmalalāṭo dakṣiṇā; and, sa hy aniruktaḥ sa brahmaṇe deyaḥ (cf. TāB 18.1 (including 18.1.10 abhiśasyamānaṃ yājayet); ĀpŚS 22.9.8, 10; SatyāŚS

mātrabādhaḥ. na. dakṣiṇāpadasaṃnidher dakṣiṇānuvādena śyāvāśvavidhānāt kṛtsnabādhaḥ. sa hy anirukta[135] ity anena vyavahitatvāt spaṣṭabhedena sa brahmaṇe deya ity anena tasya brahmavyatiriktapuruṣāntarasaṃbandho bādhya ity anyeṣāṃ laukikadānenā 'natiḥ.

19. ṛtapeye audumbaraḥ somacamaso dakṣiṇā sa priyāya sagotrāya brahmaṇe deya[136] iti somacamasas tu brahmabhāgamātrabādhakaḥ, yat paśūn dadyāt so 'nṛtaṃ kuryād[137] iti paśudānanindayā 'nyadānaprāpteḥ. na. vidhitsitasomacamasastutyarthatvād uktanindārthavādasya pūrvādhikaraṇanyāyenai 'va nirṇayaḥ. avyavadhāne 'pi vākyabhedo durapalāpaḥ.

20. vājapeye yajuryuktaṃ ratham adhvaryave dadātī[138] 'ty atra prākāśanyāyād adhvaryubhāgāntarabādhaḥ. na. atyantāprāptaprākāśavidhyapekṣayā [139] pakṣaprāptayajuryuktarathaniyamena vailakṣaṇyāt, vājapeye prākṛtagavāśvādidakṣiṇābādhakānāṃ rathaśakaṭadāsīniṣkādīnāṃ [140] saptadaśasaṃkhyāyuktānāṃ vidhānena, kasya ko ratha ity atra niyāmakābhāvena cā 'dhvaryave 'pi uktarathasya pakṣaprāpter na rathāntarabādhaḥ, na vā śakaṭādibādhaḥ. indrasya vajro 'sī[141] 'tyādiyajurvedoktair mantrair yajamānārohaṇāya sajjīkṛto mukhyo ratho yajuryukto rathaḥ. daśame tṛtīyaḥ.

17.4.4); ŚD and BhD have two quotes: upahavyo 'niruktaḥ, and, aśvaḥ śyāvo dakṣiṇā, sa hy aniruktaḥ, sa brahmaṇe deyaḥ; JNMV: as in MNS (ĀĀ: °śyāmo°, but śyāvāśvaḥ in JNM)). (Cf. Śabara at JS 2.4.8 (adhikaraṇa 2) where he refers to distinctive texts of two traditions: upahavyo 'nirukto 'gniṣṭomo yajñaḥ, rathaṃtarasāmā 'śvaḥ śyāvo dakṣiṇā; and, upahavyo 'nirukta ukthyo yajño bṛhatsāmā 'śvaḥ śveto rukmalalāṭo dakṣiṇā).

135 TāB 18.1.21. See preceding footnote.

136 Cf. ĀpŚS 22.9.18 audumbaraś camasaś catuḥsraktiḥ somasya pūrṇaḥ sagotrāya priyāya brahmaṇe deyaḥ; TāB 18.2.10–12: 10 somacamaso dakṣiṇā devatayai 'va devatā apyeti 11 audumbaro bhavaty ūrg udumbara ūrjam evā 'varundhe 12 sagotrāya brahmaṇe deyaḥ somapīthasyā 'vidohāya; JB 2.159 somacamaso dakṣiṇā bhavati.

137 Untraced. (Cf. KŚS 22.8.25 Karka's comm.: satyaṃ vā ṛtapeyo 'nṛtaṃ paśavo 'nṛtaṃ kuryād ya ṛtapeye paśūn dadyāt). (Śabara: ṛtaṃ vai somo 'nṛtaṃ paśavo yat paśūn dadyāt so 'nṛtaṃ kuryāt, audumbaraḥ somacamaso dakṣiṇā; ŚD (LKSV): as in Śabara, but only through kuryāt; ŚD (NSP), JNMV, and BhD: as in MNS).

138 ĀpŚS 18.3.10 yajuryuktam (*understand* ratham) adhvaryave dadāti.

139 prākāśavidhyapekṣayā *corr.*; °prakāśavidhyapekṣayā O (*corr. from* °prakāśāpekṣayā); °prākāśāvidhyapekṣayā BPU; °prakāśāpekṣayā E.

140 Cf. ĀpŚS 18.3.4.

141 TS 1.7.7.1 b; ĀpŚS 18.3.1. Bloomfield has many others. (Absent in Śabara; JNMV: as in MNS).

Chapter 4

1. nakṣatreṣṭāv agnaye svāhā kṛttikābhyaḥ svāhā ambāyai svāhā dulāyai svāhe[142] 'tyādayaḥ samantrā upahomāḥ, śyene lohitoṣṇīṣā lohitavasanā nivītā ṛtvijaḥ pracarantī[143] 'ti nivītam, pṛṣṭhye ṣaḍahe madhv āśayed ghṛtaṃ ve[144] 'ti madhvaśanaṃ ca prākṛtān nāriṣṭahomān, upavītam, paya ādivrataṃ ca bādhante, ekakāryatvāt. na. uktānām arthānām apūrvārthatvena, apūrvasya bhinnatvena ca samuccayaḥ. nivītopavītayor api vāsobhyām aviruddhaḥ saḥ. alpena payasā tṛptyāder adarśanena vratam apy adṛṣṭārtham. ubhayatra kṛtvā cintā vā.

2. somāraudraṃ caruṃ nirvapet kṛṣṇānāṃ vrīhīṇām abhicarann[145] ity atra śrutaṃ śaramayaṃ barhir[146] mayaṭśabdena prācuryokteḥ kuśabarhir na bādhate. na. nityaṃ vṛddhaśarādibhya[147] iti pratipadoktavikārārthakamayaṭas tyāgāyogāt, kāryāntarakalpanāpatteś ca vikāre mayaṭ. ataḥ kuśānāṃ bādhaḥ.

yad vā. vājapeye rathaghoṣeṇa māhendrasya stotram upākarotī[148] 'ty atra tatpuruṣe pūrvapadalakṣaṇāpradhānārthatvāpatter [149] dvandvasamāse mantrabarhirbhyāṃ stotram upākarotī [150] 'ty uktayoḥ prākṛtayor mantra-

---

142 TB 3.1.4.1. (Śabara: agnaye kṛttikābhyaḥ puroḍāśam aṣṭākapālaṃ nirvapet. so 'tra juhoti. agnaye svāhā, kṛttikābhyaḥ svāhā, ambāyai svāhā, nitatnyai svāhā, abhrayantyai svāhā, meghayantyai svāhā, varṣayantyai svāhā, cupuṇikāyai svāhā (TB 3.1.4.1: as in Śabara except, sa (*understand* agniḥ) etam agnaye kṛttikābhyaḥ puroḍāśam aṣṭākapālaṃ niravapat...so 'tra°...°ambāyai svāhā dulāyai svāhā nitatnyai svāhā); JNMV: as in MNS).

143 ĀpŚS 22.4.23; ṢaḍB 4.2.22 °lohitavāsaso°.

144 TāB 13.12.14, 15; ĀpŚS 21.8.8, 9. See 9.2.12.

145 MS 2.1.6 (7.13) saumāraudraṃ°; KS 11.5 (150.6) (as in MS). See Garge, p. 104, who thinks MS is the more likely source, since at JS 10.7.64 this quote occurs with one which is found only in MS (see MNS 10.7.19). (Śabara and JNMV (ĀĀ): saumāraudraṃ°; JNMV (Gold.) and BhD: as in MNS).

146 MS 2.1.6 (7.15) śaramayaṃ barhir bhavati; KS 11.5 (150.10) śaramayaṃ barhiḥ. (Śabara and JNMV: as in MS; BhD: as in MNS).

147 P 4.3.144. (Absent in Śabara; JNMV: as in MNS).

148 Cf. MŚS 7.2.2.5 mahendrasya rathaśabdena darbhābhyāṃ stotram upākaroti. (In Śabara and JNMV the quote continues: dundubhighoṣeṇa māhendrasya stotram upākaroti (MŚS 7.2.2.11 dundubhiśabdena stotram upākaroti yadi na stanayet; cf. ĀpŚS 18.5.1, 2, and 6); ŚD and BhD: as in MNS (ŚD (NSP): °māhendrastotram°)).

149 °lakṣaṇā 'pradhānā° OEBPU (' *absent in* P).

150 Untraced. Cf. ĀpŚS 12.17.9 asarjy asarji vāg asarjy aindraṃ saho 'sarjy upāvartadhvam iti barhirbhyām anyāni pavamānebhyaḥ stotrāṇy upākaroti; MŚS 2.4.2.38–39, 38 dakṣiṇena hotrīyaṃ prastotre darbhau prayachann upāvartadhvam abhisarpa yajamāne 'ti stotram upākaroti 9 evam ata ūrdhvaṃ stotrāṇy upākaroty antyatra

barhiṣor[151] madhye barhiṣo ratho bādhakaḥ, mantrasya ghoṣaḥ. na. itaretara-dvandve dvivacanāpatteḥ, samāhāre padadvayalakṣaṇāpatter varaṃ pūrva-padalakṣaṇāvāṃs tatpuruṣaḥ. ato rathasya ghoṣo dvayor bādhakaḥ. evaṃ dundubhighoṣeṇe 'ty atrā 'pi. upākaraṇaṃ stotraṃ prati preraṇam.

3. bṛhaspatisave bārhaspatyaṃ grahaṃ gṛhṇāti,[152] viṣuvaty arkaṃ gṛhṇāti,[153] mahāvrate śukraṃ gṛhṇāti,[154] aśvamedhe sauvarṇarājatābhyāṃ mahimānau gṛhṇātī[155] 'tyādayo grahā gṛhṇāter yāganiṣpādanarūpakāryaikyabodhakatvād aindravāyavādīn bādhante. na. pṛthagyāgasaṃbandhābhāvena prākṛtānāṃ saṃbhūyakāritvena samuccayavad upadiṣṭātidiṣṭānāṃ samuccayopapatteḥ, uktavākyānāṃ ca prākṛtakḷptakāryānanuvādenai 'vā 'pūrvagrahaṇakriyāvidhāyakatvāt, somagrahāḥ surāgrahāś ce[156] 'ti samuccayamānāc ca.

4. vājapeye saptadaśa prājāpatyān paśūn ālabhata[157] iti prājāpatyāḥ prākṛtānām āgneyādīnāṃ bādhakāḥ, kḷptakāryapaśuśabdaśruteḥ. na. paśvanuvādena saṃkhyādevatāvidhau vākyabhedāpatteḥ, karmāntaravidhānenā 'prākṛtakāryatvāt, atha kasmād vājapeye sarve yajñakratavo 'varudhyanta iti

---

pavamānābhyām; ŚB 4.2.5.5–8; KŚS 9.14.4 stotram upākaroti tṛṇābhyāṃ graham upaspṛśyo 'pāvartadhvam iti. (Prabhāvalī on BhD quotes the asarji etc. mantra here). (Śabara: upāvartadhvam iti darbhābhyāṃ stotram upākaroti; JNMV: as in Śabara except barhirbhyām instead of darbhābhyām).

151 maṃtrabarhiṣor OBPU (*corr. in* O, *possibly from* maṃtrahaviṣor); maṃtrahaviṣor E.

152 vārhaspatyaṃ grahaṃ gṛhṇāti PU; bārhaspatyaṃ gṛhṇāti OEB. Cf. ĀpŚS 22.7.8 bṛhaspate juṣasva na iti bārhaspatyam atigrāhyaṃ gṛhṇāti (the mantra occurs at TS 1.8.22.2 e); SatyāŚS 17.3.8 (p. 418) (as in ĀpŚS); KŚS 22.5.13 atigrāhyavad grahaṃ gṛhṇāti bṛhaspate ati yad arya iti (the mantra occurs at TS 1.8.22.2 g; VS 26.3). (Śabara etc.: bārhaspatyaṃ grahaṃ gṛhṇāti).

153 Untraced. ĀpŚS 21.21.16 refers to a draught for Indra arkavat at the gavāmayana, but this does not seem to occur at the viṣuvat. (Śabara: arkaṃ grahaṃ gṛhṇāti; ŚD etc.: as in MNS).

154 Untraced. (Śabara: śukraṃ grahaṃ gṛhṇāti; ŚD and JNMV: as in MNS).

155 Cf. ŚB 13.5.2.23 (for the gold vessel); 13.5.3.7 (for the silver); ĀpŚS 20.13.2 (where the order of vessels is reversed); TB 3.9.10.1 (but without reference to silver and gold). (Śabara and ŚD (LKSV): sauvarṇarājatābhyāṃ mahimānau grahau gṛhṇāti; ŚD (NSP), JNMV, and BhD: as in MNS).

156 Cf. TB 1.3.3.2 saptadaśa prājāpatyā grahā gṛhyante. saptadaśaḥ prajāpatiḥ...somagrahāṃś ca surāgrahāṃś ca gṛhṇāti; 1.3.3.5 pūrve somagrahā gṛhyante. apare surāgrahāḥ; ĀpŚS 18.2.7 vyatiṣaṅgaṃ somagrahaiḥ surāgrahān gṛhṇāti; (and neighboring sūtras). (Śabara: saptadaśai 'te grahā gṛhyante, dvaye prājāpatyāḥ somagrahāḥ surāgrahāś ca; JNMV: as in MNS).

157 TB 1.3.4.3. See 2.2.7.

paśubhir iti brūyād āgneyaṃ paśum ālabhate 'gniṣṭomam etenā 'varundhe[158] ity avarodhāmnāne siddhavad anuvādāc ca.

5. sāṃgrahaṇyām āmanam asy āmanasya devā iti tisra āhutīr juhotī[159] 'ty atra tritvaliṅgād anuyājā bādhyantām, tadanuvādena mantravidher mantro vā. na. tritvamātrānuvādena mantravidhāne tasyā 'nyatrā 'pi sattvenā 'tantratvāt, tritvaviśiṣṭāhutyanuvāde viśiṣṭoddeśena vākyabhedāpātāt karmāntaravidhānam. ato na bādhaḥ.

6. gavāmayane mahāvratanāmny ekāhe patnaya upagāyantī[160] 'ti śruteḥ prākṛtānām ṛtvijām upagātṝṇāṃ bādhaḥ. na. dikṣu dundubhayo nadantī[161] 'ti pūrvāmnātānāṃ dundubhigānānām upagānasya kāṇḍavīṇādijasyā 'ta eva dundubhinadanasajātīyasya patnīkartṛkasyā 'prākṛtakāryasya vidhānāt, tantrīśabde 'pi gānaśabdaprayogeṇā 'śārīrasyā 'pi gānatvāvyāhater na bādhaḥ.

7. añjanābhyañjanākhya ekonapañcāśadrātre sattre gauggulavena prātaḥsavane abhyañjanaṃ paitudāraveṇa mādhyaṃdine savane saugandhikena tṛtīyasavana[162] iti gauggulavādibhir abhyañjanaṃ prākṛtaṃ navanītābhyaṅgaṃ bādhate, lepajanyasarīrasneharūpakāryasyai 'kyāt. na. gauggulavā-

---

158 Cf. TB 1.3.4.1 brahmavādino vadanti. nā 'gniṣṭomo no 'kthyaḥ. na ṣoḍaśī nā 'tirātraḥ. atha kasmād vājapeye sarve yajñakratavo 'varudhyanta iti. paśubhir iti brūyāt, āgneyaṃ paśum ālabhate. agniṣṭomam eva tenā 'varundhe. aindrāgneno 'kthyam. aindreṇa ṣoḍaśinaḥ stotram. sārasvatyā 'tirātram. mārutyā bṛhataḥ stotram. etāvanto vai yajñakratavaḥ. tān paśubhir evā 'varundhe. (Śabara: as in TB, except °brūyāt. yad āgneyaṃ°...°gniṣṭomaṃ tenā°...°aindreṇa ṣoḍaśinam, sārasvatyā°...°mārutyā bṛhatstotram°; JNMV: as in TB, except °'gniṣṭomam etenā 'varundhe° (this is ĀĀ; Gold. and ĀĀ var. as in TB) and °mārutyā bṛhatstotram°).

159 TS 2.3.9.3; 2.3.9.1 b (for the mantra); cf. ĀpŚS 19.23.9. Bloomfield has several citations for the mantra.

160 TS 7.5.8.3; ĀpŚS 21.17.4 bhadraṃ sāma patnaya upagāyanti. (Śabara: patnya upagāyanti, piccholābhir upagāyanti, kāṇḍavīṇādibhir upagāyanti, āpāṭalikābhir upagāyanti (cf. ĀpŚS 21.17.16 nikalpante patnayo 'pāghāṭalikās tambalavīṇāḥ picchola iti (see Caland's note); TāB 5.6.8 taṃ (*understand* udgātāram) patnyo 'paghāṭilābhir upagāyanti (see Caland's note); LŚS 8.4.5–7: 5 paścimeno 'pagātṝn dve dve ekaikā patnī kāṇḍavīṇāṃ pichorāñ ca vyatyāsaṃ vādayet 6 upamukhaṃ pichorāṃ vādanena kāṇḍamayīm 7 tā apaghāṭilā ity ācakṣate; KS 34.5 (39.8) kāṇḍavīṇā vadanti); ŚD etc.: as in MNS).

161 Cf. KS 34.5 (39.6) dundubhayo vadanti yā dikṣu vāk tāṃ tenā 'varundhate; ĀpŚS 21.18.1 dikṣu dundubhīn prabadhnanti. sraktiṣu vā mahāvedeḥ; TāB 5.5.18 sarvāsu sraktiṣu dundubhayo vadanti.

162 TāB 24.13.4 gauggulavena prātassavane saugandhikena mādhyandine savane paitudāraveṇa tṛtīyasavane. (Śabara: °prātaḥsavane samañjate, abhi vā 'ñjate. pailudāraveṇa°; ŚD and BhD: gauggulavena prātaḥsavane abhyañjate; JNMV: °mādhyandinasavane° (Gold.); °prātaḥsavane 'bhyañjate° (ĀĀ and Gold. var.:); °prātaḥsavane 'bhyañjanam° (Gold. and ĀĀ var.)).

dilepasya raukṣyārthatvāt, nāvanītasya[163] snehārthatvād bhinnakāryatayā sutyādīkṣākālikatvena ca na bādhyabādhakatā.

8. mahāvrate tārpyaṃ[164] yajamānaḥ paridhatte darbhamayaṃ patnī 'ti[165] ghṛtāktakambalarūpatārpyadarbhamayābhyām[166] ahatavastrabādhaḥ,[167] paridhānayogeno 'bhayor api guhyācchādakatvāt. na. uktayor guhyācchādanāsāmarthyeno 'paritanaprāvaraṇatvāt kāryabhedaḥ.

9. tatrai 'va ślokena purastāt sadasaḥ stuvate 'nuślokena paścād[168] iti ślokānuślokādināmabhiḥ sāmabhiḥ prākṛtāny ājyapṛṣṭhastotragatarathantarādīni bādhyāni, stuvata iti liṅgāt. na. stutim anūdya deśasāmnor vidhāne vākyabhedāpatteḥ kāryāntarāya viśiṣṭavidhānam.

10. vikṛtiviśeṣe kautsaṃ bhavati, kāṇvaṃ bhavatī[169] 'ti kautsādināmakaṃ sāma prākṛtena samuccitam, prākṛtastutiliṅgasyā 'bhāvāt. na. kratvaṅgasya prakaraṇāt sāmarthyāt stutihetutā, ataḥ kāryaikyato bādhaḥ.[170]

---

163 nāvanītasya OEB; navanītasya PU (*corr. from* nāvanītasya in U). (*Cf.* JNMV *for* nāvanīta).

164 tārpyaṃ E (*corr. from* tāryaṃ); tāryaṃ OBPU.

165 darbhamayaṃ patnī 'ti *corr.*; darbhamayīṃ patnīm iti OBEPU. Untraced. Cf. TB 1.3.7.1 tārpyaṃ yajamānaṃ paridhāpayati...yajñenai 'vai 'naṃ samardhayati. darbhamayaṃ paridhāpayati; ŚB 5.2.1.8 (for patnī's darbha garment); (but both of these are for the vājapeya). (Śabara etc.: °darbhamayaṃ patnī (Śabara (BI): tāryyaṃ°; ŚD (NSP) and JNMV (ĀĀ): tāryaṃ)).

166 °tārpya° E (*corr. from* °tārya°); °tārya° OBPU.

167 See 6.8.7.

168 TS 7.5.8.1–2 °stuvanty anuślokena°; cf. TāB 5.4.10. (Śabara: °paścāt sadasaḥ krauñcena cātvālam avekṣamāṇaḥ (untraced; cf. TS 7.5.8.1 yat krośena cātvālasyā 'nte stuvanti; TāB 5.4.5 vasiṣṭhasya nihavena cātvālam upatiṣṭhante; (but the krauñca is not mentioned in these)); ŚD (LKSV): °stuvīta°; ŚD (NSP) and BhD: °stuvīta; JNMV: as in MNS).

169 TāB 14.11.26 kautsaṃ bhavati; for kāṇva cf. TāB 8.2.1; 9.2.5; 12.3.20; 14.4.4. (In Śabara the quote continues: vaśiṣṭhasya janitre bhavataḥ, śuddhāśuddhīye bhavataḥ, bhargayaśasī bhavataḥ, krauñcāni bhavanti (TāB 19.3.8; 21.11.3 (for vasiṣṭhasya janitre); 19.4.6 (for śuddhāśuddhīye); 19.8.4 (for bhargayaśasī); cf. 13.9.10; 14.11.30 (for krauñca (singular)); ŚD and BhD: kautsaṃ bhavati, kāṇvaṃ bhavati vasiṣṭhasya janitre bhavataḥ krauñcāni bhavanti; JNMV: as in MNS).

170 An attempted verse?

11. kautsaṃ bhavati,[171] vasiṣṭhasya[172] janitre bhavataḥ,[173] krauñcāni bhavantī[174] 'ty ekaṃ dve trīṇi cai 'kasya dvayos trayāṇāṃ ca nivartakāni, niyāmakābhāvāt. na. nivartakeṣu śrūyamāṇaikavacanādīnām eva niyāmakatvād ekam ekasya bādhakam, dve dvayoḥ, trīṇi trayāṇām. evaṃ[175] codako 'py anugṛhītaḥ.

12. vivṛddhastomakeṣv avivṛddhastomakeṣu co 'padiṣṭaiḥ sāmabhir atidiṣṭānāṃ bādhaḥ, anyathā sāmotpattivaiyarthyāt. na. avaiyarthāyā[176] 'vivṛddhastomakeṣv eva bādhaḥ.

13. uktāv āvāpodvāpau stotramātre yasyāṃ kasyāṃ cid ṛci niyāmakābhāvāt, trīṇi ha vai yajñasyo 'darāṇi gāyatrī bṛhaty anuṣṭup cā 'tra hy evā 'vapanty ata evo 'dvapantī[177] 'ti tu pavamānastotre deśaviśeṣaparam. na. yajñapadaśravaṇena yajñasyā 'vāpodvāpayor deśo 'yam ity avagatyai 'vakārabalena pavamānagāyatryādibhyo 'nyatra tayoḥ parisaṃkhyātatvena tatrai 'va tau.

14. darśapūrṇamāsayor nigameṣv agnyādidevatā yena kena cit paryāyeṇa nirdeśyāḥ, tāvatā 'pi kāryanirvāhāt. na. arthaṃ vidadhatā vidhino 'pasthāpitasya śabdasya tyāge mānābhāvāt, anyasyā 'saṃnidheś ca vaidha eva śabdaḥ. ata evā 'gneḥ priyā dhāmāni,[178] svāhā 'gnim,[179] agner aham ujjitim[180] ityādāv agniśabdasyai 'va prayogaḥ.

---

171 See above.

172 vasiṣṭhasya *corr.*; vāsiṣṭhasya OBU; vāsiṣṭasya E; vāśiṣṭasya P.

173 TāB 19.3.8; 21.11.3. See above.

174 Cf. TāB 14.11.30 krauñcaṃ bhavati; 13.9.10. See above. (Śabara has the same quotes here as he has in the preceding topic; JNMV has the same quotes as MNS).

175 evaṃ OBPU; eva E.

176 avaiyarthyāyā *through the topic number* (12) *is written after* gāyatrī *in topic 13 in* PU.

177 JB 1.311 °anuṣṭup. atra hy evā 'vapanty ata uddharanti. (Śabara and BhD: as in MNS but lacking ca; ŚD: as in MNS; JNMV: °darāṇi yad gāyatrī°).

178 TB 3.5.7.6 ayāḍ agnir agneḥ priyā dhāmāni. ayāṭ somasya priyā dhāmāni. ayāḍ agneḥ priyā dhāmāni; ŚB 1.7.3.10 as in TB, with intervening text. (Śabara: as in TB; JNMV: ayāḍ agneḥ priyā dhāmāni, ayāṭ somasya priyā dhāmāni).

179 TB 3.5.5.1 svāhā 'gnim. svāhā somam; ŚB 1.5.3.22 svāhā 'gnim...svāhā somam. See 10.1.7. (Śabara and JNMV: as in TB).

180 ujjitim *corr.*; ujhitim OEB; uṃmitim PU. (Śabara: agner ujjitim anū 'jjeṣam, somasyo 'jjitim anū 'jjeṣam; JNMV: agner aham ujjitim anū 'jjeṣam, somasyā 'ham ujjitim anū 'jjeṣam). See 9.1.3.

15. sauryādiṣu paryāyāṇām api nigame nirdeśaḥ, prakṛtāv agnipadāmnānena niyame 'py atra tadabhāvāt. na. prakṛtāv api vaidhaśabdatvenai 'vā 'gnipadaniyamād ihā 'pi vaidhaśabdasyai 'va niyamaḥ.

16. agnaye pāvakāye[181] 'tyādīṣṭiṣv agnipadam eva vācyam, atidiṣṭeṣu nigameṣv agnipadasyai 'va pāṭhāt. na. pāvakayuktāgner vaidhatvena sarvaprayogeṣu śabdadvayasyau 'cityāt.

17. pavamāneṣṭau vṛdhanvān āgneyaḥ kāryaḥ pāvakavān saumya[182] ity ājyabhāgayoḥ śravaṇād vṛdhanvantam agnim āvaha pāvakavantaṃ somam āvahe 'tyādi prayojyam, na hi devatādvāraṃ vinā vṛdhanvattādi tayoḥ saṃbhavati. na. āgneyapade guṇabhūtāgnau vṛdhanvattānvayāyogāt, mantrasyā 'gniṃ stomena vardhaye [183] 'tyāder vṛdhidhātumattvāt tādṛṅmantrapāṭhaḥ, tena mantrāntaranivṛttiḥ. āvāhananigadādau tu kevalāgnir eva pāṭhyaḥ.

18. gaur anubandhya[184] ity agnīṣomīyavikṛtau, pṛṣadājyena vanaspatiṃ yajatī[185] 'ti sviṣṭakṛdvikāre ca nigame na vaidhaśabdaniyamaḥ,[186] prakrtāv

---

181 agnaye pāvakāye *corr.*; agnaye pāvakāya hāye B; agnaye pāvaya hāye E; agnaye pāvakāya hvāye O (*unclear, possibly* hāye); agnaye pavamānāgnaye pāvakāya agnaye śucaye tatra tadavācinigameṣu kim eka eva agniśabdo prayoktavyaḥ kim ubhau śabdau ve P; agnaye pavamānaye gnaye pāvakāya agnaye śucaye tatra tadavācinigameṣu kim eka eva agniśabdo prayoktavyaḥ kim ubhau śabdai ve U; (cf. ŚD). TB 1.1.5.10 agnaye pavamānāya. agnaye pāvakāya. agnaye śucaye; 1.1.6.2–3 te 'gnaye pavamānāya puroḍāśam aṣṭākapālaṃ niravapan...te 'gnaye pāvakāya...te 'gnaye śucaye; cf. ĀpŚS 5.21.1. (Śabara: agnaye pavamānāya aṣṭākapālaṃ nirvaped agnaye pāvakāyā 'gnaye śucaye; ŚD (LKSV) and JNMV: as in Śabara, except °pavamānāya puroḍāśam aṣṭākapālaṃ°; ŚD (NSP): agnaye pavamānāyā 'gnaye pāvakāyā 'gnaye śucaye; BhD: agnaye pavamānāya (in a discussion of words signifying qualites), and then, agnaye pāvakāya (in a discussion of synonyms)). See 11.4.4.

182 Untraced. Cf. TB 1.3.1.3 agnaye pavamānāyo 'ttaraḥ syāt...budhanvaty āgneyasyā 'jyabhāgasya puronuvākyā bhavati. (Śabara: budhanvān°; ŚD: as in Śabara; JNMV and BhD: as in MNS). The first mantra, following Śabara and ŚD, seems to be TS 4.1.11.4 t agniṃ stomena bodhaya samidhāno amartyam| havyā deveṣu no dadhat|| (=ṚV 5.14.1); Śabara quotes this mantra through the word amartyam; the second seems to be TS 1.6.6.2 l agna āyūṃṣi pavasa ā suvo 'rjam iṣaṃ ca naḥ| āre bādhasva duchunām|| (=ṚV 9.66.19); see ĀpŚS 5.28.10 and Caland's note.

183 Bloomfield records no mantra matching MNS. (Śabara and JNMV (ĀĀ): agniṃ stomena bodhaya; JNMV (Gold.) and BhD: as in MNS). See preceding note.

184 Untraced. Cf. ĀpŚS 13.23.6 maitrāvaruṇīṃ gāṃ vaśām anūbandhyām ālabhate. (Śabara: gaur anubandhyaḥ, ajo 'gnīṣomīyaḥ (for the latter, see 1.4.2 and 6.8.9); ŚD (LKSV) and BhD: gaur anubandhyā; ŚD (NSP) and JNMV: as in MNS).

185 Cf. TS 6.3.11.3–4; MS 3.10.4 (134.15); ŚB 3.8.3.33; ĀpŚS 7.25.15–16.

186 niyamaḥ *corr.*; °nigamaḥ OEBPU (ga *uncertain in* E *but no more likely to be* ya *than* ga).

agnīṣomīyaṃ paśum,[187] chāgasya vapāyāḥ,[188] agniṃ sviṣṭakṛtaṃ yajati,[189] ye daivyā ṛtvijas tebhir agna[190] iti vidhinigamayoḥ śabdabhedadarśanāt. na. prakṛtau śabdabhedasyā 'rthikatvena vikṛtāv anatideśād vaidhaśabdasyai 'vā 'tra vaktavyatve 'py usrāyā vapāyā medasa[191] iti pāṭhāt tatra tadabhāve 'pi vanaspatiśabdaniyamo 'sty eva.

19. agnīvaruṇau[192] sviṣṭakṛtau yajatī[193] 'ty atra sviṣṭakṛcchabdasyā 'gnau rūḍhatvāt, yaugikatve 'pi bhūtārthe kvipvidhānena, prakṛte sviṣṭasya kariṣyamāṇatvena ca yogārthāsaṃbhavāt tatkārye 'gnīvaruṇayor[194] nirguṇayor eva vidhānena nigameṣu kevalāv agnīvaruṇau[195] pāṭhyau. na. kḷptāvayavārthena nirvāhe 'kḷptarūḍhyakalpanāt sviṣṭasyā 'smin prayoge kariṣyamāṇatve 'py atīte kṛtatvena tadupapatter guṇayuktāv eva.

20. paśupuroḍāśe sviṣṭakṛty agniṃ yajatī[196] 'ti śravaṇe 'pi kevalāgner yajāv evā 'nvayād yāga eva sviṣṭakṛttvalopaḥ, nigameṣu tu pāṭhyo guṇaḥ. na. yajatiśabdasya prayogabodhakatvāt sarvatra lopaḥ.

21. tṛtīyānuyājo 'py ādyadvayavad ārādupakārakaḥ. na. devo 'gniḥ sviṣṭakṛd[197] iti mantrapāṭhena sviṣṭakṛdagnidevatākatvāt saṃskārakarma.

---

187 TS 6.1.11.6. (Śabara: yo dīkṣito yad agnīṣomīyaṃ paśum ālabhate (=TS); JNMV: agnīṣomīyaṃ paśum ālabheta).

188 ĀpŚS 7.21.1; MS 4.13.5 (205.9); TB 3.6.8.1. (Śabara and JNMV: chāgasya vapāyā medaso 'nubrūhi (=ĀpŚS); ŚD and BhD: chāgasya vapāyā medasaḥ). See 6.8.9.

189 Cf. TB 3.5.7.5 agniṃ sviṣṭakṛtam (*understand* yajāmahe); ĀpŚS 2.21.6 agniṃ sviṣṭakṛtaṃ yaja. See Garge, p. 116, who says that only TB 3.5.7.5 has proper context in TB. (Bloomfield has other quotes for agnim sviṣṭakṛtaṃ yaja and agniṃ sviṣṭakṛtam (*understand* yajāmahe)).

190 TB 3.5.7.5 piprīhi devāṁ uśato yaviṣṭha vidvāṃ ṛtūṁr ṛtupate yajeha| ye daivyā ṛtvijas tebhir agne tvaṃ hotṝṇām asy āyajiṣṭhaḥ|| (= ṚV 10.2.1; TS 4.3.13.4; MS 4.10.1 (141.2); KS 2.15 (21.20); 18.21 (282.12); but TS and MS (not sure about KS) are unrelated). Bloomfield has several. (Śabara: as in TB etc.; ŚD and JNMV: as in MNS).

191 Untraced. (Śabara: usrāyai vapāyai medaso 'nubrūhi; ŚD: as in MNS; JNMV: usrāyā vapāyā medaso 'nubrūhi; BhD: usrāyai vapāyai medasaḥ).

192 agnīvaruṇau *corr.*; agnivaruṇau OEBPU.

193 Untraced. Cf. ŚB 4.4.5.17 agnīvaruṇābhyām anubrūhī 'ti tat sviṣṭakṛte; TS 6.6.3.3 agnīvaruṇau yajati; MS 4.8.5 (112.17) (as in TS); ĀpŚS 8.8.8 niṣkāsasyā 'vadya... agnīvaruṇau sviṣṭakṛdarthe yajati (cf. ĀpŚS 13.20.6). (Śabara etc.: agnīvaruṇau°; JNMV (ĀĀ var.): agnivaruṇau°).

194 'gnīvaruṇayor *corr.*; gnivaruṇayor OEBPU.

195 agnīvaruṇau *corr.*; agnivaruṇau OEBPU.

196 Untraced. Cf. MS 4.13.5 (205,12) hotā yakṣad agnim; TB 3.6.8.2 (as in MS); ĀpŚS 7.22.13 agnaye 'nubrūhy agnaye preṣye 'ti sviṣṭakṛtaḥ saṃpraiṣau (in contrast with ĀpŚS 2.21.6); BhŚS 7.17.12 agnaye 'nubrūhi. agnaye preṣya iti sviṣṭakṛtaḥ.

197 TB 3.5.9.1; ŚŚS 1.13.3; ĀśŚS 1.8.7.

22. darśapūrṇamāsayos tiṣṭhan yājyām anvāhā ’sīnaḥ puro’nuvākyām[198] ity uktānuvacanam arthakarma, ājyaiḥ stuvata[199] itivat. na. coditadevatāsmaraṇasya dṛṣṭasya saṃbhave ’dṛṣṭākalpanāt, tadvad atra śabdabādhānāpatter guṇakarma. tiṣṭhann āsīna ity anayor anuvacanam anūdya sthānāsanavidhāyakatā.

23. vāyavyapaśau[200] codakaprāptas tvaṃ hy agne prathamo manote[201] ’ti manotāmantras tvaṃ hi vāyo ity ūhitavyaḥ. yady apy anyadevatyaḥ paśuḥ syād āgneyy eva manotā kārye[202] ’ti tv ekadevatyamantrasya dvidevatye ’yogyatāvārakaṃ prakṛtāv eva. na. chatriṇo gacchantī ’tival lakṣaṇayā ’yogyatānirāsād uktavacaso vikṛtāv ūhanivārakatvāt.

24. vaiśyastome kaṇvarathantaraṃ pṛṣṭhaṃ bhavatī[203] ’ti pṛṣṭhastotre vihitaṃ[204] sāma bṛhadyonau[205] tvām id dhi havāmaha[206] ity asyām, abhi tvā śūra nonuma[207] ity asyāṃ rathantarayonau vā geyam, nāmasāmyād rathantarayonāv eva vā. na. bṛhadrathantarayor evā ’ṅgatvena yonyor anaṅgayor anatideśāt svayonau punānaḥ some[208] ’ty asyāṃ geyam.

25. uktasāma ekaṃ sāma tṛce kriyata[209] iti vākyāt pūrvavad bṛhadrathantarottarayo rathantarottarayor eva vā geyam. na. yoner ivo ’ttarayor apy anatideśāt, uttarāpāṭhānarthakyāpatteś ca svayonyuttarayor eva. uttarayor gāyatī[210] ’ti śravaṇād uttarātideśa iti viśeṣāśaṅkā.

198 Untraced. (Cf. ŚB 1.4.2.18, 19: 18 sa eva tiṣṭhann anvāha (*understand* anuvākyām) 19 āsīno yājyāṃ yajati; (but the positions are reversed)). (In Śabara and ŚD the quote continues: anvāha; JNMV and BhD: as in MNS).

199 See 1.4.3. (Here Śabara and JNMV quote the verbs: stauti and śaṃsati).

200 Here Śabara has vāyavyaṃ śvetam ālabheta bhūtikāmaḥ (TS 2.1.1.1). See 1.2.1.

201 ṚV 6.1.1; MS 4.13.6 (206.5); KS 18.20 (280.9); TB 3.6.10.1; AiB 2.10.2; ŚŚS 5.19.13; MŚS 5.2.8.36. (Garge, p. 117, and Bloomfield have these between them). (Śabara: °manotā ’syā dhiyo abhavo dasma hotā (=ṚV, MS, KS, and TB); ŚD and JNMV: as in MNS).

202 Cf. AiB 2.10.3–4: 3 yad anyadevatya uta paśur bhavaty, atha kasmād āgneyīr eva manotāyai haviṣo ’vadīyamānasyā ’nvāhe ’ti 4 ...tasmād āgneyīr eva manotāyai haviṣo ’vadīyamānasyā ’nvāha. (Śabara, ŚD, and JNMV: °paśuḥ, āgneyy eva°).

203 Cf. TāB 18.4.7 tasya kaṇvarathantaraṃ pṛṣṭham; ĀpŚS 22.10.4 saptadaśenā ’gniṣṭutā ’gniṣṭomena kaṇvarathaṃtarasāmnā vaiśyaḥ paśukāmaḥ.

204 vihitaṃ OBPU; vihita E.

205 yonau *corr.*; °yaunau OPU; °yau tau B; *tear here in* E.

206 SV 1.234/2.159 = ṚV 6.46.1. (Śabara quotes this and the next two verses fully at JS 9.2.25 (MNS 9.2.6); JNMV: as in MNS).

207 SV 1.233/2.30 = ṚV 7.32.22. (JNMV: abhi tvā śūra).

208 SV 1.511/2.25 = ṚV 9.63.28. (JNMV: as in MNS).

209 Untraced. See 9.2.3. (Absent here in Śabara (see 9.2.3); JNMV: as in MNS).

210 Untraced. See 9.2.1.

26. agniṣṭuti āgneyā grahā bhavanti,[211] teṣu stutaśastrayor atidiṣṭayor asty ūhaḥ.[212] na. prakṛtāv arthakarmatvokter[213] anūhaḥ.

27. cāturmāsyeṣv āvāhanādinigadeṣu[214] dadhyājyapān iti pāṭhyam, pṛṣadājyaṃ gṛhṇāti dvayaṃ vā idaṃ sarpir dadhi ce[215] 'ti dravyadvayokteḥ, ājyasyo 'pastaraṇādyarthatvena haviḥśeṣatvād dadhipān iti vā, pṛṣadājyaśabdena dravyāntarokteḥ pṛṣadājyenā 'nuyājān yajantī[216] 'ti tasya haviṣṭvāt pṛṣadājyapān iti vā. na. pṛṣatśabdasya citravācakatvenā 'jyasyai 'va haviṣṭvād devān ājyapān āvahe[217] 'tyādir avikṛta eva prayogaḥ. daśame caturthaḥ.

---

211 ŚB 13.7.1.3 (but this is for an agniṣṭut in a ten-day ahīna); cf. ĀpŚS 22.6.6-7: 6 āgneyyaḥ purorucaḥ. āgneyyī subrahmaṇyā 7 āgneyīṣu stuvate. (According to BhD, the existence of ĀpŚS 22.6.7 or a similar quote seems to render the topic hypothetical).

212 asty ūhaḥ U; astūhaḥ OEB; aspṛhaḥ P (*not clear*). (*Cf.* 9.3.14).

213 See 2.1.5.

214 Correct to °nigameṣu, on the basis of JS 10.4.10, ŚD, JNMV, and Prabhāvalī on BhD?

215 Cf. ŚB 3.8.4.7 atha pṛṣadājyaṃ gṛhṇāti. dvayaṃ vā idaṃ sarpiś cai 'va dadhi ca dvandvaṃ vai mithunaṃ prajananaṃ mithunam evai 'tat prajananaṃ kriyate. (Śabara: as in ŚB; ŚD, JNMV, and BhD: atha pṛṣadājyaṃ gṛhṇāti dvayaṃ vā idaṃ sarpiś ca dadhi ce (atha omitted in ŚD and BhD)).

216 Cf. ĀpŚS 8.2.20 pṛṣadājyaṃ juhvām ānīya...navā 'nūyājān yajati; BhŚS 8.10.13 pṛṣadājyena navā 'nūyājān yajataḥ. (For the identical quote from the animal rite, see MNS 5.2.8). (Śabara etc.: pṛṣadājyenā 'nūyājān yajati (ŚD and JNMV: °nuyājān°)).

217 TB 3.5.3.2.

Chapter 5

1. vikṛtiṣu dyāvāpṛthivyam ekakapālam,[218] āśvinaṃ dvikapālam[219] ityādiṣu niyāmakābhāvād ādyam antyaṃ madhyaṃ vai 'kaṃ kapālaṃ grāhyam. na. dvitīyādigrahaṇe kramalopāpatteḥ, upasthitaprathamatyāge mānābhāvāc cā 'dyam eva.[220] evam ekāṃ sāmidhenīm anvāhe[221] 'ty atrā 'pi.

2. prakṛtau mādhyaṃdinapavamāne gāyatro bārhatas traiṣṭubha iti trīṃs tṛcān uktvā tricchandā āvāpo mādhyaṃdinaḥ pavamāna[222] iti tricchandastvaśrutes tadanurodhenai 'katrikākhye kratāv athai 'ṣa[223] ekatrikas tasyai 'kasyāṃ bahiṣpavamānaṃ tisṛṣu hotur ājyam ekasyāṃ maitrāvaruṇasya tisṛṣu brāhmaṇācchaṃsina ekasyām acchāvākasya tisṛṣu mādhyaṃdinaḥ pavamāna[224] ity atra tisṛṣv ity anena tṛcatrayādyās tisro gṛhyante, na tv

218 Cf. TB 1.6.2.5 dyāvāpṛthivya ekakapālo bhavati; MS 1.10.1 (140. 9) dyāvāpṛthivīyā ekakapālaḥ; (these two concern the vaiśvadeva parvan; Garge, p. 113, wrongly refers to TB 1.6.2.2); ŚB 2.4.3.8 (as in MNS, but from the āgrāyaṇa). See note in translation. (Śabara and JNMV: dyāvāpṛthivyam ekakapālam, āśvinaṃ dvikapālam, vaiṣṇavaṃ trikapālam (TS 1.8.9.2; 1.8.8.1; these two citations occurr at the rājasūya; see note to translation)). These citations and the following one are very uncertain.

219 TS 1.8.9.2. See note above.

220 cādyam eva OEB; ca prathamam eva PU.

221 Cf. ŚB 2.6.1.21–22: 21 ekām eva hotā sāmidhenīṃ trir anvāha... 22 so 'nvāha. uśantas tvā nidhīm ahy uśantaḥ sam idhīmahi. uśann uśata āvaha pitṛn haviṣe attave iti; ĀpŚS 8.14.19 ekāṃ sāmidhenīṃ trir anvāha. uśantas tvā havāmaha ity etām; (these are from the mahāpitṛyajña; Mayūkhamālikā on ŚD gives the MNS quote, says it is from the mahāpitṛyajña, but points out that it cannot be the intended vikṛti, because a distinct mantra is taught; cf. TS 2.6.12.1 a and TB 2.6.16.1 for the mantra in ĀpŚS, VS 19.70 for that in ŚB; Bloomfield has others). (In Śabara the quote continues: tisraḥ sāmidhenīr anvāha (cf. TB 1.5.9.4 tisra eva sāmidhenīr anūcya; this concerns the upasad offering at the soma rite); ŚD: ekāṃ sāmidhenīm; JNMV: as in MNS).

222 pavamāna *corr.*; pavamāva OEB; pavamānava U; pavamāna eva P. Cf. AiB 3.17.4 ṣaṭsu vā atra gāyatrīṣu stuvate ṣaṭsu bṛhatīṣu tisṛṣu triṣṭupsu, sa eva eṣa trichandāḥ pañcadaśo mādhyaṃdinaḥ pavamānaḥ; TāB 7.3.1–2: 1 etāvatā vāva mādhyandinaṃ savanaṃ pupuve 2 tribhiś ca cchandobhiḥ pañcabhiṣ ca sāmabhiḥ. (In Śabara the quote continues: pañcasāma; ŚD etc.: as in MNS).

223 ṣa *corr.*; ka OEBPU.

224 Untraced. Cf. JB 2.125, 127: 125 athai 'ṣa ekatrikaḥ 127 tasyai 'kasyāṃ bahiṣpavamānaṃ saṃpadyate...tisṛṣu mādhyaṃdinaḥ pavamānaḥ; TāB 16.16.1, 4: 1 athai 'ṣa ekatrikaḥ prajāpater udbhit 4 yad ekayā stuvanti...yat tisṛbhiḥ. (Śabara: athai 'ṣa ekatrikaḥ°; ŚD: as in MNS, except °tasyai 'kasyāṃ stotrīyāyāṃ bahiṣpavamānaṃ stuvīta tisṛṣu°; JNMV: as in MNS; BhD: tasyai 'kasyāṃ stotrīyāyāṃ bahiṣpavamānaṃ stuvīta tisṛṣu°).

ādyatṛcatisraḥ,[225] pāṭhakramasya śrutito durbalatvāt. na. vikṛtāv upakārasyai 'vā 'tideśeno 'ktaśāstrīyabalābalābhāvāt prayogavelāyām ādyāyāḥ samāptau taduttarasyā evo 'pasthitiśaighryāt prākṛtatricchandastvabādhaḥ, ataḥ prathamatṛcasya tisro grāhyāḥ.

3. ekatrika evai 'kasyāṃ tisṛṣu ca stotreṣu saṃpādyamāneṣu yad dhūrgānaṃ tad api tṛce codakabalāt, āvṛttaṃ dhūrṣu stuvata[226] iti sāmna āvṛttyā 'py upapannam. na. āvṛtteh stutiviśeṣaṇatvena ṛgāvṛttiṃ vinā tadasiddher ekasyām eva tat.

4. dvādaśāhavikṛtidvirātratrirātrādiṣv ādito 'haḥkḷptiḥ. na. dvādaśāhikam ādyam ahaḥ prāyaṇīyam antyam udayanīyaṃ ca varjayitvā daśarātrasya pṛṣṭhyaṣaḍahacchandomacatuṣṭayātmakasya[227] vidhyantaḥ, dvirātre yat prathamaṃ tad dvitīyaṃ yad dvitīyaṃ tat tṛtīyam, jagatīm antargacchatī[228] 'ti jāgatasya ṣaḍahatṛtīyasyai 'va tyāgaliṅgāt, anyathā ṣaḍahadvitīyatraiṣṭubhasyai 'va tyāgoktyāpattiḥ, pṛṣṭhyād ārabhya prathamam ahaḥ dvitīyam ahaḥ caturthaṃ chandomaṃ daśamam avivākyam ahar[229] iti vyavahāreṇa daśarātrasyā 'pi pṛthaksaṃghātakḷpteḥ. evaṃ tatrai 'va gāyatraṃ prathamaṃ traiṣṭubhaṃ dvitīyam[230] ity api liṅgam. prāyaṇīyātideśe tu tasya nānāchandaskatvād gāyatraṃ prathamam ityāder anupapattiḥ.

5. agnicayana ādhūnanamantrā vapanamantrāś ca bahavaḥ paṭhitāḥ. saptabhir ādhunoti,[231] caturdaśabhir vapatī[232] 'ti saṃkhyāyuktānāṃ vini-

---

225 An odd word if correct.

226 Untraced. (Śabara: °stuvate, punar āvṛttaṃ pṛṣṭhair upatiṣṭhate; ŚD etc.: as in MNS).

227 °chaṃdomacatuṣṭayā° OEB; °chaṃdomatra (trya U) catuṣṭayā° PU.

228 Untraced. Cf. TB 1.8.10.3 jagatīm antaryanti (this is for a dvirātra at the end of the rājasūya; cf. ĀpŚS 18.22.12 ff. for this rite).

229 Untraced. Cf. ĀpŚS 21.8.8, 11; 21.9.1; ŚŚS 10.1.7–9. (ŚD says that starting after the pṛṣṭhya six-day period there is the usage: prathamam ahar dvitīyam ahaḥ, and that there is the usage: caturthaṃ chandomam ahaḥ, avivākyaṃ daśamam ahaḥ (avivākyaṃ om. in NSP); BhD says that after the pṛṣṭhya six-day period there is the usage: aindravāyavāgraṃ prathamam ahaś caturthaṃ chandomaṃ avivākyaṃ daśamam ahaḥ).

230 Cf. TB 1.8.10.3 gāyatraṃ ca traiṣṭubhaṃ ca. jagatīm antaryanti (see note above); TS 7.1.4.2 gāyatraṃ pūrve 'hant sāma bhavati...traiṣṭubham uttare. (Śabara: gāyatraṃ prathamam ahas traiṣṭubhaṃ dvitīyaṃ jagatīm antargacchati; BhD: as in MNS).

231 TS 5.1.7.1 saptabhir dhūpayati; MS 3.1.7 (9.9) (as in TS); KS 19.6 (8.1) (as in TS). The mantras are given at TS 4.1.6.1 a; MS 2.7.6 (81.7); KS 16.5 (226.7). Here Śabara has veṣīnāṃ tvā patmann ādhūnoti (untraced).

232 TS 5.2.5.5; MS 3.2.5 (21.13). The TS mantras are given at TS 4.2.6.1–4 a–o, the MS mantras at MS 2.7.13. See ĀpŚS 16.19.11 and Caland's note. Here Śabara has yā

yogāt pādādyanyāyenā 'dyā eva grāhyāḥ. na. prakaraṇapāṭhavaiyarthāpatteḥ prakaraṇena kramasya bādhād icchayā 'dito madhyato 'ntato vā.

6. ekaviṃśenā 'tirātreṇa prajākāmaṃ yājayeran,[233] triṇavenau 'jaskāmam[234] ityādivivṛddhastomakakratuṣv abhyāsena saṃkhyāpūraṇam, sāmāntarāgamasya kalpayitum aśakyatvāt. na. sāmnām ādhikyasya sāmabhede svārasyāt, atra hy evā 'vapantī[235] 'ti liṅgād vikṛtau sāmāntarotpatter arthavattvāc ca sāmāgamaḥ.

7. vikṛtiṣu bahiṣpavamāne stomavivṛddhau pūrvanyāyāt sāmāntarāgamaḥ. na. ekaṃ hi tatra sāme[236] 'ti bahiṣpavamānaṃ prakṛtyā 'mnānāt, parāk bahiḥpavamānena stuvantī[237] 'ti parākśabdenā 'bhyāsapratiṣedhād ṛgāgamaḥ. parāk sakṛt.

8. ekaviṃśatim anubrūyāt pratiṣṭhākāmasye[238] 'ti sāmidhenīvṛddhir ekādaśabhyo 'nyāsām āgamāt, triḥ prathamām anvāha trir uttamām[239] iti tritvasya pūraṇārthatvadarśanād yāvatā 'bhyāsena saṃkhyāpūraṇaṃ tāvān prathamottamayor abhyāso vā. na. pūraṇasya dvicatuṣṭvenā 'pi saṃbhavena vivakṣitasya tritvasya bādhe mānābhāvāt ṣaṇṇām āgamaḥ.

---

oṣadhīḥ (ṚV 10.97.18, 19; VS 12.75; KS 13.16; ŚB 7.2.4.26; KŚS 17.3.8 (see Garge, p. 109)).

233 Untraced. (Śabara etc.: °yājayet). See next note.

234 Untraced. (Cf. TS 7.1.3; ĀpŚS 22.6.18–19; SatyāŚS 17.2.62–63 (p. 417)). (In Śabara the quote continues: trayastriṃśena pratiṣṭhākāmam (untraced; cf. ĀpŚS 22.6.20; SatyāŚS 17.2.64 (p. 417); Agrawal claims this corresponds to TS 7.2.1)). (This is all very uncertain).

235 See 5.3.5 and 10.4.13. (Absent in Śabara; JNMV and BhD: as in MNS).

236 Untraced. (Śabara: yad uttarayoḥ pavamānayos tṛcāya tṛcāya hiṃkaroti. atha kasmād bahiṣpavamāne sakṛd eva hiṃkarotī 'ti. ekaṃ hi tatra sāme 'ti brūyāt. svāram eva gāyatram; ŚD: ekaṃ hi tatra sāme 'ti brūyāt, svarasāmai 'va gāyati; JNMV: as in MNS; BhD: yad uttarayoḥ pavamānayos tṛcāya tṛcāya hiṃkaroti. atha kasmād bahiṣpavamāne sakṛd eva hiṃkaroti, ekaṃ hi tatra sāme 'ti brūyāt. svārasāmai 'va gāyati).

237 Cf. TāB 6.8.15, 17.

238 TS 2.5.10.2. (In Śabara the quote continues: caturviṃśatim anubrūyād brahmavarcasakāmasya. ekaviṃśatiṃ cā 'nubrūyād annakāmasya, dvāviṃśatim anubrūyāt pratiṣṭhākāmasya. ṣaḍviṃśatim anubrūyāt paśukāmasya (similar to TS 2.5.10.2–3); ŚD etc.: as in MNS).

239 TS 2.5.7.1. See 9.1.10.

9. ya evaṃ vidvān ṣoḍaśinaṃ gṛhṇātī[240] 'ti jyotiṣṭoma uktaḥ ṣoḍaśigraha uttare 'han dvirātrasya gṛhyate[241] madhyame 'han trirātrasye[242] 'ti vākyena prakaraṇād utkṛṣyate. na. apy agniṣṭome rājanyasya gṛhṇīyād[243] iti jyotiṣṭomāvāntarasaṃsthārūpāgniṣṭome niveśaḥ. uktavākyaṃ[244] tu vikṛtāv aharviśeṣasaṃbandhāya nimittarāhityādyarthaṃ ca.[245]

10. sa co 'kthyān nirgṛhṇāti ṣoḍaśinam,[246] āgrayaṇād gṛhṇāti ṣoḍaśinam[247] ity āmnānād ubhābhyāṃ grāhyaḥ.[248] na. taṃ parāñcam ukthyād[249] ity āmnāneno 'kthyavākyasyo 'rdhvakālavidhiparatvād āgrayaṇād eva grāhyaḥ.

---

240 MS 4.7.6 (100.6) ya evaṃ vidvān etaṃ ṣoḍaśinaṃ gṛhṇīte bhavaty ātmanā parāsya bhrātṛvyo bhavati. (Śabara: as in MS except gṛhṇāti instead of gṛhṇīte; JNMV and BhD: as in MNS).

241 MS 4.7.6 (101.15) uttare 'han dvirātrasya gṛhyaḥ. (Śabara has the quote as in MNS at JS 10.5.53 (MNS 10.5.13); ŚD: apy agniṣṭome rājanyasya gṛhṇīyāt, apy ukthye grāhyo 'tirātre brāhmaṇasyo 'ttare 'hani dvirātrasya gṛhyate madhyame 'haṃs trirātrasya caturthe 'hany ahīnasya gṛhyate (see notes below here and at 10.5.12 and 14); JNMV: as in MNS; BhD: uttare 'han dvirātrasya gṛhyate madhyame 'haṃs trirātrasya caturthe caturthe 'hany ahīnasya).

242 MS 4.7.6 (101.10) madhyame 'haṃs trirātrasya gṛhyaḥ. (Śabara: madhyame 'haṃs trirātrasya gṛhyate; JNMV: as in MNS; for ŚD and BhD, see note above).

243 MS 4.7.6 (100.14); TS 6.6.11.4; ĀpŚS 14.2.10. (In Śabara the quote continues: atirātre brāhmaṇasya (MS 4.7.6 (100.15))); JNMV and BhD: as in MNS; BhD also has: apy agniṣṭome rājanyasya grhṇīyāt, apy ukthye, atirātre brāhmaṇasya gṛhṇīyāt; for ŚD, see note above).

244 vākyaṃ *corr.*; °vākye OEBPU (vā *in place of tear in* E).

245 °arthaṃ ca OEB; °artha ca tvaṃ PU.

246 Cf. ĀpŚS 14.2.6 athai 'keṣām. pūrvayoḥ savanayoḥ purastād uttamād ukthyaparyāyād ukthyād gṛhṇīyāt sarvaiḥ pracarite. tṛtīyasavana āgrayaṇāt. (Śabara: ukthyād gṛhṇāti ṣoḍaśinam; ŚD and JNMV: as in MNS; BhD: ukthyād gṛhṇāti).

247 See preceding note. (Śabara and JNMV: as in MNS: ŚD and BhD: āgrayaṇād gṛhṇāti).

248 grāhyaḥ OEB; grahaḥ PU.

249 Untraced. (Śabara: yat parāñcam ukthyān nirgṛhṇāti (at JS 5.1.35 Śabara has taṃ parāñcam ukthyebhyo gṛhṇāti); ŚD: taṃ parāñcam ukthyāt ṣoḍaśinaṃ gṛhṇāti (ŚD says this occurs in a different śākhā) (taṃ absent in NSP); JNMV: taṃ parāñcam ukthyān nirgṛhṇāti; BhD: taṃ parāñcam).

11. sa ca savanatraye grāhyaḥ, prātaḥsavane mādhyaṃdine[250] tṛtīyasavane grāhya[251] ity āmnānāt. na. vajro vai ṣoḍaśī[252] 'tyādinā savanadvaye nindanāt tṛtīyasavana eva. savane savane[253] grāhya[254] iti śākhāntarokter anyatrā 'pi.

12. apy agniṣṭome rājanyasya gṛhṇīyād[255] apy ukthye grāhya[256] ity agniṣṭomokthyasaṃsthayor vihitaḥ ṣoḍaśigrahaḥ stotraśastrarahitaḥ syāt, anyathā stotraśastrābhyāṃ kratusamāptau ṣoḍaśisaṃsthātvāpatter agniṣṭomokthyasaṃsthābhāvāpatteś ca. na. ekaviṃśaṃ stotraṃ[257] bhavati harivac chasyata[258] iti stotraśastrayor vidhānāt, grahaṃ vā gṛhītvā camasaṃ vo 'nnīya stotram upākarotī[259] 'ti grahaṇacamasonnayanayor nimittayoḥ sattve naimittikastotrasyā 'vaśyakatvāc cā 'bhyupetyā 'pi doṣaṃ stotraśastre kārye.

---

250 mādhyaṃdine OBPU; *in place of a tear in* E. *Correct to* mādhyaṃdine savane (Śabara) *or* mādhayaṃdinasavane (JNMV)?

251 Cf. MS 4.7.6 (100.16–18) prātaḥsavane gṛhyaḥ...mādhyaṃdine savane gṛhyaḥ... tṛtīyasavane gṛhyaḥ; TS 6.6.11.3. (Śabara: prātaḥsavane grāhyaḥ. tejo vai prātaḥsavanam. tejasa eva vajraṃ nirmimīte. mādhyaṃdine savane grāhyaḥ. ojo vai mādhyaṃdinaṃ savanam. ojasa eva vajraṃ nirmimīte. tṛtīyasavane grāhyaḥ. paśavo vai tṛtīyasavanam. paśubhya eva vajraṃ nirmimīte. yat prātaḥsavane gṛhṇīyād vajra uttare savane vyatiricyeta. yan mādhyaṃdine madhyato vajraṃ nihanyāt. tṛtīyasavane grāhyaḥ. tat sarveṣu savaneṣu gṛhṇāti, na pūrve savana ārtiṃ nītaḥ (corresponds to MS); JNMV: prātaḥsavane grāhyaḥ mādhyandinasavane grāhyas tṛtīyasavane grāhyaḥ).

252 MS 4.7.6 (100.15); TS 6.6.11.3. See preceding note. (MS seems more appropriate than TS). (ŚD: yat prātaḥsavane gṛhṇīyāt vajro vai ṣoḍaśī (TS 6.6.11.3 prātaḥsavane gṛhṇīyāt vajro vai ṣoḍaśī)). (I have not seen the quote elsewhere than in ŚD).

253 eva savane 2 OBU; savana eva savane *om. in* P; *in space of tear in* E.

254 TS 6.6.11.3 savane savane 'bhigṛhṇāti; ĀpŚS 14.2.5 savane savane vā. (BhD: savane savane gṛhṇāti). (I have not seen this elsewhere).

255 See 10.5.9. (Śabara: api omitted here (Śabara has it at JS 10.5.37; see 10.5.9); ŚD etc.: as in MNS (JNMV (ĀĀ) omits apy; (Gold. and ĀĀ var.) as in MNS)).

256 Untraced. Cf. ĀpŚS 14.2.8 no 'kthye gṛhṇīyāt. gṛhṇīyād vā; Rudradatta's commentary on ĀpŚS 14.2.10: apiśabdād ukthyādisaṃsthāsu ca (see MNS 10.5.9).

257 ekaviṃśaṃ stotraṃ OEB; ekaviṃśastotraṃ PU.

258 TS 6.6.11.4 ekaviṃśaṃ stotraṃ bhavati pratiṣṭhityai harivac chasyate. (Absent in Śabara; ŚD and JNMV: as in TS (JNMV (Gold.): ekaviṃśastotraṃ°)). The verse is ṚV 1.84.2 (=SV 2.380); TS 1.4.38.1a; MS 1.3.34 (41.11); KS 4.11 (36.18); VS 8.35; MŚS 2.5.1.18.

259 TS 3.1.2.4 °upākuryāt.

13. aṅgirasāṃ dvirātre vaikhānasaṃ pūrve 'han sāma bhavati ṣoḍaśy uttara[260] iti vākyena codakāt pūrvaṃ ṣoḍaśividhiḥ, atirātrād vikalpaprāptau niyamo vā. na. anārabhyā 'dhīteno 'ttare 'han dvirātrasya gṛhyata[261] ity anena dvirātre tanniyamaprāpter ihai 'va niyamaḥ, nā 'nyatre 'ti parisaṃkhye 'yam iti vṛttikṛt.

bhāṣyakṛt tu parisaṃkhyāyāṃ svārthatyāgaḥ, parārthakalpanā, prāptabādhaś ce 'ti traidoṣyād vaikhānasavidhyarthavādo 'yam ity āha.

14. caturthe caturthe 'hany ahīnasya gṛhyata[262] iti vīpsaikatvaśruter ekāhīne caturthe 'ṣṭame ca ṣoḍaśī grāhyaḥ. na. aṣṭame 'hīnacaturthatvābhāvena caturthaśabdānupapatteḥ vīpsāyā nānāhīnīyacaturthatvānuvādakatvāt, ekavacanasya jātyabhiprāyatvāc cai 'kasminn ahīne sakṛd eva ṣoḍaśī.

15. jyotiṣṭome yadi rathantarasāmā somaḥ syād aindravāyavāgrān grahān gṛhṇīyād yadi bṛhatsāmā śukrāgrān yadi jagatsāmā 'grayaṇāgrān[263] ity uktā 'grayaṇāgratā[264] 'pi prakaraṇāt prakṛtau niviśate. na. jagannāmnaḥ sāmno 'bhāvāt, jagatyām utpannasya ca vikṛtiṣu viṣuvannāmny ahani sattvāt[265] tatrai 'va niveśaḥ.

yad vā. tatrai 'va jagati pravartate jyotiṣṭomo 'nene 'ti vyutpattyā jagacchabdo bṛhadrathantarānyataraparaḥ, rathantarayonāv īśānam asya jagata[266] ity āmnānād rathantaraparo vā. na. jagacchabdāj jagatīpadopasthiter jagatīchandoyuktāyām ṛcy utpannaṃ sāmai 'va tadarthaḥ.

---

260 BŚS 16.24 (270.1); cf. TS 7.1.4.3 vaikhānasaṃ pūrve 'hant sāma bhavati tena jagatyai nai 'ti ṣoḍaśy uttare. (Śabara: vaikhānasaṃ sāma pūrvedyur bhavati ṣoḍaśy uttare; ŚD etc.: as in MNS).

261 MS 4.7.6 (101.15) uttare 'han dvirātrasya gṛhyaḥ.

262 MS 4.7.6 (101.12) caturthe caturthe 'hann ahīnasya gṛhyaḥ.

263 ĀpŚS 12.14.1 (but with grahān omitted). See Garge, p. 131.

264 uktāgrayaṇāgratā OBPU; uktāgratā E.

265 BhD says that the mahādivākīrtya sāman which is present at the pṛṣṭha has originated on the jagatī verse, vibhrāṭ bṛhat pibatu (ṚV 10.170.1 (=SV 2.803); ĀśŚS 8.6.8; ŚŚS 11.13.28; Bloomfield has others). For this sāman see TāB 4.6.15 and Caland's note.

266 SV 1.233/2.30 = ṚV 7.32.22. Garge, p. 71, and Bloomfield have other saṃhitā citations also. (Śabara, ŚD, and BhD: °jagataḥ svardṛśam (=SV, ṚV); JNMV: as in MNS).

16. gosava ubhe kuryād[267] ity ukte rathantarabṛhatpṛṣṭhayoḥ samuccaye saty ubhayor ṛcoḥ prāthamyasya bādhād rathantaradharma upavatī,[268] bṛhaddharmo 'gravatī[269] vā pratipat, mukhyatvād rathantaradharma upavaty eva vā. na. prakṛtāv itaretaranirapekṣayor nimittatvāt, iha ca samuccayena tadabhāvān naimittike pratipadau na.

17. upāṃśugrahaḥ antaryāmagrahaḥ aindravāyavaḥ maitrāvaruṇa[270] iti grahakrame saty api yad aindravāyavāgrā grahā gṛhyanta[271] iti vākyād upāṃśor ādāv aindravāyavagrahaḥ. na. yad aindravāyavāgrā[272] grahā gṛhyante vācam evā 'nuprayantī[273] 'ti vākyena aindravāyavāgrān grahān gṛhṇīyād yaḥ kāmayeta yathāpūrvaṃ prajāḥ kalperann[274] iti phalārthatve prāpte kratvarthatayā 'gratāviśiṣṭānāṃ dhārāgrahāṇām[275] eva vidhānāt svasthāna aindravāyavaḥ.

18. phalārthāgratāyāḥ sarvagrahāśritatvāt kāmanāyām aindravāyavaḥ sarveṣām adau syāt. na. saṃnidhinā dhārāgrahāṇām evā 'śrayatvāt, prāptāgratāviśiṣṭānāṃ grahaṇānām eva phalāya vidhānāc ca.

---

267 See 9.2.17 and 10.6.8. (Śabara has two quotes: saṃsava ubhe kuryāt and ubhe bṛhadrathaṃtare kuryāt; JNMV: as in MNS; BhD: saṃsava ubhe bṛhadrathaṃtare kuryāt).

268 upavatī OB; te | E (*after tear in text*); upavator U; upavater P. The verses are SV 2.1–3=ṚV 9.11.1–3. Cf. TāB 6.9.1; TB 1.5.9.7; LŚS 4.5.19 (but this concerns the gavāmayana). Here Śabara has upavatīṃ rathaṃtarapṛṣṭhasya pratipadaṃ kuryāt, agriyavatīṃ bṛhatpṛṣṭhasya (JNMV says this statement is taught at the original rite, but the site is unclear).

269 The verses are SV 2.125–7=ṚV 9.62.25–7 (not exactly). Cf. TāB 6.9.10. See preceding note.

270 TS 6.4.5–8; 1.4.2–5 (for mantras).

271 TS 6.4.7.1 vāg vā eṣā yad aindravāyavo yad aindravāyavāgrā grahā gṛhyante vācam evā 'nuprayanti. (Śabara: as in TS except vāg vā aindravāyavo°...°vācam evā 'varundhe; ŚD and BhD: as in TS (in ŚD this is followed by, aṇvyā dhārayā gṛhṇāti (see 2.2.6)); JNMV: aindravāyavāgrā grahā gṛhyante (Gold.: aindravāyavā grahā°; ĀĀ var.: aindravāyavagrahā°)).

272 aiṃdravāyavāgrā OU; aiṃdravāyavā E; *in space of omitted passage in* P.

273 See note above.

274 TS 7.2.7.1 (grahān omitted); ĀpŚS 12.14.4 (as in TS, then continues: iti. kāmyāni grahāgrāṇi). (Śabara, JNMV, and BhD: as in MNS; ŚD: as in TS; all of these occur at the following topic).

275 See 2.2.6.

19. śukrāgrān gṛhṇīyād abhicarato[276] manthyagrān abhicaryamāṇasye[277] 'ty atrā 'pi svasthāna eva pūrvavac chukramanthinau. na. aindravāyavāgratāyāḥ pāṭhāt prāptāyā avidhāne 'pi śukrāgratāyā aprāptyā phalāya vidhānena vaiṣamyāt, na svasthāne niveśaḥ.[278]

20. aviśeṣāt sarvādau pratikarṣaḥ. na. dhārāgrahān evā 'śritya śukrādyagratāvidhānāt, dhārayeyus taṃ yaṃ kāmāya gṛhṇīyur aindravāyavaṃ gṛhītvā sādayed[279] iti kāmyadhāraṇānantaram aindravāyavagrahaṇaliṅgāc cai 'ndravāyavādāv eva.

21. grahāpakarṣe 'pi sādanasya nā 'pakarṣo 'śruteḥ. na. sādanasya grahaṇāṅgatvenā 'ṅgino 'pakarṣe 'pakarṣaucityāt.

22. tadvat pradānasyā 'py apakarṣaḥ syād iti mandāśaṅkā. na. pradhānasyā 'ṅgāpakarṣe 'py anapakarṣāt.

23. dvādaśāhe aindravāyavāgrau prāyaṇīyodayanīyau daśamaṃ cā 'har athe 'tareṣāṃ navānām ahnām aindravāyavāgraṃ prathamam ahar atha śukrāgram athā 'grayaṇāgram athai 'ndravāyavāgram atha śukrāgram athā 'grayaṇāgram athai 'ndravāyavāgram atha śukrāgram athā 'grayaṇāgram[280] ity āmnātāyāṃ tryanīkāyāṃ dvitīyatṛtīyayor ahnor aindravāyavaśukrāgratayo rathantarabṛhannimittayoḥ prāpter[281] anuvādaḥ, vaiyarthyāpatter aṅgāntaraparisaṃkhyā vā, doṣatrayāpatter āgrayaṇāgratvavidhyarthavādo vā

276 °gṛhṇīyād abhicarato O; °gṛhṇīyād abhicaratau EB; °gṛhṇīyāt pratiṣṭhākāmaḥ PU.

277 Untraced. Cf. TS 7.2.7.2–3 āśvināgrān gṛhṇītā 'nujāvaraḥ...śukrāgrān gṛhṇīta gataśrīḥ prathiṣṭhākāmaḥ...manthyagrān gṛhṇītā 'bhicaran (but this is at dvādaśāha, and Śabara says the context is jyotiṣṭoma). (Śabara: āśvināgrān gṛhṇīyād āmayāvinaḥ, śukrāgrān gṛhṇīyād abhicarato manthyagrān gṛhṇīyād abhicaryamāṇasya (cf. TS); ŚD: śukrāgrān gṛhṇīyāt pratiṣṭhākāmaḥ, manthyagrān abhicaran; JNMV: °manthyagrān gṛhṇīyād abhicaryamāṇasya (ĀĀ: śukrāgrān grahān gṛhṇīyat°); BhD: śukrāgrān pratiṣṭhākāmasya manthyagrān abhicaran).

278 svasthāne niveśaḥ OE (*possibly* svasthānaniveśaḥ *in* O); svasthānaniveśaḥ B; svasthāne niveśī PU.

279 MS 4.8.9 (117.13) °gṛhṇīyād athai 'ndravāyavaṃ sādayet; cf. ĀpŚS 12.14.6–8. (In Śabara the quote continues: atha taṃ sādayet yaṃ kāmāya gṛhṇīyuḥ; JNMV (ĀĀ and Gold. var.): °gṛhṇīyur aindravāyavaṃ°; JNMV (Gold.): °gṛhṇīrann aindravāyavaṃ°).

280 athaindravāyavāgram atha śukrāgram athāgrayaṇāgram *written just once in* OEB*; in* O *a* 2 *is written above the following* i *of* ity; *the passage is written twice in* PU. ĀpŚS 21.14.2–4: 2 aindravāyavāgrau prāyaṇīyodayanīyau daśamaṃ cā 'haḥ 3 athe ' tareṣāṃ navānām aindravāyavāgraṃ prathamam ahaḥ. atha śukrāgram. athā 'grāyaṇāgram 4 evaṃvihitā tris tryanīkā parivartate yady avyūḍhaḥ; VŚS 3.2.2.41 aindravāyavāgrau prāyaṇīyodayanīyau daśamaṃ cā 'haḥ. itareṣāṃ navānām aindravāyavāgraṃ prathamam ahaḥ. atha śukrāgram athā 'grāyaṇāgram iti trir abhyasya.

281 See 10.5.15.

vākyadvayam. na. anaimittikatveno 'bhayor vidhānārtham eva. phalaṃ tu dvādaśāhavikṛtau nimittābhāve 'py agratāprāptiḥ.

24. uktaprakāro dvādaśāhaḥ samūḍhaḥ, vyūḍhas tv aindravāyavāgrau prāyaṇīyodayanīyau athe 'tareṣāṃ daśānām ahnām aindravāyavāgraṃ prathamam ahar atha śukrāgram atha dve āgrayaṇāgre athai 'ndravāyavāgram atha dve śukrāgre athā 'grayaṇāgram atha dve aindravāyavāgre[282] ity evaṃrūpaḥ. tatra samūḍhavyūḍhayor ubhayor[283] api prakṛtitvam, samānavidhānatvāt. na. aindravāyavasya vā etad āyatanaṃ yac caturtham ahar[284] iti liṅgāt, yaḥ kāmayeta[285] bahu syāṃ prajāyeye[286] 'ti kāmāyai 'va vyūḍhavidhānāc ca samūḍha eva prakṛtiḥ, vyūḍhas tu vikṛtiḥ. phalam ahargaṇe samūḍhasyā 'tideśaḥ.

25. gavāmayana ekaṣaṣṭyadhikatriśatasutyātmake tāṇḍinām ahaḥkḷptiḥ, prāyaṇīyam ādyam, dvitīyaṃ caturviṃśam, catvāro 'bhiplavāḥ ṣaḍahāḥ, pṛṣṭhyaś cai 'kaḥ ṣaḍaha ity evaṃ māsaḥ, evaṃ pañca māsāḥ, trayo 'bhiplavāḥ ṣaḍahāḥ, pṛṣṭhyaś cai 'kaḥ ṣaḍahaḥ, abhijid ekāhaḥ, trayaḥ svarasāmāna ity aṣṭāviṃśatir ahāny ādye ca dve ahanī iti ṣaṇ māsāḥ, idaṃ pūrvapakṣaḥ.[287] tato viṣuvān, atho 'ttaraṃ pakṣaḥ trayaḥ svarasāmānaḥ, viśvajid ekāhaḥ, pṛṣṭhyaḥ ṣaḍahas trayastriṃśārambhaṇaḥ, trayo 'bhiplavāḥ ṣaḍahāḥ evam aṣṭāviṃśaty ahāni, ekaḥ pṛṣṭhyaḥ ṣaḍahaḥ, catvāro 'bhiplavāḥ ṣaḍahā iti māsaḥ, evaṃ catvāraḥ, trayo 'bhiplavāḥ ṣaḍahāḥ, āyur gaur iti dve, dvādaśāhasya daśe 'ti māsaḥ, mahāvratam atirātraś ca ādyair aṣṭāviṃśatibhiḥ saha ṣaṇ māsā iti.[288] atra dvādaśāhikatryanīkā codakāt prāptā, tayā cā 'nāvṛttayā

---

282 ĀpŚS 21.14.5 vyūḍhe tv aindravāyavāgrau prāyaṇīyodayanīyau. athe 'tareṣāṃ daśānām aindravāyavāgraṃ prathamam ahaḥ. atha śukāgram. atha dve āgrāyaṇāgre. athai 'ndravāyavāgram. atha dve śukrāgre. athā 'grāyaṇam. atha dve aindravāyavāgre;VŚS 3.2.2.42 vyūḍhasyai 'ndravāyavāgrau prāyaṇīyodayanīyau. itareṣāṃ daśānām aindravāyavāgraṃ prathamam ahaḥ. atha śukrāgram. atha dve āgrāyaṇāgre athai 'ndravāyavāgram atha dve śukrāgre athā 'grāyaṇam atha dve aindravāyavāgre.

283 ubhayor O; unayor B; etayor PU; *in space of tear in* E.

284 TS 7.2.8.6.

285 kāmayeta *corr*; kāmayate OBPU.

286 Cf. TS 7.2.9.1 yaḥ kāmayeta prajāyeye 'ti sa dvādaśarātreṇa yajeta. (Śabara and JNMV: °kāmayeta°; BhD and Prabhā on ŚD: °kāmayeta°, and the quote continues, sa vyūḍhena yajeta; Mayūkhamālikā on ŚD; °kāmayeta°, and the quote continues, so 'nena yajeta).

287 pūrvapakṣaḥ OB (*corrected from* pūrvaṃ pakṣaḥ *in* O); PU pūrvaṃ pakṣaḥ; *in space of tear in* E. (*Cf.* ŚD).

288 Cf. ĀpŚS 21.15.8–21.16.13 (15.8–16.4 gives the śāṭyāyanaka prescription, 16.5–13 gives the tāṇḍaka, which seems a better match); TāB 24.20.1. (ŚD and BhD have similar accounts).

gāvāmayanikāhaḥpūraṇāsaṃbhavād āvṛttiḥ, sā ca[289] kṛtsnāṃ tryanīkām anuṣṭhāya punaḥpunastadanuṣṭhānarūpā, aindravāyavāgraṃ[290] prathamam ahar[291] ity ahaḥśabdāt. na. prakṛtāv uddeśyasya[292] prathamasyā 'hnā viśeṣṭum aśakyatvenā 'haḥpadasyā 'nuvādatvāt prathamam aindravāyavāgram ity arthāvagatyā viṃśatidineṣv aindravāyavāgratā, tatas tāvatsu[293] śukrāgratā, tata āgrayaṇāgratā, punar apy evaṃrūpai 'va se 'ti bhāṣye.

vārttike tu pratyakṣavihitatryanīkāyām evo 'kto vicāra iti. atra bahu vaktavyaṃ vistarabhayān no 'cyate.

26. prakṛtau bhakṣamantreṣu savanatrayagateṣu gāyatrīchandasaḥ, triṣṭupchandasaḥ, jagatīchandasa[294] iti śrutam, pavamānatraye 'nvārohamantreṣu gāyatrīchandāḥ, triṣṭupchandāḥ, jagatīchandā[295] iti, paridhistāvake 'rthavāde gāyatro madhyamaḥ paridhiḥ, traiṣṭubho dakṣiṇaḥ, jāgata uttara[296] iti, kapālaviṣaye vākye aṣṭākapālaḥ prātaḥsavanīyaḥ, ekādaśakapālo mādhyaṃdinīyaḥ, dvādaśakapālas tṛtīyasavanika[297] iti. atra aṣṭatvādibhis tattadakṣa-

---

289 ca OEB; ca *omitted in* PU.

290 ṃ *through* prathamam aindravāyavāgra *omitted here in* PU (U *has* prathamam ahar *through* prathamam aindravāyavāgra *in margin on the other side of the folio, but without any indication as to where it goes*).

291 See 10.5.23.

292 uddeśyasya OEB; upaddeśyasya U.

293 tāvatsu OEB (tsu *added in margin in* O); tāsu PU.

294 TS 3.2.5.2–3, where these three words occur in the genitive. (Śabara: bhakṣe 'hi mā 'viśa dīrghāyutvāya śaṃtanutvāya ehi vaso purovaso priyo me hṛdo 'sy aśvinos tvā bāhubhyāṃ saghyāsaṃ vasumadgaṇasya rudravadgaṇasyā 'dityavadgaṇasya somadeva te matividaḥ prātaḥsavanasya mādhyaṃdinasya savanasya tṛtīyasavanasya gāyatracchandasas triṣṭupchandaso jagatīcchandaso 'gnihuta indrapītasya madhumata upahūtasyo 'pahūto bhakṣayāmi (BI: °hṛdaye bhavā 'śvinor bāhubhyāṃ°...°mādhyandinasavanasya°...°madhumata upahūta upahūtasya bhakṣayāmi; ĀĀ: °'gniṣṭuta°), (corresponds to TS 3.2.5.1–3); JNMV and BhD: gāyatracchandasas triṣṭupchandaso jagatīchandasaḥ (JNMV (Gold.): °jagac-chandasaḥ)).

295 TS 3.2.1.1 śyeno 'si gāyatrachandā anu tvā 'rabhe svasti mā sam pāraya, suparṇo 'si triṣṭupchandāḥ, anu tvā 'rabhe svasti mā sam pāraya, saghā 'si jagatīchandā anu tv ārabhe svasti mā sam pāraya; cf. ĀpŚS 12.17.15 and 16. (Śabara and BhD: as in TS, except anu tvā 'rabhe svasti mā sam pāraya is quoted only once, at the end, in Śabara, and not at all in BhD; JNMV (ĀĀ): gāyatracchandāḥ°; (ĀĀ var.): gāyatrīchandāḥ°; (Gold.): gāyatracchandās triṣṭupchandā jagacchandāḥ).

296 Untraced. For the paridhis at the new- and full-moon sacrifices, cf. TB 3.3.6.8–9; ĀpŚS 2.9.5; MŚS 1.2.6.8. The mantras occur at TS 1.1.11 i, k, l and MS 1.1.12 (7.10–13).

297 Cf. ĀpŚS 12.4.1 dve bharjanārthe kapāle aṣṭau puroḍāśakapālāni. ekādaśa mādhyaṃdine. dvādaśa tṛtīyasavave. (Śabara: °prātaḥsavane°...°tārtīyasavanikaḥ;

rasmṛtidvāreṇa gāyatratraiṣṭubhajāgatacchandāṃsy upasthāpyante, tena gāyatrakapāla ityādir arthaḥ. vyūḍhe tu cchandāṃsi vā anyonyasya[298] lokam abhyadhyāyan gāyatrī triṣṭubhaḥ, triṣṭub jagatyāḥ, jagatī gāyatryā[299] iti cchandovyatikramaḥ. so 'yaṃ mantrādigatacchandovāciśabdānām eve 'ti niyamābhāvāt bhakṣapavamānaparidhikapālarūpāṇām arthānām apī 'ti prātaḥsavanīyo bhakṣo mādhyaṃdine, tatsthas tṛtīyasavane, tatsthaḥ prātaḥsavane, evaṃ bahiṣpavamāno mādhyaṃdine, mādhyaṃdinapavamānas tṛtīyasavane, ārbhavapavamānaḥ prātaḥsavane, evaṃ madhyamaḥ sthaviṣṭhaḥ paridhir dakṣiṇataḥ, aṇīyān drāghīyān uttarataḥ, aṇiṣṭho hrasiṣṭho madhyataḥ, evaṃ kapāleṣv apī 'ty evam anuṣṭhānam. evaṃ bhakṣapavamānamantragatacchandovāciśabdeṣv[300] api yojyam. na. chandāṃsi vā iti vākyena chandasām eva vyatikramokter gāyatryādiśabdānām eva saḥ. arthe gāyatrādiśabdaprayogas tu praśaṃsārthaḥ. daśame pañcamaḥ.

Chapter 6

1. rathantarādisāmnām adhyetṛbhir ekasyām eva 'rcy adhyayanāt, tasya cā 'nuṣṭhānārthatvād ekasyām eva 'rci tāni geyāni. na. ekaṃ sāma tṛce kriyata[301] iti vacanāt, aṣṭākṣareṇa prathamāyā ṛcaḥ prastauti,[302] dvyakṣareṇo 'ttarayor[303] ityādiliṅgāc ca.

JNMV (Gold. and ĀĀ var.): °tṛtīyasavanīyaḥ; JNMV (ĀĀ): °tārtīyasavanikaḥ; JNMV (ĀĀ var. and Gold. var.): °tṛtīyasavanikaḥ).

298 vā anyonyasya *corr.*; vānyonyasya OBEPU.

299 Cf. TS 7.2.8.6 chandāṃsy anyonyasya lokam abhy adhyāyan, tāny etenai 'va devā vy avāhayan. (Śabara: °abhidhyāyanti°; JNMV: °abhidhyāyan°; ŚD: °gāyatrī triṣṭubhā, triṣṭub jagatyā, jagatī gāyatryā; BhD: as in MNS).

300 °cchandovāci° *corr.*; °cchandogatavāci° OBPU (*in space of tear in* E).

301 Untraced. (Śabara: ṛk sāmo 'vāca, mithunīsaṃbhavāve 'ti. so 'bravīt, na vai tvaṃ mamā 'lam asi jāyātve vedo me mahime 'ti. te dve bhūtvo 'ucatuḥ, so 'bravīn nai 'va vāṃ mamā 'laṃ stho jāyātve vedo me mahime 'ti. tās tisro bhūtvo 'cuḥ, so 'bravīt saṃbhavāme 'ti. tasmād ekaṃ sāma tṛce kriyate stotrīyam (cf. AiB 3.23.1); ŚD: as in MNS; JNMV: °kriyate stotrīyam; BhD: ṛk sāmo 'vāca, mithunīsaṃbhavāve 'ti. so 'bravīt, na vai tvaṃ mamā 'lam jāyātve vedo mama mahime 'ti te dve bhūtvo 'ucatuḥ. so 'bravīt nai 'va vāṃ mamā 'laṃ stho jāyātve iti. tās tisro bhūtvo 'cuḥ. so 'bravīt saṃbhavāme 'ti tasmād ekaṃ sāma tṛce kriyate stotrīyam). See 9.2.3.

302 TāB 7.7.1.

303 TāB 7.7.2.

2. rathantare prastūyamāne saṃmīlayet svardṛśaṃ prati vīkṣete[304] 'ty atra vidhibhedena vākyabhedāvagatāv uttaravākyenā 'ṅgāṅgibhāvāpanne svardṛkśabdoccāraṇavīkṣaṇe vidhīyete. evaṃ co 'ttarayor api saṃmīlanānuvṛttiḥ. na. vīkṣaṇasya prāptatvenā 'vidheyatvāt, saṃmīlanasyā 'vadhyākāṅkṣitvāt, ekavākyatvalobhāc ca pratiśabdena saṃmīlanāvadhir bodhyata itī 'śānam asya jagataḥ svardṛśam[305] iti yonyṛkpāṭhaparyantam eva saṃmīlanam.

3. gavāmayane pṛṣṭhyaḥ ṣaḍaho bṛhadrathantarasāmā kārya[306] iti codakaprāptayor bṛhadrathantarayoḥ punarvidhānena dvādaśāhikavairūpavairājaśākvararaivatānāṃ nivṛttau dvandvatatpuruṣayor uttarapade nityasamāsavacanam[307] iti kātyāyanena kṛtvai 'va dvandvasamāsaṃ bahuvrīhyukteḥ pratyahaṃ bṛhadrathantarasāmanī kārye dvandvāvagatasāhityānugrahāya. na. ṣaḍahe 'nyapadārthe codakaprāptanirapekṣatvābādhenā 'pi sāhityābādhasaṃbhavāt, uktavacanasya vāktvacapriya ityādiṣv 'eva pravṛtteḥ keṣu cid rathantaram, keṣu cid bṛhat.

4. aikādaśinān prāyaṇīyodayanīyayor ālabherann[308] ity atra prāyaṇīyodayanīyayor uddeśyatvena prādhānyāt, pradhānānurodhitvāc cā 'ṅgānām ubhayatrai 'kādaśai 'kādaśā 'labdhavyāh. na. vacanāntareṇa vihitānāṃ prakaraṇād aṅgatāpannānāṃ deśākāṅkṣāyām uktavākyena deśavidhānāt pañca prāyaṇīye, pañco 'dayanīye, antyaś co 'dayanīye[309] ity anuṣṭheyam.

---

304 Cf. TāB 7.7.15 īśvaraṃ vai rathantaram udgātuś cakṣuḥ pramathitoḥ prastūyamāne sammīlet svardṛśaṃ prativīkṣeta nai 'nañ cakṣur jahāti. See Caland's note. Cf. LŚS 2.9.11 rathantare prastūyamāne sarvatra sammīlet; 2.9.14. (Śabara: īśvaraṃ vai rathaṃtaram udgātuś cakṣuḥ. pramathitā rathaṃtare°; ŚD and BhD: as in MNS, but in two statements, rathantare prastūyamāne saṃmīlayet and svardṛśaṃ prati vīkṣeta; JNMV: as in MNS).

305 SV 1.233/2.30 = ṚV 7.32.22. See 10.5.15. (Here Śabara has īśānaṃ svardṛśaṃ tasthuṣaḥ (at JS 10.5.58 (MNS 10.5.15) he has the same quote as MNS has here); JNMV and BhD: as in MNS).

306 Untraced. (Śabara and JNMV: as in MNS, but omitting kāryaḥ; ŚD and BhD: as in MNS).

307 KVā 2.1.51.8.

308 Untraced. Cf. ĀpŚS 21.23.7 aikādaśinān prativibhajyā 'prativibhajya vā prāyaṇīyodayanīyayor ālabhante; VŚS 3.2.3.42 api vā prāyaṇīyodayanīyayor vibhaktān aikādaśinān ālabherann aindrāgnān antarā. (Śabara, ŚD, and JNMV: aikādaśinān prāyaṇīyodayanīyayor atirātrayor ālabheran (ŚD (NSP): ekādaśinān°) (Śabara also quotes this with °ālabheta); BhD: as in MNS, except ekādaśinān°). ŚD and JNMV (and, it seems, BhD) say this is taught at the twelve-day rite, whereas ĀpŚS and VŚS are taught in connection with the year-long sattra.

309 dayanīye *corr.*; davasānīye OBPU; *in space of tear in* E.

5. viśvajit sarvapṛṣṭha[310] iti sarvāṇi pṛṣṭhasāmāni yasminn ity arthāvagateḥ pṛṣṭhastotradeśe sarvāṇi sāmāni kāryāṇi. na. pavamāne rathantaraṃ karoty ārbhave bṛhan madhya itarāṇi vairūpaṃ hotuḥ pṛṣṭhaṃ vairājaṃ brahmasāma śākvaraṃ maitrāvaruṇasya raivatam acchāvākasye[311] 'ti vacanād deśaniyamaḥ.

6. ukthyo vairūpasāmā,[312] ṣoḍaśī vairājasāme[313] 'ty atra vairūpavairājayoḥ kṛtsnokthyaṣoḍaśisaṃbandhapratīteḥ kṛtsnayos te. na. bṛhatsāme[314] 'tyādinirdeśānāṃ prakṛtau pṛṣṭhastotraviṣayatvād ihā 'pi tathai 'vau 'cityāt pṛṣṭhakārya eva te, pṛṣṭhadvāraka eva ca tayoḥ kratusaṃbandhaḥ.

7. trivṛd agniṣṭud agniṣṭoma[315] iti trivṛttvam agniṣṭuti sarvadravyeṣu niviśate, trivṛd rajjur ityāditraiguṇyārthasya prayogeṇa tasya stoma evā 'sādhāraṇasaṃbandhābhāvāt. na. trivṛd bahiḥpavamānam[316] ity uktvā stotrīyānavakāmnānena tatrai 'va vaidikarūḍheḥ.

8. saṃsava ubhe kuryād[317] ityādāv api codakābādhāyai 'kaṃ pṛṣṭhastotrasādhanam, aparaṃ stotrāntarasādhanam, sarvapṛṣṭhavat. na. tatro 'ktavacanena tathātve 'pi prakṛte 'smād vacanāt samuccaya eva.

---

310 See 7.3.3.

311 Untraced. Cf. TāB 16.5.24, 14–20 (see Caland's note at 16.5.20); KB 25.10.8–14. (Śabara: °maitrāvaruṇasāma, raivatam acchāvakasāma; ŚD: rathantaraṃ bahiṣpavamāne kuryāt, ārbhave bṛhat madhyata itarāṇi vairūpaṃ hotuḥ pṛṣṭhe; JNMV (Gold.): °brahmaṇaḥ śākvaraṃ° (here brahmaṇaḥ is Cowell's conjecture for mss readings brahma, brahmasā, and brahmasāma; also there is a variant maitrāvaruṇasāma raivatam acchāvākasāmeti); JNMV (ĀĀ): °brahmasāma śākvaram° (var. brahmaṇaḥ sāma śākvaram°)...°maitrāvaruṇasāma° (var. maitrāvaruṇasya sāma)...°acchāvākasāma (var. acchāvākasya sāma); BhD: pavamāne rathantaraṃ ārbhave bṛhat madhyata itarāṇi vairūpaṃ hotuḥ pṛṣṭhe vairājaṃ maitrāvaruṇasya śākvaraṃ brāhmaṇācchaṃsinaḥ raivatam acchāvākasya).

312 ĀpŚS 21.6.16 śvo bhūte saptadaśam ukthyaṃ vairūpasāmānam upayanti; VŚS 3.2.1.49 śvo bhūte saptadaśa ukthyo vairūpapṛṣṭhaḥ. (Śabara etc., quoting this and the next together: ukthyo vairūpasāmā, ekaviṃśaḥ ṣoḍaśī vairājasāmā).

313 ĀpŚS 21.7.1 śvo bhūta ekaviṃśaṃ ṣoḍaśinaṃ vairājasāmānam upayanti; VŚS 3.2.1.51 śvo bhūta ekaviṃśaḥ ṣoḍaśī vairājapṛṣṭhaḥ.

314 Cf. ĀpŚS 10.2.6 rathaṃtarasāmnā bṛhatsāmno 'bhayasāmnā vā prathamaṃ yajeta. (Absent in Śabara; ŚD: rathantarasāmā bṛhatsāmā vā; JNMV: rathantarasāmā bṛhatsāmā; BhD: yadi rathantarasāmā yadi bṛhatsāmā (see 10.5.15)).

315 TāB 17.6.1. (Śabara: trivṛd agniṣṭomaḥ; ŚD etc.: as in MNS). See 2.2.12.

316 See 1.4.3 and 1.3.5. (Śabara and JNMV: trivṛd bahiṣpavamānaḥ; ŚD: as in MNS).

317 Cf. TS 3.1.7.2 ubhe bṛhadrathantare bhavataḥ; TB 1.4.6.2 ubhe bṛhadrathaṃtare bhavataḥ; TāB 9.4.7 ubhe bṛhadrathantare kārye. (In Śabara the quote continues: apacitāv apy ekāha ubhe kuryāt (cf. TāB 19.8.3; ĀpŚS 22.12.2–3); ŚD: ubhe bṛhadrathantare bhavataḥ; in JNMV a second quote is given: abhijitāv ekāha ubhe bṛhadrathantare kuryāt (cf. ĀpŚS 22.1.13)). See 9.2.17 and 10.5.16.

9. gavāmayanādau trayastriṃśārambhaṇas trivṛduttamaḥ kārya[318] iti vacanena prātilomyena vihite ṣaḍahe saṃsthite ṣaḍahe madhv āśayed ghṛtaṃ ve[319] 'ti vākyena vihitaṃ madhvaśanaṃ prakṛtau trayastriṃśe 'hany anuṣṭhite saty anuṣṭhitam itī 'hā 'pi tathai 'vau 'cityāt trayastriṃśānte kāryam. na. ṣaḍahaprayogasyā 'nta uktavākyena vidhānāt, prakṛtau trayastriṃśasaṃnidher nāntarīyakatvenā 'natideśāc ce 'hā 'pi ṣaḍahānte kāryam.

10. āvṛttaṃ pṛṣṭhyam[320] upayantī[321] 'ti ṣaḍahāvṛttau madhvaśanam apy āvartyam, tasya tadaṅgatvāt. na. saṃsthāyā vyāpāroparamarūpatvāt, punaḥṣaḍahakaraṇe ca tadabhāvāt sarvānta eva tat.

11. catvāro 'bhiplavāḥ ṣaḍahāḥ, pṛṣṭhyaḥ ṣaḍahaḥ sa māsaḥ sa dvitīyaḥ sa tṛtīyaḥ sa caturthaḥ sa pañcama[322] ityādau tv abhiplavādiṣaḍahair vyavāyāt tataḥ prāg eva pṛṣṭhyaṣaḍahasaṃsthā, ato[323] 'śanasyā 'vṛttiḥ.

12. sattrātmakadvādaśāhe madhv abhakṣyam, sattriṇāṃ dīkṣitatvena brahmacāritayā madhvaśananiṣedhāt.[324] na. brahmacāriṇo madhumāṃsaniṣedhasya pumarthatvāt, codakaprāptakratvarthaniṣedhasya[325] cā 'tideśikatvāt kratvarthopadiṣṭamadhvaśane na bādhaḥ.

13. anayā tvā pṛthivyā[326] pātreṇa samudraṃ rasayā prajāpataye juṣṭaṃ gṛhṇāmī 'ti mānasaṃ prājāpatyaṃ gṛhṇātī[327] 'ti yāgāntaravidhiḥ, vāg vai

---

318 Untraced. (Śabara: pṛṣṭhyaḥ ṣaḍahas trayastriṃśārambhaṇaḥ (TāB 24.20.1; 25.2.1; etc.); ŚD and JNMV: as in Śabara, but continue, as one quote, trivṛduttamaḥ kāryaḥ).

319 See 9.2.12. (Śabara, ŚD, and JNMV: saṃsthite pṛṣṭhye ṣaḍahe°; BhD: as in MNS).

320 pṛṣṭhyam *corr.*; pṛṣṭham OBPU; *in space of tear in* E.

321 upayantī PU; upagāyaṃtī OB; *in space of tear in* E. Cf. ĀpŚS 21.16.6, 8 āvṛttaṃ pṛṣṭhyaṃ ṣaḍaham upetya (this phrase occurs in both places); 21.15.23 āvṛttaṃ pṛṣṭhyam upetya (all of these apply to the gavāmayana); ĀpŚS 23.1.14; 2.4; 3.9 etc. all have āvṛttaḥ pṛṣṭhyaḥ ṣaḍahaḥ (these apply to sattras). (Śabara: āvṛttaṃ pṛṣṭhyaṃ ṣaḍaham upayanti; JNMV: āvṛttaṃ pṛṣṭhyam upayanti; BhD: āvṛttaṃ ṣaḍaham upayanti).

322 TāB 24.20.1; cf. ĀpŚS 21.15.11–12.

323 °saṃsthāto OBPU; *tear, then* to *in* E. *Should this be taken as a single word?*

324 Here Śabara has madhu māṃsaṃ ca varjayet; Prabhāvali on BhD has madhumāṃse ca varjayet. Cf. ĀpDS 1.2.23; GDS 2.13; MDh 2.177. (Garge, p. 246, has ĀpDhS 2.8.18.1 vipayanaṃ mathitaṃ piṇyākaṃ madhu māṃsaṃ ca varjayet, but this is taught in the context of ancestral offerings; GDhS 2.19 (wrong; probably 2.13)).

325 Cf. ĀpŚS 10.13.6.

326 pṛthivyā PU; pṛthivyā *omitted in* OEB;.

327 Cf. ĀpŚS 21.10.1–2: 1 tataḥ prājāpatyāya manograhāya saṃprasarpanti 2 prasṛpteṣū 'pāṃśupātreṇa gṛhṇāty anayā tvā pṛthivyā pātreṇa samudraṃ rasayā (Caland reads samudrarasayā) prajāpataye juṣṭaṃ gṛhṇāmī 'ti; VŚS 3.2.2.17. (Śabara: anayā tvā pātreṇa samudrarasayā°...°gṛhṇāmī 'ti prājāpatyaṃ manograhaṃ gṛhṇāti; ŚD: as in

dvādaśāho mano mānasam,[328] dvādaśāhasya hatarasāni cchandāṃsi, tāni[329] mānasenā 'pyāyayantī[330] 'ti liṅgāt. na. eṣa vai daśamasyā 'hno visargo yan mānasam,[331] daśame 'hani mānasāya prasarpantī[332] 'tyādidarśanāt, aharāntaratve dvādaśāhādisamākhyābādhāpatteḥ, uktastuteś cā 'vayavāvayavibhedenā 'py upapatter daśamasyā 'hno 'ṅgabhūtagrahābhyāsāntaram evā 'nena vidhīyate.

14. kartraikyāt prakṛtau sattre dvādaśāhe tathā bhavet.|
na.
āsīrann[333] iti kartṝṇāṃ bahutvād bahavas tu te.||

15. prakṛter yajamānātiriktā atrā 'pi ṛtvijaḥ.|[334]
na. ye yajamānās ta ṛtvijaḥ, [335] adakṣiṇāni sattrāṇi, [336] adhvaryur gṛhapatiṃ dīkṣatitvā brahmāṇaṃ dīkṣayatī[337] 'tyādyukter yajamānā ṛtvijaḥ.

MNS (NSP: °prājāpatyaṃ gṛhṇāmi); JNMV: °samudrarasayā prajāpataye tvā juṣṭaṃ°).

328 Untraced. (Cf. TS 7.4.5.3 vāg vai dvādaśāhaḥ; TāB 4.9.9–10 (although this is not close verbally)).

329 tāni *corr.*; tāni *om. in* OEBPU.

330 Untraced. (Cf. TāB 4.9.17 dugdhānī 'va vai tarhi chandāṃsi yātayāmāny antagatāni tāny eva tadrasenā 'pyāyayanti). (Śabara: vidhūtāni ha vai dvādaśāhasya gatarasāni chandāṃsi, tāni mānasenai 'vā 'pyāyayanti; JNMV: °hṛtarasāni cchandāṃsi tāni mānasenā 'pyāyayanti; BhD: as in Śabara, except ha omitted). Perhaps hatarasāni should be corrected to hṛtarasāni to match JNMV.

331 Untraced.

332 °sarpaṃtī EPU; °sarpatī OB. Untraced. (Cf. ĀpŚS 21.10.1 tataḥ prājāpatyāya manograhāya saṃprasarpanti; TB 2.2.6.1–2). (Śabara: °prasarpanti; he also quotes daśame 'hani sārparājñībhir ṛgbhiḥ stuvanti (cf. TB 2.2.6.1 daśame 'hant sarparājñiyā ṛgbhiḥ stuvanti); ŚD: as in MNS, except °prasarpayanti; BhD: as in MNS, but the two quotes in MNS appear in reverse order, and are possibly to be understood as a single quote).

333 Here BhD quotes ṛddhikāmās sattram āsīran (see 6.2.1 and 6.6.3).

334 Half a verse here?

335 Untraced. See 5.1.1. (Absent here in Śabara; ŚD etc.: as in MNS (JNMV (ĀĀ): °ta eva ṛtvijaḥ)).

336 See 10.2.11. (Śabara: adakṣiṇāni sattrāṇy āhuḥ. na hy atra gaur dīyate, na vāso na hiraṇyam; JNMV: adakṣiṇāni sattrāṇī 'ty āhuḥ).

337 See 5.1.1. (In Śabara the quote continues: tato hotāraṃ tata udgātāram (these two are in reverse order from Śabara's quote at 5.1.1 and from the ĀpŚS and ŚB passages cited there); ŚD: adhvaryur gṛhapatiṃ dīkṣatitvā; JNMV: as in MNS, but continues tata udgātāram).

16. āsīran, upeyur[338] iti codanāyajamānabahutvavad aharganatvaṃ sattratvam, yajaticodanāvad aharganatvam ahīnatvam, vṛddhavyavahārāt.

17. pauṇḍarīkenai 'kādaśarātreṇa yajete[339] 'ty atrā 'yutaṃ pauṇḍarīke dadyād aśvasahasram ekādaśam[340] iti dakṣiṇā

āvartanīyā 'nudinam aharaṅgatvato, na hi.|
pauṇḍarīkāharganasya prayogaikyāt sakṛd bhavet.||

18. dātavyasya tasya codakān mādhyaṃdine savane dakṣiṇā nīyanta[341] iti nayanaṃ sakṛt, tāvatai 'va saṃskārasya siddhatvāt, tad api sarvasya, ekadakṣiṇātvāt. na. dvādaśāhe 'nvahaṃ[342] vibhajya nayanād[343] atrā 'pi pratyahaṃ vibhajya nayanam.

19. manor ṛcaḥ sāmidhenyo bhavantī[344] 'ty aviśeṣataḥ|
ṛksaṃhitāmnātatādṛksarvābhiḥ syāt samindhanam.|
na.
prakṛtau pañcadaśabhir dṛṣṭaṃ syād iha tat tathā.||

---

338 Śabara: ya evaṃ vidvāṃsaḥ sattram āsate (untraced); ya evaṃ vidvāṃsaḥ sattram upayanti (untraced), and, caturviṃśatiparamāḥ saptadaśāvarāḥ sattram āsīran (see 3.3.14 and 6.2.1). It is not clear whether Śabara intends the first two as proper quotes.

339 Untraced. Cf. ŚŚS 16.30.8–10: 8 taṃ (*understand*: ekādaśarātram) pauṇḍarīka ity ācakṣate 9 ayutaṃ dakṣiṇā 10 aśvasahasram ekādaśam ity eke; TāB 22.18 for the eleven-day pauṇḍarīka rite; 22.18.2 svārājyo vā eṣa yajñaḥ; 22.18.6 ayutaṃ dakṣiṇāḥ; ĀpŚS 22.24.8–9: 8 pauṇḍarīka ekādaśarātro 'yutadakṣiṇaḥ 9 anvahaṃ sahasrāṇī dadāti. aśvasahasram uttame 'śvaśataṃ vā; SatyāŚS 17.8.36 (p. 484) pauṇḍarīka ekādaśarātraḥ. ayutaḥ dakṣiṇā. aśvasahasram eke. daśa dakṣiṇāḥ... anvahaṃ daśa sahasrāṇi dadyāt. aśvasahasram uttame 'hany aśvasahasram uttame 'hani; BŚS 16.32 (278.4) athā 'to pauṇḍarīka ekādaśarātro 'yutadakṣiṇo 'śvasahasradakṣiṇaḥ...anvahaṃ sahasraṃ sahasraṃ dadāty uttame 'hany aśvasahasraṃ dadāti. (Śabara and JNMV: pauṇḍarīkenai 'kādaśarātreṇa svārājyakāmo yajeta).

340 See preceding note. (Śabara and JNMV: as in MNS; ŚD (LKSV): ayutaṃ dakṣiṇāṃ dadyāt, aśvasahasram ekādaśam; ŚD (NSP) and BhD: ayutaṃ dakṣiṇā aśvasahasram ekādaśam).

341 TS 6.1.6.3.

342 nvahaṃ OB (*in margin in* O); nvahaṃ *om. in* EPU.

343 Here Śabara and ŚD have anvahaṃ dvādaśaśataṃ dadāti. Cf. ĀpŚS 21.5.9 dakṣiṇākāle 'nvahaṃ dvādaśāni śatāni dadāty ahīne; VŚS 3.2.1.38 dvādaśaśataṃ dakṣiṇā ahany ahany ahīne.

344 TāB 23.16.6. Cf. KS 11.5 (150.1) manor ṛcas sāmidhenīṣv apy anubrūyāt. At TāB, Caland identifies the verses as either MS 4.11.2 (164.11–165.16) or TS 1.8.22. l, m, n.

20. vāsasi minoti,[345] vāsasā co 'pāvaharatī[346] 'ti vacanān mānam upāvaharaṇaṃ ca vāsaḥsādhyam.

21. dvādaśāhādau na vāsobhedaḥ, mānābhāvāt. na. havirdhānaśakaṭe 'vasthitasyai 'kaikāhaparyāptasya somasyā 'bhiṣavārthaṃ pratyaham upāvaharaṇam, anyasya tatrai 'va vāsasi sthāpanam iti kāryabhedād bhedaḥ.

22. upāvaharaṇārtham utpādyaṃ vāsaḥ prakṛtāv iva mānakāle utpādyam. na. prakṛtau mānavāsaso 'pāvaharaṇasyā 'rthikatvān mānopāvaharaṇavāsasor ekatvena mānakāle utpādyatve 'pi vikṛtau mānakāle 'nupapattyabhāvād[347] upāvaharaṇakāla evo 'tpādyam. daśame ṣaṣṭhaḥ.

Chapter 7

1. agnīṣomīyaṃ paśum[348] ity atra kṛtsnapaśor ekahaviṣṭvam, tathai 'va pratīteḥ. na. hṛdayasyā 'gre 'vadyatī[349] 'ty avadānasya yāgīyadravyasaṃskārakasya hṛdayādiṣu śrutasya taddhaviṣṭvabodhakatvāt, viśasanavākyāt,[350] paśor yāgasādhanatve 'pi hṛdayādiprakṛtitvena devatāsaṃbandhopapatteḥ paśvaṅgāni havīṃṣi.

2. tatrā 'viśeṣād yena kena cid aṅgena yāgaḥ, hṛdayādiṣv aṃsādiṣu ca paśvaṅgatvam tulyam iti sarvair vā. na. avadānavākyasye 'tarāṅgahaviṣṭvaparisaṃkhyāyakatvād ekādaśai 'va havīṃṣi.[351]

---

345 Untraced. Cf. ĀpŚS 10.24.7–8; MŚS 2.1.4.3; ŚB 3.3.2.9. (This and the following are quoted together in Śabara).

346 Untraced. Cf. MŚS 2.3.1.22; (ŚB 3.9.3.2 atha rājānam upāvaharati (but no cloth is mentioned here)).

347 nupapattya *corr.*; nupattya° OEBPU. (*Cf.* ŚD *for* anupapattyabhāva).

348 TS 6.1.11.6. (Śabara: yo dīkṣito yad agnīṣomīyaṃ paśum ālabhate (=TS); ŚD etc.: agnīṣomīyaṃ paśum ālabheta).

349 TS 6.3.10.4; cf. MS 3.10.3 (132.14) hṛdayasyā 'vadyati. (Śabara: hṛdayasyā 'gre 'vadyati, jihvāyā avadyati, vakṣaso 'vadyati, doṣṇor avadyati, pārśvayor avadyati, gudasyā 'vadyati (perhaps not intended as one quote; starts as in TS, but then is more similar to MS); ŚD: hṛdayasyā 'gre 'vadyati, atha jihvāyāḥ, atha vakṣasaḥ; JNMV: hṛdayasyā 'gre 'vadyati. atha jihvāyā atha vakṣaso 'vadyati doṣṇo 'vadyati pārśvayor avadyati (ĀĀ: °doṣṇor avadyati°)). See 2.2.6.

350 Here Prabhā on ŚD has paśuṃ viśāsti. BhD also has it, as one of a number of preparatory actions.

351 Here Śabara has ekādaśa vai tāni paśor avadānāni; ŚD and BhD have ekādaśa vai paśor avadānāni, tāni dvir dvir avadyati (MS 3.10.3 (133.6) ekādaśa vā etāny avadānāni°). Cf. ĀpŚS 7.22.6 for a list of eleven.

3. tryaṅgaiḥ sviṣṭakṛtaṃ yajatī[352] 'ty ukte hṛdayādiśeṣais tribhir yaiḥ kaiś cit sviṣṭakṛdyāgaḥ, prakṛtau haviḥśeṣeṇai 'va tasya darśanāt. na. doṣṇaḥ pūrvārdhād agnaye 'vadyati gudasya madhyataḥ śroṇyā jaghanata[353] iti hṛdayādyekādaśabhyo 'tiriktānām eva sviṣṭakṛtsaṃbandhokteḥ, dakṣiṇo 'ṃsaḥ savyā śroṇir gudatṛtīyam iti sauviṣṭakṛtānī[354] 'ti kalpasūtrāc cai 'tair eva sviṣṭakṛt.

4. adhyūdhnīṃ hotre harantī[355] 'ti hṛdayādyanyāṅgarūpādhyūdhnyām hotur eve 'ti niyamaḥ, ijyāśeṣāṇāṃ bhakṣaṇārthaṃ pātre nikṣepavad anasthibhir iḍāṃ vardhayantī[356] 'ty anijyāṣeṣāṇām api pātre nikṣepeṇa vibhajya[357] grahaṇe hotuḥ pakṣaprāpteḥ. na. atha yad yat pariśiṣyate tat tat samavattadhānyām ānayati hṛdayaṃ jihvāṃ vakṣa[358] iti prāpakavākye 'dhyūdhnyā

---

352 Untraced. Cf. ĀpŚS 7.22.6 (and Caland's note); 7.25.17–18; BhŚS 7.19.4; 7.20.14–15; MŚS 1.8.5.19; 1.8.5.32–33; TS 6.3.10.6.

353 jaghanata *corr.*; jaghana OEBPU. MS 3.10.3 (133.16) yad doṣṇaḥ° (see Mittwede, *Text. Bemerk. zur Maitrāyaṇī Saṃ.*, p. 143, who reads jaghanatas for Schroeder's jaghānatas); cf. TS 6.3.10.6 sa etam uddhāram ud aharata doḥ pūrvārdhasya gudam madhyataḥ śroṇiṃ jaghanārdhasya. (Śabara: as in MS except °agnaye samavadyati°; ŚD: doḥ pūrvārdhasya, gudaṃ madhyataḥ, śroṇiṃ jaghanārdhasya; JNMV: as in corrected MNS, except ĀĀ: °agnaye samavadyati° (Gold. and ĀĀ var.: °agnaye 'vadyati°); BhD: doṣṇo dakṣiṇasya pūrvārdhād agnaye samavadyati savyaśroṇer jaghanato gudaṃ madhyasya).

354 ĀpŚS 7.22.6 dakṣiṇaṃ doḥ savyā°. (Absent in Śabara; JNMV: as in MNS (ĀĀ: °gudaṃ tṛtīyam°), but preceded by hṛdayaṃ jihvā vakṣo yakṛd vṛkyau savyaṃ dor ubhe pārśve dakṣiṇā śroṇir gudatṛtīyam iti daivatāvadānāni (ĀpŚS 7.22.6, except daivatāni in place of daivatāvadānāni)).

355 MS 3.10.4 (135.1); cf. ĀpŚS 7.26.7 adhyūdhnīṃ hotre harati.

356 ĀpŚS 7.24.11 °vardhayati.

357 nikṣepeṇa vibhajya *corr.*; nikṣepeṇa vitajya B; nikṣepeṇa vilajya OE; nikṣepeṇānijyā PU.

358 ŚB 3.8.3.25 atha yad yūṣ pariśiṣyate. tat samavattadhānyām ānayati tad hṛdayaṃ prāsyati jihvāṃ vakṣas tanima matasne vaniṣṭhum. (Śabara: as in MNS except one tat omitted and °ānayati yad hṛdayaṃ prāsyati jihvāṃ vakṣas tanimataḥ tasyā vaniṣṭhum (BI: yad yūṣ pariśiṣyate tat samavattadhānyām ānayati tat hṛdayaṃ prāsyati jihvāṃ vakṣas tanimamatas testesyā(?) vaniṣṭhum (with note claiming ādarśapustaka starts atha yady upari śeṣyate and ends vakṣas tanimamas tathā vaniṣṭhum); ŚD: atha yat pariśiṣṭaṃ tat samavattadhānyām āvapanti, yad dhṛdayaṃ prāsyati, jihvāṃ vakṣaḥ tanimānaḥ tasyai vaniṣṭhum (NSP: °vakṣas tanniyamatas tasyai°; NSP var.: °vakṣas tanniyamamatas tasyai°); JNMV: as in MNS (ĀĀ: °jihvā vakṣaḥ°); BhD: atha yat yat pariśiṣṭaṃ tat tat samavattadhānyām āvapati, yad dhṛdayaṃ prāsyati, jihvāṃ vakṣas tanima tasyai vaniṣṭhum).

anukter anasthibhir[359] ity etasyā 'rthavādatvāc[360] cā 'prāptyā yad dhotre harati tad adhyūdhnīm iti[361] vidhanād dhotur iḍābhāganivṛttir adhyūdhynā.

5. vaniṣṭhum agnīdha[362] ity atra tu hṛdayādivākye vaniṣṭhor api pāṭhād astu niyamaḥ. na. vaniṣṭhor bhakṣasaṃbandhābhāveno 'pastaraṇādivad vaniṣṭhuprāsanasye 'ḍāsaṃskārakatvād aprāpter vidhānāvaśyakatvāt.

6. paśau maitrāvaruṇasya ne 'ḍābhakṣaḥ, prakṛtau maitrāvaruṇatadbhakṣābhāvāt. na.[363] maitrāvaruṇaḥ preṣyati cā 'nvāhe[364] 'ti praiṣānuvacanavidhānena tasyā 'dhvaryuhotṛkāryakāritvāt,[365] prakṛtau kartṛniyamena bhakṣāṇāṃ kartṛsaṃskārārthatvasyā 'pi sattvād asti śeṣaḥ.[366]

7. tasyo 'bhayakāryakāritvena bhāgadvayam. na. ekabhāgena tṛptidvayasyā 'pi tantreṇo 'tpādād ekaḥ[367] saḥ.

8. pratiprasthātur adhvaryukāryavapāśrapaṇakartṛtvād asti bhakṣaḥ. na. prakṛtau yo yadapūrvakartā sa taccheṣabhakṣaka iti darśanāt, vapāyāś ca sarvapradānena śeṣābhāvāt, anyatrā 'kartṛtvāt. dakṣiṇato nidhāya pratiprasthātā 'vadyatī[368] 'ti yeṣām asti, teṣām asty eva pratiprasthātur api bhakṣaḥ.

9. gṛhamedhīye ājyabhāgau yajatī[369] 'ti codakaprāptānuvādaḥ, prakṛtisādṛśyam āpādayad aiṣṭikavidhyantaprāpakaṃ vā, auṣadhadravyeṇai 'va tatsiddher arthavādo vā, vidhisaṃnidhyabhāvena karmāntaravidhir vā, prasiddhājyabhāgapratyabhijñānād ājyabhāgetaraparisaṃkhyā vā, traidoṣyāpatteś codakasyā 'jyabhāgātiriktātideśakatvād ājyabhāgamātraprāpakaṃ vā, codakasyai 'kadai 'va sarvāṅgaprāpakatvāc[370] codakopasaṃhāro vā. na. pratya-

---

359 anukter anasthi *corr.*; anukte nasthi° E; anukto nasthi° OBPU. (Śabara: anasthibhir iḍāṃ vardhayanti).

360 ārthavādatvāc OBPU; *in space of tear in* E. *Correct to* anuvādatvāc? Śabara, ŚD JNMV, *and* BhD *all refer to this as an* anuvāda.

361 adhyūdhnīm iti OEBPU. *Cf.* ŚD: yad dhotre haranti, tad adhyūdhnīm iti; JNMV: yad dhotre haranti tad adhyūdhnī 'ti (ĀĀ: adhyūdhnīm iti).

362 ĀpŚS 7.26.6. (Śabara and JNMV: as in MNS: ŚD and BhD: vaniṣṭhum agnīdhe haranti). See 9.4.3.

363 na *in margin in* O; na *omitted in* EBPU.

364 Untraced. See 3.7.21. (Śabara: tasmān maitrāvaruṇaḥ preṣyati cā 'nu cā 'ha; JNMV: as in MNS).

365 °hotṛkāryakāritvāt OBPU; °hotṛkāritvāt E.

366 *Should* śeṣaḥ *be corrected to* śeṣabhakṣaḥ, *or replaced by* bhakṣaḥ? *The former occurs at this topic in* Śabara *and* BhD, *and* JNMV *concludes this topic:* tasmād asti bhakṣaḥ.

367 ekaḥ O; ekaṃ B; evaṃ E; evaḥ PU.

368 ŚB 3.8.3.10.

369 TB 1.6.6.6. Here ŚD and BhD have ājyabhāgau yajati yajatāyai (such a quote occurs in MS 4.8.5 (112.16), but the context is different).

370 prāpakatvāc *corr.*; °prākatvāc OEB; °prākṛtvāc PU.

kṣānumānikayos tadanupapatteḥ klptopakāraprākṛtāṅgasaṃbandhena gṛhamedhīyasyā 'pūrvatābodhakam idam. āmanahomānāṃ tu na prakṛtau klptopakāratvam iti sāṃgrahaṇī nā 'pūrvā.

10. ājyabhāgābhyām eva nairākāṅkṣyāt sviṣṭakṛdiḍādi na kāryam. na. agnaye sviṣṭakṛte 'vadyati,[371] iḍām upahvayata[372] ity ukter yāvaduktaṃ kāryam.

11. uktavākyānāṃ parisaṃkhyātve 'pi prāśitrādibhakṣaṇanivṛttir na, bhakṣaṇārtheḍopahvānasya sattvāt. na. iḍābhakṣasya vācanikatve[373] 'pi anyeṣāṃ parisaṃkhyānān na prāśitrādibhakṣaḥ.

12. some śamyvantā prāyaṇīyā saṃtiṣṭhate na patnīḥ saṃyājayanti,[374] iḍāntā 'tithyā saṃtiṣṭhate nā 'nuyājān yajatī[375] 'ty atra vidhinā śamyviḍāntatvavidhānāt, niṣedhena ca patnīsaṃyājānuyājātiriktakartavyatvapratīteḥ[376] śamyviḍāntatvapatnīsaṃyājānuyājātiriktasarvakartavyatvayor vikalpaḥ. na. vikalpe 'ṣṭadoṣāpatteḥ, parisaṃkhyāyāṃ traidoṣyāpatteḥ, vidhiparisaṃkhyābhyāṃ vākyabhedāpatteś co 'paritanavākyadvayasya stāvakatvāc chamyviḍāntatvam eva.

13. prakṛtau patnīsaṃyājebhyaḥ paraḥ pūrvaś ca śaṃyuḥ, anuyājebhyaḥ parā pūrvā ce 'ḍā. codakaprāptayos tayor icchayā 'tra grahaṇam, pūrvayor[377] grahaṇe niṣedhavaiyarthyāt parayor eva vā. na. niṣedhasya nityānuvādatvāt, prathamātikrame manābhāvāt pūrve eva grāhye.

14. upasatsv aprayājās tā ananuyājā[378] iti viśeṣaniṣedhena śeṣābhyanujñāpratīteś codakaprāptaṃ sarvam anuṣṭheyam. na. sruveṇā 'ghāram āghāra-

---

371 Untraced. Cf. TB 1.6.6.6 agniṃ sviṣṭakṛtaṃ yajati. (TS 2.6.6.5 is identical to MNS, but it is taught for the original rite, not the gṛhamedhīya; see Garge, p. 88). (Śabara: agnaye samavadyati; JNMV: agnaye sviṣṭakṛte samavadyati).

372 Untraced. Cf. TB 1.6.6.6 iḍānto bhavati. (TS 2.6.7.3 is identical to MNS, but it is taught for the original rite, not the gṛhamedhīya). (Śabara: iḍām upahvayati; JNMV: as in MNS).

373 Here Śabara has athe 'ḍām evā 'vadyati, na prāśitram upahūya prāśnāti (=ŚB 2.5.3.16, except °prāśnanti).

374 Cf. ŚB 3.2.3.23 śamyvantaṃ bhavati na patnīḥ saṃyājayanti; ĀpŚS 10.21.13–14: 13 śaṃyvantā saṃsthāpyā vā 14 patnīs tu na saṃyājayet; KS 23.9 (85.17) saṃsthāpyam eva patnīṃ tu na saṃyājayet; TB 1.5.9.3 etadantā iṣṭayaḥ saṃtiṣṭhante; AiB 1.11.5; KB 7.11.

375 Cf. KS 24.8 (99.22) iḍāntaṃ bhavati...ananuyājaṃ bhavati; ŚB 3.4.1.26 tad iḍāntaṃ bhavati. nā 'nuyājān yajanti; TB 1.5.9.3 etadantā iṣṭayaḥ saṃtiṣṭhante; ĀpŚS 10.31.15 iḍāntā saṃtiṣṭhate; AiB 1.17.12; KB 8.2–3.

376 °saṃyājānuyājāti° O (*corr. from* °saṃyājāti°); °saṃyājāti° EB; °saṃyājānuyājāni° PU.

377 pūrvayor O; pūrva B; pūrvayā PU; *in space of tear in* E.

378 Cf. KS 25.1 (103.11) upasado na prayājā bhavanti nā 'nuyājāḥ.

yatī[379] 'tī 'tarāṅgaparisaṃkhyāyāṃ traidoṣyād apūrvā evo 'pasadaḥ, uktavākyaṃ tu nityānuvādaḥ.

15. apabarhiṣaḥ prayājān yajaty apabarhiṣāv anuyājāv[380] iti viśeṣaniṣedhāt prākṛtaṃ sarvam anuṣṭheyam. na. apsumantāv ājyabhāgau yajatī[381] 'ty ājyabhāgavidhānenā 'pūrvatvāt, apsu me somaḥ,[382] apsv agna[383] iti mantrayor liṅgakramābhyām eva prāpteḥ, uktavākyābhyām api prayājānuyājavidhānam.

16. bṛhat pṛṣṭham,[384] yavamayaḥ,[385] khādiro yūpa[386] ityādiṣu prakṛtivad vikalpaḥ. na. punarvidhānena niyamāt.

17. dravyadevatayoḥ prāptiḥ syāt kāmyeṣṭiṣu codakāt|
samuccayo vikalpo vā upadiṣṭātidiṣṭayoḥ.||

na.

tābhyām utpattiśiṣṭābhyām ākāṅkṣāśamanād iha|
tadbhinnāṅgāni labhyante ākāṅkṣākalpyacodakāt.||

---

379 TS 6.2.3.2–3 nā 'nyam āhutim purastāj juhuyād, yad anyām āhutim purastāj juhuyāt anyan mukhaṃ kuryāt. sruveṇā 'ghāram āghārayati; ĀpŚS 11.3.6 nā 'nyām āhutiṃ purastāj juhuyāt. srauvam evā 'ghārayet. (Śabara, JNMV, and BhD: as in TS (JNMV (Gold.): °sruveṇā 'ghārayati); ŚD: as in MNS).

380 TS 6.6.3.2–3 apabarhiṣaḥ prayājān yajati...apabarhiṣāv anuyājau; MS 4.8.5 (112.15) apabarhiṣaḥ prayājān yajati (112.17) nā 'nuyājān yajati; TB 1.6.9.2 (as in first MS); ĀpŚS 8.8.6 apabarhiṣaḥ prayājān iṣṭvā 'psumantāv ājyabhāgau yajati; ĀpŚS 8.8.10 api vau 'pabhṛtaṃ juhvām ānīyā 'pabarhiṣāv anūyājau yajati; VŚS 1.7.4.29 (as in first MS); VŚS 1.7.4.57 apabarhiṣāv anuyājau yajati; (TB, ĀpŚS, and VŚS are taught for the varuṇapraghāsa, but ĀpŚS 8.7.12 says the saumika avabhṛtha occurs there, and Śabara says the context is the avabhṛtha of the jyotiṣṭoma). (Śabara and JNMV: °anuyājau yajati; ŚD: °anūyājau yajati; BhD: apabarhiśaś caturaḥ prayājān yajati, apabarhiṣau dvāv anūyājau).

381 ĀpŚS 8.8.6 (see preceding note); cf. TS 6.6.3.3 ājyabhāgau yajati; MS 4.8.5 (112.16) (as in TS) (these two lack apsumantau).

382 ṚV 1.23.20; MS 4.10.4 (153.7); TB 2.5.8.6; ĀpŚS 8.8.7; MŚS 5.1.3.25. Bloomfield has others. (Śabara, ŚD, and BhD: °somo abravīt (=ṚV, TB, ĀpŚS)).

383 ṚV 8.43.9; MS 4.10.4 (153.6); TS 4.2.3 g; ĀpŚS 8.8.7; MŚS 5.1.3.25. Bloomfield has others. (Śabara, ŚD, and BhD: °agne sadhiṣ ṭava (=ṚV, TS, MŚS)).

384 TB 1.2.2.4 bṛhat pṛṣṭhaṃ bhavati. This is for the viṣuvat. It may be just an instance, and not the source. (Śabara, JNMV, and BhD: as in TB; ŚD: as in MNS). For the prakṛti, cf. ĀpŚS 10.2.6.

385 TS 2.4.11.5 yavamayo madhyaḥ; ĀpŚS 19.27.15 yavamayas tu madhye. (Śabara and JNMV: yavamayo madhyamaḥ; ŚD and BhD: yavamayaḥ puroḍāśaḥ). For the prakṛti, cf. ĀpŚS 1.17.11.

386 Cf. VŚS 3.1.1.7 khādiraś caturasro yūpaḥ saptadaśāratniḥ; ĀpŚS 18.1.8 saptadaśāratnir bailvy yūpaḥ khādiro vā (allows option). (Śabara, JNMV, and BhD: khādiro yūpo bhavati; ŚD: as in MNS). For the prakṛti, cf. ĀpŚS 7.1.15.

18. yūpa auḍumbaras somāpauṣṇe[387] khadirajanmanā|
samuccito, dvayoḥ kartuṃ śakyaṃ paśuniyojanam.||

na.

ubhayor nirapekṣatvāt kārye paśuniyojane|
upadiṣṭenā 'tidiṣṭabādhān nai 'va samuccayaḥ.||

19. somāraudraṃ caruṃ nirvapet śuklānāṃ vrīhīṇām[388] ity atra pākṣikavrīhyanuvādena śuklavidhānasaṃbhavāt prakṛtāv iva vikalpo vrīhiyavānām. na. aprāptatvena yāgasyā 'vaśyavidheyatvāt, guṇasya pṛthagvidhāne vākyabhedāpatter na vikalpaḥ.

20. yady api caturavattī yajamānaḥ pañcāvattai 'va vapā kārye[389] 'ty atra vapoddeśena pañcatvaviśiṣṭāvadānavidhānān na hṛdayādyaṅgeṣu tat. na. avadānasya prāptatvenā 'vidheyatvāt, vapayā 'vadānasya[390] viśeṣaṇāyogāc ca pāśukāvadānamātre pañcatvam. tad apy upastaraṇābhighāraṇānyataravṛddhyā svarṇaśakalena[391] ve 'ty anyat. iti daśame saptamaḥ.

Chapter 8

1. mahāpitṛyajñe nā 'rṣeyaṃ vṛṇīte na hotāram[392] ity ārṣeyahotṛvaraṇasya niṣedhāc codakaprāptatvāc ca vikalpaḥ. na. uktavākyayoḥ prakaraṇapaṭhitatvena prakṛtivad ārṣeyahotṛvaraṇātiriktaṃ kāryam ity ekavākyatāsaṃ-

387 See 1.2.2.

388 MS 2.1.5 (6.15) saumāraudraṃ ghṛte caruṃ nirvapec śuklānāṃ vrīhīṇām brahmavarcasakāmaḥ. (Śabara: as in MS, but continues, saumāraudraṃ caruṃ nirvapet kṛṣṇānāṃ vrīhīṇām abhicaran, nairṛtaṃ caruṃ nirvapet kṛṣṇānāṃ vrīhīṇām, sauryaṃ caruṃ nirvapec chuklānāṃ vrīhīṇām (MS 2.1.6 (7.13) saumāraudraṃ caruṃ nirvapet kṛṣṇānāṃ vrīhīṇām abhicaran; TS 1.8.9.1 nairṛtaṃ carum parivṛktyai gṛhe kṛṣṇānāṃ vrīhīnāṃ nakhanirbhinnam (*understand* nirvapati); MS 2.2.2 (16.1) sauryaṃ ghṛte caruṃ nirvapec śuklānāṃ vrīhīṇāṃ brahmavarcasakāmaḥ); ŚD: as in MNS, but continues nairṛtaṃ caruṃ nirvapet kṛṣṇānāṃ vrīhīnām (NSP: saumāraudraṃ°); JNMV: as in MNS, but continues brahmavarcasakāmaḥ (ĀĀ: saumāraudraṃ°); BhD: as in MNS). See 2.3.5 and 10.4.2.

389 Cf. AiB 2.14.3 yady api caturavattī yajamānaḥ syād, atha pañcāvattai 'va vapā.

390 vapayāvadānasya OEB; vapāvadānasya PU.

391 Cf. MŚS 1.8.4.32; ĀpŚS 7.20.9-10; 2.18.2; ŚB 3.8.2.26; KŚS 6.6.24-5.

392 TB 1.6.9.1; ĀpŚS 8.14.21; BhŚS 8.18.15; cf. MS 1.10.18 (158.3) na hotāraṃ vṛṇīte nā 'rṣeyaṃ mṛtyor evai 'nā utsṛjati. (Śabara: as in MS except °evai 'nān utsṛjati (Śabara also has this without mṛtyor etc.); ŚD and JNMV: as in MNS; BhD: na hotāraṃ vṛṇīte).

bhavān na vikalpaḥ. evaṃ yajatiṣu yeyajāmahaṃ karoti nā 'nuyājeṣv[393] ity atrā 'nuyājavyatirikteṣu yajatiṣv ity artho bodhyaḥ.

2. darśapūrṇamāsayor ājyabhāgau prakṛtya na tau paśau karoti na some 'dhvara[394] ity atra paśāv iva some 'pi tayor niṣedhaḥ, somāṅgabhūtadīkṣaṇīyādīṣṭiprāpter[395] aṅgisomaniṣṭhatvāt, paryudāse samāsāvaśyakatvāt, vibhāṣādhikāreṇā[396] 'samāsasaṃbhavād vikalpasyā 'nyāyyatvāc ca paryudāso vā. na. na soma ity anena somāṅgeṣu tanniṣedhe na paśāv ity asya vaiyarthyāpatteḥ, some tatprasaktyabhāvāc ca paryudāsāsaṃbhavād arthavādo 'yaṃ yathā some ājyabhāgau na stas tathā paśāv apī 'ti.

3. atirātre ṣoḍaśinaṃ gṛhṇāti, nā 'tirātre ṣoḍaśinaṃ gṛhṇātī[397] 'ty atro 'bhayor[398] viśeṣaviṣayatvena[399] paryudāsatvāsaṃbhavād vikalpaḥ, paraṃ tu tatkaraṇe phalabhūmā, anyathā 'nanuṣṭhānāpatteḥ.

4. jartilayavāgvā juhuyād gavīdhukayavāgvā vā juhuyān na grāmyān paśūn hinasti nā 'raṇyān atho khalv āhur anāhutir vai jartilāś ca gavīdhukāś ca payasā 'gnihotraṃ juhuyād[400] ity atra jartilagavīdhukayavāgvor vidhāna-

---

393 Untraced. Cf. ĀpŚS 24.13.5 and 6: 5 sarvatra purastād yājyāyā yeyajāmaham uktvā vyāhṛtīr dadhāti; 6 nā 'nuyājeṣu yeyajāmahaṃ karoti; SatyāŚS 21.2.60 (p. 708) (as in ĀpŚS); ĀśŚS 1.5.4–5: 4 āgūr yājyādir anuyājavarjaṃ 5 ye3 yajāmaha ity āgūḥ. vaṣaṭkāro 'ntyaḥ sarvatra. See Edgerton, p. 170, note 224, and p. 172, note 227. (Śabara, JNMV, and BhD: as in ĀpŚS 24.13.6; ŚD: yajatiṣu yeyajāmahaṃ karoti, nā 'nuyājeṣu yeyajāmahaṃ karoti (NSP: yajatiṣu yeyajāmahaṃ karotī 'ti, nā°)).

394 ŚB 1.6.3.19 tan na saumye 'dhvare na paśau; ĀpŚS 7.20.8 tau na paśau karoti. na soma ity eke (this is taught at the animal rite). (Śabara, ŚD, and BhD: as in MNS, but lacking 'dhvare; JNMV presents this as two statements: tau na paśau karoti (ĀĀ: na tau paśau karoti), and, na some 'dhvare).

395 dīkṣaṇīyādīṣṭiprāpter *corr.*; °dīkṣayāṇīdīṣṭhiprāpter° OEB (*corr. from* dīkṣayāṇīdīṣṭhisthaprāpter *in* O); dīkṣayāṇīdīṣṭisthaprāpter PU. *Perhaps correct to* dīkṣaṇīyādīṣṭisthaprāpter*?*

396 P 2.1.11 vibhāṣā.

397 Untraced. Cf. TS 6.6.11.4 atirātre paśukāmasya gṛhṇīyāt (*understand* ṣoḍaśinam); ĀpŚS 14.2.9 atirātre paśukāmasya. atirātre brahmavarcasakāmasya (*understand* ṣoḍaśinaṃ gṛhṇīyāt). See Eggeling, SBE, Vol. XLI, Part 3, pp. xviii–xix, Edgerton, p. 176, note 231, and Keith, p. cxvii of TS (cf. LŚS 8.1.16; 9.5.23, with comm.). (Śabara: nā 'tirātre gṛhṇāti ṣoḍaśinam; ŚD: atirātre ṣoḍaśinaṃ gṛhṇāti, nā 'tirātre; JNMV and BhD: as in MNS).

398 atrobhayor OPU (*corr. from* atrobhayatrobhayor *in* O); atrobhayatrobhayor EB.

399 viśeṣaviṣayatvena OB (viṣaya *unclear in* O); viśeṣaviṣasapatena E; viśeṣatvena PU.

400 Untraced. Cf. TS 5.4.3.2 jartilayavāgvā vā juhuyād gavīdhukayavāgvā vā na grāmyān paśūn hinasti nā 'raṇyān atho khalv āhur anāhutir vai jartilāś ca gavīdhukāś ce 'ty ajakṣīreṇa juhoti; ĀpŚS 17.11.3 (far less); (but TS and ĀpŚS are for the agnicayana, and Śabara says the context is the agnihotra); for the final part, payasā 'gnihotraṃ juhuyāt, see 2.2.5. (Śabara and BhD: jartilayavāgvā vā juhuyāt°; ŚD

sya spaṣṭatvād anāhutir iti niṣedhaḥ. na. payasā 'gnihotraṃ juhuyād iti vidheḥ sarvo 'yam arthavādaḥ, yady api jartilagavīdhukayor na paśuhiṃsā, tathā 'pi teṣām anāhutitvam iti payaḥstuteḥ. evaṃ ca na vikalpaḥ.

5. cāturmāsyeṣu tryambakanāmakān ekakapālān prakṛtya śrute abhighāryā anabhighāryā iti mīmāṃsante brahmavādina[401] ity atra, ādhāne śrute hotavyam agnihotram na ve[402] 'ty atra ca vidher niṣedhāc ca vikalpaḥ. na. abhighāryā eva,[403] tūṣṇīm[404] eva hotavyam[405] iti vidhiśeṣatvāt, yad abhighārayed rudrāyā 'sye paśūn nidadhyād yan nā 'bhighārayen na tad rudrāyā

---

breaks up the quote: jartilayavāgvā vā juhuyāt gavedhukayavāgvā vā; then, anāhutir vai jartilāś ca gavedhukāś ca; then, payasā 'gnihotraṃ juhuyāt; JNMV: as in MNS (ĀĀ: °anāhutir vai jartilā gavīdhukāś ca°).

401 MS 1.10.20 (159.17) abhighāryā3 nā 'bhighāryā3 iti mīmāṃsante. yad abhighārayed rudrāyā 'sya paśūn apidadhyāt. tan na sūrkṣyam, abhighāryā eva. na hi havir anabhighṛtam asti; KS 36.14 (80.18) (as in MS through mīmāṃsante, then similar). See Garge, p. 103. (Śabara: abhighāryā nā 'bhighāryā iti mīmāṃsante. yad abhighārayet, rudrāyā 'sye paśūn abhidadhyāt. yan nā 'bhighārayen na rudrāyā 'sye paśūn abhidadhyāt. atho khalv āhur abhighāryā eva. na hi havir anabhighṛtam asti; ŚD: abhighāryā nā 'bhighāryā iti mīmāṃsante. yad abhighārayet, rudrāyā 'sye paśūn abhidadhyāt. nā 'bhighārayen na rudrāyā 'sye paśūn abhidadhyāt. atho khalv āhur abhighāryā iti. tan na sūrkṣyam abhighārya eva, na hi havir anabhighṛtam asti (NSP: abhighāryā anabhighāryā°; °yad abhighārayet tad rudrāyā 'sye°; °āhur abhighāryā eva; LKSV: abhighāryā3 nā 'bhighāryā3°); JNMV: as in MNS; BhD: abhighāryā anabhighāryā iti mīmāṃsante. yad abhighārayet, rudrāyā 'sye paśūn abhidadhyāt. yan nā 'bhighārayen na rudrāyā 'sye paśūn abhidadhyāt. atho khalv āhur abhighāryā eva na hy anabhighṛtaṃ havir bhavati).

402 TB 1.1.6.9 brahmavādino vadanti. hotavyam agnihotrā3ṃ na hotavyā3m iti. yad yajuṣā juhuyāt. ayathāpūrvam āhutī(r) juhuyāt. yan na juhuyāt. agniḥ parābhavet. tūṣṇīm eva hotavyam. yathāpūrvam āhutī(r) juhoti. nā 'gniḥ parābhavati (the plurals are given by the ĀĀ editor). (Śabara: hotavyam agnihotraṃ na hotavyam iti mīmāṃsante brahmavādinaḥ. yadi juhuyād ayathāpūrvam āhutīr juhuyāt, yan na juhuyād agniḥ parāpatet, tūṣṇīm eva hotavyam, yathāpūrvam āhutīr juhoti, nā 'gniḥ parāpatati (BI: °yadi juhuyāt yathāpūrvam°) (Śabara also has a passage with °yaj juhuyād°); ŚD: hotavyam agnihotraṃ na hotavyam iti mīmāṃsante brahmavādinaḥ. yad yajuṣā juhuyād ayathāpūrvam āhutīr juhuyāt, yan na juhuyād agniḥ parābhavet, tūṣṇīm eva hotavyam agnihotram; JNMV: hotavyam agnihotraṃ na hotavyam iti mīmāṃsante brahmavādinaḥ (ĀĀ: °agnihotraṃ na vā iti°): BhD: hotavyam agnihotraṃ na hotavyam iti mīmāṃsante brahmavādinaḥ. yad yajuṣā juhuyād ayathāpūrvam āhutīr juhuyāt, yan na juhuyād agniḥ parāpatet, tūṣṇīm eva juhoti).

403 MS 1.10.20 (159.18); KS 36.14 (80.19). (JNMV: as in MNS).

404 tūṣṇīm OBPU; *in the place of* eva tūṣṇīm E *has* evam eva, *and then repeats text above from* hotavyam *to* atra ca vidh*; then there is a tear until* śeṣatvāt.

405 TB 1.1.6.9 tūṣṇīm eva hotavyam. (JNMV: as in MNS).

’sye paśūn nidadhyād[406] iti duṣṭam apy[407] abhighāraṇam eva haviṣṭvāya praśastam, yad yajuṣā juhuyād ayathāpūrvam āhutī juhuyād yan na juhuyād agniḥ parābhaved[408] iti yajurhomāhomayor duṣṭatvāt tūṣṇīm agnihotram eva praśastam iti stuteḥ.

6. ādhāna udgātur vāmadevyādisāmnāṃ vidhānāt, upavītā vā etasyā ’gnayo bhavanti yasyā ’gnyādheye brahmā sāmāni gāyatī[409] ’ti nindonnītaniṣedhasyo ’dgātṛsāmagānastāvakatvāt, atyantāsaṃbhavinā ’pi vapotkhedena prājāpatyatūparasye[410] ’vā ’prāptapratiyoginā niṣedhenā ’pi stutisaṃbhavān na vikalpaḥ. na. sāmavidher dūrasthatvāt, saṃnidhipaṭhitārthavādair nairākāṅkṣyāc cai ’tasya tadekavākyatāsaṃbhavāt,[411] brahmapadasya[412] brāhmaṇatvaparatayā vihitasyai ’va niṣedhāvaśyakatvād vikalpaḥ. upavītāḥ svakāryād bhraṣṭāḥ.

7. dīkṣito na dadāti na juhoti na pacatī[413] ’ty atro ’padiṣṭānām atidiṣṭānāṃ[414] ca kratvarthānāṃ pumarthānāṃ ca niṣedhaḥ, aviśeṣāt. yad vā, upadeśāvaiyarthyāyā ’tidiṣṭakratvarthānāṃ pumarthānāṃ ca. na. pratyakṣaniṣedhasya pratyakṣopadiṣṭam eva niṣedhyam iti pumarthahomāder eva niṣedhaḥ, vidhiniṣedhayoḥ pumarthakratvarthaviṣayatvena vikalpāprasakteḥ.

8. yad āhavanīye juhotī[415] ’ti sāmānyaśāstram api pade juhoti,[416] gārhapatye patnīsaṃyājān juhotī[417] ’tyādiviśeṣaśāstrair api na bādhyam, ubhayoḥ

---

406 Cf. MS 1.10.20 (159.18) yad abhighārayed rudrāyā ’sya paśūn apidadhyāt; KS 36.14 (80.19) yad abhi ghārayed rudraṃ paśūn anvavanayet. See above.

407 apy OEB; apy *omitted in* PU.

408 TB 1.1.6.9. See above. (Śabara's quote here is slightly different from his earlier quote: yaj juhuyāt°).

409 Untraced. Cf. ĀpŚS 5.16.6 brahmā ’gnyādheye sāmāni gāyati (Caland notes that according to BŚS and some sāmavedic texts, the udgātṛ sings the samans; Rudradatta: chandogānāṃ tu brahmodgātror vikalpaḥ; cf. ĀpŚS 5.14.4 for vāmadevyasāman).

410 See TS 2.1.1.4.

411 °vākyatā ’saṃ° OEBPU (’ *absent in* PU).

412 brahmapadasya OEB; brahmapadasya *omitted in* PU.

413 See 6.5.11.

414 padiṣṭānām atidiṣṭānāṃ OU (*corr. from* padiṣṭānāṃ *in* O); padiṣṭāṇāṃ B; E *has tear* atr__nāṃ; *but the tear is large enough for a reading like that of* OU; padiṣṭānām itidiṣṭānāṃ P.

415 TB 1.1.10.5–6 °juhvati, tena so ’syā ’bhīṣṭaḥ prītaḥ. (Śabara: °juhoti, tena so ’syā ’bhīṣṭaḥ prīto bhavati; ŚD: as in MNS; JNMV: as in TB).

416 TS 6.1.8.1 saptame pade juhoti. (Śabara: vartmani juhoti (MS 3.8.7 (104.14); Śabara has the MNS quote at 12.4.21); ŚD and JNMV: pade juhoti vartmani juhoti).

417 Untraced. Cf. KŚS 3.7.1 patnīsaṃyājebhyo gārhapatyaṃ gacchanti; ŚB 1.9.2.1, 5. (Absent in Śabara, who has a quote from the rājasūya: valmīkavapām upagṛhya

pratyakṣatvena tulyabalatvāt. na. sāmānyaśāstrasya sāmānyahomānuvādasya lakṣaṇayā tattaddhomānuvāde vilambāt, viśeṣaśāstrāṇāṃ prakaraṇatadbodhakaśabdābhyāṃ viśeṣānuvāde tadabhāvāt, viśiṣṭavidhāv anuvādābhāvena sutarāṃ tadabhāvāc ca syād eva tasya tair bādhaḥ.

9. mitravindādīṣṭiṣu saptadaśa sāmidhenīr anubrūyād[418] iti kḷptopakāraprākṛtāṅgasāmidhenīpunaḥśravaṇasyā 'pūrvatābodhakatvād apūrvās tāḥ, anārabhyā 'dhītasya sāptadaśyasyā 'nuvādasaṃbhavāt. na. sāptadaśyasya pāñcadaśyabādhārthatayā, sāmidhenīśravaṇasya tadvidhānārthatayā cā 'viśeṣapunaḥśravaṇābhāvenā 'pūrvatāsaṃbhavāt.[419] anārabhyā 'dhītavākyena sāmidhenīdvārā yāvat kratusaṃbandhaḥ tataḥ prāg eva sāptadaśyasya kratuviśeṣasaṃbandho 'nena kriyata iti sāptadaśyasya kratuviśeṣasaṃbandhanairākāṅkṣyasaṃpādakatayo[420] 'pasaṃhāro 'yam, anyathā tattadvikṛtigatavākyavaiyarthyāpatteḥ. anārabhyā 'dhītaṃ sāptadaśyasya sāmidhenīsaṃbandhabodhakam, prākaraṇikaṃ tu kratusaṃbandhabodhakam iti na dvayor api vaiyarthyam. yady api prākaraṇikena dvayaṃ sukaram, tathā 'py āmnānabalād anenai 've 'daṃ bodhyam iti niyamasvīkārān na doṣaḥ.

10. vaṣaṭkāreṇa svāhākāreṇa vā devebhyo dīyata[421] ity anārabhyā 'mnātasya svāhākārasya pṛthivyai svāhe[422] 'tyādibhir darvihomapaṭhitaiḥ syād upasaṃhāraḥ pūrvanyāyāt, evaṃ ca na homāntare tayor vikalpaḥ. na. pṛthivyai svāhe 'tyāder mantratvenā 'vidhitvāt, vidher avidhino 'pasaṃhārāyogāt, saty api vidhitve tasya vyatyāsanirāsārthatayā vaṣaṭkāranirāsārthatayā vo 'pasaṃhāraparatvāyogāt na saḥ.

---

juhuyāt (cf. MS 4.3.1 (39.12) valmīkavapām udrujya juhuyāt; KS 15.1 (210.3) valmīkavapām uddhatya juhoti; ĀpŚS 18.8.13; 18.20.4); ŚD and JNMV: as in MNS (JNMV also has: valmīkavapāyām utsṛjya juhoti)).

418 Untraced. See 3.6.2.

419 pūrvatā 'saṃbhavāt OEBPU (' *absent in* EBP *and added as a correction in* O).

420 °saṃbaṃdhanair° OEB; °saṃvaṃdhe nair° PU.

421 Cf. ŚB 9.3.3.14 vaṣaṭkāreṇa vā vai svāhākāreṇa vā devebhyo 'nnaṃ pradīyate. (Śabara and JNMV: °devebhyo 'nnaṃ pradīyate; ŚD and BhD: svāhākāreṇa vā vaṣaṭkāreṇa vā devebhyo haviḥ pradīyate).

422 TS 7.1.15.1; ĀpŚS 20.11.5; ŚB 14.3.2.4; TS 1.8.13.3. Bloomfield has several. (Śabara: pṛthivyai svāhā, antarikṣāya svāhā, vāyave svāhā (TS 7.1.15.1; 7.1.16.1; ĀpŚS 20.11.5, 7; ŚB 14.3.2.6, 7; TS 1.8.13.3 (but no vāyave svāhā)); ŚD etc.: pṛthivyai svāhā, antarikṣāya svāhā). (I am not sure about the context of any of these quotes: TS 7.1 and ĀpŚS are for the aśvamedha, ŚB are expiatory rites for the pravargya, and TS 1.8.13.3 is for the rājasūya. The ŚB passages are preceded by 14.3.2.2 pūrṇāhutiṃ juhoti).

11. anārabhyā 'dhīto 'gnir[423] athā 'to 'gnim agniṣṭomenā 'nuyajanti tam ukthyena taṃ dvirātreṇa taṃ trirātreṇe[424] 'tyādinā prakṛtiviśeṣasaṃbaddho na ṣoḍaśivājapeyādivikṛtiṣu gacchati, vikṛtiviśeṣasaṃbandhabodhakavaiyarthyāpatteḥ. na. vikṛtiviśeṣasaṃbandhabodhakasya śyenacitaṃ cinvīta svargakāma[425] ityādiphalārthaguṇānuṣṭhānārthatvāt. anyatho 'padiṣṭe prākṛtacayane āśraye labdhe vaikṛtam[426] atidiṣṭam cayanaṃ kimity āśrayaḥ syāt. prākaraṇikottaravedyavaruddhatvāt prakṛter vikṛtāv evā 'gnir niviśate, agniṣṭomapadam api tatparam iti nai 'vā 'gner atideśataḥ prāptir iti tu nā 'śaṅkanīyam, vākyasya prābalyāt. ānarthakyahatānāṃ tu viparītaṃ[427] balābalam iti nyāyāc co 'ttaravedyā api na sarvathā bādha ity alam. evam upastabhanaṃ vā etad yajñasya yad atigrāhyā[428] ity atigrāhyeṣv api bodhyam, pṛṣṭhye gṛhṇīyāt,[429] ukthye gṛhṇīyād[430] iti vikṛtiviśeṣe punaḥśravaṇam. teṣu phalārthaguṇās tu mṛgyāḥ.

12. caturavattaṃ juhotī[431] 'ti[432] homakarmaṇaś caturavattokteḥ puroḍāśasya caturavadānam, dvyavadānaṃ tu pakṣāntaram. na. uktavākye homasyā 'prāpteḥ, viśiṣṭavidhibhayāc ca prāptacaturavattoddeśena homamātravi-

---

423 According to Śabara this is taught by the injunction ya evaṃ vidvān agniṃ cinute (TS 5.5.2.1). See 2.3.10.

424 Untraced. See 2.3.10. (Śabara: °nuyajati tam ukthyena, tam atirātreṇa, taṃ catūrātreṇa, taṃ pañcarātreṇa; ŚD: °nuyajati tam ukthyena, tam atirātreṇa, taṃ trirātreṇa (NSP: °nuyajanti°); JNMV (Gold.): °nuyajati tam ukthyena tam atirātreṇa; JNMV (ĀĀ): °nuyajanti, tam ukthyena tam atirātreṇa, taṃ dvirātreṇa; BhD presents this in two parts: athā 'to 'gnim agniṣṭomenā 'nuyajanti, and then, tam ukthyena, tam atirātreṇa).

425 TS 5.4.11.1; MS 3.4.7 (54.17) śyenacitiṃ°. (At JS 1.3.33 Śabara has: śyenacitaṃ cinvīta; here he has: kaṅkacitaṃ cinvīta, śīrṣacitaṃ cinvīta, yaḥ kāmayeta suśīrṣā asmiṃl loke saṃbhaveyam (KS 21.4 (41.17) and TS 5.4.11.1 are close); ŚD etc.: as in MNS (JNMV (Gold. and ĀĀ var.): śyenacitaṃ°; (ĀĀ): śyenacitiṃ°).

426 °cayane āśraye labdhe vaikṛtam OPU (*possibly* labdha *in* O); °cayane 'śraye labdhavaikṛtam B; labdho vikṛtam E (*after tear*).

427 viparītaṃ balābalam iti nyāyāc co 'ttaravedyā *is written after* iti vikṛti *in* U.

428 TS 6.6.8.1.

429 pṛṣṭhye° *corr.*; pṛṣṭhe° OBPU; *in space of tear in* E. Untraced. Cf. TS 6.6.8.1–2 yat pṛṣṭhye na gṛhṇīyāt prāñcaṃ yajñam pṛṣṭhāni saṃ śṛṇīyur, yad ukthye gṛhṇīyāt pratyañcaṃ yajñam atigrāhyāḥ saṃ śṛṇīyuḥ. (Śabara: yat pṛṣṭhye 'tigṛhṇīyāt prāñcaṃ yajñaṃ pṛṣṭhāni saṃgṛhṇīyuḥ, yad ukthye 'tigṛhṇīyāt (ĀĀ: °ukye°; BI: °ukthe°); JNMV (ĀĀ): as in MNS (Gold.: pṛṣṭhe°; ĀĀ var.: pṛṣṭhaṃ°); (at TS 3.3.1.1, Sāyaṇa quotes the JNMV passage with pṛṣṭhye gṛhṇīyāt (Vol. II, Part II, p. 216))).

430 Untraced. See preceding note. (JNMV: as in MNS (ĀĀ var.: ukthaṃ°)).

431 TS 2.6.3.2. See 6.4.1.

432 juhotī 'ti *corr.*; juhotī OBPU; *after tear*, hotī *in* E.

dhānāt, prāptiparyālocane ca dvir haviṣo 'vadyatī[433] 'ti vākyād dhaviṣo dviravadānarūpai 'va sā. yady api homāṅgatayā caturavattavidhiḥ, tathā 'pi catuṣṭvasya vākyāntaraprāptatvād anuvāda eva. homāṅgatayā saṃkhyāvidhāne 'pi sādhanaparicchedakatvenai 'va tasyā aṅgatvād ājyasyā 'pi saṃskāradvārā homasādhanatvād upastaraṇābhighāraṇābhyāṃ caturavattam.

13. yadā tu catuḥsaṃkhyā homāṅgatayā vidhīyate, tadā 'jyadravyakopāṃśuyāje na[434] caturavattam. caturavattaṃ kathaṃ saṃpādyam ity apekṣāyāṃ vihitasyo 'pastaraṇādiprakārasyau 'ṣadhasānnāyyaviṣayatvena tatrai 'vo 'pasaṃhārasyo 'citatvāt. na. caturavattasya vihitasya sarvahomārthatvāt, haviḥsaṃskārārthaṃ kṛtābhyām upastaraṇābhighāraṇābhyāṃ sānnāyyauṣadayoś caturavattasaṃpattyā tatra haviṣo[435] dviravadāne 'pi upāṃśuyājājye haviṣa eva caturavadānāvaśyakatvāt. caturgṛhītaṃ juhotī[436] 'ti vākyāt tū 'pāṃśuyāje caturgṛhītam iti tattvam.

14. puroḍāśābhyām evā[437] 'somayājinaṃ yājayed yāv etāv āgneyaś cai 'ndrāgnaś ce[438] 'ty atra na tāvad asomayājinaḥ puroḍāśābhyām evā 'dhikāraḥ, puroḍāśābhyām asomayājina eva phalam ity adhikāravidheḥ, darśapūrṇamāsābhyāṃ phalasyo 'kter yāvajjīvavākyasya sarvasādhāraṇatvāc[439] ca, nā 'pi karmāntaravidhiḥ, prakṛtapratyabhijñānāt, na yājanavidhiḥ, phalasyā 'śravaṇāt, na puroḍāśayoḥ somayāgaprākkālavidhiḥ,[440] aindrāgnasya sānnā-

433 vadyatī *corr.*; vadyavatī OEBPU. Untraced. See 3.4.18. (Absent here in Śabara; ŚD etc.: as in MNS).

434 na OPU (*added in* O); na *omitted in* EB.

435 haviṣo OEPU; haviṣāṃ B.

436 Untraced. TS 5.1.1.1 matches, but is probably irrelevant. See 4.1.17. (Absent here in Śabara (he has it at JS 3.5.9 and 4.1.48; at the latter site he identifies it as independently taught); ŚD and BhD: as in MNS; JNMV: caturavattaṃ juhoti (see 10.8.12). (BhD denies that the independently taught statement operates here, and seems to prefer the statement made in the topic starting with JS 3.5.1 (which includes 3.5.9), presumably, sarvasmai vā etad yajñāya gṛhyate yad dhruvāyām ājyam (at JS 3.5.6; see 10.8.15). Cf. BhD and Prabhāvalī).

437 evā OPU (*corr. from* eva *in* O); eva EB.

438 Cf. ĀpŚS 24.2.32 āgneyo 'ṣṭākapāla aindrāgna ekādaśakapālo dvādaśakapālo vā 'māvāsyāyām asomayājinaḥ; SatyāŚS 1.1.73 (p. 59). (In ŚD this is followed by sānnāyyena tu somayājinam).

439 sādhāraṇatvāc *corr.*; °sādhāraṇapāc O; °sādhāraṇamāc B; °sādhāraṇayāc E; °sādhāraṇatāc PU. *Perhaps correct to* sādhāraṇyāc?

440 somayāgaprākkālavidhiḥ OBPU (*in* P *between* kāla *and* vidhi *is written and deleted* sya prāptaḥ na); somayāgaprākkālasya E, *then* aindrāgnasya *through* somaprākkālasya *om. in* E.

yyena saha vaikalpikasya nā 'somayājī saṃnayed[441] iti sānnāyyasya somayāgottarakālatve somaprākkālasya prāpteḥ, nā 'py āgneyasyo 'bhayatra prāptatvād anuvādaḥ, aindrāgnasya tv amāvāsyāyāṃ vihitasya paurṇamāsīkālavidhiḥ, ekasya liṅo vidhyanuvādatvarūpāvairūpyāpatteḥ. tasmād ubhayatra kālavidhiḥ, tad u saṃnayed[442] ity asomayājino 'pi sānnāyyavidhānāt, tena vaikalpikasyai 'ndrāgnasya somāt prāg ūrdhvaṃ ca prāptasya somāt prāg eve 'ti niyamāt. evaṃ ca somāt prāk sānnāyyaindrāgnavikalpaḥ, ūrdhvaṃ tu sānnāyyam eve 'ti pravṛttiviśeṣakaratā. na. sānnāyyena tu somayājinam[443] iti saṃnihitavidhyekavākyatve sati uktaprakārāṇām anavakāśāt, kālavidhau lakṣaṇāpatteś ca.

15. upāṃśuyājam antarā yajatī[444] 'ty atra dravyaviśeṣānukter yatkiṃciddravyaka upāṃśuyājaḥ. tāv abrūtām agnīṣomāv ājyasyai 'va nāv upāṃśu paurṇamāsyāṃ yajann[445] iti tu kālavidhiḥ. na. dhrauvājyasya kāryāpekṣasya sattvāt, sarvasmai vā etad yajñāya kriyate yad[446] dhruvāyām ājyam[447] ity ukteś cā 'jyam eva.

16. devatā tu pratyāsatter darśapūrṇamāsatantrāmnātā.

---

441 TS 2.5.5.1; ĀpŚS 1.14.8 nā 'somayājī saṃnayet samnayed vā. See 5.4.8. (Absent here in Śabara; ŚD and BhD: as in MNS).

442 tad u sannayed OEP; tad upasannayed B; tada sannayed U. ŚB 1.6.4.11 tad u sam eva nayet; ĀpŚS 1.14.8 (see above). (Śabara and BhD: tad u saṃnayet; ŚD and JNMV (ĀĀ): tad u ha saṃnayed; JNMV (Gold. and ĀĀ var.): tad iha saṇnayed; JNMV (Gold. var.): tad ubhayam eva saṃnayed; JNMV (ĀĀ var.): tad u ha samavanayet).

443 Untraced. Cf. TS 2.5.5.1 somayājy eva saṃ nayet; BŚS 17.50 (330.6) (as in TS); ĀpŚS 1.14.8 (see above); 24.2.33 sāṃnāyyaṃ dvitīyaṃ somayājinaḥ. (Śabara: sāṃnāyyaṃ somayājinam; ŚD: sānnāyyena somayājinam (see note above); JNMV: as in MNS).

444 TS 2.6.6.4.

445 Untraced. Cf. TS 2.5.2.2–3 tāv abrūtām agnīṣomau...tābhyām etam agnīṣomīyam ekādaśakapālaṃ pūrṇamāse prāyacchat (but this concerns the cake offering to Agni and Soma, not the upāṃśu offering); ĀpŚS 2.19.12 ājyahavir upāṃśuyājaḥ paurṇamāsyām eva bhavati vaiṣṇavo 'gnīṣomīyaḥ prājāpatyo vā (and Caland's note). See Garge, p. 84, who reads tāv upāṃśu. (Śabara: ājyasyai 'va nāv upāṃśu paurṇamāsyām yajan; at JS 2.2.3 he has the MNS quote here (with ĀĀ variant tau upāṃśu), followed by, tābhyām etam agnīṣomīyam ekādaśakapālaṃ paurṇamāse prāyacchat; ŚD: ājyasyai 'va nāv upāṃśu paurṇamāsyāṃ yajan (NSP: °nā upāṃśu°); at 10.8.17 ŚD has the quote as in MNS; JNMV: as in MNS). See 8.4.3 in the translation.

446 yad *corr.*; ya OBPU; *in space of tear in* E.

447 °kriyate° OBPU; *in space of tear in* E; *correct to* gṛhyate? TB 3.3.5.5 sarvasmai vā etad yajñāya gṛhyate. yad dhruvāyām ājyam. (Śabara etc.: °yajñāya gṛhyate yad°).

17. yat kiṃ cit prājāpatyam upāṃśv eva tat kriyata[448] iti prājāpatyopāṃśutvasāmyāt prajāpatiḥ, prajāpatiṃ manasā dhāyed[449] iti tūṣṇīṃbhāvasyai 'va prājāpatyatvād uktavākyasyai 'tadarthavādatvān mukhyatvenā 'gniḥ, āgneyayājyāpuro'nuvākyānāmnānād upāṃśuyājakrame[450] vaiṣṇavayājyāpuro'nuvākyāmnānāc ca viṣṇur eva vā. na. śākhāntare 'gnīṣomīyaprājāpatyayājyāmnānavaiyarthyāpatter viṣṇuḥ prajāpatir agnīṣomau ca vikalpena devatā.[451] ata eva viṣṇur upāṃśu yaṣṭavya[452] ityādir arthavādaḥ saṃgacchate.

18. jāmi vā etad yajñasya kriyate yad anvañcau puroḍāśāv upāṃśuyājam antarā yajatī[453] 'ti puroḍāśāntarālakālasyā 'gneyāgnīṣomīyapuroḍāśavatyāṃ pūrṇamāsyām, āgneyaindrāgnapuroḍāśavatyām amāvāsyāyāṃ ca sattvād

---

448 ŚB 1.4.5.12 tasmād yat kiṃ ca prājāpatyaṃ yajñe kriyate upāṃśv eva tat kriyate. (Śabara: tasmād yat kiṃ cit prājāpatyam yajñe kriyate, upāṃśv eva tat kriyate; JNMV and BhD: as in Śabara, exept tasmād omitted).

449 Untraced. Cf. ĀpŚS 2.12.7 prajāpatiṃ manasā dhyāyan dakṣiṇāprāncam ṛjuṃ saṃtataṃ jyotiṣmaty āghāram āghārayan; BhŚS 2.12.4 saṃtatam ṛjum āghāram āghārayati prajāpatiṃ manasā dhyāyan. (Śabara: prajāpatiṃ manasā yajet; ŚD and JNMV: as in MNS).

450 krame *corr.*; °kramo OBE; °kramāv eva PU (*and then* vaiṣṇava *omitted in* PU).

451 According to ĀpŚS 2.19.12, the upāṃśu sacrifice is either for Viṣṇu, Agni and Soma, or Prajāpati. Caland refers to ĀśŚS 1.3.12 and 13, and ŚB 1.6.3.23 for other views; ŚB 1.6.3.23 agnīṣomayor upāṃśuyājaḥ; ĀśŚS 1.3.12 antareṇa haviṣī viṣṇum upāṃśv aitareiyiṇaḥ; 1.3.13 agnīṣomīyaṃ paurṇamāsyāṃ vaiṣṇavam amāvāsyāyām eke nai 'ke kañcana. See F. Smith, pp. 67–8, for more details. For the mantras when Agni and Soma are the deity, ŚŚS 1.8.6 gives agnīṣomāv imam (ṚV 1.93.1) as the puro 'nuvākyā and juṣāṇāv agnīṣomāv ājyasya haviṣo vītām (untraced) as the yājyā; when Viṣṇu is the deity, ŚŚS 1.8.8 gives idaṃ viṣṇuḥ (ṚV 1.22.17) as the puro'nuvākyā and vaṣaṭ te viṣṇo (ṚV 7.99.7; 7.100.7) or juṣāṇo (viṣṇur ājyasya haviṣo vetu) as the yājyā; for Viṣṇu, ĀśŚS 1.6.1 gives idaṃ viṣṇuḥ and trir devaḥ pṛthivīm eṣa etām (ṚV 7.100.3), and for Agni and Soma, agnīṣomā yo adya vām (ṚV 1.93.2) and ā 'nyaṃ divomātariśvā jabhāra (ṚV 1.93.6). For the mantras for Prajāpati, TB 3.5.7.1–2 gives prajāpate na tvad etāny anyaḥ (ṚV 10.121.10) and sa veda putraḥ (TS 2.2.12.1) (ŚK, Vol. I, English Section, Part I, p. 370, attributes these two to SatyāŚS 21.2, but 21.2.47 has sa veda sa (which is not in Bloomfield)).

452 Untraced. See 2.2.4. (Śabara: viṣṇur upāṃśu yaṣṭavyo 'jāmitvāya, prajāpatir upāṃśu yaṣṭavyo 'jāmitvāya, agnīṣomāv upāṃśu yaṣṭavyāv ajāmitvāya; ŚD: viṣṇur upāṃśu yaṣṭavyo 'jāmitvāya (at the preceding topic); JNMV: as in Śabara here, but as in MNS at the preceding topic).

453 TS 2.6.6.4 °yajaty ajāmitvāya. (Śabara: as in MNS, and then continues, viṣṇur upāṃśu yaṣṭavyo 'jāmitvāya, prajāpatir upāṃśu yaṣṭavyo 'jāmitvāya, agnīṣomāv upāṃśu yaṣṭavyāv ajāmitvāya (this is at the following topic); ŚD and JNMV: as in TS). See 2.2.4.

ubhayatrā 'py upāṃśuyājaḥ, darśaṃ[454] prakṛtyā 'gneyayājyāyā adhastād vaiṣṇavayājyāpāṭhād darśa eva vā. na. tāv abrūtām[455] iti vācanikakālasya prābalyena paurṇamāsyā eva kālatvāt pradhānānurodhena guṇayājyāyās tatrai 'vo 'tkarṣāt.

19. somāt prāg agnīṣomīyarahitāyāṃ[456] pūrṇamāsyām antarālakālābhāvena no 'pāṃśuyājo 'nuṣṭheyaḥ. na. puroḍāśayor upalakṣaṇayor abhāve 'pi upalakṣyāgneyottarakālānapāyāt tatrā 'pi saḥ.

20. tvarayā parayā 'kāri daśamo gahano mayā|
prakaṭīkriyatām atra sadbhiḥ svābhāvyam ātmanaḥ.||

iti mahādevakṛtau daśamasyā 'dhyāyasyā 'ṣṭamaḥ pādaḥ samāptaś cā 'dhyāyaḥ.[457]

---

454 darśaṃ OEU; darśa BP.

455 See 10.8.15. (Śabara: ājyasyai 'va nāv upāṃśu paurṇamāsyāṃ yajan; ŚD: upāṃśu paurṇamāsyāṃ yajan; JNMV: tāv abrūtām agnīṣomāv ājyasyai 'va nāv upāṃśu paurṇamāsyāṃ yajan; BhD: tāv abrūtām agnīṣomau).

456 Here JNMV has: sa somene 'ṣṭvā 'gnīṣomīyo bhavati (untraced; see 5.4.4).

457 *Manuscripts* O *and* P *end here.*

Book 11

Chapter 1

1. āgneyādīnāṃ pṛthagutpannānāṃ pṛthakphalākāṇkṣitvāt pṛthaksvargādiphalam. na. darśapūrṇamāsābhyām[1] iti samūhavācinā saṃghād eva phalokteḥ, pratyekaṃ ca phalāpūrvaprayojakotpattyapūrvajananena nairākāṅkṣyāt saṃghād eva phalam.

2. aṅgānām ājyabhāgādīnāṃ bhedena tatkṛtaḥ karaṇopakāro bhidyate. na. karaṇasyai 'katvena svaśaktyudbodhanarūpaikopakārasyā 'pekṣaṇād eka upakāraḥ. aṅgabhedas tu dvārabhedenā 'pi nirvahati.

3. sa upakāro yena kena cid ekena kartavyaḥ, tāvatā nairākāṅkṣyāt. na. upakārakākāṅkṣāyāṃ khalekapotanyāyena sarveṣāṃ saṃnipātāt sarvaiḥ kāryaḥ[2] saḥ. vārttikakṛt tu pūrvādhikaraṇārtham atrai 'vā'ntarbhāvitavān.

4. kāmyakarmaprayogaḥ syāt prayājādyaṅgavat sakṛt|
ātmanaḥ kṛtayāgādeḥ svargādijanakatvataḥ,|
adṛṣṭatatsthiratvāder evaṃ sati na kalpanam.||

na.

kṛtayāgādinā 'dṛṣṭājanane kevalātmanaḥ|
phalāpatter yāvad ekaphalasthāpi tad iṣyate.||

ataḥ paśvāder bhūyo bhūyaḥ kāmanāyāṃ tadanusāreṇā 'vṛttiḥ. prayājādiṣu tu prayogavidhyanurodhena sakṛd eva karaṇopakāra ucita iti vaiṣamyam.

5. avaghātas[3] taṇḍulanirvṛttirūpadṛṣṭaprayojanāyā 'phalam āvartanīyaḥ.

6. ulūkhalaṃ sarvauṣadhasya pūrayitvā 'vahantī[4] 'ty avaghātas tv adṛṣṭārthatvān na tathā.

---

1 Here Śabara and JNMV have darśapūrṇamāsābhyāṃ svargakāmo yajeta. The quote in MNS seems to be an abbreviation of it. See 4.4.11.

2 kāryaḥ BU; kāryaḥ *om. in* E.

3 Here Śabara, ŚD, and JNMV have vrīhīn avahanti. See 1.3.10 for references.

4 Cf. ĀpŚS 16.26.3 uta sma te vanaspate vāto vivāty agram it. atho indrāya pātave sunu somam ulūkhale 'ti sarvauṣadhasya pūrayitvā 'vahatye 'daṃ viṣṇur vicakrama iti madhye 'gner upadadhāti (the mantras occur at ṚV 1.28.6 and TS 1.2.13.1 e). (Śabara: udumbaram ulūkhalaṃ sarvauṣadhasya pūrayitvā 'vahanti, atra tad upadadhāti; JNMV and BhD: audumbaram ulūkhalaṃ sarvauṣadhasya pūrayitvā 'vahanty athai 'tad upadadhāti).

7. phalabhūmārthinai 'kasmin yāge 'ṅgam āvartanīyam, kāmyakarmaṇa āvṛttyā phalabhūmadarśanāt. na. phalabhūmnaḥ sāṅgakarmāvṛttyā siddhiḥ, nā 'ṅgamātrāvṛttyā, mānābhāvād iti sakṛd eva prayājādi.

8. vasantāya kapiñjalān ālabhete[5] 'ty atra bahutvaṃ trīn ārabhyā 'parārdham, bahuvacanasya sādhāraṇyāt. na. tritvasya pūrvopasthites tatrai 'va paryavasānam, caturādiṣu na hiṃsyād[6] ity etadbādhāpattyā. siddhāntakaraṇaṃ tu brāhmaṇān bhojayed[7] ityādāv avyāpakatvād dhyeyam.[8]

9. tisṛṇāṃ mantravaddoham āmnāya śrute tūṣṇīm uttarā dohayatī[9] 'ty atrā 'pi pūrvavat tisṛṇām eva dohaḥ. na.[10] nā 'syai 'tāṃ rātriṃ kumārā api payo labherann[11] ity asya dṛṣṭārthatvāya sarvāsāṃ dohaprāpter uttarāpadasyā 'nuvādakatvāt sarvāsāṃ dohaḥ.

10. āgneyādīnāṃ ṣaṇṇām api prakaraṇitvenā 'ṅgagrāhakatvāt pṛthak pṛthag aṅgānuṣṭhānam. na. deśakālakartṝṇām aikyenā 'gṛhyamāṇaviśeṣatvāt, paurṇamāsyāṃ paurṇamāsyā[12] ityādyekaprayogavidhānāc cā 'rādupakārakānāṃ tantram.

---

5 See 2.1.7. (Śabara: °ālabhate; ŚD etc.: as in MNS (JNMV (ĀĀ): °ālabhate)).

6 Untraced. Cf. ChU 8.15.1 ahiṃsan sarvabhūtāny anyatra tīrthebhyaḥ...brahmalokam abhisaṃpadyate. (Absent in Śabara; ŚD and BhD: as in MNS).

7 Untraced. It is unclear which feeding of *brāhnaṇas* is meant here. (Absent in Śabara; BhD: brāhmaṇāṃs tarpayata vai (this is identified as occurring at the new- and full-moon rite; ĀpŚS 4.16.17 brāhmaṇāṃs tarpayita vā iti saṃpreṣyati); Prabhā on ŚD: as in MNS). Could this refer to the feeding at the śrāddha rite?

8 dhyeyam U; dheyaṃ B; *in space of tear in* E.

9 Cf. ĀpŚS 1.13.10 tisro dohayitvā...vācaṃ visṛjyā 'nanvārabhya tūṣṇīm uttarā dohayitvā; BhŚS 1.14.1 visṛṣṭavāg ananvārabhya tūṣṇīm uttarā dohayitvā; TB 3.2.3.8 avācaṃyamo 'nanvārabhyo 'ttarāḥ (*comm.*: dugdhe). (Śabara: vāgyatas tisro dohayitvā visṛṣṭavāg ananvārabhyo 'ttarā dohayati (cf. ĀpŚS 1.12.5; BhŚS 1.13.1, 14; TB 3.2.3.6); ŚD etc.: as in Śabara, except °ananvārabhya tūṣṇīm uttarā dohayati).

10 na B; na *omitted in* U; na *in space of tear in* E.

11 ĀpŚS 1.11.2 nā 'syai 'tāṃ rātriṃ kumārāś cana payaso labhante. (Śabara: nā 'syai 'tāṃ rātriṃ payasā 'gnihotraṃ juhuyāt, kumārāś ca na payo labheran (cf. ĀpŚS 1.11.1 amāvāsyāyāṃ rātryāṃ svayaṃ yajamāno yavāgvā 'gnihotraṃ juhoty agnihotroccheṣaṇam ātañcanārthaṃ nidadhāti; ŚB 1.7.1.10); ŚD: as in MNS; JNMV: as in Śabara; BhD: as in MNS, then continues, nā 'gnihotraṃ juhoti).

12 paurṇamāsyāṃ paurṇamāsyā *corr.*; paurṇamāsyāṃ paurṇamāsyām EBU. (Śabara: paurṇamāsyāṃ paurṇamāsyā yajeta; ŚD: as in Śabara; BhD: as in corrected MNS, and also as in Śabara). See 2.2.3.

11. āgneyaṃ kṛṣṇagrīvam ālabheta, saumyaṃ babhrum,[13] āgneyaṃ kṛṣṇagrīvam[14] ity atra sānnāyyavad ekadevatatvād āgneyadvayānuṣṭhānaṃ tantram. na. saumyasya madhye pāṭhena tantrāsaṃbhava iti na pradhāne tantram, aṅgeṣu tu prayājādiṣu syād eva tantram. ekādaśe prathamaḥ.

Chapter 2

1.[15] same,[16] paurṇamāsyām,[17] catvāra ṛtvija[18] ityādibhir vihitā deśakālakartāra utpattyavagatabhāvanayā saṃbadhyanta iti pṛthagdeśādīnām anvayaḥ, phalaṃ prati guṇatayā phalavākyena phale sāhitye 'pi deśādīnāṃ karmaguṇatayā pratyekaṃ saṃbandhaucityād ya iṣṭye[19] 'tyādivat. trikayoḥ prayogabhede 'pi phale sāhityasyā 'bādhavat[20] ṣaṇṇāṃ deśādibhede 'pi saḥ. evaṃ ca deśādīnāṃ pradhānamātrānvayenā 'ṅge bhinnadeśādy api. na. phalasyā 'dāv ākāṅkṣayā phalānvaye sahitānāṃ jāte deśāder anvayāt, ya iṣṭye 'tyādyupāttānāṃ tu na[21] sāhityāvagama iti vaiṣamyāt. sauryādīnāṃ svasvāṅgayutānāṃ[22] pṛthagvidhānena yugapat phalakāmanāyām api avihitamelanasyā[23] 'nucitatvān na tantraṃ[24] deśādi. sāṅgapradhāna eva deśāder anvayenā 'ṅgānām api pradhānadeśakālādi.

2. ṣaṇṇām api[25] tantreṇā 'ṅgāni, ekasyai 'va prayogasya parvaṇor vitanyamānatvāt. na. ekaphalatvena prayogaikyaprasaktau paurṇamāsyām amā-

---

13 saumyaṃ babhrum *corr.*; saumyaṃ carum BEU. Cf. MNS 11.4.20.

14 Cf. TS 2.1.2.9 āgneyaṃ kṛṣṇagrīvam ālabheta saumyaṃ babhrum āgneyaṃ kṛṣṇagrīvam purodhāyāṃ spardhamānaḥ. (Śabara etc.: as in TS).

15 1 EU; 1 *om. in* B.

16 Untraced. See 4.2.9. (Śabara etc.: same darśapūrṇamāsābhyāṃ yajeta).

17 See 2.2.3 and 4.2.9. (Śabara etc.: paurṇamāsyāṃ paurṇamāsyā yajeta, amāvāsyāyām amāvāsyayā yajeta (BhD lacks amāvāsyāyām etc.)).

18 TB 2.3.6.2 darśapūrṇamāsayor yajñakratvoḥ. catvāra ṛtvijaḥ. (Śabara: as in TB; ŚD etc.: darśapūrṇamāsayoś catvāra ṛtvijaḥ).

19 See 5.4.7. (Absent in Śabara; ŚD: ya iṣṭyā paśunā somena vā yajeta, so 'māvāsyāyāṃ paurṇamāsyāṃ vā; BhD: ya iṣṭyā paśunā).

20 bādhavat EB; bādhāt U.

21 na EU; na *omitted in* B.

22 °yutānāṃ B; °yuktānāṃ U; *in space of tear in* E.

23 avihitamelanasyā BE; avihitatamena anvayā U.

24 nucitatvān na tantram *corr.*; °nucitatvāt taṃtraṃ BU; *in space of tear in* E. *Cf.* ŚD *and* BhD.

25 api *through* paurṇamāsyām amāvāsyāyām *omitted in* U.

vāsyāyām[26] ity anayoḥ pṛthaktrikaprayogavidhāyakatvāt trikāpūrvajananenā 'ṅgāpūrvāṇāṃ cāritārthyāvagamāt trikāpūrvārthaṃ punaraṅgānuṣṭhānam. ata eva caturdaśa paurṇamāsyām āhutayo bhavanti trayodaśā 'māvāsyāyām[27] ity apy upapannam.[28]

3. adhvarakalpā navahaviṣkāḥ, āgnāvaiṣṇavo 'ṣṭākapālaḥ sarasvaty ājyabhāgā bārhaspatyaś caruḥ prātaḥsavane, ekādaśakapālo madhyaṃdine, dvādaśakapālas tṛtīyasavane, itare haviṣī te eva.[29] tatra purā vācaḥ pravaditor[30] ity anenā 'ruṇodaye prakṛtasarvahaviṣāṃ nirvāpoktes tadantāpakarṣanyāyenā 'ṅgānām ekopakramatvād avasānam api tathai 'vo 'citam iti navānām api haviṣām aṅgāni tantram. na. sarvatra nirvāpāpakarṣavidhau niyamotpattividhirūpatvāpatteḥ, prātaḥsavanīyahaviṣām eva nirvāpaniyamāt, uttareṣām aṅgapradhānāviprakarṣāya pratisavanaṃ pṛthag aṅgāni.

4. paśau yājyārdharce pratiprasthātā vasāhomaṃ juhotī[31] 'ti vasāhomaḥ prājāpatyapaśuṣu codakaprāpto yājyārdharcasyai 'katvāt tantram.

5. bhinnadevatākeṣu tu paśuṣu[32] svasvayājyārdharce svasvavasāpratipattyarthaṃ bhinnā vasāhomāḥ.

---

26 See 2.2.3 and 11.2.1. (Śabara: paurṇamāsyāṃ paurṇamāsyā yajeta, amāvāsyāyām amāvāsyayā yajeta; ŚD: paurṇamāsyāṃ paurṇamāsyā yajeta; JNMV: amāvāsyāyām amāvāsyayā yajeta).

27 Untraced. (Śabara quotes a similar statement, with hūyante in place of bhavanti, at a number of places, but not here; instances are JS 2.2.8 (adh. 3), JS 4.1.10 (adh. 4), JS 4.4.38 (adh. 11), JS 10.8.46 (adh. 14), JS 11.1.58 (adh. 10), and JS 11.1.64 (adh. 10) (but this is: caturdaśa paurṇamāsyām āhutividhayaḥ. trayodaśā 'māvāsyāyām), etc.; ŚD quotes the second half at 6.5.2 and 12.1.1).

28 ity apy upapannaṃ U (*corr. from* ity upy upapannaṃ *I think*); ity apy anupapannaṃ E; ity ap anupapannaṃ B.

29 Cf. TS 2.2.9.5–6. Śabara: āgnāvaiṣṇavaṃ prātar aṣṭākapālaṃ nirvapet, sārasvataṃ caruṃ, bārhaspatyaṃ carum, āgnāvaiṣṇavam ekādaśakapālaṃ mādhyaṃdine, sārasvataṃ caruṃ, bārhaspatyaṃ carum, āgnāvaiṣṇavaṃ dvādaśakapālam aparāhṇe, sārasvataṃ caruṃ, bārhaspatyaṃ caruṃ, yasya bhrātṛvyaḥ so 'nena yajeta (MS 2.1.7 (8.21) °madhyaṃdine°...°bhrātṛvyaḥ somena yajeta); ŚD: āgnāvaiṣṇavam aṣṭākapālaṃ nirvapet pūrvāhṇe, sārasvatīm ājyasya yajeta, bārhaspatyaś caruḥ, āgnāvaiṣṇavam ekādaśakapālaṃ nirvapet, mādhyaṃdine sārasvatīm ājyasya yajeta, bārhaspatyaś caruḥ, āgnāvaiṣṇavaṃ dvādaśakapālaṃ nirvaped aparāhṇe, sārasvatīm ājyasya yajeta, bārhaspatyaś caruḥ; BhD: as in Śabara).

30 TS 2.2.9.5 °pravaditor nirvapet. (Śabara etc.: as in TS).

31 ĀpŚS 7.25.10 yājyāyā ardharce pratiprasthātā vasāhomaṃ juhoti; BhŚS 7.20.5 (as in ĀpŚS); TS 6.3.11.3 ardharce vasāhomaṃ juhoti; BŚS 4.9 (124.1) so 'rdharce yājyāyai vasāhomaṃ juhoti; VŚS 1.6.7.14 ardharce yājyāyā vasāhomaṃ juhoti. (Śabara: yājyārdharcānte vasāṃ juhoti; ŚD and BhD: yājyārdharcānte vasāhomaṃ juhoti).

32 paśuṣu *corr.*; paśuṣṭu B; *in space of tear in* E; paśu U.

6. yūpāhutir api yatra yūpo dṛggocaras[33] tatra homa iti yūpaikādaśinyāṃ tantram.

7. apsv avabhṛthena carantī[34] 'ti tṛtīyānirdeśāt sāṅgo 'vabhṛtho 'psu. tā upāṃśu kartavyā[35] ity atra tṛtīyābhāvāt[36] pradhānamātra upāṃśutvam.

8. varuṇapraghāseṣu dvau vihārau, tayor āhavanīyo vibhajya sthāpitaḥ.[37] tatrā 'ṣṭāv adhvaryur uttare vihāre havīṃṣy āsādayati mārutīm eva pratiprasthātā dakṣiṇasminn[38] iti mārutyā dakṣiṇavihāre āsādanamātravidhānād dhomasyo 'ttaravihāra eva saṃbhavena pradhānadeśaikyāt, prāvṛṣi varuṇapraghāsair yajete[39] 'ti prayogavidhyaikyāc ca navānāṃ haviṣāṃ tantram aṅgāni. na. homārthasyai 'vā 'sādanasyā 'vyavasthayā prāptasyo 'ktavākyena niyamāt pradhānadeśabhedāt.

9. tayor adhvaryupratiprasthātror vyavasthitatve 'pi prayogabhedād brahmādyā api bhidyante. na. tair evo 'bhayatra kāryasiddheḥ, cāturmāsyānāṃ pañca'rtvija[40] ity ukteś ca na bhidyante.

10. patnīsaṃyājānāṃ gārhapatyarūpadeśaikyāt tantram. [41] tattatkartṛkāṇāṃ eva tattadupakārakatvān na tat.

---

33 Here Śabara has yūpasyā 'ntike 'gniṃ mathitvā yūpāhutiṃ juhoti (cf. MS 3.9.2 (114.7); ĀpŚS 7.1.12).

34 Cf. ĀśŚS 6.13.3 avabhṛtheṣṭyā tiṣṭhantaś caranti (the commentary here says that this is to be performed in water); ĀpŚS 8.7.27 apaḥ pragāhya tiṣṭhanto 'vabhṛtena caranti; SatyāŚS 9.5.23 (p. 942) (as in ĀpŚS) (these two are taught at the cāturmāsya; cf. ĀpŚS 8.7.12 for the performance of the avabhṛtha there; see 10.7.15). See 7.3.4 and 11.3.1.

35 Untraced. Cf. ĀpŚS 24.3.31 upāṃśu kāmyā iṣṭayaḥ kriyanta iti tatra yāvatpradhānam upāṃśu. See 3.8.20. (Absent in Śabara; ŚD and BhD: as in MNS).

36 tṛtīyā 'bhāvāt EBU.

37 Cf. ĀpŚS 8.5.25.

38 ĀpŚS 8.6.14–15: 14 karambhapātreṣu cā 'nvopyā 'ṣṭāv uttarasyāṃ vedyāṃ havīṃṣy āsādayati 15 ekāṃ mārutīṃ pratiprasthātā dakṣiṇasyāṃ karambhapātrāṇi ca; TB 1.6.5.1 uttarasyāṃ vedyām anyāni havīṃṣi sādayati. dakṣiṇāyāṃ mārutīm.

39 Untraced. Cf. ĀpŚS 8.5.1 tataś caturṣu māseṣv āṣāḍhyāṃ śravaṇāyāṃ vo 'davasāya varuṇapraghāsair yajate; MS 1.10.13 (152.16) tad etad ut prāvṛṣi jīmūtāḥ plavante yajante varuṇapraghāsaiḥ; KS 36.7 (74.9) (similar to MS). (Absent in Śabara; ŚD and BhD: as in MNS).

40 TB 2.3.6.2–3 tasmāc cāturmāsyānāṃ yajñakratoḥ pañca 'rtvijaḥ. (Śabara and JNMV: cāturmāsyānāṃ yajñakratūnāṃ pañca 'rtvijaḥ; ŚD and BhD: as in MNS).

41 taṃtraṃ E; taṃtraṃ· na BU (*dot halfway up*).

11. prājāpatyeṣu tān paryagnikṛtān utsṛjantī[42] 'ti tadantāṅgarītividhānena codakalopād[43] brahmasāmny ālabhata[44] ity anena karmāntaravidhiḥ. na. anekādṛṣṭādyāpatteḥ karmāntaravidhyanaucityād brahmasāmny ālabhata ity anenā 'lambhotkarṣasya vidhāneno 'tsargasyā 'nuvādāt tadantāṅgarītyabhāvāt.

12. pañcasu varṣeṣv anuṣṭheyaḥ pañcaśāradīyo nāmā 'hīnaḥ. tatra prathamavarṣe vaiśākhyām amāvāsyāyāṃ saptadaśa mārutīr upākaroti saptadaśa pṛśnīn ukṣṇas tān paryagnikṛtān itarā ālabhante pre 'tarān utsṛjanti evaṃ dvitīye rājīvās tṛtīye 'ruṇāś caturthe piśaṅgīḥ pañcame sāraṅgīḥ tāṃś cai 'vo 'kṣṇa iti samānam. pañcame varṣe dīkṣita etān ukṣṇas trīṃs trīn anvaham ālabhate pañco 'ttame 'hanī[45] 'ti śrutam. atrā 'pi ye prathame varṣe utsṛṣṭās tān eva vacanāt punaḥ punaḥ paryagnikṛtya pañcame śeṣo 'nuṣṭheyaḥ, dvitīyādāv ukṣāntaragrahaṇe tāṃś cai 've 'tyāder anupapatteḥ. na. ālambhānuvādena tritvaprathamādidivasavidhau vākyabhedāpattes trīṃs trīn iti vākyasya karmāntaravidhitve utsṛjantī 'ti vākyasya tadantāṅgarītividhāyakatvam. tacchabdas tu tad evau 'ṣadham ity atre 'va tajjātīyaparah.

---

42 Cf. TB 1.3.4.4 tān paryagnikṛtān utsṛjati; ĀpŚS 18.2.14, 15: 14 paryagnikṛtānāṃ sārasvatyantān pūrvān ālabhante 15 sārasvataprabhṛtīn uttarān dhārayanti. (Śabara: tān paryagnikṛtān utsṛjanti, brahmasāmny ālabhante (see note below); ŚD: as in Śabara, except °ālabhate (NSP: °utsṛjati°); JNMV and BhD: as in Śabara, except °utsṛjati° (ĀĀ: utsṛjanti) and °ālabhate).

43 codakalopād BU; codakālopād E.

44 Cf. ĀpŚS 18.6.7 brahmasāmny upākṛte 'tra sārasvataprabhṛtīn uttarān ālabhante; ŚSS 15.1.24 brahmasāmnā 'labhyante. See 4.1.14.

45 Cf. TāB 21.14.7–10; ĀpŚS 22.20.11–17. (Śabara: vaiśākhyām amāvāsyāyāṃ saptadaśa mārutīs trivatsā apravītā upākarotī 'ti. saptadaśa pṛśnīn ukṣṇas tān paryagnikṛtān prokṣitān itarā ālabhante, pre 'tarān utsṛjantī 'ti. tataḥ saṃvatsare rājīvā ānayanti tāṃś cai 'vo 'kṣṇas tān paryagnikṛtān itarā ālabhante pretarān utsṛjanti. (Then, after some explanations) trīṃs trīn ukṣṇa ekaikasminn ahany ālabhante, pañco 'ttame; ŚD: as in Śabara, except °upākaroti saptadaśa pṛśnīn (NSP: saptadaśa ca pṛśnīn)°...°utsṛjanti. tataḥ°...°tāṃś cai 'vo 'kṣṇaḥ, tān paryagnikṛtān (then, after some text) pañcame varṣe dīkṣita etān ukṣṇas (NSP: dīkṣitas tān evo 'kṣṇas) trīṃs trīn anvaham ālabhate, pañco 'ttame 'hani; JNMV: trīṃs trīn ekaikasminn ahany ālabheran, pañco 'ttame 'hani; BhD: as in ŚD, except °pañcame saṃvatsare dīkṣita etān°).

13. abhiṣecanīyottaraṃ saṃsṛpāhavīṃṣy[46] uktvā daśapeyo vihitaḥ. tatra saha somaṃ krīṇāty abhiṣecanīyadaśapeyayor[47] iti somakrayasyā 'pakarṣe tadantānām apakarṣeṇa sahopakramāt, tathai 'vā 'vasānasyau 'cityād ubhayos tantram. na. daśapeye sadyaḥ somaṃ[48] krīṇantī[49] 'ti krayasadyaskālatvokteḥ, uktavākyasya mūlyaparicchedarūpagauṇakrayāpakarṣakatvāt, mūlyaparicchedasāhityasyā 'pūrvārthatvena niyamavidhitvasaṃbhavān na tantram.

14. vāruṇyā niṣkāsena tuṣaiś cā 'vabhṛthaṃ yantī[50] 'ty atrā 'mikṣāyāgasyai 'va pracāraviprakarṣaḥ, āmikṣāśeṣasyai 'va varuṇāya dānāt, avabhṛthaśabdasya gauṇyā 'nuvādakatvāt, taddharmakakarmāntaravidhau gauṇyāpatteḥ, avabhṛthaśabdavaiyarthyād vidhāv api gauṇīm aṅgīkṛtya śeṣasya pratipattirūpam avabhṛthadharmakaṃ karma vidhīyate vā. na. evam apy atra dravyasya[51] prādhānyena dravyaguṇakāvabhṛthasādṛśyābhāvāt tacchabdānupapattes taddharmakaṃ śeṣadravyakaṃ karmāntaraṃ vidhīyate. anyadravyam api vacanād anyatrā 'ṅgam. idaṃ ca sviṣṭakṛdvad ubhayakarme[52] 'ti rāṇakaḥ. sviṣṭakṛdāvṛttiḥ phalam.

15. prāyaṇīyasya niṣkāsa udayanīyaṃ nirvapatī[53] 'ty atra niṣkāsadravyakam udayanīyadharmakaṃ karmāntaraṃ vidhīyate. na. udayanīyaprakaraṇapāṭhād dvitīyāsaptamībhyām udayanīyaniṣkāsayoḥ saṃskāryasaṃskārakabhāvāvagamād udayanīyasaṃskārāyo 'dayanīyasya niṣkāse nirvāpo vidhīyate. evaṃ ca na sviṣṭakṛdāvṛttiḥ. ekādaśe dvitīyaḥ.

---

46 saṃsṛpāhavīṃṣy EU; sasṛpāhavīṃṣy B. The form given above seems to preserve a widespread error for saṃsṛpāṃ havīṃṣi. See PW. Cf. BhD saṃsṛpāṃ havīṃṣi.

47 ĀpŚS 18.12.2 saha somau krīṇāty abhiṣecanīyāya daśapeyāya ca. (Śabara and JNMV: as in MNS (JNMV: °somau°); ŚD and BhD: saha somaṃ krīṇāty abhiṣecanīyasya daśapeyasya ca).

48 somaṃ *corr.*; soma BU; *in space of tear in* E.

49 TS 1.8.18.1; TB 1.8.2.1; ĀpŚS 18.20.13. (Śabara: sadyo dīkṣayati, sadyaḥ somaṃ krīṇāti (similar to TS, TB, ĀpŚS); ŚD etc.: sadyo dīkṣayanti, sadyaḥ somaṃ krīṇanti (=TS, TB, ĀpŚS 18.20.12, 13) (ŚD (NSP): as in Śabara)).

50 ĀpŚS 8.7.14 vāruṇyai niṣkāsena tuṣaiś cā 'vabhṛtham avayanti; cf. TB 1.6.5.5 tuṣaiś ca niṣkāsena cā 'vabhṛtam avaiti. (Śabara: °'vabhṛtham abhyavayanti; ŚD and BhD: as in MNS; JNMV (Gold.): °'vabhṛtham avayanti; (ĀĀ): °'vabhṛtham abhyavayanti; (ĀĀ var.): °'vabhṛthaṃ yanti).

51 dravyasya EB; vyavasthā U.

52 I have not found this, but for the sviṣṭakṛt rite see Nyāyasudhā (Rāṇaka), p. 1107, on JS 3.2.15 sviṣṭakṛd ubhayasaṃskāraḥ syād iti.

53 TS 6.1.5.5 °udayanīyam abhinirvapati; cf. ĀpŚS 13.23.2. (Śabara: °anunirvapati; ŚD and BhD: as in Śabara; JNMV: as in TS).

Chapter 3

1. pūrvedyur amāvāsyāyāṃ vediṃ karoti,[54] apsv avabhṛthena carantī[55] 'ty ukter aṅgānām api pradhānakāladeśabādhaḥ, vacanānuktakālānām eva teṣāṃ prayogavidhinā tadaikyabodhanāt.

2. ādhānaṃ sarvakarmāṅgam api tantraṃ bhaved yataḥ|
sarvārthatvavasantādikālakatve yataḥ śrute.||[56]

3. upadeśātideśābhyāṃ daikṣe savanīyānūbandhyayor yūpo 'ṅgam. sa pratipaśu bhidyate. dīkṣāsu yūpaṃ chinattī[57] 'ty anena daikṣayūpasyai 'vā 'pakarṣaḥ kriyate, adhvarakalpāyām ādyanirvāpasye 'va,[58] tena tadapavarge 'pavargeṇa[59] savanīyādyarthe 'nyasyo 'tpādayitum ucitatvāt. na. dṛṣṭānte pradhānakālābādhāya, purā vāca[60] ity asya niyamavidhitvāya cā 'dyanirvāpasyai 'vā 'pakarṣe 'pi prakṛte pradhānakālabādhāt, aprāptavidhitvasāmyāc[61] ca paśutrayāṅgayūpasyai 'vā 'pakarṣeṇa tantraucityāt. agnīṣomapraṇayanottarapāṭhas tū 'padeśena daikṣāṅgatvārthaḥ.

4. yūpasaṃskārāṇāṃ takṣaṇādīnām api tantratvam, ātithyādyarthabarhirdharmāṇām[62] iva bhāvyayūparūpadvāraikyāt.

5. svarus tu bhidyate, paśvañjanāpavarge tadapavargāt. prāthamyaṃ tv ekaikapraharaṇe. na. yaḥ prathama āpated[63] iti yūpāpekṣatvasya prāthamye bodhāt svarur api tantram.

---

54 Cf. BhŚS 2.3.5 pūrvedyuḥ prāg barhiṣa āharaṇād amāvāsyāyām (*understand* vediṃ kuryāt *from* 2.3.4); MŚS 1.1.3.3 vedaṃ kṛtvā vediṃ karoti pūrvedyur amāvāsyāyām o 'ttarasmāt parigrahāt; ĀpŚS 1.14.17.

55 See 7.3.4 and 11.2.7.

56 śrute |2| E; śruteḥ B (2 *om. in* B); śrute || 2 || U. *The second* yataḥ *in this verse seems wrong.*

57 BhŚS 12.19.2 dīkṣāsu yūpaṃ chinatty upasatsu vā; cf. ĀpŚS 10.4.14–15: 14 dīkṣāsu yūpaṃ kārayati (*comm.:* takṣṇā) 15 krīte rājany upasatsu vā. (Śabara: dīkṣāsu yūpaṃ chinatti krīte vā rājani; ŚD and BhD: as in MNS; JNMV: as in Śabara, except vā omitted). See 5.1.14.

58 See 11.2.3.

59 tena tadapavarge 'pavargeṇa EB; tena tada 'pakarṣeṇa U.

60 TS 2.2.9.5. See 11.2.3. (This is absent here in other texts).

61 aprāptavidhitva° BU; aprāpter vidhitva° E.

62 barhirdharmāṇām *corr.*; °barhidharmāṇām EBU. See 12.1.19.

63 See 4.2.1. (Śabara: yaḥ prathamaḥ śakalaḥ parāpatet sa svaruḥ kāryaḥ; ŚD: yaḥ prathamaḥ śakalaḥ, sa svaruḥ; JNMV (Gold.): yaḥ prathamaḥ parāpatet sa svaruḥ kāryaḥ; JNMV (ĀĀ): as in Śabara; BhD: yaḥ prathamaḥ śakalaḥ parāpatet sa svaruḥ).

6. some kṛṣṇaviṣāṇayā kaṇḍūyata[64] iti kaṇḍūyanaṃ vidhāya cātvāle kṛṣṇaviṣāṇāṃ prāsyatī[65] 'ti prāsanaṃ śrutam. tad dvirātrādyahargaṇeṣu codakaprāptam ādye 'ntye 'hani vā[66] syāt, ādye tatkaraṇe dvitīyasutyāyāṃ dakṣiṇāprāgbhāvipadārtheṣu kṛṣṇaviṣāṇākaṇḍūyanasya bādhāt, dvitīye tatkaraṇe prathamasutyāyāṃ dakṣiṇottarapadārtheṣu pāṇikaṇḍūyanasya bādhād ubhayathā 'pi doṣasāmyāt. na ca pratyahaṃ kṛṣṇaviṣāṇotpādanaṃ śaṅkyam, dīkṣāprayuktāyā eva tasyāḥ kaṇḍūyanārthatvena punarupādānānupapatteḥ. na. dakṣiṇottarapadārtheṣu pāṇikaṇḍūyanasyā 'rthikatvenā 'naṅgatvāt tadbādhe dakṣiṇāpūrvabhāvipadārtheṣv aṅgasya kṛṣṇaviṣāṇākaṇḍūyanasyā 'bādhāyo 'ttaradina eva prāsanaucityāt. pūrvasutyāyāṃ dakṣiṇottarapadārtheṣv anaṅgam api kṛṣṇaviṣāṇākaṇḍūyanam, na pāṇikaṇḍūyanam, prakṛtau[67] tayā kaṇḍūyanasya prāsanāvadhikatvabodhāt.

7. praṇītāḥ praṇeṣyan vācaṃ yacchati tāṃ sa haviṣkṛtā visṛjati,[68] haviṣkṛtā haviṣkṛdāhvānakāle,[69] sa cā 'vaghātakālaḥ. ayaṃ ca vāgvisargo nānābījeṣṭiṣu prāpta ādyeṣṭer antyeṣṭer vā haviṣkṛdāhvānakāle kāryaḥ. visṛjatī 'ti pratyakṣavidhānena vāgvisargasyā 'py aṅgatveno 'bhayathā 'pi keṣu cid aṅgabādhāvaśyakatvāt, kṛṣṇājināstaraṇādiphalīkaraṇāntānām evā 'nusamayasya pañcama ukteḥ.[70] na. visargavākyena niyamavākyaikavākyatayā vāṅniyamāpekṣitāvadhimātravidhānād visargasyā 'naṅgatvāt. anyathā vākyabhedādṛṣṭārthatānapekṣitavidhānāpattir ity antyeṣṭer eva tatkāle saḥ.

8. paśau haviṣkṛdāhvānam astī 'ti kṛtvā cintā. vāgyamaḥ paśāv eva kāryaḥ, paśuhaviṣkṛdāhvāne vāgvisargaḥ, na paśupuroḍāśe vāgyamaḥ, tatra prasaṅgasiddheḥ. na. tantraprasaṅgayor ārādupakārakāṅgaviṣayatvāt, vāgyamasya manaḥpraṇidhānajanakatayā kartṛsaṃskārakasya saṃnipātyaṅgatvān na tantram.

---

64 TS 6.1.3.8. (Śabara: kṛṣṇaviṣāṇayā kaṇḍūyati; ŚD and JNMV: as in MNS).

65 TS 6.1.3.8 nītāsu dakṣiṇāsu cātvāle kṛṣṇaviṣāṇām prāsyati; ĀpŚS 13.7.16 (as inTS). (Śabara: nītāsu cātvāle kṛṣṇaviṣāṇām prāsyati; ŚD and JNMV: as in TS).

66 ādye ṃtye hani vā B; ādye tyevāhani yā E; ādyaṃtye vāhani vā U.

67 prakṛtau EB; vikṛtau U.

68 See 9.1.7. (Śabara: apaḥ praṇeṣyan°; ŚD (LKSV): °tāṃ saha haviṣkṛtā vācaṃ visṛjati; ŚD (NSP): °tāṃ sa haviṣkṛtā vācaṃ visṛjati; BhD: haviṣkṛtā vācaṃ visṛjati).

69 visṛjati· haviṣkṛtā· haviṣkṛdāhvānakāle U (*dots midway up*); visṛjati hatā· haviṣkṛdāhvānakāle B (*dot midway up*); visṛjati ha *then, after tear the size of one akṣara,* haviṣkṛ *then, after tear at margin,* nakāla E. *A fuller form of this statement could have been something like* visṛjatī 'ti haviṣkṛte 'ti haviṣkṛdāhvānakāle. Here ŚD has: °visṛjatī 'ti. haviṣkṛte 'ti ca kālopalakṣaṇam. haviṣkṛdāhvānakāle ity arthaḥ; BhD has: °visṛjati iti vacanena haviṣkṛdāhvānakāle visargaḥ śrutaḥ.

70 paṃcama ukteḥ EB (ḥ *in space of tear in* E); paṃcamokteḥ U. At 5.2.7.

9. agnau agniṃ yunajmi śavasā ghṛtene 'ti juhoty agnim eva tad yunaktī[71] 'ty agniyogasya sāṅgapradhānārthāgnisaṃskārakatvena sāṅgapradhānārthatvād imaṃ stanam ūrjasvantam dhayā 'pām ity ājyasya pūrṇāṃ srucaṃ juhoty eṣa vā agner vimoka[72] iti[73] vimokaḥ sāṅgapradhānāpavarge. na. pañcabhir yunakti pāṅkto yajña[74] ity agniyogasya pradhānayajñamātrārthatvāt pradhānamātrāpavarge sa iti bhāṣye.

agner aṅgapradhānārthatvena, utpattivākye yajñaśabdābhāvena ca yogasya sarvārthatvapratīteḥ, pañcatvavidhipareṇa tadvyāvartanāyogāt, yajñaśabdasyā 'ṅgapradhānasādhāraṇatvād dvādaśāhasthasyā 'har ahar yunakti ahar ahar vimuñcatī[75] 'ty asya sarvādau yogaḥ, sarvānte vimoka iti prasaktāv aharaharyogavimokavidhāyakatvāt sāṅgapradhānārtho yoga iti sāṅgānte vimoka iti vārttike.

10. ahargaṇe 'tideśena prāptaṃ subrahmaṇyāhvānaṃ[76] pradhānabhedād bhidyate. na. tasyo 'pasatkālatvena pradhānakālatvābhāvād agṛhyamāṇaviśeṣatvāt tantram.[77]

11. ata eva sutyākālīnaṃ[78] tatpradhānāpavarge 'pavargād bhidyate.

12. deśasya ṛtvijāṃ ca punaḥ punar upādāne 'pi śiṣṭācāravirodhābhāvād aniyamaḥ.

---

71 MS 3.4.4 (49.16) agniṃ yunajmi śavasā ghṛtene 'ty agniṃ vā etad yunakti; cf. TS 5.4.10.1 agniṃ yunajmi śavasā ghṛtene 'ty āha yunakty evai 'naṃ; MŚS 6.2.6.9; ĀpŚS 17.23.1; the mantra occurs at MS 2.12.3 (146.5); TS 4.7.13.1 a. Bloomfield has several quotations for the mantra. (Śabara: °evai 'tad yunakti; ŚD: as in MNS, then continues pañcabhir yunakti pāṅkto yajñaḥ; JNMV: agniṃ yunajmi; BhD: °evai 'tena yunakti).

72 TS 5.5.10.7; cf. ĀpŚS 17.23.10. Bloomfield has several quotations of mantra. (Śabara: imaṃ stanaṃ madhumantaṃ dhayā 'pām ity agnivimokaṃ juhoti (MŚS 6.2.6.19 imaṃ stanaṃ madhumantaṃ dhayā 'pām...ity agnivimokaṃ japati); Śabara seems to follow MŚS tradition, (but this variant of the mantra also occurs at ĀpŚS 16.12.11 (see Caland's note)); ŚD: °dhayāmī 'ty ājyasya°; JNMV: imaṃ stanam; BhD: as in MNS).

73 vimoka iti BU; vimoka iti *omitted in* E.

74 MS 3.4.4 (50.1) °yajño yāvān eva yajñas tam ālabdha. (Śabara: as in MS, but with ālabhate; ŚD: see note above; JNMV: °yajño yāvān eva yajñas tam āpnoti (Gold. and ĀĀ var.: °yāvān eṣa yajñas°); BhD: as in MNS).

75 ŚB 9.4.4.15 ahar ahar eva yuñjyād ahar ahar vimuñcet; cf. ĀpŚS 21.5.8 anvaham eke yogavimokau samāmananti; Karka's commentary on KŚS 18.6.18: eke ahar ahar yuñjanti ca vimuñcanti ca.

76 See 11.4.7.

77 agṛhyamāṇaviśeṣatvāt tantram U; ° agṛhyamāṇaviśeṣatvān na taṃtraṃ E; agṛhyamāṇāviśeṣatvān na taṃtraṃ B.

78 Cf. ĀpŚS 12.3.15.

13. pātrāṇām api āhitāgnim agnibhir dahanti yajñapātraiś ce[79] 'ti dāhe tṛtīyayā guṇabhāvāvagateḥ punarupāttair api dāhasādguṇyasaṃbhavād aniyamaḥ. na. prathamatyāge dvitīyopādānāt pūrvam api saṃbhavini yajamānamaraṇe dāhāvaiguṇyāyā 'rthaṃ[80] pātradhāraṇasyo 'citatvāt, dakṣiṇe haste juhūm āsādayatī[81] 'tyādinā pātrāṇāṃ pratipādyatvāvagamāc ca karmāvaiguṇyāyā 'pi tadāvaśyakatvād iti tair eva pātraiḥ sarvā iṣṭayaḥ.

14. darśapūrṇamāsayor mūlaprakṛtitvāt tāv ārabhya pātrāṇi dhāryāṇi. na. pavamāneṣṭyuttaraṃ darśādeḥ prāg dāhāvaiguṇyāya pavamāneṣṭīr ārabhyai 'va tat.

15. prājāpatyān prakṛtya śrutena upariṣṭāt somānāṃ prājāpatyaiś carantī[82] 'ty anena na keṣāṃ cit somānām upariṣṭād ārbhavakāle prājāpatyapracāravidhiḥ, prājāpatyānām aikādaśinavikāratvena prakṛtita eva tatkālaprāpteḥ, na prādhānyāt śastravatāṃ somānām upariṣṭāt, somapadasyā 'viśeṣakatvāt. ata āgantukatvenā 'prākṛtokthyādīnām iva prājāpatyānām api prākṛtāgniṣṭomapracārād ūrdhvaṃ vidhiḥ. na.[83] uktakālasya somavikārasthānatvena paśuvikārasthānatvābhāvāt, sāmānyatodṛṣṭena śrutisaṃkocāyogāc ca prākṛtavaikṛtasomapracārād[84] ūrdhvaṃ pracāravidhiḥ.

16. some savanīyapaśus tantrī, savanīyahavīṃṣi prasaṅgīni. paśusūktavāka āgnimārutād ūrdhvam anuyājaiś carantī[85] 'ty anuyājotkarṣa utkṛṣṭaḥ, savanīyahaviṣāṃ tu prasaṅgitvān na sūktavākaḥ. paśusūktavākotkarṣe 'pi savanīyadevatānāṃ paśvanaṅgatvena tadvācināṃ no 'tkarṣo dākṣiṇāgnikapiṣṭalepaphalīkaraṇahomavat.[86] na. pṛthaguccāritānāṃ savanīyadevatāpadānām anvayābhāvāt, bhṛjjann indrāya harivate dhānā ayaṃ yajamāna[87] iti

79 Untraced. See 6.6.6.

80 °āyārthaṃ U; °āpāttaṃ B; °āpātraṃ E. (*Could* BE *be based on a reading* āyātta?).

81 KŚS 25.7.21 dakṣiṇahaste juhūṃ sādayati ghṛtapūrṇām; cf. ŚB 12.5.2.7 juhūṃ ghṛtena pūrṇāṃ dakṣiṇe pāṇāv ādadhāti; LŚS 8.8.23 dakṣiṇe pāṇau juhūm (*comm.:* sthāpayet). (Śabara at JS 11.3.45 (next adh.): dakṣiṇe pāṇau juhūm āsādayati; ŚD: as in MNS; JNMV: as in Śabara; BhD: as in MNS, and then continues, dakṣiṇapūrve āhavanīyam (untraced)).

82 Untraced.

83 na *through* pracāravidhiḥ *om. in* E.

84 °vaikṛta° B; vaikṛta *omitted in* U.

85 Untraced. (Absent here in Śabara; JNMV: as in MNS).

86 See 5.1.15.

87 Untraced. For the savanīya offering, cf. ĀpŚS 12.4.6 indrāya harivate dhānā indrāya pūṣaṇvate karambhaṃ sarasvatyai bhāratyai parivāpam indrāya puroḍāśaṃ mitrāvaruṇābhyāṃ payasyām; BhŚS 13.18.1; MŚS 2.3.2.2. (Śabara: bhṛjyann indrāya harivate dhānāḥ, pūṣaṇvate karambham, sarasvatīvate parivāpam, ayaṃ yajamānaḥ, and, indrāya harivate dhānābhiḥ, pūṣaṇvate karambheṇa, sarsvatīvate parivāpeṇa

sūktavāke tadanvayāc cā 'sty utkarṣaḥ. utkṛṣṭair api taiḥ savanīyadevatā eva prakāśyanta iti na liṅgavirodhaḥ. ekādaśe tṛtīyaḥ.

Chapter 4

1. rājasūye somāpauṣṇa[88] ekādaśakapāla aindrāpauṣṇaś caruḥ pauṣṇaś caruḥ śyāmo dakṣiṇā, āgnāvaiṣṇava ekādaśakapāla aindrāvaiṣṇavaś caruḥ vaiṣṇavas trikapālo vāmano dakṣiṇe[89] 'ty uktayos trikayos tantreṇā 'ṅgāni, rājasūyasya phalaikye tadantargatayor api phalaikyāt, kālabhedānupapatteś ca. na.[90] dakṣiṇābhedena kartṝṇāṃ bhedād bhidyante tāni.

2. tatrai 'va dakṣiṇābhedāt kartṛtvabhede kartṛtvādhiṣṭhānaikye 'pi mānābhāvena kartṛtvādhiṣṭhānabhedo 'pi. na. rājasūyopakrame kṛtsnarājasūyārthatvenai 'va ṛtvigvaraṇāt, pūrvartviktyāge 'nyartvijām alābhe yāgavighnāpatteś ca ta eva ṛtvijaḥ. dakṣiṇābhedas tu kartṛtvamātrabhedakaḥ.

3. tatrai 'va āgneyam aṣṭākapālaṃ nirvapati hiraṇyaṃ dakṣiṇe[91] 'tyādinā pañcahaviṣkā 'veṣṭir āmnātā. tatra pañcā 'pi havīṃṣi samānatantrāṇi, yadi brāhmaṇo yajeta bārhaspatyaṃ madhye nidhāye[92] 'tyādinā madhye nidhā-

---

sūpasthā adya devo vanaspatir abhavat; ŚD and BhD: bhṛjjann indrāya harivate dhānāḥ; ŚD also quotes here agnim adya hotāram avṛṇītā 'yaṃ sunvan yajamānaḥ (this is the beginning of the sūktavāka for the soma rite; see below); JNMV: as in MNS (ĀĀ var.: bhṛjyann°); Prabhāvalī on BhD continues the BhD quote: pūṣaṇvate karambhaṃ sarasvatīvate bhāratyai parīvāpam indrāya puroḍāśaṃ mitrāvaruṇābhyāṃ payasyām). The sūktavāka for the animal rite is given at TB 3.6.15.1 agnim adya hotāram avṛṇītā 'yaṃ yajamjānaḥ pacan paktīḥ pacan puroḍāśam etc. (=MS 4.13.9 (211.5); Praiṣādhyāya 33 (ṚV Khila 5.7.2 l). The sūktavāka for the savanīya animal rite is given in Praiṣādhyāya 68 (ṚV Khila 5.7.4 p). See 12.2.12.

88 somāpauṣṇa *corr.*; somāvaiṣṇava EBU.

89 Cf. MS 2.6.4 (65.16) saumāpauṣṇa ekādaśakapāla°; MŚS 9.1.1.31–32; (here the order of the triads is reversed from that of MNS). (Śabara quotes the two triads in the reverse order from that of MNS; ŚD and BhD: āgnāvaiṣṇavam ekādaśakapālaṃ nirvapati vāmano dakṣiṇā. somāpauṣṇam caruṃ nirvapati śyāmo dakṣiṇā (cf. TS 1.8.8.1) (ŚD (NSP): °saumāpauṣṇaṃ°); JNMV: as in MNS, except °śyāmo dakṣiṇe 'ti. āgnāvaiṣṇava° (ĀĀ: saumāpauṣṇa°)).

90 na U; na *om. in* EB.

91 TS 1.8.19.1 °dakṣiṇai 'ndram ekādaśakapālam ṛṣabho dakṣiṇā vaiśvadevaṃ carum piśaṅgī paṣṭhauhī dakṣiṇā maitrāvaruṇīm āmikṣāṃ vaśā dakṣiṇā, bārhaspatyaṃ caruṃ śitipṛṣṭho dakṣiṇā; cf. ĀpŚS 18.21.9. (Śabara: āgneyo 'ṣṭākapālo hiraṇyaṃ dakṣiṇā, bārhaspatyaś caruḥ śitipṛṣṭho dakṣiṇā; ŚD: as in MNS; JNMV and BhD: as in TS).

92 MS 4.4.9 (60.11) yadi brāhmaṇo yajeta bārhaspatyaṃ madhye nidhāyā 'hutim āhutiṃ hutvā 'bhighārayed yadi vaiśyo vaiśvadevaṃ yadi rājanya aindram; cf. ĀpŚS 18.21.11 yadi brāhmaṇo yajeta bārhaspatyaṃ madhye kṛtvā 'hutim āhutiṃ

nasya prayogaikyagamakasyo ’kteḥ. na. utpattigatena dakṣiṇābhedena prayogabhedāvagamāt, liṅgasya bahiḥprayogaviṣayatvād bahiḥprayoge tantram, madhye prayoge bhedaḥ.

4. ādhāne agnaye pavamānāyā ’ṣṭākapālaṃ nirvaped agnaye pāvakāyā ’gnaye śucaya[93] iti pavamāneṣṭayaḥ. tāsām agnirūpaphalaikyād deśādyaikyāc ca tantram eva. na. yaḥ kāmayeto ’ttaraṃ vasīyān śreyān syām iti tasyā ’gnaye pavamānāya nirupyā ’tha pāvakāya śucaye co ’ttare haviṣī samānabarhiṣī nirvaped[94] iti vacanāt kāmye prayoge prathamasyā ’ṅgabhedaḥ, uttarayos tantram. nitye tu tantram eva. vasīyān atiśayena dhanavān.

5. dvādaśāha ekaikam ahaḥ sāṅgajyotiṣṭomavidhyantagrāhī ’ti dvādaśa dīkṣā dvādaśo ’pasada[95] ity anena prāptadīkṣopasadanuvādena dvādaśatvasaṃkhyāvidhānād dvādaśa pañcaviṃśatirātrā ity evam ahnāṃ śatatrayeṇa dvādaśāhasamāptiḥ. evaṃ saty ahnāṃ dvādaśatvasya bādhāpatter ekaikam ahaḥ sadīkṣopasatkaṃ kāryam. na. pradhāna ivā ’ṅgayor api dvādaśatvaśrutyā taiḥ ṣaṭtriṃśaddinaiḥ samāpyaḥ. ṣaṭtriṃśadaho vā eṣa yad dvādaśāha[96] iti liṅgam api.

---

hutvā tam abhighārayet. yadi rājanya aindram. yadi vaiśyo vaiśvadevam. (Śabara: yadi brāhmaṇo yajeta bārhaspatyaṃ madhye nidhāyā ’hutim āhutiṃ hutvā ’bhighārayet, yadi rājanya aindram, yadi vaiśyo vaiśvadevam; ŚD: yadi brāhmaṇo yajeta bārhaspatyaṃ madhye nidhāyā ’hutim āhutiṃ hutvā tam abhighārayet; JNMV: as in Śabara, except °hutvā tam abhighārayed°; BhD: as in ŚD, except °hutvā ’bhighārayet). See 2.3.2.

93 Cf. TB 1.1.6.2–3 te ’gnaye pavamānāya puroḍāśam aṣṭākapālaṃ niravapan...te ’gnaye pāvakāya...te ’gnaye śucaye; cf. ĀpŚS 5.21.1. (Śabara: °nirvapati°; ŚD: agnaye pavamānāya, agnaye pāvakāya, agnaye śucaye; JNMV: as in MNS). See 10.4.16.

94 MS 1.6.8 (98.20) atha yaṃ kāmayeto ’ttaraṃ vasīyāñ śreyān syād iti tasyā ’gnaye pavamānāya nirupyā ’tha pāvakāya ca śucaye co ’ttare haviṣī samānabarhiṣi nirvapet tad enam udagrahīt tena sa uttaraṃ vasīyāñ śreyān bhavati; cf. ĀpŚS 5.21.7 yaṃ kāmayeto ’ttaraṃ vasīyāñ chreyān syād iti tasyā ’gnaye pavamānāya nirupya pāvakaśucibhyāṃ samānabarhiṣī nirvapet. (Śabara: as in MS except atha yaḥ kāmayeta varṣīyān (ĀĀ var. vasīyān) śreyān syām iti°...°samānabarhīṃṣi nirvapet, yad enam agrahīt°...°varṣīyān°; ŚD: °nirupya pāvakaśucibhyām uttare° (NSP: śreyān absent, and °samāne barhiṣi°); JNMV: as in MNS (Gold.: śreyān omitted; ĀĀ var.: vasīyān and varīyān); BhD: yaḥ kāmayeto ’ttarottaraṃ°...°nirupya pāvaka-śucibhyāṃ uttare°).

95 TāB 10.3.9; cf. TS 7.2.10.3 dvādaśa rātrīr dīkṣitaḥ syāt...dvādaśo ’pasadaḥ; AiB 4.24.2, 3: 2 dvādaśā ’hāni dīkṣito bhavati... 3 dvādaśa rātrīr upasada upaiti; ĀpŚS 21.4.3, 9: 3 dvādaśāhaṃ dīkṣitā bhavanti 9 dvādaśo ’pasadaḥ. See 6.5.8.

96 AiB 4.24.6; cf. TāB 10.3.9. (Śabara: as in MNS except yad omitted; BhD: as in MNS).

6. tatrai 'va savanīyapaśvādīny aṅgāni tantreṇā 'nuṣṭheyāni, dvādaśāhena prajākāmaṃ yājayed[97] iti prayogaikyāt. na. sutyākālīnānāṃ teṣāṃ gṛhyamāṇaviśeṣatvān na tantram.

7. upasatkālaṃ subrahmaṇyāhvānam, ityahe sutyām āgaccha maghavann[98] iti itiśabdaḥ saṃkhyāparaḥ, prakṛtau caturahe[99] ityādirūpaṃ tad vikṛtau prathamasutyāyāḥ prathamopasadas trayodaśāhe 'nuṣṭhānāt trayodaśāha ity evaṃrūpam. na.[100] prakṛtāv indrāgamanamātraṃ sutyāyām apekṣitam iti caturahādiśabdānām avivakṣitārthatvāt tacchabdaprayoge 'pi vikṛtau bādhakābhāvād uktaṃ tantraṃ sustham.

8. prājāpatyapaśuṣu kumbhīhṛdayaśūlavapāśrapaṇīnāṃ tantram, prauḍhakumbhyādeḥ śrapaṇasāmarthyāt.

9. bhinnadaivatyeṣv api cihnakaraṇena tattadaṅgajñānasaṃbhavāt, vasāyāś cihnāsaṃbhave 'pi taddhomasya vasāṃ juhotī[101] 'ti pratipattitvāvagamāt, vibhajya[102] yājyārdharcānte home 'py avaiguṇyāt.

10. bhinnajātīyeṣu tu pākavaiṣamyāt kumbhyādibhedaḥ.

11. pauṇḍarīke bahvaśvadāne[103] aśvapratigraheṣṭau bahupuroḍāśāyāṃ catvāri dīrghāṇi kapālāni saṃpādya teṣu catuṣkapālāḥ[104] śrapitavyā[105] iti kapālānāṃ tantram. na. kapālāvayaveṣv eva sarveṣāṃ śrapaṇāpatteḥ catuṣkapālatvavirodhāt, sarvāṇi kapālāny abhiprathayatī[106] 'ti yāvatkapālaṃ prathanasyā 'nupapatteś ca na tantram.

12. avaghātamantraḥ[107] pratiprahāram, prahārāṇāṃ[108] hantitvāt, mantrasya tadaṅgatvāt. na. taṇḍulabhāvyakabhāvanāṅgatvān mantrasya nā 'vṛttiḥ.

---

97 Cf. TS 7.2.9.1 yaḥ kāmayeta pra jāyeye 'ti sa dvādaśarātreṇa yajeta; ĀpŚS 21.1.1. See 9.1.9.

98 ṢaḍB 1.1.26. (ŚD and BhD: °maghavann iti brūyāt). See 11.3.10.

99 Śabara: caturahe sutyām āgaccha maghavann iti; ŚD: caturahe, tryahe sutyām āgaccha maghavann iti brūyāt (NSP: °āgacche 'ty evaṃ brūyāt); BhD: caturahe sutyām āgaccha maghavann iti brūyāt; cf. JNMV.

100 na BU; na *om. in* E.

101 See 11.2.4. (Śabara: yājyārdharcānte vasāṃ juhoti).

102 vibhajya U; vibhṛtya B; vibhṛjya E (jya *corr. from* tya).

103 Cf. ĀpŚS 22.24.9.

104 catuṣkapālāḥ *corr.*; kapālāḥ EBU. *The text here is uncertain.*

105 Possibly based on a quote? Odd form. See 3.4.14.

106 TS 2.6.3.4; ĀpŚS 1.25.3; BŚS 1.9.(13.1); BhŚS 1.26.1; SatyāŚS 1.6.47 (p. 142). (Śabara: yāvatkapālaṃ puroḍāśaṃ prathayati).

107 ĀpŚS 1.19.11 ava rakṣo divaḥ sapatnaṃ vadhyāsam. (Śabara: as in ĀpŚS).

108 prahārāṇāṃ *corr.*; praharāṇāṃ EBU.

13. nānābījeṣu [109] sarvatra samantrakāvaghātaprāpakacodakānugrahāya pratyavaghātaṃ mantrāvṛttiḥ.

14. nirvāpalavanastaraṇagrahaṇeṣu devasya tvā, [110] barhir devasadanam,[111] ūrṇāmradasaṃ tvā,[112] śukraṃ tve[113] 'tyādimantrā nirvāpādyāvṛttau nā 'vartante 'vaghātamantravat. na. tatrā 'vahatānām eva punaravaghātena tantratve 'pi, ihā 'nyeṣām anyeṣāṃ nirvāpyatvāt, lavitavyatvāt, stīryatvāt, grāhyatvāc cā 'vṛttiḥ.

15. vedir asi barhiṣe tve 'ti trir vediṃ prokṣatī[114] 'ti vihitasya prokṣaṇasyā 'vṛttau mantrāvṛttiḥ, pratipradhānam iti nyāyāt. na. mantrāvṛttyubhayaviśiṣṭasya prokṣaṇasya vidhānān nā 'vṛttiḥ.

16. some kṛṣṇaviṣāṇākaṇḍūyane supippalābhyas tvau 'ṣadhībhya[115] iti mantraḥ kaṇḍūyitavyānām aṅgānāṃ bhede kaṇḍūyanāvṛttāv āvartyaḥ. na. ātmano nirduḥkhatvāya prāptaṃ kaṇḍūyanam uddiśya kṛṣṇaviṣāṇāvidhānavan mantrasyā 'pi vidhānāt, tasya cā 'ṅgabhede 'py abhedān nā 'vṛttiḥ. na cā 'ṅgaśeṣo 'yaṃ mantraḥ. kālabhedena kaṇḍūyane tu syād evā 'vṛttiḥ.

---

109 See 5.2.7 and 11.3.7.

110 See 2.1.14. (Śabara and BhD: as in MNS; ŚD: devasya tvā savituḥ prasave; JNMV: devasya tvā savituḥ prasave 'śvinor bāhubhyāṃ pūṣṇo hastābhyām agnaye juṣṭaṃ nirvapāmi (TS 1.1.4.2 m; KS 1.4 (2.13)).

111 MS 1.1.2 (1.9) barhir devasadanaṃ dāmi. See 3.2.1. (Śabara etc.: as in MS).

112 TS 1.1.11.1 h ūrṇāmradasaṃ tvā stṛṇāmi; TB 3.3.6.7; ĀpŚS 2.9.2; (ĀpŚS and TB as in TS). (Śabara, ŚD, JNMV (ĀĀ), and BhD: as in TS; JNMV (Gold. and ĀĀ var.): ūrṇamradasaṃ tvā stṛṇāmi (VS 2.2; ŚB 1.3.3.11)). See Garge, p. 75.

113 TS 1.1.10.3 q śukraṃ tvā śukrāyāṃ dhāmne dhāmne devebhyo yajuṣe yajuṣe gṛhṇāmi; ĀpŚS 2.7.8. (Here Śabara has: dhāma nāmā 'si (= VS 1.31; ŚB 1.3.2.17); ŚD and BhD: śukraṃ tvā śukrāyām; JNMV: as in TS).

114 Cf. ĀpŚS 2.8.1 vedir asī 'ti trir vedim (*understand* prokṣati); for the mantra, TS 1.1.11.1 b vedir asi barhiṣe tvā svāhā; TB 3.3.6.2 (as in TS). (Śabara has two quotes: triḥ prokṣati, and, vedir asi barhiṣe tvā; ŚD and BhD: as in MNS; JNMV: vedir asi barhiṣe tvā). (Garge, p. 75, gives other citations also, including MŚS 1.2.5.23 vedir asi barhiṣe tve 'ti vedim (*understand* prokṣati) and ŚB 1.3.3.2, and for the mantra, MS 1.1.11 (7.7) vedir asi barhiṣe tvā juṣṭaṃ prokṣāmi, and VS 2.1 (as in MS), but these contain no statement of repetition).

115 TS 1.2.2.3 l; 6.1.3.7; ĀpŚS 10.10.2. (Bloomfield has several quotations). (Here Śabara has: kṛṣiṣu syāma kṛṣa (ĀĀ: smāma kṛpa) (*sic*) (cf. MS 1.2.2 (11.7) kṛṣiṃ susasyām utkṛṣe supippalā oṣadhīs kṛdhi; 3.6.8 (70.10) kṛṣiṃ susasyām utkṛṣā iti... supippalā oṣadhīs kṛdhī 'ti; MŚS 2.1.2.13 tayā (*understand* kṛṣṇaviṣāṇayā) kaṇḍūyate kṛṣiṃ susasyām utkṛṣa ity aṅgāni supippalā oṣadhīs kṛdhī 'ti śiraḥ); ŚD: kṛṣyai tvā susatyāyai; JNMV: as in MNS; BhD: kṛṣyai tvā susasyāyai (= TS 1.2.2.3 k; 6.1.3.7; ĀpŚS 10.10.1)).

17. evaṃ svapnanadyuttaraṇavṛṣṭikledanāmedhyadarśanānāṃ kramān madhye vicchede bahusrotastve[116] vicchidya vicchidya[117] vṛṣṭau deśabhede[118] 'pi tattannimittamantrāṇāṃ tvam agne vratapā asi,[119] devīr āpo apāṃ napāt,[120] undatīr balaṃ dhatte,[121] abaddhaṃ cakṣur[122] ityādīnāṃ nā 'vṛttiḥ, kṛtsnarātrigatanidrādyuddeśena mantravidhānāt, tatra cai 'katvāt.

18. evaṃ nirgamād ārabhya punaḥpraveśaparyantam ekam eva prayāṇam iti viśramya viśramya gamane 'pi na bhadrād abhi śreya[123] iti prayāṇamantrāvṛttiḥ.

19. rakṣohaṇo valagahano vaiṣṇavān khanāmī[124] 'ti khananamantras tu kheyabhedena khananakriyābhedād[125] āvartate. ekasminn api bahuvacanaṃ pūjārtham.

---

116 vichede bahusrotastve B; vikedede bahusrotastve E; viveke supanaṃhusrotastva U.

117 *One* vicchidya *absent in* U.

118 deśabhede EU; deśe bhede B.

119 TS 6.1.4.6; ṚV 8.11.1 tvam agne vratapā asi deva ā martyeṣv ā| tvam yajñeṣv īḍyaḥ||; TS 1.2.3.1–2 d (as in ṚV); MS 1.2.3 (12.7); 3.6.9. (72.17); ĀpŚS 10.18.2; MŚS 2.1.3.11. Garge, p. 96, gives TS 6.1.4.6. Bloomfield has many quotations.

120 TS 6.1.4.8; 1.2.3.3 k devīr āpo apāṃ napād ya ūrmir haviṣya indriyāvān madintamas taṃ vo mā 'vakramiṣam; MS 1.2.3 (12.11); 3.6.9 (73.9); ĀpŚS 10.19.9; MŚS 2.1.3.16. Garge, p. 96, gives TS 6.1.4.8. Bloomfield has several. (Śabara and BhD: devīr āpaḥ; ŚD and JNMV: as in MNS).

121 TS 3.1.1.3 undatīr balaṃ dhattau 'jo dhatta balaṃ dhatta mā me dīkṣāṃ mā tapo nir vadiṣṭa; ĀpŚS 10.15.8 undatīr balaṃ dhatte 'ty avavṛṣṭaḥ. Garge, p. 138, and Bloomfield have other citations also. (Śabara: undatīr ojo dhatte (= MŚS 2.1.2.36); ŚD: as in MNS; JNMV: undatīr balaṃ dhatta; BhD: undatīḥ).

122 Cf. MŚS 2.1.2.36 adabdhaṃ cakṣur ariṣṭaṃ manaḥ sūryo jyotiṣāṃ śreṣtho dīkṣen mā mā hāsīt satape 'ty amedhyaṃ dṛṣṭvā; TS 3.1.1.2 abaddhaṃ mano daridraṃ cakṣuḥ sūryo jyotiṣāṃ śreṣtho dīkṣe mā mā hāsīḥ. Garge, p. 138, also has KŚS 25.11.24 (as in TS 3.1.1.2 except hāsīt); Bloomfield has others. (Śabara: as in MNS; ŚD and BhD: abaddhaṃ mano daridraṃ cakṣuḥ; JNMV: abaddhaṃ manaḥ).

123 abhi śreya *corr.*; abhi preya EBU. TS 3.1.1.4 bhadrād abhi śreyaḥ prehi; TS 1.2.3.3 m; ĀpŚS 10.19.8 bhadrād abhi śreyaḥ; Garge, p. 76, cites MŚS 2.1.3.15 and ŚŚS 5.6.2 in addition to TS; (all these, except ĀpŚS, are as in TS 3.1.1.4). Bloomfield has several. (Śabara, ŚD, and BhD: as in TS (ŚD (NSP) lacks prehi); JNMV: as in MNS).

124 TS 1.3.2.1 a; 6.2.11.1; ĀpŚS 11.11.6.

125 °bhedena khananakriyā° BU; °bhede navakriyā° E.

20. some ’nusavanaṃ savanīyāḥ puroḍāśāḥ, tatra haviṣkṛdāhvānam, vājapeye kratupaśūnāṃ prājāpatyapaśūnāṃ ca sahopakrāntānām api adhriguvacanam,[126] āgneyakṛṣṇagrīvayor[127] manotāpuro’nuvākye[128] api na tantram, mantrāṇām arthaprakāśaneno ’pakārakatvāt kālāntarasthaprakāśanasya kālāntarīyānuṣṭhānānupayogitvāt. asti ca kālabhedaḥ, puroḍāśeṣu savanabhedāt, prājāpatyānāṃ brahmasāmny ālambhāt,[129] āgneyakṛṣṇagrīvayoḥ saumyababhruṇā vyavadhānāt. ity ekādaśaḥ.

---

126 See 9.1.17.
127 See 11.1.11.
128 See 10.4.23 for the manotā mantra. JNMV identifies the puro’nuvākya as: agne naya supathā (ṚV 1.1.189.1; TS 1.1.14.3 i; TB 2.8.2.3; Bloomfield has others).
129 See 4.1.14 and 11.2.11.

Book 12

Chapter 1

1. agnīṣomīyapaśupuroḍāśe[1] aiṣṭikavidhyantātideśāt pṛthak prayājādi kāryam. na. paśvapūrveṇa paramāpūrvajananāyā 'ṅgopakārāṇāṃ sthiratvopagamāt paśutantramadhyapātinā paśupuroḍāśena tadupakāraiḥ śāntākāṅkṣeṇa tadartham aṅgāgrahaṇāt. prayājeṣu saṃkhyābhede 'pi no 'pakāravaiṣamyam, anuyājeṣu dravyabhede 'pi na tat. so 'yam anyārthānuṣṭhitāṅgair anyasyo 'pakārarūpaḥ prasaṅgo dvādaśa ucyate. ekādaśe tv anekoddeśena sakṛdanuṣṭhānaṃ tantram uktam.

2. yadā paśāv ājyabhāgau na kṛtau,[2] tadā 'py anyāṅgopakāralābhān mā bhūtām ājyabhāgau. na. ājyabhāgādīnām adṛṣṭopakāritvāt, yajjanyopakāralābhe[3] 'nyatas tadarthāṅgasyai 'vā 'grahaṇenā 'jyabhāgajanyopakāralābhāya codakenā 'jyabhāgayoḥ prāpaṇāt syātām eva tau.

3. somārthaṃ mahāvedyāṃ kṛtāyām api darśādivikṛtibhūtahavirāsādanārthaṃ syād aiṣṭhiky api vediḥ. na. somavedyā sāṅgapradhānahavirāsādanārthayā tasyāḥ prasaṅgasiddher na sā.

4. some grahacamasāsādanānantaraṃ savanīyapaśvādi. tatra grahacamasair hotuṃ śakyatvāt tair eva homaḥ. na. juhūsruvādikartavyasya homasya grahaiḥ karaṇe vaiguṇyāpatteḥ, aiṣṭikasruvādīnāṃ ca vidyamānatvāt sruvādibhir eva saḥ.

5. paśuḥ śāmitre śrapyata[4] iti tattantramadhyapātī puroḍāśo 'pi tatrai 'va śrapaṇīyaḥ. na. prakṛtau gārhapatye haviḥśrapaṇāt, prācīnavaṃśaśālāyā antaḥ pūrvabhāge vidyamānasyā 'gner uttaravediniṣpatter ūrdhvaṃ gārhapatyatvāc ca tatrai 'va śrapaṇam.

6. kauṇḍapāyināmayane māsāgnihotre[5] haviḥśrapaṇaṃ śālāmukhīye, tasya pūrvam āhavanīyatve 'pi śālāmukhīya eṣo 'ta ūrdhvaṃ gārhapatyaḥ sampanna[6] iti some gārhapatyatvāt tasyai 'va dvādaśāhaparamparayā codakāt

1 See 10.1.9.
2 See 10.8.2.
3 lābhe *corr.*; lābho (*without following avagraha*) EBU.
4 Untraced. Cf. ĀpŚS 7.22.9 śāmitre śrapayati. (Absent in Śabara, ŚD, and JNMV; BhD: śāmitre śrapayati).
5 See 2.3.11.
6 Untraced. Cf. BhŚS 12.16.6 etasminn evā 'ta ūrdhvaṃ gārhapatyakarmāṇi kriyante (*understand* śālāmukhīye); ĀpŚS 11.5.10. (Śabara: śālāmukhīya eṣo 'ta ūrdhvaṃ

prāpteḥ. na. prācīnavaṃśasthapaścimavahner mukhyagārhapatyasya liṅgātideśāt prabalenā 'gnihotranāmnā 'tideśāt prājahitanāmni[7] tasmin śrapaṇam.

7. some havirdhānanāmnoḥ śakaṭayoḥ pravartanād ūrdhvaṃ puroḍāśārthauṣadhanirvāpaḥ, tayor eva śakteḥ. na. śakaṭayor havirdhānamaṇḍapasthatvena, nirvāpasya gārhapatyapaścimadeśasthatvena ca deśabhedāt, anāṃsi pravartayantī[8] 'ty ukteś cā 'nobhedaḥ.

8. dīkṣākālaṃ jāgaraṇaṃ[9] prasaṅgād upakārakaṃ prāyaṇīyādiṣu. na. tasya rakṣārthatayā punaḥkartavyatā bhavet.

9. vihārayor adhvaryupratiprasthātṛbhyām anyatareṇā 'pi paṭhitena mantreṇa dvayoḥ smṛtisiddher na mantrāvṛttiḥ.[10] na. uttamapuruṣavattvenā[11] 'nyoccāritasyā 'nyasmṛtyajanakatvād āvṛttiḥ.

10. anvādhānaṃ somāṅgeṣṭiṣu codakaprāpteḥ kāryam. na. tasya dhāraṇaikaprayojanatayā somārthaviharaṇena prasaṅgasiddheḥ.

11. evaṃ vratam apy āsomasamāpti kartavyam iti, na pṛthak. anyathā vrataṃ cariṣyāmī[12] 'ti mantrānupapattir api.

12. anvādhānasya devatāparigrahārthatvam, mamā 'gne varco vihaveṣv astv iti pūrvam agnim anvādadhāti devatā eva tat pūrvedyur gṛhītvā śvo bhūte yajata[13] ity ukter iti, yad āgnāvaiṣṇavam ekādaśakapālaṃ nirvapati devatā eva tad ubhayataḥ parigṛhya yajata[14] iti dīkṣaṇīyāyā devatāparigrahārthatve

---

gārhapatyo bhavati; ŚD and BhD: śālāmukhīya eva ata ūrdhvaṃ gārhapatyo bhavati; JNMV: śālāmukhīya eṣo 'ta ūrdhvaṃ gārhapatyaḥ).

7 prājahitanāmni BU; prājahite nāmni E.

8 pravartayantī *corr.*; pavartayaṃtī EBU. TS 3.1.3.1; 6.3.2.3; ĀpŚS 11.17.1.

9 Cf. ĀpŚS 10.12.6; MS 3.6.3 (63.13).

10 See 11.2.8.

11 Here JNMV and ŚD have: nirvapāmi.

12 TS 1.5.10.3 h agne vratapate vrataṃ cariṣyāmi, yac chakeyaṃ tan me rādhyatām; 1.6.7.2; ĀpŚS 4.3.2. Bloomfield has several citations for this. (Śabara, JNMV, and BhD: agne vratapate vrataṃ cariṣyāmi (BhD quotes the portions agne vratapate and vrataṃ cariṣyāmi separately).

13 MS 1.4.5 (52.11) mamā 'gne varco vihaveṣv astv iti pūrvam agniṃ gṛhṇāti devatā vā etat pūrvedyur agrahīt tāḥ śvo bhū3te 'bhiyajate; KS 31.15 (17.7) mamā 'gne varco vihaveṣv astv iti pūrvam agniṃ gṛhṇāty agnis sarvā devatā devatā eva pūrvedyur gṛhṇāti tāś śvo bhūte 'bhiyajate. Bloomfield has many quotes for the mantra; see Garge, pp. 38-9 and 100. (Śabara: °agniṃ gṛhṇāti devatā eva tat pūrvedyur gṛhītāḥ śvobhūte yajate; ŚD: mamā 'gne varca iti pūrvam agniṃ gṛhṇāti, devatā°; JNMV: mamā 'gne varco vihaveṣv astv ity agniṃ gṛhṇāti; BhD: mamā 'gne varca iti pūrvam agniṃ parigṛhṇāti).

14 Untraced. Cf. TS 5.5.1.4–5 °evo 'bhayataḥ parigṛhya yajamāno 'varunddhe (but this is taught for the fire-piling rite); cf. ĀpŚS 10.4.2 āgnāvaiṣṇavam ekādaśakapālaṃ nirvapati; see Caland's note; TB 1.5.9.2; MS 3.6.1 (59.3). (Śabara: āgnāvaiṣṇavam

'pi dīkṣāḥ somasye[15] 'ty anurodhena pradhānadevatāparigrahārthatvād vaiśvadevagrahasyā 'pi viśvadevaśabdasya devatāviśeṣe rūḍhatvena prāyaṇīyādidevatāparigrahasya kenā 'py asiddhir iti tadartham anvādhānam prāyaṇīyādiṣu kāryam. na. dṛṣṭāgnidhāraṇārthatve saṃbhavaty adṛṣṭārthatvasyā 'nyāyyatvenā 'nvādhānasya devatāparigrahārthatvābhāvāt, vākyaśeṣasyā 'rthavādamātratvāt, tattve 'pi yogasaṃbhave śaktikalpanāyogena[16] vaiśvadevagrahasyā 'ṅgapradhānadevatāparigrahārthatvān na kāryam. dīkṣaṇīyāyāṃ tu kāryam, taddevatāparigrahasyā 'nyathāsiddheḥ.[17] vastuto viśvaśabdoktyā na śabdāntaroktadevatāparigrahasiddhir iti ne 'ṣṭis tadarthe 'ty api bodhyam.

13. someṣṭiṣv aiṣṭikaṃ saṃnahanaṃ[18] codakāt kāryam. na. somārthasaṃnahanena[19] vāsodhāraṇarūpakāryasiddheḥ.

14. evaṃ payovratena[20] vṛttisiddher āraṇyāśanam[21] api na kāryam.

15. śeṣabhakṣās tu pratipattyarthā iti kāryā eva.

---

ekādaśakapālaṃ nirvaped dīkṣiṣyamāṇaḥ. agniḥ prathamo devatānāṃ viṣṇuḥ paramo yad āgnāvaiṣṇavam ekādaśakapālaṃ nirvapati devatā yajñaṃ ca tad ubhayataḥ parigṛhya dīkṣate (cf. TS 5.5.1.4; MS 3.1.10 (13.17); KS 19.9 (10.1) (all of these are taught for the fire-piling rite); ŚD: as in Śabara, except °agnir avamo devatānāṃ viṣṇuḥ paramo devatā evo 'bhayataḥ parigṛhya dīkṣate (NSP: °eva tad ubhayataḥ parigṛhya dīkṣita (iti)); JNMV: as in Śabara, except °agnir avamo devānāṃ viṣṇuḥ paramo yad āgnāvaiṣṇavam ekādaśakapālaṃ nirvapati devatā evo 'bhayataḥ parigṛhya dīkṣate; BhD: as in Sabara, except °agnir avamo devatānāṃ viṣṇuḥ paramo devatā eva tad ubhayataḥ parigṛhya dīkṣate).

15 Untraced. See 3.7.5. (Absent in Śabara here; ŚD and BhD: as in MNS (ŚD (NSP): dīkṣā somasya)).

16 °kalpanā 'yogena EBU.

17 nyathā 'siddheḥ EBU.

18 Here Śabara has yoktreṇa patnīṃ saṃnahyati (untraced; cf. ĀpŚS 2.5.2 and 4; ŚB 1.3.1.12–13: 12 atha patnīṃ sannahyati... 13 yoktreṇa sannahyati; TB 3.3.3.1 and 3).

19 Here Śabara has yoktreṇa patnīṃ saṃnahyati, mekhalayā dīkṣitaṃ mithunatvāya (untraced; cf. TS 6.1.3.5 mekhalayā yajamānaṃ dīkṣayati yoktreṇa patnīm, mithunatvāya; MS 3.6.7 (69.7) yoktreṇa patnī saṃnahyate mekhalayā dīkṣito 'tho mithunatvāya; ĀpŚS 10.9.16).

20 Here Śabara has payo vrataṃ brāhmaṇasya, yavāgū rājanyasyā 'mikṣā vaiśyasya. See 4.3.4.

21 Here Śabara has yad āraṇyān aśnāti tenā 'raṇyān atho indriyaṃ vai āraṇyam, indriyam evā 'tman dhatte (ĀĀ: °vā 'raṇyam°) (cf. MS 1.4.10 (58.18) (very close); TS 1.6.7.3–4; ŚB 1.1.1.10).

16. dakṣiṇāḥ somasye[22] 'ti vākyāt saumikyā dvādaśaśatādidakṣiṇāyāḥ[23] pradhānārthatvād anvāhāryādidakṣiṇā syāt. na. somārthadakṣiṇayā 'pi prasaṅgād ānatisiddher na sā 'pi.

17. śeṣabhakṣāṇāṃ tu nā 'natyarthate 'ti te kāryāḥ.

18. hotṛvaraṇam[24] api mā bhūt, saumikavaraṇenai[25] 'va tatkāryasiddheḥ. na. varaṇāt prāg api sāmidhenīṣu hotuḥ pravṛttyā varaṇasya prakṛtāv adṛṣṭārthatvāt tadarthaṃ kāryam.

19. yad ātithyāyāṃ barhis tad upasadāṃ tad agnīṣomīyasye[26] 'ti tritayasādhāraṇe 'pi barhiṣi saṃskārāḥ prokṣaṇādaya āvartyāḥ, ekakālīnatvatantramadhyapāṭhayor abhāvena tantraprasaṅgāsaṃbhavāt. na. barhiṣa ekatvena tatsaṃskārair anāvṛttair api prayogāntare kāryasaṃbhavāt. prāthamyād ātithyāyāṃ te kāryāḥ, no 'pasadādau.

20. evam ātithyāyām eva barhiḥstaraṇa ūrṇāmradasaṃ tvā stṛṇāmī[27] 'ti mantro nā 'gnīṣomīye prokṣaṇādivat. na. ātithyāyāḥ prāgvaṃso deśaḥ, agnīṣomīyasyo 'ttarā vedir iti deśabhedena staraṇabhede tadaṅgamantrasyā 'py āvṛttyaucityāt.

21. ātithyādeśasaṃskṛtabarhiṣaḥ saṃnahane agnīṣomīyadeśe haraṇe nayane ca indrāṇyai saṃnahanam,[28] bṛhaspater[29] mūrdhnā harāmī[30] 'ti mantrau pāṭhyau. na. lavanadeśāt saṃnahanaharaṇayor eva mantrasya dṛṣṭeḥ, uktaviṣayayor aprākṛtakāryatvān na staḥ. dvādaśe prathamaḥ.

---

22 Untraced. See 3.7.5. (Śabara: tasya dvādaśaśataṃ dakṣiṇā (see 3.7.5); ŚD etc.: as in MNS (ŚD (NSP): dakṣiṇā somasya)).

23 dvādaśaśatādi° BU; dvādaśatādi° E.

24 Here Śabara has agnir devo daivyo hotā devān yakṣat (ŚB 1.5.1.5–6; KŚS 3.2.7; MŚS 1.3.1.26; cf. ĀpŚS 2.16.5).

25 Here Śabara has agnir hotā sa me hotā hotas tvaṃ me hotā 'sī 'ti hotāraṃ vṛṇīte (MŚS 2.1.1.4 (very close); cf. ĀpŚS 10.3.1).

26 BhŚS 12.2.8 °ātithyāyā barhis°; ĀpŚS 11.2.11 ātithyābarhir upasadām agnīṣomīyasya ca; cf. AiB 1.25.1. See 4.2.11.

27 See 11.4.14.

28 iṃdrāṇyai sannnahanaṃ EB; puṣā te graṃthiṃ graṃthnātv iti U. For EB: TS 1.1.2.2 m; ĀpŚS 1.4.12. For U: TS 1.1.2.2 n pūṣā te granthiṃ grathnātu; ĀpŚS 1.4.13 (as in TS). (Here Śabara has: pūṣā te granthiṃ badhnātu (cf. TS 1.1.2.2 n; ĀpŚS 1.4.13); ŚD and BhD: as in TS 1.1.2.2 n; JNMV: as in TS 1.1.2.2 m). (Bloomfield has more for both mantras.)

29 °pater B; °pate EU.

30 TS 1.1.2.2 o; ĀpŚS 1.4.15. Bloomfield has several.

Chapter 2

1. agnibhiḥ śrautasmārtakarmaṇāṃ kartuṃ śakyatvāt[31] sarvārthā agnayaḥ. na. yad āhavanīye juhoti,[32] gārhapatye havīṃṣi śrapayati,[33] dakṣiṇāgnāv anvāhāryaṃ pacatī[34] 'tyādibhis tatra tatrā 'gnīnāṃ niyamanāt, agnīnāṃ vaidikatvena smārtakarmāṅgatvasyā 'py anaucityād agnihotrādivaidikamātrārthās te.

2. daikṣe paśau vihitasya paśupuroḍāśasyā 'pihityā acchidratāyā[35] iti cchidrāpidhānārthatvāt, tasya ca savanīyapuroḍāśair anusavanaṃ savanīyāḥ puroḍāśā nirūpyante 'pihityā[36] acchidratāyā[37] ity uktes tadarthaiḥ siddheḥ

---

31 kartuṃ śakyatvāt U; kartum aśakyatvāt EB.

32 TB 1.1.10.5–6 °juhvati, tena so 'syā 'bhīṣṭaḥ prītaḥ. (Śabara: °juhoti, tena so 'syā 'bhīṣṭaḥ prīto bhavati; at JS 11.3.2 he has: āhavanīye juhoti gārhapatye havīṃṣi śrapayati, dakṣiṇāgnāv anvāhāryaśrapaṇādi karoti (see following notes); ŚD: as in MNS; JNMV: āhavanīye juhvati (ĀĀ var.: °juhoti); BhD: āhavanīye juhoti). (For the general prescription to perform homas in the āhavanīya, cf. ĀpŚS 24.1.27; BhŚS 1.1.17; KŚS 1.8.44; ŚŚS 3.19.4 etc.). See 7.3.12.

33 Cf. ĀpŚS 1.22.1 āhavanīye gārhapatye vā havīṃṣi śrapayati; KŚS 1.8.34, 35: 34 gārhapatye saṃskārāḥ 35 śrapaṇaṃ vā 'havanīye; ŚB 1.1.2.23 yasya gārhapatye havīṃṣi śrapayanti. (Absent in Śabara here (see above); ŚD and BhD: as in MNS; JNMV: gārhapatye havīṃṣi śrapayanti). See 7.3.12.

34 Cf. ĀpŚS 3.3.12 dakṣiṇāgnāv anvāhāryaṃ mahāntam aparimitam odanaṃ pacati; (TB 1.1.10.5 yad anvāhāryapacane 'nvāhāryaṃ pacanti (this is for the installation rite). (Absent in Śabara here (see above); ŚD, JNMV (ĀĀ), and BhD: as in MNS; JNMV (Gold. and ĀĀ var.): dakṣiṇāgnāv anvāhāryaṃ pacanti).

35 Untraced. (Cf. MS 2.4.2 (39.12) apihityā achidratvāya (this is taught in the chapter on kāmya iṣṭis); KS 12.12 (174.10) apihityā evā 'chidratvāya (similar context to MS 2.4.2)). (Śabara: suṣiro vai tarhi paśuḥ yarhi vapām utkhidati yad vrīhimayaḥ puroḍāśo bhavati apidhānāya asuṣirāya (cf. MS 3.10.2 (131.12) °utkhidanti°...°apihityā asuṣiratvāya); ŚD: suṣiro vā etarhi paśuḥ yarhi vapām utkhidati yad vrīhimayaḥ puroḍāśo nirupyate apihityai, acchidratāyai (NSP: suṣiro ha vā etarhi° and °puroḍāśo bhavati apihityā°; NSP var.: °puroḍāśo nirūpyate°); JNMV: suṣiro ha vā etarhi paśur yarhi vapām utkhidati yad vrīhimayaḥ puroḍāśo bhavaty apihityā acchidratāyai (ĀĀ: śuṣiro°; Gold. and ĀĀ var.: suṣiro°; Gold.: °utkhidati vrīhimayaḥ°; ĀĀ and Gold. var.: °utkhidati yad vrīhimayaḥ°; ĀĀ var.: °utkhidati yato vrīhimayaḥ°); BhD: suṣiro vā etarhi paśuḥ yarhi vapām utkhidati yad vrīhimayaḥ puroḍāśo bhavati chidrasyā 'pihityai).

36 pihityā *corr.*; vihityā EBU.

37 Untraced. Cf. MS 3.10.5 (136.18) tasmād anusavanaṃ puroḍāśā nirupyāḥ savanānāṃ dhṛtyai; TS 6.5.11.4 tasmād anusavanaṃ puroḍāśā nirupyante; AiB 2.23 tad yad anusavanam puroḷāśā nirupyante, savanānām eva dhṛtyai.

savanīyapaśau paśupuroḍāśo na kāryaḥ. na. daśame[38] paśupuroḍāśasya devatāsaṃskārārthatvokteḥ, uktavākyasyā 'rthavādamātratvāt kāryaḥ.

3. paśau haviṣkṛdāhvānaṃ yady asti, tadā tenai 'va kāryasiddher na[39] paśupuroḍāśe. na tat.[40]

4. tṛtīyasavane saumyacarvādiṣu tu kāryam, paśupāke sakṛdāhūtāyās tasyāḥ paśupāke niṣpanne nivṛtteḥ. na. prakṛtau patnīsaṃyājottaraṃ haviṣkṛta utthānāmnānāt prakṛte 'pi tataḥ prāg utthānābhāvān na punarāhvānam.

5. agnaye rakṣoghne puroḍāśam aṣṭākapālaṃ nirvaped yo rakṣobhyo bibhiyād[41] iti vihite 'ṣṭir amāvāsyāyāṃ niśi yajete[42] 'ty amāvāsyākālīnā 'pi nā 'māvāsyākarmaṇo 'ṅgam, prakaraṇānyatvāt,[43] nā 'pi tantramadhyapātinī 'ti na prasaṅginī. na. arthād darśakarmamadhyapatitatvena prasaṅgasiddhyakṣateḥ.

6. prathamaprayogopakrame kṛtārambhaṇīyayā darśapūrṇamāsaprayogāntare 'py upakāravat sauryādāv apy upakāraḥ, ādau kṛtasya saṃskārasya yāvajjīvaparyāptatvāt. na. prayogadvārā darśapūrṇamāsāṅgaṃ se 'ti karmāntare tayā no 'pakāra iti kartavyai 'va sā. na hi yāvajjīvapravṛttyaṅgaṃ sā, kiṃ tu kartṛdharmaḥ.

7. pañcadaśarātre 'gniṣṭut prathamam ahaḥ,[44] tatrā 'gneyī subrahmaṇyā prāptā, itareṣu caturdaśasu svasvaprakṛter aindrī, upasatkālīnāyāś ca tasyās tantram ity asaṃjātavirodhinyāyenā 'gneyī sā. na. tyajed ekaṃ kulasyā 'rtha[45] iti nyāyena bahūnām anugrahāyai 'ndry eve 'ti bhāṣye.

vārttike tu nai 'tad yuktam, devatāsaṃskārārthatvena[46] subrahmaṇyāyā āvṛtter eva yuktatvāt, kiṃ tu kāmyeṣṭikāṇḍe 'gnaye dātre puroḍāśam aṣṭākapālaṃ nirvaped indrāya pradātre puroḍāśam ekādaśakapālaṃ dadhi madhu ghṛtam āpo dhānās tatsaṃsṛṣṭaṃ prājāpatyaṃ paśukāma[47] itī 'ṣṭiṣv aindra-

---

38 At 10.1.9.

39 kāryasiddher na B; kārya__r na E (*tear the size of two akṣaras*); kāryasiddhe U.

40 See 11.3.8.

41 MS 2.1.11 (12.17) agnaye rakṣoghne 'ṣṭākapālaṃ nirvaped yo rakṣobhyo bibhīyāt; cf. KS 10.5 (129.15) (as in MS, but only through nirvaped). (Śabara, JNMV, and BhD: °bibhīyāt; ŚD: as in MNS).

42 Cf. KS 10.5 (129.19) amāvasyāṃ rātrīṃ niśi yajeta; MS 2.1.11 (12.20) naktaṃ yājayet.

43 prakaraṇānyatvāt *corr.*; prakaraṇānyavān EBU.

44 Cf. TāB 23.8.1; ĀpŚS 23.2.8.

45 Mahābhārata 1.107.32. See 6.3.19. (Absent in Śabara; JNMV: as in MNS).

46 *After* ārtha U *has the passage* madhu ghṛtam *through* mukhyānurodhenājyabhā, *then has* le *in the place of* tvena.

47 TS 2.3.2.8 °ekādaśakapālaṃ paśukāmaḥ...dadhi madhu ghṛtam āpo dhānā bhavanti; cf. KS 11.2 (145.6) āgneyam aṣṭākapālaṃ nirvaped aindram ekādaśakapālaṃ dadhi

puroḍāśo[48] havirdevasāmyād aindrāgnavikāraḥ prājāpatyaṃ dadhi sānnāyyavikāraḥ, ghṛtamadhvapām upāṃśuyājavikārate 'ti mukhyānurodhenā 'jyabhāgayor vṛdhanvatīmantrau.[49] na. bhūyo'nugrahānurodhena vārtraghnīmantrau.[50] prājāpatyadhānās tv āgneyavikāra iti na kiṃ cid virudhyata iti.

8. āgnāvaiṣṇavaṃ dvādaśakapālaṃ nirvaped aparāhṇe sarasvatīm ājyasya yajete[51] 'ty atra prakṛtāv aindrāgna ekādaśakapālo dvādaśakapālo ve[52] 'ti vacanād āgnāvaiṣṇavasyai 'ndrāgnavikāratvena, sārasvatājyasya[53] co 'pāṃśuyājavikāratvena samatvān mantrayor aniyamaḥ. na. mukhyānurodhena vṛdhanvantau. bhāmatyāṃ tv agnīṣomīye 'pi ekādaśadvādaśakapālatvayor vikalpa uktaḥ.[54]

---

madhu ghṛtaṃ dhānās taṇḍulās tatsaṃsṛṣṭaṃ syāt tena paśukāmo yajeta; ĀpŚS 19.21.13–15: 13 agnaye dātre puroḍāśam aṣṭākapālam iti trīṇi 14 teṣāṃ prājāpatyaṃ saṃsṛṣṭahavis tṛtīyaṃ bhavati 15 dadhi madhu ghṛtam āpo dhānās taṇḍulā ity ekeṣām ājyavikāraḥ. (Absent here in Śabara; ŚD etc.: as in MNS (ŚD (LKSV): °ekādaśakapālam iti dadhi°)). See 8.1.19 and 10.2.31 for the portion dadhi through prājāpatyam.

48 °ḍāśo EB; °ḍāśe U.

49 See 2.2.3 and 3.1.13.

50 See 2.2.3 and 3.1.13.

51 Cf. TS 2.2.9.6 āgnāvaiṣṇavaṃ dvādaśakapālaṃ nirvapet tṛtīyasavanasyā 'kāle sarasvaty ājyabhāgā syāt; MS 2.1.7 (9.2) āgnāvaiṣṇavaṃ dvādaśakapālam aparāhṇe sārasvataṃ carum; KS 10.1 (125.18) āgnāvaiṣṇavaṃ dvādaśakapālam aparāhṇa etau ca carū (*understand* sārasvata *and* bārhaspatya); (these are taught for the adhvarakalpā iṣṭi, but there is caru rather than ghee in MS and KS). (Śabara: āgnāvaiṣṇavam ekādaśakapālaṃ nirvaped aparāhṇe. sārasvatīm athā 'jyasya yajate (cf. quotes above and TS 2.2.9.6 āgnāvaiṣṇavam ekādaśakapālaṃ nirvapen mādhyaṃdinasya savannasyā 'kāle sarasvaty ājyabhāgā syāt; MS 2.1.7 (9.1) āgnāvaiṣṇavaṃ ekādaśakapālam madhyṃdine sārasvataṃ carum; KS 10.1 (125.17) āgnāvaiṣṇavaṃ ekādaśakapālam madhaṃdina etau ca carū (*understand* sārasvata *and* bārhaspatya); (these are also taught for the adhvarakalpā)); ŚD as in MNS; JNMV: āgnāvaiṣṇavam ekādaśakapālaṃ nirvapet sarasvatīm ājyasya yajeta (ĀĀ var.: °sarasvatīm athā 'jyasya°; ĀĀ: °yajet); BhD: āgnāvaiṣṇavaṃ dvādaśakapālaṃ sarasvaty ājyabhāgā 'parāhṇe). See 5.1.10 and 8.3.1. ŚD and BhD say this occurs at the adhvarakalpā iṣṭi. (Cf. MS 2.1.7 (8.17) (as in Śabara except °nirvapet saṃgrāme sarasvatīm apy ājyasya yajet; but not adhvarakalpā).

52 Cf. BhŚS 1.24.7 ekādaśa saṃpādayati dvādaśa vai 'ndrāgnasya. (I have not seen this quoted in other Mīmāṃsā texts).

53 sārasvatājyasya BU; sārasvatīyasya E.

54 As an introduction in Brahmasūtra 3.3.2 bhedān ne 'ti cen nai 'kasyām api, Śāṃkara has ihā 'pi kaṃ cit viśeṣam āśaṅkya pariharati; the Bhāmatī commentary has kaṃ cit viśeṣam iti yuktaṃ yad agnīṣomīyasyo 'tpannasya paścād ekādaśakapālatvādisaṃbandhe 'py abheda iti; the Vedāntakalpataru commentary has śākhāntarādhikaraṇe

9. ya iṣṭyā paśune[55] 'ty uktaḥ kālo mukhyānurodhanāt|
dīkṣaṇīyādigaḥ syāt. na. sutyāyāḥ parvakālatā,|
pradhānasadguṇatvāya hy aṅgasādguṇyam iṣyate.||

10. paridhau paśuṃ niyuñjīte[56] 'ti paridhau yūpadharmāḥ, tatkārye vidhānāt, paridhidharmāś ca mārjanādayaḥ, paridhāne vidhānāt.

11. takṣaṇocchrayaṇādayo 'pi tarhi syuḥ. na. takṣaṇādibhiḥ paridhitvasyai 'va nāśāpatter añjanādaya eva syuḥ.

12. savanīyapaśoḥ prātaḥsavanīyapuroḍāśānāṃ ca na tantritvaprasaṅgitvayor niyāmakam, ubhayatrā 'ṅgānāṃ codakād eva prāpteḥ, upakrame paurvāparyājñānāc ca. mādhyaṃdinatṛtīyasavanagatānāṃ tu paśūpakramapaścādbhāvitvenā 'stu prasaṅgitvam. na. savanīyapaśau codakaprāpte[57] praiṣamantre 'yaṃ yajamāna[58] ity asya sthāne 'yaṃ sutāsutī yajamāna[59] iti vikārāmnānāt, upakramapaścādbhāvāniścaye 'pi samāptipūrvabhāvaniścayena tantramadhye pātāc ca puroḍāśāḥ prasaṅginaḥ.

13. ya iṣṭye[60] 'tyādiśāstrāt prakṛtivikṛtyor nityakāmeṣṭyoḥ sahaprayoge prakṛtis tantriṇī, tasyā[61] yāvajjīvam anuṣṭheyatvena tanmadhye kāmeṣṭyanuṣṭhānāt. na.[62] vaikṛtaviśeṣavidher anarthakatvāpatteḥ kāmyeṣṭir eva tantriṇī. vastuto ya iṣṭye 'ti vākyaṃ na prakṛtau pravartata iti kṛtvā cintai 'ṣā.

14. āgrayaṇe aindrāgnavaiśvadevadyāvāpṛthivyayāgāḥ. tatra dyāvāpṛthivye prakṛtyanusāreṇa prasūnabarhiṣaḥ[63] prāptāv api dvayor anurodhena barhirmātraṃ kāryam. na. kāṃsyabhojinyāyenai 'kasyai 'vā 'nugrāhyatvāt.

---

hi ekasyāṃ śākhāyām agnīṣomīyasyai 'kādaśakapālatvam aparasyāṃ dvādaśakapālatvam iti rūpabhedāt karmabheda iti śaṅkitaḥ. siddhānte tu tayoḥ vikalpaḥ ity uktam. tat yuktam.

55 See 5.4.7. (Śabara: ya iṣṭyā paśunā somena vā yajeta so 'māvāsyāyāṃ paurṇamāsyāṃ vā yajeta; ŚD: ya iṣṭyā paśunā somena; JNMV: as in Śabara, but lacks final yajeta; JNM as in MNS; BhD: ya iṣṭyā).

56 See 9.2.12.

57 codakaprāpte *corr.*; codakāpte EU; cocakāpte B.

58 MS 4.13.9 (211.5) agnim adya hotāram avṛṇītā 'yaṃ yajamānaḥ; TB 3.6.15.1 (as in MS); Praiṣādhyāya 33 (ṚV Khila 5.7.21); cf. ĀpŚS 7.27.7. (Śabara: agnim adya; ŚD and BhD: as in MS; JNMV: as in MNS).

59 TB 2.6.15.1 agnim adya hotāram avṛṇīta. ayaṃ sutāsutī yajamānaḥ; BŚS 26.22 (303.10) ayaṃ sutāsutī (but both concern sautrāmaṇī). (This seems to be absent in Śabara; ŚD and BhD: as in TB; JNMV: as in MNS (Gold. var. and ĀĀ var.: ayaṃ sunvan yajamānaḥ)).

60 See 5.4.7. (Absent in Śabara; JNMV: ya iṣṭyā paśunā; BhD: as in MNS).

61 tasyā U; tasyā *omitted in* EB.

62 na EB; na *omitted in* U.

63 Cf. ĀpŚS 8.1.10; TB 1.6.3.2.

15. tasya prasūnagrahaṇaprayojakatve tasyai 'va tantritvam. na. avirodhena tadanugrahe 'pi tantritve mānābhāvāt. savanīyapaśau[64] hi mantravikāraḥ prayakṣaśrutaḥ, iha tu prasūnatvam atidiṣṭam eve 'ti tato viśeṣaḥ. prasūnaṃ puṣpitam. dvādaśe dvitīyaḥ.

Chapter 3

1. aṣṭarātre viśvajit prathamam ahaḥ, tatra nāmātideśād vatsatvak prāptā, tato 'bhiplavaḥ ṣaḍahaḥ, abhijid aṣṭamam ahaḥ, tatra vāsaḥ prāptam. atideśayos tulyatvāt tvagvāsasor vikalpaḥ, bahvanugrahāya vāso vā. na. tvaco guhyācchādanāyogyatvena kāryabhedāt samuccayaḥ.

2. agnau agnīṣomīyapaśupuroḍāśam anu devasuvāṃ havīṃṣi nirvapatī[65] 'ti vihitānāṃ haviṣām aṣṭatvena bahutvāt tantritvam. na. tantramadhye vidhānena prasaṅgitvāt.

3. āghāre[66] ṛjutvasaṃtatatvāder[67] ekārthatvād vikalpanam. na. adṛṣṭabhedāt, avirodhāt samuccayaḥ.

4. vrīhibhir yajeta, yavair yajete[68] 'ti vihitavrīhiyavānām api samuccayaḥ, samuccayabodhakaprayogavacanāt. na. ekārthatvāt, dṛṣṭamātrārthatvāt, nirapekṣasādhanatvabādhāpatteś ca vikalpaḥ.[69]

---

64 See 12.2.12.

65 ĀpŚS 17.22.9 agnīṣomīyasya paśupuroḍāśam aṣṭau devasuvāṃ havīṃṣy anunirvapati; BŚS 10.55 (57.19) atha paśupuroḍāśaṃ nirvapati tam anuvartante 'ṣṭau devasuvāṃ havīṃṣi; TS 5.6.3.1 devasuvām etāni havīṃṣi bhavanti; ŚB 9.4.3.12. (Cf. ŚB 5.3.3.1 agnīṣomīyam ekādaśakapālaṃ puroḍāśaṃ nirvapati tad anu devasvāṃ havīṃṣi nirupyante; KŚS 15.4.4 agnīṣomīyasya paśupuroḍāśam anu devasūhavīṃṣi nirvapati yajñapraiṣāṇi (these are more similar, but they are for the abhiṣeka). (Śabara: agnīṣomīyasya paśupuroḍāśam anu devasūhavīṃṣi nirvapati; ŚD (LKSV): agnīṣomīyasya paśupuroḍāśaṃ devasuvāṃ havīṃṣy anunirvapati; ŚD (NSP): agnīṣomīyapaśupuroḍāśam aṣṭau devasuvāṃ havīṃṣy anunirvapati; JNMV and BhD: agnīṣomīyasya paśupuroḍāśam anu devasuvāṃ havīṃṣi nirvapati).

66 āghāre· E (*dot midway up*); āghāre U (*with a small circle midway up at the end*); āghāraiḥ B.

67 Here Śabara has ṛjum āghārayati, santatam āghārayati, prāñcam āghārayati. Cf. TS 2.5.11.7; ĀpŚS 2.12.7; 2.14.1. See 12.3.12.

68 Untraced. See 2.2.6.

69 ca vikalpaḥ *corr.*; ca na vikalpaḥ EBU.

5. evam agnaye pathikṛte puroḍāśam aṣṭākapālaṃ nirvapet,[70] vaiśvānaraṃ dvādaśakapālaṃ nirvaped yo 'māvāsyāṃ paurṇamāsīṃ[71] vā 'tipātayed[72] ityādy api doṣanirghāte pratyekaṃ kṣamatvād vikalpyate. evaṃ yady ṛkto yajña ārtim iyād bhūḥ svāhe 'ti juhuyād[73] ityādiṣv api sarvavedavihitāṅganāśe vikalpo bodhyaḥ.

6. bhinne juhoti, skanne juhotī[74] 'tyādīnāṃ tu samuccayo nimittasamuccaye.

---

70 TS 2.2.2.1 °nirvaped yo darśapūrṇamāsayājī sann amāvāsyāṃ vā paurṇamāsīṃ vā 'tipādayet; MS 2.1.10 (11.13) °nirvaped yasya prajñāte 'ṣṭir atipadyeta. (Absent in Śabara; ŚD: yo 'māvāsyāṃ paurṇamāsīṃ vā 'tipātayet, agnaye pathikṛte puroḍāśam aṣṭākapālaṃ nirvapet; JNMV: as in TS, except ° 'tipātayet; Prabhāvalī on BhD: as in ŚD).

71 māvāsyāṃ paurṇamāsīṃ *corr.*; māvāsyā paurṇamāsīṃ EBU.

72 TS 2.2.5.4 vaiśvānaraṃ dvādaśakapālaṃ nirvaped amāvāsyāṃ vā paurṇamāsīṃ vā 'tipādya. (Absent in Śabara; ŚD: yo 'māvāsyāṃ paurṇamāsīṃ vā 'tipātayed vaiśvānaraṃ dvādaśakapālaṃ nirvapet (LKSV: omits yaḥ); JNMV: as in TS, except ° 'tipātya (ĀĀ var.: ° 'tipādya; Gold. var.: atipātayed); Prabhāvalī on BhD: as in ŚD).

73 Cf. ĀpŚS 9.16.4–5: 4 yady ṛkto yajñaṃ bhreṣa āgacched bhūr iti gārhapatye juhuyāt. yadi yajuṣṭo bhuva iti dakṣiṇāgnau. yadi sāmataḥ suvar ity āhavanīye 5 yadi sarvataḥ sarvā juhuyāt; 14.32.7 (as in 9.16.4–5, but for soma); BŚS 27.4 (326.12) (as in ĀpŚS except °yajñabhreṣa°); ĀśŚS 1.12.32–33: 32 ṛktaś ced bhūr iti gārhapatye. yajuṣṭo bhuva iti dakṣiṇe. āgnīdhrīye someṣu 33 sāmataḥ svar ity āhavanīye sarvato 'vijñāte vā bhūr bhuvaḥ svar ity āhavanīya eva; AiB 5.34.4 yady yajña ṛkta ārtir bhavati, bhūr iti brahmā gārhapatye juhuyāt, yadi yajuṣṭo bhuva ity āgnīdhrīye 'nvāhāryapacane vā haviryajñeṣu, yadi sāmataḥ, svar ity āhavanīye, yady avijñātā sarvavyāpad vā, bhūr bhuvaḥ svar iti sarvā anudrutyā 'havanīya eva juhuyāt; AiB 5.32.5 (similar to 5.34.4); ŚB 11.5.8.6; JB 1.358. (Śabara: °svāhe 'ti gārhapatye juhuyāt, atha yadi yajuṣṭo dakṣiṇāgnau bhuvaḥ svāhe 'ti, yadi sāmataḥ svaḥ svāhe 'ty āhavanīye. yady avijñāto bhūr bhuvaḥ svaḥ svāhe 'ty āhavanīya eva; ŚD: °svāhe 'ti gārhapatye juhuyāt; JNMV: bhūḥ svāhe 'ti gārhapatye juhuyāt. bhuvaḥ svāhe 'ti dakṣiṇāgnau juhuyāt. suvaḥ svāhe 'ty āhavanīye juhuyāt. bhūr bhuvaḥ suvaḥ svāhe 'ty āhavanīye juhuyāt (ĀĀ: °svaḥ svāhe 'ty°...°svaḥ svāhe 'ty°); BhD: yadi sāmato yajña ārtim iyāt suvar ity āhavanīye juhuyāt, and, yadi sāmato yajña ārtim iyāt svar ity āhavanīye).

74 See 6.2.9. (Absent here in Śabara; ŚD etc.: bhinne juhoti).

7. parvaṇi nā 'dhyetavyam[75] ityādyadhyayanadharmā mantraprayogārthatvāt karmaprayoge 'pi syuḥ. na. teṣām avighnasamāptyarthatvāt, prayoge ādare karmānanuṣṭhānāpatteś[76] ca na prayoge te.

8. mantrapāṭhoktasvarānyo[77] 'pi svaro brāhmaṇokto grāhyaḥ, tasya vācanikatvāt. na. brāhmaṇe vidhānārthaṃ tattatsadṛśākṣarāṇāṃ tattanmantrabodhārthaṃ pāṭhena[78] mantrasvarasyai 'vau 'cityāt. svarāntarakaraṇaṃ tu pūrvāparabrāhmaṇasvarāvicchedāya.

9. ye tu brāhmaṇa evo 'ktā mantrāḥ, tatra svarāntarasyā 'jñānāt sa eva svaraḥ.

10. karaṇamantreṣu tv[79] ādau madhye 'nte vā karma kāryam, niyāmakābhāvāt. na. adau madhye vā karmakaraṇe 'grimabhāgasya tadasmārakatayā 'narthakyāpatteḥ, kṛtsnamantreṇai 'vā 'rthasmaraṇe niyamādṛṣṭasiddhyupagamāc cā 'nte.

11. dvādaśa dvādaśāni juhotī[80] 'ti prakramya śrute saṃtatāṃ vasordhārāṃ juhotī[81] 'ty atra mantrakarmaṇoḥ sāṃtatyaṃ vidhīyate, karmaṇāṃ saṃlagnatāvidhau dvitīyoktabhedabādhāpatteḥ. na. mantrāṇām anupādānena karmaṇām eva saṃlagnatāvidhānaucityāt, ādyamantragaṇapāṭhottaraṃ dvitīyatatsamāptyavadhisaṃtatādhārai 'kaṃ karma, evam agre 'pī 'ti karmabhedasyā 'py abādhāc ca mantrāntakarmādyor eva saṃnipātaḥ.

12. āghārayos tu karmabahutvābhāvāt saṃtatam āghārayatī[82] 'ty anena mantrakarmaṇor eva saṃlagnatā vidheyā. na. āghārasādhanājyadhārāsā-

---

75 Untraced. Cf. MDh 4.113; ĀpDhS 1.3.10.1 cāturmāsīṣu ca (*understand* nā 'dhīyīta); VDhS 13.22 caturdaśyām amāvāsyāyām aṣṭamyām aṣṭakāsu (*understand* anadhyāyāḥ); MDh 4.114. (Śabara: parvaṇi nā 'dhyeyaṃ vāte nā 'dhyeyaṃ stanayitnau nā 'dhyeyam (are these intended to be proper quotes? cf. MDh 4.102–3); ŚD: as in MNS; JNMV: parvaṇi nā 'dhyeyam). (Garge, p. 246, has ĀpDhS 1.(4.)12.3–5 and 9; BGS 1.21.6–7; Viṣṇu 1.30). See Kane, HDS, Vol. II.1, pp. 393–402.

76 karmānanuṣṭhānāpatteś U; karmānuṣṭhānāpatteś EB.

77 °svarānyo EB; °svarād anyo U.

78 °ārthaṃ pāṭhena BU; °ārthapāṭhena E.

79 tu EB; tv *omitted in* U.

80 TS 5.4.8.2.

81 ĀpŚS 17.17.8; cf. TS 5.4.8.1–2: 1 vasor dhārāṃ juhoti... 2 saṃtatāṃ tasya juhuyāt; MŚS 6.2.5.25 saṃtataṃ vasordhārāṃ juhoti; MS 3.4.1 (45.2) saṃtataṃ juhoti (*understand* vasordhārām). (Śabara (BI): santataṃ°; (ĀĀ): saṃtatāṃ°; ŚD etc.: as in MNS). This is another case, not mentioned by Garge, where Śabara appears to follow the Maitrāyaṇīya tradition (at least in the BI edition) and later writers follow the Taittirīya.

82 TS 2.5.11.7; cf. ĀpŚS 2.12.7 saṃtataṃ jyotiṣmaty āghāram āghārayan; 2.14.1 (as in 2.12.7).

hityavidhānena vidheś cāritārthye mantrānte kāryam ity asya bādhāyogāt pūrvavat.

13. bhago vāṃ vibhajatu pūṣā vāṃ[83] vibhajatv[84] ityādimantrāṇāṃ liṅgaviniyojyānām ekārthatve 'pi nirapekṣasādhanatābodhakapadābhāvāt samuccayaḥ. na. tathā sati mantrāntakarmādisaṃnipātabādhāpatteḥ, ekena kāryasiddhāv anyasyā 'napekṣaṇāc ca vikalpaḥ.

14. tāṃ caturbhir abhrim ādatta[85] iti catuṣṭvasya mantraviśeṣaṇatvāt, samuccaye karaṇatvabādhāpatteś ca ne 'dṛkṣv api samuccayaḥ. na. mantrāṇāṃ liṅgaprāptatvena saṃkhyāyā evo 'ktavākyena vidhānāt, tattajjanyasaṃskāradvārā karaṇatvopapatteś ca samuccayaḥ.

15. uruprathā uru prathasve 'ti puroḍāśaṃ prathayati, uru te yajñapatiḥ prathatām iti puroḍāśaṃ prathayatī[86] 'ti brāhmaṇasya liṅgaprāptamantrasamuccayagamakatvāt samuccayaḥ. na. ekārthatvenai 'kavākyatayo 'bhayor ekamantratvaprāpter vidhidvayena vāraṇād vikalpaḥ.

16. ud divaṃ stabhānā 'ntarikṣaṃ pṛṇe[87] 'tyādir ucchrayaṇakaraṇamantraḥ, ucchrayasva vanaspata[88] ityādis tu kriyamāṇānuvādī, tayoḥ smāraṇaikārthatvād vikalpaḥ. na. karomi, kāryam iti smṛtiprakārabhedāt samuccayaḥ.

---

83 vāṃ EU; vā B.

84 SatyāŚS 1.6.20 (p. 138) bhago vāṃ savitā vibhajatu pūṣā vāṃ savitā vibhajatu vāyur vāṃ savitā vibhajatu. (Śabara and JNMV: pūṣā vāṃ vibhajatu bhago vāṃ vibhajatu aryamā vāṃ vibhajatu; ŚD and BhD: bhago vāṃ vibhajatu). See 2.1.14.

85 TS 5.1.1.4 caturbhir abhrim ādatte; ĀpŚS 16.1.7 (as in TS); ŚB 6.3.1.43 tāṃ caturbhir ādatte (the mantras occur at TS 4.1.1.3–4 k–n). (Śabara: caturbhir ādatte (at JS 1.4.31 and 40 Śabara has tāṃ caturbhir ādatte); ŚD (LKSV) and BhD: as in MNS; ŚD (NSP) and JNMV: caturbhir abhrim ādatte).

86 Cf. ŚB 1.2.2.8 uruprathā uru prathasve 'ti prathayaty evai 'nam etad uru te yajñapatiḥ prathatām iti (VS 1.22 uruprathā uru prathasvo 'ru te yajñapatiḥ prathatām); ĀpŚS 1.25.3 uru prathasvo 'ru te yajñapathiḥ prathatām iti puroḍāśaṃ prathayan (this mantra occurs at TS 1.1.8.1 i). (Śabara: uru prathasve 'ti puroḍāśaṃ prathayati, uruprathā uru te yajñapatiḥ prathatām iti puroḍāśaṃ prathayati; ŚD: uruprathā uru prathasve 'ti puroḍāśaṃ prathayati, yajñapatim eva tat prajayā paśubhiś ca prathayati, uru te yajñapatiḥ prathatām iti puroḍāśaṃ prathayati (cf. TS 6.2.7.3); JNMV: uru prathasve 'ti puroḍāśaṃ prathayati. uru te yajñapatiḥ prathatām iti puroḍāśaṃ prathayati (Gold.: °uru no yajñapatiḥ° (untraced); Gold. var.: °uru te yajñapatiḥ°); BhD: uruprathā uruprathasve 'ti puroḍāśaṃ prathayati uru te yajñapatir iti puroḍāśaṃ prathayati). See 1.2.4.

87 TS 1.3.6.1 h ud divaṃ stabhānā 'ntarikṣam pṛṇa pṛthivīm upareṇa dṛṃha; 6.3.4.3; ĀpŚS 7.10.7. Bloomfield has others too. (Absent in Śabara; JNMV: as in TS 1.3.6.1).

88 TB 3.6.1.1 uc chrayasva vanaspate. varṣman pṛthivyā adhi| sumitī mīyamānaḥ. varco dhā yajñavāhase|| (= ṚV 3.8.3; MS 4.13.1 (199.4)); AiB 2.2.6. Garge, p. 116,

yad vā. ucchrayaṇe kriyamāṇānuvādinām bahūnām[89] ekārthatvād vikalpaḥ. na. yūpocchrayaṇasya bahukālasādhyatvena tāvatparyantatāvatsmṛtīnāṃ bahutvena kāryabhedāt samuccayaḥ. dvādaśe tṛtīyaḥ.

Chapter 4

1.[90] japastutyāśīḥprārthanarūpaikārthatvād vaiṣṇavīsārasvatyādijapamantrāṇām,[91] agnir mūrdhe[92] 'tyādistutimantrāṇām, āyur me dehī[93] 'tyādīnām āśīḥprārthanamantrāṇāṃ ca vikalpaḥ. na. japastutyāyurādimantrāṇāṃ samavetārthāprakāśakatvenā 'dṛṣṭārthatvāt tattanmantrajanyādṛṣṭasyai 'kena janane mānābhāvāt samuccayaḥ.

2. aindrābārhaspatye dve yājyānuvākyāyugale āmnāte,[94] tayoḥ puro'nuvākyāyājyayor ivā 'stu samuccayaḥ. na. ekakāryatvena vikalpaucityāt. pu-

---

and Bloomfield have several other citations also. (Śabara and ŚD: as in MNS; JNMV: uc chrayasva vanaspate varṣman pṛthivyā adhi).

89 Here JNMV lists: ucchrayasva (ṚV 3.8.3; MS 4.13.1 (199.4); TB 3.6.1.1; AiB 2.2.6; (see note above)), samiddhasya śrayamāṇaḥ (samiddhasya śrayamāṇaḥ purastād brahma vanvāno ajaraṃ suvīram| āre asmad amatim bādhamāha uc chrayasva mahate saubhagāya|| (ṚV 3.8.2; TB 3.6.1.1; AiB 2.2.9; cf. MS 4.13.1 (199.6))), ūrdhva ū ṣu ṇaḥ (ūrdhva ū ṣu ṇa ūtaye tiṣṭhā devo na savitā| ūrdhvo vājasya sanitā yad añjibhir vāghadbhir vihvayāmahe|| (ṚV 1.36.13; TB 3.6.1.2; AiB 2.2.14; cf. MS 4.13.1 (199.8))) (ĀĀ: ūrdhva i ṣu ṇaḥ; ĀĀ var.: ūrdhva ū ṣa ṇaḥ; Gold. and ĀĀ var.: ūrdhva ū ṣu ṇaḥ), and ūrdhvo naḥ pāhi (ūrdhvo naḥ pāhy aṃhaso ni ketunā viśvaṃ sam atriṇaṃ daha| kṛdhī na ūrdhvāñ carathāya jīvase vidā deveṣu no duvaḥ|| (ṚV 1.36.14; MS 4.13.1 (199.9); TB 3.6.1.2; AiB 2.2.18)). (Bloomfield has more for these).

90 1 U; 1 *om. in* EB.

91 Here Śabara has vaiṣṇavīm anūcya vāg yantavyā, sārasvatīm anūcya vāg yantavyā, bārhaspatyam anūcya vāg yantavyā (MS 3.6.8 (71.13) (very close); ĀpŚS 10.16.3 athai 'keṣām. vaiṣṇavīm āgnāvaiṣṇavīṃ sārasvatīṃ bārhaspatyām uttamām anūcya vāg yantavye 'ti); he gives the mantra for Viṣṇu as idaṃ viṣṇur vicakrame (ṚV 1.22.17; TS 1.2.13.1 e; cf. ĀpŚS 10.16.1. Bloomfied has many); at ĀpŚS 10.16.3 Caland lists the verses for Agni and Viṣṇu etc. as TS 1.8.22 a, c (=ṚV 6.61.4), and g (=ṚV 2.23.15). JNMV quotes a sūtrakāra: athavai 'keṣām āgnāvaiṣṇavīṃ sārasvatīṃ bārhaspatyām uttamām anūcya vāg yantavyā; BhD quotes: vaiṣṇavīm ṛcaṃ japati.

92 ṚV 8.44.16 agnir mūrdhā divaḥ kakut patiḥ pṛthivyā ayam| apāṃ retāṃsi jinvati||; TS 1.5.5.1 c (=ṚV); ĀpŚS 5.28.11 agnir mūrdhā; Garge, p. 72, and Bloomfield have more citations. (Śabara: agnir mūrdhā divaḥ; ŚD: as in MNS).

93 TS 1.5.5.3–4 n āyurdā agne 'sy āyur me dehi. Garge, p. 78, and Bloomfield have still other citations. (Śabara: as in TS; ŚD: as in MNS).

94 Cf. ĀpŚS 19.27.22; TS 2.4.13.1. The verses are given in TS 3.3.11.1 a–d. (Śabara lists the pratīkas for TS: idaṃ vām āsye haviḥ priyam indrābṛhaspatī; ayaṃ vāṃ

ro'nuvākyāsamākhyātaḥ, puro'nuvākyām anūcya yājyayā yajatī[95] 'ti vākyāc ca dṛṣṭāntād viśeṣaḥ.

3. ekahāyanyā krīṇāti,[96] vāsasā krīṇātī[97] 'tyādikrayadravyāṇām ekārthatvād vikalpaḥ. na. aruṇādivākyeṣu bhinnā eva krayāḥ, utpattiśiṣṭadravyāvarodha utpannaśiṣṭāniveśena tadāvaśykatvāt. kevalakrayavidhāyakaśāstrābhāvāt, teṣāṃ ca prakaraṇena grahaṇāt samuccayaḥ. ekaikakrayeṇai 'kaikamuṣṭikrayāc ca na krayāntaravaiyarthyam api.

4. daikṣe gudeno 'payajatī[98] 'ti śrutaṃ paśugaṇe 'tidiṣṭam.[99] tatra gudānāṃ vikalpaḥ, prakṛtau tṛtīyayā gudayāgasyā 'rthakarmatvāvagateḥ. na. tṛtīyāyā dṛṣṭārthatvena dvitīyārthalakṣakatvāt.

5. ādhāne ekā deyā ṣaṭ deye[100] 'tyādīnām ekahāyanyādivat[101] samuccayaḥ. na. saṃkhyāntaropajananena sarvasaṃkhyābādhāpatteḥ śaktāśaktaviṣayatayā vyavasthitavikalpa eva.

6. daikṣe[102] jāghanyā patnīḥ saṃyājayantī[103] 'ti śrutam. tac ca gudayāgavat pratipattikarme 'ti paśugaṇe jāghanīnāṃ samuccayaḥ. na. iṣṭau patnīsaṃyājeṣu jāghanyājyayor vaikalpikatveno[104] 'ktavākyasya niyamārthatayā jāghanīyāgasyā 'rthakarmatvena vaiṣamyād vikalpaḥ.

---

pariṣicyate soma indrābṛhaspatī; asme indrābṛhaspatī; bṛhaspatir naḥ paripātu paścāt).

95 TS 3.4.10.4 °yājyayā juhoti sadevatvāya. (Absent here in Śabara (at JS 8.4.3 Śabara has yad ekayā juhuyād darvihomaṃ kuryāt puro'nuvākyām anūcya yājyayā juhoti sadaivatatvāya (=TS)); JNMV and Prabhā on ŚD: puro'nuvākyām anūcya yājyayā juhoti).

96 TS 6.1.6.7. See 3.1.6. (Here Śabara has: ajayā krīṇāti (TS 6.1.10.1; MS 3.7.7 (85.5)), hiraṇyena krīṇāti (TS 6.1.10.1; MS 3.7.7 (85.3)), vāsasā krīṇāti (TS 6.1.10.2; MS 3.7.7 (85.4)); ŚD: ekahāyanyā krīṇāti, ajayā krīṇāti, vāsasā krīṇāti; JNMV: as in Śabara).

97 See preceding note.

98 MS 3.10.4 (135.2) gudeno 'payajati prāṇā vai gudaḥ; cf. ŚB 3.8.4.3. See Garge, p. 119. (Śabara: gudeno 'payajati prāṇo vai gudaḥ; ŚD etc.: as in MNS).

99 paśugaṇe 'tidiṣṭam *corr.*; paśugaṇa atidiṣṭaṃ E (*corr., it seems, from* paśugaṇa upadiṣṭaṃ); paśugaṇa upadiṣṭaṃ B; paśugaṇeti upadiṣṭaṃ U.

100 See 6.7.10. (Śabara and JNMV: ekā deyā, ṣaḍ deyāḥ, dvādasa deyāḥ; ŚD and BhD: as in MNS).

101 See 12.4.3.

102 daikṣe *corr.*; jyā daikṣe BU; jya daikṣe E (*is this an abbreviation of jyotiṣṭome, or maybe just a false start?*).

103 ŚB 3.8.5.6; cf. ĀpŚS 7.27.9.

104 Cf. ĀpŚS 3.8.10.

7. cayane ukhāyām agnir dhriyate, sa nityaḥ, vṛkṣāgrāj jvalato brahmavarcasakāmasyā 'hṛtyā 'vadadhyād[105] iti kāmyaḥ. tatra nityasya homaḥ kāryam, kāmyasya tu phalāya dhāraṇam iti kāryabhedāt samuccayaḥ. na. phalāya dhṛtenā 'gninā homasyā 'pi siddher nityo bādhyaḥ, tathā 'pi kāminaḥ kāmyaḥ, akāmino nitya iti vyavasthitavikalpaḥ.

8. kāmya āhavanīyaḥ syāt, tatrā 'py āhutiyogataḥ.|
na.
ādhānajanyasaṃskārād bhaved āhavanīyatā.||
tena na gataśrīdhāraṇam.[106]

9. homārthatvāt saṃskārāṇāṃ kāmyasyā 'pi homārthatvena tasminn api saṃskārāḥ syuḥ. na. araṇīmanthanādīnām aśakyatvena[107] saṃskārāsaṃbhavāt.

10. nityasyā 'gneḥ sārvakālikaṃ dhāraṇaṃ vikalpitam, na pratisamidhyo yat pratisamiddho[108] bhrātṛvyam asmin janayed[109] iti pratiṣedhasya prāptipūrvakatvāt prāpakavidhikalpanena vihitapratiṣiddhatvāt. na. āhavanīyanityadhāraṇasya[110] codakād ukhye prāptasya niṣedhena vidhyakalpanād dhāraṇābhāva eva.

11. dvādaśāhādau śukraṃ yajamāno 'nvārabhate,[111] yajamānasaṃmitau 'dumbarī bhavatī[112] 'ti śukrānvārambhaudumbarīsaṃmāne sarvaiḥ kārye,

---

105 vadadhyād EB; vadadhyā bhrāṣṭrād annādikāmasyad U. Untraced. Cf. KS 19.10 (11.6) yo vṛkṣa upari dīpyeta tasyā 'vadadhyāt svargakāmasya; (cf. ĀpŚS 5.14.3 ambarīṣād annakāmasya vṛkṣāgrāj jvalato brahmavarcasakāmasya (*understand:* āhṛtyā 'dadhyāt) (but this is taught for the dakṣiṇāgni at the fire installation rite)). (Śabara: °vadadhyāt, bhrāṣṭrād annādyakāmasya, vaidyutāt vṛṣṭikāmasya (cf. KS 19.10 (11.5) bhṛjjanād avadadhyād annakāmasya; MS 3.1.9 (11.20) bhraṣṭrād āhared yaṃ kāmayetā 'nnādaḥ syād iti); ŚD and BhD: °vadadhyāt, bhrāṣṭrād annādyakāmasya; JNMV: as in MNS).

106 °dhāraṇaṃ BU; °dharaṇaṃ E. See 9.4.7.

107 U *ends with* aśakya.

108 pratisamiddho *uncertain corr.*; pratisamidhyaṃ EB.

109 Untraced. (Śabara: na pratisamidhyet (ĀĀ var. and BI: pratisamindhīta) yat pratisamidhyati (BI: pratisamindhīta) bhrātṛvyam asmai janayati); ŚD and BhD: na pratisandadhyāt; JNMV (ĀĀ): na pratisamidhyo (var.: pratisamindhate), yat pratisamidhyet bhrātṛvyam asmai janayet; JNMV (Gold.): as in MNS but with pratisamiddho in place of pratisamidhyo and pratisamidhyaṃ; JNMV (Gold. var.): as in MNS but with pratisamiddho in place of pratisamidhyaṃ).

110 See 9.4.7.

111 ĀpŚS 12.22.5; cf. MS 4.6.3 (82.8) śukram anvārabhante.

112 TS 6.2.10.3 yajamānena sammitau 'dumbarī bhavati; cf. ĀpŚS 11.10.2.

sarveṣāṃ yajamānatvāt.[113] na. ekenai 'va karaṇe 'pi śukragrahaudumbarīsaṃskārasya siddher ekena.

12. sa yaḥ kaś cid aviśeṣāt.

13. sattre tu gṛhapatir eva tāni kuryāt, anyeṣām ārtvijyena vaiyagryāt.

14. tatrai 'vā 'ñjanādayo gṛhapater eva, tasya viśeṣasaṃjñoktyā phalādhikyena saṃskāraucityāt. na. phalisaṃskārābhāve sarveṣāṃ phalānupapatteḥ, kevalasvāmikarmakaraṇāt, bhūyiṣṭhām ṛddhim āpnotī[114] 'ti vacanāc ca viśeṣasaṃjñopapatteḥ sarveṣāṃ te.

15. tatrai 'va yatrā 'rtvijyayājamānayor virodho yathā 'nūcyamānāsu sāmidhenīṣu yajamāno daśahotāraṃ japatī[115] 'tyādau tatra codakaprāpter yājamānaṃ kāryam. na. atrā 'rtvijyasyai 'va ye yajamānās ta ṛtvija[116] iti vākyena prādhānyāt, yajamānadaśahotṛjapasya padārthaguṇabhūtakartṛsaṃskārakatvāt, hotrā sāmidhenyananuvacane[117] kratuvaiguṇyāpatteḥ, yājamānasya gṛhapatinā karaṇe 'py avaiguṇyāt, uktavākyenā 'rtvijyasyo 'padiṣṭatvenā 'tidiṣṭayājamānabādhaucityāc cā 'rtvijyam.

16. tac ca kṣatriyavaiśyābhyām api kāryam, vidvattvāt, vijitaṃ kṣatriyasya kusīdaṃ vaiśyasye[118] 'tyādīnāṃ puruṣārthaniyamavidhitvena kṣatriyavaiśyābhyāṃ[119] tatkaraṇe 'pi kratuvaiguṇyānāpatteḥ. na.

trīṇi karmāṇi jīvikā|
yājanādhyāpane cai 'va viśuddhāc ca pratigrahaḥ||[120]

---

113 See 5.1.1. and 10.6.15.

114 āpnotī *uncertain corr.*; ārdhnotī EB. Untraced. (Śabara: yo vai sattre bahūnāṃ yajamānānāṃ gṛhapatiḥ sa sattrasya pratyetā. sa hi bhūyiṣṭhām ṛddhim ṛdhnoti; ŚD: sa hi bhūyiṣṭhām ṛddhim ṛdhnoti; JNMV (Gold. and ĀĀ var.): bhūyiṣṭhām ṛddhim āpnoti; JNMV (ĀĀ): bhūyiṣṭhām ṛddhim ṛdhnoti; BhD: yo vai sattre bahūnāṃ yajamānānāṃ pratyetā sa bhūyiṣṭhām ṛddhim āpnoti).

115 Untraced. Cf. ĀpŚS 4.9.3 anūcyamānāsu (*understand* sāmidhenīṣu) daśahotāraṃ vyākhyāya. The daśahotṛ is at TĀ 3.1; cf. TB 2.2.1.6. (Absent in Śabara etc. I have not yet seen this in any other Mīmāṃsā text).

116 Untraced. See 5.1.1. (Absent here in Śabara; ŚD etc.: as in MNS).

117 sāmidheny *corr.*; sānidheny° EB.

118 Untraced. Cf. YV 1.119 pradhānaṃ kṣatriye karma prajānāṃ paripālanam| kusīdaṃ kṛṣivāṇijyaṃ pāśupālyaṃ viśaḥ smṛtam||. (Śabara and ŚD: yājanādhyāpanapratigrahā brāhmaṇasyai 'va vṛttyupāyāḥ (cf. ĀpDhS 2.10.4; JNMV (with attribution to Yājñavalkya): pratigraho 'dhiko vipre yājanādhyāpane tathā (YV 1.118 ijyādhyayanadānāni vaiśyasya kṣatriyasya ca| pratigraho 'dhiko vipre yājanādhyāpane tathā||)).

119 kṣatriya *corr.*; kṣātriya° E; dātriya° B.

120 MDh 10.76 b–d (76 a, absent here, is ṣaṇṇāṃ tu karmaṇām asya). (Absent in Śabara; BhD: ṣaṇṇāṃ tu karmaṇām asya trīṇi karmāṇi jīvikā; at 4.1.2 (fourth *varṇaka*) JNMV has MDh 10.76).

iti vṛttyarthatvenā 'pi vihitārtvijyān brāhmaṇān labdhvā kṣatriyāder ārtvijyaṃ nā 'kṣipanti kratuvidhayaḥ, liṅgāny api

kṣatriyo yājako yasye[121]

'tyādīnī 'ti brāhmaṇānām evā 'rtvijyam iti siddham.[122]

pramāṇabhedaśeṣatvaprayuktikramabhoktṛtāḥ|
sāmānyenā 'tideśas sa viśeṣeṇo 'habādhane|
tantraṃ prasaṅga ity ete dvādaśādhyāyagocarāḥ.||[123]
svayaṃprakāśatīrthāṅghrilabdhanirṇayaśaktinā|[124]
mahādevena racitaḥ samāpto nyāyasaṃgrahaḥ.||
anena sakalāmnāyagocaraḥ śyāmalaṃ mahaḥ|
karuṇātundilaṃ bhūtvā vināśayatu me tamaḥ.||

iti śrīmadvedāntimahādevabhaṭṭakṛto[125] mīmāṃsānyāyasaṃgrahaḥ saṃpūrṇaḥ.

121 Rāmāyaṇa 1.58.14 kṣatriyo yājako yasya cāṇḍālasya viśeṣataḥ| kathaṃ sadasi bhoktāro havis tasya surarṣayaḥ||. (Absent in Śabara; ŚD and Prabhāvalī on BhD: as in Rāmāyaṇa).

122 Number here indicates end of adhikaraṇa.

123 Cf. JNM:

dharmo dvādaśalakṣaṇyā vyutpādyas tatra lakṣaṇaiḥ|
pramāṇabhedaśeṣatvaprayuktikramasaṃjñakāḥ||6||
adhikāro 'tideśaś ca sāmānyena viśeṣataḥ|
ūho bādhaś ca tantraṃ ca prasaṅgaś co 'ditāḥ kramāt||7||

These verses occur in the introduction of JNM.

124 svayaṃprakāśatīrthāṅghri° B; *instead of this* E *has* iti śrīmadgurukapā°.

125 śrīmadvedāṃtimahā° B; śrīmanmahā° E.

The Translation

Book 1

Chapter 1

Remembering Rāma and bowing to my teacher, I compose correctly, succinctly, and for quick comprehension, *A Compendium of the Principles of Mīmāṃsā*.

All those who are eager for the early doctrine should look at my work and quickly grasp, in its entirety, the meaning of the doctrine presented by previous teachers.

1. Now, this (subject of) *dharma* should not be investigated,[1] because the injunction to study the *veda* enjoins study for the purpose of obtaining heaven,[2] and so does not prompt investigation, and because if the investigation took place (directly) after the *veda* was studied, it would block, for the bath,[3] the condidion of immediately following study, which is made known by the *smṛti* text, "Having studied (*adhītya*) (the *veda*) he should bathe". No; because in as much as it is simpler for the injunction to study to be (recognized as) a restrictive injunction,[4] and in as much as the unseen effect of a restriction can be useful to all rites, it is a restrictive injunction, namely, that for the knowledge of items which is enjoined on the basis of capacity,[5]

---

1 The particular claim made here is that a student should not proceed to investigate *dharma* directly after completing his study of the *veda*, i.e., as soon as he has learned to recite it. For Mahādeva's definition of *dharma* and *adharma*, see the following topic.

2 Here JNMV has the quotation frequently cited in Mīmāṃsā literature, "*svādhyāyo 'dhyetavyaḥ*" (One should perform his study (of the *veda*), i.e., recite (*vedic*) texts) (TĀ 2.15.1; ŚB 11.5.6.3). See 6.2.11. When an injunction does not specify any particular result, as is the case here, heaven is regularly assumed. See 4.3.7.

3 I.e., the bath which marks the end of studentship.

4 I.e., one which introduces a restriction. The alternative interpretation requires that heaven should be assumed to be the result of the injunction to study. By a general principle recognized in Mīmāṃsā, a visible result, such as may be obtained from study, is to be preferred over an unseen one.

5 This refers to the capacity of the action of studying the *veda*, which is the meaning expressed by the word "*svādhyāya*" in the sentence quoted in the note above, "*svādhyāyo 'dhyetavyaḥ*", to produce knowledge.

study (alone) should be the means; because although it is possible, even without investigation, to have knowledge of an item where the relation of a word and its meaning is understood, it is impossible, without investigation, to decide that at the statements, "(He lays down) wetted pebbles" etc., the action of wetting is to be done only with ghee;[6] because even the *smṛti* text,[7] following the doctrine of grammar, does not teach sequential immediacy (for the bath), since the absolutive suffix *ktvā* (i.e., in the word "*adhītya*" (having studied)) denotes only prior time;[8] and because when there is a conflict with an injunction stated in *śruti*, whose meaning is properly understood,[9] it is appropriate that the *smṛti* should be blocked. In this way *adharma* should be investigated as well, because in as much as it is something to be avoided, it too should be determined after studying the *veda*.

2. Perception does not operate regarding *dharma* and *adharma*, because of the absence in these two of color etc.; nor do inference and comparison, because of the absence of logical pervasion, similarity, etc.; nor does presumption, because of the absence of incongruity; nor does non-apprehension, because *dharma* and *adharma* exist; nor does language (*śabda*), because the two are transmundane (*alaukika*) in nature; and therefore there is no valid source of knowledge of *dharma* and *adharma*.[10] No; because with regard to *dharma* and *adharma*, which have the form of means of bringing about transmundane desires and aversions, injunctions and prohibitions alone are means of valid knowledge, since it is possible to comprehend that

---

6 This statement is taught at the fire-piling rite (*agnicayana*). See 1.4.19.

7 I.e., the one quoted above, "Having studied (*adhītya*) (the *veda*) he should bathe".

8 P 3.4.21 *samānakartṛkayoḥ pūrvakāle* teaches that when two actions are expressed, one preceding the other and both having the same agent, the suffix *ktvā* is added to the root of the earlier action. In "*adhītya*" this suffix takes the form of *ya*.

9 I.e., the injunction "One should perform his study (of the *veda*)".

10 The six means of knowledge listed in the text are the only ones which the Bhāṭṭa school of Mīmāṃsā recognizes as authoritative. Inference is possible when all instances of one item, such as smoke, are known to be accompanied by the presence of a second item, such as fire, in which case the second item is said to "pervade" the first. Comparison enables one to know that something remembered is similar to something experienced now. Presumption produces an satisfactory explanation in a situtation where two valid cognitions are otherwise in conflict. Non-apprehension is accepted as a distinct means of knowing about an absence. The claim here is that in the special area of *dharma* and *adharma*, none of these are valid. For a concise account of Bhāṭṭa epistemology, see the *Mānameyodaya* of Nārāyaṇa Bhaṭṭa and Nārāyaṇa Paṇḍita.

the denotative power of the optative suffix *liṅ*[11] refers to (the meanings) instigation and dissuasion, in the manner that will be stated.[12]

3. Since the objects of valid knowledge are established by the means of valid knowledge generally,[13] the means need not be examined (here). No; because in as much as language (*śabda*) alone is the means of valid knowledge of *dharma* and *adharma*, and when it is not investigated it does not determine meaning, its examination is necessary.

4. Because *dharma* and *adharma* are objects of valid knowledge, just like a pot etc., and because perception etc. produce understanding of objects of knowledge, *dharma* and *adharma* can be understood through perception etc. No; because in the manner stated at the second topic, perception etc. do not operate.

5. Because the relation between word and meaning has a beginning, and consequently there could be a fault in the means (by which it is known);[14] and because the comprehension of this relation is seen only in the case of cows etc., which are well-known entities, and so is impossible in the case of instigation toward and dissuasion from transmundane (*alaukika*) objects, and consequently there is absent in the productive force[15] the condition of its producing a desired or unwanted result, a condition which is assumed (solely) because they would not otherwise be the subject of instigation and dissuasion, and so likewise in sacrifice and injury (*hiṃsā*) etc. the condition of being the means to an object of desire or aversion is absent; (therefore) injunctions and prohibitions do not provide valid knowledge about the *dharma* and *adharma* mentioned above. No; because in as much as a word and its meanings, such as the *jāti* etc.,[16] are permanent, their relation is

---

11 This suffix is added to a root to form an injunction or a prohibition.

12 At 1.1.5.

13 I.e., anything that is recognized as a means of valid knowledge serves to establish the existence of objects of valid knowledge. This includes *vedic* injunctions and prohibitions.

14 I.e., its source.

15 I.e., the meaning expressed by the optative suffix.

16 Roughly speaking, a *jāti*, sometimes translated as "universal", is the common entity which occurs in each of the various individuals which are denoted by one and the same word. It is related to each individual through a relation defined as "difference and non-diference" (*bhedābheda*). It is single and permanent (*nitya*). The Mīmāṃsā holds that the *jāti* is the sole meaning directly denoted by a word. See 1.3.10 (second *varṇaka*) for this. For an detailed discussion of the Mimāṃsā view of *jāti*, see P. Scharf, *Denotation of Generic Terms in Ancient Indian Philosophy: Grammar, Nyāya, and Mīmāṃsā.*

permanent, and as a result there is no fault in the means (by which it is known); and because just as for the words "*madhukara*" (bee, lit., "honey-maker") etc.,[17] so too for the optative suffix *liṅ*, which occurs in a sentence which enjoins or prohibits something, there is, through the co-utterance of well-known words, the possibility of understanding that its denotative power refers to (the meanings) instigation toward or dissuasion from a transmundane object.

6. Because of the perception, "The sound '*g*' has been produced, the sound '*g*' has been destroyed", and because of the inference of the impermanence (of sound), which comes about from the fact that it is a perceptible particular quality of an omnipresent substance (i.e., *ākāśa* (ether)),[18] sound, in the form of the *veda*, is impermanent. No; because on the basis of the recognition, "This is the same '*g*'", and on the basis of simplicity, its (i.e., a sound's) singularity is established; because the perception of its arising etc. and the perception of its conflicting features[19] have come about as having (merely) the limited items "arising" etc. as their objects; because on the basis of the inference, "Sounds of the language (*varṇas*) are not qualities, provided they are different from other sounds (*dhvanis*), because they are heard, just like *śabdatva* (i.e., the *jāti* of *śabda* (word))",[20] they are not qualities, and so by elimination are established as substances, and therefore impermanence, which would be proven by their being a quality, is not established; because on the basis of the inference, "The sense of hearing grasps permanent substances, because it is a sense faculty without parts, just like the *manas*",[21] the sounds are established as a permanent substance; be-

17 For these words, meanings are understood from the context of other well-known words. JNMV quotes the sentence, "*prabhinnakamalodare madhūni madhukaraḥ pibati*" (The bee (*madhukara*) drinks honey inside the opened lotus).

18 This is the claim of the Naiyāyikas. In the *Nyāyasiddhāntamuktāvalī* on v. 27, sounds are described as being momentary (*kṣanika*): "Because perceptible special qualities of omnipresent substances are destroyed by the special qualities which follow them, the first sound is destroyed by the second sound" (*yogyavibhuviśeṣaguṇānāṃ svottaravartiviśeṣaguṇanāśyatvāt prathamaśabdasya dvitīyaśabdena nāśaḥ*). For "perceptible" as the meaning of "*yogya*", see the *Kiraṇāvalī* commentary.

19 I.e., features such as fastness and slowness.

20 Here *śabdatva* is adduced as an example, because *jātis*, like substances, are not qualities. According to the Mīmāṃsā, the *jāti* is directly perceived.

21 The *manas* is an all-pervading sense faculty. It perceives the directions (space) (*diś*), ether (*ākāśa*), etc. The sense of hearing is partless, being a bit of ether (*ākāśa*) located in the ear.

cause of the *śruti* statement, "With permanent speech, O Virūpa";[22] and because of the *smṛti* statement, "It (i.e., speech) is beginningless, endless, and permanent".[23]

7. Because there is no comprehension of the meaning of a (whole) sentence from words (considered) singly; and because in the case of a particular sentence meaning there is no comprehension of its relation with words,[24] and therefore there is no possibility of the comprehension of sentence meaning from either words, the sentence,[25] or the word meanings;[26] (or) even if this comprehension (of sentence meaning) were possible, due to the possibility of comprehending the relation of sentence and sentence meaning,[27] the *veda* requires a person (i.e., to have composed it).[28] No; because only word meanings which have been expressed by words operate in the comprehension of sentence meaning, and consequently neither words nor sentences do; because therefore even when a sentence is heard, it happens that someone who is inattentive does not understand the sentence meaning, and even if someone forgets a part of the sentence, if he remembers the word meanings he has an understanding of the sentence meaning; because the identity relation is useful for the secondary signification of sentence meaning,[29] and therefore the fault of failing to grasp the relation of word meaning and sentence meaning does not exist; and because in as much as the comprehension of the conventional relation between word and word meaning is necessary, there is no possible contingency of someone who is uneducated understanding sentence meaning. And, in this way,

22 This is one of the kindling verses recited at the *saṃvargeṣṭi*, a desiderative *iṣṭi* for one who has enemies. See ĀpŚS 19.25.9–13 and *Wunschopfer* 78.

23 This occurs in the *Mokṣadharma* section of the *Śāntiparvan* of the *Mahābhārata*, where Bhīṣma answers questions put to him by Yudhiṣṭhira.

24 This would be impossible since sentence meanings are endless.

25 A sentence is just a group of words.

26 These, like sentence meanings, are endless.

27 This seems to refer to the alternative views which claim that either the collection of words (*padasaṃghāta*), the final sound accompanied by impressions of earlier sounds, or the sentence *sphoṭa* (i.e., the unique and indivisible "burst" of meaning which is recognized by grammarians) conveys sentence meaning (cf. ŚD). A consequence of this view is that someone uneducated could understand the meaning of sentences.

28 Consequently, it is not authoritative.

29 The identity relation is one in which one of two things related is viewed as the relation. Here word meaning is related to sentence meaning through the relation which is itself.

because the comprehension of sentence meaning is based on word meaning, and therefore does not lack a basis, and because it (i.e., the *veda*) does not require a person (i.e., to have composed it), the independent *veda* is authoritative.

8. Because of the inference, "The *veda* was composed by a person, because it is a sentence, like the *Mahābhārata*", because of the names "*Kāṭhaka*" etc.,[30] and because after seeing (in the *veda*) the sentences, "Babara Prāvāhaṇi (i.e., Babara, the descendant of Pravāhaṇa) (desired, 'May I be a speaker of speech')"[31] etc., we understand that the *veda* did not exist before Babara etc., and that it originated after him, the *veda* was composed by a person. No; because on the basis of this counterargument, "The *veda* was not composed by a person, there being no break in the tradition, because its maker is not remembered, like the self", and the (presence of a) limiting feature, in the form of the absence of the stated reason,[32] the inference which was stated is faulty; because the names (i.e., *Kāṭhaka* etc.) are appropriate even if the *veda* is permanent, through their connection with excellence just in the action of expounding;[33] and because the sentences about Babara etc. refer to the wind which is eternal in its blowing[34] etc., and so do not convey impermanence; and because of the *śruti* statement which was quoted;[35] and because of the *smṛti* statement which was quoted.[36]

---

30 These names are applied to *vedic* texts expounded by the sage Kaṭha etc., and also to individuals who study such texts. The claim made here is that they are derived to express the sense of a book made by Kaṭha etc. through the operation of P 4.3.116 *kṛte granthe*.

31 The translation is based on the TS, where this passage occurs in connection with a five-day *soma* rite.

32 The reason (*hetu*) referred to here is that of the counterargument, i.e., that the maker of the *veda* is not remembered. Its absence, i.e., the condition that the maker is remembered, is identified as the limiting feature (*upādhi*) which spoils the initial inference. Put simply, such a feature qualifies an argument in a way that shows it to be otherwise false. For a short account of how such features operate, see Annaṃbhaṭṭa's *Tarkasaṃgraha*, section 56 (Athalye's edition).

33 Consequently, they do not establish authorship. On this view, the words are derived by P 4.3.101 *tena proktam*.

34 This follows an etymology of Prāvāhaṇi as, "one that excellently (*pra-*) blows (*vāhayati*)", i.e., the wind. Cf. the *Prabhā* commentary on Śabara's *Bhāṣya* at 1.1.31.

35 I.e., at 1.1.6: "With permanent speech, O Virūpa".

36 I.e., at 1.1.6: "It (i.e., speech) is beginningless, endless, and permanent".

Chapter 2

1. The statements, "Vāyu indeed is the swiftest deity"[37] and "The tear that was shed",[38] are not sources of knowledge about *dharma* and *adharma*, because on their own they are not capable of conveying valid knowledge about *dharma* and *adharma*;[39] because by enjoining and prohibiting particularized productive forces, injunctions and prohibitions lack expectancy,[40] as do *arthavādas*, through their making known things which exist, and so it is not fitting for these to form a single sentence; because even though, on the basis of secondary signification, they form a single sentence with the adjacent (injunctive and prohibitive) statements, "One should offer (i.e., kill) a white animal for Vāyu" and "Silver should not be given on the *barhis* (grass)", it is not fitting that an understanding of *dharma* and *adharma* should come about from that;[41] because in the world we perceive words in the form of stories as well, and so even without conveying matter which is purposeful, the statements are possible; and because through their employment in the actions of muttering and reciting, it is possible that they have heaven etc. as their result.[42] No; because the injunction to study informs us that the entire *veda* is purposeful; because when a visible purpose[43] is possible, the assumption of an unseen one is inappropriate; because even through ordinary (*laukikī*) secondary signification,[44] *arthavā-*

---

37 This is taught in reference to a desiderative animal rite offered to Vāyu for prosperity.

38 This is taught in reference to the rekindling of the fire (*punarādheya*), where gold is to be given as a fee. At TS 1.5.1.1 a fuller form of the passage is: "He (i.e., Agni) wept (*arodīt*). Because he wept (*arodīt*), that is the *rudratva* ('Rudra-ness') of Rudra (i.e., that is why he is called 'Rudra'); the tear that was shed became silver. Therefore silver is not suitable for giving, for it is born of tears" (*so 'rodīd, yad arodīt tad rudrasya rudratvaṃ, yad aśrv aśīyata tat rajataṃ hiraṇyam abhavat, tasmād rajataṃ hiraṇyam adakṣiṇyam aśrujaṃ hi*). At JS 1.2.1, Śabara quotes, "He (i.e., Agni) wept (*arodīt*). Because he wept (*arodīt*), that is the *rudratva* of Rudra (i.e., that is why he is called 'Rudra') (*so 'rodīt, yad arodīt, tad rudrasya rudratvam*), and at JS 1.2.10, "The tear of his which was shed" (*tasya yad aśrv aśīryata*). See Krick, pp. 512, 527–8 (with note 1435), and 538–9.

39 I.e., they neither enjoin nor prohibit.

40 They are complete in themselves and do not require other statements.

41 Such an understanding would be based on just secondary signification.

42 Their mere recitation may be all that is necessary for obtaining a result.

43 I.e., the proper understanding of injunctions and prohibitions.

44 At JS 1.2.22, 1.4.2, and 2.2.6 Śabara has a similar description of secondary signification (*lakṣaṇā*) as "*laukikī*", i.e., something established in worldy usage.

das of praise and blame convey praiseworthiness and its opposite, and so their forming a single sentence with injunctions and prohibitions is in fact appropriate; and because even though injunctions and prohibitions (on their own) produce a knowledge of the condition of being the means to desires and aversions, one sees in the world an expectancy for praise and blame as producing resolution and hatred, and so there exists in the injunctions and prohibitions an expectancy for *arthavādas*, and in order that they may be purposeful, there exists in the *arthavādas* an expectancy for injunctions and prohibitions, which is the basis of their forming one sentence. This is the view of the *Bhāṣya*.

But the teacher,[45] on the basis of (part of) the *sūtra* which presents the initial view, "Words without that sense serve no purpose",[46] and a portion of the *sūtra* which states the settled conclusion, "But because they form a single sentence with an injunction",[47] is at first anxious that *arthavādas*, *mantras*, and names are not valid sources of knowledge, because they do not make known the productive force and its three parts,[48] and then, after stating that they are authoritative, since they make known parts of the productive force through being a single sentence with the injunction, says, "The means of *mantras* and names will be stated; he states that of *arthavādas* just here with, 'For the purpose of praising' etc.".[49]

2. The statement, "The sacrificial post is (*bhavati*) made of *udumbara* wood;[50] *udumbara* indeed is strength; cattle are strength; it is by strength that one obtains for him cattle and strength; for winning (*avaruddhyai*) strength",[51] is not praise, because that would entail secondary signification

45 I.e., Kumārila. This distinction between the views of Śabara and Kumārila is not mentioned in ŚD, JNMV, or BhD.

46 The full *sūtra*, JS 1.2.1, states, "Since the *vedic* texts are for the sake of actions, words without that sense serve no purpose, and so are considered non-eternal".

47 The full *sūtra*, JS 1.2.7, states, "But because they form a single sentence with an injunction, they exist for the purpose of praising the injunctions".

48 The three parts are the item to be produced (*bhāvya*), the instrument of its production (*karaṇa*), and the manner in which it is produced (*itikartavyatā*, *kathaṃbhāva*).

49 This is part of JS 1.2.7, quoted in the note above. Through its praise of an enjoined act, an *arthavāda* serves as the manner of production (*itikartavyatā*, *kathaṃbhāva*) by which the productive force brings about the result. See 2.1.1 for more details. The ways by which *mantras* and names operate are discussed in 1.2.4 and 1.4.

50 Ficus racemosa Wall.

51 This is taught in reference to a desiderative animal rite offered to Soma and Pūṣan for one desirous of cattle. See 6.3.17, note, for the types of wood which may be used

and serve no purpose; rather, on the basis of the dative case suffix (i.e., in the word "*avaruddhyai*" (for winning)), one perceives the winning of strength as something to be accomplished, and so with regard to the expectancy for a means of accomplishing it, even in the absence of an injunction we understand that the condition of being *udumbara*, because it is adjacent, is the means, and consequently this is an injunction of the result.[52] No. Because with regard to the expectancy for an effect of the productive force, which, in the absence of an injunction, is implied by the activity,[53] it is appropriate that only the nearby condition of being *udumbara* should be the object to be produced, and so since the condition of being *udumbara*, which is not enjoined, lacks an expectancy for a result,[54] it is not suitable even for the dative case suffix, which is capable (elsewhere) of making known a result, to make known a result; because a sentence without the word "*kāma*" (desirous of) cannot present a result; because it is new;[55] and because if we assume an injunction, then in compliance with the word "*yūpa*" (sacrificial post), it is appropriate that it should enjoin the condition of being *udumbara* only in reference to the post, which is for the sake of the sacrifice; (therefore) this is a statement of praise.[56]

3. The statement, "She[57] offers with the winnowing basket, for (*hi*) food is made (*kriyate*) by it",[58] is not praise, since it would be pointless; rather, by force of its being a reason, which is expressed by the word "*hi*" (for), we assume a logical pervasion, namely, that "one should offer with whatever

---

for the post at the original of the animal rites. See also Minkowski, "The *udumbara* and its Ritual Significance", *Wiener Zeitschrift für die Kunde Südasiens*, 33 (1989), pp. 5–23.

52 I.e., it makes known the result.

53 I.e., the activity expressed by the word "*bhavati*" (is) in the first clause quoted above, "The sacrificial post is (*bhavati*) made of *udumbara* wood".

54 I.e., because it is itself the result.

55 I.e., the initial part of the quotation, "The (sacrificial) post is made of *udumbara* wood", requires the assumption of a new injunction.

56 I.e., the portion of the quotation, "*udumbara* indeed is strength; cattle are strength; it is by strength that one obtains for him cattle and strength; for winning (*avaruddhyai*) strength", is praise of the injunction stated in the initial portion.

57 I.e., the sacrificer's wife.

58 This is taught for the *varuṇapraghāsa* rite at the *cāturmāsya* sacrifices. (Bhide pp. 81–2).

makes food," and thereby this becomes an injunction of a reason.[59] And in this way, the *darvī* ladle, *piṭhara* pot, etc. also obtain the condition of being means of performing the offering, and so the statement establishes a particular procedure. No; because the winnowing basket is taught in a *śruti* statement, and (our understanding of) the *darvī* ladle etc. are products of inference, and therefore it is impossible for the rite to be performed with an option (of vessel); because even if this were an injunction of a reason, it would be pointless; because for something taught in the *veda* there is no expectancy for a reason, and so it is appropriate that it only conveys praise, which is expected; because in as much as it is impossible for the condition of being an instrument for the action of making food at the present time, which is understood from the word "*kriyate*",[60] to apply to the winnowing basket etc. at the time when these are instruments for bringing about the offering, the (inferential) reason cannot occur in the logical instance;[61] because (therefore) secondary signification would occur; and because, by contrast, at the statement, "(He ladles up) ghee portions, (each) ladled four times, for he will not offer the after-sacrifices here" etc.,[62] there is no secondary signification,[63] and therefore it is relied upon as an injunction of a reason which is a cause of a particular procedure.

4. The *mantras*, "Spread widely (you widely spreading one)" etc.,[64] are for the purpose of unseen effects, and do not remind us of items which inhere (in the rite), because one can remember (these) from the sentences of the *brāhmaṇas* etc. as well,[65] and because, if that were the case (i.e., if

---

59 I.e., an injunction which establishes a reason. The logical pervasion identified here is that all implements for making food are implements for making offerings. See note at 1.1.2.

60 This verb is formed to express the sense, "is at the present time being made".

61 I.e., the winnowing basket would not be a valid instance of the logical pervasion described above.

62 This is taught at the *ātithyeṣṭi* in the *jyotiṣṭoma* rite. In the sentence quoted here, the absence of after-sacrifices is established as the cause for there being three sets of four ladlings. This is based on the use of the plural number in "*caturgṛhītāni ājyāni*" (ghee potions, (each) ladled four times). See 4.1.17.

63 The future tense is used here, not the present.

64 The *mantra* quoted here is taught to be recited in reference to the action of spreading out the dough on the pans for the offering cakes at the new- and full-moon sacrifices. (NVO pp. 41–2).

65 In the quotation cited by Śabara here, "'Spread widely, you widely spreading one' (so saying) he spreads the cake", the *mantra* is followed by a *brāhmaṇa* passage. See 12.3.15.

mantras were to remind us of items in the rite), the injunctions to employ *mantras* would be pointless. No. Because when a visible purpose, namely, the action of remembering some item (in the rite), is possible, the assumption of an unseen one is inappropriate; and because by admitting the unseen effect which results from a restriction, it is possible for this to be a restrictive injunction concerning the *mantra*;[66] because in as much as it is for the sake of exclusion (i.e., of other means of remembering) etc., the injunction to employ (the *mantra*) can serve a purpose; and because we accept as the instrument of valid knowledge only the validity, in the form of being something which produces correct knowledge, of word meanings which have been expressed by words;[67] or, in the manner of (admitting as an instrument of valid knowledge) the meanings of words, because that (i.e., the condition of being an instrument of valid knowledge) is possible (i.e., for *mantras*) in injunctions of performance etc., which are to be assumed,[68] *mantras*, which have seen effects, are authoritative (in the matter of *dharma* and *adharma*).

---

66 I.e., the *mantra*, and nothing else, is to remind the agent of the items in the rite.

67 Consequently, even though *mantras* only serve to remind us of items enjoined elsewhere, they are nevertheless authoritative.

68 A consequence of this is that *mantras* are authoritative because they assist in bringing about knowledge from the sentence which enjoins them. BhD has the following (pp. 42–3): "*yathā hi śābdabodhaṃ prati kāraṇībhūtajñānaviṣayatvāc chabdaḥ pramāṇam iti sarvadarśanasammataṃ, tathā padārthajñānasyā 'pi kāraṇatvāt padārtho 'pi tathe 'ti śakyate vaktum. ataś ca mantraviniyogavidhau mantrāṇām api padārthatvād yuktaṃ prāmāṇyam iti*" (For just as all schools agree that with regard to verbal knowledge, the word is a means of valid knowledge (i.e., authoritative), since it is the subject of the knowledge which is a cause (of verbal knowledge), likewise it is possible to say that so too the meaning of the word (*padārtha*) is such (i.e., a means of valid knowledge), since the knowledge of the meaning of the word is also a cause. Therefore, since even *mantras* constitute the meaning of a word in the injunction to employ a *mantra*, their condition of being means of valid knowledge is proper). In the *upodghāta* (Introduction) to Vol. 2 of the BhD, p. i, the editor lists this intepretation of *mantras* as one of the views which distinguish the "New School" of Mīmāṃsā.

Chapter 3

1. The *smṛti* statements, “The *aṣṭakās* should be performed”,[69] “One should not eat on the *ekādaśī* (eleventh day)”,[70] etc., are not authoritative in the matter of *dharma* and *adharma*, because if their source is lost *śruti*, then even the texts of the Buddhists etc. would be authoritative,[71] and because if their source is perceptible *śruti*, then the production of a *smṛti* text is pointless, and therefore their source is inevitable error etc. No. Because they are produced by people who recognize the *veda* as the sole authority, because they are accepted by those people, and because even if their source is perceptible *śruti*, the production of *smṛti* is purposeful in as much as it has as its purpose the obliging of those unable to draw together the meaning of *śruti* which is scattered, error etc. are not their source.

2. The (*smṛti*) statements, “The entire *udumbara* branch is to be wrapped” etc., which are in conflict with the *śruti* statements, “On touching the *udumbara* branch he should sing” etc.,[72] are authoritative, just as above. No; because when they are in conflict with perceptible *śruti*, it is not possible to suppose that they have *śruti* as their source; this is the view of the author of the *Bhāṣya*.

But the teacher says:[73] Because the *śruti* statement found in the *Śāṭyāyani Brāhmaṇa*, “He wraps it around on both sides with the cloth” etc.,[74] is the source of the *smṛti* which enjoins the action of wrapping etc.; and because the *smṛti* which teaches the action of wrapping has the form, “It must be wrapped around”, and so even when the wrapping is done excluding a space the size of two or three finger breadths there is no conflict; because we do

---

69 The *aṣṭakā* rites are taught in the *gṛhyasūtras*. They are performed on the eighth lunar day (*aṣṭakā*), and also on the seventh and ninth days, of the dark fortnight of certain months. See note to the text.

70 This refers to the fast observed on the *ekādaśī* (eleventh day) of the month of Āṣāḍha (June-July). See note to the text.

71 The mere existence of *smṛti* texts does not in itself prove that they ever had an authoritative source.

72 The statements quoted here refer to the branch of an *udumbara* tree which is planted as a pillar for the shed (*sadas*) at the *jyotiṣṭoma* rite. The *udgātṛ* raises the branch and then sings. See CH 93b (but without reference to the action of wrapping); ŚK, Vol. II, English Section, Part I, pp. 311–12.

73 His view continues to the end of the topic.

74 For the lost *Śāṭyāyani Brāhmaṇa*, see Caland's remarks in his Introduction to TāB, p. xviii, and Batakrishna Ghosh, *Collection of the Fragments of Lost Brāhmaṇas*, p. ii and *passim*.

not hear of the qualities of being made of silk etc., and so it is difficult to state that the source (of the *smṛti*) is greed;[75] and because it is difficult to state that greed is the source of the *smṛti* which teaches the wrapping in *kuśa* (grass),[76] and so the *śruti* which enjoins the action of touching necessarily refers to a touching through an intermediary substance; (therefore) this is not an example of *smṛti* in conflict with *śruti*. Or rather,[77] (even) where there is conflict, *smṛti* is also authoritative; it is in no case without authority, because its condition of having perceptible *śruti* as its source has been proven,[78] because those (*śruti* statements) located in other regions may be perceptible to other people, (and) because there is no difference in the matter of authority between things perceptible to oneself and to another. However, as long as one does not see a *śruti* statement as its source, the matter expressed in a *smṛti* (which is in conflict with a *śruti* statement) is not to be performed; but when one sees the *śruti*, because the two (i.e., the two conflicting *śruti* statements) are of equal strength, it should in fact be performed optionally. The *sūtra* and the *Bhāṣya* should also be taken in this way.[79]

Or:[80] From anxiety about the argument that the texts composed by the Buddhists etc., which are not accepted by the followers of the *veda* and

---

75 This seems to be based on an understanding that the cloth will be given to a priest afterwards. See 1.3.3 and note for similar cases.

76 Poa cynosuroides (MW). The LŚS passage quoted in the text teaches that the branch is first wrapped with *kuśa* grass, and then with a cloth.

77 At this point Kumārila's own interpretation of the topic begins.

78 BhD has a similar comment (p.45b): "*śrutiś ca pratyakṣapaṭhitai 'va tanmūlam*" (And it is directly recited *śruti* (i.e., *śruti* directly perceived through recitation) which is its source). The *Prabhāvalī* comments: "*manvādīnāṃ tu sarvajñatvena pratyakṣapāṭhenā 'vadhāraṇasaṃbhavāt pratyakṣapaṭhitai 'va śrutir mūlam*" (But Manu etc. (i.e., beings unlike us), in as much as they are omniscient, can make a determination (about *śruti*) on the basis of directly perceived recitation (of *śruti*), and so it is *śruti* which is directly recited which is the source).

79 JS 1.3.3 *virodhe tv anapekṣaṃ syād asati hy anumānam* (Mīm.: °*anapekṣyaṃ*°) is not glossed directly by Śabara, but he seems to take it to mean, "But in the case of a conflict (i.e., between *śruti* and *smṛti*) it (i.e., the *smṛti*) should be disregarded (*anapekṣa*), since there is inference (i.e., of an authoritative *sruti*) in the absence (of conflict)". Śabara presents the *smṛti* as teaching something impossible, and therefore wrong. The interpretation of the *sūtra* preferred here appears to be, "But in the case of conflict (i.e., when the *śruti* and *smṛti* statements enjoin proper but distinct items), that which requires nothing else (i.e., the authority of the independently valid *śruti*) (*anapekṣa*) should be accepted, since etc."

80 Kumārila offers the following interpretation on the assumption that the *smṛti* texts in question are those whose authority is to be rejected.

which look like Dharmaśāstra, are authoritative, because they have the *veda* as their source, it is established here that because they are not accepted by the followers of the *veda*, because their meaning is in conflict with the *veda*, and because their authors do no recognize the *veda* as their source, they are not authoritative.

3. The statement, "The *adhvaryu* takes the cloth of the *vaisarjana homas*",[81] is authoritative because it is not in conflict with *śruti*. No; because in as much as it is based on visible greed etc., there is no assumption of its having *śruti* as its source; this is the view of the author of the *Bhāṣya*.

Because in the manner stated above (i.e., accepting the view that perceptible *śruti* is the source of *smṛti*), it cannot be said that its source is greed, and because the *sūtra*, "And from the sight of the motive",[82] is part of the earlier topic, having as its intended meaning the fact that the statements of the Buddhists etc. have greed as their source, even statements such as these have no other source but just *śruti*; this is the view of the teacher.

4. The *smṛti* statements, "When one sneezes one should sip (water)" etc.,[83] which teach subsidiaries to the rite, such as the actions of sipping etc., are not authoritative, because they are in conflict with authoritative statements which teach sequence etc., such as "Having made the brush (*veda*) he makes the *vedi* (altar)" etc.[84] No; because in as much as the injunction of sequence, even though it is based on *śruti*,[85] depends on *smṛti* statements, which establish the items such as the action of sipping etc., and in as much as it makes known (only) that the *vedi*, along with its subsidiaries, is to be

81 This is untraced. The *vaisarjana homas* are four offerings of ghee performed on the final *upasad* day of the *jyotiṣṭoma*, after the *agnīṣomīya* animal rite has begun. There the *adhvaryu* wraps the sacrificer, along with his wife, sons, and relatives, in a cloth. See ĀpŚS 11.16.15 and Caland's note for the offerings and the cloth, and CH 106b. Śabara has a second quote here: "*yūpahastino dānam ācaranti*" (They give the cloth covering of the post) (untraced; TV explains in its gloss that "*yūpahastin*" refers to the cloth for winding the post (*yūpaparivyāṇaśāṭaka*) and that the *adhvaryu* is the recipient). Cf. KŚS 14.5.35 for the gift of the coverings of the post to the *adhvaryu* at the end of the *udavasānīyeṣṭi* at the *vājapeya* rite.

82 JS 1.3.4. It is on this *sūtra* alone that the present topic is based. Śabara had at first presented it as part of the preceding topic, and then proposed that it form a distinct topic.

83 This statement seems to be based on *gṛhyasūtra* and *dharmasūtra* literature.

84 This is taught at the new- and full-moon sacrifices. Here the conflict arises if one sneezes between making the brush and the *vedi*. See NVO pp. 38–9 for the brush, and pp. 44 ff. for the *vedi*.

85 I have not found a citation for this from *śruti* texts.

made after the brush, it is not in conflict (with the *smṛti*); because even if there were a conflict, since the relative strength of the objects which are to be made known is stronger (i.e., than that of the valid source of knowledge), because they (i.e., the objects) come about first,[86] it is the *smṛti*, which brings about the predominant items, which is stronger (i.e., than *śruti*); because the meaning of the *smṛti* statement, "But on sneezing, spitting, wrapping oneself up (i.e., putting on a garment), and crying, when these occur during an act, one should not sip, but one should touch the right ear", is that in the middle of a single item, such as the action of pouring four handfuls (of grain) etc.,[87] sipping should not be done; and because the brush and the *vedi* are distinct items, and so it is appropriate that the sipping should be done between them. This is the view of the *Bhāṣya*.

But the teacher thinks that this is not correct, because the meaning is understood from the statement, "When there is a conflict of the subordinate items of the subsidiary (with those of the main item, the former are blocked) because they (i.e., the subordinate items of the subsidiary) are for the purpose of that (i.e., the main item)";[88] and so, being anxious that on the basis of the *sūtra*, "If one argues that it (i.e., the *smṛti* text) is not in conflict, when there is no incompatibility with what has been enjoined (i.e., in *śruti* texts)",[89] the statements of the Buddhists which are not in conflict with the *veda* would be authoritative, and then, after saying that these are not authoritative, because according to the *sūtra*, "No, because the *śāstra* is measured (i.e., limited)",[90] the foundations of *dharma* are counted (i.e., reckoned to be just so many),[91] on the basis of the *sūtra*, "Or rather, when a motive is not comprehended (the practices (of the learned) may be recognized (i.e., as not being in conflict with *śruti*))",[92] he presents (as the initial view) the argument that the customs of the spring festival etc., which lack a

86 And order depends on them.

87 This action occurs at the new- and full-moon sacrifices. See 2.3.5.

88 This is JS 12.2.25, which underlies topic 12.2.9 in MNS.

89 JS 1.3.5.

90 JS 1.3.6.

91 ŚD, NS, and BhD quote a verse listing fourteen sources of sciences and *dharma*: religious legends (*purāṇas*), "logic" (or "dialectics", Nyāya), Mīmāṃsā, Dharmaśāstra, the six subsidiary disciplines (*aṅgas*) of the *veda* (i.e., grammar, etymology, phonetics, meter, astronomy (*jyotis*), and ritual practice (*kalpa*)), and the four *vedas*. The point here is that the Buddhist texts are not included.

92 JS 1.3.7. This *sūtra* presents the settled conclusion of the discussion which follows in the text. It is taken as constituting a distinct topic.

foundation, are not authoritative, because they lack a foundation and because we see transgression and reckless behavior; he then says (as a final view) that the customs (of good people) are authoritative, because if they were non-*vedic*, their performance by followers of the *veda*, who have regard for *dharma*, would be not come about; because according to Manu etc., who are concise, the custom of the good is authoritative, and so they have that as their foundation; and because in as much as transgression and reckless behavior are based on passion and hatred and are not performed by people who have regard for *dharma*, we too do not recognize them as *dharma*.

5. The words "*yava*", "*varāha*", and "*vetasa*" denote (respectively) panic seed (*priyaṅgu*),[93] a particular bird, and the rose apple tree (*jambu*),[94] as well as barley (*dīrghaśūka*), a boar, and a reed (*vañjula*),[95] since they are used for both.[96] No. Because there is a fault in one word having many meanings, and because the remainder of the sentences (where these words occur, namely), "Where other plants wither, it (i.e., barley (*yava*)), thriving, stands up", "Cows run after the boar (*varāha*)", and "The reed (*vetasa*) which grows in water", provide criteria,[97] it is only barley (*dīrghaśūka*) etc. which are their meanings. This is the view of the *Bhāṣya*.

---

93 Panicum italicum Linn.

94 Eugenia jambolana Lam.

95 A name of various trees: Dalbergia ougeinensis, Jonesia asoka, Calamus rotang, or Hibiscus mutabilis (MW).

96 Śabara begins the topic by quoting three statements where these words are used: (1) "*yavamayaś caruḥ*" (*caru* made of barley). The context of this is not stated, but possibly it refers to such an offering to Varuṇa at the *indraturīya iṣṭi* in the *rājasūya* rite (MS 2.6.3 (64.17); ŚB 5.2.4.11; cf. TS 1.8.7.1). (2) "*vārāhī upānahau*" (sandals made of boar skin). This seems to refer to the injunction for the sacrificer to wear such sandals when he gets down from the chariot ride in the *rājasūya* (MS 4.4.6 (56.10); TB 1.7.9.4; ĀpŚS 18.17.12; cf. ŚB 5.4.3.19). (3) "*vaitase kaṭe prājāpatyān saṃcinoti*" (He heaps together the offerings for Prajāpati on a reed mat). This is untraced, but seems to refer to the mat on which the horse offerings are placed on the second day-rite at the *aśvamedha*, at the time portions are to be cut from them (cf. ĀpŚS 20.21.1 *paśukāla uttarata upariṣṭād agner vaitase kaṭe 'śvaṃ prāñcaṃ yathāṅgaṃ cinoti*; TB 3.8.20.4 *cite 'gnāv adhivaitase kaṭe cinoti*; TS 5.3.12.2 *vaitasaḥ kaṭo bhavati*). Here JNMV has "*yavamayaś carur bhavati*" and "*vārāhī upānahāv upamuñcate*" (=TB 1.7.9.4).

97 I.e., for determining their meaning. The first of these occurs in the course of raising the pillar for the shed (*sadas*) at the *jyotiṣṭoma*, when barley grains are put in the water which is used to sprinkle the pillar (CH 93); the second occurs at the fire installation rite, and the third at the *aśvamedha* (see above).

But the teacher says[98] this is not correct, because the words "*yava*" etc. are used by the learned only for barley (*dīrghaśūka*) etc.,[99] because there is no other example,[100] and because even if there were an example, the meaning would be understood on the basis of the *sūtra*, "In doubtful cases, (a decision is reached) on the basis of the remainder of the sentence".[101] Therefore, since *mlecchas*[102] use the word "*pīlu*" for an elephant and the learned use it for a particular tree,[103] both are denoted; if this is obtained, (i.e., as an initial view, the answer is that) because many denotative powers would be assumed if both were denoted, because the usage of the learned is the grounds for determining denotative power, in as much as they practice etymology etc. in order to learn about *dharma* and *adharma*, which are understood only from words, and because the usage of the *mlecchas* comes about (i.e., can be accounted for) even by secondary signification, "*pīlu*" denotes a tree. This is the settled conclusion.

Or: Customs such as marrying the daughter of one's maternal uncle etc., even though they are in conflict with *smṛti* statements such as, "Having married the daughter of a maternal uncle, or, likewise, one whose *gotra* is that of one's mother, or one of the same *pravara*, one should give her up and perform the *cāndrāyaṇa*",[104] are authoritative, because both alike have *śruti* as their source; if this is presented, (i.e., as an initial view, the answer is that) because *smṛti* texts enable us to assume a *śruti* text directly, and customs do so only through *smṛti*, and therefore when *adharma* is determined (in a doubtful case) by *smṛti*, customs, which are weaker in as much as they come about on the basis of passion etc. as well, cannot, even in a particular region, be said to give information about the absence of *adharma*, and because if both were of equal force the conflicting conditions of producing and not

98 His view continues to the end of the topic.

99 The text is a bit unclear here.

100 I.e., of these words being used in the other senses.

101 This is JS 1.4.24, which underlies topic 1.4.19 in MNS.

102 The term "*mleccha*" is used to refer to a person outside the society of the *āryas* ("Aryans") who does not speak Sanskrit.

103 Salvadora persica Linn. or Careya arborea Roxb.

104 The *cāndrāyana* is an expiatory rite. See Kane, HDS, Vol. II.1, pp. 459, 471, and 497, for its prescription here, and Vol. IV, pp. 134–8, for its description. See MDh 11.217 ff. In *The Early Brahmanical System of Gotra and Pravara*, J. Brough defines a *gotra* as, "a exogamous patrilineal sibship, whose members trace their descent back to a common ancester", and a *pravara* as, "a stereotyped list of names of ancient *ṛṣis* or seers, who are believed to be the remote founders of the family" (p. 2).

producing sin would result, customs are not authoritative. The essence of this is that as long as neither *śruti* nor *smṛti* is seen,[105] the customs of marrying the daughter of a maternal uncle etc. should not be performed. This is the settled conclusion.

Or: Because the words "*trivṛt*", "*caru*", "*aśvavāla*" etc. are used in the world to express (respectively) "threefold", "a cooking pan", and "horse hair", those alone are their meanings,[106] because when compared with (the task of considering) the remainder of the sentences (where the words in question occur), such as in the recitation (i.e., list) of the three verse triads,[107] (and the sentences) "(He makes an offering to?) Aditi with rice",[108] "Indeed, the sacrifice, becoming a horse (*aśva*), fled from the gods, it entered the water; caught by its tail (*vāladhi*), it let go of its tail hairs (*vālas*) and entered the water, the tail hairs (*vālas*) became *kāśa* grass"[109] etc., it is their currency in the world which is stronger in determining their meaning, in as much as it has no expectancy;[110] if this is presented, (i.e., as an initial view, it is rejected) because in compliance with the condition of the injunction and the remainder of the sentence forming a single sentence, in order to determine a meaning on the basis of an injunction it is the remainder of the sentence which is taken, and so when the denotative force is therefore determined by the remainder of the sentence, from fear of multiple meanings, and because they (i.e., the meanings "threefold" etc.) come about properly even through secondary signification etc., it is impossible to assume that "threefold" etc. are the meanings. And this sense is not understood on the basis of the *sūtra*, "In doubtful cases, (a decision is reached) on the basis of the remainder of the sentence",[111] because in as much as a

105 I.e., *śruti* or *smṛti* which would support the custom in question.

106 The other meanings of these three words, which will be accepted below, are "a set of nine verses", "cooked rice", and "reed" (Saccharum spontaneum Linn.).

107 Here TV has, "After the statement, 'The *bahiṣpavamāna* (*stotra*) is *trivṛt*', three verse triads are recited in order, and so the word '*trivṛt*' is understood as meaning just a group of nine verses to be used in a *stotra*". See 1.4.3.

108 See 9.4.9 and 10.1.10. This is untraced, but seems to refer to the *caru* offerings at the *prāyaṇīyeṣṭi* and the *udayanīyeṣṭi* in the *jyotiṣṭoma* rite. See CH 26, 28, and 255.

109 This is taught at the *ātithyeṣṭi* in the *jyotiṣṭoma* rite (see ĀpŚS 10.30.3). TV claims that it is the remainder of the sentence, "*āśvavālaḥ prastaraḥ*" (the bundle (*prastara*) is made of *aśvavāla*), which is the initial clause in the ŚB passage referred to in the text. See 4.2.11. At the new- and full-moon sacrifices, *kuśa* grass is used. (*Aśvavāla* is also used at the animal rite; cf. ĀpŚS 7.7.7).

110 I.e., for the meanings of other words.

111 JS 1.4.24. This *sūtra* was quoted in the second paragraph of this topic. See note.

meaning is determined (here) before (a connection with) the remainder of the sentence (is considered), it does not fall within its range,[112] and because the two *sūtras*[113] have different purposes, namely, determining meanings which are to be understood (in a particular sentence) and those which are denoted. Therefore "a set of nine verses" etc. alone are the meanings of the word "*trivṛt*" etc.

6. Even though the words "*pika*", "*nema*", "*sata*" and "*tāmarasa*" are used by the *mlecchas* for a cuckoo, half, a round wooden vessel with one hundred holes, and a lotus (respectively), because their currency there is not authoritative, due to a suspicion that among them (i.e., among the *mlecchas*) their meanings might be corrupted, a meaning which agrees with *vedic* texts, etymology, grammar, etc. should be assumed.[114] No. Because the words "*pika*" etc. are used in the *veda,* and no other meanings have been determined (for them), and therefore we assume that there has been no corruption of these words and their meanings, even among the *mlecchas*, and because of the principle that something which has been established is preferred to something which needs to be assumed, only cuckoo etc. are meanings of "*pika*" etc.

7. The *kalpa* texts and the *sūtras* are not authoritative,[115] because they were composed by a person. No; because the principle of *smṛti* texts is

---

112 In the present case, a different meaning is understood at first, before the word is connected with the remainder of the sentence, and that meaning is then blocked by the remainder of the sentence. There is no instance of doubt. In the other case, the meaning is in doubt, and that doubt is removed by the remainder of the sentence.

113 This first of these is JS 1.3.9, the second of the two *sūtras* which underlie this topic: "*śāstrasthā vā tannimittatvāt*" (Or rather, (that understanding (*pratipatti*)) which is found (based) in the (*vedic*) text (i.e., the remainder of the sentence) (is stronger), since *dharma* has that as its foundation). (The interpretation of this *sūtra* offered here appears in the TV (p. 147 (ĀĀ); p. 153 (BSS); p. 423 (Gos.)): *śāstrasthā pratipattir yā sai 'vā 'tra jyāyasī bhavet/ dharmasya tannimittatvāt sasādhanaphalātmanaḥ//*). The second is JS 1.4.24, which was quoted in the text above.

114 Śabara points out that these words are not used by the *āryas* (respectable people who speak Sanskrit, i.e., "Aryans") to express any sense.

115 Here Śabara refers just to *kalpasūtras*, exemplifying them with the *Māśaka*, *Hāstika*, and *Kauṇḍinyaka* (i.e., works by Maśaka, Hastika, and Kauṇḍinya). TV (p. 155 (ĀĀ); p. 161 (BSS); pp. 453-4 (Gos.)) distinguishes *kalpa* and *sūtra* texts: "What are the *kalpa* texts, and what are the *sūtras*? It is said, '*Kalpa* texts are those by means of which the performance of rites is understood in its established form; the *sūtras* serve to define it. This is what people say.'" (*ke punaḥ kalpāḥ kāni sūtrāṇī 'ti. ucyate, siddharūpaḥ prayogo yaiḥ karmaṇām anugamyate/ te kalpā lakṣaṇārthāni sūtrāṇī 'ti pracakṣate/*). In the passage which continues this discussion, the works of

present here too,[116] and because they have as their foundation the meaning of perceptible *vedic* texts. For this very reason they are not investigated in the *smṛti* topic.[117] This is the view of the author of the *Bhāṣya*.

But the teacher says: The *kalpasūtras*, the *smṛti* texts, the subsidiary disciplines (*aṅgas*),[118] and the statements of the Buddhists are, like the *veda*, independent,[119] because there is complexity in assuming that the *veda* is their source, because they are subject to the injunction of obligatory *vedic* study, because there is a *smṛti* statement, "Some (*eke*) say the six subsidiary disciplines (are authoritative)", and because the names of the sentences (i.e., as being those of) Baudhāyana, Āśvalāyana, Manu, and Buddha etc. come about even through the action of expounding;[120] if this is presented, (i.e., as an initial view, the answer is) because the authors are firmly remembered, and so it is impossible for these names to have been brought about by the action of expounding, because the *kalpa* texts etc. exist in each aeon, and so their being the subject of the injunction of obligatory *vedic* study comes about properly, and because on the basis of the mention of "*eke*" (some),[121] the sense that *smṛti* too is (part of) the *veda* is not the intended meaning,[122] the *kalpasūtras* etc. have the *veda* as their source, in the manner stated at the *smṛti* topic.[123] For this reason, when there is a conflict with a perceptible *śruti* or with a principle (i.e., a principle which determines the meaning of that *śruti*),[124] understanding (the statements of these texts) takes the form of

---

Baudhāyana, Varāha, and Maśaka are cited as *kalpa* works, those of Āśvalāyana, Baijavāpi, Drāhyāyani, Lāṭīya, and Kātyāyana as *sūtras*. The BhD mentions just the *kalpasūtras*, but the *Prabhāvalī* on BhD presents the distinction made in TV.

116 I.e., the principle that *smṛti* texts are authoritative because they are based on *śruti*. See 1.3.1 for this.

117 I.e., in 1.3.1. The point here is that *kalpa* texts and *sūtras* agree with perceptible *vedic* texts in a way that *smṛti* texts do not.

118 See note on 1.3.4 above for the six subsidiary disciplines.

119 I.e., they are independently authoritative with regard to *dharma*.

120 I.e., by those individuals. Consequently, these names do not establish authorship. See 1.1.8.

121 I.e., in the statement, "Some (*eke*) say the six subsidiary disciplines (are authoritative)".

122 I.e., the word "*eke*" (some) shows it is only an initial view held by others, not the settled conclusion.

123 I.e., 1.3.1.

124 This follows the *Prabhā* on ŚD (p. 59, last line). Cf. also BhD with *Prabhāvalī* (p. 61).

non-performance. But that is not so of the sentences of the Buddhists, since they are not accepted by the learned.

8. Since only the *Chandogas*[125] etc. recite the *smṛti* texts of Gautama etc., and since only the easterners (*prācyas*) etc. perform (i.e., celebrate) the *Holākā*[126] etc., the words "*chandoga*", "*prācya*" (easterner), etc. are assumed to occur in the *śruti* texts which are to be inferred from those (texts and practices), and so the matter taught in the *Gautama Smṛti,* and also the *Holākā* etc., are *dharma* only for the *Chandogas* and the easterners etc. No; because there is no *smṛti* statement in the *Gautama Smṛti* etc. which establishes that (only) the *Chandogas* etc. are entitled to the results, and so it is impossible to assume such a word in the *śruti*, because the mere recitation (of the texts) comes about properly on the assumption that the *Chandoga* Gautama made his students, who were (also) *Chandogas*, recite, and because in as much as the condition of being an easterner etc., which occurs in all performers (of the *Holākā* etc.) and is excluded from all non-performers, cannot be declared,[127] the assumption of those words (i.e., "*prācya*" (easterner) and "*chandoga*") is impossible.

9. Grammar, which has as its purpose (the establishment of) these two restrictions, "One should use only correct words, not incorrect ones", and "'*Go*' (cow) etc. alone are correct, not '*gāvī*' (cow) etc.",[128] is not authoritative, because due to the absence of correctness and incorrectness, and of the concomitant delimitors of the relation of qualified and qualifier, which occurs in correctness and in the difference from something which possesses

125 Literally, "singers in metre", the priests and students of the *Sāmaveda.*

126 I.e., the spring festival Holi.

127 According to BhD, such a condition cannot be declared on the basis of *jāti*, *vyakti*, *guṇa*, *saṃsthāna*, etc. According to ŚD, which has the same list, but with "*ākṛti*" in the place of "*jāti*", the entitlement to the result of the *Holākā* etc. cannot be qualified using these items. In the present context, these terms seem to refer to "*varṇa*", "individual", "feature", and "shape". The *Mayūkhamālikā* on ŚD exemplifies how such items are used to make qualifications: "*brāhmaṇo bṛhaspatisavena yajeta*" (A *brāhmaṇa* should perform the *bṛhaspatisava* rite) (untraced; see 4.1.13), "*viśvāmitro hotā*" (A *Viśvāmitra* is the *hotṛ*) (see 6.6.4), "*śuklo hotā*" (A white person is the *hotṛ*) (untraced), and "*anyūnāṅgā ṛtvijaḥ*" (The priests are whole-limbed) (untraced). The *Prabhā* on ŚD exemplifies them with *brāhmaṇa* etc., country (*deśa*) etc., white (*gaura*), red-eyed (*piṅgākṣa*) etc., and pendulous-eared (*lambakarṇa*) etc. Not everyone in the east performs the *Holākā*, and the descendants of people who have emigrated from there do.

128 In the MBh, Patañjali lists "*gāvī*" as one of the incorrect forms which correspond in meaning to the correct form "*go*".

it, [129] the two restrictions are impossible; and because due to the impossibility of assuming many *śruti* texts[130] and of assuming a *smṛti*, which produces a succession of blind men,[131] their foundation is impossible. No. Because both correctness, in the form of being (directly) denotative without ever having a beginning[132] etc., and being concomitant with words which are denotative indirectly and through convention, and also incorrectness, which—in as much as usage and understanding (i.e., of incorrect words) in both ancient and contemporary speakers comes about from the (mental) presentment of correct words and an error in regard to the denotative power (respectively),[133]—is not excluded from the words '*gavī*' etc., (words) whose denotative power has not been established and which are produced from incapacity in regard to (the production of) the (correctly) denotative word, and (which) has the form of the absence of correctness, (both of these, i.e., correctness and incorrectness) may have a single limiting feature,[134] and so the first restriction is possible; because its foundation is also possible, namely, in the *śruti* statement, the form of which is, "One should only use correct words", and in the prohibition(s), "One should not speak like a *mleccha*; one should not speak untruth"; because there can be a single limiting feature in the form of being in accord with grammar, or in the form of not being so, and so the second restriction is possible; and because its foundation can exist, being the tradition of *smṛti* texts which, because word forms are visible, does not bring about a tradition of blind men; because in accord with the principle taught in the topic on *smṛti*,[135] even the authority of grammar, in that it is not blocked, is necessary; and because, for this very reason, it lacks authority when in conflict with *śruti*;[136] (therefore) grammar is authoritative.

---

129 I.e., in correctness and incorrectness. I am not sure about this translation.

130 I.e., which would establish the correctness of words one at a time.

131 I.e., a tradition without foundation in which the blind follow the blind.

132 The qualification of not having a beginning excludes incorrect words from the definition, because they can be accounted for as errors which readily come about. (Cf. *Prabhā* on ŚD, p. 68).

133 This follows BhD.

134 I.e., a property which enables us to distinguish one thing from another.

135 I.e., 1.3.1.

136 Examples given in the *Prabhāvalī* for a similar remark in BhD are the words "*kāleya*" and "*vāmadevya*". These occur in other Mīmāṃsā texts, starting with TV (p. 200 (ĀĀ); p. 210 (BSS); p. 522 (Gos.)). The grammarians teach that in order to denote the *sāman* (the melody on which a verse is sung) "seen" (P 4.2.7 *dṛṣṭaṃ sāma*) by Kali or Vāmadeva, the suffix *ḍhak* (=*eya*) is added to the stem Kali (P

10. Words and meanings are distinct in the world and in the *veda,*[137] because even though sounds are recognized as identical, the features of accent, *vedic* sound-augments, elision, modification (of sounds), deviation, and (required) study are distinct,[138] and also because of the statement, "Indeed, on their backs the divine cattle (*devagavāḥ*) pull".[139] No. Even though order, the conditions of being less or more, accent, sentence (*vākya*),[140] direct statement (*śruti*),[141] and traditional texts,[142] all of which serve as means for understanding meanings, create distinct words in (the pairs) "*saras*" (lake) "*rasa*" (juice),[143] "*brahman*" (sacred formula) "*brāhmaṇa*" (a

---

4.2.8 *kaler ḍhak,* in fact a *vārttika* by Kātyāyana), and either of the suffixes *ḍyat* or *ḍya* (=*ya*, with the *svarita* or *udātta* accent on the suffix) (P 4.2.9 *vāmadevād ḍyaḍḍyau*) is added to Vāmadeva. The *śruti* accounts quoted in the *Prabhāvalī* give different explanations: "In that he drove (them, i.e., the *asuras*) away (i.e., from the *kāleya sāman*), the *kāleya* has its name" (*yad akālayat tat kāleyasya kāleyatvam* (cf. JB 1.153 *tān* (understand: *asurān*) *kāleyenai 'va kāleyād akālayanta. yad akālayanta tat kāleyasya kāleyatvam*), and "The waters came to their seasonal time, Vāyu moved over their back; from that, a beautiful (*vāma*) thing of value (object, *vasu*) came about; Mitra and Varuṇa looked at it; they said, 'Mortals, this beautiful thing has come into being from the gods (*devas*)'; therefore it is (called) *vāmadevya*" (*āpo vai ṛtvyam ārcchan tāsāṃ* (corr. from *ārcchanty āsāṃ*, on the basis of *Prabhāvalī's* quotation of this at 1.4.3, p. 85) *vāyuḥ pṛṣṭhe vyavartata tato vāmaṃ vasu samabhavat* (corr. of *sannyabhavat*) *tan mitrāvaruṇau paryapaśyatāṃ tāv abrūtāṃ vāmaṃ martyā idam devebhyo 'janī 'ti tasmād vāmadevyam* (TāB 7.8.1, except *apo vā ṛtvyam ārcchat tāsāṃ°...°tato vasu vāmaṃ samabhavat tasmin mitrāvaruṇau°...°maryā idaṃ deveṣv ājānī 'ti°*); the *Mayūkhamālikā* on ŚD has a quote similar to *Prabhāvalī's*, except *°mitrāvaruṇāv apaśyatāṃ tāv abrūtāṃ vāmaṃ vā idam devebhyo 'jani*).

137 I.e., there are distinct sets of them in these two linguistic ranges.

138 These are viewed as special features of *vedic* Sanskrit. Examples given in the *Prabhā* on ŚD and the *Prabhāvalī* on BhD for augments, elision, and modification as found in *vedic* are *devāsaḥ* (classical *devāḥ*), *tmane* (classical *ātmane*), *udgrābha* (taking up) (classical *udgrāha*). See text below for the first two of these. For deviation, the *Prabhā* quotes P 3.1.85 *vyatyayo bahulam*, which teaches that deviations are sometimes found in *vedic* Sanskrit, the immediate context being the suffixes which are added to roots to create present stems.

139 Understand: the cart of the gods. The point of this quotation is to show that the meanings of *vedic* words are distinct from those of worldly ones. The statement is taught at the *jyotiṣṭoma*, when the shed for the carts which hold the *soma* (*havirdhānamaṇḍapa*) is being prepared. See CH 87f.

140 BhD glosses this as the proximity of a word which is not coreferential.

141 BhD glosses this as the proximity of a word which is coreferential.

142 I.e., grammar.

143 The nominative singular of these two words ends in the same sound.

brāhmaṇa), "*sthūlapṛṣatī*" ("big and spotted", or, "whose spots are big"[144]), "*pacate dehi*" (give it to the one cooking (*pacate*)), "*tṛptyai pacate*" (he cooks (*pacate*) to satisfy (or, for satisfaction)), "*yāta āyāti*" (having gone (*yātaḥ*) he comes), "*yātaś caitramaitrau*" (Caitra and Maitra are going (*yātaḥ*)), and "*aśvaḥ*" (both "a horse" and "you went"[145]) etc., (nevertheless) when the meanings are not distinct, on the basis of the stronger force of recognition[146] the words are not distinct, and so they (i.e., words) are distinct only when a word's own form, which is denotative, is distinct; and also (i.e., other reasons for this conclusion are) because that (i.e., distinctness in meanings) is absent in "*devāsaḥ*" (deities (nom. pl.)), "*tmane*" (for oneself), etc.,[147] and because even though there are distinct meanings in "*aśvavāla*" (i.e., "horsehair" and "reed") etc.,[148] there are no distinct meanings in "*go*" (cow) etc., since the sentences, "(Indeed,) on their backs (the divine cattle (*devagavāḥ*) pull)" etc., are used for the sake of something else.[149]

Moreover, an (individual) pot etc. alone is the meaning of the words "*ghaṭa*" (pot) etc., because it is economical to recognize the condition of being a pot (i.e., the *jāti*) etc. as the delimitor of the condition of being denoted; because a comprehension of the power to denote an individual is a cause for a verbal knowledge qualified by the *jāti*, and so qualified verbal knowledge comes about;[150] because the individual is suited for a connection with the action etc.; and because there is coreferentiality in "*gauḥ śuklaḥ*" (the cow is white). No. Only the *jāti* is the meaning of a word, because one would expect a delimitor of the condition of being denoted if an endless number of things were denoted, and so if (just) one *jāti* (alone) is denoted,

---

144 These distinct meanings correspond to the compound receiving the *udātta* accent on the final syllable or on the second syllable, respectively.

145 This is the second person singular aorist of the root *śvi*, which is listed in the DhP as having the senses "to go" and "to increase" (DhP I. 1059). BhD quotes it as a form derived by the grammarians, glossing it with "*agamaḥ*" (you went). Cf. BĀU 1.2.7, where the etymological sense, "it swelled up" (*aśvat*), is recognized in the element "*aśva*" in the compound "*aśvamedha*" (horse sacrifice).

146 I.e., the recognition that the words are identical.

147 I.e., when these *vedic* forms are considered beside the classical Sanskrit forms "*devāḥ*" and "*ātmane*", which have the same meanings.

148 See 1.3.5, last paragraph.

149 I.e., they are *arthavādas* which serve to praise injunctions.

150 The point here is that if all instances of knowledge must be analysed as containing both qualified and qualifying elements, the individual pot can serve as the former and the *jāti* as the latter.

there is no expectancy for a delimitor; because there is no infinity of denotative power etc.; because in (the statements), "He should sacrifice with an animal (*paśu*)",[151] etc. the *jāti* of *paśu* (animal) etc. alone can be the instrument; because in, "He beats the rice",[152] etc. there can be a connection in the individual, which is secondarily denoted, with the condition of being the object; because there can be a connection in the *jāti* with number and gender through coreferentiality,[153] and in the individual directly; and because coreferentiality[154] comes about properly through secondary signification (of the individual). In this way too, the meaning of the words "*aruṇa*" (red) etc. is the condition of being red or the quality red, because they are not distinct,[155] and therefore the knowledge of a substance comes about properly.

Chapter 4

1. In the statements, "(One desirous of cattle) should sacrifice with the *udbhid*" etc.,[156] the meaning of the word "*udbhid*" is a subordinate item such as a spade, on the basis of the *smṛti* text, "*bhid*, in the sense of splitting";[157] and, as it is based on the *soma* sacrifice,[158] which has been introduced, it is taught with reference to a result;[159] and, since it is desiderative,[160] it blocks

---

151 Though untraced, this seems to be taught in reference to the animal rite for Agni and Soma (*agnīṣomīya*) at the *jyotiṣṭoma*, which serves as the original for other animal rites.

152 Though untraced, this seems to refer to the action of pounding rice grains in order to prepare the offering cakes at the new- and full-moon sacrifices. (NVO p. 29).

153 Gender and number are expressed by the same suffix as is the condition of being the object, and so are connected to it through coreferentiality. Therefore, through this coreferentiality, they are connected with the *jāti* by means of the individual.

154 I.e., in the case of "*gauḥ śuklaḥ*" (the cow is white), quoted above.

155 I.e., they are not distinct from the red substance. This example seems to be taken from the quotation "*aruṇayā krīṇāti*" (He buys (the *soma*) with a red (heifer)), quoted here in ŚD and BhD. See 3.1.6.

156 The *udbhid* is a one-day *soma* rite. In Śabara, the quotes continue: "One should sacrifice with the *balabhid*", "One should sacrifice with the *abhijit*", and "One should sacrifice with the *viśvajit*". These are also one-day *soma* rites. "*Balabhid*" sometimes apears as "*valabhid*".

157 This is an entry in the Dhātupāṭha (DhP), a list of verbal roots set up by grammarians.

158 I.e., the *jyotiṣṭoma*.

159 I.e., cattle.

160 I.e., based on the desire for a special result.

the *soma* of the obligatory (*soma*) sacrifice. No. Because compared with (the task of identifying this as) an injunction of one (new) thing (i.e., the subordinate item which is a spade), taught in reference to (yet) another (new) thing (i.e., the particular result which is cattle), taking the root as being for the sake of correctness,[161] it is easier to have an injunction of the meaning of the root (i.e., the root *yaj* (to sacrifice)) made with reference to (only) one other (new) thing (i.e., the result); because it is impossible for the meaning of the attendant word (i.e., "*udbhid*") to be the means in regard to the productive force, which is confined (i.e., for its means) by the action of sacrifice etc., a meaning which is expressed by the same word;[162] because what is denoted is its connection (i.e., the connection of the attendant word) with just the action of sacrifice, this connection having the form of non-difference, because *kārakas* are not connected to other *kārakas*,[163] and therefore just as in the statement, "He should sacrifice with *soma* (*somena*)"[164] etc., there would (otherwise) come about the secondary signification of the meaning of the possessive suffix;[165] because in that sentence we admit that there is secondary signification, since the words "*soma*" etc. conventionally denote only a subordinate item, there being no alternative; because in the present sentence, just as the word applies to a spade etc. by etymology, so it could apply to the sacrifice by an etymology, "the result is made manifest (*udbhidyate*), that is, produced, by it"; because the *smṛti* text proclaiming its meaning (i.e., the meaning of the root *bhid*) is established by the grammarians as indicative of a range of denoted meanings; and because a name is useful for (establishing the) distinctness (of a rite), the (stated) resolution (*saṃkalpa*) (to perform a particular rite), etc.;[166] (therefore) such words are just names. This is the view of the author of the *Bhāṣya*.

---

161 I.e., for the sake of grammatical correctness in the injunction.

162 In "*yajeta*" (he should sacrifice) the productive force (*bhāvanā*) is denoted by the optative suffix (*liṅ*), and its means, or instrument, (*karaṇa*) by the root "*yaj*" (to sacrifice).

163 Here, both "*udbhid*" and the meaning of the root "*yaj*" (to sacrifice) express the *karaṇa kāraka*. This is the means, or instrument, by which the action of the productive force operates.

164 This is frequently quoted in works on Mīmāṃsā, but its source is uncertain. See notes to the text.

165 I.e., just as "*somena*" (by means of *soma*) means "*somavatā*" (by means of something, i.e., the action of sacrifice, which has *soma*), so "*udbhidā*" (by means of an *udbhid*) would mean "*udbhidvatā*" (by means of something which has an *udbhid*).

166 Cf. BhD, p. 77, and ŚD (LKSV), p.84.

But the teacher says: Because this investigation is out of place with the definitions of means of valid knowledge (of *dharma*);[167] because the words "*udbhid*", "*soma*", etc. do not produce a perception of praise and are not established as *mantras,* and so are neither *arthavādas* nor *mantras*; because they do not express something to be produced, since the word "*kāma*" (desirous of) is absent;[168] because they do not express the means, since the means is expressed by the root *yaj* (to sacrifice);[169] because if they were names they would not be different,[170] and if they denoted subordinate items,[171] then as subsidiaries which have been established they could not constitute the manner in which something must be done,[172] and therefore they do not convey those;[173] and so (i.e., for all these reasons), because they are not even considered as part of the injunction, they are not valid means of knowledge; if this is presented, (i.e., as an initial view, the answer is) because they are comprehended by (the injunction to) study, they do not lack authority; and (this is true also) because their manifestly being part of the injunction will be accounted for, taking them in some places as injunctions of subsidiaries and in some places as names; this is the settled conclusion. Subsequently, the question as to where they constitute an injunction of a

167 This is because it does not discuss the condition of being a means of valid knowledge (validity), the general topic of the Book One. Kumārila claims that each of the two *sūtras* which, according to Śabara, underlie this topic, should be the basis for a separate topic. The first, JS 1.4.1, "*uktaṃ samāmnāyaidamarthyaṃ tasmāt sarvaṃ tadarthaṃ syāt*" (It has been stated that the *veda* has this (i.e., actions; or, the production of valid knowledge about *dharma* (*Kutūhalavṛtti*)) as its purpose); therefore the entire *veda* should be for the sake of that), states the settled conclusion of an initial topic, in which the names in *vedic* statements are accepted as authoritative. The second, JS 1.4.2, "*api vā nāmadheyaṃ syād yad utpattāv apūrvam avidhāyakatvāt*" (Or rather, it should be a name, since at the originative injunction (*utpatti*) a new sacrifice (*apūrva*) is (thereby) taught, because it does not enjoin (understand: a subordinate feature)), supports the conclusion that the word "*udbhid*" is a name, and is not denotative of a subordinate item (this translation follows the *Kutūhalavṛtti*). ŚD, JNMV, and BhD present this as two topics, following TV. MNS, following Śabara, leaves it as one.

168 The result of a desiderative rite is often expressed by the word which denotes the sacrificer, referring to him as one who has this or that particular desire.

169 I.e., in the word "*yajeta*" (he should sacrifice).

170 I.e., from the action of sacrifice.

171 I.e., such as spades etc.

172 This must be an action.

173 I.e., they do not convey either a name or a subordinate item.

subsidiary and where they are a name forms the concern expressed by the author of the *Bhāṣya*, and so the topics are distinct.

2. At the statement, "(One desirous of cattle) should sacrifice with the *citrā*",[174] by force of the word "*citrā*", which enjoins the condition of being variegated (*citra*) and the condition of being feminine,[175] as joined with each other, we understand that a sacrifice is referred to in which the substance is a living creature, and so even though the sacrifices with curds etc., which have been introduced,[176] are not referred to, by referring (instead) to the (animal) sacrifice for Agni and Soma (*agnīṣomīya*),[177] which is the original of all animal sacrifices, there is an injunction of a *kāraka*[178] qualified by both the condition of being variegated and the condition of being feminine. No. Because the *kāraka,* which resides in an animal, has (already) been obtained and so cannot be enjoined,[179] because there would be a split in the sentence if more than one thing were enjoined through a subsequent reference to it,[180] and because it is confined by the condition of being masculine, which is understood from the statement made in the context, "A (male) goat to Agni and Soma (is offered (i.e., killed))", and so there is no possibility of the condition of being feminine entering,[181] the injunction of a subsidiary is not appropriate, and so in as much as the sacrifices which have been introduced have variegated (i.e., diverse, *citra*) substances, there is secondary signification of them; for this reason, and because the condition of being feminine

---

174 This is a desiderative *iṣṭi*. The TS teaches a *citrā iṣṭi*, which is listed at *Wunschopfer* 177. However, on the basis of the reference to the sacrifice with curds etc., mentioned below, the rite discussed in the text here does not seem to be that one. See Edgerton, p. 143, note 175, and Garge, p. 83.

175 This is denoted by the feminine suffix *ṭāp*, which has been added to the adjective "*citra*" to form the word "*citrā*".

176 Śabara, ŚD, JNMV, and BhD identify these as the ones taught in the statement, "Curds, honey, ghee, water, (fried barley) grains (*dhānā*), and (husked) rice grains (*taṇḍula*), an offering mixed with these for Prajāpati". See 8.1.19 and 10.2.31. A similar offering is mentioned in 12.2.7, which seems to correspond to *Wunschopfer* 170. The *Prabhāvalī* on BhD specifically refers to that offering as similar to the *citrā iṣṭi*.

177 This is the first of three animal rites performed in the *jyotiṣṭoma* sacrifice.

178 Specifically, the means or instrument (*karaṇa*) of the action of sacrificing.

179 It has been obtained from the statement quoted below, that a male goat for Agni and Soma is to be offered.

180 I.e., if both color and gender were taught for the *kāraka*.

181 I.e., being introduced into the rite.

comes about through the intention to qualify the *iṣṭi*,[182] it is only the condition of being a name which is appropriate.[183]

3. Likewise at the statements, "They praise with (i.e., chant) the *ājyas*", "They praise with the *pṛṣṭhas*", "They praise with the *bahiṣpavamāna*", etc., the words "*ājya*" etc. are names (i.e., of *stotras*),[184] because otherwise the statements, "The *ājyas* have fifteen verses (*pañcadaśa*)", "The *pṛṣṭhas* have seventeen verses", "The *bahiṣpavamāna* has nine verses (*trivṛt*)" etc., which do not enjoin a (single) qualified item,[185] in as much as they do not contain compounds,[186] would make subsequent reference to the *stotras* which have been obtained,[187] and thereby would enjoin number, substances,[188] a *pavana* (action of purifying) outside (*bahis*) the shed,[189] and a creeper substance (*trivṛt*), and so distinct sentences would occur;[190] because on the basis of the *smṛti* statement of the grammarians, "The suffix *ḍa* is added (to a number) to express the sense of *stoma*,[191] for the sake of the words '*pañcadaśa*' (a *stoma* that is fifteen verses) etc.",[192] and the statement that the word "*trivṛt*" is intended to denote a set of nine verses, even the words "*pañcadaśa*" etc. do not apply directly to the senses quoted;[193] because in as much as ghee (*ājya*) etc. cannot serve as the instrument for the *stotra*, it does not come about that the statements, "They praise with the *ājyas*" etc., are particular-

---

182 The word "*iṣṭi*" is feminine in gender.

183 The effect of the statement is to enjoin the result for the offering to Prajāpati referred to in the note above.

184 A *stotra* is a singing of a certain number of verses on a particular melody (*sāman*). The *bahiṣpavamāna* is the first *stotra* sung at the morning pressing at the *jyotiṣṭoma* rite. (CH 134g). It is followed by the *ājyastotras*. (CH 155ff). The *pṛṣṭhastotras* follow the *mādhyaṃdinapavamānastotra* at the midday pressing. (CH 178 and 199 ff). This is presented in MNS as a distinct topic, whereas in Śabara, TV, ŚD, JNMV, and BhD it is part of the preceding topic. In spite of this difference, it seems likely that Mahādeva is following JNMV, since there is a clean break there between the analysis of the *citrā* sentence and the three sentences quoted here.

185 I.e., the *ājya* etc. qualified by the number fifteen etc.

186 I.e., "*ājya*" etc. and "*pañcadaśa*" (here, in the sense "fifteen") etc. remain distinct words.

187 I.e., from the originative statements, "They praise with the *ājyas*" etc.

188 I.e., ghee (*ājya*) and a back (*pṛṣṭha*).

189 The *bahispavamāna* is sung outside the shed (*sadas*).

190 They would each enjoin both number and another subsidiary.

191 A *stoma* is the number of verses sung on the day of a *soma* sacrifice or at a part of it.

192 In order to express this particular meaning, the suffix *ḍa* is added to a stem in *-an*, such as *pañcadaśan* (fifteen), effectively transforming it into an *-a* stem.

193 I.e., (mere) number, creeper, etc.

ized injunctions,[194] and so there is no possibility of avoiding distinct sentences (i.e., in the statements, "The *ājyas* have fifteen verses" etc.) on the assumption that they enjoin just number etc. through subsequent reference to the ghee (*ājya*) etc.; and because on the basis of the *arthavāda* statements, "Because they ran a race (*ājim īyus*), that is the *ājya*-ness of the *ājyas* (i.e., why they are called '*ājya*')" and "Vāyu moved over their back (*pṛṣṭha*)", and the fact that a *stotra* is accomplished by *mantras* connected to the word "*bahiḥpavamāna*",[195] the words "*ājya*" etc. are appropriately applied even to a *stotra*.

4. At the statement, "He offers (*juhoti*) the *agnihotra*",[196] on the basis of the derivation (i.e., of the word "*agnihotra*") as, "there is an offering (*hotra*) to Agni in it", there is an injunction of Agni (i.e., as the deity) for the *darvihomas* ("ladle offerings") etc.,[197] where a *mantra* to Agni is recited, because this (injunction) can operate before the injunction of the deity (i.e., Agni) which can be inferred from the *mantra*, (and) because if it were a name,[198] the statement, "In that (he sacrifices) to both Agni (and Prajāpati in the evening)", would enjoin the deity, thus producing distinct sentences,[199] and so since it[200] would therefore be an injunction of a distinct rite, the rite under consideration would lack form.[201] Likewise, at the statement, "He sprinkles the sprinkling of ghee (*āghāram*)",[202] the word "*āghāra*" (sprinkling of ghee) is expressive of a substance capable of flowing (*kṣaraṇa*)[203] and ends in the accusative case suffix (i.e., as "*āghāram*"), and so by making

---

194 I.e., statements which would enjoin both the *stotra* and ghee (*ājya*) etc.

195 The *stotra* is sung on three verses, SV 2.1–9 (=ṚV 9.11.1–3; 64.28–30; 66.10–12). The first contains the imperative "*pavasva*" (purify yourself) and the participle "*pavamānāya*" (purifying oneself), the second the imperative "*pavasva*", and the third the participle "*pavamānasya*" (purifying oneself). Cf. *Prabhāvalī* on BhD, p. 85.

196 This is the originative injunction of the twice-daily *agnihotra* rite.

197 This comes about through the subsequent reference to them made by the word "*hotra*" (offering). For the *darvihomas*, see 8.4.1–4.

198 I.e., if the word "*agnihotra*" were a name of a sacrifice.

199 This statement would enjoin Agni, Prajāpati, the time, etc.

200 I.e., the statement, "In that (he sacrifices) to both Agni (and Prajāpati in the evening)".

201 A deity and a substance supply a rite's form. For the substance, see 2.2.5.

202 This statement is used to enjoin the two actions of sprinkling ghee on the kindling sticks at the new- and full-moon sacrifices. (NVO pp. 80 and 85–6). In the translation here, the word "*āghāra*" is taken to mean the action of sprinkling ghee, but on the initial view it is considered to denote the substance ghee.

203 I.e., ghee.

subsequent reference to the substance,[204] the statement enjoins a preparation called "*kṣāraṇa*" (the action of pouring); (this is) because the *āghāra* (here in the sense of ghee), so prepared, can be assigned to the *upāṃśu* sacrifice,[205] which requires a substance, by a sentence which can be inferred. No; because it is improper for a statement to apply fruitlessly at first, when an injunction of the meaning of the root is possible,[206] (and) because there is an injunction of the aggregation with the deity (i.e., Prajāpati),[207] made through subsequent reference to Agni and Sūrya;[208] also, in the sentence enjoining the *āghāra*, which is an injunction of a rite called "*āghāra*", the substance and the deity are understood (respectively) from such a sentence as, "The *āghāra* (sprinkling of ghee) from that",[209] and from the sentence, "Indra, the sacrifice is erect",[210] and so there is no employment (i.e., of ghee prepared by the action of pouring) at the *upāṃśu* sacrifice, in which the substance has been obtained;[211] (and) the meaning of the accusative case suffix (i.e., in the

---

204 I.e., to the ghee, which has already been obtained.

205 The *upāṃśu* (whispered) sacrifice is performed at both the new-moon and the full-moon sacrifices, occurring in both as the second of the three main sacrifices. (NVO pp. 111–12). See 10.8.18 for the view that it is only offered at the full-moon sacrifice. See also 2.2.5.

206 Since the deity can be obtained from another statement, it would be inappropriate for this statement not to enjoin the action of the root *hu* (to offer) in the word "*juhoti*" (he offers).

207 I.e., in the statement quoted above, "In that (he sacrifices) to both Agni (and Prajāpati in the evening)".

208 Agni and Sūrya have already been obtained from TB 2.1.9.2 "*agnir jyotir jyotir agniḥ svāhe 'ti sāyaṃ juhoti...sūryo jyotir jyotiḥ sūryaḥ svāhe 'ti prātaḥ*" ((Saying) "Agni is light, light is Agni, *svāhā*", he offers in the evening...(saying) "Sūrya is light, light is Sūrya, *svāhā*" (he offers) in the morning). "*Svāhā*" is an exclamation uttered at the end of a *mantra* when an offering is made into the fire.

209 Śabara's quote here is: "Indeed this was ladled up four times. Sprinkling the sprinkling of ghee (*āghāram āghārya*) from that".

210 The translation of this *mantra* is uncertain. In the *saṃhitā* versions, "Indra" is the subject of a distinct clause, which states that he performed heroic deeds. In the MS and TS, the word "*samārabhya*" (undertaking) appears just before "*ūrdhvo 'dhvara*" (the sacrifice is erect) etc. Keith supposes that "*divispṛṣam*" in the TS was an early mistake for "*divispṛg*", and that therefore "*samārabhya*" should be taken with the preceding clause, whose original meaning was, "Hence Indra wrought mighty deeds in his prowess". See Keith's notes 2 and 3, p. 14.

211 This seems to be from TB 3.3.5.5 "*sarvasmai vā etad yajñāya gṛhyate. yad dhruvāyām ājyam*" (Indeed this ghee in the *dhruvā* is ladled up for all sacrifices). See 10.8.15.

word "*āghāram*") is the condition of being the instrument.[212] Therefore the word "*agnihotra*" must be a name, and so too the word "*āghāra*".

5. At the statement, "When performing a malevolent rite (*abhicaran*) (he should sacrifice) with the *śyena*",[213] because the word "*śyena*" (hawk) denotes, by conventional meaning, a subordinate item, there should be an injunction of a subordinate item.[214] No; because the similarity which is expressed in the *arthavāda*, "Indeed just as a hawk flies down and seizes, so this flies down and seizes the enemy", is impossible when they (i.e., the hawk and the sacrifice) are not distinct. If this were like the rhetorical figure of non-connection,[215] there would be secondary signification for many words.[216] It is better to assume a (single) secondary meaning in (the word) "*śyena*",[217] since (in that way) an injunction of the meaning of the root (i.e., action of sacrifice)[218] is possible. Our understanding of similarity, which is required by the secondary meaning, should come about from the *arthavāda*. Therefore the word "*śyena*" is a name.

6. At the statement, "One desirous of sovereignty should sacrifice with the *vājapeya*",[219] because in regard to the action of sacrifice, sovereignty and the subsidiary item constitute (respectively) the thing to be effected and the instrument, there is an injunction of the substance called "*yavāgu*" (gruel).[220] In just this way, at the statements enjoining the *udbhid* etc., there would not come about secondary signification of the meaning of the

---

212 The statement enjoins an offering (*homa*), which is the meaning inferred from the root *ā-ghṛ* (to sprinkle, pour). The name of the sacrifice is coreferential with the meaning of the root, both expressing the instrument, or means (*karaṇa*), of the productive force.

213 The *śyena* is a one-day *soma* rite which is performed by someone intending malevolent injury. It seems that the word "*śyena*" denoted some sort of bird of prey, but it is not certain which one. Other translations which have been used are "eagle" and "falcon". For a brief review of the question, see F. Staal, *Agni: The Vedic Ritual of the Fire Altar*, Vol. I, pp. 86–90. Staal's own suggestion is that the word refers to a particular griffon, the *Gyps himalyensis*.

214 I.e., a hawk should be the substance offered in the rite.

215 In this figure, an object is compared with itself for rhetorical effect.

216 I.e., all the words in the *arthavāda* would have to function in a way that would indicate the absence of any other comparison (cf. BhD).

217 I.e., to assume that it denotes the sacrifice called "*śyena*".

218 This refers to the root *yaj* in the verb "*yajeta*" (he should sacrifice), which appears in the fuller version of the quotation cited by Śabara.

219 The *vājapeya* is a form (*saṃsthā*) of the *jyotiṣṭoma soma* rite.

220 This is based on an etymology of "*vājapeya*" as *vāja* (food, especially grains) which is drinkable (*peya*).

possessive suffix in a particularized injunction.[221] No indeed. On the basis of our cognitions, "he makes a cooking (*pāka*)" and "he makes (something) by cooking",[222] the meaning of the root (i.e., the action of cooking)[223] is connected with the productive force either as object or as instrument. And in this way the meaning of another word[224] is not connected (with the root) as a *kāraka*.[225] There should be a relation of non-difference with the meaning of the root; but secondary signification would apply there.[226] Moreover, when the action of sacrificing is connected with the result,[227] it becomes that which is undertaken, enjoined, and subordinate; when it is connected with the subordinate item,[228] it becomes that which is referred to, made subsequent reference to (i.e., as something which has been obtained), and predominant. In this way an (unwanted) multiplicity of form comes about; if it (i.e., the word "*vājapeya*") is a name, the two (i.e., the two sets of mutually conflicting features) would not occur (together).[229] Therefore, on the basis of the injunction to draw the *surā* draught,[230] we recognize the word "*vājapeya*" as a name, in accord with the principle that there is some other statement which establishes that.[231]

7. At the statement, "In that the cake for Agni (*āgneya*) on eight pans is (*bhavati*) unmoved at the new-moon day and at the full-moon day",[232] be-

---

221 I.e., if the word "*udbhid*" were to denote a subsidiary of the sacrifice, then the statement, "*udbhidā yajeta*", would not, on the basis of secondary signification, teach a particularized injunction, having the sense, "Let him perform a sacrifice (and do so) by means of an *udbhid*". See 1.4.1.

222 Both of these arise when we hear the verb "*pacati*" (he cooks).

223 Here the root "*pac*" (to cook) underlies the action noun "*pāka*" (the action of cooking), which is used in the statements quoted above.

224 Here, the meaning of "*vājapeya*".

225 *Kārakas* are only connected with an action, not with other *kārakas*.

226 I.e., on the view that the injunction teaches a subsidiary item. The secondary sense would be that of possession.

227 I.e., when it expresses the means to a result.

228 I.e., when it expresses what is brought about by the subordinate item.

229 The multiplicity of form arises only when the action of sacrifice is both undertaken etc. and also referred to etc.

230 *Surā* is liquor. By means of this injunction, a grain-based substance is obtained at the *vājapeya* rite.

231 I.e., a statement which establishes the item which the word in question would establish if the latter were not a name.

232 This is the originative injunction of the cake offering to Agni, which is the first of the three main sacrifices at both the new-moon and the full-moon sacrifices. (NVO pp. 107–10).

cause Agni has been obtained (as the deity) by the wording of the *mantra*,[233] the word "*āgneya*" (an offering substance for Agni) should be a name.[234] That is not so. Because there is no expectancy (for a *mantra*),[235] and a *mantra* would not be suitable, and there is no sentence,[236] and so the deity is not obtained from a *mantra*, we assume that there is secondary signification in the root[237] for the purpose of enjoining a sacrifice together with (i.e., qualified by) a substance and a deity. The purpose (of this) is the transfer (i.e., of the manner of procedure) at (the rites taught in the statements), "Milk for Agni (*āgneya*)"[238] etc. For it is like this: if this were a name, there would be a transfer (of the manner of procedure) from the (cake) sacrifice to Agni (*āgneya*), because a transfer based on a name is stronger;[239] but if it is an injunction of a subsidiary, then because of the strength of the similarity of substances,[240] the manner of procedure of the *sānnāyya* offering takes place.[241]

8. Because the words "*barhis*" (grass), "*ājya*" (ghee), etc. are used for objects which have been prepared,[242] we consider their meaning to be either

---

233 See note to the text for the *mantra*.

234 I.e., the name of the act.

235 I.e., at the productive force which is expressed by the word "*bhavati*" (is) and has the cake as its effect.

236 I.e., no sentence which enjoins the recitation of a *mantra*, on the basis of which a deity would be assumed. This is in contrast to the case of the sentence quoted by Śabara at 1.4.4, "'Indra...the sacrifice is erect ' (so saying) he sprinkles the sprinkling of ghee" (*indra ūrdhvo 'dhvara ity āghāram āghārayati*), which supplies the deity for the *āghāra* rite. See 1.4.4.

237 I.e., in the root *bhū*, which underlies the verb "*bhavati*" (is).

238 This is untraced. The *Prabhāvalī* on BhD gives, "A cake for Indra" (*aindraḥ puroḍāśaḥ*), as another example. I have not traced this either. For both of these rites, transfer will provide the manner of procedure from one of the main offerings at the original rite, namely, the new- and full-moon sacrifices.

239 I.e., stronger than a transfer based on the similarity in offering substances.

240 This is stronger than a similarity of deities. See 8.1.17.

241 I.e., through transfer. *Sānnāyya* is the combination of a curds offering and a milk offering. It is offered to Indra or Mahendra at the new-moon sacrifice, and counts as the second and third of the three main sacrifices there. It is offered only by a sacrificer who has previously performed the *soma* sacrifice. (NVO pp. 112–15). See 10.8.14.

242 I.e., for the *barhis* and ghee which have undergone such preparatory actions as cutting and purifying, which are enjoined for them in the new- and full-moon sacrifices. See ĀpŚS 1.3.8 and 2.6.7, and NVO pp. 8 and 61.

the preparation[243] or something qualified by it. No. Because the words are used for unprepared objects as well, and on the basis of simplicity, their meaning is the *jāti*,[244] which is constant.[245] The *barhis* (grass) for the (sacrificial) post is unprepared.[246]

9. The word "*prokṣaṇī*" (water for sprinkling)[247] denotes either the preparation[248] or just the *jāti*.[249] No. When meaning can come about through an established etymological connection based on parts (of a word),[250] there is no assumption of a conventional meaning;[251] so the word "*prokṣaṇī*" is etymologically denotative.[252]

10. With regard to the statement, "They bake bricks with the *nirmanthya* (fire),"[253] the fire which is the means of baking is not (at that time) produced

243 As in the case of the word "*yūpa*" (post). See 10.2.33 and 9.2.13 (also JNMV on 11.3.4 etc.).

244 I.e., the condition of being *barhis* or ghee.

245 I.e., it is present whether the *barhis* or ghee is prepared or not.

246 This is stated as a purpose of the discussion. The *barhis* strewn at the hole for the post (*yūpa*) at the animal rite does not require preparation. See 3.8.17 and 7.3.7.

247 This is used to sprinkle various substances and implements.

248 The preparations of the sprinkling water include the actions of purifying it, consecrating it with *mantras*, setting it down, etc. They are taught at the new- and full-moon sacrifices. See ĀpŚS 1.11.9 and 10 (purifying and consecrating) and 2.3.11–13 (setting down), and NVO pp. 27, 55–6.

249 Specifically, the *jāti* of water (*jala*), i.e., the condition of being water. According to Śabara etc., the first alternative is set aside because of usage such as, "*prokṣaṇībhir udvejitāḥ smaḥ*" (We are revived by the sprinkled water), where the word is used for water which has not been prepared.

250 Etymologically, the word "*prokṣaṇī*" denotes an instrument with which one sprinkles (*ukṣati*) well (*pra*).

251 I.e., the *jāti* which was proposed above.

252 The purpose of this as identified by Śabara is to determine the correct form to be used at a desiderative *iṣṭi* for priestly luster where there occurs the statement, "*ghṛtaṃ prokṣaṇaṃ bhavati*" (ghee (*ghṛta*) is the means of sprinkling (*prokṣaṇa*)) (MS 2.1.5 (7.1); cf. TS 2.2.10.2) (see 10.7.19 and *Wunschopfer* 40). If the meaning of the word "*prokṣaṇī*" is a preparation (*saṃskāra*), then the wording of the directions, "*prokṣaṇīr āsādaya*" (Put the *prokṣaṇī* down), can be used without modification; if the meaning is the *jāti* (i.e., the *jāti* of water), then "*ghṛtam āsādaya*" is appropriate; and if the meaning follows etymology, "*prokṣaṇam āsādaya*" (here "*prokṣaṇa*" takes the neuter gender, which is common for nouns which denote the sense of an instrument). See 2.1.13.

253 This is taught at the fire-piling rite. See Smith's discussion of this fire at TKM 2.121.

by rubbing,[254] and the domestic fire etc. are brought about by it (i.e., by the action of rubbing), and so the word "*nirmanthya*" is not etymologically denotative;[255] rather it should be expressive of a *jāti* which is pervaded by and is lower (i.e., less inclusive) than that of fire.[256] That is not so. When the proper sense can be achieved through an etymological meaning, the conventional meaning should not be assumed. One does not understand the domestic fire etc. (from the word), since it was not so used by the ancients. The result is that since fire has been obtained for the sake of baking (the bricks), the action of rubbing should take place in the performance.[257]

11. At the *cāturmāsya* sacrifices, after the eight sacrifices starting with the one to Agni have been enjoined at the *vaiśvadeva parvan*,[258] the word "*vaiśvadeva*", which is heard at the statement, "He should sacrifice (*yajeta*) with the *vaiśvadeva*", either enjoins the deity (i.e., the Viśvadevas (All-gods)) for seven (sacrifices),[259] or enjoins a distinct rite qualified by it. One should understand (that) the substance (is obtained) for that (i.e., for a distinct rite) from the sentence teaching *āmikṣā*,[260] and the indication (i.e., that there are eight offerings) comes about appropriately.[261] No. Indeed the

---

254 Etymologically, "*nirmanthya*" denotes that which is to be rubbed (*manth*) out (*nir-*) of something. At the time of baking, the fire is not being rubbed out.

255 See note above. The "etc." in the text should perhaps be understood as including butter (*navanīta*), which is mentioned here along with the domestic fire in BhD.

256 I.e., the term denotes the *jāti* which occurs in certain cases of fire produced by rubbing with fire sticks. See BhD quoted in the notes to the text.

257 I.e., a freshly rubbed fire should be produced. Since the fire has been obtained from the word "*pacanti*" (they bake) in the statement quoted above, only the action of rubbing is enjoined. For more on this, see BhD and *Prabhāvalī* on 3.7.5.

258 These eight are listed as follows: "He offers a cake on eight pans to Agni, *caru* to Soma, a cake on twelve pans to Sāvitṛ, *caru* to Sarasvatī, *caru* to Pūṣan, a cake on seven pans to the Maruts, *āmikṣā* to the Viśvadevas (All-gods), and a cake on one pan to Dyaus and Pṛthivī." (TS 1.8.2.1.). *Āmikṣā* is the thickened milk which is produced when curds are added to hot milk. (Bhide, p.66, identifies it as the "thick portion of milk when mixed with curds"). The *vaiśvadeva parvan* marks the start of spring, and the rite takes place on the full-moon day of Phālguna (February-March) or Caitra (March-April). See Kane, HDS, II.2, p. 1091.

259 I.e., the seven where it has not been mentioned. See the preceding note.

260 This refers to the sentence, "He offers *āmikṣā* to the Viśvadevas" (*vaiśvadevīm āmikṣām* (understand *nirvapati*)), part of the quotation cited in the previous note. The claim made here is that this sentence enjoins only the substance, and not the deity. See note to the text.

261 I.e., on the interpretation that this is a distinct rite. The indication mentioned here seems to be the statement in MS and TB that there are eight offering substances.

statement does not enjoin the deity, since it (i.e., the deity) would be taught both in the originative injunction and also in an injunction taught for the rite subsequently,[262] and the resulting option is not appropriate; nor does it enjoin a distinct sacrifice, for even without that, the word "*vaiśvadeva*" comes about appropriately by conveying a name.[263] Also, there would be (unwanted) diversity in (the use of) the word "*nirvapet*" (he should offer/pour).[264] Therefore, on the basis of the etymology offered in the remaining part of the sentence, "Because the Viśvadevas (All-gods) sacrificed together, that is the *vaiśvadeva*-ness of the *vaiśvadeva* sacrifice (i.e., why it is called '*vaiśvadeva*')", it should be a name. The result (of the topic) is (the establishment of) a connection between the place (i.e., of the sacrifice) and the result.[265]

12. After the injunction of the sacrifice in the statement, "He should offer a cake on twelve pans (*dvādaśakapāla*) to Vaiśvānara (*vaiśvānara*) when a son is born",[266] and after the statement of the (particular) results of the cakes on eight pans (*aṣṭākapāla*) etc. by means of the statements, "In that there is a

---

262 Here the originative injunctions are the seven which teach the offerings for Agni etc., and the one taught subsequently is the one which would supply the Viśvadevas as the deity.

263 I.e., the name of all eight sacrifices taken together.

264 This word is used to enjoin the cake offering for Agni, which is the first of the eight offerings under discussion. There it enjoins a qualified sacrifice. It is understood at each of the following statements, including the one enjoining the *āmikṣā* offering. If it were interpreted as enjoining only the substance of that offering, it would differ from its earlier use.

265 The place of the rite is taught, e.g., in ĀpŚS 8.1.5 *prācīnapravaṇe vaiśvadevena yajate* (He performs the *vaiśvadeva* sacrifice on ground sloping to the east). If the term "*vaiśvadeva*" here referred only to the *āmīkṣā* offering to the Viśvadevas, the result of the sacrifice preformed in the prescribed place would be connected just to it, and not to the other seven offerings, which would be subsidiaries. In a parallel passage, which is useful for understanding the text here, BhD refers to the connection between the time of the sacrifice, i.e., the spring, and the result. If all eight sacrifices are taught to be performed at the particular time taught for the *vaiśvadeva* sacrifice, then on the basis of their having obtained the name "*cāturmāsya*" they are connected with the result stated for the *cāturmāsya* sacrifices in the statement, "*cāturmāsyaiḥ svargakāmo yajeta*" (One desirous of heaven should perform the *cāturmāsya* sacrifices). On the alternative view, the result would be connected with the just the offering of *āmīkṣā* to the Viśvadevas, and the other seven offerings would merely be subsidiaries.

266 This is a desiderative *iṣṭi*. See *Wunschopfer* 29.

cake on eight pans (*aṣṭākapāla*), he purifies him with the *gāyatrī* metre,[267] with splendour" etc.,[268] a conclusion is stated, "If he offers this *iṣṭi* when a son is born, that son will become purified, glorious, a food-eater, powerful, and a possessor of cattle"; there, because the numbers eight etc. have been obtained in the number twelve, on the basis of the principle that there is another statement which establishes it[269] the words "*aṣṭākapāla*" ((a cake) on eight pans) etc. are names of the sacrifice to Vaiśvānara;[270] or, because it (i.e., the eight included in twelve) has not been obtained as something which limits either the number eight or the cakes on eight pans, this is an injunction (i.e., of the number eight) for the earlier sacrifice;[271] the cake on twelve pans is not (by itself) taught in a (separate) originative injunction, in as much as there is a single sentence;[272] or, there is no single sentence, and because the word following "*vaiśvānara*" (i.e., "*dvādaśakapāla*" ((a cake) on twelve pans)) makes subsequent reference (i.e., to the cake on twelve pans), it does not enjoin that;[273] so therefore the condition of being taught subsequently to the originative injunction applies to all of them;[274] thereby they are equal;[275] or, based on the sacrifice which has been introduced, these are subsidiaries which are to be enjoined in reference to the (specific) results.[276] No. On the strength of this (entire passage) being a single sentence, which is made known from its introduction and conclusion,[277] it is not so; rather, it (i.e., the portion stating the special results of the cake on eight pans etc.) should be (recognized as) praise of that (offering to Vaiśvānara) through its parts. Because the denotative power of the word "*aṣṭākapāla*" applies to a cake on

---

267 The *gāyatrī* meter has eight syllables in each *pāda*. A *pāda* (lit., foot) is a constituent unit of a verse. There are three *pādas* in a *gāyatrī* verse.

268 These statements announce the results of cakes on eight, nine, ten, eleven, and twelve pans. They do not refer to distinct cake offerings, as will be shown below.

269 I.e., the number twelve establishes the number eight, which the word "eight" would convey if it were not a name.

270 This is the first initial view.

271 I.e., for the sacrifice to Vaiśvānara.

272 And so all the numbers are considered to be in the originative injunction.

273 Instead, the cake is enjoined by the last of the statements referred to in the note above, "In that there is a cake on twelve pans, he bestows cattle on him with the *jagatī* metre" (*yad dvādaśakapālo jagatyai 'vā 'smin paśūn dadhāti*).

274 The originative injunction enjoins the sacrifice as qualified only by the deity.

275 This is the second initial view.

276 This is the third initial view.

277 In particular, the pronouns in the conclusion make this likely.

eight pans for Agni, there should be (recognized) secondary denotation of a part of the cake on twelve pans, through the baking of eight.

13. At the statement, "The *prastara* (bundle) is the sacrificer (*yajamāna*)",[278] there is a name;[279] or, since that is impossible on account of the conventional meanings,[280] the sacrificer is enjoined as the support for the actions such as holding the spoon (*sruc*), which are indicated by the word "*prastara*" (bundle), which is last (in the sentence);[281] if this is obtained, (i.e., as an initial view, the answer is) because there is no perceptible injunction (which states this), and because the statement forms one sentence with the injunction, "He places the *prastara* (bundle) on the strew", it is praise. Likewise (praise is understood) at these statements as well, "Indeed the *brāhmaṇa* is fire",[282] "The sacrificial post is the sun",[283] and, "Indeed animals other than cows and horses are non-animals, cows and horses are animals";[284] this has been established at the topic on *uḍumbara* wood.[285] And here praise does not occur without secondary signification (*lakṣaṇā*), in which there is secondary meaning (*gauṇī*); nor is there secondary meaning without a quality (*guṇa*), and so qualities are what are spoken of by these six *sūtras*.[286] In the statement, "The *prastara* (bundle) is the sacrificer", it (i.e., the quality which underlies secondary meaning) is the condition of being a performer of tasks, just as exists in the sacrificer.

278 This is stated at the passage enjoining the placing of the grass bundle (*prastara*) on the *barhis* (grass) at the new- and full-moon sacrifices. (NVO pp. 67–8).

279 I.e., one of the two words in this statement is recognized as a name, and the other as the item named.

280 I.e., the meanings "bundle" and "sacrificer".

281 The action of supporting the spoon is a task for the *prastara*. (This applies either to the *juhū* spoon alone, or, according to others, to the *upabhṛt* and *dhruvā* as well; see ĀpŚS 2.9.15 and 2.10.1, and NVO, p. 68). On this analysis, the first of the two words in the sentence (i.e., "*yajamāna*") functions with its primary sense, and the last (i.e., "*prastara*") expresses an implied sense.

282 This is untraced. See note in the text.

283 This is stated at a passage where the *agnihotra* rite is considered in the form of the *soma* rite.

284 This is found at the action of setting down the fire pot (*ukhā*) in the fire-piling rite (*agnicayana*).

285 I.e., at 1.2.2. That topic establishes how it is that statements of praise occur in the *veda*.

286 I.e., the *sūtras* which underlie topics 1.4.13–18. See BhD and *Kutūhalavṛtti* for the distinction between *lakṣaṇā* and *gauṇī* here.

14. In the statement, "Indeed the *brāhmaṇa* is fire",[287] it[288] is the condition of being first-born, just as exists in fire.[289]

15. In the statement, "The sacrificial post is the sun",[290] it[291] is the identity of form, which is based on the conditions of being brilliant etc. and grasped by the sense of sight. And here it is the identity of form, in the form of having qualities of the same type as the qualities abiding in what the word denotes (i.e., the sun), which serves to qualify (our knowledge),[292] through (the relation of) inherence etc.;[293] but elsewhere (i.e., in the sentence, "The *prastara* (bundle) is the sacrificer"),[294] the quality which abides in what the word denotes[295] serves to qualify (our knowledge),[296] through the relation of having a quality which is of the same type as it;[297] therefore the separate statement (here) is not in conflict (with the earlier statement).[298] This is the view of the scholars of the "New School".

16. So too at the statement, "Indeed (animals other than cows and horses are) non-animals (*apaśus*)",[299] since goats etc. are enjoined at various rites, their prohibition and exclusion with regard to operations on animals would be inappropriate, and so this is an *arthavāda*; and the word "*apaśu*" (non-animal) applies (secondarily) to goats etc., since these are connected with the

---

287 See 1.4.13.

288 I.e., the quality which underlies secondary meaning.

289 Here Śabara has a long passage, starting: "Prajāpati desired, 'May I have offspring'. He made the *trivṛt* (*stoma*) from his mouth, after that Agni was created as the deity, the *gāyatrī* as the meter, the *rathantara* as the *sāman*, the *brāhmaṇa* among men (and) the goat among animals. Therefore they are predominant (*mukhya*), since they are created from the mouth (*mukha*)." (*prajāpatir akāmayata prajāḥ sṛjeyam iti. sa mukhatas trivṛtaṃ niramimīta, tam agnir devatā 'nvasṛjyata, gāyatrī cchandaḥ, rathaṃtaraṃ sāma, brāhmaṇo manuṣyāṇām ajaḥ paśūnām. tasmāt te mukhyāḥ, mukhato hy asṛjyanta*) (cf. TS 7.1.1.4).

290 See 1.4.13.

291 I.e., the quality which underlies secondary meaning.

292 I.e., and to serve as the cause of secondary meaning.

293 I.e., the identity of form inheres in the post.

294 See 1.4.13.

295 I.e., the quality of being a performer of tasks, which abides in the sacrificer.

296 I.e., and to serve as the cause of secondary meaning.

297 This is simply the relation which connects the *prastara* (bundle) with the quality which is of the same sort as the one present in the sacrificer and which is perceived as existing in the *prastara* (bundle).

298 A similar discussion in BhD is presented as an answer to the criticism that "identity of form" would cover all cases of secondary meaning.

299 See 1.4.13.

quality which is the absence of the praiseworthiness which occurs in cows and horses.

17. At the statement, "He lays the *sṛṣṭi* (creation) bricks",[300] fourteen *mantras* make known the act of creation (*sṛṣṭi*); the first one and the last two are not such; in a collection of such *mantras* (i.e., those with a word formed from *sṛj*), and in a collection of both such *mantras* and those that are not such, there is a large number of words whose meaning is creation, and that is the quality.[301] And here the action of laying is enjoined as a preparation of the bricks, with the result that the bricks should be laid one by one, and there should be a single agent for the action of laying them. This is the view of the *Bhāṣya*.[302]

But according to the *Vārttika*, it is the action of laying the bricks as qualified by the recitation of *mantras* which is enjoined. Otherwise (i.e., if only the laying of the bricks were enjoined), statements such as, "He lays the *prāṇabhṛt* bricks"[303] etc. would be pointless.[304] And since the *mantras* which simply make known the bricks have been obtained (for recitation) even when the latter are taken up etc.,[305] the results of the injunction of the *mantras* include their exclusion (from being recited) when the bricks are taken up etc.; and the result of the injunction of the action of laying (the bricks) is as stated above.[306]

---

300 This is taught at the fire-piling rite. The *sṛṣṭi* bricks are those for which the action of laying is accompanied by *mantras* containing forms of the root *sṛj* (to create). There are seventeen such bricks, and they are laid in the fourth layer.

301 I.e., the quality which underlies secondary meaning. Consequently, all seventeen *mantras* are to be understood, not just the fourteen with words formed from *sṛj*.

302 On this view, the *mantras*, both those with and those without words formed from *sṛj*, are already obtained on the basis of word meaning and context, and so the term "*sṛṣṭi*" merely makes subsequent reference to them.

303 This is taught at the fire-piling rite. The "*prāṇabhṛt*" bricks, literally, those "which support breath (i.e., life)", are bricks whose laying is accompanied by *mantras*, at least one of which contains the word "*prāṇa*" (breath). There are fifty such bricks in the first layer, five in the second, and ten in the third. See 1.4.18. On the sense of the word "*prāṇabhṛt*", see Albrecht Wetzler, "Sanskrit *Prāṇabhṛt*, or What Supports What", in A.W. van den Hoek et al. eds., *Ritual, State and History in South Asia: Essays in Honour of J.C. Heesterman*, pp. 393–413.

304 It would be pointless to have a number of distinct statements such as this one if they were only to enjoin the action of laying the bricks.

305 I.e., at actions other than that of laying them.

306 I.e., as stated in the interpretation attributed to the *Bhāṣya*.

18. At the statement, "He lays the *prāṇabhṛt* bricks", the small number (i.e., of *mantras* containing the word "*prāṇa*" (breath)) is the (quality which is the) cause of the secondary meaning.[307]

19. At the statement, "He lays down wetted pebbles",[308] because the injunction does not provide decisive criteria, wetting by means of anything would be obtained. No. Because the statement of praise determines the meaning of an injunction which would (otherwise) operate without particularity, the action of wetting is to be done only with ghee.[309]

20. On the basis of the statement, "He cuts (*avadyati*) with the *sruva* (dipping spoon)",[310] anything that is a substance is to be cut with the *sruva* etc. No. The word "*avadyati*" (he cuts), which is here assisted by capacity, enjoins the *sruva* etc. through reference to the action of cutting a suitable substance, and therefore ghee, meat, and cakes are to be cut by means of the *sruva*, the *svadhiti* (ax), and the hand (respectively); in the offering (*homa*) of barley groats, the joined hands (*añjali*) should be opened up.[311]

So in this way it is settled that injunctions, *arthavādas*, *mantras*, *smṛti*, custom, names, the remainder of the sentence, and capacity are authoritative in the matter of *dharma*.[312]

---

307 See 1.4.17 and also the note to the text at that topic. See also 3.8.23.

308 This is taught for the construction of the *caturhotṛ* fire at the fire-piling rite (*agnicayana*). Golden bricks are to be laid, but if they are not found, the statement here teaches that wetted pebbles may be used instead. Cf. ĀpŚS 19.14.19.

309 A statement of praise immediately follows the injunction in the TB: "He should lay down wetted pebbles. Ghee is brilliance (*tejas*)."

310 In Śabara this is followed by: "He cuts with an ax (*svadhiti*). He cuts with his hand".

311 This is stated in reference to the injunction quoted by Śabara, "He offers groats in the fire burning on the *vedi* (or perhaps, "in the forest fire") with joined hands". This action is to be performed near the end of the *jyotiṣṭoma* sacrifice by one who has had mixed success in performing the sacrifice. On the basis of capacity, the word "*añjali*" (joined hands) is not taken here as denoting the common gesture of respectful greeting, in which the hands are held with the palms placed together.

312 The last two of these, the remainder of the sentence and capacity, are presented in the last two topics. This list appears is an identical form in BhD.

Book 2

Chapter 1

1. In the statements, "He should sacrifice with *soma* (*somena*)" etc., there are two instruments,[1] because they are (both) eager to be connected with the main item.[2] No indeed. If both were instruments of the productive force, then two unseen effects would be assumed.[3] Therefore, even though connections with the main item would be obtained (for both), there are not two instruments. For if the actions of sacrifice etc. are the (sole) instrument, then clearly the *soma* would have a visible purpose.[4] If the *soma* is the (sole) instrument, then the actions of sacrifice etc. would have a visible purpose in as much as they would be the substrate.[5]

Moreover, the *soma* etc. alone is the instrument, because as something already established, it is appropriate for it to be so, because the direct statement of the instrumental case suffix (i.e., in the word "*somena*"), which is denotative of the condition of being the instrument, is stronger than a direct statement based on the condition of being expressed by one and the same word,[6] and because when the actions of sacrifice etc. are (considered to be) the substrate, distinct (i.e., multiple) unseen effects do not result. No; because on the basis of the traditional teaching that (only) a completed word is connected with another word, it is necessary that the action of sacrifice should be connected to the productive force through the condition of being an instrument, even if the latter (i.e., the condition of being an instrument) is secondarily signified;[7] because it is appropriate that only the instrument of the productive force is a means of bringing about the unseen effect, since it is a means of bringing about a result; because even the action of sacrifice, when it is established by a means (i.e., by the *soma*), can be an instrument;

---

1 I.e., the action of sacrifice and the *soma*. Here the term "instrument" (*karaṇa*) refers to one of the three parts of the productive force (*bhāvanā*). The other two are the result (*kārya*) and the manner of performance (*itikartavyatā*, *kathaṃbhāva*).

2 I.e., with the productive force (*bhāvanā*), which is denoted by the finite verb suffix.

3 Each instrument would produce an originative unseen effect. See 2.1.2.

4 I.e., in bringing about the action.

5 I.e., for the instrumentality of the *soma* etc.

6 In the one word "*yajeta*" (he should sacrifice), the action of sacrifice and the productive force are denoted by the root and the optative suffix, respectively.

7 It is not based on the direct statement of a *kāraka* (cf. BhD).

(and) because *soma* etc. are (just) for the sake of the action of sacrifice, since they are subsidiaries. The result of this is that in the absence of *soma* etc. there are substitutes; (also) a productive force which is distinct (from the meaning of the verbal root) is established.[8] The fact that it (i.e., the productive force) is the meaning of the finite verb suffix and that it is the main qualificand[9] is made known by the analytic glosses of (the finite verbs) "*pacati*" (he cooks) etc. as "*pākaṃ karoti*" (he makes a cooking) and "*pāke yatate*" (he exerts himself in cooking) (etc.), (which indicate a meaning) distinct from the meaning of the root,[10] and by the statement of the *Nirukta*, supported by good reasons, "Action (*bhāva*) is the chief element in a verb (*ākhyāta*), existent things are the chief element in nouns".[11] And (of the two sorts of productive force) the productive force for the (main) object (*arthabhāvanā)* is just this, whereas the productive force based on the word (*śabdabhāvanā*) is denoted by the suffix in the form of the optative, and is established by the experience, "The *veda* instigates me". This is treated in detail elsewhere.[12]

8 Here the writers on Mīmāṃsā disagree with the grammarians, who hold that "*vyāpāra*" (activity), which corresponds very roughly to the productive force of the Mīmāṃsā, is denoted by the root. See Kauṇḍa Bhaṭṭa's *Vaiyākaraṇabhūṣaṇasāra*, where *vyāpāra* is glossed as the action (*kriyā*) called "*bhāvanā*" (p. 12).

9 I.e., in the semantic analysis of the finite verb.

10 They indicate that the productive force (*bhāvanā*), glossed here as "he makes" and "he exerts himself", is expressed elsewhere than in the root.

11 This quotation supports the argument if "*ākhyāta*" means the finite verb suffix. It generally does in Mīmāṃsā literature, but probably not in the *Nirukta*.

12 There is no discussion elsewhere in the MNS of the two types of productive force. Āpadeva describes them in some detail in the *Mīmāṃsānyāyaprakāśa*. The optative finite verb suffix denotes both forces, but through the distinct conditions which occur in it. It denotes the productive force for the object (*arthabhāvanā*) through its condition of being a finite verb suffix, and the productive force based on the word (*śabdabhāvanā*) through its condition of being the optative suffix. For the first of these two productive forces, the (1) result, (2) instrument, and (3) manner of performance are (1) heaven etc., (2) the actions of sacrifice etc., and (3) actions such as the performance of fore-sacrifices etc. For the second, they are the (1) productive force for the object (*arthabhāvanā*), (2) knowledge of the optative suffix etc., and (3) *arthavāda* statements of instigation etc. See MNP, sections 7–9, 392.

2. The unseen effect (*apūrva*) should not exist, since the action of sacrifice, even though it is momentary, can be the means of bringing about the result through its own destruction. No; because in as much as the condition of being destroyed by a declaration (*kīrtana*) etc., which is made known by the statements, "*Dharma* is destroyed by a declaration" and "Even great sins are destroyed by expiatory rites", would not be possible in the case of permanent destruction,[13] the unseen effect is necessary, and because in as much as the latter is an intermediary operation, it does not lead to the actions of sacrifice etc. being wrongly established (i.e., as the instrument).[14] And by force of the result,[15] the unseen effect inheres in the soul.[16] And where there is (just) one main item,[17] when it is accompanied by earlier and later subsidiaries the unseen effect from it is one.[18] And there is also one (unseen effect) immediately after the main item,[19] so giving two. When there are distinct main items, there are distinct originitive unseen effects.[20] And in the new- and full-moon sacrifices there are two unseen effects (resulting) from the

---

13 I.e., the permanent destruction of the sacrifice, which begins at the moment the sacrifice is concluded but has no end. The argument presented above is referred to briefly in Annaṃbhaṭṭa's *Dīpikā* commentary on his own *Tarkasaṃgraha*. In the *Prakāśa* commentary on the *Dīpikā*, Nīlakaṇṭhabhaṭṭa presents a verse, "By touching the water of the Karmanāśā (river), by crossing the Karatoyā (river), by swimming across the Gaṇḍakī (river), (and) by making a declaration, *dharma* is destroyed" (p. 210). In the *Bhāskarodayā*, a commentary on the *Prakāśa*, Nīlakaṇṭha's son Lakṣmīnṛsimha Śāstrī explains that the declaration in question refers to the one made by Yayāti, an ancient king in the *Mahābhārata* whose great merit had gained him a place in heaven after his death. When Indra asked him about his earlier deeds, Yayāti declared them all. The gods then threw him out of heaven, since his *dharma* (i.e., accumulated merit) had been damaged (*dharmakṣateḥ*). Presumably, this was because the gods thought Yayāti had been boastful. This particular account of Yayāti's fall agrees to some extent with the one given in the *Matsyapurāṇa* (36–7). The episode is presented rather differently in the *Mahābhārata* (V 118–121).

14 Since the unseen effect functions as an intermediate operation, its existence does not mean that the action of sacrifice is not the instrument (*karaṇa*) for the production of the result.

15 I.e., the result of the action of sacrifice.

16 And not in the action of sacrifice. The result accrues to the soul.

17 I.e., in a rite.

18 This is the final (*parama*) unseen effect, which is mentioned below. In JNMV it is referred to as the "*phalāpūrva*" (the unseen effect for the result, i.e., which brings about the result).

19 This is the originative unseen effect, i.e., the one resulting from the originative act (*utpatti*).

20 See the previous note.

(two) groups,[21] and one final unseen effect, and so a collection of nine unseen effects is to be recognized.[22] The unseen effects produced by subsidiaries which assist indirectly (*saṃnipatya*) are useful for (producing) in the main item a suitability which is conducive to the creation of the originative unseen effect, while those which are produced by subsidiaries which assist directly (*ārāt*) are useful for (producing) in the originative unseen effect a suitability which is conducive to the creation of that (unseen effect) which is produced immediately afterwards;[23] this and other such things are to be understood.

3. The actions of beating etc., which are enjoined by the statements, "He beats the (unhusked) rice grains (*vrīhīn*)" etc.,[24] produce an unseen effect, because they are the meanings of verbal roots which have been enjoined, as in the case of the action of sacrificing, and if (it is claimed that) they are for the sake of the conditions of being husked etc., which are already established by worldly practice, then the pointlessness of the injunctions would invalidate that argument. No; because an unseen effect is not proper when a visible effect is possible, because the accusative case suffix in "*vrīhīn*" (the (unhusked) rice grains), which denotes the condition of being what is most intended to be reached,[25] causes us to understand the action of beating only as something which produces a visible excellence which resides in the grain, and because the injunction is not pointless in as much as it exists for the sake of providing a restriction.[26]

---

21 These groups are constituted by the sacrifices performed on the new- moon day and on the full-moon day.

22 There are three main offerings in each of the two groups, giving six unseen effects. To these are added the two unseen effects from the groups and the one final unseen effect.

23 When there are groups, as at the new- and full-moon sacrifices, this is the unseen effect of the group. Otherwise it is the final unseen effect.

24 This enjoins beating of grain at the new- and full-moon sacrifices before the offering cakes are made. (NVO p. 29).

25 P 1.4.49 *kartur īpsitatamaṃ karma* defines the grammatical object as what is most intended to be reached (or obtained) by the agent. Here the substance is understood to be predominant, and the action, which is dependent on it, is understood as being something which brings about an effect in it (cf. JNMV).

26 The grains are not to be husked by means of fingernails etc.

4. The statement, "He wipes the spoons (*srucaḥ*)",[27] enjoins a main rite, because we do not seen any excellence in the spoons which is produced by the wiping.[28] No; because we understand from the accusative case suffix (i.e., in the word "*srucaḥ*" (spoons)) that the action is for the sake of the spoons, and because the action is appropriate in that it produces an unseen effect resident in the spoons.

5. In the statements, "They praise (*stuvate*) with (i.e., chant) the *ājyas*" and "He recites (*śaṃsati*) the *praüga*",[29] the enjoined praise (*stotra*) and recitation (*śastra*), which have the form of statements of qualities resident in their possessors, (statements) which are produced (respectively) by *mantras* sung and unsung, are for the sake of visible effects, because there comes about from them a preparation of the deities in the form of the action of remembering them. No; because the finite verb suffix enjoins those two actions as only main acts, so as not to block the meanings of the roots *stu* (to praise) and *śaṃs* (to recite), which have the form of an action of declaring the connection with a quality, the intended meaning of which is the connection of the deity to be praised with the quality; because otherwise, just as when there is no praise in the statement, "Curly-locked Devadatta", when the intended meaning of this is "Bring him",[30] if the purpose of the praise and recitation were to remember the deity, then the condition of being praise and recitation would be destroyed; and because the assumption of an unseen effect is not a fault when it leads to a result.[31] It is for this reason that praise of Indra is appropriate near the sacrifice of the draught for Mahendra, since otherwise secondary signification etc. would result.[32]

6. The statement, "By means of which (*yābhis*) (cows) he sacrifices (*yajate*) and gives (*dadāti*) to the gods, (with them the cowherd is joined for a

27 This is taught to occur at the new- and full-moon sacrifices, after the *vedi* (altar) has been constucted. (NVO, pp. 57–9). The term "*sruc*" refers to three particular spoons, the *juhū*, the *upabhṛt*, and the *dhruvā*.

28 See preceding topic.

29 The *ājyastotras* are sung at the morning pressing at the *jyotiṣṭoma* rite. (CH 155ff). The *praüga śastra* is recited after the first *ājyastotra*. (CH 157).

30 Here the word "curly-locked" simply serves to identify Devadatta.

31 The result here is that the primary sense of the roots *stu* and *śaṃs* can be kept.

32 The draught for Mahendra occurs at the midday pressing in the *jyotiṣṭoma*. It is enjoined in TS 6.5.5.3, and the *mantra* is at TS 1.4.20. See ĀpŚS 13.8.4 and CH 198. The result of this analysis is that the word "*indra*" is not taken to mean "Mahendra" by secondary signification, nor, alternatively, is the *mantra* praising Indra to be postponed to a sacrifice where Indra (and not Mahendra) is the deity.

long time)",[33] is an injunction, because it is similar (i.e., in its finite verb suffixes) to (injunctions with) the finite verb suffixes (*ākhyātas*) which serve to enjoin.[34] No. Because the word "*yad*"[35] blocks the denotative power of injunction, as in the statements, "Of whom (*yasya*) both offerings are destroyed" etc.,[36] because the meaning has already been obtained,[37] and because it has another purpose,[38] the finite verb suffix serves to make a statement as well (as to enjoin).

7. There is no definition of *mantra*, because (from among the provisional definitions on offer) the condition of being something which states a meaning which has been enjoined fails to apply at cases such as, "He should offer (i.e., kill) *kapiñjala* birds for the spring"[39] etc., because the conditions of ending with the word "*asi*" (you are) or (a word with) the first person suffix etc. fail to apply at (instances of) each other, and because the condition of being a cause of reflection[40] wrongly applies to (some) *brāhmaṇas* also. No; because a *mantra* is the subject matter of a mental presentation qualified by the condition of being denoted by the word "*mantra*" as used by the learned, and so a definition is possible. And the condition of being a *mantra*, which limits the condition of being denoted (i.e., by the word "*mantra*"), is to be recognized as an *akhaṇḍopādhi* (an indivisible limiting feature).[41]

---

33 This is taught in the TB in a section of *mantras* which are to be employed at any appropriate *upahoma* (supplementary *homa*).

34 In this statement, the words "*yajate*" (he sacrifices) and "*dadāti*" (he gives) are similar to word such as "*stuvate*" (they praise) and "*śaṃsati*" (he recites) quoted in the preceding topic.

35 I.e., the relative pronoun, here in the instrumental plural feminine form "*yābhis*".

36 This is taught in an expiatory rite for the new- and full-moon sacrifices when the offering substances from both milkings for the *sāṃnāyya* offering are spoiled. See 6.4.6. Here the relative pronoun appears as "*yasya*", the genitive singular masculine form.

37 Judging from the BhD and the *Prabhāvalī*, this seems to refer to the meaning of statements which have the relative pronoun. Other statements enjoin the actions of sacrifice and giving.

38 I.e., a purpose other than that of injunction. In *mantras* it serves to remind, in *brāhmaṇas* to convey causes (*nimittas*) (cf. BhD).

39 This is taught (for the second pressing day) at the *aśvamedha*. MW identifies the *kapiñjala* as "francoline partridge". See Dumont 442, p. 142.

40 I.e., of being a reminder.

41 An *upādhi* provides the qualification required for a qualified cognition when there is no *jāti* to do this. This seems to be the case here, where no *jāti* of a *mantra* has been identified. *Akhaṇḍopādhis* are those which cannot be further analyzed.

8. There is no definition of a *brāhmaṇa*, since the statement that a *brāhmaṇa* is (the statement of) one or another of the following: (1) a reason, (2) an etymology, (3) blame, (4) praise, (5) doubt, (6) an injunction, (7) an action done by another, (8) (events in) earlier times, or (9) the assumption of a limitation (on an action),[42] wrongly applies to the statements, "For the drops desire you" etc.;[43] and the statement that it is either (10) full of the words "*iti*" (thus, so), (11) composed with the words "*ity āha*" (so he says), or (12) in the form of a tale, wrongly applies to the hymns, (10) "'So (*iti*) you gave, so (*iti*) you sacrificed, so (*iti*) you cooked' thus (*iti*) the *brāhmaṇa* (priest) should sing",[44] (11) "Or the demon (*rakṣas*) who says thus (*ity āha*) 'I am pure'",[45] (12) "(I offer) the lively praises",[46] etc. No. A *brāhmaṇa* is a

---

42 Śabara's examples are: (1) "He sacrifices with the winnowing basket, for food is made by it" (see 1.2.3); (2) "(That impelled (*adhinot*) him;) that is why curds are called "curds" (*dadhi*) (lit., "that is the condition of being curds ('curdsness', *dadhitva*) of curds (*dadhi*))"; (3) "Indeed the fires go out quickly for this man" (see 10.8.6); (4) "Vāyu indeed is the swiftest deity" (see 1.2.1); (5) "It should be offered in the *gārhapatya* fire, it should not be offered" (see 10.8.5); (6) "It (i.e., the pillar of the shed) is of *audumbara* wood of the height of the sacrificer" (see 10.2.19); (7) "Cook me beans" (see 6.7.12); (8) "The ancestors came together with the firebrands (*ulmukas*?)"; and (9) "As many horses as he has received, (let him offer that many cakes on four pans to Varuṇa)" (see 3.4.14). See ĀpŚS 24.1.33.

43 These are *mantras*. The one quoted here is recited at the draught for Indra and Vāyu at the *jyotiṣṭoma* (see ĀpŚS 12.14.9). Other examples for these given in Śabara are: (2) "(Then Indra obtained (*āpnot*) you as you went) therefore you are waters (*āpaḥ*)"; (3) "The ignorant find food in vain"; (4) "Agni is the head (of the sky)" (see 12.4.1); (5) "Was there below, or was there above?"; (6) "He should satisfy the one seeking help" (JNMV has here "He kills *kapiñjala* birds for the spring (see 2.1.7)); (7) "(The *rājan* Citra continued) giving a thousand and tens of thousands" or, "Giving a thousand and tens of thousands (the *rājan* Citra extended over the smaller kings)"; and, (8) "With the sacrifice the gods sacrificed to the sacrifice". Neither Śabara nor JNMV seems to have given an example of a *mantra* in which there is stated the assumption of a limitation (9).

44 This is taught at the *aśvamedha*. It lists the themes on which the *brāhmaṇa* lute-player should compose and sing verses.

45 Sāyaṇa says that the hymn in which this *mantra* occurs in the AV, and also the preceding hymn, belong to the group of hymns used for exorcising demons (*cātana*). He lists their uses in his introduction to AV 8.3. Śabara's quote here, "*bhagaṃ bhakṣī 'ty āha*" ('May I partake in fortune (*bhaga*)', he says) is employed in various ways, including as a *yājyā* (offering verse) for a desiderative animal rite (TB).

46 "I offer the lively (Macdonell) praises of Bhāvya...who measured out a thousand libations for me". The BṛD classifies this as a *nārāśaṃsī* verse, i.e., one which praises men.

portion of the *veda* other than what falls in the range of the *mantras* as accepted by the learned, and so a definition is possible.

9. The modification (*ūha*) of a *mantra*,[47] and the remaining portions of this *mantra*, "This *brāhmaṇa* has become initiated", namely, the (statement of the) *pravara* (i.e., the list of *ṛṣi* ancestors), "In (the *pravara* of) whose *gotra* occur Āṅgīrasa, Bārhaspatya, and Bhāradvāja", and the (statement of the) name, "That Devadatta, son of so and so",[48] are (all) *mantras*, since they form a single sentence with the *mantra*. No; because they lack currency (as *mantras*) among the learned.[49]

10. 11. 12. The statement that a *mantra* recited in the *Ṛgveda* etc. (i.e., in the *Ṛgveda*, *Sāmaveda*, and *Yajurveda*) has, in corresponding order, the form of a *ṛc, sāman*, and *yajus* is faulty, (as seen) in the sentence, "May the divine Savitṛ purify you" etc., which is recited in the *Yajurveda* and spoken of as an *ṛc* in the statement, "Through the *ṛc* to Savitṛ",[50] in the *sāman, "hā3 vu hā3 vu*" etc., which is recited (in a *yajurvedic* text) after the statement, "He continues to sing this *sāman*",[51] in the *yajus* (i.e., prose) formulae, "You are imperishable, you are unmoved, you are sharpened by breath", which are taught in the *Sāmaveda*,[52] and in the *ṛc* verses which are taught in the *Sāmaveda* and serve as their substrate;[53] and so there is no fixed distinction of *ṛc, sāman*, and *yajus*. No; because the *ṛc* has metrical feet which are subject to meaning, the *sāman* is song (*gīti*), and the *yajus* is anything else,

---

47 The example in JNMV is a *mantra* taught at the new- and full-moon sacrifices, "*agnaye juṣṭaṃ nirvapāmi*" (I pour (you), pleasing to Agni), which is modified to "*sūryāya juṣṭaṃ nirvapāmi*" (I pour (you), pleasing to Sūrya) at the desiderative *iṣṭi* offered to Sūrya. See 9.1.1 (first *varṇaka*), 2.1.14, and 2.3.5. See *Wunschsopfer* 99.

48 This *mantra* is used at the initiation in the *soma* rite. For the *pravara*, see 1.3.5 and 6.1.11. CH 18.

49 The consequence is that if a mistake is made in reciting them, the required expiatory rite is not the one for a slip in a *mantra*, but one for a slip in a subsidiary. See 2.1.18 and 12.3.5. See ĀpŚS 24.1.35.

50 This is taught when water is poured over the strainers, in order to purify it, at the new- and full-moon sacrifices. See 1.4.9. See NVO, p. 27; ŚK, Vol. I, English Section, Part I, p. 267.

51 This is taught in the *Taittirīya Āraṇyaka* in a section identical to the *Taittirīya Upaniṣad*, both of which are attached to the *Yajurveda*.

52 This is taught in the *Chāndogya Upaniṣad*, which is attached to the *Sāmaveda*.

53 A *sāman* is based on a *ṛc*.

which is recited as connected together,[54] and so there can be a fixed distinction.[55]

13. The *nigadas*,[56] such as, "Put the sprinkling water (*prokṣaṇī*) down"[57] etc., are other than a *ṛc, sāman,* and *yajus*, because they lack the defining features (i.e., of the *ṛc* and the *sāman*), and because on the basis of the statement, "(One should recite) the *nigada* loudly", they have a distinct feature (i.e., one which distinguishes them from the *yajus*).[58] No; because *nigadas* are *yajus* formulae, because in the statement, "*Brāhmaṇas* should be fed outside, wandering ascetics inside", we see a distinct feature for the wandering ascetics, even though they are *brāhmaṇas*,[59] and because the defining characteristic of a *yajus* as a recitation of something as connected together[60] is present.

14. The condition of being a single sentence does not exist in the passage starting with "*devasya tvā*" and ending with "*nirvapāmi*",[61] because there is nothing which restricts this to being single. No; because a passage which has a single meaning, and has expectancy when divided, is a single sentence. The statement that it "has a single meaning" excludes the sentences, "(I make for you) a comfortable (seat); sit in it (*tasmin*)";[62] the statement that it

54 I.e., together with any pauses in the middle (cf. *Prabhā* on ŚD).

55 JNMV presents these three topics together. Śabara, ŚD, and BhD do not, but rather present the definitions of a *ṛc*, *sāman*, and *yajus* in distinct topics.

56 These are *mantras* in the form of directions spoken by priests to each other.

57 This is said by the *adhvaryu* to the *āgnīdhra* in the new- and full-moon sacrifices, after the *vedi* (altar) has been constructed and before the spoons are wiped. (NVO, p. 57). See 3.8.12. See Smith, pp. 28–9, for the discrepancies in the traditional interpretation as to who recites this *nigada* and who performs the action it enjoins.

58 See ĀpŚS 24.1.8–10: "8 The *Ṛgveda* and the *Sāmaveda* are recited (at a performance) with a loud voice. 9 The *Yajurveda* in a whisper. 10 Except in the case of an address, a response, the (statement of the) *pravara*, a dialogue, and a command (in which case a loud voice is used)." Here the case of a command *(saṃpraiṣa)* seems to cover the *nigada*. See 3.3.1.

59 Likewise, the *nigadas* have a special feature compared with other *yajus* formulae.

60 See preceding topic.

61 I.e., in the statement, "I pour (*nirvapāmi*) you (*tvā*) on the impulse of the god (*devasya*) Savitṛ, with the arms of the Aśvins and the hands of Pūṣan, pleasing to Agni". This is recited at the new- and full-moon sacrifices, when grain is poured into the winnowing basket. (NVO, p. 24).

62 This is recited at the new- and full-moon sacrifices when the *adhvaryu* puts a layer of ghee in the pan and then places the cake in it. Here there is expectancy, marked by the word "*tasmin*" (in it), but the two actions, i.e., the making of the seat and the placing of the cake in it, are distinct.

"has expectancy when divided" excludes, "May Bhaga divide you two; may Pūṣan divide you" etc.[63] Because the sentence, "(I pour) you (on the impulse) of the god (Savitṛ)" etc., has expectancy when divided, and because it has a single meaning in the form of the action of pouring (the grain), it is a single sentence.

15. A group (of words) such as, "For food, you, for strength, you",[64] is a single *mantra*, because in as much as it is for the sake of an unseen effect, there is the assumption of (just) one unseen effect, (and) because in as much as it has no verb, it does not remind us of an item which is to be performed. No. Because it lacks expectancy when divided, and because it has distinct meanings, due to its distinct employments, namely, "He cuts (the branch, saying) 'For food, you'", and, "He wipes (it, saying) 'For strength, you'", "For food, you" is one *mantra* and "For strength, you" is another. The sentence, "May life prosper (*kalpatām*) through the sacrifice",[65] is also to be understood in this way, because there too we understand distinct *kḷptis*[66] on the basis of the (plural number in the) statement, "He has the sacrificer recite the *kḷptis*".

16. At the (three) *upasad* offerings at the *jyotiṣṭoma*, where it is stated, "That body of yours, O Agni, which rests in iron, the highest, which dwells in the cleft, has driven away harsh speech, has driven away angry speech; *svāhā*. (That body) of yours, O Agni, which rests in silver, (that body) of

---

63 These are taught at the new- and full-moon sacrifices when the mass of dough is divided for the two cake offerings. (NVO, pp. 40–1). Here there is a common meaning, but no expectancy.

64 This is taught in reference to the branch which is used for driving away calves from the cows on the day preceding the day of the main rites of the new- moon sacrifice, i.e., on the new-moon day. (NVO, pp. 4–5).

65 This follows Eggeling translation of "*kalpatām*" as, "may it prosper". Keith understands, "accord with" (TS 1.7.9.1–2 d). The statement quoted here is followed in the TS by a series of nine statements which are otherwise identical with it, except that "life" (*āyus*) is successively replaced by "in-breath" (*prāṇa*), "out-breath" (*apāna*), "cross-breath" (*vyāna*), "eye" (*cakṣus*), "ear" (*śrotra*), "mind" (*manas*), "speech" (*vāc*), "soul" (*ātman*), and "sacrifice" (*yajña*). In ŚB there are six: "life" (*āyus*), "breath" (*prāṇa*), "eye" (*cakṣus*), "ear" (*śrotra*), "back" (*pṛṣṭha*), and "sacrifice" (*yajña*). This is taught at the *vājapeya* rite, when the sacrificer and his wife are about to climb the post. The claim made in the MNS here is that these *mantras* forms distinct sentences.

66 I.e., statements containing the word "*kalpatām*", which is derived from the root *kḷp* (to prosper, accord with).

yours, O Agni, which rests in gold",[67] even though the last two statements[68] have expectancy, the remainder of the first statement[69] is not understood at them, because it is the remainder of (just) the first statement, and because there is no authority (for it to be understood that way). No; because even though it is the remainder of the first statement, in as much as it remains in the mind it is drawn near (to the last two statements) through a (mental) action which supplies it, (an action) which is to be assumed.

17. At the same place,[70] in the context of the initiation, at the statement, "May the lord of thought purify you, may the lord of speech purify you, may the god Savitṛ purify you with the flawless purifier, with the rays of the bright sun",[71] the remaining portion (i.e., of the last clause), starting with "with the flawless", is not connected to the first two (clauses),[72] since they lack expectancy. No; because even though the independent items lack expectancy, on the basis of the expectancy of the subordinate portion, the connection with all (three of) the independent items, without distinction, is proper, just as the *upahomas*,[73] which are taught in proximity to modified rites which contain many offerings, serve the purpose of all of them.

18. Likewise, at the animal sacrifice, at the statement, "May your breath come (*gacchatām*) together with (*sam*) the wind, your limbs together with (*sam*) those worthy of the sacrifice (i.e., the deities), the lord of the sacrifice together with (*sam*) his wish",[74] the word "*gacchatām*" (may it come) is

---

67 This quotation provides the *mantras* which are to be recited at the *upasad* offerings. These are performed on the three consecutive *upasad* days, which precede the pressing day at the *jyotṣṭoma*. See CH 52b, 62, and 73.

68 I.e., "(that body) of yours, O Agni, which rests in silver" and "(that body) of yours, O Agni, which rests in gold".

69 I.e., the portion, "That body, the highest etc.".

70 I.e., at the *jyotiṣṭoma.*

71 This is recited when the *adhvaryu* "purifies" the sacrificer with three bunches of *darbha* grass. (CH 14d). For the identification of *darbha*, see Meulenbeld, p. 561, and F. Smith, p. 467. Both list Imperata arundinacea Cyrill., Cynodon dactylon Linn. and Saccharum spontaneum Linn..

72 I.e., with the statements, "May the lord of thought purify you" and "may the lord of speech purify you".

73 The *upahomas* are supplementary offerings. They are mentioned in 2.1.6 note, 5.2.9, and 10.4.1.

74 This statement provides three *mantras* to accompany the anointing of the animal at three places. (Schwab 53). According to ĀpŚS 7.14.2, these are the head (*śirasi*), shoulder-bones (*aṃśoccalayoḥ*), and backside (*śroṇyām*).

understood in the last two (clauses),[75] because the word "*sam*" (together with) expects a verb, and because "*gacchatām*" is nearby, in as much as it exists in the mind. No. Because it is unsuitable for the second (clause), since it ends in the singular finite verb suffix,[76] and because it is not nearby to the third (clause), due to the separation by unconnected words, it is impossible to assert its connection, and therefore they (i.e., the last two phrases) are completed by a remaining portion taken from a worldly sentence. And so when there is a slip in it (i.e., in its recitation), the expiatory rite for a slip in a *yajus* does not take place.[77]

Chapter 2

1. At the statements, "He should sacrifice (*yajeta*) with *soma*", "He offers (*juhoti*) the *dākṣiṇa* offerings", "He gives (*dadāti*) gold to an Ātreya", etc.,[78] the productive forces are not distinct.[79] Moreover, because the finite verb suffix is one, because in as much as a root does not denote the productive force, distinct roots do not cause distinct productive forces, and because at the statement, "One desirous of heaven should sacrifice", there is an injunction of an unqualified productive force which has heaven as its result, and so all the (previously quoted) actions are taught in regard to a rite which has already been taught, the principle of the subordinate item does not apply.[80] No; because even though it is the finite verb suffix which denotes the productive force, we hear it separately after each various root, and because it is not taught that one and the same finite verb suffix follows a variety of roots, and therefore (i.e., for these two reasons), we understand that since the

75 I.e., in "your limbs together with (*sam*) those worthy of the sacrifice (i.e., the deities)" and "the lord of the sacrifice together with (*sam*) his wish".

76 The second clause requires a plural.

77 See 12.3.5.

78 All of these are taught in the context of the *jyotiṣṭoma.* The second and third teach actions which are to be performed when the fees are given to the priests at the midday pressing. See CH 191a and c. An Ātreya is a *brāhmaṇa* who belongs to the *gotra* of Atris. See 10.2.26.

79 I.e., there is just one productive force, not three.

80 According to this principle, a subordinate item cannot enter a rite which is confined by another subordinate item taught in the originative injunction. Here the subordinate items in question are the actions denoted by the three roots in "*yajeta*" (he should sacrifice), "*juhoti*" (he offers), and "*dadāti*" (he gives). Compared with the productive force, which is denoted by the finite verb suffix, the meanings expressed by the root are subordinate. See 2.2.9.

finite verb suffixes are distinct, the productive forces are distinct; because in accord with the principle of a complete word,[81] an unqualified productive force is not suited to a connection with (an action expressed by) another (root); and because if a productive force connected with the action of sacrifice (*yāga*) were then to be connected with the action of offering (*homa*) etc., the principle of the subordinate item would apply (i.e., to block it).

2. In the five sentences, "He performs (*yajati*) the *samidh* (kindling sticks) sacrifice", "He performs (*yajati*) the *tanūnapāt* sacrifice", etc.,[82] the rites are not distinct,[83] because the meaning of the root is not distinct,[84] and because through subsequent reference to the action of sacrifice enjoined by the first sentence the latter sentences are able to enjoin a substance or a deity, and so are not pointless. No; because the words "*tanūnapāt*" etc., just like (the word "*agnihotra*") in the statement, "He offers the *agnihotra*", are names, since they lack a dative case suffix, a secondary nominal suffix (*taddhita*), and a instrumental case suffix,[85] and because it is inappropriate to enjoin something which has been enjoined, and therefore the distinctness (of the rites) is necessary. And one should not suspect that in this way the name makes the rite distinct, as in the case of the *jyotis* rite,[86] because there it is before we understand that there is an action of sacrifice that the name is a cause of its being distinct, and because here it is after we recognize that the sacrifices are distinct that the words "*samidh*", "*tanūpanāt*", etc. are (recognized as) names of the distinct sacrifices, and so there is a difference.

---

81 I.e., the principle that only when a word is complete can it be connected with other words.

82 These statements enjoin the fore-sacrifices at the new- and full-moon sacrifices. (NVO, pp. 94–101). They could also be translated, "He recites the offering verse (*yājyā*) to the *samidhs*" etc.

83 I.e., these are not five distinct rites.

84 I.e., the meaning of the root *yaj* (to sacrifice), which underlies the distinct instances of the word "*yajati*" (he sacrifices), is one and the same.

85 The first two would mark the words "*tanūnapāt*" etc. as the deity, the third would mark it as a substance.

86 See 2.2.8. In the sentence which enjoins the *jyotis*, a one-day *soma* rite, the initial words "*atha*" (now) and "*eṣaḥ*" (this) indicate that the name "*jyotis*", which then follows, is the name of the new item which will be stated.

3. The statement, "He who knowing (*vidvat*) thus offers the full-moon sacrifice, he who knowing thus offers the new-moon sacrifice", teaches a distinct rite,[87] because on the basis of the ghee kept in the *dhruvā* spoon,[88] and on the basis of the deity provided by the wording of the *mantra*, from the statement, "On the full-moon day the two *mantras* dealing with the slayer of Vṛtra are uttered, on the new-moon day the two *mantras* dealing with his increase", it has a (distinct) form.[89] And in this way, the statement, "He should offer the full-moon sacrifice on the full-moon day, he should offer the new-moon sacrifice on the new-moon day", is purposeful. Otherwise, this statement would be pointless, since the time is understood from the originative statements at the (six) sacrifices to Agni etc.[90] No; because in the chapter of *mantras* for the *hotṛ,* after the teaching of the *sāmidhenī* verses, the *āvāhana nigada*, and the *mantras* of the fore-sacrifices,[91] in the order of the two ghee portion sacrifices (*ājyabhāgas*), which immediately follow the fore-sacrifices, there are listed the *mantras* dealing with the slayer of Vṛtra and with his increase, which serve to make manifest Agni and

---

87 I.e., one distinct from the new- and full-moon sacrifices. Śabara lists the originative injunctions for the latter as: *yad āgneyo 'ṣṭākapālo 'māvāsyāyāṃ paurṇamāsyāṃ cā 'cyuto bhavati* (In that the cake for Agni on eight pans is unmoved at the new-moon day and at the full-moon day) (see 1.4.7), *tāv abrūtām agnīṣomāv ājyasyai 'va nāv upāṃśu paurṇamāsyāṃ yajan* (Those two, Agni and Soma, said, "Sacrificing to us with a whisper (*upāṃśu*) at the full-moon with just ghee) (see 10.8.15), *tābhyām etam agnīṣomīyam ekādaśakapālaṃ paurṇamāse prāyacchat* (He gave to those two, Agni and Soma, this (cake) offering on eleven pans on the full-moon day) (TS 2.5.2.3), *aindraṃ dadhy amāvāsyāyām* (There is an offering of curds to Indra on the new-moon day) (TS 2.5.4.1), and *aindraṃ payo 'māvāsyāyām* (There is an offering of milk to Indra on the new-moon day) (untraced).

88 According to JNMV and BhD, this is based on the statement, "Indeed this ghee in the *dhruvā* is ladled up for all sacrifices" (*sarvasmai vā etad yajñāya gṛhyate yad dhruvāyām ājyam*) (TB 3.3.5.5). See 10.8.15.

89 The substance and the deity provide the form of a rite. The *mantras* referred to here are recited at the ghee portion sacrifices at the new- and full-moon sacrifices. See NVO, pp. 102–7, for these rites.

90 See note above for these. The claim made here is that the statement, "He should offer" etc., is meaningful since it enjoins the time for the distinct rite enjoined by the statement, "He who knowing thus" etc.

91 The *sāmidhenī* verses are recited as the kindling sticks (*samidhs*) are placed on the *āhavanīya* fire, and the *āvāhana nigada* is the statement to Agni asking him to bring the deities to the rite.

Soma;[92] because there is no acquisition of a (distinct) form since the two statements, "On the full-moon day the two *mantras* dealing with the slayer of Vṛtra (are uttered, on the new-moon day the two *mantras* dealing with his increase"), serve merely to establish the distinct position[93] of the *mantras* dealing with the slayer of Vṛtra and with his increase, whose subsidiariness to the ghee portions is understood by word-meaning and order; and because in as much as the statement containing the word "*vidvat*" (knowing)[94] serves to establish the (two) groups which are substrates of the number two, which are expected by the statement of the result,[95] and (therefore) the statements, "(He should offer) the full-moon sacrifice on the full-moon day, (he should offer the new-moon sacrifice on the new-moon day)", teach the separate performances of the (two) groups of three rites, they are purposeful.

4. At the statement, "Indeed there is uniformity (*jāmi*) in the sacrifice, in that there are two cakes (offered) in order, between them he offers an *upāṃśu* (whispered) sacrifice, he should sacrifice (*yaṣṭavya*) in a whisper to Viṣṇu, to break the uniformity (*ajāmitva*), he should sacrifice (*yaṣṭavya*) in a whisper to Prajāpati, to break the uniformity, he should sacrifice (*yaṣṭavya*) in a whisper to Agni and Soma, to break the uniformity",[96] the statement of the *upāṃśu* (whispered) sacrifice[97] makes subsequent reference to the group of sacrifices to Viṣṇu etc., which are enjoined by the statements which refer to Viṣṇu etc. and contain (i.e., in the instances of the words "*yaṣṭavya*" (lit., a sacrifice should be made)) the gerundive suffix (*tavya*) denotative of injunction, and it serves either to establish the time in between (the cake offerings as the time for its performance), or to establish the connection (of all three) with the result.[98] No; because we understand that there is one

---

92 These are the *mantras* referred to in the initial view. Agni and Soma are the deities of the two ghee portion sacrifices.

93 I.e., one or the other of the two distinct times.

94 I.e., the first statement quoted in the topic.

95 The statement of the result is "*darśapūrṇamāsābhyāṃ svargakāmo yajeta*" (One desirous of heaven should sacrifice with the new- and full-moon sacrifices). The dual number in the word "*darśapūrṇamāsābhyām*" (with the new- and full-moon sacrifices) expects that there should be two groups of sacrifices. See 4.4.11.

96 This is untraced, but refers to the *upāṃśu* (whispered) offering of ghee, which constitutes the second of the main offerings at the new- and full-moon sacrifices. (NVO, pp. 111–12). See 10.8.18 for the view that it is only offered at the full-moon sacrifice.

97 I.e., the statement, "between them he offers an *upāṃśu* (whispered) sacrifice".

98 By making subsequent reference to the group of three sacrifices, the statement can establish a connection for all three with the result, through a connection with the

sentence, on the basis of its commencement with "uniformity" (i.e., with the word "*jāmi*") and its conclusion with the "breaking of uniformity" (i.e., with the word "*ajāmitva*"), and therefore the condition of its being a single statement of injunction is appropriate; because the sentences referring to Viṣṇu etc. are *arthavādas* in regard to the action which is enjoined by the term "*upāṃśuyāja*" (a sacrifice in a whisper) and qualified (both) by the condition of being whispered and by the time in between; and because in as much as the statement, "(between them he offers) the *upāṃśu* (whispered) sacrifice", is made (directly) after the statement, "Sacrificing in a whisper on the full-moon day",[99] the connection with the result is established through the connection with the time which is made known at the originative injunction,[100] just as in the case of the (cake) sacrifice to Agni.[101]

5. The statement, "He sprinkles the sprinkling of ghee (*āghāra*)", makes subsequent reference to the actions enjoined in the statements, "He sprinkles upwards", "He sprinkles straight", etc., in order that all of these may be understood at the statements, "Indeed this was ladled up four times; sprinkling the sprinkling of ghee from that", and "'Indra, the sacrifice is erect', (so saying) he sprinkles the sprinkling of ghee".[102] Likewise, the statement, "He offers the *agnihotra*", makes subsequent reference to the collection of actions enjoined by the statements, "He offers with curds", "He offers with milk", etc., and serves to establish a connection with the result

---

time, i.e., the full-moon day. This is based on the originative statement of the *upāṃśu* sacrifice, "Those two, Agni and Soma, said, 'Sacrificing to us two in a whisper on the full-moon day only with ghee'" (*tāv abrūtām agnīṣomāv ājyasyai 'va nāv upāṃśu paurṇamāsyāṃ yajan*). Otherwise, on the basis of that statement (i.e., "Those two, Agni and Soma, said" etc.) only the one rite, i.e., that to Agni and Soma, would be connected with the result, and the other two would be subsidiaries. Cf. BhD and *Prabhāvalī* (p. 168). The *Prabhāvalī* compares this with the name *vaiśvadeva* (see 1.4.11). See notes to text.

99 This is a reference to the originative injunction, "Those two, Agni and Soma, said, 'Sacrificing to us two in a whisper on the full-moon day only with ghee'" (*tāv abrūtām agnīṣomāv ājyasyai 'va nāv upāṃśu paurṇamāsyāṃ yajan*).

100 I.e., the injunction of the whispered sacrifice.

101 See 2.2.3.

102 All of the statements quoted here concern the two actions of sprinkling ghee on the kindling sticks at the new- and full-moon sacrifices. See 1.4.4. The last two of them provide the substance and the deity for the sprinkling. The text from the beginning of this topic through "*evam*" (Likewise) is only in E, and in the margin. This material is also presented in Śabara, ŚD, JNMV, and BhD. The first three of these do not provide details here on the purpose of the subsequent reference proposed on the initial view, and BhD simply refers readers to the author's *Mīmāṃsākaustubha*.

for all of them.[103] No; because complexity would result if the statements enjoining subsidiaries[104] were injunctions of particularized rites, and distinct unseen effects would result if there were distinct acts, and therefore it is appropriate that they merely enjoin subsidiaries; and because it is possible (for the rite) to acquire its (distinct) form by obtaining the substance through the statements enjoining subsidiaries and the deity through the wording of the *mantra*.

6. The statement, "He should sacrifice with *soma*", makes subsequent reference to actions which, based on the statement, "He draws with a thin stream", contain a substance capable of flowing, and are enjoined by the sentences, "He draws the draught for Indra and Vāyu" etc.,[105] (sentences) which enjoin an action of sacrifice, which we infer from hearing of a connection of a substance and a deity, and it (i.e., the statement, "He should sacrifice with *soma*") enjoins the source substance, just like the statement, "He should sacrifice with rice";[106] or, because *soma* has been obtained, since the injunction of a preparation would not (otherwise) come about properly,[107] the word "*soma*" is a name. Similarly, because the statements, "He cuts from the heart first" etc.,[108] enjoin, through the statement of the substance, the action of sacrifice qualified by the substance, the statement, "He should offer (i.e., kill) an animal for Agni and Soma (*agnīṣomīya*)", makes subsequent reference to those actions of sacrifice through the statement of offering (i.e., killing), and thereby enjoins the deity. In the first of these, the consequence is that even sacrifices in which the recitations (*śastras*) are unsung have a connection with the result, because the word "*jyotiṣṭoma*", which occurs in the statement of the result,[109] expresses a

---

103 Otherwise, the result would be connected only with the offerings in which Agni is the deity. The *Prabhāvalī* on BhD compares this with the function of the word "*vaiśvadeva*". See 1.4.4 and 1.4.11.

104 I.e., the statements quoted above, "He offers with curds", "He offers with milk", etc.

105 See CH 132 for the draughts starting with the one for Indra and Vāyu. See 10.5.17.

106 Rice is a source substance for the cakes at the new- and full-moon sacrifices.

107 Here BhD quotes the statement, "*somam abhiṣuṇoti*" (He presses the *soma*).

108 See Schwab 95. This translation follows Caland on ĀpŚS 7.24.2. Eggeling translates, "He first makes a portion of the heart" (SBE, Vol. XXVI, Part 2, p. 204 (ŚB 3.8.3.15)); Kashikar, "First of all, he should take out cuttings of the heart" (BhŚS 7.18.12).

109 I.e., "*jyotiṣṭomena svargakāmo yajeta*" (One desirous of heaven should sacrifice with the *jyotiṣṭoma* sacrifice). See 2.2.1 and 4.4.12.

secondary meaning,[110] just like the word "*vaiśvadeva*".[111] In the second, it is that at a modification of the animal sacrifice, the group of eleven actions of cutting is not obtained.[112] No; because the sentences containing the words "*aindravāyava*" (a draught for Indra and Vāyu) etc. do not enjoin the action of sacrifice, due to complexity (on the assumption that they do); because it is only a draught qualified by a deity which is enjoined through reference to a substance expressed by a secondary suffix;[113] and because there can be a qualification by the condition of being a deity in the action of drawing, based on the connection of its occurring in the object of the action of uttering (i.e., an utterance)[114] which is simultaneous with the action of drawing; (also) because even though we hear from the sentence containing the word "*agnīṣomīya*"[115] that an animal is the means (of bringing about the sacrifice), in compliance with the sentences teaching the actions of cutting etc. it is to be stated (as such) only in as much as it is the material source of the heart etc.,[116] (and) because it is appropriate that the sentences which refer to the heart etc. enjoin just the preparation. And for this reason the heart etc. are the offering substance, and for anything else we obtain an

110 The etymology of the word "*jyotiṣṭoma*" is, "one in which the *stomas* (i.e., fixed numbers of verses which are sung) have the form of lights (*jyotīṃṣi*)". Only sung verses are connected with *stomas*, not unsung ones. See 4.4.12. Through secondary signification, the word "*jyotiṣṭoma*" denotes the actions taught in the sentences, "He draws the draught for Indra and Vāyu" etc.

111 The *Prabhāvalī* on BhD (p. 174) gives as an example the word "*vaiśvadeva*" as it occurs in the sentence, "*prācīnapravaṇe vaiśvadevena yajeta*" (He should perform the *vaiśvadeva* sacrifice on ground sloping to the east) (ĀpŚS 8.1.5). There the word denotes a set of eight offerings. See 1.4.11.

112 See 10.7.2 for the eleven cuttings. According to the initial view here, the source of the offering substance may be any one of the eleven parts of the animal.

113 In the word "*aindravāyava*", the secondary suffix expresses a substance which is for the deities, i.e., Indra and Vāyu, who are named in the preceding stem. Through reference to this substance, the statement enjoins a draught qualified by these deities, not an offering so qualified.

114 This refers to the utterance of a word which expresses the deity.

115 I.e., "He should offer (i.e., kill) an animal for Agni and Soma (*agnīṣomīya*)".

116 The statement, "He should offer (i.e., kill) an animal for Agni and Soma (*agnīṣomīya*)" enjoins the action of sacrifice as qualified by a substance, but it presents the substance only in the form of the source material of those items which are actually offered.

exclusion from the condition of being the offering;[117] a detailed discussion of this is found elsewhere.[118]

7. At the statement, "He offers (*juhoti*) three (*tisraḥ*) oblations (*āhutīḥ*)",[119] there are not three offerings, because there is no repetition of the finite verb suffix,[120] and therefore there is only one act, and because the number three can apply just as well on the basis of repetition (of the act). No; because we recognize that the acts are distinct on the basis of the finite verb suffix, which is qualified by the number three,[121] and because in as much as there is no confinement by another number, the number three does not come about through repetition.[122]

But the author of the *Bhāṣya* says: Because, at the statement, "He offers (i.e., kills) seventeen animals for Prajāpati (*prājāpatyān*)",[123] following the analysis of the word (i.e., the word "*prājāpatyān*") as meaning, "Prajāpati is the deity of these (i.e., these seventeen animals)",[124] many (animals) make up one substance and the deity is one, there are not (seventeen) distinct

---

117 See 10.7.1 and 2.

118 In the BhD, Khaṇḍadeva refers to his *Kaustubha* for further details.

119 This is taught at the *sāṃgrahaṇī*, a desiderative *iṣṭi* to the Viśvadevas (All-gods) for mastery over one's clansmen (*grāma*). See 4.4.4 and 10.4.5. See *Wunschopfer* 164.

120 I.e., the suffix in "*juhoti*" (he offers).

121 This is based on the syntactic agreement of the number three with the meaning of the verbal root in the phrase "*tisra āhutīḥ*" (three oblations) (cf. *Prabhāvalī*). Here the word "*āhuti*" (oblation) is formed from the same root *hu* (to offer) as the finite verb "*juhoti*" (he offers).

122 By contrast, when the fore-sacrifices are increased from five, in the new- and full-moon sacrifices, to eleven, in the animal rite, it is brought about by repetition, because the fore-sacrifices are confined by the number five in the original rite. See 5.3.1. See Schwab 47–61, 81. Rudradatta on ĀpŚS 7.14.8 says of the eleven that the fourth through the seventh are modifications of the Barhis sacrifice, and that the eighth through the eleventh are modifications of the Svāhākāra sacrifice. See MNS 2.2.2 for the five fore-sacrifices at the original rite. JNMV and the *Prabhāvalī* on BhD attribute the entire argument presented in this paragraph to the *Vṛttikāra*. It is not mentioned in Śabara. TV presents it without attribution, and then, as in the MNS here, proceeds to give an interpretation which he says is that of the author of the *Bhāṣya*.

123 This is taught at the *vājapeya* rite.

124 This analysis is based on P 4.2.24 *sā 'sya devatā*, which teaches that a *taddhita* suffix may be added to express the sense, "this is its deity". On this interpretation, the plurality of animals is taken into account before the creation of the derivative stem "*prājāpatya*".

forms,[125] and therefore there are not (seventeen) distinct acts;[126] if this is obtained (i.e., as the initial view, the answer is) on the basis of the (alternative) analysis (i.e., of "*prājāpatyān*") as, "that (offering substance, i.e., a single animal) which has Prajāpati as its deity is *prājāpatya*; the *prājāpatyas* are many; (he offers) them",[127] when the intended sense is that the meaning of the word *prājāpatya* (so analysed) is the object, on the basis of the connection of plurality, which is the meaning of the accusative plural suffix which has arrived (to express that sense),[128] with the animal qualified by a deity, we understand that the forms are distinct, and so there are seventeen distinct acts; this is the settled conclusion.

8. At the statements, "Now (*atha*) this (*eṣaḥ*) *jyotis* ('light')", "Now (*atha*) this (*eṣaḥ*) *viśvajyotis* ('all-light')", "Now (*atha*) this (*eṣaḥ*) *sarva-jyotis* ('all-light')", and "He should sacrifice with this (*etena*), which has a thousand (cows) as the sacrificial fee",[129] through subsequent reference to the *jyotiṣṭoma* rite which has been introduced, a subsidiary in the form of a sacrificial fee of a thousand (cows) is enjoined, because of the natural force of the word "*etad*" (this).[130] No. Because the word "*atha*" (now) cuts off what precedes, and because the word "*etad*" (this) can also denote what is near and about to come, just as it can denote what is near and past,[131] three rites, for which the sacrificial fee is a thousand (cows), are enjoined by the new names "*jyotis*" etc.[132] Their connection with a result is expressed by the sentence, "One desirous of wealth should sacrifice".[133]

---

125 The form (*rūpa*) of a sacrifice is determined by its deity and its substance. The claim here is that these are both one, in spite of there being seventeen animals.

126 Instead, there is just a single act.

127 On this interpretation, the stem "*prājāpatya*" is formed with reference to each individual offering substance, and then plurality is taken into account.

128 This translation is uncertain.

129 The *jyotis*, *viśvajyotis*, and *sarvajyotis* are three one-day *soma* rites which are called "*sāhasra*" (a rite for which the fee is a thousand (cows)). Four such rites are taught in TāB 16.8–11 and in ĀpŚS 22.2.4–5.

130 Here in the form of "*eṣaḥ*" (this) and "*etena*" (with this). The claim made here is that the pronoun refers to something preceding.

131 This refers to "*etat*" in the form of "*eṣaḥ*".

132 The words "*jyotis*" etc. would otherwise have been pointless. See 2.2.2.

133 This is untraced. A purpose of the topic is to establish that there is no option of giving a thousand cows rather than one hundred and twelve cows as the fee at one's first performance of the *jyotiṣṭoma* (cf. *Prabhā* on ŚD and *Prabhāvalī* on BhD). See 3.3.17 and 5.3.14 for the requirement to perform the *agniṣṭoma* form of the *jyotiṣṭoma* first.

9. At the statement, "He puts curds in the hot milk, that *āmikṣā* is for the Viśvadevas (All-gods), the whey (*vājina*) is for the Vājins",[134] through subsequent reference to the Viśvadevas, based on the analysis (i.e., of the word "*vājin*") as "those for whom there is *vāja*, that is, food",[135] an injunction of whey (for them) is possible, and so there is either an option of *āmikṣā* or whey (for the Viśvadevas), or there is a combination (of the two); in any case this does not enjoin a distinct rite. No; because whey cannot enter a rite which is confined by the *āmikṣā* taught in the originative injunction.

10. Likewise, a distinct rite is taught at the statement, "He offers with curds",[136] because of the subsidiary.[137] No; because it (i.e., the rite which has been introduced) is not confined by another subsidiary.[138]

11. At the statement, "He should make an offering (*juhuyāt*) with curds (*dadhnā*) for one desirous of strength",[139] because curds on their own cannot produce a result, there is an injunction of an offering particularized by curds in order to produce a result, and so there is a distinct act.[140] No. Because there would result the complexity of (assuming) the secondary signification of possession etc., if this were an injunction of a particularized act,[141] and because it is impossible to give up a rite which has been introduced and assume one which has not been,[142] the subordinate item alone is enjoined as leading to the result; for this reason, and because the word "*juhoti*" (he offers)[143] makes subsequent reference to the substrate (i.e., the action of

---

134 This is taught for the *vaiśvadeva parvan* at the *cāturmāsya* sacrifices. *Āmikṣā* is the thick portion of milk which is produced when curds are added to milk. The Vājins are a class of divine beings. See 1.4.11 and 4.1.9.

135 According to this analysis, the Viśvadevas are also called "Vājins".

136 This is taught in reference to the *agnihotra*.

137 I.e., the curds.

138 The statement which introduces the *agnihotra*, i.e., "*agnihotraṃ juhoti*" (He offers the *agnihotra*), does not specify an offering substance. See 1.4.4 and 2.2.5.

139 This is taught in reference to the *agnihotra.*

140 I.e., an act distinct from the one taught by "*agnihotraṃ juhoti*" (He offers the *agnihotra*).

141 I.e., "*dadhnā*" (with curds) would mean "*dadhimatā*" (with an offering possessing curds).

142 Or, following a corrected text with the reading "°*prasaṅgāc*": "and because there would result the giving up of a rite which has been introduced and the assumption of one which has not".

143 This is a reference to the optative verb "*juhuyāt*" (let him sacrifice) in the quotation.

offering) which is expected by the subordinate item and has been obtained from context, it is the productive forces which are distinct, not the act.

12. In proximity to the statement, "The *agniṣṭut* is a nine-versed *agniṣṭoma*;[144] making for it a twenty-one-versed (*stotra*) with the *agniṣṭoma sāman* on verses addressed to Vāyu, one desirous of priestly luster should sacrifice (with it)",[145] there is stated, "Making for this very one (*etasya*) the *vāravatīya* (*sāman*) the *agniṣṭoma sāman* on the *revatī* verses, one desirous of cattle should indeed sacrifice with it".[146] The *agniṣṭut* is *trivṛt*, that is, it is linked with a *stoma* of nine verses;[147] the one-day rite with this name is a modification of the *agniṣṭoma*, that is, it has the *agniṣṭoma* as its form (*saṃsthā*).[148] At the original rite, after the *ārbhavapavamāna* (*stotra*), the *yajñāyajñīya sāman* is sung on verses addressed to Agni, starting with "*yajñāyajñā vaḥ*" (At each sacrifice of yours); it should be sung on the verses addressed to Vāyu, and joined to the twenty-one-versed *stoma*, as at the original, by one desirous of priestly luster; but the *vāravantīya sāman* is to be sung on the verses, "May we (*naḥ*) have rich (gifts) (*revatīḥ*)" etc.,[149] by one desirous of cattle. Here the connection of the *revatī* verses with the *vāravantīya sāman* is enjoined in order to produce the result, because the natural force of the word "*etad*" (this)[150] is to denote the *agniṣṭut* which has been introduced. No. The statement (starting with), "*etasyai 'va revatīṣu*" (i.e., (Making) for this very one (*etasya*) (the *vāravatīya* (*sāman*) the *agniṣṭoma sāman*) on the *revatī* verses), teaches a distinct act, because the fact that the connection of the *revatī* verses with the *vārayantīya sāman* brings

---

144 I.e., it has nine verses at its *pṛṣṭhastotra*, which is sung at the midday pressing. The *agniṣṭut* is a one-day *soma* rite.

145 The concluding *sāman* of the *agniṣṭoma* rite is referred to as the *agniṣṭoma sāman*. At the original it is sung at the third pressing after the *ārbhavapavamānastotra* on a twenty-one-versed *stotra* composed of verses addressed to Agni (*āgneyī* verses) using the *yajñāyajñīya sāman*. (CH 241c). See note to the text for the *āgneyī* verses.

146 The *revatī* verses are a group of three verses which begins with the word "*revatīḥ*" (nominative plural, feminine, of "*revat*" (rich)). See note in the text.

147 I.e., at its *pṛṣṭhastotra*. A *stoma* is the number of verses sung at a *soma* rite or at part of the rite.

148 The *agniṣṭoma* is a form of *jyotiṣṭoma soma* rite so called because the *agniṣṭoma stotra* serves as its conclusion (*saṃsthā*). Apart from the *agniṣṭoma*, there are six other forms of the *jyotiṣṭoma*, which are classified on the basis of their conclusion (*saṃsthā*). These six other forms are derived from the *agniṣṭoma* by the addition of *stotras* and *śastras*. Cf. Karka on KŚS 22.5.29 (p. 1004).

149 These are the *revatī* verses.

150 Here in the form of "*etasya*" (for this one).

about a rite is not known by worldly means, as is the fact that the curds brings about an offering, and so is only known through the text (*śāstra*),[151] because therefore there would be distinct sentences if the statement were to inform us that it (i.e., the connection of the *revatī* verses with the *vāravatīya sāman*) is a means of bringing about both the rite and the result; (and) because therefore it is necessary that this is only the injunction of a distinct rite, which is particularized by the *vāravantīya sāman*, the substrate of which is the *revatī* verses, etc.

13. After the *saubhara* (*sāman*), which is based on the *stotra* called the *brahmasāman*, is enjoined as a means of obtaining three results by the statement, "One desirous of rain, one desirous of food, (and) one desirous of heaven should praise with (i.e., chant) the *saubhara*",[152] in accord with the (subsequent) statement, "He should make (the sound) "*hiṣ*" the finale (*nidhana*) (of the *sāman*) for one desirous of rain (*vṛṣṭikāmāya*), "*ūrg*" for one desirous of food etc., and "*ū*" for one desirous of heaven", the distinctive features "*hīṣ*" etc. (when used) in the finale, which has the form of the final part of the *sāman*, produce rain etc. which are different from the results of the *saubhara*, by force of the dative case suffix (i.e., in the words "*vṛṣṭikāmāya*" (for one desirous of rain) etc.). And in this way a great rain etc. are the results. No. Because the results of the *saubhara* alone are recognized, because the sentence is meaningful in as much as it has as its purpose a restriction on the sounds "*hīṣ*" etc., which would (otherwise) occur without any restriction,[153] and because of economy, these are only restrictive injunctions.

---

151 In the case of the statement, "Let him make an offering (*juhuyāt*) with curds (*dadhnā*) for one desirous of strength", which was discussed in 2.2.11, the curds are known from worldly usage to be a means of bringing about an offering, and the *śāstra* only serves to teach its connection with a result.

152 The *saubhara sāman* is sung at the *ukthya* form of the *jyotiṣṭoma*, where three additional *stotras* and *śastras* are added at the third pressing. This raises the total number of *stotras* from the twelve found in the *agniṣṭoma* to fifteen. Specifically, the *saubhara* is the *sāman* is sung at the second of these three, the *stotra* which is parallel to the *śastra* of the *Brāhmaṇācchaṃsin*. See Caland's note 2 at TāB 8.8.4.

153 I.e., a sacrificer would use any of these finales, regardless of his wish.

Chapter 3

1. The statements, "If the *soma* rite is performed with the *rathantara sāman*, he should draw the draughts with the one for Indra and Vāyu first" etc.,[154] enjoin (distinct) acts particularized by subsidiaries, because the *jyotiṣṭoma* possesses the *gāyatra sāman* etc., and so the *rathantara* etc. are absent. No. Even though it possesses the *gāyatra* etc. at the morning pressing,[155] the *rathantara* etc. are present in the *pṛṣṭhastotra*;[156] for this reason, and because of the word "*soma*" and the context, these statements enjoin the initial position of the draughts for Indra and Vāyu etc. when the rite which has been introduced (i.e., the *jyotiṣṭoma*) is in fact present as the cause.

2. After the *rājasūya* rite has been introduced by the statement, "A king (*rājan*) desirous of sovereignty should sacrifice with the *rājasūya*",[157] at the *aveṣṭi*,[158] which is enjoined by the statements, "He offers a cake on eight potsherds to Agni" etc., on the basis of the word "*yadi*" (if) in the statement, "If (*yadi*) a *brāhmaṇa* sacrifices, he should place the *caru* for Bṛhaspati in the middle (of the offerings) and sprinkle (ghee on) it after each offering" etc., (we understand that) when a *brāhmaṇa* etc. are present as the cause, there is an injunction of a transposition (of order),[159] since the (use of the) word "*rājan*" (translated above as "king") is based on (just) the duties of the *rājan* (*rājya*).[160] No. Because in conformity with the *vedic* statements, "He should consecrate the king (*rājan*)" etc., the word "*rājan*" conventionally denotes a *kṣatriya*, because neither a *brāhmaṇa* nor a *vaiśya* have been

---

154 In Śabara the statement quoted here is followed by the statements, "If (the *soma* rite is performed) with the *bṛhat sāman*, he should draw the draughts with the *śukra* draught first; if (the *soma* rite is performed) with the *jagat sāman*, he should draw the draughts with the *āgrayaṇa* draught first". These statements refer to the three *sāmans*, i.e., the *rathantara*, *bṛhat*, and *jagat*, which may be used at the (first) *pṛṣṭhastotra* at the midday pressing. See 10.5.15.

155 See TāB 7.1.

156 I.e., at the midday pressing.

157 The *rājasūya* is the royal consecration rite.

158 This is a propitiatory offering to the directions. See Heesterman, pp.196–9.

159 This is in reference to the five items offered at the *aveṣṭi*, i.e., a cake on eight pans for Agni, a cake on eleven pans for Indra, *caru* for the Viśvadevas, *āmikṣā* for Mitra and Varuṇa, and *caru* for Bṛhaspati. JNMV refers to the transposition of order (*kramavyatyaya*), saying that the *caru* for Bṛhaspati moves from the fifth position to the third.

160 The duties are protecting the people etc. Accordingly, the word "*rājan*" here can apply to a *brāhmaṇa*, *vaiśya*, or *kṣatriya*, provided such an individual performs these duties, and not just to a *kṣatriya*.

obtained (as sacrificers) at the *rājasūya*, and because even though *brāhmaṇas* etc. cannot be introduced into an *aveṣṭi* within (the *rājasūya*), they can be introduced into an external performance of it,[161] a distinct rite is taught, which is qualified by *brāhmaṇas* etc., who have not (otherwise) been obtained, and which has the subordinate items mentioned. And the word "*yadi*" (if) is to be interpreted by supplying the word "*roceta*" (he should desire).

3. The statements, "He should initiate a *brāhmaṇa* in the spring", "He should install the fire in the spring",[162] etc., enjoin the time (of these acts), when *brāhmaṇas* etc. are present as the cause, because the actions of initiation and installation have already been obtained on the basis of the knowledge and the fire which are required by rites. No. Since it is possible to make an offering in a worldly fire and to learn from books, it is an injunction of the (otherwise) unobtained installation and initiation, both of which are particularized by time, agent, etc.

4. The statement, "One desirous of heaven should sacrifice with the *dākṣāyaṇa* sacrifice",[163] enjoins a distinct act, since such a subordinate item is unknown.[164] No. Because of the analysis (i.e., of the word "*dākṣāyaṇa*") as, "a course (*ayana*), that is, a repetition (*āvṛtti*), of the performances of one who is skilled (*dakṣa*), that is, not lazy (*analasa*)", and because of this remaining portion of the sentence, "He should offer the full-moon sacrifice twice, the new-moon sacrifice twice", the word "*dākṣāyaṇa*" causes us to understand repetition, and therefore this is a (statement of the) connection of the result with the subsidiary (i.e., with repetition).[165]

---

161 Presumably this refers to the performance of the *aveṣṭi* independent of the *rājasūya*. See Heesterman, p. 197, and Caland's note at ĀpŚS 18.21.10. See 11.4.3.

162 The first of these statements is taught in the *dharmasūtras,* the second at the fire-installation rite. It seems that the second statement should be understood as referring to a *brāhmaṇa*, based on the argument which follows and on the quotation found in Śabara etc.: "A *brāhmaṇa* should lay his fires in the spring, a *rājanya* in the summer, and a *vaiśya* in the fall".

163 This is a modification of the new- and full-moon sacrifices. (NVO, pp. 177–85). Caland suggests that it was the one common in the Dākṣāyaṇa family. See also Eggeling, SBE, Vol. XII, Part 1, pp. 374–5.

164 Consequently, the word "*dākṣāyaṇa*" functions as a name, just like the word "*udbhid*". See 1.4.1.

165 I.e., it teaches that the new- and full-moon sacrifices should be repeated by someone desirous of heaven. See ĀpŚS 3.17.6 and ŚB 2.4.4.6 ff. for details about the repetition. Manuscripts P and U continue this topic with another example discussed in Śabara etc., "Likewise (at the statement), 'One desirous of cattle should sacrifice

5. The statements, "(One desirous of prosperity) should offer (i.e., kill) (*ālabheta*) a white one (i.e., animal) for Vāyu (*vāyavya*)" and "(One desirous of priestly luster) should offer (*nirvapet*) *caru* for Sūrya (*saurya*)",[166] enjoin (respectively) the condition of being white and a vessel (*sthālī*)[167] by making subsequent reference to the actions of touching and pouring which have been obtained from the statements, "He should touch (*ālabheta*) the cart pole (*īṣā*)" and "He pours (*nirvapati*) four fistfuls";[168] because the wood (of the pole) is related to Vāyu,[169] and the offering substance which has been poured is for Agni and so is similar to Sūrya,[170] the words "*vāyavya*"[171] (an item related to Vāyu) and "*saurya*" (a vessel for Sūrya) make subsequent reference; even the words which express the result make subsequent reference, partially;[172] or, these are injunctions of acts which are (just) as

---

with the *sākaṃprasthāyya* sacrifice'; one completes two sets of milkings at the new-moon sacrifice (i.e., two in the evening and two in the morning) and sends forward together (*sahaprasthāpana*) (i.e., brings forward with him) the four pots of curds and milk". Here the *sākaṃprasthāyya* is identified as a subsidiary which is enjoined for a particular result at the new-moon sacrifice. See ĀpŚS 3.16.11–17. The text here seems to be based on a similar passage in JNMV.

166 These two sentences are translated here as they are interpreted on the final view. Both are identified by Śabara as being independently taught. The first of them enjoins a desiderative animal rite, the second a desiderative *iṣṭi* (*Wunshopfer*, 99). On the initial view, they are taken to mean, "(One desirous of prosperity) should touch (*ālabheta*) a white one (i.e., a pole) related to Vāyu (*vāyavya*)" and "(One desirous of priestly luster) should pour (*nirvapet*) (the offering substance) in a vessel (*caru*) for Sūrya (*saurya*). The verb *ālabh* can mean, "touch, kill, undertake the ritual actions which preceding a killing", and the verb *nir vap* can mean either "pour" or "offer".

167 See 1.3.5, fourth paragraph, and 10.1.10 for the view that the word "*caru*" means a vessel. In the statement quoted here, the word is interpreted as having the meaning of the locative case, i.e., "in the vessel".

168 Both of these are taught in the context of the new- and full-moon sacrifices. The first is stated in reference to the cart which holds the grain for the cakes (NVO, pp. 22–3), and the second enjoins the pouring out of the grain (NVO, p. 24).

169 This is because the wind (*vāyu*) touches all trees.

170 Both Agni (fire) and Sūrya (the sun) are fiery.

171 On this interpretation, "*vāyavya*" merely expresses the relation which exists between the pole and Vāyu, not the specific sense that the pole is the offering substance for Vāyu.

172 The two words "*bhūtikāma*" (desirous of prosperity) and "*brahmavarcasakāma*" (desirous of priestly luster) make subsequent reference to only two of the items which could have been referred to, since the new- and full-moon sacrifices procure all desires.

much as are described and qualified by a result.[173] No. Because we understand from the direct statement of the substance and the deity that these are actions of sacrifice, because they are enjoined by the injunction which follows the root (i.e., by the optative suffix), and because there is (i.e., in the roots "*ālabh*" (offer, kill) and "*nirvap*" (pour)) subsequent reference to an offering (i.e., killing) and an pouring which have already been obtained,[174] they are injunctions of the action of sacrifice.

6. Likewise, the statement, "He should touch (*ālabheta*) the calf",[175] enjoins the action of sacrifice, because it is a touching (i.e., killing, on the initial view) that has a living animal as its substance, just as in the case of the animal for Vāyu.[176] No; because in as much as this lacks a deity it is different, and because the sentence quoted is taught in a set (of statements) dealing with the action of milking for the *agnihotra* rite,[177] and so it is appropriate that it is an injunction of a preparation of a subsidiary of the *agnihotra* (i.e., a preparation of the calf).

7. At the statement, "There is *caru* made of wild rice",[178] there is an injunction of the action of sacrifice, because a deity is possible on the basis of the statement, "Indeed this is the food of Bṛhaspati, namely, wild rice", and because the action of setting down (the *caru*), which is expressed in the statement, "He sets down the *caru*", is an act of disposal.[179] No. In the absence of a determination that this is an injunction of the action of sacrifice,

173 Just the actions of killing/touching and pouring are enjoined, not the action of sacrifice.

174 These actions have been obtained by transfer from the animal rite for Agni and Soma at the *jyotiṣṭoma* sacrifice (see 2.2.6), and from the cake offering to Agni at the new- and full-moon sacrifices.

175 This quote occurs in chapters dealing with the action of worshiping the fire, which is to take place after the second offering at the evening *agnihotra*. The sacrificer is enjoined to recite *mantras* while touching the calf of the cow which has furnished milk for the evening *agnihotra*. See Dumont, P.E., *L' agnihotra*, p. 153, and Bodewitz H.W., *The Daily Evening and Morning Offering (Agnihotra) according to the Brāhmaṇas*, pp. 111–12, note 11.

176 See 2.2.5.

177 The word "*agnihotradohādkhikāre*", translated above as "in a set (of statements)" etc., also appears in ŚD. The *Prabhā* glosses it as, "in proximity to the injunction of the action of milking which brings about the milk which is a subsidiary to the *agnihotra*" (*agnihotrāṅgapayaḥsaṃpādakadohavidhisaṃnidhau*).

178 This is untraced, but according to Śabara etc., the context of the statements in this topic is the fire-piling rite. Specifically, the action discussed here occurs when the "pot bricks" (*kumbheṣṭakās*) are laid in the first layer.

179 I.e., disposal of the substance which has been used in the sacrifice.

we can not obtain the deity from the remaining portion of the sentence,[180] and therefore this is an injunction of just the action of setting down (the *caru*).

8. After the introductory statement, "He should offer (i.e., kill) an animal for Tvaṣṭṛ with the wives (of the gods) (*pātnīvata*)",[181] at the statement, "They release the animal for the deity (i.e., Tvaṣṭṛ) with the wives (of the gods) (*pātnīvata*), having encircled it with fire (*paryagnikṛta*)",[182] there is an injunction of the action of sacrifice, because we obtain a substance in the form of a prepared animal from the word "*paryagnikṛta*" (encircled by fire), and a deity from the word "*pātnīvata*" (for a deity (i.e., Tvaṣṭṛ) with the wives (of the gods)). No. Because we recognize the rite which has been introduced, this is different from the sentence which teaches (the offering, i.e., killing, of) the animal for Vāyu,[183] and therefore it is an injunction of just the action of encircling with fire, which has as its result the discontinuation of subsequent subsidiaries.[184]

9. At the statement, "Indeed he offers an oblation with an oblation, one who, having drawn (*gṛhītvā*) the *adābhya* draught, offers it to Soma",[185] there is an injunction of the action of sacrifice,[186] since we understand from the indication made through the (statement of the) action of drawing (*grahaṇa*)[187] that this is a modification of the *jyotiṣṭoma* rite, and in that way we obtain that rite's substance and deity. No. Because we understand from hearing the word "*gṛhītvā*" (having drawn) that it (i.e., the word "*adābhya*")

---

180 I.e., from the clause, "Indeed this is the food of Bṛhaspati, namely, wild rice", which is considered to form a single sentence with, "He sets down the *caru*".

181 This is taught for a performance of the *jyotiṣṭoma* when eleven animals are offered instead of either the single animal for Agni, or, at the *ukthya*, *ṣoḍaśin*, and *atirātra* forms, the additional animals that may be offered there. (See ĀpŚS 12.18.12–14 for these animals; TS 5.5.22 for the eleven animals). See 7.3.13 and 9.4.14. The statement here applies after a post is set up for the animal for Tvaṣṭṛ with the wives of the gods. In this and the following quote, the word "*paśu*" (animal) is understood. See 7.13.3, 8.1.7, and 9.4.14.

182 See Schwab 63–65 for the action of encircling with fire at the animal rite.

183 That sentence was identified as being independently taught. See 2.3.5.

184 I.e., those which would have followed. See 9.4.14.

185 Śabara identifies this as taught in the context of no particular rite, i.e., as independently taught. In the TS, it is taught in a chapter containing material supplementary to the *soma* rite (*somaśeṣa*). See 3.6.11 and 5.3.6.

186 I.e., of a sacrifice named "*adābhya*".

187 I.e., in the word "*gṛhītvā*" (having drawn).

is the name of a draught,[188] and because the action of drawing is common to the drawing of the draughts for Indra and Vāyu etc.[189] and so is (just) a preparation of the *soma*, by force of the sentence (we understand that) through the action of drawing[190] it (i.e., the action taught here) enters (i.e., occurs in) the *jyotiṣṭoma*.[191]

10. At the statement, "He who knows thus piles (*cinute*) the fire",[192] there is an injunction of a sacrifice, based on the indication made in the statement, "Now then, after the fire, they perform a following sacrifice (*anuyajanti*) with the *agniṣṭoma*".[193] No. Due to the absence of a (distinct) form a sacrifice is impossible,[194] and so this is an injunction of a preparation (of the fire), just like the installation (of the fire). And the sentences quoted[195] enjoin the employment of the prepared (fire).[196] And the word "*anu*" (after) denotes merely the condition of being subsequent.

11. At the statement, "He offers the *agnihotra* for a month (*māsa*)",[197] there is an injunction of a subordinate item called a "*māsa*" (month) for the obligatory *agnihotra*, and it is not a distinct rite, since we recognize the (obligatory) rite through the word "*agnihotra*". No. Because a name (here, the word "*agnihotra*"), which is dependent on a finite verb suffix, the sole nature of which is to enjoin a new act, cannot refer to an act which has been

---

188 Consequently, it is not the name of a sacrifice.

189 These take place in the *jyotiṣṭoma*.

190 I.e., the action of drawing here which is related to the *jyotiṣṭoma*.

191 The statement under discussion is considered to be independently taught and so could not have been directed to the *jyotiṣṭoma* by context.

192 This is taught at the fire-piling rite. It makes reference to the piling of Prajāpati by the gods, an action which gave the rite its name.

193 I.e., the word "*anuyajanti*" (they perform a following sacrifice) indicates the existence of a preceding sacrifice. On this view, the word "*agni*" is understood as being the name of a sacrifice. According to ŚD, JNMV, and BhD, "*cinute*" (he piles) makes subsequent reference to the action of piling which has been obtained from the sentence, "He piles the fire with the bricks" (*iṣṭakābhir agniṃ cinute*). See 9.1.8.

194 A substance and a deity determine a sacrifice's form, and they are missing here.

195 The plural seems to be a reference to the fuller version of the second quote as found in Śabara: "Now then, after the fire, they perform a following sacrifice with the *agniṣṭoma*, after it with the *ukthya* (following a correction), after it with the *atirātra*, after it with the *ṣoḍaśin*". See 10.8.11.

196 I.e., as a subsidiary of the *agniṣṭoma* etc.

197 This statement occurs at the *kuṇḍapāyināmayana*, a year-long *soma* rite. See 7.3.1.

introduced;[198] (and) because a month is not something which can be undertaken,[199] and the obligatory *agnihotra* is not nearby, and therefore there is (here) a distinct context, in the form of non-proximity as accompanied by a subsidiary which cannot be undertaken,[200] this is a distinct rite.

12. At the statement, "One desirous of brilliance should offer a cake on eight pans for Agni",[201] the act is not distinct,[202] since there is no connection with a subsidiary which cannot be undertaken.[203] No. Because a result too does not fall within the range of effort, and so (is an item which) cannot be undertaken, and because the sentence containing the word "*acyuta*" (unmoved) is not nearby,[204] the finite verb suffix enjoins an act which is in fact new. Likewise, at the statement, "Let him sacrifice with a cake to Agni on the southern bank of the Sarasvatī",[205] there is distinctness (of the rite) on account of the place, which cannot be undertaken. Likewise, the *viśvajit* rite, which is enjoined for the occasion of a (particular) cause by the statement, "Having promised to perform the *sattra* (but failing to do so), let him sacrifice with the *viśvajit*",[206] is distinct from the *viśvajit* which is taught in the chapter on one-day *soma* rites, because of its connection with a cause, and the *traidhātavyā* (*iṣṭi*), which is for the sake preparing the sacrificer, as indicated by the word "*dīkṣaṇīyā*" ((an *iṣṭi*) related to the initiation) in the statement, "The *traidhātavyā* (*iṣṭi*) serves as the *dīkṣaṇīyā*

---

198 A name attains its status only because it is coreferential with a root, which is subordinate to the finite verb suffix. (It causes a mental presentation of the meaning of the root, not of the productive force. Cf. ŚD).

199 I.e., it does not fall within the range of effort. In 2.3.12 items which cannot be undertaken are described as those which "cannot pervaded by effort" (*kṛtyavyāpya*), i.e., do not fall within its range. Such items are identified as time, place, result, cause (occasion), and the object to be prepared. See 2.3.12.

200 This definition is probably based on the one given in BhD (p. 215): "*anupādeyaguṇayuktānupasthitirūpa*".

201 This enjoins a desiderative *iṣṭi*. See *Wunschopfer* 85.

202 I.e., from the cake offering to Agni at the new- and full-moon sacrifices.

203 See 2.3.11.

204 I.e., the sentence, "*yad āgneyo 'ṣṭākapālo 'māvāsyāyāṃ ca paurṇamāsyāṃ cā 'cyuto bhavati*" (In that the cake for Agni on eight pans at the new- and full-moon days is unmoved (*acyuta*)). This is the originative injunction of the cake sacrifice at the full- and new-moon sacrifices. See 1.4.7.

205 This is untraced, but it appears to belong to a *sattra* to be performed on the Sarasvatī river.

206 This is taught in the section of expiatory acts in regard to the *soma* rite.

(*iṣṭi*)",[207] is distinct from the desiderative *traidhātavyā* (*iṣṭi*),[208] because of its connection with one who is to be prepared.

13. The statements, "On level ground (let him sacrifice with the new- and full-moon sacrifices)", "On the full-moon day (let him sacrifice with the full-moon sacrifice)", "As long as he lives let him sacrifice with the new- and full-moon sacrifices", and "One desirous of heaven (should sacrifice with the new- and full-moon sacrifices)", and also the statement, "He sacrifices the remainder to (Agni) *sviṣṭakṛt*",[209] enjoin acts distinct from the new- and full-moon sacrifices and the *sviṣṭakṛt* rite which have been introduced, since the place, time, cause, result, and item to be prepared are things which cannot be undertaken. No; because we recognize the rites which have been introduced, and so these statements make subsequent reference to them, and can thereby enjoin the place etc.

14. After the injunction of an offering to Agni at two times,[210] at the statement, "In that there is an offering to Agni on eight pans on the new-moon day", there is a distinct action of sacrifice, because of the repetition.[211] No; because the repeated statement has as its purpose the praise of the offering to Indra and Agni,[212] namely, "the offering to Agni, which has one deity, is excellent, all the more so is one to Indra and Agni, which has two", and so this is not a repetition, the form of which is a repeated statement which has no other purpose.

Chapter 4

1. At the statement, "He offers (*juhoti*) the *agnihotra* as long as he is alive (*yāvajjīvam*)", time is enjoined through a subsequent reference to the

---

207 This is taught at the horse sacrifice (*aśvamedha*).

208 See *Wunschopfer* 178 for this rite and the various occasions for its performance. These include its use by someone practicing malevolent injury (*abhicāra*).

209 The *sviṣṭakṛt* sacrifice is made from remainders of other offerings at the new- and full-moon sacrifices. Here the remainders are the item to be prepared. For the *sviṣṭakṛt* see NVO, pp. 117–19. See 3.4.19.

210 At the new- and full-moon sacrifices, a cake for Agni is offered both on the new-moon day and on the full-moon day. (NVO, pp. 107–10). The injunction for this is "*yad āgneyo 'ṣṭākapālo 'māvāsyāyāṃ ca paurṇamāsyāṃ cā 'cyuto bhavati*" (In that the cake for Agni on eight pans at the new- and full-moon days is unmoved). See 1.4.7 and 2.3.12.

211 I.e., as in the case of the fore-sacrifices. See 2.2.2.

212 At the new-moon sacrifice, the cake offering for Agni is the first of the three main offerings, that for Indra and Agni the third. For the latter, see NVO, pp. 112–15.

desiderative *agnihotra*, on the basis of context.[213] And in this way, the performance of the desiderative *agnihotra*, which is just one, is to be repeated throughout one's life. No. Because secondary signification would result if the sentence containing the word "*yāvajjīvam*" (as long as he is alive) were to enjoin time; because it expresses the cause, in the form of life; and because the cause is constant (*nitya*), this enjoins a constant (i.e., obligatory) performance. And because the morning and evening times serve to limit it,[214] it is not performed continuously.

2. The *agnihotra* etc. which are taught in different *śākhās* are distinct, otherwise useless repetition results. No; because the various sentences can be purposeful for the students of the various *śākhās*, and because by enjoining subsidiaries etc. they produce particular procedures.

So in this way the distinctness (of a rite), with its exceptions, is determined by (the presence of) another word, repetition, a number, a name, a subsidiary, and non-proximity.[215]

---

213 JNMV says that the verb, i.e., "*juhoti*" (he offers), makes subsequent reference to the desiderative rite which has been introduced. The statement he quotes is, "*agnihotraṃ juhuyāt svargakāmaḥ*" (One desirous of heaven should offer the *agnihotra*). See 1.4.4. ŚD discusses just the new- and full-moon sacrifices here. He claims that the statement, "*yāvajjīvaṃ darśapūrṇamāsābhyāṃ yajeta*" (He should perform the new- and full-moon sacrifices as long as he is alive), is taught after the desiderative new- and full-moon sacrifices have been enjoined by the statement, "*darśapūrṇamāsābhyāṃ svargakāmo yajeta*" (One desirous of heaven should perform the new- and full-moon sacrifices). See 4.4.11. BhD also discusses just this rite.

214 See 6.2.7.

215 Similar lists are found in ŚD and BhD here, and in Śabara at JS 2.1.1. These six criteria for determining when a rite is distinct are the central points of discussion in 2.2.1; 2.2.2; 2.2.7; 2.2.8; 2.2.9; and 2.3.11. In ŚD and BhD they provide the names for these six topics. In Śabara "context" (*prakriyā*), in ŚD "great distance" (*atidūra*), and in BhD "different context" (*prakaraṇāntara*) match the "non-proximity" (*asaṃnidhi*) listed here in MNS.

Book 3

Chapter 1

1. Following directly after the description of the distinctness (of actions),[1] the relation of a subsidiary item to a main item is described, since knowledge of the distinctness of actions is a cause of knowledge of the relation of a subsidiary item to a main item, as this exists in actions.

2. The condition of being a subsidiary (*śeṣa*) is neither the failure to exist separately, nor either the condition of being prompted (i.e., by the main item) or the condition of being enjoined to follow a main item, because these definitions would wrongly apply to the six sacrifices,[2] and would fail to apply to the pan for the cake[3] and to the action of cutting the branch.[4] Therefore the condition of being a subsidiary is difficult to define. No; because it can have the form of the condition of being enjoined as something that accomplishes an effort which is undertaken with reference to something else.

3. The condition of being a subsidiary is the condition of being something which assists, and that occurs only in substances, qualities, and preparations.[5] No; because the condition of being something which assists also occurs in the predominant item.[6] The condition of being subsidiary has in fact been stated,[7] and it exists even in the action of sacrifice[8] and in the

1 This was the general topic of Book Two.

2 I.e., the six main sacrifices of the new- and full-moon sacrifices. These are performed only as a group.

3 I.e., when a pan is used for scattering husks, which is not the task which prompted its acquisition. See 4.1.11.

4 This refers to the branch which is used to drive away calves at the new-moon sacrifice. It is cut before the main items of the rite take place. See 2.1.15.

5 JS 3.1.3 attributes this view to Bādari. According to Śabara, a substance renders assistance by making an action possible, a quality by serving to distinguish the substance, and a preparation by making something fit for some purpose.

6 According to Śabara, a master assists his slaves when making arrangements for them (*saṃvidadhāna*).

7 I.e., in 3.1.2.

8 This is because the sacrifice takes place for the sake of the result.

person (i.e., the sacrificer).[9] But the usage (i.e., of the word "*śeṣa*" (subsidiary)) for the result is secondary.[10]

4. The features (*dharmas*) of the rice, such as the actions of sprinkling it etc.,[11] and the features of the ghee, such as the actions of melting it etc.,[12] are not definitely fixed, since they take place for the sake of the final unseen effect.[13] No. There is in fact a fixed arrangement, since they are not separated from the unseen effects of the originative acts and so take place for the sake of them.[14]

5. Assistance should be made with the (wooden) sword, pan, etc. in any way whatsoever, because the statement that they are means of bringing about the sacrifice, "Indeed these are the ten weapons of the sacrifice", presents itself at all the subsidiary actions without distinction.[15] And the statements, "He digs up with the sword"[16] etc., are subsequent references, made partially.[17] No; because in as much as it is better for one statement to be pointless rather than many, only the statements, "He digs up with the sword" etc., enjoin the employment (of the sword etc.), and because the

---

9 This is because the sacrificer acts for the sake of the rite. These two claims are found in JS 3.1.4 and 6. The first is explicitly attributed to Jaimini, and the second is probably to be understood likewise.

10 This usage comes about because the result exists for the sake of the person. JS 3.1.5 claims, probably with attribution to Jaimini, that the result too is a subsidiary.

11 Here Śabara refers to the actions of pouring out (*nirvapaṇa*), sprinkling (*prokṣaṇa*), and beating (*avahanana*). See 2.1.14, 9.1.5, and 2.1.3. These actions and the one referred to below occur at the new- and full-moon sacrifices.

12 Here Śabara refers to the actions of purifying (*utpavana*), melting (*vilapana*), ladling up (*grahaṇa*), and setting down (*āsādana*). See ĀpŚS 2.6 and 7 and NVO, p. 60–3.

13 Consequently, they can be applied to any object in the rite.

14 By contrast, they are separated from the final unseen effect by the unseen effects of the originative acts. Consequently, the unseen effects of the sacrifices with cakes prompt the features such as sprinkling, those of the sacrifices with ghee prompt the features such as melting. See 2.1.2 for a description of the final and the originative unseen effects.

15 The statements quoted here occur at the new- and full-moon sacrifices.

16 This refers to the construction of the *vedi* (altar). See NVO, pp. 51 ff. Here Śabara and JNMV also have: "He bakes on the pans", "He pours the offering substances with the *agnihotrahavaṇī*", "He separates with the winnowing basket", "He spreads the skin of the black antelope under the mortar", "He places the (lower) stone on the *śamyā* (yoke-pin)", "He beats with the mortar and pestle", and "He grinds with the (lower and upper) stones". See NVO, pp. 43, 24, 30–1, 28–9, 36, 29, and 37.

17 This means that they each make subsequent reference only to some of the items which could have been referred to.

sentence quoted[18] forms a single sentence with the injunction to obtain (the implements), and so is without fault.[19]

6. The quality red, which is taught at the statement, "He buys (the *soma*) with a red year-old (calf)", enters all the substances[20] by force of context, since it does not possess bodily form and so does not acquire a connection with the action. No; because there is nothing to block either its connection with the productive force,[21] in as much as it is a *kāraka* on account of its instrumental case suffix, or its subsequent connection with the year-old (calf), in as much as it serves to define it.

7. At the statement, "He wipes the cup",[22] there is a wiping of just one cup, since the condition of being single is taught.[23] No. Because the cups are the predominant item, because a subsidiary action is repeated for each predominant item, and because the condition of being single cannot be enjoined for fear of there being distinct sentences,[24] all the cups are wiped.

8. Just like the condition of being single, the condition of being a cup is also not intended to be stated.[25] No; because (in this case) distinct sentences do not come about.

9. At the statement, "The post (*yūpa*) of the *vājapeya* rite (*vājapeyasya*) is seventeen cubits long",[26] the condition of being seventeen cubits long is a subsidiary of the *vājapeya* by means of the upright *ṣoḍaśin* vessel made of *khadira* wood,[27] which is a unique subsidiary of the *vājapeya*, which is itself a modification of the *ṣoḍaśin* rite;[28] and the word "*yūpa*" (post) expresses

18 I..e, "Indeed these" etc.
19 I.e., it is not pointless.
20 I.e., all the substances of the *jyotiṣṭoma*, where this statement is taught. See CH 33 for the purchase of *soma*.
21 I.e., the productive force expressed by the finite verb suffix in "*krīṇāti*" (he buys).
22 This is taught in reference to the cups used for the *soma* draughts at the *jyotiṣṭoma*. See CH 132a.
23 I.e., the word "*graham*" (cup) is in the singular.
24 This would result if the sentence meant both, "He should wipe the cup", and "The cup is one".
25 See 3.1.7.
26 The *vājapeya* is a form (*saṃsthā*) of the *jyotiṣṭoma*. For the various lengths of the post at the animal rite, see Schwab 10.
27 Acacia catechu Linn.
28 For the *ṣoḍaśin* vessel of *khadira* wood see ĀpŚS 12.2.6; 18.1.15. The *vājapeya* form (*saṃsthā*) of the *jyotiṣṭoma* rite is produced by the performance of *stotras* etc. additional to those of the *ṣoḍaśin* form.

the means. No. Because secondary signification would result,[29] and because it (i.e., the condition of being seventeen cubits long) is in syntactic agreement with the word "*yūpa*", it is a subsidiary of the animal rite by means of the post (*yūpa*); and the connection (with the *vājapeya* rite) by means of the animal rite is made known by the genitive case suffix (i.e., in the word "*vājapeyasya*" (of the *vājapeya* rite)).

10. At the statement, "Stepping forward he offers",[30] the action of stepping forward is connected to the agent of the new- and full-moon sacrifices in their entirety, because it is an action and therefore cannot enter into the action of the fore-sacrifices.[31] No. Because of proximity, it enters into the action of the fore-sacrifices by means of its agent (i.e., the agent of the fore-sacrifices).[32] This is the view of the *Bhāṣya*.

But according to the *Vārttika*, the preliminary view is held because the context (of the new- and full-moon sacrifices) is stronger than the proximity (of the fore-sacrifices), and the concluding view because even the fore-sacrifices constitute an intermediate context, since they are taught as (forming) tongs (*saṃdaṃśa*).[33]

11. The action of placing the cloth on the left shoulder, which is enjoined in the statement, "The cloth[34] is worn hanging from the neck for men, over the right shoulder for the ancestors, over the left for the gods; he puts it over the left shoulder, indeed he makes the mark of the gods",[35] is a subsidiary of

29 I.e., if the word "*yūpa*" were to denote a vessel.

30 This enjoins the *adhvaryu* to step closer to the fire at each offering in the fore-sacrifices, if the wish of the sacrificer is that he is to be better. See NVO, p. 96.

31 Only a *kāraka*, and not an action, can be connected with an action.

32 By means of the agent, it could likewise be connected with the action of the new- and full-moon sacrifices, but that action is more remote.

33 A subsidiary action becomes the intermediate context for some other action if statements enjoining the former surround (hence the word "*saṃdaṃśa*" (tongs)) the statements enjoining the latter. ŚD and BhD cite "*samānayate juhvām aupabhṛtam*" (He pours together the ghee which is in the *upabhṛt* spoon into the *juhū* spoon) and "*prayājaśeṣeṇa havīṃṣy abhighārayati*" (He sprinkles the offerings with the remainder from the fore-sacrifice) as establishing the intermediate context. See 4.1.15 and 4.1.14. Intermediate context (*avāntaraprakaraṇa*) is a stronger criterion in deciding the relation of a subsidiary item to a main item than is the other type of context, i.e., "large context" (*mahāprakaraṇa*).

34 Keith translates this as thread. Bhaṭṭa Bhāskara takes this as referring either to the thread (*brahmasūtra*) or the cloth (*vastra*). Garge, p. 183, takes it to be a cloth, referring to TĀ 2.1.4, where a deer skin (*ajina*) and a cloth are taught as the two options. See note at 3.4.3.

35 This is enjoined for the *hotṛ* at the new- and full-moon sacrifices.

the kindling verses, because these too form an intermediate context, since their features are taught in the seventh, eighth, and tenth sections (*anuvākas*).[36] No; because the context is broken by the teaching of the *nivids*[37] in the ninth.[38]

12. The wooden vessel, which is taught in the context of the installation (of the fires) in the statement, "That which has the sacrifice as its sphere (*yajñāvacara*) (i.e., the vessel) should be made of *varaṇa* wood" etc.,[39] is not connected with the installation, since it serves no purpose (there),[40] and so by the principle that an item enters a subsidiary (of a main rite when it cannot enter the main rite), it is a subsidiary of the purifying offerings, which are taught in the statement, "He offers three offerings", which is made after the (installation) rite has been introduced by the statement, "Let him lay the fire in *kṛttikā*".[41] No. Those too (i.e., the purifying offerings) are taught in reference to the *āhavanīya* fire by the sentence which is stated near them, "In that he offers in the *āhavanīya*", and so since they are equal to the installation,[42] they cannot be a subsidiary of the installation,[43] and therefore the principle quoted above does not apply; and consequently, by force of the sentence (quoted above) the vessel is understood to be for the sake of all sacrifices. This is the view of the *Bhāṣya*.

According to the *Vārttika*, because the sentences, "The vessel of *varaṇa* wood" etc., are not near the purifying *iṣṭis*, and because the word "*yajña*"

---

36 I.e., in TS 2.5.7, 8, and 10. They are also taught in the eleventh *anuvāka* (TS 2.5.11) in statements which follow the statement (in TS 2.5.11.1) about the cloth cited above.

37 These are very old prose texts consisting of epithets, invocations, and invitations of deities. They are inserted in the recitations by the *hotṛ* (CH glossary).

38 Consequently, the action of placing the cloth over the left shoulder is a subsidiary of the new- and full-moon sacrifices.

39 Crataeva roxburghii (MW). The full quote in Śabara is: "Therefore indeed that which has the sacrifice as its sphere (i.e., the vessel) should be made of *varaṇa* wood, but one should not offer with it. That which has the sacrifice as its sphere should be made of *vikaṅkaṭa* wood (Flacourtia sapida (MW)), one should offer with it". JNMV glosses "*yajñāvacāra*" (having the sacrifice as its sphere) with "*yajña-pracārahetu*" (a cause for the performance of the sacrifice), the *Kutūhalavṛtti* with "*yajñapātra*" (a vessel for the sacrifice). For the use of *varaṇa* wood for vessels not used at an offering (*homa*), see ĀpŚS 1.15.14 and KŚS 1.3.36. For a prescription to use *vikaṅkata* wood for vessels generally, see KŚS 1.3.31.

40 The installation is not a sacrifice.

41 I.e., in the month of Kārttika (October–November). The purifying rites are *iṣṭis*.

42 The purifying offerings, just like the installation rite, serve to prepare the fire.

43 See 3.6.4 and 11.4.4.

(sacrifice) denotes a means of bringing about an unseen effect which never fails to appear, and so does not follow after the context,[44] the condition of being for the sake of all sacrifices is established; consequently, this is not a distinct topic. And the *sūtra*, "And because subsidiaries are for the sake of something else, (they are not connected (with each other), since they are equal)", is part of the preceding topic;[45] and another (occurrence of the) sentence, "In that he offers in the *āhavanīya*", is not taught.[46]

13. On the basis of the statement, "On the full-moon day the two *mantras* dealing with the slayer of Vṛtra are uttered, on the new-moon day the two *mantras* dealing with his increase", the *mantras* dealing with the slayer of Vṛtra and those dealing with his increase are subsidiaries of the full- and new-moon sacrifices. No. Because the statement serves only to determine their place, (we understand) on the strength of word-meaning and order (that) they are subsidiaries of the (two) ghee portion sacrifices.[47]

14. At the statements, "He washes his hands", and "He strews a line of *ulapa* grass",[48] on the basis of the immediate sequence (we understand that) the action of washing is a subsidiary of the action of strewing. No; because on the basis of capacity[49] and context it is for the sake of the new- and full-moon sacrifices.

15. The division into four, which is taught in the statement, "He divides the cake for Agni into four",[50] should also take place at the cakes for Indra

44 It is therefore unlike the word "*vrīhīn*" (rice grains) in the statement, "*vrīhīn avahanti*" (He beats the rice grains). There the action of beating any and all rice grains would be pointless, and so the action is restricted to the grains understood by context.

45 This *sūtra* alone underlies the topic recognized here by Śabara. If at 3.1.11 it is argued that the *nivids* are subsidiaries of the kindling verses, and therefore they do not break the intermediate context proposed for the kindling verses, then, in refutation, the *sūtra* would claim that the two could not be so connected, because they are equally subordinate to the kindling of the fire.

46 On the view of the *Bhāṣya*, such a sentence would have to be assumed in the context of the purifying *iṣṭis* so that they could be a subsidiary of the fire, and not of the installation.

47 See 2.2.3.

48 *Ulapa* is unidentified. Rudradatta records a view that it is *uṣīratṛṇa* (Vetiveria zizanioides (Linn.) Nash).

49 Clean hands are appropriate for all performances (cf. JNMV).

50 This is taught at the new- and full-moon sacrifices. (NVO, p. 127). The four portions are distributed to the *brahman*, *hotṛ*, *adhvaryu*, and *āgnīdhra*, and then eaten.

and Agni, and Agni and Soma,[51] because they are connected with Agni. No. Because of the (presence of the) secondary suffix (*taddhita*), which is added to express the (sole) deity (of the offering substance) in the word "*āgneya*" ((a cake) for Agni), and because Agni is not the (sole) deity in the offerings to Indra and Agni and to Agni and Soma, the division occurs only at the cake for Agni.

Chapter 2

1. The *mantra*, "I cut the *barhis* (grass) as a seat for the gods",[52] is, on the basis of word-meaning,[53] a subsidiary of the action of cutting, and both the chief referent,[54] namely, *kuśa* grass etc., and also anything understood through secondary meaning which is similar to it, is to be cut;[55] (and) the *mantra* is employed in connection with both alike. No. Word-meaning fulfils its object through the employment of the *mantra* in connection with the chief referent, which is understood quickly, and therefore it (i.e., the *mantra*) is employed only in connection with the chief referent.

2. At the statement, "He worships the *gārhapatya* fire with the verse to Indra (*aindrī*), 'Abode and collector of riches'",[56] because the *mantra* is employed with regard to Indra, the chief referent, on the basis of word-meaning, the word "*gārhapatya*" refers to Indra through secondary signification. No; because in accord with the principle that in an injunction the meaning of a word does not become different,[57] it is appropriate that the secondary signification occurs in the *mantra*. The verse quoted is not directed to Indra (*aindrī*), since Indra is quoted in it (only) as an example, "Like Indra, she stands at the meeting of the ways"; rather, one should understand the *mantra*, "You are never a barren cow".[58]

---

51 The first of these cakes is offered at the new-moon sacrifice, if the sacrificer has not yet performed a *soma* sacrifice. The second is offered at the full-moon sacrifice. (NVO, pp. 112–15).

52 This is recited at the new- and full-moon sacrifices. See ĀpŚS 1.3.8. See 1.4.8.

53 "Word meaning" is the translation given here for "*liṅga*", which is understood as the capacity to make something known.

54 I.e., of the word "*barhis*" (grass).

55 According to JNMV, the first group is *kuśa*, *kāśa*, and eight other types of *darbha* grass. The second is "other grasses" (*tṛṇāntara*).

56 This is taught at the fire-piling rite.

57 I.e., it is not replaced by a secondary sense.

58 This *mantra* occurs in a number of places, but it is not clear where it is enjoined for worship of the *gārhapatya* at the fire-piling rite. See note to text.

3. At the statement, "'Preparer of the offering (*haviṣkṛt*), come (*ehi*)', while beating (the grains) (*avaghnan*) he calls (her) three times",[59] because the *mantra* is employed in regard to the action of beating on the basis of immediate adjacency, the *mantra* is a subsidiary of the action of beating.[60] No. Because (the word) "*avaghnan*" (while beating) indicates the time, and the time has been obtained already,[61] the statement enjoins only the repetition, and therefore the *mantra* is only a subsidiary of the action of calling.[62]

4. At the statement, "Standing, he says, '*Agnīdh*, distribute the fires'",[63] through force of the sentence, the action of giving directions is enjoined for employment in reference to the action of standing. No; because it is not possible to enjoin the employment of something which is incapable of expressing (an appropriate) meaning, and therefore the word "*uttiṣṭhan*" (standing) denotes (i.e., through secondary signification) the time of standing.[64]

5. At the statement, "He throws the *prastara* (bundle) (into the fire) with the *sūktavāka* (*mantra*)",[65] the meaning is that the *prastara* is to be thrown at the time (of the recitation) of the *sūktavāka*.[66] No; because due to the force of the instrumental case suffix in (the word) "*sūktavākena*" (with the *sūktavāka*), the *sūktavāka*, which makes manifest Agni etc., is employed at the action of throwing, and so on the assumption that this is an action of sacrifice,[67] it is appropriate that the *sūktavāka* is a subsidiary to the sacrifice.

---

59 This is taught for the *adhvaryu* at the new- and full-moon sacrifices. (NVO, p.29). The preparer of the offering (*haviṣkṛt*) is generally the sacrificer's wife, but can also be the *āgnīdhra* priest. See ŚB 1.1.4.13 and Eggeling's note 3 for the varying practices.

60 On this view, the word "*ehi*" (come) denotes the action of beating through secondary signification.

61 There would be no call for assistance in the beating at any other time.

62 The action of calling is obtained from the meaning of the *mantra*, and so does not need to be enjoined.

63 This refers to the bringing of firebrands to the *dhiṣṇyas* (hearths). It is taught after the *bahiṣpavamānastotra* is sung at the morning pressing in the *jyotiṣṭoma* rite. (CH 135).

64 The statement therefore means that one should recite the *mantra* at the time of standing.

65 This is part of the concluding actions of the new- and full-moon sacrifices. (NVO pp. 142–7; 145 for the action of throwing). The *sūktavāka* ("good words") *mantra* is taught in TB 3.5.10.1–5.

66 I.e., through secondary meaning, the word "*sūktavākena*" (with the *sūktavāka*) denotes time.

67 The wording of the *sūktavāka* provides the deity.

6. Because the name "*sūktavāka*" applies to the entire *mantra*, the entire *mantra* is uttered at both (the new- moon and the full-moon sacrifices). No. Because the force of the name is blocked by that of word-meaning, it is divided and then employed.[68]

7. The *mantra*, "Indra and Agni, (you include) the lights of heaven" etc., is a subsidiary of any offering to Indra and Agni, due to word-meaning, which is stronger even than the name, "Chapter of *yājyās* (offering verses) and *anuvākyās* (invitory verses) of desiderative rites (i.e., *iṣṭis*)".[69] No; because in as much as it makes known the general relation (of *mantras* and rites), the name is depended upon.[70]

8. At the statement, "He worships the *āgnīdhra* (shed) with the verse for Agni",[71] any verse whatsoever for Agni (may be employed), since no distinction is stated. No. Because we understand from context that the verse which has been introduced is a means of bringing about the rite,[72] and because there is economy in (assuming) merely a connection (for it) with the action of worshiping,[73] it is only the verse which has been introduced (which is to be employed).

---

68 The portions which mention the deities of the new-moon and the full-moon sacrifices are recited at those sacrifices respectively. See 3.3.9.

69 This is the chapter where this *mantra* occurs. According to Śabara, the rite for which it is taught is a desiderative *iṣṭi* to Indra and Agni. (*Wunschopfer* 2).

70 Word meaning only makes known the identity of the deities, but that is insufficient for determining that a *mantra* is a subsidiary of a rite. The name establishes that relation in a general way, and then the order in which they are taught determines in a particular way the relations between particular *mantras* and particular acts.

71 This is enjoined at the morning pressing of the *jyotiṣṭoma*. (CH 114). The *āgnīdhra* shed covers the *dhiṣṇya* (hearth) of the *āgnīdhra* (=*agnīdh*) priest, and is half in, half out of the *mahāvedi*. See ĀpŚS 11.9.4 and ŚB 3.6.1.26 for this shed. (CH 95).

72 This is a reference to the verse which has been recited in the context. See note to text.

73 For a verse which has not been introduced, both the fact that it is a means of bringing about an activity prompted by the rite and also the specific form of that activity must be assumed.

9. The *mantra* which starts, "Drink, come here, enter me",[74] even though it makes manifest the actions of taking, looking, swallowing, and digesting,[75] is not a subsidiary of these, because they are not enjoined, but rather the entire *mantra* is a subsidiary of the action of drinking, on the basis of the name (of the section where it occurs), "Section (*anuvāka*) concerning the action of drinking". No. Because these actions are necessary, even if they are not enjoined, word-meaning blocks the power of the name, and consequently the *mantra* is divided and becomes the subsidiary of each of these various actions.

10. The (portion of the) *mantra*[76] starting with, "Gentle control", and ending with, "Accept and delight in the *soma*",[77] makes manifest the action of being delighted, that starting with, "(Of you) who have the Vasus as your troop", and ending with, "I drink",[78] makes manifest the action of drinking; they are to be divided (from each other) and then employed. No. Because the action of being delighted is directly produced from the action of drinking, and therefore is not a distinct activity, the entire *mantra* is to be employed at the action of drinking, which is accompanied by the action of being delighted.

---

74 This is recited at the *jyotiṣṭoma* after the *soma* has been offered, when what remains of it is drunk by the *hotrakas* (i.e., the *maitrāvaruṇa*, *acchāvāka*, *brāhmaṇācchaṃsin*, *potṛ*, *neṣṭṛ*, and *āgnīdhra*; the *acchāvāka* however drinks only at the second and third pressings). (CH 147d for the morning pressing; ŚŚS 7.4.5 ff.).

75 According to Śabara, the actions of taking, looking, and properly digesting (*samyagjaraṇa*) are made known in the following contiguous portions of the *mantra*. (For taking:) "Drink, come here, enter me for long life, health, increase of wealth, splendor, good offspring. Come, Vasu, preceded by wealth, you are dear to my heart. May I take you with the arms of the Aśvins." (For looking:) "With clear sight may I look at you, Soma, who sees men." (For properly digesting): "Impel my limbs, you with tawny horses, do not distress my troops. Being propitious, honor for me the seven sages. Do not go below my navel." JNMV also lists swallowing (*nigaraṇa*), but does not say which part of the *mantra* makes it known. I have not yet found this mentioned in any other Mīmāṃsā text. See note on 3.2.10.

76 In this topic, the final two portions of the *mantra* quoted in 3.2.9 are discussed.

77 I.e.: "Gentle control, banner of the sacrifices, may speech accept and delight in the *soma*". The translation here and in the following note is of the *mantra* as Śabara quotes it at this topic.

78 I.e.: "Of you, god Soma, who have the Vasus as your troop, who know the mind, who belong to the first pressing, who have the *gāyatrī* as your meter, who have been drunk by Indra at the fire offering (?) (so van Gelder), who have been drunk by Narāśaṃsa, who have been drunk by the fathers, who have sweetness, and who are invited, I, invited, drink."

11. The (portion of the) *mantra*, "(Of you) who have been drunk by Indra (*indrapītasya*)",[79] is employed only when the remainder of the *soma* offered to Indra is drunk, on the basis of the meaning, "I drink the remainder of what was drunk by Indra". The remainder of the *soma* offered to Mitra and Varuṇa etc. is drunk either without a *mantra*, or with a modified *mantra*, namely, "(Of you) who have been drunk by Mitra and Varuṇa". No. Since we see the initial word in the compound (i.e., "*indrapītasya*") keeping the accent which it had before compounding,[80] and thereby recognize the compound as a *bahuvrīhi* (i.e., an exocentric compound), it conveys the meaning, "The pressing at which *soma* was drunk by Indra",[81] and therefore the *mantra* is employed without modification even when the remainder of *soma* not offered to Indra is drunk.

12. When some (of the *soma*) has been offered to Indra and some is left over, and *soma* is again drawn and offered to Mitra and Varuṇa, then, when this is drunk,[82] even if there were a modification of the *mantra* as, "(Of you) who have been drunk by Mitra and Varuṇa", Indra is not to be indicated (*upalakṣaṇīya*),[83] because at the time of the first drawing Mitra and Varuṇa are not designated,[84] and because the offering (to Mitra and Varuṇa) is made only together with the remainder from the earlier offering,[85] and therefore it has no connection with the *soma* offered to Indra. No. Because even though there is no designation (of Mitra and Varuṇa) at the first drawing, we understand that it (i.e., the drawing) is for the sake of the sacrifice to Mitra and Varuṇa which is going to be performed, and therefore the draught is connected to Mitra and Varuṇa, and because the remainder is connected to Indra, Indra as well is to be indicated.[86]

---

79 See 3.2.10.

80 I.e., it preserves the *udātta* accent on its first syllable.

81 In the sentence the compound serves merely to specify that the remainder of the *soma* is from such a pressing.

82 I.e., by the *hotrakas*. See 3.2.9.

83 *Prabhā* on ŚD glosses the word "*upalakṣaṇīya*" (to be indicated) as "*pānakartṛtvena nirdeṣṭavyaḥ*" (to be designated as an agent of drinking).

84 This would have indicated that its deity would not leave the remainder.

85 I.e., it does not exist in the absence of the remainder of the first offering.

86 This and the following five topics are hypothetical, argued on the assuption that the portion of the *mantra* discussed in 3.2.11, i.e., "*indrapītasya*" ((of you) who have been drunk by Indra), should be modified.

13. The remainder of *soma* offered to the dual deities Indra and Vāyu etc. goes to the *āditya* vessel,[87] and from there to the *āgrayaṇa* vessel,[88] and when *soma* for Agni with the wives (of the deities) (*pātnīvata*) is drawn from that and then drunk,[89] Indra and Vāyu etc. are to be indicated as well, just as in the preceding topic, because there is contact with the remainder of the *soma* offered to the dual deities, and so in as much as it is only the *soma* in the *āgrayaṇa* vessel that is for Agni with the wives (of the deities) (*pātnīvata*), in its remainder, which came into contact with that (i.e., with the remainder of the *soma* offered to the dual deities), the connection with the deities of the preceding offerings has not left. No; because in as much as at the statement, "In that he draws the draught for Agni with the wives from the *āgrayaṇa* vessel using the *upāṃśu* vessel",[90] we hear that the *āgrayaṇa* vessel is the point away from which motion occurs, and so understand that the draught for Agni with the wives (*pātnīvata*) is that which has left it (i.e., left the *āgrayaṇa* vessel), the connection with the (dual) deities Indra and Vāyu etc. has left, and consequently there is a difference.[91]

14. At that very draught for Agni with the wives (of the gods), because Tvaṣṭṛ is designated as a drinker in the *mantra* for the offering which is to be recited by the *adhvaryu*, "O Agni with the wives, united with the god Tvaṣṭṛ drink the *soma*, *svāhā*", he is to be indicated when the (remainder of the) *soma* offered to Agni with the wives is drunk. No. Because in sentences such as, "It is together with her ten sons that the female ass carries the load",[92] we see togetherness even in the absence of a connection with the task, and because on the basis of the word "*pātnīvata*" (a draught for the deity (i.e., Agni) with the wives) we understand that without expectation (i.e., for any other deity) he (i.e., Agni) is the (sole) deity, that one (i.e., Tvaṣṭṛ) is not to be indicated.

---

87 See ĀpŚS 12.21.4 and 7, and CH 144a and d.

88 See ĀpŚS 13.10.11–12 and CH 219.

89 This takes place at the third pressing. See ĀpŚS 13.14.7 and 13, and CH 238 and 240. Throughout this topic and the one which follows, "Agni" is supplied in the translation of "*pātnīvata*" (an offering substance for a deity with the wives).

90 So Caland at ĀpŚS 13.14.7. Keith translates as, "Tvaṣṭṛ with his wives", wrongly, it seems.

91 I.e., there is a difference between this and the preceding case.

92 Here the sons do not do any of the work.

15. In the *yājyā mantra* (offering *mantra*), "Of your own will bring the thirty-three gods with their wives, be delighted",[93] because we understand that the thirty-three gods are to be made delighted, they are to be indicated.[94] No; because in as much as Agni alone, who is to be made delighted by the sacrificer, is the deity, the gods, who are to be made delighted by him, are not.

16. Agni, who on the basis of the *mantra*, "Agni, enjoy the *soma*", is the deity of (the sacrifice which is) "the repeated call '*vaṣaṭ*'" (*anuvaṣaṭkāra*),[95] is to be indicated.[96] No; because even though Agni is present at the original rite, he is not indicated.[97]

17. Because the actions of giving (*pradāna*) to deities other than Indra are modifications of the action of giving to Indra,[98] because the action of drinking the (remainder of the) offering to Indra is accompanied by a *mantra*, and because at those (actions of drinking the remainder of offerings) for deities other than Indra it is possible to modify the *mantra* for the various deities, the action of drinking (the remainders of offerings to those deities) should be accompanied by *mantras*. No. Because the *soma* which we hear of in the originative injunction, "One should sacrifice with *soma*", is a subsidiary of just one rite, and so is not a subsidiary of an action of giving, whose form is the numerous repetitions of the action of sacrifice,[99] and because the actions of giving are enjoined in common,[100] and so there is no relation of original and modification among them, the action of drinking is not to be accompanied by *mantras*. On the basis of word meaning, the *mantra*, "You, for Indra with the Vasus", is just a subsidiary of the action of

---

93 This is the offering *mantra* for the draught for Agni with the wives. See 3.2.13 and 14.

94 I.e., when the remainder of the *soma* is drunk. This is because the thirty-three gods are to be delighted by drinking the *soma* and so should be recognized as deities of the offering.

95 The *anuvaṣaṭkāra* is a distinct sacrifice which follows the main *soma* offering and serves to dispose of the remaining *soma*. See ĀpŚS 12.24.2 and Caland's note, and CH 146b and d.

96 I.e., when the remainder of the *soma* is drunk.

97 Only a deity referred to at the draught can be indicated at the drinking, and when this is not Indra, features are transferred. Since the *anuvaṣaṭkāra* is a distinct sacrifice, it is not able to receive features through transfer.

98 The word "*pradāna*" is translated here and elsewhere as "the action of giving" to distinguish it from "*homa*" (offering).

99 The point here is that the sacrifice remains just one.

100 I.e., they are all enjoined as predominant items.

giving to Indra,[101] but this in itself does not make the action of giving to Indra an original rite. And in this way the preceding six topics are argued hypothetically.[102]

18. When the remainder of the *soma* (draught) for Indra and Agni, which is enjoined by the statement, "He draws the draught for Indra and Agni", is drunk,[103] because Indra too has drunk that (portion) which has been drunk by Indra and Agni, the *mantra* should be employed.[104] No. Because a deity, who is bodiless, does not drink, because the reference (to Indra and Agni) has a subject matter which is mixed, and because the *mantra* has one which is not mixed,[105] there is no *mantra*.

19. From hearing (the statement), "(Of you) whose meter is the *gāyatrī*", in the *mantra* used at the action of drinking,[106] we understand an action of giving in which the *gāyatrī* is the only meter, and so this *mantra* is not employed in regard to an action of giving which has another meter.[107] No. Since there cannot be an action of giving with only one meter, the *mantra* should be employed in regard to one which has another meter as well; these two topics are argued on the (hypothetical) assumption, made once again, that the action of drinking is accompanied by *mantras*.[108]

Chapter 3

1. Since we hear the words "*ṛc*" (verse) etc. in the injunction, "The *ṛc* is recited loudly, the *yajus* in a whisper, and the *sāman* loudly",[109] loudness

---

101 This is recited when the *soma* is measured out on the pressing stone (*upāṃśusavana*) for pressing. (CH 127d).

102 I.e., topics 3.2.12–17.

103 CH 153.

104 This is argued on the assumption that there may be a *mantra* here. The following topic is also hypothetical.

105 The argument in this and the preceding clause is based on the assumption that in the *mantra* the word "*indrapīta*" does not mean, "drunk by Indra", but rather, "given to Indra". A reference to a deity is an essential part of a sacrifice.

106 See 3.2.9 and 10.

107 I.e., it is not used when the remainder of the *soma* from such an offering is drunk.

108 JNMV and MNS finish the chapter here. Śabara, ŚD, and BhD have an additional topic, in which the word "*indrapītasya*" in the *mantra* is accepted as a *bahuvrīhi* compound meaning, "the pressing at which the *soma* was drunk by Indra" (see 3.2.11). All the *soma* which is offered and drunk is connected with such a pressing, and so the *mantra* with "*indrapītasya*" is used, without modification, at each action of drinking.

109 This is taught for the *jyotiṣṭoma* rite.

etc. are features of the *ṛc* etc. (wherever they are taught as *mantras*). No. Because the words "*ṛc*" etc. (cited here) have obtained a meaning on the basis of the commencement (of the passage), starting with, "The *Ṛgveda* came from Agni",[110] and therefore indicate the *Ṛgveda* etc., and in as much as the injunction (stated above) and the *arthavāda* (i.e., the passage "The *Ṛgveda* came" etc.) form a single sentence, there is the employment (of these features) through the power of the sentence.[111]

2. In as much as the *vāmadevya* and other *sāmans*, which are enjoined as subsidiaries to the installation of the fire, originate in the *Sāmaveda*, they are to be sung with the (volume of) voice (*svara*) used in the *Sāmaveda*.[112] No. Because the installation is the chief item, the decision about voice in its subsidiaries follows it, and therefore the voice of the *Yajurveda* is employed.[113]

3. Because the *jyotiṣṭoma* rite is taught in both the *Yajurveda* and the *Sāmaveda*, and because there is nothing to restrict where the injunction should be and where the subsequent reference should be, there is likewise no restriction in the matter of (the volume of) voice.[114] No. On hearing of the substance and the deity, and also of a plethora of subsidiaries, in the *Yajurveda*, we determine that the injunction occurs there, and therefore the voice is that of the *Yajurveda*.

4. There is no relation of subsidiary item to main item between the fore-sacrifices, which are enjoined by the statements, "He performs the *samidh* sacrifice" etc., and the new- and full-moon sacrifices, because there is no authority for it.[115] No. There exists in the new- and full-moon sacrifices an expectancy for something that will assist them as an instrument, and in the productive force of the fore-sacrifices etc. there exists an expectancy for a result, and so by means of the context, in the form of one sentence forming a single sentence with another sentence, the fore-sacrifices are subsidiaries.

---

110 In Śabara this continues, "The *Yajurveda* from Vāyu (the wind), the *Sāmaveda* from Āditya (the sun)".

111 As a result, these features apply to the *Ṛgveda* etc. The claim made here is that the single sentence is stronger than the direct statement in determining the meaning, since the latter does not yet exist to block the former when the passage commences, and later, once the single sentence is formed, there is no possibility of conflict. (See JNMV here on *asaṃjātavirodhin*).

112 This is stated in reference to the features discussed in 3.3.1.

113 The installation is taught in the *Yajurveda*.

114 This refers to the features discussed in 3.3.1.

115 See NVO, pp. 94-101, for the fore-sacrifices.

5. The *mantra*, "You are a deceiver, may I be undeceived, may I deceive that one",[116] is not a subsidiary of just the *upāṃśu* (whispered) sacrifice, because there is no distinction in context.[117] No; because we understand on the basis of (its) order that it is a subsidiary of the *upāṃśu* sacrifice.[118]

6. The *yājyās* (offering verses) and the *puro'nuvākyās* (invitory verses) are stated in the *Ṛgveda*, the actions of milking etc. in the *Yajurveda*,[119] and the *ājyastotras* etc.[120] in the *Sāmaveda*, but still, they should all be performed by all the priests. No. The names *hautra*, *ādhvaryava*, *audgātra*, etc.[121] restrict these items to the *hotṛ* etc.

7. At the statement, "He worships the *gārhapatya* fire with the verse to Indra (*aindrī*)",[122] we understand from direct statement that the verse to Indra is a subsidiary of the *gārhapatya* fire, and from the force of word-meaning, in the form of the capacity of making Indra manifest, that it is a subsidiary of Indra, and so because there is no distinction in authority between direct statement and word-meaning, there is an option; or, through repetition both are obliged; or, since direct statement employs (a subsidiary) only in compliance with the capacity of things, it is word-meaning which is (the more) powerful. No. Because even though the *mantra* to Indra has no primary capacity to make manifest the *gārhapatya* fire, it does have the secondary capacity (to do so), and because it is appropriate that secondary signification occurs only in the *mantra*,[123] the injunction to employ a subsidiary based on word-meaning is blocked by the fact that it is without depending on word-meaning that direct statement makes an injunction, whereas word-meaning cannot do so without depending on direct statement,

---

116 This is taught at the new- and full-moon sacrifices. (NVO, p. 112).

117 The context of this sacrifice and of the two other main sacrifices at the full-moon sacrifice, namely, those to Agni and to Agni and Soma, is the same (cf. JNMV). See 10.8.18 for the view that the *upāṃśu* (whispered) sacrifice is offered only at the full-moon sacrifice.

118 This refers to its order in the series of three *mantras*, which corresponds to the series of injunctions of the three sacrifices.

119 Presumably this is a reference to the action of milking at the new- and full-moon sacrifices.

120 The *ājyastotras* are sung after the *bahiṣpavamānastotra* at the morning pressing of the *jyotiṣṭoma*. See 1.4.3.

121 These are names for the various tasks which are to be performed by the *hotṛ*, *adhvaryu*, *udgātṛ*, etc.

122 See 3.2.2.

123 And not in the injunction. See 3.2.2.

and therefore the *mantra*, "You are never a barren cow", is a subsidiary of just the *gārhapatya* fire.

8. At the statement, "I make for you a pleasant seat, I make it comfortable with a stream of ghee; sit on it (*tasmin*), be settled in this nectar, happy-minded, marrow of rice grains",[124] both halves alike are employed at (both) the actions of making the seat and placing (the cake on it), because in as much as the latter half contains the word "*tad*" (it),[125] and therefore we understand that the halves form a single sentence, we assume a sentence (of injunction), "By means of this entire *mantra* both the (action of making the) place and the action of placing are to be undertaken". No; because before the (whole) sentence, which requires (the assumption of relevant) word-meaning, enjoins both halves to one action,[126] word-meaning divides it and enjoins the employment (i.e., of one half each) to both.

9. Even though it has been said that the two portions (of the *sūktavāka mantra*) which have been taught, "Agni and Soma enjoyed this offering" and "Indra and Agni enjoyed this offering", are to be divided (from each other) and then employed,[127] the words starting with, "This offering",[128] should be recited in both places, in order to oblige the context.[129] No; because context enjoins the employment of a subsidiary through the assumption of a sentence, whose form is a connection (of words),[130] etc., and so it is the sentence which is stronger than context.

10. At the *rājasūya* rite,[131] the dicing etc., which are taught near the *abhiṣecanīya* sacrifice,[132] are subsidiaries of the *abhiṣecanīya*, on the basis

---

124 This is taught at the new- and full-moon sacrifices, when ghee is poured in a pan and then the baked cake is placed in it. This takes place before the cake is placed on the *vedi*. (NVO, pp. 70–1). See 2.1.14.

125 Here in the form of "*tasmin*" (on it). This denotes what has been introduced.

126 The second half of the sentence could not be enjoined for the first action, nor could the first half of the sentence to the second action, without first assuming relevant word-meanings.

127 I.e., at the appropriate times in the new- and full-moon sacrifices. See 3.2.6.

128 I.e., "(They) enjoyed this offering, grew, and increased their might." These are the words in the two portions which do not denote the deities.

129 I.e., the context of the new- and full-moon sacrifices in their entirety.

130 If through context unrelated words were recited at both sacrifices, a sentence would have to be assumed to establish a connection among them.

131 This is the royal consecration rite. See 2.3.2.

132 The *abhiṣecanīya* is a one-day *soma* sacrifice.

of proximity.[133] No. Since the *abhiṣecanīya* is a modification of the *jyotiṣṭoma*, and therefore the subsidiaries of the latter have rendered it without expectation, rather than having it take dicing etc. (as subsidiaries) by means of the assumption of an intermediate context,[134] it is more appropriate for them to be taken by the *rājasūya*, which has an expectancy for a manner of performance which continues to function;[135] and since that (i.e., the *rājasūya*) has the form of various animal sacrifices, *iṣṭis*, and *soma* sacrifices, the dicing etc. are its subsidiaries to that extent (i.e., for all of it).

11. Because the *mantra*, "Be pure", is read in the chapter named, "Matters dealing with the cake",[136] it is a subsidiary even of the actions of cleaning the mortar etc., (objects) which are spoken of there.[137] No; because it is a subsidiary of just the (action of cleaning the) *sānnāyya* vessels, due to perceptible proximity.[138] A name, on the other hand, enjoins the employ-

---

133 See 5.2.10. See Heesterman, pp. 64–5, for the position of the dicing in connection with the *abhiṣecanīya*.

134 JNMV also refers here to intermediate context, saying only that it takes the form of the expectancy which is forced to arise on the basis of the proximity of the injunction of the actions of dicing etc. In BhD, the discussion of intermediate context focuses on whether the *abhiṣeka* (consecration), which is taught after the dicing etc., but by a special statement is performed during the *abhiṣecanīya* rite, can be recognized as a subsidiary to the *abhiṣecanīya* rite and so cause intermediate context to operate. BhD claims that for intermediate context to operate, the *abhiṣeka* would have to be taught as occurring in the place of an operation taught in the original rite, which it is not. He goes on to say that in fact the *abhiṣeka* is not a subsidiary of the *abhiṣecanīya*, but only of the *rājasūya*.

135 I.e., they are taken as subsidiaries of the *rājasūya* on the basis of context.

136 I.e., the cake which is offered at the new- and full-moon sacrifices. The chapter referred to here is TS 1.1. The *mantra* quoted occurs in this chapter, in *anuvāka* 1.1.3, which contains *mantras* connected with the preparation of the *sānnāyya* offering. It also occurs in *anuvāka* 1.1.5, which contains *mantras* connected with the preparation of cake offerings, but it seems TS 1.1.3 was the passage Śabara had in mind. See Garge, p. 75, where parallel quotations in MS 1.1.3 (2.5) and 4.1.3 (4.10), TB 3.2.3.1 and 3.2.5.5, and ĀpŚS 1.11.10 and 1.19.3 are also presented.

137 The mortar is employed in the action of beating the grain for the cakes.

138 This is the proximity of the *mantra* to the *sānnāyya* vessels (cf. JNMV). Here "proximity" is understood in terms of order. The place for the *sānnāyya* vessels is stated as being between the acquisition of the fuel and *barhis* (grass) and the pouring out of the offering substance. Between the *mantras* concerning those actions, which are taught in TS 1.1.2 and 1.1.4, the *mantras* concerning the *sānnāyya* vessels are taught. (Cf. JNMV).

ment of a subsidiary (only) through the assumption of proximity etc.,[139] and so is weaker.

12. Moreover, since this blocking[140] obstructs each subsequent authority (for enjoining the employment of a subsidiary),[141] it is a blocking of what has not yet been obtained; but in the Tenth Book the blocking of what has been obtained will be discussed.[142]

13. On the basis of the statement, "There are only three *upasad* offerings in a *sāhna*, there are twelve in an *ahīna*",[143] at the *jyotiṣṭoma* itself there is an option of the numbers three or twelve, because in as much as all the subsidiaries have been stated for it, it can be a *soma* rite which lacks nothing (*ahīna*).[144] No. Because a negative compound (i.e., "*a-hīna*" (not lacking)) would have an *udātta* (i.e., high tone) accent on its first syllable,[145] and because the conventional sense is stronger than the etymological one, the condition of having twelve *upasad* offerings is pushed back to the rites lasting more than one day (*ahargaṇas*), starting with the two-day sacrifice, which are other than the *jyotiṣṭoma*.

14. At the statements, "He should take (the three verses starting), 'You are the lords of light', as the opening (*pratipad*) when there are two sacrificers" and "(He should take the three verses starting) 'These drops have effused', when there are many (sacrificers)",[146] the openings which are

---

139 The name "*pauroḍāṣika*" (a chapter dealing with the cake) directly denotes, through its stem and suffix, only the cake and the chapter. In itself, this does not bring about the visible proximity of the *mantras* to all the various implements regarding the cake. Rather, proximity is produced by presumption, namely, if there were no proximity, then the name "A chapter dealing with the cake" would not apply to the book (*grantha*) which teaches the *mantras*. For the name applies only to nearby *mantras*, not remote ones. A context which includes all the implements is then assumed, but only through the proximity which is assumed because of the name.

140 I.e., the blocking of weaker authoriites by stronger authorities, which is taught in topics 3.3.7–11.

141 The order is: direct statement (*śruti*), word-meaning (*liṅga*), sentence (*vākya*), context (*prakaraṇa*), proximity (*saṃnidhi*), and name (*samākhyā*).

142 See 10.1.1 (first *varṇaka*) for a description of the type of blocking taught there.

143 This statement is taught at the *jyotiṣṭoma*. A *sāhna* is one-day *soma* rite, an *ahīna* a *soma* rite lasting from two to twelve days (with the exception of the twelve-day rites which are *sattras*). At the *jyotiṣṭoma* the *upasad* offerings are performed on three *upasad* days, which follow the initiation day and precede the pressing day.

144 And because it is also a one-day *soma* rite.

145 In the quotation given above it has the *udātta* accent on its second syllable.

146 These statements teach the initial three verses (*pratipad*) of the *bahiṣpavamāna-stotra* for the *jyotiṣṭoma* when there is more than one sacrificer.

enjoined occur only at the *jyotiṣṭoma*,[147] because there can be two or more sacrificers, since many individuals can be agents when a single one is incapable. No; because in the *kulāya* rite and in the *sattra*,[148] where the conditions (for the sacrificers) of being two and of being many are taught in the statements, "The *rājan* (king) and the *purohita* (chaplain) should sacrifice with this" and "At most twenty-four persons should participate in the *sattra*", the direct statements of two and many block the context, and so this is blocked,[149] and because the absence of a substitute for the sacrificer will be stated.[150]

15. At the statement, "They sacrifice to the wives (of the gods) with the tail (*jāghanyā*)",[151] the sacrifices to the wives are preparations of the tail, and the tail exists at the animal rite, and so this action is pushed back[152] to there. No; because in as much we understand from the instrumental case suffix (i.e., in the word "*jāghanyā*" (with the tail)) that the tail is a subsidiary, and since it can be obtained by purchase etc., it is possible for the context not to be blocked.

16. At the statement, "At a long *soma* rite (*dīrghasoma*) they (i.e., the two pressing-boards) should be joined together for firmness",[153] on the basis of the derivation (i.e., of the word "*dīrghasoma*" as), "the *soma* rite of a long (*dīrgha*) sacrificer",[154] the action of joining together should occur just at the *jyotiṣṭoma*. No. Because a descriptive determinative compound (*karmadhāraya*) is stronger,[155] and because with respect to *iṣṭis* and animal sacrifices, the condition of being long does not act to exclude them,[156] the joining

---

147 This is by force of context.

148 The *kulāya* is a one-day *soma* rite, and the *sattra* is a *soma* rite which lasts twelve days or more (with the exception of those twelve-day rites which are *ahīnas*).

149 I.e., the employment of these openings at the *jyotiṣṭoma* is blocked.

150 As a consequence, the openings are pushed back to the *kulāya* and *sattra*. See 6.3.7.

151 The four, or in some traditions, seven, *patnīsaṃyājas*, "sacrifices to the wives of the gods", form part of the concluding actions at the new- and full-moon sacrifices. This is the third one in both sets. Smith, p. 480, refers to the tradition of seven.

152 I.e., from the new- and full-moon sacrifices.

153 This is taught at the *jyotiṣṭoma*. See ŚB 3.5.4.22 for the pressing boards. (CH 97).

154 This derivation takes the compound as a genitive *tatpuruṣa*, whereas in the translation above it is a *karmadhāraya*.

155 I.e., is stronger than a dependent determinative (*tatpurṣa*), which was the initial analysis. Syntactic agreement is already present between the words of a *karmadhāraya*, whereas in a *tatpuruṣa* it is brought about through the assumption of a secondary meaning in the first word. See 6.1.13.

156 This is because all *soma* rites are long in comparison.

together occurs at the modifications (of the *jyotiṣṭoma*) starting with the *ukthya* rite, which are long *soma* rites due to their additional draughts.[157]

17. The statement which is taught after the *pravargya* has been introduced,[158] namely, "One should not perform the *pravargya* at one's first (*soma*) sacrifice", prohibits the *pravargya* at the *jyotiṣṭoma*, because the latter is declared to be the "first sacrifice" in the statement, "This is indeed the first of the sacrifices, namely, the *jyotiṣṭoma*". No; because the employment of the *pravargya* is enjoined by the sentence, "He should perform the *pravargya* before the *upasads*", and because in the prohibition the word "first sacrifice" means the first performance. And it is not the case that in this way, because the first performance of the *jyotiṣṭoma* is that which concludes with the *agniṣṭoma*,[159] and we hear in regard to it the statement, "He performs the *pravargya* at the *agniṣṭoma*", there accordingly results an option. This (i.e., the option) does not come about, because in compliance with the statement, "Nevertheless, he may perform the *pravargya* for one who is learned", there is a division among those entitled to the results of the rite, and therefore we agree that there is a fixed determination (i.e., as to where there is an injunction and where a prohibition).

18. The action of grinding, which is taught in the statement, "Pūṣan has ground food as his share (*bhāga*), since he has no teeth",[160] should be pushed back to a place where Pūṣan is, since he is absent in the new- and full-moon sacrifices; this is stated (here) with an intended reference to what follows.

19. That action of grinding[161] should be done to the *caru*, animal, and cake (offerings), because there is no distinction (stated). No. Among the *caru*, animal, and cake, which are enjoined by the statements, "Let him offer *caru* to Pūṣan", "Let him offer (i.e., kill) a dark animal for Pūṣan", and "Having offered (i.e., killed) the animal, he offers a cake",[162] the grinding

---

157 The *ukthya* is one of the six forms (*saṃsthās*) of the *jyotiṣṭoma* which are created by increasing the number of *stotras* and *śastras* beyond that found in the *agniṣṭoma*.

158 The *pravargya* is a rite performed before the *upasad* offerings at the *jyotiṣṭoma*. It is the subject of ŚB 14 and ĀpŚS 15.

159 I am not sure of the source for this.

160 This is taught in the context of the new- and full-moon sacrifices, when the *prāśitra* portion is cut up. For the *prāśitra*, see 6.4.2.

161 See 3.3.18.

162 The first of these enjoins a desiderative *iṣṭi* for power and strength, the second a desiderative animal rite for food, and the third a cake for the same deity to which an animal is offered. See *Wunschopfer* 7.

cannot be done to the animal, since it would destroy the heart etc.,[163] nor to the cake, since it has already been obtained there,[164] and so it is to be done only to the *caru*.

20. And that[165] should also be done when there is an offering to a dual deity, because in (rites taught in) the statements, "He offers *caru* to Soma and Pūṣan"[166] etc., Pūṣan, whose share is ground, is present. No. Because Pūṣan alone does not prompt it,[167] and therefore the sacrifice, which is assumed by the force of there being a deity, which itself is to be assumed because the word "*bhāga*" (share) would (otherwise) be incongruous, prompts it, the grinding is not to be done when there is a sacrifice to a dual deity.[168]

Chapter 4

1. The statement, "The cloth is worn hanging from the neck for men (*manuṣyāṇām*)",[169] is an injunction of the action of wearing the cloth hanging from the neck, since it is new,[170] and like the wearing of gold,[171] it is connected with all men; or, like the wearing of the cloth over the left shoulder or over the right shoulder,[172] which are subsidiaries of acts for deities and ancestors, which are independent and do not enter into the sacrifice (*kratu*), it (i.e., the wearing of the cloth) is a subsidiary of an act concerning a man such as a teacher or a guest etc.; or, because it (i.e., the statement) can make subsequent reference to the connection with the agent, due to the mention of (the word) "*manuṣya*" (man),[173] it (i.e., the wearing of the cloth) is, on the basis of context, a feature of the action of sacrifice, like the fore-sacrifices,

163 I.e., the offering substances. See 2.2.6 and 10.7.1.

164 Grains are ground before the cake is cooked.

165 I.e., the action of grinding discussed in 3.3.19.

166 This is taught at the *rājasūya* rite, as part of the "*trisaṃyuktaṃ havis*". See Heesterman, p. 42, and Caland's note at ĀpŚS 18.10.5.

167 I.e., the deity on its own does not prompt the action of grinding. This refers to the case discussed in the preceding two topics, where the grinding takes place.

168 It is the sacrifice which has a single deity, and not the deity itself, which prompts the action of grinding. Consequently, there is no grinding at the offering to Soma and Pūṣan, which is a distinct sacrifice with two deities.

169 This is enjoined for the *hotṛ* at the new- and full-moon sacrifices. See 3.1.11.

170 I.e., it has not been obtained from elsewhere.

171 See 3.4.12.

172 See 3.1.11.

173 I.e., in the word "*manuṣyāṇām*" (for men).

etc.; or, in order to oblige the direct statement of the genitive case (i.e., in the word "*manuṣyāṇām*" (for men)) and the context, it is a feature of a person connected with (i.e., engaged in) the sacrifice (*kratu*). Even in that case there are two possibilities: it is a feature of the priests, like the red turban etc.,[174] or it is a feature of the actions of giving rice (*anvāhārya*) etc.,[175] in which men are the most important item; in any case it is not an *arthavāda*. No. Because distinct sentences would result if there were an injunction of the action of wearing the cloth over the left shoulder, which is made known by the praise of wearing of the cloth over the left shoulder,[176] and an injunction of the action of wearing the cloth hanging from the neck, this is an *arthavāda*. So too (it is to be understood) at the sentence teaching the wearing of the cloth over the right shoulder.[177]

2. At the statement, "He wears the cloth over his left shoulder",[178] the wearing of the cloth over the left shoulder is (enjoined as) a subsidiary of all rites, because the statement made at the *agnihotra* for the dead sacrificer, "He should have them milked with the cloth over his right shoulder, for he has them milked for the gods (*devebhyaḥ*) with the cloth over the left shoulder",[179] makes subsequent reference to the wearing of the cloth over the left shoulder, which occurs at the nearby *agnihotra* for the deities,[180] as something which has been established, and because it cannot make subsequent reference to the wearing of the cloth over the left shoulder which occurs in the new- and full-moon sacrifices, due to the impropriety of the plural number (i.e., in the word "*devebhyaḥ*" (for the gods)), since the *sānnāyya* offering[181] has either Indra or, optionally, Mahendra as its deity.[182] No; because it is for the sake of the new- and full-moon sacrifices on the basis of context. And because the indication (i.e., the subsequent reference to

174 See 10.4.1.

175 This is the cooked rice which serves as a fee for the priests.

176 This refers to the statement, "Indeed he makes the mark of the gods", in the quotation cited at 3.1.11. This statement would be pointless if there were no injunction to wear the cloth over the left shoulder.

177 I.e., that sentence also serves as an *arthavāda* to the injunction to wear the cloth over the left shoulder.

178 See 3.1.11.

179 This is taught for the performance of the *agnihotra* for a sacrificer who has died while abroad.

180 See ŚB 12 5.1.4, ĀpŚS 9.11.5, and AiB 7.2.4 for this *agnihotra*.

181 It is for this offering that milking is required at the new- and full-moon sacrifices. (NVO, pp. 112–14 for the offering).

182 By contrast, the *agnihotra* has Agni, Sūrya, and Prajāpati as deities.

the wearing of the cloth on the left shoulder as something which has been established) is for the purpose of praising the wearing of the cloth over the right shoulder, which is enjoined when an *agnihotra* for a dead sacrificer is offered by another person, it makes a subsequent reference to something far removed (i.e., the new-and full-moon sacrifice), it being impossible to make the reference to anything nearby. And the plural number is used with regard to the deities of the original rite and its modifications, and so is appropriate.[183]

3. The statement, "He wears the cloth over his left shoulder (*upavyayate*)",[184] makes subsequent reference to the action of wearing the cloth over the left shoulder which has been obtained from the *smṛti* text, "(A *brāhmaṇa* who) always has his water pot, always has his cloth (/thread) over his left shoulder".[185] No; because although it has been obtained as being for the sake of the person, it is enjoined by the subjunctive suffix (i.e., in the word "*upavyayate*") as being for the sake of the rite.[186]

4. At the statements made for the *agnihotra* for a dead sacrificer, "He should have them milked with the cloth over his right shoulder, for (*hi*) he has them milked for the gods with the cloth over the left shoulder" and "He should strew with the points facing south the *darbha* grass which (*ye*) was earlier pointed toward the north",[187] just like the action of wearing the cloth over the right shoulder during the action of milking at the *agnihotra* for a dead sacrificer, and just like the condition of having the points facing south in the strewing of *darbha* grass (at the same rite), the action of wearing the

183 This and the following three topics are not included in Śabara. TV presents them, along with the six *sūtras* on which they are based, and briefly discusses their absence in Śabara. ŚD, JNMV, and BhD include them, but without comment on their background.

184 See 3.1.11.

185 This translation assumes that the relevant *smṛti* text is a verse from the *Baudhayana Dharmasūtra*, which continues, "always performs his daily study of the *veda*, avoids the food of *śūdras*, has sexual intercoure at the time favorable for conception, and makes offerings in the fire according to the rules does not fall from the world of Brahman". First worn as a shawl, the cloth was gradually replaced by a thread or cord. This may be the sense used in the *dharmasūtra*. See Olivelle, p. xxx; Kane, HDS, Vol. II.1, pp. 287–97.

186 This grammatical analysis appears in JNMV, not in TV, ŚD, or BhD. At TS 2.5.11.1 Sāyaṇa refers to his remarks at 1.1.1 (p. 27), where he says the word is a subjunctive.

187 These are taught for the performance of the *agnihotra* when the sacrificer is dead. See 3.4.2.

cloth over the left shoulder during the action of milking at the *agnihotra* for a living sacrificer, and (at the same rite) the condition of having the points facing north in the strewing of *darbha* grass, up to the time of death, are enjoined, since they are new. No. Because we understand from the words "*hi*" (for) and "*yad*" (which)[188] that these are subsequent references,[189] the condition of being north-facing and the action of wearing the cloth over the left shoulder at the new- and full-moon sacrifices, which have been obtained for rites for the gods from the statements, "Possessing points, with points facing north" and "He wears the cloth over his left shoulder", are here the subject of subsequent reference, and thereby the condition of having the points facing south and the wearing of the cloth over the right shoulder, which are to be enjoined (here), are praised.

5. At that same place,[190] in the statement, "Let him bring it (i.e., the milk), holding the kindling stick below, for (*hi*) he holds it above (*upari*) for the gods", the portion starting with "*upari*" (above) (i.e., "for he holds it above for the gods") is, on the basis of the word "*hi*" (for), an *arthavāda* of the action of holding (the kindling stick) below, which is enjoined in the sense, "While holding the offering to the ancestors in order to offer it, when he recites the *mantra*, he should hold the kindling stick below the handle of the spoon (*sruc*)".[191] No; because in as much as it (i.e., the action of holding the kindling stick above when the offering is for the gods) is something new, an injunction is necessary, and therefore it is the word "*hi*" (for) which must be interpreted in another way.[192]

6. After the initial statement, "He makes the hall (*prācīnavaṃsa*)",[193] in the statement, "The gods obtained as their share the eastern direction, the ancestors the southern, men the western", by means of the *arthavāda*, identical in form to the old legend, it is enjoined that men should obtain as their

---

188 This is the relative pronoun, which assumes the form of "*ye*" in the quotation.

189 I.e., the clauses introduced by "*hi*" and "*ye*", which speak of the cloth being worn over the left shoulder and the points of *darbha* grass facing north, make subsequent reference to these conditions.

190 I.e., at the *agnihotra* for a dead sacrificer.

191 See ĀpŚS 6.8.5 for the practice of holding the kindling stick above the spoon (*agnihotrahavaṇī*) at the regular *agnihotra*.

192 According to ŚD etc., it should be disregarded.

193 This is taught at the *jyotiṣṭoma*. The word translated here as "hall", "*prācīnavaṃśa*", is an adjectival compound meaning, "in which the beams point east". For the hall, see Eggeling, SBE, Vol. XXVI, Part 2, p. 3, note 2, and CH 10.

share the western direction.[194] No. In compliance with the condition of being a single sentence, which is made known by the commencement, "He makes the hall", and the conclusion, "In that he makes the hall, the sacrificer approaches the world of the gods", this makes subsequent reference to the western direction which has been obtained at the evening offering of water (*arghya*) etc.[195]

7. In these sentences as well, which are taught at the *piṇḍapitṛ* sacrifice,[196] the *jyotiṣṭoma*, and the new- and full-moon sacrifices, namely, "That which is cut at the joint is for gods, that which is cut in the middle is for men, that which is cut at the root is for ancestors, the *barhis* (grass) is cut at the root", "*Ghṛta* (solid ghee) is for the deities, *mastu* (partially liquified ghee) for the ancestors, *niṣpakva* (seasoned, liquified ghee) for men,[197] indeed this fresh butter (*navanīta*) is connected with all the deities, when he anoints with fresh butter he in fact pleases all the gods",[198] and "That which is burned belongs to Nirṛti, that which is uncooked to Rudra, that which is cooked to the gods, therefore he should cook it without burning it",[199] the

---

194 Neither the gods nor the ancesters are entitled to a result, and so there is no reason to suppose that this could teach an injunction for them (cf. JNMV).

195 Consequently, it serves as an *arthavāda* of the injunction to construct the hall. The *Prabhāvalī* on BhD also refers to the "evening *arghya* offering" (*sāyaṅkālīnārghya*). This seems to be the *arghya* offering which a person is to perform at the evening *saṃdhyā* worship while facing west. See Kane, HDS, Vol. II.1, pp. 318–9.

196 This is a sacrifice directed to the ancestors which takes place on the new-moon day in the new- and full-moon sacrifices.

197 See Keith, p. 484, note 2, and Eggeling, SBE, Vol. XXVI, Part 2, p. 14, note 1 (ŚB 3.1.3.8). At AiB 1.3 (p. 17), Sāyaṇa says that *ghṛta* is solidified ghee ("*ghanībhūtaṃ ghṛtam*"), *mastu* is slightly liquifed ghee ("*īṣadvilīnaṃ mastu*") and that *niṣpakva* is completely liquifed ("*niḥśeṣeṇa vilīnaṃ niṣpakvam* (ĀĀ *niṣpakam*)"); at TS 1.2.1.1–2, he says that there are three states of butter (*navanīta*) which are produced by cooking (*pāka*), cooked, somewhat cooked, and completely cooked, and that the last of these is fragrant on account of the addition of some other substance ("*navanītasya pākajanyās tisro 'vasthāḥ pakvaṃ kiṃcit pakvaṃ niḥśeṣapakvaṃ ca. dravyāntara-prakṣepeṇa surabhi niḥśeṣapakvam*"). At TS 6.1.1.4 Bhaṭṭa Bhāskara says of the three states of butter that ghee liquifies in fire, *mastu* liquifies on its own, and that *niṣpakva* is cooked (*pakva*) with herbs ("*ghṛtam agnau vilīnam. mastu svayaṃ vilīnam. niṣpakvam auṣadhaiḥ pakvam iti navanītasyai 'vā 'vasthās tisraḥ iti*"). See Haug, p. 8. JNMV identifies *mastu* as whey (*maṇḍa*) from curds (*dadhi*), and *niṣpakva* as slightly liquified butter, or buttermilk (*takra*).

198 This is taught in reference to the action of anointing the sacrificer at the initiation. (CH 14c).

199 This is taught in reference to the cooking of the cake.

initial statements, in their entirety, serve to praise what has been enjoined, namely, the action of cutting at the root, in regard to the *barhis*, the fresh butter, in regard to the action of anointing, and the special cooking, in regard to the cake.[200]

8. At the new- and full-moon sacrifices, in the statement, "He should not speak falsely",[201] a prohibition for the sake of a person is enjoined, because the counter-positive (i.e., speaking falsely) is for the sake of a person,[202] and because the finite verb suffix denotes the person. Or, in compliance with (both) the direct statement of the finite verb suffix and the context,[203] even (if this is recognized) as a feature of a person engaged in the sacrifice (*kratu*), it is the subject of subsequent reference (here), since the prohibition of speaking falsely, from initiation to death, which has been established by the (*smṛti*) statement, "He should not speak falsely", has already been obtained even at the sacrifice. Or, since the finite verb suffix denotes the productive force, by context alone it is a subsidiary which assists directly (*ārāt*) and enters the sacrifice, and because the (*smṛti*) prohibition applies for all circumstances (*sārvatrika*), it is just as before (i.e., it is the subject of subsequent reference).[204] No. Although the prohibition taught in the *smṛti* text, "He should speak truly, not falsely", has already been obtained as being for the sake of the person, the repeated injunction is necessary, in as much as it is for the sake of the sacrifice and therefore has as its result the making known of the deficiency of the sacrifice if the prohibition is transgressed, and so this is only a feature of the sacrifice.

---

200 Consequently, the initial portions in each of these three statements do not teach distinct injunctions, but merely praise the injunctions which follow.

201 This occurs in a list of prohibited actions which constitutes the *vrata* (vow) for a performer of the *dākṣāyaṇa* sacrifice who desires distinction. According to Sāyaṇa, this sacrifice is optional with the new- and full-moon sacrifices. See 2.3.4.

202 This view assumes that the agent is denoted by the finite verb suffix, and that since the suffix is the main item in the word, the action of speaking should be for the sake of the person. Consequently, the prohibition of the action of speaking should also be for the sake of the person. In a parallel passage, JNMV identifies the counter-positive as a "feature of the person" (*puruṣadharma*). It seems that such a sense is probably to be understood here.

203 I.e., the context of the new- and full-moon sacrifices.

204 Whether the prohibition under discussion is a feature of the person engaged in sacrifice, or is a feature of the sacrifice, it remains a subsequent reference to the life-long prohibition taught in the *smṛti*.

9. The utterance of the *mantra* taught in the statement, "One who gapes (yawns?) should say, 'Skill and intelligence remain in me'",[205] is a feature of the person, because the sentence is stronger than the context. No. Since it is possible for a person to gape even in a sacrifice, in order to avoid a conflict of sentence and context, it is a feature of a person engaged in sacrifice.

10. Likewise, the prohibition, "He should punish for a hundred (years) one who reviles a *brāhmaṇa*, therefore one should not revile a *brāhmaṇa*",[206] is a feature of the sacrifice, due to context. No. Because avoiding the punishment can be the result of the prohibition,[207] this is removed from its context and is a feature of all persons (in general) (*samastapuṃdharma*).[208]

11. The prohibition, "He should not converse with a woman with stained garments",[209] is by context a subsidiary of the sacrifice. No. On the basis of the statement, "One whose wife is menstruating on the day of an observance should keep her apart and sacrifice", a conversation with one's menstruating wife at the new- and full-moon sacrifices could not occur, and by force of Manu's statement, which begins with, "A menstruating woman and a eunuch", (and continues) "Whatever these see (being done) at an offering into fire, at any other offering, at a meal, at an offering to the gods, or at an offering to the ancestors, that goes wrong", a conversation with another's wife could also not occur, and therefore this is not a prohibition for that (i.e., for the sacrifice), but is rather a feature of the person.

12. The wearing of gold, which is enjoined in the statement, "Therefore gold of beautiful color should be worn (*bhārya*), he becomes of beautiful color, his enemy becomes of ugly color",[210] causes a rite to present itself,

---

205 This is taught for the sacrificer in the context of the new- and full-moon sacrifices.

206 This is taught in the context of the new- and full-moon sacrifices. Keith takes this to mean, "he shall fine with a hundred", understanding a hundred cows. JNMV etc. take it to mean, "for a hundred years". Sāyaṇa glosses this as a fine of a hundred *niṣkas* (*śataniṣkadaṇḍena*).

207 By contrast, no such result is obtained from reciting the *mantra* discussed in 3.4.9, because holding (preserving) the two breaths (i.e., the out-breath and in-breath), which are identified as skill and intelligence in the preceding passage of the TS (*prāṇo vai dakṣo 'pānaḥ kratuḥ*), has already been obtained before the *mantra* is recited.

208 The *Kutūhalavṛtti* refers to *kevalapuruṣadharma*, JNMV to *kevalapuruṣārthatā*.

209 I.e., with a menstruating woman. This is taught in the context of the new- and full-moon sacrifices.

210 This is identified by Śabara as a statement without prior context, i.e., as independently taught. It occurs in the TB at a section which, according to Sāyaṇa, contains praises of the *pañcahotṛ mantra*. See 3.7.4.

since it is a *vedic* statement, and therefore it is a subsidiary of the rite and assists it directly (*ārāt*); or, in accord with the gerundive suffix "*ṇyat*" (i.e., in the word "*bhārya*" (should be worn)), which is taught to express the object, this is a preparation of gold which occurs in the rite;[211] or, since the wearing of gold has already been obtained from the statement, "There is gold in his hand",[212] by making subsequent reference to the gold which is to be worn, it enjoins for it the condition of having a beautiful color. No. Because this is independently taught, and because gold exists beyond the range of a rite, and so does not cause a rite to present itself, it is a feature of just the person, and its result is either heaven,[213] or the condition of one's own color being beautiful and an enemy's ugly.[214]

13. The *jaya homas* (victory offerings), which are enjoined in the statement, "He should offer the *jaya homas* at the act by which he wishes to prosper", should take place even at the actions of plowing etc., because there is no authority for their restriction. No. Because the *āhavanīya* fire is enjoined with reference to *homas* in the statement, "In that he offers (i.e., performs a *homa*) in the *āhavanīya*", and it is absent at the actions of plowing etc., the *jaya homas* occur only at *vedic* acts.

---

211 *Prabhā* on ŚD refers to the gold given to a member of the *gotra* of Atris at the *jyotiṣṭoma*. See 2.2.1.

212 This seems to refer to the action of holding gold in the hand while drawing the *vasatī* water at the *soma* pressings. A fuller form of the quote above occurs in the *Mayūkhamālikā* on ŚD, and in Śabara on JS 1.2.11 (see text): "There is gold in his hand; then he draws (the *vasatī* water)". The quote offered in TV and BhD refers to the action of passing a piece of gold from hand to hand during the singing of the *ṣoḍaśistotra* on the fourth day of the *pṛṣṭhya* six-day period in the twelve-day *soma* rite. Also, gold is in or on the hand at the *dākṣiṇa* offerings, and is worn on the finger when the *soma* is purchased and at the *soma* pressings. See note to the text. See Gonda, *The Functions and Significance of Gold in the Veda*, pp. 9, 19–20, 139. The *Kutūhalavṛtti* quotes, "*hiraṇyaṃ dakṣiṇā*" (The fee is gold). At the *jyotiṣṭoma*, gold is given to the *agnīdra* priest (cf. ĀpŚS 13.6). For a general account of gold as a fee, see Gonda, op.cit., pp. 161–77.

213 When no other result is specified, heaven is assumed. See 4.3.5–7.

214 The *arthavāda* may supply the result when no other result has been specified. See 4.3.8.

14. The *iṣṭi* which is enjoined by the statement, "Let him offer as many cakes on four pans to Varuṇa as he has received (but understand here, "given") (*pratigṛhṇīyāt*) horses",[215] is caused by the action of giving,[216] in accord with the principle which will be stated.[217] And that *iṣṭi* should take place at worldly and *vedic* acts of giving, since there is no (stated) distinction. Or, this is a expiatory act when one performs the action of giving a horse to a friend out of affection, which is prohibited by the statement, "He does not give horses".[218] No. Because in the passage, "Indeed Varuṇa seizes one who receives (understand here, "gives") a horse", the statement that it (i.e., the action of giving a horse) is a cause of sickness in the form of dropsy[219] is inappropriate with regard to the worldly giving of horses, in as much as it is in conflict with direct perception etc., and so if it (i.e., the *iṣṭi*) were caused by it (i.e., by the worldly gift of a horse), we would not obtain the result of the *iṣṭi* which has been introduced, (a result) which has the form of release from dropsy and is taught in the statement, "He releases (him) from Varuṇa's noose", and therefore for it to be caused by a worldly act of giving is inappropriate, and because the *iṣṭi*, being *vedic*, causes a *vedic* rite to present itself, this is to occur only at the actions of giving a horse which are enjoined by the statements, "A mare is the fee"[220] etc.

15. And this *iṣṭi* is to take place only at the action of receiving (a horse), not at that of giving, because of the direct statement, "As many horses as he receives (*pratigṛhṇīyāt*)".[221] No. On the basis of the commencement (of the passage), for which an obstacle has not arisen,[222] namely, "Prajāpati led the horse to Varuṇa, he (it?) went to his (its?) deity, he (i.e., Prajāpati) was afflicted, he saw this cake on four pans for Varuṇa, he offered it, then indeed he was released from Varuṇa's noose (i.e., dropsy)", the *iṣṭi* should take

---

215 This is taught in the TS in the chapter of desiderative *iṣṭis*. See *Wunschopfer* 166. A word derived from "*prati grah*" should denote the action of receiving, and that is how Caland understands it, but in connection with this expiatory *iṣṭi*, it is interpreted by Mīmāṃsā writers as denoting the action of giving. See 11.4.11.

216 I.e., and not by that of receiving.

217 See 3.4.15.

218 This is untraced, though JNMV says it is a statement from *smṛti*.

219 Varuṇa is said to inflict dropsy when he seizes someone with his noose.

220 This is taught for the *sautrāmaṇī* rite.

221 See 3.4.14.

222 Evidence provided first has an advantage, in that nothing is yet there to oppose it. See 3.3.1, last note.

place only at the action of giving.[223] And the word "*pratigṛhṇīyāt*" (he receives) has the implied sense of "*pratigrāhayet*" (he causes to receive, i.e., he gives).

16. The *iṣṭi* taught in the statement, "One who (*yaḥ*) vomits *soma* should offer *caru* made of millet to Soma and Indra", should be performed at a worldly vomiting of *soma*, based on the statement of a visible fault (i.e., ill-effect) in the sentence, "Indeed one who vomits *soma* is deprived of power and strength".[224] No; because in as much as the worldly drinking of *soma* takes place for the sake of vomiting, and so through vomiting is the cause of a balance of the elements, there is no fault in vomiting there. But because one expects the drinking of *soma* at a sacrifice to end with correct digestion, based on the statement, "Impel my limbs",[225] this is an expiatory act for the fault of vomiting there.

17. And that[226] applies to the priests as well, since there is no distinction (stated) in regard to the vomiting. No. Because we understand from the word "*yad*" (who)[227] that the *iṣṭi* and the vomiting have the same agent, and because the *iṣṭi*, as a subsidiary to the (*soma*) sacrifice, has the sacrificer as its agent, the vomiting done by the sacrificer alone is its cause.

18. At the statement, "(A cake) on eight pans for Agni (*āgneya*)" etc.,[228] it is not possible for us to recognize, on the basis of the secondary (*taddhita*) suffix (i.e., in the word "*āgneya*" (an offering substance (here, a cake) for Agni)), the connection of the deity with the entire cake, unless the entire cake is given up,[229] and therefore, with reference to the deity, the entire cake should be given up and offered, because an offering (*homa*) is a disposal of what has been given up. No. Because of the injunction to cut it in the statement, "He cuts from the offering twice", and because the portion to be cut

223 It was Prajāpati's gift of the horse to Varuṇa which caused his problems. See Keith's note on the difficulties in interpreting this passage. Śabara etc. understand that Prajāpati went to his own deity, i.e., Varuṇa. See Caland's note at *Wunschopfer* 166 for the KS account.

224 On this interpretation, the *iṣṭi* is enjoined to counter the ill-effect of vomiting.

225 See 3.2.9.

226 I.e., the injunction of the *iṣṭi* discussed in 3.4.16.

227 This is the relative pronoun which has the form "*yaḥ*" (who) at 3.4.16.

228 The full quote presented in Śabara here is, "In that the cake for Agni (*āgneya*) on eight pans is unmoved at the new-moon day and at the full-moon day". This is the originative injunction of the cake offering for Agni at the new- and full-moon sacrifices. For this offering, see NVO, pp. 107–10.

229 The action of "giving up" the cake is the sacrificer's renunciation of its ownership.

has the measure of a thumb joint,[230] and because of the injunction of the rites for the remainder, even when the entire cake is given up, the entire cake is not offered.[231]

19. At the statement, "From what remains, he cuts for (Agni) *sviṣṭa-kṛt*",[232] the cut for the *sviṣṭakṛt* (sacrifice) is made from just one remainder,[233] because the meaning of the text (*śāstra*) is accomplished by just that much. No. Because the *sviṣṭakṛt* sacrifice is a disposal of what has been used, and all (the remainders) expect disposal, the cut is made from all.[234]

20. When the cut is to be made from just one (remainder), then there is no restriction (as to which one it is). No. Because there is no cause for going beyond the first, the cut should be from just the first.[235]

21. The action performed by the sacrificer of designating the (portions of the) cake which has been cut into four,[236] namely, his statement, "This is for the *brahman*, this for the *hotṛ*, this for the *adhvaryu*, this for the *agnīdh*", is not done for the sake of its eating, because that is not stated. And in this way, because the priests can be hired by even these small amounts, just as they are by the *soma* cup at the *ṛtapeya* rite,[237] the portions spoken of can be used by them in any way they like. No. Because the entire cake is given up on the basis of the statement, "I pour out you agreeable to Agni", and therefore the sacrificer has no ownership of it, and consequently there can be no hiring by means of the portions; because the cake needs eating, since there is an expectancy for its disposal; and because eating produces energy in the agents, eating alone is (the means of) its disposal.

---

230 See ĀpŚS 2.18.9.

231 Only the portions cut for the offerings are offered, while the rest is disposed of by the *sviṣṭakṛt* sacrifice, the *iḍā*, etc. (NVO, pp. 117–32). See the following topic for the *sviṣṭkakṛt*. For the *iḍā* etc., see 6.4.2.

232 This is taught in reference to the *sviṣṭakṛt* sacrifice at the new- and full-moon sacrifices.

233 I.e., from the remainder of just one of the main offerings at each *parvan* of the new- and full-moon sacrifices. See the preceding topic.

234 ĀpŚS 2.21.3 and 3.1.6 say explicitly to cut from all. See 3.5.1.

235 This is argued hypothetically, on the assumption that only one of the remainders needs to be cut. See 3.4.19.

236 See ĀpŚS 3.3.2–3 and NVO, pp. 127–8, for the actions of cutting the cake for Agni into four and assigning the pieces to the priests at the new- and full-moon sacrifices.

237 This is a one-day *soma* rite. See 10.3.19.

Chapter 5

1. The *sviṣṭakṛt* sacrifice should be done with the ghee in the *dhruvā* spoon which remains from the *upāṃśu* sacrifice,[238] because of the sentence, "He cuts from all the offerings". No. Because of the statement that the *sviṣṭakṛt* sacrifice is a disposal of used substances,[239] and because the ghee in the *dhruvā* will be used for pouring out (an underlayer) etc.,[240] there is no expectancy for its disposal, and so the *sviṣṭakṛt* sacrifice is not made with it.

2. At the statement, "Stepping forward with the pots",[241] there is taught only the action of stepping forward to the place of the *āhavanīya* fire with the pots (of curds and milk), but not an offering by means of the pots. And in this way, it is after cutting (the offering substance, i.e., the curds and milk) with the *sruva* (dipping spoon) into the *juhū* and then offering it, that just as with the remainder from the *sānnāyya*, so too with the remainder (from the offering) that stays in the pots, the *sviṣṭakṛt* sacrifice should be made. No. On the basis of the statement, "Giving the two spoons to the *agnīdh*",[242] the offering is performed by means of the pots, and so since there is no remainder, it (i.e., the *sviṣṭakṛt* sacrifice) is not performed.

3. At the *sautrāmaṇī* sacrifice, there are draughts (*grahas*) of milk and draughts of liquor (*surā*).[243] Because there is present there a remainder, on

---

238 The *upāṃṣu* ("whispered") sacrifice is an offering of ghee which takes place after the cake offering to Agni at both the new-moon and the full-moon sacrifices. See 2.2.4. See 10.8.18 for the view that it occurs only at the full-moon sacrifice.

239 See 3.4.19.

240 The *upāṃsu* sacrifice is followed by either a cake offering or a *sānnāyya* offering, both of which require a pouring out (*upastaraṇa*) of ghee as the first "cutting". See Eggeling, SBE, Vol. XII, Part 1, p. 192, note 1.

241 This is taught to take place at the *sākaṃprasthāyīya*, which is not a distinct rite, but a modification of the new-moon sacrifice for one desirous of cattle. JNMV refers to it as a modification of the *sānnāyya*. The *adhvaryu* steps forward to the place where he will offer the *sānnāya*, the southwest corner of the *āhavanīya* fire (Caland).

242 This phrase occurs in the same sentence as the initial quotation, immediately preceding it. When the two spoons, i.e., the *juhū* and *upabhṛt*, are given away, the pots are left for making the offering.

243 There are two types of *sautrāmaṇī*. The first, in the order of presentation in ĀpŚS, is the *caraka sautrāmaṇī*, which is taught to occur at the conclusion of the *rājasūya* rite. The second is the *kaukilī*, which is an expiatory rite. The passage here seems to refer to the first. See 8.2.1. According to BhD, "*sautrāmaṇī*" is the name of animal sacrifices. The draughts are enjoined as the substance for the cake offering at the animal rite (*paśupuroḍāśa*). See Eggeling, SBE, Vol. XLIV, Part 5, p. 213, note 2. See Schwab 87–88 and 93 for the cake offering at the animal rite.

the basis of the statement, "He leaves a remainder, he does not offer it all", the operations on the remainder should be done, as at the *soma* draughts in the original rite.[244] No; because we hear of a use of the remainder in the statement, "Let him hire a *brāhmaṇa* to drink the remainder".

4. At the *iṣṭi* enjoined by the statement, "Let him cause one (who is desirous of power, who is desirous of strength) to sacrifice with this *sarva-pṛṣṭha* rite",[245] after the statement of the six Indras, "To Indra of the *rathantara*, to Indra of the *bṛhat*, to Indra of the *vairūpa*, to Indra of the *virāja*, to Indra of the *śākvara*, to Indra of the *raivata*",[246] a cake is enjoined by the statement, "There is a cake on twelve pans so that it might be for the Viśvadevas (All-gods)".[247] There, on the basis of the statement, "He cuts off all around", there are various cuts, and so because the actions of giving (*pradāna*) are distinct in as much as the deities are distinct, the acts are separate, and therefore on the basis of separate (operations of) transfer, the *sviṣṭakṛt* and other rites should be performed separately.[248] No. Because the remainder is one, they (i.e., the *sviṣṭakṛt* etc.) are not performed separately.

5. With regard to the draught for Indra and Vāyu at the *jyotiṣṭoma* rite, the operation on the remainder[249] takes place once.[250] No. On the basis of the statement, "He drinks the draught for Indra and Vāyu twice",[251] the drinking is done twice.

6. At the *soma* sacrifices, we hear in the statement, "In that he offers the draughts", that the offerings are done by means of entire draughts, and so

244 I.e., the *jyotiṣṭoma*. The claim is that on the basis of the word "*graha*" (draught), the *jyotiṣṭoma* is recognized as the original rite, where a remainder of the *soma* draught exists. The operations in question here at the *sautrāmaṇī* sacrifice are the *sviṣṭakṛt* rite etc. The cake sacrifice in the animal rite concludes with the *iḍā* (see ĀpŚS 7.23.2), and so the actions of cutting the cake into four etc. are given up (cf. *Prabhāvalī*). Starting with 3.5.5, disposal of *soma* by the action of drinking it is discussed.

245 I.e., the rite "which has all the (six) *pṛṣṭhas*". This is a desiderative *iṣṭi*. See *Wunschopfer* 175.

246 Indra is a single deity, but is distinguished here by the names of the six *sāmans* which are sung at the six *pṛṣṭhastotras* in the six-day period of the twelve-day *soma* rite. See Eggeling, SBE,Vol. XXVI, Part 2, pp. 405–6, note 2; TāB 10.6.1–6.

247 The translation above is uncertain. Keith's translation, "for obtaining the Viśvadevas", seems awkward. Caland points out in a note at *Wunschopfer* 175 that a cake for the Viśvadevas is always on twelve pans.

248 I.e., six times.

249 Here this takes the form of the action of drinking. This is the subject of the following topics also.

250 This is argued because the *soma* itself is just one.

251 See CH 147 a I.

since there is no remainder, there is no drinking. No. Because there is a remainder, based on the statement, "He offers a little", and because the statements, "He drinks the draught for the Aśvins" etc., enjoin the action of drinking as something new, it does in fact occur.

7. The statement, "Let the *hotṛ's* cup (*camasa*) advance,[252] let the *brahman's*, let the *udgātṛs'* (*udgātṝṇām*), let the sacrificer's, let the *sadasyas'*", is taught.[253] Because there is no statement there (to enjoin it), there is no action of drinking. No; because based on the analysis (i.e., of the word "*camasa*" (cup)) as, "In this vessel the *soma* is sipped (*camyate*), that is, drunk", the drinking is obtained through the name.[254]

8. At the statement, "(Let) the *udgātṛs'* (cup advance)",[255] the nominal stem "*udgātṛ*" is used in its conventional sense to denote the *udgātṛ*, and so the *udgātṛ* alone should drink; or, so as to make the plural number (i.e., in the word "*udgātṝṇām*" (*udgātṛs'*)) applicable, in fact all the priests, being implied by the mention of the *udgātṛ* (should drink); or, based on the analysis (i.e., of the word "*udgātṛ*") as, "They sing (*gāyanti*) excellently (*utkarṣeṇa*)", the *udgātṛ,* the *pratihartṛ,* and the *prastotṛ* (should drink).[256] No. By the principle that a conventional sense removes an etymological one, the etymological sense does not apply, and so the *udgātṛ* and those close to (i.e., associated with) him, the *prastotṛ,* the *pratihartṛ,* and the *subrahmaṇya*, should drink; this is because the *subrahmaṇya* is also close to the *udgātṛ,* in as much as the name *audgātra* (task of the *udgātṛ*) applies to his task;[257] this is the view of the *Bhāṣya.*

The author of the *Vārttika* approves of just the third view, because the shed (*sadas*) is the place of drinking,[258] and the *subrahmaṇya* does not enter the shed.

9. The *hāriyojana* is (the draught) drawn with the *mantra*, "You are a bay (horse), (O you who are) related to the yoker of bays (*hāriyojana*)";[259] the

---

252 I.e., into the shed (*sadas*), so that it may be drunk. See following topic.

253 It is taught in conection with the morning pressing of the *jyotiṣṭoma* rite. (CH 146b).

254 The names here are "*hotuś camasaḥ*" (the *hotṛ's* cup) etc.

255 See 3.5.7.

256 These three sing, respectively, the *udgītha*, *pratihāra*, and *prastāva*, i.e., the second, third, and first portions of a *sāman*. The *pratihartṛ* and the *prastotṛ* are two of the *udgātṛ's* assistants.

257 This is the action of calling the *subrahmaṇyā* (cf. JNMV). See 9.1.16 and 11.3.10.

258 For the shed (*sadas*), see Eggeling, SBE, Vol. XXVI, Part 2, p. 140, note 3.

259 The *hāriyojana* is the final draught at the *jyotiṣṭoma*. See ĀpŚS 13.17.1 ff., ŚB 4.4.3.2, and CH 247a. Keith translates "*hāriyojana*" as "yoker of bays". Sāyaṇa

grāvastut (priest)[260] does not drink it, since he has no cup (*camasa*), because in the statement, "Those with cups (*camasinaḥ*) drink of the other cups (i.e., draughts), according to their (own) cup, then (*atha*) all (*sarve*) in fact (*eva*) are eager to obtain this *hāriyojana* (draught)", the word "*sarva*" (all)[261] refers to those with cups on the basis of the proximity of (the word for) those with cups (i.e., "*camasinaḥ*"), and so it enjoins drinking (only) by those with cups. No. The words "*atha*" (then) and "*eva*" (in fact) remove the suspicion that only those with cups are intended, and so enjoin the drinking by all who are at the sacrifice, and therefore even the *grāvastut* drinks.

10. At the statement, "The first drinking (*prathamabhakṣa*) (i.e., of *soma*) is done by the maker of (the sound) '*vaṣaṭ*'",[262] by means of subsequent reference to the action of drinking (*bhakṣa*) (by the *hotṛ*), which has been obtained by the name,[263] the condition of being first (*prathama*) is to be enjoined. No. Because a single word (i.e., "*prathamabhakṣa*" (the first drinking)) cannot make known two meanings in the form of the item to be referred to and the item to be enjoined, this is the injunction of a separate action of drinking which is caused by the making of (the sound) "*vaṣaṭ*".[264]

11. At the statement, "Let the cup (*camasa*) of the *hotṛ* advance" etc., we understand that the action of drinking takes place on the basis of the name;[265] at the statement, "Then (all in fact are eager to obtain) this (*hāriyojana* draught)", (we understand that it takes place) on the basis of the sentence;[266] and, at the statement, "(The first drinking is done by) the maker of the sound '*vaṣaṭ*'", (we understand that it takes place) when the making of the sound "*vaṣaṭ*" occurs as the cause, on the basis of the sentence,[267] (and) therefore there is no other cause for it. No. The statement, "They press with the stones at the cart (*havirdhāna*), offer in the *āhavanīya* fire, retire to the west, and

---

takes this to mean: "You are bay (in color), you are related to the one who yokes the bay-colored horse to the cart, i.e., Indra". Fried grains (*dhānā*) are placed in this draught.

260 The *grāvastut* is an assistant of the *hotṛ*.

261 Here in the plural form, "*sarve*".

262 This is taught at the *jyotiṣṭoma* rite. The *hotṛ* utters the sound "*vaṣaṭ*"at the end of the offering verse (*yājyā*). See CH 147a for the *hotṛ's* action of drinking.

263 The maker of the sound "*vaṣaṭ*" is the *hotṛ*. He has a cup, and its name, "*hotuś camasaḥ*" (the *hotṛ's* cup), establishes that he drinks. See 3.5.7.

264 Also, this action is qualified by the condition of being first.

265 See 3.5.7.

266 See 3.5.9.

267 See 3.5.10.

drink their drink in the shed (*sadas*)",[268] enjoins the action of drinking by making subsequent reference to the causes (of drinking) in the form of the actions of offering and pressing, and therefore the actions of offering and pressing are also its causes.

12. By the statement, "Let the *hotṛ's* cup (*camasa*) advance" etc., the name is stated to be the cause for drinking by those with cups;[269] by the statement, "(The first drinking is done by) the maker of the sound '*vaṣaṭ*'", the making of the sound "*vaṣaṭ*" is stated to be the cause for the drinking by the *hotṛ*;[270] and by the statement, "(They press with the stones) at the cart", the action of offering, along with the action of pressing, is stated to be the cause for the drinking by the *adhvaryu*.[271] That being so, because the name, the making of the sound "*vaṣaṭ*", and also the actions of pressing and offering are equally powerful for the drinking by the *hotṛ* and the *adhvaryu*, the condition of being the cause is optional.[272] Or, because the name has no other scope, with regard to the cups there is in fact no drinking for which the causes are the making of the sound "*vaṣaṭ*" etc.[273] No. Because the sentence is stronger than the name,[274] and the name is stronger (than the sentence), in as much as it has no other scope, in order to produce two unseen effects through restrictions, there is a combination of the two.

13. When many drink from one vessel,[275] the *adhvaryu* should drink first, because he is close to the vessel.[276] No. Because of the indication in the statement, "Like the *hotṛ*, (drink) before us",[277] and because of the sentence

---

268 This is taught in reference to the *jyotiṣṭoma*.

269 See 3.5.7.

270 See 3.5.10.

271 See 3.5.11.

272 Both the name and the making of the sound "*vaṣaṭ*" would operate for the *hotṛ*, as would the name and the actions of pressing and offering for the *adhvaryu*.

273 The making of the sound "*vaṣaṭ*" and the actions of pressing and offering have scope as a cause for drinking at other draughts, where the *camasas* are not used.

274 Here "the sentence" refers to the two sentences, quoted above, which enjoin as causes of drinking the making of the sound "*vaṣaṭ*" and the action of offering, as accompanied by the action of pressing.

275 This refers to the drinking of *soma* by the priests.

276 He holds it while making the offering.

277 This occurs in *pāda* c of ṚV 5.43.3. ŚŚS 3.18.5 gives it as part of the *yājyā* verse for the *āmikṣā* offering to Vāyu at the *śunāsirīya parvan* at the *cāturmāsya* sacrifices. According to the *Prabhā* on ŚD, it occurs in an *indrastutimantra*; the *Prabhāvalī* on BhD says that the author of the *Prakāśa* (i.e., Śaṃkarabhaṭṭa, who wrote the *Prakāśa* commentary on the ŚD) makes the same claim, and explains that he does so by linking *pādas* c and d of 5.43.3 with the first half of the following verse (i.e., ṚV

quoted, "(The first drinking is done by) the maker of the sound '*vaṣaṭ*'",[278] it is the *hotṛ* (who drinks first).

14. And the drinking is to be done only when preceded by permission, on the basis of the statement, "The *soma* is not to be drunk by one not invited".

15. And the invitation is made with the *mantra*, "Invited, invite" (*upahūta upahvayasva*), the employment of which is taught on the basis of its word-meaning.[279]

16. And on the basis of its (semantic) capacity, the *mantra* is to be divided and employed, with a transposition (of its two parts), at the action of asking for permission and at the action of giving permission.[280]

17. Since the action of asking for permission is for the sake of an unseen effect, it should also be done of people who have distinct vessels. No. Since the asking for permission has a visible purpose, in the form of avoiding the offense which might be conceived of on the basis a deficiency or excess (of the portion one may drink) in a single vessel, it is done only of persons having one and the same vessel.

18. At the *ṛtu* ("season") sacrifices,[281] the statement, "The sacrificer recites the *yājyā* (offering verse), he directs (the *hotṛ*), '*Hotṛ,* recite the *yājyā*', or he sits and recites the *yājyā* himself", removes from the *hotṛ* the *yājyā* which belongs to him and enjoins it for the sacrificer.[282] There, on the option by which the sacrificer recites the *yājyā*, since the *yājyā* alone is removed (i.e., from the *hotṛ*), the action of drinking, which is caused by the action of making the sound "*vaṣaṭ*", is done only by the *hotṛ*.[283] No. Because when the recitation of the *yājyā*, as it is stated in the passage, "Or he sits and

---

5.43.4) so as to produce an *indrastutimantra*; the *Prabhāvalī* says that there is no authority for this. According to JNMV, the words are addressed by the priests to the *adhvaryu*, and have the sense, "Just as the *hotṛ* protected us by drinking before us and then giving the remainder, so you too drink ((and protect) (us))". The *Prabhāvalī* rejects this, and claims that the *mantra* is spoken by the sacrificer, who asks Vāyu to drink before the other gods. According to BṛD 5.41, the verse is addressed to Vāyu.

278 See 3.5.10.

279 See 3.5.16 and note. (See CH 147al).

280 I.e., at first, "Invite (me)" (*upahvayasva*), then, "(You are) invited" (*upahūtaḥ*).

281 The "*ṛtu* sacrifices" (*ṛtuyājas*) are performed at the morning pressing of the *jyotiṣṭoma*. See ŚB 4.3.1.14; AiB 2.29; ĀpŚS 12.26.11. (CH 150). See Minkowski, pp. 81–9. See 10.2.26.

282 Minkowski, p. 85, notes, "The Yajamāna delegates the actual recitation of his *yājyā* to the Hotṛ".

283 See 3.5.10.

recites the *yājyā* himself", is to be performed,[284] it is necessary, on the basis of the statement, "He makes the sound '*vaṣaṭ*' after the *yājyā*", that the sound "*vaṣaṭ*" should be made, and because we understand from the prohibition of breathing between the (recitation of the) *yājyā* and the making of the sound "*vaṣaṭ*", which is based on the statement, "He recites the *yājyā* without taking a breath", that the two have the same agent, the action of making the sound "*vaṣaṭ*" also[285] leaves the *hotṛ* and enters the sacrificer, and so the sacrificer alone performs the action of drinking which is caused by it.

19. At the statement, "If he performs a sacrifice for a *rājanya* or a *vaiśya*, if that person wishes to drink *soma*, he (i.e., the *adhvaryu*) should take a bunch of buds of the banyan tree (*nyagrodha*),[286] grind them up, mix them in curds, and give them to him to drink, not *soma*",[287] on the basis of the commencement (of the statement) and the conclusion[288] (we determine that) the *soma* is modified as (i.e., substituted by) the ground material only for the action of drinking. No. Because drinking is a preparation of a sacrificial substance, and it would be inappropriate in the case of the ground material if the latter were not fit for sacrifice, the *soma* is modified (i.e., substituted) for the action of sacrifice as well.

20. On the basis of the statement at the *daśapeya* rite,[289] (a rite) which occurs within the *rājasūya* rite, "In tens (*daśa daśa*) they approach each cup", the sacrificer's cup should be drunk from by ten *rājanyas* only, because even if the number obtained from the original rite (i.e., one) is blocked, it is inappropriate to block the singleness of the *jāti*.[290] No; because through subsequent reference to the persons who advance in order to drink from the ten cups which have been obtained from the original rite, by means of the repetition (i.e., in "*daśa daśa*" (in tens)) the number ten is enjoined for each cup. For this very reason, at the statement, "One hundred *brāhmaṇas* drink", through subsequent reference to the number one hundred, which is

284 I.e., by the sacrificer.

285 I.e., as well as the recitation of the *yājyā*.

286 Ficus indica Linn.

287 This is taught at the *jyotiṣṭoma* in connection with the action of drinking the remainder of the *soma* draughts.

288 Both of these deal with drinking.

289 The *daśapeya* is a modification of the *jyotiṣṭoma*.

290 I.e., the singleness of the *varṇa*. Since only a *rājanya* is the sacrificer at the *rājasūya*, only *rājanyas* should drink. See Heesterman, pp. 182–3.

obtained by implication,[291] there is enjoined for the persons enumerated only the condition of being a *brāhmaṇa*, and so this drinking is not in fact done by the sacrificer, what to say of the other *rājanyas*, and so the *soma* is to be drunk just by *brāhmaṇas*.

Chapter 6

1. The condition of being made of *parṇa* wood,[292] which is taught in the independent statement, "One who has a *juhū* (spoon) made of *parṇa* wood (hears no evil words (i.e., about himself))",[293] is enjoined for the *juhū* as a common feature for both the original rite and its modifications. No; because in as much as the *juhū* is obtained in the modification by transfer, and so along with it the condition of being made of *parṇa* wood as well can be obtained from just that source, it is appropriate that the injunction should apply only to the *juhū* in the original rite, which presents itself (to the mind) first.

2. At the statement, "He should recite seventeen kindling verses", the number seventeen is optional with the number fifteen, which occurs in the original rite,[294] (but) just at the original rite, because in as much as it is taught independently, it is appropriate that it should go to the original rite. No. The number fifteen is stronger, in as much as it is obliged by context,[295] and so the number seventeen enters (i.e., occurs in) modifications (of the original rite) such as the *mitravinda* etc.[296]

3. The number seventeen which is taught at the statement, "He should recite seventeen (kindling verses) for a *vaiśya*", should also occur at a modification, by the previous principle. No; because in as much as it is pos-

291 There are ten tens.

292 Butea frondosa (MW).

293 Sāyaṇa glosses this as "words of blame" (*nindāvacana*). In Śabara, this sentence is preceded by, "One who has a *sruva* (dipping spoon) made of *khadira* wood cuts with the juice (*rasa*) of the meters. His offerings become juicy."

294 I.e., the new- and full-moon sacrifices. (NVO, pp. 77–9).

295 I.e., the context of the new- and full-moon sacrifices.

296 See 10.8.9. A version of the *mitravinda* rite with seventeen kindling verses has not been identified. ŚŚS 3.7.2 and KŚS 5.12.18 enjoin fifteeen kindling verses for it. ŚŚS 1.16.19–20 teaches seventeen kindling verses for *iṣṭis* and animal rites generally, except where otherwise stated. ŚB 1.3.5.10 and 1.6.2.12 both teach seventeen verses for *iṣṭis*. Sāyaṇa interprets the first as applying to desiderative rites and the second to *iṣṭis* other than the new- and full-moon sacrifices. See Edgerton, p. 81–2, note 72. See Schwab 50 for the seventeen verses at the animal rite.

sible for the number seventeen, which is caused (*naimittika*) and without scope elsewhere, to block the number fifteen, which is obligatory (*nitya*) and has scope elsewhere, it enters just the original rite.

But the author of the *Bhāṣya* accepts this example (instead):[297] "For one who desires cattle, he should bring forward (the *praṇīta* water) in a milk-pail (*godohana*)".[298] The preliminary and accepted views are as before, the difference is that the desiderative (*kāmya*) item blocks the obligatory (*nitya*) one.

4. The installation of the fire, which is taught in the statement, "In the spring a *brāhmaṇa* should lay his fire",[299] is a subsidiary of the purifying *iṣṭis*, because at the purifying *iṣṭis,* which are modifications of the new- and full-moon sacrifices, the *āhavanīya* fire etc. are subsidiaries, and so the installation as well, which prepares the fires, can, by means of the fires, be a subsidiary.[300] No; because just as the installation, which is independently taught, produces the fire, so too the do the purifying *iṣṭis*, and so in as much as the *āhavanīya* fire is not established before the purifying *iṣṭis* take place, there is no transfer. Following the argument of the *Vārttika*, this is because even if the purifying *iṣṭis* do not produce the fire, the condition of being a subsidiary to the installation of the fires does not depart from them, and so prior to their performance the *āhavanīya,* qualified by the preparation produced by the installation along with its subsidiaries, is not established, and so there is no harm.[301]

5. Just as the independently taught condition of being made of *parṇa* wood enters the original rite,[302] so too the installation of the fire enters only the original rite by means of the fire. No; because the *juhū* (spoon), in as much as it has two forms, worldly and *śāstric*, enters the original rite in order to assume its *śāstric* form;[303] but the *āhavanīya* fire, in as much as it

---

297 Śabara does not discuss the injunction of seventeen verses for a *vaiśya* in Book Three, but he does so at JS 6.6.36. TV, ŚD, JNMV, and BhD discuss it here.

298 This is taught at the new- and full-moon sacrifices. The *camasa* vessel is to be used when no particular desire is specified. See 4.1.1 (third *varṇaka*), 4.3.2, and 6.6.7.

299 See 2.3.3.

300 See 11.4.4 for the purifying *iṣṭis*.

301 I.e., to the argument.

302 See 3.6.1.

303 The *juhū* can possess a worldly form even when it is made of other types of wood. The requirement that it should be made of *parṇa* wood enters a rite in order for the *juhū* to obtain a *śāstric* form, i.e., one based solely on textual authority (*śāstra*), by means of which it can produce an unseen effect. Otherwise the requirement would be pointless.

has only the *śāstric* form, is produced by the installation even without any entrance into a rite, and is subsequently enjoined to be employed in various places.

6. Because the purifying *iṣṭis* are modifications of the new- and full-moon sacrifices, and therefore have the *āhavanīya* fire, for the sake of that *āhavanīya* they are to be performed even at themselves;[304] moreover, by accepting the view that on that day as many as can be done should be done, (the fault of) infinite regress does not occur. No; because the fires which are brought about by the purifying *iṣṭis* cannot bring them about, and therefore they (i.e., such fires) are blocked from them; (and) because if fires are not created by means of purifying *iṣṭis* which are to be performed just in unprepared fires, then they (i.e., the purifying *iṣṭis*) become pointless; (and) because if they are so created, then others (i.e., additional purifying *iṣṭis* which would exist solely to prepare such fires) would be pointless, and so it is impossible that others too must be performed for the sake of the fire.

7. At the *jyotiṣṭoma* rite there are three animal rites, the *agnīṣomīya*, the *anūbandhya,* and the *savanīya*,[305] and there are also features, such as the actions of driving up (the animal) etc.,[306] and so by the principle that features, when they are pointless (at the main item, here the *soma* sacrifice), apply to its subsidiaries,[307] the features are, without distinction, subsidiaries of all the animal rites. No. Because the features are taught after the creation of the *dhiṣṇyas* (hearths) on the *aupavasathya* day,[308] which precedes the pressing day (*sautya*), and because the *agnīṣomīya* rite is present just there, by proximity the features apply only to the *agnīṣomīya* rite. They do not apply to the *savanīya* and the *anūbandhya* rites by direct teaching, because the pressing day and the end of the final bath rite (*avabhṛtha*) are taught (i.e., as the times when those two rites are performed).[309]

---

304 I.e., in order to prepare the *āhavanīya* fire which they make use of.

305 In the first of these as listed here a goat is offered for Agni and Soma, in the second a cow for Mitra and Varuṇa, and in the third a goat for Agni. The order of performance is: *agnīṣomīya*, *savanīya*, and *anūbandhya*. The last of these three terms appears in the manuscripts here, and at some other places, as "*anubandhya*".

306 See Schwab 45. Here ŚD and JNMV mention, respectively, the actions of cutting the post and encircling with fire (Schwab 1–11 and 63–65).

307 This is JS 3.1.18, which is the sole *sūtra* at topic 3.1.9.

308 This is the third *upasad* day. The adjective "*aupavasathya*" is derived from "*upavasatha*", which itself means a fast-day, or more particularly, the third *upasad* day at the *soma* rite. (CH 99).

309 The performance of the *savanīya* rite is stretched out over the pressing day. The final bath, which also takes place on the pressing day, is part of the concluding

8. Likewise the actions of cutting the branch etc. are subsidiaries of (only) the evening milking, which is performed first.[310] No. Because the context blocks the position,[311] they are subsidiaries of the morning milking as well.

9. At the morning pressing there are the cups (drawn) for Indra and Vāyu etc., at the midday pressing those for Marutvat etc., and at the third pressing those for Āditya etc.[312] With respect to them, features which are taught in proximity to the cups of the morning pressing, such as the one expressed in the statement, "Other cups are set down on a raised spot of earth (*upopta*), the *dhruva* cup on a spot not raised", are subsidiaries of just the cups of the morning pressing, due to proximity. No. Because the sentence and the context block the position,[313] they are subsidiaries of the cups of all three pressings. "*Upopta*" means a raised spot of earth.

10. At the *agnīṣomīya* (animal) rite, after the action of winding around the post has been enjoined by the statement, "He winds around, the rope indeed is strength", the rope and its features are taught by the statements, "He winds it around with the rope, it is threefold, it is made of *darbha* grass" etc.;[314] on the basis of position they are for the sake of the action of winding around at the *agnīṣomīya* rite; therefore at the *savanīya* (animal) rite, at the second action of winding around, which is taught by the statement, "Having drawn the draught for the Aśvins, he goes out and winds around the post", the rope and its features are not employed. No. On the basis of the direct statement, "He winds around the post", we understand that they are subsidaries of the action of winding around which is connected with this post,[315] and because the winding around at the *savanīya* rite is also a

---

actions of the *jyotiṣṭoma*. The features in question apply at those two rites by transfer, not by direct teaching. Although the features are taught in the context of the *jyotiṣṭoma* rite, they are not its direct subsidiaries, because the *jyotiṣṭoma* is a *soma* rite, not an animal rite.

310 At the new-moon sacrifice there are two milkings, one on the evening of the new-moon day, the other the next morning. A branch is cut on the new-moon day to drive away calves at the time of milking. See 2.1.15.

311 This differs from the preceding topic, where the features under discussion were subsidaries of a rite other than the main rite.

312 This refers to the *jyotiṣṭoma*.

313 On the basis of the sentence, the actions of setting down etc. are features of the cups, and on the basis of the context, they are features of the *jyotiṣṭoma*.

314 See Schwab 44 for the winding of the post at the animal rite.

315 The clause quoted here seems to refer to the first action of winding, i.e., at the *agnīṣomīya* rite, even though the wording does not match. Cf. ŚD.

winding around connected with this post, there too the rope and its features should be employed. It is for this reason that at the separate action of winding around, which is taught in the statement, "Having drawn the draught for the Aśvins, he winds the post around with the threefold (rope) and drives up the *savanīya* animal", subsequent reference is made to the condition of being threefold.[316]

But others say:[317] The post which is enjoined for the sake of the action of tying the animal by the statement, "He ties the animal to the post", is, on the basis of position, for the sake of the action of tying the animal which is the means of producing the unseen effect of the *agnīṣomīya* rite. And even though the actions of cutting etc., which produce the post, are not pointless with regard to the visible form of the post, still, since the subsequent reference (i.e., to the post) goes to what is nearby, they enter the *agnīṣomīya* rite, and even though the post and its features are obtained by transfer at the *savanīya* and *anūbandhya* (animal) rites, they are not performed separately (at those two rites), because it will be stated that (the operations producing) the post will apply through *tantra*.[318] In this way, in as much as the individual post is one, in accord with the principle of sprinkling the *barhis* (grass) for the sake of the *ātithyā* rite etc., the actions of winding around etc. are also accomplished, (in this case) by *prasaṅga*, and so are not repeated.[319] This being the case, at the separate action of winding around at the *savanīya* rite, which is enjoined by the statement, "Having drawn the draught for the Aśvins, he goes out and winds around the post", and has arrived at a task which is not performed at the original rite,[320] neither the rope, nor its features, "It is threefold", etc., are employed. No. Because on the basis of the subsequent reference to the condition of being threefold in the injunction of the *savanīya* animal, "Having drawn the draught for the Aśvins, he winds the

316 If this condition were enjoined here, a particularized injunction would result.

317 This view, which is presented in the BhD, continues to the end of the topic.

318 Through *tantra*, an operation performed once will serve its purpose repeatedly. See 11.3.3 and 4.

319 Through *prasaṅga*, an operation performed once for a particular purpose may serve other purposes as well. The *barhis* used for the *ātithyā iṣṭi* is also used for the *upasad* offerings and for the *agnīṣomīya* animal rite. Its preparations do not need to be repeated. See 4.2.11, 11.3.4, and 12.1.19.

320 If it were otherwise, the injunction which teaches the action would be pointless (cf. BhD, p. 196–7). This particular description of the action serves to indicate that features are not transferred to it. See 9.1.1 and 3.8.17. The task which does not occur at the original seems to be either the production of an unseen effect or the strengthening of the post (BhD).

post around with the threefold (rope) and drives up the *savanīya* animal", we accept the defining feature of the condition of being referred to in the rope and its features as in fact common to that (i.e., common to the rope and its features at the *savanīya* rite), and because if we did not assume a defining feature of the condition of being referred to in the form stated, at the injunction of the *savanīya* animal there would result the complexity caused by the injunction of the condition of being threefold,[321] there too the rope and its features should be employed; this is the substance of the topic.

11. The actions of setting down (the cups) etc.[322] are not subsidiaries of the *aṃśu* and *adābhya* cups, which are taught independently, because they are restricted by context to just those cups which are taught after the rite has been introduced.[323] No. Because the sentence, "The cups are set down", establishes the connection of the action of setting down with all the cups without distinction, and because the context is just the *jyotiṣṭoma*, and therefore there is no (distinct) context of the (other) cups, the actions of setting down etc. are subsidiaries of the two (cups), even though they are taught independently.

12. With regard to the *citriṇī* bricks etc., which are taught independently by the statement(s), "He lays the *citriṇī* bricks" (etc.),[324] the features of the (other) bricks, which are taught at the first of the six layers by the statements, "He should make it (i.e., the brick) unbroken and not black" etc., do not apply, because the sentence which enjoins their employment is also independent,[325] and so this instance differs from that of the *aṃśu* and *adābhya* cups.[326] No. Because the sentence, even though it is recited outside the context, enjoins the *citriṇī* bricks as being connected to the unseen effect of the fire-piling rite (*cayana*), and because the features of the bricks are

321 This would be an additional item which would have to be enjoined.

322 Here JNMV lists also the action of cleaning the cups.

323 The *aṃśu* and *adābhya* are optional draughts which may be drawn first. They are not essential parts of the *soma* rite. See CH 126, note 4.

324 The statement quoted here is untraced, but seems to be taught in reference to the fire-piling rite. In Śabara it is followed by the statements, "He lays the *vajriṇī* bricks" and "He lays the *bhūtā* bricks (*bhūteṣṭakās*)". All three of these statements are considered to be taught outside the context of the fire-piling rite.

325 This seems to be, "Whatever brick he recognizes as based on a *brāhmaṇa* (text) he should place in the middle layer". See 5.3.7.

326 See 3.6.11. There the originative injunction of the cups is independent, but not the injunction of their employment.

features of (all) the bricks which are means of producing the unseen effect of the fire-piling rite,[327] the features also apply at the *citriṇī* bricks etc.

13. The injunctions of the actions of pressing etc.[328] should apply even to the fruit cup,[329] just as they do to the *soma*. No. Because of the incongruity in a conjunction of something which is obligatory[330] with something which is not obligatory,[331] the preparations apply to it by transfer.[332]

14. Likewise, the actions of beating[333] etc. do not apply to the wild rice grains etc., because in as much as they have obtained their purpose at the rice grains (*vrīhi*), it is inappropriate for them to apply to the wild rice grains etc., which come later.[334] No. In as much as the word "*vrīhi*" (rice grains) denotes a substance qualified by its *jāti* and its shape, just as there is nothing to block the injunction of beating etc. in the case of rice grains which are damaged by water, fire, etc.,[335] by considering (only) their *jāti*, so too (there is nothing to block the actions of beating etc.) in the case of wild rice grains etc., which are qualified by the shape (of the rice grains), which is a part of what the word (*vrīhi*) denotes, even when the *jāti* is absent, and therefore the actions of beating etc. apply to them too.

15. The injunctions of the actions of pressing etc. should not apply at the *pūtīka* plants,[336] the use of which is caused by the absence of *soma*, in accord with the statement, "If he cannot find *soma*, he should press *pūtīka* plants", due to the principle of the fruit cup.[337] No. In as much as it will be stated that the sentence (quoted here) has as its purpose (only) the restriction

---

327 I.e., they are not specifically features of the first layer.

328 Here Śabara lists the actions of measuring the appropriate amount of *soma*, taking it down (from the cart), purchasing it, and pressing it. See 10.6.20 for the first two. JNMV lists the actions of pressing and purchasing.

329 This refers to the substance prepared for a *rājanya* or *vaiśya* who wishes to drink *soma*. See 3.5.19.

330 I.e., the action of pressing.

331 I.e., the fruit cup.

332 The obligatory preparations operate on the obligatory *soma*, and so have no expectancy for a fruit cup, which appears only later. BhD and *Prabhā* on ŚD state that as a result of this topic, a *mantra* which contains the word "*soma*" will be modified at the fruit cup, and not omitted.

333 This refers to the beating of rice grains at the new- and full-moon sacrifices. (NVO, p. 29).

334 Wild rice is used as a substitute when rice is unavailable. See 6.3.4.

335 In this case, the shape of the grains is destroyed.

336 Identification uncertain. See Smith's notes at TKM 2.74-5 on *soma* substitutes and his entry on *pūtīka* in Appendix A, p. 470.

337 See 3.6.13.

to a (specific) substitute,[338] the injunctions apply by the principle of the substitute.[339]

16. The injunctions of the *dīkṣaṇīyā* (*iṣṭi*) etc., which are taught in the context of the *jyotiṣṭoma*, which, although it is (just) one, ends with various *stotras* and so has various forms (*saṃsthās*),[340] should apply at the *ukthya* etc., just as they do at the *agniṣṭoma*.[341] No. Because the *ukthya* etc. are desiderative preparations,[342] and are therefore modifications of the obligatory (*nitya*) *agniṣṭoma* form, the injunctions apply only at the *jyotiṣṭoma* which has the *agniṣṭoma* as its form. And at the *jyotiṣṭoma* which has the form of the *ukthya* etc. there is a transfer (of these injunctions).[343]

---

338 See 6.3.13.

339 See 6.3.4 for this principle.

340 The various forms (*saṃsthās*) of the *jyotiṣṭoma* are based on its various concluding *stotras* and *śastras*. The forms are often spoken of as being seven: the *agniṣṭoma*, *atyagniṣṭoma*, *ukthya*, *ṣoḍaśin*, *vājapeya*, *atirātra*, and *aptoryāma*. ŚD says here that there are four *saṃsthās* of the *jyotiṣṭoma*: the *agniṣṭoma*, *ukthya*, *ṣoḍaśin*, and *atirātra*. The *atyagniṣṭoma* is another type of *agniṣṭoma*, which is produced when the *ṣoḍaśistotra*, not the *ukthyastotra*, is sung after the *agniṣṭomastotra*. The *vājapeya* is just a distinct type (*bheda*) of the *ṣoḍaśin*, as is the *aptoryāma* of the *atirātra*. ŚD says that this is how the statement of there being seven comes about.

341 The *ukthya* is one of the six forms which are created by singing and reciting *stotras* and *śastras* additional to those of the *agniṣṭoma*. See preceding note.

342 Here Śabara has, "*paśukāma ukthyaṃ gṛhṇīyāt. ṣoḍaśinā vīryakāmaḥ stuvīta. atirātreṇa prajākāmaṃ yājayet*" (One desirous of cattle should draw the *ukthya*. One desirous of strength should praise with (i.e., chant) the *ṣoḍaśin* (*stotra*). For one desirous of offspring, he should perform the *atirātra*). (Untraced. Cf. MS 4.6.5 (85.6) *yad ukthyo gṛhyate yajñasya ca paśūnāṃ cā 'varuddhyai*; TS 6.6.11.1 *yat ṣoḍaśī gṛhyata indriyam eva tad vīryaṃ yajamāna ātman dhatte*; ĀpŚS 14.1.2 *ukthyena paśukāmo yajeta. ṣoḍaśinā vīryakāmaḥ. atirātreṇa prajākāmaḥ paśukāmo vā*; ĀpŚS 13.10.13; 14.1.8).

343 BhD and the *Prabhā* on ŚD give as a result of this topic the consequence that at the *dīkṣaṇīyā* the *mantras* with the word "*yajña*", such as, "*yajñasyā 'śīrudṛcam aśīya*" (May I reach the end of the wish (benediction) for the sacrifice" etc., should be modified to "*yajñasya saṃsthāyāś cā 'śīḥ*" (The wish for the sacrifice and the form), and not omitted. Cf. ŚŚS 5.3.7; MŚS 1.4.2.6; ĀśŚS 4.2.8 and 9. The *Prabhāvalī* commentary quotes the statement, "*upahūto 'yaṃ yajamāno 'sya yajñasyā 'gura udṛcam aśīya*" (This sacrificer has been invited; 'May I reach the end of the *āgur* (*mantra*) of this sacrifice'), as occurring in the *hautrasūtra* (it appears so in ŚŚS and in ĀśŚS 4.2.8 and 9), and says about the BhD quote that its source is to be sought. The *āgur mantras* are two *mantras* recited by the *adhvaryu* and the *hotṛ* at the new- and full-moon sacrifices. The first is directed to the *hotṛ* and contains the word "*yaja*" (recite the offering verse (*yājyā*)), and the second is the clause "*ye yajāmahe*" (we who recite the offering verse). The first of these is modified as "*hotā yakṣat*"

Chapter 7

1. The *vedi* (altar) and its features, which are taught in the statements, "He sets down the offerings on the *vedi*", "He digs the *vedi*", etc.,[344] are employed only in connection with the main offering substances,[345] due to context. No. Because the *vedi* etc. are subsidiaries of the offering substances, which are means of bringing about the unseen effect of the rite which has been introduced, and because even the subsidiary offering substances,[346] by means of their own unseen effect, are means of bringing about the unseen effect of the rite which has been introduced, they (i.e., the *vedi* and its features) are employed in connection with (both) the subsidiary and the main offering substances.

2. The actions of shaving the hair and beard etc. assist both at the main rite and at the subsidiary, because they are features of the agent, and because just as the condition of being an agent exists with regard to a main rite, so too it does with regard to the subsidiary.[347] No. Because shaving etc. are preparations of the sacrificer, because even though the conditions of being the enjoyer (of the result) and of being the agent (both) exist in the sacrificer, they (i.e., shaving etc.) are useful only in that part (of the sacrificer) that is the condition of being the enjoyer of an unseen effect, and because of context, they (i.e., shaving etc.) assist only at the main means of bringing about the result (i.e., only at the main rite).[348]

3. The *vedi* (altar) at the *soma* rite is a subsidiary of just the main rite, and not also of the subsidiary rites, such as the *agnīṣomīya* (animal) rite etc., because at the statement, "On so much (ground) we will be able (understand: to perform the *soma* rite)",[349] it is only the main rite which is intended to be done. No. Because the main rite, with its subsidiaries, is the cause of the

---

(let the *hotṛ* recite the offering verse) and recited by the *maitrāvaruṇa* at the *soma* sacrifice. See Eggeling's note in SBE, Vol. XLIV, Part 5, p. 32, where he points out that traditional lexica gloss "*āgur*" as "*pratijñā*" (promise). See aslo Eggeling's note in SBE, Vol. XII, Part 1, p. 148.

344 These statements are taught at the new- and full-moon sacrifices. See NVO, pp. 71 and 51ff.

345 I.e., the cake for Agni etc.

346 I.e., those of the fore-sacrifices etc.

347 These actions are taught at the *jyotiṣṭoma*, where the main rite is the *soma* offering and the subsidiaries are items such as the *agnīṣomīya* animal rite. (CH 14a).

348 According to the *Prabhā* on ŚD, a consequence of this is that the actions discussed here do not need to be done at a modification of the *agnīṣomīya* animal rite.

349 This concerns the action of measuring off the ground for the *mahāvedi*. (CH 64).

result, and therefore it is just the intention to do the main rite with its subsidiaries which is appropriate, and because the *vedi* has a visible purpose in the form of the actions of setting down the offerings etc., and so is different from the actions of shaving etc.,[350] the *vedi* is for the purpose of all the rites.

4. On the basis of the statement, "With the *caturhotṛ mantra* he should touch the offerings on the full-moon day (*pūrṇamāsīm*), with the *pañcahotṛ mantra* on the new-moon day (*amāvāsyām*)", the two *mantras* for touching should occur only in connection with the main offering substances.[351] No; because in as much as the words "*pūrṇamāsī*" (full-moon sacrifice/day) and "*amāvāsyā*" (new-moon sacrifice/day) denote rites, and the two rites cannot be touched, by following the explanation that the accusative case suffix (i.e., in the words "*pūrṇamāsīm*" and "*amāvāsyām*") expresses the sense of the locative case suffix, it is necessary that they are denotative of time.[352] And because the time is the same for the main and subsidiary rites, the *mantra* is used for (both) the main and the subsidiary offering substances.

5. The initiation and the sacrificial fee, which are taught in the statements, "He initiates with the staff" and "The sacrificial fee is one hundred

---

350 These have only an unseen purpose. See 3.7.2.

351 This view is based on the assumption that the words "*pūrṇamāsī*" and "*amāvāsyā*" refer to the main offering substances of the full- and new-moon sacrifices. The translation corresponding to this would be, "With the *caturhotṛ mantra* he should touch the (main) full-moon offerings (*pūrṇamāsīm*), with the *pañcahotṛ mantra* the (main) new-moon offerings (*amāvāsyām*)". The version of the *caturhotṛ mantra* (four-*hotṛ mantra*) as given in TĀ 3.2 is, "The *hotṛ* is the earth, the *adhvaryu* is the sky, the *agnīdh* is Rudra, the *upavaktṛ* (i.e., the *brahman*, or perhaps the *maitrāvaruṇa*) is Bṛhaspati" (*pṛthivī hotā. dyaur adhvaryuḥ. rudro 'gnīt. bṛhaspatir upavaktā*), that of the *pañcahotṛ mantra* (five-*hotṛ mantra*) as given in TĀ 3.3 is, "The *hotṛ* is Agni, the two *adhvaryus* (i.e., the *adhvaryu* and the *pratiprasthātṛ*) are the Aśvins, the *agnīdh* is Tvaṣṭṛ, the *upavaktṛ* is Mitra" (*agnir hotā. aśvina 'dhvaryū. tvaṣṭā 'gnīt. mitra upavaktā*). For recent discussions of these *mantras*, see F. Smith, pp. 16–19, Minkowski, pp.121–4, and Mylius, "Wesen und Funktion der hotṛ-Formeln" ABORI 72–3, 1991–2, pp. 114–35. See Minkowski, pp. 118–27, for a discussion of the identity and function of the *upavaktṛ*. The action of touching is enjoined for the sacrificer.

352 The concluding view holds that the words "*pūrṇamāsī*" and "*amāvāsyā*" directly denote the full-moon and new-moon sacrifices, but that since those meanings are impossible here, they express instead the times of the rites. The corresponding translation would be, "With the *caturhotṛ mantra* he should touch the offerings at the time of the full-moon sacrifice (*pūrṇamāsīm*), with the *pañcahotṛ mantra* at the time of the new-moon sacrifice (*amāvāsyām*)".

and twelve (cows)",[353] are subsidiaries of both the main and the subsidiary rites, because they assist both. No. In the statements, "The initiations of the *soma* rite (*somasya*)" and "The sacrificial fees of the *soma* rite (*somasya*)",[354] a relation with what is directly adjoining is expressed by the general sense of the genitive case suffix (i.e., in the word "*somasya*"),[355] and so they are subsidiaries of only the main rite.[356]

6. At the statement which is taught at the *agnīṣomīya* (animal) rite after the post has been introduced, "He measures out half (of the hole for the post) inside the *vedi*, half outside", the part inside the *vedi* is enjoined as a subsidiary to the post which is being measured.[357] No. In as much as the injunction of the part outside the *vedi* is also necessary, distinct sentences would result, and so it is only a worldly place, indicated by both (i.e., by both the inside and outside parts), which is enjoined as a subsidiary to the post.[358]

7. Since we understand from the statement, "Then they recite the kindling verses at the place where they press (the *soma*)",[359] the sense, "Where they do the pressing, there he should recite the kindling verses", the southern cart[360] is a subsidiary to the kindling verses, because even though it has accomplished its purpose through holding the offering, it can be the subsidiary of something else, just like the pan for the cake.[361] No. If the condition of being a subsidiary to the kindling verses were enjoined for the cart, which has not been obtained at all,[362] there would result an injunction of something new, and therefore, because the place on the western side of the *uttaravedi*—

---

353 These are taught at the *jyotiṣṭoma*. The first is untraced. See CH 191b for the second.

354 These statements are untraced.

355 This answers the claim that even though the initiation and the fee are directly connected just with the *soma* rite, they are then indirectly connected with its subsidiaries.

356 According to BhD, the consequence is that the initiation and fee are not transferred to modifications of the *agnīṣomīya* rite.

357 The post is measured at its base in order to mark out a hole of the right size. This should be done half inside and half outside the *vedi*. (Schwab 40).

358 BhD considers, and then rejects, as a result of this topic the consequence that at the rites of eleven animals the *vedi* need not be enlarged. He says that some other purpose for it has to be sought.

359 This is untraced, but Śabara says it is taught at the *jyotiṣṭoma*.

360 Literally, "offering receptacle" (*havirdhāna*). This is the site of the pressing.

361 At the new- and full-moon sacrifices, the pan which is acquired for the cake offering is also used for scattering husks. See 4.1.11.

362 Although its place has been obtained, it has not been obtained.

this (i.e., the *uttaravedi*) having reached the place (i.e., assumed the position) of the *āhavanīya* fire obtained from the original rite[363]—has been obtained without any restriction, in as much as it exists near both the southern and the northern carts, in order to provide an injunction of a restriction for it, a particular place, which is indicated by the southern cart, is to be enjoined.

8. Because the agent and the enjoyer (of the result) are in syntactic agreement in the statement, "One desirous of heaven should sacrifice (*yajeta*)",[364] because the suffix of the middle voice (i.e., in the verb "*yajeta*" (let him sacrifice)) is taught by *smṛti* (i.e., grammar) to be employed when the result of an action accrues to the agent,[365] and because the rite, together with its subsidiaries, produces the result, the actions of sacrifice etc., together with their subsidiaries, should (all) be performed by the sacrificer. No. In as much as the action of hiring (the priests) would otherwise be inapplicable, the meaning of the text (*śāstra*) is only that at a rite which has subsidiaries, the condition of being an agent is common to the direct agent and the instigating agent,[366] and so, as it is fitting, the action of giving up (*tyāga*) and anything else specifically mentioned should be done by the sacrificer, (but) the mass of subsidiaries (should be done) by the priests.

9. And the priests are sixteen,[367] in accord with (the number of) their tasks.

10. The cup-*adhvaryus* (*camasādhvaryus*) too are just those very priests,[368] because the word "*camasādhvaryu*" (cup-*adhvaryu*) has an

---

363 At the original rite, i.e., the new- and full-moon sacrifices, the kindling verses are recited to the west of the *āhavaṇīya* fire. (NVO, p. 73). In the *jyotiṣṭoma*, the *āhavanīya* is transferred to the *uttaravedi*, and the carts are to its west. The *uttaravedi* is a square-shaped altar which is constructed at the animal rite, the *soma* rite, and at the *varuṇapraghāsa parvan* of the *cāturmāsya* sacrifices. It is made of earth dug up from the *cātvāla* (pit). See Eggeling, SBE, Vol. XII, Part 1, p. 392, note 1.

364 Śabara's version of this quote is, "One desirous of heaven should sacrifice (*yajeta*) with the new- and full-moon sacrifices". See 4.4.11. In this sentence, the agent is implied by the productive force denoted by the finite verb suffix in "*yajeta*" (one should sacrifice), and the enjoyer of the result is denoted by the word "*svargakāma*" (one desirous of heaven).

365 P 1.3.72 *svaritañitaḥ kartrabhiprāye kriyāphale.*

366 The sacrificer is an agent both when he acts directly and when he prompts the actions of another agent. According to P 1.4.54 *svatantraḥ kartā* and 55 *tatprayojako hetuś ca* the name "*kartṛ*" (agent) applies both to the individual who acts independently, and also to the instigator of an agent, in which case he also gets the name "*hetu*" (cause).

367 This applies to the *soma* rite. See CH 3. See note at 3.7.16.

368 I.e., they are not distinct from the sixteen mentioned above. See 3.7.9.

etymological sense,[369] and so, like the words "*pācaka*" (a cook) etc.,[370] does not cause them to be distinct. No; because we understand that they are distinct on the basis of the genitive case suffix (i.e., in the words "*Madhyataḥkāriṇām*" and "*hotrakāṇām*") in the phrases, "Cup-*adhvaryus* of the *madhyataḥkārins* (*madhyataḥkāriṇām*) and of the *hotrakas* (*hotrakāṇām*)".[371]

11. And they[372] are many, since their plurality can be an intended sense in the injunction to employ them, based on the sentence, "The cup-*adhvaryus* draw the cups".[373]

12. And they are ten, since the cups are ten.

13. But the *śamitṛ*, because he is not (separately) chosen,[374] because his name has an etymological sense,[375] because the *mantra*, "*Śamitṛs*, come to the sacrifice", is taught in a chapter dealing with the duties of the *adhvaryu*,[376] and because of the sentence, "The *adhvaryu* turns away from the animal as it is slaughtered", is only one or another of the assistants of the *adhvaryu*, namely, the *pratiprasthātṛ* etc.

14. Likewise, the *upagātṛs* (accompanying singers) are just the priests, since otherwise the statement, "The *adhvaryu* should not sing in accompaniment (*upagāyet*)", would be pointless, in that there would be no possibility for the *adhvaryu* (to sing).[377]

15. But the seller of *soma* is someone else, because the action of selling is not a subsidiary of the rite.

---

369 It applies just to the *adhvaryu* etc., on the basis of their connection with cups (*camasas*).

370 I.e., when a word such a "*pācaka*" is applied to someone already identified, e.g., Devadatta, because of his connection with cooking.

371 These two groups, i.e., the *madhyataḥkārins* and the *hotrakas*, are, respectively, the *hotṛ*, *brahman*, *udgātṛ*, and sacrificer, and the *praśāstṛ*, *brāhmaṇācchaṃsin*, *potṛ*, *neṣṭṛ*, *acchāvāka*, and *āgnīdhra* (cf. *Prabhā* on ŚD). These genitive phrases occur in statements which direct the *camasādhvaryus* to make *soma* offerings at the morning pressing of the *jyotiṣṭoma*. The *camasādhvaryus* are assistants who are not priests.

372 I.e., the cup-*adhvaryus*. See 3.7.10.

373 Here JNMV contrasts its quote, "*camasādhvaryūn vṛṇīta*" (he chooses the cup-*adhvaryus*), which is an originative statement, with "*grahaṃ saṃmārṣṭi*" (he wipes the cup), which is not. In the former the number occurs in the item "undertaken" (*upādeya*), in the latter in the item referred to (*uddeśya*). See 3.1.7.

374 See 3.8.1, 10.2.10, etc. for the action of choosing the priests.

375 I.e., "the slayer".

376 In the TS, this is taught in the *aupānuvākya* chapter, which contains material supplementary to the *soma* rite.

377 The *upagātṛs* sing at the *bahiṣpavamānastotra* at the morning pressing in the *jyotiṣṭoma* rite. (CH 134d). See 10.4.6.

16. Because the word "*ṛtvij*" (priest) is occasioned by the action of sacrificing (*yajana*) at the appropriate time (*ṛtu*),[378] and because the action of sacrificing at the appropriate time also occurs in the case of the cup-*adhvaryus*,[379] just as it does in the case of the *brahman* etc., all are priests. No. Because we hear a number in the statement, "There are seventeen priests at the sacrificial act of the *soma* rite", it is necessary to accept the conventional sense (i.e., of the word "*ṛtvij*"),[380] and so the condition of being a priest exists in just seventeen.[381]

17. And with regard to those (i.e., the seventeen priests), on the basis of the statements, "He gives to the *agnīdh*", "He gives to the *brahman*", etc., which are taught after the statement, "He gives the sacrificial fee to the priests", (we understand that) that condition of being a priest exists only in the *agnīdh* etc.[382]

18. The seventeenth is the sacrificer, not the *sadasya*, because in as much as he (i.e., the *sadasya*) has no task, he is not understood from the word "*ṛtvik*" (priest).[383]

19. Items are performed by the priests according to a fixed arrangement,[384] because the names "*ādhvaryava*" (a task to be done by the *adhvaryu*) etc. establish a fixed arrangement.

20. The fire goes only to original rites, just like the condition of being made of *parṇa* wood etc.[385] No; because in as much as the action of offering

---

378 In this etymological analysis of the word "*ṛtvij*", the portion "*ij*" represents the weak form of the root "*yaj*" (to sacrifice). See Minkowski, pp. 20–1 and elsewhere, for the view that the word means, "the one who worships according to the distribution of duties".

379 See 3.7.10.

380 I.e., "priest".

381 The seventeen are: the *adhvaryu* with his three assistants, the *pratiprasthātṛ*, *neṣṭṛ*, and *unnetṛ*, the *brahman* with his three, the *brāhmaṇācchaṃsin*, *āgnīdhra* (=*agnīdh*), and *potṛ*, the *udgātṛ* with his, the *prastotṛ*, *pratihartṛ*, and *subrahmaṇya*, the *hotṛ* with his, the *maitrāvaruṇa*, *acchāvāka*, and *grāvastut*, and, as seventeenth, the sacrificer. See 3.7.18.

382 I.e., and not in the cup-*adhvaryus*. See CH 191c for the gift of fees.

383 This word is only applied to an individual who acts at a sacrifice at the appropriate time. See 3.7.16. According to the Kauṣītakins, the *sadasya* is the seventeenth; see ĀpŚS 10.1.10 and 11. The *sadasya* serves as the overseer of the rite.

384 I.e., they are not to be performed by them indiscriminately.

385 See 3.6.1 and 5 for the *parṇa* wood. The "etc." here perhaps refers to the other example given by Śabara at 3.6.1, "One who has a *sruva* (dipping spoon) made of *khadira* wood cuts with the juice (*rasa*) of the meters. His offerings become juicy."

(homa), which is its means,[386] is common to original rites and to modifications,[387] it is appropriate that the fire should go to both.[388]

21. Because the sentence, "The *maitrāvaruṇa* both gives directions and recites",[389] blocks the names *ādhvaryava* and *hautra*,[390] all actions of giving directions and all recitations are done by the *maitrāvaruṇa*. No. Because we understand that the *maitrāvaruṇa* is the agent only for a recitation which ends with the action of giving directions, this being indicated by the force of (the two uses of) the word "*ca*" (both...and), the *maitrāvaruṇa* operates (i.e., performs these two functions) just there,[391] not everywhere.

22. Because of their particular name, "*camasādhvaryavaḥ*" (cup-*adhvaryus*), the cup-*adhvaryus* (alone) should make the offerings with the cups (*camasas*). No. With regard to the action of offering, we understand from its name, "*ādhvaryava*" (a task of the *adhvaryu*), which expects nothing else, that the *adhvaryu* is the agent,[392] and therefore only the *adhvaryu* should make the offering; and if he is unable,[393] (only) then should the cup-*adhvaryus*.

23. Because the *śyena* and the *vājapeya* rites are taught in the *Sāmaveda* and the *Yajurveda* (respectively),[394] they have the names "*audgātra*" (a task

---

386 I.e., its means for entering a rite.

387 Offerings are enjoined at both.

388 ŚD, JNMV, and BhD refer to the example of the *āmanahoma*, which is directly taught at the *sāṃgrahaṇī* rite, a modification of the new- and full-moon sacrifices. See 4.4.4 and 10.4.5 for this rite. By contrast, the condition of being made of *parṇa* wood enters the rite by the means of the *juhū* spoon, which is enjoined only in the original rite.

389 This is untraced, but Śabara etc. say it is taught at the *agnīṣomīya* animal rite. See Minkowski, pp. 26–7 and 30–1.

390 These two names are applied to the actions of giving directions and reciting, because we see that the *adhvaryu* and the *hotṛ* are their agents. However, the force of the sentence quoted here should block the force of the two names when it comes to assigning these two tasks.

391 Minkowski, pp. 30–1, points out that this is not an accurate account of the *maitrāvaruṇa's* duties.

392 In the compound "*camasādhvaryu*", the term "*camasa*" (cup) has an expectancy for the term "*adhvaryu*", but the single word "*adhvaryu*", and its derivative "*ādhvaryava*", have no such expectancy.

393 I.e., if he is busy with other tasks.

394 The *śyena* and the *vājapeya* are one-day *soma* rites. The former is performed in order to do injury, and the latter is a form (*saṃsthā*) of the *jyotiṣṭoma*. See 1.4.5 and 6.

for the *udgātṛ*), "*ādhvaryava*" (a task for the *adhvaryu*), etc.,[395] and therefore the subsidiaries of the two rites are to be done only by the *udgātṛ* and the *adhvaryu*. No. In as much as the two rites are modifications of the *jyotiṣṭoma* rite, their subsidiaries, which are qualified by various persons, are obtained by transfer, compared with which the name, which applies to the subsidiaries and is dependent on the statement of the performance, is weak,[396] and therefore there are various agents; and they are in a fixed arrangement, each to his own task.

Chapter 8

1. Because the action of choosing (the priests) and the (action of giving the) sacrificial fee of one hundred and twelve (cows) are taught in the *vedas* of the *adhvaryu* and the *udgātṛ*,[397] on the basis of the name the priests are the agents of the actions of choosing and hiring. No. In as much as they come into being (as priests) (only) after the actions of choosing and hiring, only the sacrificer is the agent.

2. But at the statement, "One who lays this brick should give three boons", the *adhvaryu* gives the three cows, by force of the statement.[398]

---

395 The "etc." here seems out of place.

396 The statement to perform the rite with its subsidiaries operates after the subsidiaries have been transferred. The name is dependent on this statement, and so is slow in assigning the agent of the complete rite.

397 I.e., the *Yajurveda* and the *Sāmaveda*. The corresponding names are "*ādhvaryava*" and "*audgātra*". The fee mentioned here is the one given at the *jyotiṣṭoma*. See CH 6 and 191c for these actions.

398 This is taught at the fire-piling rite in reference to the self-perforated brick (*svayamātṛṇṇā*). It seems that the *adhvaryu* lays this brick together with an ignorant *brāhmaṇa*. ĀpŚS 16.23.3 specifies that it is the *brāhmaṇa* who gives the boon. According to Caland and Sāyaṇa (at TS 4.2.9), he gives it to the *adhvaryu*. This is recognized as a distinct topic in JNMV, but not in Śabara, ŚD, or BhD. In the *Mayūkhamālikā* on ŚD, Somanātha claims that since the ignorant *brāhmaṇa* who lays the self-perforated brick is not a priest, examples such as "*anaḍvān hotrā deyaḥ*" (The *hotṛ* should give an ox) (TS 2.2.10.5) should be understood. This quote occurs at a rite for Soma and Rudra for one who has been ill for a long time (see *Wunschopfer* 44). The *Kutūhalavṛtti* quotes: "*ya etām avidvān brāhmaṇaḥ svayamātṛṇṇām upadadhyāt so 'dhvaryave trīn varān dadyāt anaḍvān hotre* (var.: *hotrā*) *deyaḥ*" (The ignorant *brāhmaṇa* who lays this self-perforated brick should give three boons to the *adhvaryu*, an ox should be given to (var.: by) the *hotṛ*) (cf. MS 2.1.6 (8.4); see *Wunschopfer* 44). JNMV and BhD make no reference to the *brāhmaṇa*, and state that the *adhvaryu* lays the brick and gives the boon.

3. Because the preparations such as the actions of shaving[399] etc. are taught in the chapter dealing with the tasks of the *adhvaryu*, they should apply to the *adhvaryu*. No. Because we understand from the sentence, "He shaves the hair and the beard, indeed this is dead and impure skin, the hair and beard; removing the dead and impure skin, he becomes fit for sacrifice and approaches the sacrifice", that by getting rid of the impurity in the sacrificer the actions of shaving etc. produce fitness for the action of sacrifice, and because (only) a sacrificer who is fit hires the *adhvaryu* etc., the *adhvaryu* etc. do not exist (i.e., as priests) before the actions of shaving etc., and therefore the shaving etc. do not apply to them.

4. The austerity (*tapas*) spoken of in the statements, "He does not eat for two days" and "He does not eat for three days",[400] is appropriate for the *adhvaryu*, because it is of the nature of misery.[401] No; because it is appropriate that austerity, even if it has the form of misery, should be performed by the sacrificer, in as much as it destroys sin, which is an obstacle to the result of the *soma* sacrifice.

5. Although the conditions of having a golden wreath and of having a red turban etc. are, on the basis of statements, features of the priests (in general),[402] on account of names they are features of only the *adhvaryu*, the *udgātṛ*, etc.[403] No. Because it is appropriate that subsidiaries are repeated for each main item,[404] and because a name serves to make a restriction only in the event that (1) a person is (recognized as) a subordinate item,[405] (2) something must be done by just one person, and (3) there is an expectancy

---

399 This refers to the shaving of the sacrificer at the *jyotiṣṭoma*. (CH 14a).

400 According to ŚD (where the two-day fast "etc". is mentioned), JNMV, and BhD, these are taught for the *soma* rite (JNMV specifies the *jyotiṣṭoma*), but I have not been able to trace them.

401 And the *adhvaryu* is an employee.

402 The statements quoted by Śabara here are: "Wreathed with gold, the priests proceed", and "With red turbans and red garments, and with their cloth hanging from their neck, the priests proceed". Even though these are preparations, they apply to the priests, not the sacrificer. The first is taught at the *vājapeya* rite, the second at the *śyena* rite.

403 The claim here is that because the golden wreath and the red turban are taught in the *Yajurveda* and the *Sāmaveda*, which are referred to, respectively, as "*ādhvaryava*" and "*audgātra*", only the *adhvaryus* should wear the first, and only the *udgātṛs* the second (cf. JNMV). In fact, both features are taught in both *vedas*.

404 I.e., for each priest.

405 By contrast, here the priests are to be prepared, and therefore are predominant.

(for the answer) as to who should do it, all the features apply to all the priests.

6. At the statement, "One who desires Parjanya to be rainy should construct (*minuyāt*) the shed (*sadas*) low",[406] the result accrues only to the *adhvaryu*, since the agents of the actions of desiring and constructing are coreferential. No. In as much as we understand from the suffix of active voice (i.e., in the word "*minuyāt*" (he should construct)) that the result of the action of constructing resides in another,[407] the sense (we derive from the statement) is, "'Let Parjanya bring about the rain desired by the sacrificer', when this is the desire of the *adhvaryu*, there should be lowness (i.e., in the constructing of the shed)", and therefore the result accrues to the sacrificer.

7. So too the recitation of the *mantra*, "You are a giver of life, O Agni, give me life",[408] is to be done only by the sacrificer,[409] because the result, in as much as it is connected with the soul, is to be desired only by the sacrificer.

8. But because the *mantra*, "With the impulse of strength, (with elevation, he has lifted) me (up)",[410] is taught in the chapter of tasks for the sacrificer and (also) in the chapter of tasks for the *adhvaryu*, and because the results (of its recitation), in the form of the (*adhvaryu's*) performance (of the action) and the (sacrificer's) paying attention (to it), are distinct, it should be recited by both.

9. At the statement, "He causes the sacrificer to recite the *kḷptis*",[411] the *adhvaryu* is the agent of the action of causing to recite, and because (only) one who has learned the *veda* and understood its meaning is a sacrificer, a knowledgeable sacrificer recites the *mantras*.[412]

---

406 This is taught at the *jyotiṣṭoma*. It refers to the height of the shed at its two ends, or, possibly, at its middle too. See Caland at ĀpŚS 11.10.7. Parjanya is rain personified, or the god of rain (i.e., Indra). (CH 94). See 10.2.20.

407 When the result of the action accrues to the agent himself, the middle voice may be used with this verb.

408 This is to be recited at the worshiping of the fire, which is performed after the second offering at the evening *agnihotra*.

409 Even though it is taught in the *Yajurveda*, and so should be the task of the *adhvaryu*.

410 This is recited at the new- and full-moon sacrifices, after the after-sacrifices have been performed, when the *juhū* and the *upabhṛt* are picked up and pressed down, respectively, and then moved apart, to the east and west. (NVO, pp. 139–40).

411 This is taught at the *vājapeya* rite. The *kḷptis* are a set of *mantras* containing the word "*kalpatām*". See 2.1.15.

412 Consequently, the *adhvaryu* should not teach the *kḷptis* to an ignorant sacrificer and then cause him to recite them.

10. Because the twelve pairs starting with, "He releases the calf and puts the pot on the fire", are taught in the chapter dealing with the tasks for the sacrificer,[413] they should be performed by the sacrificer. No. Because the manner of performing the pairs is taught in a great chapter (*mahākāṇḍa*) dealing with the tasks for the *adhvaryu*,[414] and because in an intermediate chapter (*avāntarakāṇḍa*) dealing with the tasks for the sacrificer there is enjoined through enumeration only the creation, for each pair, of the condition of being a pair, the form of which is the condition of being next to each other, the *adhvaryu* performs them. But the sacrificer should think about the order in his mind, so that there should be no negligence.[415]

11. At the *agnīṣomīya* (animal) rite there is a *mantra* which accompanies the action of winding around (the post)[416] and is recited by the *adhvaryu*, "You are wound around", and there is a *mantra* which makes subsequent reference to it and is recited by the *hotṛ*, "Youthful, with beautiful garments"; both apply by transfer at the *kuṇḍapāyināmayana* rite.[417] There, even though the condition of being the *adhvaryu* is enjoined (for the *hotṛ*) through a subsequent reference made to the *hotṛ* in the statement, "The one who is the *hotṛ* is (also) the *adhvaryu*", he (i.e., the *hotṛ* who is also the

---

413 These are taught at the new- and full-moon sacrifices. In this first pair, the calf is released (from its halter) to come to its mother when it is time for her to be milked, and the ghee pot is placed on the *gārhapatya* fire (NVO pp. 10–11). Of the remaining eleven, the first six are: "He beats (the rice grains in the mortar) and strikes the two stones (with a stone or with the *śamyā* (yoke-pin)); he puts down (the husked grains on the stone for grinding) and places the pans (on the fire); he puts the cake (on the pans) and the ghee on the fire; he throws the clump of grass (on the place where the *vedi* will be made) and he (i.e., the *āgnīdhra* priest) covers (or gathers) it (i.e., the dust and grass which had been thrown on the rubbish heap (*utkara*)); he surrounds the *vedi* (with three furrows) and girds his wife; he puts down the sprinkling water and the ghee (in a furrow made by the (wooden) sword (*sphya*))". (NVO pp.29–61). The last five constitute a list of "weapons" of the sacrifice which are to be collected in pairs: "The spade and the pans, the offering spoon (*agnihotrahavaṇī*) and the winnowing basket, the black antelope skin and the yoke-pin (*śamyā*), the mortar and the pestle, and the lower and upper millstones". See NVO, p. 20, for these. *Prabhāvalī* on BhD has details here. The chapter referred to here corresponds to TS 1.6.

414 The *mahākāṇḍa* is presumably the first *kāṇḍa* of TS. The first *prapāṭhaka* of the first *kāṇḍa* contains this material. Among Śabara etc., only JNMV refers to the *mahā-* and *avāntarakāṇḍas*.

415 I.e., on the part of the *adhvaryu*.

416 See 3.6.10 for the injunction of winding a rope around the post at this rite.

417 This is a year-long *sattra*.

adhvaryu) should recite both the *mantra*, "You are wound around", and the *mantra*, "You have beautiful garments". No. Because the tasks of the *adhvaryu* and the *hotṛ* cannot be done simultaneously, when one or the other is blocked the task of the *adhvaryu* should take place, since the condition of being the *adhvaryu* is directly stated. The *mantra*, "You are wound around", should be recited, but there should be no recitation of the *mantra* which makes a subsequent reference.[418]

12. Likewise, based on the actions of giving directions in the statements, "Set down (*āsādaya*) the water" and "*Agnīdh*, distribute (*vihara*) the fires",[419] the action of setting down the water is the task of the *āgnīdhra*.[420]

13. But the *mantra* which gives directions[421] should be recited only by the *adhvaryu*,[422] in accordance with the name (of the task of recitation, i.e., "*ādhvaryava*" (a task for the *adhvaryu*)), the use of the vocative (i.e., in "*agnīdh*"), and the second person suffix (i.e., in the verbs "*vihara*" (distribute) and "*āsādaya*" (set down)).

14. Likewise, because the *adhvaryu* recites the *mantra* for the installation of the fire, "O Agni, may I have brilliance (*varcas*) in my (competitive) invocations (*vihavas*)",[423] the result mentioned in the *mantra* goes just to the *adhvaryu*. No. Because we understand from the suffix of the middle voice in, "One desirous of heaven should sacrifice (*yajeta*)",[424] that the result of the sacrifice, together with its subsidiaries, for which a wish is expressed in the

---

418 The *mantra*, "Youthful, with beautiful garments", which merely makes subsequent reference to the action of winding around, should be omitted.

419 The first of these occurs in a series of directions given to the *āgnīdhra* (who is also called the *agnīdh*) in the new- and full-moon sacrifices. See 2.1.13 and note. The second occurs after the *bahiṣpavamānastotra* at the *jyotiṣṭoma*. (CH 135). It refers to the bringing of firebrands to the *dhiṣṇyas*.

420 I.e., in spite of the fact that it is enjoined in the *Yajurveda* and so should be the task of the *adhvaryu*. Mahādeva seems to have slipped in omitting to conclude that the action of distributing the fires is also the task of the *āgnīdhra*.

421 See 3.8.12.

422 I.e., and not by the *āgnīdhra*.

423 In fact, this *mantra* is recited at the refuelling (*anvādhāna*) of the *āhavanīya* fire at the new- and full-moon sacrifices. Śabara says it is recited at the new- and full-moon sacrifices, and both JNMV and BhD specify that it accompanies the fuelling of the fire (*anvādhāna*). Goldstucker's ed. of JNMV however says that it is recited at the installation (*ādhāna*) of the *āhavanīya* fire. The *mantra* does not anywhere seem to be taught for the installation rite. See 12.1.12.

424 I.e., from the finite verb suffix in the word "*yajeta*" (let him sacrifice). The full quote given here in JNMV is, "One desirous of heaven should sacrifice with the new- and full-moon sacrifices".

statement (meaning), "In sacrifices (*vihavas*) which have a special (*viśiṣṭa*) invocation (*havana*) may I have the result, brilliance (*varcas*), which is indicated by splendor", goes to the sacrificer, [425] and because it is inappropriate for any result other than the sacrificial fee to go to the *adhvaryu*, by (accepting) the figurative sense, "May my sacrificer have the result",[426] it is only a result for the sacrificer.

15. At the statement, "O Agni and Viṣṇu, may I not step down on you, give way, do not afflict me (*mā*)",[427] although the result, in the form of non-affliction, goes to the *adhvaryu*, it can (even then) be a result for the sacrificer, in as much as its purpose is the completion of the sacrifice without obstacle, and so it belongs only to the *adhvaryu*.[428]

16. But at the statement, "Let it be for the two of us (*nau*)",[429] by force of the dual case suffix (i.e., in the pronoun "*nau*" (for the two of us)), the result accrues to two.

17. Because the *vedi* (altar) and its features, and the *barhis* (grass) and its features, which are (all) taught at the new- and full-moon sacrifices and are common to the main rites and to the subsidiary rites, are transferred to a modified rite, even the *barhis* (which is used) for strewing the hole for the post (at the animal sacrifice) is prepared.[430] No. Because at the original rite the action of setting down the offering (on the *vedi*) is the task done with the *barhis* (grass), and therefore the action of strewing the hole for the post is

---

425 The sacrificer is the agent, and when the result of the action accrues to the agent, the middle voice may be used with this verb. See P 1.3.72 *svaritañitaḥ kartrabhiprāye kriyāphale*.

426 I.e., in place of the straighforward sense, "May I have the result".

427 This is taught at the new- and full-moon sacrifices, when the *adhvaryu* steps to the south, over the *vedi* (altar), in order to perform the second sprinkling of ghee (*āghāra*). (NVO, pp. 84–5).

428 Consequently, the word "*mā*" (me) is not interpreted as having a metaphorical sense.

429 This is spoken at the *jyotiṣṭoma* in connection with the digging and preparation of the four *uparavas* (sounding holes), which are dug under the southern cart. The sacrificer and the *adhvaryu* stick their right arms into two holes and clasp each other's hand through a connecting passage. The sacrificer then asks the *adhvaryu*, "What is here?", the *adhvaryu* says, "Good (*bhadram*)", and the sacrificer answers, "Let it be for the two of us". This is TS 1.3.2.1 "*kim atra, bhadraṃ, tan nau saha*". (CH 96c).

430 I.e., it should be prepared by features such as the action of sprinkling, which are taught at the new- and full-moon sacrifices. See 11.4.15. The animal rite is a modification of the new- and full-moon sacrifices. See ĀpŚS 7.9.10 and Schwab 41 for the strewing of the hole for the post at the animal rite.

not the task (for it) which has come from the original rite, and because it is appropriate that a transfer of features, which is preceded by a transfer of assistance,[431] occurs only at something which does a task which has come from the original rite, the preparations such as the actions of sprinkling etc. do not apply to the *barhis* which is used for strewing the hole for the post.

18. Even at the original rite,[432] the strainers etc.[433] should be made only with unprepared *paribhojanīya darbha* grass,[434] because in as much as all of the *barhis* (grass) which has been prepared by the actions of cutting etc., which are accompanied by *mantras*,[435] has been used up just in the action of strewing, for tasks other than strewing only *paribhojanīya* grass is appropriate.

19. At the statement, "He throws a bit of the cake (*puroḍāśaśakalam*) into the vessel for Indra and Vāyu, the *āmikṣā* (*āmikṣām*) into the vessel for Mitra and Varuṇa, and the fried barley grains (*dhānāḥ*) into the vessel for the Aśvins",[436] even though the word "*śakala*" (bit) denotes a part, just like the words "*uttarārdha*" (northern half) etc., and so does not imply (the provision of) an independent cake,[437] the words "*āmikṣā*" and "*dhānā*" (grain) do not denote that, and so imply independent *āmikṣā* and grains, and therefore other *āmikṣā* and other grains are to be thrown into the vessels for Mitra and Varuṇa and for the Aśvins.[438] No. Because we understand from the accusative case suffix (i.e., in the words "*puroḍāśaśakalam*" (bit of cake), "*āmikṣām*", and "*dhānāḥ*" (grains)) that the action of throwing is a

---

431 See 10.1.1 (first *varṇaka*).

432 I.e., the new- and full-moon sacrifices.

433 This refers to the two strainers and the two *vidhṛtis* (lit. "separators", the two blades of grass which separate the *prastara* (bundle) from the strew).

434 According to BhD, this grass is prepared only by the action of cutting it, which is performed without *mantras*. According to Haug, p. 79, the *paribhojanī* is one of the seven bunches of grass made by the *adhvaryu*. From it he takes a handful for each of the priests, the sacrificer, and the sacrificer's wife, for them to use as seats. (This is cited by Eggeling, SBE, Vol. XII, Part 1, p. 84, note 2 (ŚB 1.3.3.2)).

435 See 3.2.1.

436 This is taught at the *jyotiṣṭoma*, when the remainder of the offerings are consumed. (CH 147b). *Āmikṣā* is the thickened milk produced when curds are put into hot milk. For the cake, *āmikṣā*, and fried barley grains mentioned here, which are three of the five substances for the *savanīya* cake offering, see ĀpŚS 12.4.6. For the offering, see ĀpŚS 12.20.12–17. See also 3.8.23, 5.1.13, 11.3.16, and 12.2.12.

437 Instead, a bit of the *savanīya* cake is to be thrown. See 4.1.13.

438 Here BhD says that "worldly" (*laukika*) curds etc. are to be understood. Śabara, ŚD, and JNMV point out that on the basis of the conclusion reached in the preceding topic, separate substances should be procured.

disposal, and because things which have been used are fit for disposal, it is only the remainder of the used *āmikṣā* and grains which are to be thrown; and if there is no remainder, there is no throwing.

20. On the basis of the statement, "The desiderative (*kāmya*) *iṣṭis* are indeed (like) the rites of the *atharvan* (i.e., the *Atharvaveda*) among the sacrifices, they are to be performed in a whisper (*upāṃśu*)",[439] the whisper is employed only at a main rite, because it alone is understood by the word "*kāmya*" (desiderative), since the word "*kāmya*" is not used for subsidiaries.

21. On the basis of the statement made at the *śyena* rite,[440] "Butter kept in a leather bag is the ghee", ghee made out of butter which has been kept in a leather bag for a long time is enjoined for the main rite, since it is appropriate that a subordinate feature should go to the main rite. No. Because the (main) *śyena* sacrifice is a modification of the *soma* sacrifice and so does not expect a substance, such butter (i.e., that which is kept in a leather bag) is enjoined as the source for the ghee which has arrived at the subsidiaries (of the *śyena* rite) through transfer.

22. And that butter[441] is employed only at the subsidiaries which take place at the time of the pressing, such as the *savanīya* animal rite etc., because we see that the collection of animals, a subsidiary particular to the *śyena* rite which is taught in the statement, "He offers (i.e., kills) the animals together", occurs at the time of the pressing.[442] No. Because we understand from the sentence, "The ghee is made from such butter", that all the ghee is made from (such) butter, and therefore the inference (stated above) has no scope, and because the basis on which the collection of animals occurs at the time of the pressing is due to (1) its proximity to the main rite (i.e., the pressing), (2) the equal movement (of the animals) away from the places of the *agnīṣomīya* and *anūbandhya* animal rites (to the *savanīya* rite), and (3) the lack of any blocking of the sentence (which establishes the collection,

---

439 This is untraced, and not completely clear.

440 The *śyena* is a one-day *soma* rite. See 1.4.5.

441 See 3.8.21.

442 Similarly, the butter kept in the bag is a particular feature of the *śyena* rite. At 5.1.6 and 10.1.5, MNS refers to the collection of animals as something which takes place at the *sādyaskra* rites. These are also one-day *soma* rites. (In a note at TāB 16.12, Caland reports that the *śyena* is classified as a *sādyaskra* for some authorities, citing ṢB 3.8).

i.e., the first statement quoted above),[443] it is in fact employed at all the subsidiaries.

But with regard to the separate topic which has been assumed before this one,[444] namely, that because the purifying *iṣṭis,* the installation of the fire, etc. also assist the unseen effect of the *śyena* rite, and because in as much as it is things which assist an unseen effect that are subsidiaries, they too are subsidiaries of the *śyena* rite, for them as well the butter from the leather bag should be used; if this is obtained (i.e., as the initial view, then the answer is) because the action of eating the ghee by the sacrificer also assists the unseen effect, and therefore, even that ghee would be the (product of) butter from the leather bag, the feature enters only a subsidiary for which the condition of being something which assists is based on a statement in the texts (*śāstrīya*); and the condition of being something which assists the *śyena* is not known to exist in the installation of the fire etc. from the texts (*śāstra*), because they (i.e., the texts) make known (for the installation etc.) only the condition of being just for the sake of the fire; that (separate topic) is not seen in the *Śāstradīpikā* etc.; and because the claim that the condition of being a subsidiary has the form of being something which assists has been refuted,[445] and because it has earlier been established that the installation etc. are not subsidiaries of a rite,[446] it (i.e., the conclusion of the separate topic) is (already) understood.

---

443 The sentence which establishes the collection is not blocked in its significative power by the determination that the place of the collection is the time of the pressing. By contrast, the statement that the ghee is made from butter kept in a leather bag applies generally, and so would be blocked if it were limited to subsidiaries at the time of the pressing. It is the three factors listed here which account for the collection of animals occurring at the time of the pressing, not the fact that it is a subsidiary particular to the *śyena*. (Cf. BhD and *Prabhā* on ŚD).

444 This refers to the separate topic which BhD inserts before the one just discussed. It is based on JS 3.8.37 and 38, the second and third of the three *sūtras* which make up the preceding topic in Śabara. Śabara, ŚD, and JNMV recognize a single topic for JS 3.8.36–38. This is presented here as topic 3.8.21. BhD recognizes two topics, the first based on JS 3.8.36, and the second on JS 3.8.37–38. It is the second of these which MNS introduces here.

445 See 3.1.3.

446 See 3.6.4 (this is explicit in JNMV there) and 4.1.2 (first *varṇaka*).

23. At the *sattra* called the *śāktyānāmayana*,[447] the statement, "At the end of each day rite the *gṛhapati* goes hunting, (and) the *savanīya* cakes are the flesh of the deer he kills (*tarasāḥ savanīyāḥ puroḍāśāḥ bhavanti*)", should enjoin flesh for all the cakes,[448] because the cake which is referred to (as the subject) (i.e., in the word "*puroḍāśa*") cannot be qualified by (the word) "*savanīya*",[449] and because the word "*savanīya*" is appropriate, either as making a subsequent reference, partially,[450] or by the principle of the word "*prāṇabhṛt*".[451] No. Because if the form of the sentence is (taken to be), "The cakes (*puroḍāśāḥ*) are flesh (*tarasāḥ*)", there would result a connection of separated words[452] and secondary signification in the main word "*savanīya*",[453] it is appropriate that the form of the sentence should (instead) be, "The *savanīya* (cakes) are flesh", and therefore flesh is enjoined for the actions which are to be done with the fried barley grains etc., which are the substances used for the *savanīya* offering;[454] and the word "*puroḍāśa*" (cake) refers just to the five substances of the *savanīya* offering,[455] through the relation of their having a cake, because we see it used so in the statements, "Decorate the cakes (*puroḍāśas*)"[456] etc.

---

447 This is a thirty-six-year *sattra*. The manuscripts have "*śākyānāmayana*", which agrees with the form given in Śabara, JNMV, and BhD. The ŚD has the form given above (LKSV: *śaktyānāmayana*). See note to text.

448 I.e., and not just the *savanīya* cakes.

449 According to BhD, this is because it would entail a qualified reference.

450 This means that it makes subsequent reference only to some of the items which could have been referred to, i.e., only to some of the cakes.

451 By this principle, even if a word denotes a small number of items in a group, it can secondarily denote the entire group. See 1.4.18.

452 This is because the word "*savanīya*" separates them in the quotation.

453 This word would denote both *savanīya* and non-*savanīya* offerings.

454 These substances are fried barley grains, groats (*karambha*), fried rice grains (*parivāpa*), a cake, and milk for curds (*payasyā*). See ĀpŚS 12.4.6.

455 See preceding note for these five.

456 This occurs in directions spoken to the *āgnīdhra* after the singing of the *bahiṣpavamānastotra* at the *jyotiṣṭoma* rite. See 5.1.13.

Book 4

Chapter 1

1. An investigation into what is for the sake of the rite and what is for the sake of the person need not be done, because it yields no result. No; because there can be a result from it, namely, knowledge of the action of prompting (*prayukti*).[1]

2. To be enjoined with reference to the rite is to be for the sake of the rite; to be enjoined with reference to the result is to be for the sake of the person; the usage by which the condition of being for the sake of the person resides in the result is only secondary.[2] The installation of the fire and the study of the *veda* are neither for the sake of the rite, nor for the sake of the person.

Or: Even the result is to be enjoined, because it is a qualifier of the productive force.[3] And in this way, with regard to the malevolent injury (*abhicāra*) which is the result of the *śyena* rite,[4] the prohibition taught in the statement, "Do not injure", does not operate.[5] No. Because we assume an injunction of a qualifier only for a part (of the productive force) which has not been obtained, and therefore we do not assume an injunction for a result which has been obtained through passion, the malevolent injury is in fact prohibited.

Or: At the statement, "For one who desires cattle, he should bring forward (the *praṇīta* water) in a milk-pail (*godohana*)",[6] although we understand that the (use of the) milk-pail is for the sake of the person, because of context it is also for the sake of the rite, (since) otherwise the result could not come about even from the subordinate feature (i.e., the milk-pail), which

---

1 Appayya Dīkṣita, in *Pūrvamīmāṃsāviṣayasaṃgrahadīpikā*, p. 10, says of *prayukti* that it takes the form of the power to cause an action to be performed (*anuṣṭhāpana-śaktirūpa*).

2 See 3.1.3.

3 The result (*phala*, *kārya*), just like the instrument (*karaṇa*) and the manner of performance (*itikartavyatā*, *kathaṃbhāva*), is a "part" of the productive force, and, like these, serves to qualify it. See 1.4.1, final paragraph.

4 The *śyena* is a one-day *soma* rite. See 1.4.5.

5 This is because injury has been enjoined.

6 This is taught at the new- and full-moon sacrifices. See NVO, pp. 18–19, for this action. The *praṇīta* water is used for preparing the cakes and cleaning the implements.

is based on the action of bringing forward (the water), (an action) which (in this case) lacks a subsidiary due to the absence of the vessel (*camasa*).[7] No. Because the context effects nothing when something is enjoined to be employed for a result on the basis of a sentence, and because on the acquisition of assistance produced by the milk-pail, which is prompted by something else, when it (i.e., the milk-pail) is employed through the action of bringing (the water) forward there is no possibility of fearing that the action of bringing (the water) forward lacks a subsidiary through (its) failure to obtain the subordinate vessel (i.e., the *camasa*), and so the milk-pail is only for the sake of the person.

Or: Acquisition of wealth by means of receiving gifts etc.[8] is for the sake of the rite, because otherwise a result would have to be assumed. And in this way, *iṣṭis* such as, "One whose gold is lost (should offer a cake on eight pans to Agni etc.)"[9] etc., are also for the sake of the rite, because of their relation with gold, with which the relation with the rite is invariant,[10] and so for them there is no assumption of a result. No. Because the acquisition of wealth is taught independently, and so there is no authority for holding that it is a subsidiary of a rite, because the omission of all (of one's) rites (*sarvatantra*) would result,[11] and because a rite would be undertaken merely on the acquisition of wealth, and therefore the sight of the neglect (of a performance), which is spoken of in the statement, "One who has performed the new- and full-moon sacrifices and neglects the new- or full-moon sacrifice is indeed cut off from the world of heaven", would not come about,[12] the acquisition is for the sake of the person. The restriction as

7 The *camasa* is used when no particular desire is specified.

8 I.e., by means of one of the livelihoods prescribed for one's *varṇa*. See 12.4.16.

9 This is taught in the chapter of desiderative *iṣṭis*. See *Wunschopfer* 118. Here Śabara also cites this *iṣṭi*: "If fire (*agni*) burns the house of one who has laid his fire, that person should offer a cake on eight pans to Agni Kṣāmavat". See *Wunschopfer* 80.

10 This seems to be based on the initial view expressed at 3.4.12.

11 If acquired wealth were only for the sake of rites, a person would loose his means of staying alive, and consequently his rites would go undone. In a parallel passage, BhD has the phrase, "*itarathā jīvanaparilopāt sarvatantraparilopāpatteḥ*" (Because on the alternative, one's livilihood would be lost, and consequently the loss of all his rites would result).

12 This is taught in the chapter of desiderative *iṣṭis*. See 12.3.5 for the expiatory rite which is prescribed. See *Wunschopfer* 66. The claim here seems to be that if the acquisition of any wealth itself constitutes the commencement of the rite, the neglect of a rite spoken of at this *iṣṭi* could not arise. (Cf. Śabara, ŚD, and the *Mayūkhamālikā* on ŚD).

well,[13] through its connection with acquisition, is just for the sake of that,[14] because we assume a sin for the person when it is transgressed. So too the *iṣṭis* for the loss of gold etc. are only for the sake of the person, since there is no other way to handle them.

3. At the statement, "He should not (*na*) look at (*īkṣeta*) the rising sun",[15] because a connection (of the negative word "*na*") with the main item is obtained if (we recognize that) there is a connection of "*na*" with the finite verb suffix,[16] and because there is economy in not assuming a result,[17] the prohibition of the action of looking (at the sun), (an action) which is a subsidiary of a rite, is (itself) enjoined as a subsidiary of the rite.[18] No. On the basis of the commencement (of the passage which was quoted above), "This is his vow", it is appropriate that this sentence should enjoin only a particular task to be performed, and therefore it is an injunction of a resolution not to look, (a resolution) which has the form of an action and which is provided by (the word) "*na*" (not) and the root (verb) "*īkṣ*" (to look at). And the result is the destruction of sin, in accord with the statement, "Indeed by just this much he becomes free of sin".[19]

4. The statement starting with, "The (wooden) sword and" etc. (and ending) "Indeed these are the ten weapons of the sacrifice (*yajñāyudhāni*)",[20]

---

13 I.e., of certain means of acquisition to certain *varṇas*.

14 I.e., it is just for the sake of the person.

15 This seems to have been taken from MDh. Similar statements occur in KB and the *dharmasūtras*. In each case they are preceded by a statement introducing a list of vows for an individual who has completed his studies. Śabara's quote here is, "He should not look at the rising sun, nor at the setting sun". See below.

16 I.e., with the finite suffix in "*īkṣeta*" (he should look at), which expresses the productive force.

17 If this prohibition were for the sake of the person, a result would have to be assumed.

18 I have not yet found the injunction to look at the sun. The rite where it occurs is the one where this prohibition would apply, restricting the action to times other than sunrise and sunset.

19 Consequently, no other result needs to be assumed, and the statement in question is accepted as teaching a resolution for the sake of the person. The final quotation is untraced.

20 I.e., "The (wooden) sword (*sphya*) and the pans, the offering spoon (*agnihotrahavaṇī*) and the basket, the antelope skin and the yoke-pin (*śamyā*), the mortal and pestle, and the upper and lower millstones. Indeed these are the ten weapons of the sacrifice." This is taught at the new- and full-moon sacrifices. See 3.1.5 and 3.8.10.

makes subsequent reference to the offering substances to Agni etc.,[21] and so as not to be meaningless enjoins (as offering substances) the sword etc., which are indicated by the word "*āyudha*" (weapon).[22] No. Because the sword etc. cannot enter the offerings to Agni etc., since these are confined by the cakes etc., because a single word (i.e., "*yajñāyudha* " (weapon of sacrifice)) cannot provide (both) the item referred to and the item enjoined, and because the sentence quoted is a remainder of the injunction to collect the implements,[23] this (i.e., the word "*āyudha*" (weapon)) is just a subsequent reference to the condition of being the means (by which the rite is performed), which has been obtained from the sentences, "He digs up with the sword" etc.[24]

5. At the statements, "Let him sacrifice with an animal" etc.,[25] the single number which is perceived (i.e., in the word "*paśunā*" (with an animal)) is a subsidiary of the animal, through direct statement in a (single) word, and not a subsidiary of the sacrifice, on the basis of the sentence, and in that way even if the singular number is absent the sacrifice will not be defective. No. In as much as through the direct statement of the (instrumental singular) case suffix, which is stronger than even the direct statement in a (single) word, the singular number, which is subordinate to the *kāraka*,[26] is connected by means of the *kāraka* with just the productive force of the action of sacrifice, it is necessary that it is a subsidiary to the sacrifice, and so in the absence of the singular number etc. the rite is defective.

6. In as much as we see various words applied to trees, ants, etc., which are either without natural gender or have the opposite gender,[27] gender is not a meaning of a word and so is not a subsidiary of the sacrifice. No. Because we perceive correctly established gender in the words "*siṃha*" (male lion), "*siṃhī*" (lioness), etc., even gender is a meaning of a word, and

21 It does this through the word "*yajña*" (sacrifice) in the compound "*yajñāyudhāni*" (weapons of the sacrifice).

22 I.e., in "*yajñāyudhāni*" (weapons of the sacrifice). Consequently, the sword etc. are either to be combined with the cake for Agni etc., or they are optional with them.

23 And serves only to praise it.

24 See 3.1.5.

25 This is taught at the *agnīṣomīya* animal rite.

26 The *kāraka* here is the instrument (*karaṇa*). Both the *kāraka* and the number are denoted by the case suffix, the *kāraka* being the predominant of the two.

27 I.e., the grammatical gender of their names does not correspond to their natural gender.

by "word" is meant the feminine suffixes *ṭāp* etc.,[28] modifications of the case suffixes,[29] and modifications of nominal stems;[30] and if it (i.e., the expression of natural gender by a corresponding grammatical element) is blocked, *ṭāp* etc. serve merely for (verbal) correctness, and so even the gender is a subsidiary of the sacrifice.

7. The sacrifices such as the *sviṣṭakṛt* etc.[31] are only preparations of the deities and substances of the sacrifices to Agni etc., based on the (recitation of) *mantras* and the actions of casting (which occur in them),[32] and they are not for the sake of an unseen effect, because even if the part of them that is the action of giving up (*tyāga*) lacks a purpose, there is no fault.[33] No. In as much as there must be a result for something which is enjoined, when there is no visible effect in the action of giving up, which is what is qualified (i.e., by a reference to a deity and a substance), it must therefore have an unseen effect, and as a consequence through the part of these sacrifices which is the action of giving up they (i.e., the sacrifices) are also for the sake of an unseen effect.[34] Even though they do not bring about (i.e., prompt the acquisition of) the substance, since they depend on substances which have

---

28 This is a reference to the feminine suffixes taught in the section of rules starting with P 4.1.3 *striyām*. For example, "*ajā*" (jenny goat) is formed by the addition of the suffix *ṭāp* to "*aja*" (billy goat) by P 4.1.1 *ajādyataṣ ṭāp*.

29 This refers to modifications which take place when particular genders are to be denoted. A number are taught in P 7.3.112 ff., where many of the distinctive feminine case endings are produced. BhD refers to P 6.1.103 *tasmāc chaso naḥ puṃsi*, which teaches the replacement of a final *s* by *n* in certain masculine accusative plurals.

30 I.e., modifications which take place when particular genders are to be denoted. BhD gives the examples of "*tisṛ*" and "*catasṛ*". By P 7.2.99 *tricaturoḥ striyāṃ tisṛcatasṛ* these stems replace "*tri*" (three) and "*catur*" (four) when the latter are used in the feminine.

31 The *sviṣṭakṛt* sacrifice takes place at the new- and full-moon sacrifices. (NVO, pp. 117–19). The other sacrifices mentioned here in Śabara are the final fore-sacrifice and the cake offering for the animal rite. See 10.1.7 and 10.1.9 for these. (The final fore-sacrifice serves to prepare the deities of the ghee portion sacrifices etc., through the action of remembering them, and the cake offering does the same for the deity of the animal rite for Agni and Soma).

32 Recitation of *mantras* prepares the deities by causing them to be remembered, and the action of casting prepares the substances.

33 I.e., they can still be preparations.

34 I.e., in addition to being preparatory.

been brought about indirectly,[35] when the substance is lost etc., on the basis of a (special) statement they are to be performed with ghee.[36]

8. From here on, the action of prompting will be considered directly,[37] and in some places,[38] in order to establish (i.e., identify) it, the relation of the main item to the subsidiary will also be considered.

9. At the statement, "He puts curds in the hot milk, that (*sā*) *āmikṣā* is for the Viśvadevas (All-gods), the whey (*vājina*) is for the Vājins",[39] the action of putting in the curds is prompted by the *āmikṣā* and the whey, because of its capacity to produce both. No. Because in the first sentence the milk, which is being prepared in as much as it is pervaded by the curds, which are the object of the putting in, is the main item; because we understand from the reference made just to it (i.e., the milk) by the pronoun "that" (*sā*) and from the description (of it) as being largely of sweet flavor in the *mantra*, "(All the gods) should find pleasure in the milk (*payas*) which befits them (*yujya*)",[40] that the milk alone is the *āmikṣā*; and because only the item to be prepared prompts the preparation, the *āmikṣā* alone is the prompter, and not the sharp-flavored whey too, because it is (only) consequentially produced. And in this way since the whey sacrifice is a subsidiary, in as much as it is a disposal of the litter which is consequentially produced, it is transferred to modifications of the *āmikṣā* sacrifice.

10. On the basis of the statements concerning the year-old heifer, as it is led for the purpose of purchasing (the *soma*), "With hands joined together, the *adhvaryu* picks up (the dust from) the seventh footprint" and "When they move forward the carts, he should oil the axle with it (i.e., with the dust)",[41] just like the action of purchasing, so too the action of oiling the axle (with dust) prompts the leading (of the heifer), because there is no distinction in their proximity (to the action of leading). No; because the action of leading, which prepares the substance (i.e., the heifer) which is a means of accomplishing the action of purchasing, is prompted by the purchasing. And in this

35 I.e., through the other sacrifices at the rite.

36 See 6.4.1.

37 Previously, the condition of being something which prompts an action has been considered through an investigation of what is for the sake of the rite and what is for the sake of the person (BhD).

38 In the following topic, for instance.

39 This is taught for the *vaiśvadeva parvan* at the *cāturmāsya* sacrifices. *Āmikṣā* is the thick portion of milk which is produced when curds are added to milk. See 2.2.9.

40 This occurs in an invitory verse (*puro 'nuvākyā*) of the *āmikṣā* sacrifice.

41 These are taught at the *jyotiṣṭoma*. See CH 31, 84, and 86.

way, when the seventh footprint falls on a rock, the action of leading is not repeated for the sake of oiling the axle. But the oiling of the axle does in fact take place,[42] with ghee etc., because it is proper that there should be no omission of the main item (i.e., the oiling) when there is an omission of a subordinate one (i.e., the dust).

11. At the statement, "He scatters the husks with the cake pan (*puroḍāśa-kapālena*)",[43] because we understand from the instrumental case suffix (i.e., in the word "*puroḍāśakapālena*" (with the cake pan)) that the pan is a subsidiary even with regard to the action of scattering the husks, this too prompts the (acquisition etc. of the) pan. No; because when we see (in the pan) a connection with the cake, which is understood on the basis of other evidence,[44] we understand that it (i.e., the pan) is prompted by that (i.e., by the cake). The scattering of the husks which happens at the time of the beating depends on the pan which has been prompted by something else, and it does not prompt the acquisition, keeping, and guarding of the pan, but the scattering which happens at the time of the action of pouring out (the *praṇīta* water) (*ninayana*) does indeed prompt its guarding.[45] And in this way there is no restriction to (the use of) a pan at the *caru* offering.[46]

12. At the animal sacrifice, in the statement, "He throws out the dung (*śa-kṛt*), he throws out the blood (*lohitam*)",[47] the action of throwing out prompts either the killing of the animal or the (acquisition of the) dung and the blood, because in as much as the dung and blood are unused,[48] the action

---

42 I.e., when the seventh footprint falls on a rock.

43 This is taught at the new- and full-moon sacrifices. It refers to the scattering of the husks under the antelope skin after the beaten grains are winnowed. See NVO, p. 31.

44 This seems to be the use of the compound "cake-pan" (*puroḍāśakapāla*) in the injunction to scatter the husks. Cf. Śabara. Could it also include the injunction to bake the cake on the pans? Here Śabara has, "He cooks the cake on the pans" (*kapāleṣu puroḍāśaṃ śrapayati*) (cf. ĀpŚS 1.24.6 *āgneyaṃ puroḍāśam aṣṭāsu kapāleṣv adhiśrapayati*).

45 This is because it takes place after the main sacrifice. According to the *Prabhāvalī* on BhD, it is the practice of the Vājasaneyins. See ŚB 1.9.2.32–33. (NVO, p. 171).

46 Rather, the hands etc. may be used instead. The *caru* offering referred to here is unspecified, but it would be a modification of the new- and full-moon sacrifices.

47 Untraced. In Śabara's quote, "He throws out the blood, he throws out the dung, smearing the *barhis* (grass) on its thickest part (i.e., base, (*mūlabhāga*)) he throws it out", the last clause seems to refer to an action which takes place when the omentum is cut out. The translation is based on Sāyaṇa at TS 1.3.9.2. (Schwab 76).

48 Unlike the heart etc., they are not used as offering substances. See note at 10.7.2 for the animal parts which are used as offering substances.

of throwing them out cannot be their disposal. No; because we understand from the accusative case suffix (i.e., in the words "*śakṛt*" (dung) and "*lohitam*" (blood)) that it (i.e., the action of throwing) is a disposal, and because even though they are not used, litter which is consequentially produced expects disposal. In the absence of blood etc., or when these are destroyed, the action of throwing is omitted.

13. At the statement, "He cuts off from the northern half (*uttarārdha*) (of the offering substance) for (Agni) Sviṣṭakṛt",[49] the *sviṣṭakṛt* sacrifice prompts a separate offering substance and (in particular) its northern half, since the offerings for Agni etc. are given up to their deities and so cannot be given up to another. No. Because the words "*uttarārdha*" (northern half) etc.[50] denote a part, provided something related to them is nearby,[51] and therefore do not complete (the expression of) their meaning in its absence, and because it is possible, by means of a statement, to enjoin for employment even something which has already been enjoined for employment, and because it (i.e., the *sviṣṭakṛt* sacrifice) is a disposal, it does not prompt those two; but because it is for the sake of an unseen effect through that part of it which is the action of giving up, when the substance is destroyed it is to be done with ghee, on the basis of a (special) statement.[52]

14. At the statement, "He sprinkles the offerings (*havīṃṣi*) with the remainder from the fore-sacrifices (*prayājaśeṣeṇa*)",[53] by the force of the accusative case suffix (i.e., in the word "*havīṃṣi*" (offerings)) the action of sprinkling prepares the offerings, and in this way at the *vājapeya* rite,[54] even though the animal rites for the rite (*kratupaśu*) and the animal rites for Prajāpati[55] commence together at the morning pressing,[56] since the killing

49 This is taught at the new- and full-moon sacrifices. See NVO, p. 117.

50 Or perhaps, "the words"*uttara*" (northern), "*ardha*" (half), etc.", which is closer to the passage in JNMV.

51 In the case here, this is provided by the offering substances such as the cake for Agni.

52 See 6.4.1 for this.

53 This is taught at the new- and full-moon sacrifices. (NVO, p. 101). Ghee is the offering substance at the fore-sacrifices.

54 The *vājapeya* is a form (*saṃsthā*) of the *jyotiṣṭoma* rite. See 1.4.6.

55 The animal rites for the rite are those for Agni etc. (See 2.3.8). All of the animal rites are modifications of the new- and full-moon sacrifices, directly or indirectly.

56 See 10.4.4 for the combination of the animal rites for the rite and those for Prajāpati, and ĀpŚS 18.2.12 and 13 for the common beginning of these rites.

of the animals for Prajāpati occurs at the midday pressing,[57] in order to sprinkle the offerings for Prajāpati, even though the *juhū* spoon is engaged (in other activities),[58] the remainder of the fore-sacrifices must be kept, in another vessel. No. Because the instrumental and accusative case suffixes (i.e., in the words "*prayājaśeṣeṇa*" (with the remainder of the fore-sacrifices) and "*havīṃṣi*" (offering substances)) indicate the meanings of the accusative and locative case suffixes (respectively) in order that the action of sprinkling should be for the sake of a visible effect in the form of emptying the *juhū* spoon,[59] and therefore the sprinkling is a disposal of the remainder; because even if the sprinkling prepared the offerings, the roughness of the omenta of the animals for Prajāpati would cease just through the *brahmasāman*, according to the statement, "The *brahmasāman* is indeed the *brahman*, in that he offers (i.e., kills) them at the time of the *brahmasāman*, they, being rough (*śamya*), are sprinkled";[60] (and) because therefore it would be inappropriate to put the remainder in a separate vessel for the purpose of sprinkling, the purpose of which is the cessation of roughness, that does not take place. "*Śamya*" means rough.

15. At the statement, "Passing beyond the *iḍ* sacrifice (i.e., the third fore-sacrifice), he pours together the ghee which is in the *upabhṛt* spoon into the *juhū* spoon for the sacrifice to the *barhis* (i.e., the fourth fore-sacrifice)",[61] the action of pouring together does not prompt the ladling up of the ghee into the *upabhṛt* spoon, because on the basis of the two statements, "The ghee he ladles up into the *juhū* spoon is for the fore-sacrifices" and "The ghee he ladles up into the *upabhṛt* spoon is for the fore- and after-sacrifices",[62] the ghee in the *juhū* spoon and the ghee in the *upabhṛt* spoon are optional (with each other) in the fore-sacrifices, and when the fore-sacrifices are performed with the ghee in the *juhū* spoon there is no pouring together (into the *juhū*) of the ghee in the *upabhṛt* spoon at all, and even when they are performed with the ghee in the *upabhṛt* spoon, it is just at the commencement of the first fore-sacrifice that the ghee in the *upabhṛt* spoon

57 By contrast, it occurs for the animals for the rite at the morning pressing. See 11.2.11 for the killing of the animals for Prajāpati.

58 The *Prabhā* on ŚD gives the example of the ghee portion sacrifices. See 10.1.8.

59 In this way the sentence means: "He sprinkles the remainder of the fore-sacrifices on the offerings".

60 The time referred to here is that of the third *pṛṣṭhastotra*, i.e., the *brahmasāman*, at the midday pressing.

61 This is taught at the new- and full-moon sacrifices. (NVO, p. 98).

62 For the action of filling the *upabhṛt* and *juhū* with ghee, see NVO, p.62.

which has been ladled up five times[63] is poured together (into the *juhū* spoon),[64] and so the pouring together of the ghee (here at the fourth fore-sacrifice) is a preparation of the (remaining) ghee which is for the after-sacrifices. No. In order to obtain the injunction of fewer items and the condition of being for the sake of a visible effect, which both come about when this is recognized as an injunction of just the time for the action of pouring together,[65] by dividing the ghee in the *upabhṛt* spoon on the basis of an analysis of the compound (i.e., "*prayājānuyājebhaḥ*" (for the fore- and after-sacrifices)) as "for two fore-sacrifices (i.e., the fourth and the fifth) and for the after-sacrifices",[66] it (i.e., the ghee in the *upabhṛt*) becomes for the sake of the fore- and the after-sacrifices, and so the pouring together which is for the sake of the fore-sacrifices prompts the ladling up (of the ghee).[67] That too is just the ladling up of the ghee which is taken in four ladlings, not in less, due to the teaching at the *ātithyā* rite, "For he is not going to offer the after-sacrifices here".[68]

16. Just as the ghee in the *juhū* spoon is for the sake of the fore-sacrifices, on the basis of the statement, "The ghee (he ladles up) into the *juhū* spoon (is for the fore-sacrifices)", so too the ghee in the *upabhṛt* spoon is for the sake of just the after-sacrifices, on the basis of the statement, "The ghee (he ladles up) into the *upabhṛt* spoon is for the sake of the after-sacrifices".[69] No. Because of the statement, "The ghee (he ladles up) into the *upabhṛt* spoon is for the fore- and after-sacrifices", the statement (quoted above) which makes

---

63 I.e., the amount for the five fore-sacrifices.

64 Ghee is ladled up into the *upabhṛt* a total of eight times (see 4.1.17), and it is just a portion of this which is poured into the *juhū* here.

65 If this were a preparation of the ghee for the after-sacrifices, then both the action of pouring it into the *juhū*, which would only have an unseen effect, and also the time this is done would be taught.

66 On the initial view, part of the ghee in the *upabhṛt* would be for all five fore-sacrifices, and the rest for the three after-sacrifices.

67 On this analysis, there is no option. Rather, the ghee ladled into the *juhū* is used for the first three fore-sacrifices, and that ladled into the *upabhṛt* is used for the final two fore-sacrifices, plus the after-sacrifices.

68 The first part of Śabara's quote, which is omitted here, is "There are ghee portions (plural), each ladled four times". In this quote the plural number makes sense only if the ghee is taken into the *upabhṛt*, the *juhū*, and the *dhruvā* for a rite which has no after-sacrifices. If there were an option of the *juhū* or the *upabhṛt*, the dual would be used. The *ātithyā* is performed at the *jyotiṣṭoma* rite. See 4.1.17 and 10.7.12. I have not seen in other texts the remark about a smaller amount of ghee.

69 See 4.1.15.

it known that the ghee is for the sake of just the after-sacrifices makes a subsequent reference, partially.[70] And the ghee in the *dhruvā* spoon is for the sake of all the offerings other than these.

17. At the statement, "(He ladles) eight (times) (*aṣṭau*) into the *upabhṛt* spoon",[71] a single action of ladling qualified by the number eight is enjoined, and not two ladlings (each) qualified by the number four; and because it would be pointless for the number eight to be for the sake of the action of ladling, it blocks the statement, "He offers the ghee ladled up four times",[72] and, through the action of ladling, is for the sake of the offerings at the fore-sacrifices and the after-sacrifices. No; because the statement at the *ātithyā* rite, "(He ladles up) ghee portions (plural), each ladled four times, for he is not going to offer the after-sacrifices here", causes us to understand that the secondary meaning (i.e., of the word "*aṣṭau*" (eight)), namely, two groups of four is intended, because otherwise, since the ghee ladled up eight times has not been cancelled even in the absence of the after-sacrifices, the subsequent reference to the plural number would be inappropriate.[73] Nor, in this way, is there a blocking of the ghee ladled up four times.[74]

Chapter 2

1. Because the statement, "He makes the *svaru* (chip) from the post (*yūpa*)",[75] enjoins a productive force, in which the *svaru* is the result, wood from the *khadira* tree etc., which is indicated by the word "*yūpa*" (post), is the instrument, and the actions of cutting (the tree) etc. are the manner of

70 This means that it makes subsequent reference only to some of the items which could have been referred to.

71 This is taught at the new- and full-moon sacrifices. See 4.1.15. (See *Prabhāvalī* on BhD 1.2.3, p. 30).

72 Untraced. According to Śabara, this is an independently taught statement.

73 The statement from the *ātithyā* rite quoted here is not an *arthavāda*, as was the statement, "For food is made by it" (see 1.2.3), but instead is an injunction of the plurality of the quantities of ghee ladled four times, qualified by a reason. It has as its result the cancellation of a fourth quantity of ghee ladled four times. (Cf. BhD). This makes sense if the ghee ladled eight times in the *upabhṛt* is in fact two quantities, each ladled four times. The second half of such ghee would be that ladled for the after-sacrifices. On the initial view, the only portions which have been ladled four times are just two, namely, those in the *juhū* and the *dhruvā*. Consequently, reference to a plural number would be out of place.

74 This is a reference to the independently stated quotation cited above.

75 This is taught at the *agnīṣomīya* animal rite at the *jyotiṣṭoma*. See Schwab 11.

performance, even the *svaru*[76] prompts the actions of cutting etc. No. Because in order to avoid an injunction of a qualified act[77] and secondary meaning,[78] the statement makes subsequent reference to the action of taking up (the *svaru*), which was obtained from the meaning of the statement, "He anoints the animal with the *svaru*",[79] and thereby enjoins only the item, in the form of the post, from which the *svaru* is taken, and because of the statement, "The first chip which falls should be made into the *svaru*", the *svaru* is (merely) produced consequentially and does not prompt (the actions of cutting the tree etc.).[80]

2. At the statement, "He fetches the eastern one (*prācīm*)",[81] even though the word "*prācī*" (eastern) denotes the (eastern) direction, since the latter cannot be fetched, and in order to oblige what has been introduced, the meaning is only the branch on the eastern part (of the tree).

3. Because the statement, "He sets down the pans with the *upaveṣa* (poker)",[82] enjoins the employment of the *upaveṣa*, the form of which is the base (of a branch), as described in the statement, "Cutting the branch (*śākhām*) at its base, he makes the *upaveṣa*",[83] and because the statement, "He drives away the calves with the branch",[84] enjoins the employment of the branch in the form of its tip, the actions of setting down (the pans) and driving away (the calves) (both) prompt the actions of cutting (the branch) etc. No. Because on the basis of the accusative case suffix (i.e., in the word "*śākhām*" (branch)), the action of cutting is for the sake of the branch,[85] and because the statement, "He makes the *upaveṣa*", is for the sake of giving

---

76 I.e., as well as the post.

77 I.e., the productive force as described above.

78 I.e., in the word "*yūpa*" (post). Only through secondary meaning does "*yūpa*" (post) denote the *khadira* tree.

79 See Schwab 62.

80 The *Prabhā* on ŚD gives as a consequence of the topic the fact that if the *svaru* is destroyed, a new one need not be produced by cutting a *khadira* tree etc. BhD says that in such a case any piece of wood will suffice.

81 This is taught at the new- and full-moon sacrifices. It refers to the branch which is obtained for the purpose of driving away the calves at the time of milking. (NVO, p. 5). See 4.2.3.

82 This is taught at the new- and full-moon sacrifices when the cake pans are placed on the coals. (NVO, pp. 32 ff.).

83 See NVO, pp. 8–9.

84 This is to be performed at the new-moon sacrifice, which requires milk for the preparation of the *sānnāyya* offering. (NVO, p. 7).

85 And it is the branch in the form of its tip which is used for driving away the calves.

another name to the base, the *upaveṣa* is (merely) consequentially produced; and because the action of setting down (the pans) is accomplished by means of it,[86] it does not prompt it.[87]

4. At the statement, "He throws (*praharati*) the *prastara* (bundle) along with the branch (into the *āhavanīya* fire)",[88] just as at the sentence which enjoins the *sūktavāka* (*mantra*),[89] the word "*praharati*" (he throws) makes it known that this is an action of sacrifice, and so the throwing (*praharaṇa*) of the branch is a purposeful action (*arthakarman*).[90] No. Even though the action of throwing indicates a sacrifice in the sentence which enjoins the *sūktavāka*, in compliance with the deity which is made known by the wording of the (*sūktavāka*) *mantra*, in the present case there is no authority for assuming a sacrifice, and so it is a disposal of the branch, just as it is of the *prastara*, through the part of it which is (just) the action of casting (into the fire).

5. With regard to the *praṇīta* water, which is taught in the statement, "He brings forward the water",[91] the statements, "He mixes the offerings with the *praṇīta* water" and "He pours out the *praṇīta* water (*praṇītāḥ*) inside the *vedi*", teach two actions,[92] and so both alike prompt (the action of bringing forward the water). No; because on the basis of the accusative case suffix (i.e., in the word "*praṇītāḥ*" (*praṇīta* water)) the action of pouring out is a disposal.[93]

---

86 I.e., by means of the *upaveṣa* as something merely consequentially produced. The term itself is derived from the root "*viṣ*" with the preverb "*upa*", in the sense, "to be useful or effective".

87 A consequence of this is that at the full-moon sacrifice, where the calves are not driven away, any stick may be used for setting down the pans.

88 This is part of the concluding actions at the new- and full-moon sacrifices. (NVO, pp. 145–6).

89 I.e., "He throws (*praharati*) the *prastara* (into the *āhavanīya* fire) with the (recitation of the) *sūktavāka* (*mantra*)". This is also taught at the new- and full-moon sacrifices. See 3.2.5.

90 JNMV describes this as an action which is done for the purpose of making the rite complete. On the initial view, a branch must be acquired at the full-moon sacrifice in order to perform this action, even though there is no need to drive away calves there.

91 This refers to the water brought forward (*praṇīta*) by the *adhvaryu* at the new- and full-moon sacrifices. (NVO, p. 19).

92 See NVO, pp. 40 and 170, for these actions.

93 Therefore only the action of mixing prompts the bringing forward of the water. A consequence of this is that if the water is lost after the action of mixing, new water does not need to be brought forward for the sake of pouring it out.

6. At the statement, "When the *soma* has been purchased, he gives the stick (*daṇḍam*) to the *maitrāvaruṇa*",[94] the action of giving the stick is a disposal, because the stick has fulfilled its purpose by being held by the sacrificer.[95] No; because in as much as it (i.e., the stick) is a means for the action of holding on (to it),[96] which is expected by the action of reciting, which is taught in the statement, "Holding on to the stick, he (i.e., the *maitrāvaruṇa*) recites the directions", it (i.e., the action of giving the stick) is for the purpose of the *maitrāvaruṇa*, and so the conditions of having a visible purpose and of being a preparation of something which will be made use of are obtained; and because the accusative case suffix (i.e., in the word "*daṇḍam*" (stick)), just like in (the word) "*saktūn*" (barley groats),[97] indicates instrumentality. And in this way at the independent animal (*nirūḍha*) rite, even in the absence of an initiate, the stick must (still) be produced.[98]

7. At the statement, "He throws the horn of the black antelope (*kṛṣṇaviṣāṇām*) into the pit",[99] by force of the accusative case suffix (i.e., in the word "*kṛṣṇaviṣāṇām*" (horn of the black antelope)), the action of throwing is a disposal.[100]

8. At the statement, "They go to the final bath (*avabhṛtha*) with anything which is smeared with *soma* (*yat kiṃ cit somaliptaṃ tena*)",[101] we understand from the word "*tena*" ("with that", i.e., "with anything smeared with *soma*") that anything smeared with *soma* is a means of bringing about the final bath, and so it is the offering substance (for the final bath rite). No.

94 This is taught at the *jyotiṣṭoma*. (CH 34). The *maitrāvaruṇa* is a priest who assists the *hotṛ*. For a discussion of the role played by the *maitrāvaruṇa's* stick, see Minkowski, Chapter Five and *passim*.

95 The *adhvaryu* gives the sacrificer a stick for his initiation at the *jyotiṣṭoma*, and the sacrificer holds it until the *soma* is purchased.

96 This is the *maitrāvaruṇa's* action.

97 I.e., in the statement, "*saktūn juhoti*" (He offers barley groats). This is taught for the final bath (*avabhṛtha*) at the *jyotiṣṭoma*. See note at 1.4.20.

98 The independent animal rite is a modification of the *agnīṣomīya* rite. The recitation of directions there prompts the action of giving the stick. See Schwab 56 and Minkowski, p. 45, for the gift of the stick at the animal rite.

99 This is taught at the *jyotiṣṭoma* when the sacrificer gives the fees to the priests. (CH 192). See 11.3.6 for the horn.

100 Here the horn is something which has been used and requires disposal. The fact that it is to be thrown only into the pit enables the action to produce an unseen effect from a restriction.

101 This is taught at the *jyotiṣṭoma*. See CH 254e for the submersion in water of the implements which have been smeared with *soma*.

Because the final bath is confined by the cake (i.e., for its offering substance) on the basis of the statement, "With a cake on one pan for Varuṇa they go down to the final bath (*avabhṛtha*)", and so nothing else can be the offering, the word "*avabhṛtha*" (final bath) indicates a place and enjoins in the form of a disposal the action of bringing the *soma*-smeared vessels there.

9. The statements, "He should sacrifice (with the new- and full-moon sacrifices) on even ground", "On the full-moon day he should sacrifice (with the full-moon sacrifice)", "There are four priests (for the new- and full-moon sacrifices)", "He should sacrifice with rice grains",[102] "He should offer (i.e., kill) a white animal (for Vāyu)",[103] "He should beat the rice grains",[104] etc., (merely) make subsequent reference to the place etc.,[105] because these are implied by the actions themselves.[106] No; because they are injunctions of restrictions, in as much as they fill up instances where there is the optional non-occurence (i.e., of the places etc., which are taught).[107]

10. Injunctions which teach the actions of sacrifice (*yāga*), offering (*homa*), and giving (*dāna*) bring about (respectively) the action of giving up a substance preceded by a reference to a deity, the action of casting (the substance into the fire etc.), preceded by this,[108] and the action of giving up a substance which results in another's ownership.

11. At the statement, "The *barhis* (grass) which is used at the *upasads* and at the *agnīṣomīya* (animal) rite is that (*tad*) which (*yad*) is used at the *ātithyā* rite",[109] if (we recognize) this is an injunction (i.e., of the use of *barhis* at the *upasads* and the *agnīṣomīya*) which is preceded by the removal

---

102 This is taught at the new- and full-moon sacrifices.

103 This is a desiderative animal rite. See 1.2.1, 2.3.5, and 10.2.30.

104 This is taught at the new- and full-moon sacrifices.

105 I.e., to the place, time, agent, substance, subordinate feature, and preparation.

106 On the initial view, these statements do not enjoin anything.

107 The originative injunctions permit the sacrifice to be performed on uneven ground etc., and so even ground etc. are enjoined here in order to fill with the desired items instances where they would not otherwise occur. This topic is presented as three in Śabara, ŚD, and JNMV, where the instances of the white animal and the beating of grain are discussed in distinct topics. MNS agrees with BhD in presenting this topic as one. Śabara points out that on the initial view the statements he quotes would be pointless.

108 I.e., preceded by the action of giving up a substance preceded by a reference to a deity.

109 This is taught at the *upasad* offerings at the *jyotiṣṭoma* rite. (CH 52a). The *agnīṣomīya* and *ātithyā* rites also take place at the *jyotiṣṭoma*. See 12.1.19. For the strewing of grass at the animal rite, see Schwab 38.

(i.e., of the *barhis* from the *ātithyā*), then the injunction of the *barhis* at the *ātithyā* rite would be pointless, and if (we recognize) this as a direct teaching of (the use of) a substance (i.e., *barhis*) which has been removed from an *iṣṭi*,[110] there would be conflict with the practice of the learned, and so it enjoins a transfer of the features of the *barhis* which exist at the *ātithyā* rite, such as the *prastara* (bundle) being made of *aśvavāla* grass etc.[111] No. Because even then there would result secondary meaning (i.e., in the word "*barhis*"), it is just the identity of the *barhis* that is made known by the two words "*yat*" (which) and "*tat*" (that).[112]

Chapter 3

1. Since the condition of being made of *parṇa* wood etc., which is independently taught at statements such as, "One who has a *juhū* spoon made of *parṇa* wood hears no evil words (i.e., about himself)",[113] is enjoined with reference to the result and (also) with reference to the *juhū* spoon, which is for the sake of the rite, it is for the sake of both,[114] just like the curds etc.[115] No. Because if it is enjoined with reference to the result, no basis is obtained,[116] because if it is enjoined with reference to a means of bringing about the unseen effect of the rite,[117] there is no expectancy for a result, and because there is no other sentence,[118] it is just for the sake of the rite.

2. After the introductory statement, "He brings forward the water",[119] the clay vessel, which is taught in the statement, "For one desirous of firm standing (he should bring forward the water) with a clay vessel", even though it is desiderative,[120] is to be employed even in the absence of a desire for good standing, because on the basis of its proximity it alone is a

110 I.e., after it has been used there. The *ātithyā* rite is an *iṣṭi*.

111 See CH 44.

112 Consequently, when *barhis* is obtained, it is obtained for the purpose of the *ātithyā*, the *upasads*, and the *agnīṣomīya*, and not just the first of these.

113 See 3.6.1.

114 I.e., it is for both the person and the rite.

115 See 4.3.3.

116 I.e., there is no action to be performed.

117 I.e., with reference to the *juhū* spoon.

118 I.e., as there is in the case of the injunction to use curds (*dadhi*).

119 This is taught at the new- and full-moon sacrifices. See 4.1.2 (third *varṇaka*).

120 I.e., prescribed for the performance of a desiderative rite.

subsidiary, even with regard to the action of bringing forward (the water).[121] No. Because it is not fitting for something enjoined with reference to one thing to be a subsidiary to something else, even if it is nearby, by implication any (other) vessel whatsoever is the subsidiary. Because of the statement, "He should bring forward the water with a *camasa* (vessel)", this is a hypothetical consideration.

3. At the statement, "He should make the offering with curds for one desirous of strength",[122] because the curds too are a desiderative item,[123] the obligatory rite should not be performed with curds. No; because on the basis of the statement, "He offers with curds",[124] and the statement quoted above, the curds are for both.[125]

4. The vow (i.e., edible substance) which is taught at the statement, "Milk is the vow of the *brāhmaṇa*, barley gruel that of the *rājanya*, and *āmikṣā* that of the *vaiśya*",[126] is for the sake of the person, because of its connection with the person. No. Because it is appropriate that it has a result (only) through the result of the nearby rite,[127] as a feature of the person engaged in the rite it is (only) for the sake of the rite.

5. Even at the (rites taught by the) statements, "One should sacrifice with the *viśvajit* rite"[128] etc., there exists a result,[129] in order that what is to be produced by the productive force should be brought about.[130]

6. That too is (just) one, since the expectancy (for a result) is satisfied by just one.

---

121 I.e., even though this action is obligatory, not desiderative. Because the clay vessel is taught, it is closer to the action than any worldly vessel which might otherwise be used.

122 This is taught in reference to the *agnihotra*. See 2.2.11.

123 I.e., just like the clay vessel in 4.3.2.

124 See 2.2.5.

125 I.e., they are for both the obligatory and the desiderative rite.

126 This is taught in reference to the sacrificer, when he has been initiated at the *jyotiṣṭoma*. (CH 20). For *āmikṣā*, see 4.1.9 and note.

127 This is because no particular result, such as strength etc., has been stated for it. Also, it is taught in the context of the rite.

128 According to the tradition, this is a one-day *soma* rite, but I have not found any such *viśvajit* rite which lacks the statement of a result.

129 I.e., even though no result is mentioned.

130 No one would perform the rite if it lacked a result.

7. That too has the form of heaven, which itself has the form of a different (i.e., unique, unknown) pleasure, because it is desired by everyone and has the lightest body.[131]

8. But at the statements, "Indeed, they who perform these 'nights' (i.e., day rites) stand firmly"[132] etc., it is just firm standing etc. which are the results, presenting themselves even nearer than heaven.[133]

9. Even at the offerings to Sūrya etc., where (particular) results are heard,[134] in order that everyone should undertake them, heaven is also the result.[135] No; because when a result which is taught removes expectancy, we do not assume one which is not taught.

10. The statement, "The new- and full-moon sacrifices are for all results (*sarvebhyaḥ*)", does not make known a connection (i.e., of the sacrifices) with a result, since there is no injunction, but as it makes subsequent reference to the results of subordinate items,[136] it praises (the new- and full-moon sacrifices). No; because in as much as the dative case suffix (i.e., in the word "*sarvebhyaḥ*" (for all results)) conveys the sense that they have that (i.e., all results) as their purpose, through the supplying of an injunction the statement conveys the sense that the sacrifices are for the sake of the result.[137]

11. Because the *jyotiṣṭoma* and the new- and full-moon sacrifices are for the sake of all results,[138] they produce many results in a single performance. No. Because the results are what is referred to, and therefore the collection

---

131 Is this a reference to a person's *sūkṣmaśarīra* (subtle body), which is supposed to survive death?

132 This is taught at a number of *sattras* starting with a thirteen-day rite.

133 The firm standing etc. are stated in the *arthavādas*, whereas heaven is not stated but must be assumed.

134 Here Śabara has: "One desirous of priestly luster should offer *caru* to Sūrya". This is a desiderative *iṣṭi*. See 2.3.5.

135 I.e., in addition to any other result mentioned.

136 I.e., to the results specified for the employment of subordinate items. An example of this is the special result of "firm standing", which is produced by the use of twenty-one kindling verses. (JNMV). See 5.3.3.

137 ŚD says that either the word "*kartavyau*" (they must be performed) is supplied, or the injunction and the productive force from the originative injunction serve as the basis (*āśraya*).

138 See 4.3.10. There Śabara's quotes refer to the new- and full-moon sacrifices and the *jyotiṣṭoma*: "Indeed other *iṣṭis* are offered for a single desire, the new- and full-moon sacrifices are for all. Indeed other rites are offered for a single desire, the *jyotiṣṭoma* is for all".

of them is not the intended meaning, and because of the restriction that a single collection of causes produces a single result, at one performance there is just one desired result.

12. Because the (acquisition of) animals etc., which are (taught as being) the results of the *citrā* rite etc.,[139] can (instead) be brought about by receiving gifts etc., there is no expectancy for an unseen effect,[140] and therefore since the *citrā* etc. produce an unseen effect which brings about the creation of a body suited for actions such as receiving animals etc., the result is only in the next world. No. Because even though we assume that heaven etc. exist in the next world, since they are not fit for the enjoyment which is limited by our bodies here, there is no authority for such an assumption for (the acquisition of) animals etc.; because (the acquisition of) animals etc. can be the result of the *citrā* rite etc., in as much as they come about by the receipt of gifts etc. (but) only when these are assisted by an unseen effect; and because in the absence of any obstacle there is nothing to block the result in the form of (the acquition of) animals etc. even here in this world, there is no restriction.[141] But at the *kārīrī* rite,[142] which is taught in the statement, "One desirous of rain should sacrifice with the *kārīrī* rite", the result occurs in this world only, since the desire for rain arises only at times when grain has not started to grow and it is dry. And so too in the case of a malevolent rite (*ābhicārika*), because its injunction involves the action of remembering one's enemy etc.[143]

13. At the statement, "Having sacrificed with the *vājapeya* rite, he should sacrifice with the *bṛhaspatisava*",[144] since both rites are complete (in themselves),[145] their connection is for the sake of (enjoining) the time (of performance).[146] No. Because if the (direct) statement of the *vājapeya* rite indicates[147] subsequent time (for the *bṛhaspatisava*), or provides a boundary on subsequent time, which is the meaning denoted by the absolutive suffix

139 The *citrā* is a desiderative *iṣṭi*. See 1.4.2.
140 I.e., one which would serve to produce these results.
141 I.e., as to which world the result should occur in.
142 This is a desiderative *iṣṭi*. See *Wunschopfer* 180.
143 I have not seen this last remark elsewhere.
144 The *vājapeya* rite is a form (*saṃsthā*) of the *jyotiṣṭoma*, the *bṛhaspatisava* is a one-day *soma* rite.
145 I.e., they require nothing more (*kṛtārtha*).
146 I.e., the *bṛhaspatisava* should follow the *vājapeya*.
147 I.e., through secondary signification.

ktvā,[148] then failing to provide an item referred to and an item enjoined,[149] it would express a meaning (i.e., subsequent time) different from its own, and because the context (i.e., of the *vājapeya* rite) would be blocked,[150] there is enjoined, as a subsidiary of the *vājapeya* rite, an act which has the features of the *bṛhaspatisava* rite and which is distinct (from it), based on its non-proximity accompanied by a subordinate feature (i.e., time) which cannot be undertaken.[151]

14. At the statement, "Having completed (*saṃsthāpya*) the full-moon sacrifice, he subsequently offers the *vaimṛdha* (*iṣṭi*)",[152] because we understand the completion (i.e., of the full-moon sacrifice), there is no relation of subsidiary and main,[153] but rather a connection in time, and through context the *vaimṛdha* is a subsidiary of (both) the new- and full-moon sacrifices. No. Because the word "*saṃsthāpya*" (having completed) causes us to understand (only) the completion of the subsidiaries which are common to the new-moon sacrifice,[154] because we understand from the sentence that the *vaimṛdha* rite is for the sake of the full-moon sacrifice, and because of the remainder of the sentence, "The *vaimṛdha* should be offered subsequently at the full-moon sacrifice, by means of it the full-moon sacrifice has Indra", the *vaimṛdha* rite is a subsidiary of only the full-moon sacrifice, and it should be performed after the completion of the full-moon sacrifice along with its subsidiaries, or after the three main offerings (of the full-moon sacrifice).

15. At the statement, "After the *āgnimāruta śastra*, they perform the after-sacrifices",[155] in order to avoid the direct statement (i.e., of the *āgnimāruta śastra*) having a meaning (i.e., time) different from its own, the

---

148 By P 3.4.21 *samānakartṛkayoḥ pūrvakāle*, when two actions are expressed, one preceding the other and both having the same agent, the suffix *ktvā* is added to the root of the earlier action.

149 If the statement served only to make known subsequent time, it could not enjoin anything (concerning the *vājapeya*).

150 This is because the *bṛhaspatisava* is taught elsewhere.

151 I.e., based on its distinct context. See 2.3.11 for "non-proximity" etc. as a definition of distinct context.

152 See NVO, p. 186, for the *vaimṛdha* rite.

153 I.e., a relation of the *vaimṛdha* as subsidiary to the full-moon sacrifice as main.

154 This is based on there being no distinction in context. If the word "*saṃsthāpya*" (having completed) prohibited the relation of subsidiary to main for the full-moon sacrifice, it would also do so for the new- and full-moon sacrifices taken together.

155 This is untraced, but according to Śabara etc. it is taught at the *jyotiṣṭoma*. The *āgnimāruta śastra* follows the *agniṣṭoma stotra* at the third pressing.

relation of subsidiary and main is understood.[156] No. In as much as the *āgnimāruta śastra* is a subsidiary of the *soma* rite, and the after-sacrifices are subsidiaries of the *savanīya* animal sacrifice,[157] there can be no relation of subsidiary and main, and so the conjunction of the two is just for the sake of (enjoining the) time.[158]

16. So too, at the statement, "Having sacrificed with the new- and full-moon sacrifices, he should sacrifice with the *soma* sacrifice",[159] because the two are complete (in themselves),[160] their conjunction is for the sake of (enjoining) the time.

17. At the statement, "Let him offer a cake on twelve pans to Vaiśvānara when a son is born",[161] it is not suitable even for the (adjacent) sentence, "When he offers this *iṣṭi* on the birth of a son, that one (i.e., the son) becomes pure indeed, brilliant, an eater of food, powerful, and possessed of cattle", to make known a result which has a different locus,[162] and so the result must be assumed to belong just to the agent. No. Because it is not suitable to assume a result which is not taught,[163] when one is taught,[164] and because it is possible for a father also to have a desire for his son's purity etc., the result is only the son's.

18. Because we understand from the locative case suffix in the phrase, "*putre jāte*" (when a son is born),[165] that the birth is the cause,[166] the *iṣṭi* should be performed just after birth. No. If the *iṣṭi* were performed before the birth rite, then because of the prohibition of drinking breast milk before the birth rite (*jātakarman*),[167] there would be a delay in the drinking of the

---

156 The statement of the *āgnimāruta śastra* would not convey its own meaning if it only denoted time. Accordingly, just like the *bṛhaspatisava* and the *vaimṛdha iṣṭi*, discussed in 4.3.13 and 14, the after-sacrifices are taught as a subsidiary.

157 This is the second of the three animal rites at the *jyotiṣṭoma*.

158 See 5.1.12, 5.1.15, and 11.3.16 for the injunction to postpone the after-sacrifices to the time after the *āgnimāruta śastra*.

159 This is taught in context of the new- and full-moon sacrifices.

160 I.e., they require nothing more (*kṛtārtha*).

161 This is a desiderative *iṣṭi*. See 1.4.12.

162 I.e., a locus other than the agent.

163 I.e., one for the father.

164 I.e., the one for the son.

165 See 4.3.17.

166 I.e., of the *iṣṭi*.

167 See Kane, HDS, Vol. II.1, pp. 228–37 for the *jātakarman* (birth rite). For its occurence before the baby is handed over to the mother for feeding, see BĀU

breast milk, thus causing the possibility of the death of the new-born child, and so, because the result would thereby be blocked, it (i.e., the *iṣṭi*) does not occur immediately after birth.

19. Even though immediacy after the cause (i.e., the birth) is lacking, it (i.e., the *iṣṭi*) should be performed immediately after the birth rite.[168] No. Because it expects purification etc., and so it is appropriate that it should be perfomed at the cessation of impurity,[169] and because for lack of an alternative, we accept, at the *pūjā* of Ṣaṣṭhī[170] etc., the purification (obtained) at that time,[171] it is to be performed only when (parental) impurity ceases, on a *parvan* (day) (i.e., the day of the new- or full-moon).[172]

20. The *bṛhaspatisava* rite, in which the condition of being a subsidiary to the *vājapeya* rite is understood from the statement, "Having sacrificed (*iṣṭvā*) with the *vājapeya* rite, he should sacrifice with the *bṛhaspatisava*",[173] is also to be performed in the autumn, because on the basis of the statement, "In the autumn he should sacrifice with the *vājapeya* rite", the autumn is the time of the *vājapeya*. No; because it is not fitting that the statement which conveys the sense that the *bṛhaspatisava*, only as accompanied by its subsidiaries, is a subsidiary (i.e., of the *vājapeya*) should block the spring, which has been obtained (at the *bṛhaspati*) by transfer;[174] because the absolutive suffix "*ktvā*" (i.e., in "*iṣṭvā*" (having sacrificed)) denotes only earlier time, and so it does not convey the sense of immediacy; and because even when the *vājapeya* rite is complete, it is appropriate that the *bṛhaspatisava* rite should be performed for the sake of strengthening the unseen effect which has been produced from it.

6.4.24–8; GGS 2.7.17–22; KhGS 2.2.32–4; PGS 1.16.3–21; HGS 2.1.3.2–2.1.4.3; ĀpGS 6.15.1–5.

168 See 4.3.17 and 18.

169 This refers to the impurity of the parents after birth.

170 This takes place on the sixth day after birth.

171 I.e., on the sixth day etc.

172 This is the time enjoined for the performance of an *iṣṭi* by the statement, "*ya iṣṭyā paśunā somena vā yajeta so 'māvāsyāyāṃ pūrṇamāsyāṃ vā*" (One who would sacrifice with the *iṣṭi*, the animal rite, or the *soma* rite (should sacrifice) on the new-moon day or the full-moon day). See 5.4.7 etc.

173 See 4.3.13.

174 I.e., from the *jyotiṣṭoma*. The *bṛhaspatisava* is a modification of the *jyotiṣṭoma*.

Chapter 4

1. After the introduction of *iṣṭis* (in statements) such as, "(He offers) a cake on eight pans to Anumati"[175] etc., animal sacrifices (in statements) such as, "For the Ādityas he offers (i.e., kills) a pregnant goat (*malhā*)" etc., *soma* sacrifices such as the *abhiṣecanīya* etc., and also ladle offerings (*darvihomas*) (in statements) such as, "There is an offering at an anthill" etc., and actions such as dicing in (statements such as), "He plays dice", by force of the statement, "A king (*rājan*) desirous of sovereignty should sacrifice (*yajeta*) with the *rājasūya* rite (*rājasūyena*)", all (the above actions) are for the sake of the result, because even though the nominal stem (i.e., "*rājasūya*") has an unknown meaning, it calls to mind the actions which have been introduced; because we consequently understand from the instrumental case suffix following it (i.e., in the word "*rājasūyena*") that they are means of bringing about results; and because the root "*yaj*" (to sacrifice) makes subsequent reference to the collection of sacrifices[176] and non-sacrifices.[177] No. Because the action of sacrifice, which is the meaning of the root "*yaj*" (to sacrifice), is the instrument of the productive force,[178] and because the name (i.e., "*rājasūya*") qualifies it, and therefore the name makes known only the sacrifices, the non-sacrifices are subsidiaries. The word "*malhā*" means, "having teats on the neck" (*galastanayuktā*) (i.e., a she-goat).[179]

2. When the *abhiṣeka* (action of sprinkling) is brought forward on the basis of the statement, "He is sprinkled (*abhiṣicyate*) at the time of the *stotra* for the *māhendra* (draught)",[180] the dicing etc., which precede it, are also

175 All of the statements quoted in this topic are taught at the *rājasūya*, the royal consecration rite. For the five particular actions mentioned below, see Heesterman, Chapters II, XXIV, VIII, II and XIX (pp. 17, 19, 168, and 170 (note19)), and XVII.

176 I.e., the *iṣṭis*, animal sacrifices, *soma* sacrifices, and ladle offerings.

177 I.e., the dice playing etc.

178 The instrument (*karaṇa*) is one of the three parts of the productive force (*bhāvanā*), along with the result (*kārya, bhāvya*) and the manner of performance (*itikartavyatā, kathaṃbhāva*).

179 For "*galastanī*" MW has, "'having (small fleshy protuberances, resembling) nipples depending from the throat,' a she-goat, L."; cf. *Pañcatantra*, III, v. 114. Heesterman, p. 200, translates, "dew-lapped goat".

180 This is taught at the *rājasūya*. See 4.4.1. The action of sprinkling the sacrificer is central to the consecration. For this action, see Heesterman, Chapter XIV. The *māhendra* draught takes place at the midday pressing of the *abhiṣecanīya*, a *soma* rite which is performed at the *rājasūya*. See CH 198 and 201 for the *māhendra*

brought forward,[181] and because they therefore fall within the performance of the *abhiṣecanīya* rite, and because they are taught near it,[182] the dicing etc. are subsidiaries of the *abhiṣecanīya*. No; because they are subsidiaries of the *rājasūya* by the directly perceived context, and because (both) proximity and intermediate context, which is assumed on the basis of the performance,[183] are weaker.[184]

3. After the injunction, "(He offers) *caru* to Soma, (and) the sacrificial fee is a brown ox",[185] the statement which is taught, "They perform the offering to Soma before (*purastāt*) the *upasad* rites (*upasadām*)",[186] establishes the offering as a subsidiary to the *upasads*, because the genitive case suffix (i.e., in the word "*upasadām*") conveys the sense that it is for the sake of that.[187] No. Because the word "*upasadām*" is connected with the word "*purastāt*" (before),[188] the offerings to Soma etc. are also a main item.[189]

4. After the injunction of the *sāṃgrahāyaṇī* (*iṣṭi*), "One who desires mastery over one's clansmen should offer the *sāṃgrahāyaṇī* (*iṣṭi*) to the Vi-

---

draught at the *jyotiṣṭoma*. See Heesterman, Chapter VIII, pp. 64–6, for the various traditions as to exactly when the *abhiṣeka* is to be performed.

181 See 5.2.10. It is unclear on the basis of which texts this is understood. The *abhiṣeka* is the subject of TS 1.8.14 and TB 1.7.8, and the dicing of TS 1.8.16 and TB 1.7.10.

182 ŚD claims that they are in fact taught directly after it. The *abhiṣecanīya* rite is the subject of TS 1.8.10–14 and TB 1.7.4–8.

183 Intermediate context is recognized as stronger than "large context" (*mahāprakaraṇa*), but in the present case it cannot based on the order of recited texts, and can only be assumed at the time of the performance. See 3.3.10.

184 I.e., than directly perceived context.

185 This is the eighth of the ten *saṃsṛp* offerings taught at the *rājasūya* rite.

186 At the *jyotiṣṭoma*, *upasad* offerings are performed on the three successive *upasad* days, which follow the initiation day and precede the pressing day. The *upasads* referred to here are those performed at the *daśapeya* rite, a modification of the *jyotiṣṭoma* which is performed at the *rājasūya*. See Heesterman, Chapter XXI.

187 I.e., the sense that the offering to Soma is for the sake of the *upasads*.

188 This connection accounts for the use of the genitive case suffix.

189 I.e., just like the *iṣṭi* to Anumati. See 4.4.1. The reference here to other offerings is presumably to the two others stated in the full quote given by Śabara: "They perform the offering to Soma before the *upasad* rites, that to Tvaṣṭṛ in between them, and that to Viṣṇu after them". These three offerings occur before the morning *upasad* rite on the first day, in between the morning and evening *upasad* rites on the second day, and after the evening *upasad* rite on the third day. They constitute the last three *saṃsṛp* offerings. See note above.

śvadevas (All-gods)",[190] the *āmana* offerings, which are taught in the statement, "(Saying) 'You are affection (*āmana*), you gods of affection', he offers three oblations (*āhutis*)", possess the result which is stated in the *arthavāda*.[191] No. From hearing of the result in the injunctive sentence, we recognize that the *sāṃgrahāyaṇī* has a result, and so by the principle that an action which has no (stated) result, but is taught in the proximity of one which does, is the subsidiary of that one, the *āmana* offerings lack an expectancy for a result, and therefore, since it is not suitable to assume for the *āmana* offerings the result which is stated in the *arthavāda*, they (i.e., the *āmana* offerings) are only a subsidiary.

5. At the statement, "Indeed (*vai*) the *adhvaryu* and the sacrificer are cut off from that deity whom (*yām*) they overlook, he should draw a cup of curds for Prajāpati",[192] because we understand from hearing of the cause that the rite is caused (*naimittika*), and from the direct statement of its being the most excellent, in "Indeed this is the most excellent of the draughts", that it is obligatory (*nitya*), the draught of curds is (both) caused and obligatory. No. Because it is not caused, due to the absence of the words "*yadi*" (if) etc., (and) because the statement starting with "*yāṃ vai*" (Indeed (*vai*) (the

---

190 This is a desiderative *iṣṭi*. See *Wunschopfer* 164. See 2.2.7 and 10.4.5. In the TS, ĀpŚS, other Mīmāṃsā texts, and MNS 10.4.5, this rite is referred to as the "*sāṃgrahaṇī*". I suspect Mahādeva has made a mistake here with the name.

191 Consequently, they are considered to constitute main rites even though no result is directly stated. I am not sure about the correct interpretation here. Elsewhere it is simply stated that the result specified for the *sāṃgrahāyaṇī* rite is understood for the *āmana* offerings as well. This result is expressed in the word "*grāmakāma*" (one who desires mastery over his clansmen). The *Prabhāvalī* on BhD quotes the *arthavāda* at TS 2.3.9.2–3, which follows the injunction of the *sāṃgrhāyaṇī*, and says of it that it provides praise and enables the word "*sāṃgrahāyaṇī*" to be recognized as a name: "It is (an *iṣṭi*) for taking possession; indeed taking possession is grasping the mind; it is the mind of his equals which he grasps" (*sāṃgrahaṇī bhavati, manograhaṇaṃ vai saṃgrahaṇaṃ, mana eva sajātānām gṛhṇāti*). It seems that the *arthavāda* in question here may instead be the passage at TS 2.3.9.3, which follows the injunction of the *āmana* offerings: "This many indeed are his equals (*sajāta*), the great, the small, the women; they are the ones he wins; when won, they wait on him" (*etāvanto vai sajātā ye mahānto ye kṣullakā yā striyaḥ, tān evā 'va runddhe, ta enam avaruddhā upa tiṣṭhante*).

192 This is taught before the first *soma* pressing at the *jyotiṣṭoma*. See CH 126 for the draught of curds. There is some confusion about the verb in the first clause above. The TS and some of the Mīmāṃsā text editions give a dual, "they (i.e., the two) are cut off", while the MNS manuscripts and other text editions give the singular, "he is cut off".

adhvaryu and the sacrificer are cut off from that deity) whom (*yām*))[193] is an *arthavāda*, it is obligatory; and because of the statement, "Let him draw a cup of curds for one desirous of cattle", it is also desiderative.[194]

6. But at the statement, "Indeed one who (*yaḥ*) piles the fire without having kept the fire in the pot for a year goes to ruin, just like a half-grown embryo that drops; he should offer a cake on twelve pans to Vaiśvānara",[195] because we understand from the word "*yat*" (who),[196] which is coreferential with the agent (of the offering), that the failure to keep the fire is the cause,[197] the *iṣṭi* to Vaiśvānara is caused.

7. Likewise, at the statement, "(The year pushes one to stand firm) who does not stand firm after piling the fire; there are at first five layers (of bricks), then he piles the sixth (*ṣaṣṭhī*) layer in order to stand firm",[198] because we understand that the failure to stand firm is the cause (i.e., for piling the sixth layer), when after piling (five layers) the failure to stand firm occurs as the cause, we understand on the basis of the distinctness of the performances that one layer (i.e., the sixth) is a subsidiary of the (fire-) piling rite.[199] And the ordinal suffix (i.e., in the word "*ṣaṣṭhī*" (sixth)) expects (only) the declaration (*abhidhāna*), "Five have been spoken of before, now the sixth".[200]

8. On the basis of the sentence, "In the afternoon (*aparāhne*) on the new-moon day (*amāvāsyāyām*) they perform the *piṇḍapitṛ* sacrifice",[201] the *piṇḍapitṛ* sacrifice is a subsidiary of the new-moon sacrifice, because even

---

193 I.e., "Indeed the *adhvaryu* and the sacrificer are cut off from that deity whom they overlook".

194 I have not found this last argument in any other Mīmāṃsā work. See ĀpŚS 12.7.8 "*dadhigraho nityaḥ kāmyaś ca*" (The draught of curds is obligatory and desiderative).

195 This is taught at the fire-piling rite. See 12.4.7 for the *ukhya* fire, i.e., the one which is kept in the pot (*ukhā*).

196 Here in the form of "*yaḥ*".

197 In the preceding topic, the item expressed by the relative pronoun "*yat*" (i.e., "*yām*" in "*yām...devatām*" (which deity)) is not co-referential with the agent. According to JNMV etc., that is a reason for denying that the draught of curds is caused (*naimittika*).

198 This is taught at the fire-piling rite.

199 I.e., of the obligatory fire-piling rite, which is constituted by five pilings. The sixth piling is not obligatory, as it would have been if it had been part of a single performance.

200 Consequently, it does not provide evidence that the sixth piling completes the action begun by the first five.

201 This is taught at the new- and full-moon sacrifices.

though the word "*amāvāsyā*" (new-moon day) denotes time, in order to avoid the assumption of a result[202] it here refers to the rite. No; because there is no authority for (accepting) secondary meaning (i.e., in the word "*amāvāsyā*" (new-moon day)), and because we determine on the basis of its coreferentiality with the word "*aparāhṇa*" (afternoon) that it denotes time. And the assumption of a result is not bad, because it arises subsequently.[203]

9. At the statement, "Having drawn the draught for the Aśvins, he winds the post (*yūpam*) around with the three-fold (*trivṛtā*) (rope) and drives up the *savanīya* animal",[204] because the *savanīya* (animal) rite is a modification of the *daikṣa* (i.e., *agnīṣomīya*) (animal) rite, and so through subsquent reference to the action of winding around the post, which has been obtained by transfer, as indicating time, there is enjoined, for the time after the winding, the action of driving up the animal, which (i.e., the animal) is indicated by the three-fold rope;[205] and because the rope is for the sake of a visible effect, in as much as its purpose is that the animal does not escape, it is enjoined for the sake of the animal. No. Because we understand from the instrumental and accusative case suffixes in "*trivṛtā yūpam*" ((he winds) the post (*yūpam*) (around) with the three-fold (*trivṛtā*) (rope))[206] that the action of winding around is for the sake of the post, and because even in this way the tying (of the rope) to the middle (of the post) can have a visible effect, in that is serves to strengthen (the post), the rope is just for the sake of the post. And the action of winding around which is the subject of subsequent reference is that which is obtained from the sentence, "Having drawn the draught for the Aśvins, he goes out and winds around the post",[207] and not from the

202 This would be required if the rite were for the sake of a person.

203 Only after the word conveys its primary sense does the assumption of a result come about. The final view is that the *piṇḍapitṛ* sacrifice is not a subsidiary, but is an act for the sake of the person.

204 This is taught at the *jyotiṣṭoma* when a second rope is wound around the post for the *savanīya* animal rite. See 3.6.10.

205 On this interpretation, the rope, which is expressed by the nominal stem "*trivṛt*" (three-fold), is enjoined as a subsidiary of the sacrifice, the sense being, "He drives up the animal which is connected with the three-fold rope", and both the instrumental case suffix, which follows the stem "*trivṛt*", and the accusative case suffix, which follows the stem "*yūpa*" (post), make subsequent reference to what has been obtained here by transfer, i.e., the tying of the animal to the post (see below in text). (ŚD).

206 Here "*trivṛtā*" is in the instrumental, "*yūpam*" in the accusative.

207 See 3.6.10 for this quote.

sentence, "He winds it around with the rope",[208] since that does not occur after the offering to the Aśvins.

But in the *Bhāṣya* it is stated that it (i.e., the action of winding around) is enjoined just here,[209] because the sentence starting, "(Having drawn) the draught for the Aśvins",[210] is absent.[211]

10. At the statement, "He makes the *svaru* (chip) from the post (*yūpa*) (*yūpasya*)",[212] because we understand the relation of the *svaru* with the post, the *svaru* is for the sake of the post. No; because on the basis of the statement, "He anoints the animal with the *svaru*",[213] the *svaru* is a subsidiary of the action of anointing, and because the word "*yūpasya*" (from/of the post) denotes the item from which there is motion away.[214]

11. The statement, "One desirous of heaven should sacrifice (*yajeta*) with the new- and full-moon sacrifices (*darśapūrṇamāsābyām*)", establishes for the ghee sprinkling sacrifices (*āghāra*) etc.[215] a connection with the result, because these are all comprehended by the root "*yaj*" (to sacrifice), because the attendant word (i.e., "*darśapūrṇamāsa*" (new- and full-moon sacrifices)) does not delimit the action of sacrifice, in as much as it is dependent on the finite verb suffix (i.e., in the word "*yajeta*" (let him sacrifice)),[216] and because it (i.e., the word "*darśapūrṇamāsa*") can be coreferential with all the sacrifices, in as much as it is an indeclinable with the resemblance of a

---

208 This last sentence seems to be the injunction of the rope and its features at the *agnīṣomīya* animal rite. See 3.6.10.

209 I.e., at "Having drawn the draught for the Aśvins, he winds the post (*yūpam*) around with the three-fold (*trivṛtā*) (rope) and drives up the *savanīya* animal".

210 I.e., "Having drawn the draught for the Aśvins, he goes out and winds around the post". (At this topic, only BhD refers to the two Aśvin quotes cited here).

211 I cannot find any explicit statement of this in the *Bhāṣya*. I think that the statement, "Having drawn the draught for the Aśvins, he goes out and winds around the post", simply does not appear in the *Bhāṣya*.

212 This is taught at the *agnīṣomīya* animal rite at the *jyotiṣṭoma*. See 4.2.1. The translation here follows the interpretation of the final view.

213 See 4.2.1.

214 I.e., when the *svaru* is obtained. BhD and *Prabhā* on ŚD list as a consequence of this the fact that when there is a collection of animal rites, all of the animals must be anointed with the *svaru*, not just one.

215 The fore-sacrifices and after-sacrifices are included here. All of these take place at the new- and full-moon sacrifices. See 1.4.4 for the *āghāra* sacrifices.

216 The finite verb suffix enjoins the result in connection with all the actions of sacrifice which have been introduced. Since the name "*darśapūrṇamāsau*" is dependent on it, it applies to all such sacrifices.

word ending with a case suffix.[217] No. Because the name is widely accepted as applying to the six (main sacrifices) fixed by time,[218] and because its dual number refers to the (two) collections, which are understood from the sentence containing the word "*vidvat*" (knowing),[219] the name can delimit the action of sacrifice, and therefore the result comes from just the six (main sacrifices); and the others[220] are subsidiaries of the six.[221]

12. At the statement, "One desirous of heaven should sacrifice with the *jyotiṣṭoma* sacrifice", a connection with the result is established for all (i.e., for all the sacrifices which take place at the *jyotiṣṭoma*),[222] because there is no distinction in the matter of proximity. No. Because at the statement, "He should draw the (*soma*) draught or fill the *camasa* vessel and begin the *stotra*",[223] the action of beginning the *stotra* is connected as a subsidiary to the action of drawing, which has the same agent as it does, and so it is connected to the *soma* sacrifice; because by means of that[224] the *stomas*[225] as well are connected with it (i.e., with the *soma* sacrifice); and because when the *stomas* are praised as lights in the statement, "Even these are those lights (*jyotīṃṣi*), namely, the *stomas* of this (*soma* sacrifice)", on the basis of the derivation (i.e., of the name "*jyotiṣṭoma*") as one "in which the *stomas* are lights (*jyotīṃṣi*)",[226] the name "*jyotiṣṭoma*" applies only to the *soma*

---

217 The claim here is that the name "*darśapūrṇamāsau*" (new- and full-moon sacrifices), here in the instrumental dual, "*darśapūrṇamāsābhyām*" (with the new- and full-moon sacrifices), does not express the dual number, but merely has the resemblance of a word which does. See KV on P 1.4.57 and MBh 2.169.5 (on P 3.4.2, *vārttika* 1).

218 I.e., the three main offerings which are performed on the day following the new-moon day and the three performed on the day following the full-moon day. Sāyaṇa on TS 1.1.3.1 points out that even though the offerings take place on the *pratipad* days, since the acquisition of the fuel and *barhis* (grass) takes place on the *parvan* days, the rites begin on the *parvan* days.

219 I.e., the sentence, "*ya evaṃ vidvān paurṇamāsīṃ yajate, ya evaṃ vidvān amāvāsyāṃ yajate*" (He who knowing thus offers the full-moon sacrifice; he who knowing thus offers the new-moon sacrifice). See 2.2.3.

220 I.e., the ghee sprinkling sacrifices (*āghāra*), the fore-sacrifices, etc.

221 BhD and *Prabhā* on ŚD list as a consequence the fact that the fore-sacrifices etc. are transferred to modified rites.

222 These include the *dīkṣaṇīyā* (initiation) *iṣṭi*, the *agnīṣomīya* animal rite, etc.

223 This is taught in reference to the *jyotiṣṭoma*. Keith has, "grasp the cup or fill up the beaker", but the translation above agrees with Sāyaṇa.

224 I.e., that action of beginning the *stotra*.

225 The *stomas* are the numbers of verses sung at a rite or at a part of a rite.

226 JNMV glosses this by saying that the *stomas* illuminate the sacrifice (*stomānāṃ jyotiṣṭve yajñaprakāśakatvam*).

sacrifice,[227] the result occurs from it alone, and the *dīkṣaṇīyā* (initiation) rite etc. are its subsidiaries.[228]

227 The point here is that the name itself applies only to the *soma* sacrifice, because neither the *iṣṭis* nor the animal rites contain *stomas*.

228 As a consequence, the *dīkṣaṇīyā* etc. are transferred to modified rites.

Book 5

Chapter 1

1. In as much as order too in based on the authority of the *veda*, in order to determine it the Fifth Book is to be composed. And even though it cannot be enjoined with regard to its own form, because it not an action, it can be enjoined as a qualifier of action. At the statement, "Having initiated the *gṛhapati*, the *adhvaryu* initiates the *brahman*, then (*tataḥ*) the *udgātṛ*, then (*tataḥ*) the *hotṛ*",[1] the initiation is enjoined, not the order, because when something based on direct statement can be enjoined, we do not accept an injunction based on sentence meaning. No. In as much as the sentence quoted occurs at the twelve-day *soma* rite, which has the nature of a *sattra*, and there the priests are the sacrificers on the basis of the statement, "The sacrificers are the priests",[2] the initiation, which has been obtained by transfer, cannot be enjoined, and therefore on the basis of the direct statement of the words "*kṛtvā*" (having made)[3] and "*tataḥ*" (then) it is just the order that is to be enjoined.

2. With regard to the statements, "He offers the *agnihotra*" and "He cooks barley gruel", on the basis of direct statement[4] and capacity, the barley gruel is for the sake of the action of offering, and therefore the offering takes place only after the cooking, that is, in an order based on the sense.[5]

3. For the *anumantraṇa mantras* at the fore-sacrifices, "Of the seasons, spring (I delight)", "Of the seasons, summer (I delight)" etc.,[6] there are

---

1 This is taught at the twelve-day *soma* rite. For the *gṛhapati*, see 12.4.13-15.

2 See 6.6.3 etc.

3 This is presumably quoted from the sentence, "*vedaṃ kṛtvā vediṃ karoti*" (Having made (*kṛtvā*) the *veda* (brush), he makes the *vedi* (altar)). BhD quotes this sentence here. See 1.3.4.

4 I.e., as found in the sentence quoted by JNMV here, "*yagāgvā 'gnihotraṃ juhoti*" (He offers the *agnihotra* with barley gruel) (KS 6.3 (51.13); TB 2.1.5.6 *yavāgvā* (understand *agnihotraṃ juhuyāt*)).

5 Śabara quotes the sentences, "He offers the *agnihotra*" (*agnihotraṃ juhoti*), and "He cooks the rice" (*odanaṃ pacati*), and says that the first is taught before the second.

6 *Anumantraṇa mantras* are recited after an offering. Those referred to here are recited by the sacrificer at the new- and full-moon sacrifices. (NVO, pp. 96–7). There are five seasons and five fore-sacrifices. See 2.2.2 for the fore-sacrifices.

distinct orders of recitation since there are distinct *śākhās*, and therefore there is no restriction on their order.[7]

4. There is no restriction on the order of the *samidh* and other fore-sacrifices,[8] because there is no authority for it. No. Because there is no authority for abandoning the order of (textual) recitation, which has been perceived, the order of performance follows the order of recitation.[9]

5. At the statement, "(He offers (i.e., kills)) seventeen (animals) for Prajāpati",[10] the (preparatory) action of tying (the animal to the post) does not start with just that animal with which the (preceding) action of driving up began, because there is no direct statement etc.[11] No. Because there is no authority for abandoning the order based on procedure, which is (already) in mind, and because in this way there can be (just) the necessary separation[12] by just sixteen moments,[13] and a separation by more (than sixteen) can be avoided, the actions of tying etc. are to be performed according to the order based on procedure.

6. At the *sādyaskra* rite,[14] the collection of the (three) animals, which we hear of in the statement, "He offers (i.e., kills) (*ālabhate*) the animals together",[15] takes place at the place (i.e., the time) of the *savanīya* animal rite, because in this way it gains proximity to the main item.[16] Among the animals,

---

7 Garge, p. 210, claims that the *mantras* referred to here are in fact everywhere found in just this order.

8 This refers to the fore-sacrifices at the new- and full-moon sacrifices. See 2.2.2.

9 The order of the fore-sacrifices is: *samidh* (kindling sticks), *tanūpapāt* ("son of himself" (MW)), *iḍ* (refreshing draught), *barhis* (grass), and *svāhākāra* (making the sound "*svāhā*"). See 2.2.2. These terms are understood as being the names of these sacrifices.

10 This is taught at the *vājapeya* rite.

11 I.e., such as would serve as an authority for this. For the actions of driving up and tying at the animal rite, see Schwab 45 and 48.

12 I.e., of the actions of driving up and tying, which are directed to the same animal.

13 ŚD and JNMV refer to a separation by sixteen items (*padārthas*). BhD, like MNS, refers to sixteen moments (*kṣaṇas*).

14 The *sādyaskra* is a one-day *soma* rite in which the *soma* is bought on the same day as the sacrifice takes place. TāB and ĀpŚS each list four types of *sādyaskras*. See 8.1.12, 9.1.16 (second *varṇaka*), and 10.1.5. At the *sādyaskra*, all three animals are offered together.

15 For the use of *ālabh* in ritual texts to refer both to the act of killing and also the preliminary actions, see Oertel, "Euphemismen in der vedischen Prosa und ephemistische Varianten in den Mantras", pp. 6–7/1507–8.

16 I.e., the pressing of the *soma*. In the *jyotiṣṭoma*, the animal for Agni and Soma (*agnīṣomīya*) is offered on the preceding day, the *savanīya* animal at various points

there is (either) no restriction (on the order) of the actions of driving up etc., or the actions take place first for the *agnīṣomīya* animal, because they are seen to do so in the original rite.[17] No. In as much as the *savanīya* animal presents itself (to the mind) first due to the (preceding) action of drawing the draught for the Aśvins,[18] it is driven up first, and then just as in the order of the *agnīsomīya* animal and the *anūbandhya* animal which is seen in the original rite,[19] in that order the actions of driving up etc. are performed first on the *agnīṣomīya* animal.

7. At the statement, "There are (offerings) to Sarasvat and Sarasvatī, indeed this is a divine pair, Sarasvatī and Sarasvat",[20] on the basis of the order of the offering verses (*yājyās*) the sacrifice which has the feminine deity (i.e., Sarasvatī) occurs first, that with the masculine deity (i.e., Sarasvat) later, but for the actions of pouring out (the grain) etc.,[21] the order of the main items (i.e., the sacrifices) is not followed, because there is no authority for it. No. Because of the desire for proximity between the subsidiary item and the main item, the order of the subsidiaries follows just the order of the main items. But some separation is unavoidable.

8. At the full-moon sacrifice, the *upāṃśu* (whispered) sacrifice occurs first, then the sacrifice to Agni and Soma;[22] therefore the features which apply to the ghee are to be performed first,[23] those for the cake later.[24] No. Because the order of recitation,[25] which has no expectancy for anything else, is stronger than an order which expects the order of the main rites, it is just

---

during the pressing day, and the *anūbandhya* animal after the final bath rite (*avabhṛtha*).

17 I.e., the *jyotiṣṭoma*.

18 In the original rite, the *savanīya* animal rite is taught to occur after the draught to the Aśvins.

19 I.e., the *agnīsomīya* first, and the *anūbandhya* last.

20 These offerings take place at the *citrā* sacrifice. According to BŚS 13.36 (145.4), *caru* is offered. *Wunschopfer* 177, also lists cakes on eight pans. See 1.4.2.

21 These are the features of the sacrifices.

22 This refers to their relative order. They both follow the cake offering to Agni.

23 These are the actions of purifying it, ladling it up four times, etc. Ghee is the offering substance of the *upāṃśu* sacrifice. See NVO, pp. 61–2.

24 These are the actions of pouring out the grains, beating, etc. See 2.3.5, 2.1.3, etc.

25 The action of pouring out the grains seems to be taught at TB 3.2.4, and the action of purifying the ghee at TB 3.3.4. The *mantras* which accompany the features of vegetable material are taught in TS 1.1.4 ff., those for the features of the ghee in TS 1.1.10 ff.

the actions of pouring out (the grains) etc. for the sacrifice to Agni and Soma which are to be done first.

9. Because the two *brāhmaṇas* which teach the sacrifice to Agni and Soma and the sacrifice to Agni are taught in (this) order of sequence,[26] the order of the (two) injunctions which we thereby understand at first is strong, and so even though the *mantras* are taught in the reverse order in the chapter dealing with the tasks for the *hotṛ*,[27] the main items (i..e, sacrifices) are not performed in the order of the *mantras*. No. Because the order of recitation of injunctions provides a restriction[28] (only) in the absence of an order of *mantras*, whose sole purpose is reminding (one of what to do), in the present case the order of the main items follows just the order of the *mantras*.

10. At the statement, "One practicing a malevolent rite (*abhicaran*) should offer a cake on eleven pans to Agni and Viṣṇu, Sarasvatī should have a portion of ghee, and there is *caru* for Bṛhaspati",[29] in compliance with the order of the (last two) main items (taught here), the features of the ghee should be performed first, then those of the *caru*. No. Because there is no direct teaching of the features of either the ghee or the vegetable material, and because priority is obtained through transfer just for the features of the vegetable material,[30] it is these that are performed first.[31]

11. At the *sākamedha* rite,[32] the *iṣṭis* (taught in statements) such as, "In the morning, he should offer a cake on eight pans to Agni Anīkavat, at midday, *caru* to the Maruts as heaters (*sāntapana*), in the evening, *caru* (cooked) in the milk of all the cows to the Maruts as lords of the house" etc.,

---

26 I.e., first the sacrifice for Agni and Soma, then the one for Agni. The first of these sacrifices is performed at the full-moon sacrifice, the second at both the new- and the full moon sacrifices. The *brāhmaṇas* in question are TS 2.5.2.3 and TS 2.6.3.3.

27 I.e., at TB 3.5.7.1 and 3.5.7.2.

28 I.e., on the order of rites.

29 This is taught at the *adhvarakalpā*, a desiderative *iṣṭi*. See *Wunschopfer* 52. *Caru* is a mass of boiled rice. See 8.3.1.

30 See 5.1.8 for this.

31 Śabara argues here that the injunction of performance (*prayogavidhi*) of these modified rites is based on the features which have arrived by transfer. He says this injunction applies only after the features arrive, and refers to it as *bahiraṅga* (external). JNMV points out that the *caru* offering, because it has a vegetable substance, is a modification of the sacrifice to Agni, which comes first at the new- and full-moon sacrifices, and the ghee, because it is a milk product, is a modification of the *upāṃśu* sacrifice, which comes next. It says that as a consequence of this, the features of the *caru* should apply first, because they are *antaraṅga* (internal).

32 This is performed at the third *parvan* of the *cāturmāsya* sacrifices.

are to be started on the morning of the preceding day and completed on the morning etc. of the following day,[33] so as to avoid blocking the condition of happening over two days, which has been obtained from the original rite.[34] No. Because the morning etc. (i.e., the three times) have been directly taught as being for the sake of the main rite together with its subsidiaries,[35] and because that (i.e., direct teaching) is stronger than transfer, these *iṣṭis* should be performed on just one day.

12. At the *agnīṣomīya* animal rite, in the statement, "He offers the fore-sacrifices while the animal is standing (i.e., alive)", there is taught the bringing forward (i.e., advancement) of the fore-sacrifices, for which the time (of performance), as being the time when the offerings are set down,[36] has been obtained from the original rite;[37] and at the *savanīya* animal rite, in the statement, "They perform the after-sacrifices after the *āgnimāruta stotra*", there is taught the pushing back (i.e., postponement) of the after-sacrifices. That (i.e., the bringing forward and pushing back) applies only to the fore-sacrifices and the after-sacrifices, because otherwise the items which are to take place before the fore-sacrifices[38] and after the after-sacrifices[39] would be further removed from the main rite.[40] No. In as much as the actions obtained by transfer are qualified by the (original) order (in which they are to be performed), if their order is blocked defectiveness would result,[41] and therefore the bringing forward has as its final item the fore-sacrifices, and the pushing back has as its initial item the after-sacrifices.[42]

---

33 Each of these *iṣṭis* should begin at the prescribed time on one day and finish at the same time on the next day.

34 I.e., the new- and full-moon sacrifices, which is the original for all *iṣṭis*.

35 And the words for "morning" (*prātar*) etc. complete their function after denoting just a single time.

36 Specifically, after they have been set down.

37 I.e., the new- and full-moon sacrifices.

38 Such as the ghee sprinkling sacrifices (*āghāra*).

39 Such as the recitation of the *sūktavāka mantra*.

40 I.e., if they too were brought forward or pushed back.

41 According to JNMV, items would fail to be performed if they were not brought to mind by the items which should precede them according to the enjoined sequence. This would apply both to the fore-sacrifices, and also to the items which follow the after-sacrifices.

42 I.e., items preceding the fore-sacrifices and items following the after-sacrifices are also moved.

13. At the *soma* rite,[43] after the *adhvaryu* gives directions to the *hotṛ* for the morning *anuvāka*, he directs the *pratiprasthātṛ*, "*Pratiprasthātaṛ,* pour out (the grains) for the *savanīya* cakes",[44] and on the basis of his directions the action of pouring out (the grains) for the *savanīya* cakes, although obtained from the (order of) recitation for the time after the *pracaraṇī* offerings etc.,[45] is brought forward to the time of the morning *anuvāka*; and the statement, "After the *bahiṣpavamāna* (*stotra*) has been sung, he says, '*Agnīdh*, distribute (draw off) the fires,[46] spread the *barhis* (grass), decorate the cakes'",[47] teaches that the action of giving directions for decorating the *savanīya* cakes is pushed back. But the actions of sprinkling (the grains) etc.,[48] which are obtained by transfer and are due to occur after the pouring out (of the grains for the *savanīya* cakes) and before the (cake) decoration, are performed (during the time) in between (these two), in as much as it is not taught that they should either be brought forward or pushed back, and so because there is no authority for determining their relative order with regard to the *pracaraṇī* offerings etc., the order is optional.[49] No. When the

---

43 I.e., the *jyotiṣṭoma*.

44 The *anuvāka* is recited by the *hotṛ* just before dawn. See ŚB 3.9.3.10 and Eggeling's note, and ĀpŚS 12.3.14. (CH 118). Five *savanīya* cakes are offered at each of the three pressings at the *jyotiṣṭoma* rite. (CH 143, 186, and 227). Those offered at the morning pressing are the subject here.

45 The *pracaraṇī* offerings are offerings of ghee made with the spoon called the "*pracaraṇī*". See ŚB 3.9.3.11 ff. and ĀpŚS 12.5.1 ff. (CH 124).

46 This refers to the bringing of firebrands to the *dhiṣṇyas*.

47 See CH 135 for this statement, and 139, 141a, and 143 for the three actions enjoined. In the last of these passages, the decoration (*alaṃkāra*) is defined. At ĀpŚS 12.17.21, Caland says that the decoration consists of the operations taught in 2.11.1–4.

48 See 9.1.5 for the injunction of sprinkling grains at the new- and full-moon sacrifices.

49 I.e., the relative order of the actions of sprinkling etc. and the *pracaraṇī* offerings etc. is optional. The passage given above assumes an order of recitation whose textual basis is somewhat uncertain. In the TS the *anuvāka* and *pracaraṇī* offerings are taught, in that order, in 6.4.3.2, the *bahiṣpavamānastotra* in 6.4.9.2, and the *savanīya* cake offerings in 6.5.11.4. Likewise in the ŚB, the morning *anuvāka* (3.9.3.10) is followed by the *pracaraṇī* offerings (3.9.3.11 ff.) and then, after the *bahiṣpavamāna- stotra* (4.2.5.7 ff.), the *savanīya* cakes are mentioned, first their decoration (4.2.5.11) and then their offering (4.2.5.16–22). ĀpŚS 12.3.18–12.4.15, BŚS 7.2, SatyāŚS 8.148–56, MŚS 2.3.21–7, and KŚS 9.1.15–20 agree with the final view given in this topic, i.e., that the various preparations of the *savanīya* offerings, short of their decoration, should take place between the *anuvāka* and the *pracaraṇī* offerings. The BhŚS records two views: the grains for the *savanīya* cakes are poured out either between the *anuvāka* and the *pracaraṇi* offerings (13.3.14), or later, after

directions for pouring out (grains for the *savanīya* cakes) block the (relative) order of the action of pouring out (grains) for the *savanīya* cakes and the *pracaraṇī* offerings etc., which is obtained from recitation, then, on the basis of the action of pouring out, which is part of an *iṣṭi*, only the actions of sprinkling etc., which are (also) parts of the *iṣṭi*, present themselves (to the mind), and so the *pracaraṇī* offering etc., which are part of the *soma* rite, do not present themselves, and as a result the actions of sprinkling etc. take place first, and then the *pracaraṇī* offerings etc.

14. At the same place,[50] the action of cutting the post, although taught after the actions of bringing forward (*praṇayaya*) Agni and Soma,[51] is brought forward to the time of the initiation by the statement, "He cuts the post at the (time of the) initiations",[52] and because it brings forward that which ends with it, by the principle of the fore-sacrifices,[53] it brings forward the actions of bringing forward (the fire and the *soma*) also. No. Even though it happens that way in the case of the fore-sacrifices, the ghee sprinkling sacrifices (*āghāra*), etc.,[54] in as much as they are (all) subsidiaries of a single rite and so fall within a single performance, in the present case, because the actions of bringing forward (the fire and *soma*) are subsidiaries of the *soma* rite, and the action of cutting the post is a subsidiary of the

---

the *bahiṣpavamānastotra* (13.18.1). It teaches the procedure for the various preparations only at the later site. Also, BhŚS 13.18.7 states that the decoration should occur only at the proper time, and then enjoins this action at 13.19.5.

50 I.e., the *jyotiṣṭoma.*

51 After the *vaisarjana* offerings are performed, the fire, in the form of a burning firestick, is brought from the hall (*prācīnavaṃśa*) into the *āgnīdrīya* (shed), and the *soma* is brought from the hall to the *havirdhāna.* See ŚB 3.6.3, BhŚS 12.17–18, ĀpŚS 11.16.17–18.2, and CH 106 c. The order of actions referred to in the text here is found in BhŚS, where the injunction to cut the post occurs in 12.19.1–2, the details having been given in connection with the *nirūḍhapaśubandha,* the independent animal rite, in *praśna* 7. In ĀpŚS, the injunction to have the post prepared appears earlier, at 10.4.14–15, the details likewise being given for the *nirūḍhapaśu* in *praśna* 7. The ŚB does not present the *nirūḍhapaśu*, and the actions of cutting and setting up the post are taught in detail directly after the bringing forward of the fire and *soma*, in 3.6.4–7.1. See 11.3.3.

52 The plural is unclear. Kashikar translates BhŚS 12.19.2, "He should cut out the sacrificial post during the period covered by the consecrations or by the Upasads", and at ĀpŚS 10.4.14–15 Caland refers to the days of the initiation and the days of the *upasads* ("Während der Tage der Weihung...oder während der Upasadtage").

53 See 5.1.12.

54 The ghee sprinkling sacrifices (*āghāra*) etc. are subsidiaries which precede the fore-sacrifices.

agnīṣomīya animal rite, they do not fall within a single performance, and therefore there is no authority for it happening that way,[55] and so the cutting of the post alone is brought forward.

15. With regard to the *savanīya* cake(s),[56] the *piṣṭalepa* and *phalīkaraṇa* offerings,[57] which have been obtained (for performance) after the after-sacrifices, as in the original rite, are to be pushed back, when on the basis of the statement, "They perform the after-sacrifices after the *āgnimāruta stotra*", the after-sacrifices are pushed back. No. In as much as the after-sacrifices are for the sake of the animal rite,[58] and the offerings cited here are for the sake of the cake,[59] they are comprehended by distinct injunctions of performance, and therefore the offerings are not pushed back.

16. At the new- and full-moon sacrifices, even though the (construction of the) *vedi* is taught after the action of covering (the cake) with ash,[60] it is brought forward by the statement, "On the preceding day at the new-moon sacrifice he makes the *vedi*", and it should bring forward (with it) the preceding subsidiaries as well.[61] No. In as much as the item that is the *vedi*, which is taught after the action of covering with ash, is by context common to the new- and full-moon sacrifices, and in as much as it is taught for the preceding day at the new-moon sacrifice,[62] even before we understand the relative order of the action of covering with ash and the (construction of the) *vedi*, which is to be assumed from the order of recitation, we understand the connection of the *vedi* at the new-moon sacrifice with the preceding day, and

---

55 I.e., for the item brought forward to bring along with it preceding items.

56 Five *savanīya* cakes are offered at each of the three pressings at the *jyotiṣṭoma* rite. (CH 143, 186, and 227).

57 These are taught at the new- and full-moon sacrifices. They are offerings made in the *dakṣiṇāgni* fire of the smeared mess left on the grinding stone, pans, etc. (*piṣṭalepa*) and the husks from the grains used for the cakes (*phalīkaraṇa*). See NVO, pp. 161–2.

58 The after-sacrifices for the animal rite assist the cake offering by *prasaṅga*, i.e., they need not be performed separately for the cake offering. See 11.3.16.

59 Here *prasaṅga* does not operate, because the *piṣṭalepa* and *phalīkaraṇa* offerings are not performed at the animal rite.

60 The latter action is part of the procedure of baking the cake. (NVO, p. 43).

61 See NVO, pp. 43–4, for these actions and their order.

62 In contrast with the place assigned to it on the basis of context, which is common to both the new- and full-moon sacrifices, its place at the new-moon sacrifice is enjoined by a special statement.

so since not even the *vedi* is brought forward,[63] what needs to be said of the fact that nothing else is brought forward, and therefore only the (construction of the) *vedi* takes place on the preceding day, nothing else.

17. On completion of the *sāṃtapanīyā* (*iṣṭi*),[64] the *agnihotra* is offered in the evening. When the *sāṃtapanīyā* is pushed back by chance, the *agnihotra* is also pushed back, because it is to be performed only on the completion of that. No. In as much as the performances of the two are distinct, there is no order (between them) based on the texts (*śāstra*), and therefore even when there is a slip in the time (enjoined) for just the *sāṃtapanīyā*, what remains of it (i.e., its subsidiaries) should be performed after the *agnihotra* is offered,[65] and consequently the *agnihotra* is not pushed back.

18. Likewise when the *ukthya* draughts are pushed back by chance,[66] the *ṣoḍaśin* draught is not pushed back, because the time of the *stotra*, which is a subsidiary of the *ṣoḍaśin* draught and is taught in the statement, "When the sun is barely visible (*samayādhyuṣite sūrye*), he should begin the *stotra* of the *ṣoḍaśin*", would be blocked, and because even if the condition of following the *ukthya* draughts, which is taught by the statement, "He draws that *ṣoḍaśin* draught after (*parāñcam*) the *ukthya* draughts", is blocked, it is only (blocked) as order, and so there is no fault.[67] No. Because the order too is strong, in as much as it is a subsidiary of the draught, which is the main item; because the time too is weak, in as much as it is a subsidiary of the *stotra*, which is itself a subsidiary of the draught; and because the word "*parāñcam*" (after) informs us that it is the time following the *ukthya* draughts that is a subsidiary of the *ṣoḍaśin* draught,[68] the *ṣoḍaśin* draught together with its *stotra* is pushed back. The phrase "*samayādhyuṣite sūrye*" (when the sun is barely visible) means at the time near sunset.

---

63 The new-moon sacrifice is not a modification of the full-moon sacrifice, and so no established order of subsidiaries has been broken such as would make the sacrifice defective.

64 This rite takes place at the *sākamedha parvan* of the *cāturmāsya* sacrifices. It is enjoined for midday. See 5.1.11.

65 This is unclear. Other texts point out in presenting the final view that the time of the *agnihotra* is respected, even when the *praṇayana* of the fire for it is omitted, due to the incompletion of the *sāṃtapanīyā*. The passage here seems closest to JNMV.

66 This refers to the *ukthya* draughts which are drawn at the third pressing of the *jyotiṣṭoma*, when the latter takes the form (*saṃsthā*) of the *ṣoḍaśin*.

67 Here the time of the *stotra* is considered more important than the mere order of the *ṣoḍaśin* draught.

68 I.e., the condition of following the *ukthya* draughts is not simply a matter of order, as argued above.

Chapter 2

1. At the sacrifice of the (seventeen) animals for Prajāpati,[69] after the actions of driving up (an animal), tying (it to the post), etc. are (all) performed (at first) on one individual animal, they are to be done on another, because on the basis of the statement of the performance[70] and on the basis of transfer, (an understanding that there should be) a collection of features has been obtained.[71] No; because the collection of animal rites directly perceived in the statement, "They perform the animal rites for Prajāpati", blocks the collection of features which is obtained from the assumed statement of performance and the inferred transfer,[72] and because there is no conflict with it[73] if all the features are performed in (just) a single performance.

2. At the statement, "Let him offer to Varuṇa as many cakes on four pans as he has given (/received) horses",[74] when the cakes on four pans for Varuṇa are caused by the gift (/receipt) of a hundred horses etc., for even that many cakes the actions of placing (the cakes on the pan) etc. must be performed (completely) one at a time, because of the reason stated above.[75] No; because if after one (cake) is placed on the heated pans, all (the others) are placed, and (only) then the second preparation is performed, the cake placed (on the pan) first would be reduced to ash.[76] It is for this very reason that a succession (of performances) based on (individual) items (*padārthānu-samaya*) for two or three cakes (at a time) is in fact accepted.

3. At the new- and full-moon sacrifices, with regard to the actions of pouring out (grains) for the cakes for Agni and for Agni and Soma,[77] there should be a succession (of performances) based on (individual) items by

69 This takes place at the *vājapeya* rite. See 5.1.5.

70 I.e., the statement that a main rite should be performed with its subsidiaries.

71 Distinct features are seen to congregate more directly when they are all applied to one animal at a time.

72 The rites for the animals are seen to congregate more directly when a single feature is applied at each of them before a second feature is started.

73 I.e., with the collection of features.

74 This is taught in the chapter of desiderative *iṣṭis*. See 3.4.14 and 15.

75 I.e., at 5.2.1.

76 ŚD and BhD say this occurs by the time of the *udvāsana*, i.e., the removal of the cake from the fire. (NVO. p. 70).

77 ŚD and JNMV quote the injunction, "He pours out four handfuls" (*caturo muṣṭīn nirvapati*). See 2.3.5.

means of each handful (of grains),[78] because each handful itself is a subsidiary of the action of pouring out, since it has no expectancy.[79] No. In as much as something taught by a single injunction is a single item, the action of pouring out four handfuls is a single item, and therefore there is a succession (of performances) by means of just (all) four handfuls. It should be understood in this way at the actions of setting down the pans (for the two cakes) and cutting (from the offerings).[80]

4. At the statement, "He cuts from the offering substance twice",[81] because it (i.e., the double cutting) is taught with a single injunction, there occurs a succession (of performances) by means of just the double cutting, not by a double cutting which concludes with the offering (*homa*).[82] No. In the opinion of the author of the *Bhāṣya*, this is because the quoted injunction makes subsequent reference to the action of cutting which is obtained from the injunction, "He offers it (i.e., the offering substance) cut four times", and thereby it is an injunction of a restriction, namely, that the offering should be cut twice.[83]

In the opinion of the author of the *Vārttika*, even though it (i.e., the statement quoted) enjoins a cutting qualified by the number two, it enjoins that only with the purpose of bringing about the offering as cut four times, which is to be obtained, and so the succession (of performances) takes place only by the double cutting along with the offering (*homa*). This is the case in regard to offerings for different deities,[84] but at offerings in which the deities are the same (*saṃpratipanna*),[85] because there is a joint action of

---

78 After a first handful is poured out for Agni, a first handful is poured out for Agni and Soma; then the second handfuls etc. are poured out. There are four handfuls of grains for each cake.

79 I.e., for the other three handfuls.

80 The actions of setting down eight pans for the cake for Agni and twelve pans for the cake for Agni and Soma each constitutes just one item. Cuts are made twice from each offering substance, and two such cuttings constitute a single item.

81 Śabara says that this is taught for the new- and full-moon sacrifices. For the cutting of the cake offering for Agni there, see NVO, pp. 108–9.

82 I.e., after the offering substance for Agni is cut, instead of performing the offering (*homa*) to Agni, the offering substance for Agni and Soma should be cut.

83 The underlayer and overlayer of ghee make up two of the four "cuttings" which are required of the offering. See Eggeling's note at ŚB 1.7.2.8 (p. 192).

84 I.e., at the cakes for Agni and for Agni and Soma etc.

85 I.e., the *sānnāyya* offering, where curds and milk are the substances offered to Indra or Mahendra.

giving (*pradāna*), the succession (of performances) occurs only by means of the offering substance which is cut four times.[86]

5. At the *agnīṣomīya* animal rite[87] features of the post, such as the actions of anointing (it) etc., are taught,[88] and when they have been obtained by transfer at the animal rites for Prajāpati,[89] they are to succeed each other (in performance), one by one, just like the actions of driving up the animals etc.[90] No. On the basis of the statement, "Starting with the anointing and ending with the winding around, the sacrificer should not give up the post", the sacrificer is prohibited from abandoning the post, and so there is just a succession (of performances) based on the groups (*kāṇḍānusamaya*).[91]

6. At that same rite[92] it is taught, "Having cut the portions for (the offerings for) the gods, he should not make an offering with just that, he cuts portions for the *sviṣṭakṛt* (offering); having cut the portions for the *sviṣṭakṛt* (offering), he should not make an offering with just that, he cuts portions for the Iḍā (offering)", and for that (i.e., the action of cutting) there should be a succession (of performances) based on the groups at the animal rites for

---

86 Here the underlayer and overlayer of ghee apply by *tantra* (see 12.1.1), and the other three "cuttings" are either two of curds and one of milk or two of milk and one of curds. Although there are two actions of sacrifice here, because the curds and the milk are distinct substances, the action of offering (*homa*) is performed by *tantra* because the deity is the one and the same. Cf. BhD, p. 520.

87 This is performed at the *jyotiṣṭoma*.

88 JNMV lists the actions of anointing the post with ghee, raising it, filling up the hole (with dirt), firming up the base (by pounding the ground with a stick), and winding it around with a rope. See ĀpŚS 7.10 and 11, and Schwab 42–44 for these.

89 These take place at the *vājapeya* rite.

90 Mahādeva may have made a mistake here. At the animal rites for Prajāpati there are seventeen animals, but just a single post. Śabara refers to the group of eleven posts (*yūpaikādaśinī*), which is optional with the single post at the *jyotiṣṭoma*. ŚD and BhD simply refer to the "group of posts" (*yūpagaṇa*). JNMV quotes a statement taught at the *aśvamedha* rite which says that at other sacrifices, either a single post or eleven posts are optional, but that at the *aśvamedha* there are twenty-one: "*ekayūpo vai 'kādaśinī vā anyeṣāṃ yajñānāṃ yūpā bhavanti. ekaviṃśaty aśvamedhasya*" (TB 3.8.19.1). Perhaps Mahādeva had this is mind. See 9.4.2 for three *savanīya* animals for Prajāpati at the *aśvamedha*. The claim made in the initial view is that each one of the multiple posts should be anointed etc. before the next action is begun. See 5.2.1.

91 I.e., only after all the features are applied as a group at one post do they apply at the next.

92 I.e., at the *agnīṣomīya* animal rite.

Prajāpati, because we see it to be so in the original.[93] No. Even though there is no interval between the cuttings of the portions for (the offerings for) the gods etc. at the original rite, due to the fact that the animal is one, at the animals for Prajāpati, in order to oblige the (injunction of a) collection (of animals), after (first) cutting portions for (the offerings for) the gods from all the animals, in the same way[94] portions for the *sviṣṭakṛt* (offerings) etc. are to be cut.

7. At the *iṣṭis* (taught in statements), "To Agni, lord of the house, he offers a cake made of black rice on eight pans, to Soma, lord of the forest, *caru* made of millet" etc.,[95] which are subsidiaries of the *rājasūya* rite, because the actions of spreading the black antelope skin, setting down the mortar (on the skin), etc. are enjoined by distinct injunctions,[96] they are distinct items, and therefore, because there is a succession (of performances) based on the (individual) items, there are distinct mortars etc.[97] No. Because the item which is the action of beating, which is enjoined by the statement, "He beats the (unhusked) rice grains", begins with the action of spreading the black antelope skin and concludes with the production of husked rice grains, a succession (of performances) occurs by means of it,[98] and (so) there is just one mortar etc.[99]

8. At the *agnīṣomīya* animal rite,[100] the ghee for the fore-sacrifices and the after-sacrifices should be kept in one vessel, because it is seen to be so in the original.[101] No; because on the basis of the statement, "They offer the

---

93 I.e., in the *agnīṣomīya* animal rite. Accordingly, all the cuttings from the first animal should be done before begining with the second etc. See 5.2.1 for the animal rites for Prajāpati.

94 I.e., by cutting from all the animals.

95 These are the eight *nānābīja* ("various seed") *iṣṭis*, known as the *devasuvāṃ havīṃṣi* (offerings to the *devasū* deities), which are performed at the *rājasūya*. See Heesterman, Chapter IX.

96 I.e., at the original rite, the new- and full-moon sacrifices. See NVO, pp. 28–9, for these actions.

97 I.e., for the various grains in the *iṣṭis*. Because the actions of speading the black antelope skin, settling down the mortar, etc. each constitute a single item, they must be done for all the grains before the next item can begin, and therefore separate skins, mortars, etc. are necessary.

98 I.e., by means of the entire action of beating. See NVO, p. 29, for the action of beating.

99 These are then used in turn for the various *iṣṭis*.

100 This is performed at the *jyotiṣṭoma*.

101 At the original, i.e., the new- and full-moon sacrifices, it is kept in the *upabhṛt* spoon. (NVO, p. 62).

after-sacrifices with speckled ghee", speckled ghee is the substance of the after-sacrifices; because pure ghee is the substance of the fore-sacrifices; and because when the substances are distinct, distinct vessels are necessary.[102]

9. After the injunction of the *nakṣatreṣṭi*, "To Agni, (and) to the Kṛttikās (he should offer a cake on eight pans)",[103] *upahomas* (supplementary offerings) are taught in the statement, "Here he offers, saying 'To Agni, *svāhā*, to the Kṛttikās, *svāhā*'", and they (i.e., the *upahomas*) should be performed before the *nāriṣṭahomas*, which are accompanied by the *mantras*, "You have ten forms worthy of sacrifice, O sacrifice", have the form of offerings of ghee, and are obtained by transfer,[104] because we understand their (i.e., the *upahomas*') proximity to the main rite, in as much as they are directly recited (immediately after it). No. Because on the basis of the expectancy for a manner of performance at the modified rite,[105] a sentence which enjoins the transfer of the manner of performance (i.e., the subsidiaries) at the original, assistance from which has already been established, has become the remainder of the injunction of the modified rite, and so the *nāriṣṭahomas* are enjoined by the originative injunction; and because the *upahomas* are enjoined by another sentence, it is the *nāriṣṭahomas* which occur first.

10. At the *rājasūya* rite, after the injunction of the *abhiṣecanīya* sacrifice,[106] from among the actions enjoined by statements such as, "He plays dice", "He conquers the *rājanya*", "He tells the story of Śunaśepa", "He sprinkles (i.e., anoints) the *rājan*", etc.,[107] even though the action of sprinkling is brought forward by the statement, "He is sprinkled at the time of the *stotra* for the *māhendra* (draught)",[108] into the midst of the subsidiaries of the *abhiṣecanīya*, which are brought from the original rite,[109] the preceding actions (i.e., the dice playing etc.) are not brought forward, because their

102 See Schwab 37e.

103 This translation is based on Śabara's quotation. The *nakṣatreṣṭis* are a group of desiderative *iṣṭis* taught in TB 3.1. Concerning the one quoted here, Sāyaṇa says that the sacrificer who performs it becomes free from sickness and an eater of food. See 10.4.1.

104 The *nāriṣṭahomas* are taught to occur after the two *pārvaṇa* offerings and before the *sviṣṭakṛt* offering at the new- and full-moon sacrifices, the original rite. See ĀpŚS 2.20.6 and NVO, p. 116, the note which continues from p. 115. See 8.4.4 and 10.4.1.

105 I.e., at the *nakṣatreṣṭi*.

106 This is a one-day *soma* sacrifice.

107 For these particular actions, see Heesterman, Chapters XVII, XVI (p. 129) (the context here is the chariot raid on the *kṣatriya*), XVIII, and XIV.

108 See 4.4.2.

109 I.e., from the *jyotiṣṭoma*.

order has not been established, just as in the case of the (preceding) actions of covering (the cake) with ash etc., when the (action of constructing) the *vedi* is brought forward.[110] No. Because the actions of playing dice etc., which are subsidiaries of the *rājasūya* by context,[111] precede the action of sprinkling, which is likewise a subsidiary, by reason of their directly perceived recitation (there); and because at the *abhiṣecanīya*, which is a modification,[112] the subsidiaries from the original rite are not recited and so (for the actions of playing dice etc.) the condition of following them is based on inference,[113] the actions which end with the sprinkling are brought forward.[114]

11. At the fire-piling rite (*agnicayana*), even though the *dīkṣaṇīyā* (*iṣṭi*) etc. are taught after the *sāvitra* offering, the preparation of the fire pot (*ukhā*), etc. have been taught, the *dīkṣaṇīyā* etc. should be performed first, because at the original rite their assistance has been established, and therefore they present themselves (to the mind) more quickly.[115] No. Because the order directly perceived is stronger, the *sāvitra* offering etc. take place first.[116]

12. Immediately after the *dīkṣaṇīyā* (*iṣṭi*), the action of putting on the gold necklace (*rukma*) is taught,[117] and therefore it should take place before the preparation of the sacrificer.[118] No. Because for the preparations (of the sacrificer) the condition of following the *dīkṣaṇīyā* has been established in the original rite; because for the action of putting on the gold necklace it

---

110 See 5.1.16.

111 See 4.4.2.

112 I.e., of the *jyotiṣṭoma*.

113 Inference is weaker than directly perceived recitation. Although for the actions of playing dice etc., the condition of following the *abhiṣecanīya* rite is based on direct recitation, the condition of following the subsidiaries which are merely transferred to the *abhiṣecanīya* would be based only on inference. (*Prabhā* on ŚD).

114 I.e., to the time before the *stotra* for the *māhendra* draught.

115 The fire-piling rite and the *dīkṣaṇīyā* are both subsidiaries of the *jyotiṣṭoma*. The former is independently taught, and takes place optionally, and the latter is directly taught.

116 Unlike the *nāriṣṭa* offering, the *dīkṣaṇīyā* is taught at the original rite, i.e., the *jyotiṣṭoma*, and then repeated at the *jyotiṣṭoma* at which the fire-piling rite is performed. There it is taught to follow the *sāvitra* offerings etc. See 5.2.9.

117 This is taught at the fire-piling rite. The purpose is to keep the fire which is worn hanging from the neck for a year in the *ukhā* pot from burning the skin. See 12.4.7.

118 This is a reference to the actions of shaving etc., which in the original rite follow the *dīkṣaṇīyā*. For the *dīkṣaṇīyā* and the preparations, see ĀpŚS 10.3.8–10.4.7 and 10.5.6–10.8.2, and CH 15 and 14.

(i.e., the condition of following the *dīkṣaṇīyā*) must be assumed on the basis of the recitation;[119] and because even by making known its own form, the recitation (i.e., of the action of putting on the gold necklace) after the *dīkṣaṇīyā* serves a purpose, the actions of shaving etc.[120] alone are to be performed first.

Chapter 3

1. At the (*agnīṣomīya*) animal sacrifice, on the basis of the statement, "He offers eleven fore-sacrifices",[121] the number eleven should occur in each of the fore-sacrifices, because in as much as they are what is referred to, the collection (of them) is not the intended meaning, and because of the principle that a subsidiary[122] is repeated for each main item. No. Because the number eleven cannot be produced in the individual form of each fore-sacrifice individually; because in producing it by means of the performance, all of the fore-sacrifices together, which are (all) expressed by the same word, secondarily denote their performance; (and) because it is appropriate that just like the number five at the original rite,[123] so too the number eleven defines all of them together, the number eleven should be produced by a single repetition of four (fore-sacrifices) and a double repetition of the final (fore-sacrifice);[124] or, following another source of authority, there is a triple repetition of the fourth and final (fore-sacrifices), and a single performance of the others,[125] and in that way it should be produced.

---

119 I.e., on the basis of the order in which it is taught.

120 I.e., the preparations of the sacrificer.

121 See notes at 8.1.5 and 12.1.1.

122 Here, the number eleven.

123 This refers to the five fore-sacrifices at the original rite, i.e., the new- and full-moon sacrifices. See 2.2.2 for the fore-sacrifices there.

124 This is found only in JNMV.

125 According to the *Kutūhalavṛtti*, the *Saṃkarṣa* states that the number is reached by repetition of the fourth and fifth fore-sacrifices. The *Saṃkarṣasūtra* in question may be the one abbreviated in the *Paṇḍit* edition as 2.3 (*adhikaraṇasūtra* 6) *caturthottamayoḥ*. The MK gives the summary as found in a manuscript containing Bhāskarāya's commentary: *prayājeṣu pāśukeṣu ādyāś catvāraḥ prākṛtānāṃ caturṇāṃ krameṇa vikāraḥ, pañcamādiṣu ṣaṭsu trayas trayaḥ caturthapañcamayor vikāraḥ, antyaś cā 'ntyasya* (Vol. 3, p. 50). I have not seen this in any other Mīmāṃsā text. Rudradatta on ĀpŚS 7.14.8 says that the four fore-sacrifices starting with the fourth are modifications of the *barhis* (grass) fore-sacrifice, and the four starting with the eighth are modifications of the *svāhākāra* (making the sound "*svāhā*") fore-sacrifice (*caturthaprabhṛtayaś catvāro barhiṣo vikārāḥ aṣṭamaprabhṛtayaḥ svāhākārasya*).

2. At the fire-piling rite (*agnicayana*), at the statement, "There are six *upasads*", the number six is to be brought about through a repetition similar to the measurement of land by (repeatedly dropping) a stick,[126] because it is seen to be so in instances such as (the statement), "The lesson is to be recited three times" etc. No. Because at the original rite[127] the first *upasad* is taught to take place on the day after the initiation, and therefore the condition of following the initiation, which we understand as applying to the first *upasad*, would be blocked if the repetition were to occur as stated,[128] each *upasad* is to be repeated separately through an increase (i.e., repetition) at its own place.

3. In accord with the statement, "He should recite twenty-one (kindling verses) for one desirous of firm standing",[129] (all of) the verses which arrive for the purpose of increasing the number of kindling verses[130] enter between the verse which contains the word "*samidhyamāna*" (being kindled)[131] and the verse containing the word "*samiddha*" (kindled)[132] on the basis of the statement, "This is the verse which contains the word '*samidhyamāna*', that is the verse which contains the word '*samiddha*', that which is in between is the *dhāyyā* (lit. 'to be placed')", because the verses which are brought are "placed" (*dhīyamāna*).[133] No. Because of the statement, "The two verses with the word '*pṛthupājas*' (far-shining) are the *dhāyyā* verses", the condition of being a *dhāyyā* verse exists in just two, and so just those two enter in between,[134] and the others are placed just at the end, by the principle that (uninvited) arrivals enter at the end.[135]

---

126 A stick is repeatedly dropped in order to measure off the ground. Likewise the three *upasads*, which have been obtained by transfer from the *jyotiṣṭoma*, are repeated as a group.

127 I.e., the *jyotiṣṭoma.*

128 The first *upasad* would recur on the fourth day after the initiation.

129 This is taught at the new- and full-moon sacrifices for the acquisition of a special desire.

130 When no special desire is present, there are eleven verses. The first and the last of these are repeated three times, in that way producing fifteen.

131 I.e., the eighth verse.

132 I.e., the ninth verse.

133 Therefore the word "*dhāyyā*" (to be placed) applies to them.

134 I.e., in between the verses containing the words "*samidhyamāna*" and "*samiddha*".

135 See Keith, p. 200, note 6, on the verses which may be added.

4. At the original rite,[136] the *bahiṣpavamānastotra* has the nine-versed *stoma*,[137] based on the teaching of three verse triads; at a modification, where that (i.e., the nine-versed *stoma*) has been obtained by transfer, the condition of having the twenty-one-versed *stoma* is enjoined by the statement, "He should sacrifice for one desirous of progeny with the *atirātra* rite with the twenty-one-versed (*stoma*)" etc.,[138] and that comes about at the *bahiṣpavamāna* by means of four (additional) verse triads, since it will be stated that a (larger) *stoma* is produced only by the arrival of other verses,[139] and so there is an arrival of four verse triads, and that (arrival) takes place between the first two verse triads of the *bahiṣpavamāna*, namely, the *stotrīya* and the *anurūpa*, and the final triad, the *paryāsa*, just as it does at the twelve-day (*soma*) rite. No. Because even though it is so at the twelve-day rite on the basis of the statement, "The *stotrīya* and the *anurūpa* are verse triads, the verse triads contain the word "*vṛṣan*" (bull),[140] the *paryāsa* is the final (verse triad)",[141] there is no authority for it in the case quoted, and because of the principle, "The (uninvited) arrivals (enter at the end)", they enter only at the end.

5. At that very *atirātra*,[142] in order to block the fifteen-versed and the seventeen-versed *stomas* (from occurring) at the *mādhyaṃdinapavamāna*- and *ārbhavapavamānastotras*,[143] there is an increase to (i.e., resulting in) the twenty-one-versed *stoma* etc.; and it will be said that a (larger) *stoma* is produced by the arrival of *sāmans*;[144] and that occurs in the final verse triad, because they (i.e., the *sāmans*) are (uninvited) arrivals. No. On the basis of the statement, "Indeed there are three bellies of the sacrifice, the *gāyatrī,* the *bṛhatī,* and the *anuṣṭubh*, for it is just at these that they insert (the *sāmans*),

---

136 I.e., the *jyotiṣṭoma.*

137 The *bahiṣpavamānastotra* is the first *stotra* sung at the morning pressing. A *stoma* is the number of verses sung at a *soma* rite or at a part of the rite.

138 The *atirātra* is a form (*saṃsthā*) of the *jyotiṣṭoma.*

139 See 10.5.7.

140 This clause refers to the inserted verses. They are SV 2.128–136.

141 This is taught for the *bahiṣpavamānastotra* at the second day of the six-day *pṛṣṭhya* period of the twelve-day rite.

142 See 5.3.4.

143 These *stotras* are the first to be sung at the midday and the third pressings of the *jyotiṣṭoma*, respectively. The fifteen-versed and seventeen-versed *stomas* which occur at these *stotras* are obtained at the *atirātra* by transfer. For these two *stomas*, see Eggeling, SBE, Vol. XXVI, Part 2, p. 333, note 1, and p. 315, note 1.

144 I.e., and not by new verses. By contrast, the *bahiṣpavamānastotra*, which was discussed in 5.3.4, is limited to a single *sāman*. See 10.5.6.

and just from these that they remove (them)", the insertion and removal are excluded from metres other than the *gāyatrī* etc., and so the insertion takes place in the first verse triad of the *mādhyaṃdinapavamāna*, namely, at "Your drink was born on high", and at the first verse triad of the *ārbhavapavamāna*, namely, at "By the sweetest (flow)", these triads being in the *gāyatrī* metre, and not in the triads in the *triṣṭubh* or *jagatī* metres.[145]

6. The draught and the brick, which are independently taught in the statements, "(Indeed) one who draws the *adābhya* draught and sacrifices to Soma (offers an offering with an offering)"[146] and "He places the *citriṇī* bricks", are subsidiaries of the actions of pressing (the *soma*) and piling (a layer of bricks), in as much as they bring these about, and they are repeated at each pressing and piling. No. Because it is appropriate that even something taught independently should have a connection with a sacrifice or a fire[147] which produces a result, the draught and the brick, in as much as they are subsidiaries of the *soma* sacrifice and the fire,[148] are not repeated.

7. The *citriṇī* bricks etc. enter in the final (i.e., the fifth) layer, so as not to separate (from each other) the bricks which are taught in the context and have an order which has been established.[149] No. On the basis of the statement, "Whatever brick he recognizes (*abhijānīyāt*) as based on a *brāhmaṇa* (text) he should place in the middle layer", the *citriṇī* bricks etc., which are enjoined by *brāhmaṇas* directly perceived,[150] enter in the middle layer.

8. There too,[151] it (i.e., the placing of the *citriṇī* bricks etc.) occurs before (the placing of) the *lokaṃpṛṇā* brick, because on the basis of the statement, "Whatever is deficient in it, whatever hole there is, he fills with this (brick), saying 'Fill (*pṛṇa*) the world (*lokam*), fill the hole'", that (i.e., the *lokaṃpṛṇā*

---

145 The last three verses in the *mādhyaṃdinapavamānastotra* are in the *triṣṭubh* meter, SV 2.27–29. The last three verses in the *ārbhavapavamānastotra* are in the *jagatī* meter, SV 2.50–52.

146 See 2.3.9.

147 I.e., the fire-piling rite (*cayana*).

148 I.e., and not of individual pressings and pilings.

149 The laying of *citriṇī* bricks is independently taught. See 5.3.6.

150 I.e., not inferred. According to ŚD and BhD, the preverb "*abhi*" in "*abhijānīyāt*" (he recognizes) makes the word refer to just direct perception. Here the *brāhmaṇa* text in question is presumably the independently stated one quoted in the preceding topic.

151 I.e., at the middle layer. See 5.3.7.

brick) is for the purpose of filling deficiencies and holes,[152] and it does not occur afterwards (i.e., after the placing of the *lokaṃpṛṇā* brick) on the principle that (uninvited) arrivals enter last.

9. Because the statement, "He should offer subsequently, after twelve nights", teaches the time for the (purifying) *iṣṭis* as following the installation of the fire, even before those *iṣṭis* (are all complete), the *agnihotra* should be performed, since the fire has been produced by the installation.[153] No. Out of concern that the purifying *iṣṭis* would otherwise be pointless, it is only an installation which expects the *iṣṭis* that produces the fire, and therefore before the *iṣṭis* (take place) there is no fire, and so there is no *agnihotra*.

10. Vows for one who has piled the fire (*agnicit*), such as, "If it rains, one who has piled the fire should not run" etc., are enjoined with the action of piling as their cause, and so they apply even before the rite (takes place).[154] No. Before the rite (takes place) the productive force,[155] which has as its result a fire qualified by the assistance (it gives) to the rite,[156] and which is the cause (of the vow), is not complete, and so the vows apply only after the rite.

11. On the basis of the statements, "When he is about to be initiated, he should offer a cake on eleven pans to Agni and Viṣṇu", "He initiates with the stick", and "He initiates with the girdle",[157] all of these items[158] produce the condition of being initiated, and therefore the vows (taught in statements) such as, "He does not eat for two days" etc., are to take place at the conclusion of all of them.[159] No. Because the *iṣṭi* has the form of an action,

---

152 If the *citriṇī* were laid after the *lokaṃpṛṇā* brick, then any deficiencies in it could not be fixed.

153 The fire is required for the *agnihotra*. See 11.4.4 for the purifying *iṣṭis*.

154 I.e., after the construction of the fire, but before the subsequent rite.

155 The productive force here is implied from the agent noun "*-cit*" (one who has piled) in the compound "*agnicit*" (one who has piled the fire).

156 The action of piling prepares the fire.

157 According to Śabara, these are all taught at the *jyotiṣṭoma*. See CH 15 for the cake offering, 17b for the girdle, and 17g for the stick. Only the final quotation here has been traced.

158 I.e., the cake offering, which is an *iṣṭi*, the stick, and the girdle.

159 I have not seen the vow quoted here in parallel passages in other Mīmāṃsā texts. While presenting the final view, BhD refers to the features of the initiate (*dīkṣita-dharmas*) which operate only at the conclusion of the *iṣṭi*: "*dīkṣito na juhoti, na dīkṣitasyā 'nnam aśnīyāt*" (When initiated, one does not make an offering, one should not eat the food of one who is initiated); see 6.5.11 and 10.8.7 for the first

and is therefore the cause of the preparation,[160] and because the stick etc., which do not have the nature of an action, make manifest the initiation,[161] the vows take place just at the conclusion of the *iṣṭi*.

12. Even though the desiderative and caused (*naimittika*) *iṣṭis* are recited in an order (relative to each other),[162] because they belong to distinct performances, and therefore do not expect (any such) order, they are not (necessarily) to be performed in the order of their recitation.

13. At the statement, "Indeed this is the first sacrifice among the sacrifices, the *jyotiṣṭoma*, if one sacrifices with another (*anyena*), not having sacrificed (*aniṣṭvā*) with this (*etena*) first, that is a falling into a pit", because the *jyotiṣṭoma* is mentioned, it is only after performing the *jyotiṣṭoma* in all of its forms (*saṃsthās*) that another sacrifice should be performed. No. Because the *agniṣṭoma* form is obligatory, and therefore the context is only that of the *jyotiṣṭoma* in the *agniṣṭoma* form,[163] and because the direct statement of "*etena*" (with this) does not fit the *jyotiṣṭoma* in other forms, in as much as only the *atyagniṣṭoma* and other forms are the instrument (at those rites),[164] another sacrifice may be performed after the performance of the *agniṣṭoma*, even if another form has not been performed.

14. Because of their proximity to the *agniṣṭoma*, the word "*anyena*" (with another)[165] refers only to the other forms (*saṃsthās*) (of the *jyotiṣṭoma*) which are in mind, and so the condition of occurring after the *agniṣṭoma* applies only to another form, not to the *ekāhas*, *ahīnas*, etc.[166] No; because

statement; for the second, KS 23.6 (81.14) *tasmād dīkṣitasyā 'nnaṃ nā 'dyāt*; AiB 2.9.6 *tasmād ahur na dīkṣitasya 'śnīyād iti*; ŚB 3.6.3.21 *tasmād dīkṣitasya nā 'śnīyāt*.

160 I.e., in the sacrificer who undergoes initiation.

161 And so are not pointless.

162 Here JNMV gives examples from the same chapter of the TS: "*aindrāgnam ekādaśakapālaṃ nirvapet prajākāmaḥ*" (One desirous of progeny should offer a cake on eleven pans for Indra and Agni) (TS 2.2.1.1) and "*agnaye pathikṛte puroḍāśam aṣṭākapālaṃ nirvaped yo darśapūrṇamāsayājī sann amāvāsyāṃ vā paurṇamāsīṃ vā 'tipātayet*" (One who, having performed the new- and full-moon sacrifices, neglects to perform either the new- or the full-moon sacrifice should offer a cake on eight pans to Agni who makes the paths) (TS 2.2.2.1). See 8.1.4 and 12.3.5 for these.

163 The other forms (*saṃsthās*) are desiderative.

164 The word "*etena*" (with this) expresses the fact that the *jyotiṣṭoma* is the instrument (i.e., means) of bringing about the result of the productive force which is understood from the word "*iṣṭvā*" (having sacrificed) in the compound "*aniṣṭvā*" (not having sacrificed). At the other forms, the *jyotiṣṭoma* is just the basis (*āśraya*). (ŚD).

165 See 5.3.13.

166 *Ekāhas* are one-day *soma* rites, *ahīnas* are *soma* rites which last from two to twelve days, provided the twelve-day rite is not a *sattra*, and the "etc." here refers to

the statement, "The first sacrifice among the sacrifices",[167] expresses a priority for which the relational counterpart is all sacrifices, and therefore we determine that the word "*anyena*" (with another) refers to all sacrifices.

15. Since all (*soma* rites) could be understood by the word "*anya*" (other),[168] the remainder of the sentence, "Indeed the nine-versed (*stoma*) which approaches another sacrifice illuminates it, so does the fifteen-versed, so does the seventeen-versed, so does the twenty-one-versed", restricts it (i.e., the meaning of the word "*anya*") just to rites with a single *stoma*,[169] and therefore (only) the rites (taught in statements) such as, "There is a nine-versed *agniṣṭoma*", "There is a fifteen-versed *ukthya*", "There is a twenty-one-versed *ṣoḍaśin*" etc., which are taught at *ahīnas* such as the six-day rite etc.,[170] are to be understood by the word "*anya*" (other). No. Because the condition of being an illuminator (of the rite) comes about appropriately (in the *stoma*) by mere relation, even in the absence of pervasion (of the rite by the *stoma*), the *arthavāda*[171] is not capable of restricting the word "*anya*" (other), which is common (in its application) to rites with one *stoma* and rites with more than one, and therefore all (*soma* rites) are in fact to take place after the *agniṣṭoma*.

Chapter 4

1. Even though the statements, "(He draws) the draught for Indra and Vāyu (*aindravāyava*)", "(He draws) the draught for Mitra and Varuṇa (*maitrāvaruṇa*)", and "(He draws) the draught for the Aśvins (*āśvina*)",[172] and also, "He offers the *agnihotra*", and "He cooks barley gruel",[173] are

---

sattras, *soma* rites which last twelve or more days, provided the twelve-day rite is not an *ahīna*. These are all modifications of the *jyotiṣṭoma* rite, directly or indirectly.

167 See 5.3.13.

168 See 5.3.13.

169 This is based on the assumption that the illumination of a rite implies its pervasion. A *stoma* is the number of verses sung on the day of a *soma* sacrifice or at a part of it. The four *stomas* listed here are sung at the *agniṣṭoma* form of the *jyotiṣṭoma*.

170 The statements quoted here enjoin particular one-day *soma* rites which are part of the larger rites.

171 The *arthavāda* referred to here is the statement quoted above, "Indeed the nine-versed" etc.

172 These three draughts for the dual divinities take place at the morning pressing of the *jyotiṣṭoma*. The first two take place before the *bahiṣpavamānastotra*, the third after. See Minkowski, pp. 77–8.

173 These are taught in reference to the *agnihotra* rite.

recited (i.e., in this relative order within these two groups), on the basis of the direct statement, "The draught for the Aśvins is drawn tenth", and the capacity (of things), the draught for the Aśvins is tenth (not third),[174] and the offering (i.e., of the *agnihotra*) takes place after the cooking (not vice versa).[175]

2. The features of the *sānnāyya* sacrifice,[176] such as the actions of cutting the branch[177] etc., begin first,[178] but the action of giving (*pradāna*) the cake for Agni takes place first, and that of giving the *sānnāyya* afterwards. In contrast, the actions such as the cutting (of the offering substances) for the *sviṣṭakṛt* offering are unrestricted,[179] in as much as there exist (for them) both the order based on (the initial) procedure and that based on the main item (i.e., the offering). No. Because if the order based on the main item is followed, there is (additional) separation from the main item[180] only for some actions which, by (special) statement, are done on the previous day;[181] and because if the order based on procedure is followed, that (additional) separation would occur for all (the subsidiary actions),[182] the order based on the main item alone is stronger.

---

174 The order of draughts is: *upāṃśu, antaryāma, aindrāvāyava, maitrāvaruṇa, śukra, manthin, āgrayaṇa, ukthya, dhruva, āśvina.*

175 See 5.1.2. Or, reading "*pakvatvād*", "the offering takes place (subsequently) since it (i.e., the gruel) is cooked."

176 The items discussed in this topic all occur at the new-moon sacrifice.

177 This is the branch used for driving away the calves from the cow which will be milked. See 2.1.15.

178 I.e., before the features of the cake for Agni, such as the action of pouring out the grains etc. See 2.3.5.

179 I.e., in their order. See NVO, p. 117, for the cuttings for the *sviṣṭakṛt*. The actions referred to here apply both to the *sānnāyya* (the combination of a milk offering and a curds offering) and the cake for Agni. They include the sprinkling of the offering substances with the remainder of the ghee from the fore-sacrifices and the placing of the offering substances on the *vedi*. See 4.1.14 and 3.7.1. *Tantra* applies for the *sviṣṭakṛt* offering, since it has a common (single) deity. In JS 5.4.2 *avadānābhighā-raṇāsādaneṣv ānupūrvyaṃ pravṛttyā syāt* (The order based on procedure should apply in regard to the actions of cutting, sprinkling, and setting down), no reference is made to the *sviṣṭakṛt*. JNMV points out that there is no ambiguity concerning the main offerings, and so either this is a hypothetical discussion, or it concerns operations on the *sviṣṭakṛt*. See also ŚD, BhD, and *Prabhāvalī*.

180 Specifically, from the offering of the *sānnāyya.*

181 These include the action of cutting the branch.

182 Actions such as cutting the substance for the *sviṣṭakṛt* offering would be separated from the *sānnāyya* offering both by the same actions applied to the cake for Agni and also by the offering of the cake.

3. For the *soma* rite, the condition of being preceded by the *iṣṭi* is established by (force of) the statement, "Having performed the new- and full-moon sacrifices (i.e., the *iṣṭi*), he should perform the *soma* sacrifice",[183] and the condition of immediately following the installation is established by (force of) the statement, "One who is about to offer the *soma* sacrifice should install the fires".[184]

4. Even though we understand from the statement, "Indeed, in the matter of deity, the *brāhmaṇa* has Agni as his deity (*āgneya*); having offered the *soma* sacrifice he becomes one who has Agni and Soma as his deities (*agnīṣomīya*); he should then subsequently offer that very offering substance (*havis*) which is offered at the full-moon sacrifice,[185] then he becomes one who has both deities (*ubhayadevata*)",[186] that only the full-moon sacrifice is pushed back,[187] because no result would arise from the new-moon sacrifice alone, and because the two *iṣṭis* begin with the full-moon sacrifice,[188] we understand that the entire rite[189] is pushed back, and so for the fire installation in which the agent is a *brāhmaṇa*, there is only the condition of immediately preceding the *soma* rite,[190] but there is no restriction for a *vaiśya* or a *kṣatriya*. No. Because we understand from the phrase (quoted above), "That offering substance (which is offered at the full-moon sacrifice)", that it is only the (cake) offering to Agni and Soma which is pushed back, the entire rite is not pushed back, and therefore since even a *brāhmaṇa* is entitled to enjoy the results of the new- and full-moon sacrifices in which the cake to Agni and Soma is left out, he too is under no restriction.[191]

5. Even though the statement, "One who is about to perform the *soma* sacrifice should lay the fire, he should not heed the seasons or the *nakṣatra*",[192] occurs in the context of the fire installation, it does not block the time of the installation, because that has been obtained just from the statement, "He should lay (the fire) on that very day on which the desire (to

---

183 This is taught in connection with the new- and full-moon sacrifices.

184 This is taught in connection with the installation of the fire. The conclusion of the topic is that there is no restriction on the relative order of the *iṣṭi* and the *soma* rite.

185 I.e., the cake for Agni and Soma.

186 This is untraced. See NVO, p. III.

187 I.e., to the time after the *soma* rite.

188 I have not seen the source for this.

189 I.e., both the new- and the full-moon sacrifices.

190 This restricts the option permitted by 5.4.3.

191 I.e., as to the order in which he should perform the *iṣṭi* and the *soma* rite.

192 A *nakṣatra* is a star or group of stars. See 2.3.3 and note for the appropriate seasons for laying a fire. See ĀpŚS 3.5.2 ff. for the *nakṣatras*.

do so) comes to him", but rather it blocks the time of the *soma* rite.[193] Even though the blocking of the time of the *soma* rite is stated as well in the *Śatapatha* (*brāhmaṇa*) in the statement, "And when the desire comes to him, then he should lay (the fire) (*athā 'dadhīta*), then he should sacrifice (*atha yajeta*)", nevertheless it is not stated in this *śākhā*,[194] and so this statement[195] is for the purpose of that alone.[196] Moreover, according to some, this statement is not in the *Śatapatha*.[197]

6. But at the *upāṃśu* (whispered) sacrifice,[198] Viṣṇu and Prajāpati are also the deities,[199] and therefore it is not pushed back.[200]

7. The modifications of the new-moon sacrifice etc. are not performed over two days,[201] because in the sentence, "One who would sacrifice with the *iṣṭi* (*iṣṭyā*), the animal rite (*paśunā*), or the *soma* rite (*somena*) (should sacrifice) on the new-moon day or the full-moon day",[202] on the basis of the instrumental case suffix (i.e., in the words "*iṣṭyā*" (with an *iṣṭi*), "*paśunā*" (with the animal rite), and "*somena*" (with the *soma* rite)), the time[203] is enjoined for these rites together with their subsidiaries.

---

193 See 6.2.11 and ĀpŚS 10.2.2 *vasante jyotiṣṭomena yajeta* (He should sacrifice with the *jyotiṣṭoma* in the spring).

194 The *Taittirīyā*?

195 I.e., "One who is about to perform the *soma* sacrifice should lay the fire, he should not heed the seasons or the *nakṣatra*".

196 I.e., is for the purpose of blocking of the time of the *soma* rite.

197 This last sentence is unclear. It could simply mean that the statement attributed to the ŚB, i.e., in the complete form quoted here ending with "*atha yajeta*" (then he should sacrifice), does not occur there. Could this indicate that the scholars in question knew only the Mādhyaṃdina recension of the ŚB, and not the Kāṇva recension, where the quote has a closer match? Or, perhaps more likely, it means that the statement under discussion does not occur in the ŚB, with the consequence that the statement quoted from that text serves to block the time of both the installation and the *soma* rite. BhD claims that the clause "*atha yajeta*" (then he should sacrifice) enjoins just that the *soma* rite should follow immediately, and that the clause "*athā 'dadhīta*" (then he should lay (the fire)) blocks the time for just the installation.

198 The *upāṃśu* offering follows the cake offering to Agni in the new- and the full-moon sacrifices. In it ghee is offered to Agni and Soma. See 10.8.18 for the view that it is only offered at the full-moon sacrifice.

199 I.e., optionally, with Agni and Soma.

200 Consequently, the ghee offering of the *upāṃśu* sacrifice is not treated like the cake for Agni and Soma. See 5.4.4.

201 I.e., as they are in the original.

202 This is taught at the *jyotiṣṭoma*.

203 I.e., the new-moon day or the full-moon day.

8. The modifications of the *sānnāyya*[204] and of the cake offering to Agni and Soma[205] also take place after the *soma* rite, because this (order) is transferred from the original. On the basis of the statement, "One who has not performed the *soma* sacrifice should not offer the *sānnāyya*", the *sānnāyya* follows the *soma* rite.[206]

9. Just like the *soma* rite, so too the modifications of the *soma* rite are performed before and after the *iṣṭi*.[207] No. Because the condition of preceding the *iṣṭi*, which exists in the *soma* rite, is (merely) implied by the statement that it (i.e., the *soma* rite) immediately follows the fire installation, and (therefore) is not transferred by the rule of transfer (*codakena*), and because of the statement, "Indeed this (is the first sacrifice among the sacrifices, the *jyotiṣṭoma* etc.)",[208] it is the condition of being preceded by the *iṣṭi* as taught at the original rite[209] which is transferred to the modifications of the *soma* rite.[210]

---

204 The *sānnāyya* is offered at the new-moon sacrifice if the sacrificer has previously performed the *soma* sacrifice. If he has not, then a cake for Indra and Agni is offered instead. With regard to its modifications, Śabara refers to the *āmikṣā* offering, which JNMV specifies as being the one for the Viśvadevas. See 2.2.9 and 4.1.9.

205 This offering takes place at the full-moon sacrifice. Śabara cites, as a modification, the desiderative *iṣṭi*: "*agnīṣomīyam ekādaśakapālaṃ nirvapec chyāmākaṃ brāhmaṇo vasante brahmavarcasakāmaḥ*" (A *brāhmaṇa* desirous of priestly luster should offer in the spring a cake made of millet (*śyāmāka*) on eleven pans to Agni and Soma) (cf. MS 2.1.4 (5.17)). See *Wunschopfer* 36.

206 The cake offering to Agni and Soma is also pushed back to a time after the *soma* rite. See 5.4.4.

207 See 5.4.3.

208 See 5.3.13. This statement shows that the modifications of the *soma* rite follow the *jyotiṣṭoma*, not the fire installation.

209 I.e., in the statement, "*darśapūrṇamāsābhyām iṣṭvā somena yajeta*" (One who has performed the new- and full-moon sacrifices should perform the *soma* sacrifice). See 5.4.3.

210 Accordingly, they should follow the *iṣṭi*.

Book 6

Chapter 1

1. At the statements, "One desirous of heaven (*svargakāma*) should sacrifice (*yajeta*)"[1] etc., on the basis of direct statement by the same word, the meaning of the root (*yaj*) (i.e., the action of sacrifice) is what is to be produced;[2] and the word "*svargakāma*" (one desirous of heaven) makes subsequent reference to the desire for a means,[3] because the word "*svarga*" (heaven) is used for a substance in the statements, "Sixteen year old women are heaven" and "Sandlewood (paste) is heaven".[4] No. In compliance with the connection of the injunction with the productive force, which is based on the direct statement (of these two) by the same portion of the word,[5] only heaven etc. are what is to be produced.[6] Moreover, because the word "*svarga*" (heaven) only secondarily denotes a substance,[7] and because there is no natural desire (i.e., for a means as opposed to a result), the word "*svargakāma*" (one desirous of heaven) cannot make subsequent reference to a desire for the means.[8]

2. The blind, the lame, etc., and also animals, can be conscious and desirous of heaven, and so even though they are incapable of performing (all) the subsidiaries, they are entitled,[9] since there is no authority for

---

1 This seems to be an abbreviation of the statement, "One desirous of heaven should sacrifice with the new- and full-moon sacrifices", which is the quote given here by Śabara, ŚD, and JNMV.

2 The finite verb suffix denotes a productive force (*bhāvanā*). This requires something to be produced. It is preferable to assume that what is produced is something near at hand, namely, something denoted by a component of the same word, and not a meaning expressed by some other word.

3 I.e., a means of accomplishing the action denoted by the root. The desire for a means is implied by the action, and the word "*svargakāma*" serves to limit the means to just "heaven".

4 This analysis of the word "*svarga*" (heaven) follows from the assumption that the result of the productive force is just the action of sacrifice.

5 The suffix expresses the productive force in all verbs, and in optative verbs it expresses the injunction as well.

6 Because the productive force is connected with the injunction, it is appropriate that its result should be something desirable. This excludes the action of sacrifice.

7 Its primary meaning is happiness. See 4.3.7.

8 I.e., the means of accomplishing the meaning of the root.

9 I.e., to the result of a rite.

restricting the universal entitlement which is understood from the statement, "One desirous of heaven should sacrifice".[10] No. Because the actions of looking at the ghee etc. are enjoined as being for the purpose of the rite,[11] if they are omitted the rite would be defective, and therefore a person who is incapable has no entitlement.

3. At the statement, "One desirous of heaven (*svargakāma*) should sacrifice",[12] because the word in the masculine gender (i.e., "*svargakāma*" (one desirous of heaven)) names the person who is entitled, there is no entitlement for a woman. No. Just like the singular number (expressed by the suffix) in the word "*graham*" (cup),[13] it (i.e., the gender) is a meaning of (just) the suffix,[14] and it occurs in the item which is referred to (i.e., the person desirous of heaven),[15] and therefore a woman is also entitled.

4. Because the singular number which is understood from the finite verb suffix in "*yajeta*" (He should sacrifice) does not occur in the item which is referred to,[16] it is necessary that it should be an intended meaning, and therefore the rite should be performed separately by the wife and the husband.[17] No. The wife's action of looking (at the ghee),[18] and the sacrificer's action of looking (at the ghee),[19] would be omitted if the perform-

---

10 This is an abbreviated form of the quotation "One desirous of heaven should sacrifice with the new- and full-moon sacrifices", which is quoted here by Śabara and ŚD.

11 These are taught at the new- and full-moon sacrifices.

12 This is an abbreviated form of the quotation, "One desirous of heaven should sacrifice with the new- and full-moon sacrifices", which is quoted here by Śabara.

13 I.e., in the sentence, "*grahaṃ saṃmārṣṭi*" (He wipes the cup). In this injunction, the singular number does not limit the operation to one cup. See 3.1.7.

14 Part of the claim made in the initial view is that because the meaning is expressed by the *prātipadika* (nominal stem), it is intended to be expressed.

15 The gender qualifies the item which is referred to (*uddeśya*), not an item which is to be undertaken (*upādeya*), and so it is not an intended meaning. If it were an intended meaning, distinct sentences would be produced. See 3.1.7. I am afraid Edgerton was wrong in emending a similar passage in the text of the MNP (section 232).

16 Rather, it is a qualifier of the agent, which is enjoined (*vidheya*) indirectly through the action. See 6.2.2 (and JNMV there).

17 This refers to the new- and full-moon sacrifices.

18 I.e., in case the husband alone were the agent. For the wife's action of looking, see NVO, p.60.

19 I.e., in case the wife alone were the agent. The sacrificer and the *adhvaryu* look at the ghee after it has been heated. See ĀpŚS 2.6.6 and NVO, p. 61. Here the *Prabhā* on ŚD quotes: "*patny ājyam avekṣate yajamānaś ca*" (The wife looks at the ghee, and so does the sacrificer).

ance were done (separately) by each single agent, and so there is joint entitlement for the two. Moreover, just as (the condition of being a deity exists) in (the joint deities) Agni and Soma, so too the condition of being an agent exists in the wife and the husband together, and for that reason there is no incompatibility in (using) the verb "*yajeta*" (He/she should sacrifice).[20]

5. At the statement, "Wearing (*vasānau*) linen garments, the two of them should install the fire", on the basis of the masculine dual case suffix (i.e., in the word "*vasānau*" (wearing)), only two men are entitled. No. Because the linen garment must be enjoined since it has not been obtained, and because therefore if the dual number were enjoined as well there would be distinct sentences, the word "*vasānau*" (wearing) makes subsequent reference to the duality of the wife and the husband, which has been obtained by their joint entitlement; (and the masculine dual is no obstacle to this interpretation) because such a word (i.e., as "*vasānau*" (wearing)) is correct in its application even to a woman and a man, according to the grammatical statement, "*pumān striyā*".[21]

6. The action of worshiping the sun,[22] which is performed with the *mantras*, "We have come to heaven" etc., and the *anumantraṇa* of the fore-sacrifices,[23] which is performed with the *mantras*, "Of the seasons, spring (I delight)" etc.,[24] are to be done by two persons, because in as much as both alike (i.e., the man and the wife) are sacrificers, it is appropriate that both should be agents of the tasks called, "Tasks for the Sacrificer" (*yājamāna*).[25] No; because due to her lack of learning the wife is not capable of performing the tasks, and therefore the meaning of the texts (*śāstra*) is accomplished even when the tasks are done just by the man.

7. Because knowledge, which is the cause of a performance (of a rite), is possible even in a *śūdra*, either by means of reading a written text or by

---

20 I.e., even though it is singular.

21 P 1.2.67 *pumān striyā*: "The masculine form alone remains when it would be used together with a feminine and the difference between the two is based on gender alone."

22 The actions referred to in this topic are performed by the sacrificer at the new- and full-moon sacrifices. The worshiping of the sun is performed at the conclusion of the rite. (See NVO, pp. 171–3).

23 The term "*anumantraṇa*" refers to the recitation of *mantras* after an offering. Those referred to here are to be recited by the sacrificer. See 5.1.3.

24 See 5.1.3.

25 These are taught in "*aiṣṭikayājamānavidhi*" chapters (Injunctions for the Sacrificer at the *iṣṭi*) in the TS (i.e., in TS 1.7.6 and 1.6.11).

instruction at the time of a rite, he too is entitled at rites. No. Injunctions to perform rites, which function appropriately because we find entitled persons of the three (higher) *varṇas* whose knowledge is acquired by (traditional) study, cannot be used to imply knowledge or its means of acquistion in a *śūdra*, and so he is not entitled.

8. As in the previous topic, injunctions to perform rites, which have achieved their purpose because we find entitled persons who are wealthy, do not imply wealth or the means of its acquisition in a poor person. No; because just like the actions of eating etc., so too the actions of sacrifice etc. are brought about by money and so imply money; (and) because for this very reason the absence of an injunction to acquire money is proper.[26] And because we agree that statements such as, "The *brāhmaṇa* (makes his livelihood) by receiving gifts" etc., are injunctions which teach restrictions on the means (of acquisition),[27] even a poor person, once he acquires wealth, is entitled in the rite.

9. Even a person with a weak body is entitled in a rite, after he removes the weakness by means of medicine etc.

10. But one whose bodily weakness cannot be remedied is not entitled in desiderative rites, because a desiderative rite is the cause of a result only when it is accompanied by its subsidiaries. But he is entitled in an obligatory rite, if he has installed his fire, because he cannot abandon that (rite).

11. After the injunction, "He should name the *ṛṣi* ancestors",[28] at the statement which is (then) taught, "He should name one, he should name two,

---

26 By contrast, there is an injunction to study, since it is not otherwise implied.

27 I.e., they do not enjoin the acquisition of wealth. See 4.1.2 (fourth *varṇaka*) and 12.4.16.

28 I.e., the *ṛṣi* ancestors of the sacrificer. The sense of this statement is that the *adhvaryu* (see below) should recite the *pravara* of *ṛṣi* names. A *pravara* is a fixed list of names of *ṛṣis* believed to the family ancestors. The clause which underlies the translation, "*ārṣeyaṃ vṛṇīte*", literally means, "He chooses one connected with the *ṛṣi* (*ārṣeya*)". In a corresponding passage in TS 2.5.8.7, the term "*ārṣeya*" refers to one of three Agnis, specifically the one who carries offerings to the deities. The passage quotes an injunction to choose the nearest such Agni, from the remote end (i.e., of one's ancestry). Sāyaṇa says there that the word "*ārṣeya*" denotes the descendant of a *ṛṣi*, and that Agni is referred to metaphorically as the descendant. Agni is invoked as *hotṛ*, having served as *hotṛ* for the ancestors of the sacrificer. In ŚB 1.4.2.3, the clause "*ārṣeyaṃ pravṛṇīte*" appears, and seems to bear the sense, "He recites the *pravara* of *ṛṣi* names". The *pravara* understood in the text here seems to be one recited by the *adhvaryu*, which takes place between the *āghāra* (ghee sprinkling) sacrifices and the fore-sacrifices at the new- and full-moon

he should name three, he should not name four, he should not name five", all three clauses starting with "(He should name) one" are injunctions. No; because distinct sentences would result, and therefore only the clause, "He should name three" is an injunction. In as much as the clauses, "(He should name) one" and "(He should name) two", make subsequent reference, partially,[29] and the sentences, "(He should) not (name) four" and "(He should) not (name) five", cannot be prohibitions, since these numbers have not been obtained,[30] these are all statements of praise.[31]

12. At the statement, "In the rainy season the *rathakāra* should lay the fire",[32] on the basis of the derivation (i.e., of the word "*rathakāra*") as, "one who makes (*karoti*) a cart (*ratha*)", only a person of the three (higher) *varṇas* is to be understood from the word "*rathakāra*" (cart-maker).[33] No; because the word *rathakāra* is conventionally used for the offspring of a *māhiṣya* father, this being the son of a *kṣatriya* father and a *vaiśyā* mother, and a *karaṇī* mother, this being the daughter of a *vaiśya* father and a *śūdrā* mother. The rainy season is the time for him to install his fire.

13. After the introductory statement, "One should offer *caru* made of *vāstu* to Rudra",[34] at the statement which is (then) taught, "With this (*iṣṭi*) he should sacrifice for the lord of the *Niṣādas* (*niṣādasthapati*)",[35] by relying

---

sacrifices. (NVO, pp. 88–9). For a discussion of this statement, see J. Brough, pp. 10–16. See also Eggeling's note in SBE, Vol. XII, Part 1, p. 115, and Caland at ĀpŚS 2.16.5 and 24.5.2. See 10.8.1.

29 This means that they make subsequent reference only to some of the items which could have been referred to.

30 And so they cannot be prohibited.

31 I.e., of there being just three.

32 For the *rathakāra*, see Caland's note on ĀpŚS 5.3.19.

33 This is because in general only they are entitled to the result of *vedic* rites. See 6.1.7.

34 This is taught as an expiatory *iṣṭi* in ĀpŚS. In Śabara (ĀĀ and BI editions) the full quote is, "One should offer *caru* to Rudra inside the *vāstu* (dwelling?), where Rudra kills the children". The edition by Mīm. has, "One whose children Rudra kills should offer *caru* made of *vāstu* to Rudra". ĀpŚS 9.14.11 is: "One whose cattle Rudra kills should offer *caru* made of *vāstu* to Rudra". Rudradatta understands Rudra to stand for fever (*jvara*), and glosses *vāstu* as a particular grain (*sasya*). If it is synomymous with *vāstūka*, then presumably it is Chenopodium album Linn. See Smith's notes on TKM 2.32 and his entry in Appendix A p. 473. See *Wunschopfer* 111.

35 At ĀpŚS 9.14.11 Rudradatta identifies a *niṣāda* as the offspring of a *brāhmaṇa*, or according to others, *kṣatriya*, man and a *śūdrā* woman. The *Prabhāvali* on BhD quotes a verse: "*brāhmaṇād vaiśyakanyāyām ambaṣṭho nāma jāyate/ niṣādaḥ śūdrakanyāyāṃ yaḥ pāraśava ucyate//*" (A person born of a *brāhmaṇa* father and a *vaiśyā*

on an analysis (i.e., of the compound "*niṣādasthapati*") as a genitive *tatpuruṣa*,[36] with the sense, "the lord (*sthapati*) of the *Niṣādas* (*niṣādānām*)", a person of the three (higher) *varṇas* is entitled, and moreover, in this way there is no complexity of assuming knowledge and the means of its acquisition.[37] No. Because of the (relative) economy in just a *karmadhāraya* (analysis),[38] since in a *tatpuruṣa* the first word would denote through secondary meaning something related (to the *Niṣādas*),[39] and because the complexity of assuming knowledge is not a fault in as much as it leads to a result,[40] in this *iṣṭi* a lord (*sthapati*) who is not other than a *Niṣāda* is entitled, after he acquires knowledge, which is the cause of the *iṣṭi,* and the means for its (i.e., knowledge's) production.[41]

Chapter 2

1. At the statements, "Those desirous of wealth should perform (*āsīran*) the *sattra*" and "Seventeen at least should perform (*āsīran*) the *sattra*",[42] in as much as the group (of persons) is the agent, it alone receives the result, and therefore the result accrues (to the individual participants) in portions. No. Because the plural case suffix in "*āsīran*" ((they) should perform) would be improper if a single group were the agent, it is appropriate that the conditions of being an agent and a recipient of the result should occur just in each person, and therefore only those persons who desire the entire result are entitled, not those who desire only a part of the result.

2. At the statement, "One desirous of heaven should sacrifice (*yajeta*)",[43]

---

mother is called an *ambaṣṭha*; a *niṣāda* is born of (a *brāhmaṇa* father and) a *śūdrā* mother, and is called a *pāraśava*). See Caland's note at ĀpŚS 5.3.19. See Kane, HDS, Vol. II.1, pp. 46, 86–7.

36 A dependent determinative compound.

37 I.e., for anyone else.

38 A descriptive determinative compound.

39 This incurs semantic complexity.

40 The "result" referred to here is the acceptance of primary rather than secondary meaning in the compound. The *Kutūhalavṛtti* has a similar phrase: *na ca gauravaṃ, phalamukhasya tasyā 'doṣatvāt.*

41 JNMV says that a wealthy *niṣādasthapati* should perform the rite, acquiring the knowledge by instruction from a teacher at the time.

42 A *sattra* is a *soma* rite lasting twelve days or longer, provided the twelve-day rite is not an *ahīna*.

43 This is an abbreviated form of, "One desirous of heaven should sacrifice with the new- and full-moon sacrifices", which is quoted here by Śabara.

the (singular) number,[44] which qualifies the agent, which is understood (through implication) from the finite verb suffix, is an intended meaning, and therefore the agent is one.[45]

3. When rites such as the *citrā*, *kārīrī*, etc. are begun on account of a desire,[46] and then that desire ceases, either because the result has been obtained or a fault is seen,[47] the rite should not be completed, because it lacks a result.[48] No. Because we hear of a fault and its expiation in the statement, "One who says 'I will sacrifice' but does not sacrifice is cut off from the gods, he should sacrifice with the *traidhātavīya* rite",[49] and because of fear of rebuke by the learned, even when the desire has ceased the rite should in fact be completed.

4. But worldly actions, such as the construction of a cart etc., should not be completed when the desire is lost, because (in such cases) there is no fault, expiation, or rebuke by the learned.[50]

5. At statements such as, "He should not (*na*) eat (*bhakṣayet*) *kalañja* (red garlic)" etc.,[51] since the negative word "*na*" (not) is connected with the verbal root (i.e., "*bhakṣ*" (to eat) in "*bhakṣayet*" (he should eat)), an exclusion is established, the sense being, "an action other than that of eating" (*abhakṣaṇa*)", and therefore, just as at the statements, "He should not look at the rising sun" etc.,[52] the resolution (i.e., not to eat) should be enjoined, which by the principle of the *viśvajit* rite has heaven as its result.[53] No. Because a connection with the main item (i.e., the finite verb suffix) is

---

44 I.e., in the verb "*yajeta*" (he should sacrifice).

45 The agent is not denoted by the finite verb suffix, but is implied by the action. Since the latter is enjoined, the agent is also enjoined, and number qualifies him. This example differs from the sentence, "*grahaṃ saṃmarṣṭi*" (He wipes the cup), where the singular number of the cup is not an intended meaning. See 3.1.7 and 6.1.4.

46 See 1.4.2 and 4.3.13 for these rites.

47 Does this refer to a fault in the performance? JNMV has the same remark. Unclear.

48 The existence of a result prompts the completion of a rite. If the result has already been acquired, or a fault would block the production of the result, the rite need not be completed.

49 This is taught in the TS in the chapter concerning desiderative *iṣṭis*. It seems to apply in reference to all *iṣṭis*. See *Wunschopfer* 178.

50 Even though injunctions to perform such tasks are found in the *smṛti* traditions of carpenters etc., these lack authority since they are not based on the *veda*.

51 This is a reference to dietary prohibitions in the *dharmasūtras*. See Kane, HDS, Vol. II.2, p. 771. The translation, "red garlic", is not certain.

52 See 4.1.3.

53 See 4.3.7.

especially valued for all (linguistic forms), even the word "*na*" (no/not) is connected with the optative suffix *liṅ*,[54] and so since "*na*" (no/not) is taught to denote the opposite to whatever is in relation with it, it denotes the action of prohibition, which is the opposite to the action of instigation.[55] Even though in statements such as, "He should not look at the rising sun" etc., by force of the commencement (of the passage), namely, "(This is) his vow", the connection with the main item is abandoned, there is no authority for it being so here; therefore someone afraid of hell is entitled in prohibitions.[56]

6. Restrictions taught in statements such as, "He should eat his food facing east" etc.,[57] are to apply even before the initiation ceremony (*upanayana*),[58] because they (i.e., the restricted actions) are not brought about by means of *vedic mantras* or fire, and therefore the initiation ceremony is of no use to them. No. On the basis of the *smṛti* statements, "Restrictions begin with the initiation ceremony" and "Before the initiation ceremony a person can behave, speak, and eat as he wishes", we understand that restrictions apply after the initiation ceremony and that they are absent before it, and therefore those statements apply only after the initiation ceremony.

7. Because we understand from the statements, "(He offers) the *agnihotra* as long as he is alive" and "(He should sacrifice) with the new- and full-moon sacrifices as long as he is alive", that life is the cause (for performing these rites), the *agnihotra* and the new- and full-moons sacrifices should be performed continuously. No. Because life is delimited by the times stated here, "He offers in the evening, he offers in the morning"[59] and "On the full-moon day (he should sacrifice) with the full-moon sacrifice, on the new-moon day (he should sacrifice) with the new-moon sacrifice", it is only life delimited by these times that is the cause (for performing these rites), and not any other (time of) life, and so the (*agnihotra*) offering is to be done only in the morning and the evening, and the new- and full-moon sacrifices only on the new- and full-moon days.

8. And because it is appropriate that when a cause is repeated, that which is caused should be repeated, the *agnihotra* etc. are repeated.

---

54 This is the abstract form of the finite verb suffix which is replaced here in "*bhakṣayet*" (he should eat) by *t*.

55 Instigation is the sense of the optative suffix.

56 I.e., and not someone desirous of heaven. A consequence of the concluding view is that a resolution does not need to be assumed.

57 The statements quoted here are found in the *dharmasūtras*.

58 This is the initiation which marks the beginning of studentship.

59 This refers to the *agnihotra*.

9. So too, the offerings which are taught in the statements, "When (a pan has) broken, he makes an offering" and "When (the ghee has) spilled out, he makes an offering",[60] are repeated when the breaking and the spilling are repeated.

10. Because the actions of following the teacher etc., which are enjoined in the statement, "The teacher should be followed and greeted",[61] are a cause of delight to the teacher and therefore have a visible purpose, their performance may be done once or more than once, according to one's desire. No. Because we admit that there is an unseen effect brought about by a restriction in actions such as beating etc., even though they (too) have a visible purpose, for the sake of that (i.e., for an unseen effect) the actions of following etc. are repeated when their cause is repeated.[62]

11. With regard to the *soma* rite, *vedic* study, and the begetting of progeny, which are enjoined in the statements, "He should sacrifice with *soma*", "He should perform his study (i.e., recitation) of the *veda*", and "He should produce progeny", because we hear of the result of heaven for the *soma* rite,[63] and because we assume it (i.e., heaven) on the principle of the *viśvajit* rite[64] for the other two as well, all three are desiderative. No. Since the *soma* rite is taught to be repeated in the statement, "Every spring (he should perform the *jyotiṣṭoma* sacrifice)"; since *vedic* study has a visible purpose in (the acquisition of) knowledge, which is the cause of the performance of obligatory rites; and since the production of progeny is taught by the *smṛti* text, "Without producing sons he does not go to the (next) world", we understand that they are obligatory; for this reason, and

60 These are taught in reference to the new- and full-moon sacrifices.

61 This seems to refer to injunctions taught in the *dharmasūtras*.

62 The causes for the actions referred to here are the occasions when the teacher goes somewhere or is met by his student.

63 Here ŚD and JNMV have: "*jyotiṣṭomena svargakāmo yajeta*" (One desirous of heaven should sacrifice with the jyotiṣṭoma). See 4.4.12.

64 See 4.3.7.

because of the praise of the (three) debts,[65] the three actions are obligatory, and when there is authority for it, they are desiderative as well.[66]

Chapter 3

1. An obligatory rite should be performed even by a person unable to perform the subsidiary actions, because when there exists a connection of the cause (i.e., life) with the main item,[67] when the cause is present the item which is caused is necessary.

2. But since a desiderative act is sufficient for a result only when it is accompanied by its subsidiaries, it should be done only by a person who is able to do it along with its subsidiaries; and (this is also so) because the statements made concerning fault and expiation for non-performance, and the statement, "One should offer as much as there is",[68] are applicable to an obligatory rite alone.

3. At the new- and full-moon sacrifices, when rice is not found and wild rice is employed (instead), it should constitute a separate rite, because there exists a relation of non-difference (*abheda*) between a substance and a rite, and so when substances are distinct, it is necessary that the rites are distinct. No. Because for the substance and the rite we accept "identity of nature" (*tādātmya*),[69] in the form of non- difference admitting of (some) difference; because for that very reason the relation of substrate (i.e., the substance) and something occurring in the substrate (i.e., the rite) comes about as well;[70]

---

65 Cf. TS 6.3.10.5 *jāyamāno vai brāhmaṇas tribhir ṛṇavā jāyate brahmacaryeṇa 'ṛṣibhyo yajñena devebhyaḥ prajayā pitṛbhya eṣa vā anṛṇo yaḥ putrī yajvā brahmacārivāsī.* (Indeed on being born a *brāhmaṇa* is born with three debts, (that of) studentship to the *ṛṣis*, sacrifice to the gods, and offspring to the fathers; indeed one who has a son, has sacrificed, and has spent time as a celibate student is free of debt); ŚB 1.7.2.1–5. According to Śabara, who has a quote similar to TS, the word "*brāhmaṇa*" here indicates the three higher *varṇas*.

66 I have not seen a parallel to this last remark in any other Mīmāṃsā text.

67 I.e., with the main action of an obligatory rite. This is understood from the sentence which enjoins the rite. (Cf. JNMV).

68 This is taught in reference to the milk for the *agnihotra* rite in the event that some of it spills.

69 Literally, "the condition of having that (*tad*) as its nature (*ātman*)".

70 Here JNMV has: "*dravyam āśrayaḥ. karmā 'śritam. āśrayāśritayor bhedābhedāv abhyupagamya tādātmyasaṃbandho varṇyate*" (The substance is the substrate. The act is that which occurs in the substrate. By accepting difference and non-difference in the substrate and that which occurs in it the identity (*tādātmya*) relation is described).

and because we recognize it (i.e., the rite which uses wild rice) as the same, even when the substance is distinct, it is not a separate rite.

4. In the absence of the substance which is taught, there should be no employment of a substitute, because the substitute is not enjoined and so there is no authority for it, and because the statements, "He should sacrifice with rice grains"[71] etc., restrict the substance. No. Because the injunction of a rite, which would be inapplicable in the absence of a substance, implies a substance in general, and therefore, because the text (*śāstra*) which teaches a restriction does not operate when the prescribed substance is absent, and so the search for a particular substance takes place in order to complete the (required) condition of there being a substance in general, which has been implied, the substitution takes place; and there is no omission of the rite when the prescribed substance in not obtained; and (this conclusion is) also due to the principle that when a subordinate feature is omitted, the main item is not.

5. Substitution should also take place in the absence of a deity such as Agni etc., a fire such as the *āhavanīya* etc., an action such as that of sprinkling (the offering substances) etc., and a *mantra*.[72] No. Because the task which is the production of the cake is accomplished even by wild rice grains,[73] and therefore it is appropriate that the subsititution should take place just there, and because a task to be performed with a (particular) deity etc. is not accomplished by anything else,[74] and the task of the *mantra* is accomplished before the assumption of a substitute,[75] in the absence of the deity etc. there is no substitution.

6. At (the rite taught in) the statement, "One desirous of prosperity (*śrī*) should offer *caru* made of *mudga* beans" etc.,[76] when *mudga* beans are not obtained, even *māṣa* beans may be substituted,[77] because they are not

71 This is taught at the new- and full-moon sacrifices.

72 ŚD says that these may be absent because they are forgotten etc.

73 I.e., the cake can be made with them, as well as with rice grains.

74 This includes actions performed in particular fires and actions such as sprinkling, all of which produce unseen effects.

75 The task of the *mantra* is to remind a person what he is to do in the rite. He would have to think about his job, i.e., remember what the absent *mantra* said, in order to find a substitute *mantra*.

76 Or perhaps, "One desirous of glory"? The quotation is untraced.

77 Both *mudga* and *māṣa* have been identified as Phaseolus mungo Linn. and Phaseolus radiatus Linn. See Meulenbeld, pp. 589-90, and Smith's note on TKM 2.30 and his entries in Appendix A, pp. 471-2. Identity of the two plants would be awkward since the text here indicates they are different.

prohibited. No; because the statement of their unfitness for sacrifice, namely, "Indeed *māṣa* beans, *caṇaka* (chick-peas),[78] and *kodrava* grains[79] are unfit for sacrifice",[80] in fact amounts to a prohibition.

7. Just as there is substitution for the substance, so too there is for the agent who is the sacrificer. No. In as much as when the sacrificer is dead there is no one to take up the substitute,[81] and when he is alive but busy with other tasks, no one else can be the recipient of the result, which is the task of the sacrificer, or, if this were possible,[82] since that very person would be the master (of the rite) (*svāmin*), and, consequently, would be the sacrificer, there is no substitution for the sacrificer.

8. Even on the death of one from among the many performers of a *sattra*, there is no substitution for him, because the substitution of a sacrificer is prohibited.[83] No. The substitution is necessary in order to bring about seventeen agents,[84] because even though the substitute cannot be a recipient of the result, he can be an agent.

9. Because the one who has been brought in (i.e., to complete the *sattra*) arrives in the place of the sacrificer,[85] he obtains the result (of the rite). No; because of the restriction which states that the result accrues only to one who performs the rite from the beginning to the conclusion, and not to anyone else.[86] But on the basis of the statement, "Even if one of the initiates dies, he obtains the result",[87] the dead sacrificer obtains the result.

10. In the absence of a result,[88] the preparations too,[89] which are causes of the condition of being suited for the result, should not take place.[90] No;

---

78 Cicer arietinum Linn.

79 Paspalum scrobiculatum Linn.

80 The quote here is untraced. See Smith's note on TKM 2.30 for a discussion of this prohibition. In reference to the *māṣa* beans, see 6.7.12 and note.

81 When something is absent in a rite, it is the sacrificer who takes up the substitute.

82 I.e., if it were possible for another person to be the recipient.

83 At a *sattra*, the sacrificers are the priests.

84 See 6.2.1.

85 I.e., the sacrificer who has died. See 6.3.8.

86 Is this quotable from somewhere?

87 Untraced.

88 I.e., a result for the substitute agent who is brought in to a *sattra* when a sacrificer dies. See 6.3.9.

89 I.e., such as the actions of shaving etc. See 3.8.3.

90 I.e., for the substitute agent.

because they are necessary, even in the absence of the result, so as not to block the agents being seventeen in number.[91]

11. If rice is not obtained,[92] anything capable of being made into a cake should be taken, not (just) something similar (i.e., to the rice), because similar things are not the subject of the statement, "He should sacrifice with rice grains", and because the injunction of the (cake) offering for Agni etc. implies (only) a substance in general.[93] No. Because in taking something similar we oblige the word "*vrīhi*" (rice), which expresses a *jāti* and indirectly denotes the constituent parts of the whole which is limited by the *jāti* of rice (*vrīhitva*), only something similar should be taken, not something dissimilar.[94] Even then, when something very similar is obtained, one should not take something only somewhat similar.

12. After the (formal) resolution (*saṃkalpa*) to use rice grains,[95] if rice is not obtained, the performance should be done with barley grains, because they are a primary substance.[96] No. When one out of two (substances) has been resolved upon for use, the other is no longer suited for being a subsidiary, and therefore in order to oblige the text (*śāstra*) which enjoins rice, one should only employ wild rice etc.

13. The statement, "If one does not find *soma* he should press *pūtīka*",[97] enjoins *pūtīka* as a subsidiary of the sacrifice when the absence of *soma* occurs as a cause, but it is not a restriction, because *pūtīka* is not very similar to *soma* and so has not been obtained (i.e., as a substitute).[98] No; because in

---

91 Only when the preparations are done by seventeen agents do they render the other agents suitable for receiving the result. See 6.3.8.

92 This refers to the rice used to make cakes at the new- an.d full-moon sacrifices.

93 See 6.3.4.

94 The following topic states that wild rice etc. is taken up in the absence of rice. Among the constituent bits of wild rice, some are identical to bits of rice.

95 BŚS 2.1 lists the *saṃkalpa* statements to be spoken by the sacrificer at the start of various rites, including the new- and full-moon sacrifices, but I have not found in any *śruti* or early *smṛti* text a more detailed formulation specifying the particular substance to be used in the rite. An example of such a statement in later literature can be seen in the passage quoted by Hillebrandt from a *prayoga* text on the new- and full-moon sacrifices (NVO, p. xvi): "A cake made of rice is the offering substance" (*vrīhimayaḥ puroḍāśo dravyam*).

96 Rice and barley are optional substances for the cake offerings at the new- and full-moon sacrifices. See 12.3.4 and 2.2.6.

97 The identification of *pūtīka* is uncertain. See note at 3.6.15.

98 A restriction would operate only among substances otherwise qualified to be used, i.e., those which are similar. See 6.3.11.

the absence of *soma*, before a substitute which is very similar has in fact been obtained on the basis of the principle,[99] the statement can teach a restriction even in regard to those substitutes which are only somewhat similar.

14. But when the substitute runs out, out of a desire to obtain parts of the primary item[100] something similar to the primary item is to be taken.[101]

15. When *pūtīka* is not obtained,[102] something similar to *pūtīka* should not be taken, but rather only something similar to *soma*, because the sentence, "If (one does not find *soma*, he should press *pūtīka*)", has as its purpose the restriction (of the substance) to *pūtīka*,[103] and therefore even *pūtīka* is not a subsidiary.[104]

16. When in the absence of the primary item one employs a substitute and begins the rite, and in the meantime finds the primary item, he should employ the primary item only, because this (way of proceding) does not block the resolution, "As much as I will be able".[105]

17. Even when a preparation[106] has been performed on something other than the primary item,[107] if before the actions of tying the animal etc. have taken place the primary item is obtained, one should perform the preparations (again) on the primary item and then tie the animal just to it.

---

99 I.e., the principle that the substitute should be very similar to the primary substance.

100 See 6.3.11. ŚD refers to the use of wild rice as a subsitute for rice. It is not a subsidiary of the rite, but rather its parts are taken up only unavoidably when the parts of rice, which occur in it, are taken up. See 6.3.11 and 12.

101 I.e., and not something similar to the substitute.

102 I.e., as a substitute in the *soma* rite. See 6.3.13.

103 I.e., it is not an injunction of *pūtīka*. According to ŚD, it is the *soma* parts in *pūtīka* which are subject to the restriction.

104 See 6.3.14 with note. The case of *pūtīka* differs from that of wild rice, since its use as a substitute results from a direct statement.

105 SD and BhD: "I will accomplish the meaning of the text (*śāstra*) to the extent I can" (*yathāśakti śāstrārthaṃ saṃpādayāmi*).

106 The preparations understood here are those directed to the sacrificial post, such as the action of fashioning it.

107 I.e., when it has been done on *kadara* wood (a species of Mimosa = *śvetakadhira* (MW)) when *khadira*, which is enjoined for the post at the *soma* rite, is unavailable. (Schwab 2). ĀpŚS 7.1.15 lists *palāśa* (Butea frondosa Roxb.), *khadira*, *bilva* (Aegle marmelos Linn.), and *rauhītaka* (Andersonia rohituka Roxb.) as trees suitable for making posts at the independent animal rite.

18. The primary item should not be taken up if it is obtained (only) after the action of tying (the animal) has been done.[108] Repetition of the main item[109] is not desired (merely) out of compliance with the subsidiaries.[110]

19. In our view, even when a small bit of *khadira* wood is obtained, *kadara* wood is to be taken (instead), because of the principle, "One should abandon an individual (for the sake of the family, the family for the sake of the village, the village for the sake of the kingdom)",[111] and also because it obliges the text (*śāstra*).[112] No. Out of compliance with (the injunction to use) *khadira* wood, which is the main item, and because of the principle, "For the sake of one's self (one should abandon the earth)", the *khadira* should be taken up.[113]

20. But even that (i.e., a piece a *khadira* wood), if it is insufficient for the (main) task,[114] is not to be taken, because it would obstruct the main item.

21. Even when rice grains sufficient for just two cuttings have been obtained,[115] in order not to block the many operations directed to the remainder,[116] it is only the subordinate item, namely, wild rice, that is to be employed. No. Because, on the basis of the statement, "He should sacrifice with rice", the rice grains are a subsidiary of the sacrifice,[117] even as being (just) the source material for the cakes, and because the operations on the remainder are a disposal of the sacrificial substance and are therefore subsidiaries of the substance, in accord with the principle that when there is a conflict between the subordinate features of the subsidiary item (and those of the main, those of the former are blocked), even that many rice grains[118] should be taken.

---

108 See 6.3.17.

109 I.e., the action of tying the animal.

110 I.e., the post and its preparations.

111 Many preparations, such as the actions of fashioning etc., would be forfeited if a small piece of wood were taken up.

112 I.e., the injunction of preparations.

113 For the sake of the main item, subsidiaries can be forfeited.

114 I.e., the action of tying the animal.

115 I.e., grains which are only enough to make a cake which can be cut twice. The portions cut should be thumb-sized. Two such portions are offered at the cake offerings of the new- and full-moon sacrifices. (NVO, pp. 108–9).

116 I.e., the remainder of the cake after these cuttings are made.

117 I.e., the main item.

118 I.e., grains that are just enough for a cake that can be cut twice.

Chapter 4

1. Even on the loss of a portion (of the offering substance) which has been cut out[119] and which is spoken of in the statements, "He cuts from the middle and the forward part of the offering substance", "He pours out (an under layer of ghee) once", "He sprinkles (an over layer of ghee) once", and "He offers an offering which has been cut four times",[120] a separate offering substance (i.e., a new cake) should not be produced, because it is possible to cut (again) from what remains.[121] No. Because that which has been cut out twice, and for which the fixed point of departure (i.e., in the act of cutting) is the middle and forward parts of an entire cake, has been destroyed, and because the whole (cake) in its entirety is the offering, and so when a part of it is destroyed it (too) is destroyed, a (new) cake should be produced; this is how it is on principle, but on the basis of the statement, "If all (*sarva)* of someone's offerings (are destroyed, damaged, or stolen, he should count up those deities and sacrifice (to them) with ghee)", ghee should be used,[122] because the condition of being "all"[123] occurs in the items referred to,[124] and so is not an intended meaning.[125]

2. When the portion cut out for the sake of the *iḍā* etc. is lost,[126] the *iḍā* etc. are omitted, because the remainder is confined by the *śaṃyuvāka* etc.,[127]

---

119 I.e., for the purpose of offering. This is stated in reference to the cake offerings at the new- and full-moon sacrifices.

120 Here the pouring of an underlayer of ghee and the sprinkling of an overlayer of ghee constitute two of the "cuttings". See 5.2.4. These two statements do not refer directly to the cake. See NVO, pp. 108–9, for these actions.

121 Śabara and other writers introduce the topic with specific reference to a loss of a portion of the cake. That is the focus of the topic in MNS too, although he begins the discussion with reference simply to the loss of one of the "cuttings".

122 I.e., instead of a new cake.

123 I.e., as expressed by the word "*sarva*" (all).

124 I.e., and not in the item to be undertaken.

125 Therefore ghee may be used when only some items are destroyed etc.

126 The *iḍā* is a rite in the new- and full-moon sacrifices at which a portion of the offering substance, also called the *iḍā*, is eaten. Also to be understood here is the *prāśitra*, likewise both a rite and a portion of the offering. The *prāśitra* and the *iḍā* follow the *sviṣṭakṛt* sacrifice. For the *sviṣṭakṛt*, *prāśitra*, and *iḍā*, see NVO, pp. 117-32.

127 I.e., it is to be eaten at the time of the *śaṃyuvāka* etc. The *śaṃyuvāka* is the recitation of TB 3.5.11, spoken by the *hotṛ* when the enclosing sticks (*paridhis*) are thrown into the fire. See ĀpŚS 3.7.11 ff. (NVO, pp. 147–9, describes the *śaṃyuvāka*, but without reference to the eating).

and therefore (further) cutting from it is impossible. But the offering to *sviṣṭakṛt* should be done with ghee, since it is in part for the sake of an unseen effect.[128]

3. The sentence, "With the sacrificer as the fifth they eat the *iḍā*",[129] teaches an exclusion from any other action of eating for the priests, who, in as much as they are paid workers (*karmakaras*), would (otherwise) be present at all the eatings. No. This is an injunction for the sacrificer, who would not have been present since he is not a paid worker, and therefore the priests are the agents at all the eatings.

4. The offering taught in the statement, "When (a pan has) broken, he should make an offering",[130] should take place when it is entirely broken, because a break in a part of it is unavoidable; or, from a desire that it (i.e., the offering) should be an indirectly assisting subsidiary (*saṃnipātin*) and should be enjoined by the force of the sentence,[131] the offering is for the sake of a preparation of the broken item (i.e., pan), and therefore it should take place when it is broken (only) in a part.[132] No. Because it is not for the sake of a preparation, due to the incongruity in the conjunction of something obligatory[133] and something not obligatory,[134] and because in as much as the cognition, "It is broken", is what restricts (the offering), just like a break of the entire pan, so too a break in its part can be a cause (of the offering), the offering should take place at both types of breaking.

5. The repeated sacrifice taught in the statement, "Nirṛti takes the sacrifice of one whose cake is burnt; when that offering is completed, he should then perform that same offering, a sacrifice is the expiation of a sacrifice",[135] should take place when the entire offering is burnt, because burning a part of it cannot be avoided.

---

128 By contrast, the actions of eating the *iḍā* etc. may be omitted since they are just acts of disposal.

129 See 6.4.2.

130 This is taught in reference to the cake pans at the new- and full-moon sacrifices. See 6.2.9.

131 On the first of the initial views, it would be a directly assisting subsidiary, enjoined by context. (ŚD). A sentence is a stronger authority than context in establishing the role of a subsidirary.

132 In this way the preparation can still render it useful.

133 I.e., the preparatory offering, which would be obligatory since the word "*bhinna*" (broken) would denote the object to be prepared, not a cause.

134 I.e., the break in a pan.

135 This is taught in reference to the new- and full-moon sacrifices.

6. After the two milkings have been introduced,[136] the offering on five platters, which is taught in the statement, "If both of one's offering substances[137] become spoiled, he should offer cooked rice on five platters to Indra (*aindra*)", should take place only when both offerings are spoiled, and not when just one of the two is spoiled, because the offering substance, the spoiling, and the condition of being two are jointly the cause (of the expiation), and so none of them (on its own) is (merely) a qualifier of what is referred to.[138] No. If everything which is taught (i.e., heard) is a cause, then even the singular number of the cup would be an intended meaning,[139] and therefore since the spoiling and the offering substance, the latter of which is (merely) the cause of the completion of (the statement of) the cause,[140] are (the only two) intended meanings,[141] when even one of the two offerings is destroyed the expiation should take place.

7. At the statement, "They press with the stones at the cart (*havirdhāna*), offer in the *āhavanīya* fire, retire to the west, and drink their drink in the shed",[142] the actions of pressing and offering are causes of the action of drinking,[143] because the combination (of the two) is (merely) a qualifier of the causes.[144] No. In as much as the sentence quoted enjoins a distinct action of drinking, in which the agent is identical with that of the actions of pressing and offering, those two (actions) are not (presented as) causes (of the drinking), and therefore the combination of the two, which is understood from their being mentioned in one sentence, is an intended meaning; as a consequence, both (taken together) are the cause, (but only) on the basis of implication.

8. Likewise, at the statement, "If the sun sets or rises over both of someone's fires after they have become extinguished, then reinstallation is

---

136 These are the evening and morning milkings which provide the curds and the milk offered in combination as the *sānnāyya* at the new-moon sacrifice.

137 I.e., the milk and curds for the two offerings of the *sānnāyya*.

138 Anything which is such a qualifier is not an intended meaning.

139 In "*grahaṃ saṃmārṣṭi*" (He wipes the cup), the singular number in the word "*graham*" (cup) would limit the operation to a single cup. See 3.1.7 etc.

140 I.e., if spoiling alone were mentioned, the cause could not be understood.

141 Spoiling alone is not complete as a cause since it has an expectancy, and so the offering substance, which fulfills that, is also an intended meaning. The word "*ubhaya*" (both) makes subsequent reference to the spoiling of the morning milk and to that of the evening milk.

142 This is taught at the *jyotiṣṭoma*.

143 I.e., each one separately functions as a cause.

144 It is not enjoined, since that would create distinct sentences.

his expiation",[145] since the condition of being both (of the fires) (merely) qualifies the causes and so is not the intended meaning,[146] reinstallation should take place even when each fire individually becomes extinguished. No. Because the reinstallation, which is to be enjoined, has the capacity of producing two fires,[147] in compliance with that (i.e., that capacity) the extinguishing of both (of the fires) together is the cause. This holds on the view that the *dakṣiṇāgni* fire has a distinct source,[148] but on the view that it has a common source (with them),[149] it is the extinguishing of all (three) fires that is the cause.[150]

9. The offering substance (of cooked rice) on five platters, which was spoken about above,[151] is the substance for the sacrifice to Indra,[152] and in regard to it there is no injunction of a distinct rite, because of the complexity involved in an injunction of a qualified rite;[153] and the word "*aindra*" (an offering substance for Indra)[154] makes subsequent reference to the deity which has been obtained.[155] No. Because Indra and Mahendra are optional (with each other at the *sānnāyya* sacrifice), the word "*aindra*" (an offering substance for Indra) cannot make a subsequent reference, and therefore a distinct sacrifice, which is qualified by a substance and a deity and is based on inference,[156] is enjoined.

---

145 This is taught at the *agnihotra*. The two fires referred to here are the *gārhapatya* and the *āhavanīya*.

146 I.e., as in the case of the offering on five platters. See 6.4.6.

147 JNMV quotes an injunction here, "*agnī ādhadīta*" (He should install two fires).

148 I.e., distinct from than that of the *gārhapatya* and the *āhavanīya* fires. The *dakṣiṇāgni* may be brought from a domestic fire or be produced by friction. See ĀpŚS 5.13.8 and Caland's note 2 at ĀpŚS 5.13.8a; ĀśŚS 2.2.1. See Kane, HDS, Vol. II.2, p. 995, and Krick, pp. 321, note 837, and 371–3..

149 According to BŚS 2.17, it may be brought from the *gārhapatya* fire. See KŚS 4.8.15. See preceding note.

150 I have only seen these remarks on the *dakṣiṇāgni* in BhD.

151 See 6.4.6.

152 I.e., it serves as a substitute for the damaged *sānnāyya* offering in the new-moon sacrifice.

153 Both the substance and the deity would be taught in the same injunction.

154 I.e., in the clause, "*aindraṃ pañcaśarāvam odanaṃ nirvapet*" (He should offer cooked rice on five platters for Indra (*aindra*)), in the statement quoted at 6.4.6.

155 I.e., for the *sānnāyya* sacrifice.

156 The inference is based on the statement of both the deity and the substance. If they were both taught for a rite which had been obtained, it would produce distinct sentences.

10. With regard to the expectancy for a result of that rite,[157] it is the result which is produced by the *sānnāyya* sacrifice, which itself has ceased because of the absence of a substance, which fits as a result, because it expects a cause and so is appropriate.[158] No. Because the *sānnāyya* sacrifice can be performed with other curds and milk, or with ghee, it does not cease, and therefore the result (i.e., of the distinct rite) is not the one produced by it (i.e., by the *sānnāyya*), but is rather just the avoiding of the fault which is produced by the destruction of the substance.[159]

11. At the statement, "Having resolved to perform the *sattra*, let him sacrifice with the *viśvajit*",[160] the *viśvajit*, which is taught (to occur) when a resolution exists as the cause, is to be done either by a person who is engaged in the *sattra* or by one who is not, because we do not hear of any distinction; or, in order to avoid the assumption of a (distinct) result, it is to be done only by one who is engaged in the *sattra*.[161] No. Because if it were common to both, there would result an (unwanted) multiplicity of form in being both for the sake of the rite (i.e., in the case of one who is engaged in the *sattra*) and for the sake of the person (i.e., in the case of one who is not), and because on the second view[162] it would be inappropriate for it (i.e., the resolution) to be taught as the cause,[163] the *viśvajit* should be done by someone who is not engaged in the *sattra*, in order to avoid the fault produced by not doing what has been started.

12. At the statement, "On the full-moon day he undertakes the vow[164] with the *barhis* (grass) (*barhiṣā*), on the new-moon day with the calves (*vatsaiḥ*)",[165] the instrumental case suffix (i.e., in the words "*barhiṣā*" (with the *barhis*) and "*vatsais*" (with the calves)) enjoins just the *barhis* and the calves, because the vow, which has the form of the action of eating, has been obtained through desire (i.e., hunger). No. Because *barhis* and calves cannot

157 I.e., the one identified as a distinct rite in 6.4.9, in which cooked rice on five platters is the substance and Indra is the deity.

158 In this way, the distinct rite identified in 6.4.9 serves as a substitute for the new-moon sacrifice, which ceases for lack of a substance.

159 In this way, the rite is just a subsidiary of the new-moon sacrifice.

160 This is taught among the expiations connected with the *soma* rite. See 2.3.12. See Smith's discussion of this expiation at TKM 2.112.

161 In this way, it becomes a subsidiary of the *sattra*.

162 I.e., that the rite should be performed only by someone who is engaged in the *sattra*.

163 Making a resolution is obligatory for anyone who starts the *sattra*, and so it cannot be a cause.

164 I.e., he eats his special diet.

165 See NVO, p. 4.

be an instrument for performing the vow,[166] the statement (quoted above) forms a single sentence with the statement, "The wife and husband should eat before the calves are driven away", and thereby enjoins the time when the calves are driven away (i.e., as the time of the vow);[167] so too, at the statement, "(On the full-moon day he undertakes the vow) with the *barhis*", the time when the *barhis* is procured is enjoined (i.e., as the time of the vow).[168]

13. And that time[169] is only for someone who offers the *sānnāyya* sacrifice,[170] because in as much as that which indicates it is absent,[171] the time which is indicated does not occur for (i.e., apply to) anyone else. No. Just as there can occur the particular time which is indicated by the statement, "Come when the conch is blown", even in the absence of the sound of a conch, so too, even for one who does not offer the *sānnāyya* sacrifice,[172] there can occur the time after the fueling of the fire, which is indicated by the driving away of the calves, and so the time occurs for him too.

14. It has been stated in the Fourth Book that at the statement, "He throws the *prastara* (bundle) along with (*saha*) the branch (*śākhayā*) (into the fire)", there is taught the combination (of the *prastara*) with the branch at the action of throwing, and not an action of offering.[173] There, even though the *prastara* is a main item with regard to the action of throwing the *prastara*, the branch is not (also) a main item with regard to the action of throwing, but is rather a subordinate item, based on the direct statement of the instrumental case suffix (i.e., in the word "*sākhayā*" (with the branch)). And in this way, a branch must be produced by one who does not offer the *sānnāyya*, and also at the full-moon sacrifice.[174] No. Because the branch has been enjoined for employment at the action of driving away the calves etc.,

---

166 I.e., in the way that one's hands are an instrument in the action of eating.

167 On the new-moon day, the calves are driven away after the fueling of the fire.

168 On the full-moon day, the *barhis* is procured after the fueling of the fire.

169 I.e., the time when the calves are driven away, which is enjoined for undertaking the vow on the new-moon day. See 6.4.12.

170 This sacrifice requires the milk which is obtained by driving the calves away. It is offered only by someone who has previously performed the *soma* sacrifice. Anyone else must offer a cake for Indra and Agni.

171 I.e., there is no driving away of the calves.

172 I.e., someone who offers a cake to Indra and Agni instead.

173 See 4.2.4.

174 Since the branch is a subsidiary to the action of throwing the *prastara*, it must accompany it even when there is no *sānnāyya* offering. That is the case when the sacrificer has not performed a *soma* rite, and also at every full-moon sacrifice.

and therefore cannot be a subsidiary of anything else; because it expects disposal; and because on the basis of the word "*saha*" (along with) we perceive that it is to be disposed of,[175] the action of throwing the branch is a disposal. Therefore (the acquisition of) the branch applies only to someone who offers the *sānnāyya*, and only at the new-moon sacrifice.

Chapter 5

1. At the statement, "If the moon rises in the east on the offering substance which someone has poured out, he should divide the (husked) rice grains (*taṇḍula*) into three, and make a cake on eight pans for Agni Dātṛ out of the middle-sized grains, *caru* in curds for Indra Pradātṛ out of the large grains, and *caru* in boiled milk for Viṣṇu Śipiviṣṭa out of the smallest grains",[176] if many subordinate features are enjoined for the rite which has begun,[177] namely, the deities, their subordinate features, the locus (for *caru*) as being the curds and the boiled milk, and *caru* as being made of the (various) rice grains, there would be distinct sentences, and therefore distinct rites, qualified by substance, deity, etc., are enjoined. The (three) statements concerning the middle-size rice grains etc. make subsequent reference to the division which has been obtained from the sense of the statement, "(He should divide) the rice grains into three". No. The reason is as follows: the word "*taṇḍula*" (rice grain) denotes through secondary signification whatever offering substances have been introduced (i.e., rice, curds, and boiled milk), and then, with regard to them, the sentence, "(He should divide (*vibhajet*) the rice grains) into three", enjoins the removal of the deities;[178] and the (three) sentences concerning the middle size etc. enjoin just the deities, through reference to the various different rice grains; and with regard to the deities, their qualification by various features is in fact already understood from *mantras*, *arthavādas*, etc.; consequently, distinct sentences do not come about in the injunction of the single *kāraka* which is a deity. Because the statement quoted makes subsequent reference to the conditions of being *caru* and (in the case of the curds and boiled milk) of being the substrate (for *caru*), which have been obtained through the joint cooking for

175 The word "*saha*" (with) indicates that the action of disposal applies both to the *prastara* and to the branch.

176 This is taught for someone who misjudges the new-moon day and begins the new-moon sacrifice a day early. See *Wunschopfer* 155.

177 I.e., for the new-moon sacrifice.

178 It means he should separate (*vibhajet*) the substance from the deities.

offerings in which the deities are the same (*saṃpratipanna*), by force of the statement taught in the context of the *abhyudayeṣṭi*,[179] namely, "He cooks them together", even those two (i.e., the conditions of being *caru* and the substrate) do not produce distinct sentences. But in the second and third offerings we admit that there are distinct sentences, which are caused by there being many items which are referred to,[180] otherwise the sentence taught in the context, "He cooks them together", would be pointless;[181] more (on this) elsewhere.[182] Therefore, because we recognize this as the rite which has commenced, it is the same rite. Moreover, at the statement, "If he fears that the moon will rise, he should wait with the threshed (*phalīkṛta*) rice grains, he should put down half the curds for the sake of curdling the offering (i.e., the milk), half he should not;[183] if the moon rises, he should curdle (the milk) with that (i.e., the first half) and perform the offering,[184] if not, he should feed a *brāhmaṇa* with this[185] the next day",[186] the sight of the repetition of the action of curdling is appropriate,[187] but if this were a distinct rite, it should be done with worldly curds,[188] and the full-moon sacrifice alone with those which had (already) been introduced (into the rite), and so this (i.e., the repeated curdling) would be inappropriate.

2. Because there is no injunction of a different deity for the offering of ghee at the *upāṃśu* (whispered) sacrifice, the deity is not removed (from it).[189] No. Because it was stated that the word "*taṇḍula*" (rice grain) indicates any offering substance there is,[190] we understand that the deity is

179 The *iṣṭi* for the unexpected moon-rise.

180 In the second offering, large grains and curds are two substances which are referred to, in the third offering, these substances are small grains and boiled milk.

181 See BhD and *Prabhāvalī*, pp. 784 and 790.

182 I am not sure where Mahādeva is referring to. In the MNS, the *abhyudeṣṭi* is discussed in 6.5.1-6; 9.2.14; and 9.4.10-11.

183 But he should guard it quietly (*Prabhā* on ŚD).

184 He performs the new-moon offering with it on the *pratipad* day. With the second half, he should perform the *abhyudayeṣṭi*.

185 I.e., with the first half.

186 And with the second half he should perform the new-moon sacrifice.

187 This refers to the curdling enjoined in the statement quoted here, "he should curdle (the milk) with that". It is appropriately taught if the *abhyudayeṣṭi* does not constitute a distinct rite.

188 I.e., the *caru* should be cooked in worldly curds.

189 This refers to the removal of the deities at the expiatory rite discussed in 6.5.1. There, different deities were taught for the cake and *sānnāyya* offerings (JNMV).

190 See 6.5.1.

removed even at the offering of ghee at the *upāṃśu* sacrifice, and because no other deity is enjoined, the *upāṃśu* sacrifice is omitted; this is argued hypothetically,[191] or it is based on the view that the *upāṃśu* sacrifice occurs even at the new-moon sacrifice on the basis of the statement, "In the middle of the *sānnāyya* offering he offers the ghee of the *upāṃśu* sacrifice".[192]

3. The *abhyudayeṣṭi* spoken of above[193] should be performed when the moon-rise occurs after the action of pouring out (the grains has been performed), because we understand that (only) when a substance has been poured out is the moon-rise is the cause. No. Because causality is complete by the mere engagement in activity directed to the offering substance, the action of pouring out is not the intended meaning,[194] and therefore the *iṣṭi* should take place when the mere commencement of the new-moon sacrifice occurs at the wrong time.

4. On the strength of the word "*taṇḍula*" (husked rice grain),[195] it is only when the rice is (already) in its husked state that the removal of the deities takes place when the moon-rise has been recognized, but before then,[196] (even if the moon has risen) it is poured out only to the deities of the original rite. No; because the word "*taṇḍula*" denotes through secondary signification whatever offering substance there is, and therefore it is appropriate that the removal of the deities etc. should occur even when the rice is in its unhusked state.[197]

5. If the action of pouring out (just) one handful etc. has taken place,[198] then because the activity has (thus) begun with the earlier deities, even if the moon-rise is (then) recognized, the (subsequent) actions of pouring out should be made just to the earlier deities;[199] or, because when a cause takes place, that which is caused necessarily takes place, it should be made to the

---

191 I.e., because the *upāṃśu* sacrifice does not occur at the new-moon sacrifice. See 10.8.18 for the view that it is only offered at the full-moon sacrifice.

192 The ghee offering breaks the sameness of the *sānnāyya*. See 2.2.4.

193 I.e., at 6.5.1.

194 JNMV states that the moonrise over the offering substance is the cause, and that the action of pouring out, which qualifies it, is not an intended meaning. Distinct sentences would result if the statement taught both that the moon-rise over the offering substance is the cause and that the offering substance must have been poured out.

195 See 6.5.1.

196 I.e., before the rice is husked.

197 I.e., when it is denoted by the word "*vrīhi*".

198 I.e., before the complete amount of four handfuls has been poured out. See 2.3.5.

199 See 6.5.1.

deities of the modified rites. No. Even though the removal of the deities is caused, and so must occur after the cause occurs, in as much as the other deities are enjoined in the place of earlier deities, who were related to the (entire) item which is the action of pouring out, a relation with (only) a part of the action of pouring out[200] is not fitting for them, and so the pouring out of the second handful etc. is done just in silence.

6. And that *iṣṭi*[201] should be done only by a person who offers the *sānnāyya*,[202] because he alone has the curds and milk, and therefore the injunction, "(He should make) *caru* in curds, *caru* in boiled milk", fits.[203] No. Because distinct sentences would result if the statement (also) enjoined curds and milk, and therefore it only enjoins deities which have not been obtained, because the combination of the items referred to[204] is not an intended meaning, and because it is possible to make *caru* even in water, the *iṣṭi* is appropriate even for one who does not offer the *sānnāyya*.

7. At the statement, "If one of the persons initiated for the *sattra* wishes to get up in the middle, he should divide (i.e., take part of) the *soma* and perform the *viśvajit* sacrifice",[205] the *viśvajit* rite, which is enjoined to occur when someone wishes to get up in the middle,[206] should take place only after the purchase of the *soma*,[207] because the injunction to divide the *soma* is possible only then. No. The term denoting the division (of the *soma*) makes subsequent reference to the division which has already been obtained through desire,[208] and therefore the *viśvajit* should take place even before the purchase.[209]

---

200 I.e., to a pouring out with less than four handfuls.

201 I.e., the *abhyudayeṣṭi*. See 6.5.1.

202 Only someone who has previously performed a *soma* sacrifice offers *sānnāyya* at the new-moon sacrifice. See 5.4.8. and 10.8.14.

203 I.e., when it applies to him.

204 I.e., the rice grains, curds, and boiled milk. These are referred to when the new deities are taught.

205 This is taught among the expiations concerning the *soma* rite. The *viśvajit* is a one-day *soma* rite.

206 I.e., wishes to leave the *sattra* having performed only part of it.

207 I.e., it takes place only when the desire to get up comes about after the purchase of the *soma*. See 3.1.6 and 6.8.6 for the purchase of *soma*, and for the interpretation that it is for an unseen effect.

208 I.e., it does not enjoin the division. Moreover, the divsion which has been obtained through desire is not just that of *soma*, but of all the combined (*saṃsṛṣṭa*, BhD) substances, for which the mention of *soma* is merely illustative (JNMV).

209 I.e., even when the desire to get up comes about before the purchase of the *soma*.

8. At the *jyotiṣṭoma* there is an option regarding the (various) lengths of the initiation, because they are taught in the statements, "There is one day of initiation", "There are three days of initiation", and "There are twelve days of initiation". No. Because the action of asking for the wages,[210] which is enjoined in the statement, "Initiated for twelve days, he should ask for the wages", is impossible on the other options, only the option of twelve days is accepted, and the other two are to be pushed back to the modifications; this is the view of the *Bhāṣya*.

According to the *Vārttika*, the statement of twelve[211] is (merely) illustrative, and so there is an option among all the lengths which are directly taught.

9. Because the twelve-day rite is also a modification of the *jyotiṣṭoma*, the option should apply to it too.[212] No. Because the plurality of the initiations (i.e., of the days of initiation), which is taught at the statement, "They kindle themselves with the initiations", becomes complete in the number twelve, on the basis of the statement, "With two they cut off their hair, with two their skin, with two their blood, with two their flesh, with two their bone, with two their marrow",[213] and because we see the statement, "Indeed this twelve-day rite is a thirty-six day rite",[214] there occurs only the practice of the twelve-day initiation.

10. At the *gavāmayana* rite,[215] because of the statement, "They should initiate themselves on the fourth day before the full-moon; their purchase of *soma* occurs on the *ekāṣṭakā* (i.e., the eighth day after the full-moon)",[216] the initiation should take place on the fourth day before any full-moon, or, on the basis of the statement of praise, "Indeed this full-moon of the month of Caitra[217] is the beginning of the year", before the full-moon of Caitra. No. Because the ritualists use the word "*ekāṣṭakā*" only for the eighth day of the

---

210 I.e., for the wages which the sacrificer will give to the priests as their fee. See 11.4.18. See CH 23. See MŚS 2.1.3.12–13 and ĀpŚS 10.18.5–19.5.

211 I.e., in the last quote.

212 I.e., the option among initiations of different lengths. See 6.5.8. This topic is not recognized in Śabara. He bases the preceding topic, 6.5.8, on JS 6.5.28 and 29, whereas ŚD etc. assign a distinct topic to each of these *sūtras*.

213 This statement follows shortly after the preceding one.

214 In addition to the twelve days of initiation, there are twelve *upasad* days and twelve pressing days.

215 This is a year-long *soma* sacrifice.

216 The initiation lasts twelve days, and the *soma* is purchased on the following day.

217 I.e., March–April.

dark fortnight of Phālguṇa,[218] the initiation should only take place before the full-moon of Māgha.[219]

11. At the *jyotiṣṭoma*, when the final bath (*avabhṛtha*) is pushed back (i.e., postponed) for some reason, the prohibitions taught by the statements, "When initiated, one does not make an offering" etc.,[220] do not apply, because in as much as the setting aside of the initiation is enjoined for the end of the final bath,[221] and the pushing back of the final bath is not enjoined, they (i.e., the prohibitions) do not operate. No. Since it is only the setting aside of the initiation which is the cause for performing the offering etc., while the initiation exists, for whatever reason, the actions of offering etc. do not take place.[222]

12. Because the continuation of the initiation, which is caused by the pushing back (i.e., of the final bath), and was spoken of above,[223] is not based on texts (*aśāstrīya*), there should be retrospective (i.e., compensatory) offerings (*pratihomas*) in place of those offerings.[224] No; because they (i.e., the retrospective offerings) are enjoined when a person fails to do what should be done, and because in the present case that (i.e., something which should be done) does not exist and therefore they do not apply.[225]

13. Even when the *udavasānīyeṣṭi*,[226] which is enjoined (to occur) after the final bath (*avabhṛtha*), is pushed back, offerings and, when these are not performed, retrospective offerings should be made,[227] because the initiation is set aside by the final bath.[228] No. Because the statement, "Having performed this *iṣṭi*, which is equal to the one for reinstallation, he should offer the *agnihotra*",[229] establishes the entitlement to the *agnihotra* (offering) only

---

218 I.e., February–March.

219 I.e., January–February. Garge, p. 55, refers to the option of Māgha or Caitra taught in the SatyāŚS 16.5.16–7. See Keith's note 6 on pp. 607–8, and Caland's notes at TāB 5.9.

220 See 10.8.7. See CH 19.

221 I.e., for the time of its conclusion.

222 The final bath is the means of bringing about the release from initiation, not the time of the bath.

223 I.e., in 6.5.11.

224 I.e., in the place of the offerings which the initiated person is prohibited from doing.

225 When the initiation has been extended, the prohibition removes the requirement to perform the offering.

226 This *iṣṭi* concludes the *jyotiṣṭoma*. See ĀpŚS 13.25.3–8 and CH 259.

227 I.e., before the postponed *udavasānīyeṣṭi* takes place.

228 See 6.5.11 and 12.

229 This is taught in reference to the *udavasānīyeṣṭi*.

after the (performance of the) *udavasānīyeṣṭi*, offerings and retrospective offerings do not take place before it.

14. Even if retrospective offerings do take place,[230] they do not do so in any order whatsoever, but rather, since at the *agniṣṭoma* the omission of the evening offering occurs first,[231] and at the *ṣoḍaśin* the omission of the morning offering occurs first,[232] they (i.e., the retrospective offerings) should take place in the order of the omission of the offerings.

15. Offerings which are caused (*naimittika*), such as "When (the pan has) broken, he should make an offering" etc., should take place at every occurence of the cause.[233] No. Because if these were independent rites it would incur the assumption of a result, and because that (i.e., the expectancy for a result) is satisfied since the statement (quoted here) forms a single sentence with (the statement enjoining) the rite which has been introduced,[234] it is only at the new- and full-moon sacrifices that the offerings should be performed when a pan is broken (etc.).

16. At the statement, "He throws a corrupted (*vyāpanna*) substance into the water",[235] "corrupted" (*vyāpanna*) means inedible by *āryas* and spoiled by hairs, worms, etc.

17. At the statement, "If the *udgātṛ* severs himself,[236] he (i.e., the sacrificer) should perform that sacrifice without paying a fee, and then perform it again; there he should give what he was about to give earlier; if the *pratihartṛ* (severs himself), he (i.e., the sacrificer) should give all his possessions",[237] the expiation which is stated should not be performed when the

---

230 I.e., assuming hypothetically that they should occur when the final bath (*avabhṛtha*) and *udavasānīyeṣṭi* are pushed back. See 6.5.12 and 13.

231 The *agniṣṭoma* sacrifice should finish before sunset. A delay in completing it would cause the evening *agnihotra* to be the first offering to be omitted.

232 The *ṣoḍaśin* should finish during the night.

233 I.e., not only at the new- and full-moon sacrifices, where this statement is taught, but also at other sacrifices and in worldly activities. See 6.2.9 and 6.4.4.

234 I.e., the new- and full-moon sacrifices. The result of these sacrifices provides the result for the caused (*naimittika*) offerings. JNMV contrasts this rite with the *gṛhadāheṣṭi*, which is independent. The latter is taught in the first quote given by Śabara at 4.1.2 (fourth *varṇaka*), *Wunschopfer* 80. JNMV also refers to it at 10.2.12 (see note there).

235 This statement refers to offering substances at *iṣṭis*.

236 I.e., if he breaks the chain of priests as they emerge from the hall at the morning pressing by letting go of the hem of the garment of the priest in front of him.

237 This is taught in reference to the *jyotiṣṭoma*. The *udgātṛ* is one of the main priests, and the *pratihartṛ* is one of his assistants.

action of severing is performed by both agents at the same time, because the cause, which is the severing as performed by each agent singly, is absent. No; because each of the two severings is independent, and therefore the cause exists.

18. Because it is appropriate that when the two causes[238] occur together there should be an accumulation of the things which are caused,[239] and because a fixed arrangement of the conflicting expiations is possible by means of distinct performances, the first performance is to be completed without fee, and at the second all of one's property should be given. If it happens this way, in a single rite the accumulation[240] is not destroyed. No. Because in the subsequent performance there is no cause,[241] and so the item caused[242] is inappropriate, and because in the first performance the two are in conflict,[243] there is an option.

19. Let there be an option when the severing is simultaneous,[244] but when the severing occurs in sequence, then, because an item which is caused first is stronger, in as much as its opponent has not arisen,[245] only the item which is caused first should be performed. No. Because here the two knowledges[246] arise without any mutual expectancy,[247] and because therefore the first does not block the subsequent, and the subsequent comes about only by blocking the first, the subsequent alone is stronger.[248]

20. In the repeated performance caused by the severing by the *udgātṛ*,[249] when this (i.e., the severing) occurs subsequently,[250] one hundred and

238 I.e., the two severings of the chain of priests. See 6.5.17.
239 I.e., of the expiations.
240 I.e., of the things which are caused, namely, the expiations.
241 I.e., there is no severing of the chain of the priests brought about by the *pratihartṛ*.
242 I.e., the expiation of giving as a fee all of one's property.
243 The expiation of giving no fee and that of giving all of one's property as a fee are in conflict.
244 This refers to the severing of the chain of priests by the *udgātṛ* and by the *pratihartṛ*. See 6.5.17 and 18.
245 Also, the opponent cannot subsequently arise, since it is obstructed.
246 I.e., of the two required expiations.
247 I.e., at the two actions of severing.
248 The first knowledge arises without blocking the second, because the latter does not yet exist, but the second arises only by blocking the first. JNMV contrasts this with the way *śruti* etc. block *liṅga* etc. The latter depend on the former to function, but are blocked by them before they even arise. See 3.3.7–12.
249 See 6.5.17 and 19.
250 I.e., after a severing by the *pratihartṛ*.

twelve (cows) alone is the sacrificial fee, because it is enjoined for the *jyotiṣṭoma*[251] and is therefore what the sacrificer wished to give in the preceding performance. No. Because the gift of all of one's property, which is caused by the severing by the *pratihartṛ*, blocks the obligatory sacrificial fee,[252] at the preceding performance what the sacrificer wishes to give is all of his possessions, and therefore it is all of his possessions which should be given.

21. At *soma* rites which last more than one day (*aharganas*), starting with the twelve-day rite,[253] if the severing by the *udgātṛ* occurs on some day,[254] the entire performance[255] should be completed without a sacrificial fee, and then performed again, because it is a single performance. No. Even though, for the production of a (final) result by means of the production of each day's rite's unseen effect, one by one, on the principle of the stick and the wheel etc.,[256] there is an expectancy for the accumulation,[257] the incapacity which is produced by abandoning its subsidiary resides in each day's rite singly, and therefore only a single day's rite is without sacrificial fee and subject to repetition. But the others are not without sacrificial fee and not to be repeated.

Chapter 6

1. The statement, "For *rājanyas*, Vasiṣṭhas,[258] etc., the second fore-sacrifice (*prayāja*) is the *nārāśaṃsa*, for others, it is the *tanūnapāt*",[259] enjoins the Vāsiṣṭhas etc. as agents for the fore-sacrifice, because if the Vāsiṣṭhas (etc.) were referred to,[260] it would entail the assumption of a result. And in this way even persons who follow disinct practices are entitled in a *sattra*,

---

251 See 10.3.11.

252 I.e., the one hundred and twelve cows of the *jyotiṣṭoma*.

253 The twelve-day rite is the original for all *ahargaṇas*, including those lasting just two days etc. See 8.1.10.

254 See 6.5.17.

255 I.e., all twelve days etc.

256 This seems to refer to the spinning of a potter's wheel by successive turnings of a stick.

257 I.e., the accumulation of the unseen effects of the individual day rites which constitute the *ahargaṇa*.

258 I.e., members of the *gotra* of *vasiṣṭhas*, Vāsiṣṭhas.

259 This is taught in reference to the second of the five fore-sacrifices at the new- and full-moon sacrifices. See Minkowski, pp. 46–7, and NVO, p. 97.

260 I.e., and the *nārāśaṃsa* fore-sacrifice were enjoined.

because no harm is done in having various agents in the fore-sacrifice.[261] No. If in order to assist the rite the *nārāśaṃsa* fore-sacrifice is enjoined through a reference to the Vāsiṣṭhas, then there exist an injunction of the meaning of the root[262] and a lack of an assumption of a result, and for that reason it is appropriate that the relation of what is referred to and what is enjoined should be just like this;[263] and therefore, if followers of distinct practices were allowed for the *sattra*, there would be a defect in the rite, which would (thus) have various agents,[264] and consequently there would be no result; therefore, only followers of the same practice are entitled.

2. At the statement which is taught after the *kulāya* sacrifice[265] has been introduced, "The *rājan* (king) and the *purohita* (chaplain) (*rājapurohitau*) should perform this sacrifice", the compound "*rājapurohitau*" should be (recognized as) a *dvandva* (i.e., a copulative compound meaning, "the *rājan* and the *purohita*"); but then there would be a fault in its simultaneous denotation (i.e., by each constituent word) of (all) the meanings,[266] and in as much as the two are followers of distinct practices, there would be deficiency (in the rite),[267] and so the compound should rather be analyzed as, "*rājñaḥ purohitau*" (the two *purohitas* of the *rājan*); but then, because in the statement, "He should choose a *purohita*", the singular number which occurs in the object of the undertaking, in the form of the *purohita*, is an intended meaning,[268] the compound should rather be analyzed as, "*rājñoḥ purohitau*" (the two *purohitas* of the two *rājans*); but then, in order to render the word

261 If the *nārāśaṃsa* fore-sacrifice is performed by Vāsiṣṭhas and non-Vāsiṣṭhas, it is still performed by Vāsiṣṭhas, and a similar analysis holds for the *tanūnapāt* fore-sacrifice, if it is performed by others. (ŚD).

262 I.e., in a verb "*prayajet*" (he should offer a fore-sacrifice), which is assumed on the basis of the word "*prayāja*" (fore-sacrifice) in the statement quoted; cf. *Prabhā* on ŚD.

263 I.e., with reference to the Vāsiṣṭas, the *nārāśaṃsa* is enjoined.

264 After any one practice is accepted, the rite could not obtain assistance from the others.

265 The *kulāya* is a one-day *soma* rite.

266 The "meanings" referred to here are the items denoted by constituent words of the compound. This comment is based on the tentative definition of a *dvandva* compound offered by Kātyāyana and discussed by Patañjali in the *Mahābhāṣya*. The problem here is that secondary meaning would be required for both words in the compound, so that they could each denote the *rājan* and the *purohita* as joined with each other.

267 See the preceding topic.

268 Consequently, it is unlike the singular number which is used in reference to the cup, an item which is referred to. See 3.1.7. A *rājan* only has one *purohita*.

"*rājan*" meaningful,[269] the compound should rather be analyzed as "*rājāñau purohitau*" (the two *purohitas* who are *rājans*).[270] No. Because a *karmadhāraya* compound is impossible since the two persons have distinct jobs, and because the simultaneous denotation of the meanings has been refuted,[271] on the strength of the statement even followers of distinct practices are entitled, and therefore the *rājan* and the *purohita* should perform the sacrifice.[272]

3. Since no distinction is stated in the statement, "Those desirous of wealth should perform the *sattra*", persons of all three (higher *varṇas*) are entitled at a *sattra*, because in compliance with (the sense of) the words "*yat*" (one who) and "*tat*" (that one),[273] the statement, "Those who (*ye*) are the sacrificers, they (*te*) are the priests", enjoins the priests' tasks as preparations of the sacrificers, and so in as much as the tasks of the priests are done by the sacrificers, who are the main persons, there is no expectancy for subordinate agents, and therefore the condition of being a *brāhmaṇa*, which limits them (i.e., the subordinate agents), does not apply. No. In as much as the relation of the item referred to and the item enjoined, as it has been stated, would entail the condition that actions not based on the original are to be done,[274] by interchanging the words "*yat*" and "*tat*" the statement enjoins the sacrificer (as agent) for actions which are those belonging to a priest,[275] and since therefore, even though the condition which is based on the original rite, namely, that the agent should be different from the sacrificer, is blocked, the condition of being a *brāhmaṇa*[276] is not blocked, *brāhmaṇas* alone are entitled.

4. And all (*brāhmaṇas*) are entitled,[277] because no distinction has been stated; or, on the basis of the statement, "A *Vāsiṣṭha* is the *brahman*",[278] only *Vāsiṣṭhas* or persons who follow the same practice as *Vāsiṣṭhas*. No.

---

269 Since only *rājans* choose *purohitas*, mentioning them would be redundant.

270 This is a *karmadhāraya* compound.

271 In the *Mahābhāṣya* itself this definition of a *dvandva* is refuted.

272 Consequently, the second fore-sacrifice is optionally the *narāśaṃsa* or the *tanunapāt*.

273 Here in the form of "*ye*" (those who) and "*te*" (they).

274 In the original rite, the actions of the priests have not been established as preparations of the sacrificer.

275 I.e., it would mean, "Those who (*ye*) are the priests, they (*te*) are the sacrificers".

276 This is also based on the original rite. See 12.4.16 for the requirement that priests should be *brāhmaṇas*.

277 This refers to the *sattra*. See 6.6.3.

278 This is taught in reference to the *jyotiṣṭoma*. A Vāsiṣṭha is a member of the *gotra* of *vasiṣṭhas*. See Minkowski, pp. 126–7.

Because even one who is not a *Vāsiṣtha*, but studies the *stomabhāga mantras* such as, "You are the ray, for dwelling you" etc.,[279] is said to be the *brahman* by the statement, "A *Vāsiṣṭa* is the *brahman*", for the purpose of praising the *stomabhāga mantras*,[280] on the basis of the correctly established statement, "A *Vaiśvāmitra* is the *hotṛ*",[281] only *Vaiśvāmitras* or persons who follow the same practice as *Vaiśvāmitras* are entitled.[282]

5. Even a person who has not laid (i.e., installed) a fire should be entitled,[283] because it is possible for him to perform the actions which require a fire in someone else's fire. No. Because we understand from (the middle voice in) the word "*ādadhīta*" (He should lay (the fire))[284] that the result, in the form of (his fire) being fit for the rites which require a fire, accrues to the agent,[285] and because it has been determined that the modifications of the *soma* rite[286] are preceded by the *iṣṭi*,[287] only one who has laid his fire is entitled.

6. Even a person without vessels should be entitled,[288] because the reason stated (above) is absent,[289] and because tasks can be performed with vessels

---

279 The *stomabhāga mantras* are recited at the *jyotiṣṭoma* by the *brahman* in reply to the statement by the *prastotṛ*, "*Brahman*, shall we praise, *praśāstṛ*?" (*brahman stoṣyāmaḥ praśāstar*). One *mantra* is recited before each *stotra*. See Caland's note before TāB 1.9, 10, and Minkowski, pp. 126–7. (See CH 134f). (The *stomabhāgamantras* are also recited at the fire-piling rite when certain bricks in the fifth layer are set down.)

280 Consequently, this statement does not teach what had been claimed for it on the initial view, i.e., that Vāsiṣṭhas alone are entitled to serve as *brahman* priests.

281 The translation here follows the quote in Śabara. The AiB and ŚŚS quotes occur in the narration of the Śunaḥśepa legend, which is told at the *rājasūya*. The context of these quotes is the animal sacrifice in which the victim was to have been Śunaḥśepa. A Vaiśvāmitra is a member of the *gotra* of *viśvāmitras*.

282 Because a *sattra* must be performed by followers of the same practice (*kalpa*), only Vaiśvāmitras are entitled to perform it.

283 I.e., at a *sattra*.

284 This word is used in the injunction to lay the fire. See 2.3.3.

285 I.e., to the agent of the installation of the fire. According to P 1.3.72 *svaritañitaḥ kartrabhiprāye kriyāyoge*, the suffixes of the middle voice are used after some roots, including "*dhā*" in "*ādadhīta*" (he should lay (the fire)), when the result of the action accrues to the agent.

286 These include the *sattras*.

287 See 5.4.9. The *iṣṭi* itself is preceded by the installation.

288 I.e., at a *sattra*.

289 In the preceding topic the use of the middle voice in "*ādadhīta*" (he should lay (the fire)) constituted a reason why someone who had not laid a fire could not be entitled at the *sattra*. No such obstacle is present here.

belonging to another person. No. Because statements such as, "They burn the person who has laid his fire, together with his fires and his sacrificial vessels" and "He places the *juhū* spoon in his right hand",[290] state the action of burning the vessels on the death of the sacrificer, and so there would be the possibility of the rite becoming deficient if one sacrificer were to die,[291] all the sacrificers should produce vessels for common use and then sacrifice.

7. A *vaiśya* alone is entitled at *iṣṭis* such as the *adhvarakalpā*,[292] for which the number seventeen is taught,[293] because the statement at the original rite, "There are seventeen for the *vaiśya*", enjoins the agent in the form of a *vaiśya* through subsequent reference to the number seventeen,[294] since in the original rite the number seventeen is absent.[295] No. In as much as the number seventeen which is taught at the original rite blocks the number fifteen,[296] it is possible for it to enter the original rite alone, and therefore when it (i.e., the number seventeen) is taught in the modification, it is common to the three (higher) *varṇas*; consequently, all three are entitled.

Chapter 7

1. At the *viśvajit* rite,[297] the statement, "He gives all his possessions (*sarvasva*)"[298] is taught. There, because there is no distinction (stated), even one's father etc. are given, since they too can be made another's possession. No. Because it is impossible for the action of giving, which has the form of making something the possession of another, after giving up one's own possession of it, to be done in the case of one's father etc., who have the form of a begetting male etc. and are not under one's control; and because in as much as the word "*sva*" (i.e., in the compound "*sarvasva*" (all (*sarva*) of one's possessions)) denotes (four things, namely) one's self, one's own,[299] wealth, and a kinsman, and it is appropriate that in a single performance

290 These are expiatory rites taught in connection with the *agnihotra*.

291 I.e., if he alone had the vessels which were being used.

292 See 11.2.3.

293 This refers to the number of kindling verses at these *iṣṭis*. Here ŚD, JNMV, and BhD quote the statement, "He should recite seventeen kindling verses". See 3.6.2 and 10.8.9.

294 I.e., to the number seventeen which is taught for modifications.

295 Accordingly, the number seventeen should apply only at modifications. See 3.6.3.

296 This is possible because it is taught only for *vaiśyas*. See 3.6.3. This translation is based on a corrected text.

297 The *viśvajit* is a one-day *soma* sacrifice. See 6.4.11 and 6.5.7.

298 I.e., as the sacrificial fee.

299 This is when it functions as an adjective.

only a single meaning should be taken, the statement enjoins entirety (*sarva-tā*) by making subsequent reference to the item which is to be given at the original rite,[300] only wealth should be given.[301]

2. On the basis of the usage, "The earth belongs to the universal monarch", he (i.e., the monarch) should give it.[302] No; because in as much as his tasks are (just) collecting one sixth as tax and affording protection,[303] the earth is not his possession. But he should, in fact, give houses, fields, etc.[304]

3. Because the statement, "He does not (*na*) give horses",[305] prohibits the action of giving horses, and the statement, "He gives all his possessions", enjoins it,[306] there is an option concerning horses.[307] No. Based on a desire that the two statements should be a single sentence, exclusion is resorted to,[308] and therefore all of one's possessions, excluding horses etc.,[309] are to be given.

4. By force of the word "*sarva*" (all) (i.e., in the compound "*sarvasva*" (all one's possessions)), even things which do not (currently) exist, such as beds, etc., are to be acquired and given.[310] No. Because the condition of being all (one's property) comes about properly just by things which currently exist, and because the performance[311] would occur only in some instances,[312] only something which currently exists is to be given.

---

300 I.e., wealth in the form of cows etc. See 10.3.11.

301 This and the following six topics are argued hypothetically. See 6.7.7.

302 I.e., as the sacrificial fee at the *viśvajit* rite. See 6.7.1.

303 For these duties of the king, see Kane, HDS, Vol. III, pp. 1–241; for taxation, pp. 184-99. See MDh 7.130; GDhS 10.24; BDhS 1.18.1; VDhS 1.42; ViDhSm 3.22–3.

304 I.e., when he has obtained these by purchase etc. (Cf. BhD).

305 Untraced. See 3.4.14. According to Śabara, this is taught at the *viśvajit* rite. BhD says it is also taught independently.

306 I.e., for the *viśvajit* rite. See 6.7.1.

307 I.e., as to whether they should be given at the *viśvajit*.

308 I.e., as being the meaning of the negative word "*na*".

309 In Śabara and BhD the quote continues, "He should not receive (/give) animals with teeth in both jaws". See 3.4.14 and 15.

310 This refers to the sacrificial fee at the *viśvajit* rite. See 6.7.1.

311 I.e., the performance of the action of giving all one's property.

312 Sometimes an item would fail to be obtained, and so the otherwise obligatory (*nitya*) action of giving, which is dependent on it, could no longer be obligatory. If the item were obtained, the giving would be caused (*naimittika*).

5. By means of bringing about another's ownership (of him), even a *śūdra*, who serves for the sake of his *dharma*, is to be given.[313] No; because there is no ownership of him.[314] But a slave (*dāsa*) can be given.

6. Before the payment of the sacrificial fee, whatever a person has not spent,[315] and whatever is determined as to be obtained after the payment of the sacrificial fee, is to be given. No; because the condition of being all (one's property) comes about properly by (just) that which exists, and because at that time (i.e., at the time of the fee), something which is (only) about to exist does not (yet) exist.[316]

7. Even though, on the basis of the statement, "This is for the food, this is for the rite, and this is for the sacrificial fee",[317] one's wealth is divided into three, it is (all) to be given.[318] No. Because this would entail a blocking of the main item,[319] and because the injunction to give all one's possessions is made through subsequent reference to the wealth obtained for the sake of the sacrificial fee, everything which is obtained for the sake of the sacrificial fee is to be given. And in this way the preceding topics[320] have been argued hypothetically.[321]

8. But at the *viśvajit* rite which is included in the eight-day rite which is taught in the statement, "Now in this eight-day rite there are the *viśvajit* and *abhijit* one-day rites on the ends, and a six-day rite in the middle with *jyotis* rites on both sides; one desirous of cattle should sacrifice with this",[322] it is only (the fee of) a hundred and twelve (cows), which has been obtained

---

313 I.e., at the *viśvajit*. See 6.7.1.

314 Also, even though a *śūdra* serves a person for the sake of *dharma*, he might not accept another's control of him.

315 This refers to possessions which have been available for use after the decision to perform the *viśvajit* and before its performance, but which have not been used and so have accumulated. (Cf. JNMV and BhD).

316 The unused possessions which have accumulated after the decision to perform the *viśvajit* might possibly suffer destruction, and so they too should not be connected with the action of giving. (Cf. JNMV). (The translation of the initial view is uncertain.)

317 This is untraced, but ŚD etc. say it occurs at the original rite, i.e., the *jyotiṣṭoma*.

318 I.e., at the *viśvajit*. See 6.7.1.

319 The rite could not be continued beyond the midday pressing, when fees are given, for lack of a substance.

320 I.e., those from the start of the chapter.

321 BhD identifies these as hypothetical, but Śabara, ŚD, and JNMV do not.

322 The order of one-day rites is: *viśvajit, jyotis, go, āyus, āyus, go, jyotis, abhijit.*

indirectly by transfer,[323] that is to be given. No; because due to the strength of transfer on the basis of the name, which will be stated,[324] only the fee of all one's possessions is appropriate.[325] This is the view of the author of the *Bhāṣya*.

But the author of the *Vārttika* thinks that a single fee is to be given at the performance of the eight-day rite,[326] and therefore, in order to oblige the (other) seven days,[327] only a fee of a hundred and twelve (cows) should be given.

9. Because it is possible for even a small amount to be all of one's possessions, even a person with a small amount of wealth should be entitled.[328] No; because we understand from the statement, "If they (i.e., the priests) are not induced by this much, he should give even all his possessions", that at the *jyotiṣṭoma* all of one's possessions is (understood to be) only an amount more than a hundred and twelve (cows), and therefore only that much is appropriate here too.

10. At the installation rite, in the statement, "One (cow) should be given, six should be given, twelve should be given, twenty-four should be given, a hundred should be given, a thousand should be given, an unlimited number (*aparimita*) should be given", the word "*aparimita*" (unlimited, unmeasured) prohibits the measures (*parimāṇas*) stated, because if it prohibited anything that is a measure (i.e., all measures), it would result in (the injunction of) a performance which could not be done. No; because the word "*aparimita*" has the conventional sense of "many", and therefore it enjoins another number.

11. And because no distinction is stated, that number could be less than or greater than the numbers stated. No. Because it is taught in a sequence of ascending order, only a higher number should be understood.

---

323 The eight-day rite is a modification of the twelve-day rite, and the latter is a modification of the *jyotiṣṭoma*. See 10.3.11.

324 Topic 7.3.1 shows how transfer operates on the basis of a name. At 12.1.6, such transfer is seen to have greater strength than one based on an indication (*liṅga*), i.e., on a less direct source.

325 The fee of all one's possessions at the independent *viśvajit* rite is transferred to the first day here by force of the name "*viśvajit*".

326 See 10.6.17 and 18 for there being a single fee for an *ahargaṇa*.

327 I.e., to conform with the fee enjoined for the other seven days.

328 I.e., at the independent *viśvajit*. See 6.7.1.

12. In regard to the cooking of beans, which is taught in the statement, "So Barku Vārṣṇi said, 'Cook me beans'", only the *Vārṣṇis*[329] are entitled, because we hear about them. No. Because the only thing to be enjoined here is the cooking of beans, the connection with Barku Vārṣṇi is a statement of praise,[330] and therefore all are entitled. This is a hypothetical argument, because the statement forms a single sentence with the statement, "Therefore he should only eat what grows in the forest".[331]

13. At the thousand-year *sattra*, which is taught in the statement, "Five times fifty nine-versed (*trivṛt*) years (*saṃvatsara*), five times fifty fifteen-versed years, five times fifty seventeen-versed years, and five times fifty twenty-one versed years make the thousand year *viśvasṛjāmayana*", the long-lived *gandharvas* etc. are entitled;[332] or, because we understand from the statements, "A *brāhmaṇa* should lay his fire in the spring" etc., that only *brāhmaṇas* etc. possess the *āhavanīya* fire, men who are long-lived due to elixir etc. are entitled; or, because even elixir is only a cause of freedom from disease etc., the rite is performed by members of a family (i.e., in successive generations); or, because we understand that the result accrues only to the agent of the entire rite, by force of the injunctive statement long life is assumed (to be produced) for the performers of the *sattra*; or, because there is no word which denotes this[333] and it disagrees with direct perception etc., the phrase, "five times fifty", refers to persons, and so the *sattra* spoken of is possible for two hundred and fifty (persons) in four years, and therefore so many (persons) are entitled; or, because of the conflict with this statement, "At most twenty-four persons should participate in the *sattra*", and because of the praise of the months as years in the statement, "A month is a year", the *sattra* is performed in a thousand months; or, because this much time does not exist (for a person) after the installation of the fire, and because the twelve-day rite is spoken of as a year in the statement, "Indeed

---

329 The exact sense of "*Vārṣṇi*" is unclear. ŚB has "*Vārṣṇa*", which Sāyaṇa glosses as a descendant of someone named "*Vṛṣan*".

330 I.e., of the bean-cooking.

331 I.e., it serves to praise the eating of forest produce at the new- and full-moon sacrifices, not to enjoin the cooking of beans. In ŚB's account, Barku wanted food that was not used for the sacrifice, but he was mistaken in asking for beans, because they are used. The context of this is the sacrificer's evening meal on the day preceding the main offerings at the new- and full-moon sacrifices. See 2.1.8 and note.

332 The *gandharvas* are a class of supernatural beings.

333 I.e., that the rite produces long life.

the twelve days are the image of the year", the *sattra* is to be performed in thirty-three years and four months.[334] No. Because the statement of the image is only praise, and because of the coreferentiality (i.e., of the word "*saṃvatsara*" (year)) with the words "*trivṛt*" (nine-versed) etc.,[335] the word "*saṃvatsara*" (year) means a day, which is its (i.e., a year's) part, and therefore this *sattra* is to be accomplished in a thousand days. This is argued hypothetically, because even in another aeon (*yuga*), a person's lifetime is not longer than one hundred years.

Chapter 8

1. The *caturhotṛ* offerings taught at the statement, "For a person desirous of progeny, he should sacrifice with the *caturhotṛ mantra*",[336] are only for a person who has laid his fire, just like the *agnihotra* offering; and the statement, "Indeed this is the *iṣṭi* of a person who has not laid his fire (*anāhitāgneḥ*)", is for the sake of praising as an *iṣṭi* the action of one who has not laid his fire, an action which, by force of the statement, "He should recite (*vyācakṣīta*) the *caturhotṛ*",[337] takes the form of muttering (*japa*) the *caturhotṛ mantras* etc.;[338] or, on the basis of the (alternative) sense,[339] namely, that this *iṣṭi*, which has the nature of the *caturhotṛ* offering, is for a person who has not laid his fire, the *caturhotṛ* offerings are for both.[340] No. As it is new, this is enjoined on the basis of the genitive case suffix (i.e., in the word "*anāhitāgneḥ*" (of a person who has not laid his fire)) as a subsidiary of that one (i.e., of one who has not laid his fire), and so the offerings are only for one who has not laid his fire.[341]

---

334 I.e., twelve thousand days.

335 Here the words "*trivṛt*" (nine-versed) etc. are used in their secondary sense of a day-long *soma* rite which is connected with a particular *stoma*, i.e., number of verses used in a performance or in a day. The primary sense of these words is the *stoma*, i.e., the number of verses.

336 JNMV refers to this as an independent statement. For the independent use of the *caturhotṛmantra*, see ĀpŚS 14.13–15 and MŚS 5.2.14.2. See ŚK, Vol. I, English Section, Part I, pp. 199–200 and 205-10. See note at 3.7.4 for the *mantra*.

337 At TB 2.2.1.4, Sāyaṇa glosses "*vyācakṣīta*" as "*vispaṣṭam uccārayet*" (he should pronounce clearly).

338 I.e., the *iṣṭi* is still only for a person who has laid his fire.

339 I.e., the alternative sense of the sentence quoted above, "Indeed this is the *iṣṭi* of a person who has not laid his fire".

340 I.e., for both those who have and those who have not laid their fires. Neither of the two interpretations of the statement, "Indeed this is the *iṣṭi*" etc., blocks the other.

341 As a result, they are performed in a worldly fire.

2. But the offerings which are subsidiaries of the initiation (*upanayana*)[342] are to be performed in the *āhavanīya* fire only, because there is no statement (to the contrary).[343] And (the existence of) that fire is established before the inititation on the basis of the marriage rite and the installation rite.[344] And the statement, "He should bathe and take a wife",[345] refers to a wife whose purpose is (the production of) offspring.[346] No. Because in the absence of knowledge there is no possibility of the installation, and because in the absence of the initiation there is no possibility of knowledge, the installation does not precede (the initiation). Therefore those offerings should be performed in a worldly fire.

3. The *iṣṭi* which is taught for the lord (*sthapati*) (i.e., of the *Niṣādas*)[347] implies his installation of the *āhavanīya* fire. No. Because implication is introduced (only) in the absence of an independent injunction (i.e., of the installation); and because when there is an injunction, only the installation which is (thereby) enjoined brings about the *āhavanīya*, and therefore the installation by a person who is not a member of the three (higher) *varṇas* does not bring it about,[348] that *iṣṭi* too is performed in a worldly fire.

4. The *avakīrṇīṣṭi*, which is taught in the statement, "A celibate student who spills his semen should offer (i.e., kill) an ass for Nirṛti", should be performed in the *āhavanīya* fire after marriage. No. Because one cannnot even be a householder without (performing an) expiation for a slip in celibacy, the *iṣṭi* should be performed only in a worldly fire.[349]

5. The initiation (*upanayana*)[350] etc. are to be performed (only) at the time stated in the *smṛti* text, "Tonsure, initiation, the side-hair cutting rite (*godana*), and marriage should take place when the sun is travelling north, during the waxing fortnight, and under an auspicious *nakṣatra*",[351] while the

342 This is the initiation which marks the beginning of studentship.

343 I.e., unlike in the preceding topic, where the *iṣṭi* is specifically taught for someone who has not installed his fire.

344 The fire used to perform the subordinate offerings at the initiation must have been installed, and that can only have been done by someone who was married.

345 I.e., he should marry only after completing his studies. See 1.1.1 for the bath which marks the end of studentship.

346 I.e., it refers to a distinct marriage.

347 See 6.1.13.

348 Only members of the three (higher) *varṇas* are entitled in the installation.

349 Being a householder is a prerequisite for installing the *āhavanīya* fire.

350 This is the initiation which precedes studentship. See 2.3.3.

351 This quotation is from *gṛhyasūtra* literature. Śabara presents an initial view which claims that acts for the gods (*daiva*), such as the initiation, can be performed at any

rites for the ancestors should take place in the other fortnight, at the new-moon, etc.

6. The actions of asking for and purchasing, which are taught in the statements, "Initiated for twelve days, he should ask for the wages" and "He purchases the *soma*",[352] are for a person who lacks wealth and *soma*, and not for one who possesses them, because that would be pointless. No. Because in the absence of those (two actions) the unseen effect would not come about, and therefore the result would not come about, they are obligatory.

7. The statement, "Milk is the vow (*vrata*) of the *brāhmaṇa*",[353] applies in the absence of any other (edible) substance, the action of giving directions in the statement, "*Agnīdh*, distribute the fires",[354] takes place when this is unknown,[355] the statement, "He puts on a new garment",[356] applies in the absence of any other garment, the offering taught as accompanied by the *mantra*, "If the animal bleated",[357] takes place when the animal makes a sound, and (the recitation of the *mantra* taught in) the statement, "The one who hates us",[358] takes place when there is an enemy, because of the capacity (of these actions).[359] No. Because the absence of the various items

---

time. Since the other Mīmāṃsā texts give no quotations here, does Mahādeva's quote suggest a *caraṇa* affiliation?

352 These are taught at the *jyotiṣṭoma*. See 6.5.8 and 3.1.6. The second of these may be an abbreviation of the quote in JNMV: "He buys the *soma* with a red, reddish-brown eyed (heifer)".

353 This is taught at the *jyotiṣṭoma*. The word "*vrata*" (vow) refers to the substance one should eat. See 4.3.4.

354 This is taught at the *jyotiṣṭoma*. See 3.2.4 and 3.8.12.

355 I.e., when the requirement to distribute the fires is unknown. JNMV appears to say that it should occur at the new- and full-moon sacrifices, which is puzzling: "*agnīd agnīn vihare 'ti praiṣārthe pūrvam evā 'gnīdhreṇa buddhe 'pi darśapūrṇamāsayoḥ sa praiṣaḥ kartavyaḥ*". Perhaps this could be taken to mean that the *agnīdh* (=*āgnīdhra*) has understood the sense of the directions earlier, at the new- and full-moon sacrifices, but this seems unlikely.

356 This quote occurs in the TB for the *aśvamedha*. ŚD has the same quote, but gives no context for it. At 10.4.8 MNS mentions a new garment (*ahatavastra*) in what seems to be a reference to the *jyotiṣṭoma*. Śabara says that his quote, "The garment is made of *darbha* (grass)", is taught at the *vājapeya* rite.

357 This refers to the offering for the killed animal (*saṃjñaptahoma*) at the animal rite. (Schwab 71).

358 The context of this is unclear.

359 According to *Mayūkhamālikā* on ŚD, the first three of these serve as preparations of the person, which could be accomplished by other means; the last two destroy faults which have arisen from the bleating of the animal etc. None of these are obligatory. The *Kutūhalavṛtti* states that the first three of these serve to bring about satisfaction

etc.[360] are not taught as causes, and because the unseen effect from a restriction would not otherwise be established, these too are obligatory.

8. The vow of milk[361] should be performed even when there is anxiety about indigestion, because it is taught. No; because it would obstruct the main item.[362]

9. Because no distinction is taught in the statement, "He should offer (i.e., kill) an animal for Agni and Soma",[363] any animal whatsoever is to be offered, and the wording of the *mantra*, "(For Indra and Agni say the verse of invitation to the fat and to the marrow) of the goat", operates on (just) one option of this.[364] No. Because the teaching (i.e., of the *mantra*) as something obligatory would be inapplicable,[365] and because a *mantra*, just like an *arthavāda*, also provides a resolution to doubtful instances, a goat alone is to be understood. This is a hypothetical argument, because there exists a sentence, "A goat for Agni and Soma".[366]

This concludes the Sixth Book of *A Compendium of the Principles of Mīmāṃsā* by Vedāntin Mahādeva.

---

etc., which can be obtained from something else, that the fourth serves to remove the fault incurred if the animal makes a noise, and that the fifth would serve to stop an attack by an enemy, but need not be performed in the absence of an enemy.

360 I.e., the absence of food, the ignorance of the action to be done, the absence of a garment, the bleating of the animal, and the existence of an enemy.

361 I.e., the action of drinking it. See 6.8.7.

362 If the sacrificer were to become ill, it would obstruct the main item, i.e., the rite.

363 This is taught at the *jyotiṣṭoma*.

364 I.e., when a goat is killed. The verse of invitation is ṚV 6.60.3.

365 I.e., if the goat were considered just one of a number of options. On the basis of context, the *mantra* is understood as an obligatory subsidiary in the rite, and on the strength of conventional meaning, it makes known only a goat. Śabara includes in his initial view the claims that on the basis of its etymology, the word "*chāga*" (goat) might possibly refer to a horse whose masculinity (*gamana*) has been cut off (*chinna*), or to any horse (*aśva*), since there is a similarity in the vowels of the words, or to any animal in which a hole (*chidra*) has been produced by removing its omentum at the anmal rite.

366 JNMV claims that if this last statement occurs in a different *śākhā*, then the topic may be considered hypothetical. BhD says that the topic is considered on the hypothesis that the statement does not occur in a different *śākhā*. Neither Śabara nor ŚD have comments about this.

Book 7

Chapter 1

1. The fore-sacrifices etc. and the *dīkṣaṇīyā iṣṭi* (initiation *iṣṭi*) etc., which are taught in the context of the new- and full-moon sacrifices and the *jyotiṣṭoma* sacrifice (respectively), are for the sake of the action of sacrifice,[1] because if they were done for the sake of the unseen effect,[2] the difference (i.e., between them and the actions of sacrifice) would not come about, and because in the actions of beating, grinding, etc.[3] a connection with the action of sacrifice is directly perceived. And because the *saurya* rite, the *śyena* rite, etc.[4] are also actions of sacrifice, all (subsidiary actions, i.e., the fore-sacrifices, the *dīkṣaṇīyā iṣṭi*, etc.) are for the sake of all (sacrifices) on the basis of direct teaching (*upadeśa*), and therefore the Seventh Book etc. need not be undertaken.[5] No. Because the unseen effect possesses a result and so is the chief item,[6] and because its means of coming about are (at first) unknown, (both) the means and the manner of performance are connected at first just with it;[7] (and) subsequently, by the connection (i.e., of the fore-sacrifices etc.) with the action of sacrifice, through the relation of subordinate item to main item, the difference (i.e., in the fore-sacrifices etc.) from a sacrifice comes about appropriately; consequently, the features (of a rite)[8] are connected with a particular unseen effect and a particular action of

---

1 I.e., the action of the main sacrifices at the new- and full-moon sacrifices and the *jyotiṣṭoma* sacrifice. See CH 15 for the *dīkṣaṇīyeṣṭi*.

2 I.e., the unseen effect of those two rites.

3 The actions of beating and grinding are, like the fore-sacrifices, subsidiaries of the new- and full-moon sacrifices. See 2.1.3 and 3.1.5 (note).

4 The *saurya* rite referred to here is presumably the offering of *caru* to Sūrya for one desirous of priestly luster. See 2.3.5. It is a modification of the new- and full-moon sacrifices. The *śyena* is a modification of the *jyotiṣṭoma* sacrifice.

5 Transfer (*atideśa*), considered at first generally, and then in regard to specific instances, is the topic of Books Seven and Eight. Books Nine deals with the required modifications of items which undergo transfer, and Book Ten deals with the blocking of items which would have applied on the basis of transfer. The point made here is that transfer itself does not occur because modified rites are as much sacrifices as original rites, and the subsidiaries assist anything that is a sacrifice.

6 The action of sacrifice is subordinate to it and lacks a result.

7 The means is the action denoted by the root "*yaj*" (to sacrifice), and the manner is supplied by the fore-sacrifices etc.

8 I.e., the fore-sacrifices etc.

sacrifice which has become the means of bringing it about. And in this way context too is obliged,[9] and therefore (the Books dealing with) transfer (*atideśa*) etc. are to be undertaken.

2. Following the statements, "He makes the *iṣu* the *viṣṭuti*" and "The *sāman* is the *saptaha*",[10] the statement which is taught, "The rest (*itara*) is the same as the *śyena*",[11] makes subsequent reference to the features of the *soma* rite, the occurrence of which in the *śyena* rite is obtained by transfer, but it does not bring about the red turban etc., which are special to the *śyena* rite, because they are not nearby.[12] No. Because the word "*itara*" (rest) is taught (i.e., heard) after the statement of special characteristics,[13] it refers to special characteristics, and so in order to make the statement meaningful,[14] it brings about the special characteristics of the *śyena* rite, even though they are not nearby.[15]

3. At the *cāturmāsya* sacrifice, there are four *parvans*: the *vaiśvadeva*, the *varuṇapraghāsa*, the *sākamedha*, and the *śunāsīrīya*.[16] There, the transfer of

---

9 It would otherwise be pointless.

10 These describe the one-day *soma* rite called the "*iṣu*". *Viṣṭutis* are the particular patterns whereby the three verses which are to be sung at a *stotra* in three "rounds" (*paryāyas*) may be repeated so as to produce the required *stomas* (numbers of verses). Such arrangements are laid out in diagrams using blades of grass. The *Vedārthaprakāśa* on ṢaḍB says that the *viṣṭuti* here is named the "*iṣu*" (arrow); the *Prabhā* on ŚD says that it has an arrow's shape, or that it is laid out with arrows.

11 The *śyena* is also a one-day *soma* rite.

12 The word "*itara*" (other) functions with reference to something nearby. The features of the *jyotiṣṭoma* have been brought into the *iṣu* sacrifice by transfer, and so are nearby. They have also been brought into the *śyena* sacrifice, and so the statement of their similarity is appropriate. See 10.4.1 for the red turbans at the *śyena* rite.

13 I.e., the *sāman* being the *saptāha* etc. ŚD has "*ādi*" (etc.) in the plural here. BhD refers to the finale of the *sāman* as being"*vaṣaṭkāra*" (see *Prabhāvalī's* quote in text). Or could this be is a reference to the fee of the *iṣu* being the gift of a brown horse to a *brāhmaṇa*? See ĀpŚS 22.7.19.

14 Since the features of the *jyotiṣṭoma* would apply at the *iṣu* sacrifice through transfer, the interpretation offered in the initial view would make the statement pointless.

15 Śabara explains that the word "*itara*" (rest) denotes not just something nearby, but also something which is similar to what has been stated. The special characteristics of the *śyena* rite are covered by this second sense.

16 These occur at the beginning of spring, the rainy season, the fall, and "two, three, or four days, or a half a month, or a month, or four months later" (*tato dvyahe tryahe caturahe 'rdhamāse māsi caturṣu vā māseṣu śunāsīrīyeṇa yajeta*) (ĀpŚS 8.20.1). See Kane, HDS, Vol. II.2, pp. 1091-1106. The manuscripts here all have the variant form *sunāsirīya* for *śunāsirīya.*

the *brāhmaṇa* of the (first) five offerings of the *vaiśvadeva* rite[17] to those of the *vāruṇaprāghāsa* rite, which is taught in the statement, "Five offerings have just this *brāhmaṇa* which the others (i.e., those at the *vaiśvadeva* offerings) have", transfers only the *arthavāda*,[18] because in as much as an injunction together with an *arthavāda* operates as an injunction, there is a connection (i.e., of the injunctions of the offerings) only with the *arthavādas*.[19] No. Only when a sentence has formed a single sentence with sentences teaching subsidiaries does it enjoin the complete offering, and so there is a transfer of the injunctions of subsidiaries as well, such as, "There are nine fore-sacrifices"[20] etc.

4. Likewise, at the *sākamedha* sacrifices there is a cake on eleven pans offered to Indra and Agni, and one on a single pan for Viśvakarman. There too there is a transfer of the entire group (i.e., of *arthavāda* and subsidiaries) on the basis of the statements, "The offering to Indra and Agni has this *brāhmaṇa* (which the other has)" and "The offering on one pan has this *brāhmaṇa* (which the other has)".[21]

5. Since many features are taught for the offering of a cake on one pan to Dyāvāpṛthivī in the *vaiśvadeva* rite,[22] in order that the statement should serve many purposes,[23] there is a transfer of just the *brāhmaṇa* of that offering, and not the *brāhmaṇa* of the offering of a cake on one pan to Ka in the *varuṇapraghāsa* rite, because only a few features are taught there, namely, "The spoons are made of gold or of *śamī* wood".[24] No. Because the

17 These are the first five of a group of eight offerings which are taught there. For these see TS 1.8.2 and ĀpŚS 8.2.2 and 3, with Caland's notes. See also 1.4.11.

18 According to Śabara, ŚD, and JNMV, this is the statement, "*vārtraghnāni vā etāni havīṃṣi*" (Indeed these offerings are for Vṛtraghna (i.e., Indra)) (MS 1.10.5 (145.19)).

19 The point here is that the injunctions of the subsidiaries of the five offerings are not also transferred, even though they too are taught in the *brāhmaṇa*.

20 This is taught for the *vaiśvadeva* sacrifice. See 10.3.1.

21 Cakes on one pan for Dyāvāpṛthivī and for Ka are taught in the *vaiśvadeva* and *varuṇapraghāsa* rites respectively. A cake on twelve pans for Indra and Agni is taught at the *varuṇapraghāsa*. The description of transfer presented here is for the purpose of the following topic.

22 See 7.1.4.

23 I.e., the statement which enjoins the transfer of the *brāhmaṇa* into the *sākamedha* rite.

24 Prosopis spicigera Linn. For the various woods prescribed for the spoons at the new- and full-moon sacrifices, see ĀpŚS 1.15.10.

brāhmaṇa of the *varuṇapraghasa* rite is directly adjacent;[25] because there is an association (i.e., of the offering to Viśvakarman in the *sākameda* rite) with the offering of the cake on eleven pans to Indra and Agni,[26] which has the *brāhmaṇa* of the cakes on twelve pans for Indra and Agni in the *varuṇapraghāsa* rite;[27] and because even without a statement, it would be possible to obtain the features of the *vaiśvadeva* rite, and so their transfer would be pointless,[28] only the conditions of being made of gold etc. should occur here.

Chapter 2

1. In the statements, "He sings the *rathantara* (*sāman*) on the *kavatī* verses"[29] etc., because the word "*rathantara*" is used for a verse (*ṛc*) qualified by song, it is just that which is transferred. No. Because the song alone is the meaning of the word, due to the principle that (a cognition) in which a qualifier is not comprehended does not (arise),[30] and because otherwise the transfer would be impossible, the song alone is transferred.

---

25 By contrast, the *brāhmaṇa* of the *vaiśvadeva* rite is separated from the *sākamedha* by the *varuṇapraghāsa*.

26 See 7.1.4.

27 This is awkward. The *brāhmaṇa* from the *varuṇapraghāsa* rite dealing with the cake on twelve pans for Indra and Agni is transferred to the offering of the cake on eleven pans to these deities at the *sākamedha* rite. Such a *brāhmaṇa* is not taught at the *vaiśvadeva* rite. JNMV refers to the association of the two *brāhmaṇas* taught at the *varuṇapraghāsa* rite as a grounds for transferring the *brāhmaṇa* for the offering to Ka to the *sākamedha*: "*aindrāgnabrāhmaṇaṃ tatratyam evā 'tidiśyate. vaiśvadeve tadabhāvāt. tatsāhacaryād idam api tatratyam eva*" (It is the *brāhmaṇa* for the offering to Indra and Agni which occurs just there (i.e., at the *varuṇapraghāsa parvan*) that is transferred, since it (i.e., a *brāhmaṇa* for the offering to Indra and Agni) is absent at the *vaiśvadeva parvan*. From association with that, this one too (i.e., the *brāhmaṇa* liable to be tranferred) is just the one taught there (i.e., at the *varuṇapraghāsa parvan*)).

28 The *vaiśvadeva* is recognized as the original rite among the *cāturmāsya* sacrifices.

29 This is taught for the first *pṛṣṭhastotra* on the tenth day of the twelve-day *soma* rite (Cf. BhD and *Prabhā* on ŚD). The *kavatī* verses, literally, "those with the word "*ka*" (who)", are the verses which start with the word "*kayā*" (By which?). The *vāmadevya sāman* is studied on these verses, and the *rathantara sāman* is studied on the verses starting with "*abhi tvā*". The issue here is to determine just what the term "*rathantara*" transfers.

30 When the word *rathantara* is employed in regard to a verse qualified by song, the song is necessarily denoted; when the song (itself) is denoted, the verse, which is inseparable from it, is understood from that denotation; therefore, there is no need to

Chapter 3

1. At the statement, "He offers the *agnihotra* for a month",[31] the word "*agnihotra*" does not transfer the features of the obligatory *agnihotra*, because in as much as it conveys its primary meaning at both rites alike, it does not convey a secondary meaning.[32] No. By the principle that, "There is a passage which establishes that",[33] the word "*agnihotra*" denotes only the obligatory *agnihotra*, and so it transfers its features.[34]

2. At the twelve-day *soma* rite, the first day is the "*prāyaṇīya*", (and) that name should transfer features to the *gavāmayana* rite,[35] by the principle stated in the preceding topic. No; because the cases are different, in as much as the etymologically based meaning (i.e., of the word "*prāyaṇīya*"), "that by which they begin (*prayanti*) the rite", applies equally at both rites.[36]

3. The statement, "The *viśvajit* rite has all the *pṛṣṭhas* (*sarvapṛṣṭha*)",[37] makes subsequent reference to the four *stotras* called "*pṛṣṭha*", which have been obtained from the *jyotiṣṭoma*;[38] or,[39] by the force of the word "*sarva*" (all),[40] it brings about a collection of the *rathantara* and the *bṛhat pṛṣṭha*-

---

assume denotative power in regard to the verse; therefore it is just the song which is denoted by the word. (Cf. ŚD). The *Prabhā* and the *Mayūkhamālikā* on ŚD refer to the topic on "*ākṛti*" (i.e., *jāti*) for the principle quoted here. This is 1.3.10 (second *varṇaka*), where the *jāti*, rather than the individual, is established as the meaning of a word.

31 This statement occurs at the *kuṇḍapāyināmayana*, a year-long *soma* rite. See 2.3.11.

32 I.e., in the statement quoted here. Only if the primary sense of the name were inapplicable here would the secondary sense function to transfer features of the rite.

33 This principle teaches that a word may be a name if there exits a passage which conveys the information which the word would convey if it were not recognized as a name.

34 See 1.4.4 for the argument that "*agnihotra*" is a name.

35 Specifically, to the first day of the *gavāmayana*, which is also called the "*prāyaṇīya*". The *gavāmayana* is a year-long *soma* rite.

36 Since the name denotes its primary sense, i.e., "a beginning", at both of the two rites, it conveys a secondary sense at neither, and therefore it does not cause a transfer of features.

37 The *viśvajit* is a one-day *soma* rite. The *pṛṣṭhas* are the four *stotras* sung after the *mādhyaṃdinapavamānastotra* in the *jyotiṣṭoma*. (CH 199b, 203, 207, 212).

38 See 1.4.3.

39 An alternative is introduced because the first interpretation is pointless. The four *pṛṣṭhastotras* would apply at the *viśvajit* by transfer.

40 I.e., in the compound "*sarvapṛṣṭha*" (having all (*sarva*) the *pṛṣṭhas*).

stotras, which are optional (with each other).[41] No. In as much as the primary meaning of the word "*sarva*" (all) is "many",[42] on the basis of the word "*sarva*" there is a transfer of the six *pṛṣṭhas* which are to be produced by the *rathantara*, *bṛhad*, *vairūpa*, *vairāja*, *śākvara*, and *raivata sāmans*;[43] this is due to the force of the statement, even though it (i.e., the *viśvajit*) is not a modification of the six-day rite.[44]

4. At the statement taught at the *varuṇapraghāsa* rite,[45] "With the scrapings of the (*āmikṣā*) offering to Varuṇa and the husks (of barley) they proceed to the final bath rite (*avabhṛtha*)",[46] through subsequent reference to the action of pouring out the (*praṇītā*) water at the new- and full-moon sacrifices,[47] which is praised as the final bath in the statement, "This indeed is the final bath of the new- and full-moon sacrifices", and obtained (here) by transfer, the scrapings and the husks are enjoined. No. Because the word "*avabhṛtha*" (final bath) primarily denotes the final bath of the *soma* rite, due to its syntactic agreement with the action which is to be enjoined in the statement, "They perform (*caranti*) the final bath (*avabhṛtha*) (*avabhṛthena*)",[48] and due to its abundant usage (in just that sense); because through its connection with water it is applied by secondary signification to the pouring out of water, for the sake of praise;[49] and because there would be distinct sentences if this were to enjoin many items through a subsequent

---

41 The two *pṛṣṭhastotras* referred to here are brought about by the *rathantara* and *bṛhad sāmans* respectively. One or the other serves as the initial *pṛṣṭhastotra* at the *jyotiṣṭoma*.

42 I.e., and not "both".

43 *Pṛṣṭhas* (i.e., initial *pṛṣṭhastotras*) produced by these six *sāmans* are enjoined one after the other for the six-day period in the twelve-day rite. See Eggeling, SBE, Vol. XXVI, Part 2, p. 405, note 2, and Vol. XLI, Part 3, pp. xx etc. (here Eggeling comments directly on rites which are taught to have all the *pṛṣṭhas*). See 10.6.5.

44 Rather, it is a modification of the *jyotiṣṭoma*.

45 This is performed at the second *parvan* of the *cāturmāsya* sacrifices.

46 See 11.2.14.

47 See ĀpŚS 4.14.1 for this.

48 Specifically, it is in syntactic agreement with the root *car* (to perform) in the word "*caranti*" (they perform). See CH 254d.

49 This accounts for its use in the statement, "This indeed is the final bath of the new- and full-moon sacrifices".

reference to one, a distinct rite which has the features of the final bath[50] is enjoined.[51]

5. And because direct teaching is stronger than transfer, that rite[52] does not have the cake as its substance,[53] but just the husks and scrapings which are taught.

6. The word "*vaiṣṇava*", which is taught at the *rājasūya* rite in the statement, "A cake on three pans for Viṣṇu (*vaiṣṇava*)",[54] should transfer features such as (the *prastara* (bundle)) being made of *aśvavāla* cane[55] etc., which occur at the (offering of the) cake on nine pans for Viṣṇu (*vaiṣṇava*) at the *ātithyā* rite,[56] by the principle of the month-long *agnihotra*.[57] No; because the word "*vaiṣṇava*"[58] enjoins the deity by direct statement, and therefore is not used in a secondary sense.[59]

7. At the statements, "They bake the bricks with the *nirmanthya* (fire)", "He strews the hole for the post with *barhis* (grass)", and "He anoints the animal with ghee (*ājya*)",[60] the words "*nirmanthya*",[61] "*barhis*", and "*ājya*" should transfer the action of rubbing (out a fire), which occurs at the animal

---

50 I.e., the final bath of the *soma* rite.

51 The word "*avabhṛtha*" primarily denotes the final bath at the *soma* rite. Here it is used with the intention of expressing similarity to that rite. It serves to enjoin a distinct rite, causing the transfer of the features from the *soma* rite.

52 I.e., the distinct rite, similar to the final bath, which was identified in the preceding topic.

53 The cake would have been obtained through transfer from the final bath at the *soma* rite.

54 This is part of the *trisaṃyukta* offering. See Heesterman, p. 42.

55 Saccharum spontaneum Linn.

56 The *ātithyā iṣṭi* (guest *iṣṭi*) takes place at the *jyotiṣṭoma*. (CH 39 and 44). The offering under discussion is taught there in the statement, "There is a cake on nine pans for Viṣṇu (*vaiṣṇava*)" (ĀpŚS 10.30.12). The particular feature of the *prastara* (bundle) being made of *aśvavāla* is taught in ĀpŚS 10.30.3. The claim made here is that the word "*vaiṣṇava*" should transfer such features from the *ātithyā iṣṭi* to the offering at the *rājasūya*.

57 See 7.3.1.

58 Literally, "an offering substance for Viṣṇu".

59 If the primary sense were inapplicable, the secondary sense would effect a transfer of features.

60 The first of these is taught at the fire-piling rite (*agnicayana*), the second and third at the animal rite. See 3.8.17 and 4.2.1.

61 Literally, a fire "to be rubbed out" (i.e., out of the fire sticks). See 1.4.10.

sacrifice,[62] and the features of the *barhis*[63] and the ghee,[64] which occur at the new- and full-moon sacrifices, in order that features should be obtained. No. In as much as we understand the actions of rubbing (the fire out of the fire sticks) etc. just from the world,[65] and in that way features are obtained, there is no transfer;[66] but rather these are injunctions of subsidiaries with regard to the actions of baking (bricks) etc.[67]

8. At the *cāturmāsya* sacrifices, the statement, "They lead forward (*praṇayanti*) (the fire) at two (of the four *parvans*)", enjoins the action of leading forward (the fire), together with its features, which occurs in the *soma* rite, because it has not been obtained.[68] No. Because the word "*praṇayati*" (he leads forward) does not denote that,[69] the one (i.e., the action of leading forward the fire) which occurs in the new- and full-moon sacrifices, although obtained by transfer, is enjoined once again, for the purpose which will be stated.[70]

9. That[71] should occur at any two,[72] because there is no distinction (stated); or, on the basis of the prohibition of the (action of setting up the) *uttaravedi*, which (action) exists for the sake of the action of leading forward the fire, in the statement, "At the *vaiśvadeva parvan* he does not set up the

---

62 See ĀpŚS 7.12.10 ff. and Schwab 47. This takes place just before animal is bound to the post. The *Prabhā* on ŚD refers here to features such as the action of setting down the *adhimanthanaśakala*, that is, the chip of wood on top of which the lower kindling wood is placed when the fire is rubbed out. See Schwab 47 (pp. 78–9).

63 I.e., such as the action of cutting it. See 3.2.1.

64 I.e., such as the action of purifying it. See 1.4.8 (note).

65 Here JNMV lists also the action of cutting the *barhis* (grass).

66 Here the terms function in their primary sense, just like the word "*vaiṣṇava*" in the preceding topic.

67 The word "*nirmanthya*" teaches the action of rubbing, and the words "*barhis*" and "*ājya*" teach particular substances.

68 By contrast, the action of leading forward the fire which is taught at the new- and full-moon sacrifices has been obtained here by tranfer. See CH 196c for the action of leading forward the fire at the *jyotiṣṭoma*.

69 I.e., it does not denote the action of leading forward as it occurs in the *soma* rite. Instead, it denotes the action of leading forward as is understood from the world, and so functions just like the words "*nirmanthya*" etc. discussed in the preceding topic (JNMV).

70 I.e., in the following topic. See NVO, p. 1, for the action of leading forward the fire at the new- and full-moon sacrifices.

71 I.e., the action of leading forward the fire discussed in the preceding topic.

72 I.e., at any two of the four *parvans*.

uttaravedi, nor at the *śunāsirīya*", it should occur at just those two.[73] No. Because of the praise of the middle two *parvans* as thighs in the *arthavāda* statement, "It goes by the two, indeed the *varuṇapraghāsa* and the *sākamedha* are the thighs of the sacrifice", the fire is led forward at just those two; it is enjoined once again[74] in order to fix the location of the *uttaravedi* which is taught in the statement, "He lays the fire in the *uttaravedi*".[75] And the two statements of prohibition which were quoted[76] are made for the sake of excluding from the first and last *parvans* the construction of the *uttaravedi* which is taught by the statement, "They set up (the *uttaravedi*) here (i.e., at the *cāturmasya* rite)".

But in the *Vārttika* these seven *sūtras*[77] make up a single topic, because in the absence of an injunction there is no *arthavāda*, because it is impossible to exclude even from the first and the last *parvans* the *uttaravedi* which is enjoined through subsequent reference to the laying of the fire which occurs at the original rite, and because when the condition of occurring at the middle *parvans* is established for the construction (of the *uttaravedi*) through the exclusion of the first and the last *parvans*,[78] the condition of occurring at the middle *parvans* is established for the injunction of employment[79] as well, which expects that (i.e., the construction), and so the statement, "They lead forward (the fire) at two (of the four *parvans*)", is pointless. Even if there is a fixed determination for the *uttaravedi*[80] on the basis of the statement, "They lead forward (the fire) at two (of the four *parvans*)",[81] the construction (of the *uttaravedi*), which has an expectancy for an injunction of employment, likewise has the middle *parvans* for its range, and therefore there is no avoiding the pointlessness of the statement, "At the *vaiśvadeva* he does not set up (the *uttaravedi*, nor at the *śūnāśirīya*)",

73 The prohibition makes sense only if the *uttaravedi* would have been set up at the *vaiśvadeva* and *śunāsirīya parvans*.

74 It has already been obtained by transfer. See 7.3.8.

75 The injunction, "He lays the fire in the *uttaravedi*", leaves unspecified at which of the four *parvans* this is to occur. The repeated injunction of the action of leading forward the fire, accompanied by the *arthavāda*, serves to state that it should occur only in the middle two *parvans*.

76 I.e., "At the *vaiśvadeva parvan* he does not set up the *uttaravedi*, nor at the *śunāsirīya*".

77 I.e., the *sūtras* which underlie topics 8 and 9. These are JS 7.3.19–25.

78 I.e., by the two prohibitions.

79 I.e., the injunction, "He lays the fire in the *uttaravedi*".

80 I.e., that it should occur in the middle two *parvans*.

81 This would be produced by the accompanying *arthavāda*.

and so what was said is improper. Instead,[82] this makes subsequent reference to the action of leading forward which occurs at the original; or,[83] the action of leading forward which occurs in the *soma* rite, and in which the *uttaravedi* is excluded from the first and the last *parvans*, is enjoined;[84] but if it is an injunction of the middle two *parvans*, then because the *uttaravedi* is established there as well by the force of that (injunction), the statement, "(They set up the *uttaravedi*) here", teaches an injunction[85] and the statement, "At the *vaiśvadeva* he does not (set up the *uttaravedi*, nor at the *śūnāśirīya*)", teaches a prohibition,[86] and so there arises an option at the first and last *parvans*. No. Because there would result secondary signification,[87] and because of the statement in another *śākhā*, namely, "The two of them lead forward the two fires from the *āhavanīya* fire", this statement too, which has the same meaning as that one (i.e., the one from the other *śākhā*), enjoins a new action of leading forward;[88] and because the construction of the *uttaravedi*, which occurs in the middle two *parvans*, due to the *arthavāda* of those two, is excluded from the first and the last, the injunction of employment, namely, "He lays the fire in the *uttaravedi*", applies only to the middle two *parvans*.

10. At the *gavāmayana* rite,[89] between the two groups of six months there is the day called the *viṣuvat*; on both sides of it there are three *svarasāman* days;[90] on those days there are features such as the continuity of draughts,[91] the seventeen-versed *stoma*,[92] etc.; the word "*svarasāman*",

82 Here begins the reinterpretation of the seven *sūtras* as one topic.
83 This is introduced because subsequent reference would be pointless.
84 I.e., through secondary signification.
85 I.e., of the construction of the *uttaravedi* at the first and last *parvans*.
86 I.e., of the construction of the *uttaravedi* at the first and last *parvans*.
87 The word "*praṇayanti*" would refer to the leading forward at the *soma* rite.
88 The action of leading forward in the original rite leads to the production of the *āhavanīya* fire, whereas the new action has the *āhavanīya* as its point of departure.
89 This is a year-long *soma* rite.
90 According to Caland at TāB 4.5.1, there are four *sāmans* called "*svara*" which are chanted at the *ārbhava stotra* on these days.
91 At TB 1.2.2.3–4, Sāyaṇa specifies the *mantras* which are to accompany the three *atigrāhya* draughts which are to be drawn on the three consecutive days. He says that the fact that the first occurs on the first day, the second on the second, and the third on the third, accounts for their continuity (*sāṃtatya*).
92 Each *stotra* on these days is made up of seventeen *stotrīya* verses (Caland at TāB 4.5.5).

which occurs at the statement, "There is a *pṛṣṭhya* six-day rite,[93] there are two *svarasāman* days",[94] does not transfer those features (i.e., from the *gavāmayana*), because like the word "*vaiṣṇava*", it refers to a subordinate item.[95] No. At the six-day rite, which is included in the eight-day rite which was spoken of, the nine-versed, the fifteen-versed, the seventeen-versed, the twenty-one-versed, the twenty-seven-versed, and the thrirtythree-versed *stomas* have been obtained by transfer,[96] and so after the injunction of the transposition of the seventeen-versed and the thirty-three-versed *stomas*, which occur in the third and the sixth days, because the statement in the *arthavāda*, "For uninterruptedness of the three seventeen-versed", makes subsequent reference to the seventeen-versed *stoma* in the last (three) days as something established, there is a transfer.[97]

11. At the statement, "He gives a cloth (*vāsas*), he gives a cart (*anas*)",[98] the words "*vāsas*" (cloth) and "*anas*" (cart) denote the actions of weaving, fashioning, etc., and so both of these actions should be carried out at the performance.[99] No; because the two words denote the *jāti* (i.e., the conditions of being a cloth and a cart).[100]

12. At the three-day rite of Garga,[101] following the statement (i.e., introduction) of the *ājyadoha sāmans*, at the statement, "He should praise (with them, i.e., sing them) having set down a fire (*agni*) nearby", the fire is the prepared (i.e., *vedic*) one, because it has an expectancy for employment. No. Because on the basis of the statements, "He offers in the *āhavanīya*", "He cooks the offerings in the *gārhapatya*", etc., the prepared fire has no expectancy, because the word "*agni*" (fire) denotes only the *jāti* (i.e., the

93 The *pṛṣṭhya* six-day rite is taught as a component of the twelve-day rite. In it, the *stomas* increase on the six days, from the nine-versed through to the thirty-three-versed. See Eggeling, SBE, Vol. XXVI, Part 2, p. 402, note 4.

94 Śabara etc. simply say this occurs "elsewhere" (*anyatra*). Mahādeva refers to it below as occurring at an eight-day *soma* rite.

95 See 7.3.6.

96 See note above.

97 The last three days will all have the seventeen-versed *stoma* if the final two obtain this feature by transfer from the *gavāmayana*.

98 This seems to refer to fees which are given at the *jyotiṣṭoma*, although Śabara etc. make no reference to its context.

99 I.e., before the cloth and cart are given. JNMV compares these words with the word "*yūpa*" (post), which is used to denote the preparatory actions of cutting, fashioning, etc.

100 Consequently, they do not transfer actions.

101 This is a *soma* rite.

condition of being fire), because of the direct statement of the expiation when the (prepared, i.e., *vedic*) fire is led elsewhere, namely, "When the fire of one who has installed his fire falls out of its fireplace",[102] (and) because even the statement, "Those (priests) are for the sake of all (actions, because they have been employed, and also the fires (are for the sake of all sacrifices, main and subordinate), because they have their own times (i.e., they are not enjoined for the times of the sacrifices))",[103] has as its range instances of employment which are specifically stated,[104] a wordly fire is to be set down nearby.[105]

13. At the group of eleven posts (*yūpas*),[106] in the statement, "The *upaśaya*[107] is the post (*yūpa*)", the word "*yūpa*" (post) is employed with secondary signification, and so there is a transfer of features.[108] No. Because the features of the post are for the sake of the (main) act, and because on the basis of the statement, "The *upaśaya* has no animal", there is no action of tying the animal to the *upaśaya*, this is a statement of praise, like the statement, "The sacrificer is the post (*yūpa*)".[109] But the actions of cutting

---

102 See TB 3.7.1.3: "When the fire of one who has installed his fire falls out of its fireplace, he is indeed deprived of his strength and manliness. If it falls within the distance he could throw a *śamyā*, he should collect it reciting the verse, 'Here is one for you (etc.)'".

103 This is JS 3.7.39. See 3.7.19 and 20.

104 I.e., which are stated as being for specific priests or specific prepared fires.

105 Consequently, the word "*agni*" does not transfer preparations such as the installation.

106 This refers to a performance of the *soma* rite in which eleven animals are killed. According to ĀpŚS 14.5.1, eleven animals are optional with the "animals for the rite" (*kratupaśus*), which Rudradatta identifies in his commentary as the goat for Agni at the *agniṣṭoma* etc., i.e., the goat for Agni at the *agniṣṭoma*, the goat for Indra and Agni at the *ukthya*, the ram for Indra at the *ṣoḍaśin*, and the ewe for Sarasvatī at the *atirātra*. In the basic form of the *jyotiṣṭoma*, the goat for Agni referred to here is the *savanīya* animal. Concerning the animals for the rite, traditions vary as to whether a single animal is offered at the *ukthya* etc., or whether at each subsequent rite in this list the animals designated for the preceding rites are also offered (ĀpŚS 12.18.12–14). See 9.3.8 for the latter view. There seems to be a distinct tradition whereby eleven animals are offered in place of each of the three animals of the *jyotiṣṭoma*. Smith, pp. 194–5, presents this view, referring to BŚS 23.14. See also 8.1.7, and the note there which lists the eleven animals.

107 Literally, the "one which lies close by".

108 I.e., features such as the actions of winding it around with a rope etc.

109 This is quoted by Śabara at JS 1.4.22 (ĀĀ; JS 1.4.25 (Jha)), which is the basis for topic 1.4.15 above. Śabara's quote is untraced, but is identical to quotes in AiB and ŚB, which are used in reference to the animal rite at the *soma* sacrifice and the

etc., which are specifically stated, do in fact occur.[110] The post which is to be erected (*nikheya*)[111] to the south of the eleven posts is the *upaśaya*.[112]

14. At the statement, "He worships (it) (*upatiṣṭhate*) with the *pṛṣṭhas* (*pṛṣṭhaiḥ*)",[113] in compliance with the word "*pṛṣṭha*", which occurs at the beginning (of the statement) and denotes a *stotra*,[114] we understand that (the

---

aśvamedha, respectively, and is similar to a quote in TB, which is used when the post is wrapped in cloth at the *vājapeya* rite.

110 JNMV refers here to the actions which are not accompanied by *mantras*.

111 This is not completely clear. One view of the *upaśaya* holds that it is not erected, but rather lies on the ground. ĀpŚS 14.5.8 states that one should fashion the entire *upaśaya* (i.e., in contrast to other posts, where the bottom portion is left unfashioned because it will be implanted in the ground), "*sarvam upaśayaṃ takṣati*". In his commentary, Rudradatta offers this etymology: "It (merely) lies (*śete*) in the proximity of the (other) posts, and is not fixed (i.e., erected) (*sthāpyate*), hence it is called '*upaśaya*'" (*yūpasamīpe śete na sthāpyata ity upaśayaḥ*). A different view seems to be expressed by Sāyaṇa in his commentary on ŚB 3.7.2.1, where that text states, in reference to the *upaśaya*, "one places it down to the south" (*taṃ dakṣiṇata upanidadhāti*). Sāyaṇa says, "one should dig it into the ground in a place south of the posts and fix it there silently (i..e, without reciting *mantras*)" (*taṃ yūpānāṃ dakṣiṇadeśe bhūmau nikhātaṃ kṛtvā tūṣṇīṃ sthāpayet*). In parallel remarks on the present topic, JNMV says of the *upaśaya* that it is "*avasthāpita*" (fixed or placed), and BhD refers to it as a piece of wood which is "*sthāpanīya*" (to be fixed or placed). The commentaries cited above appear to offer opposing views, unless we are somehow to understand that the ground is dug up where the *upaśaya* will lie. This seems unlikely, and I do not know of any evidence for it. Conceivably one could read "*'nikheyo*" (not to be erected) in Mahādeva's text, but that seems very awkward.

112 An alternative translation of the Sanskrit would be, "Of the eleven posts, the post which is to be erected (*nikheya*) to the south is the *upaśaya*". (See note above). The translation above supposes that the *upaśaya* is not one of the eleven, which is the case. It is the twelfth of thirteen posts, the final one being reserved for an animal rite for Tvaṣṭṛ with the wives. See 2.3.8 and 9.4.14. (See TS 6.6.4, with Keith's notes, and ĀpŚS 14.5.6, 8–9). In both editions of JNMV, the *upaśaya* is referred to as the eleventh post: "*tatra dakṣinato 'vasthāpita ekādaśo yūpa upaśayaḥ*" (There (i.e., among the group of eleven posts) the eleventh post, which is placed (fixed) to the south, is the *upaśaya*). Better readings for this passage are offered in the TS edition with Sāyaṇa's commentary (p. 649), where in the place of "*ekādaśo*" (eleventh), there is given "*ekādaśātirikto*" (other than the eleven), with a variant "*dvādaśaḥ*" (twelfth).

113 This is taught in reference to the worshiping of the fire at the fire-piling rite (*agnicayana*).

114 See 1.4.3.

verb) *upatiṣṭhate* refers to an act in general,[115] and therefore a distinct act with the features of the *pṛṣṭhastotras* is enjoined.[116] No. Because the *sūtra*, "*upān mantrakaraṇe*",[117] teaches that the suffixes of the middle voice follow the verb *tiṣṭhati* (i.e., the root *sthā* (to stand)) when this is preceded by "*upa*" and occurs in the sense of, "making a *mantra*", we understand as the meaning that he should stand (*tiṣṭhate*) nearby (*upa-*) and address the fire with the verses, "(We shout) to you" etc., which are the means for bringing about the *pṛṣṭhastotra*,[118] and so the action of addressing with verses is enjoined.[119]

Chapter 4

1. At the (rite taught in the) statement, "He should offer (*nirvapet*) *caru* to Sūrya",[120] there is no manner of performance, because none has been stated. No. It exists, because it (i.e., the action of sacrifice) is a means,[121] for there is no means here[122] without a manner of performance.

2. It[123] is one which occurs at worldly acts, because that is not bound;[124] it is not one which occurs at *vedic* acts, because that is bound. No. Because there is the same (degree of) binding in the case of transfer,[125] and because

---

115 This is based on the assumption that if secondary signification is to be accepted, it is better to recognize it in a final word, rather than in an initial word. In fact, both words function through secondary signification on the initial view.

116 The word "*pṛṣṭha*" transfers the features of the *pṛṣṭhastotras*.

117 P 1.3.25.

118 The *pṛṣṭhastotras* are taught to be sung on these verses. See 9.2.6 and 10.4.24.

119 On the initial view, both the words "*pṛṣṭhaiḥ*" and "*upatiṣṭhate*" function through secondary signification, but on the final view, only "*pṛṣṭhaiḥ*" does.

120 This enjoins a desiderative *iṣṭi*. See 2.3.5.

121 The action of sacrifice understood from the word "*nirvapet*" (he should offer) expresses the means by which the productive force operates.

122 I.e., in this injunction.

123 I.e., the manner of performance which is expected at the offering to Sūrya.

124 I.e., it is not restricted by context to specific acts in the way that *vedic* manners of performance are.

125 Just as context binds a manner of performance to a particular means, so transfer binds it to another. (A *vedic* manner of performance is mentally associated with a *vedic* means. Just as context binds it to a certain means, so transfer will bind it to another. (JNMV)).

there is conformity as well,[126] the manner of performance which occurs at *vedic* acts will in particular be chosen.

3. At the rites taught by the names "*jyotis*", "*go*", and "*āyus*",[127] it (i.e., the manner of performance) is the one of the twelve-day *soma* rite, because they are (parts of) a group.[128] No. Because the names are directly stated, and so are stronger than a transfer based on inference,[129] it (i.e., the manner of performance) is that of the one-day rites,[130] when there is a conflict;[131] but in the absence of a conflict, there is a combination.[132]

---

126 Manners of performance which occur at *vedic* acts are subsequently referred to in the rite for Sūrya, and so others employed there should likewise be *vedic*. JNMV cites an example from a particular desiderative offering to Sūrya: "At each fore-sacrifice he offers a *kṛṣṇala* (i.e., a small bit of gold)" (*prayāye prayāje kṛṣṇalaṃ juhoti* (TS 2.3.2.3; ĀpŚS 19.21.10)). See *Wunschopfer* 99. This statement makes subsequent reference to *vedic* fore-sacrifces. Alternatively, the text above may simply mean that for *vedic* acts, such as the *saurya* rite, there should be *vedic* manners of performance.

127 These are three one-day rites which take place in the *gavāmayana*, a year-long *soma* sacrifice.

128 I.e., they are constituent rites of the *gavāmayana.* The twelve-day rite is the original for such groups.

129 They are stronger than the transfer which would be inferred from the fact that the *gavāmayana* is a modification of the twelve-day rite.

130 See TāB 16.1–3 and ĀpŚS 22.1.3–6 for these rites.

131 I.e., between the manners of performance.

132 I.e., of the manners of performance. I have not seen similar remarks about conflict and combination elsewhere, and am not sure which items Mahādeva had in mind.

Book 8

Chapter 1

1. At the offerings to Sūrya[1] etc., it (i.e., the manner of performance) is taken from any rite, because there is no (stated) distinction.[2] No. In order that the meaning of the text (*śāstra*) should have (just) a single form,[3] it is based on a restriction, and that (i.e., the restriction) will be stated,

2. Just as, at the offering to Sūrya (*saurya*),[4] the single deity, which is expressed by the *taddhita* suffix,[5] the vegetable matter,[6] and the action of pouring out (*nirvāpa*) should make it known that the manner of performance should be taken just from the offering to Agni.[7] What follows is an expansion of just this.

3. Even though the *soma* rite lacks expectancy, because of the *stotras* and *śastras*, which are directly assisting subsidiaries (*ārādaṅgas*), and because of other actions, such as the pressing of the *soma* etc.,[8] (still) in as much as the manner of performance from the new- and full-moon sacrifices occurs in the first and last subsidiaries, of which the *dīkṣaṇīyā* is the first and the *udavasānīyā* the last, it is appropriate for it to occur in that which falls in between,[9] because we see the statement that it (i.e., the *soma* rite) has (*tasya*) a hundred

---

1 This is a reference to the sacrifice taught in the statement, "One desirous of priestly luster should offer *caru* to Sūrya". See 2.3.5 and 7.4.1.

2 At 7.4.2, it was determined that the manner of performance should be transferred from a *vedic* action rather than a worldly one.

3 This refers to the injunction to perform the offering to Sūrya.

4 See 8.1.1.

5 I.e., in the word "*saurya*" (an offering substance for Sūrya).

6 I.e., the *caru*, which is a mass of boiled rice.

7 These features are common to the offering of a cake on eight pans to Agni in the new- and full-moon sacrifices. At JS 8.1.11, Śabara quotes the statement, "He pours out the offering substances with the *agnihotrahavaṇī*" (*agnihotrahaviṇyā havīṃṣi nirvapati* (ĀpŚS 1.17.10)), to establish that the word "*nirvapati*" (he pours out), which occurs in desiderative *iṣṭis*, also occurs in the new- and full-moon sacrifices. *Prabhā* on ŚD quotes the statement: "He pours out four handfuls for each" (*caturaś caturo muṣṭīn nirvapati*); see 2.3.5 for a similar quote: "*caturo muṣṭīn nirvapati*" (He offers four handfuls).

8 These are the indirectly assisting (*saṃnipatya*) subsidiaries.

9 I.e., the manner of performance should also apply to the main *soma* rite. See CH 15 and 259 for the *dīkṣaṇīyā* and the *udavasānīyā iṣṭis*.

and one fore- and after-sacrifices.[10] No. Because there is no expectancy, it does not occur in between, imposing a mass of subsidiaries; and even the word "*tasya*" (it has) is without fault, functioning like the word "*vājapeyasya*".[11]

Or: The *iṣṭi*,[12] *agnihotra*, and *soma* rites (alone) are basic original rites, because just as in the world, two types of subsidiaries are enjoined,[13] and because their (proper) amount can (therefore) be determined.[14]

4. At (the rites taught in) the statements, "One desirous of progeny should offer a cake on eleven pans for Indra and Agni"[15] etc., because of the similarity in the pans, the action of pouring out, etc., the manner of performance is (just) that of the *iṣṭi*.[16]

5. Likewise, at the animal rite for Agni and Soma (*agnīṣomīya*),[17] because a deity is expressed by the *taddhita* suffix,[18] and because we see fore-sacrifices etc.,[19] the manner of performance is just that of the *iṣṭi*.[20]

---

10 The fore- and after-sacrifices are subsidiaries at the new- and full-moon sacrifices.

11 Just as the connection of the *vājapeya* rite with the post of seventeen cubits is only indirect, so too is the connection of the *soma* rite with the fore- and after-sacrifices. See 3.1.9. According to *Prabhāvalī* on BhD, the number one hundred and one is derived in this way: at the *dīkṣaṇīyā* there are five fore-sacrifices and three after-sacrifices; likewise at the *prāyaṇīyā* and the *udayanīyā*; at the *ātithyā* there are five fore-sacrifices; at the three animal rites there are a total of thirty-three fore-sacrifices and as many after-sacrifices; at the *avabhṛtha* there are four fore-sacrifices and two after-sacrifices.

12 I.e., the new- and full-moon sacrifices.

13 I.e., the indirect (*saṃnipatya*) and the direct (*ārāt*). In the world, the two types of assisting actions are directly perceived, in the texts (*śāstra*) they are directly stated (cf. JNMV). JNMV gives the example of the worldly action of eating, where vegetables, soup, etc. are the indirect subsidiaries, and seats and lamps the direct.

14 I.e., it can be reckoned that just so many are required. The initial view here claims that because subsidiaries at rites are not worldly, it is impossible to determine how many are needed, and therefore the *iṣṭi* etc. cannot serve as an original rite, i.e., a source for transfer.

15 This is a desiderative *iṣṭi*. See *Wunschopfer* 1.

16 I.e., and not that of the *soma* rite.

17 This is the first animal rite at the *jyotiṣṭoma*.

18 I.e., in the word "*agnīṣomīya*" (an offering substance for Agni and Sūrya). See 2.2.6 for the injunction of the rite. By contrast, the *soma* rite lacks a manifest deity.

19 See 5.3.1 for the injunction of eleven fore-sacrifices at the animal rite.

20 This is in spite of the lack of pans, the action of pouring out, etc., which were mentioned in 8.1.4.

6. But at the animal rites such as the *savanīya* animal rite and the independent animal (*nirūḍha*) rite,[21] the manner of performance is that of the (*agnīṣomīya*) animal rite, because (in those rites) there exist in addition the conditions of having a living being as the (offering) substance etc.[22]

7. And at the (animal) rites of the sacrifice in which there are eleven animals,[23] which are taught in the statements, "A black-necked (animal) for Agni" etc., because there are two ropes, based on the statement, "Taking the ropes, two at a time, he winds around each post with two ropes",[24] and because the time (of the rites) is the day of the *soma* pressing (*sutyāha*),[25] the manner of performance is that of the *savanīya* animal rite.[26]

8. At the (rites of the) groups of animal rites, which are taught in the chapter on desiderative animal rites in the statement(s), "In the spring he should offer (i.e., kill) three bulls with marks on their foreheads" (etc.), the manner of performance is that of the (animal) rites of the sacrifice in which there are eleven animal rites,[27] because of their similarity in being a group, and because of the injunction of a single post, which is made in the statement, "He should offer (i.e., kill) them on a single post".[28]

---

21 The *savanīya* is the second of the three animal rites at the *jyotiṣṭoma*. The independent animal rite is one not embedded in the *soma* rite.

22 ŚD refers to the preparations of the substance by the actions of slaying it etc.

23 At the *jyotiṣṭoma*, the animal rite may be performed with eleven animals. VS 29.58 (which is closely followed by JNMV) lists these as: a black-necked (animal, i.e., goat) for Agni, a ewe for Sarasvatī, a brown (animal) for Soma, a dark (animal) for Pūṣan, a white-backed (animal) for Bṛhaspati, a variegated (*śilpa*) (animal) for the Viśvadevas, a reddish (animal) for Indra, a speckled (animal) for the Maruts, a mixed-color (*saṃhita*) (animal) for Indra and Agni, one (animal) with dark or white marks below for Savitṛ, and a black ram with one white foot for Varuṇa. See 7.3.13.

24 See 3.6.10 for the two ropes at the *savanīya* rite.

25 According to the *Prabhā* on ŚD, this is determined from the fact that the eleven animals are taught as optional to the animals for the rite (*kratupaśus*). For these latter animals, see 7.3.13 and 9.3.8. For the option, see ĀpŚS 14.5.1. The *savanīya* animal is offered on the day of the pressing (*sutyā*), hence its name.

26 I.e., and not that of the *agnīṣomīya* animal rite, which is offered on the preceding day.

27 I.e., and not that of the *agnīṣomīya* animal rite.

28 This is taught at the *sautrāmaṇī* rite. It serves a purpose in cancelling the numerous posts, one for each animal, which have been obtained by transfer from the rites of eleven animals. It would be pointless if the manner of performance of the *agnīṣomīya* rite were transferred, since there is only one post enjoined there. The *Prabhāvalī* on BhD says that there are three groups of animal rites at the *sautrāmaṇī*. The argument here suggests that at other *paśugaṇas* there are eleven posts.

9. At the *viśvajit* rite etc.,[29] the manner of performance is that of the *soma* rite,[30] because in their originative injunctions they are "unmanifest" (*avyakta*), which has the form of lacking a declaration of a deity.

10. At the rites starting with the two-day rite and ending with the hundred-day rite,[31] and also at the *gavāmayana*,[32] the manner of performance is that of the twelve-day rite,[33] because of the additional condition of being a group.[34]

11. At the *ādityānāmayana* rite etc., the manner of performance is that of the *gavāmayana*,[35] because of the additional conditions of being a year-long *sattra* etc.[36]

12. The *sādyaskra* rites (specifically, those starting with the second of them) and the *sāhasra* rites (specifically, those starting with the second of them) are modifications of the first (of the *sādyaskra* and *sāhasra* rites),[37] the features of which have been stated, because they fall in a single group and so have the additional condition of having a single name.[38]

13. Because the result (i.e., of the *iṣṭi*)[39] and the restriction (to perform it) for as long as one lives are for the sake of the person, because a person

---

29 The *viśvajit* is a one-day *soma* rite. See ĀpŚS 22.1.6 ff. and TāB 16.4–6. Śabara also mentions the *abhijit* here, another one-day rite. See TāB 16.4.6 ff.

30 I.e., and not that of the new- and full-moon sacrifices.

31 These are *soma* sacrifices.

32 This is a year-long *soma* sacrifice.

33 I.e., and not that of the one-day *jyotiṣṭoma* rite.

34 The *soma* rites lasting two or more days are made up of the rites performed on single days. See also 8.2.5 for the two sorts of twelve-day rite.

35 I.e., and not that of the twelve-day rite.

36 I am not sure what the "etc." refers to. JNMV and BhD (p. 92) quote a statement which enjoins a feature of the *mahāvrata* day in the *gavāmayana*, i.e., "*patnaya upagāyanti*" (JNMV (Gold. and ĀĀ var.): *traya*°; (ĀĀ var.): *yatnaya*°) (The wives accompany the song). See 10.4.6 for this quote at the *gavāmayana*. JNMV says the feature is seen at rites such as the *ādityānāmayana*. BhD says that it is the subject of subsequent reference for the purpose of praising another injunction. I have not found it for the *ādityānāmayana*.

37 The *sādyaskra* and *sāhasra* rites are one-day *soma* rites. In the first group, the *soma* is bought on the same day (*sādyaskra*) as the sacrifice takes place, in the second, the fee is a thousand (*sahasra*) cows. TāB 16.8–15 and ĀpŚS 22.2.4–22.4.12 list four rites in each group.

38 They are not modifications of the *soma* rite on the grounds of being "unmanifest", i.e., of not having a declared deity.

39 I.e., heaven.

desirous of heaven[40] is what if referred to (i.e., in regard to the injunction), (and) because in the absence of substrata for a combination,[41] combination is inappropriate and there is no expectancy for it, there is in fact no transfer of these.[42]

14. Likewise the milk pail, the result from using it, etc. are not to be transferred,[43] because they are for the sake of the person.[44]

15. At the statement, "In that the cake for Agni (on eight pans on new-moon day and on the full-moon day is unmoved)",[45] the offering to Agni, which occurs at both times,[46] is just one, because there is nothing to divide the act which is enjoined by its own sentence;[47] on this view of (Pārtha-sārathi) Miśra, the names "full-moon sacrifice" and "new-moon sacrifice" (both) apply to one single offering (to Agni), because of its connection with two times. Because we see a fixed arrangement, brought about by time, of the two *mantras* directed to it (in the statement), "With the *caturhotṛ mantra* he should touch the offerings on the full-moon day, with the *pañcahotṛ*

---

40 I.e., the agent of the rite.

41 This is stated in reference to the combination of the six main rites which compose the new- and full-moon sacrifices.

42 I.e., there is no transfer of these items from the *iṣṭi* into the offering to Sūrya. A modified rite, such as the offering to Sūrya, has an expectancy only for a manner of performance, and so that alone is transferred from the original. The four items listed here are connected just with the main rite, not with its manner of performance, and so because the main rite does not operate at a modified rite, they are not transferred. With regard to these four, the result and the restriction are for the sake of the person. The agent is not for the sake of the rite, but rather the rite is for the sake of him. The six offerings are each equally a means in reference to the production of the result, and do not assist each other. At a modification of one of them, the others do not operate. Except when they occur in the new- and full-moon sacrifices, there is no combination of of them.

43 I.e., from the new- and full-moon sacrifices, where they are taught, to the offering to Sūrya.

44 See 4.1.2 for a discussion of the various vessels used for bringing forward the water at the new- and full-moon sacrifices. Only the *camasa* vessel, which is for the sake of the rite, is expected at the offering to Sūrya, and so it is transferred there.

45 This is the originative injunction of the cake offerings to Agni.

46 I.e., it occurs on new-moon day and on the full-moon day.

47 I.e., there is nothing which would cause us to understand that there are two distinct acts.

mantra on the new-moon day",[48] at the offerings to Sūrya etc. as well[49] there is a fixed arrangement of the two *mantras*, based on the (two) distinct times.[50] No. Even though, on the assumption that the offering to Agni is one, it is only the option between the two *mantras* directed to it which is appropriate, the fixed arrangement, because it is due to compliance with the offerings to Agni and Soma etc.,[51] is based (only) on implication and does not merit transfer,[52] and therefore at the offerings to Sūrya etc. there is an option, based on one's wish.

According to some, because a combination of two conflicting times in the originative injunction itself is not possible, the offerings to Agni are distinct, and because the offerings to Sūrya etc. are modifications of the offering to Agni at the full-moon sacrifice, which occurs first, the action of touching should only be performed with the *caturhotṛ mantra*.[53] According to others, both alike (i.e., the new- and full-moon sacrifices) are original, and so there is only option. But in the *Ṭīkā*, it is said that the offerings to Agni are distinct because the contexts are distinct.[54]

---

48 See 3.7.4. Without this fixed arrangement, the two *mantras* would be optional with each other at each of the two times.

49 The offering to Sūrya referred to here is presumably the desiderative *iṣṭi* taught in the statement, "One desirous of priestly luster should offer *caru* to Sūrya". See 2.3.5 and 7.4.1.

50 I.e., at the time of the full-moon, the *caturhotṛ mantra* is used etc. See 5.4.7 for the injunction to perform modifications of the *iṣṭi* on new- and full-moon days.

51 These are performed at just one of the two times. The offering to Agni and Soma is the third main offering at the full-moon sacrifice. The fixed arrangement identified here blocks the option recognized above.

52 The fixed arrangement of *mantras* is not one brought about by time, but by the two groups of rites which constitute the new- and full-moon sacrifices. The *caturhotṛ mantra* is used for the offering to Agni at the full-moon sacrifice in compliance with the offering for Agni and Soma which occurs only there. The case is similar for the *pañcahotṛ mantra*. Consequently, the use of these *mantras* is based on implication and is not liable to transfer to the offering for Sūrya. Only an arrangement based on a text (*śāstric* statement) merits transfer.

53 For a statement that the new- and full-moon sacrifices start with the full-moon sacrifice, see BŚS 24.20 (204.6). See also Smith, p. 19, note 71.

54 I have not found this in the *Ṭupṭīkā* here, but it may be elsewhere.

16. Even though we cannot determine on the basis of the word "*saurya*"[55] that the deity is single,[56] because of the initial statement (in the passage), "That sun did not shine, therefore (the gods offered) this *caru* to Sūrya", it (i.e., the offering to Sūrya) has a single deity;[57] that (i.e., the condition of having a single deity) is also the case for the (cake) offering to Agni, on the basis of the *arthavāda*, "It became firm for Agni",[58] and so the offering to Sūrya is a modification of just the offering to Agni.[59]

17. At the cake offering to Indra and the milk offering to Agni,[60] similarity of substance, which is related to the action of giving up, which is itself the qualified (i.e., main) item, is stronger than similarity of deity, which is related to the (mental) reference (i.e., to the deity), which is itself a qualifying (i.e., subordinate) item,[61] and therefore the cake offering (to Indra) is a modification of the (cake) offering to Agni, and the milk offering (to Agni) a modification of the *sānnāyya* offering (to Indra),[62] and not vice versa.

---

55 I.e., in the statement, "One desirous of priestly luster should offer *caru* to Sūrya (*saurya*)". See the preceding topic.

56 The word "*saurya*" can be derived to denote an offering to one, two, or more than two Sūryas.

57 "*Sūrya*" is a name of the sun.

58 In this statement, "*so 'gnaye 'dhriyata*", the word for Agni is in the singular.

59 I.e., and not of any other of the six main offerings at the new- and full-moon sacrifices. There are single deities in the *sānnāyya* offering of milk and curds to Indra and in the *upāṃśu* (whispered) offering of ghee to Prajāpati, but these rites are excluded from providing the manner of performance for the offering of *caru* to Sūrya, because their offering substances are dairy products, not a vegetable product (JNMV).

60 Here Śabara and JNMV have, "*aindram ekādaśakapālaṃ nirvapet*" (He should offer a cake on eleven pans for Indra) and "*āgneyaṃ payaḥ*" (Milk for Agni). Śabara etc. do not give a context for these. The first happens to match TS 2.2.8.6 (*Wunschopfer* 154), but I do not know if that is the intended quote. The second is untraced. See 1.4.7 for the second.

61 See 4.2.10 for the definition of a sacrifice as the action of giving up a substance, preceded by a reference to a deity.

62 *Sānnāyya* is the combination of a curds offering and a milk offering.

18. At the *kṛṣṇaleṣṭi*,[63] because of the word "*caru*",[64] and because of the distinctness (i.e., of the individual bits of the offering substance), the features are those of the offering which is composed of a vegetable substance.[65]

19. At (the rite taught in) the statement, "Curds, honey, ghee, water, (fried barley) grains, and (husked) rice grains, an offering mixed with these for Prajāpati",[66] the features are those of the ghee offering,[67] because of similarity in fluidity and color in the case of the honey and the water,[68] because the actions of milking etc. are blocked,[69] and because the actions of purifying them etc. are possible.

Chapter 2

1. With regard to the sacrifice of whey (*vājina*),[70] and to the draughts of liquor (*surā*) for the Aśvins, these latter actions being subsidiaries of the *sautrāmaṇī* rite, because the statement, "Indeed whey is *soma*, liquor is *soma*", lacks an injunction and so is just an *arthavāda*, at the whey sacrifice the manner of performance is that of the milk offering,[71] and because liquor is a modification (i.e., a product) of vegetable material, at the draughts the

---

63 This is a desiderative *iṣṭi* taught in the statement, "*prājāpatyaṃ ghṛte caruṃ nirvapec chatakṛṣṇalam āyuṣkāmaḥ*" (One desirous of long life should offer *caru* of a hundred gold pieces (cooked) in ghee for Prajāpati). See *Wunschopfer* 100. See 10.1.1 (second *varṇaka*).

64 This word occurs in the injunction of the *kṛṣṇaleṣṭi* (see the preceding note). It denotes a mass of boiled rice.

65 The features which are transferred here are not those of the ghee offering at the *upāṃśu* sacrifice, which could be claimed on the grounds of the common brilliance of the substances. Instead, they are taken from the cake offering to Agni.

66 According to Śabara, this is taught at the *citrā iṣṭi*. See 1.4.2 and 10.2.31. See also 12.2.7 for a similar offering.

67 I.e., the *upāṃśu* offering.

68 On the basis of natural fluidity in honey, water, and milk, the features would have been those of the milk offering. But ghee flows when heated. Also, ghee is similar to honey and water in not being white, the way milk is.

69 These features of the milk offering are impossible to perform here.

70 This is taught for the *vaiśvadeva parvan* at the *cāturmāsya* sacrifices. See 2.2.9.

71 JNMV points out that whey is a modification (product) of *sānnāyya*, which is a combination of boiled milk and curds.

features (i.e., the manner of performance) are those of the offering of a vegetable substance.[72]

2. At the animal sacrifice (for Agni and Soma), because of the common condition (i.e., in the offering substance) of coming from an animal, and because we see the *ukhā* (cooking pot),[73] which is the vessel used at the *sānnāyya* rite, the manner of performance is that of the *sānnāyya* rite.[74]

3. There too,[75] because there are the additional conditions (i.e., in the offering substance) of coming directly (from an animal) and of possessing motion, it (i.e., the manner of performance) is that (performed) for milk.[76]

4. Because the condition of being *āmikṣā*[77] is brought about just from milk, the *āmikṣā* sacrifice is a modification of the milk sacrifice.[78]

---

72 The use of the word "*soma*" in the *arthavāda* quoted here does not transfer the manner of performance of the *soma* rite to the whey sacrifice or the liquor draughts in the same way that the word "*agnihotra*" transfers the manner of performance of the obligatory *agnihotra* to the month-long performance of the *agnihotra* at the *kuṇḍapāyināmayana*. The initial view of this topic claims that it does. See 7.3.1.

73 See 11.4.8 for a reference to the *kumbhī* vessel used for cooking the animal parts. Is the *ukhā* mentioned here the same vessel? Here the editions of Śabara have: "*yadi paśur ukhāyāṃ pacet*"(If the animal cooks in an *ukhā* pot), but the intransitive seems wrong. Perhaps it is a mistaken version of the quote given in BhD and the *Prabhā* on ŚD: "*yadi paśur ukhāyāṃ pacyamānas skandet* (*Prabhā*: °*skandāt*)" (If the animal, while being cooked in the *ukhā*, spills out). These are untraced.

74 It is not that of the cake offering for Agni and Soma, even though that offering has the same deity as the animal sacrifice. The *sānnāyya* rite is a combination of boiled milk and curds offerings.

75 I.e., at the animal sacrifice for Agni and Soma.

76 It is not that of curds, which is the other substance at the *sānnāyya*. Although curds are solid, like an animal, they do not come directly from the animal, as milk does, and they do not move about. A further difference is that both the milk offering and the animal offering require just a single day for their performance, but the curds offering requires two days, since it uses the milk of the preceding evening.

77 I.e., thickened milk produced when curds are added to hot milk.

78 It is not that of a sacrifice of both milk and curds, on the grounds that *āmikṣā* is produced from both of them, or that of just curds, on the grounds that it, like *āmikṣā*, has solidity. See 2.2.9 and 4.1.9. In the second of these topics, it is shown how the *āmikṣā* is just milk which has undergone preparation. The sacrifice of milk is distinct from that of curds because the substances are distinct, but the two apply by *tantra* at the *sānnāyya* offering since their deity is common.

5. At the *sattras*,[79] the manner of performance is that of the twelve-day rite when the latter has the nature of a *sattra*, and at the *ahīnas*,[80] it is that of the twelve-day rite when it has the nature of an *ahīna*.[81]

6. The fifteen-day rite[82] and the *kuṇḍapāyināmayana* rite[83] are *sattras*, since they are enjoined with the verbs *ās* or *upe*[84] and are taught in the chapter on *sattras*, and so for them the manner of performance is that of the twelve-day rite having the nature of a *sattra*.[85]

Chapter 3

1. At the (rite taught in the) statement, "When performing a malevolent rite (*abhicaran*) he should offer a cake on eleven pans for Agni and Viṣṇu, *caru* for Sarasvatī, and *caru* for Bṛhaspati",[86] at the first offering, because it has two deities, the manner of performance is that of the offering to Agni and Soma;[87] at the last, because it has a single deity, the manner of performance is that of the offering to Agni;[88] and it is not the other way around on

79 Here this term refers to *soma* rites lasting thirteen days or longer.

80 Here this term refers to *soma* rites lasting from two to eleven days.

81 Consequently, the two manners of performance which occur at the twelve-day rite are not transferred indiscriminately. See the following topic for the distinct features of *sattras* and *ahīnas*.

82 This refers to the third of the four fifteen-day rites which are described in TāB and ĀpŚS. See TāB 23.8 and ĀpŚS 23.2.7–8. Unlike the others, this rite does not begin with an *atirātra* rite.

83 The *kuṇḍapāyināmayana* is a year-long *soma* rite. It is described in TāB 25.4 and ĀpŚS 23.10.6–12.

84 The primary sense of *ās* is "to sit", that of *upe* "to approach, perform (a sacrifice)". See 10.6.16 for the use of these words at *sattras*.

85 These two rites are *sattras* even though they have an *atrirātra* rite only at their end, and not at their beginning too. By definition, a rite with an *atirātra* at just one end or the other is an *ahīna*. Here Śabara has: "*yad anyatarato 'tirātras tenā 'hīnaḥ*" (Since it has an *atirātra* at (just) one or the other of its two ends, it is an *ahīna*). Cf. JS 8.2.29. See TāB 23.8.3 and Caland's note. *Sattras* have *atirātras* at both ends (Caland).

86 This is a desiderative *iṣṭi*. See *Wunschopfer* 46.

87 This is a reference to the cake offering to Agni and Soma at the full-moon sacrifice.

88 This is a reference to the cake offering to Agni at the full-moon sacrifice.

account of order,[89] since that (i.e., order) is weaker in as much as it expects another (item).[90]

2. At the seven-day rite of Janaka,[91] at the statement, "There are four nine-versed days", because the common feature of being a group, which is not directly expressed, is weaker than the common feature of being nine-versed, which is directly expressed, the condition of being nine-versed occurs at all four days.[92] No. Because in the statement, "There are four nine-versed (days)", the group is also directly expressed; because the common feature of being a group, which resides in the main item,[93] is stronger than the condition of being nine-versed, which occurs in the *stotrīyās*;[94] and because of the indication made in the statement, "(There are four nine-versed days) which have the *agniṣṭoma* as their first",[95] on four days there are, in order, the nine-versed, the fifteen-versed, the seventeen-versed, and the twenty-one-versed *stomas*.[96] The *sāmans* are the *rathantara*, the *bṛhad*, the *vairūpa*, and the *vairāja*.[97]

---

89 Among the three main offerings at the full-moon sacrifice, the one to Agni is first and the one to Agni and Soma third.

90 By contrast, the deities are directly heard. Śabara and JNMV give another example here, that of the three purifying *iṣṭis* (*pavamāneṣṭis*) at the fire installation. These are for Agni Pavamāna, Agni Pāvaka, and Agni Śuci. The manner of performance at the third of these is that of the cake offering to Agni, because of the single deity, not that of the offering to Agni and Soma, because of order.

91 TāB 22.4–10 lists seven seven-day rites, ĀpŚS 22.22.10–22.23.6 lists eight. See TāB 22.9 and ĀpŚS 22.23.5–6 for this one.

92 On this view, the manner of performance for the second, third, and fourth days is that of the first day, which is a one-day *soma* rite qualified by the nine-versed *stoma*. See below. It is not that of the twelve-day rite, which generally provides the manner of performance for groups of one-day *soma* rites. See 8.1.10.

93 I.e., the one-day sacrifices.

94 I.e., the verses of the *stotra*. These are merely a subsidiary of the main item.

95 This statement would lose force if the four days were all the same.

96 This is in accord with the manner of performance of the *pṛṣṭhya ṣaḍaha* (group of six days) in the twelve-day rite. See Eggeling, SBE, Vol. XXVI, Part 2, p. 402, note 4. The initial statement above, that the four days are nine-versed, blocks only the larger numbers of verses for the second, third, and fourth days, but their manners of performance are transferred (JNMV).

97 See 7.3.3.

3. At the thirty-six day rite, at the statement, "There are six-day rites; there are four (of them)", on the twenty-four pressing days, because they are a group, there occurs through repetition the manner of performance of the ten-day rite which is included in the twelve-day rite.[98] No. Because the group of twenty-four is based on inference, and because the injunction of the six-day rites is direct, the manner of performance of the six-day rite occurs four times.

4. At the statements, "There is a rite (i.e., a *sattra*) of a hundred *ukthyas*" and "There is a rite (i.e., a *sattra*) of a hundred *atirātras*",[99] because the words "*ukthya*" etc. are names of the *jyotiṣṭoma* rite, and because we understand that through subsequent reference to it there is enjoined a subordinate feature in the form of the repetition, the *jyotiṣṭoma* is repeated one hundred times. No. Because the words "*ukthya*" etc. have as their cause (for use) the (particular) forms (of the *jyotiṣṭoma*),[100] and therefore the statement enjoins only a group of rites qualified by that form, the ten-day rite, which is included in the twelve-day rite, is employed ten times.[101]

5. Because the first and last days of the ten-day rite are *agniṣṭomas*,[102] in their place *ukthya stotras* (etc.) must be produced,[103] and because the rites of one hundred *ukthyas* etc., which were mentioned above, are modifications of the twelve-day rite, they (i.e., the *ukthya stotras* etc.) take the form of modifications of the *stotras* which possess the distinct features which are taught for that (i.e., for the twelve-day rite).[104] No. Because only when they (i.e., the *ukthya stotras* etc.) have been obtained at the twelve-day rite by

---

98 The twelve-day rite is the original for groups of one-day *soma* rites. For its modifications, starting with the two-day rite, the first and last days are set at first aside, and then the remaining ten days provide the manner of performance which is transferred. See 10.5.4.

99 I have seen this only in the ŚB so far. BhD presents these in a slightly different form, quotes in addition the statement, "There is a rite of a hundred *agniṣṭomas*", and says that they are taught independently.

100 The words "*ukthya*" etc. primarily denote *stotras*. When the *jyotiṣṭoma* concludes with one of these *stotras*, the words also denote the resulting forms (*saṃsthās*) of the rite.

101 Each day in the ten-day rite concludes with the *ukthya* or the *atirātra stotra*. See the preceding note for the twelve-day rite as the original for rites lasting two days or more.

102 I.e., they conclude with the *agniṣṭoma stotra*.

103 This is for the rites of a hundred *ukthyas* etc. See 8.3.4.

104 I am not sure which particular features (*viśeṣas*) of the *ukthya* etc. at the twelve-day rite are in question here.

transfer are just (some) special features enjoined for them, and because they are taught (directly) at the *jyotiṣṭoma*, on the basis of the principle that a beggar does not beg from a beggar when a non-beggar is present, the *ukthyas* etc. of the *jyotiṣṭoma* are employed.

6. At the *bṛhaspatisava* rite,[105] when *mantras* in various meters have been obtained from the original rite,[106] on the basis of the statement, "This day has the *gāyatrī* (meter)", the condition of being the *gāyatrī* is established by removing syllables from (verses in) the *triṣṭubh* (meter) etc., which have been obtained by transfer, because of the indication made in the statement, "Three *anuṣṭubhs* make four *gāyatrīs*".[107] No. Because the word "*gāyatrī*" denotes a verse possessed of three *pādas* of eight syllables,[108] and therefore in the statement, "Three *anuṣṭubhs* (make four *gāyatrīs*"), it has a secondary signification, *gāyatrī* verses from originative statements are employed.[109]

Chapter 4

1. At the statement, "If he were to offer with one (verse), he would make a *darvihoma* (ladle offering)",[110] there is an injunction of a subsidiary in the form of a (particular) ladle (*darvī*). No. It (i.e., the word "*darvihoma*") is a name, by the principle that there is a passage which establishes that.[111]

---

105 This is a one-day *soma* rite. See 4.3.13.

106 I.e., from the *jyotiṣṭoma.*

107 The *gāyatrī* meter has twenty-four syllables per verse, the *triṣṭubh* forty-four. The initial view supposes that the words "*gāyatrī*" etc. simply denote the number of the syllables. The *triṣṭubh* meter is used, along with the *gāyatrī*, at the *mādhyaṃdinapavamānastotra.*

108 A *pāda* (lit., "foot") is a constituent unit of a verse. The syllabic scheme of the *gāyatrī* is 8 8 | 8, that of the *triṣṭubh* 11 11 | 11 11.

109 I.e., *gāyatrī* verses are brought in from the *Ṛg Veda.*

110 This is taught at the *vāstuhoma* offering, which is offered to Vāstoṣpati by someone going on a journey with his household (*gṛha*). See ĀpŚS 6.28. The *darvī* is a particular ladle made of wood (*daru*).

111 See 7.3.1 for this principle. Here *Prabhā* on ŚD quotes, "*tvagbilayā mūladaṇḍayā darvyā juhoti*" (*Prabhā*: °*mūladadaṇḍayā*°) (He makes an offering with a ladle (*darvī*) which has its bowl toward the bark and its handle toward the root (this translation is based on Kashikar at BhŚS 1.16.6)) and "*darvyā brahmaudanād uddhṛtya pra vedhase kavaye medhyāye 'ti juhoti*" (He makes an offering with the ladle (*darvī*), taking it from the *brahmaudana* and saying, "To the wise, skilled, seer etc.") as instances of worldly and *vedic* usage that establish the word "*darvihoma*" as a name. *Mayūkhamālikā* on ŚD also has these quotes, but the first has the form: *nyagbilayā mūladaṇḍayā darvyā juhoti*; BhD also has the first quote as in *Prabhā*,

2. Because the word "*dārvihomika*" is used for the agent of the *sthālīpāka* etc.[112] it (i.e., the word "*darvihoma*") is the name of (only) a *smārta* rite. No. Because it is used for the *vāstuhoma* etc.,[113] it is the name of a *vedic* rite as well.

3. We understand from the statement, "He offers (*juhoti*) an offering which was cut four times",[114] that even rites whose originative injunctions are made with the word "*yaj*" (to sacrifice) are offerings (*homas*),[115] and so it (i.e., the name *darvihoma*) applies to them too. No. This statement enjoins an action of offering (*homa*) which prepares the cut offerings, and is in fact different from the action of sacrifice (*yāga*),[116] and so it (i.e., the name) applies only to rites taught by the word "*juhoti*" (to offer).

4. Those *darvihomas* are modifications of the *soma* rite, because they are "unmanifest" (*avyakta*);[117] or, because of the dissimilarity of sacrifices (*yāgas*) and offerings (*homas*), they are modifications of the *agnihotra* or the *nāriṣṭahomas*.[118] No. Because we see in the *traiyambaka homas*[119] an

---

with °*mūladaṇḍayā*°; Śabara, at JS 8.4.6, has: *tvagbilayā mūladaṇḍayā* (ĀĀ: *nyagbilayā mūladaṇḍyā*) *darvyā juhoti*. The first of these quotes is untraced, the second is taught at the fire installation rite (cf. ĀpŚS 5.5.8, where the full *mantra* is given; TB 1.2.1.9 for the *mantra*; KS 7.12 (73.7) *pra vedhase kavaye vedyāya*, then similar to ĀpŚS and TB; ṚV 5.15.1 *pra vedhase kavaye vedyāya*).

112 The *sthālīpāka* is an offering of cooked rice or barley. ŚD refers to it as "*laukika*" (worldly), BhD as "*smārta*" (based on *smṛti*). Śabara says that on the basis of the statements, "The *dārvihomika brāhmaṇa* of the Śinis" and "The *dārvihomika brāhmaṇa* of the Ambaṣṭhas", where the term "*dārvihomika*" denotes one who performs a *darvihoma*, the latter term applies to the *aṣṭakā* etc. (see 1.3.1 for these rites). For the Ambaṣṭhas, see Kane, HDS, Vol. II.1, pp. 53, 71–2.

113 See 8.4.1 and note.

114 This is taught in reference to the new- and full-moon sacrifices. See 6.4.1.

115 On the basis of their originative injunctions, these rites are classified as sacrifices (*yāgas*). See note at 2.2.3.

116 ŚD compares this offering to other preparations, such as the actions of sprinkling (*prokṣaṇa*) etc.

117 I.e., no deity is stated for them. See 8.1.9.

118 They cannot be modifications of the *soma* rite, because they are offerings (*homas*) and it is a sacrifice (*yāga*). For the *nāriṣṭahomas*, see 5.2.9 and 10.4.1.

119 The *traiyambakahomas* are offered at the *sākamedha parvan* of the *cāturmāsya* sacrifices. See ĀpŚS 8.17–19, and Bhide, pp. 103–5. They are also referred to as "*tryambakahomas*". See 10.8.5.

absence of the fuel and *barhis*, which are subsidiaries of the *nāriṣṭhas*, they (i.e., the *darvihomas*) are only new rites.[120]

120 If the *nāriṣṭahomas* were the *prakṛti* of the *darvihomas*, then they should have supplied fuel and *barhis* to the *traiyambakahomas*, which are *darvihomas* (according to the *Kutūhalavṛtti* and the NSP editor of ŚD). (JNMV lists the *nāriṣṭahomas* as *darvihomas*, but only in his *pūrvapakṣa*). The absence of these items is mentioned in the statement quoted by Śabara: "They say the *tryambakas* lack a foundation (*apratiṣṭhita*). Fuel sticks and *barhis* are not tied up, fore-sacrifices are not offered, after-sacrifices are not offered, he does not recited the kindling verses". This statement is not considered to enjoin the absence of these items, but to constitute part of the injunctive sentence, "*ādityaṃ ghṛte caruṃ nirvapet, punar etya gṛheṣu*" (He should return to his house and offer *caru* in ghee to Āditya) (MS 1.10.20 (161.4); cf. KS 36.14 (81.20); TB 1.6.10.5). Here the absence of items which would have been transferred is presented as something established. According to the *Mayūkhamālikā* on ŚD, the *agnihotra* is not the *prakṛti* of the *darvihomas*, because there is nothing to restrict the particular features which would be transferred (*viśeṣaniyāmakābhāvāt*). See MNP (Edgerton), section 156; Chaukhamba, p. 192–3 (MK, p. 2016 b, near bottom).

Book 9

Chapter 1

1. Because the manner etc.[1] for (bringing about) the unseen effect are (at first) unknown, the features (of a rite) are for the sake of it (i.e., for the sake of the unseen effect); this was established in the first topic of the Seventh Book and is recalled here for the purpose of establishing modification (*ūha*). And that (i.e., modification) is (defined as) the becoming different of an item which occurs in the original rite, in compliance with an item which occurs in the modification and has obtained the place of an item in the original for an operation which is to be performed by means of it,[2] just as the *mantra*, "(I pour out you) agreeable to Agni (*agnaye*)", becomes "(I pour out you) agreeable to Sūrya (*sūryāya*)",[3] in compliance with the (item which is the) manifesting of Sūrya which has obtained the place of the manifesting of Agni which occurs in the original rite.[4] If the features were prompted by the action of sacrifice, they would move to and fro (among sacrifices), and the form "*agnaye*" (to Agni) alone would occur, because it is directly taught.[5]

Or: Let it be that items (i.e., subsidiaries) which assist directly (*ārāt*) are for the sake of the unseen effect; nevertheless, those which assist indirectly (*saṃnipatya*) are just for the sake of the rice grains (*vrīhi*) etc., which are directly stated, and in this way there is no modification of the preparations.[6] No. Because the preparations would be pointless if they were just for the sake of the form (of items such as rice grains), and therefore, since it is necessary that the intended meaning (i.e., of the word "*vrīhi*" (rice grain)) is the condition of being the means of bringing about the unseen effect, on the

1 This refers both to the manner of performance (*itikartavyatā*) and the means (*karaṇa*). See 7.1.1.

2 I.e., by means of the first item mentioned.

3 This modification occurs at the desiderative *iṣṭi* for Sūrya. See 2.1.14 for the *mantra* at the original rite.

4 See 8.1.2 for the identification of the cake offering to Agni at the new- and full-moon sacrifices as the original for the offering to Sūrya.

5 The *mantra* with "*agnaye*" (to Agni) could be used at any sacrifice, including the one for Sūrya. See 7.1.1.

6 These include the actions of pounding etc. They should not be modified at rites in which wild rice etc. are used. Here JNMV cites "*vrīhīn avahanti*" (He pounds the rice grains). See 1.3.10 for references.

grounds of complexity the intended meaning is not the condition of being rice, even indirectly assisting items are for the sake of the unseen effect.

Or: Because only something which has been established (*siddha*) is a cause (*nimitta*),[7] and therefore the unseen effect, which is something which has (yet) to be established (*sādhya*) by the fore-sacrifices etc., is not a cause,[8] (consequently) just as, in regard to the expectancy for a cause of a performance (of an item) which occurs (only) now and then, the action of sacrifice, which is not something which has yet to be established by the fore-sacrifices etc.,[9] is the cause,[10] (so too) for the performance of the action of pounding (the rice grains) etc. it is only the rice grains etc. which is the cause.[11] No; because in as much as the unseen effect is the prompting cause (*prayojaka*), which is based on statements, when it has been established in the mind, even though it is not established in its own form, it alone is the cause (*nimitta*) (as well),[12] and therefore, since the action of sacrifice is not the cause, the analogous case is not established.

2. At the statements, "He beats with the mortar (*ulūkhala*) and pestle (*musala*), which have been sprinkled (*prokṣita*)"[13] etc., even though (with regard to the action of sprinkling) the condition of being for the sake of the mortar etc., which is understood from the (past participle) suffix *kta* (i.e., in the word "*prokṣita*" (sprinkled)), which denotes the (mortar and pestle as) object, serves no purpose and is therefore impossible, on the basis of the sentence it (i.e., the action of sprinkling) is for the sake of the action of

7 I.e., of an action.

8 I.e., for their performance.

9 In this way it differs from the unseen effect.

10 In 7.1.1 the unseen effect is established as the prompting cause (*prayojaka*) of a subsidiary action. A consequence is that the action of sacrifice is recognized as the cause (*nimitta*) of the performance of such an action. See below.

11 The argument here is that only something already established (*siddha*) can function as a cause (*nimitta*), and so just as the action of sacrifice, when it is viewed as established, is the cause of a performance of a particular feature, so the rice, which is also an established item, is the cause for the actions of pounding etc. Consequently, when the grains are absent and wild rice is used instead, the actions of pounding etc. lack a cause and so are omitted.

12 The distinction drawn here is between the cause (*nimitta*) which is an established (*siddha*) item, and the cause (i.e., motive, *prayojaka*) which is an item which has yet to be established (*sādhya*). On the initial view, the unseen effect could not function as both of these.

13 I have not found this quote, but according to Śabara it is taught at the new- and full-moon sacrifices. For the action of sprinkling the vessels (*pātras*), see ĀpŚS 1.19.3 and NVO, pp. 27–8. For the beating, see 2.1.3.

beating which is done by them (i.e., by the mortar and pestle), because by means of that it assists the unseen effect and so is not without a purpose. And in this way, just as the fire installation rite, which, even though it is for the sake of the fire, which is a subsidiary of the rite, is not for the sake of the rite, is not transferred when the fire is transferred, so there is no transfer of the action of sprinkling, even when there is a transfer of the action of beating. Or, since the action of sprinkling is for the sake of the rite by means of the action of beating etc., it should occur in a modified rite which contains the action of beating, but in (the case of) *caru* which is broken by fingernails,[14] since the means is absent, there is no sprinkling. No. Because it (i.e., the action of sprinkling) would be meaningless, if it were for the sake of the action of beating etc., by context it is for the sake of the unseen effect; (and another reason for this is that) because even though the installation rite is just for the sake of the non-worldly *āhavanīya* fire etc., since it is not pointless the analogous case is different.[15] Even that[16] operates by means of the actions of beating etc., and so by assuming through secondary signification that by route of the rice grains, the actions of beating etc. denote a means of bringing about the unseen effect, and for the very reason stated,[17] taking the words "*ulūkhala*" (mortar) etc. as meaning a particular instrument, the meaning of the sentence is, "by route of the rice grains, one should do an operation which is the cause of the unseen effect by means of a sprinked instrument". And the action of splitting with fingernails is also such an operation, and so even the fingernails are sprinkled.

Or: At the statement, "At the *dīkṣaṇīyā* (*iṣṭi*) one should recite with as much voice as one wishes",[18] the (volume of) voice which is taught is prompted by the unseen effect of the *jyotiṣṭoma* rite, because this possesses a result, and it is not for the sake of the unseen effect of the *dīkṣaṇīyā* rite, because this lacks a result. No. If it (i.e., the word "*dīkṣaṇīyā*") secondarily signifies its own unseen effect, there is secondary signification in the word which makes known the item which is referred to,[19] (but) for the knowledge

14 This refers to the *iṣṭi* for Nirṛti, which is one of the *ratnin* offerings in the *rājasūya* sacrifice. See 9.2.12.

15 The installation is not pointless, even if it is just for the sake of the fires, whereas the action of sprinkling would be, if it were just for the sake of the action of beating.

16 I.e., the condition of being for the sake of the unseen effect.

17 I.e., because sprinkling for the sake of the action of beat ing would be pointless.

18 The *dīkṣanīyā* is performed at the *jyotiṣṭoma* rite. (CH, 15).

19 The word "*dīkṣanīyā*" expresses the item in reference to which the injunction is taught.

of the unseen effect of the *jyotiṣṭoma* rite, there would be secondary signification by means of something which is known through secondary signification (*lakṣitalakṣaṇā*).[20] Even the item which is made known by secondary signification (i.e., the unseen effect of the *dīkṣaṇīyā*) possesses a result, because it assists the unseen effect which leads to the result (i.e., the unseen effect of the *jyotiṣṭoma*), and so has a result (i.e., the unseen effect of the *jyotiṣṭoma*), (and therefore) the unseen effect of the *dīkṣaṇīyā* should be the prompter. At the *aśvamedha* rite there is no modification at the *traidhātavyā* (*iṣṭi*), which occurs on the basis of the statement, "The *traidhātavīyā* is (i.e., takes the place of) the *dīkṣaṇīyā*", because the (volume of) voice is prompted by the unseen effect of the *dīkṣaṇīyā*, and the *traidhātavīyā* brings about the unseen effect of another (rite).[21] But if the *traidhātavīyā* were for the sake of the unseen effect of the *soma* rite, then when it (i.e., the *traidhātavīyā*) arrives at an operation to be performed by the *dīkṣaṇīyā*, there would be a modification.[22]

3. The two *mantras*, "We have come to heaven, to heaven we have come" and "May I be victorious through the victory of Agni",[23] are prompted by heaven and Agni, on the basis of word meaning, (and) therefore there is no modification at the rite for Sūrya.[24] No. The unseen effect alone is the prompter, since it has a result, and therefore there is modification as, "We have come to priestly splendour" and "(May I be victorious through the victory) of Sūrya".[25]

---

20 The unseen effect of the *jyotiṣṭoma* would be secondarily signified through the knowledge of the unseen effect of the *dīkṣaṇīyā*, itself the product of secondary signification.

21 The voice brings about the unseen effect of the offering to Agni and Viṣṇu at the *dīkṣaṇīyā*. This offering is absent in the *traidhātavīyā* and so does not prompt the voice there.

22 This discussion of the *aśvamedha* is introduced by Śabara to demonstrate the consequences of the two views presented above.

23 These are to be recited by the sacrificer at the new- and full-moon sacrifices. Heaven is the result of these sacrifices. The first *mantra* is recited at the worshiping of the sun. See 6.1.6. The second is recited at the *sūktavāka*. See NVO, p.144, note. See 10.4.14.

24 This is a reference to the desiderative *iṣṭi* for Sūrya which is to be performed by a person desirous of priestly luster. See 2.3.5. Since neither Agni nor heaven occur there, the *mantras* should not be modified.

25 Here ŚD has: "*mantraprakāśitaphaladevataḥ kratuḥ svāpūrvaṃ sādhayati*" (A rite brings about its unseen effect when its result and deity are made manifest by *mantras*).

4. At rites (taught in statements) such as, "A cake on eight pans for Agni"[26] etc., the deities Agni etc. prompt the features, because when the deity is worshiped by means of the sacrifice it can be a giver of the result, and because we understand from *mantras* and *arthavādas* such as, "With a thousand eyes, opening the cow-pens, with the thunderbolt in his arm", "Agni has enjoyed this offering", "Indra, eat these offerings which are set forth", "Indra, being pleased, delights him with offspring and cattle",[27] etc., that there exist (i.e., for the deities) bodies, the actions of accepting offerings and eating them, pleasure, and grace. The modification mentioned above[28] does not occur at the offerings to Sūrya etc., because the features which are restricted to a (specific) deity do not in fact exist.[29] No. Because we assume only an unseen effect, in as much as the condition of possessing a result, which is understood from words such as, "Let one desirous of heaven sacrifice" etc., as existing only in the sacrifice, would not come about otherwise; because it is that (i.e., the unseen effect) alone which prompts; because *mantras* and *arthavādas* do not have any intended reference to their own meaning; and because an unseen effect alone must be stated for the actions of honoring one's mother and father etc., where a deity is absent, the modification is appropriate.

5. Likewise, at statements such as, "He sprinkles the rice grains (*vrīhīn*)"[30] etc., the action of sprinkling is prompted only by the unseen effect, because it would be pointless if it were for the sake of the form of the rice grains.[31] The first *varṇaka* in the second topic, the third topic, and this topic serve to remove the conflict (of context) with sentence, word meaning, and direct statement;[32] moreover, the condition of being prompted by the

---

26 This is presumably a reference to the statement, "In that the cake for Agni on eight pans is unmoved at the new-moon day and at the full-moon day". See 1.4.7.

27 The contexts of these four quotes are: various desiderative *iṣṭis* to Aryaman (*Wunschopfer* 171–173), the *sūktavāka* at the new- and full-moon sacrifices (NVO, p. 144), presumably the *jyotiṣṭoma* (Sāyaṇa says its use is understood (*gata*)), and the *sākaṃprasthāyīya*, a modification of the new-moon sacrifice. See 3.5.2 (note) for the last of these.

28 I.e., in the preceding topic.

29 I.e., the features which are restricted to Agni are not even transferred to the rites for Sūrya etc., where Agni is absent, and so they cannot be modified. Cf. JNMV.

30 This is taught at the new- and full-moon sacrifices. (NVO, p. 27).

31 This alternative, which is rejected here, bases itself on the force of the direct statement (*śruti*) of the accusative case suffix in "*vrīhīn*" (rice grains).

32 The force of context (*prakaraṇa*), which identifies the unseen effect as the prompter, is weaker than that of the sentence etc.

unseen effect, which was in fact established in the first topic of the Seventh Book in order to establish transfer, is recalled in the first *varṇaka* of the first topic of the Ninth Book in order to establish modification (*ūha*), and proven in the second *varṇaka* for the indirectly assisting items, after an objection had been raised, in order to strengthen the argument, and so one should recognize that repetition has been avoided.

6. At the statement, "Indeed these are the sly tactics (*tsarā*) of the sacrifice (*yajñasya*), that whatever precedes the animal rite for Agni and Soma (*agnīṣomīya*) they perform in a whisper",[33] the (whispered) voice is prompted by the final unseen effect, because in as much as we understand (i.e., as the syntactic connection), "What(ever portion) of the sacrifice (*yajña*) precedes", it is a feature of the (preceding) portions (of the sacrifice).[34] And in this way at a modification of the *soma* rite, such as the *kuṇḍapāyināmayana*[35] etc., there is modification (*ūha*) at the items which precede the animal rite for Agni and Soma, even if they do not occur in the original.[36] No. Because the word "*yajñasya*" (of the sacrifice) is connected with (the word) "*tsarā*" (the sly tactics), on account of being immediately adjacent to it, in compliance with the distributative sense[37] the voice is prompted by each unseen effect.[38] And the statement, "(At the *dīkṣaṇīyā* rite one should recite) with as much voice (as one wishes)", refers just to the main rite,[39] and so there is no conflict.[40] But the loudness taught by the statement, "(One performs) the *pravargya* (*pravargyeṇa*) with a loud voice (*uccaiḥ*)",[41] applies to the main rite only together with its subsidiaries,

---

33 This is taught at the *jyotiṣṭoma*.

34 Here the sense of the sentence is taken to be, "These are the sly tactics, that whatever portion of the sacrifice" etc.

35 This is a year-long *soma* rite.

36 Śabara says that on the initial view, whispering takes place at items such as the *agnihotra* for a month, which occurs at the *kuṇḍapāyināmayana*. See 2.3.11 and 7.3.1.

37 This is expressed by "*yat kiṃ cit*" (whatever).

38 I.e., by the unseen effects of the preceding subsidiary actions. Consequently, it does not occur at the *agnihotra* for a month etc., which are performed at the *kuṇḍapāyināmayana*.

39 I.e., just to the *dīkṣaṇīyā*. See 9.1.2 (second *varṇaka*).

40 I.e., only the subsidiaries are done in a whisper.

41 The *pravargya* is optional at the *jyotiṣṭoma*. When it is performed, it takes place before the *upasads*.

because of the force of the instrumental case suffix (i.e., in the word "*pravargyeṇa*"), and because it is taught particularly.[42]

7. Likewise, at the new- and full-moon sacrifices, the restraint of speech, which is spoken of in the statement, "When they are about to spread out (i.e., perform) (*taniṣyantau*) the sacrifice (*yajñam*), the *adhvaryu* and the sacrificer restrain their speech",[43] is not, on account of its contact with the sacrifice, prompted by the final unseen effect, because on the basis of the connection of "*yajñam*" (sacrifice) with "*taniṣyantau*" (about to spread out) we understand, "One should restrain his speech in order to spread out the sacrifice"; instead, because we hear of prior and subsequent limits in the statement, "One who is about to bring forward the *praṇīta* water restrains his speech, he releases it with (the calling of) the *haviṣkṛt* (preparer of the offering)", it is prompted by the unseen effects of items occurring between the two.[44]

8. At the fire-piling rite, the actions of stirring and sprinkling, which are taught in the statements, "He stirs the fire with a frog" and "He sprinkles the fire with a thousand gold pieces", should be applied to each brick, because it is only the bricks placed together that are the fire, and because in as much as when one part is pulled away another part is not, and in as much as we see the junctures,[45] there is no whole which is distinct.[46] No. Because even in the absence of the two (criteria) mentioned,[47] we admit that there is a whole in trees, cloths, etc.;[48] because it would not be possible[49] for the bricks and the action of sprinkling to be for the sake of the fire (as they clearly are) in the statements, "He piles the fire with the bricks" and "He sprinkles the fire

---

42 I have seen this quotation from the *pravargya* here only in the *Ṭupṭīkā* and the *Prabhāvalī* on BhD, but judging from a remark in the BhD, it may also appear in the author's *Kaustubha*. The *Kutūhalavṛtti* also makes reference to the *pravargya*, quoting the statement "*pravargyeṇa pracaranti*" (They perform the *pravargya*).

43 See NVO, pp. 17–18, for the restraint of speech.

44 According to the BhD, the statement, "*yajñaṃ taniṣyantau*" (when about to spread out the sacrifice), makes subsequent reference for the sake of praising the restraint of speech. See 3.2.3 for the calling of the *haviṣkṛt*. This topic is presented as part of the preceding topic in Śabara and ŚD, but as distinct in JNMV and BhD.

45 I.e., between the individual bricks.

46 I.e., distinct from the bricks which compose it.

47 The two criteria for the existence of a distinct whole are that if one part is pulled away, another is as well, and that a juncture between parts is not seen.

48 In trees, when one part is pulled away another is not (i.e., something breaks off), and in cloths the junctures between the indivudual threads can be seen.

49 I.e., on the initial view.

with a thousand gold pieces";[50] and because perception alone is authoritative for (the existence of) the whole, the sprinkling occurs (just) once. The meaning of the (first) sentence (quoted above) is that one fastens a frog to the end of a branch and stirs with it.

9. At the twelve-day rite, on the basis of the statement, "The days are complete, ending with the *patnīsaṃyājas*",[51] the condition of ending with the *patnīsaṃyājas* applies without distinction to all the days, and so the subsidiaries such as the *hāriyojana* draught etc. are not to be performed;[52] and the statement, "For then the sacrifice is incomplete (*asaṃsthita*)",[53] refers to a sacrifice with a long form (*cirasaṃstha*), just as in the case of a person who eats for a long time it is said, "His eating is not finished".[54] No. Because in compliance with the single performance, which is understood from the statement, "He should sacrifice with the twelve-day rite",[55] in just those days other than the final day a cessation of activity would occur somewhere, and so there is economy in an injunction of restriction concerning the *patnīsaṃyāja* rites;[56] because it does not block the transfer;[57] because it (i.e., the injunction that the final day should conclude with the *patnīsaṃyājas*) would be the injunction of a new item;[58] and because it

---

50 This is a bit uncertain.

51 For the *patnīsaṃyājas* at the animal rite, see Schwab 109, and at the *jyotiṣṭoma*, CH 252. Here the *patnīsaṃyājas* form the final act of the animal rite. (So Caland at ĀpŚS 20.10.3).

52 This comment is odd. The *hāriyojana* draught is drawn after the final *stotra* and *śastra* at the third pressing of the *jyotiṣṭoma*. See Minkowski, p. 107, for this break in the rite. See also CH 247a. It seems, however, that at the *jyotiṣṭoma* it is drawn before the *patnīsaṃyājas* are performed; see ĀpŚS 13.17.1 and 13.18.3. BhD faults ŚD and the *Tantraratna* (Pārthasārathi's commentary on Kumārila's *Ṭupṭīkā*) for stating that the *hāriyojana* draught follows the *patnīsaṃyājas*, an order repeated in JNMV. Śabara and *Kutūhalavṛtti* make no reference here to the *hāriyojana* draught.

53 JNMV identifies this as the remainder of the sentence.

54 It would only mean, "For it (i.e., the twelve-day rite) is a long sacrifice", and not that the rite is, in fact, incomplete.

55 The twelve-day rite constitutes a single performance (*prayoga*), and is not simply a number of distinct performances of day-long rites.

56 I.e., a restriction that the cessation should occur only there. Because the twelve-day rite is a single performance, the items preceding and including the animal rite for Agni and Soma, and also those starting with the final bath, are performed by *tantra*.

57 I.e., the transfer of the items which would have occurred after the *patnīsaṃyāja* but are now performed on the last day.

58 Cf. BhD, p. 227. The entire rite is to be concluded on the last day.

would be an injunction of something unexpected,[59] the final day does not end with the *patnīsaṃyājas*. Moreover, if it is (understood) thus,[60] the statement, "For then the sacrifice is incomplete (*asaṃsthita*)", comes about appropriately in its primary sense, because it is just the cessation of activity at the conclusion of the *patnīsaṃyājas* which is enjoined. And in this way, on the last day the acts starting with the *hāriyojana* draughts and ending with the throwing of the *barhis* into the fire are to be performed through *tantra*.[61] On the *avivākya*, the tenth day, the conclusion with the *mānasa* draught is not inappropriate, because of the (special) statement, "Having performed the *patnīsaṃyājas*, they move forward to the *mānasa*". And the result[62] is that at the two-day rite etc.,[63] the final day must be modified so as to have the entire conclusion.[64]

10. After the eleven kindling verses (*sāmidhenīs*) have been taught (i.e., introduced),[65] the repetition, which is taught in the statement, "He recites the first (*prathamā*) three times, the last (*uttamā*) three times", is a feature of the verses (*ṛcs*), "Your rewards (i.e., food) (should go) forth" (etc.) and "Make offerings" (etc.),[66] by force of the feminine gender,[67] and it is not a feature of the first (and last) item, because it would apply even to the (first or last) sound or (first or last) word. No. Because on the basis of the statement, "For words which express a quality, gender and number come about on the basis of their substrate", the feminine gender, which is heard (i.e., in the words "*prathamā*" (first) and "*uttamā*" (last)) is not employed as denoting the verses (*ṛcs*);[68] because (individual) sounds, words, etc. are not capable of conveying the (intended) sense and therefore that feature (i.e., repetition) does not occur (for them); and because on the basis of the statement, "Those (*tāḥ*) (become) fifteen", the feminine gender makes subsequent reference to

59 The omission of the remaining items would be an injunction of something unexpected.
60 I.e., that the final day does not end with the *patnīsaṃyāja*.
61 I.e., a single performance will serve the purpose for all the preceding days.
62 I.e., the consequence of this topic.
63 These are modifications of the twelve-day rite.
64 They should not end with the *patnīsaṃyāja*, as do those days in the original rite.
65 This refers to the kindling verses which are recited at the new- and full-moon sacrifices.
66 These are, respectively, the first and last of the *sāmidhenī* verses.
67 I.e., in the words "*prathamā*" (first), "*uttamā*" (last), and "*ṛc*" (verse).
68 The verse serves as the substrate, but the suffix which expresses gender does not denote it. Instead, the sense of the nominal stem, i.e., the condition of being first (*prathama*), is the chief item denoted.

something settled,[69] it (i.e., the repetition) is a feature of the condition of being first (or last). And in that way, whichever two verses occur in the first or last place are (alone) to be repeated,[70] and not the two which were mentioned above,[71] if they occur in another place.

11. The *anvārambhaṇīyā* (*iṣṭi*) (commencement *iṣṭi*), which is enjoined in the statement, "One who is about to begin (*ārapsyamāna*) the new- and full-moon sacrifices offers the *anvārambhaṇīyā*",[72] should be repeated when the *iṣṭi*[73] is repeated, just like the fore-sacrifices etc., because it is not distinct (from them) in regard to its being a subsidiary. No. Because it is a subsidiary by means of the commencement (*ārambha*), and because the commencement has the form of the determination, "I must do this",[74] and is therefore (just) one, it (i.e., the *anvārambhaṇīyā*) is performed once. This is the view of the *Vṛtti*.[75]

But according to the *Bhāṣya*, because the determinations are distinct with each distinct cause, the commencement is not the determination;[76] after this refutation of the *Vṛtti*,[77] the commencement is (held to be) the first item, (namely) the action of fueling (the fire) (*anvādhāna*),[78] and the *iṣṭi* (i.e., the *anvārambhaṇīyā*) is a subsidiary of it, and not of the person who is about to offer the rite,[79] and so when it (i.e., the fueling) is repeated, it (i.e., the *anvārambhaṇīyā*) should be repeated. No; because the meaning of the word "*ārambha*" (commencement) is the first engagement in activity, and

---

69 The word "*tāḥ*" (those) is in the feminine. The subsequent reference would not work if either the first word ("*pada*") or the first constituent unit of the verse ("*pāda*") were repeated, since the words for these are neuter and masculine, respectively (cf. ŚD). See the note at 9.2.6 (first *varṇaka*) concerning *pādas*.

70 This is stated in reference to modifications of the new- and full-moon sacrifices.

71 I.e., "Your rewards (i.e., food) (should go) forth" (*pra vo vājāḥ*) etc. and "Make offerings" (*ā juhotā*) etc.

72 See NVO, pp. 185–6, for this rite.

73 I.e., the new- and full-moon sacrifices.

74 Presumably a qualification such as, "as long as I am alive", is to be understood here. Various forms of the determination presented in other texts are: "*parvaṇi parvaṇi mayā darśapūrṇamāsau kartavyau*" (I must perform the new- and full-moon sacrifices at each *parvan*) (Śabara), "*yāvajjīvaṃ mayā darśapūrṇamāsau parvaṇi parvaṇi kartavyau*" (As long as I am alive I must perform the new- and full-moon sacrifices at each *parvan*) (ŚD), etc.

75 I.e., of the *Vṛttikāra*. This attribution is found in ŚD, JNMV, and BhD.

76 The cause is the state of being alive at each particular new- and full-moon.

77 At this point the alternative interpretation of the topic begins.

78 See ĀpŚS 1.1.2 ff. and NVO, pp. 2–3, for the fuelling of the fire.

79 I.e., it does not prepare the person.

therefore secondary signification would result if it were to denote the fueling (of the fire); because even if there are distinct commencements of performances, the commencement of the (entire) rite is one; because there is no authority for the claim that the *iṣṭi* (i.e., the *anvārambhaṇīyā*) occurs at the commencement of the performance; because it prepares the person, who is denoted by the (participial) suffix *śānac* (i.e., in the word "*ārapsyamāna*" (one who is about to begin)); and because the agent of the *iṣṭi* who is prepared (by it) is included in the performance (i.e., of the new- and full-moon sacrifices), and so there is not even an assumption of a (distinct) result.[80] This is the view of the *Bhāṣya*.

12. At the *mantra* which begins with "*devasya tvā*" and ends with "*nirvapāmi*" (i.e., "On the impulse of the god (*devasya*) Savitṛ, with the arms of the Aśvins, with the hands of Pūṣan, I pour out (*nirvapāmi*) you (*tvā*) agreeable (*juṣṭa*) to Agni"),[81] through the action of pouring out (the grains), even Savitṛ, the Aśvins, and Pūṣan are subsidiaries of the sacrifice, because the condition of being for the sake of a visible effect is obtained for them,[82] just as it is for Agni by means of the cake,[83] and because if they were for the sake of praise,[84] it would result that they would be for the sake of an unseen effect; or, there is an option (of these deities) with Agni; or, the words "*savitṛ*" etc. denote Agni through etymological analysis.[85] And in this way, at a modified rite[86] there is modification of them also.[87] No. Because an option or a combination of Sāvitṛ etc. with Agni, which is expressed by the *taddhita* suffix,[88] is inappropriate; and because they (i.e., the names of the deities) express a conventional meaning and therefore do not express a meaning based on etymological analysis;[89] because there would be a distinct sentences if the deities (for the rite) were distinct; and because the words "*juṣṭa*" (agreeable) and "*nirvāpa*" (i.e., "*nirvapāmi*" (I pour out)) would be

---

80 In the initial view, if the *iṣṭi* were to prepare the agent, then a result would have to be assumed.

81 This is recited at the new- and full-moon sacrifices. See 2.1.14.

82 This is because they serve as deities for the sacrifice.

83 This refers to the cake which is made with the grains and offered to Agni.

84 I.e., of the action of pouring out.

85 I have not seen particular analyses offered in other texts.

86 Such as at the desiderative *iṣṭi* for Sūrya. See 2.3.5.

87 If the names are for the sake of a visible purpose, then modification is necessary.

88 I.e., in the word "*āgneya*" (an offering substance for Agni). This presumably refers to the use of the word in the originative injunction of the new- and full-moon sacrifices. See 1.4.7.

89 Such an analysis could permit them to denote Agni.

repeated,[90] they are only for the sake of an unseen effect; therefore there is no modification.[91]

13. Because the word "*juṣṭa*" (agreeable, lit. "liked")[92] ends with (the past participial suffix) *kta*, which denotes past time, and (therefore) denotes something which does not inhere (in the rite), so too the word "*agni*", which qualifies it,[93] denotes something which does not inhere, and therefore, just like the words "*savitṛ*" etc., it is not modified.[94] No. In as much as the meaning is, "I pour out in such a way that it becomes agreeable to (i.e., liked by) Agni", both (words) alike denote something which inheres; therefore there is a modification (i.e., of "*agnaye*" (to Agni)) as "*sūryāya*" (to Sūrya).

Or: The *mantra* which is recited when (husked) rice grains are poured on the stone (for grinding), "You are (unhusked) grain (*dhānya*), stimulate (*dhinuhi*) the gods",[95] should not be modified at the cake made of meat,[96] because in the original rite, at the stage where there are (husked) rice grains, the condition of being (unhusked) grain (*dhānya*) is absent, and therefore the word "*dhānya*" denotes something which does not inhere (in the rite). No. Since the word for the source substance (*prakṛti*) denotes its modification (*vikṛti*) by secondary signification, the word "*dhānya*" (grain) does in fact denote something which inheres, and so there is a modification (at the meat cake) as, "You are meat (*māṃsa*)", but not as, "You are the animal (*mṛga*)", because in the original rite the secondary signification is based on implication.[97] This is a hypothetical consideration, since meat is not ground.

14. At the *mantra* for the invitation to the *iḍā*,[98] on the basis of word meaning, the portion, "Who shall make the lord of the sacrifice (*yajñapatim*)

---

90 These words, and the word "*tvā*" (you), would have to be repeated at the mention of each distinct deity.

91 If the words "*savitṛ*" etc. denoted deities inherent (*samaveta*) in the rite, then they would have to be modified at the modified rites.

92 This is in reference to the *mantra* quoted in the preceding topic.

93 I.e., in the phrase "*agnaye juṣṭam*" (agreeable to Agni).

94 I.e., at modified rites such as the desiderative *iṣṭi* for Sūrya etc.

95 This is recited at the new- and full-moon sacrifices. (NVO, p. 37). By etymology, the word "*dhānya*" (grain) is taken to mean "stimulating".

96 According to Śabara, ŚD, and JNMV, this is a reference to the *śāktyānāmayana*, a thirty-six year *soma* rite. See 3.8.23.

97 I.e., it is forced. Consequently, it does not merit transfer.

98 This *mantra* includes the sentence: "The divine *adhvaryus* are invited, the human are invited, who shall help this sacrifice and make the lord of the sacrifice (*yajña-patim*) prosper" (*daivyā adhvaryava upahūtā upahūtā manuṣyā ya imaṃ yajñam avān, ye yajñapatiṃ vardhān*). This is recited by the *hotṛ* at the new- and full-moon

prosper", is for the sake of the prosperity of the master (*svāmin*) (of the rite, i.e., the sacrificer), and it is not for the sake of praising the *iḍā*, because that is based on the weaker condition of (the *mantra* quoted) being a single sentence, and because it would result in its being for the sake of an unseen effect. And if it is for the sake of prosperity, then by bringing about enthusiasm (in the sacrificer) it is for the sake of a seen effect, and therefore at the *sattra* there is a modification (i.e., of the word "*yajñapatim*" (lord of the sacrifice)) as "*yajñapatīn*" (lords of the sacrifice).[99] No. Because after the *iḍā* is enjoined by the statement, "Whosoever, knowing this, performs the *iḍā*", the direct sentence, "He now says, '*Iḍā* is invited here'", enjoins the recitation of the entire *mantra*; and because on the basis of the meaning (of the *mantra*, namely), "Those who make the lord of the sacrifice prosper are called to the *iḍā*", the prosperity of the lord of the sacrifice is for the sake of something other than itself, and therefore is for the sake of praising the *iḍā*; [100] and also because praise can be effected even through one sacrificer,[101] there is no modification.

15. Likewise, the statement in the *sūktavāka* (*mantra*), "This sacrificer (*yajamānaḥ*) desires long life",[102] should not be modified at a rite in which there are many sacrificers, for the reason stated above.[103] No. In the entire *mantra* quoted above, it is only the action of inviting that is made manifest, and therefore it is that way (there);[104] but because it is only the result that is made manifest in the *sūktavāka mantra*, the result is intended to be

---

sacrifices. See NVO, p. 125–126, for the invitation to the *iḍā*. See 6.4.2 for the *iḍā* rite.

99 At a *sattra* there are many sacrificers.

100 The direct meaning of the relative clause is overridden by the rest of the sentence. The subordination is expressed by the relative pronoun "*ye*" (who).

101 I.e., it can be effected by the word "*yajñapati*" (lord of the sacrifice), even when it is used in the singular.

102 The *sūktavāka mantra* is recited by the *hotṛ* at the new- and full-moon sacrifices. See NVO, pp.143–5 (for the quote here, see p. 145).

103 I.e., in the preceding topic. The claim here is that the words "*yajamānaḥ*" (sacrificer) etc. should not be modified from the singular to the plural. Śabara etc. refer just to the word "*yajamānaḥ*" (sacrificer), but presumably the question of modification applies to other words in the *mantra* as well.

104 I.e., no modification is needed. The *mantra* discussed in the preceding topic serves to make manifest an action, and the subordinate clause does not express its own meaning.

expressed, and so there should be modification;[105] and (this is also the case) because due to the absence of the word "*yat*",[106] we do not understand the condition of being for the sake of something else, as in the previous case.

16. When the *nigada* which is (recited) for the sake of calling the *subrahmaṇyā*,[107] "Come, Indra (*indra*), come, you with the bay steeds, ram of Medhātithi, Menā of Vṛṣaṇvaśva, bestriding buffalo,[108] lover of Ahalyā", is transferred to the *agniṣṭut* (rite),[109] just as there is a modification (i.e., of the word "*indra*") as "*agne*" on the basis of the injunction of Agni in the statement, "The *subrahmaṇyā* verse is directed to Agni", there is a modification of its qualifiers as well, because their meaning is stated by the *brāhmaṇa* (passages), "Indeed, the bright and dark fortnights are the bay steeds (*hari*) of Indra, for by means of them he takes away (*harati*) all things", "Indeed, becoming a ram he took away Medhātithi, the son of Kaṇva", "The daughter of Vṛṣaṇvaśva was Menakā, Indra loved her", "Becoming a *gauramṛga*,[110] he drinks the *soma*" etc., and therefore it is appropriate to recite qualifiers suitable to Agni. No; because even though Indra inheres in the rite, and therefore there is the modification of the word "*agne*" (Agni) in its place,[111] the qualifiers whose meanings are stated by the *brāhamaṇa* are (only) for the sake of praising Indra; and because praise comes about properly by means of non-existent qualities, just as by means of existent ones;[112] and because in our view those qualities are absent even in Indra.[113]

Or: The *mantra* (which is recited) for the year-old heifer (*ekahāyanī*) at the *soma* rite, "This cow is for purchasing the *soma*, with her I purchase it from you, from her (*tasyai*) you get boiled milk (i.e., milk for boiling)",[114] is

---

105 At the *sattras* all the sacrificers receive the result, and so the words should be modified to the plural.

106 I.e., the relative pronoun, which appears as "*ye*" (who) in the preceding topic.

107 I.e., for the sake of calling the deity by means of the *subrahmaṇyā mantra*. The latter is recited at the *jyotiṣṭoma* in order to invite Indra to the rite. See CH 49. At ĀpŚS 11.20.3, Caland lists the places where the *subrahmaṇyā* is called out. *Nigadas* are *mantras* which have the form of an address to someone. See 11.3.10.

108 So Eggeling. Parpola translates, "O buffalo leaping down!"

109 This is a one-day *soma* rite.

110 Bos gaurus, a kind of buffalo (MW).

111 I.e., in place of the word "*indra*".

112 Consequently, these statements can serve to praise Agni.

113 I have not seen this last comment stated elsewhere.

114 This is addressed to the *soma*-seller at the *jyotiṣṭoma*. See CH 33. Sāyaṇa glosses "*tasyai*" as "*tasyāḥ*". See Whitney, *Sanskrit Grammar*, p. 134, or Wackernagel,

modified at the *sādyaskra*, a modification of the *soma* rite,[115] as, "A three-year old, ungelded (bull) is for purchasing the *soma*". There the statement, "From her (*tasyai*) you get" etc., should be modified as well,[116] because even though boiled milk etc. are absent at the stage when it (i.e., the cow) is a year-old heifer, milk etc. are possible at a time three or four years later (in the case of a female cow), and so too in the case of the ungelded bull, through its begetting a calf in some (other) cow, and therefore in both cases alike it (i.e., the *mantra*) can denote an item which inheres in the rite. No. Because in accord with the primary sense of the word (i.e., "*ekahāyanī*") as denoting a year-old heifer, it does not denote an item which inheres; because due to the possibility of death etc. the condition of being three or four years old may in fact be absent and so even at that time boiled milk etc. would be absent, and therefore it (i.e., the *mantra*) must be for the sake of praise; and because it (i.e., the use of *mantra*) comes about appropriately in the same way (i.e., as being for the sake of praise) in the case of the ungelded bull as well, there is no modification.

17. The *adhrigupraiṣa*,[117] "Bring forward the fire to him (*asmai*)", occurs even at the ewe (offering), which is taught by the statement, "At the *atirātra* one should kill a ewe for Sarasvatī",[118] just as it does at the animal rite for Agni and Soma (*agnīṣomīya*), because on the consideration that the word "*paśu*" (animal) does not give up its gender,[119] the word "*asmai* " (to

---

Altindische Grammatik, III, p. 39, for the use of such a form for the ablative or genitive.

115 The *sādyaskra* is a one-day *soma* rite. The Kautumas recognize either four or six varieties. They are presented in TāB 16.12–15 (or –16) and ĀpŚS 22.2.6–4.12 (or –4.29). In TāB 16.13.9 the cow described here is taught for the second *sādyaskra*. In ĀpŚS 22.2.25 it seems to be taught for just the first, but I am not sure about this. See 8.1.12 and Caland's note at TāB 16.12.

116 Or, with the other reading, "There should also be modification there in the form of, "From him (*tasmai*) you get" etc." JNMV also gives "*tasmai*" as the required modification on the initial view, the assumption being either that such a masculine could serve for the ablative and genetive, or that the original *tasyai* was somehow a dative.

117 This is a *mantra* of directions (*praiṣa*), spoken by the *hotṛ* and addressed to the divine slayers (*śamitṛs*) at the animal rite. See Schwab 68 and Minkowski, pp. 50–1.

118 See 9.3.8 for the animals which are to be offered at the *savanīya* animal rite in the various forms of the *jyotiṣṭoma*.

119 The word "*paśu*" (animal) is masculine. Here it is considered to denote only the *jāti* "*paśutva*" (the condition of being a *paśu*), and it does not give up its gender.

him) occurs appropriately.[120] No. Because the word "*paśu*" is absent (i.e., in the *mantra* quoted), because the animal at the animal rite for Agni and Soma is masculine,[121] and because gender is an intended meaning, the *mantra* does not occur at the ewe offering. Because it has been established in the Third Book that the direct teaching of the features (of the animal rite) occurs only at the animal rite for Agni and Soma,[122] and in the Eighth Book that the animal rite for Agni and Soma is the original rite for all the animal rites,[123] this is a hypothetical consideration;[124] and when there is a transfer, there is a modification as, "*prā 'syai*" ((Bring) forward (the fire) to her).[125]

18. At the statement, "One should not say '*girā girā*' (By hymn on hymn), one should sing making it have the sound '*irā*'",[126] there is an option of the words "*girā*" and "*irā*", because by the direct recitation of the one[127] and the explicit statement of the other,[128] the two are of equal strength, and because the prohibition occurs appropriately by making subsequent reference to an item which is employed (only) optionally.[129] No; because the strength of the two is unequal, since "*irā*" is related to the song through direct statement aided by context,[130] but since a verse is a subsidiary of the *stotra*, and so too is a part of it, (the word) "*girā*" (which occurs in the verse) is a subsidiary of the *stotra*, a condition which is understood (only) by order;[131] and because between recitation and injunction, an injunction is

---

120 The pronoun "*asmai*" (to him) is in the masculine, because it is understood as qualifying the word "*paśu*" (animal), which is only masculine.

121 It is to this animal that the pronoun refers.

122 See 3.6.7. This is on the basis of context (JNMV).

123 See 8.1.6. Because the animal rite for Agni and Soma is the original, the *mantra* will apply at the ewe sacrifice by transfer.

124 The initial discussion supposes that features are taught by a common injunction for the various animal rites.

125 Here the pronoun "*asyai*" (to her) is in the feminine.

126 This refers to words in the second *pāda* of the verse which begins with the words "*yajñā yajñā vaḥ*" (At each sacrifice of yours) (see 2.2.12). On this verse the *yajñāyajñīya sāman* is sung as the *agniṣṭoma sāman* at the *jyotiṣṭoma*. See CH 241c.

127 I.e., in the *Sāmaveda*.

128 I.e., the statement, "One should sing making it have the sound '*irā*'".

129 I.e., the form "*girā*".

130 By direct statement aided by context it is a subsidiary of the song, and by context it is a subsidiary of the *stotra*. (ŚD).

131 This refers to the order of the verses taught in the context of the *jyotiṣṭoma*, on the basis of which the *yajñāyajñīya pragātha* is sung at the *agniṣṭoma*. See 9.2.6 (third *varṇaka*). The word "*girā*" is connected to the song because it is part of the single sentence which states the *pragātha*. The unequal strength is as follows: the *pragātha*

stronger, and therefore the prohibition cannot make subsequent reference to an item which applies optionally.

19. That word "*irā*"[132] should be employed unsung, because on the basis of the rule, "*vimuktādibhyo 'ṇ*",[133] by means of the suffix *aṇ*, which denotes the sense of (the suffix) *matup*,[134] the meaning, "possessing the word "*irā*", is obtained,[135] and because the word has the form "*āyīrā*" when it is sung,[136] and so to it the suffix *cha* (=*īya*) would be added by the rule "*vṛddhāc chaḥ*"[137] and therefore the form "*āyīrīyam*" would result.[138] No; because it (i.e., the word "*irā*") takes the place (i.e., of the "*girā*" which is sung) and so singing is obtained; because on the basis of the preceding rule, "*matau chaḥ sūktasāmnoḥ*",[139] the suffix *aṇ* comes about properly only to express the sense of a *sāman,* and that (i.e., a *sāman*) is impossible without singing; and because the suffix *aṇ* can denote the sense of a modification,[140] and so (the sense of) singing is obtained from it too.

---

is a subsidiary of the *stotra* by order, whereas the word "*irā*" is a subsidiary by context; the word "*girā*" is related to the song by the sentence, whereas the word "*irā*" is related by direct statement. (ŚD).

132 As quoted in the preceding topic.

133 P 5.2.61: "The suffix *aṇ* is added to the forms *vimukta* etc. when the sense of *matup* (i.e., the senses 'this exists of it' or 'this exists in it') is to be expressed." Here the list starting with "*vimukta*" is considered to contain the form "*irā*". The addition of *aṇ* to *irā* produces *aira.*

134 P 5.2.94 *tad asyā 'sty asminn iti matup* teaches that *matup* is added when the senses, "this exists of it" or "this exists in it", are to be expressed.

135 I.e., for the word "*aira*" in the *brāhmaṇa* passage quoted above, "*airaṃ kṛtvā*" (making it have (the sound) "*irā*").

136 CH 241c gives the form as "*āyirā*". So, it seems, does Sāyaṇa on TāB 8.6.10. See SV Vol. 3, p. 177. ŚD, JNMV, BhD, and *Kutūhalavṛtti* seem to agree with MNS.

137 P 4.2.114: "The suffix *cha* (= *īya*) is added to forms which have a *vṛddhi* vowel as their first vowel, in order to express one of the remaining senses." The *vṛddhi* vowels include the initial "*ā*" in "*āyīrā*", and the "remaining senses" include "this exists of it" or "this exists in it".

138 I.e., it would have been employed in the quote instead of "*airam*".

139 P 5.2.59: "The suffix *cha* (= *īya*) is added in the sense of *matup* (i.e., the senses 'this exists of it' or 'this exists in it'), when a *sūkta* or a *sāman* is to be denoted."

140 This is based on P 4.3.134 *tasya vikāraḥ* (Suffixes (including *aṇ*) may be added to a form to denote the sense, "this is a modification (*vikāra*) of it").

Chapter 2

1. The conclusion which was in fact established before, that the *sāman* is song,[141] is recalled (here) with intended reference to what follows.[142]

Or: The book (*grantha*) named *Ūha* ("Modification"),[143] in which they (i.e., the *sāmavedic* priests) sing each *sāman* individually on distinct groups of three verses (*tṛcas*), was not made by any person, because the author is not remembered, because its condition of being (part of) the *veda* is accepted, and because in as much as it is excluded from the prohibition of study (on certain occasions) etc., it is similar to the source book (*yonigrantha*), which is called the *Vedasāman*.[144] No; because the purpose of the injunction, "At the subsequent two verses he sings the *sāman* which he sings at the *yoni*",[145] would be established just by study,[146] and therefore the injunction would be pointless;[147] because even though the modification of the *sāman* at the subsequent two verses is not (part of) the *veda*, the essential form (*svarūpa*) of the *sāman* and the verses are (part of) the *veda*, and so the exception from the prohibition of study etc. is appropriate; because forgetting the author is possible, due to the intervention of time, as in the case of decrepit wells etc.; and because (even) the acceptance (of something) as (part of) the *veda*[148] is also based on forgetting an author, as in the case of the *āśvalāyana kalpasūtra*, which teaches the performance of the *mahāvrata*, is repeated by the first *āraṇyaka*, is dissimilar to *brāhamaṇas* in lacking *arthavādas*, is recited in the forest, and is accepted as (part of) the *veda* as

141 See 7.2.1.

142 This topic is based on JS 9.2.1 and 2: *sāmāni mantram eke smṛtyupadeśābhyām* (Some say that on the basis of *smṛti* and direct teaching the *sāmans* are the *mantras*), and *tad uktadoṣam* (The faults in that have been stated).

143 This is the *Ūhagāna*, one of the four song books of the *Sāmaveda*. It presents the verse triads as they are to be sung in rites. See Caland's Introduction, and Chapters I and II, to his translation of the TāB, and Chinnaswami's Introduction to Vol. 2 of his edition of the TāB, pp. 34–5.

144 This seems to be the *Pūrvārcika*, which contains the verses on which the *sāmans* are composed. These verses have the name, "*yoni*" (literally, womb). For the exclusion of one's own study of the *veda* (*svādhyāya*) from the prohibition of study, see MDh 2.105–6.

145 The translation is based on the form of the quote given by Śabara at 9.2.5.

146 I.e., if the book were not made by a person. The singing on the subsequent two verses would be established through study, just as it is on the *yoni*.

147 I.e., what it enjoins would be established merely by recitation.

148 I.e., even if it is not.

the *pañcamāraṇyaka* (fifth *āraṇyaka*).[149] And so if it conflicts with the (following) principles, it is not authoritative;[150] this is the result (of the topic).

2. The action of singing, which is enjoined by the statements, "He sings the *rathantara* (*sāman*)" etc., is a main act,[151] because if it were a subordinate feature it would be performed only in the middle of a performance, like the sprinkling of rice etc., and because there can be a result from performing it outside (the rite),[152] as in the case of the *viśvajit* rite.[153] No. Because on the principle of the cart on the ground[154] or the dry *iṣṭi*,[155] the action of singing outside (the rite) is for the sake of skill in performance, and because a *stotra* enjoined by the statements, "They praise with (i.e., chant) the *ājya* (*stotras*)" etc.,[156] comes about by syllables made manifest by singing, and so it is appropriate that just the manifestation of syllables, which is a visible effect, is the result, it (i.e., the action of singing) is not a main act, which would bring with it an unseen effect.[157]

---

149 The text in question seems to be the account of the *mahāvrata* rite which is found in the fifth chapter of the *Aitareya Āraṇyaka* and traditionally ascribed to Āśvalāyana. See Keith's remarks on pp. 18–19 of his edition. See also Colebrooke's *Essays*, I, p. 307. According to JNMV, it is its repetition in the first *āraṇyaka* and its dissimilarity from a *brāhmaṇa* due to its lack of an *arthavāda* which show that it is not part of the *veda*.

150 Because it is composed by a person, it should not be accepted as authoritative on occasions where it comes into conflict with principles which will be stated (cf. JNMV). In a parallel discussion, BhD refers to the investigation which follows of the principles for modifying *sāmans* (*sāmohanyāyavicāra*). *Kuhūhalavṛtti*: "*evañ co 'hapāṭhasya pauruṣeyatvād vakṣyamāṇanyāyavirodhe tadaprāmāṇyam iti phalati*". The point here seems to be that the various modifications of *sāmans* which will be taught are not blocked by the *sāmans* as they are sung in this text.

151 I.e., in regard to the verses. In Śabara, the quotation presented here is followed by, "He sings the *bṛhad* (*sāman*)". These two *sāmans* are optional with each other at the *pṛṣṭhastotra* of the *jyotiṣṭoma*. See 7.3.3.

152 I.e., at the time of study.

153 No result is specified for the *viśvajit* rite, and so an unstated one, i.e., heaven, is assumed. See 4.3.7. The claim made here is that a result for the action of singing can likewise be assumed.

154 I.e., a cart drawn on the ground by a young cartwright.

155 I.e., one performed by a student for practice.

156 See 1.4.3.

157 I.e., it would necessitate the assumption of an unseen effect. On the final view, singing is just a preparation of the verse.

3. Because it is stated in the sentence, "One *sāman* is produced on three verses, being (thereby) a means of bringing about a *stotra* (*stotrīya*)",[158] that one *sāman* is produced by means of three verses, the *sāman* is to be sung by parts over the three verses.[159] No. Because being a means of bringing about a *stotra* (*stotrīya*) has the form of being something which prepares the means of bringing about praise,[160] and because the condition of being a means of praise is complete in each of the verses, the action of singing is complete in each verse separately; and moreover, since the same *sāman* is repeated in the two subsequent verses, there is no conflict with the condition of being produced by (all) three verses.

4. Because there is no distinction (stated), the action of singing takes place on three verses which are either (metrically) identical or different. No. In order to avoid the injury to the *sāman* which is called "*saṃśara*" ("breaking"),[161] and in order to avoid depriving a verse of a *sāman*, which is called "*vileśa*" ("tearing"),[162] it (i.e., the action of singing) is done only on verses which are identical.

5. At the statement, "At the subsequent two verses (*uttarayoḥ*) (he sings) that (*sāman*) which he sings at the *yoni*",[163] either the two verses subsequent to the *yoni* are to be understood, or two subsequent verses which are recited in the *Uttarāgrantha*,[164] because there is no distinction (stated). No. Because the word "*uttarā*" applies without expectancy only to the two subsequent verses recited in the *Uttarāgrantha*,[165] it (i.e., the action of singing) takes place at such subsequent verses only. And in this way, the principle that the singing is to be done only on identical verses is also obliged, since otherwise

158 This translation of "*stotrīya*" is uncertain. It is the one presented in the established view in ŚD and in the *Kutūhalavṛtti*.

159 I.e., a third is sung over each.

160 I.e., something which prepares the verses.

161 This occurs when the *sāman* is too long for the subsequent two verses and so suffers from having no support.

162 This occurs when the *sāman* is shorter than the subsequent verses, which then lack a *sāman*.

163 This translation is based on the quote as it is given in Śabara. Here the term "*yoni*" (womb, source) refers to the verse as recited in the *Pūrvārcika*.

164 I.e., the *Uttarārcika*.

165 This is because it is a name. It seems the presence of the *yoni* verses in the *Uttarāgrantha* serves only to indicate that the two verses which follow them are to be understood, not any two verses whatsoever (cf. Somanātha). (Some such explanation seems necessary.)

it would be blocked by the lack of a restriction that the *yoni* of the *bṛhad* etc. should be metrically identical to the *yoni* of the *rathantara* etc.[166]

Or: At the twelve-day rite, the *traiśoka sāman*, which is taught for the fourth day,[167] is originally taught on an *atijagatī* (verse), but the two subsequent verses taught there (i.e., in the verse triad) are *bṛhatīs*;[168] ignoring those, two *atijagatīs* are to be brought in,[169] in order that the action of singing should come about on (metrically) identical verses and that the indication given in the statement, "They chant it on the *atijagatī* verses (*atijagatīṣu*)",[170] should be applicable. No. Because the direct statement, "At the subsequent two verses (he sings that *sāman* which he sings at the *yoni*)" is stronger than the principle[171] and the indication,[172] and because the indication of plurality comes about appropriately through the teaching of the *stomas* of twenty-one verses etc.,[173] the singing is done even on (metrically) unequal verses.

6. The *rathantara sāman* is originally taught on the *bṛhatī* verse, "(We shout) to you, hero", the *bṛhat sāman* on the *bṛhatī* verse, "(We call on) just you",[174] (and) the two verses subsequent to these (i.e., in the *Uttarāgrantha*), "No other (heavenly or earthly being) like you" and "You, wonderful (Indra, grant) us", are *paṅktis*;[175] even though there would be the same number of

---

166 The *yoni* for the *rathantara sāman* is SV 1.233, that for the *bṛhad* SV 1.234. In fact, both of these verses are in the *bṛhatī* meter.

167 This is the fourth day of the *pṛsthya* six-day period. According to TāB 12.10.21, the *traiśoka* is the *brahmasāman*. This is the third *pṛṣṭhastotra* (Caland).

168 The syllabic scheme for the *atijagatī* is 13 13 | 13 13, for the *bṛhatī* 8 8 | 12 8.

169 I.e., from the *Ṛgveda*.

170 Here the plural number in "*atijagatīṣu*" (on the *atijagatī* verses) indicates that all three verses should be in the *atijagatī* meter.

171 I.e., the principle that *sāmans* are sung on identical verses.

172 I.e., the indication made in the statement, "They chant it on the *atibṛhatī* verses".

173 On the fourth day, the *pṛṣthastotras* have twenty-one verses. In order to bring this about, the first verse, an *atijagatī*, is repeated seven times.

174 This follows the correction of *atibṛhatyām* to *bṛhatyām*. The *rathantrara* and *bṛhat sāmans* are used in the *jyotiṣṭoma* at the first *pṛṣṭhastotra*, which follows the *mādhyaṃ-dina pavamānastotra* at the midday pressing.

175 The syllabic scheme for the *bṛhatī* is 8 8 | 12 8. The term "*paṅkti*" denotes both a particular scheme, 8 8 | 8 8 8, and is also used for any verse of 40 syllables. The verses referred to here have the scheme 12 8 | 12 8. These are *satobṛhatīs*, according to Sāyaṇa's *Ṛgvedabhāṣya*, the *Ṛkprātiśākhya* (16.39), the *Ṛgvedānukramaṇī* of Veṅkata Mādhava (6.3.11), etc., (and also Van Nooten and Holland in their edition), and *siddhāviṣṭārapaṅktis*, according to the *Nidānasūtra* (1.3 (4.20–1)), and according to the Tāṇḍins, as recorded in the *Upanidānasūtra*. (This follows Murty,

syllables through *pragrathana* (intertwining),[176] which would take place on the basis of the statement, "Neither the *bṛhat* nor the *rathantara* have a single meter, since in them the *bṛhatī* is first and two *kakubhs* follow",[177] the (*kakubh*) verses would not be produced fully[178] and so the verse triad would be blocked,[179] and therefore, in order that the originative statement of *kakubh* verses in the *Ṛgveda* should have a purpose, two *kakubh* verses which occur in the originative statement (i.e., in the *Ṛgveda*) should be brought in. No. Because of the *smṛti* text, "The *pragātha* pertains to (i.e., produces) *kakubh* verses (*kākubha*)",[180] because in accord with its etymology as "a place where the action of singing (*gāna*) is done excellently (*prakarṣeṇa*)" the name "*pragātha*" causes us to understand more than a (mere) recitation of verses which are taught, and because of the indication in statements such as, "Indeed this *bṛhatī* is firmly established with its repeated *pādas*"[181] etc., the *kakubhs* are to be produced by *pragrathana*. And this is how it happens: The singing is done first on the *bṛhatī* (8 8 |12 8) (giving the

---

p. 66; see also Weber, "Ueber die Metrik der Inder", *Indische Studien* VIII, pp. 42. 98–100). In his Introduction to the *Puṣpa Sūtra*, p. 49, Sharma says that according to traditional scholars, the term "*paṅkti*" is used in the *Puṣpa Sūtra* for the *satobṛhatī*, and that "*paṅkti*" is used where *Kauthuma* books use "*satobṛhatī*". Throughout this topic, Mahādeva uses the same meter names as JNMV.

176 *Pragrathana* is the intertwining of two verses in such a way as to produce three *stotrīyā* verses (i.e., verses sung at a *stotra*). See the text below for how this works.

177 The number of syllables would be the same whether two *kakubhs* are formed by *pragrathana* operating on one *bṛhatī* and one *paṅkti*, or two *kakubhs* are imported from the *Ṛgveda*. The syllabic scheme for the *kakubh* is 8 12 | 8.

178 Also, the primary sense of "*kakubh*" would be lost. The translation here is uncertain.

179 I.e., the verse triad on which the *sāman* becomes a means of bringing about a *stotra*. The *sāman* would not be sung on three (original) verses.

180 A *pragātha* is a pair of verses which are sung in such a way as to produce three *stotrīyā* verses. The text quoted here by Mahādeva also occurs in Śabara, where an objection is raised about the use of the word "*kākubha*". P 4.2.55 *so 'syā 'dir itic chandasaḥ pragātheṣu* teaches that suffixes such as *aṇ* (which occurs in "*kākubha*") are added to the word which names the first meter used, when a *pragātha* is to be denoted. In the *pragātha* under discussion here, the first meter is the *bṛhatī*, and the word "*bārhata*", formed by P 4.2.55, is regularly used to name it. Śabara points out that the term "*kākubha*" is nevertheless also appropriate, since its derivation can be accounted for by either P 4.3.53 *tasye 'dam* or P 4.3.120 *tatra bhavaḥ*, which teach that suffixes such as *aṇ* are added to express the senses, "this pertains to it" and "this occurs in it".

181 *Pādas* (lit., feet) are the constituent units of a verse. Whether they have the same number of syllables depends on the meter. There are four *pādas* per verse in the *bṛhatī* meter, their syllabic scheme being 8 8 | 12 8.

first *stotrīyā* verse); then there is a single (i.e., the fourth) *pāda* of the *bṛhatī,* then the first half of the *paṅkti* (12 8 | 12 8); this gives one *kakubh* (8 12 | 8) (and forms the second *stotrīyā* verse). Then there is the second *pāda* of the *paṅkti*,[182] then the latter half (of the *paṅkti*); this gives the other *kakubh* (and the third *stotrīyā* verse).[183] In this way, the injunction of a verse triad is not completely blocked, nor is the recitation of the *paṅkti* in the *Uttarā* (*grantha*) pointless.[184] And the originative statement of the *kakubh* verses[185] is used for the *vācaḥstoma*.[186]

Or: On the basis of the statement, "The *raurava* and *yaudhājaya* (*sāmans*) are produced on a verse triad in the *bṛhatī* meter",[187] the *bṛhatī* and *viṣṭāra-paṅkti* verses subsequent to them are to be removed and two *bṛhatī* verses taught in the originative statement brought in.[188] No. Because of the *smṛti* text,[189] the name,[190] the indication,[191] and the recitation in the *Uttarā* (*grantha*), there is *pragrathana*. Singing takes place on, "Purified, Soma,

---

182 JNMV presents this as the final *pāda* of the (first) *kakubh.*

183 See CH 199b. See also ŚŚS 7.25; VaiS 3.12. (22). 8. 9.

184 I.e., in as much as it assists the production of two *kakubhs.*

185 I.e., in the *Ṛgveda.*

186 Therefore it is not pointless either. The *vācaḥstoma* is a one-day *soma* rite, of which ĀpŚS 22.5.1–3 recognizes three varieties. At the third, all verses, *sāmans*, and *yajus* formulae are used. ŚŚS 15.11 recognizes one just variety, which also permits such use.

187 These *sāmans* are sung at the *mādhyaṃdinapavamānastotra* of the *jyotiṣṭoma*, on the second verse triad. Cf. TāB 7.5.11 and 12, and CH 178b (SV, III, pp. 41–5).

188 The *raurava* and the *yaudhājaya sāmans* are taught to be sung on the same verses, SV 2.25 and 26 (=ṚV 9.107.4 and 5). Śabara etc. state that these verses are in the *bṛhatī* (8 8 | 12 8) and *viṣṭārapaṅkti.* (The latter is identified as a *satobṛhatī* in Sāyaṇa's *Ṛgvedabhāṣya* etc. (see note above): 12 8 | 12 8. I have not seen the *viṣṭārapaṅkti* defined this way elsewhere. Instead, its scheme is 8 12 | 12 8). JNMV, which MNS follows fairly closely in this topic, states that the *viṣṭārapaṅki* verse is removed. This is certainly the correct argument here. By contrast, MNS seems to be saying that both the *bṛhatī* and the *viṣṭārapaṅkti* in the *Uttarārcika* are replaced by other *Ṛgvedic* verses, which would be sung after the *yoni* verse (SV 511) to create a verse triad. This remark appears to be a slip on Mahādeva's part. Does he follow a source for this?

189 ŚD refers here to the "*pragāthasmaraṇa*", i.e., the tradition which teaches the *pragātha*. In the preceding *varṇaka*, BhD refers to the tradition of *pragrathana* (*pragrathanasmaraṇa*) among the *vaidikas*.

190 I.e., the name "(*bārhata*) *pragātha*". See the preceding *varṇaka*. (At the preceding *varṇaka*, ŚD refers to the name, "*pragātha*", and BhD to the name, "*bārhatapragātha*".)

191 See below for this.

(you flow)" (a *bṛhatī*) (giving the first *stotrīyā* verse). Its fourth *pāda* is repeated twice and joined with the first half of, "Milking the (heavenly) udder"[192] (giving the second *stotrīyā* verse), and the fourth *pāda* of this is repeated (twice) and joined with the latter half (giving the third *stotrīyā* verse). And the indication is the statement, "Sixty verses of *triṣṭubh* meter come about at the midday pressing".[193] Here is the meaning of this: At the midday pressing, there is one *pavamāna* and four *pṛṣṭhastotras*; in the *pavamāna*, in the (first) *sūkta*, "Your (juice) was born on high", there are three *gāyatrīs*,[194] in the second (*sūkta*), "Be clarified, Soma", which has the form of a *pragātha*,[195] the first (verse) is a *bṛhatī* and the next (verse) a *viṣṭārapaṅkti*,[196] and (in the third *sūkta*) there are three *triṣṭubhs*, (starting with) "Run forward". Among the *pṛṣṭhastotras*, in the first *sūkta*, "(We shout) to you, hero", which has the form of a *pragātha*, the first verse is a *bṛhatī* and the next a *paṅkti*,[197] in the second (*sūkta*), "With what (aid will) the wonderful (friend assist) us", there are three *gāyatrīs*, in the third (*sūkta*), "(We call to) that master for you", which has the form of a *pragātha*, there is a *bṛhatī* and a *paṅkti*,[198] and in the fourth (*sūkta*), "With strength (we call Indra) for you", which has the form of a *pragātha*, there is a *bṛhatī* and a *paṅkti*.[199] In this way at the midday pressing there are seven *sūktas*. Among them, at the first there are the *gāyatra* and the *āmahīyava sāmans*, at the second the *raurava* and the *yaudhājaya*, at the third the *auśana*, at the fourth the *rathantara*, at the fifth the *vāmadevya*, at the sixth the *naudhasa*, and at the seventh the *kāleya*. When the first *sūkta* is repeated in order to produce two *sāmans*, there are six *gāyatrīs*; in the fifth (*sūkta*), when the *gāyatrīs*, which are the bases of the *vāmadevya sāman*, are repeated in order to establish the seventeen-versed *stoma*, there are seventeen,[200] and adding these together there are twenty-three; in the sixth and the seventh, when the *bṛhatī* verse triad, which comes about by the *pragrathana* of the *bṛhatī* and

---

192 This is in the *viṣṭārapaṅkti* meter (=*satobṛhatī*).

193 The syllabic scheme for the *triṣṭubh* is 11 11 | 11 11.

194 The syllabic scheme for the *gāyatrī* is 8 8 | 8. The term "*sūkta*" seems to be used here to refer to a *tṛca* or a *pragātha*. This usage follows JNMV.

195 See note above for the *pragātha*.

196 Sāyaṇa, Van Nooten and Holland, etc.: *satobṛhatī*. See note above.

197 I.e., a *satobṛhatī*. See first *varṇaka* for these.

198 I.e., a *satobṛhatī*. This is ṚV 8.88.2.

199 I.e., a *satobṛhatī*. This is ṚV 8.66.2.

200 See 5.3.5 for the *gāyatrī* verses as the site of the enlargement.

paṅkti,[201] is repeated, in order to establish the seventeen-versed *stoma* (in each),[202] there are thirty-four *bṛhatīs*; in the second *sūkta*, a *bṛhatī* verse triad is brought about by *pragrathana*, and when this is repeated to bring about the two *sāmans*, there are six *bṛhatīs*; in the fourth (*sūkta*), when there is *pragrathana* in order to produce the *rathantara sāman* in the manner stated in the preceding *varṇaka*, two subsequent *kakubhs* come about,[203] while the first (verse) is a *bṛhatī*, (and so) there, when the seventeen-versed *stoma* is made, five *bṛhatīs* and twelve *kakubhs* are produced.[204] So in this way, in the six *sūktas* other than the third *sūkta*, twenty-three *gāyatrīs*, forty-five *bṛhatīs*, and twelve *kakubhs* are produced. There, when the *kakubhs*, which have twenty-eight syllables, are joined with the twenty-four *pādas* of the *gāyatrī* which have sixteen syllables,[205] twelve *triṣṭubhs*, which (each) have forty-four syllables, are produced. In this way eight *gāyatrīs* have gone; fifteen are left; they (i.e., the fifteen) have forty-five *pādas*, (and) when they are joined to that many *bṛhatīs*, there are forty-five *triṣṭubhs*; in the third *sūkta* three *triṣṭubhs* are established by themselves; by this reckoning there are sixty *triṣṭubhs*.[206] But in the absence of the *pragrathana* which was spoken of, this does not come about.

Or: It is stated, "The *ārbhava pavamana* (*stotra*)[207] is the insertion (*āvāpa*),[208] with five meters and seven *sāmans*; the *gāyatra* and the *saṃhita* (*sāmans*) come about on a *gāyatrī* verse triad, the *śyāvāśva* and *āndhīgava* (*sāmans*) come about on an *anuṣṭubh* verse triad, the *sapha* (*sāman*) on an

---

201 I.e., a *bṛhatī* and a *satobṛhatī*.

202 See 5.3.5 for the *bṛhatī* verses as the site of the enlargement.

203 The syllabic scheme for the *kakubh* is 8 12 | 8.

204 The *stotrīyā* verses are recited in three *paryāyas* (rounds). Here the *viṣṭuti*, i.e., way in which the nine verses are recited so as to reach the number of the *stoma* (here, seventeen), is as follows: In the first *paryāya* there are, in order, three *bṛhatīs*, a single *kakubh*, and a single *kakubh*; in the second *paryāya* a single *bṛhatī*, three *kakubhs*, and a single *kakubh*; in the third *paryāya* a single *bṛhatī*, three *kakubhs*, and three *kakubhs* (JNMV). See TāB 2.7.1.

205 In fact, each of the twelve pairs of *gāyatrī pādas* has sixteen syllables. Cf. JNMV *tasyāṃ* (i.e., *kakubhi*) *ṣoḍaśākṣare gāyatrīpādadvaye yojite catuścatvāriṃśadakṣarā triṣṭup saṃpadyate*. Is the text here in need of correction, or is this just a mistake?

206 See Caland's note at TāB 7.4.8 for this calculation.

207 The *ārbhavapavamānastotra* is the first one to be sung at the third pressing at the *jyotiṣṭoma*.

208 The term "*āvāpa*" (insertion) is used to refer to certain predominant items in a rite which are "inserted" in the "*tantra*" (system or framework) (or "*aṅga*") of relatively subordinate items. The latter remain comparatively stable over sets of related rites.

uṣṇih verse, the *pauṣkala* (*sāman*) on a *kakubh* verse, and the final *kāva* (*sāman*) on *jagatī* verses".[209] Here is the meaning of this: At the third pressing, the *pavamāna* (*stotra*) called the "*ārbhava*" is to be inserted. In it there are five *sūktas* and seven *sāmans*. One (*sūkta*) is, "By the sweetest (flow)". In it there are three *gāyatrīs*, and the *gāyatra* and the *saṃhita* are the *sāmans*. Another (*sūkta*) is, "(In order that) your (drink) wins first of all".[210] In it there is one *anuṣṭubh*, and the subsequent two verses are *gāyatrīs*, and the *śyāvāśva* and the *āndhīgava* are the *sāmans*. Another (*sūkta*) is, "To Indra (may these) pressed (drops go)". In it there are three *uṣṇihs*, and the *sapha* is the *sāman*. There is (as another *sūkta*) a *pragātha*, "Be purified, as the most sweet". In it the first (verse) is a *kakubh*, the subsequent verse a *paṅkti*,[211] and the *pauṣkala* is the *sāman*. Another (*sūkta*) is, "(The desired one purifies itself) for its dear (names (i.e., forms))". In it there are three *jagatīs*, and the *kāva* is the *sāman*. Here, at the *sūkta*, "(In order that) your (drink) wins first of all", in order that the two *sāmans* mentioned may be sung on (metrically) identical verses, the two *gāyatrī* verses, though taught, should be abandoned, and two *anuṣṭubhs* taught in the originative statement[212] be brought in. No. The fourth *pāda* should be employed again and two *anuṣṭubhs* should be intertwined (i.e., created by *pragrathana*), on the basis of the indication made in the statement, "There are twenty-four *jagatīs* and one *kakubh*". It is like this: When the *gāyatrī* verse triad is repeated in order to bring about the *gāyatra* and the *saṃhita* (*sāmans*), there are six *gāyatrīs*. Through them, there are (produced) three *jagatīs*, which have forty-eight syllables (each). The verses which are the basis of the *śyāvāśva* and the *āndhīgava* (*sāmans*) become *anuṣṭubhs* by *pragrathana*, and they are repeated and so make six, and through them there are (produced) four *jagatīs*. By force of the singular number in the words "*uṣṇihi*" (on the *uṣṇih* verse), and "*kakubhi*" (on the *kakubh* verse),[213] the *sapha* (*sāman*) and *pauṣkala* (*sāman*) are to be sung on one (verse), and by means of those two, which have twenty-eight syllables (each), a *jagatī* and a *gāyatrī pāda* (are produced). The *kāva* (*sāman*) has three *jagatīs*, and therefore at the *pavamāna* (*stotra*) there are eleven *jagatīs*, and an additional

---

209 See CH 221b. The syllabic scheme of the *gāyatrī* is 8 8 |8, the *anuṣṭubh* 8 8 | 8 8, the *uṣṇih* 8 8 | 12, the *kakubh* 8 12 | 8, and the *jagatī* 12 12 | 12 12.

210 The translation here follows Geldner. At TāB 8.5.7 etc. Caland translates, "By fore-conquest from your plant".

211 I.e., a *satobṛhatī*. This is ṚV 9.108.2.

212 I.e., the *Ṛgveda*.

213 I.e., in the initial quotation in this *varṇaka*.

gāyatrī pāda. In a *kakubh* the middle *pāda* has twelve syllables, in the *uṣṇih* the final (*pāda* has twelve syllables), this is the difference between the two. Likewise, just there at the third pressing there is the *yajñāyajñīyastotra*.[214] Its basis is the *pragātha*, "At each sacrifice of yours". There the first (verse) is a *bṛhatī*, and the subsequent (verse) a *viṣṭārapaṅkti*,[215] (and) by the *pragrathana* of those two, two subsequent *kakubhs* are to be made. There, when repetition occurs in order to bring about the twenty-one-versed *stoma*, there are seven *bṛhatīs* and fourteen *kakubhs*.[216] Among those (i.e., the *kakubhs*), there are fourteen middle *pādas* of twelve verses; among those, when seven are joined with seven *bṛhatīs*, there are seven *jagatīs*. The remaining initial and final *pādas* of the *kakubhs*, which have eight syllables (each), are twenty-eight. By (each group of) six of those, there is one *jagatī*, and so in this manner by means of twenty-four *pādas* there are four *jagatīs*. And to those seven *pādas* (of *kakubh* verses) of twelve syllables (each) which were left before, there should be added the *pāda* of eight syllables which remains from the *pavamāna* and four syllables which occur in the four *pādas* of eight syllables (each) which are the remainder of the *kakubhs*, and they form two *jagatīs*. In this way there are thirteen *jagatīs*, and in the *pavamāna* eleven, and so they are twenty-four. A *kakubh* comes from four *pādas* of eight syllables (each) minus four syllables; this does not come about if *anuṣṭubhs* taught in the originative statement are brought in.

Or: At the *gavāmayana* rite,[217] after the introductory statement, "The *abhīvarta* (*sāman*) is the *sāman* of the *brahman*",[218] it is stated, "There are one hundred and four *pragāthas* in the *bṛhatī* meter with Indra as the deity".[219] The meaning is that they are one hundred and four in number, that Indra is their deity, that the *bṛhatī* is their meter, and that they consist of two

214 This follows the *ārbhavapavamānastotra*. See 2.2.12.

215 I.e., a *satobṛhatī*. This is SV 2.54=ṚV 6.48.2.

216 In the first *paryāya* there are (in order) three *bṛhatīs*, three *kakubhs*, and a single *kakubh*; in the second *paryāya* a single *bṛhatī*, three *kakubhs*, and three *kakubhs*; in the third *paryāya* three *bṛhatīs*, a single *kakubh*, and three *kakubhs* (JNMV). See TāB 2.14.1.

217 This is a year-long *soma* rite.

218 Here "*brahman*" refers to the *brahmasāman*, which is the *pṛṣṭhastotra* corresponding to the *śastra* of the *brahman* or *brāhmaṇacchaṃsin* priest. It is the third *stotra* at the midday pressing. It is sung on the *abhīvarta sāman* at all *abhiplava* six-day periods, and at the *svarasāman* days in the first half of the year. See 10.6.11, and 7.3.10 and 10.5.25. See Eggeling, SBE, Vol. XXVI, Part 2, p. 434, note 1, and Caland at TāB 4.3.1.

219 See Caland's note 2 on TāB 4.4.1.

verses (each). Here, after intertwining the two verses which occur in a single *pragātha* with one verse which occurs in the second *pragātha*, the *sāman* should be sung on the (resulting) verse triad, because (in this way) we obtain a triad of primary verses without (resorting to) modification. No. The difference in verses, which is spoken of in the statement, "The verses are continually different, the *sāman* is the same", is possible only when there is *pragrathana* of *pādas*, and so there is *pragrathana* of *pādas*.[220]

7. The causes of the action of singing,[221] which are taught in the endless *śākhās* (branchs) of the *Sāmaveda*, are (all) comprehended by the injunction of performance, and so there should be a combination of them. No. Because the action of singing, which is their visible result, is one, there is an option.

8. On the basis of the sentence, "They praise with (i.e., chant) the verse (*ṛc*), they praise with (i.e., chant) the *sāman*," there is an option between the verse and the *sāman*. No. At the statement, "When they praise with the verse, the *asuras* followed (*anvavāyan*),[222] when they praise with the *sāman*, the *asuras* did not follow, one who knows thus should praise with the *sāman*",[223] the *sāman* is enjoined by finding fault with the verse, and so praise should be done only with the *sāman*.

Or: The verse, "This one of a thousand men",[224] is (taught) unsung in the *Saṃhitā* Book (*Saṃhitāgrantha*),[225] but it is taught (as) sung in the Song Book (*Gānagrantha*),[226] and so there is an option with regard to the action of singing. No. Because the recitation of the verses in the *Saṃhitā* Book is for the sake of the action of singing, and because of the direct statement, "With this ((verse) he worships the *āhavanīya* fire)", which refers to the sung verse which has been introduced,[227] singing is obligatory.

---

220 If the final verse of one verse triad is repeated as the initial of the following triad, the verses are not "continually different".

221 This refers to things such as modifications of syllables, repetitions, interjections, etc. ŚD discusses the "modes" (*prakāras*) of singing.

222 The *Prabhā* on ŚD glosses "*anvavāyan*" as "*āgatavantaḥ*" (came).

223 This is based on a corrected text.

224 This verse is recited on the tenth day of the group of ten days of the twelve-day rite in the *gavāmayana*, a year-long *soma* rite. See TāB 24.20.1 for the days of the *gavāmayana*.

225 I.e., the *Pūrvārcika* of the *Sāmaveda*.

226 I.e., the *Grāmageyagāna*.

227 In the *Sāmaveda*, singing is understood through context. An objection is raised which claims that the force of the sentence, "*ayaṃ sahasramānava ity etayā 'havanīyam upatiṣṭhate*" ('This one of a thousand men', with this verse he worships the *āhavanīya* fire) is stronger than context and enjoins only the verse. This is answered

Or: Because some recite with three accents[228] and some with three plus monotony (*ekaśruti*), in order to comply with the injunction of performance there is (i.e., at a performance) a combination of the three accents and the four accents;[229] or, because there is a single purpose,[230] in the form of accomplishing the action of study,[231] there is an option. No. On the basis of the *smṛti* statement, "(There is monotony) at a sacrificial act, except in muttered sounds (*japa*), the inserted sound '*o*' (*nyūṅkha*), and a *sāman*",[232] which enjoins monotony for a sound (in a sacrificial act), apart from muttered sounds, the inserted sound "*o*", and a *sāman*, we infer a *śruti* statement, "There is *tāna* (monotony) at a sacrificial act", and on the basis of it there is monotony, because the word "*tāna*" means monotony. But the study with accents is useful for determining particular (word) meanings.

9. At the *yoni* (verse), "*kayā naś citraḥ*" (With what (aid will) the wonderful (friend assist) us),[233] the sound "*i*" which follows the sound "*c*" is at first removed, and then "*āyī*" occurs (in its place).[234] That should happen in (the fourth syllable of) the two subesequent verses as well, "*kas tvā satyaḥ*" (Which true (and most generous one of the intoxications of drink will intoxicate) you) and "*abhī ṣu ṇaḥ*" ((Come) well to us (as protector of your friends the singers, with a hundred protections)), because otherwise the action of singing would be destroyed.[235] No. Here,[236] "*āyī*" does not come about through the removal of "*i*", but following the recognized practice of the *sāman* singers, the "*i*" becomes "*ai*". And on the basis of the statement,

---

by reference to the stronger force of direct statement in the pronoun "*etayā*" (with this), which refers to the sung *mantra* which is understood by context. In the sentence, the *mantra* is referred to only through its *pratīka* (opening words). (Cf. JNMV).

228 These are the *udātta*, *anudātta*, and *svarita* accents, which are high, low, and falling tones respectively. Cf. P 1.2.28–32.

229 The four are the three accents plus monotony.

230 I.e., for both traditions of recitation.

231 I.e., *vedic* recitation (*adhyayana*).

232 P 1.2.34.

233 Śabara cites here the injunction to sing the *rathantara sāman* on this verse. This is takes place at the twelve-day rite. See 7.2.1.

234 In the *Grāmageyagāna* this is given as, "*cā3 itrā3*".

235 The requirement that the singing should be uniform over all three verses would be broken.

236 I.e., in the *yoni.*

"A palatal *vṛddha* (vowel) becomes '*āyī*'",[237] it (i.e., "*ai*") becomes "*āyī*". For this very reason, in "*abhī ṣu ṇaḥ* (*sakhīnām avitā jaritṝṇām*)" the "*ī*" following the "*r*" behaves likewise (i.e., becomes "*āyī*").[238] And in this way, this (i.e., the occurrence of the sound "*āyī*") is (merely) dependent on the (particular) sound and is not for the sake of the action of singing,[239] and so even when it is absent (i.e., in the subsequent two verses), the singing is not destroyed.

10. The *stobha* (chanted interjection), "*o o ho hāyī*", is not singing,[240] and so, just like a sound,[241] it is not transferred (to subsequent verses) by the statement, "(At the subsequent two verses he sings the *sāman*) which he sings at the *yoni*". No; because just as transfer is appropriate for tone, the dissolution of sounds, and pauses, in as much as they are useful to the action of singing,[242] so too it is for a *stobha*, in as much as it measures (i.e., marks) the time of the singing; and because it assists the action of praising through an unseen effect. But a sound is not transferred, because it is predominant.[243]

11. Because the condition of being a wrong sound would wrongly apply to the "*o*",[244] when there is a modification (to "*o*") of the "*a*" in "*agne*",[245]

---

237 A *vṛddha* vowel is one which is three *mātras* long, and has been created by adding a *mātra* to a long vowel. According to PuṣpaS 3.1.1, the palatal *vṛddha* becomes "*āi*".

238 Here the "*ī*" in the twelfth syllable of the second subsequent verse is modified. The *Grāmageyagāna* has "*āyi*".

239 According to JNMV, it serves to make the sound manifest.

240 According to JNMV, this is inserted between the two halves of the *yoni* on which the *vāmadevya sāman* is sung (the second *pṛṣṭhastotra* at the first day of the six-day period in the twelve-day rite). This is SV 1.169/ 2.32. CH 203 gives "*au 3 ho hā yi*", with a reference to BI ed. of SV, III, pp. 89–90. The *Grāmageyagāna* and the *Ūhagāna* have "*au3 ho hā i*".

241 This is a reference to the vowels and consonants which make up the *yoni*.

242 According to W. Howard, pp. 543–4, the first of these, "*svara*", is more accurately understood as "tone pattern". He exemplifies the second with "*voyitoyā 2 yi*", which is sung in the place of "*vītaye*", and the third with "*gṛṇānha / vyadātayā 2 yi*", which is sung in the place of "*gṛṇāno havyadātaye*" (pp. 11, 556). These words occur in SV 1.1/2.10 (=ṚV 6.16.10).

243 Due to its predominance, it is not transferred through force of the *sāman* (ŚD).

244 I.e., if this condition were proposed as the defintition of a *stobha* (chanted interjection).

245 JNMV gives the example, "*agna āyāhi*" (Agni, come) (SV 1.1/2.10 = ṚV 6.16.10), where the first word is modified to "*ognāyī*". The *Grāmageyagāna* has, "*o gnā i*". This is used in the first *ājyastotra* in the first day of the *pṛṣṭha* six-day period at the twelve-day rite.

and because the condition of being additional[246] would wrongly apply when there is repetition,[247] there is no definition of a *stobha* (chanted interjection). No; because its definition is the condition of being different from the verse, provided it is also additional.

12. When (items such as) the wild rice grains etc., which are enjoined by (the) statements found at the *rājasūya*, the *cāturmāsya* sacrifices which have the animal rite, and the *jyotiṣṭoma*,[248] such as (1) "The *caru* is made of wild rice (*naivāra*)",[249] (2) "Having promised to perform the *sattra* (but failing to do so), let him sacrifice with the *viśvajit*",[250] (3) "There is *caru* for Nirṛti made of rice husked (?) (*avapūta*) with the nails",[251] (4) "He should tie the animal to the enclosing stick",[252] (5) "(One should not say '*girā girā*' (By hymn on hymn)) one should sing making it have the sound '*irā*'",[253] etc., arrive at the place of the rice grains etc.,[254] the actions of beating (the grains), sprinkling (the mortar and pestle, when these are used to husk grains), etc. do not apply to them,[255] because there is no authority for it. No.

---

246 I.e., if proposed as an alternative defintiion.

247 JNMV has the example, "*pibā somam indra mandatu tvā*" (Indra, drink the *soma*, let it gladden you) (SV 1.398/2.277 = ṚV 7.22.1), where "*datu tvā*" is repeated three times when sung. See SV Vol. 1, p. 815. This is the first *pṛṣṭhastotra* on the fourth day of the six-day rite in the twelve-day rite. The *Kutūhalavṛtti* says that in this verse the portion, "*svādrīḥ*" (at the end of *pāda* b), is repeated when the verse is sung on the *vairājasāman*.

248 There are three sacrifices mentioned here, but there are five statements subsequently quoted. Either the first two statements, which deal with the *vājapeya* rite and the *sattra*, are somehow intended to be covered by the mention of the *jyotiṣṭoma*, which seems unlikely, or there is a mistake in the text.

249 This is taught for the *vājapeya* rite.

250 This is taught among the expiations concerning the *soma* rite.

251 This refers to the *iṣṭi* for Nirṛti, which is one of the *ratnin* offerings in the *rājasūya* sacrifice. See Heesterman, Chapter VI, and the list of *iṣṭis* at p. 49. See 9.1.2.

252 This is taught for the *cāturmāsya* sacrifices when they are performed as one-day *soma* rites. It takes place where a nine-versed *agniṣṭoma* serves as the *vaiśvadeva parvan*. See Bhide, pp. 164–74, for the *cāturmāsya* sacrifices with *soma* rites and animal rites.

253 This is taught for the *agniṣṭoma stotra* at the *jyotiṣṭoma* rite. See 9.1.18.

254 I.e., assume the place of the substances etc., which are taught in the original rites.

255 This refers to preparatory actions enjoined at the original rites. Specifically, (1) the presence of wild rice grains does not bring about actions such as beating, which are directed to the rice grains (see 2.1.3), (2) it is not clear which preparations the *viśvajit* would fail to bring about (*Prabhāvalī* on BhD, p. 338, says it needs to be found), (3) the fingernails do not bring about the operations directed to the mortar and pestle, such as sprinkling (see 9.1.2), (4) the enclosing stick does not bring

On the basis of (1) an injunction along with direct perception, (2) an injunction in an absence, (3) modification,[256] (4) a word for it (i.e., for the item), and (5) subsequent reference by a prohibition, (we understand that) they perform the tasks which were to be performed by them (i.e., by the items in the original rite). The meaning of the first of these is, "on the basis of an injunction assisted by direct perception", for in the case of the wild rice grains, the condition of bringing about husked grains is directly perceptible (i.e., in the act of beating), and there is an injunction.[257] An example of the second is, "At the conclusion of the six-day rite one should eat honey or ghee".[258] Because (only) something which has occurred is connected with the conclusion of the *soma* rite, this is not an injunction for something in an absence (i.e., in the absence of the rite), but rather, the eating of honey is enjoined as a subsidiary of the six-day rite, and so with this in mind the (better) example of, "(Having promised to perform) the *sattra*, ((but failing to do so) let him sacrifice with the *viśvajit*)", is given.[259] The action of tying (the animal) etc. is its (i.e., the enclosing stick's) own operation.[260] For the

---

about the operations directed to the post, and (5) the word "*irā*" does not bring about the particular features of singing directed to "*girā*", such as the substitution of "*īyā*" in the place of "*ī*".

256 In this spot other texts, including BhD, discuss inference. *Prabhāvalī* on BhD quotes this verse, and says of the reference to inference in BhD ("*anumānāt*"), that it comprehends modification ("*atra ca anumānād ity anena vikārata ity asya saṅgrahaḥ*"). (Could there have been a similar verse ending with "*vidhānenā 'numānataḥ*"?).

257 In the injunction, the derivative form "*naivāra*" (made of wild rice) expresses only a general relation with wild rice (*nīvāra*), which does not necessarily include beating.

258 This is taught for the sixth day of the *pṛṣṭhya* six-day period of the twelve-day rite. The injunction to eat honey in the absence of the six-day period would bring about features of the six-day period, such as the restraint of speech. ŚD and BhD claim that the *Bhāṣya* example of honey is only considered hypothetically. BhD provides the example of the *viśvajit* rite which follows.

259 The third reason, "modification", is omitted here. Other texts identify inference (*anumāna*) as the relevant grounds for transferring preparations. According to the *Prabhā* on ŚD: "The nails produce what is effected by the mortar and pestle, because they produce the splitting which is conducive to the removal of the husks, which is the task of beating" (*nakhā ulūkhalakāryajanakāḥ avaghātakāryatuṣavimokānukūlanirbhedanakāritvāt*).

260 The point here seems to be that the enclosing stick performs the task of the post, because it is taught for the action of tying the animal with the very word which denotes it, i.e., the word "*paridhi*" (enclosing stick). (See Schwab 48 for the action of tying at the animal rite). This is taught for the *cāturmāsya* sacrifices which are treated as one-day *soma* rites. The fifth reason is omitted here. In the example

meaning of statements such as, "He beats the rice grains" etc., is that by means of producing husked rice grains etc., one should prepare, through the actions of beating etc., the means of bringing about the unseen effect. Therefore, in the case of wild rice grains etc., which arrive at the operation (i.e., the operation which the item in the original would perform) the modification of the preparation is established.

13. The enclosing stick (*paridhi*) is originally enjoined for the sake of enclosing the fire,[261] and so even though by force of the (special) statement the action of tying (the animal to it) is to be performed,[262] (nevertheless) since it (i.e., the stick) is not a subsidiary of the action of tying, the features of the post[263] are not to take place. No; because on account of the locative case suffix (i.e., in the word "*paridhau*" (to the enclosing stick)), even the enclosing stick can be a subsidiary to the action of tying, just as the cake pan, although it has another purpose, (is a subsidiary) in regard to the action of scattering the husks.[264] Even if it is not a subsidiary, it is only the condition of being a means which is directly expressed that is the cause for a connection of features (with an item), and not the condition of being for the sake of something. Moreover, the actions of cutting etc. produce in the wood either a seen or an unseen effect, which is useful for the actions of tying etc., and tying etc. occur here too,[265] and so the actions such as winding around, anointing, etc., which are possible to do, should be done,[266] just as (they are to be done) at the threshing-floor post.[267]

14. At the *abhyudayeṣṭi*, in regard to (the items taught in) the phrases, "(He should make) *caru* in boiled milk" and "(He should make) *caru* in

---

quoted, the prohibition makes subsequent reference to the form "*girā*", which has in fact ceased to be applicable due to the injunction of "*irā*". On the basis of this reference, operations which apply to "*girā*", such as the replacement of "*ī*" by "*āyī*", should occur in "*irā*".

261 I.e., at the new- and full-moon sacrifices. See NVO, pp. 66–7.

262 I.e., at the *cāturmāsya* sacrifices, when these are treated as one-day *soma* rites. The statement referred to here is the one quoted in 9.2.12, "*paridhau paśuṃ niyuñjīta*" (He should tie the animal to the enclosing stick).

263 I.e., the actions of winding it around with a rope etc. (Schwab 44). At the animal rite, the animal is tied to the post. (Schwab 48).

264 See 4.1.11.

265 I.e., at the enclosing stick.

266 See Schwab 42 and 44. By contrast, the actions of cutting and fashioning (*takṣaṇa*) (Schwab 8) are not possible, and so should be omitted.

267 See 10.2.33.

curds",[268] the features of the *praṇītā* water, such as the actions of purifying it etc.,[269] should not be performed on the boiled milk and the curds, because they are substances to be offered.[270] No. There exists in them a condition of being the means (i.e., for the action of cooking) which is based on implication, and so the features which are prompted by the condition of being the means are to be performed.[271] Although they (i.e., the boiled milk and curds) are originally enjoined for another purpose, when the moon rise occurs as a cause, their condition of being a cause of the cooking of the *caru* is in fact based on a statement; this is the view given in the *Adhikaraṇaratnamālā*.[272]

15. Features such as, "When chanting the *prastāva* of the *rathantara* (*sāman*), he should close his eyes", "When chanting the *prastāva* of the *bṛhat* (*sāman*), he should concentrate his mind on the ocean",[273] etc., should be mixed together indiscriminately,[274] because they have a single task in the form (of the production) of the *pṛṣṭhastotra*. No; because the designations (for their use) are distinct, and because (their contradictory) features such as,

---

268 This refers to the statement, "If the moon rises in the east on the offering substance which someone has poured out, he should divide the rice grains into three, and make a cake on eight pans for Agni Dātṛ out of the middle-sized grains, *caru* in curds for Indra Pradātṛ out of the large grains, and *caru* in boiled milk for Viṣṇu Śipiviṣṭa out of the smallest grains". See 6.5.1. The *abhyudayeṣṭi* is offered if one makes a mistake about the time of new-moon and begins the new-moon sacrifice too soon.

269 See NVO, p. 18, note, and ĀpŚS 1.16.5.

270 By contrast, the *pranītā* water is not an offering substance. At the original rite, it is used for kneading the cake dough, and as a consequence of this, is considered a means for cooking the offering substance. In this way, preparations should apply to it at *caru* offerings, even though there is no kneading there. (Cf. BhD, where this claim is presented, but then rejected as being merely hypothetical). See 9.4.9.

271 This follows the ŚD. (At 6.5.1, ŚD says that the milk and curds are taught for the task of the *praṇītā* water when *caru* is cooked in them).

272 I.e., the JNM. The point is explicitly made in JNMV.

273 In the *jyotiṣṭoma*, the *bṛhat* and *rathantara sāmans* are optional with each other at the *pṛṣṭhastotra*. Here BhD quotes: "*bṛhad vā rathantaraṃ vā pṛṣthaṃ bhavati*" (Either the *bṛhad* or the *rathantara* is used at the *pṛṣṭhastotra*) (untraced). The *prastāva* is the first part of a *sāman*, which is sung by the *prastotṛ*. See 9.2.5 (first *varṇaka*). The second of the two quotes above is untraced. See Caland's note on TāB 7.7.9.

274 The point here is that features of either *sāman* may be used, regardless of which *sāman* is sung.

"One should not sing loudly", "One should sing loudly", etc. cannot be combined.[275]

16. The statement, "The (first) *pṛṣṭha* (*stotra*) has the *kaṇvarathantara* (*sāman*)",[276] is made with regard to the operation to be performed[277] by the *bṛhat* and *rathantara* (*sāmans*), and so, just as at the original rite, there is an option.[278] No. Because there are no distinct designations (here), as there are at the original, and because one (*sāman*) is enjoined for the operation to be performed by both,[279] there is a combination of features;[280] this is the view of the *Bhāṣya*.

Because it (i.e., the *kaṇvarathantara*) occurs in the place of two which are in fact optional (with each other) (i.e., the *bṛhat* and the *rathantara*), there is an option; this is the view of the *Vārttika*.

17. At the *gosava* rite,[281] because the *pṛṣṭhastotra*, which is to be brought about by two *sāmans* according to the statement, "He should perform both",[282] is just one, the features (of the two *sāmans*) should be mixed together indiscriminately.[283] No; because the features are prompted by the *sāmans*,[284] and therefore there can be a fixed arrangement (of the features).

18. At the statement, "He performs the two *pārvaṇa* offerings with the *sruva* (dipping spoon)",[285] because the word "*parvan*" (lit., "joint") primarily denotes time,[286] the two offerings which have that (i.e., time) as their deity are for the sake of an unseen effect,[287] and therefore they are to be

---

275 The first of these examples is a feature of the *rathantara*, the second a feature of the *bṛhat*.

276 This is taught for the *vaiśyastoma*, a one-day *soma* rite.

277 I.e., at the original rite, the *jyotiṣṭoma*.

278 I.e., as to whether the features of the *bṛhat* or of the *rathantara* are to be performed. See 9.2.15.

279 I.e., by both of the *sāmans* at the original rite.

280 JNMV says this would apply just to features which can be combined, such as the actions of concentrating on the ocean and closing the eyes, not to conflicting features, such as those taught in the injunction and prohibition of loud singing. See 9.2.15.

281 This is a one-day *soma* rite.

282 I.e., both the *bṛhat* and the *rathantara sāman*.

283 I.e., any of the features may occur at the performance of either *sāman*.

284 I.e., and not by the *pṛṣṭhastotra*.

285 These are performed at the new- and full-moon sacrifices, after the main offerings and before the *sviṣṭakṛt* offering. (NVO, pp. 115–16).

286 I.e., the particular times of the new- and full-moon days.

287 I.e., they do not serve to prepare time, which is not a deity of the rite. The word "*pārvaṇa*" is formed here in the sense of "an offering for which '*parvan*' is the

transferred[288] to the offerings to Sūrya etc.[289] No; because by analyzing the word (i.e., "*parvan*") as denoting action,[290] the word denotes a rite,[291] and so they (i.e., the two offerings) have combined deities which are expressed by *tantra* (i.e., by a single mention).[292] This being the case, because the two offerings become indirectly assisting subsidiaries (*saṃnipātin*), they are for the sake of the deities, and because those (deities) are absent at the offering to Sūrya etc.,[293] there is no transfer.

19. Both[294] alike should be performed at both,[295] because there is no distinction (between them) in the matter of being the original rite. No. In compliance with the item which is to be prepared, there is a distinct determination, just as at the *sūktavāka* (*mantra*).[296]

---

deity". Similar derivations from deity names are often denotative of offering substances or *mantras*, and occur through P 4.2.24 *sā 'sya devatā*, but BhD points out that the sense intended here is legitimate.

288 I.e., from the new- and full-moon sacrifices.

289 On this analysis, they are directly assisting subsidiaries.

290 By analysing it as an action noun, the word means the action of giving, which is the sense attributed here to the root *pṝ*. The *Kutūhalavṛtti* points out that the sense of giving is not listed for this root in the *dhātupāṭha*, but that *vedic* scholars (*vaidikas*) recognize that sense, and in any case grammarians consider the list of meanings given in the Dhātupāṭha to be modern (*ādhunika*), and not exhaustive (*prāyika*).

291 More specifically, it denotes the groups of three offerings which occur at the new- and the full-moon sacrifices.

292 Each group of three constituent offerings is denoted by the word "*parvan*", and the derivative word "*pārvaṇa*" is used to denote the offering in which the combined rites are the deities. The condition of being a deity exists for the three constituent offerings together, just as it does for Agni and Soma. The offerings are spoken of by a single statement serving for all three (i.e., by *tantra*). See 6.4.1.

293 The combination of three offerings is absent at the modified rites, such as the desiderative *iṣṭi* for Sūrya. Such rites are modifications of a single constituent sacrifice, not of the group of them.

294 I.e., the two *pārvaṇa* offerings discussed in 9.2.18.

295 I.e., at both the new- moon sacrifice and the full-moon sacrifice.

296 Just as at the recitation of the *sūktavāka mantra*, where the statements which constitute it are uttered only at the appropriate time in accord with their various word meanings, so here the *mantras* for the *pārvaṇa* offerings, which name the new- and full-moons (understood here as the new- and full-moon sacrifices) are spoken only at the appropriate times.

20. So too at statements such as, "He performs the *samidh* sacrifice (*samidhaḥ*)"[297] etc., in order to obtain (for this action) the condition of being a subsidiary of something which inheres (in the rite) (*sāmavāyikāṅga*),[298] the accusative case suffix (i.e., in the word "*samidhaḥ*" (kindling sticks)) is taken as expressing the deity, just as at the statements, "He sacrifices to Viṣṇu (*viṣṇum*)" etc.[299] No. Because a deity which has been prepared is of no use to a past or future rite;[300] because the accusative case suffix, which expresses the condition of being the object, cannot express the deity;[301] because in subsequent references (such as), "He sacrifices to Viṣṇu" (etc.),[302] there is a figurative extension of the condition of being the object (i.e., the deity) which occurs in the mental reference (i.e., as being the act of sacrifice);[303] and because the words "*samidh*" (in the plural: "*samidhaḥ*" (kindling sticks)) etc. are names, in accord with the principle that there exists a passage which establishes that,[304] the *samidh* sacrifice etc. assist directly (*ārāt*).

---

297 This enjoins the first of the fore-sacrifices at the new- and full-moon sacrifices. See 2.2.2. The word "*samidhaḥ*" (kindling sticks) is recognized as the name of the sacrifice.

298 "*Sāmavāyikāṅga*" seems to be synonomous with"*saṃnipatyopakāraka*" (indirectly assisting subsidiary). The first part of the term is derived from the word "*samavāya*" (inherence). Here, the deity is the relevant item which inheres in the rite. The *Mayūkhamālikā* on ŚD points out that this type of subsidiary is stronger than a directly assisting one (*ārādupakāraka*).

299 Śabara adds, "He sacrifices to Varuṇa". The source of these quotations is not clear, although ŚB has the statement, "Sacrifice to Viṣṇu", at the *upasad* offering, and TS has Śabara's second quote for the *avabhṛtha* rite at the *jyotiṣṭoma*. The text could also be translated, "He recites the offering verse (*yājyā*) to Viṣṇu".

300 The point here seems to be that this statement does not make subsequent reference to any other injunction, but I am not at all sure about this interpretation. I have not seen a remark similar to this elsewhere.

301 Instead, the deity is to be expressed by the dative case suffix or a *taddhita* suffix, both of which express the sense that the offering is for the sake of it.

302 The *Prabhā* on ŚD says that on other grounds (*pramāṇāntara*) these statements are recognized as making subsequent references.

303 Viṣṇu is referred to mentally, but figurative usage presents his name as an action of sacrifice.

304 I.e., which establishes the information which an analysis of the words would otherwise provide. See 2.2.2. Here JNMV refers to the *mantras* of the fore-sacrifices, *samidho agna ājyasya viyantu* (Agni, may the kindling sticks enjoy the ghee) (TB 3.5.5.1; MS 4.10.3 (149.2) °*agnā ājyasya vyantu*°; KS 20.15 (35.12) °*vyantu*) etc., and says that the deities are indicated by the words, "*samidhaḥ*" (kindling sticks)

Chapter 3

1. *Mantras* such as, "(I pour out you) agreeable to Agni", "(I make for you a pleasant seat, I make it comfortable with a stream of ghee, sit on it, be settled in this nectar, happy-minded, marrow) of rice grains",[305] etc., even when they occur at the offering to Sūrya[306] etc., are not to be modified, because they are obtained (there) as they are recited, and, moreover, because in accord with the principle of the verse to Indra,[307] the word "*agni*" can make manifest Sūrya by secondary signification or secondary meaning,[308] and therefore it is not obtained[309] in order to make manifest the deity as connected with (i.e., prompted by) the unseen effect.[310] No. Because at the original rite the *mantra* makes manifest the deity as connected with (i.e., prompted by) the unseen effect, from fear that it might (otherwise) be pointless,[311] and because at the offering to Sūrya the fact that Sūrya is the deity is not obtained from the word "*agni*", in order to make manifest Sūrya there is a modification[312] to "*sūryāya*" (to Sūrya) etc. But the verse to Indra is obtained,[313] and so there is a difference. In this way, the word "*vrīhi*" (rice grains) as well refers (just) to the source material of the offering.[314]

---

etc., which appear there, and that with this as their cause for employment (*nimitta*), similar words then name the sacrifices.

305 These are recited at the new- and full-moon sacrifices. See 2.1.14 and 3.3.8.

306 I.e., the desiderative *iṣṭi* where the deity is Sūrya.

307 This refers to the interpretation given to the statement, "He worships the *gārhapatya* fire with the verse to Indra", on the basis of which the *gārhapatya* fire is worshiped by the verse to Indra through secondary signification in the verse. See 3.3.7.

308 See 1.4.13.

309 I.e., at the offering to Sūrya.

310 This too it could only do through secondary signification. ŚD has the same compound here, "*apūrvīyadevatāprakāśana*". A parallel passage in BhD (p. 384), which treats of both the *mantras* mentioned at the beginning of this topic, has the compound "*apūrvasādhanībhūtadravyadevatā*" (the substance and deity which have become means of bringing about the unseen effect).

311 It would be pointless if it were recited simply in order to make manifest the word "*agni*". See 9.1.3.

312 I.e., of the word "*agnaye*" (to Agni).

313 I.e., it is obtained specifically with the word "*indra*" at the injunction to worship the *gārhapatya* fire.

314 I.e., it does not just denote its own form. Consequently, "*vrīhīnām*" (of rice grains) should be modified as "*nivārāṇām*" (of wild rice grains).

2. At a modified rite,[315] in regard to the statement, "The *barhis* (grass) is made of *puṇḍarīka* (lotus) (*pauṇḍarīka*)",[316] although there is modification[317] in the *mantra*, "Strew (the *vedi*) with green (*haritaiḥ*) *darbha* grass (*darbhaiḥ*)",[318] as "*puṇḍarīkaiḥ*" (with lotus), since this serves a visible purpose, there is no modification of (the word) "*haritaiḥ*" (with green (understand: *darbha* grass)), since this is for the sake of an unseen effect.[319] No. Because it expresses a quality,[320] it too has a visible purpose,[321] and so it is modified as "*raktaiḥ*" (with red (understand: lotus grass)). Even though "*puṇḍarīka*" is (defined as) a white lotus in the dictionaries,[322] still, on the basis of the *Bhāṣya* it is red too.[323] It is for this reason that the word "*puṇḍarīkākṣa*" (red-lotus-eyed) is fitting.[324]

3. The (expiation taught in the) statement, "If he touches one post, he should say 'This is yours, Vāyu'",[325] should take place when *vedic* and mundane actions of touching occur,[326] because there is no distinction (stated). No. Because the prohibition taught in the statement, "Indeed the post takes on the ill-performed part of the sacrifice, if one touches the post, he takes on the ill-performed part of the sacrifice, therefore the post is not touched", is not suited to a *vedic* action of touching, and therefore there is no fault (i.e.,

---

315 Śabara refers to the offering of *caru* made of *mudga* beans. See 6.3.6.

316 Nelumbium speciosum Willd. (F. Smith). See Smith's note on TKM 2.81 and his entry on *puṇḍarīka* in Appendix A, p. 369.

317 I.e., of the word, "*darbhaiḥ*" (with *darbha* grass).

318 This is transferred to the modified rite from the new- and full-moon sacrifices. For the strewing there, see NVO, pp. 64–5.

319 I.e., the quality is not a subordinate feature of the rite, and therefore does not inhere in the rite (*Prabhā* on ŚD).

320 I.e., the color green, which inheres in the *darbha* grass.

321 It serves to make manifest the item it qualifies.

322 E.g., *Amarakośa* 1.10.41 a *puṇḍarīkaṃ sitāmbhojam*.

323 Here, on JS 9.3.3, Śabara claims that there should be modification in the form of the word "*rakta*" (red).

324 I.e., it serves to denote someone with eyes like red lotuses. BhD quotes "*yathā kapyāsaṃ puṇḍarīkam evam akṣiṇī*" (ChU 1.6.7) and says it is *vedic*.

325 This is taught in regard to the *agnīṣomīya* animal rite at the *jyotiṣṭoma*. In Śabara, the quote continues, "If (he touches) two, he should say 'These two are yours, Vāyus (dual)'; if many, 'These (plural) are yours, Vāyus (plural)'".

326 The first of these refers to actions of touching when the post is raised, anointed, etc. during the rite (JNMV). The second refers to touching which is not a subsidiary to the rite but occurs during a rite, and to touching which occurs outside the rite (*Prabhā* on ŚD).

in such touching),[327] the expiation takes place only when there occurs a mundane action of touching.

4. The (distinct) *mantras*, "May Aditi loosen these nooses" and "May Aditi loosen this noose", are (so) taught,[328] since the *śākhās* are distinct.[329] It will be stated that they enter (i.e., occur at) the original rite.[330] At the two-animal rites, (which are taught in statements) such as, "He should offer (i.e., kill) a white animal for Mitra and a black one for Varuṇa",[331] both (*mantras*) alike should be recited, because there is no distinction in their arrival (at the modified rite) on the basis of transfer. Of the two, the one ending in the plural case suffix is recited without modification, because it denotes something which does not inhere, [332] and the other is employed with modification.[333] No. Even though at the original rite the plural case suffix is correctly employed even to denote a singular, due to the force of the statement,[334] at the modified rite its modification is necessary,[335] and so the two alike are modified.

5. Because the *mantra* which ends with the plural case suffix[336] denotes something which does not inhere,[337] it should be brought forward to a modified rite.[338] No. Because number is a feature and therefore a subsidiary;

---

327 In fact, the action of touching the post is enjoined during the rite (ŚD and JNMV). This seems to be an inevitable consequence of actions such as raising and anointing it.

328 I.e., in two distinct forms.

329 These *mantras* are recited after the killing of the animal at the animal rite. (Schwab 72). Śabara quotes them in reference to the animal rite for Agni and Soma.

330 I.e., the animal rite for Agni and Soma. See the following topic.

331 This is a desiderative animal rite. In Śabara, a fuller form of the quote starts with, "One desirous of food", and concludes with, "at the union of the water and the plants". See ĀpŚS 19.16.14.

332 I.e., at the original rite.

333 I.e., with the dual case suffix.

334 I.e., the quotation cited above, which has a plural. The tradition recognizes that the plural may be used for the singular in *vedic*. BhD and *Kutūhalavṛtti* quote a statement taken from grammatical literature (cf. MBh 1.55.3 and 25, and elsewhere), "*dṛṣṭānuvidhiś chandasi*" (In *vedic*, rules conform to "seen" (i.e., used) forms).

335 There is no *vedic* or worldly use of the plural for the dual (JNMV).

336 This refers to the first *mantra* quoted in the preceding topic.

337 This is stated in reference to the original rite, the animal rite for Agni and Soma (*agnīṣomīya*), where there is just a single animal.

338 I.e., to a rite in which there are more than two animals.

because neither the meaning of the base, which is predominant,[339] nor the *kāraka*[340] can be brought forward (i.e., by force of the number); because the intention[341] is to denote the (many) parts (of the noose); and because it[342] is appropriate as *vedic* usage, it (i.e., the *mantra* in the plural) enters the original rite.

6. The *mantra*, "Gird the wife",[343] should be modified at performances where the sacrificer has two or more wives, so as to end in the dual or the plural case suffix; or, it is omitted, just like the *mantra*, "Marrow of rice grains".[344] No; because the performances for a sacrificer with two or more wives are not modified rites (*vikṛtis*), and therefore, since there is no transfer, there is no possibility of modification; because the (textual) recitation (*pāṭha*) of the *mantra* is for the sake of all performances and so all performances are enjoined commonly; and because the condition of being single is a subsidiary,[345] and so there is also no omission (of the *mantra*).

7. Even though there is no modification at the original rite,[346] because it (i.e., the *mantra* in the singular) is taught there,[347] at a modified rite there is modification in order to produce correct usage.[348] No; because at the original rite it does not denote a meaning which inheres (in the rite),[349] and therefore at the modified rite as well it comes about appropriately in that

339 I.e., when compared to the meaning of the suffix.

340 The *kāraka* is a meaning of the suffix, as is number, but it is predominant compared to number.

341 I.e., in using the plural.

342 I.e., the use of the plural case suffix in lieu of the singular.

343 This is taught at the new- and full-moon sacrifices. See NVO, pp. 59–60.

344 The vocative phrase quoted here is omitted from the *mantra*, "I make for you a pleasant seat, I make it comfortable with a stream of ghee, sit on it, be settled in this nectar, happy minded, marrow of rice grains", when barley, which is optional with rice, is used at the new- and full-moon sacrifices. See 3.3.8.

345 The singular number does not denote an item inherent in the rite, and is for the sake of an unseen effect. By contrast, the word "*vrīhi*" (rice grains) is a predominant meaning in the *mantra*, "Marrow of rice grains (*vrīhīnām*)", and so the *mantra* is omitted when barley is used.

346 I.e., there is no modification of the *mantra*, "Gird the wife", at the new-and full-moon sacrifices when the sacrificer has two or more wives. See preceding topic.

347 I.e., it is taught there for the sake of all performances.

348 This is because there is no statement there which serves the purpose of all performances.

349 Instead, it is for the sake of an unseen effect.

way. But there is difference in the case of the noose,[350] because at the original rite there is an absence of two (nooses).[351]

8. At the forms (*saṃsthās*) of the *jyotiṣṭoma* rite, in the form of the *agniṣṭoma*, *ukthya*, *ṣoḍaśin*, and *atirātra*,[352] the *savanīya* animal rites are taught by increasing the number by one for each subsequent form, on the basis of the statement, "At the *agniṣṭoma* an animal[353] for Agni is to be offered (i.e., killed), at the *ukthya*, a second (animal) for Indra and Agni, at the *ṣoḍaśin*, a third (animal), a ram (*vṛṣṇi*), for Indra, at the *atirātra* a fourth (animal), a ewe, for Sarasvatī".[354] Here, it is hypothetically considered that all (the animal rites) are enjoined in common with the *daikṣa* (i.e., *agnīṣomīya*) animal rite.[355] In the *mantra*, "Bring forward the fire to him (*asmai*)",[356] the singular case suffix in "*asmai*" (to him) should, at rites where two or more animals are offered, be modified, in conformity with the meaning, as having the form of the dual case suffix etc. No. In order that the direct teaching should be common to all, only (the meanings of) the nominal stem and the case suffix[357] are intended to be expressed, and so since (the meaning of) the singular case suffix (i.e., the singular number) is not intended to be expressed, there is no modification. But in fact the animal rites at the forms (of the *jyotiṣṭoma*) are modifications,[358] and so there is modification.

9. When rice etc. are not obtained, and wild rice is used (instead),[359] the *mantra*, "(I make for you a pleasant seat, I make it comfortable with a stream of ghee, sit on it, be settled in this nectar, happy-minded,) marrow of rice

---

350 This refers to the *mantra* with the plural case suffix which is used at the animal rite. See 9.3.4 and 5.

351 At the original rite referred to here, there are not two nooses, and so the *mantras* in the singular and the plural cannot be interpreted as not denoting an item which occurs in the rite. In accord with *vedic* usage, the singular and the plural case suffixes may both be used for the singular, but not for the dual (JNMV).

352 See 3.6.16 for this classification.

353 I.e., a goat.

354 The *savanīya* animal rites begin on the morning of the pressing day (*savana*). They constitute the second of three animal rites in the *jyotiṣṭoma* rite. See note at 7.3.13 for these animals.

355 The consequence of being enjoined in common is that these animal rites would not be considered modified rites (*vikṛtis*). The hypothetical claim is made for the purpose of the argument which follows.

356 I.e., to the animal. This is part of the *adhrigupraiṣa*. See 9.1.17.

357 I.e., the meaning of the case suffix minus the meaning of number.

358 I.e., of the animal rite for Agni and Soma (*agnīṣomīya*), which is the original rite.

359 I.e., at the new- and full-moon sacrifices. See 6.3.11 and 12.

grains",[360] should be modified. No. Although there is modification (of the *mantra*) at the *caru* made of wild rice, since the wild rice grains are enjoined and therefore take the place of the rice,[361] at the original rite they (i.e., the wild rice grains) are obtained (only) through similarity in their many parts, and therefore they are (themselves) not a means (i.e., of bringing about the rite),[362] and consequently, since only their parts are means, just as for the parts of rice grains, so too for the parts of wild rice grains the word is used appropriately without modification, and so there is no modification.

10. At the statements, "Make the eye (*cakṣus*) (i.e., of the animal) reach the sun (Sūrya)"[363] etc., when there are many animals, the words "*cakṣus*" (eye) etc. should be modified. No. Because in compliance with the singular case suffix (i.e., in the word "*cakṣus*" (eye)), and on the basis of the impossibility of the two eye-balls reaching the sun, the word "*cakṣus*" (eye) expresses a particular fire (*tejas*),[364] and because even when there are many animals, that particular fire, which has left (each of) them and become one (with the other fires) in the sun etc., remains without distinctness (i.e., as just one), the singular case suffix is appropriate, and therefore there is no modification.

11. At the statement, "Cut off (*ācchyatāt*) its skin all at once (*ekadhā*)",[365] the word "*ekadhā*" (all at once) is not to be repeated at a rite which has various animals, because there it can mean "all together" (i.e., at the same time).[366] No. At the original rite it means, "all at once", and so at the modified rite it is repeated to express (just) that. The word "*ācchyatāt*" means "cut off".

12. The statement, "Divine and human killers, begin your work, bring the weapons (*duraḥ*) for the sacrifice (*medhyāḥ*), wishing for (*āśāsāna*) the sacrifice for the two lords of the sacrifice (*medhapatibhyām*)", is taught,[367]

---

360 This *mantra* is recited at the new- and full-moon sacrifices. See 3.3.8 and 2.1.14.

361 See 9.2.12.

362 See 6.3.11.

363 This *mantra* is part of the *adhrigupraiṣa*, which is recited at the *agnīṣomīya* animal rite. See Schwab 68.

364 This exists in the eye and constitutes the sense of sight.

365 The command is to cut off the skin with a single continuous effort, not bit by bit. This statement is part of the *adhrigupraiṣa* at the *agnīṣomīya* animal rite. See Schwab 68.

366 JNMV suggests this could be done by numerous agents.

367 This is part of the *adhrigupraiṣa* at the *agnīṣomīya* animal rite. The translation above takes into account Mahādeva's gloss of "*duraḥ*" (weapons) at the end of the topic. His interpretation seems to follow that of JNMV. Schwab 68 (p. 102)

and elsewhere (a similar statement is taught, but one which has the phrase), "the sacrifice for the (one) lord of the sacrifice (*medhapataye*)".[368] At the *daikṣa* rite (i.e., the animal rite for Agni and Soma) the sacrificer and the two deities are three,[369] and so since neither of the two statements denotes an item which inheres (in the rite),[370] there is no modification. Or, if they do denote items which inhere (in the rite), since the dual case suffix refers to the deities, and the singular case suffix refers to the sacrificer, at the modified rites where there are more than two animals, the dual case suffix should be modified,[371] and at such rites which have many sacrificers[372] the singular case suffix (should be modified). Even if distinct recited texts (*pāṭhas*) come about because the *śākhās* are distinct, the meaning (expressed by the two statements) is one,[373] and so because the deity is the recipient and therefore not the master of the sacrifice (*yajñapati*), because the sacrificer alone is that (i.e., is the master of the sacrifice), because he is by himself (just) one, and because with his wife there are two,[374] at a modified rite which has two sacrificers the word ending in the singular case suffix should be modified as (expressing) two, and the word ending in the dual case suffix (should be modified) as (expressing) many.[375] No. It cannot be wished for that the sacrifice should be for the sake of the sacrificer, because it has (already) been established, (but) it can be wished for that it should be for the sake of the deity. That being the case, because the form of the deity is

---

translates: "Bringet vor des Opferplatzes Pforten (*duraḥ*) das Opferthier, es anpreisend den beiden Opferherren (hier Indra und Agni)" (Bring the sacrificial animal before the gates (*duraḥ*) of the sacrificial site, extolling it to both the lords of the sacrifice (here Indra and Agni)). BhD glosses "*duraḥ*" as "*yajñadvāram*" (door of the sacrifice), which he places between the pit (*cātvāla*) and the rubbish heap (*utkara*), but he also records an interpretation which takes it as "*hṛdayādīni*" (the heart etc.). Sāyaṇa glosses *āśāsāna* as *prārthayamāna*.

368 Here the singular is used instead of the dual.

369 I.e., in total.

370 I.e., neither the singular nor the dual denotes the plurality that inheres in the rite.

371 It should be modified as a plural, because the deities are plural when the animals are plural.

372 Here JNMV refers to the *ahīnas* (rites lasting from two to twelve days, provided the twelve-day rite is not a *sattra*) etc.

373 I.e., the two statements must both refer to the same thing. It cannot be the case that one of them refers to the deities while the other refers to the sacrificer.

374 In this way the singular and the dual case suffixes are both recognized as denoting items which inhere in the rite.

375 In this case the *mantra* with the dual suffix is modified to the plural in order to denote the wives as well as the sacrificers.

singular,[376] (and) because of the division (within it, i.e., its duality), in the form of Agni and Soma, the two statements are (both) meaningful.[377] If the deities are many, there should be a modification of both statements. The word "*medhyāḥ*" means "suitable for the sacrifice", and "*duraḥ*" means "causes of injury".[378]

13. At the animal rite which has many deities, which is taught in the statement, "One who desires, 'May I be celebrated through (my) animals, may I be born through (my) offspring', should offer (i.e., kill) this barren ewe for the Ādityas for his desire (*kāmāya*)",[379] in accord with the meaning, the *mantra* ending in the singular case suffix[380] should be modified.[381] No; because in as much as at the original rite it (i.e., the singular case suffix) refers to the singleness of the group (*gaṇa*),[382] and here too the group (i.e., of Ādityas) is single, there is no modification. It is for this reason that the word ending in the dual case suffix (i.e., "*medhapatibhyām*" (for the two lords of the sacrifice) is modified.[383]

14. But at the offering on eleven posts,[384] (which is taught in the statement) starting with, "A black-necked one for Agni, a ewe for Sarasvatī", because the deities are distinct,[385] there is modification.[386]

---

376 I.e., the condition of being the deity is singular.

377 I.e., they both denote items which inhere in the rite.

378 JNMV has the same glosses.

379 This is a desiderative animal rite. I am not sure of the correct translation here. Sāyaṇa glosses "*kāmāya*" as "(to the Ādityas) who provide one's wishes" (*kāmāya kāmaprāpakebhya ity arthaḥ*). Keith translates, "to the Ādityas as desire".

380 This refers to the *mantra* with the word "*medhapataye*" (for the lord of the sacrifice). See preceding topic.

381 I.e., as ending in the plural.

382 I.e., the group consisting of Agni and Soma.

383 I.e., to the plural. The dual is appropriate at the original rite because it corresponds to the distinct forms of Agni and Soma, and so it should be modified here.

384 This is the offering of eleven animals which may take place at the *jyotiṣṭoma*. See 8.1.7.

385 These deities do not form a group, as the Ādityas do. See 9.3.13. There it is the group which is the deity.

386 I.e., of the *mantra* with the word in the singular case suffix, "*medhapataye*" (for the lord of the sacrifice), as a plural. The *mantra* with the dual case suffix will also be modified as a plural. See 9.3.12 and 13.

Chapter 4

1. The *mantra*, "It (i.e., the animal) has (*asya*) twenty-six ribs (*vaṅkrayaḥ*)",[387] is not instrumental for the removal of the ribs, but is spoken by the *hotṛ* when the animal is being lead, before it is killed, and therefore since it does not denote an item which inheres (in the rite), it is not modified.[388] Even though it is not instrumental, because it reminds one of the object which is to be removed it denotes an item which inheres,[389] but even so,[390] since the animal is that which is to be transferred and is therefore the predominant item, the word which expresses it, "*asya*" (it has), should be repeated. No; for even though the animal is transferred, its being the means of bringing about the action comes about through its heart etc.;[391] therefore, because the ribs are the predominant item, and because of the propriety (i.e., in modifying their number) on the basis of the remainder (of the sentence), "counting them", by speaking of them jointly[392] there is a modification as, "the two (i.e., the two animals) have fifty-two", (and) "they (i.e., the three animals) have seventy-eight".[393] "*Vaṅkrayaḥ*" (ribs) are crooked side-bones (i.e., ribs); "*tā anuṣṭhyo 'ccyāvayatāt*" is the remainder (of the sentence); its meaning is, "count and remove them".

2. At the *aśvamedha* rite, three *savanīya* animals are taught in the statement, "A horse, a hornless goat, and a *gomṛga*,[394] they are the animals for Prajāpati".[395] There the *adhrigupraiṣa* from the original rite[396] is recited for the hornless goat and the *gomṛga*, and for the horse (the *mantra*), "The

---

387 This occurs in the *adhrigupraiṣa*, which is recited in the *agnīṣomīya* animal rite. (Schwab 68). The full sentence, which is quoted below, is: "It (i.e., the animal) has twenty-six ribs, count and remove them."

388 I.e., when it has been transferred to a rite which has a group of animals.

389 Accordingly, the number "twenty-six" should be spoken of in the dual etc.

390 An alternative view is now proposed.

391 See 2.2.6.

392 I.e., after first adding them together.

393 This is based on a correction of the text. The manuscripts here have "*ṣaḍaśītir*" (eighty-six), presumably an error based on this word appearing in the following topic.

394 Gayal, Bos gavaeus (MW).

395 The *savanīya* animal rite is the second of the three animal rites performed in the *jyotiṣṭoma*. At the *aśvamedha*, the three animals listed here are offered on the second *soma* day. See ĀpŚS 20.13.11. See 5.2.5 for a possible mistake in MNS regarding the animals for Prajāpati.

396 I.e., the *jyotiṣṭoma*. The relevant sentence from the *adhrigupraiṣa* was quoted at the start of the preceding topic.

ax meets the thiry-four ribs of the strong horse, kin of the gods", is recited, because that *mantra* is taught. No. Because the particular (*mantra*)[397] is prohibited by the statement, "One should not say 'thirty-four'", and because the statement, "He should only say 'twenty-six'", (only) makes subsequent reference to what has been obtained by transfer (and does not enjoin it), in order to produce a joint statement,[398] the usage is, "They have eighty-six"; this is the view of the *Bhāṣya*.

But according to the *Vārttika*, the prohibition, "He should not say 'thirty-four'", is definite, since it (i.e., the verse containing the number thirty-four) is blocked by the statement, "(He should) only (*eva*) say 'twenty-six'". No. The prohibition of the verse, which is the meaning of the word "*eva*" (only), is preceded by it (i.e., the verse) being obtained, and so on the basis of a recognition of an injunction which brings it about, it is (both) enjoined and prohibited, and therefore there is an option.

Moreover, the prohibition, "(He should) not (say) 'thirty-four'", is of only a word,[399] just like (the prohibition), "(One should) not (say) '*girā girā*' (by hymn on hymn)",[400] and the statement, "(He should only say) 'twenty-six'", enjoins a word in its place.[401] No. Because there[402] the word "*irā*" is enjoined; because in the present case the word "*eva*" blocks the signifying force of the injunction; and because there would be a split of the sentence if there were (both) a prohibition of the word "*catustriṃśat*" (thirty-four) and, since the word "*ṣaḍviṃśati*" (twenty-six) would not be obtained in its place, its injunction,[403] on the basis of the mention of the initial word (of the verse, i.e., "*catustriṃśat*"), there is a prohibition of the entire (verse); so on one alternative there is the verse (for the horse), (and) there is (also) a joint statement for the hornless goat and the *gomṛga*;[404] when the verse (for the horse) is omitted, the word "*ṣaḍaśīti*" (eighty-six) is used.[405]

---

397 I.e., the one about the thirty-four ribs of the horse.

398 I.e., a statement which is made after adding the three numbers.

399 I.e., and not of the entire verse.

400 See 9.1.18.

401 As a consequence, the verse should be altered and used.

402 I.e., at the passage directly following the *girā* prohibition, "One should sing making it have the sound '*irā*'".

403 I.e., the injunction of the word "*ṣaḍviṃśati*" (twenty-six) in the place of "*catustriṃśat*" (thirty-four).

404 I.e., a statement made by adding the numbers of these two.

405 ŚD and JNMV (but not Śabara or BhD) present this as two topics. According to them, the first of the five *sūtras* (JS 9.4.17–21) which underlie this topic in Śabara forms a distinct topic. It establishes that in reference to the horse, the *mantra* in

3. At the statement, "Do not cut out its large intestine thinking it to be the omentum (*urūka*)",[406] due to the lack of difference between (the sounds) "*r*" and "*l*", the meaning is, "Thinking it to be an owl (*ulūka*), do not cut out the particular part lying next to the omentum (*vapā*) (i.e., the large intestine)", and therefore there is a prohibition of the action of cutting. No; because on the basis of the etymological analysis (i.e., of the word "*urūka*") as, "where the '*okas*',[407] that is, 'fat', is '*uru*', that is, 'extensive'", the word "*urūka*" denotes the omentum (*vapā*), and so by prohibiting the cutting of the large intestine, from mistaking it for the omentum,[408] the statement acquires the condition of having a visible purpose; (and) because otherwise, since we see performances of the (actions taught in) statements, "(He provides) the large intestine cut into six for the *agnīdh* (priest)" etc.,[409] and therefore the cutting is necessary, the *mantra* stating its prohibition would denote an item which does not inhere (in the rite). And in this way, where there is more than one omentum,[410] the word "*urūka*" (omentum) is modified as ending in the dual case suffix etc.

4. At the statement, "(Make its) two front legs (*bāhū*) (look like) hatchets (*praśasā*)",[411] the word (i.e., "*praśasā*") is created from the root *śas*, which

---

which thirty-four ribs are mentioned may be used optionally with the original *mantra* in which twenty-six are mentioned. The *sūtra* itself, JS 9.4.17, states that, "The horse has thirty-four (ribs); on the basis of the statement of this, a particular form (is used)" (*aśvasya catustriṃśat tasya vacanād vaiśeṣikam*). The second topic establishes that the *mantra* which refers to thirty-four may be used, or optionally the accumulated total of eighty-six ribs may be stated.

406 This occurs in the *adhrigupraiṣa*, which is recited at the *agnīṣomīya* animal rite. (Schwab 68).

407 In place of "*okas*", which means "house", "abode", etc., JNMV here has "*ūkas*", glossing it as "*medas*" (fat, marrow). Śabara and BhD propose that "*ka*" is used here in the place of "*kaśa*" (Śabara) or "*kāsa*" (BhD), both of these words having the sense of "*medas*" (fat, marrow).

408 I.e., at the time the omentum is cut.

409 See Schwab 103.

410 I.e., at modified rites with more than one animal.

411 This *mantra* occurs in the *adhrigupraiṣa*, which is recited at the *agnīṣomīya* animal rite. (Schwab 68). The translation of "*praśasā*" as "hatchets" follows Keith and Schwab, and is supported by the glosses of Sāyaṇa (*bāhū praśasā pracchedanau kuruta*) and Bhaṭṭa Bhāskara (*prakṛṣṭacchedanau bāhū kṛṇutāt*) on TB. The *mantra* is interpreted here on the initial view as meaning, "Make (i.e., cut) its two front legs with a special instrument of cutting (i.e., sword) (*praśasā*)", and on the final view as meaning, "Make (i.e., cut) its two front legs so as to be excellent (i.e., cut them completely)".

has the sense of doing injury and is accompanied by a preverb (i.e., *pra*), and it ends in the intrumental case suffix; therefore it denotes a sword as the instrument of cutting, on the basis of the usage of *vedic* scholars (in statements) such as, "Offering ten fore-sacrifices, he says, 'Bring the slayer (*śāsa*)'; indeed they call the sword 'the slayer'".[412] No. Because the ax (*svadhiti*) is enjoined for the action of cutting, this is (the root) *śaṃs* (which is used) in the sense of praising; it is the form of the word created from it with the accusative dual case suffix (*auṭ*) added, and the sound "*ā*" occurs because it is *vedic*.[413] It makes it clear that the removal of the front legs must be done completely. When there is an increase in (the number of) legs at a rite with many animals, both (words) should be modified.[414]

5. At the statement, "Make its breast (look like) a hawk (*śyena*)",[415] the breast should be removed and made (in a shape) like a hawk, just like at the statement, "These dough balls should be made into lions". That is not right. Because the offering substance would be destroyed and the action would have an unseen effect, the word "*śyena*" (hawk) is used for the breast, which itself has the shape of a hawk, in order that it should be removed wholely, and (this is also the correct view) because of the remainder of the sentence, "(Make, i.e., cut) each limb of it whole".

6. The *iṣṭi* which is taught in the statement, "One whose fire goes out after it has been taken out,[416] and before the *agnihotra* has been offered, should offer a cake on eight pans to Agni Jyotiṣmat (Agni 'with light')",[417] should take place even when the fire which has been taken out for the sake of the new-moon sacrifice goes out, because the (fire's) going out is the cause. No. Because the subsequent reference (i.e., to the fire which has been taken out) goes only to what is nearby,[418] and because the *iṣṭi* brings about the fire, and therefore obtains the condition of being a subsidiary of some-

412 This is taught at the fore-sacrifices for the animal rite for Agni and Soma. Here the word "*śāsa*", with the sense of "sword", is attested as a parallel derivative from the root *śas*.

413 I.e., it occurs as the accusative dual case suffix in place of *auṭ* (i.e., *au*).

414 I.e., both "*bāhū*" (front legs) and "*praśasā*" should be used in the plural.

415 This occurs in the *adhrigupraiṣa*, which is recited at the *agnīṣomīya* animal rite. (Schwab 68). See 1.4.5 for the word "*śyena*".

416 I.e., when it has been taken from the *gārhapatya* fire in order to be placed in the *āhavanīya*.

417 This translation is based on a text corrected to match TS etc.

418 I.e., it is limited by the context of the *agnihotra*.

thing which inheres (in the rite),[419] the expiatory rite takes place only when the fire which has been taken out for the sake of the *agnihotra* rite goes out.

7. At the statement, "The *āhavanīya* of one who is prosperous (*gataśrī*) should be maintained",[420] because the *āhavanīya*, which is taken out for the sake of all (rites), is (therefore) for the sake of the *agnihotra*, when it goes out there should be an expiatory rite.[421] No. When (it is) taken out in reference to any rite whatsoever (i.e., for the purpose of any rite), there is the possibility of it being abandoned at the end of the rite, and since therefore its maintenance is enjoined on the condition that one is prosperous, the (specific) cause (for the expiatory rite) which was stated[422] is absent, and therefore there is no expiatory rite.

8. The *mantra* which is recited at the *agnihotra* when the fire is taken out,[423] "(I take) you through the voice as *hotṛ*" etc., should also be employed when it (i.e., the fire) is taken out for the purpose of the new- and full-moon sacrifices, because the *agnihotra* is performed in that fire, after it is taken out, in the evening on the *parvan* day and in the morning on the *pratipad* day, and so that too[424] is a subsidiary of the *agnihotra*. No. Because the cause for the action of taking out the fire, which is accompanied by the (recitation of the) *mantra*, namely, the time (stated) in the statement, "In the evening, when the sun is at the tree-tops, in the morning, when it is visible" etc., is absent, (and) because[425] the action of taking out (the fire) for the

---

419 The fire inheres in the *agnihotra* rite, and the *iṣṭi* assists it. According to ŚD, on the initial view the rite would be an directly assisting subsidiary (*ārāt*), which would be caused by the action of going out as qualified by fire. On the final view, the rite is caused by fire which is pervaded by the action of going out. ŚD claims that the relation of going out with fire is, in parts, constant (*nitya*), and therefore it cannot be a cause (*nimitta*). In contrast, the pervasion of fire by the action of going out occurs only sometimes, and so it can be a cause. See 9.2.20.

420 This is taught in reference to the *agnihotra*. JNMV quotes the definition of "one who is prosperous" (*gataśrī*) which appears in TS 2.5.4.4: "Indeed there are three who are prosperous (*gataśrī*): a learned man, a village leader, and a *rājanya*" *(trayo vai gataśriyaḥ śuśruvān grāmaṇī rājanyaḥ*). See ĀpŚS 1.14.9.

421 I.e., the rite referred to in the preceding topic.

422 I.e., the going out of the fire which was brought out just for the *agnihotra*. See preceding topic.

423 This refers to the action of taking out the fire from the *gārhapatya* to the *āhavanīya*.

424 I.e., the action of taking out the fire for the sake of the new- and full-moon sacrifices.

425 Or perhaps, "since". The cause is absent because the action in question is taught for a later time.

purpose of the new- and full-moon sacrifices is taught for the morning of the *parvan* day, after the *agnihotra* has been offered, there is no *mantra*.

9. At the statement, "There is *caru* (cooked) in milk (*payasi*) for Aditi at the introductory offering (*prāyaṇīya*)",[426] since both (substances) are related to the deity,[427] just as the actions of beating etc.,[428] accompanied by *mantras*, are performed for the *caru*, (so too) the actions of driving away the calves etc., accompanied by *mantras*, should be performed for the milk. No; because we understand from the locative case suffix (i.e., in the word "*payasi*" (in milk)) that it (i.e., the milk) is a cause for the action of cooking, and therefore the features of the *praṇītā* water[429] are obtained (for it).[430]

10. So too at the *abhyudayeṣṭi*,[431] since curds and boiled milk are designated with the locative case suffix (i.e., in the words "*dadhan*" and "*śṛte*"),[432] the features of the *praṇītā* water should be performed.[433] No. Because the sentences, "(He should make a cake on eight pans for Agni Dātṛ out of) the middle sized grains" etc., express only the connection with other deities,[434] from fear of there being distinct sentences, and because they (i.e., the curds and boiled milk) have earlier been determined to be just the substances to be offered,[435] the features of the substance to be offered are to be performed; (and) because the features of the *praṇītā* water enter (i.e., are applied to) the means (for the action of cooking), they (should be performed) as well.[436]

---

426 This is taught for the *prāyaṇīyā iṣṭi*, which is performed at the *jyotiṣṭoma* sacrifice. (CH 26 and 28). See 1.3.5 and 10.1.10.

427 I.e., they are both to be given to the deity.

428 This refers to the actions of beating etc., which are performed on the rice grains, which, when cooked, become *caru*.

429 I.e., such as the actions of purifying it etc.

430 See 9.2.14.

431 The *abhyudayeṣṭi* is offered when someone makes a mistake in calculating the day of the new-moon and starts the new-moon sacrifice too soon. See 6.5.1.

432 This is in reference to the statement, "If the moon rises in the east on the offering substance which someone has poured out, he should divide the rice grains into three, and make a cake on eight pans for Agni Dātṛ out of the middle-sized grains, *caru* in curds (*dadhan*) for Indra Pradātṛ out of the large grains, and *caru* in boiled milk (*śṛte*) for Viṣṇu Śipiviṣṭa out of the smallest grains". See 6.5.1.

433 This is based on the conclusion reached in the preceding topic and at 9.2.14.

434 I.e., they do not enjoin substances etc. as well. See 6.5.1.

435 See 6.5.1 and 9.2.14 for this.

436 I have not found this last remark at this topic in other works. See 9.2.14. ŚD has similar wording there.

11. Just like the (statement of the) *abhyudayeṣṭi*, a (similar) statement, "One who desires cattle should drive away the calves, after performing the new-moon sacrifice; (he should make *caru* in boiled milk (*śṛte*) for Viṣṇu Śipiviṣṭa out of) the middle sized (grains)" etc., is taught.[437] Here the features of the substances to be offered should be performed,[438] just as at the *abhyudayeṣṭi*.[439] No. This is a new rite,[440] and so in accord with the principle of the introductory offering (*prāyaṇīya*),[441] the features of the *praṇītā* water should be performed.

12. At the statement, "He mixes the *soma* draught for Mitra and Varuṇa (*maitrāvaruṇam*) with milk (*payasā*)",[442] the action of mixing is for the sake of the action of giving both (substances), because otherwise it would be for the sake of an unseen effect. No; because we understand the relation of subordinate and predominant from the instrumental and accusative case suffixes (i.e., in the words "*payasā*" (with milk) and "*maitrāvaruṇam*" (a *soma* draught for Mitra and Varuṇa)).[443] But (to suppose there is) a lack of difference here from (what is taught in) the sentence about the remainder of the fore-sacrifices is questionable.[444]

---

437 This is a desiderative *iṣṭi*. Śabara's quote is: "One who desires cattle should drive away the calves, after performing the new-moon sacrifice; he should offer a cake on eight pans to Agni Sanimat out of the smallest (grains), *caru* in boiled milk (*śṛte*) for Viṣṇu Śipiviṣṭa out of the middle sized (grains), (and) *caru* in curds (*dadhan*) for Indra Pradātr out of the biggest (grains)." See *Wunschopfer* 156.

438 I.e., in regard to the boiled milk, which is mentioned in the statement quoted in the text, and also the curds, which are mentioned in the quotation from Śabara cited in the previous note. Both of these substances are expressed by words in the locative case, i.e., "*śṛte*" (in boiled milk) and "*dadhan*" (in curds).

439 See 9.4.10.

440 By contrast, the *abhyudayeṣṭi* is not new, and therefore only the single item of the new deities is enjoined there for fear of creating distinct sentences.

441 See 9.4.9.

442 This is taught at the morning pressing of the *jyotiṣṭoma*. See CH 132b.

443 Therefore the features for the substance to be offered do not take place for the milk.

444 See 4.1.14. There it is denied that the statement, "He sprinkles the offerings (*havīṃṣi*) with the remainder (i.e., the remaining ghee) from the fore-sacrifices (*prayājaśeṣeṇa*)", teaches a preparation of the offering substances. Instead, the instrumental case suffix (in "*prayājaśeṣeṇa*") is understood as an accusative, and the accusative case suffix (in "*havīṃṣi*") as a locative, and so the statement teaches a disposal of a used substance. In the present case, the rite is confined, for its offering substance, by the *soma* taught in the originative injunction ("*somena yajeta*" (He should sacrifice with *soma*)), and the milk is not a used substance which requires disposal. See BhD for more on the differences.

13. With regard to the statements, "He should offer (i.e., kill) (*ālabheta*) wild asses (?) to Īśāna" and "They release (*utsṛjanti*) the wild animals after they have been encircled with fire",[445] in the first sentence only the action of touching the wild animals is enjoined, not the action of sacrifice,[446] because if that were so (i.e., if a sacrifice were enjoined), the latter sentence could not enjoin their release. No. Because a connection of the substance and the deity would not be appropriate in the absence of a sacrifice; because this (i.e., the second sentence) is an injunction of the collection of the subsidiaries concluding with the action of encircling with fire;[447] and because of its very connection with the subsidiaries of the original rite, whose assistance has been established, it is a new rite, just like the *gṛhamedhīya* rite.[448]

14. At the statements, "He should offer (i.e., kill) (*ālabheta*) an animal to Tvaṣṭṛ with the wives (i.e., the wives of the gods)", "He releases (*utsṛjati*) the animal for Tvaṣṭṛ with the wives after it has been encircled with fire", and "He completes (*saṃsthāpayati*) the remainder (*śeṣa*) of the offering with ghee (*ājya*)",[449] we understand from the words "*utsarga*" (release),[450] "*śeṣa*" (remainder), and "*saṃsthāpana*" (completion),[451] that when the encircling with fire is completed, the animal is to be given up,[452] ghee is to substituted (in its place), and then the rest of the group of subsidiaries is to be performed. No. If only the substance, which is the animal, is given up,[453] the connection of the substance and the deity, which was stated in the sentence enjoining the animal offering to the deity (i.e., Tvaṣṭṛ) with the

445 These statements are taught at the *aśvamedha*. See Dumont, *Aśvamedha*, pp. 143 and 170. See Schwab 63–65 for the encircling with fire at the animal rite.

446 See 2.3.5 and 8 for the use of *ālabh* in the senses of "to kill" and "to touch".

447 In this sentence, the word "*utsṛjanti*" (they release) makes subsequent reference to the action of sacrifice taught in the first sentence.

448 The injunction of subsidiaries concluding with the action of encircling with fire removes expectancy from the rite, and so there is no transfer of subsidiaries to the rite. Had transfer been in effect, the second statement could not have been interpreted as enjoining subsidiaries, and, according to the initial view, would have to teach the sacrifice. In that case, the first statement could only enjoin the action of touching. See 10.7.9 for the discussion as to why the *gṛhamedhīya* is a new rite.

449 These are taught in reference to the offering of eleven animals at the *jyotiṣṭoma*. See 2.3.8, 7.3.13, and 8.1.7.

450 This refers to the verb "*utsṛjati*" (he releases).

451 This refers to the verb "*saṃsthāpayati*" (he completes).

452 I.e., ownership of it is renounced.

453 I.e., without reference to the deity being made.

wives,[454] is blocked,[455] (and) if the substance is given up with reference to a deity, the sacrifice would be established just by what is taught (i.e., in the originative injunction),[456] and so there should be no substitute. Therefore in the sentence about the ghee, by reading into it (i.e., from the preceding statement) the word "*pātnīvata*" (the offering substance for the deity with the wives), a productive force qualified by a substance and a deity is enjoined. The two words (i.e., "*śeṣam*" (remainder) and "*saṃsthāpayati*" (he finishes)) should be construed as meaning, "what is like (*iva*) the remainder" (i.e., a distinct rite which directly follows) and "he as it were (*iva*) finishes" (i.e., he performs a sacrifice);[457] the rest is as before.[458]

---

454 I.e., the first sentence quoted above.

455 Or, with a corrected text, "would be blocked".

456 What is taught is the action of giving up the animal with reference to the deity. The originative statement here is, "He should offer (*ālabheta*) an animal to Tvaṣṭṛ with the wives".

457 The similarity is understood from the fact that the second rite follows directly after the first.

458 This seems to mean that the first two sentences quoted in the topic operate according to the principle established in the preceding topic, i.e., that the word "*utsṛjati*" (he releases) makes subsequent reference to the action of offering taught in the first sentence, and serves to teach that the subsidiaries are completed with the encircling of fire.

Book 10

Chapter 1

1. At the *rājasūya* rite, offerings which are connected to the dignitaries (*devas*) named Ratnins,[1] and which are modifications of the new- and full-moon sacrifices, are enjoined in the statement, "These are the offerings of the Ratnins".[2] Among them, at the offering to Bṛhaspati,[3] although the actions of digging up (the *vedi*) etc.[4] have lost their purpose on the basis of the statement, "The *vedi* is self-made, the *barhis* (grass) self-made, the fuel (sticks) self-made",[5] they are obtained by transfer and so should be performed. No. In as much as a main item, when it is assisted by subsidiaries, brings about the result, it has an expectancy only for assistance,[6] and therefore, since expectancy for subsidiaries comes about by means of that,[7] in the absence of assistance there is no expectancy for the subsidiaries,[8] and as a consequence, when they (i.e., the subsidiaries such as the actions of digging up etc.) have lost their purpose, they should not be performed; (and)

---

1 These offerings are made at the residences (*gṛhas*) of certain individuals honored by the king and referred to as "*ratnins*" (lit., "possessing jewels"). Bhaṭṭa Bhāskara on TB identifies them as, "particular subjects who wield eminent power" (*prakṛṣṭaiśvaryāḥ prakṛtiviśeṣāḥ*). See Caland at ĀpŚS 18.10.12, ŚB 5.3.1, Eggeling at ŚB 5.3.1.1, note 2, and Heesterman, Chapter VI, for lists of these individuals.

2 This identification of the site of the statements quoted below is given in JNMV, but not is Śabara, ŚD, or BhD. Śabara simply says that the statements are taught "somewhere" (*kva cit*).

3 An *iṣṭi* for Bṛhaspati is the first of these offerings of the Ratnins.

4 The actions referred to here occur at the new- and full-moon sacrifices. See 3.1.5 for the action of digging up the *vedi*.

5 Here JNMV comments, "*yathāvasthita eva bhūpradeśo veditvena svīkartavyaḥ. idhmābarhiṣhī api svata eva cchinne śāstrīyacchedananirapekṣe grāhye ity arthaḥ*" (The sense is that the spot of ground should be accepted as the *vedi* just as it is (*yathāvasthita*); likewise the fuel and the *barhis* are to be taken just as they break by themselves, and do not require the action of cutting based on texts (*śāstrīya*)). Sāyaṇa says that the *vedi*, "lacks the digging etc. based on the *śāstric* statements" (*śāstrīyoddhananādirahita*), the *barhis* is broken, "without the cutting based on texts (*śāstrīya*), which is accompanied by *mantras*" (*samantrakaśāstrīyacchedanam antareṇa*), and that the fuel is produced "without the acquisition based on texts (*śāstrīya*)" (*śāstrīyasaṃpādanam antareṇa*).

6 The initial expectancy is for assistance, not for the subsidiaries.

7 I.e., by means of that assistance.

8 The text here is fairly close to JNMV (*Kutūhalavṛtti* has a similar discussion).

this action of blocking has the form of a determination that the notion that the actions of digging up etc. should be performed is erroneous.[9]

Or: At the *iṣṭi* which is taught in the statement, "One desirous of long life should offer *caru* of a hundred gold pieces (cooked) in ghee for Prajāpati",[10] the actions of beating etc. should be done,[11] even though they have lost their purpose, just like the action of cooking.[12] No; because there is a difference (in the two cases), since the cooking is obtained from the sentence, "He cooks it in ghee".

Or: At the sacrifice to Viṣṇu, which is taught in the statement, "One who has an enemy should offer *caru* to the Viśvadevas (All-gods), he should place it on the *barhis* (grass), push it apart (i.e., divide it) with the *śamyā* (wooden yoke pin) and the (wooden) sword,[13] saying, 'In this way I push apart that one, and that one', while thinking of the one he hates, and whatever falls and whatever sticks to the sword, he divides off for Viṣṇu whose stride is broad",[14] the fore-sacrifices etc. which are performed just for the Viśvadevas assist through *prasaṅga*,[15] and so they should not be performed,[16] but the invitation of Viṣṇu, even though he has not been obtained, since it (i.e., the invitation) would have (to have) the form "Bring Viṣṇu",[17] should indeed be performed, in compliance with the (appropriate) time, between (the recitation of) the kindling verses (*sāmidhenīs*) and the

9 See 3.3.12 for the other sort of blocking.

10 This is a desiderative *iṣṭi*. See *Wunschopfer* 100.

11 These are performed on the rice grains at the new- and full-moon sacrifices, the original rite. See 2.1.3.

12 The action of cooking produces a softening, but that is absent here. See below for the specific injunction to cook the gold pieces.

13 The conjunction "*ca*" (and) is absent here in MNS and other texts, but it appears in ŚD and BhD.

14 This is a desiderative *iṣṭi*. It seems that the *mantra* quoted here is to be recited at the time corresponding to the moment when the cake is cut into four at the new- and full-moon sacrifices. See *Wunschopfer* 113. The form of the *mantra* given here seems only to occur in Mīmāṃsā texts. In the earlier literature, in place of "*amuṃ cā 'muṃ ca*" ((in this way I push apart) that one, and that one) is "*māṃ cā 'muṃ ca*" ((in this way I push apart) that one and me). The term "*avamṛjyate*" is translated above as "falls", following the gloss "*patati*" given in the *Mayūkhamālikā* commentary on ŚD.

15 *Prasaṅga* is the subject of Book Twelve. At 12.1.1 MNS defines it as, "assistance for one thing by means of subsidiaries performed for the sake of another".

16 I.e., separate fore-sacrifices for the sacrifice for Viṣṇu should not be performed.

17 The invitation for the *viśvadevas* (All-gods) has the form, "Bring the *viśvadevas* (All-gods)" (*viśvān devān āvaha*) (JNMV).

fore-sacrifices,[18] because otherwise a deity is not established (for the rite). No; because in as much as Viṣṇu has not been obtained at the time of the invitation,[19] and the time (which is appropriate for invitation) is absent after the division, the invitation is not to be performed; and because even in its absence,[20] the deity is established (i.e., for the sacrifice), just as in the world.[21]

2. The commencement *iṣṭi* (*ārambhaṇīyeṣṭi*), which is enjoined for the new- and full-moon sacrifices in the statement, "One who is about to undertake the new- and full-moon sacrifices should offer a cake on eleven pans for Agni and Viṣṇu",[22] should be performed at the *dīkṣaṇīyeṣṭi* etc. of the *soma* rite, because it is obtained (there) through transfer.[23] No. Because there is no separate commencement for the *dīkṣaṇīyeṣṭi*,[24] and because the *soma* sacrifice is not a modification of the new- and full-moon sacrifices,[25] the means (*dvāra*),[26] in the form of the commencement (*ārambha*), is lost,[27] and therefore it (i.e., the commencement *iṣṭi*) is omitted.

3. Because there can be a separate commencement for the *iṣṭis* which are taught at the *rājasūya* rite, such as (those taught in the statements), "He should offer a cake on eight pans for Anumati" etc., which are predominant

---

18 I.e., at the time the *hotṛ* recites the invitation to the gods.

19 I.e., before any *caru* falls or sticks to the sword. According to JNMV, the sacrifice to Viṣṇu is only caused by the *caru* falling or sticking, and it would be pointless to invite the deity if the sacrifice is not performed.

20 I.e., the absence of the invitation.

21 It happens in the world that an honored guest may come and eat without an invitation (JNMV).

22 See 9.1.11.

23 See 9.1.11 for the commencement *iṣṭi*. See CH 15 for the *dīkṣaṇīyeṣṭi*.

24 This is because it is only a subsidiary. Moreover, it does not take place at the time when the *soma* rite begins (cf. ŚD).

25 Accordingly, the commencement *iṣṭi* would not be transferred there as a preparation for one undertaking the *soma* rite.

26 I.e., the means by which it would assist.

27 Appayya Dīkṣita, in his discussion of Book Ten in the *Pūrvamīmāṃsāviṣayasaṃgrahadīpikā* (pp. 15-17), gives instances where an item ceases to operate when its means (*dvāra*) is lost (*dvāralopān nivṛttiḥ*). He explains that the word "*dvāra*" (means) is intended to express any purpose, whether the latter operates as a means (*sādhana*) or as a result (*phala*) ("*dvāralopān nivṛttir ity atra dvāraśabdena yad dvāratayā phalatayā vā prayojanaṃ tat sarvaṃ vivakṣitam*") (p. 16). See 10.2.2 and 25.

acts,[28] the commencement *iṣṭi* (*ārambhaṇīyeṣṭi*) should be performed. No. Because unlike at the new- and full-moon sacrifices, where there is a single beginning of the collection (i.e., of six main offerings), since it (i.e., the commencement *iṣṭi*) would (otherwise) be performed (there) six times, there is no distinct commencement of the rites for Anumati etc. as well based on a single beginning (i.e., of the group of rites);[29] and because the statement, "At the beginning he performs the *agniṣṭoma* as the *jyotiṣṭoma*", teaches a sacrifice for the sake of the commencement of the entire rite,[30] this (i.e., the commencement *iṣṭi*) does not take place.

4. Even at the commencement *iṣṭi* (*ārambhaṇīyeṣṭi*), the commencement *iṣṭi* should be performed, because of the force of transfer, because the commencement *iṣṭi* has a distinct commencement in as much as it is to be performed before the new- and full-moon sacrifices, and because the (problem of) infinite regress can be answered by the principle of the seed and the sprout.[31] No; because at the time when this (i.e., the commencement *iṣṭi*) is enjoined, that (i.e., the statement which would transfer it) does not exist in the original rite,[32] and so there is no possibility of transfer. So too at the *vaimṛdha* rite there is no *vaimṛdha*.[33]

5. At the animal rites which are taught at the *sādyaskra* rite in the statement, "He offers (i.e., kills) the animals together",[34] on the basis of the sentence, "The threshing-floor post is the post (*yūpa*)", just like the actions which are directed to the post, such as the tying of the animal etc., so too the

---

28 I.e., unlike the *dīkṣaṇīyeṣṭi* of the preceding topic. See Heesterman, Chapter II, for the *iṣṭi* offerings to Anumati etc.

29 The main rites which constitute the *rājasūya* include *iṣṭis*, an animal sacrifice, *soma* sacrifices, etc., and so are not, as a group, an *iṣṭi*. The argument here could be clearer. JNMV says that the *iṣṭis* for Anumati etc. do not individually get the introductory *iṣṭi*, because on the principle which would allow that, the introductory *iṣṭi* would apply six times in the new- and full-moon sacrifices (which contains six main rites), and that the group of main rites at the *rājasūya* is not a modification of the new- and full-moon sacrifices, and so the commencement *iṣṭi* does not occur there.

30 See Heesterman, Chapter I, for this introductory *soma* sacrifice.

31 It is not clear just how this is an answer, unless it is to suggest that there is no answer. JNMV has the same comment.

32 The same sentence cannot serve both to enjoin the commencement *iṣṭi* for the new- and full-moon sacrifices and to transfer it from there. The text here is uncertain.

33 The *vaimṛdha* is performed on the completion of the full-moon sacrifice. See 4.3.14.

34 The *sādyaskra* is a one-day *soma* rite. See 9.1.16 (second *varṇaka*). All three animals there are offered together at the time of the *savanīya* animal rite.

post offering (*yūpāhuti*), which is taught in the statement, "(Saying) 'Step widely, Viṣṇu', he offers the post offering with the *sruva* (dipping spoon) in the *āhavanīya* fire", should be performed. No. Because in the statement, "One who is about to cut the post should make the offering",[35] the offering is stated for the purpose of making it (i.e., the post) suitable for the action of cutting specified by the texts (*śāstra*), and because the threshing-floor post has been cut previously in the form of a piece of wood implanted in the ground for the purpose of tying a bull, there is no offering.

6. The stump offering, which is enjoined to occur on the stump (*sthāṇu*) by the statement, "He offers the stump offering",[36] should be done on the threshing-floor post as well,[37] since it is *sthāṇu* (lit., something that stands firmly).[38] No. On the basis of the sentence, "(Saying) 'O tree, grow with a hundred shoots', he offers on the stump (*āvraścana*)", (the word) "*āvraścana*" is analysed etymologically as, "that from which the post is cut (*āvṛścyate*)", that is, the base (i.e., stump) of a tree which remains from (the creation of) the post. Because we understand from its connection with the post that an offering on it is for the sake of preparing the post, it (i.e., the stump offering) does not occur at the threshing-floor post, which is not a (sacrificial) post.[39]

7. The fifth fore-sacrifice,[40] which is taught in the statement, "He performs the *svāhākāra* (making the sound '*svāhā*') sacrifice", has as its deity the sound "*svāhā*" by force of the injunction, and it does not have Agni etc. as its deities on the basis of the *mantra*, "*Svāhā* Agni, *svāhā* Soma, *svāhā* Prajāpati, *svāhā* Agni and Soma"[41] etc., because it (i.e., the rite) lacks expectancy for a deity and so that (i.e., the *mantra*) does not provide one, and because the words "*agni*" etc., which occur there, are appropriate as denoting, through secondary signification, the deity which is the sound "*svāhā*". Therefore it (i.e., the fifth fore-sacrifice) assists directly (*ārāt*). No.

35 I.e., the post offering.

36 This is taught in the context of the *agnīṣomīya* animal rite. (Schwab 7).

37 I.e., at the *sādyaskra*. See preceding topic.

38 *Uṇādisūtra* 317 *stho ṇuḥ* teaches that "*sthāṇu*" is derived to denote something which stands. MW lists "stump, stem, trunk, stake, post, pile, pillar" among meanings of "*sthāṇu*".

39 On the initial view, the stump offering would not serve as a preparation of the post, but would be a directly assisting subsidiary of the animal rite.

40 This is a reference to the final fore-sacrifice at the new- and full-moon sacrifices. See NVO, pp. 99–101. (See 4.1.7, note).

41 These are the deities of the ghee portion sacrifices and the main offerings at the full-moon sacrifice. All the deities of the new- and full-moon sacrifices are mentioned at the fifth fore-sacrifice. (Caland at ŚŚS 1.7.6).

Because a dative case suffix and a secondary nominal suffix (*taddhita*), both of which enjoin a deity, are absent; because of economy;[42] and because of syntactic agreement with the rite,[43] by enjoining just the sacrifice named "*svāhākāra*" (the making of the sound "*svāhā*"), only the deities of the ghee portion sacrifices etc. which will be offered, that is, Agni etc., are the deities. Therefore this is a preparatory act,[44] and so at the offering to Sūrya,[45] in that *mantra* (i.e., the one at the fifth fore-sacrifice), the words "*agni*" etc., which denote the main deities, are blocked.

8. At the statement, "He offers the two ghee portion sacrifices to Agni and Soma",[46] of the two ghee portion sacrifices, the one for Soma assists (the *iṣṭi*) directly (*ārāt*), because Soma by himself is not a main deity, but the one for Agni, in accord with the principle of the final fore-sacrifice,[47] prepares Agni, who is a main deity spoken of in the *nigada*, "Agni, bring Agni, (bring Soma, bring Agni)".[48] No. Because we understand from the repetition of the word "*agni*"[49] in the *nigada* that the main deity is different from the deity of the ghee portion;[50] and because just like Soma, so too Agni, on the basis of its co-utterance with Soma,[51] is a subordinate item and

42 This is the economy of enjoining just the rite, and not the rite qualified by a deity.

43 This is based on the analysis of the word "*svāhākāra*" as being the name of the rite, standing in syntactic agreement with the root *yaj* (to sacrifice). JNMV likens the accusative singular in "*svāhākāram*" to that in "*paurṇamāsīm*" (full-moon sacrifice) in "*paurṇamāsīṃ yajate*" (He offers the full-moon sacrifice).

44 I.e., it prepares these deities of the ghee portion sacrifices etc.

45 This is the desiderative *iṣṭi* for one desirous of priestly luster. See 2.3.5 etc.

46 These sacrifices precede the main offerings at the new- and full-moon sacrifices. (NVO, pp. 102–7).

47 By this principle, the final fore-sacrifice prepares the deities which are mentioned in the *mantras* and to which the ghee portion sacrifices etc. will be made. See 10.1.7.

48 This is the start of the *āvāhana* (invitation) *nigada*, which is recited by the *hotṛ* before the second ghee sprinkling sacrifice. It continues beyond the portion listed here, and includes the various deities of the ghee portion sacrifices and the main offerings. (NVO, pp. 83–4). *Nigadas* are *mantras* which have the form of an address to someone.

49 The repetition referred to here does not involve the first "*agni*" cited above, which is a vocative, but rather the instances of the word expressing the object of bringing.

50 The main deity is mentioned in the final part of the *nigada*, while the deity of the first ghee portion sacrifice is mentioned in the first part.

51 ŚD and JNMV cite, "*agnīṣomābhyāṃ yajati*" (He offers the sacrifice to Agni and Soma), presumably part of the initial quotation.

therefore not predominant,[52] it assists directly.[53] It does so even in the offerings to Sūrya[54] etc., and so there is an exception to the blocking.[55]

9. The cake sacrifice, which is spoken of in the statement, "Having proceeded with (i.e., performed) the rite with the omentum of the animal for Agni and Soma (*agniṣomīya*), he offers a cake on eleven pans to Agni and Soma (*agnīṣomīya*)",[56] does not prepare the deity,[57] because we understand from the *taddhita* suffix (i.e., in the word "*agnīṣomīya*" (an offering substance for Agni and Soma)) that the deity is a subsidiary for both alike (i.e., for both the animal and the cake).[58] No. Because we understand from the squeeze (i.e., the operation of tongs) (*saṃdaṃśa*) on both sides by the features of the animal rite that the animal rite is the predominant item and the cake rite is subordinate,[59] because there is no assumption of unseen assistance when visible assistance is possible,[60] (and) because at the actions of pouring out (rice grains) etc. it is possible to prepare that deity (i.e., the one of the animal offering) by remembering it, the deity (of the animal offering) is to be prepared.[61] At the cake offering in the animal offering to Vāyu,[62] that deity[63] does not occur, because it is absent (i.e., in the animal offering for Vāyu), and so there is blocking.

10. At the statement, "He should offer *caru* to Sūrya (*saurya*)",[64] because the word "*caru*" is well known from the spoken language, because the words "*ukhā*", "*sthālī*", and "*caru*" are taught as synonyms (all meaning "pot"), and because even though it is not a modification of the cake, it can be a

52 It is subordinate in regard to the ghee portion sacrifice.
53 If the ghee portion sacrifice prepared a deity of the main rite, the deity would be considered predominant.
54 I.e., the desiderative *iṣṭi* for one desirous of priestly luster.
55 Therefore Agni remains as the deity at the first ghee portion sacrifice at such rites.
56 The offerings spoken of here are performed at the *jyotiṣṭoma*. The cake sacrifice takes place after the offering of the animal's omentum and before the offering of its heart etc. For the cake offering at the animal rite, see Schwab 87, 88, and 93.
57 I.e., the deity of the animal rite for Agni and Soma.
58 Consequently, there is no clear relation of main to subordinate between these two sacrifices.
59 See 3.1.10 for the tongs.
60 If the cake offering did not prepare the deity of the animal rite, it would be a directly assisting subsidiary, producing an unseen effect.
61 I.e., by the cake offering.
62 The latter is a modification of the animal offering to Agni and Soma.
63 I.e., Agni and Soma.
64 This is an abbreviation of, "One desirous of priestly luster should offer *caru* to Sūrya", which enjoins a desiderative *iṣṭi*. See 2.3.5.

modification of a (cake) pan, the word "*caru*" means pot. No. Because on the basis of the remainder of the statement, "There is *caru* for Aditi as the introductory offering (*prāyaṇīya*)", namely, "(He makes an offering?) to Aditi with rice (*odana*)",[65] it (i.e., the word "*caru*") denotes cooked rice (*odana*); because it refers to cooked rice from which the moisture inside has not been poured out, and therefore it is appropriate that it is not used for all (types of) cooked rice (*odana*); and because of the natural sense of the *taddhita* suffix, which is added to express the deity in "*saurya*" (an offering substance for Sūrya),[66] the word "*caru*" is said to denote rice (*anna*). Therefore the actions of grinding etc.[67] are cancelled.

11. And that[68] should be cooked in a pan (*kapāla*), just as (the cake is) in the original rite,[69] or, because of the impossibility of cooking it (in a pan) by means of heat which is in water,[70] in a kettle (*kaṭāhaghaṭa*?) etc. No. Because it is suitable to cook by means of a small vessel rice which is measured out in four handfuls, it should be cooked in just a pot (*sthālī*). The result of this (topic) too is, indirectly, the cancellation of grinding etc.[71]

Chapter 2

1. At the statement, "He cooks it in ghee",[72] although the action of cooking is directly enjoined, it is not to be performed, because the action of softening (*kledana*)[73] (the gold pieces) is impossible. No; because in order that the injunction should not be meaningless, it (i.e., the action of cooking) must

65 See 1.3.5 and 9.4.9.

66 The word "*saurya*" is formed by P 4.2.24 *sā 'sya devatā*, which teaches that a *taddhita* suffix (here, *aṇ*) is added to the name of a deity (here, "*Sūrya*") to express the sense "that is its deity". The word so formed is generally used in reference to an offering substance or a *mantra*.

67 These are performed on the rice grains at the cake offering. See 3.1.5, note.

68 I.e., the *caru*. See preceding topic.

69 I.e., the new- and full-moon sacrifices.

70 This is the heat which *caru* requires, in contrast to the dry heat of the pan which cooks the cake.

71 This has been established in the preceding topic.

72 This is understood in connection with the desiderative *iṣṭi* which is taught in the statement, "One desirous of long life should offer *caru* of a hundred gold pieces in ghee for Prajāpati". See 10.1.1, second *varṇaka*.

73 The word "*kledana*" primarily means "moistening", but "softening" seems more appropriate here. JNMV and BhD have, respectively, "*vikledana*" and "*viklitti*", both of which mean moistening or softening.

necessarily be performed for the sake of an unseen effect. And if heating can be cooking, there is no trouble at all.

2. Just like the action of cooking, the actions of spreading out (an underlayer of ghee) (*upastaraṇa*) and pouring out (an overlayer of ghee) (*abhighāraṇa*) should be performed for those same ones (i.e., the gold pieces).[74] No; because they are not enjoined (here) directly,[75] and because the visible means (i.e., the means by which they assist) is omitted and consequently transfer too does not operate.[76]

3. There is no action of eating here,[77] as there is eating of the *prāśitra* and other portions at the cake offering,[78] because a visible effect, in the form of pleasing the person, is impossible. No; because just as things which are inedible (i.e., the gold pieces) are to be offered, so too, on the basis of the sentence, "They eat making a sucking sound, they eat sucking", things which are inedible can be eaten.[79] This is a hypothetical consideration, because even in the original rite the actions of eating are for the sake of disposing (of the cake).[80]

4. At the statement, "All together (*ekadhā*) he offers (the gold pieces) to the *brahman* priest",[81] we understand from the word "*ekadhā*" either "all at once" or "all together" (i.e., at the same time), because there is nothing to restrict it. No. On the view that it means "all at once", (both) the four (distinct) actions of offering, which serve to bring about eating at the (four distinct) times of the *iḍā*, the *prāśitra*, the cutting (of the cake) into four

---

74 See 10.2.1. The two actions of pouring ghee mentioned here are performed for the cake offering at the new- and full-moon sacrifices. See NVO, pp. 108–9. See 5.2.4 and 6.4.1.

75 By contrast, the action of cooking is directly enjoined. See 10.2.1.

76 The visible means by which these actions assist is the prevention of bits of the cake from sticking to the spoon. See note at 10.1.2 for *dvāra*.

77 I.e., at the *caru* of gold pieces. See 10.2.1.

78 The *prāśitra* is a rite in the new- and full-moon sacrifices at which a portion of the offering substance, also called the *prāśitra*, is eaten by the *brahman* priest. Other actions of eating which are referred to here are those which occur at the *iḍā*, which, like the *prāśitra*, is both a rite and a portion of the offering substance which is eaten by the *hotṛ*, *adhvaryu*, *brahman*, *āgnīdhra*, and the sacrificer, the *caturdhākaraṇa* (the action of cutting the cake into four), and the recitation of the *śaṃyuvāka*. See the following topic.

79 Children make a sucking sound when they chew on sugarcane, swallowing its juice. Likewise the ghee can be licked off the gold pieces.

80 See 10.2.9.

81 This is taught in regard to the *caru* of gold pieces. See 10.2.1–3.

(*caturdhākaraṇa*), and the (recitation of the) *śaṃyuvāka*, and also the various times (of such offerings), (all of) which have been obtained from the original, are blocked, and so in order that only the (distinct) times are blocked, the meaning is just "all together".[82]

5. At the statement, "He offers all (the gold pieces) to the *brahman* priest",[83] in order that the portions for the *hotṛ* etc. should not be blocked,[84] the meaning of the sentence is either, "That which he offers to the *brahman* priest is all (that belongs to the *brahman* priest)" or "He offers (to the *brahman* priest) all that which belongs to the *brahman* priest". No. Because it would (in that way) be meaningless, it enjoins the connection of the *brahman* priest with all (the portions, i.e., all the gold pieces).

6. There is eating (i.e., by the *brahman* priest) at a single time of what was given at a single time for eating.[85] No. The eating takes place in (due) order, in order not to block the various times which are obtained by transfer.

7. The action of cutting (the offering substance) into four (*caturdhākaraṇa*) and the designation, "This is for the *brahman*, this is for the *hotṛ*, (this is for the *adhvaryu*, this is for the *agnīdh*)", should be performed,[86] because of transfer. No. The action of cutting into four is for the sake of the portions,[87] (and) the designation is for the sake of there being no confusion,[88] and therefore, since all (of the offering substance) is connected to the *brahman*,[89] neither of the two takes place.

8. The gift of the sacrificial fee (*dakṣiṇā*), which is taught in the statement, "He (i.e., the sacrificer) gives (*dadāti*) the fee to the priests",[90] is for the sake of an unseen effect, because the word "*dāna*" (gift, the action of giving) is used for the gift of gold etc., which is just for the sake of an unseen effect;[91] because if it were wages, the gift should be in conformity with the task, and therefore the gift of a thousand (cows) for the small

---

82 On this interpretation, the four actions of offering are retained, but they occur together.

83 This is taught in reference to the *caru* of gold pieces. See 10.2.1–4.

84 I.e., in order that the *hotṛ* etc. might receive and eat their own portions. See 10.2.7 and 3.4.21.

85 See 10.2.4.

86 I.e., when the gold pieces are to be eaten by the *brahman* priest. See 10.2.1–6 and 3.4.21.

87 I.e., for the various priests.

88 I.e., in regard to the portions.

89 I.e., the entire *caru* of gold pieces is given to him.

90 This is taught for the *jyotiṣṭoma*. See CH 191c for the gift of fees.

91 See 10.2.26.

traidhātavīya rite[92] and the gift of the *soma* cup for the large *ṛtapeya* rite[93] would be inappropriate; because it (i.e., the fee) is restricted to one hundred and twelve (cows) etc.;[94] and because it is accompanied by *mantras*. No; because only the action of hiring (the priests) is a purpose which leads to the condition of (the fee) having a visible effect; because the word "*dāna*" is also used for giving wages, as in the statement, "The wages should be given (*deya*)"; because the size (of the fee) and the *mantras* etc. are for the sake of the unseen effect produced by a restriction; because the disparity[95] comes about appropriately through the strength of the statement;[96] and because on the basis of the sentence, "Those who have not been initiated and are hired through the fee are the priests who perform the sacrifice for one who has been initiated", the (gift of the) sacrifical fee, which (thereby) has a visible effect, should not be performed at the *sattras*.[97]

9. Because the action of drinking (the *soma* in) the cup (*camasa*) at the *soma* rite, and the action of eating the *iḍā*, *prāśitra*, and other portions (of the cake) at the *iṣṭi*[98] can please the priests, they too are for the sake of hiring (them), according to the principle stated above.[99] No. Because there is no (longer) ownership once the substance has been made subject of the resolution (to offer it) to the deity of the sacrifice; because they (i.e., the priests) cannot be hired by means of that (substance); and because in the statement, "With the sacrificer as the fifth they eat the *iḍā*",[100] we hear of the action of eating as performed by the sacrificer as well, that (i.e., the actions of drinking and eating) is not for the sake of hiring, but is rather a disposal of the remainder. Therefore it should take place even at a *sattra*.[101]

10. Just as at the *soma* rite,[102] so too at a *sattra* the action of choosing (the priests) should also be performed,[103] because otherwise, not being chosen they would not be priests, and therefore the *sattra* would not be

---

92 See 2.3.12. The *traidhātavīyā iṣṭi* is a desiderative rite, and is also performed at the *aśvamedha* sacrifice. See *Wunschopfer* 178.

93 See 10.3.19.

94 See 10.3.11.

95 I.e., between the size of the act and the size of the fee.

96 I.e., it requires no explanation.

97 At *sattras* the sacrificers are the priests. See 5.1.1, 6.6.3, etc.

98 I.e., the new- and full-moon sacrifices.

99 See 10.2.8. For the drinking at the *soma* rite, see CH 147a and d.

100 This is taught at the new- and full-moon sacrifices. See 6.4.3.

101 Priests are not hired at a *sattra*. See 10.2.11.

102 I.e., the *jyotiṣṭoma*.

103 See CH 6 for the action of choosing the priests at the *jyotiṣṭoma*.

accomplished, and because the statement, "Those who are the sacrificers are the priests", makes subsequent reference to sacrificers, even though they are (on their own accord) engaged in the act, and thereby enjoins (for them) the installation of the condition of being a priest, which is to be brought about by the action of choosing. No; because the *sattra* is their own act (task), and so in regard to it there is no expectancy for an action of choosing, which encourages by means of pointing to future gifts; because even without the action of choosing, the condition of being a priest, which has the form of being an agent of the sacrifice, is established; and because it is only such a condition of being a priest[104] which is made known by the statement, "Those who are the sacrificers (are the priests)".

11. At the *sattra*, the prohibition of (the gift of) a cow etc., which is made in the statement, "For (*hi*) a cow is not given here, nor a cloth, nor gold", is preceded by the obtaining (of the gift of these items),[105] and has a specific (i.e., limited) range,[106] and so since there exist substances which are to be given, which are obtained by transfer, the action of hiring should take place. No. The statement, "They say the *sattras* have no sacrificial fee, for (*hi*) a cow is not given here", has, by the force of the word "*hi*" (for), the form of a subsequent reference to something which is (established as) obligatory,[107] and so since it does not therefore force us to assume a substance to be given, there is no hiring.

12. At the statement, "Having completed (*udavasāya*) the *sattra*,[108] they should perform (*yajeran*) the *pṛṣṭhaśamanīya* sacrifice, which has the fee of a thousand (cows)",[109] because it (i.e., the *pṛṣṭhaśamanīya* sacrifice) has the same agent as the action of completing, on the basis of the absolutive suffix (i.e., in the word "*udavasāya*" (having completed)),[110] because there is no statement of the result, and because of its proximity to the *sattra*, the *pṛṣṭha-*

---

104 I.e., and not the condition of simply being a hired worker.

105 Logically, the prohibition would be impossible if the gift of the prohibited item had not been obtained.

106 A cow, a cloth, and gold are only a few of the items which might be given. See 10.3.11.

107 See 10.2.8 for the absence of fees at a *sattra*.

108 Instead of this phrase, ĀpŚS has, "Having performed the *udavasānīyā* (*iṣṭi*)" (*udavasānīyaye 'ṣṭvā*).

109 JNMV refers to the *pṛṣṭhaśamanīya* as a modification of the *soma* rite. ĀpŚS 21.13.5 refers to it as a *jyotiṣṭoma* as *agniṣṭoma* (see Caland's note).

110 P 3.4.21 *samānakartṛkayoḥ pūrvakāle* teaches that the absolutive suffix *ktvā* (which here has the form "*ya*") is used to denote the earlier of two actions which have the same agent.

śamanīya is a subsidiary of the *sattra*, just as the *bṛhaspatisava* is of the *vājapeya* rite.[111] No. Because complete abandonment is (what is meant by) the action of completing (*udavasāna*), and therefore it is inappropriate for it (i.e., the *pṛṣṭhaśamanīya* sacrifice) to be a subsidiary of the *sattra*, (and) because abandonment of the *vājapeya* etc. has not been stated, and therefore there is a difference (in the two instances), this sacrifice should occur when the completion (of the *sattra*) occurs as a cause.[112] Therefore there is no blocking of the sacrificial fee even according to the principle (stated here).[113]

13. There[114] the participants in the *sattra* alone are the priests, because we understand the identity of the agents (of the two actions of sacrifice) from the word "*udavasāya*" (having completed).[115] No. Only the sacrificers (i.e., at the *pṛṣṭhaśamanīya*) are identical with the participants of the *sattra*, and not the priests, because we do not understand it to be so.[116] Moreover, on the basis of transfer, they (i.e., the priests) are different from the sacrificers.[117]

14. In the word "*yajeran*" (they should offer a sacrifice)[118] the plurality (i.e., of the agents) is to be accepted (i.e., as a requirement in the performance), just like the duality in the word "*rājapurohitau*" (the king and the *purohita*),[119] and so the sacrifice should be done by the sacrificers together.

---

111 Accordingly, the fee is not for the sake of hiring, but is for an unseen effect. See 4.3.13.

112 The sacrifice is taught for the sake of the person. Its non-performance leads to a reversal (*pratyavāya*), and its performance destroys sin (BhD). JNMV says that just as at the *iṣṭi* for a house fire, there is no expectancy for a result (see Śabara's quote at 4.1.2, fourth *varṇaka*: "If fire burns the house of one who has installed his fire, he should offer a cake on eight pans to Agni Kṣāmavat"). See 6.5.15.

113 On the strength of the direct statement, the fee would be given on the initial view too. MNS here follows JNMV.

114 I.e., at the *pṛṣṭhaśamanīya* sacrifice. See 10.2.12.

115 The absolutive suffix, which appears in the word "*udavasāya*", is used to denote the earlier of two actions, provided these have the same agent.

116 The use of the words "*udavasāya*" and "*yajeran*" in the same clause causes us to understand the identity of the sacrificers of the *pṛṣṭhaśamanīya* and the participants in the *sattra*. Two manuscripts are ambiguous here, and can be interpreted as saying either, "because we do not understand it to be so", or, "because we understand it to be so". The second echoes a passage given in the initial view in JNMV.

117 JNMV says the priests are other than the sacrificers, because the sacrificer hires them with the fee.

118 This is in reference to the sentence quoted in 10.2.12.

119 This refers to the statement, "The *rājan* and the *purohita* (chaplain) (*rājapurohitau*) should perform this sacrifice". See 6.6.2.

No; because through subsequent reference by means of the plural case suffix to the plurality of agents of the action of completing (*udavasāna*) (the *sattra*), only the sacrifice, which has not been obtained, is enjoined. For this very reason there is a difference from (the case of) the duality (i.e., in the word "*rājapurohitau*" (the king and the *purohita*)),[120] and so the condition of being an agent occurs only for each (sacrificer) separately, which is what has been obtained by transfer.[121]

15. In the *sārasvatasattra*,[122] at the *iṣṭi* to Kāma, which is enjoined in the statement, "He offers (*nirvapati*) a cake on eight pans to Agni Kāma", the gift, which is taught in the statement, "Having given a mare and a female slave with their young", is for the sake of hiring (the priests), because an *iṣṭi* lacks injunctions formed with (words derived from the roots) "*ās*" (to sit) and "*upe*" (to approach, perform (a sacrifice)) and so is not a *sattra*;[123] because this is an *iṣṭi* on account of its injunction by the word "*nirvapati*" (he offers); and because there exist there (i.e., at the *iṣṭi*)[124] priests distinct from the sacrificer, and so they are transferred here as well. No; because even though the *iṣṭi* by its own form is not a *sattra*, it is a subsidiary of a *sattra*, and so just as at other subsidiaries of a *sattra*, here too the participants in the *sattra* alone are the agents.

16. At the new- and full-moon sacrifices, in the statement, "If, while performing the *patnīsaṃyājas*, he offers a pan, he should offer a cake on twelve pans to (Agni) Vaiśvānara; its fee (*dakṣiṇā*) is a year-old cow; he should give it to someone he hates",[125] the gift to someone hated is for the sake of hiring (him), because we see that something spoken of with the word "*dakṣiṇā* " (sacrificial fee) is for the sake of hiring. No. Because on the basis

120 There the duality is enjoined.

121 I.e., from the *jyotiṣṭoma*.

122 This seems to be the first of the three *sattras* taught to be performed on the Sarasvatī river in ĀpŚS etc.

123 See 8.2.6 and 10.6.16 for the distinctive use of these words at *sattras*. At a *sattra*, gifts are not for the purpose of hiring. See 10.2.8.

124 This refers to the new- and full-moon sacrifices, the *iṣṭi* which is the original of other *iṣṭis*.

125 This is taught with the expiations concerning the new- and full-moon sacrifices. It is unclear. Kashikar translates, "If, while making the Patnīsaṃyājya offerings, one offers clarified butter over a potsherd he should offer a cake on 12 potsherds to *vaiśvānara* Agni". *Kutūhalavṛtti* explains that it is to be performed if, after the pans are placed on the *gārhapatya* fire for the purpose of baking the cake, the oblation substance for the *patnīsaṃyājas* spills (*gārhapatye puroḍāśaśrapaṇārtham upahiteṣu kapāleṣu patnīsaṃyājāhutidravyaṃ yadi skandati*).

of the statement, "The priest and the teacher should not be offended", the priest cannot be hated, and because someone who is hated cannot be a priest, the gift is for the sake of an unseen effect.

17. In regard to the statement, "If a sacrificer from among those initiated for the *sattra* dies, then they should burn him, tie up his bones in a black antelope skin, and whoever is his closest relative they should initiate in his place, and with him they should offer the sacrifice; then, after a year they should offer the sacrifice (*yājayeyuḥ*) for his bones (*asthīni*)",[126] at the sacrifice which is taught (for the time) after a year has past, the bones alone are the agents, because of the word "*asthi*" (bone).[127] No. Because the bones are not agents, either on their own or through an arrangement,[128] only living persons, who are (indirectly) indicated by them,[129] are the sacrificers, and because it (i.e., the sacrifice for the bones) is a subsidiary of the *sattra*, they alone (i.e., the living performers of the *sattra*) should perform the sacrifice.[130]

18. When the bones are the agents,[131] the actions of muttering (*japa*) the *mantras* etc.[132] are to be performed, because they are obtained by transfer.[133] No; because they are impossible.

19. Likewise the actions of measuring and taking hold of, which are taught in the statements, "It (i.e., the pillar of the shed (*sadas*)) is of *audumbara* wood, of the height of the sacrificer" and "The sacrificer takes hold of the cup for the *śukra* draught",[134] do not occur (i.e., at the bone sacrifice), because they (i.e., the bones) are not conscious. No; because they

126 I.e., they should officiate for the bones at the sacrifice.

127 I.e., because the word "*asthi*" (bone) is used in its primary sense.

128 According to *Prabhā* on ŚD, the arrangement referred to here is one based either on the directions, "Complete my sacrifice" (*samāpayata me yajñam*), or on the completion of the actions of choosing priests and hiring them. See 10.2.23. The translation follows a corrected text.

129 Such people began the sacrifice with someone who had the bones.

130 According to JNMV, the causative form "*yājayeyuḥ*" (they should perform a sacrifice for someone) can be accounted for by supposing that the living persons sacrifice for each other.

131 See 10.2.17. As stated below in the text, this and the following four topics are argued hypothetically.

132 JNMV refers to the muttering of *mantras*, the shaving of the hair and beard, and the restrictions taught for the initiation (*dīkṣāniyamas*).

133 For the muttering of *mantras* at the initation of the *jyotiṣṭoma*, see ĀpŚS 10.7.12, 10.5.10, etc. See CH 14. (See 12.4.1).

134 Both of these are taught at the *jyotiṣṭoma*. See CH 93a and 146a.

(i.e., the cup and the pillar) can be taken hold of and measured (i.e., by the bones), just as by a stick.

20. So too in regard to the statement, "One who desires that Parjanya should be rainy (i.e., that it should rain) should lay out the shed (*sadas*) low",[135] something which is unconscious (i.e., the bones) does not have a desire for the result which is produced by the subordinate item,[136] and so the subordinate item, which exists for the sake of a result, is not performed.

21. While the *sūktavāka* (*mantra*) is being recited (i.e., at the bone sacrifice) by the *hotṛ,* namely, "This has been glorious, sky and earth", even the portion which makes known the wish of the sacrificer, namely, "He wishes for long life" etc., should also be recited, because the action of the throwing the *prastara* (bundle) is a subsidiary act in the *prāyaṇīyeṣṭi* (introductory *iṣṭi*),[137] which occurs in the bone sacrifice, and so since the (recitation of the) *sūktavāka* (*mantra*), which is enjoined to be performed at it (i.e., at the action of throwing), is obligatory, this portion, which occurs in it, is obligatory.[138] No. Because just as heaven is a result, due to its connection with the action of desiring,[139] so too are long life etc., due to their connection with the action of wishing, and because the bones lack a desire for a result, it should not be recited.

22. At the statements, "One (i.e., a *hotṛ*) who wishes that he (i.e., the sacrificer) should be richer, should pronounce (the sound) '*vaṣaṭ*' for him more loudly (than (he pronounces) the offering verse (*yājyā*))" etc.,[140] the

---

135 This is taught at the *jyotiṣṭoma*. See 3.8.6.

136 I.e., for the rain which is produced by the lowness of the shed.

137 The *prāyaṇīyeṣṭi* is performed on the first *upasad* day of the *jyotiṣṭoma* before the purchase of the *soma*. See ĀpŚS 10.21.1–14. (CH 26, 28). It is a modification of the new- and full-moon sacrifices, and the action of throwing the *prastara* is obtained at it by transfer.

138 See 3.2.5 for the *sūktavāka* and the action of throwing the *prastara* at the new- and full-moon sacrifices.

139 See 6.1.1.

140 This is taught for the *hotṛ* at the *iṣṭis*. The translation above follows ĀpŚS, where the word "*yājyāyāḥ*" (than the offering verse) occurs in the ablative and so clearly expresses the comparison. In Śabara, ŚD, and JNMV, the corresponding form is in the instrumental, "*yājyayā*". *Kutūhalavṛtti* also has "*yājyayā*", and glosses it as "*yājyāpekṣayā*" (with regard to the offering verse). The quote which precedes the one similiar to this in Śabara is, "One (i.e., a *hotṛ*) who wishes that he (i.e., the sacrificer) should be poorer, should pronounce (the sound) '*vaṣaṭ*' for him more softly than (he pronounces) the sacrificial verse". The translation above follows a corrected text. Otherwise, "very much more loudly".

loud pronunciation etc., which are means for bringing about the desire of the *hotṛ,* should be performed (i.e., at the bone sacrifice), because a living *hotṛ* can have a desire. No. Because in accord with the statement, "Whatever desire the priests desire at the sacrifice, (they desire) that for the sacrificer alone",[141] the *hotṛ* should desire only what is desired by the sacrificer, and because in the present case that is absent, they (i.e., the loud pronunciation etc.) do not take place; these are five hypothetical considerations.

23. At the *sarvasvāra* rite,[142] which is taught in the statement, "For one desirous of death (*maraṇakāma*) should sacrifice with this rite, one who wishes, 'May I go in good health to the world of heaven'", after the sacrificer enters the fire, which is spoken of in (the statement), "While the *ārbhava* (*pavamānastotra*) is being chanted,[143] in a place south of the *udumabara* wood pillar, he wraps himself in a new cloth, gives the directions, '*Brāhmaṇas*, finish the sacrifice for me, priests', and lies down", even though the master (of the rite, i.e., the sacrificer) is absent, there is completion (i.e., of the rite), out of compliance with the directions (of the sacrificer). Even though the sacrificer does not complete it, he gets the result. "One desirous of death" (*maraṇakāma*) means one who has consented to die.

24. And here,[144] an action which is for the sake of the rite and is appropriate should be done,[145] but not also one which is inappropriate.[146]

25. The portion (i.e., of the *sūktavāka mantra*), "He wishes for long life", is not to be recited,[147] because the sacrificer wishes to die and therefore the means is lost.[148] No. It should be recited, because his desire to live exists up until the (recitation of the) *ārbhavapavamānastotra*.[149]

---

141 This is taught at the new- and full-moon sacrifices.

142 This is a one-day *soma* rite.

143 The *ārbhavapavamānastotra* is the first *stotra* at the third pressing in the *jyotiṣṭoma*.

144 I.e., after the sacrificer has died at the *sarvasvāra* rite. See 10.2.23.

145 Such an action would be identified by the same principles which serve to identify the actions which are performed at the bone sacrifice, namely, the taking hold of the cup for the *śukra* draught and the measuring of the pillar for the shed. See 10.2.19.

146 This would be similar to the muttering of *mantras* by the sacrificer, which is not to be done in the bone sacrifice. See 10.2.18.

147 I.e., at the *sarvasvāra* rite. See 10.2.21 and 23.

148 I.e., the means by which it would assist the rite is lost. JNMV says that the purpose is omitted (*arthalopāt*). See note at 10.1.2.

149 See 10.2.23.

26. At the statement, "He gives gold to an Ātreya",[150] even though the Ātreya is outside the (group of) priests (i.e., not one of them), on seeing the gift to him, they (i.e., the priests) decide that he (i.e., the sacrificer) is generous and so become hired, and therefore the gift of gold is for the sake of the action of hiring. And the action of choosing (the priests) which is accomplained by the *ṛtuyājyā mantras*,[151] just like the action of choosing at the beginning (of the rite),[152] is similar,[153] and so neither of them takes place at a *sattra*.[154] No. Because the action of hiring is accomplished by just the first action of choosing, (and) because a gift greater than the agreed wage is not possible, and therefore even the gift to an Ātreya does not produce a hiring, both alike, being for the sake of an unseen effect, are to be performed at a *sattra*.

27. At the purifying *iṣṭi* (*pavamāneṣṭi*),[155] there is no action of pouring out,[156] because the *agnihotrahavaṇī*[157] comes into being after the *agnihotra*,[158] and so does not exist then.[159] No; because in accord with the principle that even when a subordinate item is omitted the main item should take place, even when it (i.e., the *agnihotrahavaṇī*) is absent, the action of pouring out is necessary, and because in as much as it (i.e., the *agnihotrahavaṇī*) does not exist then,[160] it is in fact not a subsidiary.

28. At the (offering of) *caru* in seventeen dishes, which is taught at the *vājapeya* rite, there are (both) handfuls[161] and the number (of such

---

150 This is taught to take place when the fees are given at the *jyotiṣṭoma*. (CH 191c). An Ātreya is a *brāhmaṇa* who belongs to the *gotra* of Atris.

151 This appears to be the action of choosing which is performed with the recitation of *mantras* used for the *ṛtuyājas* (and addressed to the seasons). For the *ṛtuyājas*, see ŚB 4.3.1.14; AiB 2.29; ĀpŚS 12.26.11; (CH 150). For the action of choosing referred to here, see ĀpŚS 11.19.5 ff. and CH 141b. For a recent discussion, see Minkowski, pp. 74–6 and 81–9.

152 See ĀpŚS 10.1 and CH 6.

153 I.e., it too is for the sake of hiring the priests.

154 There is no hiring at a *sattra*, where the sacrificers are the priests. See 10.2.8.

155 There are three such *iṣṭis* performed at the installation of the fire.

156 This refers to the pouring out of the offering substance.

157 This is the implement used for pouring out grains at the new- and full-moon sacrifices. See ĀpŚS 1.17.10.

158 According to ŚD, "The instrument with which the *agnihotra* has been offered is the *agnihotrahavaṇī*" (*yayā 'gnihotraṃ hutaṃ sā hy agnihotrahavaṇī*).

159 I.e., at the time of the *pavamāneṣṭi* at the installation rite. The *agnihotra* is performed only after the fire has been installed.

160 I.e., at the time of the installation.

161 I.e., as the measure of rice grains.

handfuls), which have been obtained by transfer from the statement, "He pours out four handfuls";[162] or, (both of) these two[163] should be blocked, because *caru* to the measure of (i.e., equal to) seventeen dishes is not produced by (just) four handfuls; or, because they (i.e., the seventeen dishes) can be filled by blocking one or the other,[164] one or the other should be blocked; or, the number alone should be blocked, because it is a feature (i.e., of the handfuls). No. Because the number four is connected with the action of pouring out, and so does not qualify the handfuls, (and) because it is heard first and so it is appropriate that it alone should be obliged,[165] only the handful,[166] which is weaker, is blocked. Therefore they (i.e., the seventeen dishes) are filled with four *kuḍavas*.[167]

29. At the statement(s), "He should offer (i.e., kill) a milch cow (*dhenu*) for Dyāvāpṛthivī, a calf (*vatsa*) for the Maruts, and a bull (*vṛṣabha*) for Indra" etc.,[168] the words "*dhenu*" etc.[169] denote (respectively) an animal which has recently given birth, a young animal, and a male animal, and so the goat is not blocked.[170] No. Because they denote (these) features only as occurring in a cow, and therefore would not operate properly without blocking (the goat), the goat is blocked.

30. At the statement, "He should offer (i.e., kill) a white one (*śveta*) for Vāyu",[171] the word "*śveta*" (white) denotes any white one (i.e., any white animal), and so the sacrifice takes place by means of any (white) one. No. It takes place only by means of a goat, so as not to block the transfer.

31. At the statement, "The threshing-floor post (*khālevālī*) is (*bhavati*) the (sacrificial) post (*yūpa*)",[172] if the relation of what is referred to and what is enjoined is, "That which is the post (*yūpa*) is the threshing-floor post", then since the prepared post (*yūpa*) can be set up in the threshing-floor, the primary meaning of the word is obtained, and therefore the threshing-floor

---

162 This is taught at the new- and full-moon sacrifices, the original rite. See 2.3.5.

163 I.e., the handfuls, as the measure, and the number of them.

164 I.e., by blocking either the handful, as the unit of measure, or the number.

165 I.e., even though the handfuls and the number are both connected with the action.

166 I.e., the handful as the unit of measure.

167 A *kuḍava* is a measure which is said the contain twelve handfuls (MW).

168 These are desiderative animal rites.

169 I.e., "*dhenu*", "*vatsa*", and "*vṛṣabha*".

170 The goat is obtained by transfer from the animal rite for Agni and Soma (*agniṣomīya*), which serves as the original rite.

171 This is a desiderative animal rite for one desirous of prosperity.

172 This is taught at a *sādyaskra* one-day *soma* rite. See 10.1.5.

post is also made of *khadira* wood;[173] because if the meaning of the sentence were (instead), "That which is the threshing-floor post is the (sacrificial) post (*yūpa*)", the threshing-floor post, which lacks the actions of cutting etc., which are taught in the texts (*śāstra*), could not be a (sacrificial) post (*yūpa*), and therefore there would result the secondary signification (i.e., by the word "*yūpa*") of the operations to be performed on it.[174] Likewise at the statement, "Curds, honey, ghee, water, (fried barley) grains (*dhānā*), and (husked) grains (*taṇḍulas*), an offering mixed with these for Prajāpati",[175] the (husked) grains (*taṇḍulas*) for Prajāpati are of rice, in order that the actions of beating etc. should not be blocked.[176] No. Because if the relation of what is referred to and what is enjoined is as stated,[177] it is the adjacency of the words "*khalevālī*" (threshing-floor post) and "*bhavati*" (is) which must be assumed,[178] and so the clear (form of the) sentence is abandoned, and because the condition of being for the sake of an unseen effect would come about,[179] and therefore[180] it is appropriate to accept just secondary signification in a single word (i.e., in the word "*yūpa*"); (and) because therefore the threshing-floor post is not a post (*yūpa*), and so its not being made of *khadira* wood is all the more obvious; and because we understand only that the (husked) grains (*taṇḍulas*) are for Prajāpati, and so there is no authority for restricting their source substance, (consequently) there is no restriction (of the threshing-floor post) to *khadira* wood or (of the grains for Prajāpati) to rice.

32. The action of choosing the tree for the post (*yūpa*), which has the form of determining on the basis of its being marked by (appropriate)

---

173 This is one of a number of woods enjoined for the sacrificial post. See ĀpŚS 7.1.15. See 10.7.16.

174 I.e., operations such as tying the animal. (Schwab 48). The sentence would mean that these operations are performed on the threshing-floor post.

175 According to Śabara, this is taught at the *citrā* rite. See 1.4.2 and 8.1.19.

176 These actions are taught at the new- and full-moon sacrifices, and so should be transferred here. See 2.1.3.

177 I.e., "That which is the post (*yūpa*) is the threshing-floor post".

178 This is because in the order of the text they are separated by the word "*yūpa*". The supposition which underlies the argument here is that the subject should stand first. On the initial view, the sentence under discussion, "*khalevalī* (The threshing-floor post) *yūpo bhavati* (is the (sacrificial) post)", is interpreted as if it were "*yūpaḥ* (The (sacrificial) post) *khalevalī bhavati* (is the threshing-floor post)".

179 I.e., if the post were to be the threshing-floor post.

180 I.e., for these two reasons.

marks[181] that it is to be employed, and also the actions of fashioning it etc.,[182] should be performed on the threshing-floor post (*khalevalī*),[183] because they have been obtained from the original rite. No. Because the action of choosing is to be done when it is (still) a tree,[184] because the actions of fashioning etc. would destroy its condition of being a threshing-floor post, and because actions which produce the condition of being a post serve no purpose when directed to something which is not a post,[185] they are not to be done.

33. Likewise the actions of levelling (the earth around the post), anointing (the post), etc.[186] cease to operate, because it (i.e., the threshing-floor post) is not a post (*yūpa*).[187] No; because the collection of visible and unseen preparations which resides in the piece of wood[188] is a subsidiary of the action of tying (an animal); and because although there is an omission of some of them when their purpose is lost,[189] even for the threshing-floor post the action of levelling (the earth) is for the sake of making it firm, and just as at the original rite so here too the action of anointing is for the sake of an unseen effect, and therefore they must be performed.

34. At the great ancestor sacrifce (*mahāpitṛyajña*),[190] if the action of beating is performed on the (fried barley) grains which are taught in the statement, "(He offers) (fried barley) grains to the ancestors seated on the *barhis* (grass)",[191] they would become groats (*saktu*), and therefore beating should not be performed. No. By blocking just the order,[192] the beating should be done first, and then (fried barley) grains are produced. This is the view of the *Bhāṣya*.

---

181 I.e., marks such as having grown on even ground etc. See ĀpŚS 7.1.17 and Schwab 3.

182 See Schwab 8.

183 See 10.2.31.

184 Consequently, it would not apply when something is already a threshing-floor post.

185 I.e., when they are directed to something which remains a non-post, even when operations directed to a post apply to it by transfer.

186 See Schwab 43 and 42 for the two actions mentioned here.

187 See 10.2.31–2.

188 It is this collection which is denoted by the word "*yūpa*" (post).

189 This seems to refer to the actions which have already been performed for the threshing-floor post, such as cutting it, making it smooth (fashioning, planing), putting it in the hole, and raising it up. Cf. ŚD on the preceding topic.

190 This occurs at the *sākamedha parvan* of the *cāturmāsya* sacrifices.

191 The action of beating is transferred here from the new- and full-moon sacrifices.

192 I.e., and not the action of beating. For beating at the original rite, see 2.1.3.

But according to the *Vārttika*, (the topic should be interpreted as follows:)[193] at the statement taught at the same rite, "For the ancestors tasted by Agni (he offers) *mantha* (groats) in milk from a cow which has lost her calf (*abhivānyā*)",[194] the grinding is not that based on the original rite,[195] because the order is reversed, since at the original rite that (i.e., the action of grinding) occurs before the cooking, but here it occurs after the cooking so as to produce groats (*saktu*). No. Rather than block (both) the grinding and the order, which have been obtained from the original rite, it is better to block just the order, and so the grinding is just that which occurs in the original rite, and therefore its features are to be performed.[196] It is to be understood in this way also at the suspension of the prohibition of cooking at the *iṣṭi* for Prajāpati.[197] The word "*abhivānyā*" means a cow whose calf has died; the word "*mantha*" means groats which are stirred in a liquid substance.

Chapter 3

1. At the *cāturmāsya* rites there are nine fore-sacrifices, (and) at the animal rite for Vāyu[198] there is a sprinkling of ghee (*āghāra*) accompanied by a *mantra*; by means of those items, which are directly taught, the *cāturmāsya*

---

193 The objection to the *Bhāṣya's* interpretation of the topic seems to be that transfer from the original rite would bring the action of beating to the time before cooking at this rite, and that the proposed blocking of order would operate only if this were ignored.

194 For "*agniṣvātta*", MW gives, "'tasted by the funeral fire', the Manes". For the use of the form "*abhivānyāyai*" as ablative or genitive, see Whitney, *Sanskrit Grammar*, p. 134, or Wackernagel, *Altindische Grammatik*, III, p. 39.

195 See 3.1.5, note.

196 These features include the actions of taking the skin of the black antelope (*Mayūkhamālikā* on ŚD) and reciting the *mantra* for the stone (JNMV). (NVO, pp. 36–7).

197 This refers to the cooking of *caru* of gold pieces. The features of cooking should take place there, because the cooking is recognized as that of the original rite and not as new. This remark appears in the *Ṭupṭīkā*, but I have not found it elsewhere. (Cf. *Prabhāvalī* on BhD). See 10.2.1.

198 Śabara refers to the desiderative animal rite, quoting the statement, "*vāyavyaṃ śvetam ālabheta bhūtikāmaḥ*" (One desirous of prosperity should offer a white one (i.e., a white animal) to Vāyu) (TS 2.1.1.1). See 1.2.1. However, the *mantra* quoted below seems to be the one recited at the animal rite for Vāyu which may be performed in the fire-piling rite in the place of the other animal rites. *Kutūhalavṛtti* does not mention this *mantra* here, but he quotes it at the following topic as occurring in the *mahāgni* rite (which I assume is the fire-piling rite).

rites and the animal rite for Vāyu lack expectancy, and so the manner of performance which starts with the kindling verses (*sāmidhenīs*)[199] does not take place. No; because it is appropriate that assistance comes about only through subsidiaries from the original rite, where assistance has been established; and because out of fear of the complexity of a particularized injunction, the statements, "There are nine fore-sacrifices" and "He sprinkles the sprinkling of ghee (*āghāra*), saying, 'The golden germ arose first'", make subsequent reference to the fore-sacrifices and the sprinkling of ghee,[200] and thereby enjoin just the number (of fore-sacrifices) and the *mantra*.[201]

2. The *mantra* quoted above should occur at the first sprinkling of ghee (*āghāra*),[202] because on the basis of the remainder of the sentence, "Indeed Prajāpati is the golden germ", this (sprinkling) is for Prajāpati.[203] No. Because we hear directly[204] in the statement, "In that he sprinkles silently", that there is no *mantra* in the first sprinkling, and so the task of the *mantra* (i.e., the production of an unseen effect) has not been established;[205] because at the second sprinkling, in as much as it has a *mantra* for Indra,[206] the effect to be produced by a *mantra* has been established; and because the remainder of the sentence comes about properly in as much as Indra too is "Prajāpati",[207] the *mantra* for Indra is blocked.

3. At the *cāturmāsya* sacrifices which include animal rites,[208] the two statements, "He places the whey (*vājina*) on the rubbish pile (*utkara*)" and "He should tie the animal to the enclosing stick", enjoin the actions of placing and tying which are for the sake of unseen effects, and they do not, by making subsequent reference to the two actions taught in the original

---

199 I.e., the manner of performance taught at the new- and full-moon sacrifices, the original rite.

200 I.e., to these items as they are taught in the original rite. See 2.2.2 and 1.4.4.

201 At the original rite, there are five fore-sacrifices. See the following topic for the particular *mantra* at the original rite which is blocked here.

202 This is in reference to the animal rite for Vāyu discussed in 10.3.1. At the original rite, there are two sprinklings of ghee.

203 At the original rite, the first sprinkling is for Prajāpati. (NVO, p. 80).

204 I.e., at the original rite.

205 I.e., at the original rite. At a similar statement in ŚD, the *Prabhā* identifies the *mantrakārya*, that is, the item to be effected by the *mantra*, as "the unseen effect from a restriction, which is produced through manifestation by a *mantra*".

206 See 1.4.4. (NVO, pp. 85–6).

207 Like Prajāpati, Indra is the lord (*pati*) of creatures (*prajā*).

208 See 9.2.12 and Bhide, pp. 164–74, for this.

rites,[209] enjoin subordinate items,[210] because the rubbish pile is a pile with a pointed top of the dirt which has been dug up from the *vedi* (altar), and the enclosing stick is very small,[211] and therefore the operations cited for them are impossible. No. Because on the grounds of economy the statements enjoin just subordinate items, and because in as much as a heap of earth can have a broad top, and the enclosing stick at the *uttaravedi* is very strong,[212] it is possible to set a small vessel (on the first) and to tie (an animal) (to the second), the injunctions are of just the subordinate items.

4. At the fire rite[213] there are six *mantras* for the sake of the initiation, "Purpose, Agni, (impulse, *svāhā*)" etc.;[214] they block those from the original rite,[215] "To the purpose, to the impulse, to Agni, *svāhā*" etc.,[216] because on the basis of the statement of the word "*svāhā*", they assist the offerings and so have one and the same task, and because the number twelve, which is taught at the statement, "He offers twelve", comes about properly even through repetition.[217] No. Because for the *mantras* at the modified rite the condition of being a subsidiary of the offering (*homa*) is (only) to be assumed on the basis of (the wording of) the *mantras*,[218] and so they are equivalent (in strength) to the *mantras* which are transferred,[219] and because

---

209 I.e., in the new- and full-moon sacrifices and the animal rite for Agni and Soma (*agniṣomīya*). See Schwab 48 for the latter.

210 I.e., the rubbish heap and the enclosing stick. At the original rites, the offering substances are placed on the *vedi*, and the animal is tied to the post. See 3.7.1 and 3.6.10 for quotations for these.

211 For the rubbish heap, see NVO, pp. 50 ff. The enclosing sticks are as long as the arm of the sacrificer. See NVO, p.66, Schwab, 25.

212 This suggests that the enclosing stick is stronger here than at the *vedi* of the new- and full-moon sacrifices, but I have not found any text to say so. BhD says that since no special measure has been taught, there is nothing to block a stouter enclosing stick. The *uttaravedi* is constructed at the *varuṇapraghāsa parvan* of the *cāturmāsya* sacrifices, the animal rite, and the *soma* rite.

213 I.e., the fire-piling rite (*agnicayana*).

214 These *mantras* accompany six offerings to Agni.

215 I.e., the *jyotiṣṭoma*. See ĀpŚS 10.8.5–6 and CH 16.

216 These are also six in number.

217 I.e., it does not require combination.

218 I.e., because the *mantras* end with the exclamation, "*svāhā*". Even though the *mantras* are directly stated at the fire-piling rite, the assumption stated here is necessary.

219 These *mantras* are assumed to be present at the modified rite only on the basis of transfer, i.e., they are not directly enjoined there.

the statement, "He offers twelve", is authoritative for a combination (i.e., of the two groups of six), there is a combination.

5. The sacrificial fee stated for the re-installation of the fire, "A reassembled (*punarniṣkṛta*) chariot is the fee", is combined with the fee stated for the installation of the fire in the statements, "One (cow) should be given" etc., because the combination (of the two) is stated in the statement, "He gives both (fees), that for the installation and that for the re-installation". No; because in as much as they have one and the same task, and the one directly taught (i.e., the fee for the re-installation) blocks the one transferred (i.e., the fee for the installation), the one which is directly taught alone is appropriate, (and) because the statement, "He gives both", makes subsequent reference to what has been given (at the installation) and what is being given (at the re-installation). The word "*punarniṣkṛta*" means, "broken and then put back together".

6. The fee at the *āgrayaṇa* rite,[220] which is taught in the statement, "A cloth is the fee, the first-born calf is the fee", is combined with the rice payment (*anvāhārya*),[221] because there is no conflict. No; because there is a conflict in as much as they have the same task.

7. The features of the rice payment (*anvāhārya*), which are taught in statements such as, "He directs him (i.e., the sacrificer), saying, 'Present it to the priests seated to the south'"[222] etc., are caused by the rice payment, and so should not occur in the case of the cloth and the calf.[223] No. Because the features are prompted by the means of bringing about the unseen effect through the action of hiring, they are not blocked.[224]

8. On the basis of the previously cited principle, there is a transfer of features,[225] and so the action of cooking should also take place.[226] No; because that would result in its (i.e., the calf's) destruction, (and) because if that (i.e., the calf's destruction) were admitted, then when meat is given, the

---

220 The *āgrayaṇa* is an offering of first-fruits.

221 The *anvāhārya* is cooked rice which is given as a fee at the new- and full-moon sacrifices, the original rite. See 3.4.3 and NVO, pp. 132–4.

222 This is taught at the new- and full-moon sacrifices. See preceding topic.

223 I.e., when these are offered as the fee at the *āgrayaṇa* rite. See the preceding topic.

224 The means of bringing about the unseen effect is the rice payment in the original, and the cloth and calf here.

225 I.e., a transfer of the features of the rice payment to the *āgrayaṇa* rite. See 10.3.7.

226 I.e., the calf should be cooked. See the following topic for the question as to whether the cloth should be cooked. See ĀpŚS 3.3.12 for the action of cooking the *anvāharya* rice at the original rite.

direct injunction would be abandoned,[227] and an unstated one (i.e., the gift of meat) would be assumed.

9. Since there would be no destruction, the cloth should be cooked.[228] No; because that would serve no purpose.[229]

10. The action of sprinkling (with ghee) should not occur for either one,[230] since there is no tastiness (to be brought about).[231]

11. In the statement, "A cow, a horse, a mule, asses, goats, sheep, rice, barley, seasame, and beans, one hundred and twelve of that (*tasya*) is the fee (*dakṣiṇā*)",[232] the fee, accompanied by a number, is enjoined through the listing of the substances to be given, and so because the substances are predominant, and subordinate items attach themselves to the predominant item, the number applies to each one (of the substances); or, because distinct sentences would result, the number applies to the substances collected together; or, because the numbers two, three, etc., which occur in one hundred and twelve, are inappropriate for grains, and so the number (i.e., one hundred and twelve) is appropriate if its range is (just) a few (substances, such as the cow, horse, etc.), the number applies to the animals; or, due to the force of the singular case suffix (i.e., in the word "*tasya*" (of that)), the number would have as its range any one item at all, and so applies to the beans, which are nearest. No. Because only the number of measurefuls, such as *prasthas* etc., is appropriate for those (i.e., for the beans), because of the cow's initial position (in the list), and because the (gift of a) cow establishes special assistance, the number one hundred and twelve applies only to the cow. Because the sentence is stronger than the context, the word "*tasya*" (of that) refers to the substance which is the cow.[233]

---

227 This is because the calf would be destroyed.

228 I.e., at the *āgrayaṇa* rite. See 10.3.6–8.

229 By contrast, cooking the rice grains produces cooked rice (*odana*), which serves as the fee.

230 I.e., for either the cloth or the calf. See 10.3.6–9.

231 See ĀpŚS 3.3.14 for the action of sprinkling the rice with ghee at the original rite.

232 This is taught at the *jyotiṣṭoma* rite. See CH 191c for the gift of fees.

233 By force of the sentence, the word "*tasya*" refers to the substance which is the cow. By force of context, it would have referred instead to the *jyotiṣṭoma* rite, which has been introduced. It seems that in that case the fee would be qualified both by all the substances, starting with the cow, and also by the number, one hundred and twelve. (Cf. ŚD). The consequence of this topic, according to JNMV, is that when different numbers of cows are specified for modified rites, they block the number taught here.

12. A division of the cows, whose number has been stated, should not be made,[234] because in accord with the plural case suffix (i.e., in the word "*ṛtvigbhyaḥ*" (to the priests)) in the statement, "He gives the fee to the priests (*ṛtvigbhyaḥ*)", the collection (of priests) is the recipient. No; because just like the singleness of the cup,[235] the plurality (of the priests) is not intended to be expressed, and so since each single (priest) is a recipient individually, a division is necessary.

13. And the division (of cows) should be equal,[236] or in accord with the exertions (of the priests), because we see it to be so in the world.[237] No. The statements, "He initiates those (priests) who receive half (the fee), he initiates those (priests) who receive a quarter (of the fee)"[238] etc., which make subsequent reference at the twelve-day rite to the condition of being one who receives half (the fee) etc., cause us to understand fees which are half etc. that of the main priests (*mukhya*),[239] and so the division should be just such.

14. At the one-day *soma* rite named "*bhū*", which is taught in the statement, "Now this (rite called) '*bhū*'", at the statement, "A milch cow (*dhenu*) is the fee (*dakṣiṇā*)", the relation of the item referred to and the item enjoined (namely), "That (i.e., the fee item) which is the cow (*go*) (in the original rite) is a milch cow (here)", is appropriate, and so only the general sense of "cow" is blocked.[240] No. Because in accord with the singular case suffix in the word "*dakṣiṇā*" (fee) at the original rite,[241] the substances starting with a cow and ending with beans form a single fee, and because the

---

234 This refers to the cows which constitute the fee at the *jyotiṣṭoma*. See 10.3.11. The division proposed here is one whereby some cows would be given to each priest.

235 I.e., in the sentence "*grahaṃ saṃmārṣṭi*" (He wipes the cup). See 3.1.7.

236 See 10.3.11 and 12.

237 JNMV says that in the world sons inherit equal shares, and that in the case of paid workers, their wages are higher or lower in accord with their effort. (ŚD says that in the world divisions differ in accord with effort.)

238 Those who receive half are the *brāhmaṇācchaṃsin*, *prastotṛ*, and *maitrāvaruṇa*, those who receive a quarter, the *potṛ*, *subrahmaṇya*, and *grāvastut* (Caland).

239 Or perhaps, "which are half etc. (the amount) of the main fee (*mukhya*)". BhD refers to the portion of the "great priests" (*mahartvijām*). At ĀpŚS 21.2.1 Caland refers to ŚŚS 13.14.4, where the *gṛhapati* of the *sattra* is called "*mukhya*". See CH 191 b.

240 Since the special sense of "milch cow" (*dhenu*) is able to qualify the general sense of "cow" (*go*), the milch cow blocks only the cow, and not the other items which make up the fee at the *jyotiṣṭoma*. Consequently, these other items are liable to be transferred here. See 10.3.11.

241 See 10.3.11 for the statement of the fee.

milch cow is enjoined here through subsequent reference to the fee, it (i.e., the milch cow) blocks (all) the substances starting with the cow.

15. The substance qualified by a number, which is enjoined at the statement, "If a person's *soma* has been taken away, he should give one (*ekām*) cow (*gām*) as the fee (*dakṣiṇām*)",[242] should block the entire fee,[243] because it has one and the same task. No. Because of the proximity (i.e., of the word "*ekām*" (one) to the word "*gām*" (cow)), and because the cow has been obtained,[244] through subsequent reference to the cow only the number is enjoined, and so only the number which pertains to the cow (at the original rite, i.e., one hundred and twelve) is blocked.

16. At the *sādyaskra* rite,[245] the animal which is taught (in the statement), "A three-year old ungelded bull serves for purchasing the *soma*", blocks just the bull, because it is male, but not the female goat, the gold, etc.[246] No. If the (condition of being a) three-year old were enjoined with reference to an ungelded (animal), it would also apply to the animals for Agni and Soma etc.,[247] and so by enjoining the (condition of being a) three-year old through reference to the action of purchasing, anything which is a means of purchasing is to be blocked.

17. At the *aśvamedha* rite, in the statement, "He gives the *adhvaryu* (*adhvaryave*) two golden (*hiraṇmayau*) mirrors (*prākāśāu*)",[248] the connection (i.e., of the mirrors) with the action of giving, which is produced by the direct statement of the accusative case suffix (i.e., in the words "*hiraṇmayau prākāśāu*" (two golden mirrors)), which denotes the object *kāraka* (i.e., the

---

242 This appears to refer to the expiatory rite which is performed if someone's *soma* has been taken away after it has been bought. It is performed with a prescribed substitute for the *soma*. (If the *soma* is taken away before it is bought, then the sacrificer should procure *soma* from elsewhere and perform the rite, but I do not think the statement here concerns this).

243 I.e., the entire fee consisting of cows etc., which is taught at the *jyotiṣṭoma*. See 10.3.11.

244 I.e., from the original rite.

245 This is a one-day *soma* rite. See 9.1.16 (second *varṇaka*).

246 At the original rite a bull, a female goat, gold, etc. are used to purchase the *soma*. CH 33.

247 I.e., it would apply to the animals at the animal rites which are subsidiaries of the *sādyaskra*. See 10.1.5. If it were enjoined in reference to an ungelded animal which is qualified by being a means of purchase, there would be distinct sentences (cf. BhD and *Prabhā* on ŚD).

248 I have not found this quotation at the *aśvamedha*, but only at the *rājasūya*. See notes to the text.

object of the action), blocks the connection (of the mirrors) with the *adhvaryu*, which is based on the sentence, and so anything (else) which is a substance to be given[249] is blocked. The word "*adhvaryu*" denotes any priest. No. Because the connection of the action of giving with the *adhvaryu* also exists, (a connection) which is produced by the dative case suffix (i.e., in the word "*adhvaryave*" (to the *adhvaryu*)), which denotes the recipient, the accusative case suffix comes about properly even to express a connection (i.e., of the mirrors) with the action of giving which is qualified by the recipient, and so in order that the word "*adhvaryu*" should not be pointless, anything which is the *adhvaryu's* portion is blocked. The word "*prākāśau*" means "lampstands" or, according to others, "mirrors".

18. At the statements which are taught at the one-day *soma* rite named the "*upahavya*", "A dark brown horse with a golden ornament on his head is the fee (*dakṣiṇā*)" and "It should be given to the *brahman* priest", in accord with the principle of the mirrors,[250] there is a connection (i.e., of the *brahman*) with the action of giving, and so anything which is the *brahman's* portion is blocked. No. Because of the proximity of the word "*dakṣiṇā*" (fee), the dark brown horse is enjoined through subsequent reference to the fee, and therefore everything is blocked.[251] By means of the statement, "It should be given to the *brahman* priest", which is clearly distinct (i.e., from the statement, "A dark brown horse with a golden ornament on his head is the fee"), because it is separated (from it) by the statement, "For it (i.e., the horse) is unexpressed",[252] a connection of it (i.e., the horse) with any other person distinct from the *brahman* is to be blocked,[253] and therefore the others (i.e., the other priests) are hired by worldly gifts.[254]

19. But at the *ṛtapeya* rite,[255] at the statement, "A *soma* cup (*somacamasa*) made of *udumbara* wood is the fee, it should be given to the *brahman* priest who is well-disposed (to the sacrificer) and a member of the same *gotra*", the *soma* cup blocks anything that is (just) the *brahman's* portion,

---

249 I.e., to any priest, not just to the *adhvaryu*.

250 See 10.3.17.

251 I.e., everything which was to be given to any priest. This is similar to the case of the milch cow in 10.3.14.

252 At TāB 18.1.21 Caland explains that the horse is unexpressed because it arose from Prajāpati, who, as Ka (lit., "Who?"), is unexpressed.

253 The first statement, "A dark horse" etc., blocks any other item as the fee, and the second, "It should be given" etc., blocks any other recipient.

254 For them, both the transferred and the directly taught gifts are blocked.

255 This is a one-day *soma* rite.

because the statement, "If he gives animals, be commits a falsehood", denigrates the gift of animals, and thereby the gift of other items is (logically) obtained. No. Because the *arthavāda* of denigration which was quoted has as its purpose the praising of the *soma* cup which is intended to be enjoined, the decision (i.e., that the *soma* cup blocks the entire fee) is based just on the principle established in the preceding topic. Even though there is no separation,[256] distinct sentences are hard to deny.[257]

20. At the *vājapeya* rite,[258] at the statement, "He gives the *adhvaryu* a chariot yoked with *yajus*-formulae", by the principle of the mirrors any other portion for the *adhvaryu* is blocked. No. Because compared with the injunction of the mirrors, which are (otherwise) completely unobtained, the restriction on the chariot yoked with *yajus*-formulae, which is obtained (as a fee for the *adhvaryu*) optionally, makes this different; (and) because at the *vājapeya* rite, on the basis of the injunction of the chariots, carts, slave women, *niṣkas* (gold vessels), etc., (all of) which are joined by the number seventeen and act to block the fee of the original rite, namely, the cows, horses, etc.,[259] and on the basis of the absence of any statement of restriction in the matter of who receives which chariot, even the *adhvaryu* would optionally obtain the chariot mentioned above, there is no blocking of any other chariot, nor is there blocking of the cart etc.[260] The chariot which is yoked with the *yajus*-formulae is the main chariot, which has been prepared for mounting by the sacrificer by means of the *mantras* stated in the *Yajurveda* starting with, "You are Indra's thunderbolt".

---

256 I.e., there is no separation by an intervening clause of the two clauses which make up the initial quotation, as occurred in the preceding topic.

257 The first sentence teaches that the cup is the sole fee, the second that it is given only to the *brahman* priest. The final sentence in the text is based on a discussion recognized by Śabara, ŚD, and BhD as a separate topic directed to an alternative interpretation of JS 10.3.72 and 73, the final two *sūtras* in the present topic. JNMV presents the discussion at this topic.

258 The *vājapeya* is a form (*saṃsthā*) of the *jyotiṣṭoma.*

259 See 10.3.11.

260 The statement teaches only a restriction, namely, that the chariot yoked with *yajus*-formulae should be given only to the *adhvaryu*.

Chapter 4

1. (1) At the *nakṣatreṣṭi*,[261] the *upahomas* (supplementary offerings) which are accompanied by *mantras*, namely, (the *mantras*) "To Agni, *svāhā*, to the Kṛttikās, *svāhā*, to Ambā, *svāhā*, to Dulā, *svāhā*",[262] etc.; (2) at the *śyena* rite,[263] the wearing of the cloth hanging from the neck, which is taught in the statement, "The priests perform the rite wearing red turbans and red clothing, and wearing their cloth hanging from their necks"; and (3) at the *pṛṣṭhya* six-day period,[264] the action of eating honey, which is taught in the statement, "He should eat honey", (respectively) block (1) the *nāriṣṭa-homas*,[265] (2) the wearing of the cloth over the left shoulder,[266] and (3) the vow of (drinking) milk etc.,[267] which are taught at the original rites, because they have one and the same task. No. Because the items mentioned are for the sake of an unseen effect, and the unseen effects are distinct,[268] there is a combination. That (i.e., the combination) is not hindered even in regard to the wearing of the cloth hanging from the neck and over the left shoulder, because of (there being) two cloths. Since we do not see satisfaction etc.[269] being produced from a small amount of milk, the vow too is for the sake of an unseen effect. Or, this is a hypothetical consideration in the case of both.[270]

2. At the (rite taught in the) statement, "When performing a malevolent rite (*abhicaran*), he should offer *caru* made of black rice grains to Soma and Rudra",[271] the *barhis* (grass) made of reeds (*śara*), which is taught (i.e., in the adjacent statement, "The *barhis* is made of reeds (*śaramaya*)"), does not

261 A number of *nakṣatreṣṭis* are taught in TB 3.1. The *upahomas* for the first of them have the *mantras* which are quoted here. See 5.2.9.

262 The Kṛttikās are the Pleiades, Ambā and Dulā being the names of two of them.

263 This is a one-day *soma* rite.

264 This is part of the twelve-day *soma* rite. See Eggeling, SBE, Vol. XXVI, Part 2, p. 402, note 4.

265 These occur after the two *pārvaṇa* offerings and before the *sviṣṭakṛt* offering in the new- and full-moon sacrifices. See 5.2.9 and 8.4.4.

266 See 3.1.11.

267 See 4.3.4.

268 They are distinct because the injunctions are distinct. Cf. JNMV: *apūrvaṃ ca vidhyekagamyatayā vidhibhedena bhidyate* (And in as much as an unseen effect is understood only from an injunction, because the injunctions are distinct, they (i.e., the unseen effects) are distinct).

269 JNMV lists nourishment also.

270 I.e., in the case of the cloth (upper garment) and the vow.

271 This is a desiderative *iṣṭi*. See *Wunschofper* 42.

block the *kuśa* grass (*barhis*),[272] because the word (i.e., suffix) "*mayaṭ*" (i.e., in the word "*śaramaya*" (made of reeds)) expresses (just) abundance.[273] No. Because it is not appropriate to abandon (the use of the suffix) *mayaṭ* for which the meaning of "product" is explicitly stated in the (grammatical) statement, "*nityaṃ vṛddhaśarādibhyaḥ*" (*mayaṭ* is added invariably to *vṛddha* forms and the forms *śara* etc. in order to express the sense, "this is its product or a part", when neither food nor clothing is to be expressed),[274] and because there would result the assumption of a distinct act,[275] *mayaṭ* (here) denotes a product. Therefore *kuśa* grass is blocked.

Or: At the *vājapeya* rite,[276] in the statement, "With the sound of the chariot (*rathaghoṣeṇa*) he prompts (*upākaroti*) the *stotra* at the draught for Mahendra",[277] if the word (i.e., "*rathaghoṣa*") is analyzed as a determinative compound (*tatpuruṣa*) (meaning "the sound of the chariot"), there would result for the first word (i.e., "*ratha*" (chariot)) secondary signification[278] and the condition of not being a predominant meaning (in the compound), and so, if it is analyzed as a copulative compound (*dvandva*) (meaning "the chariot and the sound"), then, between the *mantra* and the *barhis* (grass), which occur in the original rite and are taught in the statement, "With the

---

272 *Kuśa* grass is used in the new- and full-moon sacrifices, the original rite.

273 Therefore there can be a combination of *kuśa* grass and reeds (*śara*). For the use of "*mayaṭ*" to express the sense of abundance (*prācurya*), see the *Kāśikāvṛtti* on P 5.4.21 *tat prakṛtavacane mayaṭ*.

274 P 4.3.144. *Vṛddha* forms are those in which the first vowel is a *vṛddhi* vowel, i.e., *ā*, *ai*, or *au*.

275 I.e., if *mayaṭ* were to denote abundance. This is because the injunction would be for the sake of an unseen effect. By contrast, if it simply enjoins reeds (*śara*) for bringing about the task performed by the *kuśa* grass, it has a visible effect. (Cf. BhD and *Prabhāvalī*).

276 The *vājapeya* is a form (*saṃsthā*) of the *jyotiṣṭoma*.

277 This is the first *pṛṣṭhastotra*. The "prompting" at the *jyotiṣṭoma* is explained at ĀpŚS 12.17.6–9. At the *pavamānastotras* the *adhvaryu* gives the *prastotṛ* a handful of *barhis* (grass) (*barhirmuṣṭi*), reciting the *mantra*, "*vāyur hiṅkartā*" etc. (Vāyu is the maker of the sound "*hiṅ*") (TS 3.3.2.1 a). At the other *stotras*, including the *pṛṣṭhastotras*, he gives him two blades of grass, reciting the *mantra*, "*asarjy asarji vāg asarjy aindraṃ saho 'sarjy upāvartadhvam*" etc. (Speech was released, was released, was released; the might of Indra was released; turn back) (based on TāB 1.6.1 with ŚB 4.2.5.8 (so Caland on ĀpŚS 12.17.9)). (CH 134e, 155, 199b, etc.).

278 Accordingly, it would not mean "chariot", but rather, "something connected with a chariot".

mantra and the *barhis* he prompts (*upākaroti*) the *stotra*",[279] the chariot blocks the *barhis*, and the sound blocks the *mantra*. No. If this were a copulative compound expressing mutual connection (*itaretaradvandva*), the dual suffix would result, and if this were a copulative compound expressing the aggregate (*samahāradvandva*), secondary signification of both words would result,[280] and so it is better that it is a determinative compound (*tatpuruṣa*), in which there is secondary signification of (just) the first word. Therefore the sound of the chariot blocks the two of them (i.e., the *barhis* and the *mantra*). So too (it is to be understood) at the statement, "With the noise of the drums (*dundubhighoṣeṇa*) (he prompts (*upākaroti*) the *stotra* at the draught for Mahendra)".[281] (The word) "*upākaraṇa*" (i.e., the action denoted by the finite verb "*upākaroti*" (he prompts)) means prompting to the *stotra*.

3. The draughts (*grahas*) such as those taught at the *bṛhaspatisava*[282] in the statement, "He draws (*gṛhṇāti*) the draught for Bṛhaspati", at the *viṣuvat* day[283] in the statement, "He draws (*gṛhṇāti*) the *arka* draught", at the *mahāvrata*[284] in the statement, "He draws (*gṛhṇāti*) the *śukra* draught", at the

---

279 It seems Mahādeva has either made a mistake here or, I think less likely, is following an otherwise unknown tradition. The quote he offers is untraced, and I have not seen it elsewhere in Mīmāṃsā literature. The ritual texts and the quotations recorded in other Mīmāṃsā texts agree that at the *jyotiṣṭoma* the prompting (*upākaraṇa*) is done "by means of (the gift of) two blades of grass (*barhirbhyām* or *darbhābhyām*)", accompanied by a *mantra* (see note above), and not "by means of the *mantra* and the *barhis* (*mantrabarhirbhyām*)", as Mahādeva has it. The Mīmāṃsā writers go on to explain that on the initial view the chariot blocks the two blades of grass, and the sound blocks the *mantra*. In Mahadevas's text, the subsequent phrase "*barhiṣo ratho bādhakaḥ*" is in fact ambiguous, meaning that the chariot blocks either the *barhis* grass (singular) or the two blades of *barhis* grass (dual).

280 Both would signify the aggregate. "*Itaretarayoga*" and "*samāhāra*" are two of the senses of "*ca*" (and) which Patañjali discusses in the *Mahābhāṣya* on P 2.2.29 *cārthe dvandvaḥ*. Both of the *dvandvas* mentioned here are formed to express a connection of items, but in an *itaretaradvandva* there is emphasis on them as constituents of a group, while in a *samāhāradvandva* there is emphasis on the group. See the relevant passages in J. A. F. Roodbergen's edition and annotated translation of Patañjali's *Mahābhāṣya*, *Bahuvrīhidvandvāhnika*.

281 This is also taught at the *vājapeya* rite.

282 The *bṛhaspatisava* is a one-day *soma* rite.

283 The *viṣuvat* is the middle-day rite in the year-long *soma* rite.

284 The *mahāvrata* is a one-day rite performed on the penultimate day of the year-long *soma* rite.

aśvamedha in the statement, "He draws (*gṛhṇāti*) the *mahiman* draughts with golden and silver cups", etc. block the draughts for Indra and Vāyu etc.,[285] because the action of drawing (*gṛhṇāti*) makes it known that the task is one and the same,[286] the form of which is the accomplishing of the action of sacrifice. No; because there are no separate connections (i.e., of the draughts for Bṛhaspati etc.) with the action of sacrifice,[287] and so just as there is a combination of draughts at the original rite,[288] in as much as these operate after joining together, the combination (here) of draughts which are directly taught and draughts which are transferred comes about properly; and because it is by not making subsequent reference to tasks in the original rite, which have already been established, that the sentences quoted enjoin new actions of drawing; and because the statement, "(There are) *soma* draughts and liquor draughts",[289] is authoritative for there being combinations.

4. At the *vājapeya* rite, at the statement, "He offers (i.e., kills) seventeen animals (*paśus*) for Prajāpati", the animal rites for Prajāpati block the animal rites for Agni etc., which are taught in the original rite,[290] because of the direct statement of the word "*paśu*" (animal rite), which is an act which has been established.[291] No; because there would be distinct sentences if, through subsequent reference to the animal rite, this were an injunction of (both) the number and the deity; because through the injunction of a different act, this is not an act taught in the original rite;[292] and because in

---

285 These are drawn at the morning pressing of the *jyotiṣṭoma*, the original rite. (CH 132).

286 In the translation above, the noun "*gṛhṇāti*" is taken as referring to the action of drawing. An alternative, but I think less likely interpretation would take it as referring directly to the verb "*gṛṇāti*" (he draws): "because the word "*gṛhṇāti*" makes it known" etc. The action expressed by this verb is the same as that which forms the basis of the word "*graha*" (draught).

287 I.e., there are no injunctions such as "*arkeṇa yajeta*" (He should perform a sacrifice with the *arka* draught) etc., which would establish each of these independently as a means of bringing about a sacrifice (JNMV).

288 For instance, the draught for Indra and Vāyu is combined with that for Mitra and Varuṇa.

289 This is taught at the *vājapeya* rite.

290 I.e., the *jyotiṣṭoma*. The animals referred to are the *kratupaśus*, that is, the goat for Agni at the *savanīya* rite and the other animals which are offered with it or instead of it at various forms of the *jyotiṣṭoma*. See ĀpŚS 12.18.12–14 for these. See MNS 2.3.8, 7.3.13, and 8.1.7.

291 I.e., in the original rite. Consequently, this is unlike the case of the draughts in the preceding topic, where new draughts are enjoined.

292 Consequently, it applies like the draughts discussed in the preceding topic.

the statement of the confinement (*avarodha*), "If it is asked, 'How are all the sacrifices and the acts (*yajñakratus*) confined (*avarudhyante*) in the *vājapeya*?', one should say, 'By the animal rites'; (when) one offers (i.e., kills) an animal for Agni, he thereby confines (*avarundhe*) the *agniṣṭoma*", there is subsequent reference to items (i.e., the animal rites for Agni etc.) treated as established.[293]

5. At the *sāṃgrahaṇī* rite,[294] at the statement, "(Saying) 'You are affection, O you gods of affection' he offers three oblations (*āhutis*)", on the basis of the indication made by the number three, the after-sacrifices[295] are blocked; or, because the *mantra* is enjoined through subsequent reference to those (i.e., to the after-sacrifices qualified by the number three), the *mantra* (of the original rite is blocked). No. If this enjoined the *mantra* through subsequent reference only to the number three, then since that (i.e., the number three) exists elsewhere as well,[296] it would lack determinative force;[297] if it made subsequent reference to the oblations qualified by the number three, then on the basis of the qualified reference there would be distinct sentences; therefore this is an injunction of distinct rites. For this reason there is no blocking.[298]

6. At the *gavāmayana* rite,[299] at the one-day *soma* rite named the "*mahāvrata*",[300] on the basis of the direct statement, "The wives accompany (*upagāyanti*) (the song)", the priests who accompany (the song) at the original rite are blocked.[301] No. Because this enjoins for the songs (*gānas*) of the drums, which were taught (immediately) before in the statement, "The drums sound all around", an accompanying song (*upagāna*) performed by the wives, which is produced by the reed-lute etc., and is therefore of a similar sort as the sound of the drums, and (which) is not an action

---

293 Consequently, there is a combination of the seventeen animals taught here and the those taught at the *jyotiṣṭoma*.

294 This is a desiderative *iṣṭi*. See 4.4.4.

295 I.e., the three after-sacrifices taught at the new- and full-moon sacrifices, the original rite. See NVO, pp. 136–9, for these.

296 JNMV says the number three exists in the *gārhapatya* etc. (i.e., the three fires); the *Prabhā* on ŚD mentions the *paridhis* (enclosing sticks) etc.

297 I.e., it would fail to indicate the intended meaning.

298 Instead, there is a combination of these three oblations with the three after-sacrifices.

299 This is a year-long *soma* rite.

300 This is performed on the penultimate day.

301 See 3.7.14 for the singing at the *jyotiṣṭoma*. Here BhD cites: *ṛtvija upagāyanti* (The priests sing in accompaniment).

(performed) in the original rite; (and) because the word "*gāna*" (song) is also used for the sound of a string of a lute, and therefore there is no obstacle to the condition of being a song (*gāna*), even in the case of one not made by the human body, there is no blocking.

7. At the forty-nine-day *sattra* named the "*añjanābhyañjana*", at the statement, "(They perform)[302] an anointing (of themselves) with a salve mixed with bdellion (*gauggulava*) at the morning pressing; with (a salve mixed with) the resin of pine-tree (*paitudārava*)[303] at the midday pressing; with (a salve mixed with) the extract from fragrant reed-grass (*saugandhika*) at the third pressing", the action of anointing with the salves mixed with bdellion etc. blocks the anointing with fresh butter which is taught at the original rite,[304] because the item to be effected, in the form of the smoothness of the body which is produced by anointing, is one and the same. No. Because the action of anointing with the salves mixed with bdellion etc. is for the purpose of producing aridity (*raukṣya*),[305] and that with fresh butter is for the purpose of producing smoothness, and so the tasks are different, and because they occur at the (distinct) times of the (three) pressings[306] and the initiation,[307] there is no relation of blocked and blocker.[308]

8. At the *mahāvrata* rite,[309] at the statement, "The sacrificer puts on (*paridhatte*) a *tārpya* (ghee smeared blanket), his wife a garment made of *darbha* grass",[310] the *tārpya*, which has the form of a ghee smeared blanket, and the garment made of *darbha* grass block the new cloth,[311] because on the basis of the etymological sense of (the word for) "putting on" (*paridhāna*),[312] both alike cover the private parts. No. Because the two items

---

302 So in Śabara.

303 Pinus devadāru or Deodar (MW).

304 I.e., the *jyotiṣṭoma*. See ĀpŚS 10.6.11 ff. and CH 14c.

305 ŚD and JNMV compare this with the use of sandalwood paste.

306 In the case of the anointings with bdellion etc.

307 In the case of the anointing with fresh butter.

308 Consequently, there is a combination.

309 See 10.4.6.

310 This is based on a correction to the text.

311 See ĀpŚS 10.6.4 and CH 14b and f for the cloth at the *jyotiṣṭoma*, the original rite. See 6.8.7.

312 The term "*paridhatte*" (he puts on) serves as an indication that the task is the same for both. Śabara says that it is used for the action of covering the private parts ("*kaupīnapracchādane paridhatta iti bhavati*"). BhD has, "*ahataṃ vāsaḥ paridhatte*" (He puts on a new cloth).

mentioned are unable to cover the private parts, and are therefore upper garments (*prāvaraṇa*) worn on top,[313] there is a difference in their tasks.[314]

9. At the same rite,[315] at the statement, "They praise (*stuvate*) with (i.e., chant) the *śloka* (*sāman*) in front of the shed (*sadas*), with the *anuśloka* (*sāman*) behind" (etc.), the *sāmans* named "*śloka*", "*anuśloka*", etc. block those (*sāmans*) such as the *rathantara* etc., which occur in the *ājya* and *pṛṣṭhastotras* and are taught at the original rite, because of the indication made by the word "*stuvate*" (they praise).[316] No. If this were an injunction of (both) the place and the *sāman*, made through subsequent reference to the action of praise, there would be distinct sentences, and so this is a qualified injunction, which leads to a distinct act.[317]

10. At a particular modified rite,[318] at the statements, "There is the *kautsa* (*sāman*)" and "There is the *kāṇva* (*sāman*)", the *sāmans* named "*kautsa*" etc. are combined with the *sāman* taught at the original rite, because there is no indication of the action of praise which occurs at the original rite.[319] No. As subsidiaries of the rite on the basis of context, they are, on the basis of capacity,[320] caused (i.e., prompted) by the action of praise. Therefore, since their task is one and the same, there is blocking.

11. At the statements, "There is the *kautsa* (*sāman*)", "There are the two *sāmans* named 'Vasiṣṭha's *janitra*'", and "There are the *krauñca* (*sāmans*)",[321] one, two, or three (of these *sāmans*) block one, two, or three (of the *sāmans* taught at the original rite),[322] because there is no statement of restriction. No. The singular case suffix etc., which are heard in the blocking

---

313 Elsewhere as well the term "*paridhatte*" (he puts on) is used in reference to outer garments. Śabara quotes the example, "*kambalaṃ paridhatte*" (he puts on a blanket).

314 Consequently, there is a combination.

315 I.e., the *mahāvrata*.

316 See 1.4.3 for the statements, "*ājyaiḥ stuvate*" (They praise with (i.e., chant) the *ājyas*) and "*pṛṣṭhaiḥ stuvate*" (They praise with the *pṛṣṭhas*).

317 Consequently, there is a combination.

318 This remains unidentified in Śabara etc.

319 Accordingly, this differs from the case of the *śloka* and *anuśloka sāmans* discussed in 10.4.9, where the word "*stuvate*" (they praise) serves to indicate such an action.

320 I.e., their capacity to make manifest the sounds of the verses.

321 The location of these is unspecified in Śabara etc.

322 I.e., without any restriction based on numbers. The initial view presented in Śabara etc. claims that any of the *sāmans* taught in these statements may block all the *sāmans* taught at the original rite.

statements, are in fact statements of restriction, and so one blocks one, two block two, and three block three. In this way the transfer too is obliged.[323]

12. At rites which have increased *stomas*,[324] and at those which do not, the *sāmans* which are directly taught block those which are transferred, because otherwise the originative injunction of the *sāmans* (at those rites) would be pointless. No. In order that it should not be pointless, there is blocking (i.e., of the *sāmans* transferred from the original) (but) only at rites which do not have increased *stomas*.

13. The insertion and removal (of *sāmans*),[325] which were mentioned above,[326] should take place in any *stotra*, in any verse whatsoever, because there is no statement of restriction, and the statement, "Indeed there are three bellies of the sacrifice (*yajña*), the *gāyatrī*, the *bṛhatī*, and the *anuṣṭubh*, for here alone (*eva*) they insert (*sāmans*), and from here alone they remove (them)",[327] refers to a specific place in a *pavamānastotra*.[328] No. Because we understand from hearing the word "*yajña*" (sacrifice) that this is the place for the insertion and the removal in a sacrifice,[329] by force of the word "*eva*" (alone) they (i.e., the insertion and removal) are excluded from a place other than the *gāyatrī* verses etc. of a *pavamānastotra*, and so they occur only there.

14. In the *nigamas* at the new- and full-moon sacrifices,[330] the deities Agni etc. should be designated by any synonym whatsoever, because the task[331] is completed by that much as well. No. Because there is no authority for abandoning a word which is presented by an injunction which enjoins an

323 This is because all the *sāmans* from the original are not blocked.

324 I.e., rites for which larger *stomas* are enjoined. The *stoma* is the number of verses which are used in a *stotra*.

325 I.e., the insertion of the directly enjoined *sāman* and the removal of one taught in the original rite.

326 See 10.4.12.

327 This occurs in a sectionof the JB which deals with the *sāmans* of the *agniṣṭoma*.

328 I.e., it enjoins the place only for insertions and removals whose range is a *pavamāna- stotra* (ŚD).

329 I.e., and not just for insertions and removals whose range is a *pavamānastotra*.

330 *Nigamas* are *mantras* in which names of deities are inserted (*nigamyante*) in relation to the particular substances which are offered in a rite (cf. Rudradatta on ĀpŚS 1.2.7; ŚŚS 1.16.10 lists the sites of the *nigamas* as the invitation, the final fore-sacrifice, the *nigada* at the *sviṣṭakṛt*, and the *sūktavāka*).

331 I.e., the task of making it known that what a word such as "*agni*" denotes is the deity.

item,[332] and because no other word is nearby, only the word employed in the injunction is used. For this very reason, in (the *nigamas*) "(Agni offered in sacrifice) Agni's dear abodes", "*Svāhā* Agni", and "(May) I (be victorious) through the victory of Agni" etc.[333] only the word "*agni*" is used.

15. In the offerings to Sūrya etc.,[334] synonyms (for Sūrya etc.) may also be used to designate (the deity) in the *nigama*, because even though there is a restriction in the original rite,[335] due to the statement of the word "*agni*" (in the *nigamas*), that is absent here.[336] No. Even in the original rite the restriction to the word "*agni*" (in the *nigamas*) comes about only by its being the word employed in the injunction,[337] and so here too there is a restriction to just the word which is employed in the injunction.[338]

16. At the *iṣṭis* (taught in statements) such as, "For Agni Pāvaka (the purifier)"[339] etc., the word "*agni*" alone should be spoken (in the *nigama*), because in the *nigamas* which are transferred there only the word "*agni*" is recited.[340] No; because the word "*agni*" joined by the word "*pāvaka*" (puri-

332 Here Śabara quotes the originative injunction of the cake offering to Agni at the new- and full-moon sacrifices, "*yad āgneyo 'ṣṭākapālo 'māvāsyāyāṃ paurṇamāsyāṃ cā 'cyuto bhavati*" (In that the cake for Agni on eight pans is unmoved at the new-moon day and the full-moon day). See 1.4.7.

333 Of these three, the first and second are recited by the *hotṛ* at the *sviṣṭakṛt* sacrifice and the final fore-sacrifice. The third is recited by the sacrificer at the *sūktavāka*. (NVO, pp. 118, 99, 144 (note)). See 9.1.3.

334 I.e., in modifications of the new- and full-moon sacrifices, such as the desiderative *iṣṭi* for Sūrya. Here Śabara quotes, "*sauryaṃ caruṃ nirvaped brahmavarcasakāmaḥ*" (Let one desirous of priestly luster offer *caru* to Sūrya). See 2.3.5.

335 I.e., the new- and full-moon sacrifices.

336 I.e., the word "*sūrya*" is absent in the *nigamas*. See 10.4.14.

337 See preceding topic.

338 Consequently, the word "*sūrya*" is to be employed. See note above for the injunction.

339 Here Śabara and JNMV have: "He should offer a cake on eight pans for Agni Pavamāna (the purifier), for Agni Pāvaka (the purifier), for Agni Śuci (the pure)". These are the purifying *iṣṭis* (*pavamāneṣṭis*) which are performed at the installation of the fire. See 11.4.4. The text here is uncertain. Manuscripts P and U begin the topic with a passage similar to ŚD, but which does not fit into the rest of the sentence: "For Agni Pavamāna, for Agni Pāvaka, for Agni Śuci. There, in the *nigamas* which denote that (i.e., denote the deity Agni), is the single word "*agni*" alone to be used, or both words?"

340 See the preceding two topics.

fier) is employed in the injunction, and so in all the performances a pair of words[341] is appropriate.

17. At the purifying *iṣṭi* (*pavamāneṣṭi*),[342] we hear at the ghee portion sacrifices (*ājyabhāgas*) (the statement), "The sacrifice (or *mantra*) for Agni (*āgneya*)[343] should be made as having (a word derived from the root) '*vṛdh*' (to prosper),[344] the sacrifice (or *mantra*) for Soma (*saumya*) as having (the word) '*pāvaka*' (purifier)", and so (the *nigamas*) "Bring Agni having with him (a word derived from) '*vṛdh*'" and "Bring Soma having with him (the word) '*pāvaka*'" etc. should be employed, for without the means of a deity, the conditions of having (a word derived from) "*vṛdha*" etc. are not possible for those two (sacrifices).[345] No. Because it is not possible for the condition of having (a word derived from) "*vṛdh*" to be connected with (the word) "*agni*",[346] which is (only) subordinate in the word "*āgneya*" (a *mantra* for Agni),[347] and because *mantras* such as, "Cause Agni to prosper (*vardhaya*) with the *stoma*" etc., have (a word derived from) the root "*vṛdh*",[348] such

---

341 I.e., the word "*agni*" along with an epithet.

342 Three such *iṣṭis* occur at the installation of the fire. See the preceding topic.

343 On the initial view, the word "*āgneya*" is taken as referring to the sacrifice, on the final view, as referring to the *mantra*. See note below for its derivation.

344 This translation of the word "*vṛdhanvat*" corresponds with Sāyaṇa's gloss on "*budhvanvatī*" in TB 1.3.1.3.

345 The argument here is that the words "*āgneya*" and "*saurya*" refer to the two sacrifices, but that the epithets "*vṛdhanvān*" and "*pāvakavān*" can function only by qualifying the deities.

346 I.e., the name of the deity.

347 The word "*āgneya*" is a secondary derivative (*taddhita*) formed from the word "*agni*" in accord with P 4.2.24 *sā 'sya devatā*, which teaches that a *taddhita* suffix (here, *ḍhak* (= *eya*)) is added when the sense, "this is its deity", is to be expressed. BhD quotes a *smṛti* (i.e., grammatical) text which limits the application of this rule to offering substances and *mantras*: "*sūktahaviṣoḥ*". This is quoted by Vāsudeva Dīkṣita in the *Kutūhalavṛtti* on 1.4.11, in the introductory discussion, as "*sūktahaviṣor eve 'syate*", with attribution to Kātyāyana, the author of the *vārttika*. Later on, at JS 1.4.14 (p. 132, ll. 5–7), Vāsudeva says the statement is not found in Patañjali's *Mahābhāṣya* etc. and so can be overlooked. (I have not yet found this in grammatical literature; cf. *Kāśikāvṛtti* on 4.2.24). Here it serves as grounds for rejecting the claim made in the initial view that the word "*āgneya*" and "*saumya*" can denote sacrifices. Once the word "*āgneya*" is formed, it is impossible for any other word to qualify "*agni*".

348 In the *mantra* quoted here, it is the imperative word "*vardhaya*" (cause to prosper).

mantras are recited, and therefore other *mantras* are blocked. And at the *nigadas* for the invitation etc., (the word) "*agni*" alone should be recited.[349]

18. At the modification of the animal rite for Agni and Soma (*agnīṣomīya*), where it is stated, "A cow (*go*) should be tied up afterwards[350] (and killed)",[351] and at the modification of the *sviṣṭakṛt* rite, where it is stated, "He sacrifices to the lord of the forest (*vanaspati*) with speckled ghee",[352] there is no restriction in the *nigamas* to the words which are employed in the injunctions,[353] because we see different words in the injunctions and the *nigamas* at the original rites, namely, "(He kills) an animal (*paśu*) for Agni and Soma", "(Say the verse of invitation to the fat) and to the marrow of the goat (*chāga*)",[354] "He sacrifices to Agni Sviṣṭakṛt", and "With those who are divine priests, O Agni".[355] No. Even though the word employed in the injunction should alone be spoken here (i.e., at the *nigamas* in the modifications), since the difference in words in the original rite is based on implication,[356] and so is not transferred to the modification, (nevertheless) on the basis of the recitation, "(Say the verse of invitation) to the fat and to the marrow of the cow (*usrā*)", it is absent there (i.e., at the *nigama* of the modification of the animal rite); but even so, the restriction to the word "*vanaspati*" (lord of the forest) does in fact exist (i.e., at the *nigama* of the modification of the *sviṣṭakṛt*).[357]

19. At the statement, "He sacrifices to Agni and Varuṇa, (both) Sviṣṭakṛt",[358] because the word "*sviṣṭakṛt*" is conventionally applied to fire, and because even if it were to be applied on the basis of its etymology, since the

---

349 Since the epithets do not qualify the deities, they are not used at the *nigamas*.

350 I.e., after the sacrifice. See Rudradatta on ĀpŚS 13.23.6.

351 This is the third animal rite at the *jyotiṣṭoma*.

352 This is taught at the animal rite. See Schwab 101 and Minkowski, pp. 58–9, for this offering.

353 I.e., synonyms may be used. For *nigamas*, see 10.4.14.

354 See Schwab 83 and Minkowski, p.54.

355 The two sets of words are "*paśu*" and "*chāga*", and "*agni sviṣṭakṛt*" and "*agni*". See NVO, p.117, for the *nigama* at the *sviṣṭakṛt* rite.

356 I.e., it is inferred from the different words employed in the two statements, as opposed to being expressly stated.

357 The direct statement of the *nigama* for the modification of the animal rite contains the word "*usrā*" (cow), and so blocks the transfer of the word "*go*" (cow) from the injunction. By contrast, there is no such statement at the *nigama* of the modification of the offering to *sviṣṭakṛt*, and so the restriction to "*vanaspati*" (lord of the forest) holds.

358 This seems to refer to the final bath rite (*avabhṛtha*) at the *jyotiṣṭoma*. See CH 254d.

suffix *kvip* is enjoined to denote the past,[359] and in the present case the thing "well-sacrificed" (*sviṣṭa*) is about to be made, an etymological meaning is impossible (here), Agni and Varuṇa are enjoined just without (this) attribute (i.e., the epithet "*sviṣṭakṛt*") for that act,[360] and so at the *nigamas* only (the words) "*agni*" and "*varuṇa*" should be recited. No. Because there is no assumption of a conventional meaning (i.e., "fire"), which has not been established, when success is achieved by a meaning based on parts (of a word) which have been established, and because even though something well-sacrificed (*sviṣṭa*) is (only) about to be made in this performance, in as much as it has been made in the past, it (i.e., the use of the word "*sviṣṭakṛt*" in an etymological sense) comes about properly (here), they (i.e., the words "*agni*" and "*varuṇa*") are in fact joined with the attribute (at the *nigamas*).

20. At the *sviṣṭakṛt* rite (which is performed) at the cake offering in the animal rite, even though we hear the statement, " He sacrifices (*yajati*) to Agni",[361] unaccompanied (*kevala*) Agni[362] is only connected with the action of sacrifice, and so the condition of being *sviṣṭakṛt* is lost only at the sacrifice; but at the *nigamas*, the attribute (i.e., the epithet "*sviṣṭakṛt*") should be recited. No. The word "*yajati*" (he sacrifices)[363] causes us to understand the (entire) performance, and so there is loss (i.e., of the attribute) everywhere.

21. Just like the first two (after-sacrifices), so too the third after-sacrifice assists directly (*ārāt*).[364] No. Because of the recitation (there) of the *mantra*, "Divine Agni Sviṣṭakṛt", it has as its deity Agni Sviṣṭakṛt,[365] and so it is an act of preparation.[366]

---

359 In accord with P 3.2.76 *kvip ca* the suffix *kvip* may be added to the root "*kṛ*" (to make) to form an agent stem "*kṛt*", when the action of making occurred in the past. On such as analysis, the word "*sviṣṭakṛt*" would mean, "one who/which has made something well-sacrificed".

360 I.e., for the *sviṣṭakṛt* sacrifice. Through secondary signification, the word "*sviṣṭakṛt*" is taken to denote an act (cf. ŚD and JNMV).

361 This can also be translated, "He recites the offering verse (*yājyā*) for Agni".

362 I.e., "*agni*" as it is heard here, without an epithet.

363 Or, "he recites the offering verse".

364 This refers to the after-sacrifices at the new- and full-moon sacrifices. See NVO, pp. 138–9, for the third after-sacrifice.

365 This is the deity of the *sviṣṭakṛt* rite, which was performed earlier.

366 The preparation of the deity takes the form of the action of remembering it. The deities of the first two after-sacrifices are the *barhis* (grass) and Narāśaṃsa. JNMV says that the third after-sacrifice, just like the final fore-sacrifice, is for the sake of a seen effect.

22. At the new- and full-moon sacrifices, the action of recitation (*anuvacana*), which is stated in the statement, "Standing (*tiṣṭhan*), he recites (*anvāha*) the offering verse (*yājyā*), seated (*āsīna*), the invitatory verse (*puro'nuvākyā*)", is a principal act, just like (the act enjoined by the statement), "They praise (*stuvate*) with (i.e., chant) the *ājyas*".[367] No. Because when the action of remembering the enjoined deity, which is a visible effect, is possible, there is no assumption of an unseen effect, (and) because likewise there does not occur here (i.e., on the initial view) blocking of the words (of the *mantra*),[368] it is an injunction of a subordinate act. The words "*tiṣṭhan*" (standing) and "*āsīna*" (seated) enjoin the (subordinate) acts of standing and sitting, through subsequent reference to the action of recitation.[369]

23. At the animal rite for Vāyu,[370] the *manotā mantra*, "You, indeed, were the first thinker (*manotṛ*), Agni",[371] which has been obtained by transfer,[372] should be modified as, "You, indeed, were the first thinker, Vāyu". The statement, "Even though the animal may be for other deities, the *manotā* (*mantra*) should be made for Agni alone", blocks the unsuitablility of the *mantra* with one deity for a rite which has two deities, (but) only in the original rite. No; because just like in the phrase, "People with umbrellas (*chatriṇaḥ*) are going",[373] secondary signification removes the unsuitability (i.e., at the original rite),[374] and so the statement quoted blocks modification (i.e., of the *manotā mantra*) in a modified rite.[375]

---

367 Just as the latter sentence enjoins a principle act on the basis of the verb "*stuvate*" (they praise), so does the one in question on the basis of the verb "*anvāha*" (he recites). See 1.4.3 and 10.4.9. On the initial view, the recitation is for the sake of an unseen effect. (Cf. ŚD, BhD, and *Kutūhalavṛtti*).

368 I.e., the words for the deity, such as "*agni*", which occur in the offering and invitory verses. This seems to mean that on the initial view the words of the verses would not be blocked in a modified rite, such as the one for Sūrya. Cf. *Prabhā* on ŚD, BhD, and *Kutūhalavṛtti.*

369 The action of recitation, which has as its visible purpose the action of remembering the deity, is established on the basis of the meaning of the *mantras* themselves.

370 This is a desiderative animal rite for one desirous of prosperity.

371 The *manotā mantra* is recited by the *matitrāvaruṇa* while the *adhvaryu* cuts out offering portions from the various animal parts. See ĀpŚS 7.24.1, Schwab 95, and Minkowski, pp. 55–8.

372 I.e., from the animal rite for Agni and Soma, the original rite.

373 Here "*chatriṇaḥ*" (people with umbrellas) denotes both the people with umbrellas and those without.

374 On this interpretation, the word "*agni*" in the *mantra* denotes both Agni and Soma.

375 This is because it has no purpose at the original rite.

24. At the *vaiśyastoma* rite,[376] at the statement, "The (first) *pṛṣṭha* (*stotra*) is (in) the *kaṇvarathantara* (*sāman*)", the *sāman* which is enjoined for the *pṛṣṭhastotra* is to be sung on the *yoni* for the *bṛhat* (*sāman*), "We call on just you", or on the *yoni* for the *rathantara* (*sāman*), "We shout to you, hero";[377] or, because of the similarity in the name, only on the *yoni* of the *rathantara*. No. Because the *bṛhat* and the *rathantara* (*sāmans*) alone are subsidiaries, the *yonis*, which are not subsidiaries, are not transferred, and so it (i.e., the *kaṇvarathantara sāman*) should be sung on its own *yoni*, "Purified, Soma, (you flow)".[378]

25. On the basis of the statement, "One *sāman* is produced on three verses (*tṛca*)",[379] the *sāman* mentioned above[380] should, as before,[381] be sung on the two verses following either the (*yoni* of the) *bṛhat* or the (*yoni* of the) *rathantara*, or only on the two verses following the (*yoni* of the) *rathantara*.[382] No. Because just like the *yoni* (i.e., of the *bṛhat* and the *rathantara*), the two following verses are also not transferred, and because their recitation in the *uttarāgrantha*[383] would become pointless, it is to be sung only on the two verses following its own *yoni*. That there should occur a transfer of the following verses (from the original rite) because we hear the statement, "He sings on the two following verses",[384] is a special concern.[385]

---

376 This is a one-day *soma* rite.

377 These two *sāmans* are optional with each other at the *pṛṣṭhastotra* in the *jyotiṣṭoma*, the original rite.

378 At TāB 18.4.7, Caland and Sāyaṇa seem to disagree with this conclusion, and say it is sung on the *yoni* for the *rathantara sāman*.

379 See 9.2.3.

380 I.e., the *kaṇvarathantara*. See 10.4.24.

381 I.e., as argued in the preceding topic.

382 This alternative is based on the similarity in the names "*kaṇvarathantara*" and "*rathantara*".

383 I.e., the recitation of the two verses following the *yoni* of the *kaṇvarathantara*.

384 See 9.2.1.

385 I.e., for the holder of the initial view. The statement quoted here informs us that the verse of the *yoni* will be given up in either case, i.e., whether the *sāman* is sung on the two verses following the *yoni* of the *rathantara* or the *bṛhat*, or on the two verses following the *yoni* of the *kaṇvarathantara*. Therefore it would be better to accept the verses provided by transfer. The answer to this seems to be that the term "*tṛca*" (group of three verses) is a recognized term for three verses with a common meter and the same deity, and since it is directly taught, it blocks the verses which would be obtained by transfer (cf. JNMV).

26. At the *agniṣṭut* rite[386] it is stated, "There are draughts for Agni". The *stutas* (i.e., *stotras*) and the *śastras* which are transferred to them are modified. No. Because it has been stated that they (i.e., the *stutas* and *śastras*) are principle acts at the original rite,[387] there is no modification.[388]

27. At the *cāturmāsya* sacrifices, in the *nigamas*[389] employed at the invitation etc., the word "*dadhyājyapān*" (drinkers of curds and ghee) should be recited, [390] because in the statement, "He ladles speckled ghee (*pṛṣadājya*), indeed this has two parts, ghee (*ājya*) and curds (*dadhi*)",[391] two substances are stated; or, since the ghee is for the purpose of pouring (an underlayer) etc., and so is subordinate to the offering substance, "drinkers of curds" (*dadhipān*) (should be recited); or, since the word "*pṛṣadājya*" (speckled ghee) expresses a distinct substance, and (so) on the basis of the statement, "They offer the after-sacrifices with speckled ghee", is the offering substance,[392] "drinkers of speckled ghee" (*pṛṣadājyapān*) (should be recited). No. Since the word "*pṛṣat*" (speckled) denotes "variegated", and therefore the ghee alone is the offering substance, the usage is just unmodified, as "Bring the deities who are drinkers of ghee (*ājyapān*)".

Chapter 5

1. At the modified rites (which are taught in the statements), "(One should offer) a cake on one pan for Dyāvāpṛthivī", "(One should offer) a cake on two pans for the Āśvins", etc.,[393] because there is no statement of restriction,

---

386 The *agniṣṭut* is a one-day *soma* rite. TāB 17.5–9 and ĀpŚS 22.6.5–21 each list four *agniṣṭut* rites. See Caland's note at TāB 17.5.

387 I.e., at the *jyotiṣṭoma*. See 2.1.5.

388 If they served to prepare the deities, then they would be modified.

389 Here the manuscripts have "°*nigadeṣu*", presumably a slip for "°*nigameṣu*".

390 I.e., in the statement, "*devān dadhyājyapān āvaha*" (Bring the deities who are drinkers of curds and ghee (*dadhyājyapān*)). In the new- and full-moon sacrifices, the original rite, the statement to be recited is, "*devān ājyapān āvaha*" (Bring the deities who are drinkers of ghee (*ājyapān*)) (TB 3.5.3.2; ŚB 1.4.2.17) (NVO, p.84).

391 I have traced this quote only to the after-sacrifices at the animal rite. At the *cāturmāsya* sacrifices, the after-sacrifices are performed with speckled ghee.

392 Possibly, this could refer to the quote of this form which occurs at the animal rite. It would be cited here to establish that speckled ghee is an offering substance. See 5.2.8.

393 I have not seen these rites identified in other texts on this topic. They are modifications of the offering of a cake on eight pans for Agni at the new- and full-moon sacrifices. The first may be an offering made at the *vaiśvadeva parvan* of the *cāturmāsya* sacrifices, since Śabara's quote is the same as the one he identifies as

the first, a middle, or the final pan should be employed.[394] No. Because if the second etc. were employed there would be a loss of the order,[395] and because there is no authority for abandoning the first, which has presented itself, only the first (should be employed). So too it is to be understood at the statement, "He recites one kindling verse (*sāmidhenī*)".[396]

2. At the original rite,[397] after the statement of the three verse triads for the *mādhyaṃdinapavamāna* (*stotra*),[398] "One (triad) in the *gāyatrī* meter, one (triad) in the *bṛhatī* meter, one (triad) in the *triṣṭubh* meter",[399] the condition of being in three meters is directly stated in the statement, "The *mādhyaṃdinapavamāna* (*stotra*) is an insertion (*āvāpa*) of three meters", and so in compliance with that, at the rite called the *ekatrika*,[400] which is taught in the statement, "Now, this *ekatrika*; in it, on one verse is the *bahiṣpavamāna*; on three (*tisṛṣu*) there is the *ājya* (*stotra*) of the *hotṛ*; on one verse (there is the *ājya* (*stotra*)) of the *maitrāvaruṇa*, on three (*tisṛṣu*) (there is the *ājya* (*stotra*)) of the *brāhmaṇācchaṃsin*; on one verse (there is the *ājya* (*stotra*)) of the *acchāvāka*,[401] on three (*tisṛṣu*) (there is) the *mādhyaṃdina*-

---

being from that rite at JS 7.1.22 and 7.3.26 (see MNS 7.1.4). The second may be one of the *ratnin* offerings. A third quotation given here by Śabara, "A cake on three pans for Viṣṇu", is also possibly a *ratnin* offering. See 10.1.1. The translation above is based on Śabara.

394 I.e., from among the eight pans at the original rite.

395 I.e., the order as established in the original rite. There, after the coals have been set out using the *upaveṣa* stick, the first pan is set down on them, in the middle, with the recitation of the *mantra*, "*dhruvam asi*" (You are firm) (TS 1.1.7 d; ĀpŚS 1.22.2). For the second pan there are enjoined a distinct place, i.e., to the east, and a distinct *mantra*, i.e., "*dhartram asi*" (You are a support) (TS 1.1.7 e; ĀpŚS 1.22.3). See NVO, pp. 33–4. After the coals are set out, it is only the first pan which presents itself to the mind, not the second.

396 This is taught for the *mahāpitṛyajña* at the *sākamedha parvan* of the *cāturmāsya* sacrifices. At the new- and full-moon sacrifices, the original rite, eleven verses are recited, with repetitions which give fifteen. There is, however, a problem with this. At the *mahāpitṛyajña*, a distinct *sāmidhenī* verse is taught, and so the principle taught here does not apply. The *Mayūkhamālikā* on ŚD points this out, but says the principle could apply at a modified rite where no distinct verse is taught.

397 I.e., the *jyotiṣṭoma*.

398 The *mādhyaṃdinapavamāna* is the first of the *stotras* at the midday pressing.

399 See CH 178b. The text does not seem to be presenting this as a direct quote, nor is there a parallel quote here in Śabara etc.

400 This is a one-day *soma* rite.

401 At the morning pressing, there are four *ājyastotras* following the *bahiṣpavamāna-stotra*.

pavamāna", by means of the word "*tisṛṣu*" (on three),[402] the three initial verses of the three verse triads (in the original) are employed,[403] and not the three verses which are the initial verse triad, because the order of recitation is weaker than direct statement.[404] No. Because it is only assistance which is transferred to a modified rite, and therefore the relative strength spoken of (above), which is based on the texts (*śāstra*), is absent (there),[405] (and) because at the time of the performance, when the initial verse is completed, it is only the subsequent verse which presents itself quickly, the condition of having three meters, which occurs in the original rite, is blocked. Therefore the three verses of the initial verse triad are to be employed.

3. At this very *ekatrika* rite, when the *stotras* are being produced (in turn) on one and on three verses,[406] the *dhūrgāna* (*sāman*)[407] too should occur (i.e., be sung) on the verse triad,[408] by force of transfer;[409] (and) the (injunction taught in the) statement, "They praise repeatedly on the *dhūr* (*sāmans*)", comes about appropriately even through the repetition of the *sāman*. No. Because the repetition (stated here) qualifies the action of praise, and so it is not accomplished in the absence of a repetition of a verse, it (i.e., the *dhūrgāna sāman*) should occur on just one verse.

4. At the two-day rite, the three-day rite, etc., which are modifications of the twelve-day (*soma*) rite, the arrangement of days starts from the beginning (of the twelve-day rite). No. Excluding the first day of the twelve-day

402 I.e., in the last clause, which refers to the *mādhyaṃdinapavamānastotra*.

403 I.e., one verse from each of the triads.

404 I.e., the direct statement that the insertion of the *mādhyaṃdinapavamāna* has three metres.

405 The point seems to be that although relative strength must be determined at an original rite, at a modified rite, where everything which obtains existence from the original rite is obtained by transfer, it does not operate. Consequently, at the modified rite under discussion here, there is no distinction in strength based on direct statement and order. Cf. ŚD.

406 See 10.5.2.

407 The *dhūrgāna* is a particular modification of the *gāyatra sāman*, which is sung on the first two *stotrīya* verses in the *bahiṣpavamāna stotra* and in the *ājyastotras*. The *Prabhā* on ŚD quotes a statement, "*vikāro gāyatrasya dhuraḥ*" (cf. LŚS 7.12.1 *gītivikāro gāyatrasya dhuraḥ* (The *dhurs* are a modification of the singing of the *gāyatra sāman*); (=DŚS 21.3.13 except *gītivikārā gāyatrasya°*). Cf. ṢB 2.2–3, 5, 11; LŚS 7.12.1–13.1; DŚS 21.3.12–14. See W. Howard, "The Music of Nambudiri Unexpressed Chant", in F. Stahl, *Agni: The Vedic Ritual of the Fire Altar*, Vol. 2, p. 322.

408 I.e., and not on the single verse.

409 Is this simply the fact that the *sāmans* are sung on verse triads at the *jyotiṣṭoma*?

rite, namely, the *prāyaṇīya*, and the last day, namely, the *udayanīya*, the manner of performance is that of the ten-day rite, which has the nature of a *pṛṣṭhya* six-day period and four *chandomas*, based on the indication made in the action of giving up just the third day of the six-day rite, which is *jāgata*,[410] at the statement at the two-day rite, "The first day (here) is the second day (i.e., of the twelve-day rite), the second day (here), the third day, it gives up the *jagatī*";[411] otherwise, there would result a statement of the action of giving up just the second day of the six-day rite, which is *traiṣṭubha*;[412] (and) because there is a distinct arrangement of the collection (of days) of the ten-day rite as well, on the basis of the usage which, starting with the *pṛṣṭhya* (six-day period), states (i.e., lists), "the first (*chandoma*) day, the second (*chandoma*) day, the fourth *chandoma*, (and) the *avivākya* day as the tenth".[413] Likewise, at that very place[414] there is also the indication made in (the statement), "The first day is *gāyatra*,[415] the second *traiṣṭubha*".[416] But if there is a transfer of the *prāyaṇīya* day, then because it has a variety of meters the statement, "The first day is *gāyatra* " etc., is inapplicable.

5. At the fire-piling rite (*agnicayana*), many *mantras* for the action of fumigating[417] and many *mantras* for the action of sowing[418] are recited. Because the statements, "He fumigates with seven (verses)" and "He sows with fourteen (verses)", enjoin the employment of *mantras* connected with numbers, in accord with the principle stated in the first topic of the chapter only the first (seven or fourteen) *mantras* should be taken. No. Because the recitation (of the other *mantras*) in the context would be pointless, the

---

410 In the six-day period, the days are, in order, *gāyatra, traiṣṭubha, jāgata, gāyatra, traiṣṭubha, jāgata*. This means that on these days verses in the *gāyatrī, triṣṭubh*, and *jagatī* meters are the first verses to be sung at the *mādhyaṃdinapavamānastotra*.

411 See note above. In the TB quote, "*antaryanti*" is glossed by Bhaṭṭa Bhāskara as "*antarhitāṃ kurvanti, lumpanti*". BhD glosses "*antargacchati*" as "*tyajati*" (gives up).

412 I.e., its *sāman* is sung on a verse in the *triṣṭubh* meter. See note above.

413 This is unclear. The *chandoma* days are the three days following the six-day period. (See Minkowski, p. 107; ĀpŚS 21.8.11). However, at TāB 14.1.2, Caland quotes JB 3.173, which explains why all the four days following the six-day rites get the name "*chandoma*". See ŚD and BhD quotes in text.

414 I.e., at the two-day rite. (BhD).

415 See note above.

416 See note above.

417 I.e., the fumigating of the fire pot (*ukhā*).

418 I.e., the sowing of domestic and wild plants on the site (*kṣetra*) of the fire.

context blocks the order, and so in accord with one's wish they are taken from the beginning, middle, or end.[419]

6. At rites in which the *stomas* are increased, such as (those taught in) the statement(s), "They should perform the *atirātra* sacrifice with a twenty-one-versed *stoma* for one desirous of progeny, with a twenty-seven-versed *stoma* for one desirous of strength" etc.,[420] the (larger) number is produced by means of repetition,[421] because it is impossible to assume the arrival of other (distinct) *sāmans*. No. Because an increase in *sāmans* is in accord (only) with there being distnct *sāmans*,[422] because the statement, "For here alone (*eva*) they insert (*sāmans*)", is an indication,[423] and because the originative injunction of the other (distinct) *sāmans* serves a purpose in a modified rite, there is an arrival of (other) *sāmans*.

7. In modified rites, when the *stoma* is increased at the *bahiṣpavamāna-stotra*, on the basis of the previous principle other *sāmans* arrive. No. Because of the statement, "For there is one *sāman* there", which is made after the introduction of the *bahiṣpavamāna*, and because of the prohibition of repetition (of verses) on the basis of the word "*parāk*" (once) in the statement, "They chant the *bahiṣpavamāna* once (*parāk*)", (other) verses arrive. The word "*parāk*" means "once".

8. At the statement, "He should recite twenty-one (kindling verses (*sāmidhenīs*)) for one desirous of support",[424] the increase of kindling verses occurs by the arrival of verses other than the eleven;[425] or, because we see in the statement, "He recites the first (kindling verse) three times, (and) the last

419 This is unclear. In TS there are more than fourteen sowing *mantras*, but I only see seven fumigating ones there and in MS, KS, and VS.

420 This is untraced. The *atirātra* is a form (*saṃsthā*) of the *jyotiṣṭoma*.

421 I.e., repetition of the *sāmans* from the original rite.

422 I.e., an increased number is not produced merely by repetition of existing *sāmans*. The argument here supposes that since the *sāmans* form a part of the *stomas*, their number must be increased when the *stomas* are enlarged.

423 This statement answers an objection that verses should be brought in, and that they should be sung on *sāmans* of the original rite in order to produce a larger number of sung verses. It teaches as a restriction that it is only the *gāyatrī* verses etc. which are bases for items which are to be inserted. Consequently, it is only *sāmans*, and not verses, which are brought in, since verses cannnot be inserted into verses. (ŚD). See 10.4.13 for the full version of this quote.

424 This is taught at the new- and full-moon sacrifices.

425 I.e., the eleven distinct verses which, with repetitions, produce fifteen verses for recitation at the original. See NVO, pp. 77–9, for these. The claim here seems to be that ten other verses should be brought in to raise the total to twenty-one.

(kindling verse) three times",[426] that the number three is for the purpose of producing a larger number, by as much repetition as produces the (larger) number,[427] by so much the first and last verses should be repeated. No. Because it is possible to produce a larger number by the numbers two and four as well,[428] the number three is intended to be expressed, and so because there is no authority for blocking it (i.e., the number three), there is an arrival of six (other verses).

9. The *ṣoḍaśin* draught, which is taught at the *jyotiṣṭoma*[429] in the statement, "One who, knowing it to be so, draws the *ṣoḍaśin*", is postponed from its context by the sentence, "It is drawn on the following day at the two-day rite, on the middle day at the three-day rite".[430] No. On the basis of the statement, "He should also draw it (i.e., the *ṣoḍaśin*) in the *agniṣṭoma* for a *rājanya*", it enters the *agniṣṭoma*, which has the form of an intermediate form (*saṃsthā*) of the *jyotiṣṭoma*.[431] And the sentence quoted is[432] for the purposes of establishing a connection (i.e., of the *ṣoḍaśin* draught) with particular days and the lack of any cause[433] etc. (at the modifications).

10. And that,[434] on the basis of the statement(s), "He draws the *ṣoḍaśin* from the *ukthya* (cup)",[435] "He draws the *ṣoḍaśin* from the *āgrayaṇa* (cup)", should be drawn from both.[436] No. On the basis of the statement, "(He draws) that (i.e., the *ṣoḍaśin* draught) subsequently to the *ukthya*", the sentence (quoted above) which concerns the *ukthya* (draught) denotes an injunction of subsequent time, and so it (i.e., the *ṣoḍaśin*) should be drawn only from the *āgrayaṇa*.

---

426 This is taught at the original rite.

427 I.e., the number twenty-one.

428 I.e., by reciting the first verse two times and the last verse four times the number fifteen is reached.

429 I.e., the original rite.

430 The evidence offered by the context is weaker than that of the sentence. Accordingly, the draught takes place in the modified rites, not in the original.

431 Accordingly, since the *agniṣṭoma* is not a modification of the *jyotiṣṭoma*, the context of the original rite is not blocked by the statement quoted above.

432 This follows a corrected text. Otherwise, "And the two sentences quoted are".

433 I.e., such as the sacrificer being a *rājanya*.

434 I.e., the *ṣoḍaśin* draught. See 10.5.9.

435 This is based on the initial view. On the final view, the statement means, "He draws the *ṣoḍaśin* after the *ukthya* (draught)".

436 I.e., from both the *ukthya* and the *āgrayaṇa*.

11. And that[437] should be drawn at all three pressings, because of the statement, "It should be drawn at the morning pressing, at the midday pressing,[438] and at the third pressing". No. Because the statement, "The *ṣoḍaśin* indeed is a thunderbolt" etc., denigrates it (i.e., the *ṣoḍaśin* draught) at (the first) two of the pressings, it is drawn only at the third pressing.[439] On the basis of the statement in another *śākhā*, "It should be drawn at each pressing", it is drawn elsewhere as well.[440]

12. The *ṣoḍaśin* draught which is enjoined for the *agniṣṭoma* form and the *ukthya* form[441] by the statements, "He should also draw it (i.e., the *ṣoḍaśin*) in the *agniṣṭoma* for a *rājanya*" and "It should be drawn at the *ukthya*", should lack *stotras* and *śastras* (recitations), because otherwise, since the *stotras* and *śastras* complete the rite, there would result a *ṣoḍaśin* form and the absence of the *agniṣṭoma* form and the *ukthya* form. No. Because the statement, "There is a twenty-one-versed *stotra*, what is recited (*śasyate*) has the word '*hari*' (bay) in it", enjoins the *stotra* and the *śastra*,[442] and because on the basis of the statement, "He should draw the draught (*graha*) or fill up

---

437 I.e., the *ṣoḍaśin* draught. See 10.5.9 and 10.

438 This follows a corrected text.

439 The statement referred to here is considered to praise the draught at the third pressing by denigrating it at the first two. Śabara's quote here is: "It should be drawn at the morning pressing; the morning pressing is brilliance (*tejas*). He creates the thunderbolt from brilliance. It should be drawn at the midday pressing; the midday pressing is strength (*ojas*). He creates the thunderbolt from strength. It should be drawn at the third pressing; the third pressing is cattle (*paśus*). He creates the thunderbolt from cattle. When he draws it at the morning pressing, the thunderbolt surpasses (extends beyond) (*vyatiricyeta*) the later drawings; when (he draws it) at the midday pressing, the thunderbolt strikes in the middle. It should be drawn at the third pressing. Thereby he draws it at all the pressings; he is not led to distress at the earlier pressing." This translation is not certain. The MS version is similar, the main difference being, "When he draws it at the morning pressing, the thunderbolt remains for the sake of (*abhyatiricyate*; MW) the later drawings." The principle operating here is that of the groats of wild seasame (according to BhD and *Prabhā* on ŚD). See 10.8.4. I wish to thank Stephanie Jamison for her help with this passage.

440 This is unclear. The *Prabhā* on ŚD contrasts the teaching of the *Taittirīya*, which teaches the draught for each pressing, with that of a different *śākhā*, which teaches that it may optionally (*api*) occur at all three pressings. Is Mahādeva's "other *śākhā*" the *Taittirīya*?

441 These are two forms (*saṃsthās*) of the *jyotiṣṭoma*, which are identified by their concluding *stotras* and *śastras*.

442 I.e., at the *ṣoḍaśin* draught. In TS this is taught for the acquisition of support. See text for the verse.

the cup (*camasa*) and then begin the *stotra*",[443] when the actions of drawing (the draught) or filling the cup, which are causes, exist, the *stotra*, which is what is caused, is necessary, even admitting the fault (stated above) the *stotras* and the *śastras* must be performed.

13. At the two-day rite of the Aṅgirases, the sentence, "On the first day the *sāman* is the *vaikhānasa*, on the following day it is the *ṣoḍaśin*",[444] enjoins the *ṣoḍaśin* before transfer (can operate);[445] or, since an option is obtained from the *atirātra*,[446] it is a restriction.[447] No. On the basis of the independent statement, "It is drawn on the following day at the two-day rite", the restriction on it is obtained at the two-day rite (in general, i.e., at all two-day rites), and so this (sentence) teaches an exclusion, namely, that the restriction applies just here (i.e., at the two-day rite of the Aṅgirases), and not elsewhere;[448] this is the view of the author of the *Vṛtti*.[449]

But the author of the *Bhāṣya* says that if it is an exclusion, then its own meaning is abandoned, another meaning is assumed, and something which has been obtained is blocked,[450] and so because of these three faults, this is an *arthavāda* of the injunction of the *vaikhānasa* (*sāman*).[451]

14. At the statement, "At each fourth (*caturthe caturthe*) day of the *ahīna* (*ahīnasya*),[452] it (i.e., the *ṣoḍaśin* draught) is drawn", because of the direct statement of distributiveness[453] and of the singular number (i.e., in the word "*ahīnasya*" (of the *ahīna*)), the *ṣoḍaśin* draught is to be drawn on the fourth

---

443 Here Keith has, "He should grasp the cup or fill up the beaker", which seems wrong.

444 Sāyaṇa says that the word "*ṣoḍaśin*" here denotes the *sāman* called "*gaurivīta*", which is sung at the *ṣoḍaśastotra* (*ṣoḍaśiśabdena ṣoḍaśastotre gīyamānaṃ gaurivītākhyaṃ sāmo 'cyate*). Q: Where is the *vaikhānasa* sung? Is the point that on the following day the *ṣoḍaśin* draught is drawn? See Caland on TāB 20.11.

445 I.e., transfer from the *atirātra*, the original rite.

446 I.e., where the *ṣoḍaśin* is optional.

447 On this interpretation, it requires that the *ṣoḍaśin* must be performed.

448 At other two-day rites, the option transferred from the *atirātra* operates.

449 JNMV and BhD also attribute this interpretation to the author of the *Vṛtti*, and the one which follows to the author of the *Bhāṣya*. ŚD attributes the first of these to the author of "a different *vṛtti*" (*vṛttyantarakāra*), and the second to the author of the *Bhāṣya*.

450 See MNP, section 246, and Edgerton's translation for these three faults.

451 Here the *ṣoḍaśin* is accepted as being taught to occur on the following day of all two-day rites by force of the general (i.e., independent) statement.

452 An *ahīna* is a *soma* rite lasting from two to twelve days, excluding twelve-day rites which are *sattras*.

453 This is denoted by the repetition of the word "*caturthe*" (on the fourth).

and the eighth days of a single *ahīna*. No. Because the eighth day is not the fourth day of the *ahīna*, and therefore the word "*caturtha*" (fourth) would be inapplicable, because the distributiveness makes subsequent reference to the fourth day of various *ahīnas*, and because the singular suffix is intended to denote the *jāti*,[454] the *ṣoḍaśin* is drawn just once in (any) single *ahīna*.

15. At the *jyotiṣṭoma* rite, the precedence (i.e., initial position) of the *āgrayaṇa* draught, which is taught in the statement, "If the *soma* rite has the *rathantara sāman*,[455] he should draw the draughts with that for Indra and Vāyu first, if it has the *bṛhat sāman*, with that for Śukra first, if it has the *jagat sāman*, with the *āgrayaṇa* draught first",[456] enters even the original rite (i.e., the *jyotiṣṭoma*), because of context. No. Because a *sāman* named "*jagat*" is absent (everywhere), and because the *sāman* originating on (a verse in) the *jagatī* meter exists in the modified rites at the one-day rite called the "*viṣuvat*",[457] it enters only there.

Or: At that very statement, on the basis of the etymological analysis (i.e., of the word "*jagat*"), "by means of it the *jyotiṣṭoma* proceeds in the world (*jagati*)",[458] the word "*jagat*" denotes either the *bṛhat* or the *rathantara*; or, because of the statement in the *yoni* of the *rathantara*, "Lord of this liviing world (*jagat*)", it denotes the *rathantara*. No. Because the word "*jagatī*" presents itself (to the mind) from the word "*jagat*",[459] the *sāman* which originates on the verse which is connected with the *jagatī* meter is alone its meaning.

16. When, on the basis of the statement at the *gosava* rite,[460] "He should perform both",[461] there is a combination of the *rathantara pṛṣṭha* and the *bṛhat pṛṣṭha*, the condition of being first is blocked for both verses (together), and therefore the introductory verse (*pratipad*) is (either) the one with (the word) "*upa*" (to), which is a feature of the *rathantara*, or the one

---

454 I.e., "*ahīnatva*" (the condition of being an *ahīna*).

455 I.e., at the *pṛṣṭhastotra* in the midday pressing.

456 See 2.3.1.

457 This is the middle day in the year-long *soma* rite. See text for this verse.

458 The etymology offered here in JNMV (Gold. and ĀĀ), "by means of it the *jyotiṣṭoma* moves (*gacchati*), that is, proceeds" (*jagcchabdaś ca gacchati pravartate jyotiṣṭomo 'nene 'ti vyutpattyā tatra saṃbhavati*), has "*gacchati*" (it moves) where MNS has "*jagati*" (in the world). Mahādeva is probably still following his text of the JNMV, since the ĀĀ edition records the variants, "*jagati*" and "*jagatī*".

459 According to JNMV, "*jagat*" is a *vedic* form of "*jagatī*".

460 The *gosava* is a one-day *soma* rite.

461 I.e., both the *bṛhat* and the *rathantara pṛṣṭhastotras*. These are the first of the *pṛṣṭhastotras*. They are sung on the *bṛhat* and *rathantara sāmans*, respectively.

with (the word) "*agra*" (first),[462] which is a feature of the *bṛhat*;[463] or, because it is predominant,[464] (the introductory verse is) only the one with (the word) "*upa*" (to), which is a feature of the *rathantara*. No. Because the cause at the original rite is (one or the other of) the two (*pṛṣṭhas*) which have no expectancy for each other, and because they are absent (in that manner) here due to their combination, the two (particular) introductory verses, which are what is caused, do not occur.[465]

17. Although there is an order of the draughts, namely, the *upāṃśu* draught, the *antaryāma* draught, the draught for Indra and Vāyu, and the draught for Mitra and Varuṇa,[466] on the basis of the sentence, "In that the draughts are drawn with that for Indra and Vāyu first, (indeed they follow speech)", the draught for Indra and Vāyu occurs before the *upāṃśu* draught. No. Since the condition of being for the sake of a result[467] is obtained from the sentence, "One who desires, 'May my offspring be suited to the order of their seniority', should draw the draughts with that for Indra and Vāyu first", the sentence, "In that the draughts are drawn with that for Indra and Vāyu first, indeed they follow speech", enjoins, as being for the sake of the rite, only the *dhārā* draughts as qualified by (the) precedence (of the draughts for Indra and Vāyu),[468] and therefore the draught for Indra and Vāyu occurs in its own place.

---

462 In fact, the word "*agriya*" (foremost).

463 This refers to the introductory verse of the *bahiṣpavamānastotra*. See CH 134g.

464 I.e., because the *rathantara* is predominant. According to JNMV, this is because it is taught (*śruta*) first. According the Śabara, it is because it is studied (*adhīta*) first. He quotes JS 12.2.23 (see MNS 12.2.8). Is this based on the order of verses in the SV (see 9.2.6 (first *varṇaka*))?

465 Instead, some other verse is to be used. I have translated "*pratipad*" here as "introductory verse", in conformity with Mahādeva's reference to two verses. The word can also denote the introductory verse triad (*prathamatṛca*), and that is how Sāyaṇa glosses it at TāB 6.9.1.

466 This refers to the order of draughts in the *jyotiṣṭoma*. See 5.4.1. JNMV states, presumably with reference to the TS, that this order appears in the *vidhi* and *mantra* chapters.

467 This is stated in reference to the precedence of the draught for Indra and Vāyu.

468 Accordingly, the statement does not enjoin precedence. The *dhārā* draughts are those starting with the one for Indra and Vāyu. According to the glossary in CH, the *upāṃśu* and *antaryāṃa* draughts are excluded from this group. It seems from ŚD that the *dhārā* draughts are taught near the statement, "He draws with a small stream (*dhārā*)" (*aṇvyā dhārayā gṛhṇāti*); JNMV says they are taught in the sentence with "*dhārayā gṛhṇāti*"; Śabara says they are taught with "*aṇvyā 'vyavacchinnayā dhārayā gṛhṇāti*". See Bhaṭṭa Bhāskara on TS 6.4.7.1.

18. Because precedence, which is for the sake of the result, is based on all the draughts, when there is a desire[469] the draught for Indra and Vāyu should take place before all the draughts. No; because on the grounds of proximity,[470] only the *dhārā* draughts are its basis, and because only those draughts which are qualified by a precedence which has been obtained are enjoined as producing a (specific) result.[471]

19. So too at the statement, "He should draw the draughts with the *śukra* draught first for one performing a malevolent rite, (and) with the *manthin* draught first for one who is the target of a malevolent rite",[472] the *śukra* and the *manthin* draughts should occur in their own places, just as above.[473] No. Even though the precedence of the draught for Indra and Vāyu, which has been obtained from the (order of) recitation (of the *dhārā* draughts), is not enjoined, the precedence of the *śukra* draught, which has not been obtained, is enjoined for the sake of the result,[474] and so since there is a difference (in the two cases), they do not enter (i.e., occur at) their own places.[475]

20. They[476] are brought forward to the beginning of all,[477] because there is no distinction (stated). No. Because the injunction of the precedence of the *śukra* draught etc. is based on the *dhārā* draughts alone, and because in the statement, "They should hold the draught (i.e., cup) which they draw for a desire; after drawing the draught for Indra and Vāyu, he should set it (i.e., the draught for Indra and Vāyu) down", the action of drawing the draught for Indra and Vāyu after the action of holding the draught for a desire is an indication,[478] they occur only before the draughts for Indra and Vāyu etc.

21. Even when the draughts are brought forward, the action of setting down (the cups) is not brought forward, because it is not taught. No; because in as much as the action of setting down (the cup) is a subsidiary of the

469 I.e., that one's offspring accord in the order of their seniority. See 10.5.17.
470 See 10.5.17 and note.
471 Here the precedence has been obtained from the order of recitation.
472 This is untraced, but according to Śabara it is taught at the *jyotiṣṭoma*.
473 See 10.5.18.
474 This argument should presumably be applied to the *manthin* draught as well.
475 Instead, they are brought forward to the initial position.
476 I.e., the *śukra* and the *manthin* draughts discussed in the preceding topic.
477 I.e., the beginning of all the draughts, starting with the *upāṃśu* draught.
478 I.e., of the intended sense. The *śukra* draught etc. are drawn for desires.

action of drawing, when the main item (i.e., the drawing) is brought forward, it is appropriate for it (i.e., the setting down) to be brought forward.[479]

22. So too the action of giving (*pradāna*) should be brought forward; this is a worry for the slow-witted. No; because even when a subsidiary (i.e., the draught) is brought forward, the main item (i.e., the giving) is not brought forward.

23. At the twelve-day rite, at the triple array (*tryanīkā*),[480] which is taught in the statement, "The introductory day (*prāyaṇīya*) and the final day (*udayanīya*) have the draught for Indra and Vāyu first, and so does the tenth day; then of the other nine days, the first day (*ahar*) has the draught for Indra and Vāyu first, then (*atha*) the (second) day has the *śukra* draught first, then (*atha*) the (third) day has the *āgrayaṇa* draught first; then (*atha*) the (fourth) day has the draught for Indra and Vāyu first, then (*atha*) the (fifth) day has the *śukra* draught first, then (*atha*) the (sixth) day has the *āgrayaṇa* draught first; then (*atha*) the (seventh) day has the draught for Indra and Vāyu first, then (*atha*) the (eighth) day has the *śukra* draught first, then (*atha*) the (ninth) day has the *āgrayaṇa* draught first", at the second and third days, the conditions of having the draught for Indra and Vāyu and the *śukra* draught first, which are caused by the *rathantara* and *bṛhat sāmans*, have been obtained,[481] and so the two sentences (which concern them here) make subsequent reference (to them); or, because they would be pointless (in that case), they serve to exclude other subsidiaries; or, because that would entail the three faults,[482] they are an *arthavāda* of the injunction that the *āgrāyaṇa* draught should be first.[483] No. They are just for the sake of enjoining the two as not being caused. And the result (of this) is that in a modification of the twelve-day rite, even in the absence of the cause,[484] the precedence is obtained.[485]

---

479 ĀpŚS 12.14.7 teaches that the cup drawn for a desire is set down after the cup drawn for Indra and Vāyu.

480 I.e., the three groups of three days described in the text below. These are referred to as three *anīkas* "faces", "arrays", or "ranks". Cf. JNMV on 10.5.25.

481 I.e., from the *jyotiṣṭoma*. At the *pṛṣṭhya* six-day period the order of *sāmans* is *rathantara, bṛhad, vairūpa, vairāja, śākvara,* and *raivata*. See 10.5.15 for the precedence of draughts for the various *sāmans*.

482 I.e., the three faults implicit in any exclusion. See 10.5.13.

483 This is an injunction of something which has not been obtained.

484 I.e., in the absence of the *rathantara* and *bṛhat sāmans*.

485 BhD and the *Prabhā* commentary on ŚD refer to the *gargatrirātra* (the three-day rite of Garga), in which the second day has the *vāmadevya sāman*, not the *bṛhat*. It too should have the draught for *śukra* first.

24. The twelve-day rite of the type stated[486] is the *samūḍha* (regularly arranged) type, but the *vyūḍha* (rearranged) type has this form: the introductory day (*prāyaṇīya*) and the final day (*udayanīya*) have the draught for Indra and Vāyu first; then of the other ten days, the first day has the draught for Indra and Vāyu first, then the (second) day has the *śukra* draught first, then two days (the third and fourth) have the *āgrayaṇa* draught first, then the (fifth) day has the draught for Indra and Vāyu first, then two days (the sixth and seventh) have the *śukra* draught first, then the (eighth) day has the *āgrayaṇa* draught first, then two days (the ninth and tenth) have the draught for Indra and Vāyu first. That being so,[487] both the *samūḍha* and the *vyūḍha* alike are original rites, because they are based on a common injunction.[488] No. Because of the indication made in the statement, "Indeed this fourth day[489] is the abode of the draught for Indra and Vāyu",[490] and because the *vyūḍha* is enjoined for the sake of a desire in the statement, "One who desires, 'May I be great through offspring'",[491] the *samūḍha* alone is the original rite, and the *vyūḍha* is a modification. The result (of this) is that the *samūḍha* is transferred to the *ahargaṇas*.[492]

486 I.e., in the preceding topic.

487 Perhaps the underlying sense here is, "the *vyūḍha* being taught in this way as being for the sake of the rite".

488 JNMV says that they are both taught as being for the sake of the rite.

489 I.e., starting from the second day.

490 This is stated for the *vyūḍha* (I think), where the precedence of the *āgrayaṇa* draught is enjoined for the fourth day following the first day. It makes subsequent reference to the precedence of the draught for Indra and Vāyu, which is understood there by transfer from the *samūḍha*, and serves to praise the precedence of the *āgrayaṇa* draught. This only makes sense if the *vyūḍha* is a modification of the *samūḍha*. Cf. JNMV.

491 Therefore it is not for the sake of the rite. BhD and the *Mayūkhamālikā* on the ŚD continue the quote, "should sacrifice with the *vyūḍha*", the *Prabhā* on the ŚD with, "should sacrifice with this (rite)". A similar quote in TS continues, "should sacrifice with the twelve-day rite".

492 These are rites lasting more than one day.

25. At the *gavāmayana* rite,[493] which is made up of three hundred and sixty-one pressing days, the arrangement of days according to the *Tāṇḍins* is as follows: the introductory day (*prāyaṇīya*) is the first day; the second day has a twenty-four-versed *stoma*; (next) there are four *abhiplava* six-day periods;[494] and (next) there is one *pṛṣṭhya* six-day period;[495] in this way there is a month (i.e., excluding the first two days); in this way there are five months; (next) there are three *abhiplava* six-day periods; and (next) there is one *pṛṣṭhya* six-day period; (next) there is a one-day *abhijit* rite; (next) there are three *svarasāman* days;[496] in this way there are twenty-eight days and the first two days; in this way there are six months. This is the first half. Then the *viṣuvat* day; then the latter half (in which there are): three *svarasāman* days; (next) a one-day *viśvajit* rite; (next) one *pṛṣṭhya* six-day period, in which the first day has a thirty-three-versed *stoma*; (next) three *abhiplava* six-day periods; in this way there are twenty-eight days (i.e., after the *viṣuvat* day); (next) there is one *pṛṣṭhya* six-day period; (next) there are four *abhiplava* six-day periods; in this way there is a month; in this way there are four months; (next) there are three *abhiplava* six-day periods; (next) two days (i.e., two one-day rites), namely, an *ayus* rite and a *go* rite; (next) ten days of a twelve-day rite; in this way there is a month; (next there is) a *mahāvrata* rite and an *atirātra* rite (which) with the initial twenty-eight days make six months. Here, the triple array from the twelve-day rite has been obtained by transfer, and because it could not produce the (required number of) days in the *gavāmayana* if it were not repeated, it is repeated. And the repetition has the form of first performing the entire triple array (consisting of nine days) and then performing it again and again, because of the word "*ahar*" (day) in the statement, "The first (*prathama*) day (*ahar*) has the draught for Indra and Vāyu first".[497] No. Because it is impossible at the original rite for the (word) "*prathama*" (first), which is what is referred to,[498]

493 This is a year-long *soma* rite.

494 For the *abhiplava* and *pṛṣṭhya* six-day periods, see Eggeling, SBE, Vol. XXVI, Part 2, pp. 402–3, note 4, and Vol. XLI, Part 3, pp. xx–xxiii.

495 See preceding note.

496 See 7.3.10 for these.

497 This word is understood in the following eight sentences, each of which is introduced by the word "*atha*" (then), and so the immediate repetition of the first day's rite would block the injunction for the second day.

498 I.e., in an analysis identifying, "that which has the draught for Indra and Vāyu first", as what is enjoined.

to be qualified by the (word) "*ahar*" (day),[499] the word "*ahar*" (day) makes subsequent reference,[500] and so since we understand the meaning, "The first is that which has the draught for Indra and Vāyu first", the precedence of the draught for Indra and Vāyu occurs on twenty days; then the precedence of the *śukra* draught occurs on the same number of days; then the precedence of the *āgrāyaṇa* draught (occurs on the same number of days); and that occurs yet again in just that form;[501] this is the view of the *Bhāṣya*.

But on the view of the *Vārttika*, the discussion has taken place just at the triple array which is directly enjoined,[502] and so the great amount which needs to be stated is not stated here for fear of prolixity.

26. At the original rite,[503] in the *mantras* which accompany the actions of drinking at the three pressings, it is stated, "(Of you, Soma) who has the *gāyatrī* as your meter, who has the *triṣṭubh* as your meter, who has the *jagatī* as your meter";[504] in the *anvāroha mantras* at the three *pavamānas*[505] (it is stated), "(You) with the *gāyatrī* as your meter, with the *triṣṭubh* as your meter, with the *jagatī* as your meter"; in the *arthavāda* which praises the enclosing sticks (it is stated), "The middle enclosing stick is connected to (has?) the *gāyatrī*, the southern is connected to the *triṣṭubh*, the northern is connected to the *jagatī*";[506] in the sentence concerning the pans (it is stated), "The cake at the morning pressing is on eight pans, the cake at the midday pressing is on eleven pans, the cake at the third pressing is on twelve

---

499 This is because there would result distinct sentences, i.e., "The first is that which has the draught for Indra and Vāyu first, and it is a day". ŚD has a remark similar to MNS. (JNMV says that the day is not intended to be expresssed, since distinct sentences would result.)

500 It makes subsequent reference to the group of days through secondary signification.

501 Nine sets of twenty days produce 180 for the first half. The second half seems to follow a different order.

502 The triple array is not transferred to the *gavāmayana*, but occurs there on the basis of its direct injunction. See ŚD and BhD for the arguments against transfer.

503 I.e., the *jyotiṣṭoma*.

504 See CH 147d, 189a, and 230. See Minkowski, p. 92, for the association of the *gāyatrī*, *triṣṭubh*, and *jagatī* meters with the three pressings of the *agniṣṭoma*.

505 The *anvāroha* ("ascent") *mantras* are recited at the time of the *bahiṣpavamāna*-, *mādhyaṃdinapavamāna*- and *ārbhavapavamānastotras*. See TS 3.2.1.1 for the sense of the term: "Indeed one who sacrifices knowing the 'ascent' *mantras* of the *pavamāna- stotras* ascends the *pavamānas* and indeed is not cut off from the *pavamānas*" (*yo vai pavamānānām anvārohān vidvān yajate 'nu pavamānān ā rohati na pavamānebhyo 'va chidyate*). (CH 134g, p. 180, 178b, p. 282, and 221b, p. 343).

506 This is untraced, and the translation is uncertain.

pans".[507] Here,[508] the numbers eight etc. cause the *gāyatrī*, *triṣṭubh*, and *jagatī* meters to present themselves by means of our memory of the various (numbers of) syllables (in these meters), and so the meaning is: the cake (at the morning pressing) has the *gāyatrī* as its pan etc.[509] But in the *vyūḍha* (rearranged) type (of the twelve-day rite), there is an inversion in the order of the meters on the basis of the statement, "Indeed the meters set their wishes on one another's world, the *gāyatrī* on that of the *triṣṭubh*, the *triṣṭubh* on that of the *jagatī*, the *jagatī* on that of the *gāyatrī*". Because there is no restriction that it (i.e., the inversion) applies only to the words denoting meters which occur in the *mantras* etc.,[510] it applies also to items, in the form of the actions of drinking, the *pavamāna* (*stotras*), the enclosing sticks, and the pans, and so the drinking at the morning pressing occurs at the midday (pressing), the one there occurs at the third pressing, (and) the one there occurs at the morning pressing; likewise the *bahiṣpavamāna* (*stotra*) occurs at the midday pressing, the *mādhyaṃdinapavamāna* (*stotra*) at the third pressing, (and) the *ārbhavapavamāna* (*stotra*) at the morning pressing; likewise the middle enclosing stick, which is the thickest, (is placed) to the south, the smaller one, which is longer, to the north, (and) the smallest one, which is shortest, in the middle;[511] so too at the pans;[512] in this way it (i.e., the *vyūḍha*) is performed. So too it is to be construed at the words denoting the meters which occur in the *mantras* at the actions of drinking and at the *pavamāna* (*stotras*).[513] No. On the basis of the sentence, "Indeed the meters (etc.)", the inversion is stated only for the meters, and so it applies only to the words "*gāyatrī*" etc. And the use of the words "*gāyatrī*" etc. for an item is for the sake of praising it.

Chapter 6

1. Because students study the *rathantara* and other *sāmans* on just one verse (for each), and because that (i.e., their study) is for the sake of performance,

---

507 These are the *savanīya* cakes. See CH 121, 156, and 199c.

508 I.e., in the last quotation.

509 See 1.4.12 and its discussion of the *arthavāda* at the *iṣti* for the birth of a son.

510 I.e., the words "*gāyatrī*" etc.

511 At the new- and full-moon sacrifices, the thickest stick is placed in the middle, i.e., to the west of the *āhavanīya* fire, a thinner and longer stick to the south, and the thinnest and shortest to the north. See ĀpŚS 1.5.10

512 I.e., the cake on eight pans is moved to the midday pressing, that on eleven pans to the third pressing, and that on twelve pans to the morning pressing.

513 The text here is uncertain.

those *sāmans* should be sung on just one verse.[514] No; because there is the statement, "One *sāman* is produced on three verses",[515] and there is the indication provided in the statements, "He takes the (first) eight syllables of the first verse as the *prastāva*" and "(He takes) the (first) two syllables of the last two verses (as the *prastāva*)" etc.[516]

2. At the statement, "While the *prastāva* of the *rathantara* is being sung, he (i.e., the *udgātṛ*) should shut his eyes (and) he should open them at (*prati*) (the word), 'Whose eye is the sun (*svardṛś*)'",[517] since we understand distinct sentences on account of the distinct injunctions, the latter sentence enjoins the pronunciation of the word "*svardṛś*" (whose eye is the sun) and the action of opening the eyes, these two having obtained the relation of subsidiary and main item.[518] And in this way, in the following two verses as well the action of shutting the eyes is understood (to continue).[519] No. Because the opening of the eyes is (naturally) obtained,[520] and therefore cannot be enjoined, because the shutting of the eyes expects a time limit, and because we are eager for there to be a single sentence, we understand from the word "*prati*" a time limit for the shutting of the eyes,[521] and so the shutting lasts only until the recitation of the (*pāda* of the) verse of the *yoni*, "Lord of this living world, whose eye is the sun (*svardṛśam*)".[522]

3. At the *gavāmayana* rite,[523] because the statement, "The *pṛṣṭhya* six-day period should be made with the *bṛhat* and the *rathantara* as its *sāmans* (*bṛhadrathantarasāman*)", enjoins once again the *bṛhat* and *rathantara* (*sāmans*),[524] which have been obtained by transfer (from the twelve-day

---

514 I.e., at the time of a performance.

515 See 9.2.3.

516 The *prastāva* is the prelude of the *sāman* sung by the *prastotṛ*. It is followed by four other constituents of a *sāman*, namely, the *udgītha*, *pratihāra*, *upadrava*, and *nidhana*. See CH 199b, pp. 308–9. The translation here is based on Caland at TāB.

517 This is taught for the first *pṛṣṭhastotra* at the *jyotiṣṭoma*. See CH 199b. The word "*svardṛś*" occurs in the third *pāda* of the first verse. The translation here follows Geldner. Keith takes it to mean, "who sees the heavenly light".

518 Since there are two distinct sentences, the latter cannot enjoin a time limit for the action taught in the first.

519 The following verses lack the word "*svardṛś*" (whose eye is the sun).

520 I.e., in order to avoid obstacles (JNMV).

521 I.e., that they should remain shut until the pronunciation of the word "*svardṛś*" (whose eye is the sun).

522 This is the third *pāda* of the first verse.

523 This is a year-long *soma* rite.

524 Specifically, it enjoins these *sāmans* for use at the *pṛṣṭhastotras* of the six days.

rite), the *vairūpa*, *vairāja*, *śākvara*, and *raivata sāmans*, which (also) occur at the twelve-day rite, are blocked,[525] and so following the statement of Kātyāyana, "For a *dvandva* or *tatpuruṣa* compound, which is compounded with a following word, a statement of obligatory compounding (must be made)", it is only after the *dvandva* compound (i.e., "*bṛhadrathantara*" (the *bṛhat* and the *rathantara*)) is made, that the *bahuvrīhi* compound (i.e., "*bṛhadrathantarasāman*" (in which the *bṛhat* and the *rathantara* are the *sāmans*)) is stated, and so every day the *bṛhat* and the *rathantara sāmans* should be made in order to oblige the combination (of these two) which is understood from the *dvandva*. No. Because the six-day period is the exocentric meaning,[526] and so even without blocking the lack of expectancy,[527] which is obtained by transfer, it is possible for the combination not to be blocked, (and) because the statement quoted (from Kātyāyana) operates only on (the compounds) "*vāktvacapriya*" (fond of speech and skin) etc.,[528] the *rathantara* occurs on some days and the *bṛhat* on some.

4. At the statement, "They should offer (i.e., kill) the animals of the eleven animal rites on the introductory day (*prāyaṇīya*) and the final day (*udayanīya*) (*prāyaṇīyodayanīyayoḥ*) (which are *atirātras*)", [529] because the introductory and final days are what is referred to and are therefore the main

---

525 At the *pṛṣṭhya* six-day period in the twelve-day rite, the days have, in order, the *rathantara, bṛhat, vairūpa, vairāja, śākvara*, and *raivata sāmans*.

526 Literally, the "meaning of another word", which is the general sense enjoined for a *bahuvrīhi* compound.

527 I.e., the lack of mutual expectancy in the two *sāmans* which are enjoined for the *pṛṣṭhastotra*.

528 Kātyāyana requires that *dvandva* and *tatpuruṣa* compounds, which are generally optional, must be formed when the words which will constitute them are compounded with a following word. This arises because *bahuvrīhi* compounds may be formed out of more than two words. Here the purpose of Kātyāyana's statement is said to be the addition of the suffix *ṭac* to the *dvandva* compound *vāktvac* (speech and skin), giving *vāktvaca*. This takes place by P 5.4.106 *dvandvāc cudaṣahantāt samāhāre*.

529 The additional comment that they are *atirātras* follows the quote as given by Śabara, ŚD, and JNMV. According to ŚD and JNMV, this is taught at the twelve-day *soma* rite, but I have not found it there. Instead, the eleven animals seem to be divided up and offered day by day (see ĀpŚS 21.14.8). A statement similar to the one quoted does appear in reference to the year-long *soma* rite, giving the practice of the Kāṭhakas, as opposed to that of the Pāliṅgāyanikas, in which animals are offered daily (see ĀpŚS 21.23.4–7 and Caland's notes). At the *jyotiṣṭoma*, eleven animals may be offered instead of the "animals for the rite" (*kratupaśus*) otherwise enjoined. See 7.3.13, 8.1.7, etc.

item,[530] and because subsidiaries conform to the main item, eleven animals should be offered on each of both days. No. For the animal rites, which are enjoined by another statement[531] and have become subsidiaries by context, there is an expectancy for the place (i.e., time when they are to be performed), and so, because the sentence quoted enjoins the place, five are offered on the introductory day, five on the final day, and the last (i.e., the eleventh) also on the final day;[532] in this way it is to be performed.

5. Because we understand from the statement, "The *viśvajit* has all the *pṛṣṭhas* (*sarvapṛṣṭha*)",[533] that in it are all the *pṛṣṭhasāmans*,[534] all of the *sāmans* should be made (i.e., sung) at the place of the *pṛṣṭhastotra*.[535] No. On the basis of the statement, "He makes the *rathantara* (*sāman*) at the *pavamāna*,[536] the *bṛhat* at the *ārbhava*,[537] and the others in between, (specifically) the *vairūpa* (he makes) as the *pṛṣṭha* (*sāman*) of the *hotṛ's*, the *vairāja* as the *brahman's sāman*, the *śākvara* as the *maitrāvaruṇa's*, (and) the *raivata* as the *acchāvāka's*", the place (of the various *sāmans*) is restricted.[538]

530 Here the combination of the two days expressed in the *dvandva* compound "*prāyaṇīyodayanīyayoḥ*" (on the introductory day and the final day) is not considered to be an intended meaning.

531 According to ŚD, this is a statement taught in the context of the twelve-day *soma* rite. ĀpŚS 21.14.8 enjoins the eleven animals for the twelve-day rite, but for daily offerings.

532 According to Śabara, JNMV, and the *Prabhāvalī* on BhD, this is because of proximity (*pratyāsatti*) (i.e., to the immediately preceding sacrifice).

533 The *viśvajit* is a one day *soma* rite.

534 I.e., the six *sāmans* which are sung at the (first of the) *pṛṣṭhastotras* after the *mādhyaṃ-dinapavamāna* on succcesive days in the (*pṛṣṭhya*) six-day rite. In the statement quoted here, the term "*pṛṣṭha*" denotes these *samans* through secondary signification. See 7.3.3. See Caland at TāB 16.5.20. See also Eggeling, Vol. XLI, Part 3, pp. xxx–xxxiii.

535 The term "*pṛṣṭhastotra*" refers to the first of the *pṛṣṭhastotras*, i.e., the *māhendra-stotra*.

536 I.e., the *mādhyaṃdinapavamānastotra*, which is the first of the *stotras* at the midday pressing.

537 I.e., the *ārbhavapavamānastotra*, which is the first of the *stotras* at the third pressing.

538 As a result, the *vairūpa sāman* alone serves to bring about the (first) *pṛṣṭhastotra*. Or perhaps, "the *vairūpa* is the *pṛṣṭha*...the *vairāja* is the *brahman's*...(etc.)".

6. At the statement, "The *ukthya* has the *vairūpa* as its *sāman*, the *ṣoḍaśin* has the *vairāja* as its *sāman*",[539] we understand the connection of the *vairūpa* and the *vairāja* (*sāmans*) with the entire *ukthya* and *ṣoḍaśin*, and so they occur in those two entirely (i.e., throughout). No. Because the designations, "It has the *bṛhat* as its *sāman*"[540] etc., have the *pṛṣṭhastotra*[541] as their range of reference at the original rite, it is appropriate that it is the same way here too, and so those two occur only at the task of the *pṛṣṭha*, and their connection with the rite is only by means of the *pṛṣṭha*.

7. At the statement, "The *agniṣṭut* is a nine-versed (*trivṛt*) *agniṣṭoma*",[542] the condition of being *trivṛt* enters (i.e., applies to) all the substances at the *agniṣṭut*, because in sentences such as, "The rope is three-stranded (*trivṛt*)" etc., the word is used to mean the condition of having three strands, and so it lacks a special connection with just a *stoma*.[543] No; because after the statement, "The *bahiṣpavamāna* (*stotra*) is *trivṛt*", a group of nine verses is taught, and therefore the conventional meaning accepted by the experts in the *veda* is just that.[544]

8. So too at the statements, "At a *saṃsava* he should perform both"[545] etc., in order not to block the transfer,[546] one (of the two *sāmans*) is the means of bringing about the *pṛṣṭhastotra*, and the other is the means of bringing about a different *stotra*, just like at the rite which has all the *pṛṣṭhas* (*sarvapṛṣṭha*).[547] No. Although it is that way there because of the statement which was quoted, in the present case, on the basis of this statement, there is only the combination (i.e., of the two *sāmans*).[548]

---

539 BhD quotes this statement as occurring, "in some modified rite" (*vikṛtiviśeṣe*). It seem to refer to the six-day period of the twelve-day *soma* rite, where the *ukthya* and *ṣoḍaśin saṃsthās* are taught for the third and fourth days.

540 This seems to refer to the *jyotiṣṭoma*. See 10.5.15.

541 I.e., the first of the *pṛṣṭhastotras*.

542 The *agniṣṭut* is a one-day *soma* rite.

543 A *stoma* is the particular number of verses sung at a rite or part of a rite.

544 See 1.3.5.

545 I.e., both the *bṛhat* and the *rathantara sāmans*. The term "*saṃsava*" refers to the performance of *soma* sacrifices by rival sacrificers at the same time and in vicinity of each other.

546 I.e., the transfer whereby only one of these two *sāmans*, which are optional with each other, is employed at the *pṛṣṭhastotra*.

547 I.e., the *viśvajit*. See 10.6.5.

548 See BhD, pp. 686–7, for the ways in which this combination may be effected. See also Caland's note 2 at TāB 9.4.18.

9. At the *gavāmayana* etc.,[549] when the (*pṛṣṭhya*) six-day period is enjoined as occurring in reverse order by the statement, "It should be made with its first day having the thirty-three-versed *stoma* and its final day having the nine-versed *stoma*",[550] the action of eating honey, which is enjoined (at the original rite) by the sentence, "When the six-day period has concluded, one should eat honey or ghee",[551] and performed at the original rite when the day with the thirty-three-versed *stoma* has been performed, should (likewise) be done at the end of the day with the thirty-three-versed *stoma*, since it is appropriate that it be done in just the same way here too. No. Because the sentence quoted[552] enjoins it for the end of the performance of the six-day period, and because in the original rite the proximity of the day with the thirty-three-versed *stoma* is (merely) inherent[553] and therefore not transferred, here too it (i.e., the eating of honey) should be performed at the end of the six-day period.

10. When the six-day period is repeated on the basis of the statement, "They perform (again) the *pṛṣṭhya* (six-day period) in reverse order",[554] the action of eating honey should also be repeated, because it is a subsidiary of that.[555] No. Because the conclusion (of a rite) has the form of a cessation of activity, and because that is absent (i.e., after all but the final six-day period) when a six-day period is performed again, it (i.e., the action of eating honey) occurs only at the end of them all.

11. But at the statement, "There are four *abhiplava* six-day periods, and (then) there is a *pṛṣṭhya* six-day period, that is a month; that is the second (month); that is the third (month); that is the fourth (month); that is the fifth (month)" etc.,[556] because of the intervention by the *abhiplava* six-day

549 The *gavāmayana* is a year-long *soma* rite.

550 The normal order is for the six days to have nine, fifteen, seventeen, twenty-one, twenty-seven, and thirty-three verses.

551 This is taught at the twelve-day *soma* rite, the original rite for the *gavāmayana*.

552 I.e., "When the six-day period has concluded" etc.

553 I.e., it is based on circumstance, not a direct statement (JNMV).

554 This is taught at the *gavāmayana*, a year-long *soma* rite. A similar statement is taught for *sattras*, but on the basis of the preceeding and following topics, the *gavāmayana* is probably the intended context here. (I have not found the name of any particular rite mentioned here in other Mīmāṃsā texts). (The translation, "in reverse order", is based on Caland).

555 I.e., of the six-day rite. Specifically, the eating is enjoined to take place when the six-day rite has concluded. See 10.6.9 for the injunction.

556 This is taught at the *gavāmayana*, the year-long *soma* rite. See 10.5.25.

periods etc., the conclusion of the *pṛṣṭhya* six-day periods takes place just before them, (and) therefore the action of eating is repeated.[557]

12. At the twelve-day rite which is of the nature of a *sattra*,[558] honey should not be eaten, because the participants in the *sattra* are initiated, and since they are therefore celibate, the eating of honey is prohibited.[559] No. Because the prohibition of eating meat and honey for someone who is celibate is for the sake of the person, and because the prohibition (i.e., of these two items) which is for the sake of the rite and has been obtained (here) by transfer[560] is based (only) on transfer,[561] the eating of honey, which is directly taught (and is) for the sake of the rite, is not blocked.

13. At the statement, "(Saying) 'With this earth as vessel, the juice of which is the ocean,[562] I draw you, pleasing to Prajāpati', he draws the *mānasa* ("thought") draught for Prajāpati", [563] a distinct sacrifice is enjoined,[564] because of the indication made in the statements, "Indeed the twelve-day rite is speech, the *mānasa* draught is the mind" (and) "The meters of the twelve-day rite have lost their juices, they invigorate them with the *mānasa* draught". No. Because we see the statements, "Indeed this *mānasa* draught is the dismissal (*visarga*) of the tenth day", "On the tenth day they proceed to the *mānasa* draught", etc., because if it were a distinct day the names "twelve-day rite" etc. would be blocked,[565] and because the praise quoted comes about properly even on the basis of the distinction between part and whole, this statement enjoins only a distinct repetition of the draught (i.e., a separate draught), which is a subsidiary of the tenth day.

---

557 The eating of honey occurs only at the *pṛṣṭhya* period, not at the *abhiplava* period, because only the former occurs at the original, i.e., the twelve-day rite.

558 A twelve-day rite has either the nature of an *ahīna*, or that of a *sattra*. See 8.2.6.

559 The prohibition of eating honey for celibate students seems to be based on *dharma-sūtra* statements. For the injunction to eat honey at the twelve-day rite, the original of the *gavāmayana*, see 10.6.9.

560 I.e., from the *jyotiṣṭoma*, where it is taught for the sake of the rite. See CH 19.

561 I.e., it is only inferential. Since celibacy for the sake of the rite here would be based on transfer, the prohibition of eating honey, which applies to one who is celibate, would also be undersood as being for the sake of the rite, but only on the basis of transfer, and so it could not serve to restrict the eating of honey to *ahīnas*. (Cf. Śabara, ŚD, and BhD).

562 Following Caland on ĀpŚS 21.10.2, Śabara, and JNMV.

563 This is taught at the twelve-day *soma* rite.

564 I.e., one which would be performed on the thirteenth day.

565 I.e., they would have to be the "thirteen-day rite" etc.

14. Because there is a single agent at the original rite,[566] it should be the same at the twelve-day *sattra*. No. Because the agents are many in (the action expressed by the) word "*āsīran*" (they should sit, i.e., perform the *sattra*), they are instead many.

15. On the basis of the original rite,[567] the priests are distinct from the sacrificers here too.[568] No. On the basis of the statements, "The sacrificers are the priests", "The *sattras* have no sacrificial fee", "Having initiated the *gṛhapati*, the *adhvaryu* initiates the *brahman*", etc., the sacrificers are the priests.[569]

16. On the basis of the usage of the learned,[570] an *ahargaṇa*[571] which has an injunction made by the words "*āsīran*" (they should sit, i.e., perform the *sattra*) or "*upeyus*" (they should perform (the *sattra*)), and has numerous sacrificers, is a *sattra*, (and) an *ahargaṇa* which has an injunction made by the word "*yajati*" (he sacrifices)[572] is an *ahīna*.[573]

17. At the (rite taught in the) statement, "He should offer the eleven-day *pauṇḍarīka* sacrifice", the (gift of the) fee, which is taught in the statement, "At the *pauṇḍarīka* he should give ten thousand (cows), (and) a thousand horses as the eleventh",[574] should be repeated every day, because it is a subsidiary of the sacrifice lasting a single day.[575] No indeed. Because the performance of the *pauṇḍarīka ahargaṇa* is one, it should take place once.[576]

18. That (group of animals), which is to be given,[577] is led forward (just) once, on the basis of transfer from the statement, "The fees are led forward at the midday pressing",[578] because the preparation[579] is accomplished by just that much; and that too (i.e., the action of leading forward) should be of

566 I.e., the *jyotiṣṭoma.*

567 I.e., the *jyotiṣṭoma.*

568 I.e., at the *sattra.* See CH3 for the priests at the *jyotiṣṭoma.*

569 For the interpretation of the first of these quotes, see 6.6.3 etc.

570 JNMV and BhD refer here to experts in the *veda* (*vaidikas*).

571 An *ahargaṇa*, literally, "group of days" or "group of rites, each lasting a day", is a *soma* rite which lasts more than one day.

572 Or perhaps, "an injunction made with the verb *yaj* (to sacrifice)".

573 See also 8.2.6 for the difference between a *sattra* and an *ahīna*.

574 I.e., as a fee to be given on the eleventh day.

575 The claim made here is based on the principle that a subsidiary should be repeated when the main item is repeated.

576 The fee serves for hiring the priests, who are engaged for the entire performance.

577 I.e., as the fee at the eleven-day *pauṇḍarīka* rite. See 10.6.17.

578 This is taught at the *jyotiṣṭoma*, the original rite. See CH 191b.

579 I.e., of the fee (*dakṣiṇā*).

the entire amount (to be given), because it is a single fee. No. At the twelve-day rite it is divided and led forward day after day,[580] and so here too it is divided and led forward day by day.

19. At the statement, "The verses of Manu are used as kindling verses (*sāmidhenīs*)",[581] because there is no distinction (stated), the action of kindling should be done with all such verses as are taught in the *Ṛksaṃhitā*.[582] No. It (i.e., the kindling) is seen (to be done) in the original rite with fifteen verses,[583] and it should be done here in the same way.[584]

20. On the basis of the statement, "He measures (the *soma*) in the cloth, and he takes down (the *soma*) (i.e., from the cart) with the cloth",[585] the actions of measuring and taking down are to be accomplished with the cloth.[586]

21. At the twelve-day rite etc. there are no distinct cloths,[587] because there is no authority for it. No. The *soma* which sits on the *havirdhāna* cart and is sufficient for each day's rite is taken down each day for the sake of the action of pressing,[588] and the other *soma*[589] is kept in that same cloth,[590] and so because the actions are distinct, they (i.e., the cloths) are distinct.

22. The (distinct) cloth which is to be produced for the sake of taking down (the *soma*) should be produced at the time of measuring (it),[591] just as at the original rite. No. At the original rite the action of taking down (the *soma*) by means of the cloth used for measuring (it) is based (only) on implication,[592] and so even though the cloth for measuring (the *soma*) and

---

580 See ĀpŚS 21.5.9.

581 Śabara etc. give no reference to the context of this quote. It appears in TāB at a twenty-one-day *soma* rite. A similar quote appears in KS in the context of a desiderative *iṣṭi*. See *Wunschopfer* 40.

582 I.e., all the verses of the *Ṛgveda* which are connected with Manu.

583 At the new- and full-moon sacrifices, eleven distinct verses are recited, with repetitions which produce a total of fifteen. See 9.1.10.

584 I.e., with just fifteen verses.

585 These actions are taught in the context of the *jyotiṣṭoma*. See CH 32 and 116.

586 I.e., they may not be done by other means as well.

587 I.e., there is only one cloth which is used for all the days.

588 I.e., each day a sufficient amount of *soma* is taken down in a distinct cloth. See ĀpŚS 21.5.4–5.

589 I.e., the *soma* which will be used on the following days.

590 The sense seems to be that the remaining *soma* is kept in the cart in the same cloth with which all the *soma* was measured at the time of purchase.

591 I.e., at the time of purchase.

592 I.e., it is not directly stated, and so is not liable to transfer.

the cloth for taking (it) down are one, and is therefore to be produced at the time of measuring, in the modified rite there is no failure (of the action) to come about properly at the time of measuring,[593] and therefore it is to be produced only at the time of taking down (the *soma*).

Chapter 7

1. At the statement, "(He should offer (i.e., kill)) an animal for Agni and Soma", [594] the entire animal is one offering substance, because we understand it that way. No. Because at the statement, "He cuts from the heart first",[595] the action of cutting, which prepares the sacrificial substance and is taught in reference to the heart etc., makes us understand that that (i.e., the heart etc.) is the offering; because of the sentence which enjoins the cutting up (of the animal); (and) because even though the animal is the means of bringing about the sacrifice, its connection with the deity comes about properly (just) in as much as it is the source material of the heart etc., the parts of the animal are the offering substances.

2. That being so,[596] because there is no distinction (stated), the sacrifice is performed by means of any part (of the animal) whatsoever; or, since the condition of being a part of an animal is the same for the heart etc. and for the shoulder etc., by all of them. No. Because the sentence which enjoins the action of cutting[597] excludes other parts from being offerings, there are only eleven offering substances.[598]

3. In regard to the statement which has been taught, "He performs the *sviṣṭakṛt* sacrifice with the three parts",[599] the *sviṣṭakṛt* sacrifice is performed with any three remainders whatsoever of the heart etc.,[600] because in

---

593 I.e., distinct cloths are not required then, but only when *soma* in the cart needs to be taken down.

594 This is taught at the *jyotiṣṭoma*.

595 See 2.2.6.

596 I.e., the parts of the animal being recognized as the offering substance. See the preceding topic. Or perhaps, "Among them (i.e., among the parts of the animal, which have been recognized as the offering substance)".

597 I.e., the cutting of certain animal parts, starting with the heart.

598 ĀpŚS 7.22.6 lists the heart, tongue, breast (chest), liver, kidneys, upper part of the left foreleg, two chines, the right buttock, and a third of the rectum. See Schwab 90.

599 This is taught at the animal rite. Śabara says it occurs at the animal rite at the *jyotiṣṭoma*. See Schwab 95 and 102.

600 I.e., remainders of any of the eleven offering substances starting with the heart. See note on the preceding topic.

the original rite[601] we see that it is with the remainder of the (main) offerings that it is performed. No. Because at the statement, "For Agni he cuts (1) from the upper part of the foreleg, from the fore-half (i.e., of the animal); (2) from the rectum, from the middle (i.e., of the animal); (3) from the buttock, from the hind-part (i.e., of the animal)", the connection with the *sviṣṭakṛt* sacrifice is stated just for parts other than the eleven starting with the heart,[602] and because of the *kalpasūtra* (passage), "The right shoulder, the left buttock, (and) a third of the rectum, these are the parts for the *sviṣṭakṛt* sacrifice", the *sviṣṭakṛt* (sacrifice) is performed by means of just these.

4. At the statement, "They offer the *adhyūdhnī* (small intestine?) to the *hotṛ*",[603] there is a restriction on the *adhyūdhnī*, which has the form of a (body) part other than the heart etc., namely, that it should be given only to the *hotṛ*, because just as the remainders from the sacrifice are placed in a vessel for the sake of eating, so too on the basis of the statement, "They increase the *iḍā* by the boneless parts", even parts which are not remainders of the sacrifice are placed in the vessel, and so when they are divided and taken, it (i.e., the *adhyūdhnī*) is optionally obtained by the *hotṛ*. No. Because the *adhyūdhnī* is not mentioned in the sentence which would bring this about,[604] namely, "Then whatever remains, he brings to the *samavattadhānī*,[605] (he throws into it (*prāsyati*)) the heart, tongue, breast (etc.)", and because the sentence, "(They increase the *iḍā*) by the boneless parts", is an *arthavāda*,[606] it (i.e., the *adhyūdhnī*) has not been obtained, and therefore on the basis of (an analysis of) the injunction (as meaning), "What he brings to the *hotṛ* is the *adhyūdhnī*", the *adhyūdhnī* blocks the *iḍā* portion for the *hotṛ*.[607]

---

601 I.e., the new- and full moon sacrifices.

602 This point is clearer in BhD, where the "upper part of the right foreleg" and the "left buttock" are specified.

603 This is taught in reference to the eating of the *iḍā* at the animal rite. According to Śabara, it is taught for the animal rite at the *jyotiṣṭoma*. (Schwab 103). For the identification, see Schwab 90 (pp. 129–30) and Caland's note at ĀpŚS 7.22.6.

604 I.e., the sentence which brings about the action of placing the remainders from the sacrifice in a vessel.

605 Literally, the "receptacle for the cut up bits".

606 Or, following Śabara etc., a "subsequent reference" (*anuvāda*), since it employs a verb in the present tense.

607 Śabara concludes that it is a modification (*vikāra*) of the *iḍā* portion for the *hotṛ*.

5. But at the statement, "(He offers) the large intestine to the *agnīdh* (priest)",[608] there should be a restriction, because the large intestine is also included in the sentence listing the heart etc.[609] No; because in as much as there is no connection of the large intestine with the action of eating,[610] just like the actions of pouring (an underlayer of ghee) (*upastaraṇa*) etc., the action of throwing (*prāsana*) the large intestine (into the vessel) prepares the *iḍā*, and because it (i.e., the large intestine) has not been obtained,[611] and therefore its injunction is necessary.[612]

6. At the animal rite the *maitrāvaruṇa* (priest) does not eat the *iḍā*, because at the original rite (both) the *maitrāvaruṇa* (priest) and his action of eating are absent.[613] No. Because the statement, "The *maitrāvaruṇa* both gives directions and recites", enjoins (i.e., for the *maitrāvaruṇa*) the actions of giving directions and reciting,[614] and therefore he does the tasks of the *adhvaryu* and the *hotṛ*, (and) because in the original rite, on the basis of the restriction (i.e., of the action of eating) to the agents, there exists for the actions of eating the additional condition of being for the sake of preparing the agents,[615] there is a (portion of the) remainder (for the *maitrāvaruṇa* to eat).

---

608 This too is taught in reference to the eating of the *iḍā* at the animal rite. According to Śabara, it is taught for the animal rite at the *jyotiṣṭoma*. (Schwab 103).

609 This is the sentence quoted in the preceding topic, "Then whatever remains, he brings to the *samavattadhānī*, (he throws into it "*prāsyati*") the heart, tongue, breast (etc.)".

610 The injunction to throw the large intestine into the *samavattadhānī* does not state that it should be thrown in in order to be eaten.

611 I.e., as something to be offered.

612 As in the preceding topic, Śabara identifies the injunction to give the large intestine to the *agnīdh* (=*āgnīdhra*) as teaching a modification, this time of the *iḍā* portion for the *agnīdh*.

613 The original rite is the new- and full-moon sacrifices, and the *maitrāvaruṇa* priest does not appear there.

614 See 3.7.21.

615 The actions of eating serve as acts of disposal (see 3.4.21), but they also prepare the agents. According to BhD, this is established by the *prayājaśeṣābhighāraṇa* principle in the Sixth Book. This seems to be BhD 6.4.7 (but see also 6.4.3). See 4.1.14 for this principle.

7. In as much as he (i.e., the *maitrāvaruṇa* priest) does the tasks of both,[616] he has two portions. No. Because a single portion produces two satisfactions alike through *tantra*,[617] the portion is one.

8. Because the *pratiprasthātṛ*[618] is the agent of the action of cooking the omentum, which is a task of the *adhvaryu*, he eats.[619] No; because we see at the original rite that (only) the one who is the agent of an unseen effect connected with an item[620] is the eater of the remainder of that,[621] and because the omentum is offered entirely and so there is no remainder (of it), (and) because he (i.e., the *pratiprasthātṛ*) is not an agent at any other action. For those who have (in their tradition) the statement, "After they put it[622] down south (*dakṣinataḥ*) (of the fire),[623] the *pratiprasthātṛ* cuts (the portions that are the heart etc.)", the *pratiprasthātṛ* also in fact gets to eat.

9. At the *gṛhamedhīya* rite,[624] the statement, "He offers the two ghee portion sacrifices (*ājyabhāgas*)", makes subsequent reference to these rites, which have been obtained by transfer;[625] or,[626] establishing similarity to the original rite,[627] it brings about the manner of performance of the *iṣṭi*; or, because that is established by the vegetable substance,[628] it is an *artha-*

---

616 I.e., the tasks of both the *adhvaryu* and the *hotṛ*. See 10.7.6.

617 This seems to mean that the satisfaction for the *adhvaryu* and the one for the *hotṛ* are both produced in the *maitrāvaruṇa* by one portion.

618 The *pratiprasthātṛ* is a priest who assists the *adhvaryu*.

619 I.e., he eats a portion of the *iḍā*.

620 I.e., the agent of an action which brings about an unseen effect in connection with an offering substance.

621 I.e., the remainder of that offering substance with which the unseen effect is connected. Consequently, the *pratiprasthātṛ* would be able to eat just the remainder of the omentum, not that of the heart etc., since he is not an agent in the production of the unseen effect which is connected with them.

622 Eggeling seems to understand here "the flesh" of the animal.

623 This is based on Eggeling. The *Prabhāvalī* on BhD glosses "*dakṣinataḥ*" as, "*srugāsādanadeśād dakṣiṇe vedibhāge*" (on the part of the *vedi* south of the spot where the *sruc* (spoons) are set down). The agent of the absolutive differs from that of the main verb. See Macdonell's *A Vedic Grammar for Students*, 210 a.

624 This is performed at the *sākamedha parvan* of the *cāturmāsya* sacrifices (according to Śabara and ŚD). See Bhide, pp. 88–91.

625 I.e., from the new- and full-moon sacrifices. See 10.1.8.

626 The first view is pointless.

627 This is based on the two statements of the *ājyabhāgas*, the one transferred and the one taught here.

628 I.e., by the rice enjoined for the *gṛhamedhīya*. See 5.1.11.

vāda;[629] or, because no injunction is nearby, it enjoins a distinct act; or, because we recognize the well-known ghee portion sacrifices, it excludes anything other than the ghee portion sacrifices;[630] or, because of the three faults,[631] the (inferred statement of) transfer[632] transfers (only) items other than the ghee portion sacrifices, and so it (i.e., the statement quoted here) brings just the ghee portion sacrifices; or, because a transfer brings all the subsidiaries at just one time, it restricts the transfer (to specific items).[633] No. Because that[634] does not come about from a direct statement and an inferential statement,[635] on the basis of its connection with subsidiaries in the original rite,[636] whose assistance has been established, this makes known the newness of the *gṛhamedhīya* rite.[637] But the *āmana* offerings have not had their assistance established at the original rite, and so the *sāṃgrahaṇī* is not a new rite.[638]

10. Because the two ghee portion sacrifices (*ājyabhāgas*) alone remove the expectancy,[639] the *sviṣṭakṛt* offering etc. should not be made. No.

---

629 Consequently, it is for the sake of praise.

630 I.e., the other subsidiaries such as the fore-sacrifices etc.

631 I.e., the three faults implicit in any exclusion. JNMV lists these as 1) the giving up of the injunction which is being made, 2) the accepting of another meaning in the form of a prohibition of the fore-sacrifices etc., and 3) the blocking of the fore-sacrifices which would have been obtained by transfer.

632 I.e., the statement of transfer which is inferred on the basis of the direct statement here of the ghee portion sacrifices. JNMV refers to the "*codakavākya*" which is inferred.

633 I.e., to the ghee portion sacrifices. Edgerton, p. 283, defines the term used here, "*upasaṃhāra*", as the "restriction of a general rule to specific instances".

634 I.e., a restriction to specific instances (*upasaṃhāra*).

635 I.e., as it does from two direct statements.

636 This seems to be based on the common name, "*ājyabhāga*" (ghee portion sacrifice).

637 The expectancy for a manner of performance is satisfied by this direct statement, not by actions based on transfer. Therefore this is not a modified rite, and the other subsidiaries which occur at the original are not transferred here.

638 At the *sāṃgrahaṇī*, we recognize that the *āmana* offerings, which are directly enjoined, are to be combined with the after-sacrifices etc., which are obtained by transfer, but the *āmana* offerings differ from the ghee portion sacrifices (*ājyabhāgas*) in not having their assitance established in the original rite. See 10.4.5 and 4.4.4.

639 I.e., the expectancy for a manner of performance in the *gṛhamedhīya* rite. See 10.7.9.

Because of the statements, "He cuts (a portion) for Agni Sviṣṭakṛt" and "He invites the *iḍā*", as much as is stated should be done.[640]

11. Even if the sentences quoted taught an exclusion,[641] the action of eating the *prāśitra* portion etc.[642] would not be blocked, because there exists the invitation of the *iḍā*, which is for the sake of the action of eating (it).[643] No. Even though the eating of the *iḍā* is based on a statement,[644] that of the others is excluded, and so there is no eating of the *prāśitra* portion etc.[645]

12. At the *soma* rite,[646] in the statements, "The *prāyaṇīyeṣṭi* concludes with the (recitation of the) *śaṃyu* (*-vāka mantra*), they do not perform the *patnīsaṃyājas*"[647] and "The *ātithyeṣṭi* concludes with the (action of eating the) *iḍā*, he does not perform the after-sacrifices",[648] the injunctions enjoin the conditions of ending with the *śaṃyu* and the *iḍā*,[649] and we understand from the prohibitions that the items other than the *patnīsaṃyājas* and the after-sacrifices are to be performed,[650] and therefore there is an option be-

---

640 These statements are made at the *gṛhamedhīya* rite. For the *sviṣṭakṛt* and *iḍā* invitation at the new- and full-moon sacrifices, see NVO, pp. 117–19 and 125 ff.

641 This refers to the sentences from the *gṛhamedhīya* rite quoted above at 10.7.9 and 10, i.e., those concerning the two ghee portion sacrifices, the *sviṣṭakṛt*, and the *iḍā*, and also to the fifth view presented in 10.7.9, i.e., the view that the sentences teach an exclusion.

642 See 10.2.3 for the *prāśitra* and other portions.

643 This is a bit unclear. According to Śabara etc., the argument in the initial view is that the injunction of the *sviṣṭakṛt* rite does not exclude operations on the remainders, because we see the invitation of the *iḍā*. That seems to be the argument here too, except MNS has introduced the topic with the assumption that all three of the sentences discussed above teach exclusions, and these include the invitation of the *iḍā*.

644 This seems to be the last statement quoted in the preceding topic, "He invites the *iḍā*". Near the end of the present topic, Śabara quotes the statement, "Then he cuts just the *iḍā*, not the *prāśitra*, having invited (the *iḍā*) he eats it".

645 This topic is hypothetically considered.

646 I.e., the *jyotiṣṭoma*.

647 The *śaṃyuvāka* is a *mantra* recited by the *hotṛ* at the new- and full-moon sacrifices when the *adhvaryu* throws the enclosing sticks into the fire. (NVO, pp. 147–9). The *patnīsaṃyājas* are four offerings made to Soma, Tvaṣṭṛ, the wives of the gods, and Agni Gṛhapati. (NVO, pp. 151–8). See CH 28, p. 35.

648 See CH 44, p. 60.

649 The injunctions referred to here are the first halves of the two statements.

650 This is because after the injunctions have effectively prohibited any items which would follow the *śaṃyu* and *iḍā*, the stated prohibitions must be recognized as exclusions. JNMV gives a list of items which follow the main offerings: the *nāriṣṭa* offering, the eatings of the *prāśitra* and other portions, the eating of the *iḍā*, the

tween the condition of ending with the *śaṃyu* and the *iḍā* and the necessity to perform all the items other than the *patnīsaṃyājas* and the after-sacrifices. No. Because eight faults would occur in an option,[651] three faults would occur in an exclusion,[652] and there would be distinct sentences due to the (existence of) an injunction and an exclusion, the two latter sentences serve to praise,[653] and therefore only the conditions of ending with the *śaṃyu* and the *iḍā* are taught.

13. At the original rite,[654] the (recitation of the) *śaṃyu* (*-vāka mantra*) occurs before and after the *patnīsaṃyājas*,[655] and the (action of eating the) *iḍā* occurs before and after the after-sacrifices.[656] Of those two,[657] which are obtained by transfer, there is an understanding here[658] (i.e., of one or the other) according to one's desire; or, because the prohibitions[659] would be pointless if the earlier two (occurences) were understood,[660] (there is an understanding) of only the later two. No. Because the prohibition makes

---

after-sacrifices, the *sūktavāka*, the *śaṃyuvāka*, the *patnīsaṃyājas*, the *phalīkaraṇa* offering, the expiatory offerings, and the removal of the pans from the fire. (The *Prabhā* on ŚD has a fuller list at 10.7.13).

651 In an option, when one statement is accepted at first, the consequence for the other statement is that 1) its recognized validity is abandoned, and 2) its unrecognized invalidity is accepted; then, when the second statement is subsequently accepted, 3) its validity, which had been abandoned, is re-established, and 4) its invalidity, which had been accepted, is abandoned. These four faults become eight when the two statement are accepted in reverse order. See Edgerton, MNP, pp. 163–4, note 212, where he presents this in reference to the option of using rice or barley. JNMV has a list at 4.1.15, which concerns the use of ghee from the *upabhṛt* or the *juhū*. MK (p. 3511b) quotes the account of this given by Śaṃkarabhaṭṭa in the *Mīmāṃsābāla-prakāśa*, pp. 151–2.

652 See 10.5.13.

653 I.e., to praise the injunctions which are taught in the two preceding statements.

654 I.e., the new- and full-moon sacrifices.

655 See 10.7.12. Here the *Prabhāvalī* on BhD states that although a subsequent *śaṃyu-vāka* is absent in the ĀpŚS, the ĀśŚS teaches it optionally (*śaṃyuvāko bhaven na vā*; this is ĀśŚS 1.10.9; see NVO pp. 158–9).

656 The second *iḍā* referred to here is the "ghee-*iḍā*" (*ājyeḍā*). See ĀpŚS 3.9.7–9.

657 I.e., the earlier and later occurences of the recitation of the *śaṃyu* and the eating of the *iḍā*.

658 I.e., at the *prāyaṇīyeṣṭi* and the *ātithyeṣṭi* of the *soma* rite. See 10.7.12.

659 I.e., the prohibitions which are taught in the second half of the two statements quoted in 10.7.12.

660 The claim here is that the prohibitions would be pointless if they served merely to praise the injunctions which precede them. This was the final view reached in the preceding topic.

subsequent reference to an item which is (established as) obligatory, and because there is no authority for passing over the first (item to present itself), only the earlier two are to be understood.

14. At the *upasads*,[661] on the basis of the prohibition of particular items in the statement, "They (i.e., the *upasads*) have no fore-sacrifices and no after-sacrifices", we understand that the (performance of the) remaining items is approved,[662] and so all of them which are obtained by transfer are to be performed. No. Because of the three faults which would result if the statement, "He sprinkles the sprinkling of ghee (*āghāra*) with the *sruva* (dipping spoon)"[663] were an exclusion,[664] the *upasads* are in fact new rites, and the sentence quoted[665] makes subsequent reference to something which is (established as) obligatory.[666]

15. Because of the prohibition of particular items in the statement, "He offers the fore-sacrifices, omitting the *barhis* (grass) sacrifice, (he offers) the after-sacrifices, omitting the *barhis* sacrifice",[667] all the (other) items which are obtained by transfer[668] are to be performed. No. Because on the basis of the injunction of the ghee portion sacrifices (*ājyabhāgas*) in the statement, "He offers the two ghee portion sacifices with *mantras* containing the word '*apsu*' (in water)", it (i.e., the final bath rite (*avabhṛtha*)) is a new rite,[669] (this being so) since[670] the *mantras*, "In water (*apsu*), Soma said to me, (are all means of health)" and "In water (*apsu*), Agni, (is your seat)", are ob-

661 This is a reference to the *upasad iṣṭis*, which are performed at the *jyotiṣṭoma* on the three *upasad* days, i.e., those days which follow the initiation day and precede the pressing day.

662 I.e., the remaining items from the new- and full-moon sacrifices, the original rite.

663 This enjoins an action at the *upasads* which was already enjoined in the original rite. See 1.4.4.

664 See 10.5.13.

665 I.e., the prohibition of fore-sacrifices and after-sacrifices.

666 This is like at the *gṛhamedhīya* rite. See 10.7.9.

667 This is taught for the final bath rite (*avabhṛtha*) in the *soma* rite. The fourth fore-sacrifice and the first after-sacrifice are *barhis* (grass) sacrifices. See CH 254d.

668 I.e., from the new- and full-moon sacrifices.

669 The reason for this is that this sentence would otherwise teach an exclusion, which would entail three faults. See 10.5.9.

670 Or "(and) because". Either way this clause gives a reason why the *avabhṛtha* is a new rite.

tained just by word meaning and order,[671] the two sentences quoted[672] likewise enjoin the fore-sacrifices and the after-sacrifices.[673]

16. At the (rites taught in the) statements, "The *pṛṣṭha* (*stotra*) has the *bṛhat* (*sāman*)", "(The middle cake is) made of barley", "The post (*yūpa*) is made of *khadira* wood",[674] etc. there should be an option, just as at the original rites.[675] No; because by enjoining these again, the statements make a restriction.[676]

17. The substance and the deity[677] should be obtained at the desiderative *iṣṭis* by transfer, (and so) there is (either) a combination or an option of those directly taught[678] and those transferred. No. Because those two (i.e., the substance and deity) which are taught in the originative injunction[679] put to rest the expectancy (for a substance and deity) here (i.e., in these *iṣṭis*), subsidiaries which are distinct from them[680] are obtained by a transfer which is assumed on the basis of expectancy.

18. At the (animal) rite for Soma and Pūṣan,[681] the post (*yūpa*) of *udumbara* wood[682] is combined with that produced from *khadira* wood,[683]

---

671 Consequently, the statement quoted does not enjoin them as subordinate items. (Is the MS the relevant text here for order?)

672 I.e., at the beginning of the topic.

673 I.e., they enjoin the fore-sacrifices and the after-sacrifices other than the *barhis* sacrifices. They are not stated in order to prohibit the latter.

674 The first of these may be from the *viṣuvat*, the middle day of the year-long *soma* rite, though Śabara etc. do not specify its site, the second is from the *traidhātavīya* (*traidhātavī*), a desiderative *iṣṭi* at which three cakes are offered, and the third is from the *vājapeya*. See *Wunschopfer* 178.

675 There is an option at the *jyotiṣṭoma* between the *bṛhat* and *rathantara sāmans*, at the new- and full-moon sacrifices between rice and barley grains, and at the animal rite among *khadira*, *bilva*, and other woods. See 10.4.24 etc., 12.3.4, and 6.3.17 (note). These items would all be obtained at the modified rites discussed here on the basis of transfer. According to Śabara etc., exclusion is excluded as a possible meaning of these statements, because of the three faults which it entails.

676 ŚD likens this to the situation in the original rite itself, where the condition of having many (possible) substances without any restriction is obtained simply due to implication, and the statements concerning rice, *khadira* wood, etc. serve to introduce a restriction. See 6.3.4.

677 I.e., those taught at the new- and full-moon sacrifices, the original rite.

678 I.e., at the desiderative *iṣṭis*.

679 I.e., at the desiderative *iṣṭis*.

680 I.e., subsidiaries other than the substance and the deity.

681 This is a desiderative animal rite for one desirous of cattle. See 1.2.2.

682 This is directly taught here.

683 This is transferred from the original animal rite. See Schwab 2.

because it is possible to tie the animal to both. No. Because both lack expectancy (i.e., for the other) when the animal is to be tied, the one directly taught blocks the one transferred, and so there is in fact no combination.[684]

19. Because the statement, "He should offer *caru* made of white rice to Soma and Rudra",[685] can be an injunction of the color white made through subsequent reference to rice, which is obtained optionally, there is an option of rice and barley, just as in the original rite. No. Because the sacrifice has not been obtained and so must necessarily be enjoined, (and) because there would be distinct sentences if the subordinate feature (i.e., color) were enjoined separately,[686] there is no option.

20. At the statement, "Even if the sacrificer is one who offers oblations cut four times (*caturavattin*), the omentum is still to be made into five portions",[687] with reference to the omentum there is an injunction of the action of cutting qualified by the number five, and therefore that (i.e., the action of cutting) does not apply to the parts starting with the heart etc.[688] No. Because the action of cutting has been obtained[689] and therefore is not to be enjoined, and because it is not appropriate to qualify the action of cutting by the omentum,[690] the number five applies to any action of cutting at the animal rite.[691] And whether that (i.e., the number five) comes about

684 They are both taught as independently sufficient for the action of tying the animal, but if combined they would no longer lack expectancy for one another. Therefore the one directly taught blocks the other.

685 This is a desiderative *iṣṭi* for one desirous of priestly luster. See *Wunschopfer* 40.

686 I.e., if the sentence enjoined both the rite and, with reference to the rice which is optionally obtained, its color.

687 Whether the sacrificer is one who offers offerings cut four times (*caturavattin*) or five times (*pañcāvattin*) depends on his *gotra*. Here JNMV quotes, "*jāmadagnavatsavidāv ārṣṭiṣeṇas tathai 'va ca/ pañcāvattina evā 'nye sarve caturavattinaḥ*" (The Jāmadagna-vatsas, Bidas, and Ārṣṭiṣeṇas cut their offerings just five times, all the others cut theirs four times) (So Gold.; ĀĀ: °*ārṣṭiṣeṇāś ca te trayaḥ*; ĀĀ var.: °*ārṣṭiṣeṇās tathai 'va ca*). See Caland at ĀpŚS 2.18.2. For the offering of the omentum, see Schwab 83.

688 See note at 10.7.2 for a list of these parts.

689 I.e., from the sentence taught at the original rite, the new- and full-moon sacrifices: "He cuts from the offering substance twice" (*dvir haviṣo 'vadyati*). See 3.4.18, 5.2.4, and 10.8.12.

690 This would result in a qualified reference (*viśiṣṭoddeśa*) (*Prabhāvalī* on BhD).

691 On this interpretation, the word "*vapā*" (omentum) either denotes through secondary signification anything that is the offering substance, i.e., the other animal parts, or makes subsequent reference, partially, i.e., by referring to only one of the items which it could have mentioned, or is illustrative. See ŚD.

(for the heart etc.) by increasing (i.e., repeating) either the actions of pouring (an underlayer of ghee) or sprinkling (an overlayer of ghee), or (in the case of the omentum) by a piece of gold is a different matter.[692]

Chapter 8

1. At the great ancestor sacrifice (*mahāpitṛyajña*),[693] because the actions of naming the *ṛṣis* ancestors and choosing the *hotṛ* are prohibited by the statement, "He should not (*na*) name (*vṛṇīta*) the *ṛṣi* ancestors, nor (*na*) (should he choose) the *hotṛ*",[694] and because they (i.e., the actions of naming and choosing) are obtained by transfer,[695] there is an option. No. In as much as the two sentences quoted are recited in the context (of the rite), there is a possibility of (there being) a single sentence,[696] namely, (one which states) that the items other than the naming of the *ṛṣi* ancestors and the choosing of the *hotṛ* are to be done just as at the original rite, and therefore there is no option.[697] Likewise, at the statement, "He (i.e., the *hotṛ*) makes (a recitation of the words), '*ye yajāmahe*' (we who recite the offering verse (*yājyā*)), at sacrifices, not at the after-sacrifices",[698] the meaning to be understood is (that he makes the recitation), "at sacrifices other than the after-sacrifices".

---

692 According to ĀpŚS 7.20.9, the five "cuttings" are the pouring of an underlayer of ghee, a piece of gold, the omentum, a piece of gold, and the sprinkling of an overlayer of ghee.

693 This is performed at the *sākamedha parvan* at the *cāturmāsya* sacrifices. See 10.2.34.

694 Both of these actions involve the recitation of the *pravara* list of *ṛṣis* believed to be ancestors of the sacrificer. See 6.1.11. At TB 1.6.9.1, Bhaṭṭabhāskara says that on the basis of the first clause, the *mantra*, "*agne mahām̐ asi*" etc., is prohibited, and that by the second, "*agnir devo hotā*" etc., is. In *Taittirīya* texts, these occur in TS 2.5.9.1 and TB 3.5.3.1, and in ĀpŚS 2.16.5, respectively. They occur in ŚB 1.4.2.2 and 1.5.1.5 (°*devo daivyo hotā*) as part of the recitation of the *pravara* by the *hotṛ* and the *adhvaryu* respectively. There, the second accompanies the choosing of the human *hotṛ*. See Einoo, pp. 223–5.

695 I.e., from the new- and full-moon sacrifices.

696 I.e., a single sentence with the statements which have been obtained in the context on the basis of transfer.

697 Here the negative word "*na*" (not) in the prohibition qualifies the root "*vṛ*" (to name/choose) and not the suffix "*ta*" in "*vṛṇīta*" (he should name/choose), the sense being, "he should do something other than name/choose". On this analysis there is no prohibition. See 4.1.3.

698 This is identified by Śabara etc. as an independently taught statement.

2. At the new- and full-moon sacrifices, after the two ghee portion sacrifices (*ājyabhāgas*) have been introduced,[699] at the statement, "He does not (*na*) perform those two at the animal rite (*paśau*), nor (does he perform them) at the *soma* rite (*some*)", just as for the animal rite,[700] so too for the *soma* rite there is a prohibition of those two, because they have been obtained at the *dīkṣaṇīyā* and other *iṣṭis*, which are subsidiaries of the *soma* rite, and therefore they occur at the *soma* rite, which is the main item, and because a compound would be necessary if this were an exclusion;[701] or, because the lack of a compound is possible due to the governing rule which teaches optionality (i.e., for the formation of compounds),[702] and because an option (i.e., with regard to the performance of the ghee portion sacrifices) is improper,[703] it is an exclusion. No. If the statement, "*na some*" (not at the *soma* rite), were to prohibit those (i.e., the ghee portion sacrifices) at the subsidiaries of the *soma* rite, then the statement, "*na paśau*" (not at the animal rite), would be pointless,[704] and because those (i.e., the ghee portion sacrifices) are not obtained at the *soma* rite,[705] and therefore there is no possibility of exclusion, this is an *arthavāda*, the sense being, "Just as the two ghee portion sacrifices do not occur at the *soma* rite, likewise they do not occur at the animal rite either".

3. At the statement, "He draws the *ṣoḍaśin* draught at the *atirātra*, he does not draw the *ṣoḍaṣin* draught at the *atirātra*",[706] because both (clauses)

---

699 See 10.1.8 for these.

700 The animal rite is a modification of the new- and full-moon sacrifices. Schwab 82 says the ghee portions are optional at the animal rite. At ĀpŚS 7.20.8 Caland says the Vājasaneyins deny they occur there. See also Minkowski, p.53.

701 I.e., there should be a compound of the words "*na*" and "*some*", the meaning being "at a rite other than the *soma* rite".

702 P 2.1.11 *vibhāṣā*. Specifically, the rule states that the name "compound" (*samāsa*) applies optionally.

703 An option would result if this taught a prohibition, since the transfer would supply the injunction. But an option involves eight faults. See 10.5.13.

704 This is because the animal rite is a subsidiary of the *soma* rite.

705 By direct statement they are confined to the new- and full-moon sacrifices, and since transfer has an opportunity to apply only after the sense of a direct statement is determined on the basis of exclusion etc., and exclusion can be determined only after the opportunity for transfer to apply has come about, there is circularity. Accordingly, the ghee portion sacrifices are not obtained either by direct statement or by transfer. (JNMV).

706 This is untraced. The *atirātra*, an overnight rite, is a form of the *jyotiṣṭoma*.

have a particular range there cannot be an exclusion,[707] and therefore there is an option; but a more abundant result comes about when it (i.e., the draught) is performed, because otherwise it would not be performed.

4. At the statement, "He should make the offering with groats of wild seasame or with groats of *gavīdhuka* grass;[708] he does not harm domestic animals or wild ones. Then indeed they say, 'Wild seasame and *gavīdhuka* are a non-offering (*anāhuti*)'; he should offer the *agnihotra* with milk",[709] because the injunction of groats of wild seasame and groats of *gavīdhuka* grass is clear, the word "*anāhuti*" (lit., a non-offering) states a prohibition. No. All of this is an *arthavāda* of the injunction, "He should offer the *agnihotra* with milk", because even though there is no injury to animals in the (offering of) wild seasame and *gavīdhuka* grass, still, they are "non-offerings" (*anāhuti*), and so this is a praise of milk. And in this way there is no option.[710]

5. Because of the injunctions and prohibitions made in statements which are taught (1) at the *cāturmāsya* sacrifices after the cakes on one pan, which are named "*tryambaka*", have been introduced, namely, "'They should be sprinkled (with ghee), they should not be sprinkled (with ghee)', in this manner the experts in the *veda* (*brahmavādins*) investigate (*mīmāṃsante*)",[711] and (2) at the (fire) installation rite, namely, "The *agnihotra* should be offered, or not",[712] there is an option. No; because the statements, "They are indeed to be sprinkled (with ghee)" and "It should indeed be offered silently", are the remaining portions of the injunctions, and because in the statement, "In that he sprinkles (with ghee), he places (his?) animals in the mouth for Rudra, in that he does not sprinkle, he does not then place

707 I.e., in the second clause. This case differs from the injunction to recite the words, "*ye yajāmahe*", at rites other than the after-sacrifices, which was discussed at 10.8.1. There the first clause has a general range, the second clause a particular one.

708 Coix barbata (MW).

709 According to Śabara etc., this statement is taught at the *agnihotra*. I have only found it quoted for the fire-piling rite (*agnicayana*), but without the final clause which does correspond to quotations from the *agnihotra*.

710 According to JNMV, the initial view presents a four-fold option: an offering with wild seasame, an offering with *gavīdhuka* grass, no offering, and an offering with milk.

711 The *tryambaka* offerings occur at the *sākamedha parvan* of the *cāturmāsya* sacrifices. They are also referred to as "*traiyambaka*". See 8.4.4.

712 In Śabara this quote begins, "'The *agnihotra* should be offered, it should not be offered', in this manner the experts in the *veda* (*brahmavādins*) investigate (*mīmāṃsante*)".

animals in the mouth for Rudra",[713] even though the action of sprinkling is faulty, it is what is indeed praised,[714] so that it (i.e., the cake) may become an offering substance,[715] and in the statement, "In that he offers with the *yajus* (prose formula), he offers the two offerings in a way not done before,[716] in that he does not make an offering, his fire perishes",[717] the offering with the *yajus* and the absence of an offering are (both) faulty, and so only a silent *agnihotra* is praised, and therefore these (two statements) are praise.[718]

6. At the installation (of the fire), because the *vāmadevya* and other *sāmans* are enjoined for the *udgātṛ*, (and) because the prohibition, which is deduced from the denigration (expressed) in the statement, "Indeed the fires lose their function (*upavīta*) for this man, at whose (fire) installation the *brahman* priest sings the *sāmans*", serves to praise the singing of the *sāmans* by the *udgātṛ*, since there can be praise even by means of a prohibition whose counter-positive (i.e., the thing prohibited) has not been obtained,[719] just as (there is praise) of the hornless goat (offering) for Prajāpati by means of (the statement which relates) the cutting out (by Prajāpati) of his (own) omentum,[720] even though this is extremely incredible, there is no option.[721] No. Because the injunction of the *sāmans* is far away, and the *arthavādas* which are recited nearby to it remove its expectancy,[722] and therefore this sentence cannot be a single sentence with that one; and because the word

---

713 Śabara includes this as part of his initial quote.

714 I.e., regardless of the problem it causes, one should perform it.

715 I.e., only when sprinkled with ghee does the cake become an offering substance. This is based on the final sentence in Śabara's quote, "For there is no offering substance which is unsprinkled".

716 According to Sāyaṇa on TB, the *agnihotra* begins with its evening performance, in which the *mantra*, "*agnir jyotir jyotir agniḥ svāhā*", is recited. The day (*ahan*) performance has the *mantra*, "*sūryo jyotir jyotiḥ sūryaḥ svāhā*". Since the installation takes place in the day, it would begin with the second of these two *mantras*, and so be different from the original. For the recitation of these mantras, see ĀpŚS 6.10.8.

717 Śabara includes a similar passage as part of his initial quote.

718 The fact of the injunction and the prohibition being investigated produces praise of the injunction.

719 The *brahman* priest would not have sung the *sāmans*.

720 A hornless goat came into being after Prajāpati cut out his own omentum and put it in the fire. This is stated in connection with a desiderative animal rite for one wishing to obtain offspring and cattle. See TS 2.1.1.4.

721 An option would result if the sentence taught a prohibition.

722 I.e., its expectancy for praise as a manner of performance.

"*brahman*" has the intended sense of "*brāhmaṇa*",[723] and therefore this must necessarily be a prohibition of just that which has been enjoined, there is an option. The word "*upavīta*" means "deprived of one's function".[724]

7. At the statement, "When initiated, one does not give gifts, one does not make an offering, one does not cook",[725] there is a prohibition of these actions when they are directly taught and when they are transferred, and (likewise) when they are for the sake of the rite and when they are for the sake of the person, because there is no distinction (stated). Or, in order that the direct teaching (of these actions) should not be pointless, (there is a prohibition) of transferred actions which are for the sake of the rite and of (all) actions[726] which are for the sake of the person. No. Because a prohibition which is directly taught should only prohibit an action which is directly taught,[727] only the actions of offering etc. which are for the sake of the person are prohibited; (and this is correct) because (in the case of the obligatory *agnihotra* etc.) the injunction and the prohibition have as their range of reference (respectively) items for the sake of the person and for the sake of the rite,[728] and therefore (i.e., because these are different) there is no possible occurrence of option.[729]

8. The statement, "In that he offers in the *āhavanīya*",[730] even though it is a general statement, is not blocked by the statements, "He makes the offering in the foot-print",[731] "He offers the *patnīsaṃyājas* in the *gārhapatya* fire"[732] etc., although they are particular statements, because both[733] are

723 In this way it can denote the *udgātṛ*.

724 JNMV (Gold. and ĀĀ) says the sense is, "abandoned without delay" (*kālavilambam antareṇa parityaktāḥ*). In place of "*parityaktāḥ*", the ĀĀ variant and, in a similar passage, the *Prabhāvalī* commentary on BhD have "*paraiḥ tyaktāḥ*" (abandoned by others).

725 This is taught at the *jyotiṣṭoma*. (CH 19).

726 I.e., those which are directly taught and those which are transferred.

727 This is because the latter alone is nearby.

728 I.e., the injunction is for the sake of the person, and the prohibition is for the sake of the rite.

729 The obligatory *agnihotra* is directly taught and is for the sake of the person. It is prohibited, for the sake of the rite, at the time of the rite.

730 According to JNMV, this is an independent statement.

731 This is taught in reference to the cow which serves as the purchase price for the *soma* at the *jyotiṣṭoma*. See CH 31b.

732 This is taught at the new- and full-moon sacrifices.

733 I.e., both the general and the particular statements.

direct and so of equal weight.[734] No. Because there is a delay when the general statement, which makes subsequent reference to the offering in general, makes subsequent reference to various (particular) offerings on the basis of secondary signification, because that (i.e., the delay) is absent when the particular statements[735] make subsequent reference to a particular (offering) on the basis of context and a word which causes us to understand that (i.e., the particular offering), and because in a paricularized injunction[736] there is no subsequent reference, and so for all the more reason there is no delay, it should indeed be blocked by them.[737]

9. At *iṣṭis* such as the *mitravinda* etc., the statement which we hear again about the kindling verses (*sāmidhenīs*), which are subsidiaries in the original rite,[738] where their assistance has been established, namely, (the statement) "He should recite seventeen kindling verses",[739] informs us of their newness,[740] and so they are new rites,[741] (and this is) because the statement can make subsequent reference to the number seventeen which is taught in an independent statement.[742] No; because in as much as the number seventeen is for the sake of blocking the number fifteen,[743] and the statement about the kindling verses is for the sake of enjoining it (i.e., the number seventeen),[744] and therefore there is no repeated statement of something lacking distinctive features, there cannot be newness.[745] Indeed before the sentence which is taught independently is connected with a rite by means of the kindling verses, a connection of the number seventeen is made with a particular rite by this statement,[746] and so by bringing about the lack of expectancy for a connection of the number seventeen with a particular rite this serves to

734 Consequently, there should be an option.
735 I.e., such as the one enjoining the *gārhapatya* fire.
736 I.e., such as the one enjoining the offering in the foot-print.
737 I.e., the general statement should be blocked by the particular statements.
738 I.e., the new- and full-moon sacrifices.
739 I have not found this statement at the *mitravinda iṣṭi*. See 3.6.2 and notes.
740 I.e., the newness of the *mitravinda* etc.
741 This is similar to the ghee portion sacrifices at the *gṛhamedhīya* rite. See 10.7.9. The point is that restatement cancels transfer, which would bring other subsidiaries from an original rite.
742 This statement has the same form as the one quoted above. See 3.6.2.
743 Fifteen is the number which occurs in the original rite.
744 The kindling verses have been obtained by transfer.
745 As there is in the case of the ghee portion sacrifices at the *gṛhamedhīya*. See 10.7.9.
746 I.e., the one quoted at the beginning of this topic.

restrict the number seventeen (to specific instances),[747] because otherwise the sentences which occur in the various modified rites[748] would be pointless. The independent statement informs us of the connection of the number seventeen with the kindling verses, but the statement made in context[749] informs us of the connection with the rite, and so neither of the two are pointless. Even though both (tasks) could easily be done by the statement made in context, still, by force of the (independent) statement, a restriction is admitted, namely, "this (i.e., the connection of the number seventeen with the kindling verses) is to be made known just by this (i.e., the independent statement)", and so there is no fault.[750]

10. The utterance "*svāhā*", which is taught in the independent statement, "It (i.e., food) is given to the deities with the utterance '*vaṣaṭ*' or with the utterance '*svāhā*'",[751] should, in accord with the principle taught above, be restricted (to specific instances) by the *mantras*, "To earth, '*svāhā*' (*pṛthivyai svāhā*)" etc., which are recited at (some) *darvihomas*,[752] and in this way there is no option of the two (utterances) at other offerings.[753] No. Because the statements, "To earth, '*svāhā*'" etc., are *mantras*, and therefore are not injunctions; because an injunction cannot be connected with a restriction (to specific instances) by something which is not an injunction; (and) because even if they are injunctions, they are either for the sake of rejecting transposition[754] or for the sake of removing the utterance "*vaṣaṭ*", and so have no connection with the condition of intending to express a restriction (to specific instances), (therefore) that (i.e., a restriction) does not occur.[755]

---

747 I.e., to specific rites. For this type of restriction (*upasaṃhāra*), see note at 10.7.9.

748 I.e., the sentences in the modified rites which teach the number seventeen. Śabara lists these as the *vaimṛdha*, *adhvarakalpā*, the animal rite, the *cāturmāsya* sacrifices, the *mitravindā*, the *traidhātavī*, the *āgrayaṇeṣṭi*. (See ĀpŚS 8.2.13 and 24.3.30, and Caland's notes).

749 I.e., the one quoted at the beginning of this topic.

750 It seems that Mahādeva's text is relatively independent of Śabara etc. here.

751 Śabara refers to this as an independent statement. A similar form of it appears in the ŚB at the fire-piling rite. In both texts, "*anna*" (food) is stated as the object given.

752 See 8.4.1-4 for the *darvihomas*.

753 I.e., "*svāhā*" will not be used there.

754 On the basis of a statement which permits "*svāhā*" to precede or follow the name of the deity, the words of the *mantra* cited above could be transposed as, "*svāhā pṛthivyai*".

755 Consequently, there is an option of using "*vaṣaṭ*" or "*svāhā*" at other offerings.

11. The independently taught (action of piling the) fire,[756] which is connected to a particular original rite by the statement, "Now, then, after the fire (i.e., after the piling of the fire), they perform an after-sacrifice with the *agniṣṭoma*, after it (they perform an after-sacrifice) with the *ukthya*, after it (they perform an after-sacrifice) with the two-day rite, after it (they perform an after-sacrifice) with the three-day rite" etc., does not go to (i.e., occur at) the *ṣoḍaṣin*, *vājapeya*, and other modified rites,[757] because the statement informing us of its connection with particular modified rites (i.e., the *ukthya* etc.) would be pointless. No; because the statement which informs us of its connection with particular modified rites is for the sake of the performance of subordinate features,[758] which are for the sake of (particular) results, as are taught in the statements, "One desirous of heaven should pile the 'hawk pile' (*śyenacita*)" etc.[759] Otherwise, when the action of piling at the original rite, which is directly taught, has been obtained as a basis (i.e., for the desires), how could the transferred piling, which occurs at the modified rites, be a basis?[760] And one should not worry that because the original rite is confined by the *uttaravedi*,[761] which is taught in the context, the (action of piling the) fire enters only a modified rite, (and) that even the word "*agniṣṭoma*" refers to that,[762] and so the fire is not in fact obtained by transfer;[763] (this worry is misplaced) because the sentence is stonger.[764] And

756 This refers to the piling of the fire (*agnicayana*) taught in the statement, "*ya evaṃ vidvān agniṃ cinute*" (He who knows thus piles the fire). See 2.3.10.

757 I.e., other modifications of the *jyotiṣṭoma* rite.

758 I.e., features such as the particular shapes of the piled fires.

759 For the meaning of the term "*śyena*", see 1.4.5.

760 The claim here is that injunctions of subordinate features for the sake of particular desires have an expectancy (only) for a basis, i.e., an action, which is directly taught. By directly enjoining the action of piling the fire for the original rite and also for certain modifications, such as the *ukthya*, this action can serve as a basis at just those modifications, not at others. See 2.2.11 for an expectancy for a basis in the statement, "*dadhne 'ndriyakāmasya juhuyāt*" (Let him make an offering with curds for one desirous of strength).

761 I.e., as the site of the offering.

762 I.e., to a modification of the *jyotiṣṭoma* with that name.

763 I.e., because only something which occurs at an original rite can be transferred. *Prabhā* on ŚD refers to this as the claim of the *Karkabhāṣya* etc. At KŚS 16.1.4 Karka argues that the fire should not be piled at the first *āhāra* (performance), because the *uttaravedi* has been taught, but he does not refer there to modified rites.

764 I.e., than context. This refers to the sentence quoted at the beginning of the topic. Another reason is because the *agniṣṭoma* rite referred to is not considered a modification of the *jyotiṣṭoma*.

in accord with the principle that when items are (otherwise) afflicted by pointlessness their order of relative strength is reversed, even the *uttaravedi* is not at all blocked; this is enough. So too with regard to the *atigrāhya* draughts,[765] which are taught in the statement, "Indeed these *atigrāhya* draughts are the support of the sacrifice",[766] there is to be understood in the same way the repeated statement at the particular modified rites, "He should draw (them) at the *pṛṣṭhya*" (and) "He should draw (them) at the *ukthya*".[767] And the subordinate features, which are (enjoined) for the sake of results at those modified rites, are to be sought.[768]

12. At the statement, "He offers (i.e., as the offering substance) that which has been cut four times (*caturavattam*)",[769] the object of the action of offering is said to be that which has been cut four times,[770] and therefore the cake is cut four times. And the alternative is that it is cut two times.[771] No; because the action of offering has not been obtained at the sentence quoted, and because there is fear of a particularized injunction, and therefore it (i.e., the sentence quoted) is an injunction of only the action of offering, made with reference to that which is cut four times, which has been obtained; and when one considers what it is that has been obtained, on the basis of the sentence, "He cuts from the offering substance twice",[772] that has just the form of the action of cutting twice from the offering substance. Even though

---

765 For these draughts, see CH 132, note 11, and Keith, p. 553, note 5.

766 According to ŚD, these draughts are taught at the original rite; according to BhD, they are taught independently, and on the basis of context the statement quoted here teaches that they are a subsidiary of the *jyotiṣṭoma*.

767 The "*pṛṣṭhya*" mentioned here is the *pṛṣṭhya* six-day rite (so says Bhaṭṭa Bhāskara). The *ukthya* is a form of the *jyotiṣṭoma*.

768 The final paragraph of BhD lists some subordinate features, which are also given in Śabara, but not their results: at *sattras* such as the year-long *gavāmayana* there is taught, "*māsi māsi atigrāhyā gṛhyante*" (Each month the *atigrāhya* draughts are drawn") (TS 7.5.1.6), and at particular modifications are taught the *kaṅkaciti* ("heron-shaped piling") etc. (Śabara has: "He should pile the heron (-shaped fire)", "One who desires, 'May I be possessed of a good head in this world', should pile the head (-shaped fire)") (see text), and also the statements, "*pañcai 'ndrān atigrāhyān gṛhṇīyāt*" (He should draw five *atigrāhya* draughts for the Indra) (this is taught at the *vājapeya*; cf. TB 1.3.3.1) etc.

769 This is taught at the new- and full-moon sacrifices. See 6.4.1 and 5.2.4.

770 This is based on the direct statement of the accusative case suffix in "*caturavattam*" (something which has been cut four times).

771 This alternative is based on the statement quoted below. The conclusion of the initial view is that there should be an option.

772 See 3.4.18.

this enjoins that which has been cut four times as a subsidiary of the offering, still, because the number four is obtained from other sentences,[773] it only makes subsequent reference (i.e., to the number four).[774] Even if the number is enjoined as a subsidiary of the offering,[775] it is a subsidiary only in as much as it limits the means of bringing about the rite, and therefore because ghee too, through preparatory actions,[776] is a means of bringing about the offering, that which has been cut four times comes about through the actions of pouring (an underlayer of ghee) and sprinkling (an overlayer of ghee).

13. But when the number four is enjoined as a subsidiary of the action of offering,[777] then in the *upāṃśu* sacrifice,[778] in which the substance is ghee, there is nothing which has been cut four times, because in regard to the expectancy as to how that which has been cut four times can be brought about, in as much as the manner (of producing it), such as the actions of pouring (an underlayer of ghee) etc., which have been enjoined, has as its range (only) vegetable substances (i.e., cakes) and *sānnāyya*,[779] it is appropriate that it should be restricted to just those. No; because that which has been cut four times, which is enjoined, is for the sake of all the offerings,[780] and so even though, when that which has been cut four times is produced in *sānnāyya* and vegetable substances by means of the actions of pouring and sprinkling, which are done in order to prepare the offering substance, there is (only) a cutting twice of the offering substance there, at the ghee of the *upāṃśu* sacrifice there must necessarily be a cutting four times of just the offering substance (i.e., the ghee).[781] But the truth is that at the *upāṃśu* sacrifice it is (rather) from the sentence, "He offers that which has been

773 This refers to injunctions to pour the underlayer of ghee, to cut twice from the offering substance, and to pour the overlayer of ghee. Cf. ŚD. See Eggeling, SBE, Vol. XII, Part 1, p. 192, note.

774 Consequently, the injunction is only of that which has been cut.

775 According to the *Mayūkhamālikā* on ŚD, this is the position of the *Bhāṣya*.

776 I.e., through the actions of pouring it as an underlayer and sprinkling it as overlayer.

777 This is considered hypothetically. See the preceding topic.

778 The *upāṃśu* is the second of the three main offering at the new- and the full-moon sacrifices. See 10.8.18 for the view that it is offered only at the full-moon sacrifice.

779 *Sānnāyya* is a combined offering of milk and curds. It is offered at the new-moon sacrifice, provided the sacrificer has performed a *soma* sacrifice. See the following topic.

780 I.e., it is enjoined as being a subsidiary of all offerings.

781 At an offering of ghee, the underlayer and overlayer of ghee are not poured, because there is no sticking to be prevented.

ladled up four times",[782] that there is (an injunction of) that which has been ladled four times.

14. At this statement, "For someone who has not performed the *soma* sacrifice (*asomayājin*), one should offer the sacrifice (*yājayet*) with just these two cakes, the one for Agni and the one for Indra and Agni",[783] there is no (injunction of) entitlement to (the result of a performance with) just two cakes for one who has not performed a *soma* sacrifice, because it is (rather) an injunction of entitlement that the result of (the performance with) two cakes belongs only to one who has not performed the *soma* sacrifice; (but the two views presented here are wrong) because the result of the new- and full-moon sacrifices has been stated,[784] and because the statement that one should perform the rites as long as he is alive is common to all;[785] nor is it an injunction of distinct rites, because we recognize the rites which have been introduced; nor is it an injunction to perform a sacrifice for another, because we do not hear of a result; nor does it enjoin the time preceding the *soma* sacrifice for the two cakes, because the time before the *soma* sacrifice has been obtained for the cake for Indra and Agni, which is optional with the *sānnāyya*,[786] since the *sānnāyya* occurs after the *soma* sacrifice on the basis of the statement, "One who has not performed the *soma* sacrifice should not offer the *sānnāyya*"; nor is this (both) a subsequent reference to the cake for Agni, since that has been obtained at both (i.e., both the new- and full-moon sacrifices), and (also) an injunction of the time of the full-moon for the cake to Indra and Agni, which has (previously) been enjoined (only) for the new-moon, because a single optative suffix (i.e., in the word "*yājayet*" (one should offer a sacrifice)) would have diverse (i.e., conflicting) natures, in the

---

782 I.e., and not from the sentence, "He offers that which has been cut four times".

783 This is taught in reference to the new- and full-moon sacrifices. A cake for Agni is offered at both of these sacrifices, one for Indra and Agni only at the new-moon sacrifice.

784 The point here is that the result has been stated for the performance of the new- and full-moon sacrifices in their entirety, not for a partial performance. This refutes the earlier of the two preceding claims, namely, that the statement is an injunction of entitlement (*adhikāra*) to the result of a performance with just two cakes for one who has not performed a *soma* sacrifice.

785 This statement refutes the second claim, namely, that it is an injunction of entitlement that the result of the performance with two cakes belongs only to one who has not performed the *soma* sacrifice.

786 *Sānnyāyya* is the combination of a milk offering and a curds offering.

form of being (both) an injunction and a subsequent reference.[787] Therefore it is an injunction of time for both, because the statement, "Nevertheless, he may offer the *sānnāyya*", enjoins the *sānnāyya* even for one who has not performed the *soma* sacrifice, and because the cake for Indra and Agni, which is optional with it (i.e., with the *sānnāyya*) and which is obtained for times both before and after the *soma* sacrifice, is (thereby) restricted, that is, that it should occur only before it. And in this way, there is established a particular practice, namely, that there is an option of the *sānnāyya* and the cake for Indra and Agni before the *soma* sacrifice, but that afterwards there should only be the *sānnāyya*. No; because it[788] forms a single sentence with the nearby injunction, "But he should perform the sacrifice with the *sānnāyya* for one who has performed the *soma* sacrifice",[789] and consequently the modes (of interpretation) which have been stated have no scope, and because it would entail secondary signification if this were an injunction of time.[790]

15. Because no particular substance is stated in the statement, "Between them he offers an *upāṃśu* (whispered) sacrifice",[791] the *upāṃśu* sacrifice has any substance whatsoever. And the statement, "Those two, Agni and Soma, said, 'Sacrificing to us with a whisper (*upāṃśu*) at the full-moon with just ghee'", enjoins time.[792] No. Because the ghee in the *dhruvā* (spoon) expects an act, and because of the statement, "Indeed this ghee in the *dhruvā* is ladled up for all sacrifices",[793] ghee alone is the substance.

16. And on the basis of proximity, the deity[794] is one taught in the *tantra* (system or framework) of the new- and full-moon sacrifices.[795]

17. Because of the identity of the conditions of being for Prajāpati (*prājāpatya*) and being whispered, which is taught at the statement, "What-

787 It would be inappropriate for the same suffix both to make subsequent reference and also to enjoin.

788 I.e., the statement quoted at the beginning of the topic.

789 It functions as an *arthavāda* in praising the injunction.

790 I.e., if the word "*asomayājin*" (one who has not offered the *soma* rite) were interpreted as denoting time.

791 This is taught at the new- and full-moon sacrifices. The *upāṃśu* (whispered) sacrifice occurs at both *parvans* (but see 10.8.18 for view that it is performed only at the full-moon sacrifice). The quotation here refers to its position between the two cake offerings. See 10.8.18.

792 I.e., and not the substance. See 10.8.18. This statement is recognized as the originative injunction of the *upāṃśu* sacrifice.

793 This is based on the reading "*gṛhyate*" given in Śabara etc.

794 I.e., at the *upāṃśu* (whispered) sacrifice. See 10.8.15.

795 The initial view, unstated here, is that any deity would suffice.

ever is for Prajāpati (*prājāpatya*) is made (i.e., is offered) with a whisper (*upāṃśu*)",[796] Prajāpati is the deity;[797] or, because on the basis of the statement, "He should contemplate Prajāpati with his mind", only silence is a feature of Prajāpati, and therefore the statement quoted above is an *arthavāda* of this, Agni is the deity, in as much as he is first;[798] or, because there is no statement of an offering verse (*yājyā*) or an invitory verse (*puro'nuvākya*) for Agni in the order of the *upāṃśu* sacrifice,[799] and because there is a statement (there) of an offering verse and an invitory verse for Viṣṇu, Viṣṇu alone is the deity. No. Because the statement of offering verses for Agni and Soma and for Prajāpati in another *śākhā* would (consequently) be pointless, Viṣṇu, Prajāpati, and Agni and Soma are optionally the deity. For this very reason, the *arthavāda*, "Sacrifice should be offered to Viṣṇu with a whisper" etc., is coherent.[800]

18. At the statement, "Indeed this uniformity is made in the sacrifice, in that the cakes are (offered) in order, between them he offers an *upāṃśu* (whispered) sacrifice",[801] because time in the interval between the cakes exists at the full-moon, at which there is a cake for Agni and a cake for Agni and Soma, and at the new-moon, at which there is a cake for Agni and a cake for Indra and Agni, the *upāṃśu* sacrifice occurs at both alike; or, because after the new-moon sacrifice has been introduced, the offering verse (*yājyā*) for Viṣṇu is recited after the offering verse for Agni, (the *upāṃśu* sacrifice occurs) only at the new-moon. No; because on the basis of the strength of the time directly taught in the statement, "Those two (Agni and Soma) said, ('Sacrificing to us with a whisper at the full-moon with just ghee')", only the full-moon is the time, and so in compliance with the pre-

---

796 This is taught at the new- and full-moon sacrifices.

797 I.e., of the *upāṃśu* sacrifice. See the preceding topic.

798 I.e., he is the deity of the first main sacrifice at both the new- and the full-moon sacrifices.

799 I.e., at the place in the sequence of such verses where those for the *upāṃśu* sacrifice are recited.

800 In Śabara the full quote is: "Sacrifice should be offered to Viṣṇu with a whisper (*upāṃśu*) to break the uniformity, sacrifice should be offered to Prajāpati with a whisper to break the uniformity, sacrifice should be offered to Agni and Soma with a whisper to break the uniformity". See F. Smith, pp. 67–9, for the deities of this rite.

801 This is taught in reference to the new- and full-moon sacrifices.

dominant item (i.e., the sacrifice), the offering verse, which is subordinate, is brought forward to just then.[802]

19. The *upāṃśu* sacrifice is not to be performed at a full-moon day sacrifice which, before a *soma* sacrifice (has been performed), lacks a cake for Agni and Soma, because there is no time there that is an interval.[803] No. Even though the two cakes, which act as indicators, are absent (as a pair), the time following the cake to Agni, which is indicated, does not go away, and therefore it (i.e., the *upāṃśu* sacrifice) occurs there too.

20. I did the impenetrable Tenth (Book) in a great hurry. May good people display their characterisic (good) nature toward it.

802 I.e., from the context of the new-moon sacrifice. ŚD refers to the Āśvalāyanas as those who recognize an *upāṃśu* sacrifice at the new-moon sacrifice as well as at the full-moon sacrifice. BhD discusses why it occurs at both *parvans*. See 6.5.2 with ŚD, 3.3.5, etc. For the site of the *upāṃśu* offering according to different traditions, see F. Smith, pp. 67–8, Garge, p. 54, and NVO, p. 84, note 4, and p. 99, note 4.

803 I.e., an interval between two cake offerings. See 5.4.4 (and the preceding topic). I have translated "*pūrṇamāsyām*" (on the full-moon day) as if it were "*paurṇamāsyām*" (at the full-moon sacrifice), which is what Śabara etc. have.

Book 11

Chapter 1

1. Because the offerings to Agni etc.,[1] which have originated separately,[2] have separate expectancies for a result, the result, namely, heaven etc., is separately connected (with each).[3] No. Because on the basis of the statement of the collection, "(One desirous of heaven should offer) the new- and full-moon sacrifices", the result is stated as coming just from the group, and because individually they (i.e., the offerings) produce the originative unseen effects, which then prompt the unseen effect of the result,[4] and so they have no expectancy (i.e., for any other result, such as heaven), the result comes just from the group.

2. Because subsidiaries, such as the ghee portion sacrifices (*ājyabhāgas*) etc., are distinct,[5] the actions of assistance made by them to the instrument[6] are distinct.[7] No. Because the instrument is single, it has an expectancy for a single assistance, which has the form of something which awakens its capacity, and therefore there is (only) a single assistance. But distinctness in subsidiaries comes about because the means too are distinct.[8]

3. That assistance should be made by any single subsidiary whatsoever, because by (just) that much there comes about a lack of expectancy. No.

---

1 These are the six main offerings which are performed at the new- and full-moon sacrifices.

2 They are taught in distinct originative injunctions, independently of each other.

3 I.e., the result is connected with each offering separately.

4 This is the unseen effect which brings about the result. See 2.1.2 for the system of unseen effects. The unseen effect of the result (*phalāpūrva*) mentioned here is referred to there as the final unseen effect (*paramāpūrva*).

5 The ghee portion sacrifices are performed at the new- and full-moon sacrifices. See 10.1.8. Śabara here refers to the fore-sacrifices. See 2.2.2. All of these subsidiaries are taught in distinct sentences, and unlike for the six main rites of the new- and full-moon sacrifices discussed in the previous topic, there is nothing to indicate that it is their combination which produces assistance.

6 I.e., the instrument (*karaṇa*) with which the productive force (*bhāvanā*) brings about the result. This is the action of sacrifice. See 2.1.1 for a discussion of this.

7 Distinct causes should bring about distinct effects.

8 I.e., the means by which they assist. JNMV compares the plurality of subsidiaries with the plurality of *kārakas* (i.e., those items identified by the grammarians as causes for the production of an action), when a number of them operate together to produce a single effect.

When there is an expectancy for something which assists, by the principle of the pigeons on the threshing floor, all (the subsidiaries) gather there together,[9] and so it (i.e., the assistance) should be produced by all.

But the author of the *Vārttika* includes the matter of the preceding topic just here.[10]

4. The performance of a desiderative act should occur (only) once, just like that of the fore-sacrifices and other subsidiaries,[11] because the soul which has performed a sacrifice etc. produces heaven etc.[12] This being so, there is no assumption of the unseen effect, its continuity, etc.[13] No. If there is no production of an unseen effect by a soul which has performed a sacrifice etc., the result would come about from the soul by itself,[14] and so it (i.e., the unseen effect) is accepted (as continuing) until it produces a single result. Therefore, when there are further desires for animals etc., in accord with those desires there is repetition.[15] But in the case of the fore-sacrifices etc., in compliance with the injunction of performance, it is appropriate that the assistance to the instrument should be performed just once, and so there is a difference.

5. For the sake of a visible purpose, the form of which is the bringing about of husked rice grains, the action of beating[16] is to be repeated until the result comes about.[17]

6. But the action of beating which is taught in the statement, "He fills the mortar with all sorts of plants and beats them",[18] is for the sake of an unseen effect, and so is not like that.[19]

---

9 Pigeons fly down to the theshing floor together when there is grain to be eaten.

10 He thinks that it is otherwise pointless, since there is no difference in the performance of subsidiaries if what they effect is one or multiple (ŚD).

11 The fore-sacrifices are subsidaries of the new- and full-moon sacrifices. See 11.1.10.

12 I.e., it produces the results of the sacrifice etc.

13 It is simpler to make just the one assumption that the soul produces the result.

14 I.e., before an act is performed. The unseen effect is assumed to reside in the soul.

15 I.e., of the desiderative act.

16 I.e., the beating of unhusked rice, which is enjoined at the new- and full-moon sacrifices in the statement, "*vrīhīn avahanti*" (He beats the rice). See 2.1.3.

17 The initial view, unstated here, is that the injunction teaches the action of beating as leading to an unseen effect, and that that can be established by just a single stroke.

18 This is taught at the fire-piling rite (*agnicayana*), when the first layer of bricks is being laid.

19 I.e., not like the case discussed in the preceding topic. Instead, there should be just a single stroke.

7. At a single sacrifice, someone who desires an abundant result should repeat the subsidiary, because we see an abundant result from the repetition of a desiderative act. No. An abundant result is accomplished by the repetition of a rite together with its subsidiaries, (and) not by the repetition of just the subsidiary, because there is no authority for that, and therefore the fore-sacrifices etc.[20] are performed just once.

8. In the statement, "He offers (i.e., kills) *kapiñjala* birds for the spring",[21] the plurality[22] ranges from three to a hundred trillion, because the plural suffix is common.[23] No. The number three presents itself first, and so it[24] is complete with just that; (and this view is also correct) because this statement, "One should not injure", would be blocked in regard to four etc. (being killed). [25] But the formulation of this settled conclusion is questionable, since it does not cover statements such as, "He should feed *brāhamaṇas*".[26]

9. Likewise, after the statement of the milking of three (cows), (an action) which is to be accompanied by *mantras*, at the (subsequent) statement, "He (i.e., the *adhvaryu*) has the following (i.e., remaining) (*uttarāḥ*) (cows) milked silently",[27] only three (cows) are milked, just as before.[28] No. In order that the statement, "On this 'night' (i.e., day?) not even his children should get any milk", should have a visible effect, the milking of all is

20 The fore-sacrifices are subsidiaries of the new- and full-moon sacrifices.

21 This is taught at the *aśvamedha* rite. See 2.1.7.

22 I.e., of the birds.

23 I.e., is common to all of these numbers.

24 I.e., the sense of the statement.

25 If the injunction to kill does not apply beyond the number three, then from four on the prohibition quoted here would operate.

26 The quote given here in BhD as occurring at the new- and full-moon sacrifices, "Indeed, satisfy (i.e., feed) (the) *brāhmaṇas*", is close to that of ĀpŚS 4.16.17, "He directs them, 'Indeed, satisfy (i.e., feed) the *brāhmaṇas*". It enjoins feeding *brāhmaṇas* after the rite is complete.

27 This is taught at the new- and full-moon sacrifices, in reference to the evening milking which is required for the preparation of the *sānnāyya* offering at the new-moon sacrifice. Śabara's quote here is, "After having three (cows) milked with his voice restrained, he releases his voice and, without holding on to the pail, has the following (cows) milked". See NVO, pp. 11–13.

28 I.e., by the principle established in 11.1.8. Here the word "*uttarāḥ*" (following) is in the plural.

obtained,[29] and so since the word "*uttarāḥ*" (following) makes subsequent reference,[30] all (the cows) are milked.[31]

10. Because the offerings to Agni etc., although six (in number),[32] (each) possess a context, and therefore cause us to understand subsidiaries,[33] the subsidiaries are performed separately for each. No. Because place, time, and agent are one,[34] and so no distinctions are understood for them,[35] and because statements such as, "He should offer the full-moon sacrifice at the time of the full-moon", enjoin a single performance,[36] the items which assist directly (*ārāt*) apply through *tantra*.[37]

11. At the statement, "He should offer (i.e., kill) a black-necked one (i.e., animal) for Agni, a brown one for Soma, and a black-necked one for Agni",[38] because they have the same deity the performance of the two offerings to Agni takes place through *tantra*,[39] just as at the *sānnāyya* offering.[40] No. Because the offering to Soma is recited in between, *tantra* is impossible,[41] and so there is no *tantra* for the main item. But for the subsidiaries such as the fore-sacrifices etc., there should indeed be *tantra*.

---

29 I.e., the milking of all the cows belonging to the sacrificer.

30 I.e., to all the following cows, all of which are to be milked.

31 JNMV says that the only thing which the statement under discussion here enjoins is the condition that the pail is not to be held on to when the following cows are milked. See Śabara's full quote above.

32 These are the six main offerings in the new- and full-moon sacrifices.

33 I.e., subsidiaries such as the fore-sacrifices etc., which assist them.

34 See 11.2.1.

35 I.e., for the subsidiaries. We do not perceive distinctions in the manner in which they assist the distinct offerings. (See JS 11.1.56 with Śabara, and Śabara at JS 11.3.2.)

36 On the basis of this statement, we understand that the three main sacrifices together with their subsidiaries are performed together. The condition of being performed together would be lost if, after one main sacrifice were performed together with its subsidiaries, another one, with its subsidiaries, were to follow (ŚD and *Prabhā*).

37 *Tantra*, which is the main topic of Eleventh Book, is defined in 12.1.1 as, "a single performance made with reference to many items".

38 This is a desiderative animal rite for one contending for the position of *purohita*.

39 I.e., a single offering suffices for both.

40 There are two offering substances in the *sānnāyya*, i.e., curds and milk, but because they have a common deity, either Indra or Mahendra, *tantra* applies.

41 JNMV explains that since one and the same time is not possible, *tantra* is impossible. ŚD says that the required order would be broken if they applied through *tantra*.

Chapter 2

1. The place, time, and agent, which are enjoined in the statements, "On level ground (he should offer new- and full-moon sacrifices)", "(He should offer the full-moon sacrifice) at the time of the full-moon", "(At the new- and full-moon sacrifices) there are four priests", etc., are connected with the productive force, which is understood at the originative injunctions,[42] and so there are separate connections of the place etc. (i.e., with the productive force),[43] because even though they (i.e., the six main acts) are subordinate toward the result, and so on the basis of the statement of the result there is a combination of them in the matter of the result,[44] in as much as the place etc. are subordinate to the (six) acts it is appropriate that they should be connected with them one by one, as in the case of (the statement), "One who (would sacrifice) with the *iṣṭi*, (the animal rite, or the *soma* rite (should sacrifice) on the new-moon day or the full-moon day)" etc.[45] Just as there is no blocking of the combination of the two triads[46] with regard to the result, even though there are distinct performances of them, likewise for the six (main acts), even when the place etc. are distinct, that (i.e., the lack of blocking of the combination) exists.[47] And in this way, because the place etc. are connected with just the main item,[48] for a subsidiary item there may also be a distinct place etc.[49] No; because on the basis of the expectancy (i.e., of the productive force) at first for the result, there arises (i.e., at first) a

---

42 I.e., the originative injunctions of the six main sacrifices at the new- and full-moon sacrifices. See note at 2.2.3 for these.

43 I.e., the place etc. are connected with the productive force as the latter is understood at the originative injunctions.

44 See 11.1.1.

45 This statement establishes a connection of the time, i.e., the new- and full-moon days, with the *iṣṭis* etc., one by one. It does not require that they all must be performed on a single new-moon day etc (ŚD).

46 I.e., the two triads of main sacrifices.

47 The point seems to be that just as there are distinct performances of the two triads, with no averse consequences for the result, so too there can be distinct places etc. for the individual main sacrifices.

48 I.e., with each one of the six acts, without their subsidiaries.

49 On the initial view, the injunctions of place etc. are considered to be connected with the originative injunctions of the six main acts of the new- and full-moon sacrifices, i.e., "In that the cake for Agni on eight pans..." (*yad āgneyo 'ṣṭakapālaḥ...*) etc., not with the statement of the result, i.e., "One desirous of heaven should sacrifice with the new- and full-moon sacrifices" (*darśapūrṇamāsābhyāṃ svargakāmo yajeta*). See 1.4.7, 4.4.11, and note at 2.2.3 for these.

connection of the combined items (i.e., the six acts) with the result, and (only) then does the connection (i.e., of the acts) with the place etc. come about;[50] (and) because, by contrast, we do not understand a combination of the items comprehended by the statement, "One who (would sacrifice) with the *iṣṭi*, (the animal rite, or the *soma* rite (should sacrifice) on the new-moon day or the full-moon day)" etc., and so there is a difference. Because the offerings to Sūrya etc.,[51] which are linked with their own particular subsidiaries, are enjoined separately, even when the desire for the result comes about at the same time,[52] their union, which has not been enjoined, is inappropriate, and so the place etc. do not apply by *tantra*.[53] Because the place etc. are connected only with the main item accompanied by its subsidiaries, the subsidiaries too have the place, time, etc. of the main item.[54]

2. For all six,[55] the subsidiaries apply by *tantra*, because it is just a single performance which is spread out over the two *parvans*. No. Because the words "*pauṇamāsyām*" (on the full-moon day) and "*amāvāsyāyām*" (on the new-moon day) enjoin separate performances of the (two) triads, when the singleness of the performance would have occurred, due to there being a single result, (and) because we understand that the unseen effects of the subsidiaries achieve their purpose by bringing about the unseen effects of the triads, the repeated performance of the subsidiaries[56] is for the sake of the unseen effect of the (second) triad. For this very reason, moreover, the statement, "There are fourteen offerings at the full-moon (sacrifice), and thirteen at the new-moon (sacrifice)", comes about appropriately.[57]

---

50 All the main acts are desired to be done, and the time, place, and agent are immediately connected with all of them for anyone wishing the result. Cf. ŚD.

51 These are modifications of the new- and full-moon sacrifices. See 2.3.5 etc.

52 I.e., when someone desires the results of more than one of these at the same time.

53 The time is established for each of them separately by the statement quoted above, "One who would sacrifice with the *iṣṭi*" etc. This follows a corrected and uncertain text.

54 This is treated as a single topic in ŚD and BhD, but as two in Śabara and JNMV. The final sentence of the initial view presented above, and the final sentence here of the settled conclusion, cover the matter of the second topic given in Śabara and JNMV.

55 I.e., the six main sacrifices at the new- and full-moon sacrifices.

56 I.e., at the second *parvan*.

57 The *Prabhā* on ŚD at 6.5.2 and 10.8.17 shows how these numbers are reached. For each *parvan* there are five fore-sacrifices, three after-sacrifices, two ghee portion sacrifices, and the *sviṣṭakṛt* sacrifice. On the full-moon day there are three main sacrifices, and on the new-moon day just two, because the *upāṃśu* (whispered)

3. The *adhvarakalpeṣṭi* has nine offering substances:[58] at the morning pressing there is a cake on eight pans for Agni and Viṣṇu, Sarasvatī receives a portion of ghee, (and) there is *caru* for Bṛhaspati; at (the) midday (pressing) there is a cake on eleven pans; at the third pressing there is a cake on twelve pans; the other two offerings are the same.[59] Because the statement which is made there, "Before speech is uttered (he should pour out (the offering substance))", states that all the offering substances which have been introduced are poured out at sunrise, and therefore on the basis of the principle of bringing forward the items which end with that,[60] the subsidiaries have a single beginning, and so it is appropriate that their conclusion as well should be the same (i.e., single),[61] the subsidiaries of all nine offerings apply by *tantra*. No. Because if the injunction to bring forward the actions of pouring out applied to all,[62] it would obtain the form of (being both) an injunction of a restriction[63] and an originative injunction,[64] and because it therefore restricts the pouring out of just the offering substances at the morning pressing, the subsidiaries occur separately at each pressing, so as to avoid separation of the subsidiaries from the main items.

---

sacrifice is omitted. See 6.5.2 and 10.8.18. The point here is that if the subsidiaries are not repeated at the second *parvan*, this quote, with its two numbers, would not make sense. (If the alternative reading is accepted, the statement would mean, "For this very reason, the statement, "There are fourteen offerings at the full-moon (sacrifice), and thirteen at the new-moon (sacrifice)" is likewise inappropirate (i.e., is inappropriate on the initial view))."

58 This is a desiderative *iṣṭi*, which is offered to counter the *soma* sacrifice undertaken by a foe. See *Wunschopfer* 52.

59 I.e., after the cake offerings at midday and in the evening, the offerings of ghee for Sarasvatī and *caru* for Bṛhaspati are repeated.

60 I.e., which end with the item which is taught to be brought forward. By this principle, when an item is taught to be brought forward, the items which precede it are also brought forward. Here, when the actions of pouring out are brought forward, the subsidiaries which precede them are also brought forward. See 5.2.10.

61 Accordingly, the preceding and following subsidiaries are all advanced. Here ŚD and BhD (p. 819) refer to the restriction, "*yathopakramaṃ ca samāpanam*" (And the conclusion is like the commencement).

62 I.e., to all actions of pouring.

63 I.e., it would restrict the morning pouring so as to occur only before speech is uttered.

64 I.e., for the six pourings which are taught to occur at the times of the two other pressings.

4. When the offering of fat (*vasā*), which is taught at the animal rite in the statement, "At the half of the offering verse (*yājyā*),[65] the *pratiprasthātṛ* offers the offering of fat",[66] is obtained by transfer at the rites of the (seventeen) animals for Prajāpati,[67] it applies by *tantra*, because the half of the offering verse is one and the same.[68]

5. But in the case of animal rites which have distinct deities,[69] at the halves of their own particular offering verses (*yājyās*),[70] in order to dispose of their own particular fats, the fat offerings are distinct.

6. Likewise the offering at the post (*yūpāhuti*) applies by *tantra* at the collection of eleven posts,[71] since the offering is performed at a place where the post is within the range of sight.[72]

7. At the statement, "They perform the final bath rite (*avabhṛthena*) in water",[73] on the basis of the statement of the instrumental case suffix (i.e., in the word "*avabhṛthena*" (final bath rite)), the final bath rite together with its subsidiaries takes place in water.[74] But because the instrumental case suffix is absent in the statement, "They should be done with a whisper",[75] there is whispering at just the main items.

65 I.e., after half of it has been recited.

66 See Schwab 100.

67 These are performed at the *vājapeya* rite.

68 Also, the fat of all the animals may be considered to be one and the same, since it is cooked together, and the deity is the same (ŚD). See 11.4.8.

69 Here Śabara and JNMV refer to the group of eleven animal rites which may be offered at the *jyotiṣṭoma*. See 7.3.13, 8.1.7, and 9.3.14.

70 I.e., after half has been recited.

71 These are the posts which are employed when eleven animals are offered at the *jyotiṣṭoma*. See 7.3.13.

72 In presenting the initial view, unstated here, that the offering should be repeated at each of the eleven posts, Śabara quotes the following statement in reference to the original rite: "He drills out a fire near the post and offers the oblation at the post". This is interpreted here as meaning, "at a place where the posts are visible".

73 According to Śabara, this is taught at the *jyotiṣṭoma*. (CH 254d).

74 On the strength of the instrumental case, the place is connected with the performance of the rite, and the performance is enjoined as including the subsidiaries.

75 This seems to be an abbreviated form of the quote: "The desiderative *iṣṭis* are indeed (like) the rites of the *atharvan* (i.e., the *Atharvaveda*) among the sacrifices, they are to be performed in a whisper (*upāṃśu*)". See 3.8.20.

8. At the *varuṇapraghāsa* rites,[76] there are two *vihāras*,[77] and the *āhavanīya* fire is divided and placed in them. There, because the statement, "The *adhvaryu* sets down eight offering substances on the northern *vihāra*,[78] the *pratiprasthātṛ* sets down only the (*āmikṣā*) offering for the Maruts on the southern one", enjoins only the action of setting down the offering for the Maruts on the southern *vihāra*, and so in as much as the action of offering (*homa*) can occur at the northern *vihāra* alone, there is a single place for the main items,[79] and because the statement, "He should perform the *varuṇapraghāsa* sacrifices in the rainy season", is a single injunction of performance, the subsidiaries of (all) the nine offerings apply by *tantra*.[80] No; because the action of setting down (the offering substance), which exists only for the sake of the action of offering (it),[81] and has been obtained without a fixed determination,[82] is restricted by the sentence quoted, and therefore the places of the main items are distinct.[83]

9. Although (only) the *adhvaryu* and the *pratiprasthātṛ* are fixed (i.e., in their position) to those two (*vihāras*),[84] because the (two) performances are distinct the *brahman* (priest) etc. are also distinct.[85] No. Because the tasks are accomplished in both places by the same *brahman* etc., and because of the statement, "There are five priests at the *cāturmāsya* sacrifices",[86] they are not distinct.

---

76 These are performed at the second *parvan* of the *cāturmāsya* sacrifices.

77 A *vihāra* is the sacrificial enclosure for a rite. Here the word is used to refer to the two *vedis* (altars) which are constructed at the *varuṇapraghāsa* rites. See ĀpŚS 8.5.4 and 5.

78 I.e., on the northern *vedi* (altar).

79 I.e., for the nine actions of offering. Of the nine offering substances, five are common to all the *parvans* of the *cāturmāsya* sacrifices, namely, a cake on eight pans for Agni, *caru* for Soma, a cake on twelve pans for Savitṛ, *caru* for Sarasvatī, and *caru* for Puṣan. The remaining four here are a cake on eleven pans for Indra and Agni, *āmīkṣā* for the Maruts, *āmīkṣā* for Varuṇa, and a cake on one pan for Ka.

80 And not just those of eight.

81 The action of offering provides a visible purpose for the action of setting down the offering substance.

82 I.e., as to where is should be performed.

83 Because the places are distinct, the performances are distinct, and therefore the subsidiaries are performed separately (JNMV).

84 See 11.2.8.

85 I.e., there should be two sets of them.

86 These are the *adhvaryu*, *pratiprasthātṛ*, *hotṛ*, *brahman*, and *āgnīdhra*.

10. Because the *patnīsaṃyājas*[87] have a single place, in the form of the *gārhapatya* fire, they apply by *tantra*.[88] They do not, because only items which have (i.e., which are performed by) particular agents assist particular offerings.[89]

11. In regard to the rites of the (seventeen) animals for Prajāpati,[90] in as much as the statement, "They release those (animals) after they have been encircled by fire", enjoins a manner of performance in which that (i.e., the action of encircling by fire) is the final subsidiary, transfer is lost,[91] and therefore the statement, "He offers (i.e., kills) (them) at the time of the *brahmasāman*",[92] enjoins a distinct rite. No; because many unseen effects etc. would result, and therefore the injunction of a distinct rite is inappropriate; because the statement, "He offers (i.e., kills) (them) at the time of the *brahmasāman*", enjoins the pushing back (postponement) of the offering (i.e., killing), and thereby the (statement of) the release makes subsequent reference;[93] (and) because (therefore) there is no manner of performance in which that (i.e., the action of encircling by fire) is the final subsidiary.[94]

12. The *ahīna* rite called the "Five-autumn rite" is to be performed for five years.[95] There it is stated, "In the first year, at the new-moon of Vaiśākha,[96] he drives up seventeen females (i.e., female cows) for the

---

87 This refers to the *patnīsaṃyājas* which are performed at the *varuṇapraghāsa* rites. See 3.3.15 for these rites at the new- and full-moons sacrifices.

88 Unlike the *āhavanīya* fire, the *gārhapatya* is not split. See 11.2.8. The *gārhapatya* fire is the site of the *patnīsaṃyājas* at the new- and full-moon sacrifices. (NVO, p. 151).

89 A subsidiary performed by the *pratiprasthātṛ* only helps the offering to the Maruts, one performed by the *adhvaryu* only helps the others, and so both the *pratiprasthātṛ* and the *adhvaryu* must offer the *patnīsaṃyājas* separately in the *gārhapatya* fire.

90 These are performed at the *vājapeya* rite.

91 It does not function because there is no expectancy for other subsidiaries. Cf. ŚD. See Schwab 63–65 for the encircling by fire at the animal rite.

92 Śabara etc. present as a single quote the two quotes given here. "*Brahmasāman*" is the name of the third *pṛṣṭhastotra*.

93 I.e., to the cessation of the activity which has as its final item the action of encircling with fire. This action is the one which immediately precedes the offering (i.e., killing) at the animal rite.

94 ŚD lists as consequences of this that the subsidiaries up through the encircling by fire need not be repeated at the midday pressing, when the animal is killed, and that no other animals need to be acquired. See 9.4.13 and 14.

95 An *ahīna* is a *soma* rite lasting from two to twelve days, provided it is not a twelve-day rite which is a *sattra*. See 8.2.6 and 10.6.16.

96 April–May.

Maruts, and seventeen spotted bulls; after those (animals) are encircled by fire, they offer (i.e., kill) those which are females and they release (*utsṛjanti*) the others, which are males; likewise in the second year (he drives up) striped females, and in the third year (he drives up) reddish females, and in the fourth year (he drives up) tawny females, and in the fifth year (he drives up) spotted females; (and) the statement, 'and those same bulls' (*tāṃś cai 'va*) is common (to each year). In the fifth year, the one who is initiated offers (i.e., kills) these bulls, three by three (*trīn trīn*) on each day, and five on the final day". Here too,[97] by force of the statement, those very bulls which were released in the first year are encircled with fire again and again, and in the fifth year the rest of the rite is to be performed, because if other bulls were taken in the second and following years, the statement starting with, "*tāṃś cai 'va*" (and those same), would be inapplicable.[98] No. If, through subsequent reference to the action of offering (i.e., killing),[99] (both) the number three and the first and other days were enjoined, there would result distinct sentences, and so since the sentence (starting with), "*trīn trīn*" (three by three), enjoins a distinct rite, the sentence (containing) the word "*utsṛjanti*" (they release) enjoins a manner of performance in which that (i.e., the action of encircling by fire) is the final subsidiary. And the word "*tad*" (that)[100] means, "of that sort", as in the statement, "*tad evau 'ṣadham*" (that same medicine).

13. The *saṃsṛp* offerings are taught after the *abhiṣecanīya*, and then the *daśapeya* is enjoined.[101] There, when the purchase of the *soma* is brought forward by the statement, "He buys the *soma* at the same time for the *abhiṣecanīya* and the *daśapeya*", because the subsidiaries which conclude with

97 I.e., as in the case of the rites of the seventeen animals for Prajāpati discussed in the previous topic.

98 On the initial view, the final sentence in the quotation, which speaks of the offering (i.e., killing) of the bulls, enjoins merely the postponement of this action, and the earlier clauses, which speak of their release ("*utsṛjanti*") make subsequent reference to it.

99 The action of killing has been obtained as something which immediately follows the encircling by fire.

100 I.e., the deictic pronoun, which here appears as "*tān*" (those) in, "*tāṃś cai 'va*" (and those same (bulls)).

101 These rites are performed at the *rājasūya*. See Heesterman, Chapters VIII–XX, XXI, and XXII. The *abhiṣecanīya* and the *daśapeya* are *soma* sacrifices. For the *saṃsṛp* offerings to Agni etc., see TS 1.8.17 and ĀpŚS 18.20.7–10. See also note to text.

that [102] are brought forward, and therefore they (i.e., the two rites) commence together, and because it is appropriate that they (i.e., the rites) conclude in the same way (i.e., together),[103] *tantra* operates for both. No. Because at the *daśapeya* the statement, "They buy the *soma* on the same day", states that the same day (i.e., the day of the initiation) is the time for the purchase, because the sentence quoted brings forward the action of "purchasing" in its subordinate sense, which has the form of determining the price, (and) because the combination of the (two) actions of determining the price is for the sake of an unseen effect, and therefore the statement can be an injunction of restriction, *tantra* does not operate.[104]

14. At the statement, "With the scrapings of the (*āmikṣā*) offering to Varuṇa and the husks (of barley) they proceed to the final bath rite (*avabhṛtha*)",[105] there is a protraction of the proceedings of just the *āmikṣā* sacrifice,[106] because it is just the remainder of curds which is given to Varuṇa,[107] because the word "*avabhṛtha*" (final bath rite) makes subsequent reference (i.e., to the *āmikṣā* sacrifice) through secondary signification,[108] (and) because if this were an injunction of a distinct rite which had the features of that,[109] there would result secondary signification (in the injunction);[110] or, by admitting secondary signification even in the injunction, since the word "*avabhṛtha*" (final bath rite) would (otherwise) be pointless, an act is enjoined which has the features of the final bath rite and the form of

---

102 I.e., the subsidiaries of the *daśapeya* which conclude with the action of purchasing.

103 See 11.2.3. This means that the subsidiaries which follow the purchase are also advanced.

104 This is because the rites begin and conclude at different times.

105 This is taught at the *varuṇapraghāsa parvan* in the *cāturmāsya* sacrifices

106 Of the nine offering substances at the *varuṇapraghāsa parvan*, the seventh and eighth are of *āmikṣā* for the Maruts and for Varuṇa, and the ninth is a cake on one pan for Ka (Prajāpati). A ewe and a ram made of barley meal (*piṣṭa*) are placed in the *āmikṣā* offerings. The curds scrapings and husks from these form the substance for the act in question. Śabara etc. compare this with the animal sacrifice, in which the omentum is offered at the morning pressing and the heart etc. at the third pressing. See 11.2.8.

107 The curds offered to Varuṇa in the rite under discussion are just the remainder of the curds which have already been offered to him.

108 This is because the deity Varuṇa is common to the *āmikṣā* sacrifice and the final bath rite (*avabhṛtha*).

109 I.e., the features of the final bath rite (*avabhṛtha*). See CH 254d for the *avabhṛtha* rite at the *jyotiṣṭoma*.

110 If secondary signification is admitted, it is better to recognize it in a term which makes subsequent reference than in an injunction.

the disposal of the remainder. No. Because even then the substance here[111] is the main item, and so there is no similarity to the final bath rite, where the substance is subordinate,[112] and therefore that word (i.e., the word "*avabhṛtha*" (final bath rite)) is not applicable, a distinct rite is enjoined, which has the features of that,[113] and has the remainder as its substance. By the force of a statement, even the substance of one rite may serve as a subsidiary at another. And this is an act of both (sorts),[114] just like the *sviṣṭakṛt*;[115] this is the view of the *Rāṇaka*. The repetition of the *sviṣṭakṛt* is the result.[116]

15. In the statement, "He offers the *udayanīya* (*udayanīyam*) in the scrapings (*niṣkāse*) of the *prāyaṇīya*",[117] a distinct rite is enjoined, which has the scrapings as its substance and the features of the *udayanīya*.[118] No. Because it is recited in the context of the *udayanīya*, (and) because we understand from the accusative and locative case suffixes (i.e., in the words "*udayanīyam*" and "*niṣkāse*" (in the scrapings)) that the relation of that which is to be prepared and that which prepares it exists in the *udayanīya* and the scrapings, the offering of the *udayanīya* in the scrapings is enjoined for the purpose of preparing the *udayanīya*. And in this way there is no repetition of the *sviṣṭakṛt*.

Chapter 3

1. On the basis of the statements, "At the new-moon sacrifice he makes the *vedi* (altar) on the preceding day" and "They perform the final bath rite (*avabhṛtha*) in water",[119] the time and place of the main items[120] are

---

111 I.e., on the assumption that this teaches a disposal.

112 And the act is predominant.

113 I.e., the features of the final bath rite (*avabhṛtha*).

114 I.e., it is an act of disposal and a main rite.

115 The *sviṣṭakṛt* sacrifice serves as an act of disposal at the new- and full-moon sacrifices. See 3.4.19.

116 ŚD says of the *pūrvapakṣa* that its consequence is that the *sviṣṭakṛt* etc. would not need to be repeated.

117 This is taught at the *jyotiṣṭoma* rite. The *udayanīyeṣṭi* (here, "*udayanīya*") is part of the concluding section of rites, and follows the final bath rite (*avabhṛtha*). The *prāyaṇīyeṣṭi* (here, "*prāyaṇīya*") precedes the purchase of *soma* on the first *upasad* day. See ĀpŚS 10.21.1–14 and 13.23.1–5, and CH 28 and 255.

118 This claim is based on the arguments of the preceding topic.

119 This second statement seems to be taught in reference to the *jyotiṣṭoma*. See 11.2.7.

120 I.e., the main offerings at the new- and full-moon sacrifices and the *jyotiṣṭoma*.

blocked even for their subsidiaries, because it is only for those (subsidiaries) for which (distinct) times (and places) are not stated by a (special) statement that we understand from the injunction of performance the identity (of time and place) with those (of the main items).

2. The installation (of the fire), even though it is a subsidiary of all rites,[121] should apply by *tantra*,[122] because its conditions of being for the purpose of all (rites) and having the spring etc. as its (own) time are taught.[123]

3. The post is a subsidiary at the *daikṣa* (i.e., *agnīṣomīya*) rite, and at the *savanīya* and the *anūbandhya* rites,[124] by means of direct teaching and transfer (respectively). It is distinct for each animal (rite), because on the basis of the statement, "He cuts the post at the (time of the) initiations",[125] only the post at the *daikṣa* rite is brought forward,[126] just as at the *adhvara-kalpā* rite only the first actions of pouring out (are brought forward);[127] and therefore, when that (i.e., the *daikṣa* rite) is finished, it (i.e., the post) is finished,[128] and so for the purpose of the *savanīya* rite etc., it is appropriate that another (post) should be set up. No; because even though only the first (three) pourings out are brought forward in the analogous case, in order not to block the times of the (subsequent) main items,[129] and in order that the statement, "Before speech (is uttered he should pour out the offering)", should be an injunction of restriction, in the present case, because the time of the main item is blocked,[130] and because the condition of being an injunction

121 As a subsidiary, it should be performed separately at all rites.

122 I.e., it should be performed just once.

123 Because no result is stated for the installation, it assists other rites through the *āhavanīya* and other fires. Since it is performed at its own time, it has no special connection with any particular rite, but a common connection with all (JNMV). See 2.3.3 for quotations listing the other times when it is performed. The text here seems corrupt.

124 These are the three animal rites at the *jyotiṣṭoma*.

125 See 5.1.14.

126 This is because it is directly taught only for this rite.

127 See 11.2.3.

128 I.e., its preparations are lost (*Prabhā* on ŚD).

129 I.e., in order that the subsidiaries for the subsequent six main actions should take place at the same times as those actions, namely, at the time of the midday and the third pressings.

130 The main item here is the *agnīṣomīya* animal rite, which takes place on the third *upasad* day. Its time is therefore blocked when the post is made at the time of the initiation, i.e., three days earlier.

of what has not been obtained[131] is common (i.e., to all three animal rites), it is the post which is the subsidiary of the three animal rites which is brought forward, and therefore *tantra* is appropriate.[132] But the teaching of it after the bringing forward of Agni and Soma[133] is for the sake of its being a subsidiary of the *daikṣa* rite on the basis of direct teaching.[134]

4. Likewise the actions of fashioning (*takṣaṇa*) etc., which prepare the post, apply by *tantra*,[135] just like the features of the *barhis* (grass) which is for the sake of the *ātithyā* rite etc.,[136] because the means,[137] in the form of the post which is to be produced,[138] is one.

5. But the *svaru* is distinct,[139] because when the action of anointing the animal is finished, it is finished.[140] And its condition of being first[141] comes about at each striking. No. Because we understand from the statement, "The first (chip) which falls (should be made into the *svaru*)", that in regard to the condition of being first there is expectancy for just the post,[142] the *svaru* too applies by *tantra*.[143]

---

131 I.e., the injunction that the time of the initiation is the time for cutting the post.

132 Like the installation of the fire discussed in the preceding topic, the time for cutting the post is not that of any of the rites for which it is a subsidiary.

133 This refers to the action of bringing the fire, in the form of a burning fuelstick, and *soma* eastwards. See 5.1.14.

134 Just as the *agnīṣomīya* animal rite is the original for the *savanīya* and the *anūbandhya* rites, so too it is for the modified rites such as the desiderative animal rite for Vāyu. The point here seems to be that the features of the post, such as the action of cutting it etc., should be transferred to those rites, even if the time for cutting the post, i.e., the time of the initiation, is absent in such rites. I have not seen this remark in other Mīmāṃsā texts. See *Prabhā* on ŚD and BhD with *Prabhāvalī* for related comments.

135 See 11.3.3. See Schwab 8 for the fashioning of the post at the animal rite.

136 This is a reference to the *barhis* which, on the basis of a special statement, is first used for the *ātithyā* rite, and then for the *upasad* rites and the *agnīṣomīya* animal rite. The features referred to here are the actions of sprinkling etc. See 12.1.19.

137 I.e., the means through which the preparations function.

138 The post is not considered simply to be a piece of wood, but a collection of preparations. (The complexity of the *yūpa* is discussed in other texts here.)

139 I.e., for each of the three animal rites at the *jyotiṣṭoma*. The *svaru* is a chip from the post. See below.

140 See 4.2.1 and 4.4.10 for the action of anointing the animal by means of the *svaru*.

141 This is a reference to the quote below.

142 Therefore the sentence refers to the one chip which falls first from the post, not to those which fall first from the several individual strokes. This seems a bit strange.

143 The production of the *svaru* occurs at the time when the post is cut, and so it has no special connection with any of the three animal rites (JNMV).

6. At the *soma* rite,[144] after the action of scratching is enjoined by the statement, "He scratches himself with the horn of a black antelope", the action of throwing (the horn) away is taught in the statement, "He throws the horn of a black antelope into the pit".[145] That action (i.e., the action of throwing), which is obtained by transfer at the two-day rite and other *aharganas*,[146] may happen on the first day or on the last day, because if it is done on the first day, it blocks the scratching with the horn of a black antelope at the items which precede (the action of bringing forward) the fee on the second pressing day, (and) if it is done on the second day, it blocks the scratching with the hand at the items following (the action of bringing forward) the fee on the first pressing day, and so there is equal fault in both ways alike.[147] And it should not be supposed that the horn of a black antelope should be produced every day, because as it was prompted just by the initiation, it would be improper to take it up again for the purpose of scratching.[148] No; because in as much as the action of scratching with the hand at items following the fee is (merely) based on implication,[149] and so is not a subsidiary, it is blocked, and therefore it is appropriate that in order not to block the scratching with the horn of a black antelope, which is a subsidiary, at items which precede the fee, the action of throwing should occur on just the last day. At the items following (the action of bringing forward) the fee on the first (pressing) day there should be scratching with the horn of a black antelope, even though it (i.e., such scratching) is not a subsidiary, and not scratching with the hand, because in the original rite we understand that the action of scratching with it (i.e., with the horn) has as its (final) time limit the action of throwing it away.

7. At the statement, "One who is about to lead forward the *praṇītā* water[150] restrains his speech, he releases it (*visṛjati*) with (the calling of) the

---

144 I.e., the *jyotiṣṭoma*.

145 See CH 19 and 192.

146 *Aharganas* are *soma* rites lasting two days or longer.

147 The horn is to be thrown away at the time when the fees have been brought forward at the midday pressing.

148 This is a bit unclear. I have found the argument in the second half of the sentence mentioned only in the *Prabhāvalī* on BhD, where "*kṛṣṇaviṣāṇayā dīkṣayati*" (He initiates with the horn of the black antelope) is quoted. (Untraced. See CH 17f and ĀpŚS 10.9.17 for the *adhvaryu's* presentation of the horn to the sacrificer).

149 "Needs of the situation", Jha.

150 Literally, the water which has been "led forward".

haviṣkṛt (*haviṣkṛtā*)",[151] the word "*haviṣkṛtā*" means (that he releases his speech) at the time of the calling of the *haviṣkṛt*, and that is the time of the beating. And this release of speech, which is obtained at the *nānābījeṣṭis*,[152] is to be done at the time of calling the *haviṣkṛt* either at the first *iṣṭi* or at the last *iṣṭi*, because in as much as the word "*visṛjati*" (he releases) is a direct injunction, and so even the release of speech is a subsidiary,[153] there is necessarily a blocking of (one or the other of two) subsidiaries (i.e., the restraint and the release of speech) at some subsidiaries on both alternatives alike,[154] (and) because it has been stated in the Fifth Book that there is a succession (of performances) for just those subsidiaries starting with the spreading of the antelope skin and ending with the *phalīkaraṇa*.[155] No; because in as much as the sentence which teaches the release (of speech) forms a single sentence with the sentence which teaches the restraint (of speech), it enjoins only the time limit expected by the restraint of speech, and therefore the release is not a subsidiary. Otherwise, there results distinct sentences, the condition of being for the sake of an unseen effect, and an injunction of something unexpected,[156] and therefore it (i.e., the release of speech) occurs at the time of that (i.e., the calling of the *haviṣkṛt*) only at the final *iṣṭi*.

8. This is a hypothctical consideration, based on the assumption that the *haviṣkṛt* is called at the animal rite.[157] Speech is restrained only at the animal rite, and speech is released when the *haviṣkṛt* is called at the animal rite;

---

151 This is taught at the new- and full-moon sacrifices. The term "*haviṣkṛt*" refers to the person who prepares the offering substance. See 9.1.7.

152 These "various seeds" *iṣṭis* are performed at the *rājasūya* rite. See 5.2.7.

153 The release of speech differs from the action of scratching with the hand mentioned in the preceding topic, since the latter is not directly taught. Here the restraint of speech and its release are both subdidiaries.

154 If speech is released at the first rite, at subsequent *iṣṭis* subsidiaries such as the *havirāvapana* (the pouring of the offering substance into the mortar) etc., which are performed before the calling of the *haviṣkṛt*, would not be done with restrained speech, and if it is released at the last rite, at preceeding *iṣṭis* the *parāvapana* (the pouring from the mortar into the *śūrpa* basket) etc., which are performed after the calling of the *haviṣkṛt*, would not be done with released speech (ŚD).

155 This means that the entire series of actions referred to here is performed for one seed and is then repeated for the next. Accordingly, the release of speech must be repeated. See 5.2.7. For the *phalīkaraṇa*, see 5.1.15.

156 The injunction of the release of speech is not expected, since it is something which comes about naturally.

157 See 12.2.3.

there is no restraint of speech at the cake (offering) at the animal rite,[158] because that is accomplished (there) through *prasaṅga*.[159] No. Because *tantra* and *prasaṅga* have as their range subsidiaries which assist directly (*ārāt*),[160] (and) because the restraint of speech, in as much as it produces concentration of the mind, prepares the agent and so is a subsidiary which assists indirectly (*saṃnipatya*), *tantra* does not operate (and neither does *prasaṅga*).

9. At the fire rite,[161] because the harnessing of fire, which is taught in the statement, "'I harness Agni with glory, with ghee', (so saying) he makes an offering, then he harnesses Agni indeed", prepares the fire, which is for the sake of the main item together with its subsidiaries,[162] and so is (itself) for the sake of the main item together with its subsidiaries, the unharnessing (of the fire), which is taught in the statement, "'Suck this mighty breast of water', (so saying) he offers a full spoon (*sruc*) of ghee, this indeed is the unharnessing of Agni", occurs at the conclusion of the main item together with its subsidiaries. No. On the basis of the statement, "He harnesses with five,[163] the sacrifice (*yajña*) is fivefold", the harnessing of the fire is for the sake of just the main sacrifice, and so that (i.e., the unharnessing) occurs at the conclusion of just the main item; this is the view of the *Bhāṣya*.

Because the fire is for the sake of the main item and its subsidiaries, and the word "*yajña*" (sacrifice) is absent at the originative injunction,[164] and therefore we understand that the harnessing (of the fire) is for the sake of the entire rite (i.e., the main item along with subsidiaries); because it is not fitting for the statement which is intended to denote the injunction of the number five to exclude that;[165] because the word "*yajña*" (sacrifice) is common to the main item and its subsidiaries;[166] (and) because the statement at the twelve-day rite, "He harnesses every day, he unharnesses every day", enjoins the harnessing and unharnessing for each day, because a harnessing

---

158 See ĀpŚS 7.22.1–4; 22.10–23.2 and Schwab 87, 88, and 93 for the cake at the animal rite.

159 At 12.1.1 MNS defines *prasaṅga* as, "assistance for one thing by means of subsidiaries performed for the sake of another".

160 I have not seen this remark stated elsewhere. Cf. BhD for the following statement.

161 I.e., the fire-piling rite (*agnicayana*).

162 The fire-piling rite is a subsidiary of the *jyotiṣṭoma*.

163 I.e., five *mantras*.

164 I.e., the first statement quoted at this topic.

165 I.e., to exclude the condition of the harnessing being for the sake of the entire rite.

166 I.e., it is not used just to denote the main action in a sacrifice.

at the beginning of the whole and an unharnessing at the end of the whole has been obtained; (therefore) the harnessing is for the sake of the main item and its subsidiaries, and consequently there is unharnessing at the end of the (main) rite together with its subsidiaries; this is the view of the *Vārttika*.

10. At the *ahargaṇa* rites,[167] the action of calling the *subrahmaṇyā*,[168] which has been obtained by transfer,[169] should be distinct,[170] because the main items are distinct. No. Because its time is that of the *upasads*,[171] and therefore not that of the main item, and because (therefore) we see no distinction in it,[172] it applies by *tantra*.

11. For this very reason,[173] because that (i.e., the action of calling the *subrahmaṇyā*) which occurs at the time of the pressing is finished when the main item is finished, it is distinct.[174]

12. Even when the (same) place and priests are employed again and again, there is no conflict with the practice of the learned, and therefore there is no restriction.[175]

---

167 These are *soma* rites lasting two or more days.

168 This refers to the calling of the deity Indra through the *nigada mantra* named "*subrahmaṇyā*". At ĀpŚS 11.20.3 Caland lists the places where the *subrahmaṇyā* is called: 10.28.4; 11.3.14 b; 11.20.4; 11.21.8; 12.3.15. All but the last of these are taught for the *upasad* days. See MNS 11.4.7.

169 I.e., from the *jyotiṣṭoma*.

170 I.e., it should be performed on each of the separate days which constitute the *ahargaṇa*.

171 The *upasad* days follow the initiation day and precede the pressing day.

172 I.e., no distinction which would render it more specifically connected with any particular day. See 11.1.10. (ŚD here refers to it as "*akarmakāla*").

173 I.e., because *tantra* applies to the action of calling the *subrahmaṇyā* when this occurs at a different time than that of the main acts. This refers to *ahargaṇa* rites. See preceding topic.

174 I.e., it is repeated on the other pressing days. (See CH 120 and ĀpŚS 12.3.15). Here the calling of the *subrahmaṇyā* is done at the time of the act (*kāryakāla*) on the first day, and so when the act is finished, the calling, which is a preparation of the deity, is finished. Because it is performed at the time of an act, it is for the sake of that act, and so a distinction is perceived, which is of the sort that prevents *tantra* from applying. See ŚD. (Here a particular time (*kālaviśeṣa*) prompts the calling (JNMV)). See 9.1.16 and note.

175 I.e., there is no restriction as to whether one should use the place and the priests which have already been used, or others. Here Śabara etc. list vessels along with the place and the priests. According to JNMV, only the practice of the learned is authoritative on the question of which items can be reused.

13. At the statement, "They burn the person who has laid his fire, together with his fires and his sacrificial vessels (*yajñapātrais*)",[176] we understand from the instrumental case suffix (i.e., in the word "*yajñapātrais*" (with his sacrificial vessels)) that even the vessels are a subordinate item in the action of burning,[177] and therefore the burning can be performed perfectly well even by means of vessels taken up (for employment) again;[178] and consequently, there is no restriction on them.[179] No. Because if the first vessels are given up, the sacrificer might possibly die even before the second vessels are taken up,[180] and so it is appropriate (for him) to keep the vessels in order that the burning should not be defective, and because we understand from the statements, "He places the spoon (*juhūm*) in the right hand (i.e., of the dead sacrificer)" etc., that the (used) vessels are to be disposed of,[181] and therefore that (i.e., the retention of the vessels) is also necessary in order that the act should not be defective,[182] all the *iṣṭis* are peformed with the same vessels.[183]

14. Because the new- and full-moon sacrifices are the primary original rite, starting with them the vessels are to be kept. No. In order that an action of burning (the sacrificer's body) which occurs after the purifying *iṣṭis* (*pavamāneṣṭis*)[184] and before the new-moon sacrifice etc. should not be defective,[185] they are to be kept starting with the purifying *iṣṭis*.

15. After the animal rites for Prajāpati have been introduced,[186] the statement, "They perform the animal rites for Prajāpati after the *soma*

176 This and the following quote seem to be taught as expiatory acts for the *agnihotra*. See 6.6.6.

177 Consequently, burning them is not an act of disposal.

178 I.e., by other vessels, which are acquired when vessels are taken up again.

179 Accordingly, the sacrificer could give up his used vessels and take up new ones, which would then be used at his cremation.

180 Such a sacrificer would lack vessels at the time of his cremation.

181 From the accusative case suffix in "*juhūm*" (spoon), we understand that the action of placing the vessel is a disposal, which must not be omitted.

182 I.e., in order that the action of disposal should not be omitted. Cf. ŚD.

183 Śabara etc. include vessels in their discussion of the preceding topic. On the basis of the present topic, it is decided that although a sacrificer may use any implements at his first performance, he must continue to use those implements until he dies.

184 Three such *iṣṭis* are perfomed at the fire installation rite.

185 See 11.3.13.

186 These are taught at the *vājapeya* rite.

(rounds)",[187] does not enjoin the (resumed) performance of the animal rites for Prajāpati[188] at the time of the *ārbhava* (*pavamānastotra*), after (only) some of the *soma* (rounds),[189] because the animal rites for Prajāpati are a modification of the rites of the eleven animals, and so on the basis of just the original rite, that time[190] has (already) been obtained;[191] nor (does it enjoin the performance) after (just) the *soma* (rounds) which have *śastras*[192] on the basis of their predominance,[193] because the word "*soma*" (here, *soma* round) does not make a distinction.[194] Therefore, just like the *ukthya* etc.,[195] which are not performed at the original rite, so too the animal rites for Prajāpati, in as much as they are (uninvited) arrivals (*āgantuka*), are enjoined to occur after the performance of the *agniṣṭoma* (*saṃsthā*),[196] which is performed at the original rite. No. Because the time stated[197] is the place for the modifications of the *soma* rite, and so is not the place for a modification of the animal rite, and because there is no propriety in a limitation of a direct statement by something perceived on the basis of a common feature (i.e., an

187 The term "*soma*" here is a bit imprecise. I assume this refers to the *soma* "round", which consists generally in the draught, offering, and drinking of the *soma*, together with the appropriate *stotras* and *śastras*. It could also be taken here to refer just to the draught.

188 These rites started at the time of the morning pressing. See 4.1.14.

189 I.e., those drawn earlier in the day.

190 I.e., the time of the *ārbhavapavamānastotra*.

191 The transfer here is indirect, since the *savanīya* animal rite is the original for the rites of the eleven animals, and these are the original for the groups of animal rites (*paśugaṇa*), such as the animal rites for Prajāpati. See 8.1.7 and 8. See ĀpŚS 24.3.35 and 36. The offering of the heart etc. for the *savanīya* animal rite occurs at the time of the *ārbhavapavamānastotra*. See ĀpŚS 13.11.3–6. (Here JNMV and the *Prabhāvalī* on BhD give useful summaries of the order of items).

192 After the *ārbhavapavamānastotra*, the draughts ending with the one to the Viśvadevas are drawn. They have *śastras*, but the ones which follow do not.

193 Unclear. According to ŚD, JNMV, and BhD, the reason for proposing this position is that it would bring about proximity (*pratyāsatti*) to the time of the performance in the original rite. ŚD mentions, "proximity to the time at the original rite" (*prakṛtikālapratyāsatti*), when presenting this view, and when rejecting it refers to, "proximity to the main item" (*pradhānapratyāsatti*). Is MNS claiming that draughts with *śastras* are predominant? I have not seen this claim elsewhere.

194 I.e., as to whether the draughts have *śastras*.

195 This refers to the additional *stotras* (and *śastras*) which take place after those of the *agniṣṭoma saṃsthā*, thereby producing the *ukthya saṃsthā* etc.

196 The *agniṣṭoma saṃsthā* concludes with the *yajñāyajñīya sāman*.

197 I.e., the time after the *agniṣṭoma*.

inference),[198] the performance is enjoined to follow the performance of (all) the *soma* (rounds) that occur in the original rite and its modifications.[199]

16. At the *soma* rite,[200] the *savanīya* animal rite is *tantrin*, and the *savanīya* (cake) offerings are *prasaṅgin*.[201] When the after-sacrifices (for the animal rite) are pushed back on the basis of the statement, "They perform the after-sacrifices after the *āgnimāruta* (*śastra*)",[202] the (recitation of the) *sūktavāka* (*mantra*) for the animal rite is pushed back,[203] but because the *savanīya* offerings are *prasaṅgin*, they do not have a (separate) *sūktavaka*. Even when the *sūktavāka* for the animal rite is pushed back, since the deities of the *savanīya* (cake) offerings are not a subsidiary of the animal rite, the words which denote them are not pushed back,[204] just like the *piṣṭalepa* and

198 This refers to the inference that a place for some modifications should be a place for others.

199 ŚD claims that if the rites of the animals for the rite (*kratupaśus*) and the rites of the animals for Prajāpati were both to be enjoined for the time of the *ārbhavapavamānastotra*, the *manotā mantra* would apply by *tantra*, whereas if the rites for the animals for Prajāpati occur at the very end, the *mantra* would be repeated. BhD denies that *tantra* would apply even on the initial view. Because the deities are distinct, two offerings have to be done successively, and so since the times are distinct, the *mantra* would have to be repeated. Q: What are the modifications that may occur at the *vājapeya*?

200 I.e., the *jyotiṣṭoma*.

201 This means that an item taught for the *savanīya* animal rite assists the *savanīya* cake offerings. For the latter, see 3.8.23 and 5.1.13.

202 The *āgnimāruta śastra* follows the final *stotra*, i.e., the *agniṣṭomasāman*, in the *agniṣṭomasaṃsthā* of the *jyotiṣṭoma*.

203 The recitation of the *sūktavāka* is a subsidiary of the action of throwing the *prastara* (bundle), which follows the after-sacrifices. When the after-sacrifices are pushed back, items which are taught to follow them are also pushed back. See 5.1.12. The *sūktavāka* for the animal rite occurs at MS 4.13.9 (211.5), TB 3.6.15, and *Praiṣādhyāya* 33 (ṚV Khila 5.7.2 l). It begins, following the texts cited here, "*agnim adya hotāram avṛṇītā 'yaṃ yajamānaḥ pacan paktīḥ*" (Today this sacrificer has chosen Agni as *hotṛ*, while cooking cooked dishes). It then continues, listing the actions the sacrificer has done, along with the deities for which he has done them. See ĀpŚS 7.27.6 and 7, and Schwab 108. At the *savanīya* animal rite a distinct *sūktavāka* is used, which occurs at *Praiṣādhyāya* 68 (ṚV Khila 5.7.4 p). In that text it begins, "*agnim adya hotāram avṛṇītā 'yaṃ sunvnan yajamānaḥ pacan paktīḥ*" (Today this sacrificer has chosen Agni as *hotṛ*, while pressing (*soma*), while cooking cooked dishes). (*Prabhāvalī* on BhD has a long version, which begins similarly (p. 870)). See 12.2.12, where the text is presented with yet another distinct beginning. See Minkowski, pp. 62–3, 104, 214–15, and 227–9. See ĀśŚS 6.11.4–7 and ŚSS 5.20.6.

204 I.e., the words in the phrase, "*indrāya harivate*" (for Indra with his steeds) etc. See quote in text below.

phalīkaraṇa offerings in the *dakṣiṇāgni*.[205] No. Because if the words for the deities of the *savanīya* (cake) offerings are pronounced separately[206] they have no (syntactic) connection, and because they have a connection in the *sūktavāka*, "This sacrificer, frying the grains for Indra with his steeds", they are pushed back. Even when pushed back, they make manifest just the deities of the *savanīya* (cake offerings), and so there is no conflict with word meaning.[207]

Chapter 4

1. At the *rājasūya* rite, the subsidiaries of the two triads (of offerings) which are taught in the statements, "There is a cake on eleven pans for Soma and Pūṣan,[208] *caru* for Indra and Pūṣan, *caru* for Pūṣan, (and) a dark (bull) is the fee" and "There is a cake on eleven pans for Agni and Viṣṇu, *caru* for Indra and Viṣṇu, a cake on three pans for Viṣṇu, (and) a dwarfish (bull) is the fee",[209] apply by *tantra*, because the *rājasūya* has a single result and therefore the two triads included in it also have a single result, and because distinct times do not occur.[210] No. Because the fees are distinct, the agents are distinct, and therefore they (i.e., the subsidiaries) are distinct.

2. At that same rite,[211] when the conditions of being an agent are distinct, due to the fees being distinct, there is no authority for there being (just) a single substrate of the condition of being an agent,[212] and so even the substrates of the condition of being an agent may be distinct.[213] No. Because at the beginning of the *rājasūya* rite the priests are chosen only for the purpose of the entire *rājasūya* rite, and because there would result obstacles to the

---

205 These are not pushed back. See 5.1.15.

206 I.e., separately from the portion of the *sūktavaka* which is pushed back.

207 By contrast, at the full-moon sacrifice the words for the deities of the new-moon are not pushed back for this reason. See 3.2.5 and 6, and 3.3.9. The *Mayūkhamālikā* on ŚD says that the deities are made manifest here in order that one should not forget that it was only to the deities of the cake offerings that the offering was made (*utkarṣe 'pi puroḍāśadevatānām eve 'yam iṣṭe 'ty avismaraṇāya prakāśanād ity arthaḥ*).

208 This is based on a corrected text.

209 These are part of the *trisaṃyukta* offerings. See Heesterman, p. 42.

210 Unlike at the new- and full-moon sacrifices, where there are two distinct times.

211 I.e., the *rājasūya*. See the preceding topic.

212 I.e., there is no authority for the identity, throughout the rite, of any particular priest who is an agent.

213 I.e., distinct individuals may serve as priests for only some of the actions specified for a particular priest, and for only certain particular fees.

sacrifice if the first priests were given up and other priests were not obtained, the priests are the same. And the distinctness in fees brings about a distinctness only in the conditions of being an agent.[214]

3. At that same rite,[215] the *aveṣṭi* with five offering substances is taught by the statement, "He offers a cake on eight pans for Agni, gold is the fee" etc.[216] There, all five offering substances have (i.e., are subject to) a common *tantra*, because the statement, "If a *brāhmaṇa* sacrifices, he should place the *caru* for Bṛhaspati in the middle (*nidhāya madhye*)" etc., states the action of placing (the *caru*) in the middle,[217] which causes us to understand that the performance is one. No. Because we understand that the performances are distinct on the basis of the distinctness in the fees, which is contained (i.e., stated) in the (injunction of) origination, and because the indication[218] has as its range the performance (of the *aveṣṭi*) outside (the *rājasūya*),[219] there is *tantra* in the performance outside (the *rājasūya*), (and) distinctness in the performance within.

4. At the installation rite, there are purifying *iṣṭis* (*pavamāneṣṭis*) taught in the statement, "He should offer a cake on eight pans to Agni Pavamāna (the self-purifying), (and) to Agni Pāvaka (the purifier), (and) to Agni Śuci (the pure)". Because they have a single result, in the form of the fire, and a single place etc., there is just *tantra*.[220] No. On the basis of the statement, "For one who wishes, 'May I be richer (*vasīyān*) and better in the future', he should make an offering to Agni Pavamāna, and then he should offer the

---

214 I.e., and not in their substrates.

215 I.e., the *rājasūya*.

216 In TS the quote continues, "(He offers) a cake on eleven pans for Indra, a bull is the fee; (he offers) *caru* for the Viśvadevas (All-gods), a tawny heifer is the fee; (he offers) *āmikṣā* for Mitra and Varuṇa, a cow is the fee; (he offers) *caru* for Bṛhaspati, a white-backed ox is the fee". See Heesterman, Chapter XXIII. See 2.3.2.

217 I.e., in the middle of the other offerings on the *vedi* (altar).

218 This refers to the injunction to place the *caru* in the middle, "*nidhāya madhye*" (placing (the *caru* for Bṛhaspati) in the middle), which was quoted in the initial view.

219 I.e., the *aveṣṭi* which is taught outside the context of the *rājasūya*. See 2.3.2.

220 I.e., their subsidiaries will be performed just through *tantra*. (The common time of these *iṣṭis* seems to be based on the quote in Śabara, "*ahno nirupyāṇi*" (They should be offered in a (single) day); ŚD has "*ahno nirupyāṇi sarvāṇi saha nirupyāṇi*" (They should be offered in a (single) day, they should all be offered together); BhD has "*saṃvatsare nirvapet dvādaśāhe caturahe vā ahno nirupyāṇi*" (One should offer them after a year, or after twelve days, or after four days; they should be offered in a (single) day) and "*saha nirupyāṇi*" (They should be offered together) (cf. TB 1.1.6.4 *ubhayāni saha nirupyāṇi*). See ĀpŚS 5.21.1–2 (Krick, p. 457 etc.).

following two offerings, which have common *barhis* (grass), to (Agni) Pāvaka and to (Agni) Śuci", at a desiderative performance the subsidiaries of the first offering are distinct, those of the following two apply by *tantra*. But at the obligatory rite, they apply (for all three offerings) just by *tantra*. The word "*vasīyān*" means "surpassingly rich".

5. At the twelve-day (*soma*) rite, each day assumes the manner of performance of the *jyotiṣṭoma* together with its subsidiaries, and so the statement, "There are twelve initiations, there are twelve *upasads*",[221] enjoins the number twelve through subsequent reference to the initiation and *upasads* which have been obtained, and therefore there are twelve twenty-five day rites,[222] and in that way the completion of the twelve-day rite takes three-hundred days. If this were so, then the number twelve (*dvādaśa*) for the days would be blocked,[223] and so each day in turn should be performed as accompanied by its initiation and *upasads*.[224] No. In as much as there is also a direct statement of the number twelve for the two subsidiaries,[225] just as there is for the main item,[226] the rite should be completed in those thirty-six days. And also there is an indication (for this), namely, the statement, "Indeed this twelve-day rite has thirty-six days".

6. At that same place,[227] the subsidiaries such at the *savanīya* animal rite etc. are to be performed through *tantra*, because on the basis of the statement, "He should perform the twelve-day rite for one desirous of offspring", there is a single performance. No. Because in those subsidiaries, which take place at the time of the pressings, we see distinctions,[228] there is no operation through *tantra*.[229]

---

221 This is taught at the twelve-day rite.

222 I.e., in each rite there will be twelve days for the initiations, twelve for the *upasads*, and one for the pressing (*sutyā*).

223 I.e., in the name "*dvādaśāha*" (twelve-day rite).

224 I.e., each of the twelve rites should be completed in a day.

225 I.e., in the first quotation cited above.

226 I.e., in the name of the twelve-day rite, "*dvādaśāha*".

227 I.e., the twelve-day rite.

228 The subsidaries do not take place at a separate time of their own, as do the initiations and *upasads* discussed above, but rather at the disinct times of the various main items, i.e., on the consecutive days of the rite. As a result, we perceive that they have particular connections with those main items.

229 By contrast, the initiations etc. discussed in the preceding topic are performed at a time other than those of the main items. In the absence of the direct statements of the number twelve for the main rites, the initiations, and the *upasads*, as well as the indicative statement that the twelve-day rite has thirty-six days, the initiation could

7. There is an action of calling the *subrahmaṇyā* which occurs at the time of the *upasads*,[230] namely, "O Maghavan, come to the pressing in so many (*iti*) days"; the word "*iti*" (here, "so many") refers to (i.e., stands for) the number; at the original rite,[231] the calling has the form, "in four-days" (*caturahe*) (i.e., three days from now) etc.,[232] at the modification (i.e., the twelve-day rite), since the first pressing is performed on the thirteenth day from the first *upasad*, it has the form, "in thirteen days". No. At the original rite, only the arrival (coming) of Indra at the pressing is expected,[233] and so because the words "*caturaha*" (four-days)[234] etc. have meanings which are not intended to be expressed,[235] there is nothing which blocks even the use of those words in the modification,[236] and so the (operation of) *tantra* which was stated is well-founded.[237]

8. At the rites of the (seventeen) animals for Prajāpati,[238] *tantra* applies to the (use of the) cooking pot, the heart spit, and the omentum roasting fork,[239] because a large cooking pot etc. are capable of cooking (the animal parts).[240]

---

have been performed by *tantra*. To keep the number twelve, it would be performed on four days, the *upasads* on another four, and the main offerings on a third four.

230 See 11.3.10.

231 I.e., the *jyotiṣṭoma.*

232 At the first *upasad* day, "in four days" is stated, at the second, "in three days", at the third, "in two days".

233 In parallel passages here Śabara etc. have "*vivakṣitam*" (intended to be expressed) in place of Mahādeva's "*apekṣitam*" (expected).

234 I.e., the word "*caturahe*" (in four days).

235 This is because these meanings have already been established, and because there would be distinct sentences if they were intended to be expressed.

236 I.e., even though their meanings are inappropriate. (Since the words "*caturahe*" (in four days) etc. are not intended to convey their meaning when the pressing is actually due to occur in four days, they can be used without modification when the pressing is to occur in thirteen days.)

237 I.e., the *tantra* asserted for items which occur at a time other than that of the main item. See 11.3.10. If the words "*caturahe*" etc. expressed intended meanings, at each of the twelve *upasad* days a repetition of the calling, modified to account for each of the twelve pressing days, would be necessary; this would require repetition (*āvāpa*). On the final view, neither repetition nor modification is accepted. (Q: Over the twelve *upasad* days is "*caturahe*" alone used, and if so how often, or are "*caturahe*" etc. used, and if so are they repeated in cycles?)

238 These are performed at the *vājapeya* rite.

239 I.e., even though the body parts are distinct for each of the seventeen animals. See Schwab 30 for these implements.

240 I.e., of cooking all the parts together.

9. So too at the animal rites for distinct deities[241] (the cooking is common), because by making marks it is possible to recognize the various parts, because even though it is not possible to mark the fat, we understand from the statement, "He offers the fat", that the offering of it is for the sake of disposal, (and) because there is no defect even when it (i.e., the commonly cooked fat) is divided and then offered at the conclusion of the (first) half of the (various) offering verses (*yājyās*).[242]

10. But the action of cooking is not the same for animals of different species,[243] and therefore the cooking pots etc. are distinct.

11. At the *pauṇḍarīka* rite,[244] in which many horses are given, in the *iṣṭi* for the action of giving (*pratigraha*) a horse,[245] which has many cakes,[246] four long pans are produced, and on them the cakes on four pans[247] are to be cooked, and so the pans apply by *tantra*.[248] No. Because all (the cakes) would be cooked on only parts of the (individual) pans, and therefore the condition of being (cooked) on four pans would be blocked,[249] and because the action of spreading (the cakes) on as many pans as there are, which is

---

241 This refers to the group of eleven animal rites which may be offered at the *jyotiṣṭoma*. See 7.3.13, 8.1.7, and 9.3.14.

242 I.e., when the first half of these verses has been recited. See 11.2.4 and 5. The division is necessary because the verses are distinct and therefore the fat offering is repeated. This is presented as two topics in Śabara and JNMV, the instance of the fat being recognized as a distinct subject, and as one in ŚD and BhD.

243 Sheep cooks quicker than goat. Here ŚD quotes, "*āgneyaḥ kṛṣṇagrīvas sārasvatī meṣī*" (A black-necked animal (i.e., goat) for Agni, a ewe for Sarasvatī). This refers to the group of animal rites discussed in the preceding topic. See 9.3.14, 7.3.13, and 8.1.7.

244 This is an eleven-day *soma* rite. See 10.6.17.

245 The term "*pratigraha*" generally denotes the action of receiving, but in connection with this expiatory *iṣṭi*, it is interpreted by Mīmāṃsā writers as denoting the action of giving. See 3.4.14. At that topic, Śabara and ŚD mention the *pauṇḍarīka* rite as a site where this particular *iṣṭi* would occur.

246 At this *iṣṭi*, as many cakes on four pans are to be offered as horses have been given. At the *pauṇḍarīka* rite, the fee includes either a hundred or a thousand horses (see ĀpŚS 22.24.9).

247 The text here is not clear. The translation above follows an uncertain correction, "*catuṣkapālāḥ*".

248 Just like the big cooking pots discussed in 11.4.8, the long pans are big enough to accomodate all the cakes.

249 This condition is required of each cake individually.

taught in the statement, "He spreads the cake on all the pans", would not come about properly,[250] there is no *tantra*.

12. The *mantra* which accompanies the action of beating (*avaghāta*) should be used at each stroke,[251] because the (individual) strokes are expressed by the root "*han*" (to strike or beat),[252] and because the *mantra* is a subsidiary of that (i.e., of the action of striking or beating). No. Because the *mantra* is a subsidiary of the productive force, which has husked rice grains as the item it produces, it is not repeated.[253]

13. At the *nānābījeṣtis*,[254] in order to oblige the transfer, which delivers to every (distinct) seed a (distinct) beating accompanied by the *mantra*, the *mantra* is repeated at each beating.

14. At the actions of pouring (handfuls of rice), cutting (handfuls of *barhis* (grass)), strewing (handfuls of *barhis*), and ladling (ladlefuls of ghee),[255] the *mantras*, "(I pour) you (on the impulse) of the god (Savitṛ)", "(I cut) the strew as a seat for the gods", "Soft as wool (I strew) you", "(I ladle) you shining" etc., are not repeated when the actions of pouring etc. are repeated, just like the *mantra* for beating.[256] No. Even though there is *tantra* there, in as much as there is repeated beating of just those items which have (already) been beaten, here different items are continually to be poured, cut, strewn, and ladled,[257] and so there is repetition.

15. When the action of sprinkling, which is enjoined by the statement, "'You are the *vedi* (altar), (I sprinkle) you for the *barhis* (grass),[258] (*svāhā*)',

---

250 This statement requires that each cake should be spread out to cover all the pans. It is taught at the new- and full-moon sacrifices.

251 This refers to the beating of rice grains at the new- and full-moon sacrifices. See 2.1.3. The *mantra* quoted by Śabara is, "May I strike down from heaven the harmful (*rakṣas*) and the rival". (NVO, p. 29).

252 This root underlies the word for beating (*avaghāta*). Or possibly, "because the strokes are expressed (i.e., enjoined) by the verb "*hanti*" (he strikes, beats) (which is used in the injunction)". See 1.3.10 etc. for the injunction, "*vrīhīn avahanti*" (He beats the rice).

253 The *bhāvanā* itself is not repeated, but continues until the rice is husked.

254 These "various seeds" *iṣṭis* are performed at the *rājasūya*. See 5.2.7 and 11.3.7.

255 These are subsidiary actions which are performed at the new- and full-moon sacrifices. See 2.3.5, 3.2.1, 9.3.2 (note), and 4.1.15–7.

256 See 11.4.12.

257 I.e., four handfuls of rice grains are poured, an even or odd number of handfuls of *barhis* is cut, three or five handfuls of *barhis* are strewn, and ghee is ladled up four times (ŚD).

258 I.e., so that you can support it.

(so saying) he sprinkles the *vedi* (altar) three times",[259] is repeated, the *mantra* is repeated, because of the principle that for each main item (a subordinate item is repeated).[260] No. Because this enjoins a (single) action of sprinkling, which is qualified by both the *mantra* and repetition, there is no repetition (of the *mantra*).

16. At the *soma* rite,[261] when the action of scratching with the horn of a black antelope takes place,[262] the *mantra*, "For the plants with good berries, (I scratch) you", is to be repeated when, due to distinctness of (body) parts which need to be scratched, the action of scratching is repeated.[263] No. Because just as the horn of a black antelope is enjoined with reference to the action of scratching which has been obtained (i.e., naturally) for the removal of misery of the soul, so too the *mantra* is enjoined, and because even though the (body) parts are distinct, that (i.e., the soul) is unitary, there is no repetition.[264] And this *mantra* is not a subsidiary of the (body) parts.[265] But when there is scatching at distinct times, there should indeed be repetition.

17. Likewise, in the course of sleeping, crossing a river, getting wet from rain, and seeing something impure,[266] even if there occurs (respectively) an interruption in the middle (of sleep), the condition (in the river) of having many streams, intermittent rain, and distinct places (of the impurities), the

---

259 This is taught at the new- and full-moon sacrifices. (NVO, p. 63).

260 Applied here, this principle would require that the subordinate item, i.e., the *mantra*, should be repeated when the main item itself, i.e., the action of sprinkling, is repeated.

261 I.e., the *jyotiṣṭoma*.

262 See 11.3.6.

263 This is a bit puzzling, since ĀpŚS 10.10.2 and Sāyaṇa at TS 1.2.2.3 say that the *mantra* quoted here is used for scratching the head. Bhaṭṭa Bhāskara at TS 1.2.2.3 and 6.1.3.7 says it is for scratching the right side-hair (*godāna*) (which Keith at 1.2.2.3 translates as "whisker"). For scratching the limbs, ĀpŚS 10.10.3 enjoins the *mantra*, "*viṣāṇe viṣyai 'taṃ granthiṃ yad asya gulphitaṃ hṛdi mano yad asya gulphitam*" (MS 1.2.2 (11.8), but with "*guṣpitam*" for "*gulphitam*") (Horn, loosen this knot (knotting), when something in this person's heart is compacted (accumulated), when this person's mind (*manas*) is compacted). Cf. AV 3.7.2, where Whitney translates "*guṣpita*" as "compacted (?)". The relevant part of the quote in MŚS is, "*kṛṣiṃ susasyām utkṛṣe*" (I draw up a field with good crops (Van Gelder)).

264 I.e., of the *mantra.*

265 I.e., such that it should be repeated when the parts are distinct.

266 If these occur for someone who has been initiated for the *jyotiṣṭoma* rite, he must recite the *mantras* which are listed below. According to Sāyaṇa, the *mantra* for "crossing a river" refers to the initiate's journey to the site of the sacrifice in the event that he has been initiated elsewhere. See the following topic.

mantras which have these various causes,[267] namely, "You, Agni, are guardian of observances", "Divine water, son of the water", "Flowing (waters) place might (in me)", "Unbound eye", etc., are not repeated, because the *mantras* are enjoined with reference to sleep as it occurs during an entire night etc., and because those are single.

18. Likewise, that which starts with the action of going out and ends with a return constitutes just a single departure,[268] and so even when he[269] tires and then goes on, repeatedly, the *mantra* for departure, "(Go) from good to better", is not repeated.

19. But the *mantra* which accompanies the action of digging,[270] "I dig those (sounding holes) which kill what is injurious (*rakṣohanaḥ*), which kill the spell (*valagahanaḥ*), which are connected with Viṣṇu (*vaiṣṇavān*)", is repeated,[271] because in as much as the items to be dug are distinct, the actions of digging are distinct. The plural case suffix (i.e., in the words "*rakṣohanaḥ*", "*valahanaḥ*", and "*vaiṣṇavān*") is used even in reference to a singular item, in order to show respect.[272]

20. At the *soma* rite,[273] the *savanīya* cakes are offered at each pressing, for them the action of calling the *haviṣkṛt* does not operate by *tantra*;[274] nor, at the *vājapeya* rite, does the statement of the *adhrigu* (*mantra*) for the rites of the animals for the rite and for the rites of the (seventeen) animals for Pra-

---

267 I.e., which are caused by the actions of sleeping etc.

268 According to BhD, this refers to the journey made by the initiate at the *soma* rite for the purpose of asking for wages for the priests. The *Prabhāvalī* on BhD quotes the injunction cited above at 6.5.8 and 6.8.6, "Initiated for twelve days, he should ask for the wages" (*dvādaśa rātrīr dīkṣito bhṛtiṃ vanvīta*). This is a bit unclear, since it seems that at the *jyotiṣṭoma* the initiate usually sends others to ask for wages. See CH 23; ĀpŚS 10.18.5–19.5; MŚS 2.1.3.12–13. His own journey is separate, and is taught next. It is supposed to take place when he has been initiated in one place, and then goes elsewhere to sacrifice, or when some accident (*ayogakṣema*) has happened to him (BŚS 6.9 (165.8)). See CH 24; ĀpŚS 10.19.6–17; MŚS 2.1.3.14–7. A problem with this seems to be that the initiate does not return, as indicated in the text here.

269 I.e., the initiate at the *jyotiṣṭoma*.

270 This refers to the digging of the four sounding holes (*uparavas*) under the southern cart (*havirdhāna*) at the *jyotiṣṭoma*. (CH 96).

271 I.e., at each of the four sounding holes.

272 Consequently, its use is not inconsistent with the repetition of the *mantra* at each action of digging.

273 I.e., the *jyotiṣṭoma*.

274 This refers to the recitation of the *mantra* used to call the *haviṣkṛt*. See 3.2.3 for the calling of the *haviṣkṛt* at the new- and full-moon sacrifices.

jāpati, even though they begin together;[275] nor too, at the two rites of the black-necked animals for Agni, do the (recitations of the) *manotā* (*mantra*) and (the *mantra* of) the invitatory verse (*puro'nuvākyā*);[276] (this is) because *mantras* assist by manifesting items, and so making (something) manifest at one time is not useful to a performance (of that thing) at another time. And the times are distinct, because with regard to the cakes the (three) pressings are distinct, because the animals for Prajāpati are killed at the *brahma-sāman*,[277] and because (the rite of) the brown animal for Soma separates the two (rites of the) black-necked animals for Agni.

275 See 9.1.17 and 4.1.14.

276 See 11.1.11 for these rites, and 10.4.23 for the *manotā mantra*.

277 I.e., at the midday pressing, a time later than that of the killing of the animals for the rite. See 4.1.14 and 11.2.11.

Book 12

Chapter 1

1. Because the manner of performance of the *iṣṭi*[1] is transferred to the cake offering at the *agnīṣomīya* (animal) rite, separate fore-sacrifices etc. are to be performed.[2] No; because in order to produce the final unseen effect by means of the unseen effect of the animal rite,[3] the continuity of the actions of assistance made by its subsidiaries has been obtained, and therefore the cake for the animal rite, which falls within the *tantra* (system or framework) of the animal rite, has its expectancy (i.e., for assistance) satisfied by the actions of assistance for it (i.e., for the animal rite) and so does not take subsidiaries for the sake of that (i.e., for the sake of assistance). Even though there are distinct numbers at the fore-sacrifices,[4] there is no difference in (their) assistance, nor does that (i.e., difference in assistance) exist in the after-sacrifices, even though there are distinct substances.[5] This is *prasaṅga*, which has the form of assistance for one thing by means of subsidiaries performed for the sake of another, and which is spoken of in the Twelfth Book. In the Eleventh Book, on the other hand, *tantra* was spoken of, which is a single performance made with reference to many items.

2. When the two ghee portion sacrifices (*ājyabhāgas*) are not performed at the animal rite,[6] even then, because assistance is obtained[7] from other subsidiaries, the two ghee portion sacrifices should not take place.[8] No. Because the ghee portion sacrifices etc. assist the unseen effect,[9] and because in as much as we only fail to take (i.e., by transfer) a subsidiary for the sake of an item when the assistance produced by it has (already) been

1 I.e., the new- and full-moon sacrifices.

2 Fore-sacrifices have already been performed for the animal rite, since this is a modification of the new- and full-moon sacrifice.

3 See 2.1.1 for the various types of unseen effects.

4 There are eleven fore-sacrifices at the animal rite, and five at the new- and full-moon sacrifice.

5 There is speckled ghee for the animal rite, and ghee for the new- and full-moon sacrifices. See 5.2.8.

6 See 10.8.2.

7 I.e., for the cake offering at the animal rite. See 12.1.1.

8 I.e., at the cake offering at the animal rite.

9 I.e., of the cake offering.

obtained from elsewhere,[10] and so in order to obtain the assistance which is produced by the two ghee portion sacrifices, transfer delivers the two ghee portion sacrifices, those two should indeed take place.

3. Even when the *mahāvedi* (great *vedi*) has been made for the purpose of the *soma* rite,[11] there should also be (made) the *vedi* (altar) as enjoined in the *iṣṭi*, for the sake of the action of setting down the offering substances which are modifications of the new-moon sacrifice etc.[12] No. Since that (i.e., the *vedi* as enjoined in the *iṣṭi*) is established through *prasaṅga* by the *vedi* for the *soma* rite, which is for the sake of the actions of setting down the main offering along with the subsidiaries, it should not (be made).

4. At the *soma* rite,[13] after the *graha* cups (*grahas*) and *camasa* cups (*camasas*) have been set down,[14] there takes place the *savanīya* animal rite etc.[15] There, because it is possible to make an offering (*homa*) with the *graha* cups and *camasa* cups, the offering is made just with them. No. Because there would be a defect in performing with *graha* cups an offering which should be done with the *juhū* (spoon), the *sruva* (dipping spoon), etc., and because the *sruva* etc. (enjoined) for the *iṣṭi* are (already) present, it should be done with just the *sruva* etc.

5. The animal is cooked at the *śāmitra* fire,[16] and so the cake too,[17] which falls within its *tantra*,[18] should be cooked just there. No. Because the cooking of the offering substance occurs at the *gārhapatya* fire in the origi-

---

10 I.e., through *prasaṅga*.

11 The *mahāvedi* is the site marked out and prepared by the *adhvaryu* at the *jyotiṣṭoma*. It contains the shed (*sadas*), the shed for the carts (*havirdhānamaṇḍapa*), and the *uttaravedi*. See ĀpŚS 11.4.11 ff. and CH 64.

12 I.e., the offering substances which occur in rites which take place in the *soma* rite and are modifications of the new-moon sacrifice etc. The wording here is a bit awkward. See NVO, p. 71, for the action of setting down the offering substances.

13 I.e., the *jyotiṣṭoma*.

14 See ĀpŚS 12.1.6 ff. and CH 122.

15 This is a reference to rites which are modifications of the new- and full-moon sacrifices. The *savanīya* animal rite is an indirect modification, by route of the *agniṣomīya* animal rite. JNMV refers to the *caru* for Soma and the *savanīya* cake offerings. See ĀpŚS 13.13.14 ff. for the former and MNS 3.8.23, 5.1.13, etc. for the latter.

16 This is located to the north of the eastern edge of the *uttaravedi*. (Schwab 66).

17 This is the cake for the animal rite (*paśupuroḍāśa*).

18 I.e., the *tantra* of the animal rite.

nal rite,[19] and because after the *uttaravedi* has been constructed,[20] the fire which is present inside the hall (*prācīnavaṃśaśālā*),[21] in its eastern part, is (considered to be) the *gārhapatya* fire,[22] the cooking takes place just there.

6. In the *kauṇḍapāyināmayana* rite,[23] at the *agnihotra* lasting for a month,[24] the offering substance is cooked in the *śālāmukhīya* fire, because even though it was previously the *āhavanīya* fire, on the basis of the statement, "From now on this *śālāmukhīya* fire has become the *gārhapatya* fire", it is the *gārhapatya* at the *soma* rite,[25] and that is what is obtained through transfer by route of the twelve-day rite.[26] No. Because the main *gārhapatya* fire, which is the western fire in the hall (*prācīnavaṃśa*), is transferred (to this rite) by means of the name "*agnihotra*",[27] which is stronger than transfer based on an indication,[28] the cooking takes place in that fire, which is called "*prājahita*" ("abandoned").

7. At the *soma* rite,[29] after the two carts called "*havirdhānas*" (lit., "offering-receptacles") are driven forward,[30] the vegetable substance for the cakes is poured into them,[31] because they themselves have the capacity (i.e., of

---

19 I.e., the new- and full-moon sacrifices. See 12.2.1.

20 The *uttaravedi* is constructed at the animal rite, the *soma* rite, and at the *varuṇapraghāsa parvan* of the *cāturmāsya* sacrifices. See 3.7.7.

21 Literally, "the hall with beams pointing east". See 3.4.6.

22 This fire was previously known as the *āhavanīya* fire. (CH 79). See following topic. The point here is that on the basis of the statement quoted there, the *gārhapatya* fire is present at the time of cooking, and so it should be used, just as, in the preceding topic, the implements for the *iṣṭi* were present at the *savanīya* animal rite etc. (See Śabara on this argument).

23 This is a year-long *soma* rite, referred to elsewhere in the MNS and in other texts as "*kuṇḍapāyināmayana*".

24 See 2.3.11 and 7.3.1.

25 See the preceding topic.

26 Transfer brings this to the *kauṇḍapāyināmayana* rite from the *jyotiṣṭoma*, through the twelve-day rite and then the year-long *gavāmayana*, the latter being the original rite for the other year-long *soma* rites.

27 This is the name of the obligatory, daily rite which is performed in the *gārhapatya* fire. See 7.3.1.

28 The indication referred to here is presumably just the statement quoted above.

29 I.e., the *jyotiṣṭoma*.

30 This takes place on the final *upasad* day just before the shed for the carts is made. (CH 87a and ĀpŚS 11.6.10–11).

31 Here Śabara refers to the cake for the animal rite, the *savanīya* cakes, and also the *caru* for Soma.

holding it).[32] No. Because the places are distinct, in as much as the two carts stay in the shed for the carts (*havirdhānamaṇḍapa*), and the action of pouring occurs at the place west of the *gārhapatya* fire,[33] and because of the statement, "They drive the carts (*anāṃsi*) forward",[34] there are distinct carts.[35]

8. The action of staying awake at the time of the initiation[36] assists at the *prāyaṇīyā* and other *iṣṭis*, through *prasaṅga*.[37] No. In as much as it is for the sake of protection,[38] it is to be done again.

9. Because a *mantra*, when recited by one or the other of the *adhvaryu* or the *pratiprasthātṛ,* at (one or the other of) the two *vihāras*,[39] establishes the action of remembering for both,[40] there is no repetition of the *mantra*.[41] No.

---

32 At the new- and full-moon sacrifices, the rice or grain to be used for the cakes is held in a cart. See NVO, pp. 22 ff.

33 See ĀpŚS 1.17.5.

34 The plural case suffix in "*anāṃsi*" (carts) indicates the existence of more than two carts. The quote here seems to refer to the action of driving forward the carts to the *āgnīdhra* shed. This takes place after the *vaisarjana* offerings on the final *upasad* day. (CH106c and ĀpŚS 11.17.1). Alternatively, it may refer to the action mentioned at the beginning of the topic.

35 I.e., there is a third cart, into which the grain is poured, which is distinct from the two others.

36 I.e., on the night between the initiation day and the first *upasad* day at the *jyotiṣṭoma* sacrifice. See ĀpŚS 10.12.6. Here Śabara quotes the statement, "*yāṃ prathamāṃ dīkṣito rātriṃ jāgarti tayā svapnena vyāvartate*" (Throughout the first night during which the initiate stays awake, he is parted from sleep) (MS 3.6.3 (63.13)); BhD has a similar quote, "*dīkṣita etāṃ rātriṃ jāgarti tayā svapnena vyāvartate*".

37 The *iṣṭis* referred to here occur at the *jyotiṣṭoma* at times other than the night following the initiation. For the *prāyaṇīyeṣṭi*, it is the following day. (CH 26 and 28). The argument here is that the action of staying awake produces an unseen effect, and that the one performed for the initiation will render the others unnecessary. According to Śabara and BhD, the action of staying awake which is liable to transfer to these *iṣṭis* is the one done on the *aupavasathya* day, i.e., the "fasting" day, which precedes the day of the main offerings at the new- and full-moon sacrifices. They also refer to the possibility of the vigil taking place during the *aupavasathya* night. See ĀpŚS 4.3.13–17; BhŚS 4.4.8–11.

38 It protects the rites by warding off negligence. Accordingly, it does not have an unseen purpose.

39 This refers to the *varuṇapraghāsa* rite. See 11.2.8. Here "*vihāra*" has the sense of "*vedi*" (altar).

40 I.e., remembering the task at hand.

41 I.e., by the other.

In as much as it (i.e., the *mantra*) contains a verb in the first person,[42] when it is uttered by one person it does not bring about the act of remembering in another, and therefore it is repeated.

10. The action of adding fuel (*anvādhāna*) should be done at the *iṣṭis* which are subsidiaries of the *soma* rite, because it is obtained by transfer.[43] No; because in as much as it has the maintenance (of the fire) as its only purpose, it is accomplished through *prasaṅga* by the (prior) action of bringing out the fires (*viharaṇa*) for the sake of the *soma* rite.

11. So too the vow is to be made so as to last until the *soma* rite is complete, (and) not separately.[44] Moreover, on the alternative, the *mantra*, "I will perform (*cariṣyāmi*) the vow", becomes inapplicable.[45]

12. On the assumption that the action of adding fuel (*anvādhāna*) is for the sake of acquiring the deity,[46] based on the statement, "'Agni, may I have brilliance in my (competitive) invocations', (so saying) he first adds fuel to the fire, thereby indeed he acquires the deities on the preceding day and (then) sacrifices on the next day"[47] (the following is argued): even though, on the basis of the statement, "In that he offers a cake on eleven pans to Agni and Viṣṇu, he acquires the deities on both sides and then sacrifices,"[48] the *dīkṣaṇīyeṣṭi* is for the sake of acquiring a deity, in compliance with the statement, "The initiations of the *soma* rite", it is for the sake of acquiring the deities of the main rite;[49] for this reason, and because at the draught for the Viśvadevas (All-gods) the word "*viśvadeva*" (All-gods) applies by

---

42 I.e., "*nirvapāmi*" (I pour out).

43 I.e., from the new- and full-moon sacrifices. See ĀpŚS 1.1.2 and NVO, pp. 2–3..

44 The vow is identified in ŚD here as having the form of a resolution to speak the truth, practice celibacy, etc. (*satyavadanabrahmacaryādisaṃkalparūpa*). (See CH 19). The claim here is that the vow for the *soma* rite operates through *prasaṅga*, and so a separate vow from the new- and full-moon sacrifices does not need to be transferred to the various *iṣṭis* which occur in the *soma* rite.

45 It would be inappropriate to state, "I will perform the vow", at the time when the vow is being performed.

46 Distinct actions of adding fuel at the *iṣṭis* of the *soma* rite are not necessary for the purpose of maintaining the fire, because of the operation of *prasaṅga*. See 12.1.10.

47 This is taught at the new- and full-moon sacrifices.

48 Although untraced, this seems to be taught at the *dīkṣaṇīyeṣṭi*. (CH 25). See 5.3.11.

49 The *dīkṣaṇīyeṣṭi* is the *iṣṭi* for the initiation (*dīkṣā*), and the latter is performed for the main *jyotiṣṭoma* rite.

conventional meaning to a particular deity,[50] and so the acquisition of the deities of the *prāyaṇīyeṣṭi* etc. has not been established by any (statement), for the sake of that (i.e., the acquisition of those deities) the adding of the fuel is to be done at the *prāyaṇīyeṣṭi* etc.[51] No. Because the condition of being for the sake of an unseen effect is improper when the condition of being for the sake of maintaining the fire, a visible effect, is possible, and therefore the adding of fuel is not for the sake of acquiring the deities; because the remainder of the sentence is merely *arthavāda*;[52] and because even if it were so (i.e., if it were for the sake of acquiring deities), in as much as it is improper to assume a signification when an etymological analysis is possible, the draught for the Viśvadevas (All-gods) is for the sake of acquiring (all) the deities of the subsidiaries and the main rite, it (i.e., the adding of fuel at the *prāyaṇīyeṣṭi* etc.) is not to be done. But at the *dīkṣaṇīyeṣṭi* it is to be done, because the acquisition of the deities for that rite would not otherwise be accomplished.[53] In truth, by the statement of the word "*viśva*" (all) (i.e., in the compound "*viśvadeva*" (All-gods)), the acquistion of deities spoken of by other words is not established, and so the *iṣṭi* is not for the sake of that;[54] this too is to be understood.[55]

---

50 I.e., it does not simply denote all (*viśva*) deities. See ĀpŚS 12.28.4–9 and 13.13.4–9, CH 154 and 234 for this draught. Since this is a main rite, its deities would be acquired by the *dīkṣaṇīyeṣṭi*.

51 See CH 26 and 28 for the *prāyaṇīyeṣṭi*.

52 I.e., the portion, "thereby indeed he acquires the deities on the preceding day and (then) sacrifices on the next day", from the first sentence quoted above.

53 It seems that the deity for the *dīkṣaṇīyā* must first be obtained so that this rite can then bring about the acquisition of the deities for the *viśvadeva* draught. The assumption here is that the latter include all the deities, both for the main and the subordinate rites. The BhD argues at this point that the *viśvadevas* are a only a particular group of deities, not all of them, and that the *dīkṣaṇīyeṣṭi* is for the sake of acquiring the deities of both main and subdidiary acts. Consequently, the fueling need not be done at the *prāyaṇīyeṣṭi* etc., but it does need to be done at the *dīkṣaṇīyeṣṭi* in order to obtain a deity for that rite.

54 I.e., not for the sake of acquistion of deities by the *viśvadeva* draught.

55 BhD denies that the adding of fuel, either at the original rite or here, is for the sake of acquiring a deity. At the original rite, there is no reason to suppose that the word "*agni*" (fire) is indicative of the deities, and so we understand that the action is only for the sake of maintaining the fire. At the *dīkṣaṇīyeṣṭi*, we understand from the use of the future suffix that the action is for the sake of bringing about the initiation. This suffix appears in the quote identified by BhD as the remainder of the sentence, "*āgnāvaiṣṇavam ekādaśakapālaṃ nirvaped dīkṣiṣyamāṇaḥ agnir avamo devatānāṃ viṣṇuḥ paramo devatā eva tad ubhayataḥ parigṛhya dīkṣate*" (One who is about to

13. On the basis of transfer, the action of tying which is taught at the *iṣṭi*[56] is to be performed at the *iṣṭis* of the *soma* rite.[57] No; because its task, in the form of holding up the garment, is accomplished by the action of tying which is for the sake of the *soma* rite.[58]

14. Likewise, because (bodily) sustenance is accomplished by the vow of milk,[59] the action of eating wild substances[60] should not also be done.[61]

15. But the (sacrificer's) actions of eating the remainders[62] are for the sake of disposal,[63] and so they are indeed to be done.[64]

16. On the basis of the sentence, "The fees of the *soma* (rite)",[65] the fee for the *soma* rite, which is one hundred and twelve (cows) etc.,[66] is for the sake of the main item, and therefore the fee of cooked rice (*anvāhārya*) etc. should be given.[67] No. Because the action of hiring (i.e., the hiring of the priests for the *iṣṭis*) is accomplished even by means of the fee (given) for the sake of the *soma* rite, through *prasaṅga*, that (i.e., the fee of cooked rice etc.) should not also be given.

17. But the (priests') actions of eating the remainders are not for the sake of (their) being hired,[68] and so they are to be done.[69]

---

become initiated (*dīkṣiṣyamāṇa*) should offer a cake on eleven pans to Agni and Viṣṇu, Agni is the lowest of the deities, Viṣṇu is the highest; in that way, obtaining deities on both sides he becomes initiated) (this is similar to TS 5.5.1.4–5). In both cases, the *arthavāda* is praise, made through metaphorical reference to the acquisition of the deities at the main rite.

56 This refers to the action of tying the sacrificer's wife at the new- and full-moon sacrifices. (NVO, pp. 59–60).

57 I.e., the *jyotiṣṭoma*.

58 See ĀpŚS 10.9.16 (CH 17c) for the action of tying the wife at the *jyotiṣṭoma*.

59 I.e., the vow to drink milk. This is taught at the initiation for the *jyotiṣṭoma*. See 4.3.4.

60 This is taught at the new- and full-moon sacrifices. (NVO, p. 114).

61 I.e., at the *prāyaṇīyā* and other *iṣṭis*.

62 I.e., the remainders of the *iḍā* etc. This is taught at the new- and full-moon sacrifices. See 6.4.3.

63 I.e., and not for the sake of sustenance. See 10.2.9.

64 I.e., at the *iṣṭis* which occur in the *soma* rite.

65 This is untraced, but seems to refer to the *jyotiṣṭoma*.

66 See 10.3.11.

67 Cooked rice is given to the priests as a fee at the new- and full-moon sacrifices. The claim here is that it should be given at the *iṣṭis* which are performed at the *soma* rite. See ĀpŚS 3.4.3. See 10.3.6.

68 Instead, they are for the sake of disposal. See 10.2.9.

69 I.e., at the *iṣṭis* included in the *jyotiṣṭoma*.

18. Likewise the action of choosing the *hotṛ* should not take place,[70] because its task is accomplished just by the action of choosing one for the *soma* rite. No. In the original rite the action of choosing is for the sake of an unseen effect, in as much as the *hotṛ* is active in (reciting) the kindling verses even before the action of choosing (takes place), and therefore it is to be done[71] for the sake of that (i.e., that unseen effect).

19. In regard to the statement, "The *barhis* (grass) which is used for the *upasads* and for the *agnīṣomīya* (animal rite) is that which is used at the *ātithyā* rite",[72] the action of sprinkling and other preparations should be repeated for the *barhis*,[73] even though it common to the three (rites), because *tantra* and *prasaṅga* are impossible, due to the absence (respectively) of the condition of occurring at the same time[74] and of a (textual) recitation (i.e., of two of the rites) in the midst of the *tantra* (of the third).[75] No; because in as much as the *barhis* is one, through preparations of it, even when these are not repeated, a task (which is to be performed with it) is possible at a different performance. Those (i.e., the preparatory actions such as sprinkling etc.) should be done at the *ātithyā* rite, because it is first, and not at the *upasads* etc.

20. Likewise, the (recitation of the) *mantra*, "Soft as wool I strew you", occurs at the strewing of the *barhis* (grass) only at the *ātithyā* rite,[76] not at the *agnīṣomīya* rite, just like the actions of sprinkling etc.[77] No; because in as much as the places are distinct, since the hall (*prāgvaṃśa*)[78] is the place of the *ātithyā* and the *uttaravedi* is the place of the *agnīṣomīya*, the actions of strewing are distinct, and so it is appropriate that the *mantra* too, which is a subsidiary of that (i.e., of the action of strewing), should be repeated.

---

70 I.e., at the *dīkṣaṇīyā* and other *iṣṭis* at the *jyotiṣṭoma*. See 6.1.11 and 10.8.1 for the choosing of the *hotṛ*, i.e., naming of the ancestors, at the new- and full-moon sacrifices.

71 I.e., at the *dīkṣaṇīyeṣti* etc.

72 This is taught at the *jyotiṣṭoma* rite. The *ātithyeṣṭi*, (lit., the *iṣṭi* for the guest (*atithi*) (i.e., *soma*)) is the first of these to be performed. Then come the *upasad iṣṭis*, and then the *agnīṣomīya* rite. See 4.2.11.

73 For the sprinkling of the *barhis* (grass) at the new- and full-moon sacrifices, see NVO, pp. 63–4.

74 This condition occurs, for example, in the three main offerings of the new-moon sacrifice.

75 Here the word "*tantra*" refers to the system or framework of a rite.

76 For the recitation of this *mantra* at the new- and full-moon sacrifices, see 11.4.14.

77 See 12.1.19.

78 The term "*prāgvaṃśa*" is synonymous with "*prācīnavaṃśa*".

21. When the *barhis* (grass), which has been prepared at the place of the *ātithyā* rite, is tied togther, and when it is carried and brought to the place of the *agnīṣomīya* rite, the two *mantras*, "(You are) the cord of Indrāṇī"[79] and "I carry you with the head of Bṛhaspati", are to be recited. No. Because we see the *mantras* only at the actions of tying and carrying from the place of cutting,[80] and because the two actions, whose range has been stated,[81] are tasks which do not occur at the original rite, those two (i.e., the two *mantras*) are absent.

Chapter 2

1. Both *śrauta* and *smārta* acts[82] can be performed with the fires,[83] and so the fires are for the sake of all acts. No. Because the statements, "In that he offers in the *āhavanīya*", "He cooks the offerings in the *gārhapatya*", "He cooks the *anvāhārya* (rice payment) in the *dakṣiṇāgni*",[84] etc. restrict the fires to this and that act, (and) because in as much as the fires are *vedic*, it is inappropriate for them to be subsidiaries of *smārta* acts as well, they are only for the sake of the *agnihotra* and other *vedic* acts.

2. Because the cake for the animal rite (*paśupuroḍāśa*), which is enjoined at the *daikṣa* (i.e., *agnīṣomīya*) animal rite,[85] is for the sake of covering the hole,[86] on the basis of the statement, "To remove the hole, by covering (it)", and because that (i.e., the covering of the hole) is accomplished by the *savanīya* cakes, which, according to the statement, "The *savanīya* cakes are offered at every pressing to remove the hole, by covering (it)", are (also) for the sake of that (i.e., the covering of the hole), the cake for the animal rite

79 Here MS U quotes a different *mantra* from the one given in E and B, "May Pūṣan tie a knot for you".

80 This is where the *mantras* are recited in the new- and full-moon sacrifices, the original rite. There the *barhis* is carried from the place where it is cut to the *vedi* (altar).

81 I.e., the actions of tying and carrying from the hall (*prāgvaṃśa*) to the *uttaravedi*.

82 The former are acts enjoined by *śruti*, i.e., *vedic* texts, the latter those enjoined by *smṛti* texts.

83 I.e., the three *vedic* fires referred to in the quotes below.

84 The first of these statements is taught for the fire installation rite, the second and third for the new- and full-moon sacrifices. (The third occurs at the installation rite as well).

85 See Schwab 87, 88, and 93 for the cake for the animal rite.

86 I.e., the hole left by the removal of the omentum.

should not be made at the *savanīya* animal rite.[87] No. It must be made, because in the Tenth Book the cake for the animal rite has been stated to be for the sake of preparing the deity,[88] (and) because the sentence quoted[89] is merely *arthavāda*.

3. If the action of calling the *haviṣkṛt* takes place at the animal rite, it would not (also) take place at the cake for the animal rite, because its task (there) would be accomplished by that alone.[90] It does not take place (at the animal rite).[91]

4. But at the third pressing, at the (offering of) *caru* for Soma etc.,[92] it (i.e., the action of calling the *haviṣkṛt*) should be done,[93] because she (i.e., the *haviṣkṛt*) is called (just) once at the action of cooking the animal,[94] and when the cooking of the animal is completed, she ceases to operate. No. Because of the statement at the original rite that the *haviṣkṛt* gets up[95] (only) after the *patnīsaṃyājas*, in the present case too she does not get up before then, and so she is not called again.[96]

5. The *iṣṭi* which is taught in the statement, "One who fears what is injurious (*rakṣas*) should offer a cake on eight pans to Agni, slayer of the injurious",[97] even though it occurs at the time of the new-moon on the basis of the statement, "He should sacrifice at the new-moon, at night", is not a subsidiary of the new-moon sacrifice, because its context is different;[98] nor, since it does not fall within its *tantra*,[99] does it operate by *prasaṅga*. No;

---

87 It would have occurred there on the basis of transfer. The *agnīṣomīya* animal rite is the original for the *savanīya* animal rite. The latter is stretched out over all three pressings: the omentum is offered in the morning, the cake for the animal rite (*paśupuroḍāśa*) at midday, and the animal itself at the third pressing. See Caland at ĀpŚS 13.1.12.

88 See 10.1.9.

89 I.e., the first sentence quoted above, which speaks of the removal of the hole.

90 I.e., by its occurrence at the animal rite.

91 See 11.3.8. This topic is based on a hypothetical consideration.

92 See ĀpŚS 13.13.14 for the *caru* offering. (CH 237). Here ŚD and BhD list also the *savanīya* cakes for the third pressing and a cake on two pans for the Aśvins. This topic is based on the hypothetical assumption that the *haviṣkṛt* is called at the animal rite. See 12.2.3.

93 I.e., it should be repeated.

94 For this action, see ĀpŚS 13.11.3–4 and CH 226.

95 I.e., to leave.

96 She is not called again because she is still present.

97 This is a desiderative *iṣṭi*. See *Wunschopfer* 76.

98 It is taught in the chapter of desiderative *iṣṭis*. The text here is uncertain.

99 I.e., the *tantra* (system or framework) of the new-moon sacrifice.

because it falls in the middle of the new-moon sacrifice by implication,[100] and therefore there is no damage to the establishment of *prasaṅga*.

6. Just as the commencement *iṣṭi* (*ārambhaṇīyeṣṭi*), which is done at the start of the first performance,[101] assists at other performances of the new- and full-moon sacrifices as well,[102] so too it assists at the offerings to Sūrya etc., because a preparation (i.e., of the agent) which is done at the beginning is sufficient as long as he (i.e., the agent) is alive.[103] No. Because it is a subsidiary of the new- and full-moon sacrifices (only) by means of their performance, it does not assist at another rite, and therefore it must indeed be done;[104] for it is not a subsidiary of the (agent's) activity as long as he is alive, but is a feature of the agent.[105]

7. At the fifteen-day rite, the first day is an *agniṣṭut*.[106] At it there is obtained a verse to Agni as the *subrahmaṇyā* (verse),[107] (and) at the other fourteen days, a verse to Indra is obtained[108] from their various original rites,[109] and the (*subrahmaṇyā*) verse which is used at the time of the *upasad* offerings operates by *tantra*,[110] and so it should be the one for Agni, in accord with the principle that the earlier of two conflicting items is stronger since its opponent has not arisen. No. On the basis of the principle that a person should abandon an individual for the sake of the family, the verse to Indra alone is used, in order to oblige many (days); this is the view of the *Bhāṣya*.

---

100 This is because it is taught to take place at the time of the new-moon.

101 I.e., of the new- and full-moon sacrifices. See 9.1.11.

102 See 9.1.11.

103 The offerings to Sūrya etc. are modifications of the original rite, and they occur at the same time as the original, i.e., as long as the sacrificer is alive. The offering to Sūrya is a desiderative *iṣṭi*.

104 I.e., at the offerings to Sūrya etc.

105 Consequently, it assists the rite when the agent begins a rite. See 9.1.11. See ĀpŚS 24.4.19–21.

106 This is a one-day *soma* rite.

107 This verse is obtained from the independent one-day *agniṣṭut* rite, the original for the *agniṣṭut* discussed here. See ĀpŚS 22.6.6. See 9.1.16. TāB 17.5–9 lists four *agniṣṭut* rites. (I am not sure how many are recognized in ĀpŚS). See 11.3.10 for the *subrahmaṇyā*.

108 I.e., as the *subrahmaṇyā*.

109 After the *agniṣṭut*, there follows a set of *jyotis*, *go*, and *āyus* one-day rites, which have the one-day rites of those names as their originals, and the remaining eleven have the twelve-day rite as their original (ŚD).

110 See 11.3.10.

But in the view of the *Vārttika*, this is not proper, because the *subrahmaṇyā* verse is for the sake of preparing the deity, and so repetition alone is proper;[111] rather, at the *iṣṭis* which are taught in the chapter on desiderative *iṣṭis*, in the statement, "One desirous of cattle should offer a cake on eight pans to Agni Dātṛ (the giver), a cake on eleven pans to Indra Pradātṛ (the bestower), (and) curds, honey, ghee, water, and (fried barley) grains, an offering mixed with these for Prajāpati",[112] the cake for Indra is a modification of the one for Indra and Agni,[113] because of its common offering substance and deity,[114] the curds for Prajāpati is a modification of the *sānnāyya*,[115] and the ghee, honey, and water are modifications of the *upāṃśu* sacrifice,[116] and so in compliance with the initial items[117] the two *vṛdhanvatī mantras* are used[118] at the two ghee portion sacrifices.[119] No. In compliance with the obliging of a greater number,[120] the *vārtraghnī mantras* are used.[121] And the grains for Prajāpati are a modification of the cake for Agni,[122] and so there is no trouble.[123]

---

111 I.e., and not *tantra.* Indra cannot be prepared by a verse for Agni, nor can Agni by a verse for Indra (ŚD).

112 See *Wunschopfer* 170. The *Prabhāvalī* on BhD here refers to this as similar to the *citrā iṣṭi*. See 1.4.2.

113 I.e., a modification of the cake for Indra and Agni at the new-moon sacrifice.

114 Consequently, the features of the new- moon sacrifice should be transferred to it.

115 This is because it has a common offering substance with the *sānnāyya*, which consists of a combination of a milk offering and a curds offering. Accordingly, the features of the new- moon sacrifice, where the *sānnāyya* is offered, should be transferred to it.

116 Ghee is the substance at the *upāṃśu* offering. See 8.1.19 for honey and water taking the features of ghee. The *upāṃśu* offering is performed at the full-moon sacrifice, and so the features of the full-moon sacrifice should be transferred to these three offerings here. But see 10.8.18 for the view that the *upāṃśu* sacrifice is performed at the new-moon sacrifice as well.

117 I.e., the offering to Indra is taught before that to Prajāpati, and the curds offering is taught before those of honey, ghee, and water (JNMV).

118 These deal with Vṛtra's increase, and are recited at the new-moon sacrifice. See 2.2.3 and 3.1.13.

119 These offerings are to operate by *tantra.* They are subsidiaries of the new- and full-moon sacrifices and so are transferred to this *iṣṭi.*

120 I.e., with obliging five offering substances rather than four. See below.

121 These deal with the slayer of Vṛtra, and are recited at the full-moon sacrifice. See 2.2.3 and 3.1.13.

122 This is offered at both the new- and the full-moon sacrifices.

123 The same holds for the cake for Agni.

8. At the statement, "He should offer a cake on twelve pans to Agni and Viṣṇu in the afternoon, he should sacrifice to Sarasvatī with ghee",[124] in as much as the offering to Agni and Viṣṇu is a modification of the offering to Indra and Agni,[125] based on the statement at the original rite,[126] "A cake on eleven or twelve pans for Indra and Agni",[127] and in as much as the ghee for Sarasvatī is a modification of the *upāṃśu* sacrifice,[128] the two are equal,[129] and so there is no restriction on the two *mantras*.[130] No. In compliance with the initial item, the two *vṛdhanvat mantras*[131] are used. But in the *Bhāmatī*, the option of a cake on eleven or on twelve pans has been stated for the offering to Agni and Soma as well.[132]

---

124 This identified by ŚD and BhD as being taught in the *adhvarakalpā* (*iṣṭi*). See 11.2.3 and *Wunschopfer* 52.

125 This is offered at the new-moon sacrifice by a sacrificer who has not performed a *soma* rite.

126 I.e., the new- and full-moon sacrifices.

127 Here the vegetable substance, the fact of the deity being dual, and the fact of the pans being twelve (at least optionally) are common (ŚD).

128 This is presumably because the offering substance is the same. The assumption here is that the *upāṃśu* is only offered at the full-moon sacrifice. See 10.8.18 for this view.

129 There are just two items here. The features of the new-moon sacrifice would be tranferred to the first, and those of the full-moon sacrifice to the second.

130 I.e., on the *mantras* which are used at the two ghee portion sacrifices. See 12.2.7. There the choice of *mantras* was determined by the larger number of offering substances identified as modifications of the substances offered at the full-moon sacrifice.

131 I.e., those dealing with Vṛtra's increase, which are recited at the new-moon sacrifice.

132 Accordingly, the offering to Agni and Viṣṇu shares the same three characteristics, presented above, with the offering to Agni and Soma as it does with the offering to Indra and Agni, and so features from the full-moon sacrifice, where the offering to Agni and Soma is performed, would be transferred to it. (Also, one of the dual deities is common). I have not seen this remark elsewhere in Mīmāṃsā texts. Nor have I found in Vācaspati Miśra's *Bhāmatī* any passage which states this explicitly. In the introduction to *Brahmasūtra* 3.3.2, he refers to the unity of the rite: "It is correct that distinct rites are not produced, even when the connection with the condition of having a cake on eleven pans etc. is taught subsequently for the offering to Agni and Soma, after this rite has been enjoined". Amalānanda, in the commentary *Vedāntakalpataru*, refers to Śabara's observation at JS 2.4.8 that two distinct *śākhās* teach two distinct numbers of pans, i.e., eleven and twelve, for this cake, and concludes that there is an option between them. See note to the translation of MNS 2.2.3 for the injunction to offer the cake on eleven pans.

9. The time which is stated in the statement, "One who (would sacrifice) with the *iṣṭi*, the animal rite (or the *soma* rite should sacrifice on the new-moon day or the full-moon day)", applies to the *dīkṣaṇīyeṣṭi* etc., in compliance with (its being) the initial item.[133] No. The action of pressing (the *soma*) (*sutyā*) has the *parvan* as its time,[134] since the excellence of a subsidiary (i.e., the *dīkṣaṇīyeṣṭi*) is desired (only) as leading to the excellence of the main item (i.e., the pressing).

10. At the statement, "He should tie the animal to the enclosing stick",[135] the features for the post (*yūpa*)[136] should be performed on the enclosing stick, because it (i.e., the enclosing stick) is enjoined for the task of that (i.e., for the task of the post, namely, the action of tying the animal), and the features for the enclosing stick, such as the actions of wiping it etc.,[137] should also take place, because they are enjoined for the action of enclosing (the fire).

11. In that case,[138] the actions such as fashioning, setting up, etc.[139] should also be performed.[140] No. Because the actions of fashioning etc. would destroy the very condition of being an enclosing stick,[141] only the actions of anointing etc.[142] should take place.

12. For the *savanīya* animal rite and the morning *savanīya* cakes there is nothing which provides a restriction in the matter of which is *tantrin* and which is *prasaṅgin*,[143] because subsidiaries are obtained at both only by transfer,[144] and because the relative order of their commencement is

---

133 I.e., because the word "*iṣṭi*" is recited here first. The claim is that even though the *dīkṣaṇīyeṣṭi* is only a subsidiary of the *soma* rite, the time stated in the injunction should apply to it, not to the main action of the *soma* rite, i.e., the pressing (*sutyā*), which takes place four days later. The argument presented in the initial view follows the principle established in the preceding topic.

134 The term "*parvan*" refers to the full- and new-moon days.

135 This is taught at the *cāturmāsya* sacrifices when they are performed as one-day *soma* rites. See 9.2.12.

136 I.e., such as the actions of sprinkling it. (Schwab 41).

137 See ĀpŚS 2.12.10–2.13.1 for the wiping of the enclosing sticks.

138 I.e., when the features of the post are applied to the enclosing stick. See preceding topic.

139 These are enjoined for the post. (Schwab 8 and 43).

140 I.e., on the enclosing stick.

141 The enclosing stick keeps it bark and lies flat.

142 See Schwab 42 for the anointing of the post.

143 An item is *tantrin* when another item occurs within its *tantra* (system or framework); that other item is *prasaṅgin* (JNMV).

144 I.e., and not by direct teaching.

unknown. But those (cakes) which occur at the midday and third pressings will come about after the commencement of the animal rite, and so let them be *prasaṅgin*.[145] No. Because at the *savanīya* animal rite there is the (direct) statement of the modification of the *praiṣa mantra*,[146] which has been obtained by transfer, namely, that in the place of, "This sacrificer",[147] there is used, "This sacrificer, who has what is pressed what is not pressed (i.e., *soma* juice etc. and milk etc.)",[148] and because even though there is no determination that the (morning) cakes follow the commencement (i.e., of the animal rite), (still) in as much as it is determined that their conclusion precedes (that of the animal rite),[149] they fall within the *tantra* (of the animal rite), they are *prasaṅgin*.

13. When, on the basis of the statement, "One who (would sacrifice) with the *iṣṭi*" etc.,[150] there is a joint performance of the original rite[151] and a

---

145 I.e., to the *tantra* of the animal rite.

146 A *praiṣa mantra* is recited for the purpose of giving directions. The *praiṣa mantra* referred to here directs the recitation of the *sūktavāka*.

147 I.e., as this occurs in the *mantra*, "Today this sacrificer has chosen Agni as *hotṛ*" etc. See 11.3.16.

148 This would serve no purpose if the cake offerings were *tantrin*, since this is not a subsidiary of them, and also the *maitrāvaruṇa* priest, who is to recite it at the animal rite, is absent there. See Minkowski, p. 104. The text here presents a form of the *sūktavāka* which is a bit puzzling. In *Praiṣādhyāya* 68, the word "*sunvan*" (while pressing (the *soma*)) is used qualify the sacrificer, whereas here the word is "*sutāsutī*" (who has what is pressed and what is not pressed). I have found this term only in a *sūktavāka* for the *sautrāmaṇī* rite. The *Prabhāvalī* on BhD points out that the *Tantraratna* (Pārthasārathi Miśra's commentary on Kumārila's *Ṭupṭīkā*) also finds the passage with "*sutāsutī*" incorrect, on the basis of form found in the *Praiṣādhyāya*. The interpretation of "*sutāsutī*" given above follows Sāyaṇa on TB. Gonda takes it as referring to *surā* and milk (*The Mantras of the Agnyupasthāna and the Sautrāmaṇī*, p. 176).

149 The animal rite is concluded at the third pressing. Śabara and JNMV here refer to the disposal of the *svaru*, i.e., the chip of wood used to anoint the animal, which takes place when the *soma* rite is complete: "*saṃsthite yajñe prastaraṃ prāsyati sasvarum ayajñaveśasāya*" (When the sacrifice is complete, he throws away the *prastara* and the *svaru*, so that the sacrifice will not be disturbed). (Untraced. In JNMV the quote is slightly different: °*prastaraṃ praharati svaruṃ cā 'yajña*°). Śabara uses this to show that only the after-sacrifices of the animal rite are postponed until after the *āgnimāruta śastra*, and not those of the cake rites. See 11.3.16.

150 I.e., the statement, "One who (would sacrifice) with the *iṣṭi*, the animal rite, or the *soma* rite should sacrifice on the new-moon day or the full-moon day".

151 I.e., the new- and full-moon sacrifices.

modified rite, which are (respectively) an obligatory and a desiderative rite, the original rite is *tantrin*, because in as much as it is to be performed as long as one is alive, the desiderative *iṣṭi* is performed within it. No. Because the injunction of particular items for the modified rite would (otherwise) be pointless, the desiderative *iṣṭi* alone is *tantrin*. In truth, the sentence, "One who (would sacrifice) with the *iṣṭi* (the animal rite, or the *soma* rite (should sacrifice) on the new-moon day or the full-moon day"), does not operate at the original rite, and so this is a hypothetical consideration.[152]

14. At the *āgrayaṇa* rite,[153] there are sacrifices to Indra and Agni, to the Viśvadevas (All-gods), and to Dyāvāpṛthivī. There, even though blossomed (*prasūna*) *barhis* (grass) is obtained at the sacrifice to Dyāvāpṛthivī, following its original rite,[154] in compliance with the two (others),[155] any *barhis* at all[156] should be made use of.[157] No; because on the basis of the principle of the brass vessel,[158] it is the single sacrifice which should be obliged.

15. Since that[159] prompts the taking of blossomed (*prasūna*) *barhis* (grass),[160] it alone is *tantrin*.[161] No; because even though it is obliged by a lack of conflict,[162] there is no authority for it being *tantrin*; for at the *sava-*

---

152 JNMV and *Prabhā* on ŚD point out that whereas the modified rite is taught to be performed on a single day (i.e., the *parvan* day), the original rite is taught to be performed over two days. (I have not seen the claim made in the first part of this last sentence expressed in this way in other Mīmāṃsā texts here, and am not sure of the correct translation).

153 This is the offering of "first fruits", which is to be performed in the rainy season, the fall, and the spring).

154 The original rite is the sacrifice to Dvāvāpṛthivī at the *vaiśvadeva parvan* in the *cāturmāsya* rite, where the use of blossomed *barhis* is taught.

155 I.e., the majority.

156 I.e., blossomed or not.

157 Neither flowering nor its absence is specified for the *barhis* at the original rite, the new- and full-moon sacrifices.

158 If a student has a vow to eat in a brass vessel, and the teacher does not, when the two eat together they should both use brass, so as not to break the student's vow.

159 I.e., the sacrifice to Dyāvāpṛthivī. See 12.2.14.

160 I.e., at the *āgrayaṇa*.

161 Just as the modification of the *praiṣa mantra* makes the animal rite *tantrin* in regard to the morning *savanīya* cakes, so too the blossomed *barhis* makes the sacrifice to Dyāvāpṛthivī *tantrin* regarding the sacrifices to Indra and Agni and to the *viśvadevas* (All-gods). See 12.2.12 and 12.2.14.

162 I.e., the injunction to use unspecified *barhis* at the sacrifices to Indra and Agni and to the *viśvadevas* (All-gods) is not in conflict with the use of blossomed *barhis*.

nīya animal rite, the modification of the *mantra* is directly stated,[163] but here the condition of being blossomed is only transferred, and so it differs from that. The word "*prasūna*" means "blossomed".

Chapter 3

1. At the eight-day (*soma*) rite the first day is a *viśvajit*;[164] there, the hide of a calf is obtained (i.e., as a garment) through a transfer based on the name;[165] after that, there is an *abhiplava* six-day period,[166] (and) the eighth day is an *abhijit*;[167] there,[168] a cloth is obtained.[169] Because the two transfers are equal (in force), there is an option of hide or cloth; or, in order to oblige many (days), there is (just) cloth. No. Because the hide is not suitable for covering the private parts,[170] and therefore the tasks differ,[171] there is a combination.

2. At the fire rite,[172] because the (*devasū*) offerings,[173] which are enjoined in the statement, "After (pouring the rice grains for) the cake for the *agnīṣomīya* animal rite, he pours for the offerings for the *devasū* (deities)", are eight, and therefore many, they are *tantrin*.[174] No; because they are enjoined within the *tantra*,[175] and so are *prasaṅgin*.

---

163 Consequently, it establishes the animal rite as *tantrin*.

164 This is a one-day *soma* rite. I have not found an eight-day rite with this description.

165 I.e., a transfer from the independent one-day *viśvajit* rite. See TāB 16.6.1 and ĀpŚS 22.1.11.

166 See 10.5.25, second note, for the *abhiplava* six-day period.

167 The *abhijit* is a one-day *soma* rite.

168 I.e., at the six-day period and at the eighth day.

169 At the six-day period, which is called "*jyotis*", it is obtained by transfer from the *jyotiṣṭoma* on the basis of the name, and at the *abhijit* it is transferred from the same source, since the *jyotiṣṭoma* is the original for one-day rites. See 10.4.8.

170 This is instead the task for the cloth.

171 The hide serves as an overgarment.

172 I.e., the fire-piling rite (*agnicayana*).

173 These are offerings to the deities called "*devasūs*" (divine quickeners (Eggeling); divine instigators (Heesterman); instigating the gods (Keith, p. 121, note 5)). See Heesterman, Chapter IX, for a discussion of these offerings at the *rājasūya* and other rites. In connection with the *rājasūya*, see ŚB 5.3.3.2–7.

174 See note at 12.2.12 for the terms "*tantrin*" and "*prasaṅgin*".

175 I.e., the *tantra* (system or framework) of the cake offering.

3. Because straightness, continuity, etc. in the action of sprinkling (ghee) have one and the same task,[176] there is an option (between them). No. Because their unseen effects differ, and because there is no conflict,[177] there is a combination.

4. There is also a combination of rice and barley, which are enjoined by the statements, "He should sacrifice with rice" and "He should sacrifice with barley",[178] because the statement of performance informs us of their combination.[179] No. Because they have one and the same purpose,[180] because they are for the sake of just a seen effect, and because their condition of being a means which does not expect anything else would be blocked,[181] there is an option.

5. Likewise (the expiatory rites taught at) the statements, "One (who, having performed the new- and full-moon sacrifices fails to perform either the new- or the full-moon sacrifice) should offer a cake on eight pans to Agni Pathikṛt (the pathmaker)", "One who fails to perform either the new- or full-moon sacrifice should offer a cake on twelve pans to Vaiśvānara", etc. are optional (with each other), because each one singly is capable of destroying the fault. So too among (the rites taught in) the statements, "If the sacrifice is troubled because of a verse, one should make an offering (saying), '*bhūḥ svāhā*'" etc.,[182] option should be recognized when a subsidiary enjoined (anywhere) in the entire *veda* has been destroyed.

6. But there is a combination of (the offerings taught in) the statements, "When (the pan has) broken, he makes an offering", "When (the ghee has) spilled out, he makes an offering", etc.,[183] when there is a combination of the causes.

7. The features of study, such as, "One should not study on a *parvan* day" etc., are for the sake of the use of the *mantras*, and so they should apply even

---

176 This refers to the injunctions to sprinkle ghee straight and to sprinkle it continuously at the new- and full-moon sacrifices. Śabara also quotes an injunction to sprinkle in an eastern direction. See NVO, p. 80. By providing assistance to the actions of sprinkling, these have a common task (JNMV).

177 I.e., they can be performed together.

178 These statements are taught in reference to the new- and full-moon sacrifices. They specify that rice and barley are the substances to be used in making cakes.

179 I.e., in informing us that all the subsidiaries of the rite are to be employed.

180 I.e., the production of cakes.

181 Each is enjoined as an independent means of bringing about the action of sacrifice.

182 This is taught among expiations for the new- and full-moon sacrifices, and elsewhere.

183 These are taught in reference to the new- and full-moon sacrifices. See 6.2.9.

at the performance of a rite.[184] No. Because they are for the sake of the completion (of study) without obstacles,[185] and because if they were observed at a performance, the rite would not be performed, they do not apply at a performance.

8. The accent spoken in a *brāhmaṇa*,[186] even though it is different from the accent spoken in the recited text of *mantras*, should be accepted,[187] because it is based on a direct statement.[188] No; because in a *brāhmaṇa*, for the purpose of making an injunction, various syllables which are similar[189] are recited (only) so that we should understand various *mantras*, and therefore only the accent of the (recited) *mantras* is appropriate. And distinct accents are made[190] so that there should be no interruption of the accents (used) in earlier and later parts of the *brāhmaṇa*.[191]

---

184 I.e., *mantras* should not be recited at the performance of a rite, if this falls at a time study is prohibited. The *Prabhā* on ŚD explains this view as follows. The features are for the sake of the use of the *mantras*, because study has a seen effect, and so enjoining features for it is pointless; therefore, in the prohibition, "*nā 'dhyetavyam*" (one should not study), the word "*adhyetavyam*" (one should study) makes subsequent reference to purposeful utterances of the *mantras*, and so the features are subsidiaries of the utterance of *mantras* during acts.

185 This is because they are taught in the context of the injunction to study (ŚD).

186 I.e., the *bhāṣika* accent. This is the two-toned accent system recorded in manuscripts of the ŚB. Judging from *Bhāṣikasūtra* 2.33 *śatapathavat tāṇḍibhāllavinām brāhmaṇasvaraḥ*, and *Puṣpasūtra* 8.8.28 *kālabavinām api pravacanavihitaḥ svaraḥ svādhyāye* and 29 *tathā śāṭyāyaninām*, it seems also to have been used by the Tāṇḍins, Bhāllavins, Kālabavins, and the Śāṭyāyanins, which would include the TāB and the *Śāṭyāyani Brāhmaṇa* (see 1.3.2). For the texts of the Bhāllavins, Kālabavins, and Śāṭyāyanins, see Batakrishna Ghosh, *Collection of the Fragments of Lost Brāhmaṇas*, pp. 110–11, p. 103, and p. ii and *passim*. Śabara, JNMV, and BhD quote a verse: "*chandogā bahvṛcāś cai 'va tathā vājasaneyinaḥ/ uccanīcasvaraṃ prāhuḥ sa vai bhāṣika ucyate//*" (The accent with (just) high and low pitches, which the *Sāmavedic* priests, *Ṛgvedic* priests, and Vājasaeyin priests (i.e., those of the *śuklayajurveda*) hand down (i.e., in *brāhmaṇas*) is called the "*bhāṣika*" accent).

187 I.e., for employment at the time of a rite.

188 I.e., the statement to use the *mantra*, which is presented as qualified by certain accents.

189 I.e., similar to those in recited *mantras.*

190 I.e., in the *mantras* quoted in the *brāhmaṇas*

191 I.e., in the parts of the text on either side of a quoted *mantra.*

9. But for those *mantras* which are stated only in a *brāhmaṇa*,[192] no other accent is known, and so that accent alone is used.[193]

10. And with regard to *mantras* which are instumental (to acts),[194] the act should be done at the beginning, middle, or end,[195] because there is nothing which restricts it. No. If the act were done at the beginning or middle,[196] the part (of the *mantra*) further on would not remind (the agent) of the act, and so would be pointless; for this reason, and because we admit that the unseen effect of a restriction is accomplished when an item is remembered on the basis of (the utterance of) just the entire *mantra*, (the act should be done) at the end.

11. After the initial statement, "He offers (*juhoti*) twelve offerings of twelve",[197] at the statement, "He offers (*juhoti*) the continuous *vasordhārā* (stream of wealth)",[198] the concomitance (i.e., simultaneity) of the *mantra* with the act is enjoined, because the distinctness,[199] which was spoken of in the Second (Book),[200] would be blocked if this enjoined the contiguity (i.e., immediate succession) of acts. No. Because *mantras* are not spoken of,[201] and therefore only the injunction of the contiguity of acts is appropriate, and because after the first group of *mantras* is recited, the continuous stream, which ends with the completion of the recitation of the second group of *mantras*, is one act, and in this way (it is understood) for the following (acts) as well, and so even the distinctness in acts is not blocked, it is the end of the

192 JNMV gives the example, "*vānaspatyo 'si*" (You are of the lord of the forest (i.e., made from a tree)) (TāB 1.2.4; 6.5.3; ĀpŚS 1.16.3; MŚS 1.2.1.9). This is recited in reference to the wooden vessel used for bringing forward the water at the new- and full-moon sacrifices.

193 I.e., the one used in the *brāhmaṇa*.

194 I.e., those which state the operation they accompany.

195 I.e., of the utterance of the *mantra*.

196 I.e., of the utterance of the *mantra*.

197 This is taught at the fire-piling rite. It teaches twelve offerings, each of which is brought about by the recitation of twelve *mantras*.

198 "*Vasordhārā*" (stream of wealth) is the name of the twelve offerings.

199 I.e., the distinctness among the twelve acts presented in the initial quotation.

200 The Second Book identifies criteria for determining when acts are distinct. The one which operates here is number, which is discussed in 2.2.7. The presence of the number twelve indicates that that many distinct acts are recognized.

201 I.e., by the word "*juhoti*" (he offers).

(recitation of the) *mantras* and the beginning of the act which occur together.[202]

12. But at the two acts of sprinkling (ghee),[203] because there are not many acts,[204] the statement, "He sprinkles continuously", should enjoin the concomitance (i.e., simultaneity) of just the *mantra* and the act. No. Because the injunction fulfills its purpose by enjoining the continuity of the stream of ghee, which is the means of bringing about the action of sprinkling, it is not proper for the principle that the act takes place at the end of (the recitation of) the *mantra* to be blocked, and so it applies as (taught) above.[205]

13. Even though the *mantras*, "May Bhaga divide you two", "May Pūṣan divide you two", etc.,[206] which are enjoined to be employed on the basis of word meaning, have a single purpose,[207] there is no word which informs us that they are means[208] which do not expect anything else, and so they are combined. No. Because if that were so, the co-occurence of the end of the (first) *mantra* and the beginning of the act would be blocked, and because when the task is accomplished by one (*mantra*), there would be no expectancy for another, there is an option.

14. At the statement, "He takes up the spade with four (*mantras*)",[209] because the number four (merely) qualifies the *mantras*, and because if there were a combination (i.e., of the *mantras*) their (individual) instrumentality would be blocked,[210] there is no combination for such (*mantras*) either. No.

---

202 But see ĀpŚS 17.17.8 and 24.2.2 with Caland and Müller for the opposite view. (Minkowski, p. 49, says that "*santata*" recitation occurs when the reciter breathes only at the mid-verse breaks). See Garge, p. 54, for the difference in views between the JS and ĀpŚS.

203 These are the two ghee sprinkling sacrifices (*āghāra*) which occur at the new- and full-moon sacrifices. See 12.3.3.

204 Instead, each of these two acts of sprinkling is a single act, and so they are not like the twelve offerings discussed in the preceding topic.

205 I.e., the act is performed at the end of the recitation of the *mantra*. See 12.3.10. See ĀpŚS 24.2.2 with Caland and Müller for the opposite view.

206 These are recited at the new- and full-moon sacrifices, when the mass of dough is divided for the two cake offerings. See NVO, pp. 40–1, for this action.

207 I.e., in making manifest the action at hand.

208 I.e., means of accomplishing their task.

209 This is taught at the fire-piling rite. The spade mentioned here is used for the action of digging up earth for the purpose of making the *ukhā* (fire pot).

210 I.e., the instrumentality of the *mantras* in (immediately preceding the rite and) reminding the agent of what he is to do. A combination of *mantras* would result in the subsequent *mantras* removing the memory brought about by the previous *mantras* (*Prabhā* on ŚD).

Because the *mantras* have been obtained by (their) word meaning, and therefore the sentence quoted enjoins only the number, and because instrumentality (for the group of *mantras*) comes about appropriately by means of the preparation which is produced by each one,[211] there is a combination.

15. Because the *brāhmaṇa* (passage), "'Spread widely, you widely spreading one', (so saying) he spreads the cake; 'May your lord of the sacrifice spread widely (i.e., prosper)', (so saying) he spreads the cake",[212] causes us to understand a combination of *mantras* which are obtained by word meaning, there is a combination. No. Because they have one and the same meaning, and therefore make one sentence, it would result that both (*mantras*, taken together) would constitute (just) a single *mantra*, and therefore, since the (distinct statements of the) two injunctions prevent this, there is an option.[213]

16. "Support the sky, fill the atmosphere" etc. is the *mantra* which is instrumental for the action of raising (the post),[214] and, "Rise up, tree" etc.,[215] makes subsequent reference to what is being done; (and) because the two have a single purpose in reminding (the *adhvaryu* of his task), there is an option (between them). No. Because the manners of remembering (experienced by the *adhvaryu* and expressed as), "I do (the raising of the post)", and "It (i.e., the raising of the post) must be done", are distinct, there is a combination.

Or: Because the many (*mantras*) which make subsequent reference to the action which is being performed when the post is raised have one and the

---

211 ŚD says that we determine from the force of the statement of the number that the first *mantras* are instrumental by means of preparations (*saṃskāra*), and the last is instrumental directly (*pūrvaprayuktānāṃ mantrāṇāṃ saṃskāradvāreṇa karaṇatvam. caramasya tu sākṣād iti saṅkhyāvacanasāmarthyād adhyavasīyate*).

212 This is taught at the new- and full-moon sacrifices when the cake is spread out on the pans. (NVO, pp. 41–2). After presenting these two *mantras* in a similar passage, ŚB 1.2.2.8 explains that the lord of the sacrifice (*yajñapati*) is the sacrificer.

213 I have not seen the argument about a single sentence etc. elsewhere. JNMV, ŚD, and BhD say that the *mantras* are established as independent means, and so combination is inappropriate. JNMV says that the *brāhmaṇa* passage makes subsequent reference to them. ŚD and BhD refer to it as an *arthavāda*. The argument presented in the text here is a bit odd, since Mahādeva says at 2.1.14 that a single sentence is one which has a single meaning, provided it has expectancy when it is divided. The two *mantras* discussed here seem to lack expectancy when considered separately.

214 This is recited by the *adhvaryu* at the animal rite. See Schwab 43 for the recitation of this *mantra* and the one which follows.

215 This is the *mantra* recited by the *hotṛ*, also at the animal rite.

same purpose, there is an option. No. Because the action of raising the post is to be accomplished over much (i.e., many segments of) time, the (individual) rememberings, which last as long as the (individual segments of) time, are many, and so since the tasks are distinct, there is a combination.[216]

Chapter 4

1. The *mantras* used for *japa* (muttering), such as those (addressed) to Viṣṇu, Sarasvatī, etc.,[217] the *mantras* which express praise, such as, "Agni is the head (of the sky)" etc.,[218] and the *mantras* which express requests for wishes, such as, "Give me life" etc.,[219] have single purposes in the form of *japa*, praise, and the request for wishes (respectively), and so there is an option (among them). No. Because the *mantras* of *japa*, praise, and (the requests for) life etc. do not make manifest a meaning which inheres (in the rite), and are therefore for the sake of an unseen effect, and because there is no authority for the production by means of (just) one (*mantra*) of an unseen effect which is to be produced by various *mantras*, there is a combination.

2. Two pairs of offering verse (*yājyā*) and invitatory verse (*puro'nuvākyā*) are taught for the offering to Indra and Bṛhaspati,[220] and there should be a combination of those two (pairs), just as there is of a (single) invitatory verse and a (single) offering verse.[221] No; because they (i.e., the two pairs) have one and the same task, and therefore option is appropriate. Because of the name, "*puro'nuvākyā*" ("invitatory verse which precedes"), and because of the sentence, "After reciting the invitatory verse (*puro'nuvākyā*) he sacri-

---

216 In presenting two interpretations at this topic, Mahādeva seems to be following JNMV as it is presented in the ĀĀ edition. In Goldstucker's edition, and in the textual variants of ĀĀ, the second interpretation is presented as a distinct topic, i.e., 12.3.17.

217 ŚD defines *japa* here as recitation without an intention to convey a meaning, even when the latter exists, which is used to produce an unseen effect. The *mantras* referred to are to be recited by the initiate at the *jyotiṣṭoma* if he releases his speech before he should, that is, before the stars appear. (CH 19).

218 This *mantra* is used at the reinstallation of the fire (at the worshiping of fire), and at many other places.

219 This *mantra* is also used at the reinstallation of the fire.

220 This is a desiderative *iṣṭi* . Based on the verses quoted, it seems to be one taught in TS 2.4.13.1 and ĀpŚS 19.27.22 for the occasion of the birth of a *kṣatriya*. See *Wunschopfer* 96.

221 I.e., even though the invitory verse and the offering verse have the same task of making manifest the deity.

fices with the offering verse (*yājyā*)",[222] there is a difference from the analogous case.[223]

3. Because the substances used for buying (the *soma*), such as those taught in the statements, "He buys (the *soma*) with a (red) year-old (calf)", "He buys (the *soma*) with a cloth",[224] etc., have a single purpose, there is an option. No. The actions of buying taught in the sentences referring to the red calf etc. are in fact distinct, because when there is a confinement (i.e., of the action of buying) by the substance which is taught in an originative injunction, a substance which is taught for the act subsequently cannot enter (it), and so that (i.e., the distinctness of the actions of buying) is necessary.[225] Because there is no text (*śāstra*) which enjoins just the action of buying,[226] and because those (i.e., the actions of buying) are (all) understood through context, there is a combination. And moreover, because each individual fistful (i.e., of *soma*) is bought by each individual action of buying, there is no pointlessness in the other acts of buying.[227]

4. The statement which is taught at the *daikṣa* (i.e., *agniṣomīya*) animal rite, "He offers an additional sacrifice with the rectum (*gudena*)",[228] is transferred to the group of (eleven) animal rites.[229] There, there is an option

---

222 In place of the word "*yajati*" (he sacrifices), the other Mīmāṃsā texts and TS 3.4.10.4, very likely the source of the quotation, have "*juhoti*" (he makes an offering).

223 The etymology of the word "*puro'nuvākyā*" (invitatory verse which precedes (*puraḥ*)), and the statement that it should be followed by the offering verse, establish that the two are combined, even though they have the same task. This is presented as a single topic in Śabara, ŚD, and BhD. It is presented as two in the Gold. edition of JNMV, the first treating the option between pairs of invitatory and offerings verses, the second treating the combination of individual invitatory and offering verses. The ĀĀ edition presents the second discussion as a *varṇaka*.

224 These are taught at the *jyotiṣṭoma*.

225 Since other substances are excluded from the act which is taught in the originative injunction, the sentences which teach them must be distinct injunctions.

226 Such a statement would lack subordinate items such as the purchase price, and so it would teach an action for which the other statements could enjoin the items. These items could then be recognized as applying optionally with each other.

227 I have not seen this last remark elsewhere. Śabara etc. refer to the greater ease in winning over the seller when the price offered is bigger. For an account of the various descriptions of how the *soma* is measured with the thumb and fingers, see CH 32b.

228 See Schwab 104 and ĀpŚS 7.26.11 for the additional sacrifices.

229 Śabara and JNMV refer specifically to the transfer to the rites of the eleven animals, which may be offered at the *jyotiṣoma*. See 7.3.13, 8.1.7, etc.

in regard to the rectums,[230] because we understand from the instrumental case suffix at the original rite[231] that the sacrifice with the rectum is a main act.[232] No; because the instrumental case suffix has a visible purpose (i.e., in the disposal of the rectum), and therefore indirectly denotes the meaning of the accusative case suffix.[233]

5. At the installation rite, there is a combination of (the fees taught in the statement), "One (cow) should be given, six should be given" etc., just as there is of the year-old (calf) etc.[234] No. Because the generation of a distinct number, through addition, would block all the (enjoined) numbers,[235] this is just a fixed option, having as its range sacrificers who are able[236] and those who are not.

6. At the *daikṣa* (i.e., *agniṣomīya*) animal rite it is stated, "They perform the *patnīsaṃyājas* with the tail".[237] And that, like the rectum sacrifice, is an act of disposal,[238] and so there is a combination of tails at the group of animal rites. No. Because the tail and ghee are optional (with each other) at the *patnīsaṃyājas* in the *iṣṭi*,[239] the sentence quoted is for the sake of a restriction,[240] and therefore, since the sacrifice with the tail is a main act,[241] there is a difference (in the two cases), and so there is an option.[242]

---

230 I.e., the sacrifice can be performed with any one of them.

231 I.e., in the word "*gudena*" (with the rectum).

232 Consequently, it can be performed with any one rectum. Here "main act" is given as a translation of "*arthakarman*" (lit., an action for a benefit, purpose). The alternative view, presented below, is that this action is a disposal.

233 Accordingly, it enjoins disposal, and so must apply to all the rectums. This follows the principle of the "*prayājaśeṣa*" (remainder of the fore-sacrifices). See 4.1.14.

234 I.e., the substances enjoined as purchase prices for *soma*. See 12.4.3. See Krick, pp. 439–49, for the fee at the fire-installation rite.

235 E.g., one and six together would give seven, which would conflict with both one and six (*Prabhāvalī* on BhD).

236 I.e., able to give a larger fee.

237 For the *patnīsaṃyājas* at the animal rite, see Schwab 109, and at the *jyotiṣṭoma*, CH 252. See 9.1.9.

238 See 12.4.4.

239 I.e., the new- and full-moon sacrifices. According to ĀpŚS 3.8.10, this applies to the third *patnīsaṃyāja*, to one to the wives of the gods. For the *patnīsaṃyājas* at the *iṣṭi*, see 3.3.15.

240 I.e., only the tail is to be used.

241 I.e., and not a disposal.

242 Any one of the tails may be used.

7. At the fire-piling rite, the fire is kept in the fire pot (*ukhā*), and that is the obligatory (*nitya*) fire;[243] the desiderative (*kāmya*) fire is taught in the statement, "For one desirous of priestly luster, he should fetch (the fire) from a burning tree top and set it down". Of the two, the action of offering (*homa*) is the task for the obligatory fire, and the desiderative fire is (merely) maintained for the sake of a result, and so because their tasks are distinct, there is a combination.[244] No. Because the offering too can be accomplished by means of the fire maintained for the sake of a result, the obligatory fire should be blocked; nevertheless, there is a fixed option in that the desiderative fire is (kept in the fire pot) for a person with desires, and the obligatory fire for a person without desires.

8. The desiderative fire[245] should be (regarded as) the *āhavanīya* fire, because for it too there is an etymological connection with the word "*āhuti*" (the action of offering).[246] No. The condition of being the *āhavanīya* fire should come from the preparation which is produced at the installation rite. Therefore it (i.e., the desiderative fire) is not maintained by one who is prosperous (*gataśrī*).[247]

9. Preparations[248] are for the sake of the offering, and therefore in as much as the desiderative fire is also for the sake of the offering,[249] the preparations should be done for it too. No; because actions such as rubbing with fire sticks etc. cannot be performed,[250] and therefore there can be no preparations.

---

243 At the fire-piling rite, the sacrificer is to wear a pot (*ukhā*) slung from his neck for a year. In it is placed fire from the *āhavanīya*, which is then known as the "*ukhya*" fire. This is the obligatory (*nitya*) fire referred to here.

244 The claim here is that they can both be placed in the fire pot.

245 See preceding topic.

246 The word "*āhavanīya*" is applied to a fire because someone comes up to it (*āgatya*) and makes an offering (*hūyate*). Since desiderative offerings (*kāmyāhutis*) are offered (*hūyante*) in the desiderative fire, it too gets the name. (See JNMV). A consequence of this is that the features of the *āhavanīya* fire, such as its maintenance by one who is prosperous (*gataśrī*), should be done. See 9.4.7.

247 See 9.4.7 for the maintenance of the *āhavanīya* fire by one who is prosperous.

248 I.e., preparations of the fire. These include the installation rite etc.

249 See 12.4.7.

250 These are preparatory actions at the installation of the fire. They are impossible in the case of a fire brought from a burning tree top etc. See 12.4.7.

10. The maintenance of the obligatory (*nitya*) fire[251] for all times is optional, because its prohibition, "The fire should not be rekindled, in as much as when it is rekindled it produces an enemy for this man",[252] is (logically) preceded by its being obtained, and so through the assumption of an injunction which would bring that about, it (i.e., the maintenance of the fire) is both enjoined and prohibited.[253] No. Because the obligatory maintenance of the *āhavanīya* fire, which has been obtained by transfer at the fire kept in the fire pot,[254] is prohibited (i.e., by the statement quoted above), there is no assumption of (such) an injunction,[255] and therefore there is only the absence of maintenance.

11. At the twelve-day (*soma*) rite etc., the actions of taking hold of the cup for the *śukra* draught and measuring the pillar of *udumbara* wood,[256] which are taught in the statements, "The sacrificer takes hold of the cup for the *śukra* draught" and "It (i.e., the pillar) is of *udumbara* wood, of the same measure (i.e., height) as the sacrificer", are to be done by all,[257] because all are sacrificers.[258] No. Because the preparation of the cup for the *śukra* draught and the pillar of *udumbara* wood is accomplished when these actions are done by just one, they are done by (just) one.

---

251 This refers to the fire taken from the *āhavanīya* and placed in the fire pot (*ukhā*) at the fire-piling rite. See 12.4.7.

252 The rekindling mentioned here would amount to maintenance of the fire. This quote is untraced, but judging from the arguments here, it seems that the tradition takes it as occurring at the fire-piling rite.

253 Consequently, it is optional.

254 The fire in the fire pot is produced from the *āhavanīya* fire, and so is considered to take its place. See 9.4.7 for the maintenance of the *āhavanīya* fire.

255 The prohibition of maintenance does not, on logical grounds, lead to the asssumption of an injunction of maintenance, since such an injunction has already been obtained on the basis of transfer.

256 I.e., the pillar for the shed (*sadas*). See 10.2.19.

257 I.e., by all the sacrificers at the rite.

258 The final remark here is a bit surprising. According to Śabara etc., this topic refers to *sattras* and *ahīnas*, where there are many sacrificers. (At *sattras* there always are). However, the statement here, "all are sacrificers", appears to limit this just to *sattras*, where the sacrificers are the priests. See 5.1.1, 10.6.15, etc. See also 12.4.12. Śabara and Jaimini (JS 12.4.32) refer to the actions discussed here as "*parārtha*", i.e., as for the sake of something other than the sacrificer. If instead they were for the sake of the sacrificer, they would require repetition. See ĀpŚS 21.2.2 and Caland's note.

12. And (at an *ahīna*) that is anyone whosoever,[259] because there is no distinction (stated).

13. But at a *sattra*, the *gṛhapati* (lit., "lord of the house") alone should do them,[260] because the others are occupied with priestly tasks.[261]

14. At that same place,[262] the (preparatory) actions of anointing etc.[263] are for the *gṛhapati* alone, because in as much as a special name is stated for him,[264] and he has a greater amount of the result, it is appropriate that the preparations are for him. No. Because in the absence of preparations for the individuals who receive the result, the result would not come about for anyone, (and) because the special name (i.e., "*gṛhapati*") comes about appropriately (for him), since he does only the tasks of the master (*svāmin*) (of the *sattra*)[265] and there exists a (direct) statement, "He gains the most wealth",[266] those actions are for all.[267]

15. At that same place,[268] when there is a conflict between an action enjoined for a priest and an action enjoined for the sacrificer, such as (occurs) at the statement(s), "When the kindling verses are being recited,[269] the sacrificer mutters the *daśahotṛ* (*mantra*)" etc., the action enjoined for the sacrificer should be done, because it is obtained through transfer.[270] No. Because here, on the basis of the sentence, "The sacrificers are the priests", it is the action enjoined for the priest which is predominant; because the muttering of the *daśahotṛ* by the sacrificer prepares the agent, who is (only)

---

259 This refers to the single agent required for the actions discussed in the preceding topic. The present topic refers only to *ahīnas*, as is made clear from the following topic.

260 I.e., should do those actions which are not directly for the sake of the sacrificer, such as touching the cup for the *śukra* draught, etc. See 12.4.11. The *gṛhapati* takes over the function of the sacrificer at the *sattra*. See Caland at ĀpŚS 21.2.1.

261 At a *sattra*, the sacrificers are the priests.

262 I.e., at a *sattra*.

263 See ĀpŚS 10.6.11 ff. and CH 14c for the action of anointing the sacrificer at the *jyotiṣṭoma*.

264 I.e., "*gṛhapati*" (lord of the house).

265 These are the tasks of the sacrificer. By contrast, the others do the priestly tasks in the manner of servants (ŚD).

266 This accounts for his greater result.

267 I.e., for all the participants at the *sattra*.

268 I.e., at a *sattra*.

269 I.e., by the *hotṛ*.

270 I.e., from the new- and full-moon sacrifices, where this statement is taught. See NVO, p.76. I have not seen the statement quoted here cited by other Mīmāṃsā writers.

a subsidiary of the (main) item (i.e., the act); because if the kindling verses are not recited by the *hotṛ*, the rite would become defective; because even if the actions enjoined for the sacrificer are done (only) by the *gṛhapati*, it does not become defective; and because the sentence quoted[271] directly teaches the action enjoined for the priest, and so it is appropriate that it should block an action enjoined for the sacrificer, which is transferred, the action enjoined for the priest is to be done.

16. And that[272] may be done even by a *kṣatriya* or a *vaiśya*,[273] because they have knowledge, and because the statements, "Conquest (is a means of livelihood) for the *kṣatriya*, usury for the *vaiśya*", etc. are injunctions of restriction for the sake of the person, and so even when it (i.e., the action enjoined for a priest) is done by a *kṣatriya* or a *vaiśya*, the rite does not become defective.[274] No. Because when one has obtained *brāhmaṇas*, for whom the office of priest is enjoined by the statement, "Three activities are his livelihood, sacrificing for others, teaching, and receiving gifts from a pure source", even though this is for the sake of his sustenance, the injunctions to perform rites do not imply the office of priest for a *kṣatriya* etc.; (and) because there are indications also, such as the statements, "(How can the gods and *ṛṣis* eat an offering at the abode of someone, especially an outcaste) for whom a *kṣatriya* is the sacrificer" etc., the principle that the office of priest is only for *brāhmaṇas* is established.

(1) Authority (in the matter of *dharma*), (2) distinctness (of acts), (3) the condition of being a subsidiary, (4) the action of prompting, (5) the order (of actions), (6) the condition of being an enjoyer (of the result of an act), (7) transfer considered generally, and (8) that (i.e., transfer) considered specially, (9) modification (of transferred items), (10) blocking (of items which would be transferred), (11) *tantra*, and (12) *prasaṅga*: these are the topics of the twelve books.

A Compendium of the Principles, composed by Mahādeva, who obtained his power of judgment from the feet of Svayaṃprakāśatīrtha, is finished. Through it may the dark-colored majesty,[275] the subject of all traditions, become filled with compassion and destroy the darkness of my ignorance.

---

271 I.e., "The sacrificers are the priests".

272 I.e., the action enjoined for the priest.

273 I.e., and not just by a *brāhmaṇa*.

274 The individual *kṣatriya* and *vaiśya* will suffer if they officiate, but the rite will not be harmed.

275 I.e., the god Kṛṣṇa.

Summary of the MNS[1]

Book One

The subject of the Book One is the source of valid knowledge about *dharma*. Jaimini famously defines *dharma* in JS 1.1.2 *codanālakṣaṇo 'rtho dharmaḥ* as something beneficial which is made known by an injunctive statement. Mahādeva defines *dharma* and its opposite, *adharma*, as means of bringing about transmundane desires or aversions. His discussion of the sources of our knowledge about *dharma* may be divided roughly into (1) his claims concerning the validity of various authoritative texts and traditions, and their relative hierarchy, and (2) his analysis of how the variety of injunctive and non-injunctive statements, and certain individual words, such as names, all of which make up the texts, can be said to be authoritative, that is to say, how they function.

The first chapter of Book One is known as the *Tarkapāda*, the chapter which deals largely with philosophical themes. It is the subject of Kumārila's *Ślokavārttika*, which supplies a good deal of the doctrinal base to the Bhāṭṭa school. Mahādeva's treatment of this chapter is comparatively light. He argues that *dharma* should be investigated, and that language is the sole means of learning about it, and that in particular, the sentences of the eternal *veda* are authoritative.

In the second chapter, Mahādeva examines the authority of *arthavādas* and *mantras*. The former are statements whose purpose is to praise enjoined actions and denigrate prohibited ones, in order to instigate us to the former and dissuade us from the latter. They are to be understood as part of the theory of productive force (*bhāvanā*).[2] Specifically, they express the manner by which the productive force of the injunction brings about its result. Here *arthavādas* function by forming part of the same sentence as the injunction

1 The individual summaries of the twelve books given below vary somewhat in the amount of detail given. Due to the nature of the material, longer discussions are necessary to give any sort of useful account of the later books. (Not unlike the load on the front end of a sled at a tractor-pull, the description becomes heavier as the text moves forward). At the end of Book Ten, the author himself ask his readers to be charitable towards his treatment of the dense material of that book, which is by far the longest of the twelve.

2 See Introduction, p. 30.

or prohibition. *Mantras* are considered to have a visible purpose in reminding the agent during the rite of what it is he is to do.

The third chapter argues for the validity of *smṛti* texts when these are not in conflict with *śruti*. The former have human authors, but are based on the revealed, eternal texts (i.e., *saṃhitās*, *brāhmaṇas*, *āraṇyakas*, and *upaniṣads*) which make up the latter. Human compositions are not necessarily infallible, and greed can sometimes account for their statements. Custom is granted some scope as a source of knowledge of *dharma*. Linguistic traditions of different communities are considered in regard to their authority, as is one particular tradition of marriage, which is denied authority. The fact that certain practices occur only in certain communities is not considered sufficiently strong to suppose that the *śruti* traditions on which they were based were likewise limited. The tradition of grammar is granted limited authority. Words and meanings are held to be the same in the language of the *veda* and in mundane speech, and the denotative function of words is analyzed.

The fourth chapter explains how names of rites function and are therefore authoritative in the matter of *dharma*. Specifically, they are analyzed as being coreferential with the root of a finite verb, and are therefore expressive of action. The root itself is considered to denote the instrument or means by which the productive force (*bhāvanā*), which is denoted by the suffix, functions. The names do not provide subordinate features to the rite. The denotative range of certain words is considered, including a number of words which apply through secondary signification based on the existence of certain qualities. In the final two topics, the remaining portions of sentences which teach injunctions and the capacity of items denoted by particular words are said to be authoritative in the matter of *dharma*.

Book Two

The general topic of Book Two is the question as to how we determine that a particular statement teaches a distinct rite. The first chapter begins with a discussion of the productive force (*bhāvanā*), which a finite verb suffix denotes, and an analysis of how the root of the verb expresses the instrument which the productive force requires. The performance of an act leads to the production of an unseen effect (*apūrva*), which is described briefly, along with its varieties. Then various actions, such as the beating of the grain which is used to make an offering cake, are considered in regard to whether they produce unseen effects or are preparatory. The functions of finite verbs are considered, and it is determined that they sometimes express assertions, and do not always serve to enjoin. Definitions are then proposed for *mantras* and *brāhmaṇas*, and for a *ṛc* (verse), *sāman* (song) and *yajus* (prose formula). With regard to *mantras*, the issues as to when a number of them recited in sequence constitutes a single sentence and when parts of one of them are to be understood in others recited nearby are then considered.

The second chapter begins with the claim that separate finite verbs, even if they all end in the same suffix, do not denote a single productive force, because the existence of distinct suffixes added to distinct roots indicate distinct productive forces. Similarly, the repetition of an injunctive verb, as occurs when the fore-sacrifices at the new- and full-moon sacrifices are taught, establishes distinct rites, since there is no other way of analyzing the separate statements. Other statements are considered as to whether they should be regarded as teaching distinct rites, or as supplying information about other rites. One of the considerations here is whether the substance and the deity can be established for all of the rites which are recognized. The presence of a number in a statement which enjoins multiple offerings is then discussed as a means of determining that the rites are multiple. Distinct names and distinct subsidiaries are also presented as means of identifying distinct rites. Another specific concern is the extent to which special results and distinct subsidiaries may be taught together in reference to other rites.

The third chapter begins by considering whether a number of statements teach special subsidiaries for existing rites, or may be seen instead as establishing distinct rites. One criterion for determining if a statement teaches a distinct rite is whether it teaches something which cannot be undertaken (*anupādeya*), and teaches it outside the context of the rite where it might otherwise be thought to operate. Those items which cannot be undertaken include time, place, result, cause, and an object which requires preparation.

In the fourth chapter, the obligatory performance of the *agnihotra* is distinguished from the desiderative performance, and the various statements which teach it and other rites in the various *śākhās* of the *vedic* tradition are determined not to constitute evidence that the rites are distinct.

Book Three

Book Three deals with the various ways in which the relation of a subsidiary item and a main item is identified. In the first chapter, a subsidiary is defined as an item which serves to accomplish an effort which is undertaken with reference to something else. A number of topics deal with the identification of the particular main items which particular subsidiaries assist when these seem unrestricted and therefore likely to apply either to everything in the rite or to the rite as a whole.

The second chapter deals largely with the meanings expressed by *mantras* and the operations where they are to be recited.

The third chapter begins with instances where subsidiaries must be restricted in their application. Topics 7–12 present, in order of decreasing strength, six distinct sources for assigning subsidiaries to main items. These are: direct statement, word meaning (semantic power), sentence, context, position, and etymologically based name. Each subsequent item operates only through the assumption of each preceding one, and so is weaker than they are in identifying the relation of subsidiary to main item. A number of topics then consider whether the subsidiary should be removed from the context where it is taught to a more appropriate site.

The fourth chapter begins with a examination of a statement which is found to be an *arthavāda*. Topics 2–5 are based on six *sūtras* which are omitted in Śabara, but are presented in the TV and later works. They largely concern statements taught for the performance of the *agnihotra* for a dead sacrificer. Then the identification of certain *arthavādas* is discussed, followed by a consideration of whether certain items are taught for the sake of the rite or the sake of the person. Then items are considered in regard to whether they apply to *vedic* or worldly acts. Finally, acts concerning the remainders of offering substances and their disposal are discussed.

The fifth chapter continues with the treatment of remainders. Most of the topics concern the question as to who should drink the remainders from the *soma* offering.

The sixth chapter begins with a discussion of how independently taught items function. Generally, they apply to the original rite. The installation of the fire and the three purifying *iṣṭis*, which are taught as subsidiaries to the installation, are considered in connection with the presence of the fire at other rites. Then certain subsidiary items are considered as to whether they apply only to certain main items, which are nearby, or to other similar items as well. One consideration is whether they are taught independently. In some cases, transfer accounts for their presence at the related items.

The seventh chapter begins with topics which consider whether certain subsidiary items should apply only to main items, or whether they should also apply to the other subsidiaries of the main items. In topic 8, the question is raised as to whether the sacrificer should perform all the actions, since he enjoys the result of the rite. In fact, the priests do most of the actions. Certain individuals, such as the cup-*adhvaryus*, are excluded from the group of priests. The priests are identified, and their tasks are determined.

In the eighth chapter, the actions which are to be done by the sacrificer, as opposed to the priests, are identified. The actions for priests are assigned to particular priests. The locus of the result is discussed. Then, among other things, the question of how subsidiaries function at rites where transfer operates is discussed.

Book Four

Book Four considers the action of prompting, that is, the force which causes an action to be performed. In the first chapter, the distinction between an act performed for the sake of the rite and one performed for the sake of the person is presented. At first, a number of actions are discussed and found to be neither for the sake of the rite, nor for the sake of both the rite and the person, but rather just for the sake of the person. Then a number of statements are considered as to whether they teach subsidiaries to a rite. These include statements of number and gender, which are so recognized. The eighth topic announces that from there on the action of prompting will be taught directly, sometimes with the consideration of the relation of the subsidiary item to the main item. Then the question is asked of actions as to whether they are prompted by more than one item which they lead to. In these cases they are not, and a single prompter is identified. Then acts of disposal are considered as to whether they prompt the acquisition or guarding of substances. In the final three topics, the action of ladling up ghee at the new- and full-moon sacrifices is considered in connection with the question as to which rites prompt it.

The second chapter begins by determining that certain items which are produced by subsidiary actions at a rite do not prompt such actions, but are merely their products. Then a number of actions are considered as to whether they function to complete the rite, or are merely acts of disposal. In the ninth topic, the purpose of restriction is presented, and in the tenth, the actions of sacrifice (*yāga*), offering (*homa*), and giving (*dāna*) are defined.

The third chapter begins with topics which show that a subsidiary cannot be both for the sake of the rite and also for the sake of a person, that a subsidiary can serve both in a desiderative and an obligatory rite, and that an item can be taught as a feature of the person, but for the sake of the rite. Then it is shown that a result must exist for a rite, and in cases where it is not directly stated, the ways to determine it are described. Also, the site of the result for a desiderative rite is claimed to be unrestricted. A group of topics then considers statements which teach that one rite is performed after another, and determine when such statements teach the subsequent rite as a subsidiary, and when they simply teach the time of its performance. The timing and the recipient of the result of the rite for the birth of a son is discussed, as is the timing of a rite which is taught to follow another rite, but has been determined to be its subsidiary.

The fourth chapter begins by denying that certain acts, which are in fact subsidiaries, are connected directly with the result. Other actions are considered as to whether they are subsidiaries to the main rite or to a subsidiary of the main rite. Still others are considered as to whether they are subsidiaries or main rites. The question is then asked whether certain subsidiary acts are obligatory or caused, or, in one case, whether it is in fact a main rite. Then subsidiaries are considered as to which particular subsidiary they are performed for the sake of. Finally, the question is raised as to which components of the new- and full-moon sacrifices and the *jyotiṣṭoma* produce the result.

Book Five

Book Five discusses order, which is enjoined as a qualifier of actions. The first chapter begins by presenting direct statement, sense, the sequence of recited texts, and, in the case of sets of repeated actions, the sequence based on actions which have been undertaken first (*prāvṛttika*), as means of determining the order of actions. A case is then considered where the order of the original rite is partially preserved when a set of items which were performed at different times are enjoined to be performed together. Then subsidiaries are considered to follow the order of main rites, unless there is a different order of recitation. The order of *mantras* is considered stronger than the order of *brāhmaṇas* for the performance of main rites. In a modified rite, the order of subsidiaries follows their order as transferred from the original rite, even when this is different from the order of the main items in the modified rite. Modifications of the new- and full-moon sacrifices which are taught to occur at particular times of the day are not performed over two days, as the original is. In topic twelve begins a discussion of how when certain items are taught to be brought forward (advanced) or pushed back (postponed) they bring with them, respectively, items which precede and follow them. Items are exempted from this movement when they are identified as subsidiaries of a rite other than the one whose subsidiaries are moved. One instance is discussed where it is denied that a statement which appears to teach that an item should be brought forward actually does so. Lastly, two instances are discussed where chance delay in completing one action causes or fails to cause a delay in an action which should follow it.

The second chapter begins by considering rites where a number of subsidiary actions must be performed for each of a number of main items. The question posed is whether each subsidiary item is repeated before the next begins (*padārthānusamaya*), or whether all are performed as a group for each main rite (*kāṇḍānusamaya*). The issues involved include the identification of the subsidiary, when it consists of multiple actions itself, and the details concerning the particular manner in which the subsidiary is taught. From the ninth topic to the end of the chapter, the question raised is the relative order of transferred subsidiaries and directly taught subsidiaries, when both occur at the site of a modified rite.

The third chapter begins by considering cases where particular subsidiaries transferred to modified rites must be increased in number either by repetition or, in the case of verses or *sāmans*, by the importation of these. The site of their insertion is also discussed. Then certain independently taught subsidiaries are considered as to whether they are performed just once, or at each of multiple actions in a rite. The location is also discussed. The question is raised as to whether the *agnihotra* should be performed during the period after the fire installation rite, when the series of purifying *iṣṭis*, which assist in producing the fire, are being performed. Vows are then considered as to exactly when they are to begin. The order of desiderative and occasional rites is not fixed. Lastly, the injunction to perform the *jyotiṣṭoma* before another (*anya*) rite is examined as to which particular rites the terms "*jyotiṣṭoma*" and "another" refer to.

The fourth chapter begins by considering cases where direct statement and the capacity of an action are seen to be stronger grounds for determining order than their order of recitation. Also, the order of main items determines the order of subsidiary items, even if some of the latter commence first by force of a special statement. The relative order of the new- and full-moon sacrifices and the *soma* rite is considered unrestricted, but if a *brāhmaṇa* has not performed the *soma* rite, the cake offering to Agni and Soma, one of the main offerings of the full-moon sacrifice, is postponed until he has. The prescribed times for laying the fire and the subsequent performance of the *soma* rite can be ignored if one wishes to lay the fire or perform the *soma* rite. The modifications of the new- and full-moon sacrifices, which are taught to be performed on the new-moon day or the full-moon day, are not to be performed over two days, as the original rite is. Modifications of those particular constituent rites of the new- and full-moon sacrifices which are not to be performed before a *soma* rite has been performed are also not to be performed before then. Unlike the *soma* rite itself, the modifications of the *soma* rite may not precede the new- and full-moon sacrifices.

Book Six

The general topic of Book Six is the entitlement to enjoy the result of a rite. The first topic of the first chapter establishes that the one who enjoys the result of the rite is the agent of the rite. The next topic argues that in the case of blind persons etc., the mere existence of a desire for the result does not lead to entitlement. Instances are discussed where statements of gender and number are considered not to be intended meanings such as would restrict the performance of rites. Women are excluded from tasks not specifically taught for them, and *śūdras* are excluded generally. The existence of wealthy sacrificers does not imply that those without wealth are not entitled, if they acquire wealth. Weak people are entitled if they remove their weakness, or, in case that is impossible, they are entitled just in obligatory rites. The terms *rathakāra* and *niṣādasthapati* are analyzed so as to permit persons who are not members of the three higher *varṇas*, but rather of mixed *varṇas* with *śūdra* ancestors, to perform rites.

The second chapter begins with the claim that the result of a rite with multiple sacrificers should not be divided, and therefore individuals with a desire for only part of the result are not entitled. Likewise, only a single person is entitled in a rite where the singular number is used. Once begun, desiderative rites are not to be given up, even when the desire ceases. The operation of prohibitions is then discussed, and persons who fear hell are identified as those who are entitled. Restrictions on a person's behavior apply only after his initiation. A number of actions are considered for which specific causes are stated. They are to be repeated when their causes recur. In the final topic, certain actions are identified as obligatory, even when their results are either stated or may be assumed.

The third chapter begins with the claim that one must perform obligatory rites, even if he is unable to perform their subsidiaries, but that he should not perform desiderative rites unless he can perform them completely. The subject of substitution is then treated in a number of topics, the first ones claiming that a rite performed with a substitute substance is not a distinct rite, and that in the absence of the substance which is taught, the rite should not be omitted, but a substitute should be employed. Deities, fires, certain preparatory actions, and sacrificers should not be substituted. If one of the many sacrificers in a *sattra*[3] dies, a substitute can be brought in as agent of the rite. He is to undergo preparations, but will not receive the result. If rice is not obtained as the material for an offering substance, something similar to it should be employed, and this is the also case if the rice is not obtained after the resolution to offer it; barley grains are not to be used in such a circumstance, even though they are taught as optional with rice. In the absence of *soma*, *pūtīka* is used, in spite of its lack of similarity, because of a special statement. When a substance runs out, or, at a *soma* rite, if *pūtīka* is not obtained, something similar to the primary item, or to *soma*, should be employed. If, in the absence of a primary item, a rite begins with something similar, and then the primary substance is found, depending on how far the rite has progressed the primary item is employed and the rite begins again. Finally, instances are discussed where a small amount of a primary substance may be used, instead of something similar to it, if it is sufficient for the main rites.

The fourth chapter begins by considering whether the *iṣṭi* can continue if the portions cut out of the cake offering have been damaged. In the fourth topic, there begins a discussion of expiatory rites. A number of them are considered in regard to their exact cause. An instance where the loss of both offering substances for the *sānnāyya* offering is stated as a cause leads to a discussion of whether it is the combination of the two losses which is required, and in this particular case it is not. This leads to a consideration of other instances where, in contrast, the combination of two items constitutes the cause. The expiatory rite which is required when the loss of both offering substances is stated as a cause constitutes a distinct rite, whose result is the avoiding of sin. A case is then considered where a rite is identified as an expiation and not a subsidiary. Then the timing of certain vows is discussed. In the final topic, an action is identified as a disposal, and not a subsidiary, and so the item being disposed of does not need to be procured unnecessarily in a rite which does not require it.

The first six topics in the fifth chapter considers the *abhyudayeṣṭi*, which is offered in the event the sacrificer misjudges the new-moon day and begins to sacrifice too early. In this rite, the deities are removed from the component sacrifices and new ones are taught. The stated cause is the moonrise

---

3 A *sattra* is a *soma* sacrifice lasting twelve or more days, provided it is not an *ahīna*.

over substances which have been poured out, and the intended sense of this condition is considered. The injunction of an expiatory rite for someone who leaves a *sattra* early is discussed in regard to the timing of his departure. Then the length and the timing of the initiation for various *soma* rites are discussed in connection with statements of option, the operation of transfer, and apparent ambiguity. Four topics, starting with the eleventh, consider the consequences of a delay in completing the *jyotiṣṭoma*. When initiated for this rite, the sacrificer is prohibited from performing the *agnihotra*. The timing of the end of the initiation is discussed, and in the circumstance of a delay it is considered that neither the *agnihotra* nor the retrospective performances are to be performed. Then statements which teach expiations for faults in a rite are considered as to whether they are independent and applicable to all rites, and it is determined that they are restricted by their context. The last five topics, starting with the seventeenth, consider the consequences of the simultaneous or sequential severings of the chain of priests as they emerge from the hall at the morning *soma* pressing. Specifically, two distinct expiations, which concern fees and the repetition of the performance, are taught in the event that the *udgātṛ* or the *pratihartṛ* lets go of the hem of the garment of the priest who precedes him.

The sixth chapter begins with a consideration as to whether persons who follow different practices can perform the *sattra* together. The conclusion is that they cannot. On the basis of a special statement, though, a king and his *purohita* (chaplain), even though they follow different practices, perform a particular *soma* sacrifice together. With regard to *sattras*, it is determined that only members of the *gotra* of *Viśvāmitras* or persons who follow their practices are entitled. Likewise, all the sacrificers in a *sattra* must have installed their own fires and produced their own vessels, which are for common use. Lastly, it is determined that at a certain modified *iṣṭi*, for which a special number of kindling verses is taught, all higher *varṇas* are entitled, even though that particular number applies only to *vaiśyas* at the original rite.

The seventh chapter begins with a discussion of the fee for the *soma* rite which is called "*viśvajit*". It is taught to consist of all of one's possessions. The first nine topics consider what should be given and what cannot be given. In the tenth topic, the term "unlimited", which appears in a list of the numbers of cows which may be given as a fee at the fire-installation rite, is considered as to its meaning, and it is determined to be some number larger than the others. In the final topic, the thousand-year *sattra* is considered as to who could possibly be entitled to perform it, but the question dissolves when it is concluded that the rite should be performed in a thousand days.

The first four topics of the eighth chapter discuss rites which are to be performed in a worldly as opposed to a *vedic* fire. In all the cases discussed, the agent of the rite has not yet installed his fires. In the fifth topic, the timing of the initiation rite is said to be fixed by *smṛti* texts. Certain actions are then considered as to whether they apply only when they would seem to serve a practical need, not otherwise. It is determined that they must apply in any case, since their unseen effects are required. In the final topic, which is hypothetically argued, the evidence of a *mantra* is considered to be able to remove potential ambiguity by identifying the appropriate offering substance.

Book Seven

The main topic of this book is transfer. The first topic of the first chapter argues that transfer is necessary. Subsidiary actions are performed for the sake of the unseen effect of a rite, not for the sake of the action of sacrifice, and therefore, since they cannot function at modified rites through direct statement, they are transferred there. Starting with the second topic, direct statements of transfer at a one-day *soma* rite and at two rites in the *cātu-rmāsya* sacrifice are considered as to exactly what should be transferred and from where.

The single topic which constitutes the second chapter considers whether the injunction to sing a particular *sāman* (song) on verses other than those on which it is first taught should effect the transfer of just the *sāman*, or of the verses on which it is taught as well. It is determined that only the *sāman* is transferred.

The third chapter considers various names and other terms which are used in injunctions of various rites, and determines what sort of transfer they bring about. In the first topic, a rite is discussed where the name "*agnihotra*" is used otherwise than in its primary sense, and therefore serves to transfer features from the obligatory *agnihotra* rite. The principle established in this topic is referred to at a number of topics in the chapter. By contrast, in the second topic the name "*prāyaṇīya*" (introductory) as used in reference to the initial day in a particular modified *soma* rite does not transfer features from the rite of that name in the original rite, since in both cases the name expresses just its etymological sense. Similarly, in the instance discussed in the sixth topic, the term "*vaiṣṇava*" (an offering substance for Viṣṇu) simply enjoins the deity, and does not cause the transfer of features from another rite in which the deity is Viṣṇu. In the seventh topic, uses of the terms "*nirmanthya*" (a fire "rubbed out" of the fire sticks), "*barhis*" (grass used for strewing), and "*ājya*" (ghee) are considered as to whether these words cause the transfer of actions directed to these items at original rites. The conclusion is that the words simply express the meanings they have in worldly usage. In the eighth and ninth topics, the verb "*praṇayati*" (he brings forward), which is used in a particular rite, is considered as to which action of bringing forward (the fire) is transferred into the rite. In the eleventh topic, the use of the words "*vāsas*" (cloth) and "*anas*" (cart) are considered as to whether they require the performance of the actions of weaving and doing carpentry. The instances presented here are examples of similar discussions presented in the chapter.

In the first two topics of the fourth chapter, it is established that a rite requires some manner of performance, even if none has been stated for it directly, that that manner of performance should *vedic* rather than worldly, and that it is transferred. In the third and final topic, it is determined that three one-day rites in a year-long *soma* rite receive their manner of performance by transfer from independent one-day rites with the same names, not from the twelve-day rite, which serves as the original for the year-long rite.

Book Eight

Book Eight continues the discussion of transfer. In the first two topics, it is determined that there are restrictions as to which rite provides the manner of performance for transfer. In the case of the desiderative rite for Sūrya, the singleness of its deity, the vegetable material of the offering substance, and the action of pouring out/offering indicate that the manner of performance is transferred from the cake offering to Agni. In the second interpretation offered for the third topic, the *iṣṭi*, *agnihotra*, and *soma* rites are identified as the basic original rites. Starting with the fourth topic, the criteria for determining which rites serve as the original for other rites is considered. Because of the similarity in implements and action, the *iṣṭi* is the original for certain desiderative rites. It also serves as the original for the first of the three animal rites at the *jyotiṣṭoma soma* rite, namely the rite for Agni and Soma. The latter serves as the original for the second animal rite, i.e., the *savanīya*, which in turn serves as the original for a rite which consists of eleven animal rites. This is the original for other groups of animal rites. The *jyotiṣṭoma soma* rite is the original for other one-day *soma* rites, while the twelve-day *soma* rite is the original for *soma* rites lasting from two days to a year. The *gavāmayana* is the year-long *soma* rite which serves as the original for other rites of that length or longer. In the twelfth topic, *soma* rites which share a common name take the manner of performance from the first among them. Results, restrictions concerning the cause for performances, agents, and the combination of rites are not transferred. In the fifteenth topic, the question is raised as to whether the offerings of a cake to Agni at the new- and full-moon sacrifices constitute one rite or two. Various opinions are recorded, which lead to different conclusions as to the timing for the offering to Sūrya, which takes its manner of performance from the offering to Agni. In the final topics, the singleness of a deity is identified as a criterion for identifying an original rite, and similarity of substance is identified as being a stronger grounds for transfer than similarity of deity. Degrees of similarity in substances are also considered.

In the second chapter, particular instances are considered where aspects of the offering substances determine their original rite. In the fourth topic, the double nature of the twelve-day rite is considered. When it is an *ahīna*, it serves as the original of the *ahīnas*, i.e., rites lasting from two to twelve days. When it is a *sattra*, it serves as the original of *sattras*, i.e., rites lasting from twelve days to a year. In the fifth topic, two rites, one lasting fifteen days, the other a year, are considered to be *sattras*, even though they lack a standard feature of *sattras*.

The third chapter begins with the consideration of an instance where two offerings in a rite take the appropriate manner of performance from two offerings in the new- and full-moon sacrifices on the basis of their having two and one deities, respectively, not on the basis of the order of those two rites in the original. The next four topics deal with particular statements concerning *soma* rites lasting many days, and determine which particular rites or groups of rites provide their manner of performance. In the final topic, a statement which requires that a rite should have a particular meter is considered as to whether as a consequence other meters which occur there should be modified, and decides that new verses in the required meter should be imported.

The four topics of the fourth chapter consider the *darvihoma* (ladle offering). This term is identified as being a name for certain *smārta* and *vedic* rites. It only applies to poured offerings (*homas*), and is not a modification of any other rite.

Book Nine

The general topic of Book Nine is the modification (*ūha*) of items when these are transferred. In the first topic of the first chapter, modification is defined as the becoming different of an item from the original rite in compliance with an item in the modified rite which takes the place of one in the original. The conclusion established in the first topic of Book Seven, that the manner of performance of a rite is for the sake of the unseen effect, is repeated. The indirectly assisting subsidiaries, as well as the directly assisting ones, are for the sake of the unseen effect. Consequently, they are also liable to modification. In the second topic, it is considered how an action which has no purpose in regard to the form of an object is determined as being for the sake of an unseen effect, even when the evidence of the sentence would suggest otherwise, and how, when the object is replaced by another in a modified rite, the action is still required. In the third topic, *mantras* are considered as to whether they should be modified when the deity and result which are designated in them are absent in a modified rite. Since the unseen effects prompt them, they are modified. In the fourth topic, it is claimed that the unseen effect, not the deity, prompts the manner of performance. In the fifth topic, an instance is discussed where it is the unseen effect which is considered to prompt an action, and not, on the basis of direct statement, the substance. In the sixth and seventh topics, various unseen effects connected with distinct actions within a rite are considered to prompt certain actions, not the final unseen effects. In the eighth topic, actions at the fire-piling rite are considered, and it is determined that they apply to the whole of the piled fire, not to each brick. In the ninth topic, it is decided that because the twelve-day *soma* rite is a single performance, items may be omitted from all but the final day and then apply once by *tantra* on the twelfth. In the tenth and eleventh topics, the way in which repetitions of *mantras* are to be brought about and the reason why the commencement *iṣṭi* of the new- and full-moon sacrifices need not be repeated are discussed. In the twelfth topic, a number of deities mentioned in a *mantra* are considered as to whether they are subsidiaries of a rite, in which case the *mantra* would need modification when transferred to a modified rite. It is decided that since they are only for an unseen effect, and do not inhere in the rite, there is no modification. In the two interpretations of the thirteenth topic, words for a deity and its adjectives and a word for an offering substance which are used in *mantras* are considered as to whether they refer to items which inhere in the rite. They are found to do so, and so are liable to modification.

In the fourteenth and fifteenth topics, it is considered whether certain *mantras* which are taught for an original rite in which there is a single sacrificer should be modified when the sacrificers are numerous. In the first case discussed, there is no modification, in the second, there is. In the sixteenth and seventeenth topics, *mantras* which refer to attributes of a deity, an animal for purchasing *soma,* and an animal for sacrifice, are considered as to whether they remain unmodified when the deity and the animals are replaced by others. The final two topics concern the statement which teaches the replacement of one word by another in a verse used in a *stotra*.[4] Option is not allowed, and the replacement is to be sung.

The main topic in the second chapter is the modification of *sāmans* (melodies). In the first topic, the "Book of Modifications" (*ūhagrantha*) is determined to have been made by a person. The action of singing is then identified as having a visible result in manifesting the syllables of verses, and is not a main act. In order to produce a *stotra*, the *sāman* is to be sung completely over each of three metrically identical verses. The first verse is the one taught in the *yoni* (source) book (i.e., the *Pūrvārcika* of the *Sāmaveda*), and the second and third are those which follow that verse as it is listed in the *uttarā* book (i.e., the *Uttarārcika* of the *Sāmaveda*). On the basis of special statements, the second and third verses may not be metrically identical to the first. The sixth topic, by far the longest in the entire work, considers instances where three verses for singing, either metrically identical or not, are constructed out of two, metrically different verses listed in the "Book of Modifications", by the operation of "intertwining" (*pragrathana*). Three verses are produced by this operation, and so additional verses from the *Ṛgveda* are not imported. In topics seven through eleven, the issues discussed are the option among various modes of singing, the requirement to praise by singing, the role of accents, the particular features of singing, and the question as to whether these features are reproduced in the second and third verses of a *stotra*. In the twelfth topic, various preparatory actions are considered as to whether they undergo modifications at a modified rite, and a number of reasons are offered to show that they do. In the following two topics, preparatory actions for certain items are considered to apply to other items when these are used for the same purposes, even when these latter items have been enjoined for other purposes. In topics fifteen through seventeen, the features of the two *sāmans* at the *pṛṣṭhastotra*[5] which are optional

4 A *stotra* is a group of verses sung on a particular melody at the *soma* rite

5 The *pṛṣṭhastotras* are sung at the midday pressing at the *soma* rite.

with each other are considered as to whether they may be mixed at the original rite, or at a rite which requires both *sāmans*, and whether they are accumulated or are optional with each other when transferred to a rite which employs a different *sāman*. The next two topics consider the purpose of the two *pārvaṇa* offerings at the new- and full-moon sacrifices, the location of these two offerings there, and the reason why they are not transferred to modified rites. In these offerings, the sacrifices are the deities. In the final topic, a term which is the name of a subsidiary rite is considered not to express the deity, and so the rite assists the unseen effect only directly.

The third chapter deals with *mantras*. The first topic considers whether *mantras* which manifest the deity etc. are to be modified at a modified rite, given that they could denote the new deity through secondary signification etc., and determines that they are. The second topic discusses why an adjective which qualifies a substance in the original rule should be modified when a distinct substance is introduced in a modified rite. The third topic determines that a *mantra* of expiation should occur only when a certain action occurs in mundane, not *vedic*, practice. In the fourth through seventh topics, there is a consideration as to whether a pair of *mantras* taught in different *śākhās* for the animal rite, one in the singular and the other in the plural, and a *mantra* in the singular for tying up the sacrificer's wife at the new- and full-moon sacrifices, are to be modified in number when they are used at animal rites with two animals and in circumstances where the sacrificer has more than one wife, both in the original and at modifications. The first pair should be modified, because they denote something which inheres in the rite, but not the *mantra* for tying up the wife, because it does not. Also, the instances of the sacrificer having more than one wife are not modifications of the original, and so the injunction of the *mantra* applies commonly. In the eighth topic, modification of gender is considered in regard to the multiple animal offerings at various forms of the *jyotiṣṭoma*. It is hypothetically considered that these forms are not modifications, in which case the gender is not modified. In the ninth topic, it is determined that there is no modification of the *mantra* for an offering substance when the latter has been substituted by another, and that substance has not been taught. In the tenth and eleventh topics, it is determined that on the basis of the meanings of certain particular words used in original rites, these words are neither to be modified, nor reinterpreted, at modified rites. In the last three topics, it is considered whether a particular term which is recited in the singular and in the dual in different texts refers to the sacrificer or the deities, or both. It is decided that both statements denote deities which inhere in the original rite, and one or both require modification in modified rites with many deities.

The first two topics in the fourth chapter consider the modifications required of the *mantra* recited at the animal rite which refers to the twenty-six ribs of the goat. At modifications in which two or three goats are killed, the numbers are added, but when the animals include a horse, for which a *mantra* states there are thirty-four ribs, the numbers are either added, or, on the basis of a special statement, stated in two distinct *mantras*. The third and fourth topics consider the meanings of the words "*urūka*" (omentum) and "*praśasā*" (taken to mean "excellent") which are used in *mantras* which are recited at the rite, and determine that they should be modified in modified rites which have more than one animal. The sixth and seventh topics consider whether the expiatory rite which is to be performed when the fire which is brought out for the *agnihotra* should be performed on other occasions of its going out, and determines that it should not be. The eighth topic determines that the *mantra* for taking out the fire for the *agnihotra* should not be recited when the fire is taken out for the new- and full-moon sacrifices, even though the *agnihotra* will be performed in them. The ninth through the eleventh topics consider rites in which the offering substance is *caru* (a mass of boiled rice), and determine that in specific cases the substance in which the *caru* is prepared should undergo (1) the operations taught for the offering substance at the original rite, (2) the operations taught for the water with which the offering substance is prepared, or (3) both. The twelfth topic determines that when a particular *soma* draught is mixed with milk, the milk does not undergo the preparatory actions of an offering substance. The thirteenth topic considers the operation of two sentences at the *aśvamedha* rite, which teach the offering of animals to a deity, and the release of the animals after a certain subsidiary has been performed. It is determined that the second sentence merely enjoins the subsidiaries of the rite, and that the action taught in the first statement is not simply an action of touching, which would then allow the animal to be released. In the final topic, two statements similar to those in the thirteenth topic are quoted, and they are then followed by a third statement which says that the rite should be completed with ghee. Here the final sentence is interpreted as enjoining a separate rite.

Book Ten

The main topic of Book Ten is the blocking of items which would have been transferred from one rite to another. The first topic of the first chapter determines that in the absence of a special statement, when the purpose of an action has been lost, the action is not transferred. The second through fourth topics consider whether the commencement *iṣṭi*, which precedes the new- and full-moon sacrifices, should occur at its modifications when the latter occur as subsidiaries of the *soma* rite, as main rites in the *rājasūya* rite, and as the commencement *iṣṭi* itself. It is determined that it should not. In the fifth and sixth topics, it is determined that neither the post offering nor the stump offering, which serve to prepare the sacrificial post, are to occur at a modification of the *soma* rite in which the threshing-floor post serves as the post. In the seventh topic, it is determined that the fifth fore-sacrifice of the new- and full-moon sacrifices prepares deities of various offerings in the rite, and so the words for the main deities in its *mantra* are not recited at a modified rite. In the eighth topic, the deity at the ghee offering is considered to be subordinate to that offering, rather than the offering to be preparatory of the main deity of the new- and full-moon sacrifices, and so it is not blocked at a modified rite. The ninth topic considers whether the cake offering to Agni and Soma prepares the deity of the animal offering to the same deity, and determines that it does, and so the deity of the original is blocked at a modified rite. The final two topics consider the offering of *caru* (a mass of cooked rice), and determine that since the word "*caru*" means rice, and not a pot, actions such as grinding, which would have been transferred if it had meant a pot, are canceled.

The first seven topics in the second chapter consider whether certain actions from the new- and full-moon sacrifices are to apply by transfer at a desiderative *iṣṭi* for Prajāpati. At this rite an offering of *caru* is prepared with gold pieces, and it is given entirely to the *brahman* priest for eating. The items liable to transfer, which are discussed here, are the actions of cooking the *caru*, pouring an underlayer of ghee for it, eating it, the four separate actions of offering it and the four separate actions of eating it, and its division into portions for various priests with the declaration of its recipients. It should be cooked, eaten, offered four times, and eaten at four times, but the other actions are blocked. The eighth topic determines that because the fee at the *soma* rite is for the sake of hiring the priests, it is not transferred to the *sattra*, where the sacrificers are the priests. In the ninth topic, the action of drinking the *soma* by the priests is determined to serve as a disposal, and is not for the sake of hiring them, and so it occurs at a *sattra*. In the tenth and eleventh topics, the actions of choosing and hiring the priests are determined not to take place by transfer at a *sattra*. Topics twelve to fourteen consider the *pṛṣṭhaśamanīya*, which is a modification of the *soma* rite taught to occur after a *sattra*. It is determined not to be a subsidiary of the *sattra*, and so it has priests different from the sacrificer, to whom fees are given. The fifteenth topic determines that the sacrificer at a *sattra* also performs an *iṣṭi* which occurs in it, and that priests distinct from the sacrificers are not transferred to it. In the sixteenth topic, a particular fee is discussed, and it is determined to be for an unseen effect. Topics seventeen to twenty-two consider who are the agents and which items are transferred from the *soma* rite to the particular sacrifice enjoined to be performed for the bones of a sacrificer who happens to die during a *sattra*. In the first of these topics, it is denied that the bones are the agents, and the following five are argued hypothetically on the assumption that they are. Topics twenty-three to twenty-five consider a particular *soma* rite taught for someone who wishes to die, and who enters the fire during the rite. He instructs the priests to finish the rite for him. He gets the result, and it is determined that some transferred operations take place. The twenty-sixth topic determines that the gift of gold to a *brāhmaṇa* of the *gotra* of Atris, which occurs at the *soma* rite, is for the sake of an unseen effect, and so takes place at the *sattra* by transfer. In the twenty-seventh topic, it is determined that the fact that an implement which would be transferred from the new- and full-moon sacrifices to the purifying *iṣṭi* (*pavamāneṣṭi*), which assists the fire installation rite, does not yet exist does not block the actions which are normally performed with it. In the twenty-eighth topic, the number and the unit measure of volume of grain used at the original are considered as to whether either one operates at a modified rite, where a much greater volume is required, and it is determined that the number is transferred, but a larger unit of measure is used. In the twenty-ninth and thirtieth topics are considered instances where the goat, as the sacrificial animal, is either transferred or blocked at modified rites. In the thirty-first topic, it is determined that the sense of a statement at a particular *soma* rite is that the threshing-floor post is employed as the sacrificial post, even though this involves secondary signification in the word for post, and not vice versa, and that in a modified *iṣṭi* the ambiguous term *taṇḍula* (husked grain) need not mean rice grain in order to bring about preparatory actions. Topic thirty-two and thirty-three determine which actions taught for the sacrificial post apply to the threshing-floor post through transfer. The final topic considers operations which should apply by transfer at modified rites, but in a different order from that of the original.

The first topic of the third chapter considers whether the particular features taught for the subsidiary actions in modified rites supply the manner of performance for those rites, and therefore the other subsidiaries from the original rite are not applied. It is determined that they do not. In the second topic, the particular site where one of these features is to take place is determined. In he third topic, certain initially implausible features taught for modified rites are determined to be their subsidiaries, and not for the sake of an unseen effect. In the fourth and fifth topics, features taught for modified rites are considered to be combined with similar features which are transferred there, and not to block them. In topics six to ten, the special fees of a calf and a cloth for the *āgrayaṇa* rite are considered in regard to the rice-payment fee which is transferred there from the original rite. They are not to be combined with it, since their task is one and the same, and only certain of its features are transferred to them. Topics eleven to twenty deal mainly with the fee (*dakṣiṇā*) for the *soma* rite and its modifications. The first three of these establish that at the statement of the fee at the original rite, the number one hundred and twelve applies specifically to the cows, which are just one item in the list, and that the cows are divided unequally among the priests. In the fourteenth and fifteenth topics, the statements of a particular type of cow and of a cow qualified by the number one, block the entire fee, and the number one hundred and twelve, as applied to cows, respectively. In the sixteenth topic, the statement of a special purchase price for *soma* at a modified rite is considered to block the entire list of items in the original rite, not just the one most similar to it. Topics seventeen to twenty discuss statements taught in the *aśvamedha* and a modification of the *soma* rite whereby particular fees are given to particular recipients. These serve to block the other fees, either just for the recipient in question, or for all the priests, or they simply fix an option.

In the first topic of the fourth chapter, it is determined that certain items taught for modified rites should not block similar items which are taught in the original, but should be combined with them. The reason is that their tasks are not the same, since they are for the sake of unseen effects. The second topic considers cases where items in modified rites do block those from the original. In topics three to nine, a number of diverse instances are discussed where it is determined that items should be combined, rather than that the items transferred from the original rite should be blocked by the ones taught directly at the modification. Certain indications (*liṅgas*) that the new item fulfills the function of the original are considered and rejected. In topic ten, it is determined that in spite of the absence of a particular indication, certain *sāmans* (melodies) block others and are not combined. In topics eleven and twelve are presented further details of how and when *sāmans* are blocked. Topic thirteen considers the place where *stotras* which are to be enlarged have additional *sāmans* inserted into them. Topics fourteen to twenty consider which words for deities may be used in the *nigama mantras* of various rites.[6] In topic fourteen, it is determined that at the *nigamas* of the new- and full-moon sacrifices, the deities are to be referred to only by the word which is used in the injunction of the rite. Topics fifteen to twenty establish that that principle should apply at modified rites, in the absence of special statements to the contrary. In the twenty-first topic, it is determined that the last of the three after-sacrificers at the new- and full-moon sacrifices does not assist the rite directly, as do the first two, because the deity recited there is that of the *sviṣṭakṛt* offering. In the twenty-second topic, it is determined that the action of recitation is not a principal act (*arthakarman*), as is the action of praising. In the twenty-third topic, a special statement concerning the *manotā mantra* is interpreted so as to make it clear that that *mantra* is not modified at a modified rite. In topic twenty-four and twenty-five, it is determined that when a particular *sāman* is taught for a modified *soma* rite, it is to be sung on its own *yoni* verse and the two verses subsequent to it, not on the verses of the *sāman* from the original rite which it replaces. At the twenty-sixth topic, it is determined that the *stotras* and *śastras*[7] are not modified at a modified rite, because draughts for Agni are taught to occur there. In the final topic, it is considered whether the use of speckled ghee at a modified rite should cause a modification of the invitory *mantra*, and determined that the *mantra* should not be changed, since ghee remains the substance, even when it is speckled.

The first topic of the fifth chapter determines that when a smaller number of items such as cake pans are enjoined for a modified rite than are enjoined in the original, they are taken from the original starting with the first one taught there. The second and third topics concern the *stotras* sung at a particular modification of the *soma* rite, and determine that the reduced number of verses sung there are not in different meters, as is required in the original, and that in the case of the *dhūrgāna sāman*, they are to be repeated. The fourth topic determines that the arrangement of days in modifications of

6 These are *mantras* in which deities' names are inserted.

7 A *śastra* is a group of verses recited unsung.

the twelve-day rite, such as the two-day rite, follows the pattern of days starting with the second day of the twelve-day rite, and ending with the eleventh day. The fifth topic considers sets of *mantras* taught at the *agnicayana* rite, and determines that they can be freely selected from among groups of such *mantras*, not necessarily starting at the beginning. In the sixth and seventh topics, it is determined that *stomas*[8] are to be enlarged by the importation of *sāmans*, except when they are enlarged at the *bahiṣpava-māna- stotra*,[9] when only one *sāman* may be used, and new verses must be brought in. In the eighth topic, it is determined that the number of kindling verses must be increased by importing new ones, even though the first and last are subject to repetition in the original rite itself. Topics nine through fourteen concern the *ṣoḍaśin* draught. It is determined that it takes place at the original rite, and is not postponed, that it is drawn from the *āgrayaṇa* draught, that it is drawn either at the third pressing or at others too, that at the *agniṣṭoma* and the *ukthya* forms it is accompanied by *stotras* and *śastras*, but these do not in themselves produce distinct forms, that the statement teaching it for the second day of a particular two-day rite either limits its required performance at two-day rites to that rite or serves to praise the rite, and that it is performed just once in any *ahīna*.[10] In the fifteenth topic, it is considered whether the statement teaching that the *āgrayaṇa* draught should be drawn first, when the *pṛṣṭhastotra* is sung on the *jagat sāman*, should somehow apply to the *jyotiṣṭoma* by context, or at a rite in which a *sāman* is sung on a verse in the *jagatī* meter, and the latter is accepted. In the sixteenth topic, it is determined that when two *sāmans* are to be combined at the *pṛṣṭhastotra* of a particular *soma* rite, neither of the two statements which teach the introductory verse to be used for them in the original rite is to apply. Topics seventeen to twenty-two consider statements which make reference to and enjoin the precedence of particular *dhārā* draughts, namely, those drawn from a continuous stream of *soma* poured out at the first pressing of the *soma* rite. The precedence of the draught for Indra and Vāyu in this group has already been established, and so the draught does not precede earlier draughts. When other draughts are taught to be initial, in the event that certain desires are held, they are moved to a position preceding only the other *dhārā* draughts. When they are brought forward, so too are the actions of setting down the cups, but not the main action of making the

8 *Stomas* are specific numbers of verses sung at a rite or a part of a rite.

9 The *bahiṣpavamānastotra* is the first *stotra* sung at the morning pressing.

10 An *ahīna* is a *soma* rite lasting from two to twelve days, provided it is not a *sattra*.

offering. In the twenty-third topic, the triple array (*tryanīkā*) of the twelve-day rite is presented. This is the three groups of three days each in which certain draughts are drawn first. The appropriate first draughts are already taught for the second and third days of the rite, because they have particular *sāmans*. The statement concerning the triple array is to be transferred to modified rites even when those *sāmans* are absent. In the twenty-fourth topic, a variant arrangement of the twelve-day rite is discussed, and it is determined that it is not an original rite itself, but a modification of the other arrangement. The twenty-fifth topic discusses how the pattern of days in the triple array are to be transferred to the year-long rite. In the final topic, it is considered whether in the variant arrangement of the twelve-day rite the statement which teaches the inversion in the order of the names of the meters should bring about an inversion in the order of actions where the *mantras* which contain such names are recited, or where the meters are spoken of metaphorically. It is decided that it should not.

The first two topics of the sixth chapter concern the performance of *sāmans* at the *jyotiṣṭoma*, and determine that even though a *sāman* is studied on just one verse, it is performed on three, and that the *udgātṛ* priest is to keep his eyes shut only during the singing of the first verse. In the third topic, it is determined that when the six-day period in a year-long rite is enjoined as having two *sāmans*, these block the others which would have arrive by transfer from the twelve-day rite, but even though they are taught in a *dvandva* compound, they are not to be performed together. In the fourth topic, it is determined that on the basis of the statement teaching the killing of eleven animals on the introductory and final days of the twelve-day rite, five are killed on one and six on the other, not eleven at each. The fifth and sixth topics consider rites where various *sāmans* are taught to occur, and it is determined that in the absence of a special statement they occur as the *pṛṣṭha sāman*, i.e., the *sāman* of the first *pṛṣṭhastotra*. In the seventh topic, it is determined that the word "*trivṛt*" (a word elsewhere meaning, "three-fold") refers only to a group of nine verses. The eighth topic considers an instance where both of the *pṛṣṭhasāmans* are enjoined for a rite, and determines that they are to be combined. Topics nine to twelve consider the injunction to eat honey after completing the six-day period of the twelve day rite. At the original rite, this occurs after the day with the thirty-three-versed *stoma*, but when the six days are reversed in the year-long rite, it occurs after the day of the nine-versed *stoma*. When the *pṛṣṭhya* six-day period is repeated, the eating occurs only at the end, but when such periods are separated from each other by different periods, the eating occurs at the end of each. In the twelfth topic, it is determined that even when the twelve-day rite has the nature of a *sattra*, and all the sacrificers are initiated, the prohibition on eating honey for a celibate student does not block the injunction to eat it. The thirteenth topic determines that the *mānasa* draught is not a distinct rite, but a subsidiary of the tenth day of the twelve-day rite. Topics fourteen to sixteen considers *sattras*, and determines that their sacrificers are multiple, their priests are not different from their sacrificers, and that they have features which distinguish them from *ahīnas*. In topics seventeen and eighteen, the fee of animals specified for a particular eleven-day rite is discussed, and it is determined that it should be single, not repeated each day, and that just as at the twelve-day rite, it is divided and the animals are led forward day after day. The nineteenth topic determines that when it is stated that the verses of Manu are used as kindling verses in a particular rite, only fifteen such verses are recited, since that is how it takes place at the original rite. The final three topics consider the cloths which are used to measure out the *soma* and bring it down from the cart where it is kept at the time of pressing. At rites consisting of more than one day, separate clothes are needed for taking down the *soma*, and these need to be procured only at the times of those actions, even though the single cloth required for both actions at the original is procured when the *soma* is measured.

The first eight topics of the seventh chapter concern the animal rite. In the first two topics, it is determined that in spite of the fact that the animal sacrifice is taught by a statement which enjoins that an animal should be killed for Agni and Soma, it is the parts of the animal which are the offering substance, and these are just eleven, starting with the heart. In the third topic, it is considered whether the *sviṣṭakṛt* offering at the animal rite should be made from the heart etc., since it is made from the main offering substances at the original rite, and determined that on the basis of a special statement it should be made from other parts of the animal. The fourth and fifth topics consider statements which teach that certain body parts are offered to certain priests at the *iḍā*.[11] It is determined that these are not restrictions, because the parts in question would not otherwise be given to any priest. The sixth through eighth topics consider whether the *maitrāvaruṇa* and *pratiprasthātṛ* priests get to eat, and if so what they should eat. Even though the former is absent in the original rite, i.e., the new- and full-moon sacrifices, he does the actions of the *adhvaryu* and *hotṛ,* and so eats.

11 The *iḍā* is a rite in the new- and full-moon sacrifices at which a portion of the offering substance, also called the *iḍā*, is eaten

Nevertheless, he only gets a single portion. The *pratiprasthātṛ* cooks the omentum, but since there is no remainder of it, he does not eat. In traditions which allow him more tasks, he can eat. The ninth to eleventh topics determine that on the basis of the statement at the *gṛhamedhīya* rite enjoining two ghee portion sacrifices, which also occur at the original rite, the *gṛhamedhīya* is a new (*apūrva*) rite. Other subsidiaries known from the new- and full-moon sacrifices are performed there, but only on the basis of specific statements. Topics twelve to fifteen consider modifications where statements explicitly exclude operations taught in the original rite. At the *soma* rite, injunctions to conclude particular *iṣṭis* with particular actions are followed by sentences prohibiting actions which would have followed. The latter are considered not to imply an option of performing the non-prohibited items which follow in the original rite. Also, the particular site of an item which is taught to be final is identified, since it is subject to variation. In the fourteenth and fifteenth topics, the *upasad* rites and the *avabhṛtha* rite[12] at the *soma* sacrifice are identified as new on the basis of statements excluding some or all of the fore- and after-sacrifices which are performed at the original. In the sixteenth topic, special statements at modified rites regarding a *sāman*, the source material for a cake, and the type of wood for a post, teach a restriction which blocks the option permitted at the original rites. In the seventeenth topic, it is considered whether the deity and substance taught at a modified rite can be combined with or be optional with those transferred from the original. They cannot, since the deity or substance which is taught there puts an end to expectancy, but other subsidiaries are obtained by transfer. In the eighteenth topic, it is determined that at a modification of the animal rite, the post of one type of wood, directly taught, should not be combined with one transferred from the original, even though the animal could be tied to both, but that it should block it. In the nineteenth topic, it is considered whether at a modified rite where the use of white rice is specified, the option of rice or barley, which is understood at the original, still applies, and it is determined that it does not. In the final topic, it is considered whether at the animal rite the injunction to cut the omentum into five applies only to the omentum, or, in order to avoid a qualified reference, to all the offering substances starting with the heart. The latter view is accepted.

The first seven topics of the eighth chapter concern statements which prohibit actions and items which, for various reasons, would appear at cer-

12 The *upasad* rites are performed on the *upasad* days, which precede the pressing day at the *jyotiṣṭoma*. The *avabhṛtha* is one of the concluding rites at the *jyotiṣṭoma*.

tain rites. In the first topic, statements denying that the ancestors should be named or the *hotṛ* chosen at a modified rite is interpreted as enjoining subsidiaries other than these, which are liable to be transferred from the original rite. In the second topic, a prohibition cannot be understood in a similar way, since the prohibited item has not been obtained, and so it is taken as an *arthavāda*. In the third topic, an injunction and a prohibition have exactly the same range, and so the prohibition brings about an option. In the fourth topic, groats made from certain plants are taught as an offering substance for the *agnihotra*, but these are termed "non-offerings". It is determined that this does not teach an option, but praises the offering of milk. In the fifth topic, passages which suggest an option are determined on the basis of the remaining portions of the injunctive sentences to enjoin the action, and other sentences are recognized as offering praise. In the sixth topic, it is considered whether a particular statement praises an action or prohibits it, thus creating an option, and the latter view is accepted. In the seventh topic, it is determined that a prohibition of an action does not create an option, since the action is for the sake of the person and the prohibition is for the sake of the rite. In the eighth topic, it is determined that there is no option between a general statement and a specific statement, since the former would apply in specific circumstances only through secondary signification. In the ninth topic, it is considered whether the statement of a particular number of kindling verses at a modified rite establishes that it is a new rite, since that number could be understood from an independent statement, and it is determined that the independent statement does not function in a way that would make that possible. Instead, the injunction of the particular number in the independent statement is delimited in its application by this statement. In the tenth topic, it is denied that in the case of a statement which enjoins the use of either the word "*vaṣaṭ*" or the word "*svāhā*", when food is offered to a deity, there is delimitation to particular *mantras* used at *darvihomas* (ladle offerings). In the eleventh topic, it is denied that the injunction to perform a subsidiary item at various modified rites excludes its performance elsewhere. Instead, the injunction enables other particular features to occur there for the sake of particular results, since otherwise these could only be performed at the original rite. In the twelfth topic, it is considered whether the cake offering should be cut four times, on the basis of the statement which enjoins the offering of a substance which has been cut four times. It is determined that it should not be, since the statement only enjoins the action of offering, and the number four mentioned above is obtained from other statements, and is produced through the underlayer and overlayer of ghee, together with two cuttings from the cake. The thirteenth topic is argued hypothetically, on the assumption that the number four is taught as a subsidiary, and considers how it is accounted for in the *upāṃśu* (whispered) sacrifice,[13] in which ghee alone is offered. In the fourteenth topic, a number of interpretations are suggested for the statement that for one who has not performed the *soma* sacrifice one should offer two cakes at the new- and full-moon sacrifices, including a proposal that the cake for Indra and Agni is optional with the *sānnāyya* before the *soma* sacrifice, but cannot be offered later. The final view is that it merely forms a single sentence with the statement that *sānnāyya* should be offered for one who has performed a *soma* sacrifice. Topic fifteen to nineteen consider the *upāṃśu* (whispered) offering at the new- and full-moon sacrifices. The first of these topics determines that ghee is the offering substance, the second and third determine its optional deities, and the final two determine that it is performed at the full-moon sacrifice after the cake offering for Agni.

Book Eleven

The main topic of Book Eleven is *tantra*, which Mahādeva defines at the beginning of Book Twelve as a single performance made with reference to many items. The first topic of the first chapter considers whether the six main offerings of the new- and full-moon sacrifices are connected with the result separately or as a group, and determines that the latter is correct. In the second and third topics, it is determined that the various subsidiaries of the new- and full-moon sacrifices produce only a single assistance, but that they must still all be performed. In the fourth topic, it is determined that although subsidiaries are performed only once on the basis of the injunction of performance, a desiderative rite should be performed as often as a particular desire arises. In the fifth and sixth topics, the action of pounding grain is considered either to be repeated or not, depending on whether it is for a visible or an unseen purpose. In the seventh topic, it is determined that the entire rite, not just a subsidiary, should be repeated when an abundant result is desired from the sacrifice. In the eighth and ninth topics, certain subsidiary items stated in the plural are considered. In one instance, which involves killing birds, the number three is accepted, in as much as it is the lowest plural number, whereas in the second, which deals with cows to be milked, there are reasons for assuming that the plural means all. The tenth

13 This is performed at the new- and full-moon sacrifices.

topic considers whether the subsidiaries taught for the new- and full-moon sacrifices, which have six main offerings, should be performed separately for each main offering, and it is decided that because their place, time, and agents are the same, they apply through *tantra*. In the final topic, a desiderative animal rite is considered in which two black-necked animals are offered to Agni. They are not performed through *tantra*, i.e., with a single performance, because a separate offering to Soma is taught to occur between them, and so they cannot be performed at the same time.

The first topic of the second chapter considers whether the time, place, and agent taught for the new- and full-moon sacrifices should be connected with the productive force at the originative injunctions of the six main rites in such a way that these items would not all have to be performed at the same time etc. A related question is whether the subsidiary actions could likewise be performed at distinct times etc. The conclusion is that since time etc. are connected with the main rites only after these together have all been connected with the result, they apply to them together, and since they are connected to the main rites when these are accompanied by their subsidiaries, the latter do not apply at distinct times. In the second topic, it is established that the subsidiaries for all six main offerings at the new- and full-moon sacrifices do not operate by *tantra*, because separate performances of the two triads has been taught. The third topic concerns a desiderative *iṣṭi* in which nine offerings are distributed in three groups of three, the groups to be performed at the three pressings of the *soma* rite. A particular statement which teaches that the offerings occur before speech is uttered, i.e., early in the morning, is considered to apply only to the three morning offerings, not to the others too, and so there is no *tantra* for the subsidiaries of the nine. Topics four and five concern the offering of fat, which applies through *tantra* when seventeen animals are offered to Prajāpati, but is repeated at rites where animals are offered to distinct deities. In the sixth topic, the post offering applies by *tantra* at the rites which have eleven posts. In the seventh topic, the statement to perform the *avabhṛtha* in water is determined to mean that all the subsidiaries are also performed in water, since the rite is enjoined with a word in the instrumental case. The eighth through the tenth topics consider the *varuṇapraghāsa* rites, where the *āhavanīya* fire is divided and placed on two *vihāras*.[14] It is determined that because one of the nine offer-

14 The *varuṇapraghāsa* rites are performed at the second *parvan* in the *cāturmāsya* sacrifices. The term "*vihāra*" generally denotes the sacificial enclosure, but here is used to refer to the two *vedis* (altars) which are prepared for the *varuṇapraghāsa*.

ings is offered on one, and eight on the other, the subsidiaries do not apply by *tantra*. The *pratiprasthātṛ* priest and the *adhvaryu* priest are each fixed to one of the *vihāras*, but there are not distinct sets of the other priests. A particular subsidiary which takes place elsewhere, at the *gārhapatya* fire, must be performed separately by the *pratiprasthātṛ* and the *adhvaryu*. The eleventh and twelfth topics both consider animal rites where animals are taught to be released and are taught to be killed. In the first of these, the statement to kill the animals does not teach a distinct rite, but merely a postponement of the killing which has been obtained. In the second, on the basis of certain other features taught, the injunction to kill the animals is recognized as teaching a distinct rite. In the thirteenth topic, it is considered whether the injunction to buy *soma* at the same time for two *soma* rites which occur in the *rājasūya* rite brings about *tantra* of the subsidiaries of these rites. It is determined on the basis of another sentence that it does not, and that the statement only enjoins the "purchase" in the secondary sense of agreeing to the price. In the fourteenth topic, it is considered whether at the *cāturmāsya* sacrifices the injunction to perform an action having the same name as a subsidiary in the *soma* rite with the scrapings of an offering constitutes a prolongation of the offering through secondary signification, or a distinct rite which has the features of that subsidiary, and it is determined that the latter is correct. A consequence is that the *sviṣṭakṛt* offering, which serves as a disposal, needs to be repeated. In the final topic, the injunction to perform a concluding rite of the *jyotiṣṭoma* in the scrapings of an initial rite is considered not to teach a distinct act, but to enjoin a preparation of the concluding act. Consequently the *sviṣṭakṛt* is not repeated.

The first topic of the third chapter determines that on the basis of special statements, the subsidiaries of a rite can be performed at times and places other than those of the main item. In the second topic, it is determined that even though the fire installation rite is a subsidiary of all rites, because it is for the purpose of all rites and has its own time, it applies by *tantra*. In topics three to five it is determined that in regard to the three animal rites at the *jyotiṣṭoma*, the post and its subsidiaries, such as the action of fashioning it, apply by *tantra*, as does the *svaru* chip which is cut from the post and used for anointing the animals. The sixth topic considers whether the animal horn which is used for scratching and is thrown away at the midday pressing of the *jyotiṣṭoma* should be thrown away on the first or last day at the two-day rite etc. In the *jyotiṣṭoma* the sacrificer scratches with his hand after the horn is thrown away, but this is not the result of an injunction. Consequently, the horn should be kept and used for all pre-midday scratching, and it should also be used for post-midday scratching, except on the final day. The seventh topic considers the injunctions at the new- and full-moon sacrifices to restrain speech when the *praṇītā* water[15] is about to be brought forward and then release it when the *haviṣkṛt* (preparer of the offering) is called. It is determined that the injunction to release speech forms a single sentence with the injunction to restrain it, and so at the "various seeds" *iṣṭis* at the *rājasūya* rite, speech is released only at the final *iṣṭi*. The eighth topic argues hypothetically that if the *haviṣkṛt* is called at the animal rite, then even though the release of speech would be effected for the cake offering of the animal rite through *prasaṅga*, this would in fact not happen because *tantra* and *prasaṅga* operate for subsidiaries which assist directly, while the restraint of speech serves to concentrate the mind and so operates indirectly. In the ninth topic, it is considered whether the action of unharnessing Agni at the fire-piling rite should occur after just the main rite or after the main rite with its subsidiaries. On the basis of a special statement, Śabara claims that it occurs only at the end of the main rite. The *Vārttika* interprets the sense of the statement otherwise, and refers to the injunction to unharness Agni every day at the twelve-day rite, which makes sense on the assumption that it would otherwise be done only at the conclusion of all twelve days, and so reaches the opposite conclusion. The tenth and eleventh topics consider the actions of calling the *subrahmaṇyā*, a *mantra* used to invite Indra to the *soma* rite, and determines that the calling which is to be performed at the longer *soma* rites at the time of the *upasad* rites, which precede the pressing days, applies by *tantra*, but that which is to occur at the time of the pressing should be repeated. In the twelfth topic, it is determined that the place where a rite is performed and the priests who perform it may be employed again. The thirteenth and fourteenth topics determine that the sacrificer should not give up his vessels and take new ones, since his vessels must be burned with him at his death, and that he should keep them from the time of the purifying *iṣṭis* at the fire installation rite. The fifteenth topic concerns the injunction at the *vājapeya* rite to perform the animal rites for Prajāpati after the *soma* draughts. Various times for these performances are proposed, and after a denial that they should occur at when additional *stotras* are sung at modifications of the *agniṣṭoma* rite, on the basis of analogy, it is accepted that they apply after all the *soma* draughts in the original rite and its modifications. The final topic considers the circumstances at the

15 This is water used for preparing the cakes and cleaning the implements at the new- and full-moon sacrifices.

jyotiṣṭoma where the after-sacrifices for the animal rite are pushed back after the final *śastra*, thereby pushing back the *sūktavāka*, a subsidiary which follows it. *Prasaṅga* operates for the cake offering at the animal rite. Its deities are not a subsidiary of the animal rite, but still it is determined that the words that denote them should be pushed back, since they lack syntactic connection in the absence of the sentence which is pushed back.

The first topic of the fourth chapter considers whether the two triads of rites at the *rājasūya* should apply by *tantra*, since they are not taught to occur at different times, and it is determined that since distinct fees are taught for them, the agents are distinct, and therefore there can be no *tantra*. In the second topic, it is determined that at the *rājasūya* the individuals who serve as the agents, i.e., the priests, are to be the same for the entire rite. In the third topic, it is determined that at the *rājasūya*, the *aveṣṭi* rite, which contains five offering substances, is not performed through *tantra*, since there are distinct fees, and the statement which suggests that the performance is just one is to be understood as applying to the *aveṣṭi* which is performed outside the *rājasūya*. The fourth topic determines that *tantra* applies for the three purifying *iṣṭis* at the fire installation rite, except when there is a desiderative performance, in which case *tantra* applies to just two of them on the basis of a special statement. At the fifth topic, it is determined that at the twelve-day rite the statement that there are twelve initiation days and twelve *upasad* days does not mean that each of the twelve day rites requires twenty-five days, but that the entire twelve-day rite is performed in thirty-six days. In the sixth topic, it is considered whether, on the basis of the twelve-day rite being a single performance, subsidiaries such as the *savanīya* animal rites are performed by *tantra*, and it is determined that since they occur at the distinct times of the main items, i.e., the pressing days, there is no *tantra*. In the seventh topic, it is considered whether the calling of the *subrahmaṇyā* at the *upasad* rites of the *jyotiṣṭoma*, where the offering is announced as occurring in so many days, should be altered in the twelve-day rite, when twelve days of *upasads* precede the first pressing day, and it is determined that it should not be, since it enjoins nothing unknown even at the *jyotiṣṭoma*, and so applies by *tantra*. Topics eight to ten consider the cooking of animal parts at rites with multiple animals, and determine that *tantra* applies, since the parts can be cooked together in large pots etc. If the deities are different, the parts can be marked and the fat can be cooked together and then divided, but if the animal species are different, distinct cooking is required. In the eleventh topic, it is determined that at a rite requiring a very large number of cakes cooked on four pans, the cooking cannot be done by *tantra* on long pans, since the cakes must each be cooked on all the pans. Topic twelve considers the recitation of the *mantra* which accompanies the beating of grain at the new- and full-moon sacrifices, and concludes that since it is a subsidiary of the productive force, which has husked grains as its result, it is not repeated with each stroke. In topic thirteen, it is determined that this *mantra* is repeated at the "various seeds" *iṣṭis*, when distinct seeds receive distinct beatings. Topic fourteen determines that at the actions of pouring grains, cutting and strewing grass, and ladling ghee, the accompanying *mantras* are repeated, because the substances to which these actions are directed are continually different. Topic fifteen determines that the injunction to sprinkle the *vedi* (altar) three times and to recite an accompanying *mantra* does not require that the *mantra* should be repeated three times. In the sixteenth topic, it is determined that the *mantra* which accompanies the action of scratching does not need to be repeated when various body parts are scratched, but should be repeated at distinct times of scratching. Topics seventeen and eighteen determine that the *mantras* which are to be recited when someone initiated for the *soma* rite sleeps, crosses a stream, gets wet from rain, sees an impurity, and leaves, are not repeated when these items are interrupted. Topic nineteen determines that the *mantra* which accompanies the action of digging the sounding holes at the *jyotiṣṭoma* should be repeated at each of the four holes, in spite of the *mantra* referring to the holes in the plural. In the twentieth topic, the recitation of *mantras* (1) for the *savanīya* cakes at the three pressings of the *jyotiṣṭoma*, (2) for the rites of the animals for the rite and the animals for Prajāpati at the *vājapeya*, and (3) for the two rites of black-necked animals for Agni at a desiderative animal rite, are considered, and it is determined that they do not apply by *tantra*, since *mantras* serve to manifest items, and making something manifest at one time is not useful for a performance at another. In the cases cited here, the times are distinct.

Book Twelve

The main topic of Book Twelve is *prasaṅga*, which is defined in the first topic of the first chapter as, "assistance for one thing by means of subsidiaries performed for the sake of another". Since the cake offering for the animal rite is performed within the *tantra* (system or framework) of the animal rite, the subsidiaries which assist the latter serve to assist the former. In the second topic, it is determined that when particular actions are not performed in the animal rite, they must still be performed for the cake offering, since their assistance would not otherwise be obtained. In the third topic, it is considered whether the *vedi* (altar) taught for the *iṣṭi* should be constructed at the *soma* rite, and it is determined that it should not be, because the action of setting down the offering substances can be performed on the *mahāvedi* (large *vedi*) of the *soma* rite. In the fourth topic, it is determined that after the cups and *camasas* (drinking vessels) of the *soma* rite are set down, they should not be used for the tasks of the ladles etc. taught in the *iṣṭi*, since these are enjoined for offerings and they are present. In the fifth topic, it is determined that even though the cake for the animal rite falls within the *tantra* of the animal rite, it is not cooked in the fire used for the animal, but in the fire which is recognized as the *gārhapatya*, the fire where it is cooked in the original rite. In the sixth topic, the site of the cooking for the special *agnihotra* rite which is performed for a month during a year-long *soma* rite is discussed, and it is determined that it is cooked in the main *gārhapatya*, based on the word "*agnihotra*", which transfers features from the obligatory *agnihotra*, and not in the fire which is considered to have become the *gārhapatya* starting from a certain point in the rite. At the seventh topic, it is determined that the grains for the cakes offered at the *soma* rite are not poured into the carts which hold the *soma*, on the basis of their different locations and a special statement. In the eighth topic, it is considered whether the action of staying awake at the initiation of the *soma* rite assists all the *iṣṭis* there, and it is determined that because its purpose is diligence, it should be repeated. In the ninth topic, it is determined that the *mantra* which is recited at the *varuṇapraghāsa* rites at the *caturmāsya* sacrifices, when two sacrificial enclosures are created and distinct priests operate at each, should be repeated by each priest, in order to bring about the proper action of remembering. In the tenth topic, it is determined that the action of adding fuel need not be done at the *iṣṭis* in the *soma* rite, because its function is served by the action of setting out the fire (*viharaṇa*) for the *soma* rite. Likewise in the eleventh topic it is determined that at the *soma* fire the vow to complete the rite need not be repeated for each *iṣṭi*. In the twelfth topic are discussed the implications for the *soma* rite of the statement at the new- and full-moon sacrifices that the addition of fuel leads to the acquisition of deities. It is denied that the fuel should be added at the *prāyaṇīya* and other *iṣṭis,* since the reference to the acquisition of deities is *arthavāda*. In the thirteenth and fourteenth topics, the action of tying the sacrificer's wife and practicing a particular dietary vow at the *soma* rite eliminates the need for such actions to be transferred from the original rite to the *iṣṭis* of the *soma* rite. In the fifteenth topic, by contrast, the sacrificer's action of eating the remainders must be performed, since they are for the sake of disposal. In the sixteenth topic, it is determined that the fees for the *soma* rite serve to hire the priests, and so no fees for the *iṣṭis* in it need to be given. By contrast, in the seventeenth topic it is determined that the priests' actions of eating the remainders are for disposal, and so should be repeated. In the eighteenth topic, the choosing of the *hotṛ* for the *soma* rite is considered not to eliminate the need to choose him at the *iṣṭis*, since the choosing is for the sake of an unseen effect. In the nineteenth topic, it is considered whether in reference to the same grass which is used at three distinct rites in the *soma* rite actions such as sprinkling it should be repeated, even though the times are distinct and none of the rites are taught as occurring within the *tantra* of the others. It is determined that since the grass is one, they should not be. By contrast, in the twentieth topic it is determined that the action of strewing must be repeated, since the places are different. In the twenty-first topic, it is determined that the *mantras* recited at the new- and full-moon sacrifices when the grass is tied and brought from the site of cutting do not apply at a particular *iṣṭi* in the *soma* rite, where the grass is brought from elsewhere.

The first topic of the second chapter determines that only *vedic* rites should be performed in the fires enjoined in the *veda*, and not rites taught in *smṛti* texts as well. The second topic considers whether the cake for the animal rite should be offered at the *savanīya* animal rite, since both it and also the *savanīya* cake offerings are taught for the purpose of removing the hole created by the removal of the omentum. It is determined that because the cake for the animal rite prepares the deity, and the statement about covering the hole is *arthavāda*, it needs to be offered. The third and fourth topics are based on the hypothesis that the *haviṣkṛt* (preparer of the offering) is called at the animal rite. It that were so, the *haviṣkṛt* would not need to be called at the cake offering for the animal rite, and at the offering of *caru* to Soma, which occurs after the animal is cooked, the *haviṣkṛt* would still be present, and so would not need to be called again. In the fifth topic, it is determined that on the basis of implication (*arthāt*), a desiderative *iṣṭi* which is taught to occur at the time of the new-moon operates by the *prasaṅga* of the new- and full-moon sacrifices, even though it is not a subsidiary. In the sixth topic, it is considered whether the commencement *iṣṭi*, which is performed when a sacrificer begins the new- and full-moon sacrifices, and is not repeated for any subsequent performance of them, should be performed at a modification of the new- and full-moon sacrifices, and it is determined that since it does not assist at any rite other than the new- and full-moon sacrifices, it should be performed. The seventh topic considers the question of which deity the *subrahmaṇyā mantra* is directed to in a fifteen-day rite where *tantra* operates. The first day rite has the *subrahmaṇyā* to Agni, but all the others have it to Indra, and so to oblige them, it is directed to Indra. An alternative interpretation considers a set of desiderative *iṣṭis* in order to determine whether the *mantras*, which operate by *tantra*, are those of the new- or the full-moon sacrifice. On the basis of the majority of *iṣṭis* being modifications of the full-moon sacrifice, the *mantras* from it are used. In the eighth topic, a rite is considered in which there is one modification of the new-moon sacrifice and one of the full-moon sacrifice, but since the initial one is a modification of the new-moon sacrifices, it is the *mantras* of that rite which apply by *tantra*. The ninth topic considers the statement which enjoins the new- and full-moon days as the times for the *iṣṭi*, the animal rite, and the *soma* rite, and asks whether an *iṣṭi* which occurs in the *soma* rite should occur on the new- or full-moon days, and not the main *soma* rite itself, since the *iṣṭi* is mentioned first in the list. It is determined that the *soma* rite should be performed then, because of its predominance. The tenth and eleventh topics consider the injunction to tie the animal to the enclosing stick[16] at a particular rite, and determines that in addition to the actions taught for the enclosing stick, the actions directed to the post should apply to it as well, except for those which would destroy its condition of being an enclosing stick. The twelfth topic considers the relation of the *savanīya* animal rite and the morning *savanīya* cake, and determines that even if the relative order of their commencement is not known, on the basis of the statement of a modification of a *mantra* transferred to the animal rite, and the fact that the animal rite concludes after the cake rite, the animal rite provides the *tantra* for the cake rite. The thirteenth topic considers whether the new- and full-moon sacrifices provide the *tantra* for a desiderative rite, or vice versa, on the hypothetical assumption that the injunction to perform the *iṣṭi*, the animal rite, and the *soma* rite on the new- or full-moon day applies to the new- and full-moon sacrifices. It is determined that the desiderative rite provides the *tantra*, on the basis of the particular items taught for it. The final two topics consider the transferred injunction to use blossomed grass at one of three offerings of the *āgrayaṇa* rite. It is determined that even though the other two rites there do not require blossomed grass, it should be used to oblige the one which does. However, because its use is based on transfer, it does imply the operation of *tantra* for the other rites.

16 The enclosing sticks are placed aroung the *āhavanīya* fire.

The first topic of the third chapter considers whether at the eight-day rite the sacrificer wears the calf hide, which would be transferred to the first day, or the cloth, which would be transferred to the remaining seven. It is determined that since they serve different purposes when worn, they are to be combined. In the second topic, it is determined that at the fire-piling rite, when the eight *devasū* offerings are performed after the cake offering for the animal rite for Agni and Soma, they are subject to its *tantra*, even thought they are more numerous. In the third topic, the features of sprinkling ghee at the new- and full-moon sacrifices are determined as being combined, because their unseen effects differ, and because there is no mutual conflict if they are performed together. The fourth topic determines that the injunctions to use barley and rice as offering substances are optional, because they have the same visible purpose, and if they were combined, their condition of being means which requires nothing else would be blocked. In the fifth and sixth topics, various expiatory rites are determined to be optional with each other when a fault is to be removed, but to be combined when there is a combination of their various causes. In the seventh topic, it is determined that the prohibition of the study of *mantras* which operates on certain occurrences should not operate during performances where the *mantras* are to be recited. Topics eight and nine consider whether *mantras* are to be recited with the distinctive accent used in *brāhmaṇa* texts, and determine that they are instead to be recited with the accent with which they have been taught. If they are not taught outside the *brāhmaṇa*, they are recited with the accent of the *brāhmaṇa*. Topic ten determines that *mantras* which are instrumental, in the sense that they remind one of what to do, should be recited before the action which they accompany. Topics eleven and twelve determine that this principle also applies at rites where, on the basis of special statements, one might suppose that the recitation of *mantras* should be simultaneous with the action. Topics thirteen to sixteen all deal with rites where certain *mantras* are either optional with each other, or are to be combined. The first of these considers whether two *mantras* with the same purpose are to be combined, since there is nothing to indicate that they do not expect anything else, but that is denied, since the action would not directly follow the first *mantra*, and when the purpose is fulfilled by the first *mantra*, there is no expectancy for the second. In the fourteenth topic, four *mantras* are combined at an action on the basis of the statement which enjoins the number. The fifteenth topic considers a *brāhmaṇa* which enjoins two *mantras*, and determines that since they have the same purpose and would therefore constitute a single *mantra*, the two injunctions to recite them establish that they are optional. The sixteenth topic determines that when the post is raised by the *adhvaryu* at the animal rite, distinct *mantras* which are to be recited by distinct priests are to be combined, since different manners of remembering are thereby brought about. Also, the combination of many *mantras* is accepted, since the action of raising the post takes a long time.

The first topic of the fourth chapter considers whether there is an option among the various *mantras* used for *japa* (the action of muttering *mantras*), praise, and wishes, since their purposes are the same, and it is determined that because they make manifest a meaning which does not inhere, and so are for the sake of an unseen effect, they must be combined. In the second topic, it is determined that there is an option between two pairs of invitory and offering verses which are taught at a desiderative *iṣṭi*. The third topic considers whether the various purchase prices taught for the *soma* should be optional, and it is determined that they should be combined, since they are taught as distinct acts, and the individual fistfuls of *soma* can be thought of as purchased by distinct actions. In the ninth topic, it is considered whether the injunction at the animal rite to sacrifice with the anus is a main act, in which case at a group of animal rites the sacrifice could be done with one anus, or a disposal, in which case it would have to apply to all the anuses. It is determined that the second view is correct. In the fifth topic, it is determined that at the installation rite the fees, which are numbers of cows, should not be combined, since the resulting number would block the enjoined numbers. In the sixth topic, the injunction to perform particular rites at the animal sacrifice with the tail is determined not to be a disposal, since at the original rite, i.e., the new- and full-moon sacrifices, the tail is optional with ghee, and so at a group of animal rites any one tail may be used. Topics seven to ten discuss the fire kept in the fire pot (*ukhā*) at the fire-piling rite. The first of these determine that the obligatory fire, which is put in the pot from the *āhavanīya* fire, and in which the offering is made, is not combined with a desiderative fire, which is taken from a burning tree top and placed in the pot, since the offering can be made with the desiderative fire, and so the obligatory fire is blocked. The eighth and ninth topics determine that the desiderative fire should not be treated like the *āhavanīya* on the basis of an etymology which connects them, and that because the preparations cannot be performed for it, they are not performed. In the tenth topic, it is considered whether the prohibition of maintaining the obligatory fire implies its injunction and therefore teaches an option, and it is determined that since the injunction of maintenance has been obtained by transfer, the prohibition prohibits it. The eleventh topic determines that since certain actions at the twelve-day rite, where there may be many sacrificers, are accomplished when they are done by just one sacrificer, they should be done by only one sacrificer. The twelfth and thirteenth topics determine that at an *ahīna* such actions may be done by any sacrificer, but that at a *sattra*, they should be done only by the *gṛhapati* ("lord of the house"), since the others are doing priestly tasks. In the fourteenth topic, it is determined that in spite of the *gṛhapati* having a special name and a greater amount of the result, the preparations should apply to all the sacrificers, since no result comes for anyone if all who are to receive it have not received preparations. In the fifteenth topic, it is considered whether at a *sattra*, when a certain action enjoined for a priest, and another enjoined for the sacrificer, are both to be done, it is the latter which one should do, on the basis of transfer. It is determined that it is the action of the priest which is predominant, and that the action of the sacrificer serves to prepare the agent, who is a subsidiary. Also, the *gṛhapati* alone can perform the actions of the sacrificer, and therefore the rite will not suffer. The final topic determines that when *brāhmaṇas* have been obtained, the injunctions to perform rites do not imply the office of priest for *kṣatriyas* and *vaiśyas*.

Quotations in the MNS

aktāḥ śarkarā upadadhāti 1.4.19; (aktāḥ śarkarāḥ) 1.1.1
akṣitam asy acyutam asi prāṇasaṃśitam asi 2.1.10–12
akṣair dīvyati 4.4.1; 5.2.10
akhaṇḍām akṛṣṇāṃ kuryāt 3.6.12
aganma suvaḥ suvar aganma 9.1.3; (aganma suvaḥ) 6.1.6
agnaye kāmāyā 'ṣṭākapālaṃ nirvapati 10.2.15
agnaye kṛttikābhyaḥ 5.2.9
agnaye gṛhapataye puroḍāśam aṣṭākapālaṃ nirvapati kṛṣṇānāṃ vrīhīṇāṃ somāya vanaspataye śyāmākaṃ carum 5.2.7
agnaye juṣṭaṃ nirvapāmi 3.4.21; 9.1.13 (reference rather than direct quote); (agnaye juṣṭam) 9.1.1; 9.3.1. This is the final portion of the quote starting devasya tvā.
agnaye dātre puroḍāśam aṣṭākapālaṃ nirvaped indrāya pradātre puroḍāśam ekādaśakapālaṃ dadhi madhu ghṛtam āpo dhānās tatsaṃsṛṣṭaṃ prājāpatyaṃ paśukāmaḥ 12.2.7
agnaye 'nīkavate prātar aṣṭākapālaṃ nirvapet, marudbhyaḥ sāntapanebhyo madhyaṃdine caruṃ marudbhyo gṛhamedhibhyaḥ sarvāsāṃ dugdhe sāyaṃ carum 5.1.11
agnaye pathikṛte puroḍāśam aṣṭākapālaṃ nirvapet 12.3.5
agnaye pavamānāyā 'ṣṭākapālaṃ nirvaped agnaye pāvakāyā 'gnaye śucaye 11.4.4; (agnaye pāvakāya) 10.4.16
agnaye pāvakāya (see agnaye pavamānāyā 'ṣṭākapālaṃ...)
agnaye rakṣoghne puroḍāśam aṣṭākapālaṃ nirvaped yo rakṣobhyo bibhiyāt 12.2.5
agnaye svāhā kṛttikābhyaḥ svāhā ambāyai svāhā dulāyai svāhā 10.4.1 (this overlaps so 'tra...)
agnaye sviṣṭakṛte 'vadyati 10.7.10
agnā3i patnīvan sajūr devena tvaṣṭrā somaṃ piba svāhā 3.2.14
agnāviṣṇū mā vām avakramiṣam vijihāthāṃ mā mā saṃtāptam 3.8.15
agniṃ yajati 10.4.20
agniṃ yunajmi śavasā ghṛtene 'ti juhoty agnim eva tad yunakti 11.3.9
agniṃ stomena vardhaya 10.4.17
agniṃ sviṣṭakṛtaṃ yajati 10.4.18
agnicid varṣati na dhāvet 5.3.10
agnim agna āvaha 10.1.8
agnim upanidhāya stuvīta 7.3.12
agnir idaṃ havir ajuṣata 9.1.4
agnir mūrdhā 12.4.1
agnir vai brāhmaṇaḥ 1.4.13; 1.4.14
agniṣṭomam agre jyotiṣṭomam āharati 10.1.3
agnihotraṃ juhoti 1.4.4; 2.2.2; 2.2.5; 5.1.2; 5.4.1
agnīd agnīn vihara (see bahiṣpavamāne stute āha...; uttiṣṭhann anvāha...)
agnīdhe dadāti 3.7.17
agnīdhe srucau pradāya 3.5.2
agnīvaruṇau sviṣṭakṛtau yajati 10.4.19
agnīṣomāv idaṃ havir ajuṣetāṃ indrāgnī idaṃ havir ajuṣetām 3.3.9
agnīṣomīyapaśupuroḍāśam anu devasuvāṃ havīṃṣi nirvapati 12.3.2
agnīṣomīyaṃ paśum ālabheta 2.2.6; 6.8.9; (agnīṣomīyaṃ paśum) 10.4.18; 10.7.1
agnīṣomīyasya vapayā pracaryā 'gnīṣomīyam ekādaśakapālaṃ nirvapati 10.1.9
agneḥ priyā dhāmāni 10.4.14
agner aham ujjitim anū 'jjeṣam 9.1.3; (agner aham ujjitim) 10.4.14
agner ṛgvedaḥ 3.3.1
agravanty udagagrāṇi 3.4.4
aṅgaguṇavirodhe ca tādarthyāt 1.3.4
ajo 'gnīṣomīyaḥ 1.4.2; 6.8.9

añjanādiparivyāṇāntaṃ yajamāno yūpaṃ nā ’vasṛjet 5.2.5
aṇvyā dhārayā gṛhṇāti 2.2.6
atijagatīṣu stuvanti 9.2.5
atirātre ṣoḍaśinaṃ gṛhṇāti nā ’tirātre ṣoḍaśinaṃ gṛhṇāti 10.8.3
atirātre sārasvatīṃ meṣīm 9.1.17
atihāye ’ḍo barhiḥ prati samānayate juhvām aupabhṛtam 4.1.15
atra hy evā ’vapanti (see trīṇi ha vai yajñasyo ’darāṇi...)
atha kasmād vājapeye sarve yajñakratavo ’varudhyanta iti paśubhir iti brūyād āgneyaṃ paśum ālabhate ’gniṣṭomam etenā ’varundhe 10.4.4
atha pratipadyate ilo ’pahūta 9.1.14
atha yad yat pariśiṣyate tat tat samavattadhānyām ānayati hṛdayaṃ jihvāṃ vakṣaḥ 10.7.4
athā ’to ’gnim agniṣṭomenā ’nuyajanti tam ukthyena taṃ dvirātreṇa taṃ trirātreṇa 10.8.11; (athā ’to ’gnim agniṣṭomenā ’nuyajanti) 2.3.10
athai ’ka ekatrikas tasyai ’kasyāṃ bahiṣpavamānaṃ tisṛṣu hotur ājyam ekasyāṃ maitrāvaruṇasya tisṛṣu brāhmaṇācchaṃsina ekasyām acchāvākasya tisṛṣu mādhyaṃdinaḥ pavamānaḥ 10.5.2
athai ’tasya (see yathācamasam...)
athai ’tasyā ’ṣṭarātrasya viśvajidabhijitāv ekāhāv abhita ubhayato jyotir madhye ṣaḍahaḥ paśukāmo hy etena yajeta 6.7.8
athai ’ṣa jyotiḥ 2.2.8
athai ’ṣa bhūḥ 10.3.14
athai ’ṣa viśvajyotiḥ 2.2.8
athai ’ṣa sarvajyotiḥ 2.2.8
adakṣiṇāni sattrāṇī ’ty āhur, na hy atra gaur dīyate 10.2.11; (adakṣiṇāni sattrāṇi) 10.6.15; (na hy atra gaur dīyate na vāso na hiraṇyam) 10.2.11
aditiḥ pāśaṃ pramumoktu 9.3.4
aditiḥ pāśān pramumoktu 9.3.4
aditim odanena 1.3.5; 10.1.10
adīkṣiṣṭā ’yaṃ brāhmaṇaḥ 2.1.9
addhī ’d indra prasthite ’mā havīṃṣi 9.1.4
adhastāt samidhaṃ dhārayann anudraved upari hi devebhyo dhārayati 3.4.5
adhivṛkṣe sūrye sāyam āviḥsūrye prātaḥ 9.4.8
adhītya snāyād 1.1.1
adhyūdhnīṃ hotre haranti 10.7.4
adhvaryur gṛhapatiṃ dīkṣayitvā brahmāṇaṃ dīkṣayati tata udgātāraṃ tato hotāram 5.1.1; (adhvaryur gṛhapatiṃ dīkṣayitvā brahmāṇaṃ dīkṣayati) 10.6.15
anayā tvā pṛthivyā pātreṇa samudraṃ rasayā prajāpataye juṣṭaṃ gṛhṇāmī ’ti mānasaṃ prājāpatyaṃ gṛhṇāti 10.6.13
anavānaṃ yajati 3.5.18
anasthibhir iḍāṃ vardhayanti 10.7.4
anāṃsi pravartayanti 12.1.7
anādinidhanā nityā 1.1.6
anutpādya sutān na lokaṃ gacchati 6.2.11
anumatyai puroḍāśam aṣṭākapālaṃ nirvapet 10.1.3; (anumatyai puroḍāśam aṣṭākapālam) 4.4.1
anusavanaṃ savanīyāḥ puroḍāśā nirūpyante ’pihityā acchidratāyai 12.2.2
anūcyamānāsu sāmidhenīṣu yajamāno daśahotāraṃ japatī 12.4.15
ano dadāti 7.3.11
antarvedi praṇītā ninayati 4.2.5
anyā anyā ṛco bhavanti tad eva sāma 9.2.6
anyena (see eṣa vāva prathamo...)
apaḥ praṇayati 4.2.5; 4.3.2
apabarhiṣaḥ prayājān yajaty apabarhiṣāv anuyājau 10.7.15
apa vā eṣa suvargāl lokāc chidyate yo darśapūrṇamāsayājī sann amāvāsyāṃ paurṇamāsīṃ vā ’tipātayet 4.1.2
apaśavo vā anye goaśvebhyaḥ paśavo goaśvāḥ 1.4.13; (apaśavo vā) 1.4.16
api vā kāraṇāgrahaṇe 1.3.4
apihityā acchidratāyai 12.2.2
apy agniṣṭome rājanyasya gṛhṇīyāt, apy ukthye grāhyaḥ 10.5.12 (apy agniṣṭome rājanyasya gṛhṇīyāt 10.5.9)

apy ukthye grāhyaḥ (see apy agniṣṭome rājanyasya gṛhṇīyāt...)
aprayājās tā ananuyājāḥ 10.7.14
apsujo vetasaḥ 1.3.5
apsumantāv ājyabhāgau yajati 10.7.15
apsu me somaḥ 10.7.15
apsv agne 10.7.15
apsv avabhṛthena caranti 11.2.7; 11.3.1; (avabhṛthena caranti 7.3.4)
abaddhaṃ cakṣuḥ 11.4.17
abhikrāmaṃ juhoti 3.1.10
abhighāryā anabhighāryā iti mīmāṃsante brahmavādinaḥ 10.8.5
abhighāryā eva 10.8.5
abhi tvā śūra nonumaḥ 10.4.24; (abhi tvā śūra) 9.2.6; (abhi tvā) 7.3.14
abhi priyāṇi 9.2.6
abhīndhata eva dīkṣābhiḥ 6.5.9
abhīvarto brahmasāma bhavati 9.2.6
abhī ṣu ṇaḥ 9.2.9
amandān stomān 2.1.8
amāvāsyāyām (see paurṇamāsyāṃ paurṇamāsyā...)
amāvāsyāyām amāvāsyayā (see paurṇamāsyāṃ paurṇamāsyā...)
amāvāsyāyām aparāhṇe piṇḍapitryajñena caranti 4.4.8
amāvāsyāyāṃ niśi yajeta 12.2.5
ayaṃ yajamāna āyur āśāste 9.1.15
ayaṃ yajamānaḥ 12.2.12
ayaṃ sahasramānavaḥ 9.2.8
ayajñiyā vai māṣāś caṇakāḥ kodravāś ca 6.3.6
ayutaṃ pauṇḍarīke dadyād aśvasahasram ekādaśam 10.6.17
aruṇayai 'kahayanyā krīṇāti 3.1.6
arkaṃ gṛhṇāti 10.4.3
ardhaṃ antarvedi minoty 'ardhaṃ bahirvedi 3.7.6
ardhino dīkṣayati pādino dīkṣayati 10.3.13
alpaṃ juhoti 3.5.6
avabhṛthena caranti (see apsv avabhṛthena caranti)
aśvas tūparo gomṛgas te prājāpatyāḥ 9.4.2
aśvaḥ śyāvo rukmalalāṭo dakṣiṇā sa brahmaṇe deyaḥ 10.3.18
aśvīṃ puruṣīṃ dhenuke dattvā 10.2.15
aṣṭakāḥ kartavyāḥ 1.3.1
aṣṭākapālaḥ prātaḥsavanīya, ekādaśakapālo mādhyaṃdinīyo dvādaśakapālas tṛtīyasavanikaḥ 10.5.26
aṣṭākṣareṇa prathamāyā ṛcaḥ prastauti 10.6.1
aṣṭāv adhvaryur uttare vihāre havīṃṣy āsādayati mārutīm eva pratiprasthātā dakṣiṇasmin 11.2.8
aṣṭāv upabhṛti 4.1.17
asaṃsthito hi tarhi yajñaḥ 9.1.9
asāv āditya na vyarocata tasmād etaṃ sauryaṃ carum 8.1.16
ahataṃ vāsaḥ paridhatte 6.8.7
ahar ahar yunakti ahar ahar vimuñcati 11.3.9

ākūtim agnim 10.3.4
ākūtyai prayuje 'gnaye svāhā 10.3.4
āgnāvaiṣṇava ekādaśakapāla aindrāvaiṣṇavaś caruḥ vaiṣṇavas trikapālo vāmano dakṣiṇā 11.4.1
āgnāvaiṣṇavam ekādaśakapālaṃ nirvaped abhicaran sarasvaty ājyabhāgā bārhaspatyaś caruḥ 5.1.10
āgnāvaiṣṇavam ekādaśakapālaṃ nirvaped abhicaran sārasvataṃ caruṃ bārhaspatyaṃ carum 8.3.1
āgnāvaiṣṇavam ekādaśakapālaṃ nirvaped darśapūrṇamāsāv ārapsyamānaḥ 10.1.2
āgnāvaiṣṇavam ekādaśakapālaṃ nirvaped dīkṣiṣyamāṇaḥ 5.3.11
āgnāvaiṣṇavaṃ dvādaśakapālaṃ nirvaped aparāhṇe sarasvatīm ājyasya yajeta 12.2.8
āgnimārutād ūrdhvam anuyājaiś caranti 4.3.15; 5.1.12; 5.1.15; 11.3.16
āgneyaḥ kṛṣṇagrīvas sārasvatī meṣī 9.3.14; (āgneyaḥ kṛṣṇagrīvaḥ) 8.1.7
āgneyaḥ paśur agniṣṭoma ālabhya aindrāgna ukthye dvitīya aindro vṛṣṇiḥ ṣoḍaśini tṛtīyaḥ sārasvatī meṣy atirātre caturthī 9.3.8
āgneyaṃ kṛṣṇagrīvam ālabheta, saumyaṃ carum, āgneyaṃ kṛṣṇagrīvam 11.1.11

āgneyaṃ caturdhā karoti 3.1.15
āgneyam aṣṭākapālaṃ nirvapati hiraṇyaṃ dakṣiṇā 11.4.3; (āgneyam aṣṭākapālaṃ nirvapati) 2.3.2
āgneyam aṣṭākapālaṃ nirvaped rukkāmaḥ 2.3.12
āgneyaṃ payaḥ 1.4.7
āgneyā grahā bhavanti 10.4.26
āgneyī subrahmaṇyā bhavati 9.1.16
āgneyo vai brāhmaṇo devatayā sa somene 'ṣṭvā 'gnīṣomīyo bhavati yad evā 'daḥ paurṇamāsaṃ havis tat tarhy anunirvapet tarhi sa ubhayadevato bhavati 5.4.4
āgneyo 'ṣṭākapālaḥ (see yad āgneyo 'ṣṭākapālo 'māvāsyāyāṃ ca...)
āgneyyā 'gnīdhram upatiṣṭhate 3.2.8
āgrayaṇād gṛhṇāti ṣoḍaśinam 10.5.10
āghāram āghārayati 1.4.4; 2.2.5 (ms E only)
ājuhotā 9.1.10
ājyabhāgāv agnīṣomābhyāṃ yajati 10.1.8
ājyabhāgau yajati 10.7.9
ājyena paśum anakti 7.3.7
ājyena śeṣaṃ saṃsthāpayati 9.4.14
ājyaiḥ stuvate 1.4.3; 2.1.5; 9.2.2; 10.4.22
ātmārthe 6.3.19
ādadhīta (see vasante brāhmaṇo 'gnim ādadhīta)
ādityaḥ prāyaṇīyaś caruḥ 10.1.10
ādityaḥ prāyaṇīyaḥ payasi caruḥ 9.4.9
ādityāṃ malhāṃ garbhiṇīm ālabhate 4.4.1
ādityo yūpaḥ 1.4.13; 1.4.15
ānarthakyam atadarthānām 1.2.1
āmanam asy āmanasya devā iti tisra āhutīr juhoti 4.4.4; 10.4.5
āyur āśāste 10.2.21; 10.2.25
āyurdā agne 'sy āyur me dehi 3.8.7
āyur me dehi 12.4.1
āyur yajñena kalpatām 2.1.15
ārbhave stūyamāne audumbarīṃ dakṣiṇe deśe 'nāhatena vāsasā pariveṣṭya brāhmaṇāḥ samāpayata me yajñam ṛtvija iti sampreṣya saṃviśati 10.2.23
ārṣeyaṃ vṛṇīta 6.1.11
āvṛttaṃ dhūrṣu stuvate 10.5.3
āvṛttaṃ pṛṣṭhyam upagāyanti 10.6.9
āśvinaṃ grahaṃ gṛhītvā trivṛtā yūpaṃ parivīyā 'gneyaṃ savanīyaṃ paśum upākaroti 3.6.10; 4.4.9
āśvinaṃ grahaṃ gṛhītvo 'paniṣkramya yūpaṃ parivyayati 3.6.10
āśvinaṃ dvikapālam 10.5.1
āśvinaṃ bhakṣayati 3.5.6
āśvino daśamo gṛhyate 5.4.1
āsīran 10.6.14; 10.6.16 (probably not a specific quote)
āhavanīyād dvāv agnī praṇayata 7.3.9
āhavanīye juhoti (see yad āhavanīye juhoti)
āhitāgnim agnibhir dahanti yajñapātraiś ca 6.6.6; 11.3.13

iḍāntā 'tithyā saṃtiṣṭhate nā 'nuyājān yajati 10.7.12
iḍām upahvayate 10.7.10
iti ha smā 'ha barkur vārṣṇir māṣān me pacata 6.7.12
ity adadā ity ayajathā ity apaca iti brāhmaṇo gāyet 2.1.8
ityahe sutyām āgaccha maghavan 11.4.7
idaṃ dyāvāpṛthivī bhadram abhūt 10.2.21
idaṃ brahmaṇa idaṃ hotur idam adhvaryor idam agnīdhaḥ 3.4.21; (idaṃ brahmaṇa idaṃ hotuḥ) 10.2.7
indavo vāṃ uśanti hi 2.1.8
indram accha sutāḥ 9.2.6 (indra āgaccha sutā in manuscripts)
indra ūrdhvo 'dhvara ity āghāram āghārayati 2.2.5 (ms E only); (indra ūrdhvo 'dhvaraḥ) 1.4.4
indrapītasya 3.2.11
indrasya vajro 'si 10.3.20
indrā 'gaccha hariva āgaccha medhātither meṣa vṛṣaṇvaśyasya mene gaurāvaskandinn ahalyāyai jārā 9.1.16
indrāgnī rocanā divaḥ 3.2.7
indrāṇyai saṃnahanam 12.1.21
indrāya tvā vasumate 3.2.17
indrāya rathantarāye 'ndrāya bārhatāye 'ndrāye vairūpāye 'ndrāya virājāye 'ndrāya śākvarāye 'ndrāya raivatāya 3.5.4 (this is based on a corrected text)

indro na tasthau samare 3.2.2
imaṃ stanam ūrjasvantam dhayā 'pām ity ājyasya pūrṇāṃ srucaṃ juhoty eṣa vā agner vimokaḥ 11.3.9
iyaṃ vai samidhyamānavatī asau samiddhavatī yad antarā tad dhāyyā 5.3.3
iyaṃ gauḥ somakrayaṇī tayā te krīṇāmi tasyai te śṛtam 9.1.16
iyati śakṣyāmahe 3.7.3
iṣuṃ viṣṭutiṃ karoti 7.1.2
iṣe tvo 'rje tvā 2.1.15
iṣṭakābhir agniṃ cinute 9.1.8

īśānam asya jagataḥ svardṛśam 10.6.2;, (īśānam asya jagataḥ) 10.5.15
īśānāya parasvata ālabheta 9.4.13
īṣām ālabheta 2.3.5

ukthyān nirgṛhṇāti ṣoḍaśinam 10.5.10
ukthye gṛhṇīyāt 10.8.11
ukthyo vairūpasāmā 10.6.6
uccā te jātam andasaḥ 5.3.5; (uccā te jātam) 9.2.6
uccaiḥ pravargyeṇa 9.1.6
uccair ṛcā kriyate upāṃśu yajuṣā uccaiḥ sāmnā 3.3.1
uccair geyam 9.2.15
uccair nigadena 2.1.13
ucchinaṣṭi na sarvaṃ juhoti 3.5.3
ucchrayasva vanaspate 12.3.16
uta yat sunvanti sāmidhenīs tad anvāhuḥ 3.7.7
utkare vājinam āsādayati 10.3.3
uttamaḥ paryāsaḥ (see stotrīyānurūpau tṛcau bhavataḥ...)
uttarayor gāyati (see yad yonyām...)
uttaravedyām agniṃ nidadhāti 7.3.9
uttarārdhāt sviṣṭakṛte samavadyati 4.1.13
uttare 'han dvirātrasya gṛhyate madhyame 'han trirātrasya 10.5.9; (uttare 'han dvirātrasya gṛhyate) 10.5.13
uttānā vai devagavā vahanti 1.3.10
uttiṣṭhann anvāha agnīd agnīn vihare 'ti 3.2.4 (see bahiṣpavamāne stute āha...)
udagayana āpūryamāṇapakṣe kalyāṇe nakṣatre caulakarmopanayanagodānavivāhāḥ 6.8.5
udavasāya (see sattrād udavasāya...)
ud divaṃ stabhānā 'ntarikṣaṃ pṛṇa 12.3.16
udbhidā yajeta 1.4.1
undatīr balaṃ dhatte 11.4.17
upanayanādir niyamaḥ 6.2.6
upariṣṭāt somānāṃ prājāpatyaiś caranti 11.3.15
upavītā vā etasyā 'gnayo bhavanti yasyā 'gnyādheye brahmā sāmāni gāyati 10.8.6
upaveṣeṇa kapālāny upadadhāti 4.2.3
upavyayate (see nivītaṃ manuṣyāṇāṃ...)
upaśaya evā 'paśuḥ 7.3.13
upaśayo yūpo bhavati 7.3.13
upastabhanaṃ vā etad yajñasya yad atigrāhyāḥ 10.8.11
upahūta upahvayasva 3.5.15
upāṃśu paurṇamāsyāṃ yajan (see tāv abrūtām agnīṣomāv ājyasyai 'va...)
upāṃśuyājam antarā yajati (see jāmi vā etad yajñasya kriyate...)
upā 'tra vapanti 7.3.9
upān mantrakaraṇe 7.3.14
upeyuḥ 10.6.16 (perhaps not intended as a specific quote)
upopte 'nye grahāḥ sādyante 'nupopte dhruvaḥ 3.6.9
ubhayīr dadāty ādheyikīḥ punarādheyikīś ca 10.3.5
ubhe kuryāt 9.2.17; 10.5.16; 10.6.8
uru prathasva 1.2.4
uruprathā uru prathasve 'ti puroḍāśaṃ prathayati, uru te yajñapatiḥ prathatām iti puroḍāśaṃ prathayati 12.3.15
uru viṣṇo vikramasve 'ti sruveṇā 'havanīye yūpāhutiṃ juhoti 10.1.5
ulaparājiṃ stṛṇāti 3.1.14
ulūkhalaṃ sarvauṣadhasya pūrayitvā vahanti 11.1.6
usrāyā vapāyā medasaḥ 10.4.18

ūrṇāmradasaṃ tvā stṛṇāmi 12.1.20; (ūrṇāmradasaṃ tvā) 11.4.14
ūrdhvam āghārayati ṛjum āghārayati 2.2.5 (ms E only)

ṛcā stuvate sāmnā stuvate 9.2.8
ṛtvigbhyo dakṣiṇāṃ dadāti 3.7.17; 10.2.8; 10.3.12
ṛddhikāmāḥ sattram āsīran 6.2.1; 6.6.3
ṛddhikāmo yajeta 2.2.8

ekaṃ vṛṇīte dvau vṛṇīte trīn vṛṇīte na caturo vṛṇīte na pañcā 'ti vṛṇīte 6.1.11
ekaṃ sāma tṛce kriyate stotrīyam 9.2.3; (ekaṃ sāma tṛce kriyate) 10.4.25; 10.6.1
ekaṃ hi tatra sāma 10.5.7
ekadhā brahmaṇe pariharati 10.2.4
ekadhā 'sya tvacam ācchyatāt 9.3.11
ekayūpa ālabheta 8.1.8
ekaviṃśaṃ stotraṃ bhavati harivac chasyate 10.5.12
ekaviṃśatim anubrūyāt pratiṣṭhākāmasya 5.3.3; 10.5.8
ekaviṃśaḥ ṣoḍaśī bhavati 5.3.15
ekaviṃśenā 'tirātreṇa prajākāmaṃ yājayet 5.3.4
ekaviṃśenā 'tirātreṇa prajākāmaṃ yājayeran triṇavenau 'jaskāmam 10.5.6
ekahāyanyā krīṇāti 12.4.3
ekāṃ sāmidhenīm anvāha 10.5.1
ekādaśa prayājān yajati 5.3.1
ekādaśyāṃ na bhoktavyam 1.3.1
ekā dīkṣā 6.5.8
ekā deyā ṣaṭ deyā dvādaśa deyāś caturviṃśatir deyāḥ śataṃ deyaṃ sahasraṃ deyam aparimitaṃ deyam 6.7.10; (ekā deyā ṣaṭ deyā) 12.4.5; (ekā deyā) 10.3.5
etat sāma gāyann āste 2.1.10–12
etadbrāhmaṇa aindrāgna etadbrāhmaṇa ekakapālaḥ 7.1.4
etadbrāhmaṇāny eva pañca havīṃṣi yadbrāhmaṇānī 'tarāṇi 7.1.3
etayā 9.2.8
etayā niṣādasthapatiṃ yājayet 6.1.13
etayā punarādheyasaṃmitaye 'ṣṭye 'ṣṭvā 'gnihotraṃ juhuyāt 6.5.13
etayā sarvapṛṣṭhayā yājayet 3.5.4
etasyai 'va revatīṣu vāravantīyam agniṣṭoma sāma kṛtvā paśukāmo hy etena yajeta 2.2.12
etāni vāva tāni jyotīṃṣi ya etasya stomāḥ 4.4.12
etāni vai daśa yajñāyudhāni 3.1.5; 4.1.4
etāvatā hai 'nasā 'yukto bhavati 4.1.3
ete asṛgram indava iti bahuṣu 3.3.14
etena rājapurohitau yajeyātām 3.3.14; 6.6.2
etena sahasradakṣiṇena yajeta 2.2.8
eṣa vāva prathamo yajño yajñānāṃ yaj jyotiṣṭomaḥ ya etenā 'niṣṭvā 'nyena yajate gartapatram eva tad āpadyate 5.3.13; (eṣa vāva prathamo yajño yajñānāṃ yaj jyotiṣṭomaḥ) 3.3.17; (eṣa vāva) 5.4.9; (anyena) 5.3.14; (yajñānāṃ prathamo yajñaḥ) 5.3.14 (perhaps this is not intended to be a direct quote)
eṣa vai darśapūrṇamāsayor avabhṛthaḥ 7.3.4
eṣa vai daśamasyā 'hno visargo yan mānasam 10.6.13
eṣa vai haviṣā havir yajati yo 'dābhyaṃ gṛhītvā somāya yajate 2.3.9; (yo 'dābhyaṃ gṛhītvā somāya yajate) 5.3.6
eṣā vā anāhitāgner iṣṭiḥ 6.8.1
eṣā vai pratiṣṭhitā bṛhatī yā punaḥpadā 9.2.6

aikādaśinān prāyaṇīyodayanīyayor ālabheran 10.6.4
aindram (see yasyo 'bhayam...)
aindravāyavaṃ gṛhṇāti 2.2.6
aindravāyavaṃ maitrāvaruṇam āśvinam 5.4.1 (not a precise quote)
aindravāyavasya vā etad āyatanaṃ yac caturtham ahaḥ 10.5.24
aindravāyavāgrān grahān gṛhṇīyād yaḥ kāmayeta yathāpūrvaṃ prajāḥ kalperan 10.5.17
aindravāyavāgrau prāyaṇīyodayanīyau athe 'tareṣāṃ daśānām ahnām

aindravāyavāgraṃ prathamam ahar atha śukrāgram atha dve āgrayaṇāgre athai 'ndravāyavāgram atha dve śukrāgre athā 'grayaṇāgram atha dve aindravāyavāgre 10.5.24
aindravāyavāgrau prāyaṇīyodayanīyau daśamaṃ cā 'har athe 'tareṣāṃ navānām ahnām aindravāyavāgraṃ prathamam ahar atha śukrāgram athā 'grayaṇāgram athai 'ndravāyavāgram atha śukrāgram athā 'grayaṇāgram 10.5.23
aindrāgna ekādaśakapālaḥ, vaiśvakarmaṇa ekakapālaḥ 7.1.4 (perhaps not a quote)
aindrāgna ekādaśakapālo dvādaśakapālo vā 12.2.8
aindrāgnaṃ gṛhṇāti 3.2.18
aindrāgnam ekādaśakapālaṃ nirvapet prajākāmaḥ 8.1.4
aindryā gārhapatyam upatiṣṭhate (see niveśanaḥ...)
airaṃ kṛtvo 'dgeyam (see na girā...)

o o ho hāyī 9.2.10 (perhaps not a quote)

audumbaraḥ somacamaso dakṣiṇā sa priyāya sagotrāya brahmaṇe deyaḥ 10.3.19
auḍumbarīṃ spṛṣṭvo 'dgāyet 1.3.2
auḍumbarī sarvā veṣṭayitavyā 1.3.2
auḍumbaro yūpo bhavaty ūrg vā uḍumbara ūrk paśava urjai 'vā 'smā ūrjaṃ paśūn āpnoty ūrjo 'varudhyā 1.2.2

kaṇvarathantaraṃ pṛṣṭhaṃ bhavati 9.2.16; 10.4.24
kadā cana starīr asi 3.2.2; 3.3.7
kayā naś citraḥ 9.2.6; 9.2.9
kavatīṣu rathantaraṃ gāyati 7.2.1
kas tvā satyaḥ 9.2.10
kākubhaḥ pragāthaḥ 9.2.6
kārīryāṃ vṛṣṭikāmo yajeta 4.3.12
kṛttikāsv agnim ādadhīte 3.1.12
kṛṣṇaviṣāṇayā kaṇḍūyate 11.3.6
kḷptīr yajamānaṃ vācayati 2.1.15;3.8.9
keśaśmaśru vapate mṛtā vā eṣā tvag amedhyā yat keṣaśmaśru mṛtām eva tvacam amedhyām apahatya yajñiyo bhūtvā medham upaiti 3.8.3
kautsaṃ bhavati kāṇvaṃ bhavati 10.4.10
kautsaṃ bhavati vasiṣṭhasya janitre bhavataḥ krauñcāni bhavanti 10.4.11
krīte some maitrāvaruṇāya daṇḍaṃ prayacchati 4.2.6
kṣatriyo yājako yasya 12.4.16
kṣuta ācāmet 1.3.4
kṣute niṣṭhīvite cai 'va paridhāne 'śrupātane/ na tu karmastha ācāmed dakṣiṇaṃ śravaṇaṃ spṛśet // 1.3.4
kṣaume vasānāv agnim ādadhīyātām 6.1.5

khalevālī yūpo bhavati 10.1.5; 10.2.31
khādiro yūpaḥ 10.7.16

gātraṃ gātram asyā 'nūnaṃ kṛṇutāt 9.4.5
gāyatracchandasaḥ 3.2.19
gāyatram etad ahar bhavati 8.3.6
gāyatraṃ prathamaṃ traiṣṭubhaṃ dvitīyam 10.5.4
gāyatrīchandasas, triṣṭupchandaso, jagatīchandasaḥ 10.5.26
gāyatrīchandās, triṣṭupchandā, jagatīchandāḥ 10.5.26
gāyatro madhyamaḥ paridhis, traiṣṭubho dakṣiṇo jāgata uttaraḥ 10.5.26
gārhapatye patnīsaṃyājān juhoti 10.8.8
gārhapatye havīṃṣi śrapayati 7.3.12; 12.2.1
guṇavacanānām āśrayato liṅgavacanāni bhavanti 9.1.10
guṇānāṃ ca parārthatvād asaṃbandhaḥ samatvāt syāt 3.1.12
gudeno 'payajati 12.4.4
gurur anugantavyo 'bhivādyaś ca 6.2.10
godohanena paśukāmasya praṇayet 3.6.3; 4.1.2
gauggulavena prātaḥsavane abhyañjanaṃ pailudāraveṇa mādhyaṃdine savane saugandhikena tṛtīyasavane 10.4.7
gaur anubandhyaḥ 10.4.18
gauramṛgo bhūtvā rājānaṃ pibati 9.1.16

gauś cā 'śvaś cā 'śvataraś ca gardabhāś cā 'jāś cā 'vayaś ca vrīhayaś ca yavāś ca tilāś ca māṣāś ca tasya dvādaśaśataṃ dakṣiṇā 10.3.11
grahaṃ vā gṛhītvā camasaṃ vo 'nnīya stotram upākaroti 10.5.12
grahaṃ vā gṛhītvā camasaṃ vo 'nnīya stotram upākuryāt 4.4.12
grahaṃ saṃmārṣṭi 3.1.7
grahāḥ sādyante 3.6.11

ghṛtaṃ devānāṃ mastu pitṝṇāṃ niṣpakvaṃ manuṣyāṇāṃ tad vā etat sarvadevatyaṃ yan navanītaṃ yan navanītenā 'bhyaṅkte sarvā eva devatāḥ prīṇāti 3.4.7
ghṛte śrapayati 10.1.1; 10.2.1

caturavattaṃ juhoti 5.2.4; 6.4.1; 8.4.3; 10.8.12
caturahe purastāt pūrṇamāsyā dīkṣeran teṣām ekāṣṭakāyāṃ krayaḥ saṃpadyate 6.5.10
caturo muṣṭīn nirvapati 2.3.5; 10.2.28
caturgṛhītaṃ juhoti 4.1.17; 10.8.13
caturgṛhītaṃ vā etad abhūt tasyā 'ghāram āghārya 2.2.5 (ms E only)
caturgṛhītāny ājyāni na hy atrā 'nuyājān yakṣyan bhavati 1.2.3; 4.1.17; (na hy atrā 'nuyājān yakṣyan bhavati) 4.1.15
caturthe caturthe 'hany ahīnasya gṛhyate 10.5.14
caturdaśa paurṇamāsyām āhutayo bhavanti trayodaśā 'māvāsyāyām 11.2.2
caturdaśabhir vapati 10.5.5
caturviṃśatiparamāḥ sattram āsīran 3.3.14; 6.7.13
caturviṃśatir jagatya ekā ca kakup 9.2.6
caturhotāraṃ vyācakṣīta 6.8.1
caturhotrā paurṇamāsīm abhimṛśet pañcahotrā 'māvāsyām 3.7.4; 8.1.15; (°purṇamāsīm° in 3.7.4)
caturhotrā prajākāmaṃ yājayet 6.8.1
catuśśatam aindrā bārhatāḥ pragāthāḥ 9.2.6
catustriṃśad vājino devabandhor vaṅkrīr aśvasya svadhitis sameti 9.4.2
catvāra ṛtvijaḥ 4.2.9; 11.2.1
catvāri trivṛnty ahāni 8.3.2
catvāro bhavanti (see ṣaḍahā bhavanti...)
catvāro 'bhiplavāḥ ṣaḍahāḥ, pṛṣṭhyaḥ ṣaḍahaḥ sa māsaḥ sa dvitīyaḥ sa tṛtīyaḥ sa caturthaḥ sa pañcamaḥ 10.6.11
camasādhvaryavaś camasān unnayanti 3.7.11
camasenā 'paḥ praṇayet 4.3.2
carum upadadhāti 2.3.7
cāturmāsyānāṃ pañca'rtvijaḥ 11.2.9
cātvāle kṛṣṇaviṣāṇāṃ prāsyati 4.2.7; 11.3.6
citpatis tvā punātu vākpatis tvā punātu devas tvā savitā punātv acchidreṇa pavitreṇa vasoḥ sūryasya raśmibhiḥ 2.1.17
citrayā yajeta 1.4.2
citriṇīr upadadhāti 3.6.12; 5.3.6
cuccūṣākāraṃ bhakṣayanti nirdhayanto bhakṣayanti 10.2.3

chandāṃsi vā 'nyonyasya lokam abhyadhyāyan gāyatrī triṣṭubhaḥ, triṣṭub jagatyāḥ, jagatī gāyatryāḥ 10.5.26
chāgasya vapāyāḥ 10.4.18; (chāgasya) 6.8.9

jañjabhyamāno brūyān mayi dakṣakratū 3.4.9
jagatīm antargacchati 10.5.4
jartilayavāgvā juhuyād gavīdhukayavāgvā vā juhuyān na grāmyān paśūn hinasti nā 'raṇyān atho khalv āhur anāhutir vai jartilāś ca gavīdhukāś ca payasā 'gnihotraṃ juhuyāt 10.8.4
jāghanyā patnīḥ saṃyājayanti 3.3.15; 12.4.6
jāmi vā etad yajñasya kriyate yad anvañcau puroḍāśau upāṃśuyājam antarā yajati viṣṇur upāṃśju yaṣṭavyo 'jāmitvāya prajāpatir upāṃśu yaṣṭavyo 'jāmitvāyā 'gnīṣomāv upāṃśu yaṣṭavyāv ajāmitvāya 2.2.4; (upāṃśuyājam antarā yajati) 10.8.15; (viṣṇur upāṃśu yaṣṭavyaḥ) 10.8.17; (jāmi vā etad

yajñasya kriyate yad anvañcau puroḍāśāv upāṃśuyājam antarā yajati) 10.8.18
juṣantāṃ yujyaṃ payaḥ 4.1.9
juṣāṇā somasya tṛpyatu 3.2.10 (the end of a quote which starts mandrā 'bhibhūtiḥ)
jyeṣṭho vā eṣa grahāṇām 4.4.5
jyotiṣṭomena svargakāmo yajeta 4.4.12; (svargakāmo yajeta) 2.2.1; (see note at 6.1.2)

taṃ vo dasmam 9.2.6
tad u saṃnayet 10.8.14
tanūnapātaṃ yajati 2.2.2
tan nau saha 3.8.16
tapte payasi dadhy ānayati sā vaiśvadevy āmikṣā vājibhyo vājinam 2.2.9; 4.1.9
taṃ parāñcam ukthyāt 10.5.10
taṃ parāñcam ukthyebhyo gṛhṇāti ṣoḍaśinam 5.1.18
tarobhir vaḥ 9.2.6
tasmāt suvarṇaṃ hiraṇyaṃ bhāryaṃ suvarṇa eva bhavati, durvarṇo 'sya bhrātṛvyo bhavati 3.4.12
tasmād āraṇyam evā 'śnīyāt 6.7.12
tasya dvādaśaśataṃ dakṣiṇā 3.7.5
tasya vratam 4.1.3; 6.2.5
tā anuṣṭhyo 'ccyāvayatāt 9.4.1; (tā anuṣṭhya) 9.4.1
tā upāṃśu kartavyāḥ (see yajñātharvaṇaṃ vai kāmyā iṣṭayaḥ...)
tāḥ pañcadaśa 9.1.10
tāṃ caturbhir abhrim ādatte 12.3.14
tān paryagnikṛtān utsṛjanti 11.2.11 (this continues: brahmasāmny ālabhate)
tām ubhayato vāsasā pariveṣṭayati 1.3.2
tārpyaṃ yajamānaḥ paridhatte darbhamayīṃ patnīm 10.4.8
tāv abrūtām agnīṣomāv ājyasyai 'va nāv upāṃśu paurṇamāsyāṃ yajan 10.8.15; (tāv abrūtām) 10.8.18; (upāṃśu paurṇamāsyāṃ yajan) 2.2.4
tāsāṃ vāyuḥ pṛṣṭhai prāvartata 1.4.3
tiṣṭhantaṃ paśuṃ prayajati 5.1.12
tiṣṭhan yājyām anvāhā 'sīnaḥ puronuvākyām 10.4.22
tisra āhutīr juhoti 2.2.7
tisra eva sāhnasyo 'pasado dvādaśā 'hīnasya 3.3.13
tisro dīkṣāḥ 6.5.8
tisro 'nuṣṭubhas catasro gāyatraḥ 8.3.6
tūṣṇīm uttarā dohayati 11.1.9
tūṣṇīm eva hotavyam 10.8.5
tṛpta evai 'nam indraḥ prajayā paśubhis tarpayati 9.1.4
te sarvārthāḥ 7.3.12
tyajed ekam kulasyā 'rthe 12.2.7; (tyajed ekam) 6.3.19
trayastriṃśārambhaṇas trivṛduttamaḥ kāryaḥ 10.6.9
trayāṇāṃ saptadaśānām anavānatāyāḥ 7.3.10
triḥ prathamām anvāha trir uttamām 9.1.10; 10.5.8
tricchandā āvāpo mādhyaṃdinaḥ pavamāvaḥ 10.5.2
trivatsaḥ sāṇḍaḥ somakrayaṇaḥ 10.3.16 (probably a quote)
trivṛd agniṣṭud agniṣṭomas tasya vāyavyāsv ekaviṃśam agniṣṭoma sāma kṛtvā brahmavarcasakāmo yajeta 2.2.12; (trivṛd agniṣṭud agniṣṭomaḥ) 10.6.7
trivṛd agniṣṭomo bhavati 5.3.15
trivṛd bahiḥpavamānam 10.6.7 (see also pañcadaśāny...)
trīṇi karmāṇi jīvikā // yājanādhyāyane cai 'va viśuddhāc ca pratigrahaḥ 12.4.16
trīṇi havīṃṣi nirvapati 3.1.12
trīṇi ha vai yajñasyo 'darāṇi gāyatrī bṛhaty anuṣṭup cā 'tra hy evā 'vapanty ata evo 'dvapanti 5.3.5; 10.4.13; (atra hy evā 'vapanti) 10.5.6
traidhātavīyā dīkṣaṇīyā bhavati 9.1.2; (traidhātavyā dīkṣaṇīyā) 2.3.12
traidhātavyā dīkṣaṇīyā (see traidhātavīyā dīkṣaṇīyā bhavati)
tryaṅgaiḥ sviṣṭakṛtaṃ yajati 10.7.3
tryahaṃ nā 'śnāti 3.8.4
tvaṃ hy agne prathamo manotā 10.4.23
tvam agna vratapā asi 11.4.17
tvām id dhi havāmahe 10.4.24; (tvām id dhi) 9.2.6

tvāṣṭraṃ paryagnikṛtaṃ pātnīvatam utsṛjati 9.4.14
tvāṣṭraṃ pātnīvatam ālabheta 2.3.8; 9.4.14
tsarā vā eṣā yajñasya tasmād yat kiṃ cit prācīnam agnīṣomīyāt teno 'pāṃśu caranti 9.1.6

dakṣiṇato nidhāya pratiprasthātā 'vadyati 10.7.8
dakṣiṇasadbhya upahartavā iti saṃpreṣyati 10.3.7
dakṣiṇahaste juhūm āsādayati 6.6.6
dakṣiṇāgnāv anvāhāryaṃ pacati 12.2.1
dakṣiṇāni juhoti 2.2.1
dakṣiṇāḥ somasya 3.7.5; 12.1.16
dakṣiṇe haste juhūm āsādayati 11.3.13
dakṣiṇo 'ṃsaḥ savyā śroṇir gudatṛtīyam iti sauviṣṭakṛtāni 10.7.3
daṇḍī praiṣān anvāha 4.2.6
daṇḍena dīkṣayati 3.7.5; 5.3.11
dadhani caruṃ śṛte carum 6.5.6
dadhigrahaṃ gṛhṇīyāt paśukāmasya 4.4.5
dadhi madhu ghṛtam āpo dhānās taṇḍulās tatsaṃsṛṣṭam prājāpatyam 8.1.19; 10.2.31; dadhi madhu ghṛtam āpo dhānās tatsaṃsṛṣṭam prājāpatyaṃ paśukāmaḥ 12.2.7
dadhnā juhoti 2.2.5; 2.2.10; 4.3.3
dadhne 'ndriyakāmasya juhuyāt 2.2.11; 4.3.3
dabdhir asy adabdho bhūyāsam amuṃ dabheyam 3.3.5
darbhaiḥ stṛṇīta haritaiḥ 9.3.2
darśapūrṇamāsābhyāṃ svargakāmo yajeta 4.4.11; (darśapūrṇamāsābhyām) 11.1.1; (svargakāmaḥ) 2.3.13; (svargakāmo yajeta) 3.7.8; 3.8.14; 6.1.1; 6.1.2 (but see note in text); 6.1.3; 6.2.2; (yajeta svargakāmaḥ) 9.1.14
darśapūrṇamāsābhyām iṣṭvā somena yajeta 4.3.16; 5.4.3
darśapūrṇamāsāv ārapsyamāno 'nvārambhaṇīyāṃ nirvapati 9.1.11
daśa te tanuvo yajña yajñiyāḥ 5.2.9
daśa daśai 'kaikaṃ camasam anusarpanti 3.5.20
daśa prayājān iṣṭvā 'ha śāsam āhave 'ti asiṃ vai śāsa ity ācakṣate 9.4.4
daśame 'hani mānasāya prasarpati 10.6.13
daśame 'hani mānasena samāpanaṃ patnīḥ saṃyājya mānasāya prasarpanti 9.1.9
dākṣāyaṇayajñena svargakāmo yajeta 2.3.4
dikṣu dundubhayo nadanti 10.4.6
dīkṣāsu yūpaṃ chinatti 5.1.14; 11.3.3
dīkṣāḥ somasya 3.7.5; 12.1.12
dīkṣitam adīkṣitā dakṣiṇāparikrītā ṛtvijo yājayeyuḥ 10.2.8
dīkṣito na juhoti 6.5.11
dīkṣito na dadāti na juhoti na pacati 10.8.7
dīrghasome saṃtṛdye dhṛtyai 3.3.16
duhāna ūdhaḥ 9.2.6
dṛtinavanītam ājyaṃ bhavati 3.8.21
devatābhyo vā eṣa āvṛścyate yo yakṣya ity uktvā na yajate traidhātavīyena yajeta 6.2.3
devasya tvā ending nirvapāmi 2.1.14; 9.1.12; (devasya tvā) 11.4.14. The final portion of this is agnaye juṣṭaṃ nirvapāmi.
devāṃś ca yābhir yajate dadāti 2.1.6
devān ājyapān āvaha 10.4.27
devīr āpo apāṃ napāt 11.4.17
devo 'gniḥ sviṣṭakṛt 10.4.21
devo vaḥ savito 'tpunātu 2.1.10–12
daivatāny avadāya na tāvaty eva hotavyaṃ sauviṣṭakṛtāny avadyati sauviṣṭakṛtāny avadāya na tāvaty eva hotavyam aiḍāny avadyati 5.2.6
daivyāḥ śamitāra uta manuṣyā ārabhadhvam upanayata medhyā dura āśāsānā medhapatibhyāṃ medham 9.3.12
doṣṇaḥ pūrvārdhād agnaye 'vadyati gudasya madhyataḥ śroṇyā jaghanataḥ 10.7.3 (this is based on a corrected text)
dyāvāpṛthivyam ekakapālam 10.5.1
dyāvāpṛthivyāṃ dhenum ālabheta mārutaṃ vatsam aindraṃ vṛṣabham 10.2.29
dvandvatatpuruṣayor uttarapade nityasamāsavacanam 10.6.3
dvayoḥ praṇayanti 7.3.8; 7.3.9

dvādaśakapālaḥ puroḍāśo bhavati vaiśvadevatvāya 3.5.4
dvādaśa juhoti 10.3.4
dvādaśa dīkṣā dvādaśo 'pasadaḥ 11.4.5; (dvādaśa dīkṣāḥ) 6.5.8
dvādaśa dvādaśāni juhoti 12.3.11
dvādaśa rātrīr dīkṣito bhṛtiṃ vanvīta 6.5.8; 6.8.6
dvādaśasu rātrīṣv anunirvapet 5.3.9
dvādaśāhasya hatarasāni cchandāṃsi tāni mānasenā 'pyāyayanti 10.6.13
dvādaśāhena prajākāmaṃ yājayet 11.4.6; (dvādaśāhena yajeta) 9.1.9
dvādaśāhena yajeta (see dvādaśāhena prajākāmaṃ yājayet)
dvābhyāṃ lomā 'vadyati dvābhyāṃ tvacaṃ dvābhyām asṛk dvābhyāṃ māsaṃ dvābhyām asthi dvābhyāṃ majjānam 6.5.9
dvābhyām eti ūrū vā etau yajñasya yad varuṇapraghāsāś ca sākamedhāś ca 7.3.9
dvir aindravāyavasya bhakṣayati 3.5.5
dvir haviṣo 'vadyati 3.4.18; 5.2.4; 10.8.12
dve paurṇamāsyau yajeta dve amāvāsye 2.3.4
dve raśane ādāya dvābhyāṃ dvābhyāṃ raśanābhyām ekaikaṃ yūpaṃ parivyayate 8.1.7
dvyakṣareṇo 'ttarayoḥ 10.6.1
dvyahaṃ nā 'śnāti 3.8.4; 5.3.11

dharmaḥ kṣarati kīrtanāt prāyaścittena naśyanti pāpāni sumahānty api 2.1.2
dhānyam asi dhinuhi devān 9.1.13
dhārayeyus taṃ yaṃ kāmāya gṛhṇīyur aindravāyavaṃ gṛhītvā sādayet 10.5.20
dhāryo gataśriya āhavanīyaḥ 9.4.7
dhenur dakṣiṇā 10.3.14

na kalañjaṃ bhakṣayet 6.2.5
na kesariṇo dadāti 3.4.14; 6.7.3
na girā gire 'ti brūyād airaṃ kṛtvo 'dgeyam 9.1.18; (na girā girā) 9.4.2; (airaṃ kṛtvo 'dgeyam) 9.2.12
na catustriṃśad iti brūyāt 9.4.2
na tau paśau karoti na some 'dhvare 10.8.2
na tvāvāṁ anyaḥ 9.2.6
na pratisamidhyo yat pratisamidhyaṃ bhrātṛvyam asmin janayet 12.4.10
na prathamayajñe pravṛñjyāt 3.3.17
na mlecchitavai 1.3.9
nava prayājāḥ 7.1.3; 10.3.1
na vai bṛhad rathantaram ekacchando yat tayoḥ pūrvā bṛhatī kakubhāv uttare 9.2.6
na vaiśvadeva uttaravedim upavapati na śunāsīrīye 7.3.9
na śāstraparimāṇatvāt 1.3.4
na hiṃsyāt 4.1.2; 11.1.8
na hy atra gaur dīyate na vāso na hiraṇyam (see adakṣiṇāni sattrāṇi...)
na hy atrā 'nuyājān yakṣyan bhavati (see caturgṛhītāny ājyāni...)
nā 'dhvaryur upagāyet 3.7.14
nā 'nṛtaṃ vadet 1.3.9; 3.4.8
nā 'rṣeyaṃ vṛṇīte na hotāram 10.8.1
nā 'somayājī saṃnayet 5.4.8; 10.8.14
nā 'syai 'tāṃ rātriṃ kumārā api payo labheran 11.1.9
nityaṃ vṛddhaśarādibhyaḥ 10.4.2
nityodakī nityayajñopavītī 3.4.3
nirmanthyene 'ṣṭakāḥ pacanti 1.4.10; 7.3.7
nivītaṃ manuṣyāṇāṃ prācīnāvītaṃ pitṝṇām upavītaṃ devānām upavyayate devalakṣmam eva tat kurute 3.1.11; (nivītaṃ manuṣyāṇām) 3.4.1; (upavyayate) 3.4.2; 3.4.3; 3.4.4
niveśanaḥ saṃgamano vasūnām ity aindryā gārhapatyam upatiṣṭhate 3.2.2; (aindryā gārhapatyam upatiṣṭhate) 3.3.7
ne 'kṣeto 'dyantam 4.1.3; 6.2.5
nairṛtaś carur nakhāvapūtānām 9.2.12
naivāraś carur bhavati 2.3.7
naivāraś carur bhavati 9.2.12 (the context of this differs from that of the preceding)
no 'ccair geyam 9.2.15
pañcacchandā āvāpa ābharvaḥ pavamānaḥ saptasāmā, gāyatrasaṃhite gāyatre tṛce bhavataḥ, śyāvāśvāndhīgave ānuṣṭubhe

tṛce bhavata, uṣṇihi sapham, kakubhi pauṣkalaṃ, kāvamantyajagatīṣu 9.2.6
pañcadaśa ukthyo bhavati 5.3.15
pañcadaśāny ājyāni saptadaśāni pṛṣṭhāni trivṛd bahiṣpavamānam 1.4.3
pañca pañcāśatas trivṛtaḥ saṃvatsarāḥ pañca pañcāśataḥ pañcadaśāḥ pañca pañcāśataḥ saptadaśāḥ pañca pañcāśata ekaviṃśā viśvasṛjāmayanaṃ saharasaṃvasaram 6.7.13
pañcabhir yunakti pāñkto yajñaḥ 11.3.9
patnaya upagāyanti 10.4.6
patnīṃ saṃnahya 9.3.6
patnīvatas triṃśataṃ trīṃś ca devān anuṣvadham ā vaha mādayasva 3.2.15
patnīsaṃyājāntāny ahāni saṃtiṣṭhante 9.1.9
patnīḥ saṃyājya mānasāya prasarpanti 9.1.9
pade juhoti 10.8.8
payasā juhoti 2.2.5
payasā maitrāvaruṇaṃ śrīṇāti 9.4.12
payo vrataṃ brāhmaṇasya yavāgū rājanyasyā 'mikṣā vaiśasya 4.3.4; (payo vrataṃ brāhmaṇasya) 6.8.7
parāk bahiḥpavamānena stuvanti 10.5.7
parā vartate 'dhvaryuḥ paśoḥ saṃjñapyamānāt 3.7.13
paridhau paśuṃ niyuñjīta 9.2.12; 10.3.3; 12.2.10
parivīr asi 3.8.11
parivyayaty ūrg vai raśanā 3.6.10
paryagnikṛtaṃ pātnīvatam utsṛjanti 2.3.8
paryagnikṛtān āraṇyān utsṛjanti 9.4.13
parvaṇi nā 'dhyetavyam 12.3.7
pavamāne rathantaraṃ karoty ārbhave bṛhan madhya itarāṇi vairūpaṃ hotuḥ pṛṣṭhaṃ vairājaṃ brahmasāma śākvaraṃ maitrāvaruṇasya raivatam acchāvākasya 10.6.5
pavasva madhumattamaḥ 9.2.6
paśunā yajeta 1.3.10; 4.1.5
paśum ālabhya puroḍāśaṃ nirvapati 3.3.19
pitṛbhyo 'gniṣvāttebhyo 'bhivānyāyai dugdhe mantham 10.2.34
pitṛbhyo barhiṣadbhyo dhānāḥ 10.2.34
putre jāte 4.3.18 (see yasmin...)
punarniṣkṛto ratho dakṣiṇā 10.3.5
punānaḥ soma 9.2.6; 10.4.24
pumān striyā 6.1.5
purastād upasadāṃ saumyena pracaranti 4.4.3
purastād upasadāṃ pravṛṇakti 3.3.16
purā vatsānām apākartor daṃpatī aśnīyātām 6.4.12
purā vācaḥ pravaditoḥ 11.2.3; (purā vācaḥ) 11.3.3
purojitī vaḥ 9.2.6
puroḍāśakapālena tuṣān upavapati 4.1.11
puroḍāśaśakalam aindravāyavapātre prāsyati āmikṣāṃ maitrāvaruṇapātre dhānā āśvinapātre 3.8.19
purodāśān alaṃkuru (see bahiṣpavamāne stute...)
puroḍāśābhyām evā 'somayājinaṃ yājayed yāv etāv āgneyaś cai 'ndrāgnaś ca 10.8.14
puro'nuvākyām anūcya yājyayā yajati 12.4.2
purohitaṃ vṛṇīte 6.6.2
pūrvāparapakṣau vā indrasya harī tābhyāṃ hy eṣa sarvaṃ harati 9.1.16
pūrvedyur amāvāsyāyāṃ vediṃ karoti 5.1.16; 11.3.1
pūṣā prapiṣṭabhāgo 'dantako hi saḥ 3.3.18
pṛthivyai svāhā 10.8.10
pṛthupājavatyau dhāyyā 5.3.3
pṛṣadājyaṃ gṛhṇāti dvayaṃ vā idaṃ sarpir dadhi ca 10.4.27
pṛṣadājyena vanaspatiṃ yajati 10.4.18
pṛṣadājyenā 'nuyājān yajanti 5.2.8; 10.4.27
pṛṣṭhe gṛhṇīyāt 10.8.11
pṛṣṭhaiḥ stuvate 1.4.3
pṛṣṭhair upatiṣṭhate 7.3.14
pṛṣṭhyaḥ ṣaḍaho dvau svarasāmānāu 7.3.10
pṛṣṭhyaḥ ṣaḍaho bṛhadrathantarasāmā kāryaḥ 10.6.3
pauṇḍarīkāṇi barhīṃṣi bhavanti 9.3.2
pauṇḍarīkenai 'kādaśarātreṇa yajeta 10.6.17
paurṇamāsyāṃ yajeta (see paurṇamāsyāṃ paurṇamāsyā...)

paurṇamāsyāṃ paurṇamāsyā yajetā 'māvāsyāyām amāvāsyayā yajeta 2.2.3; (paurṇamāsyāṃ paurṇamāsyā amāvāsyāyām amāvāsyayā) 6.2.7; (paurṇamāsyāṃ paurṇamāsyā) 11.1.10; (paurṇamāsyām) 2.3.13; 11.2.1; (paurṇamāsyām amāvāsyāyām) 11.2.2; (paurṇamāsyāṃ yajeta) 4.2.9
pauṣṇaṃ śyāmam ālabheta 3.3.19
pauṣṇaṃ carum anunirvapet 3.3.19
praügaṃ śaṃsati 2.1.5
prajāpatiṃ manasā dhāyet 10.8.17
prajāpatir varuṇāyā 'śvam anayat sa svāṃ devatām ārcchat. sa paryadīryata sa evaṃ vāruṇaṃ catuṣkapālam apaśyat tan niravapat tato vai varuṇapāśād amucyata 3.4.15
prajāpatir vai hiraṇyagarbhaḥ 10.3.2
prajām utpādayet 6.2.11
praṇītāḥ praṇeṣyan vācaṃ yacchati tāṃ sa haviṣkṛtā visṛjati 9.1.7; 11.3.7
praṇītābhir havīṃṣi saṃyauti 4.2.5
pratitiṣṭhanti ha vā ya etā rātrīr upayanti 4.3.8
pratiprasthātaḥ savanīyān nirvapasva 5.1.13
pra tu drava 9.2.6
prayājaśeṣeṇa havīṃṣy abhighārayati 4.1.14
pra vo vājāḥ 9.1.10
praśasā bāhū 9.4.4
prastaram uttaraṃ barhiṣaḥ sādayati 1.4.13
prāg upanayanāt kāmacāravādabhakṣaḥ 6.2.6
prāṅmukho 'nnāni bhuñjīta 6.2.6
prācīnavaṃśaṃ karoti 3.4.6
prācīnāvītī dohayed yajñopavītī hi devebhyo dohayati 3.4.2; 3.4.4
prācīṃ devā abhajanta dakṣiṇāṃ pitaraḥ pratīcīṃ manuṣyāḥ 3.4.6
prācīm āharati 4.2.2
prājāpatyaṃ ghṛte caruṃ nivapec chatakṛṣṇalam āyuṣkāmaḥ 10.1.1
prājāpatyaiś caranti 5.2.1
prāṇabhṛta upadadhāti 1.4.17; 1.4.18
prātar juhoti (see sāyaṃ juhoti...)
prātaḥsavane mādhyaṃdine tṛtīyasavane grāhyaḥ 10.5.11
prāyaṇīyasya niṣkāsa udayanīyaṃ nirvapati 11.2.15
prāvṛṣi varuṇapraghāsair yajeta 11.2.8
prā 'smā agniṃ bharata 9.1.17; 9.3.8
praitu hotuś camasaḥ pra brahmaṇaḥ pro 'dgātṝṇāṃ pra yajamānasya pra yantu sadasyānām 3.5.7; (praitu hotuś camasaḥ) 3.5.11; 3.5.12; (pro 'dgātṝṇām) 3.5.8
prokṣaṇīr āsādaya 2.1.13; 3.8.12
prokṣitābhyām ulūkhalamusalābhyām avahanti 9.1.2
pro 'dgātṝṇām (see praitu...)

babaraḥ prāvāhaṇiḥ 1.1.8
barhir devasadanaṃ dāmi 3.2.1; (barhir devasadanam) 11.4.14
barhiṣā pūrṇamāse vratam upaiti vatsair amāvāsyāyām 6.4.12
barhiṣā yūpāvaṭam avastṛṇāti 7.3.7
barhiṣi rajataṃ na deyam 1.2.1
bahiṣpavamānena stuvate 1.4.3
bahiṣpavamāne stute āha agnīd agnīn vihara barhiḥ stṛṇīhi puroḍāśān alaṃkuru 5.1.13; (agnīd agnīn vihara) 3.8.12; 6.8.7; (puroḍāśān alaṃkuru) 3.8.23; (see also uttiṣṭhann anvāha agnīd agnīn vihare 'ti)
bārhaspatyaṃ grahaṃ gṛhṇāti 10.4.3
bṛhati samudraṃ manasā dhyāyet 9.2.15
bṛhat pṛṣṭhaṃ 10.7.16
bṛhaspater mūrdhnā harāmi 12.1.21
bṛhaspater vā etad annaṃ yan nīvārāḥ 2.3.7
brahmaṇe dadāti 3.7.17
brahma vai brahmasāma yad brahmasāmny ālabhate śamyās tenā 'bhighṛtāḥ 4.1.14 brahmasāmny ālabhate 11.2.11 (this is a continuation of tān paryagni...)
brāhmaṇaḥ pratigraheṇa 6.1.8
brāhmaṇaṃ parikrīṇīyād uccheṣaṇasya pātāram 3.5.3
brāhmaṇān bhojayet 11.1.8

brāhmaṇā bhojyantāṃ bahiḥ parivrājakā antaḥ 2.1.13

bhakṣayāmi 3.2.10 (the end of a quote which starts with vasumadganasya)
bhakṣe 'hi mā 'viśa 3.2.9
bhago vāṃ vibhajatu pūṣā vāṃ vibhajatu 2.1.14; 12.3.13
bhadrād abhi śreyaḥ 11.4.18
bhāvapradhānam ākhyātaṃ sattvapradhānāni nāmāni 2.1.1
bhidir vidāraṇe 1.4.1
bhinne juhoti 6.2.9; 6.4.4; 6.5.15; 12.3.6
bhūyiṣṭhām ṛddhim ārdhnoti 12.4.14
bhṛjjann indrāya harivate dhānā ayaṃ yajamānaḥ 11.3.16

maṇḍūkenā 'gniṃ vikarṣati 9.1.8
matau chaḥ sūktasāmnoḥ 9.1.19
madhyataḥkāriṇāṃ hotrkāṇāṃ ca camasādhvaryavaḥ 3.7.10
madhyāt pūrvārdhāc ca haviṣo 'vadyati 6.4.1
madhv āśayed ghṛtaṃ vā (see saṃsthite ṣaḍahe)
manor ṛcaḥ sāmidhenyo bhavanti 10.6.19
mantrabarhirbhyāṃ stotram upākaroti 10.4.2
mandrā 'bhibhūtiḥ 3.2.10 (the start of a quote which ends juṣāṇā somasya)
mamā 'gne varco vihaveṣv astv iti pūrvam agnim anvādadhāti devatā eva tat pūrvedyur gṛhītvā śvo bhūte yajate 12.1.12; (mamā 'gne varco vihaveṣv astu) 3.8.14
maraṇakāmo 'hy etena yajeta yaḥ kāmayetā 'nāmayaḥ svargaṃ lokam iyām 10.2.23
malavadvāsasā na saṃvadet 3.4.11
mātulasya sutām ūḍhvā mātṛgotrāṃ tathai 'va ca/ samānapravarāṃ cai 'va tyaktvā cāndrāyaṇaṃ cared// 1.3.5
mādhyaṃdine savane triṣṭupchandaskā ṛcaḥ ṣaṣṭir bhavanti 9.2.6
mādhyaṃdine savane dakṣiṇā nīyante 10.6.18
māsam agnihotraṃ juhoti 2.3.11; 7.3.1
māhendrastotraṃ praty abhiṣicyate (see māhendrasya stotraṃ praty abhiṣicyate)
māhendrasya stotraṃ praty abhiṣicyate 4.4.2; 5.2.10 (māhendrastotaṃ° in 5.2.10)
mukhaṃ vā etat saṃvatsarasya yac citrāpūrṇamāsaḥ 6.5.10
mūlataḥ ṣākhāṃ parivāsyo 'paveṣaṃ karoti 4.2.3
mṛnmayena pratiṣṭhākāmasya 4.3.2
mekhalayā dīkṣayati 5.3.11
medhātithiṃ ha kāṇvāyanaṃ meṣo bhūtvā jahāra 9.1.16
maitraṃ śvetam ālabheta vāruṇaṃ kṛṣṇam 9.3.4
maitrāvaruṇaḥ preṣyati cā 'nu cā 'ha ca 3.7.21
maitrāvaruṇaḥ preṣyati cā 'nvāha 10.7.6
maudgaṃ caruṃ nirvapec chrīkāmaḥ 6.3.6

ya iṣṭyā paśunā somena vā yajeta so 'māvāsyāyāṃ pūrṇamāsyāṃ vā 5.4.7; (ya iṣṭyā paśunā) 12.2.9; (ya iṣṭyā) 11.2.1; 12.2.13
ya etām iṣṭakām upadadhyāt sa trīn varān dadyāt 3.8.2
ya evaṃ vidvān agniṃ cinute 2.3.10
ya evaṃ vidvān paurṇamāsīṃ yajate, ya evaṃ vidvān amāvāsyāṃ yajate 2.2.3
ya evaṃ vidvān ṣoḍaśinaṃ gṛhṇāti 10.5.9
yaḥ kāmayate bahu syāṃ prajāyeya 10.5.24
yaḥ kāmayeta pratheya paśubiḥ prajayā jāyeme 'ti sa etām ādityebhyo vivaśāṃ kāmāyā 'labheta 9.3.13
yaḥ kāmayeta varṣukaḥ parjanyaḥ syān nīcaiḥ sado minuyāt (see yadi kāmayeta varṣukaḥ parjanyaḥ...)
yaḥ kāmayeta vasīyān syād ity uccaistarāṃ tasya vaṣaṭ kuryāt 10.2.22(this is based on a corrected text)
yaḥ kāmayeto 'ttaraṃ vasīyān śreyān syām iti tasyā 'gnaye pavamānāya nirupyā

'tha pāvakāya śucaye co 'ttare haviṣī samānabarhiṣī nirvapet 11.4.4
yaḥ paśukāmaḥ syāt so 'māvāsyāyām iṣṭvā vatsān apākuryāt ye madhamāḥ 9.4.11
yaḥ prathama āpatet (see yaḥ prathamaḥ śakala āpatet sa svaruḥ kāryaḥ)
yaḥ prathamaḥ śakala āpatet sa svaruḥ kāryaḥ 4.2.1; (yaḥ prathama āpatet) 11.3.5
yajatiṣu ye yajāmahaṃ karoti nā 'nuyājeṣu 10.8.1
yajamānaḥ prastaraḥ 1.4.13
yajamānapañcamā iḍāṃ bhakṣayanti 6.4.3; 10.2.9
yajamānasaṃmitau 'dumbarī bhavati 10.2.19; 12.4.11
yajamānasya yājyā so 'bhipreṣyati hotar etad yaje 'ti svayaṃ vā niṣadya yajati 3.5.18
yajamāno yūpaḥ 7.3.13
yajuryuktaṃ ratham adhvaryave dadāti 10.3.20
yajeta svargakāmaḥ (see darśapūrṇamāsābhyāṃ svargakāmo yajeta)
yajeran (see sattrād...)
yaj juhvāṃ gṛhṇāti prayājebhyas tat 4.1.15; (yaj juhvām) 4.1.16
yajñakarmaṇy ajapanyūṅkhasāmasu 9.2.8
yajñaṃ taniṣyantāv adhvaryuyajamānau vācaṃ yacchataḥ 9.1.7
yajñātharvaṇaṃ vai kāmyā iṣṭayas tā upāṃśu kartavyāḥ 3.8.20; (tā upāṃśu kartavyāḥ) 11.2.7
yajñānāṃ prathamo yajñaḥ (see eṣa vāva prathamo...)
yajñāyajñā vaḥ 2.2.12; 9.2.6
yajño vai devebhyo 'śvo bhūtvā 'pākrāmat so 'paḥ prāviśat sa vāladhau gṛhītaḥ sa vālān muktvā yo viveśa te vālāḥ kāśatāṃ prāptāḥ 1.3.5
yat kiṃ cit prājāpatyam upāṃśv eva tat kriyate 10.8.17
yat kiṃ cit somaliptaṃ tenā 'vabhṛthaṃ yanti 4.2.8
yat tūṣṇīm āghārayati 10.3.2
yat paruṣi ditaṃ tad devānāṃ yad antarā tan manuṣyāṇāṃ yat samūlaṃ tat pitṝṇāṃ samūlaṃ barhir bhavati 3.4.7
yat paśur māyum akṛta 6.8.7
yat paśūn dadyāt so 'nṛtaṃ kuryāt 10.3.19
yat prathamaṃ tad dvitīyaṃ yad dvitīyaṃ tat tṛtīyaṃ jagatīm antargacchati 10.5.4
yat prācīnavaṃśaṃ karoti devalokam eva tad yajamāna upāvartate 3.4.6
yatrā 'nyā oṣadhayo mlāyante 'thai 'te modamānā uttiṣṭhanti 1.3.4
yathācamasam anyāṃś camasāṃś camasino bhakṣayanty athai 'tasya hāriyojanasya sarva eva lipsante 3.5.9; (athai 'tasya) 3.5.11
yathā vai śyeno nipatyā 'datta evam ayaṃ bhrātṛvyaṃ nipatyā 'datte 1.4.5
yathā śakṣye 6.3.16
yad agnaye ca 1.4.4
yad abhighārayed rudrāyā 'sye paśūn nidadhyād yan nā 'bhighārayen na tad rudrāyā 'sye paśūn nidadhyāt 10.8.5
yad aśrv aśīyata 1.2.1
yad aṣṭākapālo bhavati gāyatryai 'vai 'naṃ brahmavarcasena punāti 1.4.12
yad ahar evai 'naṃ śraddho 'panamet tad ahar ādadhīta 5.4.5
yad āgnāvaiṣṇavam ekādaśakapālaṃ nirvapati devatā eva tad ubhayataḥ parigṛhya yajate 12.1.12
yad āgneyaḥ (see yadāgneyo 'ṣṭākapālo 'māvāsyāyāṃ ca paurṇamāsyām...)
yad āgneyo 'ṣṭākapālo 'māvāsyāyāṃ ca paurṇamāsyāṃ cā 'cyuto bhavati 1.4.7; (āgneyo 'ṣṭāpakālaḥ) 3.4.18; 9.1.4; (yad āgneyaḥ) 8.1.15
yad āgneyo 'ṣṭākapālo 'māvāsyāyāṃ bhavati 2.3.14
yad ājim īyus tad ājyānām ājyatvam 1.4.3
yad ātithyāyāṃ barhis tad upasadāṃ tad agnīṣomīyasya 4.2.11; 12.1.19
yad āhavanīye juhoti 3.1.12; 3.4.13; 10.8.8; 12.2.1; (āhavanīye juhoti) 7.3.12
yadi kāmayeta varṣukaḥ parjanyaḥ syān nīcaiḥ sado minuyāt 3.8.6; 10.2.20 (this

is based on correcting yaḥ in 3.8.6 to yadi)
yadi patnīḥ saṃyājayan kapālam abhijuhuyād vaiśvānaraṃ dvādaśakapālaṃ nirvapet tasyai 'kahāyanī gaur dakṣiṇā tāṃ dveṣyāya dadyāt 10.2.16
yadi bibhiyād abhi mo 'deṣyatī 'ti phalīkṛtais taṇḍulair upāsītā 'rdhaṃ dadhi havirātañcanārthaṃ nidadhyād ardhaṃ na yady abhyudiyāt tenā 'tacya pracared yadi na paredyur etena brāhmaṇaṃ bhojayet 6.5.1
yadi brāhmaṇo yajeta bārhaspatyaṃ madhye nidhāyā 'hutim āhutiṃ hutvā tam abhighārayet 2.3.2; (yadi brāhmaṇo yajeta bārhaspatyaṃ madhye nidhāya) 11.4.3
yadi rathantarasāmā somaḥ syād aindravāyavāgrān grahān gṛhṇīyād yadi bṛhatsāmā śukrāgrān yadi jagatsāmā 'grayaṇāgrān 10.5.15; (yadi rathantarasāmā somaḥ syād aindravāyavāgrān grahān gṛhṇīyāt) 2.3.1
yadi rājanyaṃ vaiśyaṃ vā yājayet sa yadi somaṃ bibhakṣayiṣen nyagrodhastibhinīr āhṛtya tāḥ saṃpiṣya dadhany unmṛjya tam asmai bhakṣaṃ prayaccen na somam 3.5.19
yadi sattrāya dīkṣitānāṃ sāmy uttiṣṭhāset somam apabhajya viśvajitā yajeta 6.5.7
yadi sattrāya saṃdīkṣitānāṃ yajamānaḥ pramīyetā 'tha taṃ dagdhvā kṛṣṇājine 'sthīny upanahya yo 'sya nediṣṭhaḥ syāt taṃ tasya sthāne dīkṣayitvā tena saha yajeraṃs tataḥ saṃvatsare 'sthīni yājayeyuḥ 10.2.17
yadi somaṃ na vindet pūtīkān abhiṣuṇuyāt 3.6.15; 6.3.13
yad upabhṛti prayājānuyājebhyas tat 4.1.15; 4.1.16
yad upabhṛty anuyājebhyas tat 4.1.16
yad upāṃśupātreṇa pātnīvatam āgrayaṇāt gṛhṇāti 3.2.13
yad ṛcā stuvate tad asurā anvavāyan yat sāmnā stuvate tad asurā nā 'nvavāyan yat sāmnā stuvīta 9.2.8
yad ekayā juhuyād darvihomaṃ kuryāt 8.4.1
yad evā 'syo 'naṃ yac chidraṃ tad etayā pūrayati lokaṃ pṛṇa cchidraṃ pṛṇa 5.3.8
yad aindravāyavāgrā grahā gṛhyante vācam evā 'nuprayanti 10.5.17; (yad aindravāyavāgrā grahā gṛhyante) 10.5.17
yad grahān juhoti 3.5.6
yad juhvāṃ gṛhṇāti prayājebhyas tat 4.1.15
yad yajuṣā juhuyād ayathāpūrvam āhutī juhuyād yan na juhuyād agniḥ parābhavet 10.8.5
yady api caturavattī yajamānaḥ pañcāvattai 'va vapā kāryā 10.7.20
yady apy anyadevatyaḥ paśuḥ syād āgneyy eva manotā kāryā 10.4.23
yady udgātā 'pacchidyetā 'dakṣiṇaṃ yajñam iṣṭvā tena punar yajeta tatra tad dadyād yat pūrvasmin dāsyan syāt yadi pratihartā sarvavedasaṃ dadyāt 6.5.17
yady ṛkto yajña ārtim iyād bhūḥ svāhe 'ti juhuyāt 12.3.5
yady ekaṃ yūpaṃ spṛśed eṣa te vāyo iti brūyāt 9.3.3
yady etāvatā na nameyur api sarvasvaṃ dadyāt 6.7.9
yad yonyāṃ tad uttarayor gāyati 9.2.1; (yad yonyāṃ tad uttarayoḥ) 9.2.5; (yad yonyām) 9.2.10; (uttarayor gāyati) 10.4.25
yad viśve devāḥ samayajanta tad vaiśvadevasya vaiśvadevatvam 1.4.11
yarhi havirdhāne prācī pravartayeyus tenā 'kṣam upāñjyāt 4.1.10
yavamayaḥ 10.7.16
yavāgūṃ pacati 5.1.2; 5.4.1
yavair yajeta 12.3.4
yasmin jāta etām iṣṭiṃ nirvapati pūta eva sa tejasvy annāda indriyāvī paśumān bhavati 1.4.12; 4.3.17

yasya parṇamayī juhūr bhavati na sa pāpaṃ ślokaṃ śṛṇoti 4.3.1; (yasya parṇamayī juhūr bhavati) 3.6.1
yasya puroḍāśaḥ kṣāyati taṃ yajñaṃ nirṛtir gṛhṇāti yadā tad dhaviḥ saṃtiṣṭhate 'tha tad eva havir nirvaped yajño yajñasya prāyaścittiḥ 6.4.5
yasya vratye 'hani patny anālambhukā syāt tām aparudhya yajeta 3.4.11
yasya sarvāṇi havīṃṣi 6.4.1
yasya somam apahareyur ekāṃ gāṃ dakṣiṇāṃ dadyāt 10.3.15
yasya havir niruptaṃ purastāc candramā abhyudeti sa tredhā taṇḍulān vibhajed ye madhyamāḥ syus tān agnaye dātre puroḍāśam aṣṭākapālaṃ kuryād ye sthaviṣṭhās tān indrāya pradātre dadhaṃs caruṃ ye 'ṇiṣṭhās tān viṣṇave śipiviṣṭāya śṛte carum 6.5.1
yasya hiraṇyaṃ naśyet 4.1.2
yasyā 'gnir uddhṛto 'gnihotra udvāpej jyotiṣmate puroḍāśam aṣṭākapālaṃ nirvapet 9.4.6
yasyā 'hitāgner agnir apakṣāyati 7.3.12
yasyo 'bhayaṃ havir ārtim ārcched aindraṃ pañcaśarāvam odanaṃ nirvapet 6.4.6; (yasyo 'bhayaṃ havir ārtim ārcchet) 2.1.6; (aindram) 6.4.9
yasyo 'bhāv agnī anugatāv abhinimloced abhyudiyād vā punarādhyeyaṃ tasya prāyaścittiḥ 6.4.8
yaḥ sattrāyā 'gurate sa viśvajitā yajeta 6.4.11; (viśvajitā yajeta) 4.3.5
yaḥ somena yakṣyamāṇo 'gnim ādadhīta na 'rtūn sūrkṣen na nakṣatram 5.4.5
yāṃ vā adhvaryuś ca yajamānaś ca devatām antaritas tasyā āvṛścyete prājāpatyaṃ dadhigrahaṃ gṛhṇīyāt 4.4.5
yāṃ vai kāṃ cana yajña ṛtvija āśiṣam āśāsate yajamānāyai 'va tām 10.2.22
yāṃ kāṃ cid brāhmaṇavatīm iṣṭakām abhijānīyāt tāṃ madhyamāyāṃ citāv upadadhyāt 5.3.7
yājyāyā adhi vaṣaṭkaroti 3.5.18
yājyārdharce pratiprasthātā vasāhomaṃ juhoti 11.2.4; (vasāṃ juhoti) 11.4.9
yā te agne 'yāśayā tanūr varṣiṣṭhā gahvareṣṭho 'graṃ vaco apāvadhīt tveṣaṃ vaco 'apāvadhīt svāhā yā te agne rajāśayā yā te agne harāśayā 2.1.16
yādṛk tādṛk ca hotavyam 6.3.2
yāvajjīvaṃ darśapaurṇamāsābhyāṃ yajeta 2.3.13; (yāvajjīvaṃ darśapūrṇamāsābhyām) 6.2.7
yāvajjīvam agnihotram juhoti 2.4.1; (yāvajjīvam agnihotram) 6.2.7
yāvato 'śvān pratigṛhṇīyāt tāvato vāruṇāṃś catuṣkapālān nirvapet 3.4.14; 5.2.2; (yāvato 'śvān pratigṛhṇīyāt) 3.4.15
yāvatyā vācā kāmayīta tāvatyā dīkṣaṇīyāyām anubrūyāt 9.1.2; (yāvatyā vācā) 9.1.6
yuvaṃ hi sthaḥ svarpatī iti dvayor yajamānayoḥ pratipadaṃ kuryāt 3.3.14
yuvā suvāsāḥ 3.8.11
yūpam ācchetsyatā hotavyam 10.1.5
yūpasya svaruṃ karoti 4.2.1; 4.4.10
yūpe paśuṃ niyunakti 3.6.10
yūpo vai yajñasya duriṣṭam āmuñcata yad yūpam upaspṛśed yajñasya duriṣṭam āmuñcet tasmād yūpo no 'paspṛśyate 9.3.3
ye daivyā ṛtvijas tebhir agne 10.4.18
yena karmaṇe 'rtset tatra jayān juhuyāt 3.4.13
ye puro 'dañco darbhās tān dakṣiṇāgrān stṛṇīyāt 3.4.4
ye madhyamāḥ 9.4.10
ye yajamānās ta ṛtvijaḥ 5.1.1; 6.6.3;10.2.10; 10.6.15; 12.4.15
ye yajñapatiṃ vadharyanti te ilāyām upahūtāḥ 9.1.14
ye yajñapatiṃ vardhān 9.1.14
yo 'gniṃ citvā na pratitiṣṭhati pañca pūrvāś citayo bhavanty atha ṣaṣṭhīṃ citiṃ cinute pratiṣṭhityai 4.4.7
yo 'dābhyaṃ gṛhītvā somāya yajate 5.3.6; (see eṣa vai haviṣā...)

yo dīkṣitānāṃ pramīyetā 'pi tasya phalam 6.3.9
yo 'nūcānaḥ syāt tasya pravṛñjyāt 3.3.17
yo brahmacāry avakiret sa nairṛtaṃ gardabham ālabheta 6.8.4
yo brāhmaṇāyā 'vaguret taṃ śatena yātayāt tasmād brāhmaṇāya nā 'vagureta 3.4.10
yo māsaḥ sa saṃvatsaraḥ 6.7.13
yo vā rakṣāḥ śucir asmī 'ty āha 2.1.8
yo vidagdhaḥ sa nairṛtaḥ yo 'śṛtaḥ sa raudro yaḥ śṛtaḥ sa daivas tasmād avidahatā śrapayitavyam 3.4.7
yo vṛṣṭikāmo yo 'nnādyakāmo yaḥ svargakāmaḥ sa saubhareṇa stuvīta 2.2.13
yo vai trivṛd anyaṃ yajñakratum āpadyate sa taṃ dīpayati yaḥ pañcadaśaḥ sa taṃ yaḥ saptadaśaḥ sa taṃ ya ekaviṃśaḥ sa tam 5.3.15
yo vai saṃvatsaram ukhyam abhṛtvā 'gniṃ cinoti yathā sāmigarbho 'vapadyate tādṛg eva tad ārttim ārcched vaiśvānaram dvādaśakapālaṃ nirvapet 4.4.6
yo 'smān dveṣṭi 6.8.7
yo hotā so 'dhvaryuḥ 3.8.11

rakṣohaṇo valagahano vaiṣṇavān khanāmi 11.4.19
rajasvalā ca ṣaṇḍhaś ce...home pradāne bhojye ca yad ebhir abhivīkṣitam| daive haviṣi pitrye vā tad gacchaty ayathāyatham|| 3.4.11
ratninām etāni havīṃṣi 10.1.1
rathaghoṣeṇa māhendrasya stotram upākaroti 10.4.2
rathantaraṃ gāyati 9.2.2
rathantare prastūyamāne saṃmīlayet svardṛśaṃ prativīkṣeta 10.6.2; (rathantare prastūyamāne saṃmīlayet) 9.2.15
raśanayā parivyayati trivṛd bhavati darbhamayī bhavati 3.6.10; (raśanayā parivyayati) 4.4.9
raśmir asi kṣayāya tvā 6.6.4
rājanyaṃ jināti 5.2.10
rājanyavasiṣṭhādīnāṃ nārāśaṃso dvitīyaḥ prayājas tanūnapād anyeṣām 6.6.1
rājānam abhiṣiñcati 5.2.10
rājānam abhisiñcet 2.3.2
rājā svārājyakāmo rājasūyena yajeta 2.3.2; 4.4.1
revatīr naḥ 2.2.12
rauravayaudhājaye bārhate tṛce bhavataḥ 9.2.6

lohitoṣṇīṣā lohitavasanā nivītā ṛtvijaḥ pracaranti 10.4.1

vajro vai ṣoḍaśī 10.5.11
vaḍavā dakṣiṇā 3.4.14
vatsaṃ co 'pāvasṛjaty ukhāṃ cā 'dhiśrayati 3.8.10
vatsam ālabheta 2.3.6
vanaspate śatavalśo virohe 'ty āvraścane juhoti 10.1.6
vaniṣṭhum agnīdhe ṣaḍavattam 9.4.3; (vaniṣṭhum agnīdhe) 10.7.5
vaniṣṭhum asya mā rāviṣṭo 'rūkaṃ manyamānāḥ 9.4.3
varāhaṃ gāvo 'nudhāvanti 1.3.5
varuṇapāśān muñcati 3.4.14
varuṇo vā etaṃ gṛhṇāti yo 'śvaṃ pratigṛhṇāti 3.4.14
varṣāsu rathakāra ādadhīta 6.1.12
valmīkavapāyāṃ homaḥ 4.4.1
vaṣaṭkartuḥ prathamabhakṣaḥ 3.5.10; (vaṣaṭkartuḥ) 3.5.12
vaṣaṭkāreṇa svāhākāreṇa vā devebhyo dīyate 10.8.10
vasantam ṛtūnāṃ grīṣmam ṛtūnām 5.1.3; (vasantam ṛtūnām) 6.1.6
vasantāya kapiñjalān ālabheta 2.1.7; 11.1.8
vasante 'gnim ādadhīta (see vasante brāhmaṇo 'gnim ādadhīta)
vasante brāhmaṇam upanayīta 2.3.3
vasante brāhmaṇo 'gnim ādadhīta 3.6.4; 6.7.13; (vasante 'gnim ādadhīta) 2.3.3; (ādadhīta) 6.6.5
vasante lalāmāṃs trīn vṛṣabhān ālabheta 8.1.8

vasante vasante 6.2.11
vasāṃ juhoti (see yājyārdharce pratiprasthātā vasāhomaṃ juhoti)
vasumadganasya 3.2.10 (the start of a quote which ends with bhakṣayāmi)
vā kāraṇāgrahaṇe 1.3.4
vāg vai dvādaśāho mano mānasam 10.6.13
vācā tvā hotrā 9.4.8
vācā virūpa nityayā 1.1.6
vājapeyena svārājyakāmo yajeta 1.4.6
vājapeyene 'ṣṭvā bṛhaspatisavena yajeta 4.3.13; 4.3.20
vājasya mā prasavena 3.8.8
vāyavyaṃ śvetam ālabheta 1.2.1; 2.3.5; 10.2.30
vāyur vai kṣepiṣṭhā devatā 1.2.1
vāraṇo yajñāvacaraḥ 3.1.12
vāruṇenai 'kakapālenā 'vabhṛtham avayanti 4.2.8
vāruṇyā niṣkāsena tuṣaiś cā 'vabhṛthaṃ yanti 7.3.4; 11.2.14
vārtraghnī paurṇamāsyām anūcyete vṛdhanvatī amāvāsyāyām 2.2.3; 3.1.13; (pūrṇamāsyām in 3.1.13)
vāsasā krīṇāti 12.4.3
vāsasā co 'pāvaharati (see vāsasi minoti...)
vāsasi minoti, vāsasā co 'pāvaharati 10.6.20
vāsiṣṭho brahmā bhavati 6.6.4
vāso dakṣiṇā vatsaḥ prathamajo dakṣiṇā 10.3.6
vāso dadāti 7.3.11
vāstumayaṃ raudraṃ caruṃ nirvapet 6.1.13
vijitaṃ kṣatriyasya kusīdaṃ vaiśyasya 12.4.16
vidhinā tv ekavākyatvād 1.2.1
vimuktādibhyo 'ṇ 9.1.19
vi vā eṣa indriyeṇa vīryeṇa vyṛdhyate yaḥ somaṃ vamati 3.4.16
viśvajitā yajeta (see yaḥ sattrāyā 'gurate...)
viśvajit sarvapṛṣṭho bhavati 7.3.3; (viśvajit sarvapṛṣṭhaḥ) 10.6.5
viṣṇuṃ yajati 9.2.20
viṣṇum āvaha 10.1.1
viṣṇur upāṃśu yaṣṭavyaḥ (see jāmi vā etad yajñasya kriyate...)
viṣṇur upāṃśju yaṣṭavyo 'jāmitvāya prajāpatir upāṃśu yaṣṭavyo 'jāmitvāyā 'gnīṣomāv upāṃśu yaṣṭavyāv ajāmitvāya (see jāmi vā etad yajñasya kriyate...)
vṛkṣāgrāj jvalato brahmavarcasakāmasyā 'hṛtyā 'vadadhyāt 12.4.7
vṛddhaṃ tālavyam āyī bhavati 9.2.9
vṛdhanvān āgneyaḥ kāryaḥ pāvakavān saumyaḥ 10.4.17
vṛṣaṇvantas tṛcāḥ (see stotrīyānurūpau tṛcau bhavataḥ...)
vṛṣaṇvaśvasya duhitā menakā tām indraś cakame 9.1.16
vedaṃ kṛtvā vediṃ karoti 1.3.4
vediṃ khanati 3.7.1
vedir asi barhiṣe tve 'ti trir vediṃ prokṣati 11.4.15
vedyāṃ havīṃṣy āsādayati 3.7.1
vaikhānasaṃ pūrve 'han sāma bhavati ṣoḍaśy uttare 10.5.13
vaimṛdhaḥ pūrṇamāse 'nunirvāpyo bhavati tena pūrṇamāsaḥ sendraḥ 4.3.14
vaiśākhyām amāvāsyāyāṃ saptadaśa mārutīr upākaroti saptadaśa pṛśnīn ukṣṇas tān paryagnikṛtān itarā ālabhante pre 'tarān utsṛjanti evaṃ dvitīye rājīvās tṛtīye 'ruṇāś caturthaṃ piśaṅgīḥ pañcame sāraṅgīḥ tāṃś cai 'vo 'kṣṇa iti samānam. pañcame varṣe dīkṣita etān ukṣṇas trīṃs trīn anvaham ālabhate pañco 'ttame 'hani 11.2.12
vaiśvadevaṃ caruṃ nirvaped bhrātṛvyavān, taṃ barhiṣadaṃ kṛtvā śamyayā sphyena vyūhed idam aham amuṃ cā 'muṃ ca vyūhāmī 'ti, yaṃ dviṣyāt taṃ dhyāyan yad adho 'vamṛjyeta yac ca sphya āśliṣyet tad viṣṇava urukramāyā 'vadyati 10.1.1
vaiśvadevīṃ sāṃgrahāyaṇīṃ nirvaped grāmakāmaḥ 4.4.4
vaiśvadevena yajeta 1.4.11
vaiśvānaraṃ dvādaśakapālaṃ nirvapet putre jāte 1.4.12; 4.3.17

vaiśvānaraṃ dvādaśakapālaṃ nirvaped yo 'māvāsyāṃ paurṇamāsīṃ vā 'tipātayet 12.3.5
vaiśvāmitro hotā 6.6.4
vaiṣṇavas trikapālaḥ 7.3.6
vaisarjananhomīyaṃ vāso 'dhvaryur gṛṇāti 1.3.3
vyāpannam apsu praharati 6.5.16
vrataṃ cariṣyāmi 12.1.11
vrīhibir yajeta 2.2.6; 4.2.9; 6.3.4; 6.3.11; 6.3.21; 12.3.4
vrīhīṇām (see syonaṃ...)
vrīhīṇāṃ medha (see syonaṃ...)
vrīhīn avahanti 1.3.10; 2.1.3; 4.2.9; 5.2.7; 9.2.12
vrīhīn prokṣati 9.1.5

śaṃsu saṃstutau 9.4.4
śakṛt saṃpravidhyati lohitaṃ nirasyati 4.1.12
śataṃ brāhmaṇāh pibanti 3.5.20
śatātirātraṃ bhavati (see śatokthyaṃ bhavati...)
śatokthyaṃ bhavati, śatātirātraṃ bhavati 8.3.4
śamitāra upetana yajñam 3.7.13
śamyvantā prāyaṇīyā saṃtiṣṭhate na patnīḥ saṃyājayanti 10.7.12
śaradi vājapeyena yajeta 4.3.20
śaramayaṃ barhiḥ 10.4.2 (probably a quote)
śasu hiṃsāyām 9.4.4
śākhayā vatsān apākaroti 4.2.3
śāmitre śrapayati 12.1.5
śālāmukhīya eṣo 'ta ūrdhvaṃ gārhapatyaḥ saṃpannaḥ 12.1.6
śiṣṭākope viruddham iti cet 1.3.4
śukraṃ yajamāno 'nvārabhate 10.2.19; 12.4.11
śukraṃ gṛhṇāti 10.4.3
śukraṃ tvā 11.4.14
śukrāgrān gṛhṇīyād abhicarato manthyagrān abhicaryamāṇasya 10.5.19
śundhadhvam 3.3.11
śūrpeṇa juhoti tena hy annaṃ kriyate 1.2.3
śṛte caruṃ dadhani carum 9.2.14
śeṣaṃ sviṣṭakṛtaṃ yajati 2.3.13
śeṣāt sviṣṭakṛte samavadyati 3.4.19
śaunaḥśepam ākhyāpayati 5.2.10
śyenacitaṃ cinvīta svargakāmaḥ 10.8.11
śyenam asya vakṣaḥ kṛṇutāt 9.4.5
śyenenā 'bhicaran 1.4.5
ślokena purastāt sadasaḥ stuvate 'nuślokena paścāt 10.4.9
śvetam ālabheta 4.2.8

ṣaṭtriṃśadaho vā eṣa yad dvādaśāhaḥ 6.5.9; 11.4.5
ṣaḍaṅgam eke 1.3.7
ṣaḍahā bhavanti, catvāro bhavanti 8.3.3
ṣaḍ upasadaḥ 5.3.2
ṣaḍviṃśatir asya vaṅkrayaḥ 9.4.1
ṣaḍviṃśatir ity eva brūyāt 9.4.2
ṣoḍaśī vairājasāmā 10.6.6

saṃvatsarapratimā vai dvādaśa rātrayaḥ 6.7.13
saṃsava ubhe kuryāt 10.6.8
saṃsthāpya paurṇamāsīṃ vaimṛdham anunirvapati 4.3.14
saṃsthite ṣaḍahe madhv āśayed ghṛtaṃ vā 9.2.12; 10.6.9; (madhv āśayed ghṛtaṃ vā) 10.4.1
saṃsthite saṃsthite 'hani gṛhapatir mṛgayāṃ yāti sa yān mṛgān hanti teṣāṃ tarasāḥ savanīyāḥ puroḍāśā bhavanti 3.8.23
sakṛd upastṛṇāti sakṛd abhighārayati 6.4.1
sattrād udavasāya pṛṣṭhaśamanīyena sahasradakṣiṇena yajeran 10.2.12; (yajeran) 10.2.14; (udavasāya) 10.2.13
sattrāyā 'gūrya viśvajitā yajeta 2.3.12; 9.2.12
satyaṃ vaden nā 'nṛtam 3.4.8
sa tvan naś citra 9.2.6
sadyaḥ somaṃ krīṇanti 11.2.13
saṃtataṃ āghārayati 12.3.12
saṃtatāṃ vasordhārāṃ juhoti 12.3.11
saṃ te prāṇo vātena gacchatāṃ saṃ yajatrair aṅgāni saṃ yajñapatir āśiṣā 2.1.18

saptadaśa prājāpatyān paśūn ālabhate 2.2.7; 10.4.4; (saptadaśa prājāpatyān) 5.1.5
saptadaśa vaiśyasya (see saptadaśā 'nubrūyād vaiśyasya)
saptadaśa sāmidhenīr anubrūyāt 3.6.2; 10.8.9
saptadaśā 'nubrūyād vaiśyasya 3.6.3; (saptadaśa vaiśyasya) 6.6.7
saptadaśāratnir vājapeyasya yūpaḥ 3.1.9
saptadaśāvarāḥ sattram āsīran 6.2.1
saptabhir ādhunoti 10.5.5
saptamaṃ padam adhvaryur añjalinā gṛhṇāti 4.1.10
saptahaṃ sāma bhavati 7.1.2
sa brahmaṇe deyaḥ (see aśvaḥ śyāvo rukmalalāṭo dakṣiṇā...)
samantaṃ paryavadyati 3.5.4
samayādhyuṣite sūrye ṣoḍaśinaṃ stotram upākaroti 5.1.18
samānam itarac chyenena 7.1.2
samidho yajati 2.2.2; 3.3.4; 9.2.20
same yajeta 4.2.9; (same) 2.3.13; 11.2.1
sa yo hai 'vaṃ vidvān iḍayā carati 9.1.14
sarasvatyā dakṣiṇena tīreṇā 'gneyena yajeta 2.3.12
sarvaṃ brahmaṇe pariharati 10.2.5
sarvasmai vā etad yajñāya kriyate yad dhruvāyām ājyam 10.8.15
sarvasvaṃ dadāti 6.7.1; 6.7.3
sarvāṇi kapālāny abhiprathayati 11.4.11
sarvebhyo darśapūrṇamāsau 4.3.10
sarvebhyo havirbhyaḥ samavadyati 3.5.1
savane savane grāhyaḥ 10.5.11 (presented as savane 2)
saha kumbhībhir abhikrāman 3.5.2
saha paśūn ālabhate 3.8.22; 5.1.6; 10.1.5
saha śākhayā prastaraṃ praharati 4.2.4; 6.4.14
saha śrapayati 6.5.1
saha somaṃ krīṇāty abhiṣecanīyadaśapeyayoḥ 11.2.13
sahasrākṣo gotrabhid vajrabājuḥ 9.1.4
sahai 'va daśabhiḥ putrair bhāraṃ vahati gardabhī 3.2.14
sa hy aniruktaḥ 10.3.18
sānnāyyasyā 'ntareṇo 'pāṃśv ājyasya yajati 6.5.2
sānnāyyena tu somayājinam 10.8.14
sāyaṃ juhoti, prātar juhoti 6.2.7
sārvasvatau bhavata etad vai daivyaṃ mithunaṃ yat sarasvatī sarasvāṃś ca 5.1.7
sāvitry arcā 2.1.10–12
supippalābhyas tvau 'ṣadhībhyaḥ 11.4.16
sūktavākena prastaraṃ praharati 3.2.5
sūryaṃ cakṣur gamayatāt 9.3.10
sṛṣṭīr upadadhāti 1.4.17
so 'gnaye 'dhriyata 8.1.16
so 'tra juhoti agnaye svāhā kṛttikābhyaḥ svāhā 5.2.9 (this overlaps agnaye svāhā...)
somagrahāḥ surāgrahāś ca 10.4.3
somaṃ krīṇāti 6.8.6
somasyā 'gne vīhi 3.2.16
somāpauṣṇaṃ caruṃ nirvapati 3.3.20
somāraudraṃ caruṃ nirvapet kṛṣṇānāṃ vrīhīṇām abhicaran 10.4.2
somāraudraṃ caruṃ nirvapet śuklānāṃ vrīhīṇām 10.7.19
somāvaiṣṇava ekādaśakapāla aindrāpauṣṇaś caruḥ pauṣṇaś caruḥ śyāmo dakṣiṇā 11.4.1
somena yakṣyamāṇo 'gnīn ādadhīta 5.4.3
somena yajeta 1.4.1; 2.1.1; 2.2.1; 2.2.6; 3.2.17; 6.2.11
somo nā 'nupahūtena peyaḥ 3.5.14
somo vai vājinaṃ surā somaḥ 8.2.1
saumendraṃ caruṃ nirvapec chyāmākaṃ yaḥ somaṃ vamati 3.4.16
saumyaṃ caruṃ babhrur dakṣiṇā 4.4.3
saumyasyā 'dhvarasya yajñakratoḥ saptadaśa 'rtvijaḥ 3.7.16
sauryaṃ caruṃ nirvapet 2.3.5; 7.4.1; 10.1.10; (sauryam) 8.1.16
sauryam (see sauryaṃ caruṃ nirvapet)
sauvarṇarājatābhyāṃ mahimānau gṛhṇāti 10.4.3
skanne juhoti 6.2.9; 12.3.6
stotrīyānurūpau tṛcau bhavataḥ, vṛṣaṇvantas tṛcāḥ, uttamaḥ paryāsaḥ 5.3.4

stome ḍavidhiḥ pañcadaśādyarthaḥ 1.4.3
sthāṇau sthāṇvāhutiṃ juhoti 10.1.6
snātvā bhāryām upayacchet 6.8.2
sphyaś ca 4.1.4
sphyeno 'ddhanti 3.1.5; 4.1.4
syonaṃ te tasmin tsīda (see syonaṃte sadanam...)
syonaṃ te sadanaṃ kṛṇomi ghṛtasya dhārayā suśevaṃ kalpayāmi tasmin sīdā 'mṛte pratitiṣṭha vrīhīṇāṃ medha sumanasyamānaḥ 3.3.8; (syonaṃ te tasmin tsīda) 2.1.14; (vrīhīṇāṃ medha) 9.3.6; 9.3.9; (vrīhīṇām) 9.3.1
srucaḥ saṃmārṣṭi 2.1.4
sruveṇa pārvaṇau homau juhoti 9.2.18
sruveṇā 'ghāram āghārayati 10.7.14
sruveṇā 'vadyati 1.4.20
svayaṃkṛtā vedir bhavati svayaṃkṛtaṃ barhiḥ svayaṃkṛta idhmaḥ 10.1.1
svaruṇā paśum anakti 4.2.1; 4.4.10
svargakāmaḥ (see darśapūrṇamāsābhyāṃ svargakāmo yajeta)
svargakāmo yajeta (see darśapūrṇamāsābhyāṃ svargakāmo yajeta and jyotiṣṭomena svargakāmo yajeta)
svādiṣṭayā 5.3.5; 9.2.6
svādhyāyam adhīyīta 6.2.11
svāhākāraṃ yajati 10.1.7
svāhā 'gniṃ svāhā somaṃ svāhā prajāpatiṃ svāhā 'gnīṣomau 10.1.7; (svāhā 'gnim) 10.4.14
harir asi hāriyojanaḥ 3.5.9
havirdhāne grāvabhir abhiṣutyā 'havanīye hutvā pratyañcaḥ paretya sadasi bhakṣān bhakṣayanti 3.5.11; 6.4.7; (havirdhāne) 3.5.12
haviṣkṛd ehī 'ti trir avaghnann āhvayati 3.2.3
hastāv avanenikte 3.1.14
hā3 vu hā3 vu 2.1.10–12
hinva me gātrāṇi 3.4.16
hiraṇmayau prākāśāv adhvaryave dadāti 10.3.17
hiraṇmayyaḥ sruco bhavanti śamīmayyo vā 7.1.5
hiraṇyaṃ haste bhavati 3.4.12
hiraṇyagarbhaḥ samavartatā 'gra ity āghāram āghārayati 10.3.1
hiraṇyam ātreyāya dadāti 2.2.1; 10.2.26
hiraṇyaśakalasahasreṇā 'gniṃ prokṣati 9.1.8
hīṣ iti vṛṣṭikāmāya nidhanaṃ kuryād ūrg ity annādyakāmāya ū iti svargakāmāya 2.2.13
hṛdayasyā 'gre 'vadyati 2.2.6; 10.7.1
hetudarśanāc ca 1.3.3
hotavyam agnihotram na vā 10.8.5
hote 'va naḥ prathamaḥ 3.5.13
home pradāne bhojye ca yad ebhir abhivīkṣitaṃ| daive haviṣi pitrye vā tad gacchaty ayathāyatham|| (see rajasvalā...)

Index

(Words are given below in quotation marks when either their meaning or the particular force of their use is a point of discussion. Items marked with "(n)" are mentioned only in the notes, those marked with "(ntx)" only in the notes to the Sanskrit text.)

I Names and Subjects

Abheda (of substance and rite), 6.3.3
Abhicāra, 1.4.5; 2.3.13 (n); 4.1.2; 4.3.12; 5.1.10; 8.3.1; 10.4.2; 10.5.19
Abhighāraṇa, 2.3.2; 4.1.14; 6.4.1; 10.2.2; 10.7.20; 10.8.5; 10.8.12–13
Abhijit, 1.4.1 (n); 6.7.8; 8.1.9 (n);10.5.25; 12.3.1 (eight-day rite)
Abhiplava six-day period, 8.3.3 (ntx); 8.3.6 (ntx); 9.1.6 (n); 10.5.25; 10.6.11; 12.3.1
Abhīvarta sāman, 9.2.6
Abhyudayeṣṭi, 6.5.1–6; 9.2.14; 9.4.10–11; p. 801
Acchāvāka, 3.2.9 (n); 3.7.10 (n); 3.7.16 (n); 5.1.1 (ntx); 10.3.13 (ntx); 10.5.2; 10.6.5
Adābhya cup, 3.6.11; 3.6.12
Adābhya draught, 2.3.9; 5.3.6
"Ādadhīta", 6.6.5
Ādhāna, pp. 30-31; 1.3.5 (n); 2.3.3; 2.3.10; 3.1.12; 3.3.2; 3.6.4-5; 3.8.14; 3.8.22; 4.1.2; 5.3.9; 5.4.3-5; 5.4.9; 6.1.5; 6.6.5; 6.7.10; 6.7.13 (n); 6.8.2; 6.8.3; 8.3.1 (n); 8.4.1 (n); 9.1.2; 10.2.27 (n); 10.3.5; 10.4.16-17 (notes); 10.8.5–6; 11.3.2; 11.3.14 (n); 11.4.4; 12.2.1 (n); 12.4.5; 12.4.8; 12.4.9 (n); pp. 796, 799, 802, 811, 821-3, 829
Adharma, p. 38; 1.1.1–5; 1.2.1; 1.2.4; 1.3.1; 1.3.5; p. 793
Adhikāra (entitlement), pp. 30 (n); 44; 1.3.8; 3.3.17; 3.4.6 (n); 5.4.4; 6.1.2-5; 6.1.7-10; 6.1.12-13; 6.2.1; 6.2.5; 6.2.13; 6.6.1-7; 6.7.12-13; 6.8.3; 10.8.14; pp. 800, 802
Adhikaraṇaratnamālā, p. 16
Adhrigupraiṣa, 9.1.17; 9.3.8 (n); 9.3.10 – 14 (notes); 9.4.1 (n); 9.4.2; 9.4.3–5 (notes); 11.4.20
Adhvarakalpā, 5.1.10 (n); 6.6.7; 10.8.9 (n); 11.2.3; 11.3.3; p. 820
  Cake (8 pans) for Agni and Viṣṇu, 11.2.3
  Ghee for Sarasvatī, 11.2.3; 1.2.8
  Caru for Bṛhaspati, 11.2.3
  Cake (11 pans), 11.2.3
  Cake (12 pans), 11.2.3; 12.2.8
Adhvaramīmāṃsākutūhalavṛtti, p. 17 (n); cited often in notes as Kutūhalavṛtti
Ādhvaryava (name for tasks etc.), 3.3.6; 3.7.19; 3.7.21-23; 3.8.1 (n); 3.8.3; 3.8.5 (n); 3.8.8; 3.8.11
Adhvaryu, p. 38; 1.1.3; 2.1.13 (n); 2.1.14 (n); 2.1.17 (n); 3.1.10 (n); 3.1.15 (n); 3.2.3 (n); 3.2.14; 3.4.21; 3.5.2 (n); 3.5.12-13; 3.5.19; 3.6.16 (n); 3.7.4 (n); 3.7.10 (n); 3.7.13-14; 3.7.16 (n); 3.7.19; 3.7.21 (n); 3.7.22-3; 3.8.1-6; 3.8.7 (n); 3.8.8-11; 3.8.12 (n); 3.8.13-15; 3.8.16 (n); 3.8.18 (n); 4.1.10; 4.2.5 (n); 4.2.6 (n); 4.4.5; 5.1.1; 5.1.13; 6.1.4 (n); 6.1.11 (n); 9.1.7; 9.1.14 (n); 10.2.3 (n); 10.2.7; 10.3.17; 10.3.20; 10.4.2 (n); 10.4.23 (n); 10.6.15; 10.7.6; 10.7.7 (n); 10.7.8; 10.7.12 (n); 10.8 1 (n); 11.1.9; 11.2.8–9; 11.2.10 (n); 11.3.6

(n); 12.1.3 (n); 12.1.9; 12.3.16; pp. 816, 821, 828
Adhyūdhnī, 10.7.4
Ādityānāmayana, 8.1.11
Āditya vessel, 3.2.13
Advaitacintākustubha, pp. 13, 19 (n)
After-sacrifices, 1.2.3; 3.8.8 (n); 4.1.15; 4.3.15-17; 4.4.11 (n); 5.1.12; 5.1.15; 5.2.8 (paśu); 8.1.3; 8.4.4 (n); 10.4.5; 10.4.21; 10.4.27; 10.7.9 (n); 10.7.12 (ātithyeṣṭi); 10.7.13; 10.7.14 (upasad);10.7.15 (avabhṛtha); 10.8.1; 10.8.3 (n); 11.2.2 (n); 11.3.16 (paśu); 12.1.1; 12.2.12 (n; paśu); p. 822
  Barhis after-sacrifice, 10.7.15 (avabhṛtha)
Agent (general),
  Features of, 12.2.6
  A substitute can be, 6.3.8
  Duality of agents, 10.2.14
  Plurality of agents, 10.2.14; 10.6.14
Āghāra, 1.4.4; 1.4.7 (n); 2.2.5; 3.8.15 (n); 4.4.11; 5.1.12 (n); 5.1.14; 6.1.11 (n); 10.3.1–2 (vāyava paśu); 10.7.14 (upasad); 10.8.17 (ntx); 12.3.3; 12.3.12
Āgneya cake (at darśapūrṇamāsa), 1.4.7; 2.2.3-4; 2.3.14; 3.4.18; 5.4.2; 8.1.15–17; 8.3.1; 9.1.4; 10.8.14; 10.8.18–19; 11.1.1; 11.1.10; 12.2.7; pp. 804-5
"Agni", 9.3.1
Agnicayana, pp. 30, 37, 44; 1.1.1 (n); 1.4.10 (n); 1.4.13 (n); 1.4.17 (n); 1.4.19 (n); 2.3.7 (n); 2.3.10 (n); 3.2.2 (n); 3.6.12; 3.8.2 (n); 4.4.6-7 (notes); 5.2.11; 5.2.12 (n); 5.3.2; 5.3.6 (n); 5.3.10; 6.6.4 (n); 7.3.7 (n); 7.3.14 (n); 9.1.8; 10.3.1 (n); 10.3.4; 10.5.5; 10.8.4 (n); 10.8.10 (n); 10.8.11; 11.1.6 (n); 11.3.9; 12.3.2; 12.3.11 (n); 12.3.14 (n); 12.4.7; 12.4.10 (n); pp. 806, 814, 822, 828-9
Agnīdh (priest, = Āgnīdhra), 3.1.15 (n); 3.2.3 (n); 3.2.4; 3.2.8-9 (notes); 3.4.21; 3.5.2; 3.7.4 (n); 3.7.10 (n); 3.7.16 (n); 3.7.17; 3.8.12-13; 3.8.23 (n); 5.1.13; 6.8.7; 9.4.3; 10.2.3 (n); 10.2.7; 10.7.5; 11.2.9 (n)
Āgnīdhra,
  Priest, (see Agnīdh)
  Shed, 3.2.8; 12.1.7 (n)
Agnihotra, pp. 28 (n), 30-31; 1.4.4; 1.4.13 (n); 2.2.2; 2.2.5; 2.2.10-11 (notes); 2.3.6; 2.3.11; 2.4.1-2; 3.4.4; 3.8.7 (n); 4.3.3 (n); 5.1.2; 5.1.17; 5.3.9; 5.4.1; 6.2.7-8; 6.3.2 (n); 6.4.8 (n); 6.5.13; 6.5.14 (n); 6.6.6 (n); 6.8.1; 7.3.1; 8.1.3; 8.2.1 (n); 8.4.4; 9.4.6–8; 10.2.27; 10.8.4–5; 10.8.7; 11.3.13 (n); 12.2.1; pp. 795, 799, 802-4, 809, 818, 825
  For dead sacrificer, 3.4.2; 3.4.4-5; p. 796
  Month-long, 2.3.11; 7.3.1; 7.3.6; 8.2.1 (n); 9.1.6 (n); 12.1.6; p. 825
Agnihotrahavaṇī, 3.1.5 (n); 3.8.10 (n); 4.1.4 (n); 8.1.2 (n); 10.2.27
Āgnimāruta śastra, 4.3.15; 5.1.12; 5.1.15; 11.3.16; 12.2.12 (n)
Agnīṣomīya cake (at darśapūrṇamāsa), 2.2.3 (n); 5.1.8; 5.4.4; 5.4.8; 8.1.15; 8.3.1; 10.8.18–19; 12.2.8; p. 799
Agnīṣomīya paśu, 1.3.3 (n); 1.3.10 (n); 1.4.2; 2.2.6; 3.6.7; 3.6.10; 3.7.2 (n); 3.7.21 (n); 3.7.3; 3.7.6; 3.7.21 (n); 3.8.11; 3.8.22; 4.1.5 (n); 4.2.1 (n); 4.2.6 (n); 4.2.11; 4.4.9; 4.4.10 (n); 4.4.12 (n); 5.1.6; 5.1.7-8 (notes); 5.1.12; 5.2.5; 5.2.6 (n); 5.2.8; 5.3.1; 6.8.9; 7.3.7 (n); 8.1.5–6; 8.2.2; 8.2.3 (n); 9.1.6; 9.1.17; 9.3.3 (n); 9.3.5 (n); 9.3.8; 9.3.10-11 (notes); 9.3.12; 9.4.1; 9.4.3-5 (notes); 10.1.6 (n); 10.1.8; 10.4.18; 10.7.1; 10.7.18; 11.2.4; 11.3.3; 11.3.4 (n); 11.3.8; 12.1.1–2; 12.1.4-5 (notes); 12.1.19–21; 12.2.2–3; 12.3.16 (n); 12.4.4; 12.4.6; p. 804
  Cake for Agni and Soma, 10.1.9; 10.4.20; 11.3.8; 12.1.1; 12.1.2 (n); 12.1.7 (n); 12.2.2; 12.3.2 (agnicayana); pp. 824-6
Agniṣṭoma, p. 29; 2.2.8 (n); 2.2.12; 2.3.10; 3.3.16 (n); 3.3.17; 3.6.16; 5.3.13–15;

6.5.14; 7.3.13 (n); 8.3.2; 8.3.5; 9.1.17 (ntx); 9.2.12 (n); 9.3.8; 10.1.3; 10.2.12 (n); 10.4.4; 10.4.13 (n); 10.5.9; 10.5.12; 10.5.26 (n); 10.6.7; 10.8.11; 11.3.15; pp. 814, 822
Agniṣṭoma sāman, 2.2.12
Agniṣṭut, 2.2.12; 9.1.16; 10.4.26; 10.6.7; 12.2.7 (fifteen-day rite)
Agni Sviṣṭakṛt, 10.4.18; 10.4.21; 10.7.10
Āgrayaṇa, 2.2.6 (ntx); 5.4.7 (ntx); 10.3.6; 10.8.9 (n); 12.2.14; 12.2.15 (n); pp. 812, 827
  Aindrāgna, 12.2.14; 12.2.15 (n)
  Viśvadevas, 12.2.14; 12.2.15 (n)
  Dyāvāpṛthivī, 12.2.14; 12.2.15 (n)
Āgrayaṇa draught, 2.3.1 (n); 5.4.1 (n); 10.5.15; 10.5.23–25; p. 814
Āgrayaṇa vessel, 3.2.13; 10.5.10
Āgur mantras, 3.6.16 (n)
Ahaḥkḷpti, 10.5.4; 10.5.25
Ahargaṇa, 3.3.13; 6.5.21; 6.7.8 (n); 10.5.24; 10.6.16–17; 11.3.6; 11.3.10
Āhavanīya, p. 39; 2.2.3 (n); 3.1.12; 3.4.13; 3.5.2; 3.5.11; 3.6.4-6; 3.7.7; 3.8.14 (n); 4.2.4; 6.3.5; 6.4.7; 6.4.8 (n); 6.7.13; 6.8.2–4; 7.3.9; 7.3.12; 9.1.2; 9.2.8; 9.4.7; 9.4.8 (n); 10.1.5; 10.5.26 (n); 10.8.8; 11.2.8; 11.2.10 (n); 11.3.2 (n); 11.3.13 (ntx); 12.1.5 (n); 12.1.6; 12.2.1; 12.3.5 (ntx); 12.4.7; (n); 12.4.8; 12.4.10; pp. 820, 829
Ahiṃsā, 4.1.2; 10.8.4; 11.1.8
Ahīna, 3.3.13; 5.3.14-15; 6.2.1 (n); 8.2.5; 8.2.6 (n); 9.3.12 (n); 10.5.14; 10.6.12 (n); 10.6.16; 11.2.12; 12.4.12; pp. 805, 814, 816, 830
Aindrāgna cake (at darśapūrṇamāsa), 2.3.14; 3.1.15; 10.8.4; 10.8.14; 10.8.18; 12.2.7–8; p. 819
Aindravāyava draught, 2.2.6; 2.3.1; 2.3.9; 3.5.5; 3.6.9; 5.4.1; 10.5.15; 10.5.17–18; 10.5.20; 10.5.23–25
Aindrī verse, 3.2.2; 3.3.7; 9.3.1; 12.2.7
"Ājya" (ghee),
  Denotes jāti, 1.4.8
  Does not transfer features, 7.3.7; pp. 803-4
Ājyabhāga, 2.2.3; 3.1.13; 10.1.7-8; 10.1.10 (ntx); 10.4.17; 10.7.9–10 (gṛhamedhīya); 10.7.15 (avabhṛtha); 10.8.2; 11.1.2; 12.1.2; 12.2.8 (n); p. 817
Ājyadoha sāmans, 7.3.12
"Ājyapān", 10.4.28
Ājyastotras, 1.4.3; 2.1.5; 3.3.6; 9.2.2; 9.2.11 (n); 10.4.9; 10.4.22; 10.5.2; 10.5.3 (n)
Ākāśa, 1.1.6
Akhaṇḍopādhi, 2.1.7
"Ā labh", 2.3.5–6
Āmahīyava sāman, 9.2.6
Amalānanda, 12.2.8 (n)
Āmanahoma, 3.7.20 (n); 4.4.4; 10.4.5; 10.7.9
"Amāvāsyā", 3.7.4; 4.4.8
  "Amāvāsyāyām", 11.2.2
Ambaṣṭha, 8.4.2 (n)
Āmikṣā, 1.4.11; 2.2.9; 2.3.2 (n); 3.5.13 (n); 3.8.19; 4.1.9; 4.3.4; 5.4.8 (n); 7.3.4; 8.2.4; 11.2.8; 11.2.14; 11.4.3 (n)
Āṃśu cup, 3.6.11; 3.6.12
Anāhitāgni, 6.6.5; 6.8.1
"Anāhuti", 10.8.4
Anas (cart), 7.3.11; 12.1.7; p. 804
Āndhīgava sāman, 9.2.6
Aṅgas (texts), 1.3.4 (n); 1.3.7
Animal parts, 10.7.1–3
  Buttock, 10.7.2 (n); 10.7.3
  Chines, 10.7.2 (n)
  Kidneys, 10.7.2 (n)
  Liver, 10.7.2 (n)
  Shoulder, 10.7.2–3
  Tongue, 10.7.2 (n)
  Upper part of foreleg, 10.7.2 (n), 10.7.3
  (See also Adhyūdnī, Breast, Guda, Heart, Omentum, Ribs, "Three parts" (of the animal); Vaniṣṭhu)
Animals (as non-sacrificers), 6.1.2
Aniruddha, p. 20 (n)
Annaṃbhaṭṭa, p. 18 (n); 2.1.2 (n)

8.1.3 (n); 10.7.12; 10.7.13 (n); 11.3.4; 12.1.19–21
Atyagniṣṭoma, 5.3.13
Audgātra (name for tasks etc.), 3.3.6; 3.5.8; 3.7.23; 3.8.1; 3.8.5
Auśana sāman, 9.2.6
Avabhṛtha, 3.6.7; 4.2.8; 5.1.6 (n); 6.5.11–13; 7.3.4; 8.1.3 (n); 9.2.20 (n); 10.4.19 (n); 10.7.15 (n); 11.2.7; 11.2.14 (varuṇapraghāsa); 11.2.15 (n); 11.3.1; pp. 817, 820
"Avabhṛtha", 7.3.4
Āvāhana nigada, (see Nigada)
Avāntarakāṇḍa, 3.8.10
Āvāpa, 5.3.5; 9.2.6; 10.4.13; 10.5.2
Aveṣṭi (outside rājasūya), 11.4.3 (See also Rājasūya (Aveṣṭi))
Avivākya, 9.1.9; 10.5.4
"Āvraścana", 10.1.6
Ax, 1.4.20; 9.4.2; 9.4.4
Axle (oiling), 4.1.10
"Āyīrā", 9.1.19
Āyus rite, 6.7.8 (n); 7.4.3; 10.5.25; 12.2.7 (n)
Babara Prāvāhaṇi, 1.1.8
Bādarāyaṇa, p. 8 (n)
Bādari, 3.1.3 (n)
Bahiṣpavamānastotra, 1.3.5 (n); 1.4.3; 3.2.4 (n); 3.3.6 (n); 3.3.14 (n); 3.7.14 (n); 3.8.12 (n); 3.8.23 (n); 5.1.13; 5.3.4; 5.3.5 (n); 5.4.1 (n); 10.5.2; 10.5.3 (n); 10.5.16 (n); 10.5.7; 10.5.26; 10.6.7; p. 814
Balabhid, 1.4.1 (n)
Barhis, 1.2.1; 1.4.8; 1.4.13 (n); 3.2.1; 3.3.11 (n); 3.4.7; 3.6.10; 3.8.17-18; 4.1.12 (n); 4.2.11; 4.4.11 (n); 5.1.13; 6.4.12; 7.3.7; 8.4.4; 9.1.9; 9.3.2; 10.1.1; 10.2.34; 10.4.2; 10.7.15; 11.3.4; 11.4.4; 11.4.15; 12.1.19–21; 12.2.14
  "Barhis" denotes jāti, 1.4.8
  "Barhis" does not transfer features, 7.3.7; pp. 803-4
  Carrying, 12.1.21
  Cutting, 3.2.1; 7.3.7 (n); 11.4.14
  Prasūna, 12.2.14–15
  Prompts stotra, 10.4.2
  Śara, 10.4.2
  Sprinkling, 3.8.17; 11.4.15; 12.1.19–20; p. 826
  Strewing, 7.3.7; 11.4.14; 12.1.20; p. 826
  Throwing into fire, 9.1.9
  Tying, 12.1.21
Bath, pp. 36-8; 1.1.1; 6.8.2
Bdellion (gauggulava), 10.4.7
Beating (grains), 1.3.10; 2.1.3; 3.1.4-5 (notes); 3.1.12 (n); 3.2.3; 3.3.11 (n); 3.6.14; 3.8.10 (n); 4.1.11; 4.2.9; 5.1.8 (n); 5.2.7; 6.2.10; 7.1.1; 9.1.2; 9.2.12; 9.4.9; 10.1.1; 10.2.31; 10.2.34; 11.1.5–6; 11.3.7; 11.4.12–14; pp. 794, 819, 824
Begetting projeny, 6.2.11
Bhāmatī, p. 16; 12.2.8
Bhāṣika accent, 12.3.8 (n)
Bhāṣikasūtra, 12.3.8 (n)
Bhāskara Miśra, p. 30 (n)
Bhāsakararāya, 5.3.1 (n)
Bhāskarodaya, 2.1.2 (n)
Bhāṭṭadīpikā, pp. 10, 14-18, 24 (n), 33; *passim* in notes to text and translation
Bhaṭṭārka, p. 17 (n)
Bhāvanā (general), pp. 25-6, 793-5;
  Arthabhāvanā, 2.1.1
  Śabdabhāvanā, 2.1.1
Bhū rite, 10.3.14
Bhūteṣṭakā, 3.6.12 (n)
Bleating of animal, 6.8.7
Blind person (as non-sacrificer), 6.1.2
Blocking (general), 3.3.12; 10.1.1
Blood (lohita), 4.1.12
Bones of dead sacrificer, pp. 41-2; 10.2.17–22; p. 811
"Brahman" (in the sense of "brāhmaṇa"), 10.8.6
Brahman (priest), 3.1.15 (n); 3.4.21; 3.7.4 (n); 3.7.10 (n); 3.7.16-17; 5.1.1; 6.6.4; 9.2.6; 10.2.3 (n); 10.2.4–7; 10.3.18–19; 10.6.5; 10.6.15; 10.8.6; 11.2.9; p. 810
Brāhmaṇa (man), 1.4.13-14; 2.3.2-3; 3.4.10; 3.5.20; 3.6.4; 4.3.4; 5.4.4; 6.1.8;

6.5.1; 6.6.3; 6.7.13; 6.8.7; 11.1.8; 11.4.3; 12.4.16; p. 830
Of Atri gotra, 2.2.1; 3.4.12 (n); 10.2.26
Brāhmaṇa (text), pp. 31, 37; 1.2.4; 5.1.9; 5.3.7; 12.3.8–9; 12.3.15; pp. 794-5, 798, 828
Definition, 2.1.8
Brāhmaṇācchaṃsin, 2.2.13 (n); 3.2.9 (n); 3.7.10 (n); 3.7.16 (n); 10.3.13 (n); 10.5.2
Brahmasāman (stotra), 2.2.13 (at ukthya); 4.1.14; 9.2.5-6 (notes); 11.2.11; 11.4.20
Brahmasūtra (=Vedāntasūtra), 12.2.8 (n)
Branch (śākhā), pp. 39-41; 2.1.15; 3.1.2; 3.6.8; 4.2.2–4; 6.4.14
Cutting, 5.4.2
Breast (of animal), 9.4.4; 10.7.2 (n)
"Bṛhadrathantarasāman", 10.6.3
Bṛhaspati draught, 10.4.3
Bṛhaspatisava, 1.3.8 (n); 4.3.13; 4.3.20; 8.3.6; 10.2.12; 10.4.3
Bṛhatī (meter), 5.3.5; 9.2.5–6; 10.4.13; 10.5.2
Bṛhatī (text), p. 9 (n)
Bṛhaṭṭīkā, p. 9 (n)
Bṛhat pṛṣṭha, 7.3.3
Bṛhat sāman, 2.3.1 (n); 7.3.3; 8.3.2; 9.2.2 (n); 9.2.6; 9.2.15–16; 9.2.17 (n); 10.4.24–25; 10.5.15–16; 10.5.23; 10.6.3; 10.6.5–6; 10.6.8 (n); 10.7.16
Bricks, p. 37; 1.4.10; 1.4.17-18; 1.4.19 (n); 2.3.7 (n); 2.3.10 (n); 3.6.12; 3.8.2; 4.4.7; 5.3.6-8; 6.6.4 (n); 7.3.7; 9.1.8; 11.1.6 (n); p. 806
Sixth layer of bricks, 4.4.7
(See also Kumbheṣṭakā bricks, Lokaṃpṛṇā brick, Prāṇabhṛt bricks, Sṛṣṭi bricks)
Bringing forward Agni and Soma, 5.1.14; 11.3.3
Budhamanoharā, p. 13
Caitra, 6.5.10
Cake (general),
Cake pan (for scattering husks), 9.2.13
Covering with ash, 5.1.16; 5.2.10
Dividing the dough, 2.1.14; (n); 12.3.13 (n)
Kneading the dough, 9.2.14 (n)
Middle cake, 10.7.16
Spreading dough, 1.2.4; 12.3.15
Cake for Indra (unidentified), 1.4.7 (n); 8.1.17
Cake (2 pans) for Aśvins (at jyotiṣṭoma), 12.2.4 (n)
"Cakṣus" (meaning), 9.3.10
Calf,
Driving away, pp. 40-1; 2.1.15 (n); 4.2.3; 5.4.2 (n); 6.4.12–14; 9.4.9
First-born (as fee), 10.3.6–8; 10.3.10
For Maruts, 10.2.29
Hide as garment, 12.3.1
Releasing, 3.8.10
Touching, 2.3.6
(See also "Vatsa")
Camasa,
Etymology, 3.5.7
At iṣṭi, 4.1.2; 4.3.2; 8.1.14 (n); 12.3.9 (n)
At soma rite, 3.5.9; 3.5.11-12; 3.5.20; 3.6.3 (n); 4.4.12; 8.1.14 (n); 10.2.9; 10.3.19; 10.5.12; 12.1.4; p. 825
Camasādhvaryu, 3.7.10–12; 3.7.16; 3.7.17 (n); 3.7.22; p. 797
Cāndrāyaṇa, 1.3.5
Capacity (of an action or object), p. 37; 1.1.1; 1.4.20
"Caru", 1.3.5; 10.1.10; p. 810
Cāru (features of its liquid), 9.4.9-11; p. 809
Caru for Soma (at jyotiṣṭoma), 12.1.4 (n); 12.1.7 (n); 12.2.4; p. 826
Caturavatta, 5.2.4; 6.4.1; 8.4.3; 10.8.12-13; p. 818
Caturavattin, 10.7.20
Caturdhākaraṇa, 3.1.15; 3.4.21; 10.2.4; 10.2.7
Caturhotṛ fire, 1.4.19 (n)
Caturhotṛ homas, 6.8.1
Caturhotṛ mantra, 3.7.4; 6.8.1; 8.1.15
Cāturmāsya, p. 30; 1.4.11; 7.1.3; 7.3.8; 9.2.12; 10.3.1; 10.4.27; 10.8.9 (n);

11.2.7 (ntx); 11.2.9; 12.3.7 (ntx); pp. 803, 820-1
As one-day rites, 9.2.12-13; 12.2.10
Nine fore-sacrifices, 10.3.1
With animal rites, 10.3.3
Vaiśvadeva, 1.4.11; 2.2.6; 7.1.5; 7.3.9; 9.2.12 (n); 10.3.6 (ntx); 10.5.1 (n)
Five offerings, 7.1.3
Cake (8 pans) for Agni; caru for Soma; cake (12 pans) for Savitṛ; caru for Sarasvatī; caru for Pūṣan, 11.2.8 (n)
Āmikṣā for Viśvadevas, 2.2.9; 4.1.9; 8.2.4
Cake for Dyāvāpṛthivī, 7.1.5; 10.5.1 (?); 12.2.14 (n)
Vājina sacrifice, 2.2.9; 4.1.9; 8.2.1
Varuṇapraghāsa, 1.2.3; 3.7.7 (n); 7.1.3; 7.1.5; 7.3.4; 7.3.9; 10.3.3 (n); 11.2.8; 12.1.5 (n); 12.1.9 (n); pp. 820, 825
Āmikṣā for Maruts, 11.2.8
Āmikṣā for Varuṇa, 11.2.8 (n); 11.2.14; p. 821
Cake for Ka, 7.1.5; 11.2.8 (n)
Cake to Indra and Agni, 7.1.5; 11.2.8 (n)
Sākamedha, 5.1.11; 5.1.17 (n); 7.1.3-4; 7.3.9
Cake for Indra and Agni, 7.1.4
Cake for Viśvakraman, 7.1.4
Gṛhamedhīya, 9.4.13; 10.7.9; 10.7.10–11 (notes); p. 815
Mahāpitṛyajña, 10.2.34; 10.5.1 (n); 10.8.1
Traiyambakahomas, 8.4.4; 10.8.5
Śunāsirīya, 3.5.13 (n); 7.1.3; 7.3.8
Cātvāla, 3.7.7 (n); 9.3.12 (n)
Celibacy (loss of), 6.8.4
Chāga, 6.8.9; 10.2.29; 10.4.18
Chandogas, 1.3.8
Chandoma, 10.5.4
Chick peas, 6.3.6
Citrā, 1.4.2; 4.3.12; 5.1.7 (n); 6.2.3; 8.1.19; 10.2.31 (n); 12.2.7 (n)
Citriṇī bricks, 3.6.12; 5.3.6; 5.3.7
Clay vessel (for praṇīta water), 4.3.2
Cloth,
As fee, 7.3.11; 10.3.6–7; 10.3.9–10
For wearing, 6.8.7; 10.4.8 (new); 12.3.1; p. 827
To buy soma, 12.4.3
To measure and take down soma, 10.6.20–22; p. 816
Concentration (of mind), 11.3.8
Construction of a cart (worldly act), 6.2.4
Context,
Distinct context (definition), 2.3.11; 4.3.13 (n)
General, 3.3.9-10
Intermediate context, 3.1.10-11; 3.1.12 (n); 3.3.10; 4.4.2
Large context, 3.1.10 (n); 4.4.2 (n)
Conventional meaning, 1.1.7; 1.4.1; 1.4.5; 1.4.9; 1.4.13; 2.3.2; 3.3.13; 3.5.8; 6.1.12; 6.7.10; 6.8.9 (n); 9.1.12; 10.4.19; 10.6.7; 12.1.12
Coreferentality, p. 45; 1.3.10; 1.4.4 (n); 2.3.11 (n); 3.8.6; 4.4.6; 4.4.11; p. 794
Correctness (and incorrectness), 1.3.9
Crossing a river, 11.4.17
Crying, 1.3.4
Curds draught, 4.4.5
Daikṣa, (see Agnīṣomīya paśu)
Dākṣāyaṇa, 2.3.4; 3.5.15 (n); 3.4.8 (n)
Dākṣiṇa, 2.2.1; 3.4.12 (n)
Dakṣiṇā, pp. 26, 30; 1.2.1 (ntx); 2.2.1 (n); 2.2.8 (n); 3.4.1 (n); 3.4.12 (n); 3.4.14; 3.7.5; 3.7.17; 3.8.1; 3.8.14; 4.2.7 (n); 4.4.3; 6.5.8 (n); 6.5.17–18; 6.5.20–21; 6.7.1–11; 7.1.2 (n); 7.3.11 (n); 8.1.12 (n); 10.2.8; 10.2.11-12; 10.2.13 (n); 10.2.16; 10.2.26 (n); 10.3.5–6; 10.3.7 (n); 10.3.9 (n); 10.3.11; 10.3.12–20; 10.6.15; 10.6.17–18; 11.3.6; 11.4.1-3; 11.4.11 (n); 12.1.16; 12.4.5; pp. 802, 810-12, 816, 823, 826, 829
"All one's possessions", 6.7.1–9
Bringing forward, 11.3.6
Division of cows, 10.3.12–13
Prohibition, 10.2.11

Dakṣiṇāgni, 5.1.15 (n); 6.4.8; 11.3.16; 12.2.1
Dāna (definition), 4.2.10; p. 797
"Dāna" (use of term), 10.2.8
Daṇḍa, 3.7.5; 4.2.6; 5.3.11
Daṇḍakalita, 5.3.2
Darbha,
Garment, 6.8.7 (n); 10.4.8
Grass, p. 38; 2.1.17 (n); 3.2.1. (n); 3.4.4; 3.6.10; 3.8.18; 9.3.2
Darvī, 1.2.3; 8.4.1
Darvihomas, 1.4.4; 4.4.1; 8.4.1–4; 10.8.10; 12.4.2 (n); pp. 805, 818
"Dārvihomika" (used for an agent), 8.4.2
Dāsa, 6.7.5
Daśahotṛ mantra, 12.4.15
Death,
Of sacrificer, 11.3.13
Of sattrin, 6.3.7–10; 6.6.6; p. 801
One desiderous of, 10.2.23
(See also Agnihotra (For dead sacrificer))
Debts, 6.2.11
Deity (general), pp. 26, 33; 9.1.4; p. 819
Acquisition of, 12.1.12
Desiderative act, (see Kāmya)
"Devagavāḥ", 1.3.10
Devasū offerings, 12.3.2; p. 827
Dhānā, 1.4.2 (n); 3.5.9 (n); 3.8.19; 3.8.23; 8.1.19; 10.2.34; 11.3.16; 12.2.7
"Dhānya", 9.1.13
Dhārā draughts, 10.5.17–20; p. 814
Dharma, pp. 23-4, 31, 36-8; 1.1.1–5; 1.2.1; 1.2.4; 1.3.1-9; 1.4.1; 2.1.2; 6.7.5; pp. 793-4
Custom (as source), 1.3.4; 1.3.5; p. 794
Foundations of, 1.3.4
Kīrtana (as means of destruction), 2.1.2
Dharmaśāstra, pp. 11, 14, 31
Dharmasūtras, p. 31; 1.3.4 (n); 2.3.3 (n); 3.4.3 (n); 4.1.3 (n); 6.2.5-6 (notes); 6.2.10 (n); 10.6.12 (n)
Dhāyyā, 5.3.3
"Dhenu" (denotes a cow), 10.2.29
Dhiṣṇyas, 3.6.7; 5.1.13 (n)
Dhruvā, 1.4.4 (n); 2.2.3; 3.5.1; 4.1.15 (n); 4.1.16; 4.1.17 (n); 10.8.15
Dhruva cup, 3.6.9
Dhūrgāna sāman, 10.5.3; p. 813
Dhvani, 1.1.6
Different practices, 6.6.1; p. 802
Dīkṣā, 2.1.9 (n); 2.1.17; 2.3.12 (n); 3.6.2 (ntx); 3.7.5; 5.1.1; 5.1.14; 5.3.11; 6.5.8–9; 6.5.10 (gavāmayana); 10.3.4; 11.3.3; 11.3.6; 11.4.5 (twelve days); 11.4.6 (n); 11.4.17 (ntx); 12.1.8; 12.1.12; p. 823
Continuation, 6.5.12
Setting aside, 6.5.11
Dīkṣaṇīyā iṣṭi, 2.3.12; 3.6.16; 4.4.12; 5.2.11–12; 5.3.11; 7.1.1; 8.1.3; 9.1.2; 9.1.6; 10.1.2; 10.1.3 (n); 10.8.2; 12.1.12; 12.1.18 (n); 12.2.9
Cake (11 pans) for Agni and Viṣṇu, 12.1.12
Dīkṣita,
Mantras for, 11.4.17-18; 12.4.1 (n); p. 824
Prohibitions for, 6.5.11; 10.8.7
Staying awake, 12.1.8 (n); p. 825
Dīpikā (commentary on Tarkasaṃgraha), 2.1.2 (n)
Disposal, pp. 38-41; 2.3.7; 3.4.18-19; 3.4.21; 3.5.1; 3.5.3 (n); 3.8.19; 4.1.9; 4.1.12-14; 4.2.4-5; 4.2.7-8; 6.3.21; 6.4.2 (n); 6.4.14; 9.4.12 (n); 10.2.3; 10.2.9; 10.7.6 (n); 11.2.14; 11.3.13 (n); 11.4.9; 12.1.15; 12.1.17 (n); 12.2.12 (n); 12.4.4; 12.4.6; pp. 796-7, 801, 810, 821, 825-6, 829
Draughts (general),
Continuity of, 7.3.10
Drawing of, 10.4.3
Drums (sound of), 10.4.2
Dung (śakṛt), 4.1.12
Earth (not rājan's possession), 6.7.2
Easterners, 1.3.8
Eating facing east, 6.2.6
Eight-day rite, 6.7.8; 7.3.10; 12.3.1
Ekādaśī, 1.3.1
"Ekadhā", 9.3.11; 10.2.4

Ekāha (general), 2.3.12; 4.4.2 (n); 5.3.14 (definition); 10.5.25; 10.6.8 (n)
"Ekahāyanī", 9.1.16
Ekaśruti, 9.2.8
Ekāṣṭakā, 6.5.10
Ekatrika, 10.5.2–3
Ekavākyatva, 2.1.14
Ekaviṃśa (stoma), 2.2.12; 5.3.4-5; 5.3.15; 7.3.10; 8.3.2; 9.2.5-6; 10.5.6; 10.5.12; 10.6.9 (n)
Eleven animals, 8.1.7–8; 10.6.4; 11.2.5-6 (notes); 11.3.15; 11.4.9; (n); 11.4.10 (n); 12.4.4; p. 804
  Black-necked for Agni, 9.3.14
  Ewe for Sarasvatī, 9.3.14
  Tvaṣṭṛ and wives, 2.3.8; 9.4.14
Eleven-day pauṇḍarīka rite, 10.6.17; 10.6.18 (n); 11.4.11; p. 816
Eleven posts, 5.2.5 (n); 8.1.8 (n); 7.3.13; 9.3.14; 11.2.6; p. 820
Elixir, 6.7.13
Encircling with fire, 2.3.8; 3.6.7 (n); 9.4.13–14; 11.2.11–12
"Etat", 2.2.8; 2.2.12
Etymology, p. 7; 1.1.8 (n); 1.3.4 (n); 1.3.5-6; 1.3.10 (n); 1.4.1; 1.4.4; 1.4.6 (n); 1.4.9-11; 2.1.8; 2.2.6-7; 2.2.9; 2.3.4; 3.3.13; 3.3.16; 3.4.14 (ntx); 3.5.7-8; 3.7.10; 3.7.13; 3.7.16 (n); 4.4.12; 6.1.12-13; 6.8.9 (n); 7.3.2; 7.3.13 (n); 9.1.12; 9.1.13 (n); 9.2.6; 9.2.18; 9.4.3; 10.1.6; 10.4.8; 10.4.19; 10.5.15; 12.1.12; 12.4.2 (n); 12.4.8
Exclusion (parisaṃkhyā), p. 43
  Faults, 10.5.13; 10.5.23; 10.7.9 (n); 10.7.12; 10.7.14; 10.7.15-16 (notes)
Expiatory rites (general), p. 30; 12.3.5-6; p. 801
  Avakīrṇeṣṭi, 6.8.4
  Broken pan, 6.2.9; 6.4.4; 6.5.15; 12.3.6
  Burned cake, 6.4.5
  Death by fever (caru for Rudra), 6.1.13; 6.8.3 (n)
  Extinguished fire (cake to Agni Jyotiṣmat), 9.4.6–7; p. 809
  Failing to keep ukhya fire, 4.4.6
  Fire led elsewhere, 7.3.12
  Giving horses, 3.4.14-15; 5.2.2; 11.4.11
  Omission of iṣṭi (cake (8 pans) to Agni Pathikṛt), 5.3.12 (n); 12.3.5
  Omission of iṣṭi (cake (12 pans) to Vaiśvānara), 12.3.5; p. 828
  Reinstallation, 6.4.8
  Sānnāyya offerings spoiled, 6.4.6; 6.4.9-10
  Severed line of priests, 6.5.17–21; p. 802
  Soma taken away, 10.3.15
  Spill at patnīsaṃyāja (cake to Agni Vaiśvānara), 10.2.16
  Spilt ghee, 6.2.9; 12.3.6
  Verse mistake, 12.3.5; p. 828
  Viśvajit, (see Viśvajit)
  Vomiting, 3.4.16-17
  Yajus mistake, 2.1.18
Eyes (opening and shutting), 10.6.2
Fasting (two and three days), 3.8.4; 5.3.11
Fees, (see Dakṣiṇā)
Fifteen-day rite, 8.2.6; 12.2.7
Fingernails, 2.1.3 (n); 9.1.2; 9.2.12 (n)
Fires (general), 12.2.1
  Desiderative fire from burning tree top (at agnicayana), 12.4.7–9; p. 829
  Extinguished fires, 6.4.8
  Fire of burning grass on vedi, 1.4.20 (n)
  Fires of dead sacrificer, 11.3.13
  Maintenance of fire, 12.4.10; p. 829
  Nitya fire (at agnicayana), 12.4.7
  Reinstallation of fire, 10.3.5
  Rubbing with fire sticks, 12.4.9
  (See also Āhavanīya, Dakṣināgni, Gārhapatya, Prājahita fire, Śālāmukhīya fire, Śāmitra fire, Ukhya fire, World (mundane) (Worldly fire)
Five-autumn soma rite, 11.2.12
Five-day soma rite, 1.1.8 (n); 1.4.2 (ntx)
Flesh (of deer), 3.8.23
Foot-print, 10.8.8
Fore-sacrifices, 2.1.1 (n); 2.2.2-3; 2.2.7 (n); 2.3.14 (n); 3.1.10; 3.3.4; 3.7.1 (n);

4.1.7 (n); 4.1.14-17; 4.4.11 (n); 5.1.3-4;
  5.1.12; 5.1.14; 5.2.8 (paśu); 5.3.1
  (paśu); 5.4.2 (n); 6.1.11 (n); 6.6.1;
  6.6.2 (n); 7.1.1; 7.4.2 (n); 8.1.3 (n);
  8.1.5 (n) (paśu); 8.4.4 (n); 9.1.1;
  9.1.11; 9.2.20 (n); 9.4.4; 9.4.12 (n);
  10.1.1; 10.1.7-8; 10.3.1 (cāturmāsya);
  10.4.14 (n); 10.4.21 (n); 10.7.9 (n);
  10.7.14 (upasad); 10.7.15 (avabhṛtha);
  11.1.2; 11.1.4; 11.1.7; 11.1.10 (n);
  11.1.11; 11.2.2 (n); 12.1.1; 12.4.4 (n)
    Samidh, 2.2.2; 3.3.4; 9.2.20
      "Samidhaḥ" (as a name), 9.2.20
    Tanūnapāt, 2.2.2; 6.6.1
    Nārāśaṃsa, 6.6.1
    Iḍs, 4.1.15
    Barhis, 2.2.7 (n); 4.1.15; 5.3.1 (n);
      10.7.15 (avabhṛtha)
    Svāhā, 10.1.7
Forest, 6.7.12
Form (of a rite), 2.2.3; 2.2.5; 2.2.7; 2.3.10;
  5.3.1
Frog, 9.1.8
Fruit cup, 3.6.13; 3.6.15
Fuel stick, 1.3.5 (ntx); 2.1.13 (ntx); 3.3.11
  (n); 3.8.12 (ntx); 4.4.11 (n); 6.8.7 (ntx);
  8.4.4; 9.3.6 (ntx); 10.1.1; 11.3.3 (n)
Fueling the fire, 6.4.12 (n); 6.4.13; 9.1.11;
  12.1.12 (n)
"Gāna", 10.4.6
Gandharvas, 6.7.13
Gārhapatya, 2.1.8 (n); 3.2.2; 3.3.7; 3.8.10
  (n); 6.4.8 (n); 7.3.12; 9.3.1 (n); 9.4.6
  (n); 9.4.8 (n); 10.2.16 (n); 10.4.5 (n);
  10.8.8; 11.2.10; 12.1.5–7; 12.2.1; pp.
  821, 825
Gataśrī, 9.4.7; 12.4.8
Gauṇī (secondary meaning), 1.4.13
Gautama, 1.3.8
Gavāmayana, p. 29; 6.5.10; 7.3.2; 7.3.10;
  7.4.3 (n); 8.1.10-11; 9.2.6; 9.2.8 (n);
  10.4.6; 10.5.25; 10.6.3; 10.6.9;
  10.6.10-11 (notes); 10.8.11 (n); 12.1.6
  (n); p. 804
Gāyatra (day), 8.3.6; 10.5.4
Gāyatra sāman, 2.3.1; 9.2.6; 10.5.3 (n)

Gāyatrī (meter, general), 1.4.12; 5.3.5;
  8.3.6; 9.2.6; 10.4.13; 10.5.2; 10.5.26
General statement (contrasted with specific
  statement), 10.8.8; p. 818
Ghee,
  "Ghṛta", 3.4.7
  Ladling, 1.2.3; 4.1.15-17; 5.1.8 (n);
    11.4.14; p. 797
  Looking at, 6.1.2; 6.1.4
  Speckled ghee, 5.2.8; 10.4.18; 10.4.27;
    12.1.1 (n)
  Sprinkling with ghee, 10.8.5 (whether
    necessary); 12.3.3 (method); 12.3.12
    (continuously)
"Girā girā", 9.1.18; 9.2.12; 9.4.2
Going out (by initiate), 11.4.18
Go rite, 7.4.3; 10.5.25; 10.6.10 (n); 10.6.11
  (n); 12.2.7 (n)
Godana, 6.8.5
Godohana, 3.6.3; 4.1.2; 8.1.14
Gold,
  As fee, 1.2.1 (n); 10.2.11; 11.4.3
  For Ātreya brāhmaṇa, 2.2.1; 3.4.12 (n);
    10.2.26; p. 809
  Gold piece (used in offering), 10.7.20
  Gold pieces (for sprinkling fire), 9.1.8
  Gold vessel, 10.4.3; 10.3.20 (niṣka)
  Loss of, 4.1.2
  Spoon, 7.1.5
  Wearing of, 3.4.12
  (See also Kṛṣṇasleṣṭi, Rukma)
Golden wreath, 3.8.5
Gomṛga, 9.4.2
Gosava, 9.2.17; 10.5.16
Gotra, 1.3.5; 2.1.9; 10.3.19; 10.7.20 (n)
  (See also Gold (For Ātreya brāhmaṇa),
    Vaiśvāmitra, Vāsiṣṭha)
Govindabhaṭṭa, p. 17 (n)
Graha (general), 3.1.7; 3.5.3; 3.7.11;
  10.4.3; 10.5.12; 12.1.4; p. 825
  "Graham", 6.1.3; 6.4.6; 6.6.2 (n);
    10.3.12
  Setting down cups, 10.5.21
Grammar, pp. 7, 8 (n), 10-11, 14, 25-26,
  31, 37-8, 45; 1.1.1; 1.1.7 (n); 1.3.6;

1.3.9-10; 1.4.1–3; 2.1.1 (n); 3.7.8; 9.2.18 (n); p. 794
Grammtical elements
An̤, 9.1.19
Cha, 9.1.19
Dvandva, 6.6.2; 10.4.2; 10.6.3; p. 815
First person singular, 12.1.9
Gender, 4.1.6; pp. 797, 800, 808
Feminine, 9.1.10
Masculine, 6.1.3
Grammatical number (in modifications), 9.3.4–8; 9.3.10; 9.3.12–14; 9.4.3–4
Itaretaradvandva, 10.4.2
Kārakas, p. 45; 1.4.1; 1.4.2; 1.4.6; 2.1.1 (n); 3.1.6; 3.1.10 (n); 4.1.5; 6.5.1; 9.3.5; 10.3.17; 11.1.2 (n)
Karmadhāraya, 6.1.13; 6.6.2
Kta, 9.1.2; 9.1.13
Ktvā, p. 38; 1.1.1; 4.3.13; 4.3.20; 10.2.12
Kvip, 10.4.19
Liṅ, 1.1.2; 1.1.5
Mayaṭ, 10.4.2
Plural case suffix, 11.1.8; p. 819
Plural number, 6.2.1
Samāhāradvandva, 10.4.2
Śānac, 9.1.11
Singular number, 4.1.5; 6.1.4; pp. 797, 800
Taddhita, 2.2.2; 2.2.7 (n); 3.1.15; 3.4.18; 8.1.2 8.1.5; 9.1.12; 9.2.20 (n); 10.1.7; 10.1.9; 10.1.10 (n); 10.4.17 (n)
Ṭāp, 1.4.2 (n); 4.1.6
Tatpuruṣa, 6.1.13; 10.6.3
Grāvastut, 3.5.9; 3.7.16 (n); 10.3.13 (n)
Greed, 1.3.2; 1.3.3
Gṛhadāheṣṭi, 6.5.15 (n)
Gṛhapati, 3.8.23; 5.1.1; 10.3.13 (n); 10.6.15; 12.4.13–15; p. 830
Gṛhyasūtras, p. 31; 1.3.1 (n); 1.3.4 (n); 6.8.5 (n)
Groats,
Gavīdhuka grass, 10.8.4; p. 818
Wild seasame, 10.5.11 (n); 10.8.4; p. 818
Guda (rectum), 10.7.2 (n); 10.7.3
Guda sacrifice, 12.4.4; 12.4.6; p. 829
Guest, 3.4.1; 10.1.1 (n)
Hand, 1.4.20; 3.1.14
Hāriyojana draught, 3.5.9; 3.5.11; 9.1.9
Harnessing of fire, 11.3.9
Hautra (name for tasks etc.), 3.3.6; 3.7.21; 5.1.9
Havirāvapana, 11.3.7 (n)
Havirdhāna, 3.5.11-12; 3.7.7; 5.1.14 (n); 6.4.7; 10.6.21; 10.8.21; 11.4.19 (n); 12.1.3 (n); 12.1.7; p. 825
Southern havirdhāna, 3.7.7; 11.4.19 (n)
Havirdhānamaṇḍapa, 12.1.3 (n); 12.1.7
Havis,
Setting down, 2.3.7; 3.1.4 (n); 3.7.3; 3.8.17; 4.2.3; 5.2.3; 5.4.2 (n); 11.2.8; 12.1.3; p. 825
(See also Abhighāraṇa, Caturavatta, "Nirvapati", Pañcāvatta, Rice, Upastaraṇa)
Haviṣkṛt, 3.2.3; 9.1.7
Calling the haviṣkṛt, 11.3.7–8; 11.4.20; 12.2.3–4; pp. 822, 826
Heart, 2.2.6; 3.3.19; 9.4.1; 10.1.9 (n); 10.7.1–5; 10.7.8; 10.7.20; 11.2.14 (n); 11.3.15 (n)
Heart spit, 11.4.8
Heaven, p. 36-7; 42; 1.1.1; 1.2.1; 2.1.1-2 (notes); 2.2.1; 3.4.12; 4.3.7-9; 4.3.12; 6.1.1; 6.2.5; 6.2.11; 8.1.13; 9.1.3; 9.2.2 (n); 10.2.21; 11.1.1; 11.1.4
Heifer (for buying soma), 1.3.10 (n); 3.1.6; 4.1.10; 6.8.6 (n); 9.1.16; 12.4.3; 12.4.5
"Hi", 3.4.4-5; 10.2.11
Hide of calf (as garment), 12.3.1; p. 827
Holāla, 1.3.8
Homa (general), p. 26; 4.2.10; 8.4.3-4; pp. 797, 805
Honey (eating), 9.2.12; 10.4.1; 10.6.9–12; pp. 815-16
Honoring one's parents, 9.1.4
Horn of black antelope, 4.2.7; 11.3.6; 11.4.16; p. 821
Throwing away horn, 11.3.6
Horses (prohibition of giving), 6.7.3

(See also Expiatory rites)
Hotṛ, pp. 38, 41; 1.3.8 (n); 2.2.3; 3.1.11 (n); 3.1.15 (n); 3.3.6; 3.4.1 (n); 3.4.21; 3.5.7; 3.5.9 (n); 3.5.10-13; 3.5.18; 3.6.16 (n); 3.7.21 (n); 3.8.2 (n); 3.8.11; 4.2.6 (n); 5.1.1; 5.1.9; 5.1.13; 6.1.11 (n); 6.4.2 (n); 6.6.4; 9.1.14 (n); 9.1.15 (n); 9.1.17 (n); 9.4.1; 9.4.8; 10.1.1 (n); 10.1.8 (n); 10.2.3 (n); 10.2.5; 10.2.7; 10.2.21–22; 10.4.14 (n); 10.5.2; 10.6.5; 10.7.4; 10.7.6; 10.7 7 (n); 10.7.12 (n); 10.8.1; 11.2.9 (n); 11.3.16 (n); 12.1.18; 12.2.12 (n); 12.3.16 (n); 12.4.15; pp. 816, 818, 826
  Choosing hotṛ, 10.8.1 (mahāpitṛyajña); 12.1.18; pp. 818, 826
Hotraka, 3.2.9 (n); 3.2.12 (n); 3.7.10
Hundred agniṣṭomas rite, 8.3.4 (n)
Hundred atirātras rite, 8.3.4
Hundred-day rite, 8.1.10
Hundred ukthyas rite, 8.3.4; 8.3.5 (n)
Husband, 6.1.4–6; 6.4.12
Husks, 5.1.15 (n); 7.3.4–5; 9.2.12 (n)
  Husks (scattering), 3.1.2 (n); 3.7.7 (n); 4.1.11; 9.2.13
Hypothetical (topics), pp. 27, 41
Iḍā, 3.4.18 (n); 3.5.3 (n); 5.2.6; 6.4.1 (n); 6.4.2–3; 9.1.14; 10.2.4; 10.2.9; 10.7.4 (paśu); 10.7.5 (n; paśu); 10.7.6 (paśu); 10.7.10–11 (gṛhamedhīya); 10.7.12 (ātithyeṣṭi); 10.7.13; 12.1.15 (n); p. 816
Identity relation, 1.1.7
Independently taught, pp. 44-5; 2.3.5 (n); 2.3.8-9 (notes); 3.4.12; 3.6.1-2; 3.6.4-5; 3.6.11-12; 4.1.2; 4.1.17 (n); 4.3.1; 5.2.11 (n); 5.3.6; 5.3.7 (n); 6.7.3 (n); 8.3.4 (n); 10.5.13; 10.8.1 (n); 10.8.9; 10.8.11; pp. 796, 799, 818
Indraturīya iṣṭi, 1.3.5 (n)
Inherent items, p. 45; 9.1.12 (n); 9.3.4-7; 9.3.12; 12.4.1; pp. 806, 808-9, 829
Injury (hiṃsā), 1.1.5
  (See also Abhicāra, Ahiṃsā)
Intermediary operation, 2.1.2
"Irā", 9.1.18–19; 9.2.12; 9.4.2
Īṣā, 2.3.5
Iṣṭi (general), pp. 29, 38; 5.4.7; 8.1.3; 8.1.13; p. 804
  (See also New- and full-Moon sacrifices)
Iṣu rite, 7.1.2; p. 803
Iṣu viṣṭuti, 7.1.2
"Itara", 7.1.2
Jagatī (meter, general), 5.3.5; 9.2.6; 10.5.15; 10.5.26
Jagat sāman, 2.3.1 (n); 10.5.15; p. 814
  Meaning of "jagat", 10.5.15
Jaminisūtra, pp. 8, 24 (n), 27 (n); *passim* in notes to text and translation
  Attribution to Jaimini, 3.1.3 (n)
Jaiminīyanyāyamālā(vistara), pp. 10, 14-18, 22, 24 (n), 26 (n), 33, 36, 39; *passim* in notes to text and translation
Jāmitva (in offerings), 2.2.4; 10.8.17 (n)
Japa, 1.2.1; 6.8.1; 9.2.8; 10.2.24 (n); 12.4.1; 12.4.15; p. 829
  For bones, 10.2.18
Jātakarman, 4.3.18–19; p. 797
Jāti, 1.1.5–6; 1.3.8 (n); 1.3.10; 1.4.8–10; 2.1.7 (n); 3.5.20; 3.6.14; 6.3.11; 7.2.1 (n); 7.3.11–12; 9.1.17 (n); 10.5.14
Jayahomas, 3.4.13
Juhū, 3.5.2; 3.6.1; 3.6.5; 3.7.20 (n); 3.8.8 (n); 4.1.14–16; 4.1.17 (n); 4.3.1; 6.6.6; 10.7.12 (n); 11.3.13; 12.1.4
"Juṣṭa", 9.1.12
Jyotis (one-day rite), 2.2.2; 2.2.8; 6.7.8; 7.4.3; 12.2.7 (n); 12.3.1 (n)
Jyotiṣṭoma (general), pp. 28-9; 2.2.6; 5.3.13; 5.4.3; 5.4.5; 5.4.7–9; 6.2.11; 8.1.3; 8.3.4; 10.8.2; 10.8.14; p. 804
  Delay in completing, 6.5.11-14; p. 802
  Etymology, 4.4.12
Kadara, 6.3.17 (n); 6.3.19
Kakubh (meter), 9.2.6
Kalañja, 6.2.5
Kāleya sāman, 1.3.9 (n); 9.2.6
Kāmya (general), p. 30; 3.6.3; 3.8.20; 4.3.2-3; 4.4.5 (n); 5.3.12; 6.1.10; 6.2.3; 6.2.11; 6.3.2; 11.1.4; 12.2.13; 12.4.7; pp. 799-802, 821, 829
Kāmya iṣṭis (general), 3.8.20

Agni (cake on 8 pans) for brilliance, 2.3.12
Agni (cake on 8 pans) for one who fears the injurious (rakṣas), 12.2.5; p. 826
Agni (cake on 8 pans) on loss of gold, 4.1.2
Agni and Soma (cake on 11 pans) for priestly luster, 5.4.8 (n)
Agni and Viṣṇu (cake on 11 pans); Sarasvatī (caru); Bṛhaspati (caru) for malevolent injury, 8.3.1
Agni Dātṛ (cake on 8 pans); Indra Pradātṛ (cake on 11 pans); Prajāpati curds, honey, water, grains) for cattle 12.2.7; p. 827
Agni Sanimat (cake on 8 pans); Viṣṇu Śipiviṣṭa (caru); Indra Pradātṛ (caru) for cattle, 9.4.11
Aryaman, 9.1.4 (n)
Indra and Agni (cake on 11 pans) for progeny, 5.3.12 (n); 8.1.4
Indra and Bṛhaspati (caru) on birth of kṣatriya, 12.4.2; p. 827
Prajāpati (caru of gold) for long life, 10.1.1; 10.2.1–7; 10.2.34; p. 810
Pūṣan (caru) for power and strength, 3.3.19
Soma and Rudra (caru of black rice) for malevolent injury, 10.4.2
Soma and Rudra (caru of white rice) for priestly luster, 1.4.9 (n); 10.6.19 (n); 10.7.19
Śrī (?) (caru of mudga) for prosperity, 6.3.6
Vaiśvadevas (caru) for one with an enemy, 10.1.1
Sacrifice to Viṣṇu, 10.1.1
(See also Adhvarakalpā, Citrā, Kārīrī, Kṛṣṇaleṣṭi, Mitravinda, Nakṣatreṣṭi, Sāṃgrahaṇī, Saṃvargeṣṭi, Sarvapṛṣṭha, Saurya iṣṭi, Traidhātavīyā, Vaiśvānara iṣṭi,)
Kāmya paśus,
Ādityas, ewe, for cattle and offspring, 9.3.13
Agni, black-necked animal; Soma, brown animal; Agni, black-necked animal, for one contending to be purohita, 11.1.11; 11.4.20; pp. 820, 824
Bhaga, for good fortune, 2.1.8 (n)
Dvyāvāpṛthivī, milch cow (dhenu), 10.2.29
Indra, bull (vṛṣabha), 10.2.29
Maruts, calf (vatsa), 10.2.29
Mitra, white animal; Varuṇa, black animal, for food, 9.3.4
Prajāpati, hornless goat, for cattle and offspring, 10.8.6
Pūṣan, dark animal, for food, 3.3.19
Soma and Pūṣan, for cattle, 1.2.2; 10.7.18
Three bulls, for priestly luster, 8.1.8
Vāyu, for prosperity, 1.2.1; 2.3.5; 2.3.8; 4.2.9; 10.1.9; 10.2.30; 10.3.1; 10.3.2 (n); 10.4.23; 11.3.3 (n)
Kāṇḍānusamaya (order), 5.2.5; p. 799
Kaṅkaciti, 10.8.11 (n)
Kaṇvarathantara sāman, 9.2.16; 10.4.24; 10.4.25 (n)
Kāṇva sāman, 10.4.10
Kapiñjala birds for spring (at aśvamedha), 2.1.7; 2.1.8 (n); 11.1.8
Kārakas, (see Grammatical elements)
Karaṇī, 6.1.12
Kārikās, p. 15
Kārīrī, 4.3.12; 6.2.3
Kaṭāhaghaṭa, 10.1.11
"Kāṭhaka", 1.1.8
Kātyāyana (grammarian), p. 8 (n); 1.3.9 (n); 6.6.2 (n); 10.4.17 (n); 10.6.3
Kauṇḍapāyināmayana, (see Kuṇḍapāyināmayana)
Kautsa sāman, 10.4.10–11
Kāva sāman, 9.2.6
Kavatī verses, 7.2.1
Khadira, 3.1.9; 3.6.1 (n); 3.7.20 (n); 4.2.1; 6.3.17 (n); 6.3.19–20; 10.2.31; 10.7.16; 10.7.18
Khaṇḍadeva, pp. 10, 12, 14, 16-18; 2.2.6 (n); 3.6.10 (ntx)

Kiraṇāvalī (commentary on Nyāyasiddhāntamuktāvalī), 1.1.6 (n)
Kḷptis, 2.1.15; 3.8.9
Knowledge,
Means of,
Comparison, 1.1.2
Inference, 1.1.2
Language (śabda), 1.1.2; 1.1.3
Non-apprehension, 1.1.2
Perception, 1.1.2; 1.1.4
Presumption, 1.1.2
Proper access to, 6.1.7; 6.1.13
Kodrava, 6.3.6
Kratupaśus, 4.1.14; 7.3.13 (n); 8.1.7; 10.4.4 (n); 10.6.4 (n); 11.4.15 (n); 11.4.20 (vājapeya); p. 824
Āgneya (at agniṣṭoma), 9.3.8
Ewe for Sarasvatī (at atirātra), 9.1.17; 9.3.8
Indra and Agni (at ukthya), 9.3.8
Ram for Indra (at ṣoḍaśin), 9.3.8
Kratvartha, 1.2.2; 3.4.3; 3.4.8; 4.1.1-2; 4.3.1 (ubhayārtha); 4.3.3 (ubhayārtha); 4.3.4; 6.1.2; 6.7.7; 9.1.2; 10.2.24; 10.5.17; 10.6.12; 10.8.7
Definition, 4.1.2
Krauñca sāman, 10.4.11
Kṛṣṇaleṣṭi, 8.1.18; 10.1.1; 10.2.1-7; 10.2.34; p. 810
"Kṛtvā" (states order), 5.1.1
Kṣatriya, 2.3.2; 3.3.14 (ntx); 3.5.19 (ntx); 5.2.10 (n); 5.4.4; 6.1.12; 12.4.16; p. 830
Kuḍavas, 10.2.28
Kulakalpa, 6.7.13
Kulāya, 3.3.14; 6.6.2; 10.2.14
Kumārila, pp. 9-10, 16, 19, 31-2 (n); 1.2.1 (n); 1.3.2 (n); 1.4.1 (n)
Kumbheṣṭakā bricks, 2.3.7 (n)
Kumbhī pot, 11.4.8; 11.4.10
Kuṇḍapāyināmayana, 2.3.11 (n); 3.8.11; 7.3.1 (n); 8.2.6; 9.1.6; 12.1.6 (kauṇḍapāyināmayana)
Kuśa, 1.3.2; 1.3.5 (n); 3.2.1; 10.4.2
Kutūhalavṛtti, (see Adhvaramīmāṃsākutūhalavṛtti)
Laghvī, p. 9 (n)
Lakṣmīnṛsiṃha Śāstrī, 2.1.2 (n)
Lame (as non-sacrificer), 6.1.2
Laugākṣi Bhāskara, p. 18
Law, pp. 11, 23
Leading forward the fire, 7.3.8-9
Learned (rebuke by), 6.2.3–4
Leather bag, 3.8.21–22;
Legs (of animal), 9.4.4
Lexicography, pp. 12-13, 19 (n)
Logic (nyāya), 1.3.4 (n); 1.1.6 (n)
New School, p.10
(See also Tarkasaṃgraha)
Loka, (See World (mundane))
Lokaṃpṛṇā brick, 5.3.8
Mādhava, pp. 10, 12, 14, 15 (n)
Mādhyaṃdinapavamānastotra, 1.4.3 (n); 5.3.5; 7.3.3 (n); 10.5.2; 10.5.26; 10.6.5
Madhyataḥkārins, 3.7.10
Māgha, 6.5.10
Mahābhārata, p. 31; 1.1.6 (n); 1.1.8; 2.1.2 (n)
Mahādeva Vedāntin (biographical), pp. 12-14, 19-20
Mahākāṇḍa, 3.8.10
Mahāvedi, 3.2.8 (n); 3.7.3 (n); 12.1.3; p. 825
Mahāvrata, 8.1.11 (n); 9.2.1; 10.4.3; 10.4.6; 10.4.8; 10.4.9 (n); 10.5.25
Mahendra draught, 2.1.5; 4.4.2 (rājasūya); 10.4.2 (vājapeya)
Mahiman draught, 10.4.3
Māhiṣya, 6.1.12
Maitrāvaruṇa (priest), 3.2.9 (n); 3.6.16 (n); 3.7.4 (n); 3.7.16 (n); 3.7.21; 4.2.6; 10.3.13 (n); 10.5.2; 10.6.5; 10.7.6–7; 12.2.12 (n); p. 816
Maitrāvaruṇa draught, 5.4.1; 9.4.12; 10.5.17
Maitrāyaṇī (vedic branch), p. 15 (n); 12.3.11 (n)
Mānameyodaya, p. 18, 1.1.2 (n)
Manas, 1.1.6
Mānasa draught, 9.1.9; 10.6.13; p. 816

Manner of performance (itikartavyatā, general), pp. 25-6; 7.4.1–3; 8.1.1–2; 9.1.1; p. 804
Manotā mantra, 10.4.23; 11.4.15 (n); 11.4.20; p. 813
Mantha (groats), 10.2.34
Manthin draught, 10.5.19–20
Mantras, pp. 26, 33, 45, 793-6
  Accent, 12.3.8
  As source of dharma, 1.2.4
  Definition, 2.1.7
  Modification (general), 9.3.1; pp. 806-9
  Option among, 12.3.13; 12.3.15; 12.4.2
  Repetition of, 11.4.14-19; p. 824
  Serve to determine order, 5.1.9; p. 798
  Serve to remove ambiguity, 6.8.9; p. 803
  Timing, 12.3.10; p. 828
  (See also Anumantraṇa mantras, Anvāroha mantras, Praiṣa mantras, Vārtraghnī mantras, Vṛdhanvatī mantras)
Manu,
  Omniscient, 1.3.2 (n)
  Verses about, 10.6.19; p. 816
Marriage, 6.8.2; 6.8.4-5
Māṣa (bean), 6.3.6; 6.7.12
Mastu, 3.4.7
Matsyapurāṇa, 2.1.2 (n)
Mayūkhamālikā, p. 17 (n); frequently cited to notes to text and translation
Means of livelihood, 12.4.16
  Receiving gifts, 4.1.2; 6.1.8
Meat,
  Prohibition of eating, 10.6.12
  Meat cakes, 3.8.23; 9.1.13
"Medhapatibhyām", 9.3.12
Medicine, 6.1.9
Mekhalā, 5.3.11; 12.1.13 (n)
Meter (general), 8.3.6; p. 805
  (See also Anuṣṭubh, Bṛhatī, Gāyatrī, Jagatī, Kakubh, Paṅkti, Satobṛhatī, Triṣṭubh, Uṣṇih, Viṣṭārapaṅkti)
Metrically unequal verses, 9.2.5
Metrics, pp. 7, 31
Midday pressing, 1.4.3 (n); 2.1.5 (n); 2.2.1 (n); 2.2.12 (n); 2.3.1 (n); 3.2.9 (n); 3.6.9; 4.1.14; 4.4.2 (n); 5.3.5 (n); 6.7.7 (n); 9.2.6; 10.4.7; 10.5.2 (n); 10.5.11; 10.5.15 (n); 10.5.26; 10.6.5 (n); 10.6.18; 11.2.3; 11.2.11 (n); 11.3.3 (n); 11.3.6 (n); 11.4.20 (n); 12.2.2 (n); 12.2.8 (ntx); 12.2.12; pp. 807 (n), 821
Milk,
  As vrata, 4.3.4; 6.8.7-8; 12.1.14
  Mixed with soma, 9.4.13; p. 809
Milk for Agni (unidentified), 1.4.7; 8.1.17
Milking all one's cows, 11.1.9
Mīmāṃsābālaprakāśa, 10.7.12 (n)
Mīmāṃsākaustubha, 2.2.5-6 (notes); 9.1.6 (n)
Mīmāṃsānyāyaprakāśa, pp. 14-15 (notes), 18-19, 26 (n)
Mitravinda, 3.6.2; 10.8.9
Mleccha, 1.3.5–6; 1.3.9
Morning pressing, 1.4.3 (n); 2.1.5 (n); 2.3.1; 3.2.4 (n); 3.2.8-9 (notes); 3.2.10 (ntx); 3.3.6 (n); 3.5.7 (n); 3.5.18 (n); 3.6.9; 3.7.10 (n); 3.7.14 (n); 4.1.14; 5.1.13 (n); 5.3.4 (n); 5.4.1 (n); 6.5.17 (n); 9.4.12 (n); 10.4.3 (n); 10.4.7; 10.5.11; 10.5.26; 11.2.3; 11.2.14 (n); 11.3.15 (n); 12.2.2 (n); pp. 802, 814 (n)
Mortar, (see Ulūkhala)
Mudga, 6.3.6; 9.3.2 (n)
Murāri Miśra, p. 10 (n)
Musala (pestle), 3.1.5 (n); 3.8.10 (n); 4.1.4 (n)
  Sprinkling mortar and pestle, 9.1.2; 9.2.12
"Na",
  Connected with root, 4.1.3
  Connected with suffix, 6.2.5
Naimittika (rites), p. 30; 3.6.3; 4.4.5; 4.4.6 (n); 5.3.12; 6.5.15; pp. 798-9
Nakṣatra, 5.4.3 (n); 5.4.5; 6.8.5
Nakṣatreṣṭi, 5.2.9; 10.4.1
Names (general), 1.4.1; p. 794
Nārāśaṃsī (verse), 2.1.8 (n)
Nārāyaṇabhaṭṭa, pp. 18-19
Nārāyaṇapaṇḍita, pp. 18-19

Nāriṣṭahomas, 5.2.9; 5.2.11 (n); 8.4.4; 10.4.1; 10.7.12 (n)
Naudhasa sāman, 9.2.6
Navanīta, 3.4.7; 3.8.21–22; 10.4.7
"Nema", 1.3.6
Neṣṭṛ, 3.2.9 (n); 3.7.10 (n); 3.7.16 (n)
New- and full-moon sacrifices (general), pp. 28-9
  "Darśapūrṇamāsa" (meaning), 4.4.11
  Fourteen offerings at full-moon, thirteen at new, 11.2.2
  Restrictions operating on, 4.2.9
  Result from main acts, 4.4.11
  Six main acts, 2.2.3 (n); 11.1.1; 11.2.1–2; pp. 819-20
  Timing, 5.4.3; 6.2.7
  Two triads, 11.2.1–2
  (See also Iṣṭi)
New School, pp. 10, 14, 16-18; 1.2.4 (n); 1.4.15
Nidhana, 2.2.13
Nigada, 9.1.16; 10.1.8; 10.4.14 (n); 10.4.17; 11.3.10 (n)
  Āvāhana nigada, 2.2.3; 10.1.1; 10.1.8 (n); 10.4.17; 10.4.27
  Is a yajus, 2.1.13
Nigama, 10.4.14–20; 10.4.27; p. 813
  Invitation, 10.4.17–18; 10.4.27
Nīlakaṇṭhabhaṭṭa (author of Bhāṭṭārka), p. 17 (n)
Nīlakaṇṭhabhaṭṭa (author of Prakāśa commentary on Dīpikā), 2.1.2 (n)
Nimitta (as distinct from prayojaka), 9.1.1
Ninayana, 4.1.11; 4.2.5; 7.3.4
Nirmanthya, 1.4.10; 7.3.7
  "Nirmanthya" (does not transfer features), 7.3.7; pp. 803-4
Nirūḍha paśu, 4.2.6; 5.1.14 (n); 8.1.6
Nirukta (discipline), 1.3.6; 2.1.1
"Nirvapati",
  Indicates an iṣṭi, 10.2.15
  Meaning, 2.3.5
  Pouring four handfuls of grain, 1.3.4; 5.2.3; 6.5.5; 8.1.2 (n); 10.2.28; 11.4.14; 10.2.28 (vājapeya)
  Pouring grain into carts, 12.1.7
  (See also Havis)
Niṣādasthapati, 6.1.13; 6.8.3; p. 800
Niṣkāsa, 7.3.4-5; 11.2.14-15
Niṣpakva, 3.4.7
Nitya (rites, general), p. 30; 2.4.1; 3.6.3; 4.4.5; 6.7.4 (n); 12.4.7; 12.4.10; pp. 795, 797-8, 800
Nivids, 3.1.11
Nivīta, 3.1.11; 3.4.1; 10.4.1
Non-connection (rhetorical figure), 1.4.5
Nyagrodha tree, 3.5.19
Nyāyasiddāntamuktāvalī, 1.1.6 (n)
Omentum, 9.4.3; 10.1.9; 10.7.8; 10.7.20; 10.8.6; 11.2.14; pp. 809, 817
  Cutting out the omentum, 4.1.12 (n); 6.8.9 (n); 10.7.20
  Hole from omentum, 12.2.2; p. 826
Omentum roasting fork, 11.4.8
Option (general), 12.3.4
  Faults, 10.7.12
Order (general), 1.3.4; 5.1.1; p. 798
Padārthānusamaya (order), 5.2.2–3; p. 799
Pādas (general), 1.4.12 (n); 8.3.6 (n); 9.2.6 (n)
Pādin priests, 10.3.13
Paitudārava (resin of pine), 10.4.7
Pañcadaśa (stoma), 1.4.3; 5.3.5; 5.3.15; 6.7.13; 7.3.10; 8.3.2
Pañcahotṛ mantra, 3.7.4; 8.1.15
Pañcāvatta, 10.7.20
Pañcāvattin, 4.1.15 (n); 10.7.20 (n)
Paṅkti (meter), 9.2.6
Parāvapana, 11.3.7 (n)
Paribhojanīya darbha, 3.8.18
"Paridhatte", 10.4.8
Paridhi, 6.4.2 (n); 9.2.12–13; 10.3.3; 10.4.5 (n); 10.5.26; 10.7.12 (n); 12.2.10–11; p. 827
  Wiping paridhi, 12.2.10
Parṇa wood, 3.6.1; 3.6.5; 3.7.20; 4.3.1
Pārthasārathi Miśra, pp. 10, 12, 14, 16; 8.1.15; 9.1.9 (n); 12.2.12 (n)
Parvan,
  As time of pressing day, 12.2.9
  "Parvan" (meaning), 9.2.18

Pārvaṇa offerings, 5.2.9 (n); 9.2.18–19; 10.4.1 (n); p. 808
Paryāsa, 5.3.4
Paryāya, 7.1.2 (n); 9.2.6 (n)
"Pāśa" (noose) (modified), 9.3.4–5; 9.3.7
Paśu,
Anointing, 2.1.18 (n); 4.2.1; 4.4.10; 7.3.7; 11.3.5; 12.2.12 (n); p. 821
Cooking, 11.4.8–10; 12.2.4; p. 823
Driving up, 3.6.7; 3.6.10; 4.4.9; 5.1.5-6; 5.2.1; 5.2.5; 11.2.12
Goat for Ādityas (rājasūya), 4.4.1
Group of animals (general), 8.1.8; 11.3.15 (n); 12.4.6
No ājyabhāgas, 10.8.2
Originals for, 8.1.5-8
Seventeen females yearly (unspecified; striped; reddish; tawny; spotted); and seventeen spotted bulls, 11.2.12
Time of performance, 5.4.7
Two-animal rites, 9.3.4
Tying to enclosing stick (cāturmāsya), 9.2.12-13; 10.3.3; 12.2.10-11
Tying to post, 3.6.10; 4.4.9; 5.1.5; 5.2.1; 5.2.5; 6.3.17–18; 6.3.20 (n); 7.3.13; 9.2.12–13; 10.1.5; 10.2.31 (n); 10.2.33; 10.3.3; 10.7.18; 12.2.10; p. 827
Wild asses to Iśāna (aśvamedha), 9.4.13; p. 809
(See also Agniṣomīya, Anūbandhya, Eleven animals, Kāmya paśus, Kratupaśus, Nirūḍha, Savanīya, Seventeen animals for Prajāpati)
"Paśu", 1.3.10; 9.1.17; 10.4.4
"Paśunā", 4.1.5
Patnīsaṃyāja, 3.3.15; 9.1.9 (twelve day); 10.2.16; 10.7.12 (prāyaṇīyeṣṭi); 10.7.13; 10.8.8; 11.2.10 (varuṇapraghāsa); 12.2.4; 12.4.6
"Paurṇamāsyām", 11.2.2
Pauṣkala sāman, 9.2.6
"Pāvaka" (in ājyabhāga mantra), 10.4.17
Pavamānā iṣṭis (purifying iṣṭis), 3.1.12; 3.6.4; 3.6.6; 3.8.22; 5.3.9; 8.3.1 (n); 10.2.27; 10.4.16-17; 11.3.14; 11.4.4; pp. 796, 799, 822-3
Agni Pāvaka, 10.4.16; 11.4.4
Agni Pavamāna, 11.4.4
Agni Śuci, 11.4.4
Pavamānastotra, 10.4.13; 10.5.26
(See also Ārbhavapavamānastotra, Bahiṣpavamānastotra, and Mādhyaṃdinapavamānastotra)
Phālguṇa, 6.5.10
Phalīkaraṇa offering, 5.1.15; 10.7.12 (n); 11.3.7; 11.3.16
"Pika", 1.3.6
"Pilu", 1.3.5
Piṇḍapitṛ, 3.4.7; 4.4.8
Piṣṭalepa offering, 5.1.15; 11.3.16
Pit, 4.2.7; 9.3.12 (n); 11.3.6
Piṭhara, 1.2.3
Pitrya rites, 6.8.5
Poor persons (as sacrificers), 6.1.8
Post, 1.2.2; 1.4.8; 1.4.13; 1.4.15; 3.1.9; 3.6.10; 3.7.6; 3.8.11; 3.8.17; 4.2.1; 4.4.9–10; 5.2.5; 6.3.17 (n); 7.3.13; 8.1.8; 9.3.3; 10.1.5–6; 10.2.31–33; 10.7.16; 10.7.18; 11.3.3–4; 12.2.10; 12.2.11 (n); p. 817
Anointing, 5.2.5; 9.2.13; 9.3.3 (n); 10.2.33; 12.2.11
Choosing the tree, 10.2.32
Cutting, 5.1.14; 7.3.13; 10.2.31
Fashioning, 6.3.17 (n); 6.3.19 (n); 7.3.13 (n); 9.2.13 (n); 10.2.32; 11.3.4; 12.2.11; p. 821
Leveling earth, 10.2.33
Raising, 5.2.5 (n); 9.3.3 (n); 10.2.33 (n); 12.3.16; p. 828
Setting up, 5.1.14 (n); 12.2.11
Threshing-floor post, 9.2.13; 10.1.5–6; 10.2.31–33; p. 810
Touching, 9.3.3
Winding around, 3.6.10; 3.8.11; 4.4.9; 5.2.5; 7.3.13 (n); 9.2.13
Post-hole, 3.7.6; 4.2.1 (ntx); 5.2.5 (n); 10.2.33 (n)
Strewing, 1.4.8 (n); 3.8.17; 7.3.7

Potṛ, 3.2.9 (n); 3.7.10 (n); 3.7.16 (n); 10.3.13 (n)
Prabhā, p. 17 (n)
Prabhākara, pp. 9-10
Prabhāvalī, p. 17 (n)
Pracaraṇī offerings, 5.1.13
"Prācī", 4.2.2
Prācīnavaṃśa, 3.4.6; 5.1.14 (n); 12.1.5 (prācīnavaṃśaśālā); 12.1.6; 12.1.20 (prāgvaṃśa)
Prācīnāvīta, 3.1.11; 3.4.1–2; 3.4.4
Pradāna, 3.2.17; 3.5.4; 5.4.2; 10.5.22
Pragātha, 9.2.6
Pragrathana, 9.2.6; p. 807
"Praharati", 4.2.4
Praiṣa (mantras), 2.1.13 (n); 3.2.4; 3.5.18 (ntx); 3.7.11; 3.7.21; 3.8.12–13; 4.2.6; 5.1.13; 6.8.7; 10.2.23; 10.4.20 (ntx); 10.7.6; 12.2.12; 12.2.15 (n)
  (See also Adhrigupraiṣa)
Prājahita fire, 12.1.6
Prakāśa (commentary on the Dīpikā), 2.1.2 (n)
Prakāśa (commentary on the ŚD), p. 17 (n); 3.5.13 (n)
Prākāśau (mirrors), 10.3.17
Prakṛti rites (general), pp. 28, 41; 8.1.3; p. 804
Prāṇabhṛt bricks, 1.4.17–18
  (See also Principles)
"Praṇayati", 7.3.8-9; p. 804
Praṇīta water, 4.1.2; 4.1.11; 4.2.5; 7.3.4; 9.1.7; 9.2.14
  Features, 9.4.9–11
  Leading forward, 11.3.7; p. 822
Prasaṅga (general), 11.3.8; 12.1.1
Prasaṅgin, 11.3.16; 12.2.5; 12.2.12; 12.3.2
"Praśasā", 9.4.4; p. 809
Prāśitra, 3.3.18 (n); 6.4.2 (n); 10.2.3–4; 10.2.9; 10.7.11 (gṛhamedhīya)
Prastara, pp. 38-41; 1.3.5 (n); 1.4.13; 1.4.15; 3.2.5; 3.8.18 (n); 4.2.4; 4.2.11; 6.4.14; 7.3.6; 10.2.21; 11.3.16 (n); 12.2.12 (n)
Prastāva, 9.2.15; 10.6.1–2
Prastotṛ, 3.5.8; 3.7.16 (n); 6.6.4 (n); 9.2.15 (n); 10.3.13 (n); 10.4.2 (n); 10.6.1 (n)
"Prati", 10.6.2
Pratihartṛ, 3.5.8; 3.7.16 (n); 6.5.17; 6.5.18–19 (notes); 6.5.20; p. 802
Pratihomas, 6.5.12–14
Pratipad (days), pp. 28-9; 4.4.11 (n); 6.5.1 (n); 9.4.8
Pratipad (opening verse), 3.3.14; 10.5.16
Pratiprasthātṛ, 3.7.4 (n); 3.7.13; 3.7.16 (n); 5.1.13; 10.7.8; 11.2.4; 11.2.8–9; 11.2.10 (n); 12.1.9; pp. 816-17, 821
Praüga, 2.1.5
Pravara, 1.3.5; 2.1.9; 2.1.13 (n); 6.1.11; 10.8.1; p. 818
Pravargya, 3.2.17 (n); 3.3.17; 9.1.6; 10.8.10 (n)
"Prayājānuyājebhyaḥ", 4.1.15
"Prayājaśeṣeṇa", 4.1.14
  (See also Principles)
Prāyaṇīya day (at twelve-day rite), 7.3.2 (at twelve-day and gavāmayana); 10.5.4; 10.5.23–25; 10.6.4; p. 803
Prāyaṇīyeṣṭi, p. 41; 1.3.5 (n); 8.1.3 (n); 9.1.2; 9.4.9; 9.4.11; 10.1.10; 10.2.21; 10.7.12; 10.7.13 (n); 11.2.15; 12.1.8; 12.1.12; 12.1.14 (n); p. 825
  Caru for Aditi, 9.4.9; 10.1.10
Prayoga (performance),
  Injunction of, p. 44; 1.2.4; 3.7.23; 5.1.10 (n); 5.1.15; 9.2.7-8; 11.1.4; 11.1.10; 11.2.2; 11.2.8; 11.3.1; p. 819
  Statement of, 5.2.1; 12.3.4
Prayojaka (as distinct from nimitta), 9.1.1
Prayukti (general), 4.1.1; 4.1.8
Pressings (at jyotiṣṭoma), (see Midday pressing, Morning pressing, Third pressing)
Pressing boards, 3.3.16
Priest (general),
  Actions for, 12.4.15–16
  Bhinnakalpa (priests), 6.6.1–2
  Choosing, 3.8.1; 10.2.10; 10.2.26
  Condition of being, 10.2.10
  Hiring, 10.2.8–9; 10.2.11; 10.2.15–16; 10.2.26; 10.3.7; 12.1.16–17; p. 810

Number (at soma rite), 3.7.9; 3.7.16; p. 797
Office, 12.4.16; p. 830
Severing line of, 6.5.17; p. 802
(See also Acchāvāka, Adhvaryu, Āgnīdhra, Brahman, Brāhmaṇācchaṃsin, Grāvastut, Hotṛ, Maitrāvaruṇa, Neṣṭṛ, Potṛ, Prastotṛ, Pratihartṛ, Pratiprasthātṛ, Sadasya, Subrahmaṇya, Udgātṛ, Unnetṛ)

Principles (nyāyas, so referred to),
Action without result, 4.4.4
Beggar, 8.3.5
Brass vessel, 12.2.14
Bringing forward items which end with that, 11.2.3 (see also 4.4.2; 5.1.12; 5.1.14; 5.1.16; 5.2.10; 11.2.3; 11.2.13; p. 798)
Cognition without qualifier, 7.2.1
Complete word, 2.2.1 (see Vyutpatti)
Conflict of subordinate features, 6.3.21
Conventional meaning, 3.5.8
Features enter subsidiary, 3.1.12; 3.6.7
Fore-sacrifices, 5.1.14
For the sake of oneself, 6.3.19
For the sake of the family, 6.3.19
Fruit cup, 3.6.15
Item enters subsidiary, 3.1.12
Mirrors, 10.3.18; 10.3.20
Month-long agnihotra, 7.3.6
Pidgeons on threshing-floor, 11.1.3
Prāṇabhṛt, 3.8.23
Prayājaśeṣa, 12.4.4 (n)
Prāyaṇīya, 9.4.11
Seed and sprout, 10.1.4
Smṛti topic, 1.3.9
Something established, 1.3.6
Sprinkling barhis, 3.6.10
Stick and wheel, 6.5.21
Strength and weakness reversed, 10.8.11
Subordinate item cannot enter rite, 2.2.1
Subordinate item omitted, 6.3.4; 10.2.27
Subordinate item repeated, 5.3.1; 11.4.15
Substance should be similar, 6.3.13
Substitute, 3.6.15
Tatprakhya, 1.4.6; 7.3.1–2; 8.4.1; 9.2.20
Unarisen opponent, 12.2.7 (see Asaṃjātavirodhin)
Uninvited arrivals, 5.3.3–4; 5.3.8
Verse to Indra, 9.3.1
Viśvajit, 6.2.5; 6.2.11
Wild seasame, 10.5.11 (n)
Word meaning does not change in injunction, 3.2.2

Prokṣaṇī, 1.4.9; 2.1.13; 3.8.10 (ntx); 3.8.12; 6.8.7 (ntx); 9.3.6 (ntx)
Protraction of proceedings, 11.2.14
Pṛṣṭhaśamanīya, 10.2.12–13
Pṛṣṭhasāmans, 10.6.5; p. 815
Pṛṣṭhastotras, 1.4.3; 2.2.12 (n); 2.3.1; 4.1.14 (n); 7.3.3; 7.3.14; 9.2.2 (n); 9.2.5 (n); 9.2.6; 9.2.10-11 (notes); 9.2.15–17; 10.4.2 (n); 10.4.9; 10.4.24; 10.5.16 (n); 10.6.2-3 (notes); 10.6.5–6; 10.6.8; 10.7.16; 11.2.11 (n); pp. 807-8, 814-15
"Sarvapṛṣṭha" (having all the pṛṣṭhas), 7.3.3; 10.6.5; 10.6.8
Pṛṣṭhya six-day period, 3.4.12 (n); 3.5.4 (n); 3.5.18 (ntx); 5.3.4 (n); 7.3.10; 9.2.5 (n); 9.2.10-11 (notes); 9.2.12; 10.4.1; 10.5.4; 10.5.23 (n); 10.5.25; 10.6.3; 10.6.5-6 (notes); 10.6.9–11; 10.8.11 (n); p. 815
Reverse order of days, 10.6.9–10
Punarādheya, 1.2.1 (n); 6.4.8; 6.5.13; 10.3.5
Puṇḍarīka, 9.3.2
"Puṇḍarīkākṣa", 9.3.2
Purification (after child-birth), 4.3.19
"Pūrṇamāsī", 3.7.4
"Puroḍāśakapālena", 4.1.11
Purohita, 3.3.14; 6.6.2; 10.2.14; p. 802
Puro'nuvākyā, 1.4.7 (ntx); 3.3.6; 4.1.9 (n); 8.4.1 (ntx); 10.4.17 (ntx); 10.4.22; 10.8.17; 11.4.20; 12.4.2; pp. 813, 829

Puruṣārtha (and Pumartha), 3.4.3; 3.4.8; 3.4.10 (n); 4.1.1-2; 4.3.1 (ubhayārtha); 4.3.3 (ubhayārtha); 4.3.4; 6.4.11; 8.1.13-14; 10.6.12; 10.8.7; 12.4.16
 Definition, 4.1.2
Pūrvamīmāṃsā, pp. 7-8
Pūrvamīmāṃsāviṣayasaṃgrahadīpikā, 4.1.1 (n); 10.1.2 (n)
Pūrvapakṣa, p. 34
Pūṣan (as requiring ground food), 3.3.18–20
Puṣpasūtra, 9.2.9 (n); 12.3.8 (n)
Pūtīka, 3.6.15; 6.3.13; 6.3.15; p. 801
Qualities, 1.4.13–18
 Red, 3.1.6
 White, 10.7.19
Rain (getting wet from), 11.4.17
Raivata sāman, 7.3.3; 10.5.23 (n); 10.6.3; 10.6.5
Rājan, 2.3.2; 3.3.14; 6.6.2; 10.2.14
 Duties of taxing and protecting, 6.7.2
Rājanya, 1.4.13 (ntx); 2.3.2 (ntx); 2.3.3 (n); 3.3.14 (ntx); 3.5.19–20; 3.6.13 (n); 4.3.4; 5.2.10; 6.1.12 (ntx); 6.2.11 (ntx); 6.6.1; 6.8.7 (ntx); 9.4.7 (n); 10.5.9; 10.5.12; 11.4.3 (ntx); 12.1.14 (ntx)
"Rājapurohitau", 6.6.2; 10.2.14
Rajasuya, pp. 30-31; 1.3.5 (n); 2.3.2; 3.5.3 (n); 3.3.10; 3.3.20 (n); 3.5.20; 4.4.1–2; 5.2.10; 7.3.6; 9.2.12; 10.1.1; 10.1.3; 10.3.17 (n); 11.4.1–3; 12.3.2 (n); pp. 810, 821-3
 Abhiṣecanīya, 3.3.10; 4.4.1–2; 5.2.10; 11.2.13
 Abhiṣeka, 3.3.10 (n); 4.4.2; 5.2.10; 12.3.2 (ntx)
 Aveṣṭi, 2.3.2; 11.4.3; p. 823
  Cake (8 pans) for Agni, 11.4.3
  Cake (11 pans) for Indra, 11.4.3 (n)
  Caru for Viśvadevas, 11.4.3 (n)
  Āmikṣā for Mitra and Varuṇa, 11.4.3 (n)
  Caru for Bṛhaspati, 2.3.2; 11.4.3 (n)
 Cake (8 pans) for Anumati, 4.4.1; 10.1.3
 Caru for Bṛhaspati, 2.3.2
 Chariot ride, 1.3.5 (n); 5.2.10 (n)
 Conquering rājanya, 5.2.10
 Daśapeya, 3.5.20; 4.4.1 (ntx); 4.4.3 (n); 10.3.17 (n); 11.2.13
 Dicing, 3.3.10; 4.4.1–2; 5.2.10
 Goat for Ādityas, 4.4.1
 Homa at anthill, 4.4.1
 Māhendra draught, 4.4.2; 5.2.10
 Nānābīja, 5.2.7 (n); 11.3.7; 11.4.13; pp. 822, 824
 Ratnin offerings, 10.1.1
  Bṛhaspati offering, 10.1.1
  Cake (2 pans) for Aśvins (?), 10.5.1
  Iṣṭi for Nirṛti (ratnin), 9.1.2; 9.2.12
 Saṃsṛp offerings, 3.5.3 (n); 4.4.3; 11.2.13
 Śunaśepa story, 5.2.10; 6.6.4 (n)
 Trisaṃyuktaṃ havis, 3.3.20 (n); 7.3.6 (n); 11.4.1
  Cake (11 pans) for Soma and Pūṣan; caru for Indra and Pūṣan; caru for Pūṣan, 11.4.1; p. 823
  Cake (11 pans) for Agni and Viṣṇu; caru for Indra and Viṣṇu; cake (3 pans) for Viṣṇu, 11.4.1; p. 823
Rāmakṛṣṇa, p. 17 (n)
Rāmasahasranāmastotra, p. 13
Rāṇaka, p. 16; 11.2.4
Ratha (as fee), 10.3.5 (reassembled); 10.3.20 (yoked with yajus-formulae) (See also Rājasūya (Chariot ride))
"Rathaghoṣa", 10.4.2
Rathakāra, 2.3.3 (ntx); 6.1.12 (meaning); p. 800
Rathantara pṛṣṭha, 7.3.3
Rathantara sāman, 2.3.1; 7.2.1; 7.3.3; 8.3.2; 9.2.2; 9.2.6; 9.2.15–16; 9.2.17 (n); 10.4.9; 10.4.24–25; 10.5.15–16; 10.5.23; 10.6.1–3; 10.6.5; 10.6.8 (n)
Raurava sāman, 9.2.6

Ṛc,
Definition, 2.1.10–12; p. 795
Not a means of praise, 9.2.8
Refers to Ṛgveda, 3.3.1
Reason, 1.2.3
Red turban, 3.4.1; 3.8.5; 7.1.2; 10.4.1
Remainders (eating or drinking of), 3.2.11-19; 3.5.3; 3.5.6; 3.5.13 (n); 3.8.19; 10.2.3–4; 10.2.6; 10.2.9; 10.7.5–8; 12.1.15; 12.1.17; pp. 796, 825-6
Remembering (based on mantras), p. 46; 1.2.4; 2.1.5; 4.1.7 (n); 6.3.5 (n); 10.4.22; 12.1.9; 12.3.10; 12.3.16
Repetition (of subsidiaries not efficacious), 11.1.7
Request for wishes (in mantras), 12.4.1
Resolution (adhyavasāya), 9.1.11
Restraint of speech, 9.1.7; 9.2.12 (n); 11.1.9; 11.3.7–8
Restriction (general),
Injunction of, pp. 32, 37, 43; 1.1.1; 1.2.4; 2.1.3; 3.6.15; 4.1.2; 4.2.9; 5.1.9; 5.2.4; 6.1.8; 6.3.4; 6.3.13; 6.3.15; 6.8.7; 9.1.9; 10.2.8; 10.3.2 (n); 10.3.20; 10.4.11; 10.5.13; 10.7.16; 10.8.9; 11.2.3; 11.2.13; 11.3.3; 12.3.10; 12.4.6; 12.4.16
On behavior, 6.2.6; p. 800
Result ("for all results"), 4.3.10–11
(See also World (mundane) (World as site of result))
Revatī verses, 2.2.12
Ribs,
Number used for, removal, 9.4.1–2; p. 809
Rice,
Optional with barley (the subject of all entries below on Yava),
Sprinkling rice grains, 9.1.5
Substituted by wild rice, 3.6.14; 6.3.3; 6.3.5; 6.3.11 (n); 6.3.12; 6.3.14-15; 6.3.21; 9.1.1 (n); 9.3.9
(See also Beating, "Vrīhi", Wild rice)
Rope, 3.6.10; 3.8.11; 4.4.9; 5.2.5 (n); 7.3.13 (n); 9.2.13 (n); 10.6.7; 8.1.7
Two ropes, 3.6.10; 4.4.9; 8.1.7
(See Trivṛt)
Ṛtapeya, 3.4.21; 10.2.8; 10.3.19
Ṛtu sacrifices, 3.5.18
Ṛtuyājyā mantras, 10.2.26
"Ṛtvig", 3.7.16
Rubbish heap (utkara), 3.8.10 (n); 9.3.12 (n)
Placing whey on rubbish heap, 10.3.3
Rukma,
At fire-piling rite, 5.2.12
On horse's forehead, 10.3.18
Śabara, pp. 8-9, 15-16, 25 (n), 32; *passim* in notes to text and translation
Sacrificer,
Actions for sacrificers (general), 3.7.8; 12.4.15 (at a sattra); pp. 796-7
Anointing, 10.4.7; 12.4.14
Burning dead sacrificer, 11.3.13–14
Priest at sattra, 5.1.1; 6.6.3; 10.2.10; 10.6.15; 12.4.15
Sadas, 1.3.2 (n); 1.3.5 (n); 1.4.3 (n); 3.5.8; 3.5.11; 3.8.6; 6.4.7; 10.2.19-20; 10.4.9; 12.1.3 (n); 12.4.11 (n)
Sadasya, 3.7.18
Sādhya (as distinct from siddha), 9.1.1
Sādyaskra, 3.8.22 (n); 5.1.6; 8.1.12; 9.1.16; 10.1.5; 10.2.31 (n); 10.3.16
Sāhasra, 8.1.12
Sāhna, 3.3.13
Sākaṃprasthāyīya (=Sākaṃprasthāyya), 3.5.2 (n); 9.1.4 (n)
Sākaṃprasthāyya, 2.3.4 (n)
Śākhās (different), 2.4.2; 5.1.3; 5.4.5; 9.2.7; 9.3.4; 9.3.12; 10.5.11; 10.8.17; pp. 795, 808
Saktu, 1.4.20; 4.2.6 (ntx); 9.4.12 (ntx); 10.2.34
"Saktūn" (denotes instrumentality), 4.2.6
Śāktyānāmayana, 3.8.23; 9.1.13 (n)
Śākvara sāman, 3.5.4; 7.3.3; 10.5.23 (n); 10.6.3; 10.6.5
Śālāmukhīya fire, 12.1.6
Sāmagas, 9.2.9
Sāmans (general), p. 29; 7.2.1; 9.1.19; 9.2.1; 9.2.3–4; 10.6.1; pp. 803, 807-8, 813-15, 817

As means of praise, 9.2.8
Definition, 2.1.10–12; p. 795
Importation, 5.3.5; p. 799
"Sāman" refers to Sāmaveda, 3.3.1
Samavattadhānī, 10.7.4
Śaṃbhubhaṭṭa, pp. 17-18 (notes)
Saṃdaṃśa (tongs), 3.1.10; 10.1.9
Saṃgati, p. 34
Sāṃgrahaṇī, 2.2.7; 3.7.20 (n); 4.4.4; 10.4.5; 10.7.9
Saṃhitās (general), pp. 31, 37, 794
Saṃhita sāman, 9.2.6
Sāmidhenī, 2.2.3; 3.6.2; 3.7.7; 5.3.3; 6.6.7 (n); 8.4.4 (ntx); 9.1.10; 10.3.1; 10.5.1; 10.5.8 (increase); 10.6.19; 10.8.9 (mitravinda); 12.1.8; 12.4.15 (sattra); pp. 802, 814, 818
Fifteen, 10.8.9
Seventeen, 10.8.9
Śamī spoon, 7.1.5
Śamitṛ, 3.7.13
Śāmitra fire, 12.1.5
Saṃkalpa, 1.4.1; 4.1.3; 6.2.5; 6.3.12; 6.3.16; 6.4.11; 10.2.9
Śaṃkarabhaṭṭa, p. 17 (n); 10.7.12 (n)
Saṃkarṣa(ṇa)kāṇḍa, p. 8 (n); 5.3.1 (n)
Sāṃkhya, pp. 12-13, 19-20 (notes)
Sāṃkhyapravacanabhāṣya, p. 20 (n)
Sāṃkhyasūtravṛtti (attributed to Mahādeva), p. 13
Sāṃkhyasūtravṛtti (of Aniruddha), p. 20 (n)
Sāṃkhyasūtravṛttisāra, pp. 12 (n), 13, 19-20 (notes)
Saṃnipatya (upakāraka), pp. 32, 45; 2.1.2; 8.1.3 (n); 9.1.1; 9.2.20 (n); 11.3.8; p. 806
Saṃpratipannadevata, 5.2.4; 6.5.1
"Saṃśara" (fault), 9.2.4
Saṃsava, 9.2.17 (n); 10.5.16 (n); 10.6.8
Saṃśaya, p. 34
Saṃskāra (general), pp. 45-6
Saṃsthā, p. 29; 2.2.12; 3.3.16 (n); 3.6.16; 5.3.13-14; 8.3.4 (n); 9.3.8; 10.5.9; 10.5.12 (n); 10.6.6 (n); 11.3.15
"Saṃsthāpayati", 9.4.14
"Saṃsthāpya", 4.3.14
Sāṃtapanīya, 5.1.17
Samūḍha, 10.5.24
Saṃvargeṣṭi, 1.1.6 (n)
"Saṃvatsara" (as meaning a day), 6.7.13
Śamyā, 2.3.13 (ntx); 3.1.5 (n); 3.8.10 (n); 4.1.4 (n); 7.3.12 (n); 10.1.1
Śaṃyuvāka, 6.4.2; 10.2.4; 10.7.12 (prāyaṇīyeṣṭi); 10.7.13
Sānnāyya, pp. 29, 39-41; 1.4.7; 3.4.2; 3.5.2; 4.2.3 (n); 5.2.4 (n); 5.4.2; 5.4.8; 6.4.6 (n); 6.4.9-10; 6.4.13–14; 6.5.2; 6.5.6; 8.1.16 (n); 8.1.17; 8.2.1–2; 8.2.3 (n); 10.8.13–14; 11.1.9 (n); 11.1.11; 12.2.7; pp. 801, 819
Milk offering, 8.2.1–2; 8.2.3 (n); 8.2.4
Sānnāyya vessels, 3.3.11
Śāntarakṣita, p. 9 (n)
Sapha sāman, 7.1.2
Saptadaśa (stoma), 5.3.5 (n); 5.3.15; 7.3.10; 8.3.2; 9.2.6
Saptāha sāman, 7.1.2
Śara, 10.4.2
"Śaramaya", 10.4.2
Sarvajyotis, 2.2.8
Sarvapṛṣṭha, 3.5.4
"Sarvasāman" (days), 7.3.10
Sarvasvāra, 10.2.23; 10.2.24–25 (notes)
"Ṣaṣṭhī", 4.4.7
Ṣaṣṭhīpūjā, 4.3.19
Śastra, 2.1.5; 2.2.6; 2.2.12-13 (notes); 3.3.16 (n); 3.6.16 (n); 8.1.3; 9.1.9 (n); 9.2.6 (n); 10.4.26; 10.5.12; 11.4.15; pp. 813-14, 822
(See also Āgnimāruta śastra)
Śāstra (general), pp. 32, 46; 1.3.4; 2.2.12; 3.6.5; 3.8.22; 5.1.17; 6.1.6; 8.1.3 (n)
Śāstradīpikā, pp. 10, 14-18, 24 (n), 33; 3.8.22; *passim* in notes to text and translation
"Sata", 1.3.6
Satobṛhatī (meter), 9.2.6 (n)
Sattras, p. 41; 2.3.12; 3.3.14; 5.1.1; 5.3.14 (n); 6.2.1; 6.3.8–10; 6.4.11; 6.5.7; 6.6.1; 6.6.3–4; 6.6.5–6 (notes); 6.7.13; 8.2.5–6; 9.1.14; 9.1.15 (n); 9.2.12;

10.2.8–15; 10.2.17–22; 10.2.26; 10.3.13 (n); 10.6.10 (n); 10.6.12; 10.6.14–16; 10.8.11 (n); 12.4.11 (n); 12.4.13; 12.4.14–15 (notes); pp. 801-802, 805, 810-11, 816, 830
Twelve-day (general), 10.6.14 (see also Twelve-day rite)
Thirteen-day, 4.3.8 (n)
Fourteen-day, 6.2.1 (n)
Twenty-one-day, 10.6.19 (n)
Twenty-seven-day, 6.2.1 (n)
Thirty-three-day, 6.2.1 (n)
Thirty-four-day, 6.2.1 n)
Forty-nine-day (añjanābhyañjana), 10.4.7
Sixty-one-day, 6.2.1 (n)
Sārasvata, 2.3.12 (n)
Cake (8 pans) for Agni, 2.3.12
Sārasvata, 10.2.15 (this appears to be distinct from the preceding)
Cake (8 pans) to Agni Kāma, 10.2.15
Viśvasṛjāmayana, 6.7.13; p. 802
Sattrins, 6.7.13; 10.6.12
As brahmacārins, 10.6.12
As priests, 5.1.1; 6.6.3; 10.2.10; 10.2.15; 10.6.15; 12.4.15
Dead sattrin, 6.3.8-10; 10.2.17–22
Saubhara sāman, 2.2.13
Saugandhika (extract of fragrant reed-grass), 10.4.7
"Saurya", 8.1.16
Saurya iṣṭi, 2.1.9 (n); 2.3.5; 4.3.9; 7.1.1; 7.4.1; 8.1.1–2; 8.1.13–14 (notes); 8.1.15–16; 9.1.1; 9.1.3; 9.1.12-13 (notes); 9.2.18; 9.3.1; 10.1.7–8; 10.1.10; 10.4.15; 11.2.1; 12.2.6; pp. 804-5
Sautrāmaṇī, 3.4.14 (n); 3.5.3; 8.1.8 (n); 8.2.1; 12.2.12 (n)
Savanīya cakes, 3.8.19 (n); 3.8.23; 5.1.13; 5.1.15; 10.5.26 (n); 11.3.16; 11.4.20; 12.1.4 (n); 12.1.7 (n); 12.2.2; 12.2.4 (n); 12.2.12; 12.2.15 (n); pp. 824, 826-7
Savanīya paśu, 3.6.7; 3.6.10; 3.8.22; 4.3.15; 4.4.9; 5.1.6; 5.1.12; 5.2.6; 7.3.13 (n); 8.1.6–7; 9.1.17 (n); 9.3.8; 10.1.5 (n); 10.4.4 (n); 11.3.3; 11.3.15 (n); 11.3.16; 11.4.6; 12.1.4; 12.1.5 (n); 12.2.2; 12.2.12; 12.2.15; pp. 804, 823, 826-7
Three savanīya animals at aśvamedha: horse, hornless goat, gomṛga, 9.4.2
"Savitṛ", 9.1.12
Scrapings, (see Niṣkāsa)
Scratching, 11.3.6; 11.4.16; p. 824
Season (for performance), 5.4.5; 6.1.2; 7.1.3 (n); 11.2.8; 12.2.14 (n)
Seeing impurity, 11.4.17
Sentence meaning (general), pp. 25-8; 1.1.7
"Śeṣa", 9.4.14
Śeṣa (definition), 3.1.2–3
Seven-day rite for Janaka, 8.3.2
Seventeen animals for Prajāpati (at vājapeya), 2.2.7; 4.1.14; 5.1.5; 5.2.1; 5.2.5–6; 10.4.4; 11.2.4; 11.2.11; 11.3.15; 11.4.8; 11.4.20; pp. 822, 824
Shaving, 3.7.2; 3.8.3; 5.2.12
Siddha (as distinct from sādhya), 9.1.1
Siddhānta, p. 34
Silk, 1.3.2
Singing (general), 9.2.2
Not a main act, 9.2.7–11
Śini, 8.4.2 (n)
Sipping water, 1.3.4
Six-day rite, 8.3.3
(See Abhiplava six-day period, Pṛṣṭhya six-day period)
Sleeping (by initiate), 11.4.17
Śloka sāman, 10.4.9
Ślokavārttika, pp. 9 (n), 16, 793
Smārta rites, 8.4.2; 12.2.1; pp. 805, 826
Smṛti, pp. 31, 36-8, 43; 1.1.1; 1.1.6; 1.1.8; 1.3.1-5; 1.3.7-9; 1.4.1; 1.4.3; 1.4.20 (final verse); 3.4.3; 3.4.4 (n); 3.4.8; 3.4.14 (n); 3.7.8; 6.2.4 (n); 6.2.6; 6.2.11; 6.3.12 (n); 6.8.5; 8.4.2 (n); 9.2.1 (n); 9.2.6; 9.2.8; 10.4.17 (n); 12.2.1 (n); pp. 794, 803, 826

Sneezing, 1.3.4
Ṣoḍaśin,
 Draught, 5.1.18; 10.5.9–14; 10.8.3; p. 814
 Rite, 2.3.8 (n); 2.3.10 (n); 3.1.9; 3.6.16 (n); 5.3.15; 6.5.14; 7.3.13 (n); 9.3.8; 10.6.6; 10.8.11
 Sāman, 10.5.13
 Stotra, 3.4.12 (n); 3.6.16 (n)
 Vessel, 3.1.9
Soma,
 Measuring,
  At the time of pressing, 3.2.17 (n); 3.6.13 (n); 10.6.20; 10.6.22; p. 816
  At the time of purchase, 12.4.3 (n)
 Pressing (sutyā, main item in rite), 12.2.9
 Purchasing, 3.1.6 (n); 3.4.12 (n); 3.6.13 (n); 4.1.10; 4.2.6; 6.5.7; 6.5.10 (gavāmayana); 6.8.6; 9.1.16; 10.2.21 (n); 10.3.16 (sādyaskra); 10.6.21 (n); 10.8.8 (n); 11.2.13 (rājasūya); 11.2.15 (n); 12.4.3; pp. 807, 812, 821, 829
 "Round", 11.3.15
 Substitute, 2.1.1; 3.5.19; 3.6.15; 6.3.13; 6.3.15; 10.3.15 (n); p. 801
 Taking down, 10.6.20–22; p. 816
Somanātha, p. 17 (n); 3.8.2 (n); 9.2.5 (n)
Soma seller, 3.7.15, 9.1.16 (n)
Someśvara Bhaṭṭa, p. 16 (n)
Soul, p. 31; 2.1.2; 2.1.15 (n); 3.8.7; 11.1.4; 11.4.16
Sowing seeds (at agnicayana), 10.5.5
Spade (abhri), 12.3.14
Speaking falsely, 3.4.8
Specific statement (contrasted with general statement), 10.8.8; p. 818
Sphoṭa, 1.1.7 (n)
Sphya, 3.1.5; 3.8.10 (n); 4.1.4; 10.1.1
Spitting, 1.3.4
Spring festival, 1.3.4
Śrauta rites, 12.2.1
 (See Vedic rites)
Śrautasūtras, pp. 27 (n), 30-31, 34
Sṛṣṭi bricks, 1.4.17
Sruc, 1.4.13; 2.1.4; 3.5.2; 7.1.5; 11.3.9; 10.7.8 (n)
 (See also Agnihotrahavaṇī, Dhruvā, Juhū, and Upabhṛt)
Śruti, pp. 31, 37-8, 43; 1.1.1; 1.1.6; 1.1.8; 1.2.3; 1.3.1-5; 1.3.7-9; 6.3.12 (n); 9.2.8; 12.2.1 (n); p. 794
Sruva, 1.4.20; 3.5.2; 3.6.1 (n); 3.7.20 (n); 9.2.18; 10.1.5; 10.7.14; 12.1.4
Stepping forward, 3.1.10; 3.5.2
Sthālī, 2.3.5; 10.1.11
 "Sthālī" synonym of "caru", 1.3.5; 10.1.10
Sthālīpāka, 8.4.2
Sthāṇvāhuti, 10.1.6; p. 810
Stobha, 9.2.10–11
Stoma (general), 1.4.3; 4.4.12
 Increase, 5.3.4–5; 7.3.10 (n); 10.4.12; 10.5.6–7; p. 814
 (See also Trivṛt, Pañcadaśa, Saptadaśa, Ekaviṃśa, Thirty-three versed stoma)
Stomabhāga mantra, 6.6.4
Stories, 1.2.1
Stotra (general), 1.4.3; 2.1.5; 4.4.12; 8.1.3; 9.1.18; 10.5.12; pp. 807, 813-14, 822
Stotrīya, 9.2.3; 9.2.6
 First verse triad at bahiṣpavamānastotra, 5.3.4
Strainers, 2.1.10-12 (n); 3.8.18
Study,
 Injunction of, pp. 36-8; 1.1.1; 1.2.1; 1.3.7; 1.3.10; 1.4.1; 3.4.3 (n); 4.1.2; 6.1.8 (n); 6.2.11; 9.2.1
 Features (non-study), 12.3.7; p. 828
Stuta (=stotra), 10.4.27
Stuti (general), 9.2.3; 9.2.10; 10.4.9–10; 12.4.1
"Stuvate", 10.4.9
Subrahmaṇyā, 9.1.16; 10.4.26 (n); 12.2.7; pp. 826-7
 Calling the subrahmaṇyā, 3.5.8 (n); 9.1.16; 11.3.10–11; 11.4.7; pp. 822-3
Subrahmaṇya (priest), 3.5.8; 3.7.16 (n); 10.3.13 (n)
Substitute, p. 30; 6.3.4–21; pp. 800-1

Substrate (for instrumentality), 2.1.1
Śūdra, 3.4.3 (n); 6.1.7; 6.1.12; 6.7.5; p. 800
Śukra,
Draught, 2.3.1 (n); 5.4.1 (n); 10.4.3; 10.5.15; 10.5.19–20; 10.5.23–25
Taking hold of śukra cup, 10.2.19; 12.4.11; 12.4.13 (n)
Suktavāka, pp. 38-41; 3.2.5–6; 3.3.9; 4.2.4; 5.1.12 (n); 9.1.3–4 (notes); 9.1.15; 9.2.19; 10.2.21; 10.2.25; 10.4.14 (n); 10.7.12 (n); 11.3.16 (n) (agnīṣomīya paśu and savanīya paśu); 12.2.12 (n); p. 823
Surā,
At sautrāmaṇī, 3.5.3; 8.2.1; 12.2.12 (n)
At vājapeya, 1.4.6; 10.4.3
Śūrpa, 1.2.3; 2.1.8 (n); 3.1.5 (n); 3.8.10 (n); 4.1.4 (n); 11.3.7 (n)
Sūtras (missing in Śabara), 3.4.2 (n); p. 796
Svadhiti, 1.4.20; 4.2.1 (ntx); 4.4.10 (ntx); 9.4.2; 9.4.4
Svādhyāya, (see Study)
"Svāhā" (general), 10.3.4; 10.8.10; p. 818
Svāmin, 6.3.7; 9.1.14; 12.4.14
Svara (accent), 9.2.8; 9.2.10; 12.3.8–9 (See also Bhāṣika accent, Ekaśruti, Tāna)
Svara (volume/whisper), 3.3.2–3; 9.1.2; 9.1.6 (whispered); 10.2.22 (loud pronunciation); 10.8.15; 10.8.17; 11.2.7
Svarasāman days, 7.3.10; 9.2.6 (n); 10.5.25
"Svardṛś", 9.2.15 (ntx); 10.6.2
Svaru, 4.2.1; 4.4.10; 11.3.5; 12.2.12 (n); p. 821
Svayamātṛṇṇā brick, 3.8.2 (n)
Svayaṃprakāśatīrtha, p. 12; penultimate verse of text
"Śveta", 10.2.30
Sviṣṭakṛt, 2.3.13; 3.4.18 (n); 3.4.19; 3.5.1–2; 3.5.4; 4.1.7; 4.1.13; 5.2.6 (paśu); 5.2.9 (n); 5.4.2; 6.4.2; 9.2.18 (n); 10.4.1 (n); 10.4.14 (n); 10.4.18; 10.4.20 (paśu); 10.4.21 (n); 10.7.3 (paśu); 10.7.10 (gṛhamedhīya); 11.2.2 (n); 11.2.14 (varuṇapraghāsa); 11.2.15 (prāyaṇīyeṣṭi); pp. 813, 816, 821
"Sviṣṭakṛt" (meaning), 10.4.19
Śyāvāśva sāman, 9.2.6
Śyena, 1.4.5; 3.7.23; 3.8.5 (n); 3.8.21–22; 4.1.2; 7.1.1–2; 9.2.17 (n); 10.4.1
"Śyena", 9.4.5
Śyenacita, 10.8.11
Tādātmya (of substance and rite), 6.3.3
Tail (jāghanī), 3.3.15; 12.4.6; p. 829
Taittirīya (vedic branch), p. 15 (n); 3.2.8 (n); 5.4.5 (n); 10.5.11 (n); 12.3.11 (n)
"Tāmarasa", 1.3.6
"Tāna", 9.2.8
"Taṇḍula", 6.5.1–2; 6.5.4
Tantra (general), 11.3.8; 12.1.1
Tantraratna, 9.1.9 (n)
Tantravārttika, p. 9 (n)
Tantrin, 11.3.16; 12.2.12-13; 12.2.15; 12.3.2
Tarkapāda, pp. 16-17, 793
Tarkasaṃgraha, p. 18 (n); 1.1.8 (n); 2.1.2 (n)
Tārpya, 10.4.8
"Tat", 4.2.11; 6.6.3; 11.2.12
"Tataḥ" (states order), 5.1.1
Tātparyadīpikā, p. 13
Tattvacandrikā, p.13
Tattvānusaṃdhāna, pp. 12-13, 19 (n)
Tattvasaṃgraha, p. 9 (n)
Teacher (guru), 6.2.10
Ten-day rite, 8.3.3-5; 10.4.26 (n); 10.5.4
Tenth day, 7.2.1 (n); 9.1.9; 9.2.8 (n); 10.5.4; 10.5.23-4; 10.6.13
Third pressing, 2.2.12 (n); 2.3.13 (n); 3.2.9 (n); 3.2.13 (n); 3.6.9; 4.3.15 (n); 5.1.18 (n); 5.3.5 (n); 9.1.9 (n); 9.2.6; 10.2.23 (n); 10.4.7; 10.5.10 (ntx); 10.5.11; 10.5.26; 10.6.5 (n); 11.2.3; 11.2.14 (n); 11.3.3 (n); 12.2.2 (n); 12.2.4; 12.2.8 (ntx); 12.2.12; p. 814
Thirty-six day rite, 6.5.9; 8.3.3
Thirty-three-versed stoma, 7.3.10; 10.5.25; 10.6.9; p. 815
Three-day rite, 10.5.4; 10.5.9; 10.8.11

Three-day rite of Garga, 7.3.12; 10.5.23 (n)
Three "higher" varṇas, 6.1.7; 6.1.12; 6.2.11 (n); 6.6.3; 6.6.7; 6.8.3
"Three parts" (of the animal), 10.7.3
Time when conch blows, 6.4.13
"Tisṛṣu", 10.5.2
Tonsure, 6.8.5
Topics (adhikaraṇas), pp. 9, 16, 24 (n)
Traidhātavīyā, 2.3.12 (desiderative); 6.2.3 (expiatory); 10.7.16 (n) (desiderative); 10.8.9 (n)
  At aśvamedha, 2.3.12; 9.1.2; 10.2.8
Traiśoka sāman, 9.2.5
Traiṣṭubha (day), 10.5.4
Traiyambakahomas, (see Cāturmāsya (Sākamedha))
Transfer (general), p. 28; 7.1.1
Tṛcas (general), 9.2.1; 9.2.3; 10.4.25
Trikāṇḍamaṇḍana, p. 30 (n) (see also references for Smith)
Triṣṭubh (meter), 5.3.5; 8.3.6; 9.2.6; 10.5.2; 10.5.4 (n); 10.5.26
Trivṛt,
  Meaning, 1.3.5; 1.4.3; 10.6.7; p. 815
  Rope, 3.6.10; 4.4.9; 5.1.6 (ntx)
  Stoma, 1.4.14 (n); 2.2.12; 5.3.4; 5.3.15; 6.7.13; 8.3.2; 10.6.7; 10.6.9
Tryambaka, (see Traiyambakahomas)
Tryanīkā, 10.5.23; 10.5.25; p. 815
Tūpara, 9.4.2
Ṭupṭīkā, p. 9 (n); 6.5.2 (ntx); 8.1.15; 9.1.6 (n); 9.1.9 (n); 10.2.34 (n); 12.2.12 (n)
Twelve-day rite, p. 29; 3.3.13 (n); 3.4.12 (n); 3.5.4 (n); 3.5.18 (ftx); 5.1.1; 5.3.4; 5.3.14 (n); 6.2.1 (n); 6.5.8 (ntx); 6.5.9; 6.5.21; 6.6.1 (ntx); 6.7.8 (n); 6.7.13; 7.2.1 (n); 7.2.2; 7.3.2; 7.3.3 (n); 7.3.10 (n); 7.4.3; 8.1.10; 8.2.5–6; 8.3.3–5; 9.1.1; 9.1.9; 9.2.5; 9.2.8 (n); 9.2.9-12 (notes); 9.3.12 (n); 10.3.13; 10.4.1 (n); 10.5.4; 10.5.14 (n); 10.5.23–26; 10.6.3; 10.6.4-6 (notes); 10.6.9 (n); 10.6.12–14; 10.6.18; 10.6.21; 11.2.12 (n); 11.3.9; 11.4.5–7; 12.1.6; 12.2.7 (n); 12.4.11; pp. 804-6, 822-23, 829
Twelve pairs (of actions and implements), 3.8.10
Two-day rite, 3.3.13; 8.1.10; 8.3.3 (n); 9.1.9; 10.5.4; 10.5.9; 10.8.11; 11.3.6
Two-day rite of Aṅgirases, 10.5.13
Tyāga, 3.7.8; 4.1.7; 4.2.10
Udāharaṇacandrikā, p. 17 (n)
Udavasānīyeṣṭi, 1.3.3 (n); 6.5.13; 8.1.3, 10.2.12-14
Udayanīya (day at 12-day rite), 10.5.4; 10.5.23–24; 10.6.4
Udayanīyeṣṭi, 1.3.5 (n); 8.1.3; 10.1.10 (ntx); 11.2.15
Udbhid, p. 45; 1.4.1; 1.4.6; 2.3.4 (n)
Udgātṛ, 1.3.2 (n); 3.3.6 (n); 3.5.7-8; 3.7.10 (n); 3.7.16 (n); 3.7.23; 3.8.1; 3.8.5; 5.1.1; 6.5.17; 6.5.19 (n); 6.5.20–21; 10.6.2; 10.8.6; pp. 802, 815
  Etymology, 3.5.8
Udumbara
  Branch used as pillar of sadas shed, 2.1.8 (n); 10.2.19; 10.2.23
    Measuring, 10.2.19; 12.4.11
    Raising, 1.3.5 (n)
    Touching, 1.3.2
    Wrapping, 1.3.2; 1.3.4
  Cup, 10.3.19
  Daṇḍa, 3.7.5 (n)
  Post, 1.2.2; 10.7.18
Udvāpa, 5.3.5; 10.4.13
Ūha (general), 9.1.1
Ūhagāna, 9.2.1 (n); 9.2.10 (n)
Ūhagrantha, 9.2.1; p. 807
Ukhā,
  Fire pot, 1.4.13 (n); 4.4.6 (n); 5.2.11; 5.2.12 (n); 12.3.14; 12.4.7; 12.4.10; p. 829
    Fumigating the fire pot, 10.5.5
  Ghee pot, 3.8.10
  "Ukhā" (as synonym of "caru"), 10.1.10
  Ukhā pot (at animal rite), 8.2.2
Ukhya fire, 4.4.6; 12.4.7 (n)
Ukthya,
  Cup, 10.5.10
  Draught, 5.1.18; 5.4.1 (n); 10.5.10

Rite, 2.2.13 (n); 2.3.8 (n); 2.3.10 (n); 3.3.16; 3.6.16; 5.3.15; 7.3.13 (n); 9.3.8; 10.5.12; 10.6.6; 10.8.11; 11.3.15 (n); p. 814
Stotra, 8.3.5; 11.3.15
"Ulūka", 9.4.3
Ulūkhala (mortar), 3.1.5 (n); 3.3.11; 3.8.10 (n); 4.1.4 (n); 5.2.7; 9.2.12 (n); 11.1.6; 11.3.7 (n)
Setting down, 5.2.7
Sprinkling mortal and pestle, 9.1.2; 9.2.12
Uṇādikośa, pp. 12, 15, 19
Uṇādisūtra, 10.1.6 (n)
Unharnessing of fire, 11.3.9; p. 822
Unmanifest (avyakta), 8.1.9; 8.4.4
Unnetṛ, 3.7.16 (n)
Upabhṛt, 3.1.10 (n); 3.5.2 (n); 3.8.8 (n); 4.1.15–17; 5.2.8 (n); 10.7.12 (n)
Upagāna, 10.4.6
Upagātṛ, 3.7.14; 3.7.23
Upahavya, 10.3.18
Upahomas, 2.1.6 (n); 2.1.17; 5.2.9; 10.4.1
Upakarmaparigraha, 6.3.19 (n)
Upāṃśu,
Draught, 5.4.1 (n); 10.5.17
Offering (at darśapūrṇamāsa), 1.4.4; 2.2.3 (n); 3.3.5; 3.5.1; 5.1.8; 5.1.10 (n); 5.4.6; 6.5.2; 8.1.16 (n); 8.1.18–19 (notes); 10.8.13; 10.8.15–19 (16 in note); 11.2.2 (n); 12.2.7–8; p. 819
Agni and Soma (as deity), 2.2.4; 10.8.17
Prajāpati (as deity), 2.2.4; 8.1.16 (n); 10.8.17
Viṣṇu (as deity), 2.2.4; 10.8.17
Vessel, 3.2.13
Upanayana, 2.3.3; 6.2.6; 6.8.2; 6.8.5
Upaniṣads, pp. 7, 31, 37; 2.1.10-12; p. 794
Uparavas, 3.8.16 (n); 11.4.19; p. 824
Digging uparavas, 11.4.19
Upasads, p. 41; 1.3.3 (n); 2.1.16; 2.3.11 (ntx); 3.3.13; 3.3.17; 3.6.7 (n); 3.6.10 (n); 4.2.11; 4.4.3 (rājasūya); 5.1.14 (n); 5.3.2 (agnicayana); 6.5.8 (ntx); 6.5.9 (n); 9.1.6 (n); 9.2.20 (n); 10.2.21 (n); 10.5.1 (ntx); 10.7.14; 11.2.15 (n); 11.3.3-4 (notes); 11.3.10; 11.4.5; 11.4.6 (n); 11.4.7; 12.1.7-8 (notes); 12.1.19; 12.2.7; pp. 817, 822-3
"Upasadām", 4.4.3
Upasaṃhāra, 10.7.9 (n); 10.8.9 (n); 10.8.10
Upaśaya, 7.3.13
Upastaraṇa, 3.5.1 (n); 10.2.2; 10.7.5; 10.7.20; 10.8.12–13
"Upatiṣṭhate", 7.3.14
Upavaktṛ, 3.7.4 (n)
Upaveṣa, 4.2.3; 10.5.1 (n)
Upavīta, 3.1.11; 3.4.1–4; 10.4.1
"Upe" (used to enjoin sattras), 8.2.6; 10.2.15
"Upeyus" (used to enjoin sattras), 10.6.16
"Urūka", 9.4.3
Uṣṇih (meter, definition), 9.2.6 (n)
Usrā, 10.4.18
Utkara, (see Rubbish heap)
Utkarṣa, 5.1.12; 5.1.15: 5.1.17; 6.5.13; 9.3.5; 11.3.16; pp. 798-9
Utsarga (release of animals), 9.4.13–14; 11.2.11–12; pp. 809, 821
"Utsarga", 9.4.14
"Uttarā", 9.2.5; p. 807
"Uttarāḥ" (cows), 11.1.9
Uttaramīmāṃsā, pp. 7-8
Uttaravedi, 1.2.4 (n); 3.7.7; 7.3.9; 10.3.3; 10.8.11; 12.1.3 (n); 12.1.5; 12.1.20
Vācaḥstoma, 9.2.6
Vācaspati Miśra, p. 16 (n); 12.2.8 (n)
Vaidikas, 9.2.6 (n); 9.2.18 (n); 10.6.7; 10.6.16 (n)
Vaidyanātha Tatsat, p. 17 (n)
Vaikhānasa sāman, 10.5.13
Vaimṛdha, 4.3.14; 10.1.4; 10.8.9 (n)
Vairāja sāman, 7.3.3; 8.3.2; 9.2.11 (n); 10.5.23 (n); 10.6.3; 10.6.5–6
Vairūpa sāman, 7.3.3; 8.3.2; 10.5.23 (n); 10.6.3; 10.6.5–6
Vaisarjanahomas, 1.3.3; 5.1.14 (n); 12.1.7 (n)
"Vaiṣṇava" (does not transfer features), 7.3.6; 7.3.10; p. 803
Vaiśvadeva draught, 12.1.12

Vaiśvāmitra, 6.6.4; p. 802
Vaiśvānara iṣṭi (at birth of son), 1.4.12; 4.3.17–19
Vaiśya, 2.3.2; 3.5.19; 3.6.3; 3.6.13 (n); 4.3.4; 5.4.4; 6.1.12; 6.6.7; 12.4.16; pp. 802, 830
Vaiśyastoma, 9.2.16 (n); 10.4.24
Vājapeya, 1.3.3 (n); 1.4.6; 2.1.15 (n); 2.2.7 (n); 2.3.2 (ntx); 2.3.7 (ntx); 3.1.9; 3.6.16 (n); 3.7.23; 3.8.5 (n); 3.8.9 (n); 4.1.14; 4.3.13; 4.3.20; 5.1.5 (n); 5.2.1 (n); 5.2.5 (n); 6.8.7 (n); 7.3.13 (n); 8.1.3; 9.2.12; 10.2.12; 10.3.20; 10.4.2; 10.4.4; 10.4.8 (ntx); 10.7.16 (n); 10.8.11; 11.2.4 (n); 11.2.11 (n); 11.3.15 (n); 11.4.8 (n); 11.4.20
  Caru in seventeen dishes, 10.2.28
  Caru of wild rice, 9.2.12; 9.3.9
  Māhendra draught stotra, 10.4.2
  "Vājapeyasya", 8.1.3
  (See also Seventeen animals for Prajāpati)
Vājina, 2.2.9; 4.1.9; 8.2.1; 10.3.3
Vajriṇī bricks, 3.6.12 (n); 5.3.6 (n)
Vākyabheda, p. 27; 1.4.2-4; 2.2.12; 3.1.7-8; 3.4.1; 3.7.6; 6.1.5; 6.1.11; 6.5.1; 6.5.6; 7.3.4; 9.1.12; 9.4.2; 9.4.10; 10.3.11; 10.3.19; 10.4.4-5; 10.4.9; 10.6.2; 10.7.12; 10.7.19; 11.2.12; 11.3.7
Vāmadevya sāman, 1.3.9 (n); 3.3.2; 7.2.1 (n); 9.2.6; 9.2.10 (n); 10.5.23 (n); 10.8.6
Vanaspati, 10.4.18
Vaniṣṭhu, 9.4.3; 10.7.4 (n); 10.7.5
"Varāha", 1.3.5
Varaṇa vessel, 3.1.12
Vāravatīya sāman, 2.2.12
Varṇakas (general), p. 16
Varṇas (sounds), 1.1.6; 9.1.10; 9.2.10-11
Vārṣṇis, 6.7.12
Vārtraghnī mantras, 2.2.3; 3.1.13; 12.2.7
Varuṇa's noose, 3.4.14–15
Vasā (fat) offering, 11.2.4–5; 11.4.9; pp. 820, 823
"Vasāṇau", 6.1.5
"Vāsas", 7.3.1; p. 804
"Vaṣaṭ" call, 3.5.5 (ntx); 3.5.10–13; 3.5.18; 3.7.10 (ntx); 7.1.2 (ntx); 10.2.22; 10.8.1 (ntx); 10.8.10; p. 818
Vāsiṣṭha, 6.6.1 (Vasiṣṭha and Vāsiṣṭha); 6.6.4
Vasiṣṭha's janitra sāman, 10.4.11
Vasordhārā, 12.3.11
Vāstuhoma, 8.4.2
Vāsudeva Dīkṣita, p. 17 (n); 10.4.17 (n)
"Vatsa" (denotes a young cow), 10.2.29
Veda (brush), 1.3.4; 5.1.1 (n)
Vedānta, pp. 12-13
Vedāntakalpataru, 12.2.8 (n)
Vedāntasūtra (=Brahmasūtra), p. 8 (n)
Vedi, p. 38 (n); 1.3.4; 2.1.4 (n); 2.1.13 (n); 3.1.5 (n); 3.7.1; 3.7.3; 3.7.6; 3.8.10 (n); 3.8.15 (n); 3.8.17; 4.2.5; 5.1.1 (n); 5.1.16; 5.2.10; 10.1.1; 10.3.3; 10.7.8 (n); 11.3.1; 11.4.3 (n); 11.4.15; 12.1.3; 12.1.21 (n); pp. 824-5
  Sprinkling, 11.4.15
Vedic rites, 7.4.2; 8.4.2; 12.2.1; pp. 805, 826
Verses (importation), 5.3.4; p. 799
Vessels,
  Need for sacrificer to possess, and disposal at death, 6.6.6; 11.3.13-14; pp. 802, 822
  Use of used vessels, 11.3.12 (n)
  (See also Agnihotrahavaṇī, Dhruvā, Juhū, Sruc, Sruva, Upabhṛt)
"Vetasa", 1.3.5
Vidhi (general), pp. 23, 25-8, 42-3
Vidhṛtis, 3.8.18 (n)
Viharaṇa, 12.1.10; p. 825
Vihāras, 11.2.8; 12.1.9; pp. 820-21
Vijñānabhikṣu, p. 20 (n)
"Vileśa" (fault), 9.2.4
Viṣaya, p. 34
"Viṣṇu", 9.2.20
Viṣṇunāmasahasravyākhyā, pp. 12 (n), 13, 18
Viṣṭārapaṅkti (meter, = Satobṛhatī), 9.2.6
Viṣṭuti, 7.1.2; 9.2.6 (n)

Viṣuvat day, 7.3.10; 10.4.3; 10.5.15; 10.5.25; 10.7.16 (n)
Viśvajit (one-day rite), 1.4.1 (n); 2.3.12; 4.3.5; 6.7.1–7; 6.7.8 (in eight-day); 6.7.9; 7.3.3; 8.1.9; 9.2.2; 10.5.25; 10.6.5; 12.3.1 (in eight-day); p. 802
(See also Principles)
Viśvajit (expiatory), 2.3.12; 6.4.11; 6.5.7; 9.2.12; p. 802
Viśvajyotis, 2.2.8
Vrata,
Actions, 4.1.3; 5.3.10; 6.2.5; p. 797
Diet, 4.3.4; 6.4.12; 6.4.13 (n); 6.8.7–8; 10.4.1; 12.1.14; pp. 801, 825
To eat from brass vessels, 12.2.14 (n)
(See also Principles)
To speak truth etc., 3.4.8 (n); 12.1.11
"Vṛdh", 10.4.17
Vṛdhanvatī mantras, 2.2.3; 3.1.13; 12.2.7–8
"Vrīhi", 3.6.14; 6.3.11; 9.1.1; 9.3.1
"Vṛṣabha" (denotes a cow), 10.2.29
Vṛttikāra, p. 16; 2.1.8 (n); 2.2.7 (n); 9.1.11; 10.5.13
"Vyāpanna", 6.5.16
Vyatikrama of meters, 10.5.26; p. 815
Vyūḍha, 10.5.24; 10.5.26
Vyutpatti, (see Etymology, Principles (Complete word))
Weak persons (as sacrificers), 6.1.9–10
Wealth,
Acquisition of, 4.1.2; 6.1.8; p. 800
Required for sacrificer, 6.1.8
Source of fee, 6.7.1; 6.7.7; 6.7.9
(See also Means of livelihood)
Wetting pebbles, pp. 37-8, 44; 1.1.1; 1.4.19
Whole (distinct from parts), 9.1.8
Wife, 1.2.3 (n); 1.3.3 (n); 2.1.15 (n); 3.2.3 (n); 3.4.11; 3.8.10 (n); 3.8.18 (n); 6.1.4–6; 6.4.12; 6.8.2; 9.3.6; 9.3.7 (n); 9.3.12; 10.4.6; 10.4.8; 12.1.13
Tying, 9.3.6-7; 12.1.13 (n); pp. 808, 825
Wild rice, 2.3.7; 3.6.14; 6.3.3; 6.3.5; 6.3.11 (n); 6.3.12; 6.3.14-15 (notes); 6.3.21; 9.1.1 (n); 9.2.12; 9.3.1; 9.3.9
Wild substances (eating of), 12.1.14
Woman, 3.4.11; 6.1.3; p. 800
(See also Wife)
Word meaning (general), 1.1.5; 1.1.7; 1.3.10
Relation of word and meaning, 1.1.5
World (mundane),
World and veda (as linguistic range) and features of vedic, 1.3.10
World as site of result, 4.3.12
Worldly fire, 2.3.3; 6.8.1 (n); 6.8.2–4; 7.3.12; p. 803
Worldly practice, 2.1.3; 2.2.12 (n); 3.4.14; 3.4.16; 6.2.4; 6.5.15 (n); 7.4.2; 8.1.1 (n); 8.1.3; 8.4.2 (n); 10.3.18
Worshiping the sun, 3.4.6 (n); 4.1.3 (ntx); 6.1.6; 9.1.3 (n)
"Yad", 2.1.6; 3.4.4; 4.2.11; 4.4.6; 6.6.3; 9.1.14 (n); 9.1.15
"Yadi", 2.3.2; 4.4.5
Yāga (definition), p. 26; 4.2.10; p. 797
"Yājamāna" (name for tasks etc.), 3.8.8; 3.8.10; 5.1.1 (ntx); 5.1.3 (ntx); 6.1.6; 12.4.15
"Yajati" (indicates an ahīna), 10.6.16
"Yajeran", 10.2.14
"Yajña", 3.1.12
"Yajñapati" (not modified), 9.1.14
Yajñāyajñīya sāman, 2.2.12; 11.4.15 (n)
Yajñāyajñīyastotra, 9.2.6
"Yajñāyudha", 4.1.4
Yajus,
Chariot yoked with, 10.3.20
Definition, 2.1.10–13; p. 795
Mistake and expiation, 2.1.18
Omitted, 10.8.5
Whispered, 3.3.1
Yājyā, 1.4.7 (ntx); 2.1.8 (n); 2.2.2 (n); 3.2.7; 3.2.15; 3.3.6; 3.5.10 (n); 3.5.18; 3.6.16 (n); 5.1.7; 9.2.20 (n); 10.2.22; 10.4.2; 10.4.20 (n); 10.4.22; 10.8.1; 10.8.17-18; 11.2.4–5; 11.4.9; 12.4.2; p. 829
Yaudhājaya sāman, 9.2.6
Yava, 2.2.6 (ntx); 6.3.12; 9.3.6 (n); 10.7.12 (n); 10.7.16; 10.7.19; 12.3.4

"Yava" (meaning), 1.3.5
Yavāgū, 4.3.4; 5.1.2; 5.4.1; 6.8.7 (ntx); 12.1.14 (ntx)
"Ye yajāmahe", 3.5.18 (ntx); 3.6.16 (n); 10.8.1; 10.8.3 (n)
Yoni, 9.2.1; 9.2.5; 9.2.6 (n); 9.2.9-10; 10.4.24–25; 10.5.15; 10.6.2
Yonigrantha, 9.2.1; p. 807
Yuga, 6.7.13
Yuktisnehaprapūraṇī, p. 17 (n)
Yūpāhuti, 10.1.5; 11.2.6; p. 810
"Yūpasya", 4.4.10

II Texts and Individuals Referred to in the MNS

Adhikaraṇaratnamālā (=JNM), 9.2.14
(Amara)kośa, 9.3.2
Āśvalāyana, 1.3.7
Āśvalāyanakalpasūtra, 9.2.1
Barku Vārṣṇi, 6.7.12
Baudhāyana, 1.3.7
Bhāmatī, 12.2.8
Buddha, 1.3.7
Bauddha, 1.3.4
Śākya, 1.3.1-3; 1.3.7
Dharmaśāstra, 1.3.2
Gānagrantha, 9.2.8
Gautamasmṛti, 1.3.8
Kalpas, 1.3.7
Kalpasūtra, 1.3.7; 10.7.3
Kāṭhaka, 1.1.8
Kātyāyana, 10.6.3
(Mahā)bhārata, 1.1.8
Manu, 1.3.4; 1.3.7
Mānava, 3.4.11
Navyas, 1.4.15
Nirukta, 2.1.1
Pañcamāraṇyaka, 9.2.1
(Pāthasārathi) Miśra, 8.1.15
Ṛgveda, 2.1.10-12; 3.3.1; 3.3.6; 9.2.6
Ṛksaṃhitā, 10.6.19
Sāmaveda, 2.1.10-12; 3.3.2–3; 3.3.6; 3.7.23; 9.2.7
Saṃhitāgrantha, 9.2.8
Śāstradīpikā, 3.8.22
Śatapatha(brāhmaṇa), 5.4.5
Śāṭyāyanibrāhmaṇa, 1.3.2
Sūtras, 1.3.7
Tāṇḍins, 10.5.25
Ūhagrantha, 9.2.1
Uttarāgrantha, 9.2.5; 10.4.25
Yajurveda, 2.1.10-12; 3.3.3; 3.3.6; 3.7.23

III Modern Authorities

Agrawal, p. 14; (Text) 3.2.2; 4.4.2; 6.7.9; 10.5.6
Bhide, p. 34; (Trans.) 1.2.3; 1.4.11; 9.2.12; 10.3.3; 10.7.9; 10.8.5
Bloomfield, p. 15; *passim* in notes to text
Bodewitz, (Trans.) 2.3.6
Brough, (Trans.) 1.3.5; 6.1.11
Caland, p. 34; (ĀpŚS, Text) 3.8.20; 4.3.10; 6.6.1; 7.1.4; 10.6.13; 10.8.6; 10.8.17; 12.4.1; (ĀpŚS, Trans.) 1.3.3; 2.2.6; 2.3.2; 2.3.4; 3.2.13; 3.2.16; 3.3.20; 3.5.2; 3.8.2; 3.8.6; 5.1.13-14; 6.1.11-13; 6.4.8; 7.1.3; 9.1.9; 9.1.16; 10.1.1; 10.2.12; 10.3.13; 10.4.2; 10.6.4; 10.6.8; 10.6.10; 10.6.13; 10.7.4; 10.7.20; 10.8.2; 10.8.9; 11.3.10; 12.2.2; 12.3.11-12; 12.4.11; 12.4.13
(ŚŚS, Translation) 10.1.7
(TāB, Text) 10.6.19
(TāB, Translation) 1.3.2; 2.2.13; 3.8.22; 6.5.10; 6.6.4; 7.3.10; 8.2.6; 9.1.16; 9.2.1; 9.2.5-6; 9.2.15; 10.3.18; 10.4.24; 10.4.26; 10.5.4; 10.5.13; 10.6.1; 10.6.5; 10.6.8
(CH, Text) 3.1.7;

(CH, Trans.) 1.3.2-3; 1.3.5; 1.3.10; 1.4.3; 1.4.5; 2.1.5; 2.1.9; 2.1.16-17; 2.2.1; 2.2.6; 2.2.12; 3.1.6; 3.1.11; 3.2.4; 3.2.8-9; 3.2.13; 3.2.16-18; 3.3.16; 3.4.6-7; 3.5.5; 3.5.7; 3.5.9-10; 3.5.15; 3.5.18; 3.6.7; 3.6.11; 3.7.2-3; 3.7.5; 3.7.9; 3.7.14; 3.7.17; 3.8.1; 3.8.3; 3.8.6; 3.8.12; 3.8.16; 3.8.19; 4.1.10; 4.2.6-8; 4.2.11; 4.3.4; 4.4.2; 4.4.5; 5.1.13-15; 5.2.12; 5.3.11; 6.5.8; 6.5.11; 6.5.13; 6.6.4; 7.1.1; 7.3.3-4; 7.3.6; 7.3.8; 8.1.3; 9.1.9; 9.1.16; 9.1.18-19; 9.2.6; 9.2.10; 9.4.9; 9.4.12; 10.1.2; 10.2.8-10; 10.2.18-19; 10.2.21; 10.2.26; 10.3.4; 10.3.11; 10.3.13; 10.3.16; 10.4.2-3; 10.4.7-8; 10.4.19; 10.5.1-17; 10.5.2; 10.5.26; 10.6.1-2; 10.6.12; 10.6.18; 10.6.20; 10.7.12; 10.7.15; 10.8.7-8; 10.8.11; 11.2.7; 11.2.14-15; 11.3.6; 11.3.11; 11.4.18-19; 12.1.3-5; 12.1.7-8; 12.1.11-13; 12.2.4; 12.4.1; 12.4.3; 12.4.6; 12.4.14
(Wunschopfer, Trans.) 1.1.6; 1.4.2; 1.4.9; 1.4.12; 2.1.9; 2.2.7; 2.3.12; 3.3.19; 3.4.14-15; 3.5.4; 3.8.2; 4.1.2; 4.3.12; 4.4.4; 5.1.7; 5.1.10; 5.2.9; 5.4.8; 6.1.13; 6.2.3; 6.5.1; 6.5.15; 7.4.2; 8.1.4; 8.1.18; 8.3.1; 9.4.11; 10.1.1; 10.2.8; 10.4.2; 10.6.19; 10.7.16; 10.7.19; 11.2.3; 12.2.5; 12.2.7-8; 12.4.2
Clooney, pp. 8, 32
Colebrooke, (Trans.) 9.2.1
Dandekar (ŚK), (Text) 4.2.1; 10.1.17; (Trans.) 1.3.2; 2.1.10-12; 6.8.1
Dumont, (Trans.) 2.1.7; 2.3.6; 9.4.13
Edgerton, pp. 14-15, 18-19; (Text) 1.3.1; 1.3.10; 1.4.1-2; 1.4.4; 1.4.11; 2.2.2; 2.2.4-6; 2.3.2-3; 3.1.7; 3.2.2; 3.2.7; 3.3.8; 3.5.10; 3.6.2; 4.1.3; 4.3.5; 4.3.8; 4.3.13; 4.4.1; 4.4.11; 5.2.8; 5.4.1; 5.4.7; 6.2.5; 6.2.7; 6.2.11; 6.4.1; 6.5.7; 6.5.11; 8.1.19; 9.1.3; 9.1.5; 10.1.6; 10.3.11; 10.8.1; 10.8.3; (Trans.) 1.4.2; 3.6.2; 6.1.3; 8.4.4; 10.5.13; 10.7.9; 10.7.12
Eggeling, p. 34; (Text) 6.4.1; 10.8.3; (Trans.) 2.1.15; 2.2.6; 2.3.4; 3.2.3; 3.4.6-7; 3.5.1; 3.5.3-4; 3.5.8; 3.6.2; 3.6.16; 3.7.7; 3.8.18; 5.1.13; 5.2.4; 5.3.5; 6.1.11; 7.3.3; 7.3.10; 8.3.2; 9.1.16; 9.2.6; 10.1.1; 10.4.1; 10.5.25; 10.6.5; 10.7.8; 10.8.12; 12.1.5; 12.3.2
Einoo, p. 34; (Trans.) 10.8.1
Frauwallner, p. 16
Garbe, pp. 19-20
Garge, pp. 14-15, 27, 30; (Text) 1.2.3-4; 1.4.2-4; 1.4.11; 1.4.17; 2.1.8; 2.1.13-18; 2.2.2; 2.2.4-5; 2.2.9; 2.3.2-5; 2.3.11; 3.1.15; 3.2.2; 3.2.7; 3.2.14; 3.2.17; 3.3.5; 3.3.11; 3.3.20; 3.4.18-19; 3.5.7; 3.6.10; 3.7.5; 3.7.17; 3.8.3; 3.8.7-8; 3.8.11-12; 4.1.2-3; 4.2.1; 4.2.5; 4.3.5; 4.3.8; 4.3.13-14; 4.4.11; 5.1.3; 5.1.10-11; 5.3.8; 5.4.1; 5.4.4; 5.4.7-8; 6.1.5; 6.2.10; 6.4.1; 6.5.1; 6.5.7; 6.6.6; 6.7.11; 6.8.7; 7.3.11; 8.1.8; 8.1.19; 9.1.4; 9.1.13; 9.1.17; 9.3.2; 9.3.12; 9.4.1-5; 9.4.13; 10.1.2; 10.1.5-6; 10.1.8; 10.3.1; 10.3.4; 10.3.6; 10.4.2; 10.4.18; 10.4.23; 10.5.1; 10.5.5; 10.5.15; 10.6.12; 10.7.10; 10.8.5; 10.8.15; 11.4.14-15; 11.4.17-18; 12.1.12; 12.3.7; 12.3.11; 12.3.16; 12.4.1; 12.4.4; (Trans.) 1.4.2; 3.1.11; 3.3.11; 5.1.3; 6.5.10; 10.8.18; 12.3.11
Geldner, (Trans.) 9.2.6; 10.6.2
Ghosh, (Trans.) 1.3.2; 12.3.8
Gonda, (Trans.) 3.4.12; 12.2.12
Gosvāmī, p. 15
Hall, p. 20
Haug, (Trans.) 3.4.7; 3.8.18
Heesterman, p. 34; (Trans.) 2.3.2; 3.3.10; 3.3.20; 3.5.20; 4.4.1–3; 5.2.7; 5.2.10; 7.3.6; 9.2.12; 10.1.1; 10.1.3; 11.2.13; 11.4.1; 11.4.3; 12.3.2
Henry, p. 34
Hillebrandt (NVO), p. 34; (Trans.) 1.2.4; 1.3.4; 1.3.10; 1.4.4; 1.4.7-9; 1.4.13; 2.1.3-4; 2.1.10-15; 2.2.2-4; 2.3.4-5; 2.3.13-14; 3.1.4-5; 3.1.9; 3.1.15; 3.2.3; 3.2.5; 3.3.4-5; 3.3.8; 3.4.2; 3.4.18; 3.4.21; 3.6.2; 3.6.14; 3.7.1; 3.7.7; 3.8.8; 3.8.10; 3.8.15; 4.1.1; 4.1.7; 4.1.11; 4.1.13-14; 4.2.2-5; 4.3.14; 5.1.3; 5.1.8; 5.1.15-16; 5.2.2; 5.2.4; 5.2.7-9; 5.4.2;

5.4.4; 6.1.4; 6.1.6; 6.1.11; 6.3.12; 6.3.21; 6.4.1-2; 6.4.12; 6.6.1; 7.3.8; 9.1.2-5; 9.1.7; 9.1.11; 9.1.13-15; 9.2.13-14; 9.2.18; 9.3.2; 9.3.6; 10.1.7-8; 10.2.2; 10.2.34; 10.3.2-3; 10.3.6; 10.4.5; 10.4.14; 10.4.18; 10.4.21; 10.4.27; 10.5.1; 10.5.8; 10.7.10; 10.7.12-13; 10.8.18; 11.1.9; 11.2.10; 11.4.12; 11.4.15; 12.1.3; 12.1.7; 12.1.10; 12.1.13-14; 12.1.19; 12.3.3; 12.3.13; 12.3.15; 12.4.15
Howard, (Trans.) 9.2.10; 10.5.3
Iyer, p. 19
Jamison, (Trans.) 10.5.11
Jha, pp. 14, 33; (Text) 1.3.10; 1.4.4; 1.4.11; 1.4.17; 2.1.13; 3.2.2; 3.3.5; 3.3.20; 3.5.9; 3.5.19; 4.2.8; 4.3.5; 5.1.11; 6.3.2; 9.1.7; (Trans.) 11.3.6
Kane, pp. 9, 23; (Text) 1.3.1; 1.3.4-6; 12.3.7; (Trans.) 1.3.5; 1.4.11; 3.4.3; 3.4.6; 4.3.18; 6.1.13; 6.2.5; 6.4.8; 6.7.2; 7.1.3; 8.4.2
Kashikar, p. 10; (Trans.) 2.2.6; 5.1.14; 8.4.1; 10.2.16
Kataoka, p. 15
Keith, p. 17; (Text) 2.2.3; 3.2.8; 4.2.1; 10.8.3; (Trans.) 1.4.4; 2.1.15; 3.1.11; 3.2.13; 3.4.7; 3.4.10; 3.4.15; 3.5.4; 3.5.9; 4.4.12; 5.3.3; 6.5.10; 7.3.13; 9.2.1; 9.3.13; 9.4.4; 10.5.12; 10.6.2; 10.8.11; 11.4.16; 12.3.2
Krick, p. 34; (Text) 9.2.2; (Trans.) 1.2.1; 6.4.8; 11.4.4; 12.4.5
Kunjunni Raja, pp. 12-13, 15, 18-19
Lingat, p. 23
Macdonell, (Trans.) 2.1.8; 10.7.8
Meulenbeld, (Trans.) 2.1.17; 6.3.6
Mīmāṃsaka, pp. 14, 33; (Text) 1.4.11; 1.4.13; 1.4.17; 2.1.15-16; 2.2.1; 2.2.6; 2.3.14; 3.1.7; 3.2.3; 3.3.11; 3.3.13; 3.4.18; 3.6.2; 3.8.11-12; 3.8.16; 6.8.7
Minkowski, p. 34; (Trans.) 1.2.2; 3.5.18; 3.7.4; 3.7.16; 3.7.21; 4.2.6; 5.4.1; 6.6.1; 6.6.4; 9.1.9; 9.1.17; 10.2.26; 10.4.18; 10.4.23; 10.5.4; 10.5.26; 10.8.2; 11.3.16; 12.2.12; 12.3.11
Miśra, pp. 7, 17
Mittwede, (Text) 2.2.5; 9.1.6; 9.3.2; 9.4.3; 9.4.5; 10.7.3
Müller, (Trans.) 12.3.11–12
Murty, (Trans.) 9.2.6
Mylius, (Text) 1.3.1; 3.5.18; (Trans.) 3.7.4
Oertel, (Trans.) 5.1.6
Oldenberg, (Text) 1.3.1
Olivelle, (Trans.) 3.4.3
Parpola, pp. 8, 10, 27, 30; (Text) 1.3.2; 1.4.3; (Trans.) 9.1.16
Rāmānujan, p. 19
Renou, pp. 8, 11
Scharf, (Trans.) 1.1.5
Schwab, p. 34; (Trans.) 2.1.18; 2.2.6-7; 2.3.8; 3.1.9; 3.5.3; 3.6.2-7; 3.6.10; 3.7.6; 3.8.17; 4.1.12; 4.2.1; 4.2.6; 4.2.11; 5.1.5; 5.2.5; 5.2.8; 6.3.17; 6.8.7; 9.1.9; 9.1.17; 9.2.12-13; 9.3.4; 9.3.10; 9.3.12; 9.4.1; 9.4.3-5; 9.4.13; 10.1.6; 10.1.9; 10.2.31-3; 10.3.3; 10.4.18; 10.4.23; 10.7.2-5; 10.7.18; 10.7.20; 10.8.2; 11.2.4; 11.2.11; 11.3.4; 11.3.8; 11.3.16; 11.4.8; 12.1.5; 12.2.2; 12.2.10-11; 12.3.16; 12.4.4; 12.4.6
Sharma, (Trans.) 9.2.6
Smith, pp. 10, 29-30, 34; (Text) 10.8.17; (Trans.) 1.4.10; 2.1.13; 2.1.17; 3.3.15; 3.6.15; 3.7.4; 6.1.13; 6.3.6; 6.4.11; 7.3.13; 8.1.15; 9.3.2; 10.8.17–18
Staal, (Trans.) 1.4.5
Van Gelder, (Text) 4.2.1; (Trans.) 3.2.10; 11.4.16
Venkatramiah, p. 33
Verpoorten, pp. 7-10, 16-17
Vishva Bandu, p. 15
Wackernagel, (Trans.) 9.1.16; 10.2.34
Wetzler, (Trans.) 1.4.17
Whitney, (Trans.) 9.1.16; 10.2.34; 11.4.16
Yoshimizu, p. 32

IV Glosses in the MNS

"Abhivanyā", 10.2.34
"Ācchyatāt", 9.3.11
"Duraḥ", 9.3.12
"Malhā", 4.4.1
"Mantha", 10.2.34
"Medhyāḥ", 9.3.12
"Parāk", 10.5.7
"Prākāśau", 10.3.17
"Prasūna", 12.2.15
"Punarniṣkṛta", 10.3.5
"Samayādhyuṣite sūrye", 5.1.18
"Śamya", 4.1.14
"Tā anuṣṭhyo 'ccyāvayatāt", 9.4.1
"Upākaraṇa", 10.4.2
"Upavīta", 10.8.6
"Upopta", 3.6.9
"Vaṅkrayaḥ", 9.4.1
"Vasīyān", 11.4.4
"Yajuryukto rathaḥ", 10.3.20

Abbreviations and Bibliography

Primary sources

ĀĀ: abbreviation for the Ānandāśrama editions of Śabara's *Bhāṣya* and Mādhava's *Jaiminīyanyāyamālāvistara*; see JS and JNMV.

AiĀ: *The Aitareya Āraṇyaka*, ed. and trans. Arthur Berriedale Keith, Anecdota Oxoniensis, Oxford, 1909; reprint, Oxford, 1969.

AiB: *Das Aitareya Brāhmaṇa, mit Auszügen aus dem Commentare von Sāyaṇācārya und anderen Beilagen*, ed. Theodor Aufrecht, Adolph Marcus, Bonn, 1879; other editions: *The Aitareya Brāhmaṇa of the Ṛg-veda, with the Commentary of Sāyaṇa Ācārya*, ed. Paṇḍit Satyavrata Sāmaśramī, Bibliotheca Indica, 847, 849, 850, 852, and 861, Calcutta, 1895; *Aitareyabrāhmaṇam Śrīmatsāyaṇācāryaviracitabhāṣyasametam*, ed. Kāśīnātha Śāstrī Āgāśe, Ānandāśrama Sanskrit Series, 32, Poona, 1930.

Amarakośa: *Nāmaliṅgānuśāsana or Amarakoṣa, with the Rāmāśramī (Vyākhyāsudhā) Commentary of Bhānuji Dīkṣita (Rāmāśrama)*, ed. Haragavinda Śastrī, Kashi Sanksrit Series, 198, Varanasi, 1970.

ĀpDhS: *Dharmasūtras, The Law Codes of Āpastamba, Gautama, Baudhāyana, and Vasiṣṭha,* ed. and trans. Patrick Olivelle, Motilal Banarsidass, Delhi, 2000; other editions: *Aphorisms on the Sacred Law of The Hindus by Apastamba, Edited, with Extracts from the Commentary*, ed. George Bühler, Bombay Sanskrit Series, 44, Bombay, 1892; *Āpastamba Dharmasūtra with the Commentary Ujjvalā by Śrī Haradatta Miśra*, ed. A. Chinnaswāmī Śāstrī, Kashi Sanskrit Series, 93, Chowkhamba Sanskrit Series Office, Varanasi, 1932; reprint: ed. Umeśa Chandra Pāṇḍeya, 1969.

ĀpGS: *The Āpastambīya Gṛhyasūtra, with Extracts from the Commentaries of Haradatta and Sudarśanārya*, ed. Maurice Winternitz, Vienna, 1887.

ĀpŚS: *The Śrauta Sūtra of Āpastamba, belonging to the Taittirīya Saṃhitā, with the Commentary of Rudradatta*, ed. Richard Garbe, Bibliotheca Indica, Calcutta, 1882–1902; 2nd edition, Munshiram Manoharlal, New Delhi, 1983.

Ārṣeya B: *Ārṣeya Brāhmaṇa, with Vedārthaprakāśa of Sāyaṇa*, ed. Bellikoth Ramachandra Sharma, Kendriya Sanskrit Vidyapeetha Series 8, Kendriya Sanskrit Vidyapeetha, Tirupathi, 1967.

Arthasaṃgraha: *Arthasaṃgraha, An Elementary Treatise on Mīmāṃsā of Laugākṣi Bhāskara*, ed. and trans. G. Thibaut, Benares Sanskrit Series, No. 4, 1882; another edition: *The Arthasaṃgraha of Laugākṣi Bhāskara,* ed. and trans. A.B. Gajendragadkar and R.C. Karmarka, Bombay, 1934; reprint: Motilal Banarsidass, Delhi, 1984.

ĀśGS: *Āśvalāyanagṛhyasūtrabhāṣyam of Devasvāmin*, ed. K.P. Aithal, Adyar Library Series, 111, Adyar Library and Research Centre, Madras, 1980.

ĀśŚS: *The Śrauta Sūtra of Āśvalāyana, with the Commentary of Gārgya Nārāyaṇa*, ed. Rāmanārāyaṇa Vidyāratna, Bibliotheca Indica, Calcutta, 1874; reprint 1989.

AV: *Atharva Veda Saṃhitā (Śaunaka), with Pada-pāṭha and Sāyaṇācārya's Commentary*, ed. Vishva Bandu, Vishveshvaranand Indological Series 13–17, Hoshiarpur, 1960–64.

BahvṛcaB: *Bahvṛca Brāhmaṇa.*

BĀU: *Bṛhadāraṇyaka Upaniṣad*, in *The Early Upaniṣads,* ed. and trans. Patrick Olivelle, Oxford University Press, New York, 1998.

BDhS: *The Baudhāyana Dharmasūtra, with the Vivaraṇa by Śrī Govinda Svāmī*, ed. A. Chinnaswami Sastri, Kāśī Sanskrit Series, 104, Benares, 1934. See also ĀpDhS for another edition.

BGS: *The Bodhāyana Gṛhyasūtra*, ed. R. Sharma Sastri, University of Mysore Sanskrit Series, 32, 55, Mysore, 1920.

Bhāṣikasūtra: "Die Bhāṣīkavṛtti des Mahāsvāmin", ed. F. Kielhorn, Indische Studien, 10, 1867, pp. 397-423; reprinted in *Franz Kielhorn, Kleine Schriften*, ed. Wilhelm Rau, Franz Steiner, Wiesbaden, 1969, pp. 127-153.

BhD: *The Bhatta Dipika of Khandadeva, with Prabhavali the Commentary of Shambhu Bhatta*, Vol. I-VI, ed. Ananatakṛṣṇa Śāstri, Nirṇaya Sagara Press, Bombay, 1922; 2nd ed. Sri Garib Dass Oriental Series, No. 30, Sadguru Publications, Delhi, 1987.

BhŚS: *The Śrauta, Paitṛmedhika and Pariśeṣa Sūtras of Bhāradvāja*, ed. and trans. C.G. Kashikar, Parts I-II, Vaidika Saṃśodhana Maṇḍala, Poona, 1964.

BI: abbreviation for the Bibliotheca Indica edition of Śabara's *Bhāṣya*; see JS.

Brahmasūtra: *The Brahmasūtra Śaṃkara Bhāṣya with the Commentaries Bhāmatī, Kalpataru and Parimala*, ed. Anantha Krishna Śastri and Vāsudev Laxmaṇ Shāstrī Paṇsīkar, Nirṇaya Sāgara Press, Bombay, 1917; 3rd edition ed. E.A. Soloman, Parimal Sanskrit Series, No. 1, Parimal Publications, Delhi, 1996.

BṛD: *The Bṛhad-devatā attributed to Śaunaka: a summary of the deities and myths of the Rig-veda. Critically edited in the original Sanskrit with an introduction and seven appendices, and translated into English with critical and illustrative notes*, Arthur Anthony Macdonell, Harvard Oriental Series, Vol. 5-6, Cambridge, Massachusetts, 1904.

BŚS: *The Baudhāyana Śrauta Sūtra, belonging to the Taittirīya Saṃhitā*, Vol. I-III, ed. W. Caland, Asiatic Society, Calcutta, 1904, 1907, 1913; reprint: Munshiram Manoharlal, New Delhi, 1982.

BSS: abbreviation for the Benare Sanskrit Series edition of *Tantravārttika*; see TV.

ChU: *Chāndogya Upaniṣad*, in *The Early Upaniṣads,* ed. and trans. Patrick Olivelle, Oxford University Press, New York, 1998.

DŚS: *Drāhyāyaṇa Śrauta Sūtram (With the Commentary of Dhanvin)*, ed. B. R. Sharma, Ganganatha Jha Kendriya Sanskrit Vidyapeetha Text Series, No. 6, Ganganatha Jha Kendriya Saṃskṛta Vidyāpīṭham, Allahabad, 1983.

GB: *Das Gopatha Brāhmaṇa*, ed. Dieuke Gaastra, Leiden, 1919.

GDhS: *Gautamapraṇītadharmasūtrāṇi Haradattakṛtamitākṣarāvṛttisahitāni*, ed. V. S. S. Gokhale, Ānandāśrama Sanskrit Series, 61, Poona, 1910. See also ĀpDhS for another edition.

GGS: *Gobhilagṛhyasūtram*, with Bhaṭṭanārāyaṇa's commentary, ed. Chintamani Bhattacharya, Calcutta Sanskrit Series, 17, Calcutta, 1936.

Gold.: abbreviation for Goldstücker and Cowell's edition of Mādhava's *Jaiminīyanyāyamālāvistara*; see JNMV.

Gos.: abbreviation for Gosvāmī's edition of Śabara's *Bhāṣya* and Kumārila Bhaṭṭa's *Tantravārttika*; see JS.

HGS: *The Gṛhyasūtra of Hiraṇyakeśin, with Extracts from the Commentary of Mātṛdatta*, ed. J. Kirste, Alfred Hölder, Vienna, 1889.

JB: *Jaiminīya-Brāhmaṇa of the Sāmaveda*, ed. Raghu Vira and Lokesh Chandra, Sarasvati Vihara Series, 31, Nagpur, 1954; 2nd revised edition Motilal Banarsidass, 1986, Delhi.

JNMV: *Jaiminīyanyāyamālā,* with the commentary *Vistara*, ed. Śivadatta Śarman, Ānandāśrama Sanskrit Series, 24, Poona, 1916 (ĀĀ); another edition: *Jaiminīya-nyāyamālā-vistara of Mādhavāchārya*, edited for the Sanskrit Text Society by Theodor Goldstücker and completed by Edward B. Cowell, Trübner, London, 1878; reprint Biblio Verlag, Osnabrück, 1970 (Gold.).

JS: Jaimini Sūtra, in these editions:

1) *Śrīmajjaiminipraṇītaṃ Mīmāṃsādarśanam*, with Śabara's *Bhāṣya*, Vaidyanātha's *Prabhā* (on the *Tarkapāda*), Kumārilabhaṭṭa's *Tantra Vārttika* and *Ṭupṭīkā*, Vol. 1-7, 4th ed. K.V. Abhyankar and others, Ānandāśrama Sanskrit Series, 97, Poona, 1976–85 (ĀĀ);
2) *The Aphorisms of the Mīmāṃsā of Jaimini with the Commentary of Śabara Svāmin,* Vol. I-II, ed. Maheśacandra Nyāyaratna, Bibliotheca Indica, Nos. 44, 85, 95, 101, 115, 142, 154, 174, 208, Calcutta, 1873, 1889 (BI);
3) *Ācārya-Śabara-svāmi-viracitaṃ Jaiminīya-mīmāṃsā-bhāṣyam Ārṣamatavimarśinyā Hindī-vyākhyayā Sahitam*, Vol. 1-7, ed. and trans. Yudhiṣṭhira Mīmāṃsaka, Rāmalāla Kapūra Trust, Bahālagaḍha, 1977 (2nd ed. 1987)-1993 (*Adhyāyas* 1-9) (Mīm.);
4) *Mīmāṃsā-Śābara-Bhāṣyam*, ed. Yudhiṣṭhira Mīmāṃsaka, Rāmalāla Kapūra Trust, Bahālagaḍha, 1987 (*Adhyāyas* 1-3) (Mīm.);
5) *The Mīmāṃsā Darśana of Maharṣi Jaimini, with Śabarabhāṣya of Śabaramuni, with the commentaries of Tantravārtika of Kumārila Bhaṭṭa and its commentary Nyāyasudhā of Someśvara Bhaṭṭa, Bhāṣyavivaraṇa*

of Govindāmṛtamuni and Bhāvaprakāśikā, the Hindi translation by Mahāprabhulāla Gosvāmī, Vol. I-IV, ed. Mahāprabhulāla Gosvāmī, Prācyabhāratī Series, 16, 22, 23, 32, Tara Book Agency,Varanasi, 1984-86? (*Adhyāyas* 1-3) (Gos.).

JŚS: *Jaiminīya Śrauta Sūtra*, in *Jaiminīya-Śrauta-Sūtra-Vṛtti of Bhavatrāta*, ed. Premnidhi Shastri, Śatapiṭaka, Vol. 40, International Academy of Indian Culture, New Delhi, 1966.

KapS: *Kapiṣṭhala-Kaṭha-Saṃhitā, A Text of the Black Yajurveda*, ed. Raghu Vira, Meharchand Lachhmandas, Lahore, 1932.

KātSm: *Kātyāyana Smṛti*, in *Dharmaśāstrasaṃgrahaḥ*, ed. Jivānandan Vidyāsāgara Bhattācārya, Calcutta, 1876. This work is also called "*Karmapradīpa*".

KauGS: *The Kauśītaka Gṛhyasūtras, with the commentary of Bhavatrāta*, ed. T.R. Chintamani, Madras University Sanskrit Series, 15, Madras, 1944.

KauśS: *The Kauśika Sūtra of the Atharva-Veda, with Extracts of the Commentaries of Dārila and Keśava*, ed. Maurice Bloomfield, Journal of the American Oriental Society, 1890.

KB: *Kauśītaki-Brāhmaṇa*, Vol. 1: Text, Vols. 2-3: *Vyākhyā* of Udaya, ed. Shreekrishna Sarma, Verzeichnis der Orientalischen Handschriften in Deutschland, Suppl. 9,1, Wiesbaden, 1968, 1976.

KGS: *The Kāṭhakagṛhyasūtra, with Extracts from Three Commentaries, an Appendix and Indices*, ed. Willem Caland, Dayānanda Mahāvidyālaya Saṃskṛta Granthamālā 9, Lahore, 1925.

KS: *Kāṭhakam Die Saṃhitā der Katha-Śākhā*, Books I-III, ed. L. von Schroeder, F.A. Brockhaus, Leipzig, 1900, 1909, 1910.

KSA: *Kāṭhaka Saṃhitā, Aśvamedhagrantha*, in *Kāṭhakam Die Saṃhitā der Katha-Śākhā,* ed. L. von Schroeder, Book III, F.A. Brockhaus, Leipzig, 1910.

KŚS: *The Śrautasūtra of Kātyāyana, with Extracts from the Commentaries of Karka and Yājñikadeva*, ed. A. Weber, Berlin and London, 1859; reprint: Chowkhamba Sanskrit Series, 104, Varanasi, 1972.

Kutūhalavṛtti: *Adhvaramīmāṃsā Kutūhalavṛtti*, by Vāsudeva Dīkṣita, Vol. I–III, ed. by Pattabhirama Shastri, Sri Lalbahadur Kendriya Sanskrit Vidyapeetha, Delhi, 1968–69, 1969–70, and 1972.

KV: *Kāśikā, a Commentary on Pāṇini's Grammar*, ed. A. Sharma, K. Deshpande, and D. Padhye, Parts I-II, Sanskrit Academy Series, 17, 20, Sanskrit Academy, Osmania University, Hyderabad, 1969–70.

KVā: *Kātyāyana Vārttika*, ed. Kielhorn with *Mahābhāṣya* (see MBh).

LKVS: abbreviation for the Sri Lalbahadur Kendriya Sanskrit Vidyapeetha edition of Pārthasārathi Miśra's *Śāstradīpikā*; see ŚD.

LŚS: *Śrautasūtra of Lāṭyāyana, with the Commentary of Agnisvāmī*, ed. Ānandacandra Vedāntavāgīśvara, Bibliotheca Indica, Calcutta, 1872.

Mahābharata: *The Mahābhārata*, ed. Vishnu S. Sukthankar and others, Bhandarkar Oriental Research Institute, Poona, 1933–72.

Mānameyodaya: *Mānameyodaya of Nārāyaṇa* (*An Elementary Treatise on the Mīmāṃsā*), ed. and trans. C. Kunhan Raja and S.S. Suryanarayana Sastri, Theosophical Publishing House, Madras, 1933; second edition: Adyar Library Series, 105, Adyar Library and Research Centre, Madras, 1975.

Matsyapurāṇa: *Śrimaddvaipāyanamunipraṇītaṃ Matsyapurāṇam*, Ānandāśrama-saṃskṛtagranthamālā, 54, Ānandāśrama, Pune, 1981.

MBh: *The Vyākaraṇa-Mahābhāṣya of Patañjali*, ed. F. Kielhorn, Vol. I-III, Bombay, 1880–85; 3rd edition by K.V. Abhyankar, Bhandarkar Oriental Research Institute, Poona, 1962–72.

MDh: *Mānava Dharma-Śāstra, The Code of Manu*, ed. J. Jolly, Trübner, London, 1887.

Medinīkośa: *Medini Kosha, a Dictionary of Homonymous Words by Medanikar*, Kashi Sanskrit Series, 41, Benares, 1916.

MGS: *Das Māṇava-Gṛhya-Sūtra, nebst Commentar in kurzer Fassung*, ed. Friedrich Knauer, St. Petersburg, 1897.

Mīm.: abbreviation for Mīmāṃsaka's editions of Śabara's *Bhāṣya*; see JS.

Mīmāṃsābālaprakāśa: *Mīmāṃsābālaprakāśa* by Śree Bhaṭṭa Shankar, ed. Paṇḍit Mukunda Shāstri, Caukhamba Sanskṛit Series, Nos. 58-9, Benares, 1902.

MK: *Mīmāṃsākoṣaḥ*, ed. Kevalānanda Sarasvati, Prājñapāṭhaśālā Maṇḍala, Wai, 1952–66; 2nd ed., Sri Satguru Publications, Delhi, 1992.

MNP: *The Mīmāṃsā Nyāya Prakāśa, or Āpadevī: A Treatise on the Mīmāṃsā System by Āpadeva. Translated into English, with an introduction, transliterated Sanskrit text, and glossarial index*, Franklin Edgerton, Yale University Press, New Haven, 1929; another edition: *Mimansā Nyāya Prakāsa by Apadeva, With a commentary called 'Bhattalankar' of Pandit Ananta Deva*, edited by Lakshmana Sastri, Chowkhamba Sanskrit Series, 58, Chowkhamba Sanskrit Series Office, Benares, 1921.

MNS: *Mīmāṃsā Nyāya Saṃgraha.*

MS: *Maitrāyaṇī Saṃhitā*, ed. L. von Schroeder, F.A. Brockhaus, Leipzig, 1881–6.

MŚS: *The Mānava Śrautasūtra, belonging to the Maitrāyaṇī Saṃhitā*, Vol. I-II, ed. and trans. Jeanette M. van Gelder, Śatapiṭhaka Series, 17, International Academy of Indian Culture, New Delhi, 1961-63; reprint: Sri Garib Dass Oriental Series, No. 32, Sri Satguru Pablications, Delhi, 1985.

N: *The Nighaṇṭu and the Nirukta, The Oldest Indian Treatise on Etymology, Philology and Semantics*, ed. Lakshman Sarup, University of Punjab, Lahore, 1927; reprint: Motilal Banarsidass, Delhi, 1967.

NiS: *Nidāna-Sūtra of Patañjali*, ed. K.N. Bhatnagar, Meharchand Lachhmandas, Lahore, 1939; reprint, Delhi, 1971.

NS: *Nyāyasudhā, a Commentary on Tantravārtika*, by Paṇḍit Someśvara Bhaṭṭa, ed. Paṇḍit Mukunda, Shāstrī, Chowkhamba Sanskrit Series, Vol. 14, Benares, 1901–9. This work is also known by the name "*Rāṇaka*". (For another edition, see JS).

NSP: abbreviation for the Nirnaya Sagara Press edition of Pārthasārathi Miśra's *Śāstradīpikā*; see ŚD.

Nyāyasiddhāntamuktāvalī: *The Nyāyasiddhāntamuktāvalī, of Śrī Viśvanātha Pañcānana, with the Commentary Kiraṇāvalī by Śrī Krisṇavallabhācārya*, ed. Narayanacharan Shastri and Swetvaikuntha Shastri, Kashi Sanskrit Series, 212, The Chowkhamba Sanskrit Series Office, Varanasi, 1972.

P: *Pāṇini's Grammatik*, ed. and trans. O. Böhtlingk, 1887; reprint: Olms, Hildesheim, 1964.

Pañcatantra: *The Panchtantra Reconstructed, Text, Critical Apparatus, Introduction, Translation*, Franklin Edgerton, Vols. 1-2, American Oriental Series, 2, New Haven, 1924.

PDhP: *Pāṇinīya Dhātu Pāṭha*, ed. Böhtlingk (see P).

PGS: *Grihya-Sūtra by Pāraskar, with the five commentaries of Karka Upādhyāya, Jayarām, Harihar, Gadhādhar, and Viśvanāth*, ed. Mahādeva Gangādhar Bākre, Gujerati Printing Press, Bombay, 1917.

Pūrvamīmāṃsāviṣayasaṃgrahadīpikā: *Pūrvamīmāṃsāviṣayasaṃgrahadīpikā*, by Appayya Dikṣita, published together with Mādhava's *Jaimimīyanyāyamālā* (with the *Vistara*), Vrajajivana Pracyabharati Granthamālā, 35, Chaukhamba Sanskrit Pratishthan, Delhi, 1989.

PuṣpaS: *Puṣpa Sūtra, Prapāṭhakas 1 and 2 edited with His Own Commentary Sādhanā by B.R. Sharma, Part 2, Prapāṭhakas III-VII, and Part 3, Prapāṭhakas VIII-X, with Vivaraṇa and Bhāṣya of Ajātaśatru, and Dīpa of Māmakṛṣṇa alias Nānābhāī Dīkṣita*, Nepal Research Centre 2, 10, 11, Kathmandu, Kommissionsverlag Granz Steiner GMBH, Wiesbaden, 1979, 1985.

Rāmāyaṇa: *The Vālmīki-Rāmāyaṇa*, ed. G.H. Bhatt and others, Oriental Institute, Baroda, 1960–75.

Rāṇaka: See NS.

Ṛgvedānukramaṇī: *The Ṛgvedānukramaṇī of Mādhavabhaṭṭa (son of Veṅkaṭārya)*, ed. C. Kunhan Raja, Madras University Sanskrit Series, No. 2, Part 1, University of Madras, Madras, 1932.

Ṛkprātiśākhya: *Ṛgveda-Prātiśākhya with The Commentary of Uvaṭa*, ed. Mangal Deva Shastri, Vol. 1, Vaidika Svādhyāya Mandira, Varanasi, 1959.

ṚV: *Rig Veda, A Metrically Restored Text with an Introduction and Notes*, ed. Barend A. van Nooten and Gary B. Holland, Harvard Oriental Series, Vol. 50, Cambridge, Massachusetts, 1994; another edition: *Ṛgveda-Saṃhitā with the Commentary of Sāyaṇācārya*, ed. V. K. Rajwade, Narayanasarma

Sonatakke, and C. G. Kashikar, Vol. 1-5, Vaidika Saṃśodhana Maṇḍala, Poona, 1933-1951.

Śabara: see JS.

ṢaḍB: *Ṣaḍviṃṣa Brāhmaṇa with Vedārthaprakāśa of Sāyaṇa*, ed. Bellikoth Ramachandra Sharma, Kendriya Sanskrit Vidyapeetha Series, 9, Kendriya Sanskrit Vidyapeetha, Tirupati, 1967.

SaṃkarṣaK: *Saṃkarṣa Kāṇḍa Sūtras of Jaimini*, ed. K.V. Sharma, Vishveshvaranand Indological Series, 18, Vishveshvaranand Vedic Research Institute, Hoshiarpur, 1963; another edition: "'Saṃkarsha Kāṇḍa' or The Last Four Chapters of Jaimini with the Commentary Called Bhāṭṭa Chandrikā of Bhāskara", ed. Rāma Miśra Śāstrī, *The Pandit, New Series,* Vol. XIV-XVI, Benares, 1892-4.

SatyāŚS: *Satyāṣāḍhaviracitaṃ Śrautasūtram*, with Mahādeva's *Vaijayantī*, Gopīnātha's *Jyotsnā*, Mahādeva's *Prayogacandrikā*, Mātṛdatta's *Vṛtti*, and Mahādevadīkṣita's *Ujjvalā*, ed. Kāśīnāthaśāstrī Āgāśe and others, Ānandāśrama Sanskrit Series, 53, Poona, 1907–29.

ŚB: *The Śatapatha-Brāhmaṇa in the Mādhyandina-Śākhā with Extracts from the Commentaries of Sāyaṇa, Harisvāmin and Dvivedaganga*, ed. A. Weber, Berlin and London, 1855; another edition: *Shatpath-Brāhmanam with Vedarthaprakash Commentary by Shrimat-Trayibhashyakar Sayanacharya, and Sarvavidyanidhana Kavindracharya Saraswati Shri Hari Swami*, edited by several learned persons, Parts I-VI, Laxmi Venkateshwar Steam Press, Kalyan-Bombay, 1940; reprint: Nag Publishers, Delhi, 1990.

ŚD: *Śāstradīpikā of Pārthasārathi Miśra with the Commentary Prabhā by Tatsat Vaidyanātha,* Parts 1-2, ed. Pattabhirama Shastri, Sri Lalbahadur Kendriya Sanskrit Vidyapeetha, Varanasi, 1978–81 (LKSV); another edition: *The Shāstradīpikā With the Commentary Mayūkhamālikā (From second Pāda of First Chapter to the End) by Somanātha and The Commentary Yuktisneha-prapūraṇī with Gūḍhārthavivaraṇa (For the First Tarkapada) by Rāma-krishṇa,* ed. Dharmadattasūrī, Nirnaya Sagara Press, Bombay, 1915 (NSP).

ŚGS: *Śāṅkhāyana Gṛhya Sūtra (Belonging to the Ṛgveda) The Oldest Treatise on Folklore in Ancient India*, ed. S.R. Sehgal, Munshi Ram Manohar Lal, Delhi, 1960.

ŚŚS: *The Śāṅkhāyana Śrauta Sūtra, together with the Commentary of Varadattasuta Ānartīya,* Vol. I-III, ed. Alfred Hillebrandt, Bibliotheca Indica, Calcutta, 1888.

SV: *Die Hymnen des Sāma Veda,* ed. Theodor Benfey, F.H. Brockhaus, Leipzig, 1848; reprint: Darmstadt, 1968, 1969.

TĀ: *Taittirīyāraṇyakam Śrīmatsāyaṇācāryaviracitabhāṣyasametam*, Parts I-II, ed. Bābāśāstrī Phaḍake, Ānandāśrama Sanskrit Series, 36, Poona, 1981.

TāB: *Tāṇḍyamahābrāhmaṇa, Belonging to the Sāma Veda, With the Commentary of Sāyaṇācārya,* ed. Chinnaswami Śastri, Kāshī Sanskrit Series, 105, Benares, 1935, 1936.

Tarkasaṃgraha: *Tarka-saṃgraha of Annaṃbhaṭṭa, with the Author's own Dīpikā and Govardhana's Nyāya-bodhinī,* ed. Yashwant Vasudev Athalye, Bombay Sanskrit Series, No. LV, Poona, 1988; another edition: *Bhāskarodayā, A commentary on Nīlakaṇṭhabhaṭṭa's Tarka-saṅgraha-Dīpikā-prakāśa by his Son Shrī Lakshmīnṛsiṃha Shāstrī,* ed. Pandita Kukunda Jhā, Jaikrishnadas-Krishnadas Prachyavidya Granthamala, no. 8, Chaukhambha Bharati Academy, Varanasi, 1988.

TB: *Taittirīya-brāhmaṇam,* with Sāyaṇa's commentary, Parts I-III, ed. Nārāyaṇaśāstrī Goḍabole, Ānandāśrama Sanskrit Series, 37, Poona, 1979; another edition: *The Taittiriya Brahmana with the commentary of Bhatta-bhaskaramisra,* ed. A. Mahādeva Sastri, Government Oriental Series, Bibliotheca Sanskrita, 36, 38, 42, 57, Mysore, 1908–21.

TS: *Die Taittirīya-Saṃhitā,* ed. A. Weber, Indische Studien, 11, 12, Leipzig, 1871, 1872; reprint: Georg Olms Verlag, Hildesheim, New York, 1973; another edition: *Taittirīya Saṃhitā with the Padapāṭha and the Commentaries of Bhaṭṭa Bhāskara Miśra and Sāyaṇācārya,* ed. N.S. Sontake and T.N. Dharmadhikari, Vaidika Saṃśodhana Maṇḍala, Poona, 1970–.

TU: *Taittirīya Upaniṣad,* in *The Early Upaniṣads,* ed. and trans. Patrick Olivelle, Oxford University Press, New York, 1998.

TV: *Tantravārtika, a Gloss on Śabara Svāmī's Commentary on the Mīmāṃsā Sūtras, by Bhaṭṭa Kumārila,* ed. Gaṅgādhara Śāstrī, Benares Sanskrit Series, Nos. 5, 7, 16, 23, 27, 29, 32, 34, 36, 39, 60, 62, 72, Benares, 1903. (BSS). (For other editions see JS).

VaiDhS: *The Vaikhānasadharmapraśna of Vikhānas,* ed. T. Ganapati Śāstrī, Trivandrum Sanskrit Series, 28, Trivandrum, 1913.

VaiŚS: *Vaikhānasa-śrautasūtram, the Description of the Vedic Rites According to the Vaikhānasa School Belonging to the Black Yajurdeva,* ed. W. Caland, Bibliotheca Indica 265, Royal Asiatic Society of Bengal, Calcutta, 1941.

VaitS: *Vaitāna-Śrauta-Sūtra, with the Commentary called Ākṣepānuvidhi by Somāditya,* ed. Vishva Bandhu, Woolner Indological Series, 13, Hoshiarpur, 1967.

Vaiyākaraṇabhūṣaṇasāra: *Vaiyākaraṇabhūṣaṇasāraḥ* by Kauṇḍabhaṭṭa, with *Śāṃkarī* commentary by Śaṅkara Śāstrī Mārulkara, ed. Śaṅkara Śāstrī Mārulkara, Ānandāśrama Sanskrit Series, 135, Poona, 1957.

VDhS: *Śrī Vāśiṣṭha Dharmaśāstram, Aphorisms on the Sacred Law of the Āryas as Taught in the School of Vasishṭha,* ed. Alois Anton Führer, Bombay Sanskrit Series, 23, Department of Public Instruction, Bombay, 1883. See also ĀpŚS for another edition.

ViDhSm: *Viṣṇusmṛti, The Institutes of Vishṇu together with extracts from the Sanskrit Commentary of Nanda Paṇḍita called Vaijayantī*, ed. Julius Jolly, The Asiatic Society, Calcutta, 1881.

Viśvaprakāśa: *Viśvaprakāśa by Śrī Maheśvara*, eds. Śrī Śīlaskandha Sthavira and Paṇḍita Gopāla Bhatta, Chowkambā Sanskrit Series, 160, Benares, 1911.

VS: *The Vājasaneyi-Saṃhitā in the Mādhyandina- and Kāṇva- Śākhā with the commentary of Mahīdhara*, ed. A. Weber, Berlin and London, 1852.

VŚS: *Vārāhaśrautasūtram*, ed. W. Caland and Raghu Vira, Mehar Chand Lachhman Das, Lahore, 1933; 2nd new edition by C.G. Kashikar, Shree Balmukund Sanskrit Mahāvidyālaya Research Series, 4, Tilak Maharashtra Vidyapeetha, Pune, 1988.

YSm: *Yājñavalkyasmṛti of Yogīshwara Yājñavalkya, With the Mitākṣarā Commentary of Vijñāneshwar, Edited with The 'Prakash' Hindī Commentary*, ed. Umesh Chandra Pandey, Kāśī Sanskrit Series, 178, Varanasi, 1967.

Secondary sources

Agrawal, D.J., *Mīmāṃsā Uddharaṇa Kośa (The citations from Śābara-bhāṣya traced to their original sources)*, Vaidika Saṃśodhana Maṇḍala, Poona, 1985.

Aufrecht, Theodor, *Catalogus Catalogorum, An Alphabetical Register of Sanskrit Works and Authors*, Parts I-III, A. Brockhaus, Leipzig, 1891-1903; reprint: Franz Steiner Verlag, Wiesbaden, 1962.

Bhandarkar, R. G., *Report on the Search for Sanskrit Manuscripts in the Bombay Presidency, 1884–85, 1885–86, and 1886–87*, Government Central Press, Bombay, 1894.

Bhide, V.V., *The Cāturmāsya Sacrifices (with special reference to the Hiraṇyakeśi Śrautasūtra)*, Publications of the Centre for Advanced Study in Sanskrit, Class B, No. 5, University of Poona, Pune, 1979.

Bloomfield, Maurice, *A Vedic Concordance*, Harvard Oriental Series, Vol. 10, Cambridge, Massachusetts, 1906.

Bodewitz, H.W., *The Daily Evening and Morning Offering (Agnihotra) according to the Brāhmaṇas*, E.J. Brill, Leiden, 1976.

Böhtlingk, Otto von and Roth, Rudolf von, *Sanskrit-Wörterbuch herausgegaben von der Kaiserlichen Akademie der Wissenschaften*, Buchdruckerei der Kaiserlichen Akademie der Wissenschaften, St. Petersburg, 1855-75. (PW).

Brough, J., *The Early Brahmanical System of Gotra and Pravara*, Cambridge University Press, Cambridge, 1953.

Caland, W., *Altindische Zauberei, Darstellung der Altindischen "Wunschopfer"*, Verhandelingen der Koninklijke Akademie van Wetenschapen, Afd. Letterkunde, X, 1, Amsterdam, 1908; reprinted, Dr. Martin Sandig, oHG, Wiesbaden, 1968. (*Wunschopfer*).

Caland, W., *Das Śrautasūtra des Āpastamba aus dem Sanskrit übersetzt*, 1–7, Göttingen, 1921, 8–15, Amsterdam, 1924, 16–24, Amsterdam, 1928 (Verhandelingen der Koninklijke Akademie van Wetenschapen te Amsterdam, Afdeeling Letterkunder 24.2, 26.4).

Caland, W., *Pañcaviṃśa-Brāhmaṇa, The Brāhmaṇa of Twenty Five Chapters*, Asiatic Society of Bengal, Calcutta, 1931.

Caland, W. and Henry, V., *L'Agniṣṭoma, Description complète de la forme normale du sacrifice de Soma dans le culte Védique*, 2 vol., Ernest Leroux, Paris, 1906, 1907. (CH).

CH (see Caland, W. and Henry, V).

Clooney, Francis X., *Thinking Ritually, Ridiscovering the Pūrva Mīmāṃsā of Jaimiṇi*, De Nobili Research Library, Vol. XVII, Vienna, 1990.

Colebrooke, H.T., *Miscellaneous Essays*, Vol. I-II, W.H. Allen, London, 1837; reprint: *Essays on History Literature and Religions of Ancient India (Miscellaneous Essays)*, Cosmo Publications, New Delhi, 1977.

Dandekar, R.N. and Kashikar, C.G., *Śrautakośa*, Vaidika Saṃśodhana Maṇḍala, Poona, 1958–. (ŚK).

Devasthali, G.V., *A Descriptive Calalogue of the Saṃskṛta and Prākṛta Manuscripts (Bhagavatsinghji Collection and H. M. Bhadkamkar Collection) in the Library of the University of Bombay*, Bombay, 1944.

Dumont, P. -E, *L' agnihotra, Description de l' agnihotra dans le rituel védique d' après les Śrautasūtras de Kātyāyana (Yajurveda blanc); Āpastamba, Hiraṇyakeśin, Baudhāyana, Manu (Yajurveda noir); Āśvalāyana, Śāṅkhāyana (Ṛgveda); et la Vaitāna-Sūtra (Atharvaveda)*, Johns Hopkins Press, Baltimore, 1939.

Dumont, P. -E., *L' aśvamedha, Description du sacrifice solennel du cheval dans le culte vedique d' après les texts du Yajurveda blanc (Vājasaneyisaṃhitā, Śatapathabrāhmaṇa, Kātyāyanaśrautasūtra)*, P. Geuthner, Paris, 1927.

Dutt, Girendranatha and Ananta Krishna Sastri, eds., *Advaitacintā Kaustubha* of Mahādeva Vedāntin, with the *Tattvānusaṃdhāna*, Bibliotheca Indica, 151, Calcutta, 1901–22.

Edgerton, Franklin, *The Mīmāṃsā Nyāya Prakāśa, or Āpadevī: A Treatise on the Mīmāṃsā System by Āpadeva* (see MNP).

Eggeling, Julius, *The Śatapatha-Brāhmaṇa, According to the text of the Mādhyandina School*, Parts 1-5, Sacred Books of the East, 12, 26, 41, 43, 14, Clarendon Press, Oxford, 1882–1900. (SBE).

Einoo, Shingo, *Die Cāturmāsya oder die Altindischen Tertialopfer dargestellt nach den Vorschriften der Brāhmaṇas und der Śrautasūtras*, Monumenta Serindica, 18, Institute for the Study of Languages and Cultures of Asia and Africa, Tokyo, 1988.

Frauwallner, Erich, *Materialen zur ältesten Erkentnisslehre der Karmamīmāṃsā*, Österreichische Akademie der Wissenschaften, Philosophisch-historische Klasse, Sitzungsberichte, 259, Band 2. Abhandlung, Vienna, 1968.

Garbe, Richard, *Sāṃkhyasūtravṛtti or Aniruddha's Commentary and the Original Parts of Vedāntin Mahādeva's Commentary to the Sāṃkhya Sūtras*, Bibliotheca Indica, Calcutta, 1888.

Garge, Damodar Vishnu, *Citations in Śabara-Bhāṣya (A Study)*, Deccan College, Deccan College Dissertation Series: 8, Poona, 1952.

Geldner, Karl Friedrich, *Der Rigveda, Aus dem Sanskrit ins Deutsche Übersetzt und mit Einem Laufenden Kommentar Versehen*, Harvard Oriental Series, Vol. 33–35, Cambridge, Massachusetts, 1951; these reissued as Vol. 63, 2003.

Ghosh, Batakrishna, *Collection of the Fragments of Lost Brāhmaṇas*, Modern Publishing Syndicate, Calcutta, 1935; reprint: Panini Vaidika Granthamala, 9, Meharchand Lacchmandas, New Delhi, 1982.

Gonda, Jan, *The Function and Significance of Gold in the Veda*, Orientalia Rheno- Traiectina,Vol. 37, Brill, Leiden, 1991.

Gonda, Jan, *The Mantras of the Agnyupasthāna and Sautrāmaṇī*, North-Holland Publishing Company, Amsterdam, 1980.

Hall, Fitz-Edward, ed., *Sānkhya-Sāra; a Treatise of Sānkhya Philosophy by Vijñāna Bhikshu*, Baptist Mission Press, Calcutta, 1862.

Haug, Martin, *The Aitareya Brāhmaṇam of the Rigveda, containing the earliest speculations of the Brahmans on the meaning of the sacrificial prayers, and on the origin, performance and sense of the rites of the Vedic religion*, Vols. 1-2, Government Central Book Depot, Bombay, 1863.

HDS (see Kane, P.V., *History of Dharmaśāstra*).

Heesterman, J.C., *The Ancient Indian Royal Consecration, The Rājasūya Described According to the Yajus Texts and Annotated*, Mouton and Co., 'S-Gravenhage, 1957.

Hillebrandt, Alfred, *Das Altindische Neu- und Vollmondsopfer*, Gustav Fischer, Jena, 1879. (NVO).

Iyer, S. Venkitasubramonia, *Nārāyaṇabhaṭṭa's Prakriyāsarvasva, A Critical Study*, University of Kerala, Trivandrum, 1972.

Jha, Ganganath, *Pūrvamīmāṃsā in its Sources*; with an appendix "Critical Bibliograpy of Mīmāṃsā" by Umesha Mishra, Banaras Hindu University, Varanasi, 1942; 2nd edition, 1964.

Jha, Ganganath, *The Śābara Bhāṣya. Translated in English*, Gaekwad Oriental Series, vols. 66, 70, 73, Baroda, 1933–36.

Jha, Ganganath, *Tantravārttika. A Commentary on Śabara's Bhāṣya on the Pūrvamīmāṃsā Sūtras of Jaimini. Translated into English*, Vol. I-II, Bibliotheca Indica, 161, Asiatic Society of Bengal, Calcutta, 1903-24; reprint: Sri Garib Das Oriental Series, Nos. 9-10, Delhi, 1983.

Kane, P.V., *History of Dharmaśāstra*, Vol. 1–5, Bhandarkar Oriental Research Institute, Poona, 1930-62; 2nd edition, 1968–77. (HDS).

Kataoka, Kei, *The Theory of Ritual Action in Mīmāṃsā: Critical Edition and Annotated Japanese Translation of Śābarabhāṣya & Tantravārttika ad 2.1.1–4* (Koten Indo no Saishiki Kôiron: Śābarabhāṣya & Tantravārttika ad 2.1.1–4 Genten Kôtai-Yakuchû Kenkyû), Sankibo Press, Tokyo, 2004.

Keith, Arthur Berriedale, *The Karma Mīmāṃsā*, The Heritage of India Series, London, 1921; reprint: Kanti Publication, Delhi, 1989.

Keith, Arthur Berriedale, *Rigveda Brahmanas: The Aitareya and Kauṣītakī Brāhmaṇas of the Rigveda, Translated from the Original Sanskrit*, Harvard Oriental Series,Vol. 25, Cambridge, Massachusetts, 1920; reprint: Motilal Banarsidass, Delhi, 1971.

Keith, Arthur Berriedale, *The Veda of the Black Yajus School Entitled Taittiriya Sanhita, Translated from the Original Sanskrit Prose and Verse*, Harvard Oriental Series, Vol. 18, 19, Cambridge, Massachusetts, 1914; reprint, Motilal Banarsidass, Delhi, 1967.

Krick, Hertha, *Das Ritual der Feuergrundung (Agnyādheya),* Sitzungsberichte (Österreichische Akademie der Wissenschaften, Philosophische-Historische Klasse), 16, Veröffentliche der Kommission für Sprachen und Kulturen Südasiens, Wien, 1982.

Kunjunni Raja, K., *The Contribution of Kerala to Sanskrit Literature*, Madras University Sanskrit Series, No. 23, University of Madras, Madras, 1958; 2nd edtion, 1980.

Kunjunni Raja, K., ed., *Uṇādikośa of Mahādeva Vedāntin*, Madras University Sanskrit Series, No. 21, University of Madras, Madra, 1956.

Lingat, Robert, *Les sources du droit dans le systeme traditionnel de L'Inde*, Mouton & Co., Paris and the Hague, 1967; English translation: *The Classical Law of India*, (trans. by J. Duncan M. Derrett), University of California Press, Berkeley and Los Angeles, 1973.

Macdonell, Arthur Anthony, *A Vedic Grammar for Students*, Oxford University Press, Oxford, 1916; reprint: Delhi, 1981.

Mahadevan, T.M.P., ed., *Preceptors of Advaita*, Sri Kanchi Kamakoti Sankara Mandir, Secunderabad, 1968.

Meulenbeld, G.J., *The Mādhavanidāna and its Chief Commentary, Chapters 1-10*, E.J. Brill, Leiden, 1974.

Minkowski, Christopher Z., *Priesthood in Ancient India, A Study of the Maitrāvaruṇa Priest*, De Nobili Research Library, Vol. XVIII, Vienna, 1991.

Minkowski, Christopher Z., "The *udumbara* and its Ritual Significance", *Wiener Zeitschrift für die Kunde Südasiens*, 33, 1989, pp. 5–23.

Mitra, Rājendralāla, *Notices of Sanskrit MSS*, Calcutta, 1871–90.

Mittwede, Martin, *Textkritische Bemerkungen zur Kāṭhaka-Saṃhitā,* Alt- und Neu- Indische Studien, 37, Franz Steiner, Stuttgart, 1989.

Mittwede, Martin, *Textkritische Bemerkungen zur Maitrāyaṇī Saṃhitā,* Alt- und Neu- Indische Studien, 31, Franz Steiner, Stuttgart, 1986.

Monier-Williams, Monier, *A Sanskrit-English Dictionary*, Oxford University Press, Oxford, 1990. (MW).

Müller (see Oldenberg, Hermann, *The Grihya-sūtras*).

Murty, Rani Sadasiva, *Vedic Prosody (Its Nature, Origin, and Development)*, Vohra Publishers, Allahabad, 1988.

MW (see Monier-Williams, Monier).

Mylius, Klaus, *Āśvalāyana-Śrautasūtra*, Reihe Texte und Übersetzungen, 3, Institut für Indologie, Wichtrach, 1994.

Mylius, Klaus, "Wesen und Funktion der hotṛ-Formeln", *Annals of the Bhandarkar Oriental Research Institute*, 72–3, 1991–2, pp. 114–35.

Mylius, Klaus, *Wörterbuch des altindischen Rituals*, Institut für Indologie, Wichtrach, 1995.

NCC (see Raghavan, V. and others, eds., *New Catalogus Catalogorum*).

NVO (see Hillebrandt, Alfred).

Oertel, Hanns, "Euphemismen in der vedischen Prosa und ephemistische Varianten in den Mantras", Sitzungsberichte der Bayerischen Akademie der Wissenschaften, Heft 8, München, 1942; reprinted in Heinrich Hettrich and Thomas Oberlies, eds., *Hanns Oertel, Kleine Schriften,* Teil II, Franz Steiner, Stuttgart, 1994.

Oldenberg, Hermann, *The Grihya-sūtras: rules of Vedic domestic ceremonies, translated by Hermann Oldenberg, Āpastamba's Yajña-Paribhāhā-Sūtras, translated by F. Max Müller*, Sacred Books of the East, 29-30, Clarendon Press, Oxford, 1886, 1892. (SBE).

Olivelle, Patrick, *Dharmasūtras, The Law Codes of Ancient India*, Oxford University Press, Oxford, 1999.

Pāṇḍeya, Janārdanaśāstrī, ed., *Sāṃkhyadarśanam*, containing the *Sāṃkhyasūtra*, Aniruddha's *Vṛtti*, Vijñānabhikṣu's *Bhāṣya*, and Nāgeśabhaṭṭa's *Bhāṣyasāra*, Motilal Banarasidass, New Delhi, 1983.

Parpola, Asko, "On the Formation of the Mīmāṃsā and the Problems concerning Jaimini, With particular reference to the teacher quotations and the Vedic schools", *Wiener Zeitschrift für die Kunde Südasiens*, 25, 1981, pp. 145–77; Part II, 38, 1994, pp. 293–308.

Parpola, Asko, *The Śrauta Sūtras of Lāṭyāyana and Drāhyāyaṇa and their commentaries, An English Translation and Study*, Commentationes Humanarum Litterarum, Societas Scientarum Fennica, Vols. 42, 43, Helsinki, 1968, 1969.

Peterson, Peter, *Catalogue of the Sanskrit Manuscripts in the Library of His Highness the Maharaja of Alwar*, Bombay, 1892.

Potter, Karl, *Encyclopedia of Indian Philosophy, Vol. I, Bibliography*, revised edition, Motilal Banarsidass, Delhi, 1983.

PW (see Böhtlingk, Otto von and Roth, Rudolf von).

Raghavan Nambiyar, *An Alphabetical List of Manuscripts in the Oriental Institute, Baroda,* Vols. I and II, Gaekwad Oriental Series, 97, 114, Baroda, 1942, 1950.

Raghavan, V. and others, eds., *New Catalogus Catalogorum*, University of Madras, Madras, 1949–; revised ed., 1968–.

Ramasimha, ed., *Tattvānusaṃdhāna* of Mahādeva Vedāntin, with editor's *Anubhavasāgara* and Hindi *Advaitacintāmaṇi*, Ajmer, 1895.

Renou, Louis, *Le Destin du Véda dans L' Inde*, Études Védiques et Pāṇinéennes, Tome VI, Publications de L' Institut de Civilisation Indienne, Série In-8, Fascicule 10, Éditions E De Boccard, Paris, 1960; English translation: *The Destiny of the Veda in India*, Motilal Banarsidass, Delhi, 1965.

Renou, Louis, "Sur le genre du sūtra dans la littérature sanskrite", *Journal Asiatique*, 251, 1963, pp. 163–211.

Roodbergen, J. A. F., *Patañjali's Vyākaraṇa-Mahābhāṣya: Bahuvrīhidvandvāhnika (P. 2.2.23-2.2.38) Text, Translation and Notes*, ed. by S. D. Joshi, University of Poona, Poona, 1974.

SBE (abbreviation for the Sacred Books of the East translations of the *Śatapatha Brāhmaṇa* and the *Gṛhyasūtras*; see Eggeling and Oldenberg).

Schwab, Julius, *Das altindische Thieropfer*, Andreas Deichert, Erlangen, 1886.

Sen, Chitrabhanu, *A Dictionary of the Vedic Rituals, Based on the Śrauta and Gṛhya Sūtras*, Concept Publishing Company, Delhi, 1978.

ŚK (see Dandekar, R.N. and Kashikar, C.G., *Śrautakośa*).

Smith, Frederick M., *The Vedic Sacrifice in Transition, A Translation and Study of the Trikāṇḍamaṇḍana of Bhāskara Miśra*, Bhandarkar Oriental Series, No. 22, Bhandarkar Oriental Research Institute, Poona, 1987.

Staal, Frits, *Agni: The Vedic Ritual of the Fire Altar*, Asian Humanities Press, Berkeley, 1983.

Stein, M.A., *Catalogue of the Sanskrit Manuscripts in the Raghunath Temple Library of His Highness the Maharaja of Jammu and Kashmir,* Bombay, 1894.

Tailanga, Rama Sastri, ed., *Tattvānusaṃdhāna* of Mahādeva Vedāntin, with the *Vedāntasūtras* and Śaṃkarānanda's *Dīpikā,* Benares Sanskrit Series, 24, 1904–06.

Travancore, *A Hand-list of the Sanskrit Manuscripts acquired for the Travancore University Manuscript Library, Trivandrum.*

Venkatramiah, D., *Śāstradīpikā (Tarkapāda) of Pārthasārathi Miśra, Translated into English*, Gaekwad Oriental Series, No. LXXXIX, Baroda, 1940.

Verpoorten, Jean-Marie, *Mīmāṃsā Literature*, in *A History of Indian Literature*, ed. Jan Gonda, Volume 6, Fasc. 5, Harrassowitz, 1987.

Viśvabandhu Śāstrī, ed., *A Vedic Word Concordance*, Vishveshvaranand Vedic Research Institute, Lahore, 1935–1965.

Wackernagel, Jacob and Debrunner, Albert, *Altindische Grammatik,* III, Nominalflexion-Zahlwort-Pronomen, Vandenhoeck und Ruprecht, Göttingen, 1930.

Weber, Albrecht, *Die Handschriften Verzeichnisse der Königlichen Bibliothek zu Berlin, Verzeichnis der Sanskṛit- und Prākṛit-Handschriften*, Berlin, 1853–92.

Weber, Albrecht, "Ueber Die Metrik der Inder", *Indische Studien* VIII, Dümmler, Berlin, 1863.

Wetzler, Albrecht, "Sanskrit *Prāṇabhṛt*, or What Supports What", in A.W. van de Hoek, D.H.A. Kolff, and M.S. Oort, eds., *Ritual, State and History in South Asia: Essays in Honour of J.C. Heesterman*, E.J. Brill, Leiden, 1992, pp. 393–413.

Whitney, William Dwight, *Atharva-veda Saṃhitā, Translated with a Critical and Exegetical Commentary*, Harvard Oriental Series, Vols. 7–8, Cambridge, Massachusetts, 1905.

Whitney, William Dwight, *Sanskrit Grammar,* Harvard University Press, Cambridge, Massachusetts, 2nd ed., 1889.

Wunschopfer (see Caland, W., *Altindische Zauberei*).

Yoshimizu, K., "Change of View on Apūrva from Śabarasvāmin to Kumārila", in Sengaku Mayeda ed., in collaboration with Y. Matsunami, M. Tokunaga and H. Mauri, *The Way to Liberation, Indological Studies in Japan,* Vol. 1, Japanese Studies on South Asia, No. 3, Manohar, New Delhi, 2000, pp.149–65.